印社壬寅秋季雅集

印学（2）

上册

与收藏史国际学术

研讨会论文集

西泠印社 编　西泠印社出版社

西泠印社 2022 壬寅秋季雅集系列活动

总　序

陈振濂

一

西泠印社百年社庆以来通过二十年的积聚，从"保存金石"拓展到"重振金石学"；从"研究印学"拓展到"打造国际印学研究中心"；从"兼及书画"拓展到"诗书画印综合（兼能）"。以1904年创社为一个时间坐标，以2003年百年社庆为又一个时间坐标，以2022年为一个时间节点。在长达119年，近两个甲子的时空里，不同时代、不同背景、不同文化模型与价值观，前后遥相呼应，一脉承接。

现在，又到了一个新时代的转折点。

百年西泠当然也要努力进取，不断调整自己的历史方位，与时代同频共振、与时俱进。2003年百年大庆二十年来设立了三大目标即"重振金石学""诗书画印综合（兼能）""打造国际印学研究中心"，在这三个具体方向已取得阶段性成果之时，仍然坚持立足于已故沙孟海社长提出的"国际印学研究中心"的构想——"大印学"的新思维应运而生。它的时代涵义是：百年印社，"印"是根基。故"大印学"三字，"印"是最核心的关键词。没有它，百年西泠就没有主心骨、没有基本面的话题。但拓展"印"的内涵，上接文史、旁拓域外；以五千年古代文明史与世界印章史为向而尽力拓展空间，坚持根基于"印"的同时，扩大"印"的形态，使它更衔接于中华文明与世界文明，这是我们今后若干年准备要做的工作。

二

"大印学"三字，内涵丰富，关联广泛。

首先，"大"状其视野、立场，所涉范围要更广阔宏大于以往，以之构成今后新时代之印学。毋庸置疑，过去已有的印学成绩是立身之本，必须遵循之、尊重之、熟习之、推扬之，这是题中应有之本义。但今后的印学，基盘肯定要更大于过去。时代在变化，历史在前进，传统印学已经取得的辉煌成就，是新时代"大印学"必须依靠的雄厚基础与坚实的出发点。而目标，则应该是不断拓展以求其"大"，不断深入以求其精。要做到古今中外，上下五千年，纵横八万里，皆入我"印"中。此"大"之谓也。

再一个是"学"。不限于"印"这个静态固定的具体物质（实物）本身，而要使它"学"：走向更有包容性与拓展性即人文化、学术化、思想化、立体化、生命化。

比如，拓展"印章"所指的相关范畴，以"印"这一概念所包含的印记、印戳、印版、印制、印拓等等，形成一个以中国古印章为核心向各相关领域辐射展开的各种"印"的文化现象，以及它作为"行为特征"的人文历史研究。

又比如，由"印"的行为特征，延伸向第二任社长马衡先生所创立的"现代金石学"的各个侧面，巧用其各个领域长期传承而来的种种表现形态。既然，"印章学""玺印学"本来就是"金石学"的一个分支，与之有密切的血缘关系。由印学之"学"而拓展求"大"，更以同为传统的"传拓"行为（技术）的恢复发展，涉及石刻、青铜器、甲骨玉片以及竹木砖瓦，镜铭戈戟等，遍布覆盖整个古代文化的物质形态。较之古典印学而言，真可谓"大"也。很显然，这些都是一种"印学"基于原有学科分类的拓展与对新元素的引入交融。

再比如，站在传统古文字古玺汉印立场上长期无法顾及的"非汉字系统印章"（包括图形印）乃至域外印章，更兼及世界印章史与"一带一路"沿线地区国家的印文化，如何助力建设，这又是以"学"立场而追求的空间大拓展：首先是从丝绸之路沿线各国的"印"之遗存被唤醒，与古埃及文字、阿拉伯文字、古波斯文字、古印度文字及古罗马文字之间的基于"印"形态的"专业对话"；更有今天英、法、德、俄、西班牙文字之可能引入印章形式；再有中国古代契丹文、西夏文与近代至今的满、藏、蒙古、维吾尔文字的印章化尝试；当然，更可以延伸向历史与社会之普遍存在的日常生活应用符号，探究其活用于印章玺印创作的可能性。其中尤其是域外印章与欧美表音文字的相关研究与入印尝试，足以构成"大印学"之世界印章史学术新视野。以立足印学而能面向新世界新历史，恐怕是我辈印人过去不敢想也没有条件去想的——已故饶宗颐社长的"东学西渐"的理想，也许正借此可以实现。"东学"肯定是代表中国自信的印学；"西渐"则是我们正在稳步推进的印学之"学"的国际化与世界化：新时代的世界印章史，或许正在百年名社西泠印社的我们手中获得催生与塑造成形。

"大印学"的提倡，至此已可以明确。它包含了两个概念：一"学科交叉"；二"文明交融"。

三

基于百年西泠辉煌历史业绩的积累，又已经通过缜密周到的反复思考，我们终于寻找到并确定了既符合今天这个飞速发展新时代、又具有丰富的专业内涵的重要历史方位。在今后我们设定的发展轨道中，首先必须重视"印学"的学术意义上的本位性；同时又要考虑到它的将来发展可能性；更要提出如何进行专业拓展的多维思想与实践空间，从而构筑起一个具有中国气派、中国文化自信，又体现世界命运共同体涵义的新时代"大印学"

的施展平台——从近5年到未来五年这前后十年的关键转换之间，我们希望在"主题引领"、视野拓展、学术提升层面，倡导篆刻界前所未有的特定活动组织方式和选题的独特性等方面，充分发挥全社名流专家所拥有的聪明才智，集体攻关，协同合作，形成如下的连环交替、循环相生的学术研究的互联之网与物联之网：

（一）理论与实践交叉；

（二）印学核心与周边相关学科[如金石学、考古学、史学（尤其是职官制度）]之交叉；

（三）印与印藏、印谱、印材、印具等的应用型交叉；

（四）印与传拓之"印"的正反交叉；

（五）古玺印与明清篆刻印之古今交叉；

（六）印章稳定形态固有形式与以印面视觉构成形式变化为基础之中外、古今的对比发掘之交叉；

（七）还有古玺印与外国印之间的中外之多重交叉……

再细分，又可以从这七大类母体中再细分出几十上百个印学研究子领域。"学科交叉"有一、二、三、五；"文明交融"则有四、六、七。当然，只要有充沛的想象力，有足够的基础学术支撑，一定还会有更多的内容有待我们去发掘。

万事开头难。从前年开始，通过"大印学"专场论证会的举办，已经有了去年的第一次成功尝试与推进。"大印学"（1）——两宋金石学与印学国际学术研讨会与两宋金石学与印学特展暨图册首发式已经先行了一步，初战告捷，取得了成功经验。今年，则以"以篆入印"作为国际创作实践界的引领，呈现出西泠印社独树一帜的新的社内外征集办展思路。

壬寅2022秋季雅集，集中了三个专题性针对性很强的展览和一个研讨会。

展览：

（一）"以篆入印"——邓石如、吴让之、徐三庚、赵之谦篆刻典藏菁华展。（专题藏品展）

（二）"以篆入印"——邓石如、吴让之、徐三庚、赵之谦当代印风创作研究主题展。（专题创作展）

（三）"奋进新时代，庆祝二十大"西泠印社社员新作展（50—60岁）。（社员交流展）

研讨会：

"大印学"（2）——印学收藏史国际学术研讨会。

时时成为当代印学史的"先行者"，勇立潮头，以深邃的思想引领充沛活跃多样化的篆刻创作实践与印学理论研究，不断为"印学"（篆刻学、金石学、古玺印学、域外与世界印章史之学）注入新的活力，进行与时俱进的新时代式拓展与"塑型"。此"大印学"之价值所在也。

2022年10月30日

目 录

（上册）

（下册）

附录：

清代嘉禾地区张廷济印章鉴藏活动考察

马其伟

内容提要：张廷济作为清中期嘉兴地区的重要金石家之一，一生历经乾、嘉、道三朝，工诗词，善篆刻，嗜好金石收藏与考据之学，善鉴藏鼎彝、碑版、印章等，是嘉禾地区金石鉴藏圈的典型代表。张廷济在印章的收藏、印谱的制作以及印谱的题跋方面卓有建树，其在印学方面的努力为清代文人篆刻的发展做出了重要的贡献。本文主要围绕以下几个方面展开讨论：一、清代嘉禾地区的金石鉴藏风气；二、张廷济的印章收藏与印谱制作；三、张廷济与印章鉴藏家的交游活动；四、嘉禾地域性印章鉴藏的价值。本人试图通过考察张廷济的印章鉴藏活动，以此来还原清代中期嘉禾地区的印章发展状况，以便更加深入地探讨清代嘉禾的地域印学问题。

关键词：清代　嘉禾印学张廷济印章鉴藏

一、清代嘉禾地区的金石鉴藏风气

张廷济（1768—1848，图1）活跃于清代金石学盛行的时期，他在鉴藏生活中常与同时代的文人以及金石书画名流有着频繁的交流。张廷济不仅与他们讨论金石收藏，更是通过与这些人在长久的关系维系中获得了巨大的金石收藏资源。他们常举行雅集活动，并将所获得的金石碑版进行赏鉴与题跋。在这样的频繁交往中，学术思想得到碰撞，学术成果得到记录与传播，嘉兴文化的氛围在这些金石学者的参与下而愈加浓烈起来。张廷济的广泛交游，其意义在于扩大了自己的影响，吸引了一批志同道合的朋友，提升了嘉兴地区的学术地位以及学术影响。例如阮元曾在所其编著的《积古斋钟鼎彝器款识》中就大量采纳了张廷济的古物收藏，可见张廷济在金石收藏方面的实力。

明清时期，嘉兴、松江与吴门一带的文人在频繁的交游过程中已形成了层次较高的金石书画雅玩圈。明代

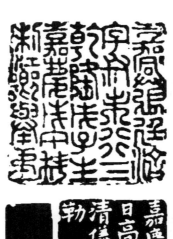
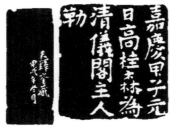

图1　张廷济小像

项元汴、李日华以及清代朱彝尊、曹溶、张燕昌等人热衷于金石的收藏活动，常以考证或序跋金石拓本的形式，使得这些金石古物得以辑录并保存下来，这些金石收藏方面的成果对于研究清代金石学具有重要的意义。在清代嘉兴的金石鉴赏圈中，张廷济占有一席之地并扮演着重要的中间角色，一些金石学家诸如文鼎、钱善扬、曹世模、葛时徵，曹言纯、殷树柏等皆与其频繁往来，他们在日常生活中或吟诗唱和、或金石赏鉴、或书画题跋，他们在同一地区内联系紧密并互相借鉴推赏，嘉兴地区的金石活动与鉴藏风气兴盛起来。

嘉禾地区印人间的金石（印章）收藏活动，对于研究嘉禾印人的印章取法以及风格的形成具有重要的意义。这些篆刻家往往在金石的赏鉴与收藏活动中讨论或考证古代碑版遗文，能够获得印章创作所需要的印文及边款用字等，通过对这种金石的交游活动的考察，同样也能勾勒出清代嘉兴的金石学文人群体，进而更加深入地了解这个地区的金石学风气或者金石文化。

嘉兴的文人对金石或金石拓本有递藏的优良传统，朱彝尊曾将友人曹溶所收藏的宋代王厚之《钟鼎款识》传与印人马思赞。王厚之《钟鼎款识》曾是项元汴地藏品，朱彝尊云："隆庆间，项子京获之，近归倦圃曹先生（曹溶）。康熙戊申，先生出示余，余爱玩不忍释手。先生嘱余跋之，未果也……久之，是册竟归于余，藏之斋十载，宗人寒中（马思赞）嗜古成癖，见而爱玩之……余托之寒中，庶其守而勿失也。"[1]朱彝尊在此则跋语中清晰描述出王厚之《钟鼎款识》递藏的来龙去脉，也为我们考察这些文人得金石活动提供了一个重要的参考资料。马思赞友人查慎行对《钟鼎款识》跋道："古器之传世者，惟金石能寿，古文亦赖以并传。然考欧、赵、吕、薛诸录所载，今之存者盖寡，不有拓本。三代以来法物，后人何可得见？此册自南宋至今，凡六易主，乃归衍斋马氏。展玩之余，觉古色古香……明日细阅，为订正诠释字义凡四处。慎行再识。"[2]查慎行在马思赞那里观赏到了《钟鼎款识》，并进行了订正诠释字义的活动，这些都说明嘉兴文人在金石或者金石著作方面的鉴藏与研究对于金石学家特别是篆刻家的重要价值是不可忽视的。

二、张廷济的印章收藏与印谱制作

清代嘉兴地区出现了很多印学世家，他们在金石的研究上可谓一脉相承，受金石考据学的影响，他们大多喜好金石收藏且嗜古为癖，在他们的日常交游过程中，印章鉴藏是他们在金石鉴藏活动中重要的内容之一。需要指出的是嘉兴印人篆刻的取法与风格的形成，除了家学渊源外，友人间日常交游中的印章鉴藏、印谱制作对印人的印章创作有着重要的影响。

以张廷济为代表的印学世家，在鉴藏印章、自作印谱等方面成就卓著，在嘉兴地区的印人群体中影响较大，所以，这些印人与张廷济的交游较为频繁。印章的收藏能够拓展收藏者的审美认识与审美意趣，对于印学家来说，开阔的眼界则是追求艺术境界高低的重要条件之一。那么，印学家对印章鉴藏的多少、审美认识程度以及艺术的感受力，对于印章的创作则显得尤为重要，而清代金石学则在其中则扮演者重要的角色，印人们可以从金石中获得创作的素材与灵感，也可以从金石古物中获得文字的书写意趣。然印章的刻治需要有较好的文字学基础，而经常读碑识字则是印人在刻印

---

[1] 桑椹编著：《历代金石考古要籍序跋集录》，浙江古籍出版社2010年版，卷一，第101页。

[2] 桑椹编著：《历代金石考古要籍序跋集录》，浙江古籍出版社2010年版，卷一，第101—102页。

方面能够产生印章形制、风格以及审美嬗变的重要基础。

张廷济的印章收藏以及印章实践恰恰为众多的印人印章创作提供了重要的参考，张廷济日常的金石雅集活动也为印人讨论印学提供了重要的场所。本节也重点描述张廷济与鉴藏家、金石家的具体交游情况，以进一步讨论印人交游对他们的印章创作、印章风格形成的重要性。

张廷济的印谱得以存世，离不开清末篆刻家高时显（1878—1952）的努力。高时显曾广泛收集张廷济印章成《宝穰室燹余印存》，高时显在《丁丑劫余印存》中详细描述云："吾浙藏印家凤推泉唐丁氏八千卷楼，平湖葛氏传朴堂亦号美备，均曾抑拓成谱。[注：丁氏初成丁、蒋、奚、黄四家印谱，既增秋堂、曼生为六家，又增次闲、叔盖，是为西泠八家。鹤庐曾两辑印选，葛氏有《传朴堂藏印菁华》十二卷、《吴赵印存》十卷、《宋元明犀象玺印留真》六卷、《晏庐印集》八卷。丙子（1936），得清仪老人书'宝穰室'额，次闲刻'宝穰'印，因复辑《宝穰室燹余印存》。举凡清仪阁所用、所藏诸印，附以文房器物，精拓成四卷，未及装订而难作，亦□于劫。]"[1]

张廷济《古印偶存》（图2）收藏古印数量众多，并分门别类，集成一册，张廷济序云："今并箧中所积，四百六十六印，印二十部，视戊子之夏，所印三十五部者，又增多百余印。为官、为私，为古文，为铜、为银、为涂金，为一面、两面、三面、四面面，为子母，为龟钮、兽钮、蟾蜍钮、为坛钮、鼻钮、瓦钮、桥钮、覆斗钮、亭钮、重屋钮，种种备具。以审其文字，不可以秦汉限也。戢集尚隘，不得以称也。选择必慎，不敢以假混也。故仍以《古印偶存》名之。而数十年铢积寸累，仁和赵晋斋（魏）、嘉定瞿木夫（中溶）、秀水文后山（鼎）、嘉善沈幼清（恪曾）、孙戬斋（圻）、海盐黄椒升（锡蕃）、钱寄坤（以发）、家质夫（开福）、平湖钱梦庐（大树）、同里葛见岩（澄）、葛春屿（嵩）、葛向之（时徵）、徐籀庄（同柏）诸君子之力为多。

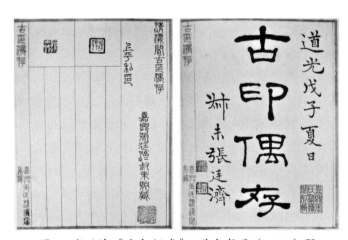

图2　张廷济《古印偶存》 道光戊子（1828）题

而汪友铁庵，来自吴门，金友兰坡，来自邗上，所携致皆佳好，是亦可识也。道光乙未（1835）春日，嘉兴张廷济书，时年六十八。"[2]张廷济所列举的这些友人主要包括活动于嘉兴地区的文鼎、张开福、徐同柏、黄锡蕃，上海的瞿中溶，苏州的汪友铁庵等人，从地理位置来看，张廷济的这些友人大多数是沿杭嘉湖为主线分布开来。

三、张廷济与印章鉴藏家的交游活动

张廷济所交印人数量较多，主要有张燕昌、吴东发、瞿中溶、释达受、陈介祺、陈寯以及秀水

[1] 黄惇著：《中国印论类编》，荣宝斋出版社2010年版，上卷，第805页。

[2] 韩天衡编：《历代印学论文选》，西泠印社1999年版，第585—586页。

"四山"（图3）等人。

对于印学世家而言，除了本家族所秉承的篆刻技法及风格之外，不断吸收其他印人技法或风格的优点，同样也更有益于本家族印学的发展。

张燕昌经常与张廷济讨论金石，二人亦常有金石拓片的互赠来往，从留存的文献当中来看，他们大量的日常诗歌唱和能够展露出这些金石学家们的日常交游活动，张燕昌喜摹石鼓文，张廷济《海盐张文鱼燕昌重摹石鼓顷移置上海仁粟堂中再用前韵》诗

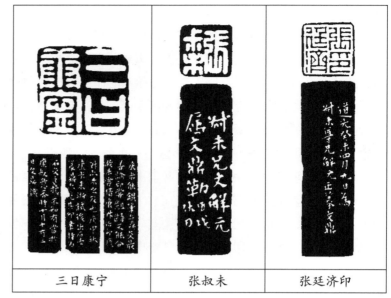

| 三日康宁 | 张叔未 | 张廷济印 |

图3　文鼎（四山之一）篆刻

曰："石鼓古本稀，薛李难左证。马杨说更诬，持论孰允称。装或萦须眉，失轩镜吾家。石鼓亭顾砚，实取径摹成……"[1]张廷济有诗《用苏韵书海盐张文鱼燕昌所贻拓本》："石鼓亭子石墨屯，百城不啻南面尊。曲阳盆铭百年拓，浓香霾霭煤麝昏。文鱼昔年苏迹访，禅智寺刻淮南村，新城兄弟诗并获。一笑往扣苏斋门，学士喜剧赋五字。高歌欲□眉山魂，是时盆铭挂诗境。指月了澈声闻根，学士征士今并杳，春梦唤醒都无痕。古人遗意可知否，儿戏要须晚学论。水流莫使腐止滞，绠级莫使赢瓶盆。大苏诗法石不朽，元音正始世乃存。"[2]可以看出，张廷济对金石的痴迷与热情。

关于张廷济与印人陈寓的交游，张廷济在道光二十六年丙午（1847）十二月十日所作的《殷云楼字卷》中记载颇清："秀水殷云楼先生，学行为朋辈重，与余结文字交，五十年如一日，洵良友、洵古君子也。作书画得古法，现惟秀水文后山老人足与之相颉颃。文落笔有停云家法，而写松石与行书巨幛，则云楼胜矣。后山长余二岁，余长云楼一岁。余至郡城必往来作长话，后山住东城南县桥，见尤数；云楼住西城，年来各以走西丽桥为艰，见面少稀，然简牍未尝阔也……郡城道古良友尚有陈新篴（陈寓）、曹种水（曹言纯）、徐寒塘、马澹于、钱几山，今皆入山阳笛赋矣，思之亦不禁怆怆。"[3]孟耀廷[4]与印人陈寓、陈志宁相友善，杨钟羲撰《雪桥诗话三集》云："与毗陵孟耀廷心闲，工书，以贫，故操笔墨以游，李申耆（李兆洛）称其'所为书端劲，法颜柳，而归诸平淡雅净，如其人，所为闲放居，剩稿淡然自适，复如其书'。与陈新篴善，再至嘉禾，宿陈康叔寓斋，述怀赋赠。"[5]

[1]　清·张廷济：《桂馨堂集》《顺安诗草序》卷四，清道光刻本。

[2]　清·张廷济：《桂馨堂集》《顺安诗草序》卷四，清道光刻本。

[3]　清·张廷济：《清仪阁题跋》《目录》，清道光二十年刊本。

[4]　清·李铭皖修、冯桂芬纂：同治《苏州府志》（清光绪九年刊本）卷一百三十九云："孟耀廷，闲居散笔，号心闲，阳湖人，寓吴。"《墨林今话》参《海上墨林》载孟耀廷寓吴中最久，工大小篆及行、楷书，著有《闲层散笔》，论书与画，俱中肯綮，亦喜写兰。

[5]　民国·杨钟羲撰：《雪桥诗话三集》卷十，民国求恕斋丛书本。

　　张廷济与印人陈鳣的交游，陈鳣在《清仪阁记》中云："叔未与余同举于乡，褎然举首，三上公车，以官学教习当得官，因不屑为风尘吏，拂衣而归。扫除门径，蓄旨以养亲、储书以课子……一二友朋，时相往来，赏奇析疑，或坐花醉月，或点笔题诗，暇则扁舟出游，访求古迹。"[1]陈鳣与张廷济在访求古迹上亦是同道中人。《同海宁陈仲鱼[2]同年访葛春岿，即宿铜香阁，与向之时征夜话》曰："髯也相期共放舟，便登百尺卧高楼。飘零锦瑟添红泪，憔悴麻衣已白头（向之悼亡余失怙）。离易合难真一梦，今来古往孰千秋。剧怜听雨连床夜，挑尽残灯话未休。"[3]他们亦是吟社之友，张廷济在《桂馨堂集》中记载道："四月廿六日读书八砖精舍，清茶淡饭爱日舒长，回忆去年今日，同陈仲鱼鳣出沙河门至张家湾，天雨日暮，无从觅舟，就宿旅店一段景况赋此：'去年此日出都门，细雨能销客子魂。羸马易愁村路滑，土床难借布衾温。思家暗卜归帆捷，遣夜频将故旧论。珍重光阴逢子舍，万丛浓绿护田园。'"[4]关于马澹于，潘衍桐撰《两浙輶轩续录》载："马汾，字澹于，嘉兴岁贡，著《耨云轩诗钞》《灯窗琐话》。携李自吴澹川称诗人，后词坛寥落，曹种水、马澹于两丈，犹不废此事。曹丈仅有半面之识，马丈与子为忘年契，今年七十四，犹丹黄不辍，巍然鲁灵光也。"[5]马澹于与张廷济、文鼎、曹言纯是非常熟悉的老友，张廷济《顺安诗草》之《三月十二日舟诣郡城孙辈试寓》诗云："为问孙枝新试文，轻教柔橹划波纹。预筹老伴寻三四（马澹于、文后山、倪敬亭、殷云楼），未要好花开十分。"[6]马澹于与"张叔未、程听溪、金匮钱梅溪、吴中彭枕珊、顾湘舟、黄秋士皆吟社友也"。[7]

　　海盐澉浦印人吴东发（1747—1804，字侃叔，号耘庐）与张廷济为金石契友，吴东发性高洁，不慕荣利。善诗、书画、篆刻，有"大篆吴东发，小篆邓石如"之称，精金石考订之学。吴东发受知于钱大昕、阮元等。并受阮元之聘，参加《经籍纂诂》。阮元的《积古斋钟鼎彝器款识》吸收其不少见解。吴东发"与兄以敬潜心经学，尤邃于《尚书》，兼通金石文字，凡商周秦汉之文，靡弗考究，所著有《群经字考》《读书笔记》《书序镜》《尚书后案质疑》《经韵》《六书述》《石鼓文读》《商周文拾遗》《钟鼎款识释文》《尊道堂诗文集》"。[8]褚德彝序吴东发《商周文拾遗》曰："乾嘉之际，斯学尤盛，芸父先生隐居海滨，笃学好古。于商周金文钻印尤切，□穴经传，独标心得。"[9]《广印人传补遗》载吴东发"精鉴赏兼篆刻"。[10]张廷济在《感逝诗》中盛赞吴东发曰："铁村有硕彦，静者绝纷呶。能识子姬字，愧同金石交（阮芸台师与余及侃叔笔札俱用'金石交'长方白文印，岁己未，侃叔赠余诗有'交称金石愧同侪，今日云泥判不才'云云）。馨神追古

　　[1]　桑椹编著：《历代金石考古要籍序跋集录》，浙江古籍出版社2010年版，卷一，第336页。

　　[2]　民国·许傅霈等原纂、朱锡恩等续纂：民国《海宁州志稿》（民国十一年排印本）卷十四云："陈鳣，字仲鱼，号简庄，初号河庄，嘉庆丙辰（1796）以孝廉方正征旋举戊午乡试，晚筑别业'紫薇山麓'，以续其先人璘《说文解字》疏未竟而没，年六十五。"

　　[3]　清·张廷济撰：《桂馨堂集》，清道光刻本。

　　[4]　清·张廷济：《桂馨堂集》之《顺安诗草序》，清道光刻本。

　　[5]　清·潘衍桐撰：《两浙輶轩续录》卷三十，清光绪十七年（1891）浙江书局刻本。

　　[6]　清·张廷济撰：《桂馨堂集》之《顺安诗草》，清道光刻本。

　　[7]　民国·吴翯皋等修、程森纂：民国《德清县志》卷八，民国十二年（1923）修，二十年（1931）铅印本。

　　[8]　清·许瑶光修、吴仰贤纂：光绪《嘉兴府志卷》卷五十七，清光绪五年（1879）刊本。

　　[9]　桑椹编著：《历代金石考古要籍序跋集录》，浙江古籍出版社2010年版，卷一，第442页。

　　[10]　清·周亮工等撰，于良子点校：《印人传合集下》，浙江人民美术出版社2014年版，第639页。

训，耗力竟谁教。喜有文孙健，方书手自钞。"[1]

张廷济与瞿中溶多有交往，据张廷济《年谱》所载，道光九年（1829年）二月，"瞿中溶携儿访清仪阁，并拓古器数种。同年，五月中旬，张廷济访瞿中溶，以所得古器拓本见赠，瞿氏回赠家藏古器拓本五十余种报之。同年十月，瞿中溶携其婿聘侯及两孙儿赴嘉兴新篁里回访，观所藏长物，并留三日而归"。[2]瞿中溶对古代官印有深入的研究与考释，著有《集古官印考》，张廷济曾将所藏古代印章拓赠瞿氏。例如，瞿中溶对张廷济所赠的"提控所印"拓本考释道："此印之失，当在是时也。印为嘉兴张叔未所得，以拓本见贻，此等官印，乃仓惶匆遽之际所造，故背款甚劣，几不成字。予再三审辨，始得其全。"[3]又对张廷济所藏的"宋桂州凭由司新朱记"印考释道："州郡并无设立'凭由司'明文，此必宋初五代旧制置此官，故云'新朱记'，不知去于何时，史志未详。赖此印流传始可考，见而知之，盖史之阙略者不少矣。"[4]

张廷济与印人达受的金石交游较多，道光十一年（1831年）四月十一日，"海昌僧六舟来访，赠张廷济古砖文拓本六帧"。[5]达受曾拓得《史颂鼎》赠送张廷济。张廷济在《唐子畏沧浪亭图卷用瞿木夫中溶韵为海昌僧六舟达受题》中咏叹道："阿谁高咏继沧浪，画笔萧疏此水乡。四百年来无恙在，赞公房里复储藏。网罗古刻遍三吴，惯影金文作画图。何意敦盘三颂外，鼎文字又串骊珠。余旧有颂，为龚叔、龚姬作敦，又《史颂》《敦史》《颂盘》，因以三颂名轩。"[6]

陈介祺与张廷济、释六舟皆为金石同道中人，他们在金石拓本、印章收藏方面多有信札往来，张廷济曾将汉刘耽六面印作为寿辰礼物赠送给山东潍县印人陈介祺，并作《汉刘耽六面印》诗："此刻甚规矩，一面文乃偶。若在魏晋时，文已无此厚。君近圣人居，金丝聆曲阜。珍重忽得此，鲁殿比趋走。此亦君家缘，莫云轻付受。信是汉京遗，他说可勿狃。遥遥二千年，文字光琼玖。应知吉金吉，特为寿卿寿。"[7]

嘉兴印人鲍昌熙（字少筠）为张廷济门生，其撰有《金石屑》四册，收录秦代至明朝的诏版、铜器、石刻、泉币、玺印、砖瓦等金石小品68种，这些器物多为张廷济旧物。鲍昌熙摹刻拓本图像，并作题跋，光绪三年（1877），鲍昌熙在《金石屑》序中曰："昌熙少从乡先生张叔未解元游，窃亲炙其绪论。解元为阮文达人室弟子。博览群书，兼长金石。一时如翁苏斋、宋芝山、赵晋斋、张芑堂诸公皆与之交，考订精审，洞如发覆，世所称清仪阁老人也。其浚合中藏物、散布人间，半为昌熙所获。庚申寇扰，出避仓皇，独抱斯箧，从居沪上，得以未付劫灰。维时沈君韵初、杨君石卿日相欣赏，共劝付梓，以时事匆卒未果。壬申岁之官淮北，间曹多暇，摩挲旧藏，因感二君之言，爰事勾摹，付诸手民之良者。始于丙子夏开雕，迄于丁丑春暮卒业。卅载皮藏，一旦得以裒集成书，厘为四册。时路山夫大令、田穉存分转，同集袁浦，讨论编录，助我实多。所惜韵初即世，石老远隔，未得相与商确为憾耳。夫金石著录，前代以逮国朝诸老辈搜罗宏富，荟萃菁华，不

[1] 清·张廷济：《桂馨堂集》之《感逝诗》，清道光刻本。
[2] 童衍方主编：《眉寿不朽：张廷济金石书法作品集》，上海书画出版社2019年版，第234页。
[3] 清·瞿中溶：《集古官印考》卷十七，清同治十三年（1874）刻本。
[4] 清·瞿中溶：《集古官印考》卷十五，清同治十三年（1874）刻本。
[5] 童衍方主编：《眉寿不朽：张廷济金石书法作品集》，上海书画出版社2019年版，第234页。
[6] 清·张廷济：《桂馨堂集》之《顺安诗草》卷五，道光刻本。
[7] 清·张廷济：《桂馨堂集》之《顺安诗草》卷七，道光刻本。

知凡几。自维眘陋，鲜学寡闻。今之所集不过片金碎石，零星猥琐，故以《金石屑》名之，盖从实也。"[1]鲍昌熙在序中为后人勾勒出了热闹非凡的金石生活的画面，也为研究嘉兴金石学家之间的关系提供了重要的依据。金石著作得以刊行的一个重要基础便是金石友人的相助。

张廷济与黄岩印人方絜（字矩平，号治庵）相交，方絜精刻竹，乾、嘉以后为金陵派刻竹名手，人称"方竹"。张廷济题云："竹人自昔嘤城（今上海嘉定）传，只恐输君更擅场。"方絜刻印工整秀雅，得秦汉、浙派神韵。卒于嘉兴，年仅三十九。张廷济好友嘉兴沈桂铣精篆刻，亦精绘事，间画山水，萧闲疏放，几入清闷（倪瓒）之室。张廷济《桂馨堂集》云："沈兄秋峦，半桐居士之子也，名锡庆，字咸中，后改名桂铣。诗文妍丽，真隶书俱工整，尤工篆刻石印。乾隆辛丑韩城相国王文端公科试嘉兴，赏其真书置第一，补上舍生员。既贡成均，历游幕府，才名日盛，与余订交垂二十年。"[2]

嘉善印人张士楷（字和斋），别号荷樵子、怡云馆主人，与张廷济、赵之琛相友善。张士楷"道光二十年（1840）援例授南河通判，需次袁江后，以黄流北徙乞假归，以图书、金石自娱，与杨龙石处士、汤雨生都督辈订交"。[3]桐乡印人汪淮，字小海，号兰侬，监生，"（汪淮）由桐乡家于海宁，与吴槎客交善，工诗文篆刻，与张芑堂相契"。[4]

钱塘印人何溱（字方谷，何梦华之子）"工刻印，与张廷济、徐籀庄诸君考订金石，著有《益寿馆吉金图》"。[5]张廷济《立秋日邢侂山师手书雅招观荷以病未克举棹赋呈七律四章》云："何公雅金石，遗文快共罗。"[6]何梦华曾在阮元宦浙期间帮其编成《两浙金石志》十八卷附补遗一卷，涉及嘉兴地区碑刻主要有《嘉兴路重修儒学记》《嘉兴路资圣禅寺长生修造局记》《福源普慧禅寺碑》等。钱塘印人汪镜（1813—1864）为张廷济的金石契友，其"字伯年，号百研，晚自号碉广居士，又号年道士、南湖老渔，官福建清流知县，工诗画，尤精篆刻，力追秦、汉，与吴咨、赵之谦称'三杰'"。[7]

松江印人徐渭仁（？—1853），字文台，号紫珊，晚号随轩，博学嗜古，鉴别碑帖，时人推为巨眼。与陈鸿寿、张廷济、王学浩为书画金石友人。徐渭仁善书，篆、隶、行、楷皆有法度。钩摹尤精。辑有《随轩金石文字》《春晖堂丛书》及《法帖》。据民国《上海县志》所载："徐氏紫珊，刀法精绝，有手刻'徐渭仁印'玉章一颗，藏日本东京博物院。"[8]

张廷济与印人黄锡蕃亦有交游，黄氏曾藏有一明代周天球紫檀椅，邀请张廷济题跋文字。张廷济跋曰："止园当日此静坐，屈指于今五戊辰。剩有句题坡老好，恰宜案共墨林珍。香炉茗碗长吟郅，清簟疏帘自在身。一活未徒百四十，大椿还有八千春。盖椅为海盐黄椒升都事锡蕃所藏，因乞

---

[1] 桑椹编著：《历代金石考古要籍序跋集录》，浙江古籍出版社2010年版，卷一，第259页。

[2] 清·张廷济：《桂馨堂集》之《感逝诗》，道光刻本。

[3] 清·江峰青修，顾福仁撰：光绪《重修嘉善县志》卷十九，光绪二十年（1894）刊本。

[4] 陈浩、李惠明编著：《嘉兴古今印人录》，西泠印社出版社2013年版，第103页。

[5] 清·周亮工等撰，于良子点校：《印人传合集》下《广印人传》，浙江人民美术出版社2014年版，卷六，第493页。

[6] 清·张廷济：《桂馨堂集》之《顺安诗草序》，道光刻本。

[7] 清·周亮工等撰，于良子点校：《印人传合集》下《广印人传》，浙江人民美术出版社2014年版，卷六，第535页。

[8] 民国·吴馨修、姚文枏纂：民国《上海县志》卷二，民国二十四年（1935）铅印本。

叔未书之，复刻于上，并钤古鉴斋印。"[1]

　　印人赵之琛曾为张廷济刻印多方（图4），例如"宝穰"朱文印章，边款为："道光二年（1822）八月，为张叔未兄丈制，次闲赵之琛，叔未丈得唐摹王右军《行穰帖》，此帖为小白侍御故物，后有倪云林、柯丹丘、董香光、王觉斯题记，真宝物也，次闲又记。"又有姓名印章数枚，足见两人的深厚交情。

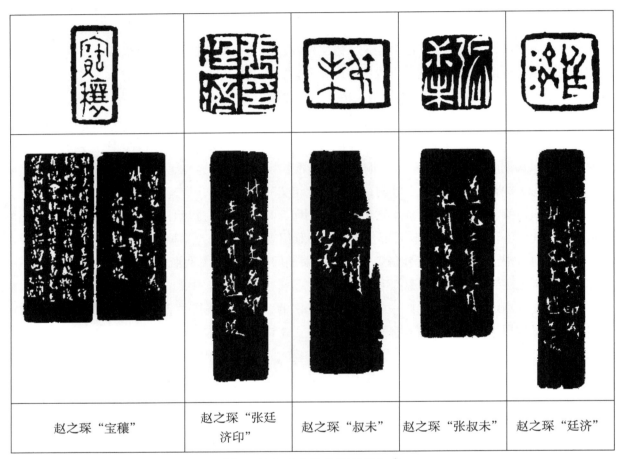

| 赵之琛"宝穰" | 赵之琛"张廷济印" | 赵之琛"叔未" | 赵之琛"张叔未" | 赵之琛"廷济" |

图4　赵之琛为张廷济所刻印章

四、嘉禾地域性印章鉴藏活动及其价值

　　讨论嘉兴印人的印章鉴藏，张廷济无疑是一位典型的代表，主要是张氏具备以下几个方面的条件：一，张廷济作为清代中期嘉兴地区的收藏大家，其印章收藏颇富；二，张氏不仅具有收藏家的身份，同时也具有印人身份，张氏家族是嘉兴地区典型的印学世家；三，作为地方文人，张廷济建立起了一个相对稳定的金石鉴藏圈，具有较强的号召力与凝聚力。所以，研究清代嘉兴地域印人中的印章鉴藏，张廷济都是一个无法绕开的人物。

---

[1]　清·徐珂：《清稗类钞》之《鉴赏类》，民国十七年版。

（一）张廷济的印章鉴藏圈及鉴藏活动考察

以张廷济为中心的印章鉴藏圈极为活跃，首先，活动在张廷济身边的印人较多，这些印人主要有郭承勋、曹世模、徐年、杨澥、冯承辉、孙三锡、方絜、沈近光、徐三庚及后辈学人陈蟾桂、吴传经（图5—6）、丁鼎、何玙等人，他们之间多有印章鉴藏的活动。

图5　吴传经"嘉禾老农"

图6　吴传经"吴廷康印""吴康父"

图7　钱寄坤"来燕楼"

张廷济所藏的印章来源主要有以下几种情况：一，祖上相传；二，友朋相赠；三，出资购买；四，以物置换。祖传印章对于家族文化传承以及家庭文化教育具有重要的意义。例如，嘉兴甘泉钱泰吉就曾购买到一枚祖传印章，其在《甘泉乡人稿》中有此枚印章失而复得的详细记录："递传至泰吉，已阅六世。"钱泰吉认为此印"犀角上盘双螭钮，古泽可爱，盖数百年前良工所作者"，友人文鼎命工制椟以妥善珍藏，得到世传。某种程度上来说，这枚先人传下来的印章对于整个家族而言具有承传先人遗志、彰显家族文化、激励家族后学的作用。钱泰吉直言："子孙苟能不忘其先人，则虽一物之微必慎藏不忍失……况此印为吾家所世传，先公既以名其集海内，通人学士，见之者皆知为先公故物哉。"[1]可见，印章在家族文化传承中所起到的作用是非常大的。

张廷济所收藏的印章中，友朋相赠的情况较为多见，徐同柏经常赠送张廷济古印章。例如"鹤田"白文印，张廷济记载道："平湖陆侍御鹤田先生光旭之印，先生小春日，同丹霞师彭云客云峰，小集诗迹，朝鲜纸本，用此及'吐凤斋'二印。先生之曾孙念曾翁迁居吾里丁字溪南，此与'吐凤斋'印皆念翁之子大椿（即徐同柏）所赠，其朝鲜纸本诗迹藏王琴泉亲家处，'吐凤斋'是象牙印。"[2]又"云峰草堂"朱文青田石随形印，张廷济云："平湖陆鹤田侍御物，侍御有云峰草堂诗稿真迹数册，归王子愚上舍，今未知存否，此印亦大椿所赠。道光四年甲申三月八日，叔未张

[1]　清·钱泰吉撰：《甘泉乡人稿》，清同治十一年（1872）刻，光绪十一年（1885）增修本。
[2]　清·张廷济著：《清仪阁所藏古器物文下》，浙江人民美术出版社2020年版，第九册，第594页。

廷济。"[1]海盐印人钱寄坤不仅鉴古，篆刻亦能世其家学，刻印有"文何"之韵（图7），张廷济所藏古印中不乏钱寄坤所贻者。张廷济对钱柞溪及其子钱寄坤（1767—1836）推崇备至，关于钱柞溪，张廷济在《桂馨堂集》中辑录道："钱翁柞溪，名本诚，字惟寅，海盐人，品学端厚，工大小楷行书，耄年不辍，法书、名画、古碑、佳帖、秦汉之铜玉印、英德灵璧之文石、肇庆龙尾之砚、金粟福业法喜之经笺，无不研求讲考，而后学咨问，从不作一诳语，真古之长者也。"[2]

钱寄坤与张廷济相交几十年，据张廷济《跋史颂敦》曰："海盐钱四寄坤客平湖酱园。取酰浸二宿，用针导之。朱绿如泥沙，字画遂毫无损失。寄坤为柞溪翁令子，风雅而有巧思类如此。"嘉庆五年（1800），黄锡蕃重辑《续古印式》，张廷济曾为其补摹缺印。张廷济在《桂馨堂集》中记载了钱寄坤以及黄锡蕃的《续古印式》，文曰："当其得意时，直接彭（文彭）与震（何震）。昔年都事黄椒升蕃辑《续古印式》，悬金聚玺信，临写健笔，能尹邢世难认。嗣归余，箧衍宝之，胜瑜瑾。"[3]这些友人所赠印章是张廷济古印收藏的重要来源之一，同样也是研究印章流传的重要依据。

张廷济一生游历，不断地结交友朋，善于从友朋处购藏印章，张廷济的收藏乐趣也体现在他对这些印章的著录跋语中，正如他在《古器物文》中所言："此清仪阁自藏之册，故于得器之人、地、时、值，备细详载，偶然披阅，如履旧游，如寻旧梦，只可自怡悦，不堪持赠君。"[4]可以读出张廷济迥异于时人的收藏态度。张廷济尤喜汉印，张氏曾诗赞《汉窦武铜印》云："誓扫刑余事不由，天心知已厌炎刘。衣冠惨到都亭市，组绶空还槐里侯。地下愁霾伤国老，人间气短哭清流。剩留绣错游平印，一例童谣卖不休。"[5]对于嗜好古印的张廷济而言，也曾感叹古代印章流传的艰辛，其在《印文拓本》一诗中这样咏叹道："秦旧文章汉旧仪，紫泥印出尽累累。青云可系封侯肘，黄绢从钤幼妇辞。自许炼心同铁石，不妨开口问官私。侧身天地还搔首，几代传人是阿谁。"不难看出，张廷济对于古印收藏的热情源于其对金石遗文的关注与热衷，这同样也是其金石生活中的一个重要方面。

张廷济在印章收藏方面可谓倾其一生的经历与财力，张廷济曾收藏大量的玺印，其在清道光八年（1828）所题的"金篆斋"匾额（图8）的跋款中讲道："积四十年心力，得周秦汉魏官私铜印四百余钮，筑室贮之。"此件作品后归吴隐（1867—1922），吴氏请吴昌硕书后端，73岁的吴昌硕欣然跋道："菽翁吾先师，信石不信金。金因作伪多，此语诛其心。槜李张清仪，古癖由书淫。藏印四百方，铸凿窥璆琳。金篆颜其斋，翠墨传至今。吾宗印富储（石潜藏周玺秦汉印八百余钮），指画昆吾临。对此擘窠书，如醉还酒斟。如（风）移女床山，如坐丁研林。如风遇铁箫，如操投青琴。清仪久不作，印学谁知音。效（颦）惭老夫，腕力疲不禁。饶舌欲胡为，聋矣还宜瘖。"从吴昌硕的诗评中可以看出，张廷济所收藏的印章在印学界产生了很大的影响。

张廷济不仅善于鉴藏古印，对于时人印章亦多关注与收藏，例如，张廷济曾藏有项元汴三方印

---

[1] 清·张廷济著：《清仪阁所藏古器物文下》，浙江人民美术出版社2020年版，第九册，第594页。
[2] 清·张廷济：《桂馨堂集》之《感逝诗》，清道光刻本。
[3] 清·张廷济：《桂馨堂集》之《顺安诗草》卷四，清道光刻本。
[4] 清·张廷济著：《清仪阁所藏古器物文下》，浙江人民美术出版社2020年版，第一册。
[5] 清·张廷济：《桂馨堂集》之《顺安诗草》卷七，清道光刻本。

图8 "金篆斋"匾额张廷济题私人收藏

章，分别为"项"印、"墨林山人"印、"项元汴字子京"印，据张廷济所云："盖天籁阁严匠望云手制物也，西邻葛见岩弟为余购得，值钱二千八百。余作铭，索文鱼书之。平湖朱兄椒堂侍御曾为作铭，尚未之契也，道光二年壬午七月廿五日，塘西舟中叔未张廷济。"[1]张廷济铭曰："棐几精良，墨林家藏。两缘遗印，为圜为方。何年流转，萧氏逻塘。火烙扶寸，牙缺右旁。断薤切葱，瘢痕数行。乾隆乙卯，载来新篁。葛澄作缘，归余书堂。拂之拭之，作作生芒。屑丹和漆，补治中央。如珊网铁，异采成章。回思天籁，劫灰浩茫。何木之寿，岂然灵光。定有神物，呵禁不祥。宜据斯案，克绰永康。爰铭其足，廷济氏张。书以付契，其兄燕昌。"[2]张廷济在印章收藏上可谓是有心之人，往往详细记录购藏印章的时间、地点、价格、藏家姓名，也经常讨论并跋识印章的印文、材质与风格等。例如张廷济曾对所藏的"红药山房收藏私印"描述道："乌木印，长寸有半，黝莹如玉，海盐吾以方文学进藏品。昔时屡出以把玩，顷其子伟堂茂才归于余，值钱一枚。"又对见到此印的具体位置做出描述："花山马寒中（思赞）藏金石书画极精富，如《王复斋钟鼎款识》《唐拓武梁祠画像》，皆人间希有。《宝墨款识册》归阮制军师，画像册归黄小松司马，皆已镂版寿世，此印载画像册第一章。"[3]正是这些详细的跋语，给予后人研究张廷济的印学观念提供了翔实而有力的资料。

（二）印章鉴藏的意义

嘉兴地区的印章、书法、绘画与书籍的鉴藏历史较为悠久，例如南宋时就有藏书家赵汝愚，元代有吴镇等。明代嘉兴地区因政治环境相对宽松，经济文化发达，再加上优越的地理位置，书画印章的收藏极为兴盛，明代出现了收藏家姚绶、冯梦祯、项笃寿、项元汴、汪爱荆、汪砢玉、冯梦祯、李日华等，明代民间的收藏中心也因项元汴、李日华、冯梦祯等人的出现而逐渐向嘉兴地区转移。

清代嘉兴的私家藏书业兴盛，藏书家有曹溶、朱彝尊、胡震亨、吴孟举、鲍廷博等，藏书楼如雨后春笋般建立起来，例如吴骞的拜经楼、陈鳣的向山阁、蒋光煦与蒋光熙的衍芬草堂等。藏书业的发展是嘉兴文化发展的重要组成部分，同时，嘉兴藏书文化在周边地区也得到迅速扩散与效仿，嘉兴文人在文化传播过程中的作用是非常重要的，文化的传播力度也大大增加。

[1] 清·张廷济著：《清仪阁所藏古器物文下》，浙江人民美术出版社2020年版，第九册，第680页。

[2] 清·徐珂：《清稗类钞》《鉴赏类》之《张叔未项藏墨林棐几》。

[3] 清·张廷济著：《清仪阁所藏古器物文下》，浙江人民美术出版社2020年版，第九册，第593页。

　　印章的鉴藏皆在对印章的流传、买卖、赏鉴、辑拓等方面的研究，并要积极关注藏家与印家的具体社会地位、社会关系以及社会活动，这样才能更好地还原或释读这些印章的价值意义以及印人群体的审美动向或审美思想。印章的鉴藏是需要一定条件的，主要为以下几点：一、良好的政治文化氛围以及物质经济条件；二、士人好古嗜古的雅好兴趣；三、文人篆刻的发展兴盛，对于篆刻喜好者来说，需要印章实物或钤拓印谱作为学习的参考，这些人对新出土的或新发现的古代金石碑版、印章或有益于篆刻方面的印谱等需求量较大；四、商人不仅投资古物鉴藏，而且对文人篆刻家进行财力支持，商人与文人之间建立起了一座桥梁，也就是说，商人与文人一起积极参与印章的赏鉴与收藏，他们在印章流传的整个过程中起到了重要的作用。

　　明清时期，除苏州府、松江府外，嘉兴府是鉴藏家较为集中的地方，这时期出现了诸如项元汴、李日华、郁逢庆、张廷济等影响较大的鉴藏家，嘉兴地区的私人收藏一定程度上可以反映出这个地区的地域文化氛围是较为浓烈的。项氏的鉴藏风雅承吴门文氏父子，对松江董其昌、嘉兴张廷济等人影响深远。此外，还有寄寓嘉兴的域外鉴藏家，徽州籍汪石町玉便是其中一位。这些域外鉴藏家同样也活跃了嘉兴地区的鉴藏氛围，嘉兴篆刻家与这些鉴藏家们密切交流，不仅带动了地域鉴藏文化的发展，更为篆刻家们提供了一个较为稳定的印章鉴赏平台。他们之间的鉴藏活动也越来越高度集中起来，同时也吸引了周边地区的藏家与文人参与进来，所以，研究嘉兴地区的印章鉴藏活动对于研究此地区的鉴藏文化来说具有重要的意义。

　　印人在交游的过程中，不乏讨论印章的取法、风格、刀法、章法、用字以及钤印技巧等相关的问题，这些印人在与身边的鉴藏家频繁交游的基础上，不仅能开阔视野，还会产生新的印学观念，当印人们不同的印学观念碰撞在一起的时候，也许会启发他们新的印学思维，从而能更好地指导他们的印章实践，印学文化才能得到更好的继承与革新，这便是印章鉴藏的真正意义所在。

附表　《清仪阁所藏古器物文》中所载张廷济购藏之印章[1]

印章	印文	跋款	藏家	购藏地	价格
	宋"桂州驻番司新朱记"朱文印	背文"淳化九年十一月铸"，"年"上字半磨灭，不可定。道光辛巳九月廿日，王友检叔寄来，直银五饼，余所见宋官印，此其最先者，桂州令桂林府梁大同始置桂州，其后废复不一。五代初属湖南，周广顺初属南汉，宋仍为桂州。道光二年壬午七月十九日，叔未张廷济。	王友检叔		银五饼
	宋"绍兴盐官县结纳记"朱文印	从子让木所藏，背文唯绍兴七年字可辨。	张让木		

---

[1]　表格中所辑录印章选自张廷济著：《清仪阁所藏古器物文下》，浙江人民美术出版社2020年版，第九册，第579—608页。

印章	印文	跋款	藏家	购藏地	价格
	金"姜村商酒务记"朱文印	泰和六年十一月，礼部造。嘉善得于山东。嘉庆十七年壬申十二月，余以银十饼易得。酒务之记，汪秀峰有"恩州饶阳镇酒务记"，颜运生有"曲阜县酒务记"，翁宜泉有"赵华村酒务记"，与此而四，叔未张廷济记。	孙圻	山东	银十饼
	蒙古"万户之印"朱文印	嘉庆丙子夏五月朔日，晋斋赵明经（赵魏）得自扬州以见贻。	赵魏	扬州	
	"管军总管府印"朱文印	嘉庆戊寅，海盐黄椒升都事所贻，值银十饼……道光壬午七月十九日张廷济。	黄锡蕃	海盐	银十饼
	"豹房印记"，铜印	豹钮，明武宗时物也，李友金澜贻戴友桐门。嘉庆廿一年丙子九月八日松门归于余，值银三饼，道光四年甲申二月五日，叔未张廷济。	李金澜	温岭松门	银三饼
	"君实"白文铜印	四月十日，友人卜子容蓉镜寄至此。	容蓉镜		
	"张"字铜押印与"张"字朱文印	此两方印章，乃张廷济"嘉庆辛酉得于京师"。		京师	
	金元国书铁印朱文印	嘉庆辛酉得于京邸，其文系金元国书，余不能通，存此以俟识者，道光四年甲申三月十二日，叔未张廷济。		京师	
	"济之"朱文铜印	天禄辟邪钮，嘉庆八年癸亥，海盐文鱼孝廉兄归来，值银二饼。	张燕昌	海盐	银二饼
	"项子京"白文印	天禄钮，梅里李金澜明经遇孙归来，值银一饼。	李遇孙	梅里	银一饼

（续表）

印章	印文	跋款	藏家	购藏地	价格
	"曹溶"（朱文）、"洁躬"（白文）连珠印	曹倦圃侍郎铜连珠印，兽钮，秀水文友后山上舍鼎归来，值钱五百。侍郎字洁躬，亦字鉴躬。同里葛向之茂才藏有侍郎象牙印，文曰"樯李曹溶"，制作亦甚精好。道光四年甲申三月十一日，叔未张廷济。	文鼎	秀水	钱五百
	"梅会里朱氏潜采堂藏书"朱文象牙印	管领奇书八万卷，人间此印亦千秋。签开玉版先经眼，榜赐金题在上头。七品真推良太史（竹垞先生有一印曰"七品官耳"），百城肯拜小诸侯。南垞亭子教重建，同是熙朝第一流。（仪征阮夫子视学两浙，丁巳之秋，饬重建曝书亭……）道光四年甲申三月七日清明节重录。			
	"竹垞"朱文象牙印	郡中友人朱象九所贻，值银一饼，得之时，为嘉庆十五年庚午之夏。	朱象九		银一饼
	"西畯真赏"白文印	秀水友人文后山鼎为余勒藏款于顶，嘉庆九年甲子三月二十日，自吴兴归棹，买于禾郡集街倪福田肆中，倪云南门朱氏寄售者。	张廷济	禾郡	
	"朱彝尊锡鬯甫"白文象牙印	长寸余，黄如蒸栗，钱梦庐归来，银三饼，戊子十二月廿一日，叔未。	钱天树	平湖	银三饼
	"小朱十"象牙印	梅里友人李金澜明经遇孙所贻，值银一饼。	李遇孙	梅里	银一饼
	"红药山房收藏私印"乌木印	乌木印，长寸有半，黝莹如玉，海盐吾以方文学进藏品。昔时屡出以把玩，顷其子伟堂茂才归于余，值银钱一枚。花山马寒中（思赞）藏金石书画极精富，如《王复斋钟鼎款识》《唐拓武梁祠画像》，皆人间希有。《宝墨款识册》归阮制军师，画像册归黄小松司马，皆已镂版寿世，此印载画像册第一章，伟堂归于余者停云馆帖原刻，旧拓精装十二本，值银廿四饼。明人尺牍四册，值银十饼。广东光孝寺西院铁塔旧拓足本一幅，值银三饼。梁药亭对一副，值银二饼，连此印共洋银四十饼。石研农茂才经手，顷八月中是也。道光四年甲申十月十五日，叔未张廷济。	吾以方文学进		银二饼

（续表）

印章	印文	跋款	藏家	购藏地	价格
	"鹤田"白文印，"吐凤斋"朱文印	平湖陆侍御鹤田先生光旭之印，先生小春日同丹霞师彭云客云峰，小集诗迹，朝鲜纸本，用此及"吐凤斋"二印，先生之曾孙念曾翁迁居吾里丁字溪南，此与"吐凤斋"印皆念翁之子大椿所贻，其朝鲜纸本诗迹藏王秦泉亲家处。"吐凤斋"是象牙印。	徐同柏		
	"云峰竹堂"朱文印	青田石印，上镌"右酒"二字，平湖陆鹤田侍御物。侍御有云峰草堂诗稿真迹数册，归王子愚上舍，今未知存否？此印亦大椿所贻，道光四年甲申三月八日。	徐同柏		
	"家在高阳秦驻之间"木印	澉浦毕既明先生宏述篆刻真迹，先生著《六书通》，百季来摹印者率奉为圭臬。八分书导原两汉，王虚舟、蒋湘帆极倾佩之。此印下八字印皆先生之曾孙秦川茂才梧所赠。			
	"作字腕中百斛吟诗天外片心"黄杨木印	毕既明先生篆刻，先生之孙昆原明经星海所赠。明经世其家，学工篆、八分书，著有《六书通摭遗》。与余订金石交十二年，为余摹印十余枚，朋辈中亦罕与之匹。道光四年甲申三月八日，叔未张廷济。	毕星海		
	"瓜田"朱文印	秀水浦山征君物，征君一女嫁于友人俞印维，从其家买得印数方……"瓜田"印侧有"苣堂"二字，盖海盐文鱼孝廉所篆刻者。			
	"汪氏学山"黄杨木印	桐乡汪氏古香楼物，嘉庆八年癸亥春日，余从蒋春雨明经后人买得。	蒋春雨明经后人		
	"太平之世多长寿人"白文印	海昌吴兔床山人《阳羡名陶录》卷下引海盐张文鱼征君《阳羡陶说》。余于禾中骨董肆得一瓷印，盘螭钮，文曰"太平之世多长寿人"，白文，切玉法，侧有款曰"葭轩制"，不知何许人，此必百年来精于刻印者。昔时少山陈共之工，镌款字特真书耳。若刻印，则有篆法、刀法，非数十年功不能到也。吴兔床著《阳羡名陶录》，鉴别精审，遂以为赠。时丙午夏日云云。嘉庆十九年甲戌二月八日，文翁令子质夫茂才以此并周钟文工易去，银饼十二，此值饼四。			银四饼

（续表）

印章	印文	跋款	藏家	购藏地	价格
	"科第世家"朱文印	壬午秋中，余过海昌埌上，陈研香茂才文通所赠……道光四年甲申三月十三日，此亦象牙印。	陈研香茂才文通	海昌	
	"沈潞之印"白文、"宽夫"朱文印	木印，两面刻，外舅沈公遗物也。公嘉善人，中乾隆乙酉科浙江乡试八十七名举人，恬退高雅，不乐仕进，再谒春官县车不出。医学神妙，活人万计。甲寅七月七日卒，年六十八岁，余妇慎仪公之幼女也。道光四年甲申四月十一日，嘉兴张廷济记。	沈公		
	"苣野老人"白文印	青田石印，同邑竹里沈咸中明经锡庆所刻。	沈咸中		
	"履仁乡张仲乾隆丙辰五月五日生名镇字起也亦字苣野近号李亭"朱文印	青田石印，同里高勉斋茂才所刻。侧款云："嘉庆乙丑元日，高桂森为淳雅堂主人勒。"	张廷济		
	"八砖精舍"朱文印	青田石印，侧款云："古愚为叔未先生作。"古愚，毕昆园明经之别号也。	毕星海		
	"孝友传家"白文印	昌化石印，此亦新坊陈思棣茂才所刻。	陈思棣		
	"淳雅堂"朱文印	寿山石印，两面刻，先业师新坊戴昆玉夫子宫桂作，缘索其同里陈思棣茂才所制……道光四年甲申三月十三日，叔未张廷济识，年五十有七。	陈思棣		
	"研斋"朱文印	寿山石印，溆浦毕昆园明经以其祖既明先生宏述八分书"研斋"二字为赠，先君子因以为号，此印即明经篆刻，盖乾隆五十七年壬子时事也。	毕星海		

（续表）

印章	印文	跋款	藏家	购藏地	价格
	"张廷济印"白文印、"张氏叔未"朱文印等数印	漵浦故友毕昆园明经星海篆刻，乾隆壬子癸丑，明经馆余从兄蓬园家，甲寅乙卯馆余妇翁沈宽夫先生家，嘉庆丙辰至辛酉馆于珠溪葛氏。此数印皆数年中所作，道光甲申三月十一日，廷济记。	毕星海		
	"张济"白文印、"汝霖"朱文印	乾隆四十九年甲辰，余年十七，补嘉兴县学官，弟子沈兄秋峦作此二昌化石印为赠。丙午初夏，余更名廷济。乙卯之夏，余定字叔未。	沈秋峦		
	"张廷济"朱文印	同邑同里仁乡竹里沈秋峦明经锡庆篆刻，明经善行楷书，晚改名桂铣，道光四年甲申三月十二日。	沈秋峦	竹里	
	"吴越国王所造八万四千功德之一室八石印"白文印	此青田石印，系海昌故友朱履伯茂才志所赠，侧款三行，曰："叔未老先生正。"朱至己卯冬对雪，履伯博闻强识，尝为余海昌遗闻旧事，多可补志乘所未及，乃以诸生终，是可叹也。	朱履伯	海昌	

（作者系曲阜师范大学书法学院教师、南京艺术学院美术学院中国书法与篆刻史论专业博士研究生）

从御宝制作与使用窥两宋印官体系

王东明

内容提要： 本文对两宋御宝与官印在制作、颁予、使用等方面进行考察、研究，发掘出一些应事临时充当篆宝官的文官大儒，以及一些在宝印制作、授宝礼仪、保管等各个环节的宋代印官。另，亦发掘出一些低阶印官与工匠人物，如：少府监丞欧阳发，篆文官王文盛、张班，铸印官祝温集，擅长镌刻金银铜铁白文印的民间开书匠舒通。

窥视宋朝御宝、官印的制作府衙、颁发机构、从属职官等名称及职责，不仅可以了解宋朝印官体系大致架构与运作状态，而且亦可对宋代金石学、印学的内涵、认知起到填补与丰富的作用。

关键词： 两宋　御宝　印官

绪　言

宋朝，是我国物质富裕、经济发达、文化昌盛的时代，亦是百姓餍足人心、富裕奢靡的生活时代。其社会之稳定、经济之发达、文化之繁荣、科技之先进、文明之昌盛等无不卓越于中国各个封建时代，亦辉煌于同时的寰宇世界，诚如陈寅恪先生所言："华夏民族之文化，历数千载之演进，造极于赵宋之世。"[1]

后周显德七年（960），赵匡胤陈桥兵变，篡后周称帝之后，即"因太常博士聂崇义上《重集三礼图》，诏太子詹事尹拙集儒学之士详定之"，至开宝年中，再"命御史中丞刘温叟、中书舍人李昉、兵部员外郎知制诰卢多逊、左司员外郎知制诰扈蒙、太子詹事杨昭俭、左补阙贾黄中、司勋员外郎和岘、太子中舍陈鄂撰《开宝通礼》二百卷，本唐《开元礼》而损益之。既又定《通礼义纂》一百卷"。[2]推行古代礼制，以维护赵宋政权的统治。再者，为使赵宋皇朝能够持久延续，赵匡胤杯酒释兵权，采取"重文抑武"之国策，以避藩将之乱。赵宋皇朝对古代礼制的注重、对古代礼器的考究，成为皇室政治、礼仪、朝会、生活等方面的主宰。上有所好，下必甚焉。宋代的金石收藏与研究遂由此而兴起，金石学亦因此而萌发。而"重文抑武"，又促进了赵宋文人官至皇朝各个领域。这些为官文人本是饱读四书五经的学究，而金石收藏与研究原本就是需要深厚文化底蕴才能进行的活动。故，文人官僚阶层投入宋代金石学中堪是自然而然的自觉参与，这对宋代金石学活动无疑起到推波助澜的功效。

"华夏民族之文化……造极于赵宋之世。"宋朝官府、官员之数亦造极于世。其官府机构叠床

---

[1]　陈寅恪：《邓广铭宋史职官志考证序》，《金明馆丛稿二编》，三联书店2001年版，第277页。

[2]　元·脱脱等撰：《宋史》，中华书局1977年版，第八册，第2421页。

架屋重叠设立，形成庞大杂乱、名目繁缛、为数众多的官僚机关，由此衍生出大量的冗余官员充斥于赵宋皇朝。此种恶疾现象，在《宋史》中载录得颇为详尽：

> 宋承唐制，抑又甚焉。三师、三公不常置，宰相不专任，三省长官、尚书门下并列于外，又别置中书禁中，是为政事堂，与枢密对掌大政。天下财赋，内庭诸司，中外筦库，悉隶三司……台、省、寺、监，官无定员，无专职，悉皆出入分莅庶务。故三省、六曹、二十四司，类以他官主判，虽有正官，非别敕不治本司事，事之所寄，十亡二三。故中书令、侍中、尚书令不预朝政，侍郎、给事不领省职，谏议无言责，起居不记注；中书常阙舍人，门下罕除常侍，司谏、正言非特旨供职亦不任谏诤。至于仆射、尚书、丞、郎、员外，居其官不知其职者，十常八九。其官人受授之别，则有官、有职、有差遣。官以寓禄秩、叙位著，职以待文学之选，而别为差遣以治内外之事。其次，又有阶、有勋、有爵。故仕人以登台阁、升禁从为显宦，而不以官之迟速为荣滞；以差遣要剧为贵途，而不以阶、勋、爵、邑有无为轻重。时人语曰："宁登瀛，不为卿；宁抱椠，不为监。"虚名不足以砥砺天下若此……[1]

为削减冗余官员，司马光曾进呈《乞分十二等以进退群臣上殿札子》：

> 今朝廷明知任官不久之弊，然不能变更者，其患有二：一者……二者，岁月叙迁，有增无减，员少人多，无地可处……窃以今之所谓官者，古之爵也；所谓差遣者，古之官也。官以任能，爵以畴功。今官爵混淆，品秩紊乱，名实不副，员数滥溢，是以官吏愈多，而万事益废。[2]

这些叠床架屋的官府机构与群体庞大的官员所用官印，势必盈千累万。再者，赵宋皇朝屡次对故有或新置的官印进行大规模地更铸、新造，譬如：

> 乙未，令中书门下、枢密院、三司使及台、省、寺、监、开封、兴元尹，皆别铸新印……[3]
>
> 景德二年七月庚申，判刑部慎从吉言："门下省等五十四司，印文皆有新铸字，望改铸。"从之。[4]
>
> 大中祥符五年，诏诸寺观及士庶之家所用私记，今后并方一寸，雕木为文，不得私铸。[5]
>
> 丙子……乃诏：公晟以南丹州防御使致仕，其子延沈为银青光禄大夫，检校太子宾客，使持节南丹州诸军事，南丹州刺史兼御史大夫、知南丹州军事武骑尉，其余首领并与推恩……于

---

[1] 元·脱脱等撰：《宋史》，中华书局1977年版，第十二册，第3768页。

[2] 宋·司马光著：《传家集》，王云五编：《万有文库：司马文正公传家集》，商务印书馆1939年版，第二册，第314页。

[3] 宋·李焘撰：《续资治通鉴长编》，中华书局1995年版，第二册，第158页。

[4] 宋·王应麟撰：《玉海（合璧本）》，日本株式会社中文出版社1977年版，第三册，第1617页。

[5] 元·脱脱等撰：《宋史》，中华书局1977年版，第十一册，第3591页。

是铸羁縻州县印一百六十二给之……[1]

乾道二年四月十一日，礼部请郡县假借印记者，悉毁，而更铸。从之。[2]

从以上例子中可见，制造为数众多的官印当是宋朝行政的一项繁重工作。然而，比这些官印制作更为重要的还有宋室的御宝制作，这更是宋室最为倾心的神圣任务。

在秦后的皇朝更替过程中，秦所创立的传国玺成为历代帝王正统的象征，获得了传国玺，即标显出自家称帝的正统性。故，传国玺历来是各路欲王天下者窃取的首要目标，此在赵宋皇朝亦不例外。

小皇帝柴宗训一日之间沦为郑王，后周瞬间成宋。这无疑是赵匡胤称帝立宋最难以名正言顺之所在。为彰显皇权天授之旨意，宋室不仅承袭后周宝玺，更是创制出受命、镇国等多种名称的天命之宝。

周广顺中，始造二宝，其一曰"皇帝承天受命之宝"，一曰"皇帝神宝"。太祖受禅，传此二宝，又制"大宋受命之宝"。[3]

赵匡胤既得后周二宝，心仍不安，又创制出"大宋受命之宝"。其宝文弃"皇帝"二字不用，而冠以"大宋"，是为彰显开宋立国乃赵家尊天旨而受命。

开宝九年（976）十月癸丑夕，赵匡胤召赵光义入宫饮酒同宿；然，次晨惊报帝驾崩万岁殿。一夕之间，太祖变幻成太宗，赵光义登基称帝。为消除世人疑虑，标榜自己承袭皇位的正当性，太宗亦创制出新的天命之宝：

至太宗，别制"承受天命之宝"……自是，遂为定制。[4]

此宝文省略的主语，实为赵光义之隐，由此暗示赵光义称帝乃是"承受天命"之举。

至道三年（997）三月癸巳，太宗崩，真宗继位，亦创制新宝。此时，宋至三朝，江山稳固，宝文直以"皇帝恭膺天命"告示天下，以致后帝即位，均照此宝文作新宝：

真宗即位，至道三年，中书门下言："皇帝受命宝请以'皇帝恭膺天命之宝'为文。"诏可。[5]

御宝，是为皇权天授的首要象征；官印，是为官府、官员正宗性的凭信标志。它们的制作、颁

---

[1] 宋·李心传编：《建炎以来系年要录》，中华书局1956年版，第2725页。

[2] 宋·王应麟撰：《玉海（合璧本）》，日本株式会社中文出版社1977年版，第三册，第1617页。

[3] 宋·脱脱等撰：《宋史》，中华书局1977年版，第十一册，第3581页。

[4] 宋·李心传撰：《建炎以来朝野杂记·乙集》，《全宋笔记》，大象出版社2013年版，第六编，第八册，第83页。

[5] 宋·章如愚辑：《群书考索·前集》，《群书考索（上）》，广陵书社2008年版，第295—296页。

予、使用必然有着极其严格的制度。对于这些御宝及当朝官印，必然有相应的官府机构从事制造工作。

现代印学对于宋代印史的研究，大多倾向于印章形制与艺术风格的研究，而对于两宋印官体系的研究鲜有触及。因此，对赵宋皇朝在御宝、官印制作、颁予、使用等方面进行考察、研究，可以一窥宋朝官印的制作府衙、颁发机构、从属职官的名称及职责，以此了解宋朝印官体系大致架构与运作状态。

官印制作机构及从属职官

御宝及官印的制造，在印体材质、大小及印钮形制等制度的规范下，还牵扯到宝、印的内容确立以及宝、印文的书写确定等要素，而后再行铸造、镌刻，完成后再交由相关机构颁发或保管，从而完成整个宝、印从制作到交付的过程。

"宋承唐制"，赵宋皇朝在推行古代礼制的国策下，其印制亦沿袭旧制。篆文官王文盛于少府监所言，即是宋代官印承袭旧制的体现：

> 篆文官王文盛言于少府监，曰："在京粮料院印多伪效之，以摹券历者，谓宜铸三面印……"少府监以奏。诏三司详定，请如文盛言。文盛又曰："旧例，亲王、中书印各方二寸一分；枢密、宣徽、三司、尚书省、开封府，方二寸；节度使，寸九分；节度观察、留后观察使，寸八分半；防御团练使、转运使、州县印，寸八分。凡印各上下寸七分，皆阔寸六分。虽各有差降，而无令式以纪其数。"诏从其言，著于令。[1]

由此可见，古印旧制是篆文官烂熟于心的官印律例，上至王侯将相，下至官吏庶民的印章材质、钮制、尺寸等均由篆文官按印制规定执行。印制的捍卫与延续，即是由篆文官所秉持并坚守着。

制印流程一：印宝名文确定或定名

官印印体材质、大小及印钮形制属古法定制，不容丝毫更改。然，印文内容往往因年代、环境、使用等因素不同，而不断变化。因此，对于官印内容，尤其是对皇室御宝宝文的确定，更是慎重之事。除前真宗即位时的"皇帝恭膺天命之宝"为中书门下撰定外，还有其他撰宝名的事例：

> 庆历中，下学士院定其文，曰"皇帝钦崇国祀之宝"，醮祠则用之。[2]
> 辛亥，作"镇国神宝"……遂令参知政事梁适撰宝名而刻之。[3]

---

[1] 宋·李焘撰：《续资治通鉴长编》，中华书局1995年版，第九册，第2815页。
[2] 宋·范镇著：《东斋记事》，《全宋笔记》，大象出版社2003年版，第一编，第六册，第200页。
[3] 宋·李焘撰：《续资治通鉴长编》，中华书局1995年版，第十三册，第4220页。

"国朝，中书门下题榜止曰'中书'，印文、行敕曰'中书门下'。中书令、侍中及丞郎以上至三师、同中书门下平章事，并为正宰相……中书舍人以上至尚书为参知政事，贰宰相之任也。"[1]中书门下，乃北宋前期宰相处理政务之所。然，

> 高宗永徽二年三月，诏无忌及中书门下与国子三馆博士、弘文馆学士刊定故国子祭酒孔颖达所撰《五经正义》。[2]

可见，中书门下的宰相亦是通晓《五经》之儒。

"开元十六年，置学士院，专掌内命……"[3]《翰苑总论》："《四朝志》曰：自国初……独学士院承唐旧典遵而不改。"[4]宋代学士院因"承唐旧典遵而不改"，故其职亦"专掌内命"。然，学士院亦有他遣，如：

> 四年，诏：今后，诸宫院大小学教授有缺，令国子监与学士院、舍人院轮举。[5]

由此可知，学士院的官员乃是精通大小学的文人学者。

以上列举的官署机构中书门下、学士院，均纳有晓《五经》、通小学的大儒、学者。而"贰宰相之任也"的参知政事一职即为宰相之副，亦为文人所担当。他们往往临时受命，承担印文编纂或撰写宝名的兼职任务。

制印流程二：印宝书篆

宝、印内容确立之后，继而进行的即是宝文或印文的篆写。宋元文献载录了不少书写宝文的人物，譬如：

> 至道元年八月二十一日，命贾黄中撰册文，王旦、吕祐之书册、宝……门下省言：按开元礼仪，册太子宝以黄金为之，方一寸。[6]
>
> 太宗神主及谥宝篆文，皆诏中正书之。[7]
>
> 甲申，命参知政事冯拯书封禅玉宝、金宝。[8]

---

[1] 宋·孙逢吉撰：《职官分纪》，《景印文渊阁四库全书》，台湾商务印书馆1986年版，第923册，第923—45页。

[2] 宋·王钦若等编：《册府元龟》，中华书局1960年版，第八册，第7303页。

[3] 宋·王应麟撰：《玉海（合璧本）》，日本株式会社中文出版社1977年版，第二册，第1266页。

[4] 宋·章如愚辑：《群书考索·续集》，《群书考索（下）》，广陵书社2008年版，第1069页。

[5] 宋·章如愚辑：《群书考索·前集》，《群书考索（上）》，广陵书社2008年版，第502页。

[6] 宋·王应麟撰：《玉海（合璧本）》，日本株式会社中文出版社1977年版，第三册，第1616页。

[7] 元·脱脱等撰：《宋史》，中华书局1977年版，第三十七册，第13050页。

[8] 宋·王应麟撰：《玉海（合璧本）》，日本株式会社中文出版社1977年版，第三册，第1616页。

乙巳，以翰林学士晁迥为册立皇太子礼仪使……陈尧咨书宝。[1]

庚寅，重作宝册，命参知政事陈尧佐书皇帝受命册、宝，参知政事薛奎书尊号册、宝，宰臣张士逊书上为皇太子册、宝，参知政事晏殊书皇太后尊号册、宝。以旧册、宝为宫火所焚也，既而有司言重作册宝……[2]

甲辰，诏立皇后曹氏……宋绶撰册文，并书册宝。[3]

十一月己亥，诏刻"皇帝钦崇国祀之宝"。宰臣陈执中书。[4]

辛亥，作"镇国神宝"。命宰臣庞籍篆文……及籍罢相，改命陈执中篆文。[5]

又有"皇帝恭膺天命之宝"。至道三年，真宗嗣位时所制也。后从葬定陵。乾兴元年，仁宗即位更制之（参知政事王曾书）。天圣元年，为火所燔，又制焉（参知政事陈尧佐书），后从葬昭陵……嘉祐八年六月，英宗又制焉（参知政事欧阳修书）。神宗、哲宗皆循此制（哲宗宝，门下侍郎章惇书）。[6]

乙巳，诏：以来年正月十九日，册皇太子……知制诰宋敏求书宝。[7]

命吏部尚书曾孝宽为策立皇太子礼仪使……礼部尚书韩忠彦书宝。[8]

甲辰，诏门下侍郎章惇书受命宝，以"皇帝恭膺天命之宝"为文。[9]

礼部言："太皇太后玉宝，请以'太皇太后之宝'六字为文；皇太后金宝，以'皇太后宝'四字为文；皇太妃金宝，以'皇太妃宝'四字为文。"从之。诏尚书右仆射吕公著撰太皇太后册文，中书侍郎吕大防书册、宝，门下侍郎韩维撰皇太后册文，尚书左丞李清臣撰皇太妃册文，皆并书册、宝。[10]

丁未，诏立贤妃刘氏为皇后。诏……尚书左丞蔡卞撰册，并书册、宝文。[11]

徽宗崇宁五年，有以玉印献者……文曰"承天福、延万亿、永无极"。徽宗因次其文，仿李斯虫鱼篆作宝文……名为镇国宝。[12]

甲寅……皇太子……受册于庭……殿中监高伸书宝。[13]

……

[1] 宋·李焘撰：《续资治通鉴长编》，中华书局1995年版，第七册，第2122页。

[2] 宋·李焘撰：《续资治通鉴长编》，中华书局1995年版，第八册，第2590页。

[3] 宋·李焘撰：《续资治通鉴长编》，中华书局1995年版，第九册，第2700页。

[4] 宋·王应麟撰：《玉海（合璧本）》，日本株式会社中文出版社1977年版，第三册，第1617页。

[5] 宋·李焘撰：《续资治通鉴长编》，中华书局1995年版，第十三册，第4220页。

[6] 宋·李心传撰：《建炎以来朝野杂记·乙集》，《全宋笔记》，大象出版社2013年版，第六编，第八册，第84页。

[7] 宋·李焘撰：《续资治通鉴长编》，中华书局1995年版，第十五册，第5069页。

[8] 宋·李焘撰：《续资治通鉴长编》，中华书局1995年版，第二十四册，第8456页。

[9] 宋·李焘撰：《续资治通鉴长编》，中华书局1995年版，第二十四册，第8516页。

[10] 宋·李焘撰：《续资治通鉴长编》，中华书局1995年版，第二十七册，第9628页。

[11] 宋·李焘撰：《续资治通鉴长编》，中华书局1995年版，第三十四册，第12238页。

[12] 元·脱脱等撰：《宋史》，中华书局1977年版，第十一册，第3585页。

[13] 汪藻著：《靖康要录》，王云五编：《丛书集成初编·靖康要录及其他一种》，商务印书馆1939年版，第一册，第2—3页。

上列书宝文16例，共有书宝者21人，分别书谥宝、太子宝、后妃宝、御宝4类。此21书宝者，除宋徽宗外，皆朝廷命官，只不过官阶不同而已。

书谥宝文者：句中正，"淳化时，累迁屯田郎中"。"国朝……官品令屯田郎中从六品"。[1] 可见，句中正的文职官品属于低阶。然：

> 中正精于字学，古文、篆、隶、行、草无不工。太平兴国二年，献八体书。太宗素闻其名，召入，授著作佐郎、直史馆，被诏详定《篇》《韵》。四年……改著作郎，与徐铉重校定《说文》，模印颁行。太宗览之嘉赏，因问中正，凡有声无字有几何？中正退，条为一卷以献。上曰："朕亦得二十一字，可并录之也。"时又命中正与著作佐郎吴铉、大理寺丞杨文举同撰定《雍熙广韵》。中正先以门类上进，面赐绯鱼，俄加太常博士。《广韵》成，凡一百卷，特拜虞部员外郎。淳化元年，改直昭文馆，三迁屯田郎中，杜门守道，以文翰为乐……尝以大小篆、八分三体书《孝经》摹石，咸平三年表上之。真宗召见便殿，赐坐，问所书几许时，中正曰："臣写此书，十五年方成。"上嘉叹良久，赐金紫，命藏于秘阁。时乾州献古铜鼎，状方而四足，上有古文二十一字，人莫能晓，命中正与杜镐详验以闻，援据甚悉。[2]

正是鉴于句中正精于字学及诸书皆工，加之与太宗交往甚密，故以其为太宗书篆宝文当于情理之中。

书太子宝文者：吕祐之（书宋真宗赵恒太子宝文）、陈尧咨（书宋仁宗赵祯太子宝文）、张士逊（重书宋仁宗赵祯太子宝文）、宋敏求（书宋神宗赵顼太子宝文）、韩忠彦（书宋哲宗赵煦太子宝文）、高伸（书宋钦宗赵桓太子宝文）。

吕祐之，"至道初，拜右谏议大夫，赐金紫"；[3]"元祐，令左右谏议大夫从四品"。[4]

陈尧咨，"大中祥符九年，复知制诰，迁集贤院，又迁龙图阁直学士，知永兴军……"，[5]"元祐官品，令学士正三品，直学士从三品……"。[6]

宰臣张士逊。"己卯，殡温成皇后于皇仪殿之西阶，宰臣率百官诣殿门进名奉慰"。[7]"宰臣率百官"，可见宰臣位于一人之下、百官之上。而宰臣实宰相之别称，其官阶为正一品。

知制诰宋敏求，其官品参看陈尧咨所进官阶，可知知制诰低于从三品。

礼部尚书韩忠彦："官品令礼部尚书从二品。"[8]

殿中监高伸："国朝元祐，官品令殿中监正四品。"[9]

[1] 宋·王钦若等编：《册府元龟》，中华书局1960年版，卷十一，第17页。

[2] 元·脱脱等撰：《宋史》，中华书局1977年版，第三十七册，第13050页。

[3] 元·脱脱等撰：《宋史》，中华书局1977年版，第二十八册，第9874页。

[4] 宋·王钦若等编：《册府元龟》，中华书局1960年版，卷六，第50页。

[5] 宋·曾巩：《隆平集》，明万历廿六年（1598）重刻本，哈佛大学汉和图书馆珍藏本，卷五，第10页。

[6] 宋·王钦若等编：《册府元龟》，中华书局1960年版，卷十五，第55页。

[7] 宋·李焘撰：《续资治通鉴长编》，中华书局1995年版，第十三册，第4250页。

[8] 宋·王钦若等编：《册府元龟》，中华书局1960年版，卷十，第2页。

[9] 宋·王钦若等编：《册府元龟》，中华书局1960年版，卷二十四，第10页。

以上为太子宝文书写者的官阶，最高者张士逊，官宰臣，正一品，似乎为书太子宝文的官阶最高者。其实不然，张士逊所书的太子宝文其实并非真正的太子宝，真正的太子宝乃是天禧二年（1018）八月陈尧咨所书的赵祯太子宝，只不过该太子宝后为宫火所焚。应宋仁宗之命，张士逊对重新制作的仁宗太子宝的宝文进行了再次书写，这是对仁宗皇帝故物的复制，以示仁宗皇帝曾经的历程，因而宰臣张士逊书写的太子宝不能算是真正的太子宝。因此，真正书太子宝文的官阶最高者当为韩忠彦，官礼部尚书，从二品；最低者吕祐之，官右谏议大夫，从四品。

书后妃宝文者：晏殊（书皇太后尊号宝文）、宋绶（书皇后宝文）、吕大防（书太皇太后宝文）、李清臣（书皇太妃宝文）、蔡卞（书皇后宝文）。

参知政事晏殊："贰宰相之任也。"

宋绶："明道二年，绶遂参知政事，景祐四年罢。"[1]

中书侍郎吕大防："国朝元祐，官品令中书侍郎正二品。"[2]

尚书左丞李清臣、尚书左丞蔡卞："国朝元祐，令尚书左右丞并正二品。"[3]

以上为后宝文书写者的官阶：官参知政事，副宰相；官中书侍郎、尚书左丞，皆正二品。

书御宝文者：宰臣陈执中、宰臣庞籍、参知政事冯拯、参知政事陈尧佐、参知政事薛奎、参知政事王曾、参知政事欧阳修、门下侍郎章惇。此书御宝者8人，前7人皆为正、副宰相，唯门下侍郎章惇非是。"官制行，以左仆射兼门下侍郎行侍中职，别置侍郎以佐之。侍郎，正二品，掌二侍中，参议大政，省中外出纳之事。"[4]可见，书御宝文者的官阶为正一品宰臣到正二品侍郎。

以上19位为赵宋皇朝书御宝、后妃宝、太子宝文者，大多是北宋的高阶文官。然，这些高阶文官中有的是颇负盛名的金石学家、古文字学家、收藏家、书家。宋元文献载录了陈尧咨、陈尧佐、宋绶、王曾、欧阳修、宋敏求、吕大防、蔡卞等人的书法、印学、收藏、金石学、文字学等方面的事例与评价。

尧咨于兄弟中最为少文……工隶书。善射，尝以钱为的，一发贯其中。[5]

陈尧咨，"工隶书"，为《宋史》所记载。然，其书艺为其射艺所掩。

尧佐少好学，父授诸子经……善古隶、八分，为方丈字，笔力端劲，老犹不衰……[6]

陈尧佐不仅善书法，亦当属好古之人，虽然尚未见其金石收藏或鉴赏事迹，但其有"子述古、求古、学古、道古、博古、修古、履古、游古、袭古、象古"。[7]十子皆名"古"，陈尧佐好古之

[1] 宋·王钦若等编：《册府元龟》，中华书局1960年版，卷七，第8页。
[2] 宋·王钦若等编：《册府元龟》，中华书局1960年版，卷七，第18页。
[3] 宋·王钦若等编：《册府元龟》，中华书局1960年版，卷八，第44页。
[4] 徐松辑：《宋会要辑稿》，上海古籍出版社2014年版，第2986页。
[5] 元·脱脱等撰：《宋史》，中华书局1977年版，第二十七册，第9589页。
[6] 元·脱脱等撰：《宋史》，中华书局1977年版，第9583—9584页。
[7] 宋·王钦若等编：《册府元龟》，中华书局1960年版，卷五，第9页。

浓情可见一斑。

> ……至绶则无间言。盖其书富于法度，虽清癯而不弱，亦古人所难到者……惟绶左右皆得笔，自非深造者特未易知。[1]
>
> 以至本朝则有八人，其间如宋绶、蔡襄、石延年之徒，皆与古作者并驱争衡，为一代法……[2]

宋绶的书法，"富于法度，虽清癯，而不弱，亦古人所难到者"，《宣和书谱》："与古作者并驱争衡，为一代法。"对其褒誉甚佳。

> 王右军《纸妙笔精帖》……右故相王曾家物，在其孙景融处……[3]
>
> 王献之《送梨帖》……缝有"贞观"半印，世南、孝先字跋。孝先是本朝王曾丞相字。[4]

米芾《宝章待访录》《书史》均载有王曾所收藏、鉴赏羲、献父子的书作，说明王曾收藏、鉴赏水平甚高。

> 欧阳修……晚年又自号六一居士，曰：吾《集古录》一千卷，藏书一万卷，有琴一张，有棋一局，而尝置酒一壶，吾老于其间，是为六一，自为传刻石……[5]

欧阳修作为金石学身体力行的倡导者，对古文、篆书亦是深谙于心。其个人印文，大篆、小篆、九叠等篆体均能涉猎。其所篆写的"皇帝恭膺天命之宝"，现不可目睹，实为憾事。

> 绶有子曰敏求，能世其家。凡当时巨卿铭碣，必得敏求字为荣。故二宋之书，人到于今称之。今御府所藏正书八……[6]

宋敏求，宋绶之子，"能世其家"道出其书艺渊源。"凡当时巨卿铭碣，必得敏求字为荣"，显露出宋敏求书作已为当世所宠。

> 《古文尚书》十三卷右，汉孔安国以隶古定五十九篇之书也。盖以隶写籀，故谓隶古……陆德明独存其一二于释文而已。皇朝吕大防得本于宋次道、王仲至家，以较陆氏释文，虽小有异

---

[1] 《宣和书谱》，湖南美术出版社1999年版，第117页。

[2] 《宣和书谱》，湖南美术出版社1999年版，第47页。

[3] 宋·米芾撰：《宝章待访录》，《笔记小说大观八编》，台北新兴书局有限公司1975年版，第五册，第2997页。

[4] 宋·米芾撰：《书史》，《全宋笔记》，大象出版社2013年版，第二编，第四册，第233页。

[5] 宋·王偁：《东都事略》，日本宫内厅书陵部藏南宋刊后修本，卷七十二，第5页。

[6] 《宣和书谱》，湖南美术出版社1999年版，第117页。

同，而大体相类，观其作字奇古，非字书傅会穿凿者所能到，学者考之，可以知制字之本也。[1]

吕大防得古文《尚书》，"以较陆氏释文"，说明吕大防通晓古文字，对古文字进行过研究。

> 文臣蔡卞……自少喜学书，初为颜行，笔势飘逸，但圆熟未至，故圭角稍露，其后自成一家。亦长于大字，厚重结密，如其为人。初，安石镇金陵，作《精义堂记》，令卞书以进，由是神考知其名。自尔进用，多文字职，至晚年高位犹不倦书写。稍亲厚者必自书简牍，笔墨亦稍变，殊不类往时也。然，多喜作行书字。今御府所藏行书六……[2]

蔡卞书法为《宣和书谱》所载录，为"御府所藏"，说明蔡卞书作已为当时所宝。

篆文官，职掌官印印文的书写与制作，"铸印篆文官二人……以上并属少府监"。[3]"国朝少府监掌百工技巧之事。元祐，官品令少府监从七（应为六）品，少监从六（应为七）品……国朝元祐，官品令少府监丞八品……国朝元祐，官品令（少府监）主簿从八品。"[4]由此可见，少府监中的官员，高阶者少府监从六品，低阶者"主簿从八品"。而篆文官，空冠"官"字，实无品级。"《齐职仪》：左右甄官，置掌砖瓦之任。少昊鸲雉氏抟埴之工，谓陶官也。"[5]由此推理，所谓"篆文官"当为"篆文工"或"篆文匠"。故而，篆文官王文盛对官印制度的重要建言只能"言于少府监"，再由"少府监以奏"于皇帝。由此可知，"篆文官"身份之卑微。

在宋元文献中。可阅览到的宋代篆文官不多，除王文盛外，还有一位因违反印制更铸大印而留名者——张班：

> 乙亥，赠太师、尚书令兼中书令、定王允良卒……弟之子宗粹早孤……然所为荒僭，始授泰宁军节度，嫌赐印小，私召少府监篆文官张班等入宫，与钱帛，更铸大印。[6]

上举宝文，或为赵宋皇朝敬天、封禅之重器，或为敬祖、敬上之宝，或为帝、后的尊号之宝、或为太子的册立之宝，这些均是非金即玉的独尊宝物。因而对这些宝文的书写，岂能让身份低下的篆文官染指，诏命品级官员书篆这些非金即玉的宝文，是对这些金、玉之宝的珍贵与神圣进行的再次提升。至于专职的篆文官，帝后之下的官印或是其职责的所在。故而，篆文官王文盛于少府监所言的印规旧制，乃是由亲王、中书印起首，而非帝后宝开篇。

南渡之后，宋室依旧热衷于御宝制作，宋元文献载录的书宝文者如下：

[1] 宋·晁公武著：《郡斋读书志》，王云五编：《万有文库·昭德先生郡斋读书志》，商务印书馆1937年版，第一册，第33页。
[2] 桂第子译注：《宣和书谱》，湖南美术出版社1999年版，第230页。
[3] 元·脱脱等撰：《宋史》，中华书局1977年版，第十二册，第3918页。
[4] 宋·王钦若等编：《册府元龟》，中华书局1960年版，卷二十二，第13—16页。
[5] 宋·王钦若等编：《册府元龟》，中华书局1960年版，卷二十二，第17—18页。
[6] 宋·李焘撰：《续资治通鉴长编》，中华书局1995年版，第十五册，第5084页。

　　甲午，命参知政事孙近撰皇太后册文，参知政事李光书册兼篆宝，宝用金……[1]

　　甲辰，册皇后吴氏……宝文，则签书枢密院程克俊所篆也。[2]

　　乾道元年（1165）八月十四日，诏签书枢密院叶颙篆皇太子宝……[3]

　　壬戌，诏史弥远书撰哀册文，宣缯书撰谥册文，薛极篆宝文……[4]

　　甲申，以史弥远为奉上皇太后尊号册宝礼仪使……宣缯篆宝。[5]

　　乙未，以史弥远为奉上宁宗皇帝徽号册宝礼仪使……葛洪篆宝……[6]

　　戊申，诏贵妃谢氏立为皇后……同知枢密院事袁韶篆宝。[7]

　　壬寅，以延昌公主进封瑞国，命徐清叟为册礼使……清叟撰册文、书册、篆印……印以金一寸，文曰"瑞国公主之印"。[8]

　　甲寅，诏：皇太子改名，令所司备礼册，命寻赐字曰长源……沈炎篆宝。[9]

　　……

　　上举书宝9例，书宝者9人。其中，书后宝者：参知政事李光、签书枢密院程克俊、宣缯、同知枢密院事袁韶；书太子、公主宝者：签书枢密院叶颙、徐清叟、沈炎；书谥宝者：薛极、葛洪。

　　以上书宝者所冠的职官分别为：参知政事、签书枢密院、同知枢密院事；未冠职官者：薛极、宣缯、葛洪、徐清叟、沈炎。

　　南宋时，参知政事、同知枢密院事，均为正二品："诸金紫光禄大夫、知枢密院事、参知政事、同知枢密院事……为正二品。"[10] 签书枢密院，为从二品："诸银青光禄大夫、签书枢密院事……为从二品。"[11]

　　八月丙戌，宁宗违豫；壬辰，召右丞相弥远、参知政事宣缯、签书枢密院事薛极，入禁中。[12]

　　十一月癸亥，以宣缯兼同知枢密院事，薛极参知政事，葛洪签书枢密院事。[13]

　　癸丑，以徐清叟除参知政事……[14]

---

[1]　宋·李心传编：《建炎以来系年要录》，中华书局1956年版，第2061页。

[2]　宋·李心传编：《建炎以来系年要录》，中华书局1956年版，第2391页。

[3]　宋·王应麟撰：《玉海（合璧本）》，日本株式会社中文出版社1977年版，第三册，第1616页。

[4]　李之亮校点：《宋史全文》，黑龙江人民出版社2005年版，第2131页。

[5]　李之亮校点：《宋史全文》，黑龙江人民出版社2005年版，第2151页。

[6]　李之亮校点：《宋史全文》，黑龙江人民出版社2005年版，第2155页。

[7]　李之亮校点：《宋史全文》，黑龙江人民出版社2005年版，第2169页。

[8]　李之亮校点：《宋史全文》，黑龙江人民出版社2005年版，第2309页。

[9]　李之亮校点：《宋史全文》，黑龙江人民出版社2005年版，第2362页。

[10]　元·脱脱等撰：《宋史》，中华书局1977年版，第十二册，第4014页。

[11]　元·脱脱等撰：《宋史》，中华书局1977年版，第十二册，第4014页。

[12]　李之亮校点：《宋史全文》，黑龙江人民出版社2005年版，第2129页。

[13]　李之亮校点：《宋史全文》，黑龙江人民出版社2005年版，第2142页。

[14]　李之亮校点：《宋史全文》，黑龙江人民出版社2005年版，第2304页。

以皮龙荣兼权参知政事，沈炎为端明殿学士、同签书枢密院事。[1]

诸……资政、保和、端明殿学士……为正三品。[2]

从以上史载资料可见，篆宝前或篆宝时，正二品官职有：参知政事李光、同知枢密院事宣缯、同知枢密院事袁韶、参知政事徐清叟；从二品官职签书枢密院事有：程克俊、叶颙、薛极、葛洪；沈炎为端明殿学士，官正三品。

以上9位南宋官员，虽居高阶，但难寻他们于金石、印学、文字等方面的才学显露。在此9人中，唯李光于宣和六年（1124）曾为符宝郎，"宣和二年，召为太常博士；五年，迁司封员外郎……明年，召为司勋员外郎，迁符宝郎……"。[3]

印文篆写是印艺的灵魂，印文篆写的高下直接影响着印章质量的优劣。较之北宋，不仅南宋国力尽显衰落，篆宝者的印学、文字等方面的才学亦显萎靡，不复北宋之昌盛。

制印流程三：官印铸刻

北宋官印的铸造，由少府监实施。

翰苑印，以"翰林学士院印"六字为文，背镌"景德二年少傅监铸"，上两字微刊。[4]

少府监中的铸印官与篆文官一样，亦是空有"官"称，实则工匠。在宋元文献中，可查阅到的铸印官仅见祝温集一人。

平蜀得铸印官祝温集，自言祖思言，为唐礼部铸印官，世习籀篆……[5]

铸印官之称，在宋元文献中，亦止于祝温集处所见，他处难以寻觅。由此可见，底层劳作的工匠实在是难以载入史册，祝温集可谓是幸运者。

祝温集"世习籀篆"，按理，其当为"篆文官"之用。其所冠称的"铸印官"于少府监中未见有列，所见的唯"铸印篆文官二人……属少府监"。故，笔者认为祝温集的"铸印官"或为"铸印篆文官"之省称。若非，那祝温集则只能是少府监所掌控的通晓籀篆且怀技巧之能的印工而已。毕竟铸造官印属于忍耐高温、需要体力的技巧性工作，而此非为文人官员所能胜任之事。

"少府监……元丰官制行，始制监、少监、丞、主簿各一人。监掌百工伎巧之政令，少监为之贰，丞参领之。凡乘舆服御、宝册、符印、旌节、度量权衡之制，与夫祭祀、朝会、展采备物，

[1] 李之亮校点：《宋史全文》，黑龙江人民出版社2005年版，第2361页。

[2] 元·脱脱等撰：《宋史》，中华书局1977年版，第十二册，第4014页。

[3] 宋·施宿等撰：《会稽志》，《宋元方志丛刊·嘉泰会稽志》，中华书局1990年版，第七册，第6991页。

[4] 宋·周必大著：《玉堂杂记》，明·李栻辑：《历代小史》第四十卷，明刊本，第15页。

[5] 宋·王钦若等编：《册府元龟》，中华书局1960年版，卷三，第15页。

皆率其属以供焉……"[1]主簿，"掌勾捡稽失，凡财物之出纳，工人之缮造，簿账之除附，各有程期，不如期者，举而按之"。[2]由此可知，监与少监当属少府监的正副领导；主簿为记账先生，在印、宝方面，应该记录印、宝名称、钮制、材质、重量、尺寸以及完成日期、工匠名号、交付何人等相关信息；而执行领导指令并对具体事务进行监督的当属少府监丞。陆游《入蜀记》记载有少府监丞一事：

> 六日……晚至峡州……峡州在唐为硤州，后改峡，而印文则为陕州。元丰中，郎官何洵直建言："'陕'与'陕'相乱，请改铸，印文从'山'。"事下少府监，而监丞欧阳发言："湖北之陕州，从'阜'从'夾'（夾从两人）；陕西之陕州，从'阜'从'夾'（夾从两入）。偏旁不同，本不相乱，恐四方谓少府监官皆不识字。"当时，朝士之议皆是发，而卒从洵直言改铸云。[3]

此载叙述了少府监丞欧阳发所言"陕（陝）"与"陕（陜）"篆书之差异，显示出其古文字学的深厚功底，其"偏旁不同，本不相乱，恐四方谓少府监官皆不识字"之言，直接表达出对古文字把握的自信。可以说：少府监中的监丞与篆文官对印文篆写的正确与否，起到了关键性的主导作用。

罗振玉先生的《隋唐以来官印集存》，收录一方"怀宁县尉朱记"，印上刻有"熙宁六年，西作坊铸"款。由此可知，制作官印非少府监独揽。对于西作坊，宋代文献有如下记载：

> 熙宁五年六月十八日丙寅，令西作坊铸造铜符三十四副，给左契付诸门，右契付大内钥库……[4]
>
> 元丰官制，置军器监，以掌戎器之政令。又有御前军器所……东、西作坊工匠五千人。[5]

上举之例，可知西作坊本是造铜符、戎器之所，且工匠人数上千之众。

对于朱记官印，宋人述说道：

> 国朝印制，仍唐旧，诸王及中书门下印方二寸一分；枢密院、宣徽、三司、尚书省诸司印方二寸，惟尚书省印不涂金；节度使印方一寸九分，涂金，余印方一寸八分；观察使印亦涂金。又有朱记以给京城外处职司及军校等，其制长一寸七分，广一寸六分。今之印记，多不如制，军校印尚有存者，盖可考也。[6]

[1]　元·脱脱等撰：《宋史》，中华书局1977年版，第十二册，第3917页。

[2]　宋·王钦若等编：《册府元龟》，中华书局1960年版，卷二十二，第16页。

[3]　宋·陆游著：《入蜀记》，《全宋笔记》，大象出版社2012年版，第五编，第八册，第210页。

[4]　宋·王应麟撰：《玉海（合璧本）》，日本株式会社中文出版社1977年版，第三册，第1632页。

[5]　宋·李心传撰：《建炎以来朝野杂记·甲集》，《全宋笔记》，大象出版社2013年版，第六编，第七册，第345页。

[6]　宋·赵彦卫著：《云麓漫抄》，《全宋笔记》，大象出版社2013年版，第六编，第四册，第139页。

由"朱记以给京城外处职司及军校等","今之印记，多不如制"，可知朱记在等级、规格等方面多不如印。这些低等级、低规格的朱记官印是否全由西作坊制作，因资料匮乏，尚不可明判。

南宋初，少府监并归工部。"少府、将作、军器监归工部。"[1]少府监并归工部，是为行业归类、管理归口的产业划拨。"国朝，工部掌城池、屋宇、街道、桥梁，凡工作、营造、功杀、材物，凡百工制作舟车、器械、钱宝之事。"[2]至"绍兴三年，诏少府监并归其文思院，上下界监官从工部辟差。工部言：'所辖文思院，旧分上、下界，监官三员，内文臣一员系京朝官，上界造作金、银、珠、玉，下界造作铜、铁、竹、木、杂料，欲依旧分为上、下界。'从之"。[3]从"文思院太平兴国三年置，掌造金银、犀玉工巧之物，金彩绘素装钿之饰；以供舆辇、册宝、法物及凡器服之用，隶少府监"，[4]可见文思院的制作项目远比少府监要多。宋朝前期，文思院隶属少府监，至南宋则少府监并归文思院。如此颠倒的并归，乃缘于文思院在北宋前期即已参与宝玺制作，尤其是文思院上界"造作金、银、珠、玉"，而此乃是金宝、银宝、玉宝制作的根基。对于文思院制作玉宝、官印的事例，宋代文献中亦有载录：

祥符元年七月甲子，文思院玉工言："封禅玉牒、玉册请用阶州石，可速就。"……翌日，曰："朕记：即位初，内府文籍有玉牒、玉印之目。因遍召玉工询之，有赵荣言：'太平兴国中，至内府阅视，美玉与众工为牒册，岁余方就，纳于崇圣殿库。'亟命取之，明润与常玉不类，此先帝圣谟垂裕也。"即遣知制诰朱巽等，监视琢刻。[5]

册宝奉上尊号册宝……凡玉册则金宝……所谓宝者，印章也。并文思院供造。[6]

四月阙日准，尚书省札子备文思院申准尚书礼部符备准，尚书省札子铸造"沿江制置大使司印"一颗。事本院除已遵禀，指挥勒令人匠，如法铸造，一切了毕，当官逐一点对，得篆文并无差错，所合由解赴。尚书省缴纳给降施行，随状见到，伏乞照会，事右并封圆铜印一颗，札送沿江制置大使司……[7]

除制作玉宝、官印外，文思院对印制亦有建言：

既而文思院言："学士院书诏、禁中应奉、班直行门等，赐带观察使已上牌印、册宝、法物，皆合用涂金。"诏令如旧。[8]

少府监并归工部，继而再并入工部文思院中，是为南宋对制作御宝、官印机构进行的梳理与

[1] 宋·李心传编：《建炎以来系年要录》，中华书局1956年版，第475页。
[2] 宋·王钦若等编：《册府元龟》卷十一，中华书局1960年版，第13页。
[3] 宋·章如愚辑：《群书考索前集》，《群书考索（上）》，广陵书社2008年版，第505页。
[4] 宋·章如愚辑：《群书考索前集》，《群书考索（上）》，广陵书社2008年版，第504页。
[5] 宋·王应麟撰：《玉海（合璧本）》，日本株式会社中文出版社1977年版，第三册，第1665页。
[6] 宋·赵升著：《朝野类要》，《景印文渊阁四库全书》，台湾商务印书馆1986年版，第854册，第854—105页。
[7] 宋·周应合著：《景定建康志》，《宋元方志丛刊·景定建康志》，中华书局1990年版，第二册，第1735页。
[8] 宋·李心传编：《建炎以来系年要录》，中华书局1956年版，第1584页。

统一，以此规范御宝、官印的制作。然，宋高宗并非墨守成规之人，遇有民间能工巧匠，亦欣然用之：

> 先是，上幸海道，得开书匠舒通，能刻金、银、铜、铁图书、镂板，取白字，上喜之。铸金为印，令刻白字为玺。由是，士大夫皆用白字图书。至是，金人遣使来，有铸金成宝文，曰："御前之宝"，乃白字也。舒通之刻，岂偶然哉！[1]

南宋的印制谨守北宋，对官印制作机构进行梳理，使之归于规范一统之中，消除了北宋时期官印制作机构繁复混杂的局面。从而亦促使官印风格更趋规整、谨严，呈现出程序化的倾向，诚如孙慰祖先生所言："宋南渡后，风格继续演进。建炎、绍兴年间的印文体态工稳严谨，笔画排置匀落，线条细润……南宋官印中，为求严密而反复曲叠笔画的现象渐见突出，以至于形成绵密塞实的格局……印文的书法意味为程序化线条分配所淹没，官印呈现的是一目了然的理性规则……有的笔画甚至曲叠十余重之多。'九叠篆'遂成为中国玺印文字中又一具有强烈装饰风格的体式。"[2]

印宝储藏及掌宝官员

> 国朝，礼部掌贡举、斋戒、祠祀、宴飨、举授、仪式、制度、器服、印记、门戟、表疏、祥瑞、图书、册宝、礼命、冠婚、丧葬、赙赠之事。[3]
>
> 神宗熙宁五年，诏内外官及溪洞官合赐牌印，并令少府监铸造，送礼部给付。[4]

少府监的官印铸造完毕后，成品遂转送礼部，由礼部将印宝付与相关机构或官员。
宋太宗时，皇室内宫即已设置掌管玺印官员：

> 太宗置尚宫……又置司宝、司仪、司给……
>
> 司宝二人，正六品；典宝二人，正七品；掌宝二人，正八品……司宝掌琮宝、符契、图籍……[5]

宋哲宗时，掌宝官出现他官代充，譬如：

> 元符元年五月戊申朔，上御大庆殿，受传国宝……受宝于太尉，以授掌宝官……掌宝官，

---

[1] 宋·徐梦莘著：《三朝北盟会编》，上海古籍出版社2019年版，下册，第1368页。

[2] 孙慰祖著：《中国印章——历史与艺术》，外文出版社2010年版，第199页。

[3] 宋·王钦若等编：《册府元龟》，中华书局1960年版，卷十，第2页。

[4] 宋·王钦若等编：《册府元龟》，中华书局1960年版，第十一册，第3592页。

[5] 宋·王钦若等编：《册府元龟》，中华书局1960年版，卷二十五，第12—21页。

以入内副都知冯宗道、梁从政充。[1]

至大观元年，宋室八宝即成，遂又置符宝郎职官：

　　大观元年……诏曰："自昔皆有尚符玺官。今虽隶门下后省，遇亲祠，则临时具员，讫事复罢。八宝既备，宜重典司之职。可令尚书省置官，如古之制。"……尚书省言："请置符宝郎四员，隶门下省，二员以中人充，掌宝于禁中……内符宝郎奉宝出以授外符宝郎，外符宝郎从宝行于禁卫之内，朝则分进于御坐之前……应合用宝，外符宝郎具奏，请内符宝郎御前请宝，印讫，付外符宝郎承受。"从之。[2]

　　符宝郎掌天子之八宝及国之符节，辨其所用，有事则请于内，既事则奉而藏之。[3]

　　诸承议郎、左右正言、符宝郎……内符宝郎……为从七品。[4]

可见，符宝郎掌御宝保管及礼仪上进宝、收宝仪式，其职并非高阶官员。

在宋元文献中，除前所言的李光曾为符宝郎外，还可见睹其他官为符宝郎者，譬如：

　　王黼……宰相何执中荐之，除秘书郎，进符宝郎……[5]

　　胡司业……崇宁初，召为太学正进博士。数岁，迁秘书丞、著作佐郎……除右正言。数月，以亲嫌，改符宝郎……[6]

　　李邦彦……大观二年，上舍及第，授秘书省校书郎，试符宝郎……言者劾其游纵无检，罢符宝郎……[7]

　　己丑大观三年春正月丁未……符宝郎宇文粹，中同知贡举。[8]

　　四月，苏修卒……以符宝郎陈锷代之。[9]

　　黄侍御葆光……政和三年，召除太学博士……后为左司谏，以言事忤大臣，徙符宝郎。[10]

　　汪藻……迁著佐符宝郎，时政和四年也。[11]

　　六年四月……内符宝郎冯杨为家令。[12]

[1] 宋·李焘撰：《续资治通鉴长编》，中华书局1995年版，第三十三册，第11840—11841页。

[2] 元·脱脱等撰：《宋史》，中华书局1977年版，第八册，第3585—3586页。

[3] 宋·王钦若等编：《册府元龟》，中华书局1960年版，卷六，第77页。

[4] 元·脱脱等撰：《宋史》，中华书局1977年版，第十二册，第4016页。

[5] 《宣和书谱》，湖南美术出版社1999年版，卷一百〇六，第1页。

[6] 宋·罗愿撰：《新安志》，《宋元方志丛刊·新安志》，中华书局1990年版，第八册，第7699页。

[7] 元·脱脱等撰：《宋史》，中华书局1977年版，第八册。

[8] 李之亮校点：《宋史全文》，黑龙江人民出版社2005年版，第796页。

[9] 孙慰祖著：《中国印章——历史与艺术》，外文出版社2010年版，第1639页。

[10] 元·脱脱等撰：《宋史》，中华书局1977年版，第八册，第7700页。

[11] 宋·李幼武编：《宋名臣言行录别集》，《景印文渊阁四库全书》，台湾商务印书馆1986年版，第449册，第449—426页。

[12] 孙慰祖著：《中国印章——历史与艺术》，外文出版社2010年版，第1640页。

宣教郎陈与义守尚书兵部员外郎……宣和末，常为符宝郎。[1]

上偶震怒，而岩夫与景行遂皆免所居官。（周）离亨乃得拜符宝郎。[2]

予自并州还江南，过都下，逢上元，符宝郎蔡子因约相国寺。[3]

符宝郎一职，大观元年（1107）始设，至靖康元年（1126）二月十二日"罢殿中监、符宝郎"，[4]时长仅十余载。符宝郎官职虽属七品芝麻官，但却是北宋皇朝御宝礼制实施环节中不可或缺的一职，毕竟御宝礼仪的开启是从符宝郎进宝肇始，最终再由符宝郎奉宝藏之而结束。

至宣和时，皇室还建造了殿阁，用以储藏印玺。

……而宣和殿后，又创立保和殿者，左右有稽古、传古、尚古等诸阁，咸以贮古玉印玺，诸鼎彝礼器，法书图画尽在。[5]

在北宋晚期这个危机四伏、大厦将倾的时代，宋徽宗依然沉湎于"古玉、印玺、鼎彝礼器、法书、图画"搜集，并兴建殿阁贮藏这些宝物，不可谓不尽心矣。然，未几即为金人几乎掳掠殆尽，实在是枉费了徽宗于此的痴情与付出，令人扼腕，唏嘘不已。

南渡后，宋高宗对皇朝御宝的钟爱不输先帝，建造册宝殿：

十六年，新祭器将成，而太庙室隘，至不能陈列……又作西神门册宝殿、祭器库。[6]

不仅建殿陈列御宝，还令太常寺官对御宝进行季点：

自休兵后，太庙创册宝殿，凡帝后宝册泊郊庙金玉礼器皆藏焉。始时令太常寺官一员季点，然第省阅文历而已。乾道五年春，因有盗窃礼器者，中书门下始奏：令每季取索赤历，点检足备，用印封锁，具有无损失申省。[7]

至嘉定十六年（1223），宋宁宗又建奉安符宝所：

十六年七月，置奉安符宝所，建殿，以内臣掌之。[8]

---

[1] 宋·李心传编：《建炎以来系年要录》，中华书局1956年版，第643页。

[2] 宋·蔡绦著：《铁围山丛谈》，《全宋笔记》，大象出版社2008年版，第三编，第九册，第206页。

[3] 宋·释惠洪著：《冷斋夜话》，《全宋笔记》，大象出版社2006年版，第二编，第九册，第55页。

[4] 宋·王钦若等编：《册府元龟》，中华书局1960年版，第一册，第35页。

[5] 宋·释惠洪著：《冷斋夜话》，《全宋笔记》，大象出版社2006年版，第二编，第九册，第222—223页。

[6] 宋·赵彦卫著：《云麓漫抄》，《全宋笔记》，大象出版社2013年版，第六编，第四册，第59页。

[7] 宋·李心传撰：《建炎以来朝野杂记·乙集》，《全宋笔记》，大象出版社2013年版，第六编，第八册，第68页。

[8] 宋·王应麟撰：《玉海（合璧本）》，日本株式会社中文出版社1977年版，第三册，第1620页。

从以上引言，可见自靖康元年（1126）"罢殿中监、符宝郎"后，"掌天子之八宝及国之符节"的专职掌宝官员不再复见，取而代之的是"太常寺官"或"以内臣掌之"。不过，符宝郎一职虽不设置，然某些场合又需要其存在，故仍以内臣充之：

> 嘉定十四年，京东河北节制使贾涉缴进北方大将扑鹿花所献"皇帝恭膺天命之宝"……又得"受命于天、既寿永昌"玉玺……闰十二月丙午，奏献宗庙，以内臣为内符宝郎。[1]

至南宋末期，更有以他官行符宝郎之职，担当临时官职——押玺使：

> 二月丙申朔……北使请传国玺，以监察御史杨应奎、宗臣赵若秀为押玺使。[2]

从北宋时置符宝郎四员，到南宋以他官承当符宝郎职责，可见南宋的财政不复有北宋之富余，以致"掌天子之八宝及国之符节"这一要职的符宝郎亦不得不以他官充之。由此可见，南宋国力之衰败。

结　语

由于大宋皇朝对古文字学、金石学的重视，两宋中精通古文字、篆书、金石的文职官员甚多，如：郑文宝、徐铉、句中正、吴铉、郭忠恕、吴淑、李建中、周越、宋祁、郑戬、丁度、李淑、夏竦、陆佃、王子韶、吴遵路、陈天麟、娄机、薛尚功、王楚、吕大临等，皆在文字学、金石学等方面有所建树，从而确保了皇室御宝以及大宋官印在文字、书体上的正确性与正统性，继而维护了御宝、官印神圣、庄重的色彩。

"华夏民族之文化，历数千载之演进，造极于赵宋之世。"

将陈寅恪先生这句名言，套用于北宋的印官体系与南宋的官印文式，亦是恰如其分的。

北宋建立的印官体系基本牵扯到宝、印定名、篆写、铸刻等各个环节职官的相互配合，以及宝、印保管、颁予等官员的运作。这北宋时期庞大印官体系中的从职印官之众，当属历代皇朝之造极。

而南宋对官印制作机构的梳理与规范，无疑促使官印制作机构不再繁复混杂，从而归为规范且统一。由此亦引发南宋官印风格较北宋时期显得更为规矩、更为严谨，以致沦为九叠篆程序化印章的一统模式之中。隋、唐、五代之官印，多以元朱为主调，线条多显盘曲，然无有南宋官印线条曲叠、繁复、绵密之甚，因此可以言说：隋、唐、五代官印盘曲的线条，发展到南宋时期成为曲叠、繁复、绵密的极致。而后，元、明、清三朝官印文式，均是对南宋九叠篆印式的继承，且无一突破。这九叠篆极致印式的南宋时期，在印章钤纸留朱的皇朝时代，亦是朱文九叠篆官印的造极之世。此外，两宋制作的御宝于数量上亦处于造极之世。

[1] 宋·王应麟撰：《玉海（合璧本）》，日本株式会社中文出版社1977年版，第三册，第1620页。

[2] 《宋季三朝政要》，《景印文渊阁四库全书》，台湾商务印书馆1986年版，第329册，第329—1027页。

中国的史书，本就是皇家史，不论是纪传体、编年体，或国别体，多以王室皇朝本纪为干，以达官显贵传记为枝。故文献对于帝王御宝的载录多施以浓墨重彩，而对于朝廷命官的官印述说则鲜见详尽，两宋官印的制作过程在宋元文献中亦是难见踪影。不过，透过赵宋皇朝的御宝制作过程，我们知晓了众多参与御宝定名、篆写的文臣官员，这些文臣大儒的参与无疑为御宝增添了珍贵性与神圣性，使得皇室的御宝成为非同寻常的独尊圣品。相对于这些众多定宝名、篆宝文的文臣大儒而言，那些身份卑微的少府监丞、篆文官、铸印官等吏工则是赵宋皇朝官印制度的坚定执行者与守护者。虽然，赵宋御宝至今仍不得见，但赵宋官印却是屡见不鲜，而这些官印正是少府监丞、篆文官、铸印官等吏工们的作品，它们凝聚着少府监丞、篆文官、铸印官等吏工们于古文字、印学、金石、书法等方面的学识与才华。少府监丞欧阳发，篆文官王文盛、张班，铸印官祝温集，以及擅长契刻白文印的民间开书匠舒通等人有幸被宋元文献载录，而大多数的少府监丞、篆文官、铸印官等吏工们的名字则淹没于历史的尘埃之中了。而司宝、符宝郎等印官，虽属低阶臣吏，但他们却是玺宝保管或礼仪奉宝环节中不可缺少的一员，他们是宋代御宝礼仪制度的坚定执行者与护卫者。

盛世的北宋皇朝于印事上，亦颇为兴盛，古印出土之多、御宝制作之多、符宝郎设置之多，等等，均堪称造极之时。然历"靖康之变"，宋室御宝多为金人所虏，亡失甚众。至南宋，皇室印事亦止于复造故印耳。再者，南宋皇朝撰写宝名的官员，虽居高阶，然不再复现北宋官员于金石、印学、文字等方面的才学与修养；三者，印官设置亦弗如北宋之盛。此概为北宋据中原，而中原本是华夏文化之源，古物蕴藏丰富，故北宋金石收藏、研究之风胜于南宋。铸印方面，北宋较之南宋，国土辽阔，百业兴旺，且尚有开疆扩土之志，故北宋官署繁缛、官员冗余，铸印之事亦繁多。南宋偏安一隅，"直把杭州作汴州"，其皇朝宝、印再难企及北宋之辉煌，其时的御宝、官印制作只不过是聊以对北宋盛世金石之风的沉湎与回味而已。

宋人的著述、随笔浩瀚如海，笔者所见毕竟不可概全。故对对宋朝印官的发掘与研究难免有偏失之处，然对于两宋印官体系的研究无疑会对宋代金石学、印学的内涵、认知起到填补与丰富的作用。宋代的浩瀚文献是研究宋代印学的源泉，其中的印学资料仍有待广泛发掘与深入研究，以此为这个造极之世的时代书写辉煌的印学篇章。

（作者系《印学研究》副主编）

希斋《缶庐印存墨勾本》研究

王恩浩

内容提要：诸乐三是当代高等篆刻教育的创建者之一，吴昌硕的入室弟子。安吉诸乐三艺术纪念馆中藏有一套《缶庐印存墨勾本》，少为学界所知且少有人对此印谱作研究，从此印谱中可以看出诸乐三收集吴昌硕篆刻作品在当时的全面性及鉴定准确性。在《缶庐印存墨勾本》中笔者可以得到以下几点线索，首先其对于部分吴昌硕印章的断代更加明确，其次诸乐三强调吴氏篆刻中虚实具有重要作用，还有其对吴昌硕篆刻真伪的鉴定及部分印章的材质，部分印章词语内容的来历，最后可补现存能见吴昌硕篆刻收藏之不足。

关键词：诸乐三收藏　吴昌硕　缶庐印存　印谱

一、希斋《缶庐印存墨勾本》概况

"诸乐三从1946年起趁授课闲暇之余开始勾摹《缶庐印存》，共成4册，后至1972年方得以完成四册墨勾《缶庐印存》，亲自在封面作题：'此本书余尽了廿六七年心血墨勾而成。'1947年完成第一册，墨勾缶翁印章156方，1964年完成第二册，自跋：'甲辰短至勾成计27页，印共九十六方，其中潘押印两方，因第一方模糊重勾，乐识。'1966年完成第三册，1972年完成第四册。"[1]诸乐三（1902—1984），现存资料中笔者可以找到其在20岁开始篆刻，如按出生年开始计算，此印谱的勾摹时间约占其在世时间的三分之一，如按其1921年开始篆刻计算，此印谱勾摹时间约占其篆刻生涯的二分之一，由此可见，诸乐三勾摹的《缶庐印存墨勾本》是研究诸乐三的重要线索与资料。《缶庐印存墨勾本》四本的题签均由诸乐三自题，第一册由葛昌楹题写跋语。其跋语道出了当时搜罗吴昌硕印章的艰辛。"沪上始能求得数方，虽百朋之锡，何以加焉。吴大石潜既辑先生所刻印为初、二集行，罗若干方，合以楹所藏弃，足成三集，友梅种榆之雅得，复见于今日。如楹碌碌亦得附名以传，楹不敏，何敢序先生印谱？因石潜丈之属，而自述私衷之庆云尔。"[2]从此跋中可以得知，《缶庐印存墨勾本》对于印章来历真实性的介绍，诸乐三在勾摹缶庐印存之前，得到了其好友的援助，前三集中的印章主要源于当时收藏家，吴隐和葛昌楹的收藏。虽然诸乐三是吴昌硕先生的弟子，但收集印章在当时的条件下，也是十分困难的。翻开印谱笔者发现诸乐三对印章的勾摹并不是笔者当今看到的印谱那样排列整齐有序，而是一页多时可以放下20几方印章，少时也有七到八方左右，不难想象，诸乐三做此谱的初衷，应该并无出版之意。每方印章在勾摹时不仅注意印

---

[1] 高士明主编：《诸乐三集·篆刻卷》，暂未出版。

[2] 高士明主编：《诸乐三集·篆刻卷》，暂未出版。

图1　《缶庐印存墨勾本》书影

面的相似程度，还在每方印章的下面，以笔代刀，用毛笔模仿刀的效果，把吴昌硕的边款也一并摹写下来。不仅如此有些印章还在侧旁题写感想，以及印章的出处及真伪。有些还为了不同效果反复勾摹两到三遍，可见其用功。

二、《缶庐印存墨勾本》中的印学价值

（一）对于部分吴昌硕印章的断代更加明确

诸乐三在对印章印面勾摹完毕后，在其部分勾摹的印面侧旁写出吴昌硕刻此印时的年龄。诸乐三勾缶庐的印面"问竹寻梅舫主"（图2），而笔者找出吴昌硕所刻的原石（图3），不难看出吴昌硕原石的边款中是这样写道"苍石刻于醉梅室之南窗"，边款中并未纪年，而诸乐三则在摹勾好的印面侧旁将吴昌硕的印章加以断代，将"问竹寻梅舫主"这方印记成三十余岁所刻。

同样类似的情况还有很多，诸乐三勾缶庐的印面"安心室"（图4），诸乐三纪年七十岁左右刻，而笔者找出吴昌硕所刻原石，此方印也并未纪年，原石边款中这样写道"元皋道兄法正，菊邻

图2　问竹寻梅舫主　　　图3　问竹寻梅舫主（朱　　　图4　安心室　　　图5　安心室（朱文）
　　　　　　　　　　　　　　　文）2.5×2.5×5.1cm　　　　　　　　　　　　　　　2.7×2.7×5.5cm
　　　　　　　　　　　　　边款：苍石刻于醉梅室　　　　　　　　　　　　　　边款：元皋道兄法
　　　　　　　　　　　　　　　之南窗。君匋艺术院藏　　　　　　　　　　　　　　正，菊邻仿汉。老缶
　　　　　　　　　　　　　　　　　　　　　　　　　　　　　　　　　　　　　　　刻。君匋艺术院藏

图6　《缶庐印存墨勾本》　　　　　　　　　　　　　　图7　《缶庐印存墨勾本》

仿汉。老缶刻"（图5），通过边款我们可以看出，吴昌硕这方印并未纪年，而诸乐三把此方印记为"七十岁左右刻"。

观整本印谱我们不难发现，吴昌硕边款纪年大概分几种：1.天干地支纪年法。2.按年龄纪年法。3.天干地支与年龄共同纪年。4.直接记述年龄。而诸乐三统一把吴昌硕的纪年法改成年龄，如：七十二岁刻，八十岁刻，三十余岁刻，七十岁左右刻。对于一些吴昌硕边款中未纪年的篆刻作品，诸乐三则进行断代，对于边款中未纪年的篆刻其多用的断代方式是年代加"余""多""左右""某某以后，某某以前"，把印章大致断代在一定的时间范围中（图6）。对于一些通过边款可以断代的作品，诸乐三则直接记上准确年龄（图7）。这种方式的断代方法给了我们后人做学问很大的便利，我们可以将目前为止并未断代成功的篆刻作品进行系统性的分类，更加科学地把吴昌硕的篆刻作品按时间排序排列。对于诸乐三先生的断代笔者还有几点看法：1.诸乐三对吴昌硕篆刻断代的准确性。提及诸乐三我们自然想到其是吴昌硕先生的入室弟子，一生追随其左右，所以诸乐三对作品的断代依据虽未在印谱中说明，但有相当高的准确性，可以说对于这些作品的断代诸乐三是一位强有力的发言人，可以作为我们学术研究的重要依据。2.诸乐三把吴昌硕的作品统一用年龄的纪年方法，笔者的推测，这应是对自己的一种心里暗示，吴昌硕的篆刻水准随着年龄的增长而变得老辣，诸乐三用年龄纪年吴昌硕篆刻，应也是诸乐三心中暗自定下的目标，一生以先生的境界为准绳，鞭策自己。

（二）希斋对吴氏篆刻中虚实手段的重视

吴昌硕的篆刻中，除强调雄浑外，虚实是其篆刻艺术中重要的组成部分，其中在《缶庐印存中》不难看出吴昌硕对虚实的重要探索，其直接影响诸乐三以及吴昌硕门下其他的篆刻家，在此印谱中诸乐三则对虚实的体会尤深，他这样写道："此两印均在缶师印存中勾出，想当时似兼有实无虚，乃加以修改便觉流动跌宕，于此可知缶庐老人一印之成毫不苟且，益见其踌躇经营之细心处也，故勾在一起，以资参证。"[1]此两方印面文字均为"爱己之勾"（图8）。诸乐三上下排列加以对照，第一方实处多，而虚处少，边栏较为完整，文字之线条略带舞动，虽文字线条有粗细对比，但未有断笔之处。第二方"爱己之勾"（图8）较第一方的边栏更加残损，"爱"字较第一方加三处虚实处理；"己"字加一处；"之"字虽未有明显的虚实处理，但"之"字中间的一竖变短，且由轻到重，越贴近边栏处越短；"勾"字的金部第二横，也因虚实处理变短，句部的线条粗线变化更加明显。如把两印相互比对，笔者与诸乐三观点一致，更喜第二

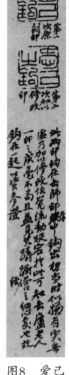

图8　爱己
之勾　　　图9　破荷

方虚实变化更加明显的，此方印虚实变化处处充满巧思，第二方印在虚实变化中显得更加透气自然，两方印的风格相同，字法相同，大小相同，唯有虚实变化不同，我想这方亦是吴昌硕在篆刻实践中对虚实变化的重要探索。关于虚实变化的范例，我们在教学中，这就是一方生动的例子，关于印章虚实变化，吴昌硕在其中运用多种手段，用刀的粗细，笔画的断连、长短等，都是虚实变化的重要组成部分，诸乐三在其中形容吴昌硕"益见其踌躇经营之细心"一点也不为过。当然诸乐三也是观察的一把好手，他细心地将两印和盘摹出，亦是对印章中虚实手段的看重。如图9是体现虚实在印章中重要的作用，印文"破荷"上方虚多，下方虚少，诸乐三则在两印中这样写道："两印之篆法和印之大小都相同但神味有异，是否修改关系？"[2]诸乐三在文中提到神味有异，这必然是虚实变化产生出的结果，上方的"破荷"，上有边栏，与下面的边栏构成虚实变化的强烈对比；虽下方的"破荷"也用了虚实处理，但是与上方的虚实程度不同，上方在虚实的运用下空灵中带有厚重，下方的则厚重中显空灵，虚实变化的重要性不言而喻，其完全决定了印章的格调问题。通过只言片语我们可以看到诸乐三对于吴氏篆刻中虚实的重要理解。虚实关系不仅表现在吴昌硕的实践中，更被其弟子所领悟，诸乐三把相同内容相同篆法，相同大小的印章勾摹在一起，证明了吴昌硕和诸乐三一同看重印章中的虚实关系，这对我们学习吴氏篆刻有很好的现实作用。

---

[1]　高士明主编：《诸乐三集·篆刻卷》，暂未出版。

[2]　高士明主编：《诸乐三集·篆刻卷》，暂未出版。

（三）对吴昌硕篆刻真伪的鉴定及补现存吴昌硕印存收藏之不足

诸乐三作为吴昌硕先生的入室弟子，一生追随吴昌硕，关于吴昌硕印章的鉴定，其最有发言权，在诸乐三勾摹吴昌硕印章的同时，诸乐三对吴昌硕的印章真伪做了精准的鉴定，这些经过鉴定的印章，有些应从藏家手中得来，或其从当时有限的文献中的来，这些印章至今为止，并未收集到现存吴昌硕印谱中，诸乐三在其中的贡献，不仅仅起到表面上的鉴定作用，而且还可以补充当今收藏之不足，这些印章有些是吴昌硕篆刻作品的原蜕，有些是墨勾而来，十分珍贵。

杜甫曾有《殿中杨监见示张旭草书图》一文："呜呼东吴精，逸气感清识。杨公拂箧笥，舒卷忘寝食。念昔挥毫端，不独观酒德。"[1]"东吴精"本指张旭，张旭为吴人，因秉受了东吴的精气，故而才能非凡，出类拔萃。关于"西吴精"一词曾出现在朱关田的文章《沙孟海遇缶翁始末》一文中，阐释了"西吴精"的来历："联想到蕙风因缶翁反裝度语庾威言戏作'雄甲辰'印，便以杜甫称张旭'东吴精'句而效仿之，令沙先生刻'西吴精'三字相呈，雅谑如此，盖纯出文人之兴会。缶翁亦是漫心应付一时随和，而作者又并不在场，终成虚应故事。"[2]文中提及的"西吴精"印章是文人之间的雅谑，令沙先生刻印章"西吴精"，但最后此事并未达成。

无独有偶在诸乐三《缶庐印存墨勾本》印谱中，找到"西吴精"印章的印蜕及诸乐三的摹勾。墨勾及原蜕如图10，原蜕下由朱祖谋先生写到"西吴精"之来历："张旭精草隶，少陵目之为'东吴精'。缶翁篆隶未知视旭何各，然推倒一世人，无异辞私拟'西吴精'三字作印成贻，愿与识翁书者共张之。"[3]这与朱关田的文章中讲述"西吴精"词语的来历基本一致，但只是印章的作者似有不同，此印并非沙孟海先生所刻，而通过诸乐三《缶庐印存墨勾本》中可以肯定，此方印应是吴昌硕所作，而且还是吴昌硕的晚期作品，材质也并非石质，而是牙章。诸乐三在此处注明印章来历、材质及收藏地，证明诸乐三应实见此印。通过此方印笔者大胆推测，"西吴精"一词虽本是文人之间的雅谑，但吴昌硕应比较得意"西吴精"的别号，否则其不会专门刻制此印章，而且此方印章也并未收录在现存吴昌硕印谱，可补其收藏之不足。

"小蓬莱仙馆"一印在《缶庐印存墨勾本》中出现，为印章之原蜕（图11）边款为"仓石道人"。清末著名女作家刘清韵（1842—1915），曾有著作《小蓬莱仙馆传奇》《小蓬莱仙馆曲稿》，其出生年与吴昌硕基本一致。另笔者又

图10　西吴精

图11　小蓬莱仙馆

---

[1] 杜甫：《殿中杨监见示张旭草书图》，古诗文网，www.gushiwen.cn。

[2] 朱关田：《沙孟海遇缶翁始末》，《中国书法》2011年01月，总213期，第45页。

[3] 高士明主编：《诸乐三集·篆刻卷》，暂未出版。

图12　余任天《石溪画诗图》
50.5×70cm。浙江长乐·壹树山网拍第
二十三期，春意盎然名家书画专场。

图13　程十发《少女与鹿》48.5×69.5cm，
雅昌拍卖"四海集珍——中国近现代书画
作品专场"。

图14　陆维钊《红梅》51×69cm，上海
嘉禾拍卖有限公司2015春季拍卖会。

图15　陆抑非《雏凤清声》69×50.5cm，
《盛世艺征——中国名家书画精品集》西
泠印社2015年版，第69页。

找到"小蓬莱仙馆"一印曾几次出现在民国时期艺术家的画作中，其中有余任天的《石溪画诗图》（图12）。题识为："寒雨急雨气，淋漓颠半精神变愈奇，此姚姬传题石溪画诗也，借此意作此画但未敢掠美耳，云森医师正，天庐。"钤印："余任天印、天庐病目小蓬莱仙馆。"程十发的《少女与鹿》（图13），题识："云森医师属教，十发写于上海西隅。"钤印："程十发印、程。"收藏章："小蓬莱仙馆。"陆维钊的《红梅》（图14），题识："云森医师之属即希政之陆维钊于韶华庽楼。"钤印："陆维钊寓杭州韶华巷劭翁小蓬莱仙馆。"陆抑非的《雏凤清声》（图15）题识："团团凤雏，鸣声啁啁。相互觅食，其乐悠悠。云森医家属画，抑非。"钤印："陆抑非、非翁。""小蓬莱仙馆。""以意为之。"在各大名家的画作中频繁出现小蓬莱仙馆一印，并盖有"小蓬莱仙馆"印章的画作，题款均为云森医家、云森先生。即蔡云森，系牙医专家，一生喜欢收藏书画，与当时书画名家交往密切，藏品颇丰。上述作品的角落处均盖有此印，且与诸乐三的《缶庐印存墨勾本》中钤盖的"小蓬莱仙馆"一致，由此可知与"小蓬莱仙馆"应为

图16　《缶庐印存墨
勾本》

图18　伯年长寿

图19　颐颐草堂

图17　任颐《蕉荫纳凉
图轴》，浙江省博物
馆藏

图20　任伯年花鸟画（左），任伯年《钟馗》（右）

蔡云森的收藏印，故应不为刘清韵之自用印。此印因《缶庐印存墨勾本》的收录可知其为吴昌硕手笔，这不仅可佐证蔡云森与吴昌硕有过交往，且还可补充现存吴昌硕印谱中收藏之不足。

此五方印（图16）可窥见诸乐三对吴昌硕篆刻作品的鉴定水平，在勾摹后，诸乐三在这五方印的侧面写道："此数印从任伯年画上摹来，观其手笔，系缶师先后为任先生所作。"从此可以看出诸乐三所勾摹的"颐颐草堂""伯年""任公子""伯年长寿"四印，应为吴昌硕所刻，其精准的鉴定为我们当今研究任伯年作品提供了强有力的材料。关于任伯年的作品，我们可见到现存浙江省博物馆中的一幅《蕉荫纳凉图轴》（图17），其在左下角的印章就是吴昌硕为其刻制的"伯年长寿"（图18），另两方印章"颐颐草堂"（图19）、"任公子"则任伯年在1902年和1889年的画作中有做钤盖（图20）。关于这些印章作者的考释，可通过诸乐三在《缶庐印存墨勾本》中提供的信息，我们不仅可以确定画中印章的作者，还可以丰富吴昌硕与任伯年的交游，或丰富画作之说明。而且这又极大地丰富了吴昌硕篆刻作品的收藏。在吴昌硕存世印谱中，除"画奴"外，其余4方并未收录，我们可通过诸乐三《缶庐印存墨勾本》补收藏之不足。

展现诸乐三鉴赏能力的例子在印谱中有很多，如图21所示印文内容"瓶庐主人"，在勾摹后，诸乐三在勾摹印章的下面写出自己对此方印章鉴定的标准，诸乐三这样写道："此印在南画大成兰竹菊第二卷一百零五页翁同龢画兰册页中勾来，观其风貌，系缶师所刻。'瓶庐'二字繁复，'主人'二字极简，大可确法。"[1]"瓶庐主人"在翁同龢作品中较为常见，诸乐三通过字法判断其为吴昌硕手笔。

除此以外笔者认为诸乐三对于吴昌硕印章的鉴定的方向，大多是与吴昌硕有直接交往，或从

---

[1]　高士明主编：《诸乐三集·篆刻卷》，暂未出版。

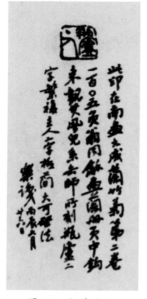

图21　瓶庐主人

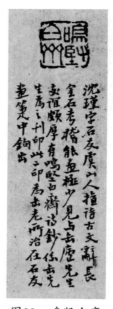

图22　鸣坚白斋

图23　吴昌硕壬子岁以字行

这些好友的书法中，或画中寻找，再根据印章的艺术语言判断。此鉴定方法极大地提高了鉴定的准确性，关于此鉴定方法的例子在印谱较为常见，如："沈瑾字石友，虞山人。擅诗古文辞，长金石考稽，能画极少见，与缶庐先生交谊颇厚，有《鸣坚白斋诗抄》，系缶先生为之刊印。此二印为缶老所治，在石友画笺中勾出。"[1]（图22）"此印从廿八壬子雨水节为石隐先生临猎碣文屏中勾出。"[2]（图23）

"鸣坚白斋""吴昌硕壬子岁以字行"两印虽在诸乐三年代其未见石章本体，但近年来现存吴昌硕印谱中有将两印出版，确系吴昌硕作品无疑。"瓶庐主人"未见，诸乐三在通过吴昌硕交游的方式，准确定位印章的作者，由此可更加确定诸乐三对吴昌硕印章的鉴定能力。通过收集原石以外的渠道所鉴定出的印章，更能补当代印谱收藏之不足。

三、结语

《缶庐印存墨勾本》倾尽了诸乐三的大部分心血勾摹而成，其作为吴昌硕的入室弟子，在印谱中留下的线索意义重大，在印谱中可以看出诸乐三收集吴昌硕篆刻作品在当时条件下的全面性及准确性。在《缶庐印存墨勾本》中笔者可以得到以下几点线索：1.对于部分吴昌硕印章的断代更加明确。2.强调吴氏篆刻中虚实的重要作用。3.对吴昌硕篆刻真伪的鉴定。4.部分印章的材质。5.部分印章词语内容的来历。6.或补现存能见之吴昌硕篆刻收藏之不足。诸乐三对部分吴昌硕印章的断代工作有着十分重要的现实意义，其可以丰富我们对吴昌硕篆刻风格的再认识。

[1] 高士明主编：《诸乐三集·篆刻卷》，暂未出版。

[2] 高士明主编：《诸乐三集·篆刻卷》，暂未出版。

在《缶庐印存墨勾本》中对吴氏篆刻艺术虚实的探索不仅只有本文中提及的两处而已，其所有的举例都为印章的大小一致、字法一致，仅虚实变化有出入，这不仅是表面上对某一方篆刻作品效果的追求，而是表明了诸乐三认为吴氏篆刻中虚实为其不可分割的一部分，失之毫厘，谬之千里，虚实程度相差一点可以直接影响篆刻作品的艺术性。

诸乐三对吴昌硕篆刻的收集，不仅仅停留在印章本身的物质上，还对吴昌硕有所交游的艺术家作品中搜罗出来。表面为搜罗，实为鉴定。这些鉴定出来的印章与《缶庐印存墨勾本》中保留的珍贵原印的印蜕共同展示在印谱中，其中有些印章至今并未出版，或跟随艺术品的其他载体出版但其中印章的作者并不明确，这些印章可补当今存世现存吴昌硕印谱在收藏上的不足。

不仅如此，《缶庐印存墨勾本》也表明了作为学生的诸乐三对吴昌硕篆刻的痴迷性，当我们翻开诸乐三印谱时可发现其篆刻绝大部分风格取法吴昌硕。我想通过整本印谱诸乐三也向我们传达了在篆刻艺术上一定的学习方法，就是勾摹。勾摹可以使我们快速地把握某种风格特点及对印章的细心观察，这在我们篆刻取法学习中是极其重要的一步。我们在把握某种风格时，也可以采用诸乐三这种精准勾摹的方式，尤其是在流派印的学习中，我们在勾摹的同时也可四处搜集某一流派的印章，在勾摹与搜集的过程中也是我们提升鉴定能力的过程。这种对于风格的把握与鉴定可以一举两得，早期的印章鉴定就可以像诸乐三一样，从取法对象的交游开始搜罗资料，以此来丰富自己对某一风格的把握。《缶庐印存墨勾本》中不仅有诸乐三对吴昌硕篆刻印面的墨勾，还有对边款的全面勾写，更有其收藏的珍贵印蜕，这表明诸乐三在当时有意全方位收藏吴昌硕印章之印蜕。找到而不能得到的就用墨勾，有更精准的印蜕可直接收藏在此谱，收藏与学习共同进行。

总之，诸乐三的《缶庐印存墨勾本》是对吴昌硕篆刻作品的再收藏与鉴定，在当今的大印学环境中有着重要学术地位。

（作者系中国美术学院硕士）

魏锡曾印学鉴藏活动考述

王　博

内容提要：魏锡曾活跃于道光、咸丰、光绪时期，作为乾嘉学派的追随者与践行者，魏锡曾倾心金石，素有"印癖"，治印不多，却于印学搜集、著录、考订、应用各面，无不用力。为赵之谦、吴让之等人辑拓印谱，成为联系篆刻浙、皖两派的纽带。本文通过对记载其印学鉴藏经历的著述、题跋及印谱的稽考叙录，展现出晚清魏锡曾与友人鉴赏、研究的种种生动场景。在魏锡曾的印学鉴藏活动中，我们能看到一个印学理论家、金石学家，同时又是一位眼界颇高的鉴藏家魏锡曾。

关键词：魏锡曾　印谱　辑拓　印学　鉴藏

　　魏锡曾（1828—1881），字稼孙，号鹤庐，斋号有鉴古堂、绩语堂、非见斋等。魏锡曾仕途失意，一生倾心笔砚，借金石典籍自娱。魏氏印章收藏甚富，经眼更是不知其数。魏本存《魏稼孙行述》[1]言："搜罗之富，殆鲜其匹。平日寓目，不知千几百石。"由此可以想见魏锡曾于印学倾心之深，他的印学研究正是建立于其大量的珍品寓目收藏的基础上的。

　　1883年，由广州羊城富文斋正式刊行魏锡曾所著《魏稼孙全集》十四册，[2]其中的《题跋》《文存》《诗存》保存下了他的部分印学论述。散见于各图书馆的手稿、印谱，历年拍卖会图录等资料则更多面地展示了魏锡曾独特收藏视角下的印学鉴藏活动。

一、魏锡曾的印学交游经历

　　魏锡曾家学渊源，簪缨相传，与江浙文士多有往来。因太平天国战乱，咸丰十年（1860），魏锡曾辗转浙江各地，最后南至福建避祸。魏氏在福建出仕后，并不在意做官，多有闲暇，往来谭献、傅以礼等好友。后来也曾游寓江浙，北上京师等，与在京的赵之谦及胡澍、沈树镛等鉴赏印章、考订金石等。

　　魏锡曾先祖与丁敬、黄易、阮元等往来密切，多有字画题赠、书信往还。"西泠八家"之首丁

---

[1]　苏州图书馆藏抄本魏锡曾子本存《皇清敕授文林郎福建候补知县漳州府漳浦南场盐大使显考稼孙府君行述》（以下简称《行述》）。下引同此。

[2]　《魏稼孙全集》全本一夹，十四册，依原编目次第一册为《题跋》四十八篇；第二至十二册为《碑录》；第十三册为《诗存》共古今体诗一百五十五首；第十四册为《文存》十一篇，附《书学续闻》一则，共十二篇。其中《碑录》部分仅刊印其中一小部分。笔者检各图书馆，计有《魏稼孙全集》稿本二十余册。除《碑录》外，其他已尽数刊印。2022年3月，王梦笔点校，中州古籍出版社出版《魏稼孙全集》两册，将其中《诗存》《文存》《题跋》整理点校，《碑录》据《丛书集成续编》所收录影印。

敬与魏银河相投契，丁敬嗜好金石文字，工诗善画，尤精篆刻。魏家悬"鉴古堂"匾额盖龙泓山人亲题。同样是"西泠八家"之一的黄易，与魏锡曾从祖魏成宪同里二人在山东为官，多有雁去鱼来、诗文酬唱。黄易曾为魏成宪刻"成宪""魏成宪印"等印。[1]黄易墓志铭即是魏成宪书丹，魏成宪子魏谦升于道光十七年（1837）曾题黄易《山水册》记录下二人往还之事。魏锡曾收藏中多有黄小松故物，当缘于此。[2]乾嘉时期重要学者阮元亦与春松公交善，阮元曾赠时任扬州知府的魏成宪联曰："两袖清风廉太守，二分明月古扬州。"

从这些先贤与魏氏家族往来的吉光片羽可以想见，魏氏家族丰富的收藏、家学的陶养，无疑对魏锡曾见识与鉴赏上具有极大影响，也奠定了魏锡曾审美、喜好的基础。

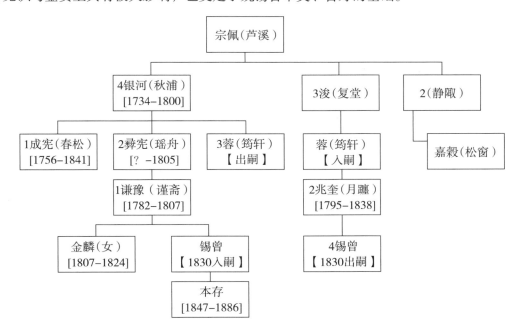

表1　魏锡曾家族世系简表[3]

（一）往来江浙：论次印谱，深入研几

魏锡曾青年时期，活跃于杭州，也曾游历苏、常。这一时期的魏锡曾过眼、钤拓了大量明清印章，钤拓技艺愈加精善，手辑数本印谱。与各地优秀印人的交游赏析中积淀了学识，再加上家学渊源等文化影响，魏锡曾的印学审美取向在这个时期已经基本建立。

魏本存曾在《行述》中言及父亲魏锡曾早年致力于搜集印石，经眼者不知千几百。并且魏锡曾辑印谱，不仅收集印蜕，亦重视椎拓边款。魏锡曾亦在其《论印诗二十四首序》中提及家乡的嗜印朋辈：

[1]　黄易为魏氏家族刻印许多，据魏锡曾《砚林印款书后》，魏锡曾从祖春松、松窗先生等都曾得黄小松印。

[2]　清·沈树镛：《汉石经室金石跋尾》："稼孙以小松赠苏斋汉《祀三公山碑》相赠。"魏锡曾《绩语堂印目》收有部分黄小松印目。

[3]　表中仅体现与文章论述有关之人，人名前数字为兄弟排行。

余夙有印癖。里居之日，尝与毛西堂、何凤明、朱芑孙、谔卿诸君手拓丁、黄、蒋、奚、二陈之作，裒然成谱。其他名家手制，别为一集。[1]

何澍，字凤明，为何元锡之子。何元锡曾到山东曲阜访求古印，因而古印收藏甚富。何氏父子不仅为魏锡曾提供了大量珍贵的鉴赏对象。并且在印学鉴赏的眼光与见解上影响了魏锡曾。约嘉庆十三年（1808），何元锡父子辑丁敬、蒋仁、黄易、奚冈印成《西泠四家印谱》。[2]何澍曾引父语："钝丁碎刀，从明朱简修能出。"魏锡曾在后来见到《赖古堂残谱》中朱简所治印后，"以朱文刀法验之"，于是将何氏所言引为至论，并认为"前人论丁印无及此者"。[3]

何氏父子辑拓印蜕丰富，并是较早开始拓丁敬印款的。魏锡曾曰："丁谱拓款，始自凤明尊人梦华先生，故其家藏弄最富，往时凤明颇据以傲人，及西堂辑谱精出其上，余与芑孙和之，偶有以戏语巧构者，何遂修憾于毛。"[4]据魏氏所言，何澍的辑拓技术是逊色于毛庚的。

毛庚字西堂，[5]最精擅钤印拓款。毛西堂曾手辑《西泠六家印谱》。可惜后来罹遭兵祸，所存无几。魏锡曾对毛西堂评价甚高："乡先辈丁、黄、蒋、奚二陈篆刻，前人多有论次。近年新谱日出，无精于毛君西堂者。"并戏称毛西堂："能事虽多，却以印印为第一。"[6]魏锡曾曾详细记录下毛西堂钤印、拓款的具体过程：

一印入手，息心危坐，审视数四，徐出手制印泥，其泥入油少，坚韧如粔籹。以石就泥，凡积百十秒许，泥附于石，乃就几面印之，不藉他纸。既又翻石向上，纸黏不脱，视其未到处，以指顶少研，一不惬至再，再不惬至三，三四不惬或至三四十次。既得精妙一纸，类次入谱，不复再印，既强之印，亦不得佳。弃纸山积，不自珍惜，并供友人携取。然西堂最不惬意者，持较他本，焕发十倍，人得之者，珍为毛谱……（毛西堂）初不拓款，见余拓本，辄戏为之。用画家渲染法，先积淡墨，如云，如水点，如雨下，而不入于凹末，少施以焦墨，肥瘦明暗之间，经营尽善。余乃转相仿效，精到或庶几活泼，终不及也。[7]

受魏锡曾影响，毛西堂开始拓边款。其钤拓方法独到，自成一家，时人无出其右，至今仍为人效仿。魏氏的钤拓技术，就是在与毛西堂一同奔驰搜访、过从赏析中学习并提高的。也正是魏锡曾的详尽记载，让今人仍能从毛氏钤拓手段中汲取经验。毛、魏二人交谊其笃，毛西堂每印印毕，必留一赠魏锡曾，之后才令索印蜕者取走。于是魏锡曾手中也收藏了大量毛西堂钤拓的印蜕、边款，

[1] 魏锡曾：《绩语堂诗存》，《魏稼孙全集》，中州古籍出版社2022年版。

[2] 韩天衡著：《中国印学年表（增订本）》，上海书画出版社2012年版。按：是谱是已知最早以"西泠"之名分类印人并辑谱的。

[3] 按：引何澍语皆转引自魏锡曾：《魏稼孙全集》中《绩语堂题跋》，中州古籍出版社2022年版。

[4] 魏锡曾著：《绩语堂题跋·〈砚林印款〉书后》，《魏稼孙全集》，中州古籍出版社2022年版。

[5] 毛庚，原名雕，字西堂。嗜金石，钤印拓款技艺尤精。咸丰十一年（1861）于杭州从戴熙筹办团练，是年冬太平军攻入杭州，毛庚在抵御中战死。

[6] 魏锡曾：《绩语堂题跋·题增补毛西堂手辑西泠六家印谱》，《魏稼孙全集》，中州古籍出版社2022年版。

[7] 魏锡曾：《绩语堂题跋·题增补毛西堂手辑西泠六家印谱》，《魏稼孙全集》，中州古籍出版社2022年版。

这成为魏锡曾这一时期辑谱的主要来源。

此外，藏印丰富的王泰、朱芑孙，书画家华议、戴熙等金石同好，也都与魏锡曾有着密切的往来。魏锡曾在此时已展现出他于印学鉴藏非凡的见地：通过大量印章的经眼、鉴赏，同友人相交往探讨印学研究，魏锡曾的审美水平得到极大提高。魏锡曾及其交游圈较早地关注到印章边款的椎拓，而前人或时人更多是将其内容抄录，或只保留印蜕，而忽略边款。此前印人所作边款更多是起到与书法落款相同的作用，在椎拓边款兴起后，印人就必然会愈加关注边款的艺术性与审美价值，这就促使印人更加重视对边款的经营，激励着印人们深入研究边款的创作。后来出现的如赵之谦以魏碑造像文字入边款等行为，都离不开魏锡曾等人椎拓边款的推动。

魏锡曾于咸丰八年（1858）侨寓吴门，赠吴紫瑜印谱两册。咸丰九年（1859）年秋在荆溪与王立斋会晤，见其所藏《程邃印谱》收印300余方，叹为大观。清初印坛以皖派为主，而程邃（1605—1691）则继明代文彭、何震之后，是当时光大皖派的主要人物，在印学史上具有重要地位。魏锡曾是今见文献记载最早见过并记录下《程邃印谱》的人。同时在任问渠家见邓石如《四体书册》。称其：

> 八分之妙，殆罕比伦，册中钤印二三十方，亦无不佳。[1]

咸丰十年（1860）春二月魏锡曾仍于吴门吴紫榆处赏鉴并摹拓留存了张大风、汪关、沈逢吉等诸家印作。魏氏于《书印人传后》详细地记叙了此次鉴析摹拓活动。

（二）奔逃避乱：不意印事，避乱七迁

时局动荡，咸丰十年（1860）太平天国波及吴门，于是魏锡曾举家避乱长达近一年时间。慌乱之下家藏损失惨重。祸不单行，是年"西泠八家"之一的钱松殉难，次年毛西堂、戴醇士亦在抵御中战死，这些魏氏同好所藏的印石、印拓也大都佚损或易主。在"惊心乱后七移家"的危急之时，魏锡曾仍"尽携手辑古今印拓以行"。

咸丰十年十一月魏氏在绍兴与友人毛西堂会面。毛西堂将亲手辑拓的《西泠六家印谱》携来，两人鉴赏良久。这是魏锡曾最后一次见到毛辑《西泠六家印谱》，也是与挚友毛庚的最后一晤。不到十日，富阳被太平军攻占，太平军逼杭州，魏锡曾沿越城，渡嵊县避难黄岩。

虽有印癖，但此时的魏锡曾却言："遭乱以来，不复措意于此者一年矣。"所幸在黄岩从朱德园处借书，魏氏得见其藏周亮工《赖古堂残谱》一部，乃周亮工未成之书。为剪贴本，白纸线订十二册，仅存三十余家印人。[2]在魏锡曾的考订下，断定非赝，且谱中弁言必是周亮工手书。但其中多有题字，非周亮工之笔。是谱印拓多虫蚀，但覆纸完好，魏锡曾判断当是重装。《论印诗二十四首》即是此时所作：

---

[1] 魏锡曾著：《绩语堂诗存·论印诗二十四首并序》，《魏稼孙全集》，中州古籍出版社2022年版。

[2] 魏锡曾著：《书〈赖古堂残谱〉后》中："所存才三十余家。"但《论印诗二十四首序》中："虽阙轶过半，自何雪渔以下尚得六七十人。"二说有异。因是谱今不见，遂无从得知。

愁病之中获此巨观，就生平涉猎所及，作论印诗二十四首。其名虽盛而未及寓目，与虽寓目而无所可否于吾心者，从略焉。[1]

二人正沉湎于考证鉴赏之时，"会寇犯黄岩，德园将奔避，急索谱去"。魏锡曾也慌乱逃离。同治二年（1863）二月，于《书〈赖古堂残谱〉后》记：

> ……事阅三年，见此书，不胜今昔之感。因将朱谱存佚各家，分记于后，其不能省忆者缺之。刻印为游戏之一，数十家精神所寄，独恃朱谱，或当不坠劫灰耳。[2]

魏氏作上跋时，当是见到了另一本《赖古堂印谱》，早在见朱谱时就曾"背忆文义不误"，此时魏氏便有了附名卷末的念头。只可惜避难急走而未能完成。于是凭记忆校之两谱，在此书中"将朱谱存佚各家，分记于后，其不能省忆者缺之"。[3]离开黄岩后，魏氏又辗转多地，最后奔赴福州依时任福建盐库大使的岳父张燮荣处避乱。[4]

魏锡曾于同治四年（1865）秋天结识同有印癖的同里丁丙，后于闽中以所得丁敬篆刻印拓资料为丁氏辑成《砚林印款》。由于其原附于丁丙所辑《砚林诗集》之后，遂常被以为丁氏所作，实则大谬。据魏锡曾言，《砚林印款》中包括的黄易、蒋仁、奚冈、陈曼生印款数则，多据何凤明、毛西堂、朱芑孙旧赠原拓印款辑录，稍有新增，并对几位先辈的论印宗旨加以考证。魏锡曾避难入闽后将其关心的印石藏佚情况在《书砚林印款后》中作了说明。《魏锡曾辑奚冈、蒋仁等诸家印谱》[5]是魏氏入闽后所辑，也记载了蒋仁等印石的收藏存佚情况。

关于丁敬、蒋仁印石的藏佚：

表2　丁敬、蒋仁印石战乱前后藏佚情况表

	丁敬	蒋仁
遭乱前	丁刻之世守者，惟振绮堂汪氏五石，抱经堂卢氏三石，小山居何氏三石，补罗迦室赵氏一石。余率由飞蚨人萃，归王安伯丈泰。虽同时谢丈卜堂枚、戴君用伯以恒，皆嗜丁印如性命，竟无能抗衡也。	自刻名号十余石，旧为王丈安伯所有。其他可指数者，谢丈卜堂藏六石，何凤明藏一石，戴用伯藏三石。越中平氏旧有先生手刻。

---

[1] 魏锡曾：《绩语堂诗存·论印诗二十四首并序》，《魏稼孙全集》，中州古籍出版社2022年版。

[2] 魏锡曾：《绩语堂题跋》，《魏稼孙全集》，中州古籍出版社2022年版。

[3] 魏锡曾：《绩语堂题跋》，《魏稼孙全集》，中州古籍出版社2022年版。

[4] 关于魏锡曾岳父张燮荣，魏本存《行述》中有："命赴闽，依外王母，慈谕敦促，乃尽室行。"外王母指魏本存外祖母，即魏锡曾岳母家。"配吾母张孺人，敕授孺人，同里嘉庆辛酉进士内阁侍读学士讳鉴公孙女，运同衔历任福建广盈库石码验掣关大使讳燮荣公女。"

[5] 中国嘉德2016春季拍卖会古籍善本场曾拍过十二开《魏锡曾辑奚冈、蒋仁等诸家印谱》。是谱收魏锡曾手拓奚冈、蒋仁、何震、魏植、陈豫钟、程邃等明清篆刻名家印鉴，间及边款，录吴让之跋语，多有魏稼孙识语及考证。

（续表）

	丁敬	蒋仁
遭乱后	王氏废宅出残石若干，谢、戴及他氏储藏，仅存十一，亦都易主。今确知丁印在世间者，煨烬奇零，数不满百，独振绮手泽如新耳。 其自余庚申岁失于吴门者，为"丛睦""才与不才（从陈君遇安借拓者）"二石（魏氏自藏）。	王丈殉辛酉之难，谢丈殁越州乡间。用伯覆巢之下，仅以身免，凤明迄今无耗，各印皆不可问。越中平氏旧有先生手刻，闻乱后已尽失之。此外，嘉兴杨象济藏一石，又陈曼生先生子叔眉藏二石。此三石庚辛间皆不在杭，不知存否。 "饮酒游山"一石为许石声携至泰州，幸免于难。

其次是关于魏氏自家收藏等：

> 同时失自藏、借人古今印百余钮。黄小松先生为松窗、春松两从祖刻名氏印，亦在此中。嗣有沈君均初收得者，知未尽堕劫灰，然不可踪迹矣。
>
> 丁君松生（丙）见贻"徐堂印信"，是谢丈旧物，款面皆精，亦失之闽中。
>
> 余手辑古今印拓，辛酉冬避地入闽，尽携以行，嗣为夫己氏窃毛拓至精者百余，几空其群，今稍向副本补数十纸，合前后所收，才得二百有奇，不知江、浙间遗石、遗谱，复出几许？犹忆道、咸间《四家印谱》盛行，几于家置一册。自罹兵火，曩时同好，惟用伯及朱君（希颖）存。

这次损失无疑是巨大的。从魏锡曾的收藏来看，涉及范围主要为浙皖派近当代印人，于古玺汉印并没有多少关注。我们可以看出他所关心的印人中最推浙派，又是丁敬拥趸，亦关心私淑丁敬的蒋仁之作。即使因乱遗失许多，也可以看出魏锡曾印石、印拓、印谱等收藏之富。从上引文中可以看出魏锡曾对于丁、蒋印存的关注不仅只局限于私人收藏几何，更体现出对其整体存世情况的关注。

（三）入闽北游：过从同志，赏奇析疑

安顿在福州捐得盐官之后，魏锡曾更是"在官朴拙，日事笔砚"。[1]在闽中与丁文蔚、周星诒、谭献等一众金石同好，北游扬州、京师等地与吴让之、赵之谦等印人皆有密切来往。

同治元年（1862），魏锡曾与赵之谦在闽结识。二人从此成为知己。赵氏治印早年取法浙派，自称受陈鸿寿影响颇大，但"久而知其非则弃"。魏锡曾亦作此评价。赵氏在之前多是模仿浙派。在与宏识富藏的魏锡曾结交后，赵之谦的思想和眼界都得到开阔。魏锡曾评价赵之谦印作为"在丁、黄之下"，[2]又称"今殆无匹"。[3]赵之谦在为魏锡曾刻印边款中赋诗赞叹回应"我昔赖君有

---

[1]　谭廷献：《魏锡曾传》，缪全孙辑《续碑传集》卷八一，天津图书馆藏清宣统二年（1910）江苏编译局刻本。

[2]　（日）小林斗盦编：《中国篆刻丛刊全集》，二玄社1981年版，第二十六卷，第135页。见赵之谦刻"稼孙"朱文印款。

[3]　魏锡曾：《绩语堂题跋·书〈巴予藉别传〉后》，《魏稼孙全集》，中州古籍出版社2022年版。

印书"。[1]并在《吴让之印谱序》中评价其："稼孙与余最善，不刻印，而别秦以来刻印巧拙有精解，其说微妙，且有让之与余能为之不能言者。"二人惺惺相惜之情可见一斑。

同年六月，魏锡曾向赵之谦提出为其汇辑印谱。赵之谦欣然应允。但旧时作印一是能拿出的数量少，更重要的是赵之谦已不满意旧作。遂开始了赵氏一生集中大量刻印的一段时光。赵之谦与魏锡曾结识后为其刻印总共30余方，[2]其中有一部分边款中记有赵之谦与魏锡曾论印的文字，彼此交流意见的文字，成为印人之间沟通的独特方式。

终于，魏锡曾以半年时间辑成《二金蝶堂印稿》，包括其时新作与随身所带的早年作品，赵之谦于谱前题"稼孙多事"四篆字，并记曰：

> 稼孙竭半载心力，为我集印稿、钞诗，搜散弃文字，比于掩骼埋胔，意则厚矣。然令我一生刻印、赋诗、学文字，固天所以活我，而于我父母生我之意大悖矣！书四字傲之。

从中可以看出，赵之谦虽不志于篆刻，但深深感激魏锡曾辑成自己的第一本印谱。魏锡曾这次集谱行为不仅使赵之谦刻印增多，开始辑谱，更为印学史留下了宝贵的资料。

同治二年（1863）魏锡曾因捐报盐官事，须上京师入都验放。七月，途经江苏泰州，拜访吴让之，并停留数日。一是提出为吴让之辑印谱，吴让之称"刻印数以万计而未留一谱"，所以这也是吴让之的第一部印谱。魏锡曾有卓见，先后两次主动提出为无谱留存的当代篆刻名家辑印谱，所系连的这次互评，不仅是吴、赵两人之间的，更是印人流派中浙宗与皖宗的一次较量。

通过梳理魏氏的印学交游经历，大致可以将他的活动轨迹大致表示如下：

浙江（杭州为主）→江苏（苏、常为主）→江浙（奔逃避乱）→福建（福州为主）→京师（途径扬州）

不难看出，魏氏的活动范围恰好涵盖了清代以来的印学活动最为频繁兴盛的地区，在这些地方，魏氏均结识了一众印学同好，正是在这种交往中形成了魏锡曾的印学交游圈，不仅为他提供了大量的珍贵印章资源，更在钤拓技术、印章鉴赏的审美以及印章收藏水平的提高上起到了极为重要的作用。

二、魏锡曾的印学鉴藏著录

（一）绩语堂集印

魏锡曾的印学活动主要分为三阶段。[3]咸丰初年过从同里毛庚等人辑拓前人印谱为第一阶段，战乱后在闽整理遗存为第二阶段，给当时著名印家辑印谱为第三阶段。通过析理归类现存魏锡曾所辑印谱，可以更清晰地认识其辑谱对象、方法及鉴藏观念。

---

[1]　（日）小林斗盦编：《中国篆刻丛刊全集》，二玄社1981年版，第二十七卷，第73页。见赵之谦刻"钜鹿魏氏"白文款。

[2]　赵之谦为魏锡曾治印据信札等提及约有30来方，今能见者23。见附录二：魏锡曾印鉴。

[3]　笔者此处的分期并不完全依时间前后，而是将魏锡曾辑谱的种类、目的与时间相结合而定。

1.《西泠印粹》

咸丰初年，魏锡曾与毛庚等友人将"西泠六家"之作与其他名家手制分而辑之，奂然成谱。2018年嘉德拍出《西泠印粹》一函两册。上册卷首下有魏锡曾题识记载咸丰八年（1858）正月，魏锡曾寓吴门，赠友人吴紫瑜印谱两册，[1]此两本印谱即是魏氏当初与毛西堂等来往时所辑之谱。

印谱汇集丁敬、蒋仁、奚冈、黄易、陈豫钟、陈鸿寿六人印存，并拓有边款于印下，制作精良。此谱后转入闵泳之手，并制木质函套，上阴刻"丁蒋奚黄两陈印谱"，落"光绪辛巳三月汀奏刀"款、钤印"鲁孙"。册末有任伯年题识二：其一"光绪辛巳春二月。山阴任颐伯年甫拜观"，钤印"颐印"；其二

图1　《西泠印萃》书影

"鲁孙盟兄袖出所藏丁蒋奚黄两陈印林见示，并拓有旁款，如宋本《兰亭》，然世亦罕见，余获一观，真乃眼福之无穷也。光绪辛巳二月山阴任颐伯年又记"，钤印"任伯年"。此谱应是已知魏锡曾最早辑成的印谱。可惜是谱未能出版，不能窥其全貌。

2.《奚冈、蒋仁等诸家印谱》

魏锡曾辑《奚冈、蒋仁等诸家印谱》在2013年、2016年间于西泠、嘉德拍卖。此谱今存12开，其中印谱10开，每开右下角钤有赵之谦刻"稼孙所拓"朱文印，题跋2开。收录了奚冈、何震、陈曼生、巴慰祖、胡唐、程邃、文彭、蒋仁等明清篆刻名家印面及边款数方，大多有魏锡曾识语及批注，明确写明了印石的藏佚情况，为战乱后在闽整理遗存时辑谱。其中有相当一部分印花仅见于是谱，笔者将较为重要的列举如下：

表3　《魏锡曾辑奚冈、蒋仁等诸家印谱》题识

页码	印人	印文	边款	题识
页一（七方）	奚冈	不著四相（朱）	有	奚冈先生以画名，印其余技，亦宗钝丁。 旧为寿松堂孙氏所藏，以其精刻于田黄石秘不示人。己未秋为苣孙有。招余与西堂拓十数分。世间始有款字墨本。至次岁石毁矣。两君所拓与身同殉，悲夫！ （钤朱文"印奴"于该边款墨拓之上）
		奚冈私印（白）	无	玉印。
		另有印蜕：汪用成（朱、白各一方）、石巢子（白）、成斋（朱）、汪印用成（白）皆无款。		

[1]　2018年5月18日嘉德四季第51期仲夏拍卖会智龛珍藏专场拍出，此谱一函两册，卷首书谱名《西泠印粹》，上册卷首下有魏锡曾题识。

（续表）

页码	印人	印文	边款	题识
页二（三方）	何震	放情诗酒（白）	有	雪渔真迹不多，得此与"玉壶居"皆灼然可信者。（钤朱文"印奴"于该边款墨拓之上）
		玉壶斋（白）	有	面略被人磨损非赝。
		飞鸿（白）	有	此百余年前伪作，存之以资参证。
页三（五方）	汪泓	御墨藏家（朱）	有	无
		瓯香室（白）	无	明人瓷印，或附会南田翁蛇足也。
		子孙世永保（朱）际遇五朝全盛家（朱）	无	两面牙印。
		击如意珠（白）	有	同里朱君苣孙寿萱风雅好古。庚申杭州失陷，母氏投水。因纵火自焚其窟，与妻同殉。此石亦堕灰劫矣。竹嬺为李太仆日华，侯君未详。
		栖霞散人（朱）	无	牙印
页四（七方）	陈曼生	玉麟书印（朱）别字玩台（白）	有	（两面印）种榆从丁入手，乃别树一帜。荡决无前，断是石家第不可学耳。
		宗伯学士（朱）	有	无
		阿曼（白）	无	玉印
		另有印蜕：阿曼陀室（朱）连理双桂树楼（白）荐菊亭长（白）		
页五（四方）	巴慰祖	四教之印（朱）	有	巴予藉先生印以工胜，此二方藏栎阳张瑶圃瑜处。胡唐字长庚，予藉甥也，所作相类。
		栎阳张氏（白朱相间）	有	
	胡唐	张公子（朱）	有	
		栎阳张氏文房（朱）	无	瑶圃世兄高祖一斋先生文房印。癸丑扬州兵火后，此石遂失。先生以画名世。瑶圃守遗墨，珍若璆琳。余得此石于荒市。重瑶圃意，因题数语以归之。让之吴熙载己未三月。此不知谁氏作与巴胡三印同在瑶圃处，篆刻皆佳。必亦名手，因类存之。并录吴跋。瑶圃故从让翁学书，称弟子亦善刻印。
页六（三方）	程邃	羊庆私印（朱）	有	穆倩崛起文何之后别树一帜。朱修能外当无敌手。许见钝丁、完白，或许让头地耳。（钤朱文"稼孙"）
		龚蘅圃（朱）	有	
		一身诗酒债千里水云情（白）	有	

（续表）

页码	印人	印文	边款	题识
页七 （两方）	蒋仁	千里（朱）	无	蒋先生仁字山堂，仁和布衣。深宗禅悦。书宗南宫，丰腴中见寒瘦。真到逸品。梁学士时时挤之，名不出五百里外，可慨也。刻印专私淑敬老人，疏旷绝俗，其独到处殆欲智过于师，所作极少收藏。家得一石如拱璧然。
		饮酒游山（朱）	有	此石后有蒋先生题记。前项跋两面，亦出其手。篆少疏懈，或润色一二笔，非全捉刀也。石为许石声携至泰州，幸免于难。

从表中不难发现，魏锡曾的题识批注的内容主要包括印石真伪鉴别、战乱前后所藏、印材及印人等情况。其中有两处值得关注。一是关于吴让之曾为朱文"栎阳张氏文房"印作跋，魏锡曾并抄录于上。这方印已由吴让之赠予友徒张瑜瑶圃，本谱中巴慰祖与胡唐的两方亦藏张瑜处。此几枚印蜕当是魏锡曾拜访吴让之时从张瑜处借拓。其次，则是魏锡曾对蒋仁的偏爱。认为蒋仁在独到处几能超过丁敬。而蒋仁所遗印石数量又极少，故"家得一石如拱璧然"。

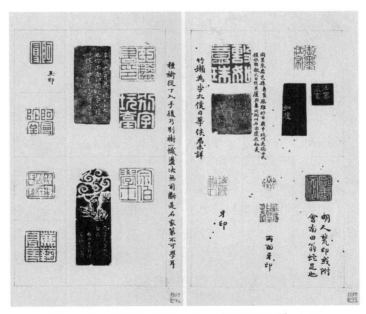

图2 《魏锡曾辑奚冈、蒋仁等诸家印谱》内页

1.《二金蝶堂印稿》与《吴让之印存》

魏锡曾辑《二金蝶堂印稿》，据今存史料，不知拓谱几份。其稿本应仍存世，但惜不明何处。[1]《吴让之印存》共辑二十份，每份被魏锡曾与赵之谦以二人喜好分定内外二编。

---

[1] 按：据林章松先生称，其早年间于广州集雅斋获睹魏锡曾辑《赵㧑叔印稿》（《二金蝶堂印稿》）原稿本。后不知是本流落何方。

余凤有印癖，寓泰无事，因就所见，辑谱得二十分。让之有喜色，自跋如右。后示拗叔，分定内外编，合者十九，不合者十一。拗叔谓吾两人所定，不必当让之及前后印人意，此十中之一，亦不可强合。

今有魏锡曾自藏本，此本亦称正本。有赵之谦序、吴让之跋，魏锡曾跋。沈树镛藏本，副本之一。有沈氏令赵之谦重书序一过并跋。后有魏锡曾抄吴跋并跋等。

在赵氏重抄序中，无"曼生巧七而拙三"一语。多一语称："稼孙与余最善，不刻印，而别秦以来刻印巧拙有精解，其说微妙，且有让之与余能为之不能言者，附书质之。"可见魏锡曾在印学鉴赏品评上的高度已在吴、赵二人之上。

是谱共收吴让之印107方，大多是吴让之自用印。其他有为杨铎[1]、僧释真然[2]、谈权、张瑜以及顾熙、蒋应麟等刻姓名、收藏印，上述或因刻就而未及寄出，或从受印人处借印钤拓入谱。以及为魏锡曾、赵之谦等人所刻印。魏锡曾在辑谱时，兼及印蜕、边款。

图3　魏锡曾辑《吴让之印存》沈均初藏本[3]

2.《钱义士印稿》

今见私人藏《钱义士印稿》[4]魏锡曾钤印本一册，收印27方，大部分为钱松为丁文蔚所治，印蜕、边款各一页，淡墨绿色边框。题签："仁和钱书盖先生篆刻，萧山丁文蔚辑，同里魏锡曾模拓，寄赠哲嗣少盖宝藏。"钤"魏锡曾印（白）"。前有墨题："钱义士印稿，赵之谦题"，钤"之谦印信（白）"。首有赵之谦题跋，卷末附魏锡曾题跋。[5]

关于辑《钱义士印稿》的缘由，先要谈及钱松之子，赵之谦弟子钱式（1847—1865），字次行、少盖。钱松殉于太平天国战乱，仅存遗孤次行。投入赵之谦门下从游，尽得其奥。赵之谦曾寄

---

[1]　杨铎，清金石学家。字石卿，号石道人。自幼酷爱金石学，少时遍游各地名胜，凡周秦古籀篆、六朝南北碑，无不搜寻拓辑。历数十年，编就《金石志》，后不幸散失。曾任江苏震泽（今属苏州）县令，不久弃官专事艺文。

[2]　释真然（1816—1884），僧人，江苏兴化人。俗性丁，自称俗丁，名真然，字莲溪。兼工篆刻。与吴让之之交。

[3]　《吴让之印存》，西泠印社藏。

[4]　按：是谱为上氏拍卖"2022夏季艺术品拍卖会"征得。

[5]　同古堂林妹妹：《钱松：文人之交，如暖春》，微信公众号：同古堂，https://mp.weixin.qq.com/s/ItGGpTdLrhMgOOB1xg33mg，2022年6月21日。

书魏锡曾云：

> 弟忽有出色弟子，当亦吾兄所喜也。钱生用功甚锐，笔墨之外复求吏治，其志为弟所爱，其身子太弱，亦弟所忧也。

> 得此弟子，已是不负。惟生有神似其师者，日穷。[1]

赵之谦对这个弟子是相当满意的。时钱式16岁，赵之谦赴京前拟为其筹冬衣，广招友人刻印集资。魏锡曾亦大力襄助此事，协助照顾故人遗孤，并整理辑成《钱叔盖印谱》，委赵之谦题端"钱义士印稿"五篆字。魏锡曾在后跋曰：

> 自先生殇十数年，手制零落，而声誉益振，余手拓其遗石，并乞朋好分饷，凡得数十纸，粘缀成册，其少作，晚岁颜唐之制，别缀于后，盖重先生品谊节操，不敢轻弃，兼使究心篆刻者，知此中与年增长，随时乖合之致，一无可假借云。

上跋出自魏锡曾《绩语堂题跋》，跋文对钱松篆刻生涯中的水平变化，作品优劣皆有所见解且示诸印谱，评价可谓中肯。魏氏赠钱松《钱义士印稿》后跋中称："吾乡自砚林崛起，前辈中多工印者，至种榆而变，至补罗而坏。"阐述了自己对浙派印人从陈曼生始变、至赵之琛则坏的认识。

图4　《钱义士印稿》封面

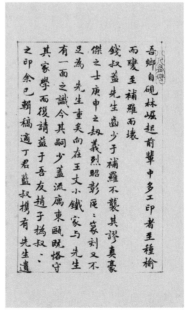

图5　魏锡曾跋《钱义士印稿》

---

[1]　赵之谦著、戴家妙整理：《赵之谦集》，浙江古籍出版社2015年版，第二册，第265—266页，致魏锡曾札第一七通，十九通。

这一观点是魏锡曾坚持并反复提及的。但对于钱松，认为其治印"齿少于补罗，不袭其谬"。对其篆刻持肯定的态度。魏锡曾在跋文中还表示了对没有及时成谱，而待钱松身后谱才将成之叹惋："在少盖，得此何啻宝玉大弓。独余为之非其时耳！书以自疚。同治元年十月仁和魏锡曾识。"从跋文也可明确《钱义士印稿》的辑谱时间当为同治元年（1862），即钱松逝后两年。彼时魏氏尚在福州。

（二）绩语堂印目

今见苏州图书馆藏有魏锡曾手稿《绩语堂印目》一册，不分卷。[1]共收印目七种，多有圈点涂乙，标记印文朱白等。印目包括四部分：瞿世瑛《清吟阁印隅目录》，为第一部分；黄易《小蓬莱阁印目》，丁敬《龙泓馆印目》，蒋仁《吉罗庵印目》，奚冈《冬花盦印目》，陈豫钟《求是斋印目》，陈鸿寿《种榆仙馆印目》（残），合称《西泠六家印目》，为第二部分。第三部分为《吴让之印目》，第四部分为魏氏汇辑印谱的日常记录。

《清吟阁印隅目录》

瞿世瑛[2]与魏锡曾同一时代，活跃于杭州。二人亦有往来。魏锡曾曾抄录《碑录二种》一书，

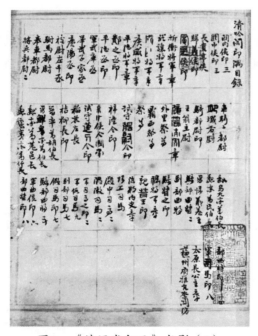
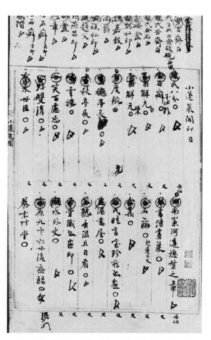

图6　《绩语堂印目》书影（1）　　图7　《绩语堂印目》书影（2）

---

[1]　魏锡曾：《绩语堂印目》一册，不分卷，现藏苏州市第二图书馆。除有"西泠六家"印目外，还有清·瞿世瑛的《清吟阁印隅目录》以及《吴让之印目》。书中钤印朱文："锡""曾"连珠印，白文："字稼孙"。该印目内容或多残缺，且装帧有误，中有以绿笔重钞丁敬、黄易、蒋仁、奚冈、陈豫钟、陈曼生印目。与前目内容小异，顺序多变。中则夹一页《种榆仙馆印目》。《吴让之印目》部分还记录了许多关于印谱辑录装帧之事。

[2]　瞿世瑛（约1801—1859），晚清藏书家，金石收藏家。一作世英，字良玉，号颖山，浙江萧山人。手抄罕见古书，日以为课。

即从瞿氏清吟阁借得。关于《清吟阁集古印隅》，据《古铜印谱举隅》载：

> 瞿世瑛藏印。古玺三十三，官印六十七，私印五百三十一。每页一印或三印，计四百七十九页。无序跋，共六本，继述堂藏本。[1]

是谱共存印631方。其中大半源于钱塘金械处，《松崖藏印》中可见。"广威将军章""车骑左都尉""举武子家丞""枌柳长印""晋归义羌王""晋鲜卑率善佰长"等印后归吴云二百兰亭斋藏。

检魏锡曾手抄《清吟阁印隅目录》，依次分类为：官印（主要为汉官印），秦印（分为姓名印、吉利印、杂印），私印（以上声、下平、去声、入声四声分录，复姓印单列）。虽然是谱今不得见，通过《印目》也可以一窥瞿氏藏印面貌，为析理其所涉及古玺印的流传递藏填补了空白。

《西泠六家印目》

《行述》中曾述魏锡曾为西泠六家辑拓印谱事：

> 今钱唐丁氏刻《砚林印款》，大兴傅氏刊《西泠六家印存》，皆出府君手定，是固三十年功力所积而成者。

西泠印社藏有傅栻于光绪九年（1883）至光绪十一年（1885）辑华延年室《西泠六家印存》6卷。从《行述》以及傅栻印谱后跋文中都曾提及《西泠六家印存》乃是魏锡曾手定，由傅氏父子汇辑成谱，整理出版。且据傅栻序言，其中相当一部分印蜕是得自于魏锡曾手中。

《西泠六家印存》收丁敬、黄易、蒋仁、奚冈、陈豫钟、陈鸿寿六家共印189方，分为6卷。《绩语堂印目》亦收有此六家。笔者将《绩语堂印目》中"西泠六家"印目与傅栻《西泠六家印存》收印数与两书重合部分比较列下，[2]从两书印目重合度的对比中可以验证上文傅栻所跋：

表4　各类西泠六家印目比较

	《西泠六家印存》收印	《绩语堂印目》收西泠六家印目	《西泠六家印存》与《绩语堂印目》重
丁敬	六十八	四百四十余	五十三
黄易	二十一	一百八十余	十
蒋仁	十二	五十六余	十一
奚冈	二十一	一百七十余	十五
陈豫钟	二十六	六十六	三

---

[1]　按：关于《清吟阁集古印隅》的版本问题，限于资料稀少，笔者并没能作详细的考证，仅据记载摘录。如有错误，请方家指正。

[2]　按：由于《绩语堂印目》中涂乙删改甚多，且字迹多有潦草，此处统计时只计无删除标记，模糊不清者不计。统计出大概数字，以资参证。

（续表）

	《西泠六家印存》收印	《绩语堂印目》收西泠六家印目	《西泠六家印存》与《绩语堂印目》重
陈鸿寿	四十一	十六（残）	无
总计	一百八十九方	九百二十八余方	九十二方

第三部分首先是《吴让之印目》两页共一百一十四方印，今存魏锡曾辑《吴让之印存》收印共100余方。二者基本一致。再则是魏氏日常记录的辑谱名目。另将其具体数据统计体现于下表中：

表5 日常辑谱记录

	寄苏印谱一本[1]	又一本	五月间黏印谱上	五月间黏印谱下
丁敬	三页	三页十件	十二页四十一件	
黄易	三页	四页十五件	十二页七十五件	
奚冈	二页	五页十七件		五页三十八件
陈豫钟	三页	三页十一件		六页四十六件
陈曼生	五页	九页三十五件		十一页八十五件
蒋仁				二页十四件
总计	十六页	廿四页八十八件	廿四页一百一十六件	廿四页一百八十三件

从表中也可见魏氏辑谱的数量是相当多的，对比魏氏辑谱中与傅栻《西泠六家印存》等晚出印谱，其数量大有减少，究其缘由，战乱损佚当时关键。但也幸有魏氏辑谱留存于世，使得今人能更全面地看到前代印人的治印面貌。

（三）重拓《秦汉玉印十方》[2]

今存《秦汉玉印十方》于2011年与2012年现身保利、西泠拍卖。此谱原录秦汉玉印共10方，原为赵谦士所藏，咸丰年间又归张祥河[3]所有，后归傅以礼收藏。且有魏稼孙手钞题跋于首页之左。傅氏还重新钤拓装裱一册，前存张祥刻书刻拓片，并请好友锡曾撰题跋，由魏本存书。此后又添3枚印面于其后，故此谱共分为重装玉印13方与原玉印10方。傅氏之后，此册又归于其外孙俞序文，有其藏印。印谱作经折装，红木夹板，面板镌"秦汉玉印册上（下）"，底刻隶书"大兴傅氏华延年室鉴藏"，两册装于红木盒内。

---

[1] 按：关于《绩语堂印目》中所记的"苏"是何人，尚未得知，待考。

[2] 按：关于《秦汉玉印十方》现藏地，据资料显示，许浒于2010年5月，将石门李氏旧藏原拓《秦汉玉印十方》捐给西泠印社（《西泠印社藏品捐献名录》有载），重拓本《秦汉玉印十方》于2011年与2012年现身保利、西泠拍卖。

[3] 张祥河（1785—1862），原名公璠，字符卿，号诗舲、鹤在、法华山人，上海松江人。张照从孙，嘉庆二十五年（1820）进士，官工部尚书。工书善画。

原《秦汉玉印十方》均为白文。原为钤拓散页，每笺钤一印，是笺版心见"吟莲馆印存"，四周蓝色梅花花栏，左下角有"乙丑夏日小李写"字样。吟莲馆为何绍基斋号，至于是谱与何绍基有关与否，暂未考出。此外是谱还是已知最早专以玉印成谱的，具有相当的艺术价值和史料意义。魏锡曾跋于首页印拓左边墨书张祥河刻于函盒文字曰："秦汉玉印十方，向藏赵谦士少农家，为那绎堂、阮芸台二公所赏，好事者欲得之，以千金为寿，弗顾也。嗣归于余又二十年矣。咸丰纪元长至日华亭张祥河。"并抄自作论印诗一首：

杜倚浑浑汉白文，杨周磊磊各张军。

皮鱼循胜重差叙，辛苦樵赢肖两君。

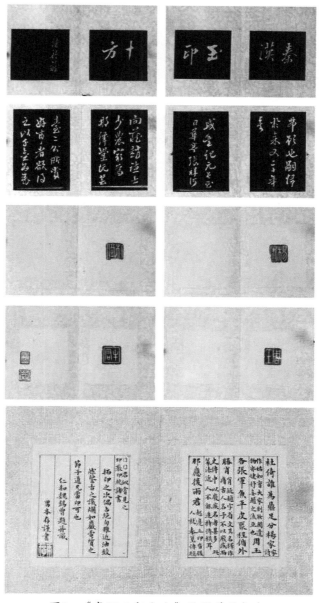

图8　《秦汉玉印十方》魏锡曾重拓本

稼孙戏占绝句。

其下钤朱文印"稼孙手钞"。另傅氏重新钤拓装裱本，则为魏锡曾题识，子魏本存墨书。诗文略有不同：

杜倚谁为鼎足分，杨家（"家"读作"姑"，如曹大家。则妆阁遗物，亦婕妤妾赵之流亚也）周玉各张军。

鱼平皮聚程循外，胜肖（"肖"疑"赵"字省文，其名释作"瘠"。古人名子不以废疾，而史传中以废疾名者甚多。此篆法近人不能造，特传摹耳）那应后两君（起边三印皆后人就秦玺传摹。"□□君"似尝见之《印薮》《印统》诸书）。

拓印之次偶占绝句，虽近油，铰然鉴古之识烂如严电，质之节子道兄当印可也。仁和魏锡曾题并识，男本存谨书。

据魏锡曾题识，傅氏重装本当为魏锡曾手拓。所以其原印应经魏锡曾手。其后钤印白文"本存"，又有"稼孙所见金石"朱文印。是诗化用汉玉印10方印文而作，10方玉印均为白文，内容为"杜倚""杨家""周玉""鱼平""皮聚""程循之印""臣胜""肖瘠""牛君""**鄜（廪）襄（襄）君**[1]"。

魏锡曾于鉴赏之际，亦着重于对其考镜源流。是文记录的几则注释体现了魏氏于汉印字法的考证。比如魏锡曾以班昭嫁与曹世叔，为皇室后宫教师，名曰"曹大家"，此处"家"通"姑"之例解释"杨家"之"家"，并提及"婕妤妾赵"，亦属此类"女性用印"。由于左下角残破，有将"杨家"一印释为"杨闿"的，此处应以魏锡曾所释为是。

除前文列举的今见魏锡曾相关印谱，苏州图书馆还藏有名为《绩语堂名人印辑》的钤印本4册。前有奚冈署款"绩语堂名人集印"7字，笔者断其非奚冈手笔。然是谱印蜕、边款钤拓皆精，当非赝。四册共收印81方，15方印拓款。其中除3方汉印外，大部分是明清浙、皖诸家之作。

魏氏平生寓目印章数目之巨，来源于他自己的收藏，也离不开交游圈中朋友的功劳，分析魏氏的交友圈，从中不仅能看出魏氏辑拓印谱、关注对象的由来，也可以为我们勾勒出晚清浙、皖印家印作的流传递藏情况以及晚清印学收藏的活跃区域。笔者将魏锡曾寓目印章藏家列举如下：

何澍（夙明）、瞿世瑛、毛庚（西堂）、朱芑孙（寿萱）、华议（谔卿）、王泰（安伯）、谢家枚（卜堂）、戴以恒（用伯）、戴熙（醇士）、吴紫瑜（应潜）、王立斋、陈遇安、任问渠、朱德园、丁丙、沈树镛（均初）、赵之谦（㧑叔）、吴让之（熙载）、丁文蔚（豹卿）、周星诒（季贶）、张瑜（瑶圃）、傅以礼（节子）等人，以魏氏同里为主，亦有在福建为官时结交好友。其主要活动范围涉及江浙、皖、京师、福建等地。

汇总今天可知的魏氏所辑印谱至少有以下11种：

---

[1] 宋爽：《三晋官印集释》，吉林大学硕士学位论文，2021年，第20页。按：魏氏未识读出，在题识中标□。

表6　魏锡曾辑印谱目

名称	册数	具体情况	现藏地
《绩语堂名人印辑》	四册	汉印、明清诸家治印	苏州图书馆
《西泠印粹》	两册	"西泠六家"治印	私人藏
《奚冈、蒋仁等诸家印谱》	一册（十二开）	明清浙、皖诸家治印	私人藏
《二金蝶堂印稿》	一册	赵之谦治印	私人藏
《吴让之印存》	两册	吴让之治印	西泠印社藏
《钱义士印稿》	一册	钱松治印	私人藏
《寄苏印谱》（一）	一册（十六页）	四谱均据魏锡曾《绩语堂印目》记录而列出。涉及印人主要为"西泠八家"。	印目藏于苏州图书馆。
《寄苏印谱》（二）	一册（廿四页）		
《五月间黏印谱》（一）	一册（廿四页）		
《五月间黏印谱》（二）	一册（廿四页）		
《秦汉玉印十方》	一册	秦汉玉印	

　　由于中间经历太平天国战乱，魏锡曾所辑印谱中的大量印蜕原印已经损佚，今不得见。这更体现了魏氏所辑印谱的珍贵。

　　从以上魏锡曾所辑印谱与其手抄印目，我们可以看到：首先，魏锡曾于印学的主要关注对象涉及明清两代的浙、皖派的篆刻家，其关注焦点为以丁敬为首的"西泠八家"。对于古玺汉印的鉴藏略有涉猎。魏氏的印学交游范围涉及江浙、福建、京师三地及沿线。而江浙正是浙、皖两派的核心聚集区域。其次，我们还能看到魏氏的鉴藏观念。魏氏重于真伪鉴定，对待伪作持"存之以资参证"的态度。并非出于利益的驱使而从事印章辑录、辑谱的收藏活动。魏锡曾对诸印人的态度是十分鲜明的，对邓石如、何震、丁敬、蒋仁、钱松等都持表示欣赏或肯定态度，对赵之琛等浙派后期印人有否定的观点。从而使我们能更加清晰、立体、全面地认识魏锡曾的印学鉴藏理念。

三、魏锡曾的印学批评观念

　　在探讨魏锡曾印学批评观念之前，有必要对其辑谱行为进行分析。首先，魏锡曾是出于什么目的才会辑谱呢，大致有四个方面，第一，受到彼时极为兴盛的集古印谱，以及金石学研究中拓片留存的影响，魏氏产生了钤拓印蜕的想法；第二，手头上并没有这么多原印，名家之印往往价格高昂，此时钤拓印蜕就成为折中的，保存资料、留存鉴赏的重要途径；第三，魏氏在钤拓了相当数量的印蜕后，出于整理、鉴藏与馈赠等目的，将其连缀成谱；最后，面对时贤名家（如吴让之、赵之谦等），为其辑谱，往往能得到印人的好感，并促使印人大量刻印，汇辑印谱，以飨后世，魏氏也有机会索请为自己治印。这种对彼此都利好的事情，又何乐而不为呢？

　　魏锡曾为何相对于古印更偏爱于明清流派印？魏氏先祖与丁敬、黄易等关系密切，或许给锡曾带来了最早的熏陶；早年与友人辑拓"丁、黄、蒋、奚、二陈"印谱可见友朋之间相互影响所奠定下的审美基础是原因之一；关于获取途径，通过何夙明与瞿世瑛，魏氏是有机会和途径见到大量的古印的，显然主要原因还是出于他个人偏好的主动选择，接受了明清流派印尤其是自己家乡的以丁敬、蒋仁、黄易为代表的浙派印人。

在同时期的印人中，为何魏锡曾偏偏为钱松、赵之谦、吴让之，而不是其他印人辑谱？首先，魏氏与三人都有交往（与钱松只见过一面，但与其子钱式熟识），其次，魏对此三人的篆刻水平都有赞扬，钱松是浙派的代表，出入西泠诸家，印宗秦汉，可以说是后出转精，赵之谦合浙、皖二宗为一体，却仍树以浙派的旗帜，为魏氏所推崇，魏锡曾在《〈吴让之印谱〉跋》中言："完白书从印入，印从书出，其在皖宗为奇品，为别帜。"可见其对邓石如的印学成就之推崇，而吴让之"私淑完白，笃信师说，至老不衰"，遂为魏氏所敬，且赵之谦亦心折于吴氏篆刻，所以，究其根本原因，还是魏氏在个人喜好的促使下主动地与三位印人的接触，既提高了自身的印学理论水平，又激发了印学界不同流派之间的碰撞与发展。

（一）"印宗秦汉"与"印从书出""印外求印"理论指导下的印人批评

一般的印学鉴赏带有更多的感性活动的特点，而魏锡曾的特殊之处就在于其相对理性的印学论断体现出的印学思想与审美取向。"印宗秦汉"与"印从书出"作为两种篆刻领域的"技法观"，又作为一种"审美观"，是为魏氏所倡导的，魏氏的印学批评也正是在这两种观念的支配下，逐渐展开的。印学批评的主体就是历代印人，而其形式不外乎专著、印谱序跋、印人评传、印章边款、论印诗等。魏氏的印学批评相关论述就见于其印谱题跋及论印诗中。

魏锡曾的印学审美旨趣是相对丰富的。他既是兼容并包（浙、皖两宗），又是立场坚定且客观的。他推崇继承传统，"印宗秦汉"，推陈出新，反对保守僵化；喜好刀笔意趣，"印从书出""印外求印"，反对偭规越矩。下面对其印学品评主要的几个方面逐一论述。

第一，魏锡曾主张"印宗秦汉"。《论印诗二十四首》[1]中魏锡曾论沈凤云："我观凡民印，古胜凡民书"，又论丁敬云："健逊何长卿，古胜吾子行"。魏氏口中的"古"就是指秦汉印风。从元代赵孟𫖯和吾丘衍提出汉印"质朴"的基本审美观开始，"印宗秦汉"这一篆刻主张历经元、明、清三代，逐渐得到成熟和发展。与元代赵孟𫖯和吾丘衍因宋元印风凋敝，日渐衰微而提出"印宗秦汉"，魏锡曾面对浙派的"后起而先亡"，同样地祭出了"印宗秦汉"的旗帜。魏氏在《〈钱叔盖印谱〉跋》中云：

余于近日印刻中，最服膺者，莫如钱叔盖先生。先生善山水，工书法，尤嗜金石，致力于篆隶，其刻印以秦、汉为宗，出入国朝丁、蒋、黄、陈、奚、邓诸家。同时赵翁次闲，方负盛名，先生以异军特起，直出其上……[2]

在《论印诗二十四首》中，评论何震云：

---

[1] 魏锡曾：《论印诗二十四首（并序）》，《魏稼孙全集》，中州古籍出版社2022年版，第24页。下引皆同此。

[2] 魏锡曾：《〈钱叔盖印谱〉跋》，《魏稼孙全集》，中州古籍出版社2022年版，第78页。

得力汉官印，亲炙文国博。一剑抉云开，万弩压潮落。中林摧陷才，身当画麟阁。

由以上所举，不难看出魏锡曾对践行"印宗秦汉"的印人极度推崇。这也反映出他对"印宗秦汉"思想的高度认同。

第二，魏锡曾同样主张"印从书出"，"印外求印"，崇尚刀笔意趣，推陈出新，反对偭规越矩。魏锡曾称邓石如为"书从印入，印从书出，其在皖宗为奇品，为别帜"。这是魏锡曾在总结析理邓石如印学思想与成就后做出的全面总结与中肯评价，把邓石如推举为"印从书出"的标杆。赵之谦在给魏氏治"钜鹿魏氏"边款中言："古印有笔尤有墨，今人但有刀与石。此意非我无能传，此理舍君谁可言。君知说法刻不可，我亦刻时心手左。……"其中"有笔尤有墨"说明赵之谦践行了"印从书出"的印学思想，而"此理舍君谁可言"则充分体现了赵对魏锡曾印学水平与修养的充分认可，魏氏也是赞同这一观点的。赵之谦为魏锡曾治印边款中的"取汉镜铭意""法三公山碑为稼孙作"等语，皆是"印外求印"的体现，魏氏同样对如魏氏在《书〈赖古堂残谱〉后》中云：

丁元公，朱谱存。……朱谱所存多径寸印，白文居十之九，皆仿秦权，秀逸绝伦，非寻常所见铁线俗派也。十二册中，余最爱原躬，真不可无一，不能有二者。

对于镜铭、汉篆书碑或篆书碑额以及秦权、量等的运用都是魏锡曾所认可的"印外求印"的形式。魏锡曾不喜矫揉造作和极端偏执的风格，他在《书〈赖古堂残谱后〉》中评何震云："何主臣，朱谱存。有极拙类市刻者，余亦不甚可喜。"评梁大年："有故作剥蚀之病，不如乃兄。"评朱简："修能者凡夫草篆法，笔画起讫，多作牵丝，是其习气。"可见一斑。而关于推陈出新，魏氏在《明清诸家印谱》中评价程邃："穆倩崛起文何之后别树一帜。朱修能外当无敌手。许见钝丁、完白，或许让头地耳。"在《论印诗二十四首》中论黄易诗中云："沉浸金石中，古采扬新姿"。可见，他同样欣赏由古出新，别树一帜的审美理想，魏氏极为赞赏基于入古基础上的风格上的出新。

由以上两点可证魏锡曾推崇继承传统，"印宗秦汉"，推陈出新，反对保守僵化；喜好刀笔意趣，"印从书出""印外求印"，反对偭规越矩的审美取向和印学思想。

（二）印人流派的"浙、皖之争"所蕴含的印学审美判断

对流派渊源进行区别是明清士人的一种普遍风气，在印人中也不例外。不同于一般的褒贬臧否，魏锡曾的流派观并不是简单地取舍，而是视角更高地对学脉渊源的总结，甚至为印学的学术体系与实践的发展提供了架构与探索的可能。"浙、皖之争"实际上是印学领域的"南、北宗"之争。自明代董其昌分画坛"南、北宗"后，清代阮元提出书学"南、北宗"论，这些都影响到了印学领域。早在明代朱简在《印经》中已提出篆刻流派"南、北宗"的观点，认为"南北归宗，趣异轨同"。魏锡曾又重新提及，在《论印二十四首》中言及程邃云："蒐古陋相斯，探索仓沮文。文何变色起，北宗张一军。云雷郁天半，彝鼎光氲氲。"对程邃能在文彭、何震之后别树一帜给予了

极高的评价，并有注："'文、何南宗，穆倩北宗'，黄小松印款中语。"魏氏引语是黄易刻"方维翰"印款有云：

> 画家有南北宗，印章亦然。文、何，南宗也；穆倩，北宗也。文、何之法，易见姿态，故学者多。穆倩融会六书，用意深妙，而学者寥寥。曲高和寡，信哉。逸青二兄力追古法，酷肖程作，今时所仅见也。余学何主臣而未得其皮毛，岂堪供诸大匠。傿以就正云尔。小松并记。

彼时黄易所言乃仅是从风格角度对其划分，到了魏锡曾、赵之谦等人，则是认为："皖印为北宗，浙为南宗。"赵之谦称："浙宗巧入者也，徽宗拙入者也。"此时已经将"皖"与"徽"并作一谈，虽界限相对模糊，但也大致可以以"巧、拙之说"划分"南、北宗"印人。

魏锡曾认为，浙、皖两宗本为一体，浙宗出于皖宗。浙宗滥觞丁敬正是从朱简的碎刀中感悟，熔铸秦、汉、元、明，成为古今一人。彼时丁敬并无意立派而区别于皖派。实际上丁敬之后，浙地黄易、蒋仁、奚冈、陈曼生相继涌现，都是取意大于守法，因之面貌愈加区别于皖派，开始具有了所谓浙派的面貌。而到了赵之琛，更是逾矩、坏法，水平过度下降。魏氏因之有了"浙宗后起而先亡"的论调。而以邓石如为代表的皖派，已不同于之前，他的"书从印入，印从书出"在皖派中也是别树一帜的。吴让之则是继承了邓氏的风格，但却未能超越，直到赵之谦是从浙派出发，能够追溯到浙派的源头"皖派"，汲取其长，补浙派后期坏古法之流弊，这才是魏锡曾所言的"合两宗为一"。至于赵之谦"仍树浙帜"，则已然是革故鼎新的"新浙派"了。魏锡曾辑谱、品评中的审美选择就是以能否把握浙派之源于皖派，既不逾矩又能独树一帜为基本判断的。

（三）关于魏锡曾印学品评的其他问题

1. 魏锡曾对流派印真伪的鉴定与对待态度

魏氏在印学领域的真知灼见，与他的"印癖"和丰富的印学鉴藏活动是分不开的。魏氏精于印学考证鉴赏，他在《砚林印款书后》言：

> 凡先生论印宗旨，同时石交及偶然题署不恒见之别号，粗可考见，其仅具年月姓字者略之，严汰伪刻，亦附存一二款似之作于后，惩臆断，俟真鉴也。

在《明清诸家印谱》中"飞鸿"（白文）一印署名何震，魏氏鉴定为伪作，于是题云："此百余年前伪作，存之以资参证。"魏氏重于真伪鉴定，对待伪作持"存之以资参证"的态度。并非出于利益的驱使而从事印章辑录、辑谱的收藏活动。魏锡曾印章收藏即使有"严汰伪刻"者，也是照收不误，甚至还将之附于谱录之中，可见其对待伪刻的态度，这也体现出了他严谨的治学方法。魏锡曾的这种真伪鉴定上的理念背后的合理的逻辑性思维，与其良好的学术素养，务实的鉴藏态度也使他对印学的研究卓有成就。

2. 魏锡曾论印诗与其序跋中观点的出入

论印诗因为格律和字数的限制，往往难以完全抒发作者的表达意图，又古人作诗往往有着成名传世的目的，因而字斟句酌，其真实意图就更加隐晦甚至隐去。例如，魏锡曾在《论印诗二十四首》中论陈鸿寿与赵之琛：

> 草法入篆法，下笔风雷掣。一纵而一横，十荡更十决。笑彼姜芽手，旋效虫蠢啮。（陈鸿寿曼生）
>
> 始学求是斋，材力实远胜。继法种榆仙，横厉辟门径。安得三万卷，润彼四千乘。（赵之琛次闲）

其中除了"笑""横厉"等词，略有体现作者表达意图外，并没有十分明显的感情色彩或者优劣臧否，这正体现前文所论诗之隐晦，而在魏氏赠钱式的《钱义士印谱》后所作跋中，由于没有太多的顾忌，且作为对晚辈的提点，魏锡曾言：

> 吾乡自砚林崛起，前辈中多工印者，至种榆而变，至补罗而坏。钱叔盖先生齿少于补罗，不习其缪，真豪杰之士。[1]

又在《明清诸家印谱》中论：

> 种榆从丁入手，乃别树一帜。荡决无前，断是石家第不可学耳。

这种前后截然相反的态度，使我们不得不对《论印诗二十四首》的评价是否符合魏氏内心真正的态度产生了极大的怀疑。不过，这也提醒我们将主要的方向朝向魏氏的印谱序跋中，以及通过多重例证以验证其准确性。

四、结语

总结魏锡曾对于印学的贡献，首先，他较早地涉足明清流派印的辑谱与研究，并卓有创见；第二，对印学流派及印人的品评客观公允，又极为精到；第三，魏锡曾的印学品评，无论是印谱序跋还是论印诗等，记载印林印事，印学品评，皆翔实可察，为研究明清流派印史与印学批评史都具有极为重要的参考价值，为我们保留下了珍贵的印学史料；第四，由魏锡曾与赵之谦提出的"印从书出"等思想，启发的"印外求印"思想，并指出邓石如、赵之谦为这一理论的实践者。成为后来印学领域的一面旗帜，至今仍对印坛产生着莫大的影响；第五，魏氏较早地关注到了印章边款的艺术价值，并编《砚林印款》，这标志着边款作为印章整体的一个重要组成部分，以其艺术性与文字内容的双重价值，第一次被编辑成书，是魏锡曾的一大创举。魏锡曾对于边款的重视，不仅为后人提供了边款的临摹范本，也保存下来了印人最直接最"灵光一现"的印学观念等。更启示了后人对于

---

[1] 魏锡曾辑：《钱义士印稿》赠钱式本后跋，上氏拍卖"2022夏季艺术品拍卖会"所见。

印章边款更多可能性的深入探索，对于现代印坛边款艺术大发展具有项领之功；第六，就印学发展历程而言，经由魏锡曾牵带出来的印学浙、皖之争，使浙派末流固持"印内求印"，僵化、变、坏的弊端显现出来，肯定了皖派邓、吴"印从出书"的创新契机，而借由皖、浙二宗源流发展背景的探索，指出篆刻实践未来发展应该是融通合一的大方向。正是由于社会时代背景下，魏锡曾在其独特的印学交游经历形成的审美取向影响下，进行的辑谱、交游等印学鉴藏活动，形成并完善了自己的印学鉴藏与批评观念。他为后世留下的印学功绩是不可磨灭的。

附录　魏锡曾用印

（传）自治印二方	

（乾坤）一（草亭） 【辛巳除夕前二日，稼孙刻。】 时年五十三岁，去世前一年（私人藏）	泛舟横塘 【黄叶村乡几遍游，细香飘岸稻花秋。茫然水渚连云白，小艇横塘立鹭鸥。稼孙魏锡曾。】 （拍卖所见，印面不清）
赵之谦治印二十三方			

魏锡曾印 【悲盦拟铸印。】	魏锡曾印 【此最平实家数，有茂字意否？悲盦问。】	魏锡曾印 【悲盦刻此近朱修能。】	魏锡曾 【悲盦将去福州始为稼孙刻此。壬戌六月流汗作记。】

（续表）

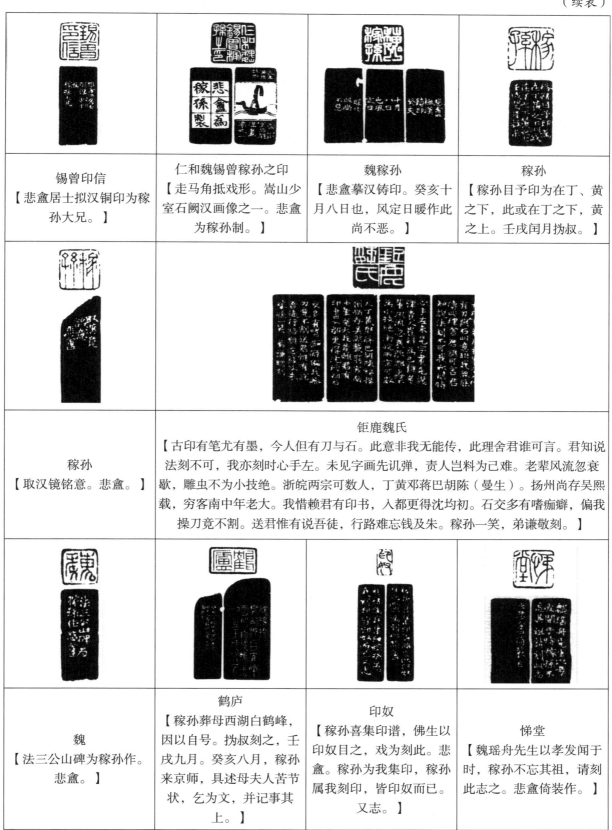

锡曾印信 【悲盦居士拟汉铜印为稼孙大兄。】	仁和魏锡曾稼孙之印 【走马角抵戏形。嵩山少室石阙汉画像之一。悲盦为稼孙制。】	魏稼孙 【悲盦摹汉铸印。癸亥十月八日也，风定日暖作此尚不恶。】	稼孙 【稼孙目予印为在丁、黄之下，此或在丁之下，黄之上。壬戌闰月㧑叔。】

稼孙 【取汉镜铭意。悲盦。】	钜鹿魏氏 【古印有笔尤有墨，今人但有刀与石。此意非我无能传，此理舍君谁可言。君知说法刻不可，我亦刻时心手左。未见字画先讥弹，责人岂料为己难。老辈风流忽衰歇，雕虫不为小技绝。浙皖两宗可数人，丁黄邓蒋巴胡陈（曼生）。扬州尚存吴熙载，穷客南中年老大。我惜赖君有印书，入都更得沈均初。石交多有嗜痂癖，偏我操刀竟不割。送君惟有说吾徒，行路难忘钱及朱。稼孙一笑，弟谦敬刻。】

魏 【法三公山碑为稼孙作。悲盦。】	鹤庐 【稼孙葬母西湖白鹤峰，因以自号。㧑叔刻之，壬戌九月。癸亥八月，稼孙来京师，具述母夫人苦节状，乞为文，并记事其上。】	印奴 【稼孙喜集印谱，佛生以印奴目之，戏为刻此。悲盦。稼孙为我集印，稼孙属我刻印，皆印奴而已。又志。】	悌堂 【魏瑶舟先生以孝发闻于时，稼孙不忘其祖，请刻此志之。悲盦倚装作。】

（续表）

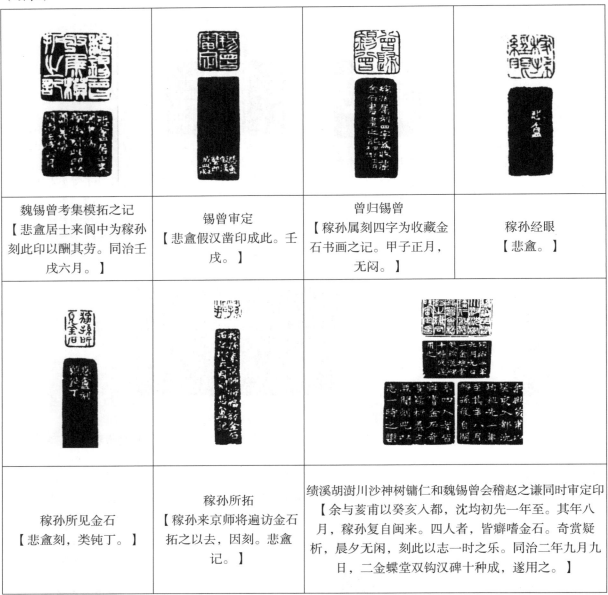

魏锡曾考集模拓之记 【悲盦居士来闽中为稼孙刻此印以酬其劳。同治壬戌六月。】	锡曾审定 【悲盦假汉凿印成此。壬戌。】	曾归锡曾 【稼孙属刻四字为收藏金石书画之记。甲子正月，无闷。】	稼孙经眼 【悲盦。】

稼孙所见金石 【悲盦刻，类钝丁。】	稼孙所拓 【稼孙来京师将遍访金石拓之以去，因刻。悲盦记。】	绩溪胡澍川沙神树镛仁和魏锡曾会稽赵之谦同时审定印 【余与荄甫以癸亥入都，沈均初先一年至。其年八月，稼孙复自闽来。四人者，皆癖嗜金石。奇赏疑析，晨夕无闲，刻此以志一时之乐。同治二年九月九日，二金蝶堂双钩汉碑十种成，遂用之。】

（续表）

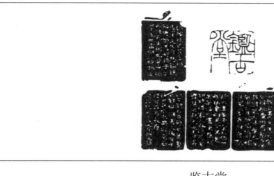

鉴古堂 【魏稼孙述其高祖芦溪先生自慈迁钱塘，乐善好施予。子秋浦先生继之，盛德硕学，为世宗仰。一时师友如龙泓、玉几、息园、大宗，交相敬爱。所居"鉴古堂"题额，龙泓手笔也。自庚申二月，贼陷杭州，稼孙举家奔避，屋毁于火。辛酉冬，余入福州，稼孙来相见。今年夏，余赴温州，书来属刻印。时得家人死徙，居室遭焚之耗，已九十日矣。以刀勒石，百感交集，系之辞曰："惟善人后有子孙，刀兵水火无能冤，石犹可毁名长存。"同治纪元壬戌九月，赵之谦。】	小人有母 【稼孙属刻此四字，有孝思焉，亟成之。㧑叔。】

吴让之治印5方

魏锡曾私印，收视反听之居 【让之。】	鉴古堂 【让之今年六十有五，目力昏耗，已近于瞽，责以刻印，无乃老苦，稼翁一笑，弃之如土，癸亥立秋日记。】 （八月七日或八日）	魏稼孙鉴赏金石文字 【同治二年十二月稼孙将之闽，作此志别。让之。】
非见斋斠勘金石之记 【让之。】	非见斋印 【让之。】	

（续表）

其他			
钱式 稼孙手钞 【钱式为稼孙先生刻，即请正之。】 （赵之谦篆，钱式刻）	字稼孙 见于《绩语堂印目》。	稼孙 见于魏锡曾眉批苏州图书馆藏刻本《庚子销夏记》。	稼孙 见于《魏稼孙手校苍润轩碑跋》以及上海博物馆藏《来斋金石刻考略》魏锡曾校跋下。
锡曾 连珠印，见于南京图书馆藏《钱币集锦》拓本中以及《绩语堂印目》。	非见斋双钩本 【瑶圃为嫁孙刻，记之记。】（张瑜刻印，吴让之题款。） 见《魏锡曾日记残稿》后。	绩语堂印 见上海图书馆藏《魏锡曾日记残稿》中。	鹤庐 见上海图书馆藏《魏锡曾日记残稿》中。
子孙世永保、际遇五朝全盛家 两面牙印，见于魏锡曾辑《奚冈、蒋仁等诸家印谱》及俞允文尺牍鉴藏印。			

（作者系中国美术学院本科、浙江省书法家协会会员）

出土两宋文人用印刍论

孔品屏

内容提要： 随着篆刻研究的深入，文人用印溯源研究的意义变得比以往更为明显。本文尝试在相关学术成果的基础之上，从考古出土宋代文人用印出发，结合公藏对两宋文人用印进行考察，以期获得两宋文人用印的文字及形态特征，及其对后世的影响。

关键词： 出土　宋印　文人用印　形态特征

中国篆刻史研究的起点从哪个时代切入更合适？一直是有争议的。

纵观中国印史，印史中"玺印"与"篆刻"这两个具有历史联系与形态承接的概念，主要以是否是"凭信"作为主要功能来区分的。作为艺术样式的篆刻，"它可以承担前者的功能，但明清以来演化的趋势却是与凭信日渐远离，成为一种艺术创作"。[1]作为一种艺术门类，篆刻可以承担凭信功能这种现象至今仍有遗存，名章就存在着这两种功能。但区别在于篆刻不受职官制度和印制的约束，是以使用者或制作者的审美参与创作为主要出发点。从这个角度上看，参与者审美意识的觉醒过程、印主篆文审美需求从被动到主动的追求过程，篆文与刻制合一的转变过程，可能也正是篆刻成长为独立艺术门类的过程。本文所探讨的出土两宋文人用印正是处于这一过程之中。

本文论及的出土文人用印内容有印主的姓、名、斋号、书柬、里籍、寄情词句等。印主大多是两宋官吏。古代官吏以科举中仕，本身具有文人成分在内。他们所使用的各类私印，一部分形制受官印影响，但其文字风格更为自由，篆法体系也与官印文字有所差异，使用范围比代表等级身份的官印更广，反之与书画、与文房雅玩关系更近。因此这类私人用印的形态特征、文字风格特征，可基本等同于宋代文人用印的形态特征和文字风格特征。

一、两宋文人用印渐兴的文化背景

审美意识觉醒过程是审美变成了精神领域需要的过程，它有其独立性，它的产生有一个积淀的过程。商周以来，私人用印的文字风格受官印影响深刻，官、私印入印文字所使用的篆法在很长一段时间呈现基本同步的状态。在汉晋时期，有两种私印篆体例外：以汉玉印为代表的鸟虫篆和以东晋六面印为代表的悬针篆，它们是私印篆法不同于官印，不满足于缪篆的特殊表现，是尝试摆脱官印文字风格对私印文字风格影响而所作出的努力。（图1、图2）这两种入印篆体的出现，可视为是

---

[1] 孙慰祖著：《中国印章：历史与艺术》，外文出版社2010年版。

人们在私印这个载体中主动追求审美的物化呈现，是引发私印文字朝艺术性发展的萌芽。

在晋代—南朝间流行的悬针篆，因其字法结构特点使其印文风格极为相似，实际上它也无法完全适应篆字"印化"的需求，被时代淘汰成为必然。幸运的是唐代篆籀中兴。唐太宗在翰林院设侍书博士，于国子监设书学博士，科举设书科以书取士，成就了中国书法艺术的又一个繁盛时期。出现了一批以李阳冰为代表的善篆书家。他们在提升了整个时代篆书水平的同时，提升了世人至少是文人们对篆书审美的标准，自然而然地也使得他们对包括私印在内的印章篆文标准有了更高的要求，甚至成为隋唐官印风格成因的一部分因素。[1]唐代上层朝臣、文士阶层中开始出现使用私印的风气。天宝年间窦臮所著《述书赋》及大中元年（847）张彦远《历代名画记》记载了当时他们所见的书画上钤用的印记，姓名印外还包括里籍郡望印、鉴藏印和年号印。窦、张记载的这些印记，虽然绝大部分目前都未发现实物，但"这些私印，既见之书画，而又非创作者的落款印，那么在此时此地都是作为鉴藏印记性质使用的"。[2]纸张的广泛使用、书画的蓬勃和篆书的中兴，成为催生私印功能产生多元化的物质基础和文化背景。

图1 西汉"武意"

图2 东晋"颜綝"

太平兴国年间宋太宗命置御书院，选善书人补翰林待诏，命徐铉、句中正等刊定《说文解字》，正天下字学。据郭建党《宋代篆书研究》[3]统计，在《宋代石刻全编》《金石萃编续编》等书录有仁宗赵祯、徽宗赵佶等五帝篆额16通。同文统计陶宗仪《书史会要》所录宋宗室、公卿在内，包括米芾等精于篆书的书家有80余位；从出土碑刻、金石史料当中又得苏唐卿、文同等80余位，总计约有170余位。相信湮没在历史中的篆书家、习篆者远超这个数字。画院制度的倡导，创作风气的兴盛，导致在书画用印方面非一般名章所能满足与适应。服从于功能拓展的需要，私人用印内容也随之拓展，出现了一些专门化的用印。

作为金石专项之一的印章鉴藏、研究、著录在宋代陆续出现，约大观元年（1107）杨克一辑成《集古印格》起，后续有黄伯思《博古图说》、内府《宣和印谱》、薛尚功《历代钟鼎彝器款识法帖》、颜叔夏《古印谱》、王俅《啸堂集古录》（图3）、姜夔《姜氏集古印谱》等一批谱录相继面世。鉴藏、著录、研究各方面的发展，成为推动两宋文人用印的文化背景。

在中国历代印史研究中唐宋私印的整理与研究成果相对薄弱。孙慰祖《唐宋元私印押记初论》《唐代私印鉴别初论》《北宋私印鉴别初论》[4]可视为当代私印断代研究成果的代表。2002年发表的《唐代私印鉴别初论》以出土的两枚唐代私印和写经上的印迹，析分出一批包括名章、字号（图4）、图书在内唐—五代间的私印；2005年发表的《北宋私印鉴别初论》一文同样以考古出土六件

[1] 孔品屏：《从自然流变到名家书风的主导——试论隋唐印风的形成与演化》，载《中国书法》2009年12期，第90页。

[2] 孙慰祖：《唐代私印鉴别初论》，《上海博物馆集刊》第9期，上海书画出版社2002年版，第73—84页。

[3] 郭建党：《宋代篆书研究》，中国美术学院博士论文，2020年。

[4] 孙慰祖：《北宋私印鉴别初论》，《上海博物馆集刊》第11期，上海书画出版社2005年版，第130—154页。

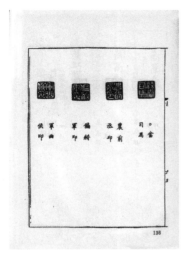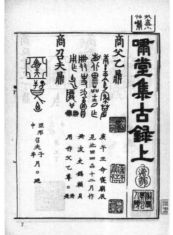

图3　王俅辑《啸堂集古录》　　　　　　图4　唐"洞山墨君"

实物和明确印主的传世印迹为主要研究对象，分析其印文篆法风格和形制特征，从传世品中推定一批有代表性的北宋私印。又有《宋代印章研究》[1]《宋代书画印章研究》[2]《宋代篆书研究》一类的硕博论文对宋代相关资料进行汇集，在提出观点的同时也为其他研究人员进行后续研究提供一些便利。由于主题各有侧重，对出土两宋文人用印用力不深。

二、中华人民共和国成立以来出土两宋文人用印

《北宋私印鉴别初论》提到"与贞私印""张氏安道""朱昱印章""引意""适""刘景印章"6件出土品。除此之外还有以下数例，以墓葬（或地宫）时代下限时间为序。

（一）北宋"禄合"铜印

2016年上海青浦区隆平寺塔地宫出土一枚"禄合"铜印（图5）。[3]是印纵2.3厘米，横1.4厘米，通高2.2厘米。现藏上海博物馆。鼻钮有穿，高耸近2厘米，厚度不及0.2厘米。禄合，一是吉语：取福禄和合之意；二是易经地支中暗合的一种术语：通禄合，意指相合的两个天干，其禄支中的藏干可暗中相合。这枚铜印可能是供养人为求福禄和合而放入地宫。地宫封存时代于1023—1032年间，属北宋中期。

图5　北宋"禄合"

（二）北宋"许""高阳许子春私印"铜印

[1]　陈建平：《宋代印章研究》，南京艺术学院硕士学位论文，2004年。
[2]　王延智：《宋代书画印章研究》，南京艺术学院硕士学位论文，2015年。
[3]　上海博物馆编：《考古古港：上海青龙镇的发掘与发现》，上海古籍出版社2017年版。

1993年10月仪征化纤白沙二村工地宋墓中清理出了两方铜印，印文分别为"许""高阳许子春私印"（图6）。[1] 出土时两印置于一个三层雕花盝顶石印盒内。石盒制作精美，分为三层。其中第二层中间有一隔层，隔层中有一长方形孔，用于置放、固定印章；隔层四周边有纪年墨书"明道二祀岁次癸酉（1033）上春书府□□高阳"。墓主人许元（989—1057），字子春。[2] 宋宣州宣城人。同出又有"庚寅"纪年端砚（图7）、青白釉茶罐、银茶匙等文房用品。

图6　北宋"许"及石印盒

两印盛放所用石质印盒，是承袭隋唐以来官印不再随身携带、使用印盒的做法。隋唐以来出土的印盒形态有多种，功能略有不同。这种以三层、中间置方孔来固定印章的印盒与五代"立马弟四都记"所用印盒相似。[3]（图8）这是一种比较讲究的制作方式。

图7　北宋　许元所用端砚

（三）北宋"献卿"铜印

1976年出土于虎丘窑厂北宋胡献卿夫妇墓的"献卿"铜印（图9），现藏苏州博物馆。印面四周呈弧状角，形状类圆。是印出土时置于紫色盝顶石函内，中间亦有方形孔起着固定作用，最底部或可盛放印泥。杙钮。印面长3.5厘米，宽3.2厘米，通高3.9厘米，深印腔，同出有墓志、砚台、金银器、瓷器、钱币等。据墓志铭载[4]，胡献卿字谔谔。卒于嘉祐七年（1062），推其生年为雍熙元年（984）。大中祥符八年（1015）进士，官至尚书省屯田都官职方三员外郎。与同乡范仲淹为同科进士。墓志盖由曾官朝议大夫的谢晔所篆（图10）。谢晔事迹在宋代王辟之《渑水燕谈录·文儒》中可见。篆书婉转流畅，有李阳冰笔意而带方势。

图8　五代"立马弟四都记"及铜印盒

（四）北宋"璋"铜印

1999年9月，安徽无为市赫店乡平安窑厂墓地西室出土一枚圆形铜印"璋"，直径3.5厘米；杙钮，钮高1.3厘米，钮顶端刻

图9　北宋"献卿"及石印盒

---

[1]　仪征市博物馆编：《仪征出土文物集粹》，文物出版社2008年版。原释"高阳许皇私印"。

[2]　许元，许逖子。以荫补官。累迁国子博士，监在京榷货务，三门发运判官。以聚敛刻剥为能。后历知扬、越、泰州。

[3]　五代"立马弟四都记"，珍秦斋藏。

[4]　程义：《宋胡献卿墓志考释》，《苏州文博论丛》，2010年第一辑，第173—177页。

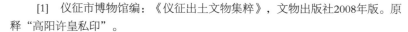

图10　北宋谢晔篆胡献卿墓志盖

有"上"字。[1]（图11）此印或释"玉章"。"玉"采用古文字体。西室同出有抄手端砚、铁牛、铁地券、葵瓣形湖州铜镜和铜钱等。据同出文物和所出年代最晚的铜钱断定，此墓在北宋哲宗时期。印腔底部粉色残存朱砂是否为原来所留，尚未可知。

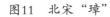

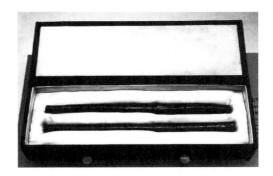

图11　北宋"璋"　　　　图12　北宋"忠肃之后"　　　　图13　北宋吕氏墓出土毛笔

（五）北宋"忠肃之后"铜印

1988年在安徽合肥市五里冲村庄马绍庭夫妻墓M1发现一枚"忠肃之后"铜印。[2]是印杙钮，印面纵4.1厘米，横3.7厘米，印腔厚1.9厘米，通高4.5厘米。（图12）同出墓志记"政和戊戌三月甲申，宋太师舒国公孙马绍庭同妻大丞相文穆公孙吕氏墓"。政和戊戌即宋徽宗政和八年（1118），为此墓年代下限。M1同出有围棋子、墨、抄手端砚、铜方盒等文房用品。铜方盒敞口，疑为印盒。M2吕氏墓出土了墨、毛笔（图13）、方形歙砚等一系列文房用品。

（六）北宋末年—南宋初年钱世瑞组印

上海博物馆藏有传在1999年春宜兴郊区钱世瑞墓发现的一批黄杨木质组印，共15方。组印尺寸在2厘米左右，顶部皆刻"上"字，以便使用者定位钤用。[3]这批扁状滑肩橛钮，（图14）据同出墓志

图14　北宋末年—南宋初年钱世瑞木质组印

[1] 何福安：《安徽无为县发现一座宋代砖室墓》，《考古》2005年第3期。

[2] 彭国维：《合肥北宋马绍庭夫妻合葬墓》，《文物》1991年第3期。

[3] 孔品屏：《钱世瑞木质组印：极尽巧思，精工无双》，载《江南印记》，上海人民出版社2020年版，第56—75页。

载，印主为钱昶，字世瑞。钱昶卒于南宋建炎二年（1128），主要生活在北宋时期。生前官至枢密院副使，后贬为湖州府尹。此组木质印章有里籍、姓名、文房、封缄、表敬、词句等："吴越世瑞"、"钱氏文房"、"钱昶谨封"、"顿首谨封"、"重谨封"、"谨封"（三种）、"信物同至"、"一日三秋"、"鸿雁归时好寄书"、"千里共明月"、"家书万金"、"家书"（两种）。

（七）北宋末年—南宋早期"鉴金·□□"双面铜印

2015年6月到7月间，四川丹棱县双桥镇天宫村的宋代大雅杨氏家族墓地出土一件"鉴金·□□"双面铜印（图15），[1]还有疑为无盖印盒的"铜印盒盖"。据同出文物，此墓为北宋末年—南宋早期。是印边长1.8厘米，高1.1厘米。朱文，小篆。"印台两侧面穿圆孔，印文以铜条蟠曲焊接于字腔内，焊点清晰可见。"

图15　北宋末年—南宋早期
"鉴金·□□"双面印

图16　金"龙山道人"

（八）金代阎德源道士用印

阎德源道士（1094—1189）用印在金出土，但阎氏在北宋未灭时曾为"为职箓道士，命授金坛郎"。故其用印可视为两宋时期物。出土时五印装在漆方盒里。[2]据同出墓志知此墓下限在金世宗十六年（1189）。简报称五印材质为牛角，清理后彩照看更似黄杨木质。内容为其名号："德源"、"天长方丈老人"、"龙山道人"（图16）、"青霞子记"、"玉虚丈室老师"。五印印台厚1.6—2厘米之间。此墓另出土有各种生活文房木器20件。

（九）南宋"卢逌"石印

1972年11月，浙江新昌丁村南宋卢墓出土墓主名章"卢逌"印（图17）。[3]据出土简报称："玉印呈米黄，玉质莹润，印面边长2.3厘米，印台高2.0厘米，上有形似哮天犬状的兽钮。"1995年被杨新断为石质。据同出墓志，知卢氏生年为己亥九月（北宋徽宗重和二年，1119年），卒于淳熙元年（1174）。初为宣州宣城丞，后官承务郎迁朝散郎。同墓出有长方形青田石印匣、青田石墓志。另有端砚、乌石狮子镇纸等文房出土。

---

[1]　孙智彬：《四川丹棱县郭宋代大雅杨氏家族墓地发掘简报》，《四川文物》2016年第5期，第38页。

[2]　解廷琦：《大同金代阎德源墓发掘简报》，《文物》1978年第4期，第4页。1953年出土大同玉虚观道士阎德源墓。阎德源（1094—1189），金代西京"玉虚观宗主大师"、西京地区的重要道教领袖。

[3]　潘表惠：《浙江新昌南宋墓发掘简报》，《南方文物》1994年第4期。

三、两宋文人用印特征

文人用印的复杂之处在于它在形制、内容上不像官印一样受制度严格约束，在文字篆法、钮式、印文内容、制作方式各方面又受印主的身份、审美、地位等主观因素影响。出土文人用印作为标准品，其体现的各类特征对于认识、分析、总结此期文人用印面貌十分重要。本文对两宋文人用印特征的分析建立在上文诸印的基础之上。

（一）印面文字特征

文字篆法因具时代特性，是其本质属性之一。宋代私印印文风格多元化在孙慰祖先生《北宋私印鉴别初论》一文中已有深入讨论，归为缪篆、古文（传抄古文字）、小篆、九叠篆、楷书等几种。

自隋唐以来钤印于纸后，官印文字不再以缪篆入印，但在历代私印中一直存在缪篆，它是一种复古情怀的表达。1978年4月在苏州瑞光寺塔第三层塔心天宫中出土的五代—北宋天禧元年（1017）的"与贞私印"龟钮琥珀印，[1]印文采用与印钮相适的缪篆。（图18）北宋末年钱世瑞组印中"鸿雁归时好寄书""一日三秋"、南宋"卢逦"、南京江浦黄悦岭张同之夫妇墓出土的南宋"张同之印"（图19）均属此类。值得注意的是不同阶段的缪篆，其风格略有差异。

古文入印唐代即有，后流行于两宋。从目前出土印来看，北宋私印中更为多见。1932年《艺林月刊》中刊登了一方唐代"季海图书"是唐印中以古文入印的代表。[2]（图20）北宋许元用印中"高阳许子春私印"原发表释"高阳许皇私印"（图21）。许元字子春。"子"传抄古文字作"𣎼"，"春"作"𣜩"，两字上半部写法的相近之处以"二"指代，故改释。北宋末年—南宋早期的"鉴金·□□"双面印、钱世瑞组印中的"家信"、"家书"、"家书万金"、"顿首谨封"（图22）、"顿首"（两种）、金代阎德源的"青霞子记"、"玉虚丈室老师"、"龙山道人"三印皆为两宋（金）时期古文印中的标准品。

小篆、九叠篆、楷书这几种字体与古文一样在两宋私印中得到了进一步的发展。小篆除以朱文表现外，出现了像"德源"一类的白文印（图

图17 南宋"卢逦"

图18 北宋"与贞私印"

图19 南宋"张同之印"

图20 唐"季海图书"

图21 北宋"高阳许子春私印"

图22 北宋末年—南宋初年"顿首谨封"

---

[1] 乐进、廖志豪：《苏州市瑞光寺塔发现一批五代、北宋文物》，《文物》，1979年第11期，第21—31页。文中载"与贞私印"同出有木刻《妙法莲华经》卷一引首有年号题记为下限，又有碧纸金书《妙法莲华经》卷二尾部题记纪年为上限，定为五代—北宋期间。《苏州博物馆藏虎丘云岩寺塔瑞光寺塔文物》著录了其彩色图片。

[2] 《艺林月刊》1932年第28期。描述文字为："此印铜质，底平而深。徐浩字季海，会稽人。明经登第。有文辞。唐肃宗时官中书舍人。四方诏令多出其手，后授彭王傅。封会稽郡公。父峤之善书，至浩益精。"

23），可视作"以书入印"的早期代表；图12的"忠肃之后"一类则是将小篆与九叠篆融合在一起，婉约又有节奏感。这类风格在后来被秩序化，渐失艺术性。

图23　金"德源"

（二）印体形态特征

文人用印的形态比较自由，并不容易归纳。笔者试从有限的出土品中析分出一种形制特性，并尝试分类，以供后续研究参考。

1. 杙钮方印

这类私印形制主要表现特征是：以铜为质、杙钮、方形、印台深腔约1厘米，印文用铜条盘曲而成（旧称蟠条印），采用焊铸法制作，故称为杙钮方印。这一类形制时代特征明显，容易析分。如北宋"许"、"高阳许子春私印"（图24）、"忠肃之后"（图25）诸印。因本质属性为私印，故文字风格较官印自由，有古文或小篆入印等。

图24　北宋"许""高阳许子春私印"

出现这类形制的原因跟印主身份有关。两宋文人用印印主的主要社会身份是官员，其私人用印的审美倾向不可避免地受到同时代或是前朝官印形制的影响。许元两印在印章形制与印文制作方式、印盒形制都接绪唐代官印，是受唐官印影响比较明显的例子。《艺林月刊》描述"季海图书"时说："此印铜质，底平而深。"可以推见此印同为焊铸法制作。焊铸法（又称二次铸造）是先铸印体，后将已用铜条盘曲好的印文焊于印腔中的一种制作方法。《苏州博物馆藏出土文物》称"献卿"铜印"由铜片焊接而成，字口深达1厘米，铜片经过打磨，形成刃口"。[1]1972年6月在河南郏县苏适（苏辙次子、苏轼侄）墓出土的杙钮深腔单字铜印"适"（图26）。[2]上海博物馆藏"无择"（图27）、"顿首"，《南京市博物馆藏印选》著录的"观拜"（图28）铜印，其形制均属一类。

图25　北宋"忠肃之后"

图26　北宋"适"

天津博物馆藏"褒贤阁印"铜印（图29），[3]尺寸形制与北宋官印极为类似。据《大明一统志·南昌府》："褒贤阁。在东湖南。宋枢密吴居厚被遇徽宗于洪之私第，建阁以藏赐书，徽宗亲书'褒贤之阁'四字宠之。"[4]或即是此阁用印。

图27　北宋"无择"

---

[1]　苏州博物馆编：《苏州博物馆藏出土文物》，文物出版社2009年版，第194页。

[2]　李绍连：《河南郏县苏适墓》，《文物》1973年第7期，第65页。

[3]　天津博物馆：《天津博物馆藏玺印》著录，文物出版社2013年版。长5.3厘米，宽5.0厘米，高5.1厘米。

[4]　方志远等点校：《大明一统志·南昌府·宫室》，巴蜀书社2017年版，第2170页。

图28　北宋"观拜"

图29　北宋"襃贤阁印"　　　　图30　北宋"献卿"　　　　图31　北宋"璋"

图32　北宋"朱昱印章"　　　　图33　北宋双龙圆印　　　　图34　南宋乾卦圆印

2. 橛钮圆印

目前出土的两宋私印中，有三件橛钮圆印。出自虎丘的"献卿"铜印（图30），印面类圆；安徽无为的"璋"铜印（图31）和合肥包绶墓的"朱昱印章"铜印[1]（图32）印面已呈正圆。

橛钮比杙钮矮而薄。而圆印形制同样源自同时期官印。《宋史·舆服志》记北宋景祐三年（1036），篆文官王文盛因感"在京三司粮料院，频有人伪造印记……盗请官物"而向少府监"乞铸造圆印三面"。可知在此期已有圆印。《庆元条法事类》称之为团印，由州县长官监造，并有其专用。《庆元条法事类·给纳印记》引《仓库令》载："诸受纳官物团印、长印、稍印，州县长官监造。"《文献通考》载："绍兴十年（1140），臣僚言：'赋税之输，止凭钞旁为信，谷以升，帛以尺，钱自一文以往，必具四钞受纳，亲用团印：曰'户钞'，则付人户收执；曰'县钞'，则关县司销籍……所以防伪冒、备毁失也。'"[2]

传世书画中有见宋帝使用圆印。陆机《平复帖》见宋徽宗赵佶的双龙圆印（图33）、王献之《鸭头丸帖》有赵构乾卦圆印[3]（图34）。《南宋院画录·书画题跋记》载"宋宁宗杨皇后《题朱锐雪景册》诗下有'坤卦圆印'"。同书载夏禹玉《山水长卷》"画前有'许氏廷美'圆印、'松皋清玩'方印"。[4]上海博物馆藏有一方印面外圆内方的"御府图书"[5]牙章，文字风格时代也在此期。

3. 滑肩橛钮印

滑肩橛钮是宋代文人用印中的常见钮式，形制脱胎于北宋"拱圣下十都虞候朱记"一类的削肩

[1]　安徽省博物馆：《合肥东郊大兴集北宋包拯家族墓发掘报告》，《文物资料丛刊》第3辑。"朱昱印章"直径4厘米，通高2.8厘米。

[2]　元·马端临撰，上海师范大学古籍研究所、华东师范大学古籍研究所点校：《文献通考·历代田赋之制》，中华书局2011年版，第121页。

[3]　上海博物馆编：《中国书画家印鉴款识》，文物出版社1987年版，第1358页。

[4]　清·厉鹗撰，张剑点校：《南宋院画录·夏珪》，浙江古籍出版社2019年版，第111页。

[5]　上海博物馆藏"御府图书"圆印，牙质，径4.2厘米，高4.4厘米。

图35 北宋"拱圣 图36 北宋末年南宋初 图37 北宋末年"家书万金" 图38 南宋"趯"
下十都虞候朱记" 年"鸿雁归时好寄书"

图39 南宋"谨封"（瓷） 图40 南宋铜押

橛钮官印，此类钮顶一般凿有"上"字以正方向。（图35）私印多将直线的削肩橛钮改为圆弧滑肩橛钮，"上"字写法也更为多样。北宋末年南宋初年的钱世瑞十五件木印（图36）与金代阎德源四件木印为此型代表。

钱世瑞组印内涵丰富，入印篆体多样，制作水平也极为精湛。印面文字使用深剔平底的工艺制作（图37），印周边框厚度仅半毫米左右，印文笔画流畅婉约，线条笔笔垂直矗立于印底，印底也极为平整，可视作此期高水平制作工艺的代表。

1960年5月，湖南长沙东郊杨家山南宋墓出土"趯"单字木印（图38）。是印"方形，灰黄色，上端有一半圆形扁钮，钮上刻一上字，印下阳刻'趯'字，为主人的名字。印上面有黑色，想必是使用过的。印长宽各2.2厘米，高2.5厘米"。[1]虽未见印体图片，根据描述可断为滑肩橛钮。

不同的区域出土了制作时间相近、风格相似的同时期木印，说明木印在这一时期的已经普及。《宋史·舆服志》载，宋真宗大中祥符五年（1012）诏令"诸寺观及士庶之家所用私印，今后并方一寸。雕木为文，不得私铸"。以禁令的方式对民间用铜私铸印章进行了限制，以诏令的方式宣扬以木为质，促使民间不得不将木质纳入印材范畴，士大夫阶层也必须响应诏令并做出表率。黄杨木以其细腻特性成为木质印材的首选，除此之外，瓷也在这一时期被纳入民间印材的范畴之中（图39），并被广泛运用于商业之中。

浙江省博物馆藏的"祥符开国"铜印、《南京市博物馆藏印选》中著录的"西谷""云峰"铜印、上海博物馆藏宋代花押皆属此式（图40），可视为同期之物。

有一种私印钮式介于滑肩橛钮与鼻钮之间。出土于河南商丘的"张氏安道"铜印[2]（图41），

[1] 高至喜：《长沙东郊杨家山发现南宋墓》《考古》，1961年第3期，第150页。据同出墓志，墓主名趯，字彦恭。曾官朝议大夫、直秘阁、祥符县开国男、广州兼广南东路经略安抚等。卒于南宋乾道庚寅（1170）闰月。同出有石砚、白瓷炉、湖州镜等文房器具。

[2] 刘乾：《宋代张方平铜印》，《文物》1962年第12期。

图41　北宋"张氏安道"　　　　　图42　唐"玉门库之印"　　　　图43　北宋"禄合"

图44　北宋"库记"　　　图45　北宋"与贞私印"　　　图46　北宋晚期—南宋早期"鉴金·□□"
　　　　　　　　　　　　　　　　　　　　　　　　　　　　　　　双面印

是印滑肩穿孔橛钮，这是一种更易于携带的钮式。

4. 鼻钮平板印

唐代如"玉门库之印"一类官印是整体铸造、高鼻钮、印体薄如平板（图42），形制被五代的朱记印沿袭。后来的元代押印也属此类，只是鼻钮更矮、印体更薄。既然唐、元皆有，宋代应该肯定存在中间形态。作为标准的出土品一直到2016年才得以发现。

2016年上海隆平寺塔地宫出土的"禄合"铜印（图43），薄而高的穿孔印钮加上平板式的印体串联了唐元间的印章形态，是印钮变化过程中的一个重要标本。这枚北宋中期的"禄合"铜印印文风格延续了隋唐以来的小篆印风并有所变化，也与此时篆书书风相合。出土时印体及印面如图所示有红色硫化汞遗存，可视为实用使用痕迹。"禄合"铜印作为有明确时代下限的实用器，其价值和意义不言而喻。

以此作为标准品，可以从一些公藏的传世品中鉴别出一批包括押印在内宋代铜质印。上海博物馆藏有"库记"铜印，其制作方式、钮式都与之相近，可视作同时期之物。（图44）这一类钮式后来被元朝接纳，发展成为元代押印的基本形制。

5. 复古印式

自唐以来，模仿汉代印式的私印偶有见之。在崇尚古物的北宋出现拟古复古的汉龟钮印式或仿双面印，都是情理之中的表现。虽是仿汉印式，带上时代的印记是不可避免的。高1.8厘米的"与贞私印"龟钮琥珀印（图45），龟钮头部与四肢均做简化浑圆处理。

四川出土的杨氏"鉴金·□□"双面铜印（图46），借用汉代双面印形制，以焊铸法制作，古文为印文字体，杂糅了汉唐宋三个时代的特点。是印印文线条婉转流畅，两面均为镂空焊接，制作难度较高，是宋代文人追求雅玩意趣的表现。

两面印在宋代还有一种变式。以现藏南京市博物馆总馆、1971年3月在南京江浦黄悦岭张同之夫妇墓出土的南宋"张同之印·野夫"两面印为代表。[1]（图47）是印钮式为变形的覆斗穿孔钮，上下双面印、再辅以四面款，显然是经过精心设计的。此印有款说明张同取名缘由。常熟博物馆有相类双面铜印："孟雏·雏国公家印信"。

图47　南宋"张同之印·野夫"两面印

图48　北宋"引意"

图49　南宋"卢递"

6. 石印

叶腊石章在宋代墓葬中的出土，对于篆刻史研究是有推进意义的。

1960年3月在南京太平门外王家湾北宋墓出土了一枚"引意"平头叶蜡石章。[2]（图48）石宽1.9厘米，高1.8厘米。简报断为北宋末年徽宗建中靖国时代墓。其因材质、印文内容、钮式和其出土的确切时代，使之在印史上占据重要地位。平头无钮的造型已与当下所用石章无异。新昌南宋墓所出"卢递"石印也极为重要（图49）。印面文字沉稳，兽钮（有称鹿钮）盘踞印台，造型灵动，可见石质印钮的制作工艺也已经成熟。至此，这一类用印已经跟明清篆刻的区别仅剩下谁来镌刻、制作这一技术问题。

四、结语

《宋史·舆服志》有条关于私人用印的诏令："大中祥符五年（1012），诏诸寺观及士庶之家所用私印，今后并方一寸。雕木为文，不得私铸。"[3]有不少学者引用并对此做过一些阐释。正史是了解每个时代的重要资料来源，解读它需要反复思考，包括运用辩证法思辨。这条大中祥符五年诏，至少可以得到以下几条信息：1.私印对象包括寺、观、士、庶之家所用。2.在两宋，家、府规格不同。府所用私印是否可用铜质？3.对诏令颁布之后制作的私印尺寸做了约束："并方一寸。"宋尺一寸约今3.12厘米。那么，1012年前的寺观及士庶之家所用私印尺寸有可能不止一寸。4.限制私印材质为木，并不得私铸。是否可理解为：如允可用铜铸。这也从侧面说明了铜印印主的身份、社会地

[1]　《文物》1973年第4期，第55页。边款为："十有二月，十有四日，与予同生，命之曰同。"据同出墓志，张同之（？—1195），字野夫，乌江（今属安徽）人。宋代词人张孝祥之子。官朝请郎、直秘阁、江南西路转运判官。与陆游相友善。同墓出土有一歙一端两砚，墨、铜水盂、铜镇纸、铜笔架等文房用品。

[2]　金琦：《南京太平门外王家湾发现北宋墓》，《考古》1961年第2期。此印后录入《南京市博物馆藏印选》（上海书店出版社2005年版）。时经重新鉴定，断为石质。

[3]　元·脱脱等撰：《宋史·志第一百七·舆服六·印制》，中华书局1985年版。

位非一般百姓。高级文人的社会影响力和示范作用是巨大的，对后世的影响也更多，得到的关注度也更大。毕竟历史总钟情于他们：如1933年《导光周刊》刊登的司马光用印"君宝·顿首谨封·札子拜呈"[1]和1936年《唯美》刊有南宋抗元名臣陆秀夫的"秀夫"朱文印迹。[2]实际上，文人或名臣、名人们对于印章的篆文审美、印文内容的丰富、制作的要求等方面在客观上可以代表着时代的要求。

考古发现有其偶然性，本文进行的出土文人用印实例可能还不十分完整，但也是极其重要的。两宋文人用印样式的多元，亦远超目前出土品所示，在流传品中还有很大空间去析分。但出土品的时代确定性和提示的时代特征，决定了它们是研究的重点关注对象。特别是有确切时代下限的实用品，为研究此期文人印章的使用状况、文字风格、制作都有着重要的标准品意义。

梳理这批出土品，可以看到在印文内容方面，从姓、名、字、号、里籍、书柬发展到了"千里共明月"的寄情。从文字篆法来看，白文缪篆是复古情怀；古文入印是一种风气与时尚；小篆白文入印则是以书入印的新气象。这些篆法去官印文字篆法已远，可视作是篆文者或印主个人审美的体现。从印面刻制情况来看，蟠条铜印在北宋年间还比较流行，北宋末南宋初的杨氏双面镂空铜印和钱世瑞木组印的制作则充分体现出工匠的精工和印主的雅玩心态。北宋"引意"石印的印文婉转流畅，提示镌刻者对石材的性能已经比较熟悉。从印体形制来看，有方印、圆印、长印还有菱印。从内容到形式，都可看出两宋的文人用印已经不仅是文房中的实用器，也富含印主审美情怀，有的已经成为清赏雅玩之物，甚至是亲朋友人之间传递情怀的媒介。功能性质方面完成了由凭信向非凭信功能的转变。除了篆文与制作还处于分工状态，两宋的文人用印与后世的篆刻本质上差别不大。当然明清印人的自篆自刻，在艺术和技术两个维度都更为深入与丰富。因此，将两宋视作篆刻的早期阶段，还是能基本成立的。

（作者系上海博物馆副研究馆员）

---

[1]　宋·司马光印，《导光周刊》，1933年11月12日。从印文风格看疑为瓷印。

[2]　《唯美》1936年第14期。

私人收藏印谱到公共展示：以 1937 年上海文献展览会为考察

邓君浩

内容提要：20世纪30年代，地域性的文献展览会接连展开。上海文献展览会在叶恭绰、吴湖帆等人积极策划与征集下，展品分为公藏与私藏两部分。文物从私人收藏到公共展示，展品征集体现了地域上私藏的广度与深度。本文从《申报》、吴湖帆日记及友人来往书信考察上海文献展览会的发起、筹备、征集等活动，并进一步探讨地域的文化形象塑造与文化意义。上海文献展览会展品的征集与展示，而陈列品分类目中"金石及古器物目"内专辟"印谱"一项，与"古器物""著述""拓本"并列。通过印谱公共陈列展示，探讨上海地区的印谱收藏风尚，与私人鉴赏印谱活动发生变化，以及印谱收藏家张鲁庵。另一方面从印谱的展示，考察清代上海地区的印人，反映出上海地区篆刻发展。

关键词：上海文献展览会 叶恭绰 吴湖帆 印谱收藏 张鲁庵

前 言

印谱的研究，早年有韩天衡《九百年印谱史考略》一文，从印谱的起始与发展、历来印谱的版本、历来印谱的品类、印章的传世与印谱的汇辑探讨。[1]近年来，印谱的研究趋于盛行，背后重要推手为西泠印社。西泠印社于2011年出版陈振濂主编的《中国印谱史图典》，又于2019年主办大规模印谱展览及学术研讨会。陈振濂提及："以'古印谱'为主题涉及公私收藏机构且大规模实物展出，透过'中国历代印谱特展'达到前所未有专业高度，最后展览与学术研讨会并行。"[2]反映出对印谱研究、展示与出版的重视，以及学术上的高度关注。

江浙沪地区私人收藏风气鼎盛，印章、印谱收藏不容小觑。江浙沪地区印谱的收藏，近代如张鲁庵等。本文以上海文献展览会为视角，探讨上海地区的印谱收藏风尚，考察张鲁庵早期的印谱收藏。最后通过上海文献展览会印谱的陈列展示，探讨上海地区篆刻与印学发展。

---

[1] 韩天衡：《九百年印谱史考略》，《书法研究》，1986年，第二期，第102—105页。

[2] 陈振濂：《中国印谱史与印学国际研讨会论文集》序，西泠印社出版社2019年版，第1—3页。

一、上海文献展览会发起的目的与文化意义

（一）20世纪30年代江浙沪地区文献展览会考察与比较

1937年上海文献展览会在近代展览会发展上的脉络，可从横向探讨同时期的江浙地区展览会，如1936年浙江文献展览会、鄞文献展览会和1937年吴中文献展览会等；纵向可追溯至晚清时的展示文化，近人整理博览会研究，如1902年的两湖劝业会，1906年后京师与各省先后成立的劝工陈列所、商品陈列所，1907年成立的天津劝工展览会，1909年成立的武汉劝业奖进会，1910年南洋劝业会等。[1]通过横向同时期的江浙沪地区展览会，探讨与比较展览会发起的目的、陈列展示，以及考察在文化上的意义。本文从1936年浙江文献展览会、1936年鄞文献展览会、1937年吴中文献展览会与1937年上海文献展览会进行讨论。

1936年浙江文献展览会，通过主事者浙江省图书馆馆长陈训慈在《文澜学报》载《浙江省文献展览会专号》内《序例》阐述，可知浙江省文献展览会缘由，及筹备、征集的方向与目的：

> 浙江省教育厅有鉴于此，平居既恒以表章先代人文期诸本省教育界，属又以恭敬桑梓之宜，创举为全省文献展览，而属本馆主其事。经数月之筹备，赖当代耆宿贤豪之指导，后许前邪，共襄盛举；于是米船书画，邺架缥缃，与夫乡哲日用品之故物，民族革命之遗踪，剩馥幽光，咸得启匮解腾，公诸众览。[2]

从《浙江省文献展览会专号》内陈列方法，分为"乡贤遗书""郡邑丛书与总集""刻书文献""藏书文献""选举与书院文献""民族革命文献""方志及舆图""金石与艺文""乡贤汇传""乡贤遗像""乡贤遗物""乡贤遗墨""谱牒与档案""其他文献"。[3]主事者不仅仅是考察整理乡邦文物的文化意义，更反映出爱国的精神。陈训慈在《浙江文献展览之旨趣》一文也明确指出爱乡爱国的意义。[4]近人研究也指出陈训慈面对内忧外患之际，有救亡图存的意思。[5]浙江文献展览会的筹备、举办带给后续江浙沪地区的文献展览会良好的先导作用。

1936年鄞文献展览会，从《鄞文献展览会出品目录》的总目中，可知其发起目的以及地方上收藏家的私人收藏特色：

> 浙江教育厅令各县举行文献展览会，鄞为东浙滨海之区，俗重商贾藐视文物，遵命勉为征集，所获实鲜。私家所蓄，若周湘云、赵叔儒三代铜器，方药雨汉石经，李萱荫书籍，张纲

---

[1] 赖钰匀著：《端方与晚清展示文化》，广西师范大学出版社2021年版，第39页。

[2] 陈训慈：《序例》，录自陈训慈等编、刘文龙整理：《浙江省文献展览会文献叙录》，凤凰出版社2020年版。

[3] 陈训慈等编、刘文龙整理：《浙江省文献展览会文献叙录》，凤凰出版社2020年版。

[4] 陈训慈：《浙江文献展览之旨趣》中云："爱乡爱国，其源一揆，表里相维，谊无偏废。"转引自吕新雨：《1937年："文献展"中的中国与世界——兼论中国"美术"观念的历史嬗变》，《开放时代》，2017年第5期，第108页。

[5] 吕新雨：《1937年："文献展"中的中国与世界——兼论中国"美术"观念的历史嬗变》，《开放时代》，2017年第5期，第108页。

伯、郑家湘钱币，为期迫促，道远难致。列目于此，聊当息壤。鄞文献展览会同人启。[1]

总目，下分为"宁波府属各县方志目""四名丛书目""鄞先贤画像目""鄞舆图目""天一阁方志目""天一阁藏明代试士录目""鄞古物陈列所礼器目""鄞通志馆碑碣拓本目""鄞砖甓目"，[2]分为六个陈列室展示，其中一陈列室为"天一阁"。通过鄞文献展览会陈列分类与展示，更反映出"天一阁"在地域上的文化特色与形象塑造。

1937年吴中文献展览会，展览出版物《吴中文献展览会特刊》内页有耆老王同愈题"吴中文献征存录"，在《吴中文献展览会缘起》中可知其由江苏省立苏州图书馆举办。通过《吴中展览会出品目录序例》中的《引言》，可看出宗旨：

发扬文化，推进学术，首重保存文献。而保存文献，则自各地方文化机关群策群力保存乡邦文献始。本馆同人有鉴于此，爰有搜集吴中掌故丛著、先哲遗书之举。比年以来，征购所及，无虑千余种，而散见各丛书之数十百种，尚不在其列。[3]

文中又列吴中地区的大收藏家，如群碧楼邓氏、宝山楼潘氏、过云楼顾氏、海粟楼王氏等，且描述江苏省立苏州图书馆各室的馆藏陈列与展览会的发起：

而本馆特藏库，亦凤藏乡贤书画，以及乡邦古迹名胜之图、先哲遗像之册；历史博物室，亦贮存乡邦出土古器物若干种。爰商诸上述诸藏家。逮夫海内文化美艺专门名家，而计划举行此展览会。南海一老，首为之倡。愙斋公孙，滂熹群从子姓，更如骖之靳。用是海内公私藏家，竞出所储。[4]

"愙斋公孙"与"滂熹群从子姓"，分别指出晚清收藏家吴大澂、潘祖荫，反映出晚清到近现代，吴中地区的收藏脉络。

从会场分配与陈列，有14个陈列室，依序为"图像文玩服御器物""掌故图书""先哲著述""吴中出土古物""书版书影""历史革命文献""乡贤书画""金石古迹""潘氏一家文献"。[5]从文中所列吴中地区大收藏家以及专辟"潘氏一家文献"的陈列室，反映出吴中地区私人收藏的兴盛。

1937年上海文献展览会，其发起见于《上海文献展览会概要》之《上海文献展览会章程》，第

[1] 《鄞文献展览会出品目录》，鄞县（今属宁波）崔衙街华升印刷局承印。
[2] 《鄞文献展览会出品目录》，鄞县（今属宁波）崔衙街华升印刷局承印。
[3] 苏州图书馆编：《吴中文献展览会特刊》，江苏省立苏州图书馆1937年版。
[4] 苏州图书馆编：《吴中文献展览会特刊》，江苏省立苏州图书馆1937年版。
[5] 苏州图书馆编：《吴中文献展览会特刊》，江苏省立苏州图书馆1937年版。

二条即言明："本会由上海市博物馆、上海市通志馆联合地方各界各地藏家共同发起组织之。"[1]
《申报》曾刊登《上海的博物院》一文，对上海市博物馆的建立与1937年上海文献展览会作一概述：

> 上海市博物馆之建议，时在民国二十二年之秋。其经费系出自公债中，划定该馆建筑费为三十万元。其建筑外观与图书馆相仿，位于图书馆之对面。两馆遥遥相对，适成市政府之左右两翼。二十四年春，该馆筹备会推定一临时董事会管理之。董事长为叶恭绰氏。叶氏素爱好艺术，且善于治理事务，故主持该馆，游刃有余。董事会中决定该馆性质。以艺术历史为主，而历史尤须以上海为中心。

又：

> 七月七日为上海市纪念日，市政府所属机关协力举行各种展览会，以为庆祝。该馆所举行者，为上海文献展览会，出品精良，且有系统，最为各界所赞美，不图是日即为倭寇制造"卢沟桥事变"、发动侵华战争之时。[2]

可知上海市博物馆主事者为叶恭绰，而该馆以艺术与上海地区历史为中心取向。关于1937年的上海市纪念日，《申报》上也刊登《市府成立十周年纪念七展览会将同时开幕》，[3]其中之一即是上海文献展览会。

上海文献展览会之宗旨，在章程中第三条云："本会征集有关上海市及上海松江、金山、青浦、奉贤、南汇、川沙、太仓、嘉定、宝山等十余县之文献物品公开展览，以引起社会上对于上海及十县文献之认识与研究为宗旨。"[4]显然目的是借由展示，面向社会大众，让其认识与研究上海及其周边十余县的文献。然而上海文献展览会的宗旨除了认识与研究文献，另有更多的文化意义。《申报》报道中曾揭示其宗旨，在《积极筹备中之上海文献展览会》中，分为六个条目，为"各县积极采访调查""本市应征极为踊跃""审查出品力求真实""史料遗物特加注意""办事迅速保管安全""定期邀集征集人员"。其中"史料遗物特加注意"云：

> 文献上之价值甚大，因向为常人所忽视；征集时较为困难，往往地方上一种重大事件。时代未久，已有文献不足征之虑。望重一乡之人物，不数百年而已无实物可以瞻仰。现办事处方面，已通知各县征集主任，对于上列二门，特加注意。万一若干文物，不能在短期间可以征到者，亦须努力进行。因该会宗旨除开会展览，借以引起一般人对于地方文献有所认识外，更将

---

[1] 上海文献汇编编委会编：《上海文献汇编文化卷》，天津古籍出版社2013年版，第571页。

[2] 《申报》（香港版），1939年6月9日，第6页。

[3] 《申报》（上海版），1937年7月5日，第13页。

[4] 上海文献汇编编委会编：《上海文献汇编文化卷》，天津古籍出版社2013年版，第571页。

因举办展览而促进各地对于保存文献之意识。[1]

可见上海文献展览会之宗旨，不仅仅是认识与研究上海地区文献，更有访查，以及文献保存之意识。

上海文献展览会的展品陈列分类，分为"典籍""书画及艺术品""金石及古器物""图像""乡贤遗物""史料"。[2]其中"金石及古器物"内专辟"印谱"一项，反映出上海地区对于"印谱"收藏文化的重视。

近人研究中，指出文献展览会实是推动地方文献整理、展示，以及促进地方文献保护工作。[3]本文考察江、浙、沪三地文献展览会皆有"金石"陈列，反映出金石收藏之于文献展览会中，仍不可忽视。进一步从"金石"探讨，浙江文献展览会分类目为"金石与艺文"，下分为"金石拓片""金石志""艺文志"三种。[4]吴中文献展览会征集"金石"范围，下有"古物""原石""拓本""著录""文玩""服御""著录"。[5]上海文献展览会分类目为"金石及古器物目"，依序分为"古器物""印谱""著述""拓本"四种。[6]可以看出三地文献展览会中"金石"陈列分类大致相似，皆有"著录""拓本"。差异处是吴中文献展览会征集时另有"原石"一项，而上海文献展览会专辟"印谱"一项。而鄞文献展览会陈列分类上有"鄞通志馆碑碣拓本目""鄞砖甓目"两项，有浓厚的地域文化。

从展品征集方面，公藏与私藏为多方合作的结果，亦可看出江浙沪地区的私人收藏风气兴盛，有雄厚的鉴藏实力。鄞文献展览会中的展品与陈列室，"天一阁"为具代表性的地方形象与文化特色。而文献展览会的征集，也使私人收藏面向公共展示。

（二）上海文献展览会的发起、筹备、征集：以《申报》、吴湖帆日记及友人来往书信考察

上海文献展会主事者叶恭绰坦言，浙江文献展览会和吴中文献展览会起了先导的作用。[7]显然上海文献展览会是在前几次文献展览会的经验累积之下，而有仿效之意且借此开展。

上海文献展览会的发起，可见于叶恭绰致吴湖帆书信中云：

> 今晨扶病奉谒，因欲面商一事，值高卧未敢惊寝，故以函达。缘沪市博物馆受苏、杭之感染，欲于七月七日（沪市十周纪念）开一文献展览会。滋事颇繁复，且鉴于苏、杭已事，首注

---

[1]《申报》（上海版），1937年6月6日，第12页。

[2] 上海文献汇编编委会编：《上海文献汇编文化卷》，天津古籍出版社2013年版，第571页。

[3] 周生杰：《考文献而爱旧邦——近代文献展览会推进地方文献建设述略》，《图书情报工作》，2011年，第23期，第143页。

[4] 陈训慈等编、刘文龙整理：《浙江省文献展览会文献叙录》，凤凰出版社2020年版。

[5] 苏州图书馆编：《吴中文献展览会特刊》，江苏省立苏州图书馆1937年版。

[6] 上海文献汇编编委会：《上海文献汇编文化卷》，天津古籍出版社2013年版，第629—632页。

[7] 陈凌：《他乡变故乡——从"上海文献展览会"看上海市民归属感的形成》，《都会遗踪》，上海市历史博物馆，2015年，第3期，第47页。

意于会务之组织，命意欲组一常务理事会，以馆长、主任共三人暨外约若干人（以四五人为限）组织之。现沪市通志馆必须有一人在内，此外拟请专家二三位能负责而在行者加入。意欲推兄，故来征同意，尚祈示复。（因须即发表）此外，兄意中有何人，（书画方面不必再找，须真正于文献能征集者）亦恳示。沪市范围跨青浦、南汇、华亭、宝山，凡涉及上四县（文献）亦可加入也。此请大安弟恭绰上七日。[1]

吴湖帆也参与吴中文献展览会，且名列鉴审委员。在吴湖帆《丑簃日记》中，1937年二月十五日曾提及："下午叶遐厔丈携吴中展览会出品十二来件来，属转交伟士兄带苏者。"[2]在廿二日又云："恭甫今日返苏，托带原石孤本《七姬志》及沈石田、唐六如、文衡山三大家合璧轴至文献会陈列。实为陈子清交情关系，不得不参加矣。"[3]可见吴湖帆已有藏品在文献展览会展出的经验。而上海文献展览会鉴审委员，有蔡子民、叶誉虎、滕若渠、王一亭、陈陶遗、丁辅之、钮愓生、沈信卿、吴湖帆、张菊生、秦砚畦、姚虞琴、柳亚子、庞莱臣等人，[4]意味着吴湖帆等人不仅仅是征集收藏，还有鉴审的能力。

在吴湖帆《丑簃日记》中，也有参与上海文献展览会筹备会的记录，1937年五月七日记载：

胡肇春来，为上海文献会商征集之事。誉翁云自去年浙江文献之后，吴中文献继之，今春南京开全国美术展览方终，而上海文献又起，无殊传染病也。[5]

在同年五月八日的《申报》，刊登即将展开的上海文献展览会筹备会议报道，标题为《叶誉虎等筹开沪文献展览会》：

十日下午开筹委会。本市为东南重镇，畿辅屏藩，名贤大儒，自昔称盛。近由上海市博物馆董事长叶誉虎、馆长胡肇椿联合地方耆宿、各地藏家，如钮愓生、王一亭、刘三、柳亚子、陈陶遗、黄任之、秦砚畦等数十人，举办上海文献展览会，拟于本年七月初旬举行。出品分典籍、图像、金石、书画、史料及名目若干。出品范围，以上海为中心，兼及毗连各县，如松江、青浦、宝山、南汇、川沙等地。已定本月十日下午四时，假座八仙桥青年会九楼，召开首次会议，商议进行步骤，推定各项职员等，以便即日开始征集。[6]

吴湖帆日记中，也记载在十日的上海文献展览会筹备会议，日记中云：

[1]　何闻：《叶恭绰致吴湖帆尺牍——吴湖帆友朋书札之一》，《新美术》，2000年，第4期第8页。

[2]　吴湖帆、梁颖编校、吴元京审订：《吴湖帆文稿》，中国美术学院出版社2004年版，第53页。

[3]　吴湖帆、梁颖编校，吴元京审订：《吴湖帆文稿》，中国美术学院出版社2004年版，第55页。

[4]　上海文献汇编编委会编：《上海文献汇编文化卷》，天津古籍出版社2013年版，第580页。

[5]　吴湖帆、梁颖编校，吴元京审订：《吴湖帆文稿》，中国美术学院出版社2004年版，第76页。

[6]　《申报》（上海版），1937年5月8日，第12页。

今日上海文献展览筹备大会在青年会举行，叶公与江、王、徐及余五人同去。

又：

展览会会长为叶遐翁，副会长为陈陶遗、沈信卿，常务理事为馆长胡肇椿及余等十人，江、王、徐等皆为理事四十人，尚有名誉会长、名誉理事等若干人。[1]

在五月十一日《申报》刊登《上海文献展览会昨召开发起人会议》，内容包括"通过章程""推定职员""征品办法""参观须知"。[2]对于征集的人选，在吴湖帆十八日日记中记载：

下午，遐翁偕陆丹林来，同至市博物馆开常务会，议定余与姚虞琴、林尔卿、王季迁、徐邦达五人为特区征集主任。真苦事，颇觉无从应付。[3]

以及在廿一日日记中记载：

许姬传、徐邦达、王季迁来，晤谈文献会征集之事。[4]

在五月二十二日《申报》刊登标题为《上海文献展览会积极征集展品》，其中详述征集范围：

以有关上海县市各地之文献物品为限，其类别，分：甲，典籍，凡书籍、方志、谱牒、舆图等属之（不论版片、刻本、稿本、校本、钞本、书影均所欢迎）；乙，图像，凡先哲遗像、古迹名胜、有关历史风俗学术之图像均属之（不论印本、摄影、摹本、图咏均所欢迎）；丙，金石，凡古代器物均属之（不论实物、拓本、摄影、模物、著录均所欢迎）；丁，书画，凡乡贤流寓、方外、闺秀、名宦之作品属之（现代不收）；戊，史料，分革命、政治、经济、教育、交通、物产、宗教各类；己，乡贤遗物，已往名贤之服饰、用具、珍玩均属之（不论实物，记载，摄影均所欢迎）。现在各方所送展览品，由鉴审委员会审查后，再行布置陈列云。[5]

上海文献展览会对各方送的展品，皆须鉴审委员审查。而上海文献展览会的陈列布置，吴湖帆于六月廿九日日记中记载：

---

[1] 吴湖帆、梁颖编校，吴元京审订：《吴湖帆文稿》，中国美术学院出版社2004年版，第77页。
[2] 《申报》（上海版），1937年5月11日，第11页。
[3] 吴湖帆、梁颖编校，吴元京审订：《吴湖帆文稿》，中国美术学院出版社2004年版，第80页。
[4] 吴湖帆、梁颖编校，吴元京审订：《吴湖帆文稿》，中国美术学院出版社2004年版，第81页。
[5] 《申报》（上海版），1937年5月22日，第13页。

子清从苏来，为文献会陈列指导。[1]

在三十日，日记中记载前去陈列的人：

> 子清偕遐庵丈、善子、季迁、邦达往馆陈列，返时已六时许。寒热上升，请吴莲洲服药，明日恐不能服务矣。[2]

通过《申报》、吴湖帆日记及友人来往书信，可看出叶恭绰积极参与且主导上海文献展览会，且在1940年还组织策划以"研究乡邦文化，发扬民族精神"为主题的"广东文物展览"，[3]从叶恭绰《遐庵谈艺录》之《题明末南园诸子送黎美周北上诗卷二》中，可知其相当重视乡邦文献。[4]本文考察上海文献展览会的发起与筹备的过程以及征集的范围，也可看出吴湖帆在上海艺坛的影响力及其鉴藏圈横跨吴中、上海两地。

二、上海文献展览会中印谱展示的文化意义

（一）上海地区印谱收藏文化

上海文献展览会征集的展品数量，从《申报》报道中可以大致了解其数量，如在六月二十九日记载："出品已逾八千种。"[5]进一步从《上海文献展览会概要》考察数量，"金石及古器物目"数量远不及"典籍目"与"书画目"。反映出"金石及古器物目"在文献展览会的陈列展示中为小众，但藏品的文物价值上仍不可小觑，其中不乏大收藏家吴湖帆、潘博山等人的藏品。

上海文献展览会与其他江浙地区的文献展览会不同，特别在"金石及古器物目"中专辟"印谱"一项（图1），可看出"印谱"与其他三项"古器物""著述""拓本"列于同等的地位，也反映出上海地区对于印谱的收藏，以及公共展示的重视。

上海文献展览会展示的印谱，共有57项，部分有重复。其中有2本印谱为公藏，其他为私人收藏。公藏为太仓县立图书馆馆藏明太仓张灝辑《学山堂印谱》、松江图书馆馆藏清华亭张定著《卷石阿印草》。私人收藏，出品人如张鲁庵、铁琴铜剑楼、万正夫、陈子清、庞青城、双壶外史、洞庭叶锦葳、陆星吾、姚明辉、胡百益、顾景炎、刘三、王曾湘、钱昆图、张子其、徐邦达、江抱峰、周氏得半草堂、黄云门、奚品年、黄葆鏖、金巨山、戴颂德、张氏百砚楼、鲍梅溪等藏家，又以张鲁庵出品最多。从上海文献展览会所列的出品人，可以看出印谱的收藏，有些来自个人，有些可能来自

---

[1] 吴湖帆、梁颖编校，吴元京审订：《吴湖帆文稿》，中国美术学院出版社2004年版，第88页。

[2] 吴湖帆、梁颖编校，吴元京审订：《吴湖帆文稿》，中国美术学院出版社2004年版，第89页。

[3] 朱万章：《考古、书画鉴藏与地域文化——从叶恭绰致容庚信札谈起》，《美术学报》，广州美术学院，2019年，第5期，第79页。

[4] 叶恭绰撰，李军点校：《遐庵清秘录·遐庵谈艺录》，上海书画出版社2019年版，第331页。

[5] 《申报》（上海版），1937年6月29日，第15页。

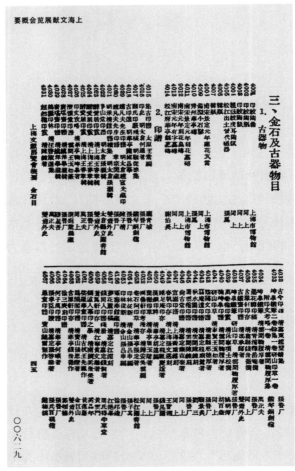

图1 《上海文献展览会概要》，"金石及古器物目""印谱"，图出自上海文献汇编编委会：《上海文献汇编文化卷》，天津古籍出版社2013年版，第629页。

世家传藏。

上海文献展览会展出的印谱虽然仅有57项，但陈列展示的印谱有明代顾从德集《顾氏印薮残稿》，以及太原王常编《集古印谱》、明华亭陈钜昌摹《古印选》、明太仓张灏辑《承清馆印谱续集》、明太仓张灏辑《学山堂印谱》等；清代除了上海地区活动的印人及其印谱之外，另有汪启淑选集《锦囊印林》《徐三庚刻印谱》等，从以上印谱成谱的年代，反映出上海地区收藏明、清两代印谱的风尚。

从私人收藏印谱到公共展示，也意味着鉴赏活动产生改变。明清时期，收藏家与友人间往往在私人书斋内展阅鉴赏印谱，属于较为私人的鉴赏活动。近现代上海文献展览会的出现，将所征集到的印谱，从原来的私人鉴赏变成公共展示，改变了原有印谱的鉴赏活动。观者不仅仅是收藏家与其友人等周边少数人，而是面向广大的社会群众，意味着观者也不全然是鉴赏印谱的鉴藏家。而展阅鉴赏印谱的地点，也不是私人书斋，而是公共的上海市博物馆。

（二）张鲁庵印谱收藏

上海文献展览会中展示的印谱，张鲁庵出品19项，见表1。张鲁庵具有多种身份，与篆刻艺术息息相关，为印谱、印章收藏家、篆刻家、制泥家。[1]赵叔孺在《秦汉小私》序中云："张生鲁盒，研深篆刻，翼扶风雅，其收藏印谱数百种，印亦数千钮，可谓勤且富矣。"[2]张原炜于《鲁庵仿完白山人印谱》序中也云："张子藏印数千方，印谱数百种。"[3]褚德彝于《鲁庵印选》序中云："鲁庵先生劬学妮古，储藏古物甚富。"[4]在1962年，家属遵照张鲁庵遗嘱将珍藏印章、印谱捐献给西泠印社，[5]从捐献印章、印谱数量，可以看出其一生收藏印谱丰富。通过1937年上海文献展会出品的印谱，可以看出张鲁庵早期的印谱收藏，对于其印谱收藏研究提供资料，具有重要的史料价值。

---

[1] 孙慰祖主编：《上海千年书法图史·篆刻卷》，上海书画出版社2020年版，第143页。

[2] 《秦汉小私》，上海复旦大学印谱文献虚拟图书馆。

[3] 《鲁庵仿完白山人印谱》，上海复旦大学印谱文献虚拟图书馆。

[4] 《鲁庵印选》，上海复旦大学印谱文献虚拟图书馆。

[5] 陈振濂主编：《西泠印社百年史料长编》，西泠印社出版社2003年版，第432—433页。

表1　上海文献展览会中张鲁庵出品印谱[1]

印谱	编著者	出品者
古印选	明华亭陈钜昌摹	张鲁庵
赵凡夫先生印谱	章宗闵藏	张鲁庵
印史	明太仓何通著	张鲁庵
醉爱居印赏	清上海王睿章辑	张鲁庵
墨花禅印稿	清青浦释岳菴撰	张鲁庵
含翠轩印存	清娄县钱世徵撰	张鲁庵
坤皋铁笔、研山印草	清云间鞠履厚著	张鲁庵
属云楼印谱	清云间陈鍊刻	张鲁庵
尚古堂印谱	清嘉定秦尧奎著	张鲁庵
宜园印谱	清上海乔重禧刻	张鲁庵
兰襟印草	清华亭周玉阶著	张鲁庵
印林从新	清金山张昌申编[2]	张鲁庵
何子万印谱	清华亭何屿著	张鲁庵
横云山民印聚	清华亭胡远著	张鲁庵
阴骘文印谱	清娄县邢德厚著	张鲁庵
汉铜印粹	清华亭胡远编	张鲁庵
两罍轩印考漫存	清归安吴云编	张鲁庵
广堪斋印谱	清镇洋毕泷辑	张鲁庵
古今印谱	清娄东赵璧镌集	张鲁庵

　　张鲁庵在上海文献展览会出品所藏印谱的缘由，笔者尚未从文献考察中得知，但可以从张鲁庵的师友交游中作一初步推测探讨。周承彬《中国第一位印谱收藏家——张鲁庵》一文中，提及张鲁庵在家乡时，已十分仰慕赵叔孺，因而请姻亲林尔卿介绍，拜谒赵叔孺，而后成为其学生。[3]赵叔孺于《何雪渔印存》序中云："张生鲁庵擅长篆刻，又喜收藏。今秋又于印选中，检出何雪渔二十一方编为专册，其中'放情诗酒'一印系仁和魏稼孙旧物。印套中尚留'遗墨淡如水'一印，余得于闽省世宦家，以赠鲁庵。查允揆十七印为林尔卿故物，余曾为题识，皆稀世之珍也。"[4]此段序文可知三人间收藏印章的来往关系。

---

　　[1]　上海文献汇编委员会编：《上海文献汇编文化卷》，天津古籍出版社2013年版，第629—630页。

　　[2]　《上海文献展览会概要》注记为张昌申，据《广印人传》为张昌甲。周亮工等撰、于良子点校：《印人传合集》下，浙江人民美术出版社2014年版，第509页。

　　[3]　周承彬：《中国第一位印谱收藏家——张鲁庵》，录自西泠印社编：《西泠印社早期社员、社史研讨会论文集》下，西泠印社出版社2006年版，第215页。

　　[4]　《何雪渔印存》，上海复旦大学印谱文献虚拟图书馆。

在吴湖帆日记中，提及林尔卿为特区征集主任。在六月七日记中讨论文献展览会征集，记载："为文献会讨论征集在吾家小组聚会，林尔卿、姚虞琴、叶誉翁、徐俊卿、徐邦达、王季迁、陈小蝶均来。"[1]其中就有林尔卿。林尔卿与赵叔孺二人皆为上海文献展览会理事，而林尔卿更是上海市的征集主任。笔者推测可能是林尔卿与赵叔孺二人的缘故，所以张鲁庵将所藏的印谱于上海文献展览会上出品展示。

（三）上海地区篆刻与印学发展

通过张鲁庵及其他收藏者于上海文献展览会出品的印谱，如上海乔重禧刻《宜园印谱》、华亭何屿著《何子万印谱》、云间陈鍊刻《属云楼印谱》、云间鞠履厚著《坤皋铁笔》、上海王睿章辑《醉爱居印赏》、云间陈鍊刻《秋水园印谱》、上海张文湛刻《春帆印存》、嘉定江楣刻《梦花庐印稿》、陈鍊著《超然楼印赏》、嘉定钱侗著《钱同人印谱残册》等，反映出清代在上海地区活动的印人及其印谱。上海文献展览会陈列的公藏与私藏印谱，除了展示印谱文献的意义之外，更是呈现上海地区篆刻发展的历史脉络。

上海文献展览会中虽专辟"印谱"一项，其中有些为印学著作，如华亭冯承辉著《古铁斋印学管见》、华亭冯承辉著《印识》，借由展示印学著作，不仅让社会大众从印谱图像上了解篆刻艺术，也可以从印学文献部分作进一步认识。另一方面上海文献展览会展示清代印学著作，反映出上海地区自清代以来的印学研究发展。

三、结语

本文考察江浙沪地区文献展览会，从展品征集可看出江浙沪地区的私人收藏风气兴盛。而文献展览会的征集，也使私人收藏面向公共展示。上海文献展览会于"金石及古器物目"专辟"印谱"一项，与"古器物""著述""拓本"并列，反映出上海地区对印谱的收藏风尚与重视。印谱的展阅与鉴赏往往是收藏家与友人间的私人活动，而上海文献展览会将征集到的印谱面向公共展示，也意味着过去私人的鉴赏活动发生了改变。通过1937年上海文献展会出品的印谱，可以看出张鲁庵早期的印谱收藏，对于张鲁庵的印谱收藏研究保存重要的史料价值。上海文献展览会陈列展示的印谱年代，反映出上海地区收藏明、清两代印谱的风尚。上海文献展览会征集公藏与私藏的印谱，不仅具有访查、保存意义，也是补充与提供了重要的篆刻文献资料，对考察近现代上海地区篆刻发展史，具有重要的文化意义。

（作者系浙江财经大学艺术学院外聘教师）

---

[1] 吴湖帆、梁颖编校，吴元京审订：《吴湖帆文稿》，中国美术学院出版社2004年版，第84页。

对孤山印人印廊弘一用印的查考

申　俭

内容提要：本文通过对孤山印人印廊中两方弘一大师用印进行查考，并考证此两方印的作者生平、李叔同与作者之间的交游关系，揭示西泠印社社员高超的艺术水平和近现代文人艺术家的交往，进一步了解西泠印社在文化传承中的意义和历史人文价值，并在孤山提升改造工程项目实施过程中订正了原释文。

一、缘　起

西泠印社孤山社址坐落于孤山南麓，人文景观与自然景致互相映衬，构思布局极为巧妙。主要建筑有柏堂、竹阁、仰贤亭、题襟馆、四照阁、还朴精庐等，其湖山之胜，金石之华，被世人认为是印学圣地。

印人印廊位于柏堂之西，最初它是西面的一堵围墙，中段还开了一扇小圆门，并不是专门展示名家印蜕场所。1998年印社95周年庆时改墙为廊，封闭原有圆门，沿围墙铺架了单坡屋面，并用柱子支撑，使得印廊在建筑构造上东与竹阁相连，北又和社址办公室相连，为一面阔五间的单坡建筑。印人印廊的南墙曾立了一块清乾隆四十一年（1776）四月抚浙使者长白三宝撰并书的《重浚西湖并复柏堂竹阁记》的石碑，北侧是西泠印社执行社长刘江题名的"印人印廊"碑。廊内共展示自明清至现代的名家印蜕47方（含边款），这些印章作者及作品由刘江先生及印史专家把关精选，既有明代篆刻家的文彭、何震，也有清代"扬州八怪"中的篆刻巨臂高凤翰、汪士慎等，浙派篆刻开创者丁敬等"西泠八家"，皖派代表人物邓石如、巴慰祖，晚清四大家吴让之、赵之谦、黄牧甫、吴昌硕，也有后来者齐白石、乔大壮、李叔同、沙孟海、傅抱石、方介堪、来楚生等在篆刻史具有崇高地位的篆刻大家，徜徉长廊，使参观者看到一部传承有绪的篆刻发展史，这些印章有的是西泠印社文物藏品，大多是多次出版的名作，可谓是经典之中的经典。

在印廊竹阁后方的墙上，有三方从上而下排列的印章，内容分别是："黄山山中人""弘一""南无阿弥陀佛佛像"。"黄山山中人"为西泠印社早期社员黄宾虹常用印，在西泠印社藏的黄宾虹旧作中有此钤印。"弘一""南无阿弥陀佛佛像"为弘一法师的常用印，是其晚年

图1　孤山印廊的印章石碑

作品中常见的两方印章，可见弘一法师对这两方印章的珍视和喜爱，也可以说是弘一法师晚年最著名的用印。2021年9月之前一直标注为"李息治印"。（图1）

李息为西泠印社早期社员李叔同1918年出家前的曾用名。其1880年10月出生于天津桐达李家，幼名成蹊，学名文涛，字叔同，别号漱筒，共有李息霜、李哀、李息翁、李婴、李欣、欣欣道人等40多个名字。他曾留学日本，早年在文艺的诸多领域开中华之先河，被艺术界学人奉为师范，是中国新文化运动先驱者。1918年经西泠印社创始人叶为铭推荐，在虎跑寺大护法、西泠印社创始人丁辅之介绍下，披剃于虎跑寺，取名演音，法号弘一。此后他苦心向佛，精研律学，弘扬佛法，普度众生，被佛门弟子奉为律宗第十一代世祖，成为一代高僧，圆寂于泉州。

李叔同少年时代受管家徐耀廷影响爱好篆刻，徐耀廷比李叔同年长23岁，其兄徐子明是为天津书画名家。徐耀廷自幼从兄读书，亦爱好书画篆刻，余暇间奏刀自赏。李叔同耳濡目染间，也结下金石之缘。

李叔同后拜师唐静岩学习篆刻，奏刀勤奋，目前已知的有《意园》印谱、《袭红轩印谱》，1900年到上海后印行《李庐印谱》。李叔同在《李庐印谱》自叙中说明："盖规秦摹汉，取益临池，气采为尚，形质次之。而古法畜积，显见之于挥洒，与之于刻画，殊路同归，义固然也。不佞僻处海隅，味道懵学，结习所在，古欢遂多，爰取所藏名刻，略加排辑，复以手作，置诸合编，颜曰《李庐印谱》。太仓一粒，无裨学业，而苦心所注，不欲自埋，海内博雅，不弃孤陋，有以启之，所幸也。"

1899年农历九月，李叔同在上海《中外日报》4次刊载"后起之秀"李叔同的书法篆刻润例："石章每字二角半。"1900年暮春，李叔同在上海参与发起成立"海上书画公会"，创刊《书画公会报》，并在是刊4月29日第三期第六幅面刊载"后起之秀"栏目"醮纨阁李漱筒润例"，其篆刻例为"石章每字二角半，余件另议"，润费并不高。

1914年他在浙一师任教期间组织学生篆刻社团，担任了学生邱志贞发起的专事金石篆刻研究的文艺社团"乐石社"首任社长，组织乐石社定期雅集，集体去西泠印社参观展览，编印社刊《乐石集》。此外，1915年李叔同兼任南京高等师范学校音乐、图画教师，组织学生成立了研究金石书画的团体"宁社"。

李叔同1915年加入西泠印社，列入叶为铭的《广印人传》，云其"工书嗜篆刻"，王福庵审定、秦康祥编撰的《西泠印社志稿》也大略如此[1]。1918年出家前将所用及所藏的94方印章赠予西泠印社，印社为之筑"印冢"并立碑以记其事。

李叔同出家后，因一心修道，奏刀极少，他的用印大多由其俗侄李晋章和在俗弟子所刻，但依然有所治印。1922年春天在温州庆福寺，他刻了"大慈""弘裔""胜月""大心凡夫""僧胤"五方印章，将印文制成小轴写上跋语，寄赠挚友夏丏尊。（图2）

图2　弘一法师治印

---

[1]　王福庵审定，秦康祥编纂，孙智敏裁正，余正注释：《西泠印社志稿》，浙江古籍出版社2006年版，第10页。

释文："十数年来，久疏雕技。今老矣，离俗披剃，勤修梵行，宁复多暇，耽玩于斯，顷以幻缘，假立私名及以别字，手制数印，为志庆喜！后之学者览兹残砾，将毋笑其结习未忘耶！"

于时岁阳玄默，吠含祛月，白分八日。予与丏尊交久，未尝示其雕技。今赉以供山房清赏。弘裔沙门僧胤并记。

1924年春，也是在温州庆福寺，为王心湛居士治一印，寄印时致信说："刻具久已抛弃，假铁锥为之。"1932年底，弘一法师第三次入闽后不久，驻锡厦门万寿岩，以唐温庭筠诗句"看松月到衣"作印文，为同居者了智上人刻一白文印章。弘一法师1938年云居福建漳州时，马冬涵曾为弘一大师刻赠印，李叔同也在往来书信中向其传授篆印心得，讲述自己运用锥刀篆刻的经验。

为能比较全面地反映弘一大师的篆刻艺术成就，天津两位学者龚绶、车永仁多年整理收集相关的书札、题偈和序跋等文献资料，2009年由天津人民美术出版社出版了套装全6册的《弘一大师李叔同篆刻集》，2015年该书增加《乐石》1至8集和《乐石社社友小传》全部内容，套装全10册再版，总集印蜕1159方，为目前已知的李叔同篆刻及友生为他所刻的印章总集成，集中全面反映了大师对篆刻艺术的全部思想和精神，为弘一法师"委述篆刻妙义"重要文献，是李叔同为近现代篆刻名人的重要实证。

2021年《西泠印社社藏名家大系李叔同卷：印藏》出版后，收到了社会各界的反响，其中就包括了龚绶、车永仁两位学者对孤山印廊弘一法师印章的指正，为此本文作者对此两方印章进行了较为详尽的考证，力求正本清源。兹述如下，以为释文订正依据。

二、两方印章的考证

弘一法师在艺术和佛教界享有崇高的声望，一直被推崇和珍视，民国时期已经进入近代金石大家之列，在1933年西泠印社出版的《西泠印社三十周年纪念刊》《西泠印社志稿》，均有记录。在1986年7月西泠印社出版的《西泠印社社员印集》第41页中将"文涛长寿""弘一""佛造像""南无阿弥陀佛"四印[1]，作为李叔同不同时代之代表作收录其中。后西泠印社社员马国权编著，1998年上海书画出版社出版的《近代印人传》，以及2007年西泠印社出版社出版的《西泠印社摩崖石刻》也依然把这两方印章作者列为李叔同。

天津人民美术出版社1995年曾出版天津名士龚望先生（1914-2001）收藏的《弘一法师印存》。龚望先生书香门第，家学渊源深厚，曾任天津市佛教协会名誉会长、天津居士林林长。龚望之子龚绶先生曾写有《物之显晦，固有时欤——李叔同印谱的发现》[2]，记述了印谱的发现经过和考证过程，此文后又收入《西泠印社早期社员社史研究汇录》。

根据龚绶、车永仁两位学者的指正，笔者有幸得到天津翟智慧女士的帮助，得阅新编10册增

---

[1]　郁重今编：《西泠印社社员印集》，西泠印社出版社1986年版，第41页。

[2]　西泠印社编：《西泠印社早期社员、社史研究丛编（上）》，《西泠印社早期社员社史研究汇录》，西泠印社出版社2006年版，第366页。

补本《弘一大师李叔同篆刻集》，在第十卷刊载的《弘一法师印存》中找到了记录出处[1]。该卷是1933年农历二月十三，应其俗侄李晋章[2]的请求，弘一大师54岁之际自选、自钤、自题、自编的常用印印谱。该卷封面由李叔同天津好友王新铭（吟笙、吟生）署签，弘一法师自提跋语及偈语二首如下：（图3、图4）

　　雄河贤者：属将所存玺章集印一卷，并乞题句委述篆刻妙义，为录近答虞愚居士问书法二偈示之。于时癸酉二月十三日。

　　文字之相，本不可得，

　　以分别心，云何测度。

　　若风画空，无有能所，

　　如是了知，斯谓智者。

　　永嘉大华严寺沙门演音灯下书年五十又四。

图3　弘一法师印存　　　　图4　弘一法师题印谱　　　　图5　印面：弘一，题　　　　图6　印面：南无阿
　　封面　　　　　　　　　　　跋文　　　　　　　　字：己未夏，费龙丁刻。　　弥陀佛佛像，题字：
　　　　　　　　　　　　　　　　　　　　　　　　　　　　　　　　　　　　　丁卯秋，初试大刀，
　　　　　　　　　　　　　　　　　　　　　　　　　　　　　　　　　　　　　敬造此像，李鸿梁。

　　这本印存大部分是弘一大师出家后的常用印，为他在54岁时亲自钤印、亲自题记，这18方常用印中，有4方印为弘一大师自刻，4方是雄河居士李晋章为弘一所刻，费砚（龙丁）1方"弘一"（图5）和学生李鸿梁1方佛造像（图6）即为印廊中的石碑原像。学生丰子恺1方"佛造像"，也即

---

　　[1]　龚绶、车永仁编：《弘一大师李叔同篆刻集》，天津人民美术出版社2015年版，第1068页"弘一"、第1056页"南无阿弥陀佛佛像"。

　　[2]　李晋章：（1895-1945），名麟玺，后改名矫，为李叔同次侄。从少年时起，就爱好金石书画，李叔同出家后，常请李晋章为其镌刻，并夸奖其"篆刻甚佳"。李晋章受李叔同皈依佛门影响，也自取神号"雄河居士"，生前曾服务天津农业银行。

图7　印面：弘一，
尺寸：1.5厘米×1.5厘米×3.8厘米

图9　印面：南无阿弥陀佛佛像，
尺寸：2.4厘米×4.35厘米×2.4厘米

图8　边款：弘一入山一年，
龙丁过西泠拾石刻之。

图10　边款：丁卯秋，初试大刀，
敬造此像，李鸿梁。

为编入1986年7月西泠印社出版的《西泠印社社员集》中的这方。学生黄寄慈6方，分别为2方佛造像及4方"广心""龙音""吉目""无"印文。而这位黄寄慈也曾是蒋经国的老师，亦任蒋经国的机要秘书，联络浙一师的另外一位弘一大师学生曹聚仁，为国共合作和平统一奔走努力。该卷还收录了天津乡贤王吟笙、姚彤章、王襄、赵元礼、孟广慧、严修6篇序跋文章，他们都是李叔同亲近的老师和好友。此集为弘一法师对自己晚年期间的篆刻留念和总结。对照《弘一法师印存》，1986年7月西泠印社为80周年社庆而出版，并有王个簃、沙孟海、启功题字，钱君匋作序的重要史料《西泠印社社员集》，其中的"弘一"等三方印并不是由李叔同所刻，而作为早期社员的费砚也未见刊录。

从此本《弘一法师印存》中可以看出，弘一法师亲笔书写了印章来历，由于没有边款拓片及印章照片，对其具体细节、尺寸等仍不甚明了。

弘一晚年在泉州开元寺讲经，1942年10月13日圆寂于不二祠温陵养老院晚晴室。泉州人民为纪念这位爱国高僧，在其泉州开元寺的弘法处修建了泉州开元寺弘一法师纪念馆，陈列弘一法师的相关史料，据悉前述中的《弘一法师印存》中有14方印章现收藏在泉州开元寺。

为了进一步考查实物资料，笔者在泉州历史文化中心第二届理事长、香港《美术家》杂志总编辑孙立川教授的帮助下，查证了这两方印章目前均在泉州弘一法师纪念馆，并取得了实物照片，确认《弘一法师印存》中的相关内容，以及边款信息。（图7—图10）

此两方印在弘一法师的印章中，名气极大，多年来由于深藏佛门，并不为世人所知，甚至被印学界认为是弘一的代表作。但也并非没有人注意到这个问题，王家葵在《近代印坛点将录》中参考了《西泠印社社员印集》，但在李叔同词条中，也注意到这个问题，所以他对此的判断是："在弘一法师身后留下的四十余方印章中，已分不清孰为己刻，孰为马刻、许刻。但这枚带造像的'南无阿弥陀佛'、朱文'弘一'，无论出于谁手，都是佳作。"[1]而刘云鹤的《现代篆刻家印蜕合集》中弘一法师条目[2]，虽其中也有存疑处，但是也没有参照《西泠印社社员印集》收入此两方印章。说明学界对此的认识不完全一致，但是终其来说，还是模糊不清的。

以上两方印章的照片，可以说已经解答了疑惑，从而也吸引我们探寻深藏在弘一大师用印中的篆刻家，或可为西泠印社社史研究补缺。

三、被印坛忽视的西泠印社早期社员费砚

（一）费砚生平大略

"弘一"治印者费砚（1880—1937）与弘一大师同岁，庚辰龙年出生，同属龙，字剑石、见石、铁砚、剑道人，号龙丁，又号聋丁，别号阿龙，室名破蕉轩、佛耶精舍、瓷庐、商金秦石楼、商鼎秦瓦斋等。上海松江人，家居南门外长堤岸，中年后既拜佛祖，又信耶稣，自署佛耶居士。光绪二十四年（1898）留学日本，习数理兼美术，学成归国后，曾在广西测量学校任教，未几返回梓里。西泠印社早期社员、南社社员、乐石社社员，吴昌硕弟子，李叔同的多年好友。

费砚1916年曾赴日本神户，与在当地开设扇画馆的名画家廉南湖相与酬唱。1923年加入吴昌硕担任首任会长的"海上题襟馆金石书画会"。1926年与钱瘦铁、姚虞琴、高时显、唐熊等人，发起创办宗旨为"切磋艺事，弘扬国粹"的美术团体"古欢今雨社"。曾与吴昌硕、王一亭、李平书、华子唯等五人，出任"天马会"年展中国画评审委员。1934年，费砚书法作品入选瑞士日内瓦中国画展[3]。1937年费砚被推为上海文献展览会松江征集委员。

在叶为铭的《广印人传》中已有列入费砚，数字而已；《西泠印社志稿》记载费砚，除了字号、籍贯以外，也寥寥数字："工篆刻，能诗善画，有《瓷庐印存》。"南社的南社社员名录中，也只"字剑石，号龙丁，江苏松江人"。

实际上，费砚很有个性。据林乾良《西泠群星》中描述：费砚出身世家，又兼承其叔伯的宗祧，故受到全家族的重视。自幼极其颖悟，族里延聘两位先生来教他。一位教他八股文章，以求将来仕途上进；一位教他琴棋书画，以培养其才艺与情操。但费氏个性较内向，沉默寡言，不愿和世

---

[1] 王家葵著：《近代印坛点将录》，山东画报出版社2008年版，第157页；（重订版本）四川文艺出版社2020年版，第173页。

[2] 刘云鹤编著：《现代篆刻家印蜕合集》，学林出版社2013年版，第90页。

[3] 云间朱孔阳原辑：《白丁印谱》，上海书画出版社2015年版，第170页。

俗之人来往。

陈巨来的《安持人物琐忆》中回忆："费为人至沉默，可以终日不发一言。"同时又说："觉其讷于言，而无倨傲之态，故甚敬之。费亦不以余年少而轻视之。"掌故大师郑逸梅所撰《艺林散叶》也记述："王慧，字小侯，八分书学杨见山，又擅篆刻。与费龙丁相友善，二人皆沉默寡言者。丙寅岁，二人不期而遇于冯超然家。费云：久违久违，体尚健否？王答以：一别三年，体尚顽健。二人对坐约半小时，无它言。冯好戏谑，曰：君等是否哑巴，抑彼此有深仇宿怨乎，何缄口如此？二人但微笑，默然如故。"事实上，这位王小侯还曾诗赞费砚。

但费砚对艺文一事却极有热情。他原在日本学数理，回国后广西测量学校任教，不久就回松江，再也未从事此专业。他热衷收集文物，诸如书法、印章、青铜器、古玉、铜镜、碑帖、图书之类。因为获得一件秦瓦当琢的古砚，砚的周围有原瓦当上的"维天降灵，延元万年，天下康宁"十二个字，极宝爱，故取名"砚"。结婚前，带着家里筹措办婚事的银子，和管家到上海、苏州，回来时家人发现正经的婚事物件只是象征性一点，大都是文物图书，无奈只好另委他人为他再置办。

他为自己在松江的书斋取名"瓷庐"，是当时如陈陶遗、冯超然等松江"文青"的聚会地。费夫人李华书，也善诗工画，是清末上海地方自治运动倡导者、上海绅士及名收藏家李平书之胞妹。李家平泉书屋中多藏名家手迹，费砚得以观摩，因而造诣更深。1900年费砚出版了《瓷庐印存》篆刻集。画家冯超然少年时久居松江，与费砚是至交好友，"费氏生前为冯治印最多，盖因此也"[1]。

费砚既是佛弟子，又信耶稣，二者信仰有所不同，但对费砚来说或许就是为人处世的方式，其热忱时人未能解而已。他与妻兄李平书志趣相投，夫妇经常从松江到上海的老西门南仓街四十九号李家居住，一起与海上名家交往。他与夫人李华书均工词章，同入南社，二人或诗词唱和，或同作书画，写成《春愁秋怨词》，分《愁春》《春愁》《春怨》《怨春》《愁秋》《秋愁》《秋怨》《怨秋》八绝，还书成手卷，遍征名家题咏。南社社友姚石子为此诗题："浩荡情怀不可收，英雄垂暮住温柔。双飞双宿如鹣鲽，底事愁春又怨秋。"其"浩荡情怀"或可为费砚的注解。

费砚生前二度遇兵祸。一次是1924年暂居上海派克路18号（即今国际饭店），鬻艺自给，书斋"翁居"也是海上书画家聚集进行金石书画艺术创作和交流的场所。年底，翁居被军阀混战的部队占为兵管，费砚所藏历代名家金石书画被毁掠。第二次是1937年8月日军飞机轰炸松江，兵燹战祸中遭弹遇难。

生前留有《翁庐丛稿》《翁庐印策》《春愁秋怨词》等著作，今已散佚，1975年海上著名书画家、收藏家朱孔阳合费砚与金仲白所刻印辑成《白丁印谱》。

（二）费砚与李叔同的艺事交往

费砚与吴昌硕、李叔同的相识在1912年前。李叔同1898年初到上海参加文社，就以才子之冠扬名上海；1904年参加以"兴学强国"为宗旨的上海沪学会，更为沪上文化界所器重。1911年回国后

---

[1] 陈巨来著：《安持人物琐忆》，上海书画出版社2011年版，第53页。

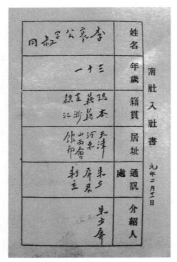

图11　李叔同加入南社申
请书

图12　西湖孤山后山石坊石柱
费砚的书法对联

参加了著名的文化社团"南社"（图11），并在上海南社社员主要骨干创办的《太平洋报》担任文艺编辑。经南社社友、松江名士陈陶遗介绍，松江才子姚鹓雏同期进入《太平洋报》，与大他七岁的李叔同成为同事，并结下深厚的友谊。费砚也因柳亚子（江苏吴江人）、陈陶遗等同乡影响，加入南社，与李叔同因南社之故，结下友情之缘。

1912年农历七月李叔同到杭州任教，当年秋天就和吴昌硕一起参加了西泠印社在孤山的壬子雅集，与西泠印社创始人叶为铭等交往。费龙丁何时列吴缶翁门墙目前未考，但在后来他为吴昌硕出版的《缶庐老人手迹》序文中有记载："昔年与息翁同客西泠，同人有延入印社者，遂得接社长缶老人丰采。于是挑灯释璗，待月扢诗，符玺杂陈，烟霞供养。甚得古欢，未几俱作海上寓公，往来益密……"可见，彼时费龙丁已经加入西泠印社，从文字看，与吴昌硕和李叔同的交往酬唱中欢快愉悦，并无讷言寡默之感，他在西湖孤山后山石坊石柱上的书法对联"以文会友，于古为徒"，展示了他不凡的书法功力。（图12）

1914年9月，李叔同在浙一师学生中组织了篆刻团体"乐石社"，并任乐石社社长。李叔同撰写了《乐石社记》，表了是社缘起"校秦量汉，笃志爱古。遂约同人，集为兹社。树之风声，颜以乐石"。又"切磋商兑，初限校友。继乃张皇，他山取益。志道既合，声气遂孚。自冬徂春，规模浸备。复假彼故宫，为我社址。而西泠印社诸子，觥觥先进。勿弃葑菲，左提右挈。乐观厥成，滋可感也"。

故除了浙一师的师生外，李叔同先邀请了西泠印社社员费砚、胡宗成、王世、周承德。1915年5月，南社柳亚子、姚石子等结伴游武林，李叔同又邀请这柳亚子、姚石子、张一鸣三位南社名士，"复为乐石社社友"，其中姚石子、张一鸣又为西泠印社社员。在李叔同亲编的《乐石社社友小传》中，27位社员的排列"以署名先后为次"，费砚列在"甲寅冬乐石社起遂入社治印"的张金明之后，胡宗成、王世之、周承德前，可见费砚对李叔同的热忱回应。

李叔同写的《乐石社社友小传》费砚小传是"费砚，字剑石，号龙丁。华亭人。精于金石书画之学。夫人李氏，亦工诗，善篆刻"，把夫人也写到了。

费砚还积极参与乐石社的活动，并见著乐石社史料。

费砚携李叔同之请，到李叔同的《太平洋报》同事及好友、南社社员姚鹓雏家，请其写《乐石社记》。这篇文采斐然的《乐石社记》，载于当年的《南社丛刊》第十八集，洋洋洒洒，南社大才子还用了一番笔墨写了他的二个好朋友（择要）：

乐石社者，李子息霜集其友朋弟子治金石之学者，相与探讨观摩，穷极渊微而以存古之作也……李子博学多艺，能诗、能书、能绘事、能为魏晋六朝之文、能篆刻。顾平居接人，冲然夷然，若举所不屑。气宇简穆，稠人广坐之间，若不能言。而一室萧然，图书环列，往往沉酣咀嚼，致忘旦暮。余以是叹古之君子，擅绝学而垂来今者，其必有收视反听凝神专精之度。所以用志不纷，而融古若冶，盖斯事大抵然也。兹来虎林，出其所学，以饷多士。复能于课余之暇，进以风雅，雍雍矩度，讲贯一堂，毡墨鼎彝，与山色湖光相掩映。方今之世，而有嗜古好事若李子者，不令千载下闻风兴起哉！

社友龙丁，吾乡人也。造门告以斯社之旨，并以作记为请。余视龙丁，博学多艺如李子，气宇简穆如李子，而同客武林。私念亦尝友李子否？及袖出缄札，赫然李子书也。信夫，气类之合，有必然者矣。将以闲日，诣六桥三竺间，过李子、龙丁，尽观其所藏名书精印，痛饮十日，以毕我悬迟之私。李子、龙丁亦能坐我玉笋班中，使谢览芬芳竟体耶！因书此为息壤。

姚鹓雏传神概述了他熟悉的李叔同精神特质和气范，又写了费砚的气范，"气类之合，有必然者矣"，李、费二人心神相同。

费砚还被邀参与编辑《乐石》刊物，为第六集署题签（图13），在第六集有"宁海叶颂清字子布印"（图14）"上马杀贼下马草露布"（图15）二印，在第七集中有"吉金乐石"印一方，另一与李叔同合刻的"吴善仁之印"，可一窥费氏篆刻的风采。

李叔同出家前在西泠印社印藏中的一方费砚治印，印面"李叔同"，顶款："息翁属，龙丁制于西泠"在李叔同用印中也最为常见。（图16）

图13 《乐石》第六集封面费龙丁题签

费砚是松江人，也常居上海，他在李叔同出家前刻的"李叔同"和出家一年后刻的"弘一"，均有著明于西泠所刻。1915年4月16日，南社社长柳亚子与高吹万、费砚等，与李叔同、丁上左、丁三在等在杭社员，临时在西泠印社孤山举行雅集，27名南社社员参加，漫步西湖游春，凭吊冯小青墓，柳亚子题诗、李叔同书法，树碑记事。

李叔同出家时，震惊很多南社社员，不少人不理解或者规劝，费砚始终都是默默站在弘一身后支持，可谓金石至交。1928年，费砚陪同弘一法师从杭州乘火车抵达松江，并到南社元老高吹万的颐园住所看望了这位昔日好友，得知费砚胃痛，弘一法师还将手腕上所携的一串奇楠香佛珠赠予费

图14　印面：宁海
叶颂清字子布印
边款：甲寅龙丁制
于西泠

图15　印面：上马杀贼下马草
露布
边款：子布将官属刻此石，其
以修期自豪乎？乙卯龙丁志。

图16　印面：李叔同
顶款：息翁属，龙丁制于西泠。

砚[1]。"奇楠香可治胃病，龙丁曾磋去部分为粉末，作为药剂服之，致其中有数颗稍欠匀整。龙丁死，物归朱孔阳。孔阳以赠彭长卿，长卿又转送厦门李芳远。芳远，弘一法师之弟子也。"[2]

一串佛珠，几多深情！

（三）费砚留痕及艺术评价

《白丁印谱》是目前已见的费砚留痕最多的印存集，分别在1975年和2015年由著名收藏家云间朱孔阳及后人出版二次，中收录了二本《翁庐印》原籍本封面，一本封面左上字"翁庐己亥年印花"，右上"龙丁仿汉自此始矣"，另一本封面左上字"翁庐庚子季印花"。共收入费龙丁1899年、1900年的刻印150多方，其中作品水平风格面貌不一，水准不一，当为其早年练习作品，彼时未入吴门之列，故不可将其作为艺术代表作。

沧海遗珠，岂能埋没。除了前述的"弘一"印以外，西泠印社的94方李叔同"印藏"中，有一方费龙丁的印作"李叔同"，在天津及杭州都展览过。

1915年农历三月《乐石集》第6册及七月出版的第7册上的"宁海叶颂清字子布印""上马杀贼下马草露布""吴善仁之印""吉金乐石"，不仅有印面这4方印章，还有费氏边款，当确为其治印无误，可管窥其秀。

其中"宁海叶颂清字子布印""上马杀贼下马草露布"两方是他为毕业于南京江南陆师学堂，光复杭州有贡献的宁海籍革命党人叶颂清所篆，叶颂清曾创办浙江体育学校、宁海力洋小学、上海南洋模范小学。

《乐石》第七集的"吉金乐石"印，5面边款，其边款记述了费来杭州及加入西泠印社及乐石

---

[1]　许志浩：《金仲白、费龙丁的生平大事记》，见于云间朱孔阳原辑，《白丁印谱》，上海书画出版社2015年版，第168页。

[2]　郑逸梅著：《艺林散叶》，北方文艺出版社2019年版，第153页。

图17　印面：吉金
乐石

图17-1　顶款：甲寅岁暮，乐石
社长属，龙丁制于西子湖。

图17-2　边款
1：佛造像

图17-3　边款2：那伽尊
者费砚，焚香顶礼，敬
造佛像一区，并白佛：
世尊，我今常住西湖。

图17-4　边款3：结邻孤
山之西泠印社，今秋好古
多士复结乐石社于城中，
共期阐明金石，以彰坟。

图17-5　边款4：典。社长
索我刻印，我乞佛言丐福。
佛云：永奉无疆，锡尔厥
昌，众生同乐，金石吉羊。

社大略，也是研究费砚生平的重要史料。四方印章均是费砚甲寅年（1914）、乙卯年（1915）在杭州期间所刻。"吉金乐石"为仿秦汉印，工稳古拙，送子布的二方印章及吴善仁之印，线条质感强烈，劲爽灵动，疏密跌宕之间，又古拙奇肆，气息古茂浑朴，在缶翁风貌中又多几分灵动韵味，尤其是吉金乐石印的边款，融书画印文于一体，记人、记事、记情，诚可贵也。（图17）

还有一方是李叔同、费砚合刻印章。（图18）

在吴昌硕的入室弟子中，费砚很为缶翁所器重。西泠印社已故社员马国权曾收藏过1918年费砚的《翁庐印策》墨迹印本，上有吴昌硕为费题的两首七绝：

其一：心醉摩厓手剔苔，臣能刻画古英才。依稀剑术纵横出，何处蝯公教舞来。
其二：皇皇吴赵耻同风，周玺秦权汉□钟。感事诗成频寄我，似谈印学演藏锋。

在吴昌硕年谱中还有缶翁于1919年12月曾写诗文《答费龙丁》[1]，1921年12月《题费龙丁小像》[2]诗文。

缶翁《答费龙丁》诗不仅高度评价费砚印学造诣，勉励费砚，还表达缶师的印学思想，是研究吴昌硕艺术思想和费砚艺术水平的一篇重要文献。

龙丁印学追先秦，

---

[1]　吴昌硕编，名家讲稿：《吴昌硕艺文述稿》，上海人民美术出版社2018年版，第192页。
[2]　吴昌硕编，名家讲稿：《吴昌硕艺文述稿》，上海人民美术出版社2018年版，第194页。

天与十二字瓦颐其神。

龙丁嗜古多家珍，

鼎以父丁为识宜子孙。

祈更醒商周尊，

仿佛达受剔灯传宗门。

手磨赤乌之残砖，

身是义熙之遗民。

学古有获心且醉，

何必一饮一石师伯伦。

封泥陶器龟板奇字镌肺腑，

物非我有口纵不说心云云。

秦山琅玡梦里供蹂躏，

更虑岩壑邈，束手红崖扪。

龙丁莫羡强有力者收藏富，

束置高阁若获石田难为耘。

几时约尔涉沧海、登昆仑，

倘遇愚公假其手，

会稽窆石移入雍庐侪烟云。

砺汝昆吾刀，

凿彼古云根，

天子永宁，

商略重刊石鼓文。

图18　印面：吴善仁之印
边款：息庐、龙丁合刻，
　　　乙卯西湖。

　　1920年费砚斥资出版吴昌硕的《缶庐老人手迹》一册，序言中回忆往昔和李叔同在西泠印社时，一起与吴昌硕"挑灯释璆，待月扪诗"，"甚得古欢"，文辞藻然又伤感。吴昌硕为费砚珍藏的秦十二字瓦当砚作铭，回环刻于四周，使这方砚愈加珍贵，引人眼红，乃至于"某有力者欲强得之"[1]，费砚不得不把这件平生爱物暂藏到好友平襟亚家里。

　　民国十三年（1924）吴昌硕亲为费砚订《瓷庐书画刻例》，从吴昌硕对这位爱徒"有非时手所可抗衡者"的评价，可见其高人一筹的水准，文云：

　　贵子龙丁，精鉴别，收藏名人书画金石刻故多逸品，视其刻印，精湛靡匹，于古金文字心会意领，可令人神驰皇古。书如篆隶，画虽点墨，均浑穆可喜，有非时手所可抗衡者，世人争欲得之而懒不与固与，老缶为订润例，属其公诸同好，毋使人兴交臂之嗟也。甲子春王正月老缶记，年八十有一。

[1]　郑逸梅著：《费龙丁之遗砚》，《郑逸梅选集》，黑龙江人民出版社2001年版，第五卷，第125页。

费砚和李华书琴瑟和谐，被誉为当时的赵孟頫和管道升。（"匪独恒同赏其珍秘，而唱酬染翰，固不让赵、管专美于前也。"1996年4月19日马国权文）他书画署名不带姓，或署"佛耶居士龙丁"，或"释迦尊者龙丁"，或"长斥行人龙丁"等，总之是不署姓的，晚年在用"龙丁"前加"佛耶居士"别号。时人评费砚金石第一，书法第二，画则不多作，作则超然物外，不受人间烟火气。南社诗人、好友姚鹓雏有诗题费龙丁画兰云：

> 旧闻所南翁，国破身在野。
> 画兰不画土，寄恨谁会者。
> 研朱写香祖，清露共涓泻。
> 意境弥孤夐，风情更姚冶。
> 佳人餐流霞，微醉复玉罍。
> 虽异心史心，瑶愁亦盈把。

姚对费砚画评价甚高，其中"意境孤夐，风情姚冶"，又表述了费砚自有特点，不泥于其师吴昌硕奇崛雄迈的风格。

费砚原家境优渥，故鬻艺很是疏懒，除了吴昌硕在润例中写其"世人争欲得之而懒不与固与"外，还有文人沈瘦东在《瓶粟斋诗话》中居然为他的拖沓开解，曰："龙丁有洁癖，襟怀洒然，工金古文，篆刻丹青，尤自矜重。……性情迟缓，交件动辄经年，不为求者所喜。"旋又说："世有'画隐龙丁'之目，雅人高致，又安可急限时日也哉!"

篆刻大师邓散木对费砚的评价也颇高。邓散木跟随吴昌硕弟子赵古泥学艺，20世纪20年代便扬名，他的字"钝铁"，与吴昌硕（苦铁）、王冰铁、钱瘦铁，被时人称"江南四铁"。他的《篆刻学》一书一直很有影响力。作为吴门后人，他对师祖的评价当为吴昌硕树立了艺术评论的大旗，认为他是开宗立派的长老。

> 当文、何既敝，浙、歙就衰，邓派诸家骏骏不为世重之际，乃有苍头异军，崛起其间，为近代印坛放一异彩者，则安吉吴俊是已。俊字俊卿，号仓硕，亦曰昌硕、昌石、仓石，曰苦铁，曰缶庐，曰老缶，曰缶道人，晚号大聋。初参丁、邓，继法吴、赵，后获见齐鲁封泥及汉魏六朝专甓文字，遂一变而为遒峭古拙，于是皖、浙诸派为之扫荡无遗。其身享盛名，播声域外，盖有由来矣。浙、歙二派，始用涩刀切刀，大书深刻，洎夫吴氏，易以圆干钝刃，驰驱石骨，信手进退，固不如意。论者或病其入石过浅，不知大书深刻，亦嫌过犹不及。吴氏盖用佛门之旁参法以救其失也。传吴氏学者王贤（字竹籀，江苏海门人）、费砚（字龙丁，别署佛耶居士，松江人），各能略得一二。余子碌碌，仅及肤受，妄学支离，骏成恶习，坐为世诟，亦可叹也。[1]

---

[1]　徐才友，彭福云编：《邓散木书法篆刻学》，上海人民美术出版社2015年版，第112页。

邓散木向来心高气傲，自取"粪翁"，在众多的吴门弟子中，仅王个簃、费砚入他眼，在这位篆刻界的"意见领袖"看来，费砚篆刻是得吴昌硕艺术思想的，有自己创造力和个人面貌，而非只是"肤受"。

20世纪30年代，邓散木还写过八首《论书杂诗》，其中二首涉及费砚和弘一的艺术评价，虽为邓的一家之言，但对费砚来说，也是不争的事实。费砚的这首如下：

> 篆书久号中书虎，安吉风流奈老何。
> 灯火一龛萧颖士，童徐费左已无多。

又有旁注：

> 安吉以草法入篆，以篆法入草，独以石鼓名世，涵融朴茂，可泯迹象，然毫无能为矣。虞山萧蜕，字退阇，亦字蜕盦，号中孚，笃志奉佛，擅六书之学，于石鼓能独探骊珠，足与苦铁颉颃。费龙丁能传其貌，然仅仅虎贲中郎而已。童大年、徐星州、赵子云辈无论已。朱义方髫年俊拔，惜流习骄纵，不复归纳于学问之道，病在早慧，恐坠泯犁耳。[1]

还有另外一位心气高傲的篆刻高人陈巨来，写文章也是毫不留情，但对费砚也很是赞许，云费砚"善治印，曾列吴缶翁门墙，所刻印神似缶老中年，视王贤学晚年之作，高明多多也"。在《安持人物琐忆》的《记费龙丁和陈半丁》[2]一文中，陈巨来记述了他和费砚的谈话：

> 费忽问余曰："你看吾刻的印，有什么想法否？"余对之曰："公作品，外似柔雅，内实刚劲也。"费大乐，告余曰："你真懂，吾自以谓所刻是有'绵里藏针'之风格也。"自此遂认余为知己矣。

此后，费砚这位懒人前辈居然还送陈知己一些小楷书法，后又为写一树梅花，令陈巨来惊奇不已，认为是异数。其实只是因为陈知己读懂费砚的筋骨气，才令他心有戚戚焉。

费砚故后，其艺术声名也渐渐湮没，盖因其流传作品太少。后人无法了解其艺术真面目，以致无法辨真伪。

由于资料缺少的原因，马国权曾表示："余所见龙丁印仅此，于邓氏（邓散木）之说，遽难置评。"西泠印社一直致力于对早期社员的研究，尤其以张炜羽先生用功尤深。韩天衡、张炜羽两位先生还曾写《被淡忘的费龙丁与李苦李》一文，提出费龙丁与李苦李当是二位不能忘却的印人。孙慰祖先生在为松江博物馆藏印所撰《流风久弥盛，遗珠任君参——云间篆刻流变与松江博物馆藏印》一文中也指出："近人风格卓立的费砚……既接纳吴昌硕雄强古茂的神韵又不泥其迹。"但总的来说，对费砚的研究还有待清晰，或者说艺术定位略显模糊。

---

[1] 邓散木著：《邓散木诗选》，百花文艺出版社1983年版，第61页。
[2] 陈巨来著：《安持人物琐忆》，上海书画出版社2011年版，第53页。

西泠印社百年大庆之际，余正主编了《西泠百年印举》，收入费砚印蜕38方[1]，可惜都不是经典之作，以致让现当代篆刻评论家有"虽非全貌，而观览之次，邓散木赞美之辞或许过誉"[2]之慨。

事实上，费砚的印事早期仿汉，在留存下来的《白丁印谱》中大多为如此，规划有致，古意庄重，创意不高；拜师吴昌硕后，因为人文及诗学功底较深，聪慧颖悟，在艺术上可以说是精进显著，在吴门探幽中极有心得而瞩目被誉。这一时期的印章，除了乐石社的刊印外，目前还有为好友高吹万的一对巨印镌刻，高后代高锌拟文《费龙丁的巨印佳构》云："居士天资颖悟，好艺事。……曾为先祖吹万老人治二方巨印，庄重凝练，意境天然。题跋更足寻味，赏读如啖佳果，堪为篆林佳构。"其中"闲闲山人"（图19）已经更接近浙派面目，和缶翁的霸悍风格很不相同，是因为西湖山水浸染，西泠印社浙派诸君的目染，还是自我风格的突破和变化，留给我们想象的空间。

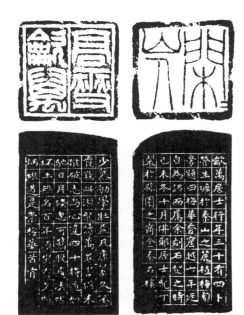

图19　左印面：高燮吹万
　　　　右印面：闲闲山人

西泠印社社员王黎特在编著《吴湖帆自用印集》中收入费砚为吴湖帆治印若干方[3]，均有吴湖帆亲笔的旁注，以及费龙丁的印章边款，当可为龙丁治印无疑，刻印时间在1926年前后，件件精品，入吴湖帆眼又岂能寻常？

孤山印廊的"弘一"印，是印学史上的名作。边款记录了治印缘由，1919年己未夏，弘一法师出家一年，"龙丁过西泠拾石刻之"，言简意赅说明了当时语境，是费砚从心而就的率真之作，仅三根线条，左直右弯，有吴昌硕直抒胸臆的刀法快爽，浙派的布局优美协调，字面简洁洗练，画面寂寥淡泊，意境深邃隽远，曲折中有韧性和力量，有费砚自己和陈巨来私聊中说的"绵里藏针"的风格，和费砚的个性类似，在视觉感官下，"弘"字有佛门的空灵，"一"字有心灵的宁静，还需要细细品味，玩味，回味，这方印章是弘一和费砚彼此的心灵对话和心心相印，弘一在书法弘教中大量地使用是印，使用时间长达23年，直至圆寂。

艺术之花各显千秋，西泠印社早期社员费砚之名将列于西泠印社的印廊而被世人所知。

四、"最像李叔同的学生"李鸿梁大略

（一）李鸿梁生平

"南无阿弥陀佛佛像"治印人为弘一法师的学生李鸿梁（图20—21），字孝友，别号老鸿，绍

[1]　余正主编：《西泠百年印举》，浙江古籍出版社2003年版，第112页。
[2]　王家葵著：《印坛点将录》，四川文艺出版社2020年版，第295页。
[3]　汪黎特编：《吴湖帆自用印集》，浙江人民美术出版社2019年版，第218页。

兴人，祖籍湖南。生卒年月史料略有差异，南社社刊及沈定庵先生回忆均为1894—1971年，也有些资料载1895—1972年，世寿77岁。南社社员、龙渊印社社员，与李叔同关系极为密切，曾经被李叔同称为"最像我"的学生。

李鸿梁家贫，父早卒，由母含茹抚养。15岁进绍兴府中学堂求读。李鸿梁在绍兴中学读书时，鲁迅时任该校学监，时绍兴光复，绍兴府中学堂创办了《越铎日报》，鲁迅为该报写发刊辞。李

图20 李鸿梁青年照片　图21 李鸿梁晚年照片

鸿梁曾在该报发表抨击时弊的漫画，后鲁迅主编《莽原》时，李鸿梁还将所作漫画投寄鲁迅。现存《鲁迅日记》中有3处提到李鸿梁，北京鲁迅博物馆保存着李鸿梁的两幅漫画作品。

李鸿梁1912年考入浙江两级师范学校，由李叔同介绍加入南社，与丰子恺、黄寄慈、金咨甫、吴梦非、李增庸、潘天寿等同为李叔同的高足，毕业后前往南京高等师范为李叔同赴日未能及时回来而代课，曾与吴梦非、刘质平、丰子恺等浙一师同学创办上海专科师范，创刊《美育》杂志，编著音乐美术书籍，在新文化运动中大显身手。又由李叔同推介到无锡、集美学校等处任艺术教师。1923年回到故乡绍兴，历任浙江省立第五中学、省立第五师范学校、绍兴县立女子师范学校、省立绍兴中学的美术、音乐教员。1926年代理绍兴女师校长，因聘请共产党员任教，被迫辞职。抗日战争爆发后，率领绍兴中学100多位学生往南撤退，在诸暨、嵊县的崇山峻岭中抗日救亡，坚持上课，期间参加了著名书画篆刻家余任天为秘书长的"龙渊印社"。1942—1946年任省立温州师范学校美术教师。抗战胜利后，任教于浙江大学附属中学，20世纪50年代退休，回乡专事国画创作，受聘为浙江省文史馆馆员。"文革"中受迫害在绍兴病故。

（二）李鸿梁与李叔同的师生关系密切

1913年5月，李叔同以浙师校友会的名义编印了以音乐为主的综合性刊物《白阳》杂志，重新发表了他为《音乐小杂志》写的序文，发表了李叔同以五线谱三声部合唱曲《春游》，这是中国近代音乐运用西洋作曲方法写成的第一部作品。还用图文对照方式刊出《西洋乐器种类概论》，李鸿梁绘制了贝多芬像，向国人介绍这位西方音乐大师。还参加李叔同组织的户外写生。

1915年李鸿梁毕业，李叔同知道他心直口快、性格倔强，担心他不通世故、锋芒毕露，还特意给他写了封信，指点他处世要"圆融"些，否则不能与世相水乳。随信给他题写"拔剑砍地，投石冲天"的对联和"豪放"两大字的条幅，这副对联很是耐人寻味，李叔同似乎是在用这种方式告诉学生："蛮勇"和"豪放"不可相提并论。1916年李鸿梁结婚的时候，李叔同送了他4件衣料。

李叔同出家后与李鸿梁一直保持密切的往来。李鸿梁经常去寺庙看望老师。1920年夏，法师去新登贝山去掩关前一天，马一浮、范古农、堵申甫等先生都来为弘一法师送行之际，为他的肖像题了"鸿梁道影"字。第二天李鸿梁与其他人一起送法师到钱江轮船，直到解缆才离开。

弘一法师三次莅临绍兴，都是李鸿梁参与接待和安排的。第一次是在1924年秋天，住了半个多

月，写了300张佛号书法，100张存蔡丏因处，200张分存李鸿梁和孙选青处，嘱分赠有缘者。1931年秋，法师第二次莅绍，住在晋王右军（羲之）舍宅的戒珠寺，弘一法师和李鸿梁同游陆放翁读书处的快阁景点，为法师留下照片，还为李鸿梁先母题像。1932年春季，法师第三次莅绍，住绍兴开元寺最后一进，还给李鸿梁寄来了一大包字，并分别赠李鸿梁及其孩子书法对联三幅。李叔同与李鸿梁的几十通书信和李叔同的书法，在战火中被毁或被汉奸伪军抢掠。

1928年春，夏丏尊、经亨颐、刘质平发起，李鸿梁也一同参与募款为弘一法师在上虞白马湖畔筑晚晴山房，1929年9月20日法师50寿辰之际，携带弘一法师数年前命其画的多面千手观音菩萨像画赴上虞参加经亨颐先生举办的祝寿活动。

浙江人民出版社1984年6月出版的《浙江文史资料选辑》第26辑，曾载的《我的老师弘一法师李叔同》，浙江人民出版社1996年12月出版的《浙江文史集粹》社会民情卷《弘一法师李叔同》均为李鸿梁回忆李叔同的长篇文章，丰富生动勾勒的李叔同对学生的谆谆教导，是研究李叔同生平的重要史料。

（三）多才多艺的李鸿梁并非西泠印社社员

李鸿梁也和李叔同一样，涉足很多的艺术领域。

1922年李鸿梁撰写《西洋最新的画派》一文，先后发表于上海中华美育会于1920至1922年编辑出版的《美育》之中，是20世纪较早介绍和传播印象主义以及西方现代主义的重要文献。还著有《粉笔画法》《图画理论教材》《普通乐理》等书，亦有《民众与艺术》（载1933年6月印行的《绍兴民众教育》），其他还有音乐理论方面的文章。

1938年前后，时值遍地烽火的抗日战争时期，省立绍兴中学流亡办学中，国文课老师姚轩卿作词，艺术课老师李鸿梁作曲，创作了省立绍兴中学校歌："蕺山风高，姚江流长，於越文明漱古芳。承前启后，努力精进，沐浴科学之颖光。溯开创，多少热血，毋忘，毋忘！溯开创，多少热血，毋忘，毋忘！"慷慨激昂的旋律，曾极大地鼓舞全校师生的斗志。

李鸿梁是我国最早从事版画的作者之一。他在李叔同的启导涉足版画，我国现代最早的版画集《木板画集》，是李叔同带领学生自画自刻自印并自己结集出版的，刊有李叔同、李鸿梁等人的作品。李鸿梁的西洋水彩、油画造诣亦高，其所绘漫画风格与丰子恺相近。

1937年抗日战争爆发后，李鸿梁积极参加抗日救亡活动。绍兴地方当局提出以越王勾践卧薪尝胆、报仇雪耻的精神激励保卫绍兴，李鸿梁精心创作了勾践、文种、范蠡等石刻造像。绍兴军民在大校场集会并举行保卫大绍兴的游行，他在数丈白布上画就越王勾践的巨幅画像，还为游行的前导，轰动一时。

李鸿梁的书法，源于汉碑晋帖，外柔内刚，敦厚古朴，字如其人。20世纪30年代早期应邀为天台国清讲寺迎塔楼撰书联"一塔立沧溟，万壑争清流"；60年代初期绍兴秋瑾故居建立，应邀书"和畅堂"匾额，大字榜书，结字宽纾古朴、笔力遒劲；又为绍兴名刹小云栖寺旧有藏经楼写"九莲阁"篆书匾额，篆书兼有隶意，气势宏伟。可惜均在"文革"中曾被删去题款。

李鸿梁先生在摄影上也是高手，1931年他陪同弘一大师登临绍兴快阁（爱国诗人陆游读书处），为大师拍的侧影照，清晰呈现慈悲的面颊，具有极强的艺术感染力，被很多书刊封面引用。（图22）

李鸿梁积极参与和组织社会教育，热心参与绍兴县民众教育馆开展的书画展览、比赛和授课等活动，1933年联合其他绍兴书画名家发起成立民国时期绍兴书画篆刻家较有影响的艺术团体书画家团体"时之社"。绍兴名画家罗默先生曾有文记述："李鸿梁先生作品丰润伟丽，颇能表现其个性，观者每见李氏作品，莫不伫立欣赏，叹为观止"，"足见其艺术之宏伟矣"。

李鸿梁多才多艺，在谱曲、绘画、音乐、小说、话剧、摄影等领域都颇有研究，今多散失。比如，他在厦门集美学校任教前后二年，就有小说、摄影及著名的五幕剧《红玫瑰》等作品发表。

根据部分史料书籍，如《南社社友图像集》、部分绍兴地方史料[1]，均记录李鸿梁抗战胜利后回浙大附中教书，并曾加入西泠印社。为此，笔者进行了以下考证。一是查找了社史记录，并无记载此事。同时请教了时参与西泠印社60周年大庆的西泠印社"五老"之一的丁茂鲁先生，西泠印

摄影时间：1931年
摄影地点：绍兴快阁

图22　李鸿梁为李叔同拍的照片

社和龙渊印社社史专家林乾良先生，李鸿梁并未见于西泠印社名录。二是通过1927年出生的西泠印社社员沈定庵先生的《我的老师李鸿梁》一文，沈先生抗战期间是李鸿梁先生的学生，一直交往到李鸿梁"文革"磨难、去世，文中描述了李鸿梁对把握"印理"的高超手段，文中还提到西泠印社林乾良先生曾藏的一方印章，印面"朱马"，"鸿梁摹汉"边款，印面昂首前俯，展蓄势之态。一白一朱，一左一右，在画中具点"睛"之妙。在书、画、印的集合中，可窥见先生其简约从容、清奇高古的印风，为观者叹服。虽未见，但是从印廊的佛像印中大致可以体会李鸿梁的印章布局和法度，其艺术之精湛和气质。但是沈定庵先生的文章也并未提及李鸿梁先生是西泠印社社员。

李鸿梁先生和西泠印社中人的交往是极为密切的，除了和副社长潘天寿是浙一师的同学外，他和20世纪50年代任浙江省文化局副局长、西泠印社副社长的许钦文还是绍兴省立第五师范学校的旧同事，60年代初在浙江美术界颇有声望，和张宗祥、徐沧一、陆俨少、陆抑非、周天初、徐映璞、顾坤伯、阮性山、陆维钊、周昌谷、田宿宇、商敬诚等艺术家或西泠印社社员来往密切。或许因为参加了西泠印社的活动之故，被南社及绍兴史料记载为西泠印社社员。李鸿梁的流传印章及其他艺术作品不多。

有一次弘一法师送李鸿梁作品时，说以前的图章统统送到西泠印社去了，故图章没有盖，根据李鸿梁的《弘一法师李叔同》一文，"后来法师写信来叫我刻过几方名印和佛像"，孤山印廊的这方李叔同佛像用印，很可能就是回忆文章中提及的这方印章，左文右图，端庄古穆，布局和构思中蕴含着李叔同图案审美的美学思想，画面丰富协调，线条凝练生动，李叔同弘法中经常钤印，为书法作品增色。

每一件流传不朽的艺术作品，都隐含着创造者不平凡的一生。或远或近，或隐或显，穿越岁月，璨若星河，博大而深沉，精邃又悠长，而我们，在钩沉索隐中，致敬先贤。

（作者系西泠印社社务委员会文物管理处副处长，文博副研究馆员，作家）

---

[1]　绍兴鲁迅纪念馆编：《鲁迅与他的乡人》，西泠印社出版社2014年版，第78页。

西泠印社藏"西泠八家"印章综述 [1]

朱 琪 王丽艳

内容提要： "西泠八家"是浙派篆刻的核心与代表，对西泠印社创社影响巨大，"西泠八家"印章也是西泠印社文物收藏的重心所在。通过梳理西泠印社藏"西泠八家"印章，分析藏品来源，可知社藏"西泠八家"印章总数为294方，除6方来自早期收购，其余均来自西泠印社早期社员与同道捐赠。其中重要捐赠者为张鲁庵、葛昌楹、王福庵、高维骞等，论文对各家捐藏时间、数量及相关背景作出分析与论证，整理出印章细目并追溯了相关印章早期著录情况，由此对社藏"西泠八家"印章的学术与艺术价值作出探讨，揭示出20世纪中叶西泠印社文物捐赠与收藏史背后的历史意义与精神价值。

关键词： 西泠印社 西泠八家 篆刻 印章捐藏

一、西泠印社与"西泠八家"的历史渊源

篆刻流派的形成是篆刻艺术发展并趋向成熟的标志。文人篆刻在明代蓬勃兴盛，经过较长时间的发展，形成了一些具有相对固定的地域、师承和风格特征的篆刻流派，其中影响最大者莫过于徽、浙两派。因为标准不统一，篆刻史上流派的划分并不严谨，名目也纷繁错综。如所谓"徽派"，并无统一的艺术风格，也没有明确的师承关系，仅仅成为自何震至黄宾虹数百年来徽籍印人的总称。而与"徽派"不同，浙派印人宗法丁敬，创作思想和艺术风格比较一致，地域归属明显，是中国篆刻史上第一个自觉并且联系紧密的篆刻流派，其艺术理念与篆刻风格直接开启了近代篆刻，对篆刻史的影响非常深远[2]。根据朱琪著《真水无香：蒋仁与清代浙派篆刻研究》的界定，广义的浙派则指治印常参以缪篆笔意，善用切刀表现金石碑版趣味，呈现出苍健质朴，古拙浑厚的艺术面貌的篆刻流派，其代表人物除"西泠八家"之外，尚有董洵、郭麐、屠倬、孙均、高垲、张鏐等一大批印人；狭义的浙派指以"西泠八家"，即丁敬、蒋仁、黄易、奚冈、陈豫钟、陈鸿寿、赵之琛、钱松为代表清代浙籍印人群体。

在西泠印社收藏的历代印章中，明清篆刻堪称最为宏富之大宗，其中西泠八家印章不仅是贯穿清代全期的篆刻代表作，也是浙派篆刻的源头与主体，可说没有"西泠八家"的作品的归集，就不可能有后来的"浙派"（或称"西泠印派"），因此这批作品显得尤为重要，也是今天进行篆刻史研究的重要资料。正如王佩智在《西泠印社收藏史》中提到："西泠印社的创立，有先个人集藏和拓谱（出

---

[1] 本文为江苏省社会科学基金一般项目"黄易金石艺术文献整理研究"（21YSB017）阶段性研究成果。

[2] 朱琪著：《真水无香——蒋仁与清代浙派篆刻研究》，浙江人民美术出版社2018年版，第3—4页。

版）而后有结社之说。因而它的诞生，有两个基本出发点：一是有心复兴浙派篆刻艺术，搜集古印，拓之成谱，推而广之。二是立足湖上一隅，安心学问，守望印学之传承。因此，'收藏'与'研究'是它客观存在的两个主业方向，亦乃其宗旨'保存金石，研究印学'之由来。"[1]"西泠八家"专称之由来，先后经历"西泠四家""西泠七家""西泠六家"，最后才形成今天大家熟知的"西泠八家"，这一名称的由来，也同八家印谱制作与流传密切关联[2]（图1）。

早在1913年，西泠印社成立不久，同人即印制《社约》（图2），涉及印社收藏印章与研究印学的宗旨，"西泠八家"印章即定为印社藏品的重点：

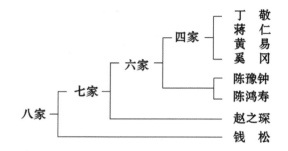

图1　西泠八家名称发展示意图（朱琪绘）

图2　西泠印社社约（《西泠印社三十週纪念刊》）

本社以保存金石，研究印学为宗旨，上自鼎彝碑碣，下至印玺泉刀，无不博采旁搜，藉资证经考古。

本社印以清初黄山诸家及西泠八逸为最备，同人各有所藏，兹合议于每年春秋时，分别陈列社中，以资眼福而助清兴。

本社收藏各印，均分门别类，附拓旁款，精印成谱，如有同好尽可到社索阅，藉获观摩之益。

至1961年10月，在杭州市文化部门的关注下，杭州书画社在研究制定"恢复西泠印社筹备工作计划"时，结合对社会文物的收购，特意就文物收藏、出版的内容作了具体设想。为适应新形势下的文化倡导，西泠印社对宗旨作了适当延伸，提出"本社以保存金石书画，研究印学书法为宗旨"。这便是后来的"保存金石，研究印学，兼及书画"的早期提法，并再次明确规定了文物搜集

[1]　王佩智著：《西泠印社收藏史》，西泠印社出版社2015年版，第1页。
[2]　关于"西泠八家"名称的起源问题，林乾良：《论"西泠八家"》（《西泠印社》2004年第2期）一文较早作出系统讨论，朱琪：《钱塘丁氏辑西泠四家印谱及其附存印谱新探——兼议"西泠八家"名称之流变》（《艺术品》2018年第10期）进一步展开详细深入的论证，论述了这一专称的流变过程。

和保管工作征集的重点:

（一）历代珍贵的鼎彝、印章，特别是明清以来徽、浙、皖派金石家的刻印；（二）浙江历代名家书画，特别是明清以来浙派画家的作品；（三）西泠印社社员的代表作品；（四）历代有关金石书画的著录图籍、印谱、参考资料。

征集工作，除在本市进行而外，还要请求各地支援，今年做到与本省各专区及上海朵云轩建立联系，签订供需合同。

收购工作，要严格贯彻：（一）按质论价，不压低价格，珍品必要时可以高价收购；（二）不强制捐献，自愿捐献者给予精神或物质奖励；（三）慎细鉴别，防止错收或少收伪品等政策。[1]

文物搜集和保管工作的章程，对西泠印社收藏与发展史有着至关重要的意义。此次订立的规章制度有明确的征集目标与严格的保管制度作保障，进而赢得社员和社会的信任，保证了后续文物收藏得以持续而高效地进行。印社所藏明清流派篆刻印章，特别是"西泠八家"印章的主体部分，皆来自20世纪60年代的捐赠。

二、社藏"西泠八家"印章之来源

2022年，笔者在协助西泠印社整理出版社藏"西泠八家"印章的过程中，得以接近这批藏品，对这批印章的捐献来源、艺术特色与历史意义有了更进一步的认识与理解。

据现有统计，西泠印社藏"西泠八家"印章总数量为294方，其中丁敬6方[2]、蒋仁4方、黄易9方、奚冈6方、陈豫钟25方[3]、陈鸿寿22方[4]、赵之琛188方[5]、钱松34方（图3）。其中由社员及社会捐赠288方，占比98%；印社通过收购渠道入藏者6方，占比2%（图4）。

各家捐赠中，以张鲁庵（家属叶宝琴）捐藏数量为最多，总计244方，占总数量83%，其中丁敬3方、蒋仁3方、黄易7方、奚冈5方、陈豫钟22方、陈鸿寿20方、钱松29方、赵之琛155方。葛昌楹是继张鲁庵之后捐赠八家印章品种最全的一位，其中丁敬2方、蒋仁1方、黄易2方、奚冈1方、陈豫钟2方、陈鸿寿1方、钱松2方、赵之琛3方，共计14方。捐赠数量第二则为高维骞，共捐赠赵之琛篆刻20方。此外王福庵（遗孀朱娴）捐赠赵之琛篆刻4方，丁辅之孙女丁望如、丁如留捐赠赵之琛

---

[1] 王佩智著：《西泠印社收藏史》，西泠印社出版社2015年版，第71—72页。

[2] 张珏捐赠张宗祥旧藏丁敬"笔耕"印，笔者认为存疑。

[3] 张鲁庵捐赠陈豫钟"石缘"印，当系伪刻，因意见未一致，暂记入数字。

[4] 另有张鲁庵捐献"鸿寿"印，边款："庚申十一月十二日子贞寄，曼生。"知为张镠所刻。葛昌楹捐赠"双鱼"印，登记在册误为陈鸿寿刻，实为陈鸿绪作。此两印均非陈鸿寿刻，数字未计入。

[5] 西泠印社收购并记入赵之琛名下"碧梧深处"及联珠印"玉堂籽印""宝鼎书"两方，无赵之琛款，且风格不类，两印不列入总数。此外张鲁庵捐赠赵之琛"石如"，边款："丙寅七月作，赵之琛。"印款为真，印面系后刻。张鲁庵捐赠赵之琛"宝松阁"，边款摹刻自张鲁庵捐赠"松影涛声"，且风格不类，当系摹刻。此两印因意见未一致，暂记入数字。

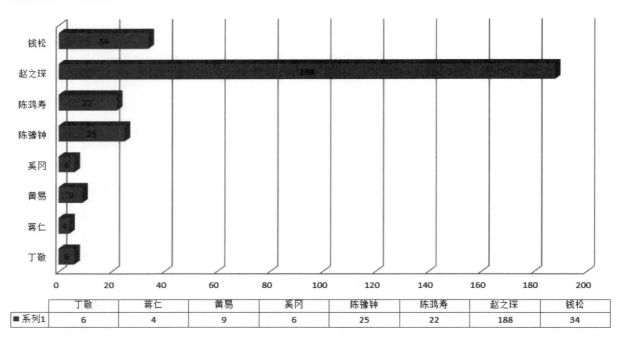

图3 西泠印社藏"西泠八家"印章数量分析图

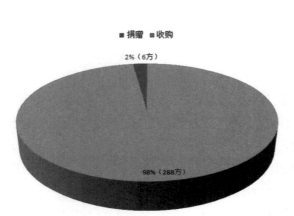

图4 "西泠八家"印章来源渠道示意图

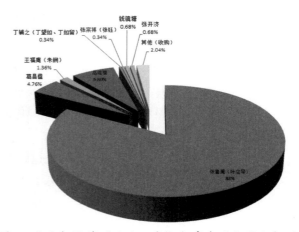

图5 西泠印社藏"西泠八家"印章来源数量分析图

篆刻1方，张宗祥之女张珏捐赠丁敬篆刻1方，钱镜塘捐赠钱松、赵之琛篆刻各1方，张开济捐赠陈豫钟、陈鸿寿篆刻各1方（详见表1、图5）。

表1 西泠印社藏"西泠八家"印章来源表

捐者 ＼ 作者	丁敬	蒋仁	黄易	奚冈	陈豫钟	陈鸿寿	钱松	赵之琛	合计（方）
张鲁庵（叶宝琴）	3	3	7	5	22	20	29	155	244
葛昌楹	2	1	2	1	2	1	2	3	14
王福庵（朱娴）	0	0	0	0	0	0	0	4	4

（续表）

捐者＼作者	丁敬	蒋仁	黄易	奚冈	陈豫钟	陈鸿寿	钱松	赵之琛	合计（方）
高维骞	0	0	0	0	0	0	0	20	20
丁辅之（丁望如、丁如留）	0	0	0	0	0	0	0	1	1
张宗祥（张珏）	1	0	0	0	0	0	0	0	1
钱镜塘	0	0	0	0	0	0	1	1	2
张开济	0	0	0	0	1	1	0	0	2
其他（收购）	0	0	0	0	0	0	2	4	6
合计（方）	6	4	9	6	25	22	34	188	294

以上捐赠，皆完成于20世纪60年代，颇可见当时印社社员与家属爱社如家，不吝捐献之热忱。此等高风亮节，既是西泠印社历史上光辉一笔，也是后世再难企及的云水风度。"西泠八家"以八为成数，而西泠印社藏八家印章的捐赠者亦为八家，可见冥冥中自有注定。兹不避繁琐，将"捐赠八家"介绍如下：

张鲁庵（1901—1962，图6），原名锡诚，又名咀英，号鲁庵。浙江慈溪人。杭州张同泰药店的第五代传人，西泠印社早期社员。张氏世业参药，设参行、药铺于沪、杭。幼年即好诗文、篆刻，师从赵时棡习篆刻，篆刻初宗赵之琛，后改学邓石如，并观摩古玺汉印，广采博取，深得雅秀风流之致。好收藏印章、印谱以及有关印学著作，积有战国至两汉官私印300余方，明代至近代篆刻家印刻1300多方，印谱500多种。中华人民共和国成立之初筹组金石篆刻研究会，善制印泥与刻刀。辑有《横云山民印聚》《钟矞申印存》《黄牧甫印存》《张氏鲁盦印选》《金罍印摭》《黄牧甫印存》《退庵印寄》《松窗遗印》《何雪渔印谱》《秦汉小私印选》《鲁迅笔名印谱》，自著《鲁盦仿完白山人印谱》。1962年逝世后，其妻叶宝琴根据遗嘱，将其生前集藏历代名家印谱433部、历代印章1525方悉数捐给西泠印社。这是西泠印社创始以来接受的最丰富、最珍贵的一笔文化遗产，其中大多属国家一、二、三级文物。为此，西泠印社曾在西湖静逸别墅内专辟一室存放，室名即延用张鲁庵斋号"望云草堂"[1]（图7）。

图6 张鲁庵

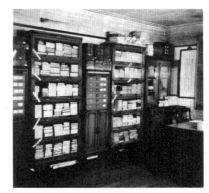

图7 西泠印社所辟"望云草堂"（《西泠印社收藏史》）

[1] 王佩智、邓京著：《西泠印社藏品捐献名录》，西泠印社出版社2011年版，第28页。

1962年12月，张鲁庵夫人叶宝琴在荣宝斋信笺上所写《捐献书》（图8）全文如下：

浙江省人民委员会、杭州市人民委员会、杭州市文化局、杭州西泠印社：

先夫张鲁庵先生，早年为西泠印社社员，毕生研究金石篆刻艺术，提倡印学，不遗余力。收藏印谱、印章凡四十余年，知名于当时。解放以后，受到了党的不断教育和关怀，先生思想逐步提高，参加了民主促进会，担任了民进会的美术组长。

先夫看到了文学艺术百花齐放、百家争鸣，深深感到金石篆刻这一宝贵的祖国文化遗产，在党和毛主席的英明领导下，将百倍地得到发扬光大。因此在党的支持鼓励下，为了发扬篆刻艺术，更好地为劳动人民服务，先生主动倡议在上海组织了中国金石篆刻研究社。

几年来，先夫在联合全国各地印友、集体创作印谱、配合各项政治运动、节日献典等方面，做了不少工作，贡献出了他晚年的巨大精力。

一九六二年四月，先生因肺癌入院，濒危时，仍念念不忘于金石篆刻事业，曾立遗嘱，将

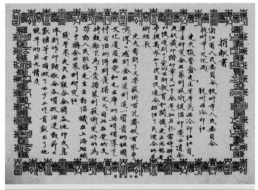
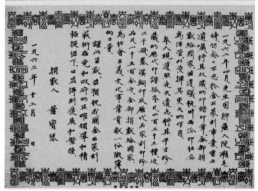

图8　张鲁庵夫人叶宝琴《捐献书》
（《西泠印社藏品捐献名录》）

其收藏的印谱印章，全部捐献给国家，并建议杭州西泠印社妥为保管，以发挥其更大的作用。

本人现遵照先夫遗志，将其平生珍藏的历代印谱孤本凡四百三十三种，近二千册，秦汉铜印及历代名家刻印珍品凡一千五百余方，全部捐献给国家，为社会主义文化事业贡献一份微薄的力量。

谨此呈状，并预祝我国金石篆刻艺术在党和政府的正确领导和积极提倡下，日益得到发展和繁荣。

捐献人　叶宝琴
一九六二年十二月　日

张鲁庵的捐赠，是西泠印社印谱与印章藏品最重要的一份家底。同年浙江省杭州市人民委员会、杭州市市长为张鲁庵、叶宝琴伉俪的义举颁发了奖状及奖金1万元（图9）。抚今追昔，先生的决定无疑是极富远见的，这些藏品在西泠印社历次交流展览与出版事业中，发挥了重要的作用，具有极高的学术研究价值。

葛昌楹（1892—1963，图10），字书徵，号晏庐、望莽，别署竺道人，斋名传朴堂。浙江平湖人。西泠印社早期社员。收藏书籍、画作颇富。能书法，精鉴别，偶作山水，有士气。与弟昌枌

搜集明清篆刻家刻印达千余，辑有《传朴堂藏印菁华》《吴赵印存》等。1933与丁仁、高时敷、俞人萃合辑《丁丑劫余印存》，1944年与胡淦合辑《明清名人刻印汇存》。1962年，葛昌楹得知要恢复西泠印社，特将珍藏多年的文彭、何震、邓石如、赵之谦等精品印章43方捐献印社，这些印章是民国十四年（1925）编选的《传朴堂藏印菁华》中的精品。在他去世后的1989年，其夫人冯梦苏又将葛昌楹自用印10方（其中吴昌硕刻田黄石章8方，钟以敬、叶潞渊刻青田石章各1方）及《邓印存真》二册捐给西泠印社[1]。

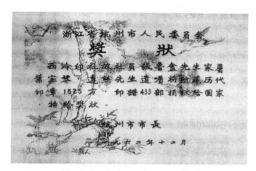

图9　杭州市政府颁发给张鲁庵的捐赠奖状（《西泠印社收藏史》）

图10　葛昌楹

图11　王福庵

王福庵（1880—1960，图11），原名寿祺，更名褆，字维季，号福庵，70岁后自号持默老人，室名麋砚斋、春住楼等。浙江杭州人。民国间曾寓武汉、南京，任铸印局技正。50岁后定居上海，鬻书治印自给，中华人民共和国成立后曾为中国画院画师。工书擅印，治印工文朴茂，得浙派神髓。嗜收藏古今名人印章，自称"印佣"。光绪三十年（1904）与叶铭、丁仁、吴隐创建西泠印社。辑有《福盦藏印》《麋砚斋印存》，著有《说文部属拾异》《麋砚斋作篆通假》等。1962年，遗孀朱娴将王福庵自镌、自用、自藏的印章356方、72件历代绘画作品、229件书法、54件拓本、22部书籍、23件文具、121把折扇及杂件若干，共计887件，捐献西泠印社收藏[2]（图12）。

张宗祥（1882—1965），名思曾，后慕文天祥为人，改名宗祥，字阆声、仲素，号冷僧、戊斋，别署铁如意馆主。海宁硖石人。清光绪二十五年（1899）中秀才，二十八年（1902）中举人。曾任西泠印社社长、浙江图书馆馆长、浙江省文史馆副馆长。毕生从事古籍校勘和书画研究，曾手抄和校订古籍善本六千余卷。擅书法，初学颜真卿，后宗李北海，兼及汉隶魏楷。亦工画。于书法理论、鉴古、舆地、诗文、戏剧、医药等均有很高造诣。辑有《张宗祥藏印集》，著有《书学源流论》《铁如意馆随笔》《清代文学》《巴山夜雨录》《中国戏曲琐谈》等。西泠印社恢复工作以后，张宗祥将清代书法作品2件和印社老社员谢磊明印谱1部无偿捐献印社。

张珏（1914—1998），浙江海宁人，张宗祥长女。曾任上海宋庆龄研究会理事、海宁张宗祥纪念馆名誉馆长。1949年7月到中国福利基金会工作，1963年后担任宋庆龄秘书，直到宋庆龄逝世。1965年，其父张宗祥去世，张珏将父亲生前自藏、自用的121方印章全部捐献西泠印社。

张开济（1912—2006），浙江杭州人。1935年毕业于南京中央大学建筑系。曾主持设计中国

[1] 王佩智、邓京著：《西泠印社藏品捐献名录》，西泠印社出版社2011年版，第34页。
[2] 王佩智、邓京著：《西泠印社藏品捐献名录》，西泠印社出版社2011年版，第39页。

革命历史博物馆、钓鱼台国宾馆、北京天文馆等建筑。1990年被建设部授予"建筑设计大师"称号，2000年获中国首届"梁思成建筑奖"。20世纪60年代，张开济向西泠印社捐献清代浙派印章5方、书法、绘画各1幅、《大碧山馆图》手卷1幅。

图12 西泠印社颁发给王福庵遗孀朱娴的感谢状（《西泠印社收藏史》）

图13 丁仁

钱镜塘（1907—1983），原名钱德鑫，字镜塘，晚号菊隐老人，浙江海宁硖石人。西泠印社社员。钱镜塘自幼受祖父、父亲熏陶，善画，能治印，爱好诗词戏曲。20岁后到上海经营书画，从此走上收藏之路。数十年来，他鉴别珍藏历代书画达数千件之多，被誉为"收藏巨子"。中华人民共和国成立后，他将2900余件元、明、清书画立轴、手卷册页以及金石文物、地方文献等，全部捐赠给国家，其中包括捐献给西泠印社26方印章及绘画作品。

丁仁（1879—1949，图13），原名仁友，字子修、辅之，号鹤庐。浙江杭县（今杭州）人。"八千卷楼"主人丁丙从孙。致力于搜求古印及西泠八家刻印。工篆刻，善书甲骨文，能画。西泠印社创社四君子之一。晚年寓居上海，任职中华书局，主编《四部备要》，用首创的仿宋体字模印行。辑有《杭郡印辑》《西泠八家印选》《秦汉丁氏印绪》《悲盦印剩》《印海初集》《印海续集》等。又与高络园、葛昌楹、俞人萃合辑《丁丑劫余印存》。

丁望如，丁仁孙女，原为大连海运学院英文副教授，现定居加拿大。丁如留，丁仁孙女，原江西萍乡职工医院护士长。1987年11月，丁望如、丁如留把祖父生前好友王福庵、吴朴堂、唐醉石、钟以敬、方介堪、韩登安、叶潞渊等为其篆刻的73方印章，及丁仁印屏1件，无偿捐献给西泠印社[1]。

此外，值得一提的是高维骞，据《西泠印社藏品捐献名录》记载："高维骞，生平不详。上世纪60年代，捐献清代篆刻家刻印34方。"[2]高维骞之名，向少见文献提及，所捐34印中，赵之琛篆刻多达20方，印文分别为：画眉深浅入时无、越吟、鉴湖不住住西湖、怡道堂、怡道堂印、庆增

---

[1] 王佩智、邓京著：《西泠印社藏品捐献名录》，西泠印社出版社2011年版，第126页。

[2] 王佩智、邓京著：《西泠印社藏品捐献名录》，西泠印社出版社2011年版，第82页。

楼、居浙东西、书画舫主、不减魏阳元、文字饮金石癖翰墨缘、江东渔长西湖隐流、高五、努力加餐饭、我周旋室印信、勃海高氏、修太平室、家住钱塘东复东、高生、高、叔荃。

从印面内容来看，这批印章当系为高学治所作为多。高学治，字叔荃、荃甫，号高五、宰平、茸庵，斋名我周旋室等。仁和（今浙江杭州）人，祖籍山阴前梅里。其人"刻苦求朴学"，"亦好宋、明儒书"，以贡生选乌程（今浙江湖州）训导，为章炳麟（太炎）在诂经精舍读书时的先生之一，章炳麟曾撰《高先生传》："炳麟见先生，先生年七十五六矣，犹日读书，朝必写百名，昼虽倦，不卧也。问经事，辄随口应，且令读陈乔枞书……"此文收录于《章太炎文钞》[1]。子二，保康、保徵。高时敷《乐只室印谱》第四集收录赵之琛篆刻109方，前有1911年舟壑老人高保康序，略述赵之琛为高氏篆刻之掌故：

> 为余家所刻颇多，先大父暨伯父小垞公仲父穉仲公皆有所藏。穉仲公选石尤精，约及四五百方。先大父之印多存小垞公所居清吟里中，咸丰之劫与屋俱烬。穉仲公官游吕四所藏最完，惜从兄辈作古他乡，手泽飘零，不可踪迹。先君所藏亦不下二百余石，兵燹流离，略有散失。其中所镌文辞诗句，先君于执友心交，辄相持赠，川沙沈韵初丈所赠尤多，且皆精品。晚年好静，下榻同善堂，间有为人假借玩赏，或以钤所得碑帖书画，藉增声价，久而未归。光绪乙亥，又为人窃去数十方，以去，虽心知之，无如之何。今所存者止此而已。

1944年，高时敷又补记云：

> 右序乃舟壑老人为余记所拓次闲篆刻高氏印存者，时在辛亥八月。沧桑再阅，前拓已付劫灰，而三十年来余先后收集高伯祖越垞公印七、曾伯叔祖小云公印一、穉仲公印二十三、叔荃公印七十六，又叔荃公姓氏章印二，计百零九石。

按双陈衙（今双陈巷）高氏为仁和望族，自迁杭始祖高士桢而下，至近代高崇文四子高凤墀之子高学淳，为近代杭城名绅，谭献为其撰写行状[2]。高学治、高学淇、高学鸿等即为高学淳兄弟。学淳子高炳麟、骖麟、云麟三人，炳麟之子高尔夔，即时丰、时显、时敷之父。又云麟子高尔伊子名高维魏，于此可知高维骞显然亦系高氏后人。因手边并无高氏族谱详查，但高维骞所捐赵之琛印章基本都系高学治用印，且品目与高时敷（络园）乐只室所藏无一重复，可知结论大抵不误[3]。

三、西泠印社藏"西泠八家"印章详目及早期著录

经细致研究，兹将社藏"西泠八家"印章释文整理为下表（表2）：

---

[1] 汤志钧编：《章太炎年谱长编》卷一"光绪十六年庚寅（1890）二十三岁"，中华书局2013年版，第7—8页。

[2] 谭献：《清故中宪大夫道衔候选同知高先生行状》，《谭献集》"复堂文"，浙江古籍出版社2012年版，卷三，第75—76页。

[3] 赵之琛为高氏一族所刻印章散落多方，丁仁也藏有一部分赵之琛为高学治、高学淇所刻印章。

表2 西泠印社藏"西泠八家"印章详目

印人	印 文
丁敬	烟云共（供）养、亦耕、上下钓鱼山人、愿保兹善千载为常、曹焜之印、笔耕
蒋仁	应天·小蓥山人（两面印）、雪峰、无越思斋、廉
黄易	生于癸丑、南湖草堂珍赏书画印、苏米斋、秋景庵、灵山石樵、宗浩、晚香居士、茶熟香温且自看、沈可培
奚冈	秋声馆主、何元锡印、栗田父、自得逍遥意、汪氏书印、白栗山樵
陈豫钟	清啸阁、清啸阁藏、陈国观印、学善堂印、汪学海印、皆令金石、允嘉、梦兰李氏、心如、懒云、石缘、石农、伯华、鲍煋、乃赓、一苑有华春昼永、玩物适情、王家骏印、兴秦、清河、自堂、峄亭、蓬莱仙馆、蒨蒨士子皇而不已、此情不已
陈鸿寿	犀堂、王思钤印、青士手校、晓塍、童氏翼仙、意园图书、乡往园、秋亭、浓花淡柳钱塘、吴氏兔床书画印、烂柯山樵、生长西湖籍鉴湖、鲟溪草堂、鲁依诗画、臼研斋、王恕私印、鲁依诗画、宜居士、蝶隐、阿曼陀室主人、小鸥波馆、崧庵侍者
钱松	玉延庵主、文章有神交有道、宣公后裔、米山人、䕬花新榭、范湖草堂、横云山民、富春胡震、胡震长寿、龙岩、吉台书画、杨定之印、季仉、杨季子图书记、渭南、解社范叔、稚禾金石、娱园诗画、子松、逍遥容与、延陵书翰、渭长、伯恐、范禾、子安印信、吴淦、鼻山、伯恐、檇李范垕厂、致轩、之高长寿、大小二篆生八分、壬辰朱子、芩芷
赵之琛	彭寿、孙伯、菱舟氏读、宣心鸟纱、罗鉴、潜德庐、臣□森印、华印、鹭州·重禧（两面印）、织帘小室、金城、臣陈源印、卓卿、五老、来宗、误、吉父、曹葆诚、恩骑尉印、耦云、式如大利、潘鼎、去孟、光宪、妩媚、寿生印、俞陆翰缘、孙郎、朱琛、观酉、吴修梅父秘笈之印、云渚、协均之印、一苏亭、蒋霨远印、耘青、湘南、咢堂、汪氏可花轩印、云老、光勋、静初父、人文寿世、安乐、红了樱桃绿了芭蕉、鉴如、得趣、浴日、欲将书剑学从军、好风相从、侠骨禅心、小良、正宜内史、绪堂、童鹤、笙巢过眼、挄堂、监川李氏、高学淇印、臣保璋、高隐南屏小山门、自怜无旧业不敢耻征官、仲享□（应为尃）、张叔未所藏宋本、宝松阁、青衫司马、淞雪·慧闻画印（两面印）、托兴毫素、长相忆、臣梁僖年、朝朝染翰、靖共尔位好是正直、春海学书、冰壶、菉中、小兰、沈沂印信、卓卿、二山、竹舟、兰言、渔亭、茗卿临、岁在癸丑、松影涛声、绿肥红瘦、水晶如意玉连环、汝骝私印、卧游室、癸巳进士、心醉六经、惕斋、臣醇、贯洋桥畔旧茅庐、更生、野屋高风、袖中东海几上西湖、侠骨禅心、金士奎印、神仙眷属、煮盐沧海曲种稻长淮边、字曰嘉父、暖香楼白事笺、春雨长廊、黄沅之印、观酉、求真、绿窗人静·石匏诗翰（两面印）、真实不虚、心亦太平斋、古陶唐氏、击筑、子与、竹庵、铁崖·孙恭寿印（两面印）、张经之印、目送飞鸿、一州斗大、宜之一字麈洲、鱼雁（图形印）、小鲁诗草、尊生、监、阿兴、臣札昆珠·双珍（两面印）、惯迟作答爱书来、善米性禾、口口爱惜、莲史、金城之印、孙同准印、韩性存印、䕬客、石如、生于壬申、福章、翊勋之印、君修读、杏楼、身其康疆子孙其逢吉（白文）、大吉祥富贵昌、身其康疆子孙其逢吉（朱文）、家住钱唐第一桥、葆诚私印、浙江蛰龙、陆瀚之印、吴志恭君肃、乐琴书以消忧、寻鸥、陈观酉、静妙、吴鋐之印、几生修到、晋代风流古铁琴、莲汀、张廷济印、宝禳、冯培元印、知白守墨、小行窝、吴兴陈煦、晴厓、石樵子、画眉深浅入时无、越吟、鉴湖不住住西湖、怡道堂、怡道堂印、庆增楼、居浙东西、书画舫主、不减魏阳元、文字饮金石癖翰墨缘、江东渔长西湖隐流、高五、努力加餐饭、我周旋室印信、勃海高氏、修太平室、家住钱塘东复东、高生、高、叔荃、丁居士、三湖居士、但使残年饱吃饭、琅邪郡、句（勾）耳山房

为更好地厘清社藏"西泠八家"印章的递藏渊源，笔者将其中来自张鲁庵、葛昌楹的捐献与二人早期辑藏印谱进行比对，以期了解两家藏品的流传变化情况。因为张、葛两家所捐印章总数达到260方，接近占到总量之九成，选择这两家捐献品考察具有较为典型的意义。

张鲁庵于民国二十八年（1939）辑有《慈溪张氏鲁庵印选》（图14），系从自藏千余方印章中精选而来（仅数方为借拓友人藏品）。是谱共六册，收录印人123家，录印360方，初拓36部。社藏八家印章见于《慈溪张氏鲁庵印选》者见于下表（表3）：

表3　西泠印社藏"西泠八家"印章见存《慈溪张氏鲁庵印选》目录

印人	印作
丁敬	烟云共（供）养、亦耕、上下钓鱼山人
蒋仁	应天·小蛰山人（两面印）、雪峰
黄易	生于癸丑、南湖草堂珍赏书画印、苏米斋、灵山石樵、秋景庵、晚香居士
奚冈	秋声馆主、何元锡印、栗田父、自得逍遥意、汪氏书印
陈豫钟	清啸阁、清啸阁藏、陈国观印、学善堂印、梦兰李氏、懒云、乃赓、兴秦、清河
陈鸿寿	浓花淡柳钱塘、晓塍、王思钤印、犀堂、青士手校、蝶隐、吴氏兔床书画印、鲁依诗画、鲁依诗画、生长西湖籍鉴湖、鲟溪草堂、王恕私印、宜居士
赵之琛	神仙眷属、真实不虚、求真、野屋高风、更生、绿肥红瘦、水晶如意玉连环、侠骨禅心、绿窗人静·石匏诗翰（两面印）、一苏亭、协均之印、汝骝私印、暖香楼白事笺、小兰、家住钱唐第一桥、光宪、小鲁诗草、杏楼、妩媚、铁崖·孙恭寿印（两面印）、侠骨禅心、乐琴书以消忧、笙巢过眼、吴志恭君肃、自怜无旧业不敢耻征官、贯洋桥畔旧茅庐、葆诚私印、心亦太平斋、恩骑尉印、青衫司马、欲将书剑学从军、宣心乌纱
钱松	米山人、横云山民、杨季子图书记、龙岩、胡震长寿、伯恐、杨定之印、槜李范垕厂、鼻山、子安印信、伯恐、范禾、吉台书画、解社范叔

经与印谱比勘，《慈溪张氏鲁庵印选》著录而未在捐献社藏品目中的"西泠八家"印章仅有5方，分别为黄易"陈祖辉印"，赵之琛"灵和秋柳""罗鉴"，钱松"老夫平生好奇古""渭长"。这些印章中黄易"陈辉祖印"今藏于浙江省博物馆，其间流传详情虽不详，但所幸仍归于公家。而自1939年《慈溪张氏鲁庵印选》成谱，至1962年捐赠，历经二十三载，张氏所藏"西泠八家"印章几乎未曾散佚，可见主人生前之精心呵护。

复检葛昌楹、葛昌枌辑《传朴堂藏印菁华》（图15），是谱成书于民国十四年（1925），系从葛氏二千余方藏印中精选而来，共收录126家篆刻，存印400方，共拓25部。社藏八家印章见于《传朴堂藏印菁华》者有：丁敬"愿保兹善千载为常""曹焜之印"，蒋仁"廉"，黄易"茶熟香温且自看""沈可培"，奚冈"白栗山樵"，陈豫钟"蒨蒨士子皇而不已""此情不已"，陈鸿寿"双

图14　张鲁庵《慈溪张氏鲁庵印选》内页（松荫轩藏）

图15　葛昌楹《传朴堂藏印菁华》（西泠印社藏）

鱼（肖形印）"[1] "崧庵侍者"，赵之琛"张廷济印""宝襄""冯培元印"。此外，葛昌楹捐藏西泠印社的钱松"大小二篆生八分""壬辰未子"两方不见于《传朴堂藏印菁华》，而《传朴堂藏印菁华》收录钱松印章亦未列入葛氏捐献名录，由此推测捐献二印应该是1925年《传朴堂藏印菁华》辑成后续得的藏品。

他如王福庵、钱镜塘、张开济等人所捐八家印章由于数量较少且未成体系，不再详述。

四、社藏"西泠八家"印章的学术意义

"西泠八家"的印章作为艺术收藏品，早在清代即流传有序。前期主要集中在魏锡曾、丁丙、何澍（凤明）、王泰（安伯）、戴以恒（用伯）、傅栻、黄世善（上水）、谢卜堂等人之手。至民国间，逐渐散落于钱塘丁仁、平湖葛昌楹、慈溪张鲁庵、仁和高时敷、余杭俞序文，以及吴隐、叶铭、王福庵、朱紫英、章天觉、胡淦等处。诸家各自凭借自身的收藏理念与机缘，易藏辗转，最终主要归集于丁仁、葛昌楹、张鲁庵、高时敷等处，成为"西泠八家"印章收藏的最重要主体，其中又以丁仁所藏最丰。

20世纪50年代，随着收藏消费流通市场的瓦解，以往的收藏家走出流金岁月，艺术品甚至成为一种负担，许多藏家迫于无奈，将耗费毕生精力与心血收集的藏品出让。丁仁去世后，丁氏一族因遭变故，将累世珍藏的明清印章于1956年转让无锡华笃安，其中包含最重要的藏品即为"西泠八家"印章[2]。此后，华氏又收购了高时敷、葛昌楹、俞序文等人所藏明清章，也顺势成为"西泠八家"印章的最大藏家，所藏八家印章体量之庞大首屈一指，1983年其藏品由遗孀毛明芬正式捐赠给

---

[1]　此印《传朴堂藏印菁华》即归为陈鸿寿所作，细审边款："客从远方来，遗我双鲤鱼。呼童烹鲤鱼，中有尺素书。长跪读素书，书中竟何如。上有加餐食，下有长相忆。己卯九月仿何雪渔玉印法，迈庵先生命作，陈鸿绪作。"此印应为陈鸿绪所刻，边款镌刻风格亦与陈鸿寿有较大差别，当系误收。

[2]　朱琪著：《真水无香——蒋仁与清代浙派篆刻研究》，浙江人民美术出版社2018年版，第189页。

上海博物馆。西泠印社所藏"西泠八家"印章虽然在数量上不及上海博物馆，但以张鲁庵为首的"西泠八家"篆刻捐藏及收购，总数量达到了294方，约占到八家印章存世总量的四分之一左右，可称大观。

"西泠八家"印章自清末以来，成为篆刻艺术藏品中最为流传有序的大宗。时至今日，涓涓细流汇为江海，西泠印社与上海博物馆所藏"西泠八家"印章共同构成传世八家印章的主体，具有极高的文物价值。笔者不止一次重申："西泠八家印章实物存世稀少，尤其前四家篆刻在当时就有文人学者留心收集，真品流传有序，更加凤毛麟角，中华人民共和国成立后泰半归公善藏，故今时偶有遗珍现世，必然备受关注。"[1]因为"西泠前四家"的印章珍品价值很高，在各级文博机构皆为重要藏品。

社藏"西泠八家"印章，作为宝贵的印学文献，对篆刻艺术的发展、篆刻艺术史论的研究，具有重要的学术研究价值。今天，它们仍生动地存在于博物馆的展柜中，展示于书籍、图谱，其至数码网络世界，无数篆刻艺术爱好者传习雅风，受其滋养与熏陶。如若当年捐赠印章的印社先贤有知，定当欣慰于当年所做出的决定。

（作者一系南京晓庄学院美术学院副教授；作者二系西泠印社社团事务处处长）

---

[1] 朱琪著：《蓬莱松风——黄易与乾嘉金石学（附〈武林访碑录〉）》，上海古籍出版社2021年版，第121页。

太田梦庵旧藏战国古玺释文札记（十二则）

——兼说玺印修复及印拓版本比对

庄哲彦

内容提要：本文对《日本岩手县立博物馆藏太田梦庵旧藏古代玺印》部分战国古玺作考释、补说、修复及印拓版本比对。直接考释者有M25 "世" 原释 "世（此？）"，改释为 "加" 字。M48 "鱼" 原释 "躬（信）"，改释为 "躬" 字。M54 "信" 原释 "弦（古）"，改释为 "居" 字。M60 "卩"、M61 "勺"、M62 "卩"、M73 "勺"、M74 "勹" 等字，原释 "厶（私）" 改释为 "曲" 字。H11 "饣" 原释为 "餡（馅）"，改释为 "饮" 字。〈概说〉"端" 原作未识字，当释为 "端" 字。

比对印面翻拍后进行修复及考释者有M6 "邽"，原玺文字右边残损不识，修复后作 "邽"，释为 "邻" 字。M32 "忘" 原释因印面残黏而释 "忐（仁）"，经修复后作 "忘"，改释为 "忞（忻）"。H7 "力" 笔画略损，修复后作 "巾"，原释 "力"，疑释为 "巾" 字。H12 "长弩＝（劈－强）梁" 原释 "长弩＝（劈－强）梁" 右下方残黏，经修复后作 "长"，疑释为 "長（张）凡（？）弩（劈－强）梁"。

除文字考释外，因H38 "千羊（祥）" 诸家说法不一，故于此作补说，以证其确。又本印谱具印拓版本比对及字书编纂之价值，故兼说玺印修复及印拓版本比对。

关键词：古玺　太田梦庵　梦庵藏印　枫园集古印谱　枫园集古印谱续集

一、前言

太田梦庵（1881—1976），本名孝太郎，号梦庵，斋号枫园、好晴楼、津川等，日本岩手县盛冈人，为日本古玺印收藏家、印学研究家，日本当代印学泰斗小林斗盦盛赞太田梦庵为日本的古印学研究权威，称其著作《汉魏六朝官印考》《汉魏六朝官印考普录》《古铜印谱举隅》《古铜印谱举隅补遗》为日本最高水平的古玺印研究著作，[1]在如此深厚的基础下，梦庵所收藏的古玺印必然具有高度的水平，一般后仿的玺印多半难以进入梦庵的收藏，孙慰祖于《日本岩手县立博物馆藏太田梦庵旧藏古代玺印·序》一文中即对于梦庵藏印赞誉有加，其云：

晚清至民国早期，玺印作伪手法不断变化，达到了一个前所未有的程度。流传下来的明代仿铸加上当时新伪的品种，如影相随侧入各种藏印谱录，即便一些名声显赫的收藏体系亦

---

[1] 刘海宇、（日）玉泽友基：《太田梦庵旧藏古玺印概说》，刘海宇、（日）玉泽友基编著：《日本岩手县立博物馆藏太田梦庵旧藏古代玺印》，上海世纪出版2020年版，第1页。

未能幸免。但从太田梦庵先后所辑几部印谱到全部藏印实物来看，却甚少有受染之弊，仅极个别的藏品或有进一步讨论的余地。这不谨在当时认识条件下具有标杆的地位，即便置于近几十年来的藏印实践中，仍然堪称为一个范例。在这一方面，与此相伯仲的是罗振玉的《赫连泉古印存》和《罄室所藏玺印》两谱，除了其本人的学识与性格以外，我想当与方若和罗振玉父子的引导、提点有着十分密切的关系。……他的收藏观不是猎奇的、唯美的，而是历史的、学术的。[1]

从孙氏所言，可知梦庵藏印具有高度研究价值，因而罗福颐于故宫编撰《玺汇》[2]时，将《枫》所载的战国玺印收录于《玺汇》之中，并以《枫》简称之（图1-1）。

罗福颐于编撰《玺汇》时，于玺印下方进行编码并注明出处，有时一方玺印即同时出现在许多印谱之中，如《玺汇》0011（图1-2）即同时出现在《万》《双》《陈》《故》[3]等印谱，在图版比对查找时，即可依所列之来源印谱，进行多方比对版本，进而加以考证，然翻阅《玺汇》图版中源自《枫》者，多半亦仅著录于《枫》（图1-3—图1-8）而罕见于其他印谱，此外，《枫》发行的时间较早，且为数不多，因而在学术研究的资料收集上有相当的困难度，就此刘海宇、玉泽友基于《太田梦庵旧藏古玺印概说》（以下简称《概说》）一文中云：

> 虽有上述梦庵发行《梦》《枫》《枫续》三谱问世，但三种印谱发行较早，而且发行册数很少，今人难以见到。即使见到印谱，因部分印文笔画残损，致使印蜕不清，仅凭印谱不少文字难以识读。这批古玺印的钮制照片也很少著录，今人难窥其全貌。[4]

刘、玉二位学者所言甚是，古代玺印历时久远，常有锈蚀残损之景，且早期印谱普遍未标注释文，欲一窥玺印印面实有难度，再者玺印进入博物馆收藏后，又更难窥见，今《梦藏》一书将《梦》《枫》《枫续》于日本岩手县立博物馆收藏之玺印一次性的刊载，并同时附上玺印印面、印钮、印拓及释文，对印学研究而言，几近原印在手，直接免除了许多研究上的障碍与困难。

今《梦藏》的出版，其研方向主要有文字学、哲学、历史学、印学等四个面向，笔者于此就玺印文字考释、玺印印文哲学思想、玺印修复、《梦藏》与《玺汇》相关版本比对等四方向进行探讨。

[1] 孙慰祖：《日本岩手县立博物馆藏太田梦庵旧藏古代玺印·序》，刘海宇、（日）玉泽友基编著：《日本岩手县立博物馆藏太田梦庵旧藏古代玺印》，无页码。

[2] 罗福颐主编：《古玺汇编》，文物出版社1981年版。

[3] 《万》《双》《陈》《故》分别为《万印楼藏印六十四卷》《双虞壶斋印存八册》《陈簠斋手拓古印集四册》《故宫博物院藏印》。

[4] 刘海宇、（日）玉泽友基：《太田梦庵旧藏古玺印概说》，刘海宇、（日）玉泽友基编著：《日本岩手县立博物馆藏太田梦庵旧藏古代玺印》，上海世纪出版2020年版，第9页。

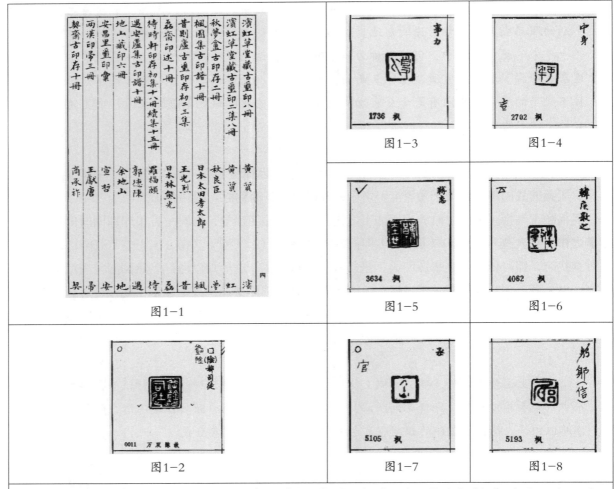

图1-1 图1-2 图1-3 图1-4 图1-5 图1-6 图1-7 图1-8

〔日〕太田孝太郎〈枫园集古印谱十册〉于《玺汇》引用印谱目录栏简称为《枫》（图1-1），图1-2—8为林进忠先生所藏《玺汇》初版之截图，图版由陈信良博士提供。

二、《梦藏》战国古玺释文校补

《梦藏》收录了《梦》《枫》《枫续》三印谱著录的玺印，并以M、H、CH作为三谱玺印之编码，而战国古玺仅著录于《梦》《枫》二谱，未见于《枫续》，因此本文不对《枫续》进行探讨，而另有战国玺未见于《梦》《枫》二谱，而见于《概说》一文之古玺者，则不另加编号。图版引用的部分，因大量引用《玺汇》图版，凡《玺汇》所出，仅标示编码。

关于《梦藏》一书释文校补的部分，在《梦藏》出版后，刘海宇及玉泽友基亦对此书进行校对[1]，并提出了一些修正之处。本文对于刘、玉二人补正不足之处再作补充，关于文字校补的部分，于"."前为原释，于"."后为校补释文，并于释文后以〔〕标注分域；对于玺印补说的部分，则直接补说。

---

[1] 刘海宇、（日）玉泽友基：《日本岩手县立博物馆藏太田梦庵旧藏古代玺印》补正表，复旦大学出土文献与古文字研究中心网站论文：http：//www.gwz.fudan.edu.cn/Web/Show/4711（2020年12月8日）。

（一）M6：邝□徐（路）鉥（玺）·郐□徐（路）鉥（玺）〔齐〕

图2-1　M6

图2-2　M6印面翻拍

图2-3　修复图版

　　M6（图2-1、图2-2）原整理者释"邝□徐（路）鉥（玺）"，首字""因锈蚀残损而模糊不清，然透过印面翻拍仍可推敲一二，首字当为"郐"字，对玺印进行修复（图2-3）后作""，"郐"字常见于齐玺，如：（1942）、（1943）、（1946）、（1952）、（1954）等，皆可与之参照比对，观首字邑部，为齐系特有。次字严重残损，透过印面翻拍仍无法识读。M6"郐□徐（路）鉥（玺）"为齐系姓名玺。

（二）M25长屮（此？）·长加〔燕〕

图2-4　M25

图2-5　M25
印面翻拍

图2-6　M25
修复图版

图2-7　1670
易（阳）加

图2-8　《篆刻·1》
115·3

图2-9　2724
夏贺

图2-10　3816
司马贺

图2-11　3440
多闵贺

图2-12　1036
肖（赵）痳

　　M25（图2-4、图2-5）原整理者释"长屮（此？）"，此玺印拓笔画微损，笔者透过印面翻拍后略作修复（图2-6），玺文次字又见于（1670）（图2-7），惟印拓图版带有杂点而不甚清晰，比对《篆刻·1》（图2-8）图版后，可见次字明显带有"饰点"，（1670）字旧不识，徐在国于《谈齐陶文中的"陈贺"》一文中释为"加"，其论云：

　　　　"贺"字从"贝"，上部从"口"，"戈"声，可看作"加"字异体，见于齐文字。"陈贺"应读为"田和"，也就是陈齐太公和。新泰陶文中的"陈不虑"应读为"陈无宇"；"陈宴"应读为"田婴"，燕文字中的"贺"字与齐文字在形体上存在一些差异，可能是由于地域特点所致。[1]

徐氏之说可从，燕系"贺"字可参见2724（图2-9）、3816（图2-10）、3440（图2-11）等玺，"屮"＂艸＂当从徐氏之说，释为"加"。又1036（图2-12）次字"𤓰"之"艸"旁与"屮"＂艸＂形近，惟末笔笔画平直[2]并省去饰点，亦有可能为"加"之变体，"𤓰"或当可释为"痂"字。"痂"古又通"加"，《马王堆帛书·五十二病方》："有治加方。"＂加＂即"痂"。《说文》："痂，疥也。"古以痂为疥癣类皮肤病，古玺印中常以"疾病"作为命名。M25"长加"为燕系姓名私玺。

图2-13
M32

图2-14
M32印面翻拍

图2-15
M32修复图版

（三）M32：肖忎（仁）·肖忻（忻）〔晋〕

M32（图2-13、图2-14）原整理者释"肖忎（仁）"，《汇考》第208页亦载此玺，施谢捷释"肖（赵）忎（仁）"，[3]次字"𦥑"上半部因印面残损及部分笔画黏合，使得印蜕看似从千从心的"忎（仁）"字，然细审印面翻拍（图2-14）后，可知"𦥑"上半部当为"斤"而非"千"，故次字为从斤从心的"忻（忻）"字，晋系"忻（忻）"字又见于𦥑（3275）、𦥑（珍战95）、𦥑（0382）、𦥑（0383）等玺。

M32次字修复后作"𦥑"（图2-15），唯"斤"旁则作了反书之变化。M32"肖（赵）忻（忻）"为晋系姓名玺，同文玺又见0973，古玺印中以"忻（忻）"为名者，另有谩（竟）忻（忻）私（0275）、王忻（忻）（0383、0383）、槀（樟—郭）忻（忻）（2423）、下水紽忻（忻）（4059）、右行忻（忻）（4066）、涅忻（忻）（珍战95）等玺。

（四）M48：中（忠）躬（信）·中躬〔晋〕

M48（图2-16、图2-17）原整理者释"中（忠）躬（信）"，此玺印文同2681、2682、2683、2684、2685、2686、2687及珍战214等玺（图2-18—图2-25）。吴振武先生于《〈古玺汇编〉释文订补及分类修订》[4]一文首先对"躬"＂躬＂等字提出考释如下：

---

[1] 徐在国：《谈齐陶文中的"陈贺"》，《安徽大学学报》（社会科学版），2013年第1期，第63—67页。

[2] 孙合肥称之为"笔画拉直"，参见孙合肥：《战国文字形体研究》，中华书局2020年版，第68页。

[3] 施谢捷：《古玺汇考》，安徽大学博士论文2006年版，第208页。

[4] 吴振武：《〈古玺汇编〉释文订补及分类修订》，原收录于1983年香港中文大学主办第一届国际中国古文字学研讨会，并收录于常宗豪先生主编会议论文集《古文字学论集》（初编）。今载于人民美术出版社重刊之《〈古玺文编〉校订·附录》，人民美术出版社2011年版，第341—391页。

图2-16　M48

图2-17
M48印面翻拍

图2-18　2681

图2-19　2682

图2-20　2683

图2-21　2684

图2-22　2685

图2-23　2686

图2-24　2687

图2-25　珍战214

2681中躬．中（忠）郢（信），2682—2687同此改。[1]

原释为"中躬"，吴氏改释为"中（忠）郢（信）"，后另于《〈古玺文编〉校定》中对其前说进行修正，其云：

> 2683、2681号玺文身、躬释躬（躬）亦误，应隶定为鼫。古文字中身或从身之字叠出繁见，从未有身作身或躬形的，身、躬应释为为，望山楚简为字作（《类编》六九页），东周左官壶为字作（《三代》12.12.3）、十一年库啬夫鼎为字作（《三代》3.43.1），二十七年宁錍为字作（《三代》18.15.2），二年宁鼎为字作（《三代》3.24.8）古玺为字作（《汇》2396），皆其确证，……鼫字不见于后世字书，疑与蔡侯钟中的字同（看《金》136页，此字所从的公旁亦从吕得声）。古玺中又有字……从象从吕，也可能和身、是同一字。又《古玺汇编》2682号"中躬"玺中的躬和2684、2685号"中躬"玺中的躬以及2686、2687号"中躬"玺中的躬皆应隶定为鼫。[2]

吴氏将身、躬、躬等字隶定为"鼫"字，至确。古文字"身""为"有别，然其形体又十分接近，唯细审其文字笔画间的细微变化，方能正确隶定，关于"鼫"字的确切之意为何？仍有许多探讨的空间，尚无定论，笔者曾于《〈古玺汇编〉释文补遗及相关文字构形演变析探》[3]一文中对于此字进行探研，或可参考一二，但亦无十足的把握。M48"中鼫"应为晋系箴言玺，确切义仍待待更多材料佐证。

（五）M54：甸冬（终）弦（古）·甸冬（终）居〔晋〕

[1]　吴振武著：《〈古玺文编〉校定》，附录，人民美术出版社2011年版，第365页。

[2]　吴振武著：《〈古玺文编〉校定》，人民美术出版社2011年版，第102—103页。

[3]　庄哲彦：《〈古玺汇编〉释文补遗及相关文字构形演变析探》，《中国印谱史与印学国际学术研讨会论文集》，西泠印社出版社2019年版，第1006—1046页。

图2-26　M54

图2-27　M54印面翻拍

　　M54（图2-26、图2-27）原整理者释"匋冬（终）弢（古）"。次字""当非从弓从古的"弢"字，而是从尸从古的"居"字[1]。此玺为晋系，晋系居字作（0072）、（1932）、（3169）、（4097）；金文作（集成4688）；楚简作（郭.老丙.6）、（新乙4.85）、[上（1）.性.16]，皆可与之参照比对。

　　《说文》："冬，四时尽也。从仌从夂。夂，古文终字。"古"冬""终"同字，甲金文"冬"皆读作"终"，甲骨文"冬日"即"终日"，表示整天；古玺"臧冬古"读作"臧终古"（1332），"终古"表示久远之意。M54"匋冬（终）居"，为晋系姓名玺，战国时期各国之间战事频繁，百姓期盼生活安定不致流离失所，因此，"冬（终）居"当指长居久安之意，故以之为名。

　　（六）M60—M62：正行亡（无）厶（私）·正行亡（无）曲〔晋〕

图2-28　M60

图2-29　M60
印面翻拍

图2-30　M61

图2-31　M61
印面翻拍

图2-32　M62

图2-33　M62
印面翻拍

图2-34　2238
曲邑勾邑守

图2-35　《戎壹轩》003
曲邑武隆（阴）守

　　M60—M62（图2-28—图2-33）原整理者释"正行亡（无）厶（私）"，末字当非"厶（私）"字，而是"曲"字，林师文彦于《古玺抔遗（十五则）》一文中云：

　　战国文字中"厶"通作"私"，唯作为"厶"字的 ㅁ、ㅇ、ㅇ 与作为"曲"字的 ㅂ、ㄹ、ㄹ、ㅂ、ㅂ、ㅂ 等，字形实迥然有别，释"私"不确，因此，连带吉语玺中有许多字形作 ㄹ

_____

[1] 李家浩：《战国官玺考释（二篇）》，《文物研究》第七期，1991年，第348—351页。

者，皆宜改释为"曲"。[1]

旧常将"曲"释为"厶（私）"，但伴随着出土文献的佐证，目前学界将 ⿴、⿴、⿴、⿴、⿴、⿴、⿴ 等字形释为"曲"字已逐渐普及，[2] "曲"字又见官玺2238"曲邑匀邑守"（图2-34）以及《戎壹轩》003"曲邑武险（阴）守"（图2-35）二玺，说明 ⿴、⿴、⿴、⿴、⿴、⿴、⿴ 等字释为"曲"字至确无误。故M60—M62当改释为"正行亡（无）曲"。周建亚先生于《甘露堂藏战国箴言玺》一书中，亦收录二方"正行亡（无）曲"玺，编号分别为065、066，并注云：

> 正行谓率道而行。亡谓无。《读经·唐风·葛生》："于美亡此。"《庄子·则阳》："若存若亡乎？"《孟子·梁惠王下》："乐酒无厌谓之亡。"《大戴礼记·劝学》："殆教亡身，祸灾乃作。"曲谓偏见。《荀子·解蔽》："凡人之患，蔽于一曲而暗于大理。""曲知之人。""正行亡曲。"率道而行，消除偏见，远离邪僻。[3]

周氏之说可从。在出土战国竹简中，"正"意指正直。参见《上博》简：

> 静（靖）龔（恭）尒（尔）立（位），矷（好）是正植（直）（《上博一·缁衣·2》）

简文大意是指"澄静恭敬地担任你的职位，并去亲近正直的人"。"行"代表品行、德行，参见《上博》简：

> 攸（修）亓（其）惪（德）行。（《上博八·子道饿·16》）

综合上述之说，"正行亡曲"当意指个人于日常生活中涵养正直的品德，并且不做出违背良心等偏差不正确的事情。M60—M62"正行亡（无）曲"为晋系箴言玺。

（七）M73—M74：厶（私）尒（玺）·曲尒（玺）〔晋〕

图2-36
M73

图2-37
M73印面翻拍

图2-38
M74

图2-39
M74印面翻拍

---

[1] 林文彦：《古玺抔遗（十五则）》，《世界图文与印记国际学术研讨会论文集》，西泠印社出版社2018年版，第556页。

[2] 萧毅编著：《古玺读本》，凤凰出版社2018年版，第188页。徐畅著：《古玺印图典》，天津人民美术出版社2016年版，第380、381、385页。孙合肥：《战国文字形体研究》，安徽大学博士学位论文，2014年，第158页。

[3] 周建亚著：《甘露堂藏战国箴言玺》，文物出版社2013年版，第88—89页。

M73—M74（图2-36—图2-39）原整理者释"厶（私）尔（玺）"，首字当从校对M60—M62所从之"曲"字改释为"曲尔（玺）"。《说文》载：

曲，象器曲受物之形，或说曲，蚕薄也。凡曲之属皆从曲。凵，古文曲。

曲本意为弯曲，因引申与"正行"相对的偏差不良行为，故有前揭的"正行匕亡（无）曲"玺，或引申为致力调整偏曲之处，如《中庸》二十三章所载的：

唯天下至诚，为能尽其性。……其次致曲。曲能有诚。诚则形。形则著。著则明。明则动。动则变。变则化。唯天下至诚为能化。

至诚为圣人之境，致曲则为贤人之境，而"致曲"亦能逐步达到"至诚"能化之境，可见中庸之道亦非绝对的不偏不倚，而是由偏曲的过程中不断地自我修正。"曲尔（玺）"当为箴言玺，用以谨惕自己随时修正偏曲的思想及行为。

M73—M74"厶（私）曲尔（玺）"为晋系箴言玺。

（八）H7：事力·事（史）巾（？）〔晋〕

图2-40	图2-41	图2-42	图2-43	图2-44
H7	H7印面翻拍	1736	《文编》第331页	H7修复图版

H7（图2-40、图2-41）原整理者释"事力"，玺同1736（图2-42），罗福颐释"事力"，[1]诸家从之。[2]

H7次字""（图2-40）与《玺汇》版""（图2-42），于文字右上皆有残断，然而故宫博物院《文编》编辑团队，于编纂《文编》时，特将《玺汇》1736""字修复作""（图2-43），并归于"力"字条下。[3]战国时期"力"字与"力"旁文字于战国玺印及简帛中迭出，故诸家从原整理者释"力"实有依据，然笔者认为""亦可能是"巾"字。

观H7""字字形与同为晋系古玺"力"字作十（0909）、（集粹90），帛书作（新

---

[1] 罗福颐主编：《古玺汇编》，文物出版社1981年版，第178页。

[2] 何琳仪著：《战国古文字典》，中华书局2004年版，第85页。陈光田著：《战国玺印分域研究》，岳麓书社2009年版，第254页。汤志彪编著：《三晋文字编》，作家出版社2013年版，第2977页。付臬：《〈古玺汇编〉字释综览》，复旦大学硕士论文，2016年，第250页。徐畅著：《古玺印图典》，天津人民美术出版社2013年版，第283页。

[3] 罗福颐主编：《古玺文编》，文物出版社1981年版，第331页。

出.温县WT4K5：11）、（新出.温县WT4K5：12）、（新出.温县WT4K5：13），金文作（集成2840）、（集成157）等字形不类，从、、、、等字形于中间主笔皆有笔画转弯的特征，而"X"则无。

又晋系古玺从力者如弜（强）作（0096）、（2671）、（0969），劲作（0843），胜作（0947）、（0948）、（0949）、（1186）、（1910）、（2180）、（2898）、（2994）、（3250）、（3304）、（集粹52）、（珍战147）、（菁华29），加作（1680），戓作（1930），勘作（3166）、（3168）、（3169）、（4071）、（吉林22），劲作（4247），罘作（0439）、（1406）、劻作国、（3168）（2334）、（5632），勅作（2213）、勳作（2776）、（3243），勘作（2585）、（1383），勮作（2940）、（3834）、（汇考254）、勑作（3312）、劻作国（3168）劦作（0460），这些从"力"之偏旁，多作"十"或作近"又"形的"十""十"，同样与"X"形不类，虽"力"字与从"力"旁文字常见于战国玺印及简帛中，但透过字形比对后，并不足以证明"X"即"力"字，

因此，将"X"释为"力"虽可备一说，但亦有商榷之处。

笔者疑"X"或为"巾"字，"巾"字金文作（集成9728）、（集成4275），与"X"形近，惟"X"字与"事"（）字于玺印中呈平衡和谐之势而作欹斜变化，战国玺印具有高度的艺术性，文字常于方寸之间力求变化，故常见文字呈欹斜变化，如（1982）、（2700）、（1959）、（4945）、（0148）、（3233）、（3636）、（0092）、（1577）等字，然而战国时期"巾"字罕见，虽字形相近，但在无充足证据下，同样待商，仍待更多出土材料佐证。

（九）H11：长餡（馅）·长餡（饮）〔晋〕

图2-44　H11　　　　图2-45　　　　图　2-46　0810　　　图2-47　2223
　　　　　　　　　　H11印面翻拍　　　　　　　　　　　　郘餡（饮）

H11（图2-44—45）原整理者释"长餡（馅）"，玺同0810（图2-46）。李家浩先生于《楚简文字中的"枕"字——兼谈战国文字中几个从"臼"之字》一文中论及"餡"一字，其云：

《古玺文编》第112页第4—5栏收录七个从"食"、从"欠"、从"臼"之字。此字大致有如下两种写法G1《古玺汇编》1826号、G2《古玺汇编》0810号。G1上部从"欠"，下部从"臼"；G2左半边从"食"，右半从"臽"。我们过去曾对G2的字形进行过谈论，认为

137

是"馅"字的异体，现在看来是有问题的。G1、G2的结构分别跟"酓"的B1、B2写法相同，G显然应该是"饮"字的异体。这个"饮"字在玺印中用为人名：《古玺汇编》0503号"王饮"、0810—0811号"长（张）饮"、0988—0989号"肖（赵）饮"、1826号"史饮"、4018号"鲜于饮"。《古玺汇编》0808号"长饮"与0810—0811号"长（张）饮"同名，但是0808号"饮"字不从"臼"，可见把G释为"饮"字是可信的。[1]

李家浩先生将"餡"字改释为"饮"字，其说可从。战国文字有繁增标义偏旁的构形，如"牙"作、、、，"本"作、，而"饮"作，又作、、等形，所从之"臼"亦皆为繁增之标义偏旁。

除李氏所列举的（0503）、（0988）、（0989）、（0810）、（0811）、（4018）、（1826）等诸字外，上另揭《玺汇》2223（图2-47），旧因残损而作未识字，[2]或释为"喑（啖）"，[3]经修复后作""（图2-48），亦当同释为"餡（饮）"字。

（十）H12：长弜=（勥—强）梁（强梁）·长（张）凡（？）弜（勥-强）梁〔晋〕

图2-48 修复图版	图2-49 H12	图2-50 H12印面翻拍	图2-51 0865	图2-52 修复图版	图2-53 3296 凡中

H12（图2-49、图2-50）原整理者释"长弜=（勥—强）梁（强梁）"，玺同0865（图2-51）。陈光田先生释"长□□"，[4]汤志彪先生释"长（张）□=弜（强）梁"，[5]H12图版明显较《玺汇》图版清晰，兼有印面翻拍可作比对，透过印面翻拍对图版略作修复（图2-52）。

比对印面翻拍，由合文"="符号位置及"长"字末笔笔势方向推断，"长"字下方应仍有一字，与"长"字共组合文，故汤志彪将此玺作四字释，当可从。"长"字下方的合文字，依稀可见两平行斜画，且两平行斜画中间似有连接之笔画，疑为"凡"字，"凡"字见于3296（图2-53）。复姓"长凡"未见于传世文献，待考。

（十一）H38：千羊（祥）〔燕〕（补说）

---

[1] 李家浩：《楚简文字中的"枕"字——兼谈战国文字中几个从"臼"之字》，《出土文献》第九辑，中西书局2016年版，第122—123页。

[2] 何琳仪只释首字"郜"，次字无说，参见何琳仪著：《古玺杂释再续》，《中国文字》新十七期，艺文印书馆1993年版，第289—292页。"郜□"，参见何琳仪著：《战国古文字典》，中华书局1998年版，第941页。

[3] 汤志彪编著：《三晋文字编》，作家出版社2013年版，第2990页。

[4] 陈光田著：《战国玺印分域研究》，岳麓书院2009年版，第219页。

[5] 汤志彪编著：《三晋文字编》，第2954页。汤志彪：《晋系玺印汇编》第1448号，学苑出版社2020年版，第536页。

图2-54
H38

图2-55
H38

图2-56
3309

图2-57
4427 千岁

图2-58
4743 千百牛

图2-59
3456 千牛百羊

图2-60
4677 千牛

图2-61
3514 羊闵（门）鬴（满）

H38（图2-54、图2-55）原整理者释"千羊"，玺同3309（图2-56）。吴振武先生初释"羊身"，[1]后改释为"芍（羌）身"，读为"敬身"，[2]何琳仪先生释"丘身"，[3]徐宝贵先生首字释"敬"，[4]汤志彪先生释"羊身"，[5]归属晋系，付枭先生释"敬身"，归属晋系，[6]笔者在拜读上述诸家之说时亦曾认为3309当读为"敬身"。

原整理者除"羊"字外，明显与诸家释读不同，然而比对"千"字相关玺印，如"千岁"（图2-57）、"千百牛"（图2-58）、"千牛百羊"（图2-59）、"千牛"（图2-60），以及"身"字  （侯马185）、 （侯马186）、 （4257），发现H38" "字仅是文前缀画作了较大的曲线变化，而原本居中的横画向下挪移，令" "字看似"身"字，而上列举的玺印中，4677"千牛"之" "字即与H38" "字形近，惟" "中间横画所处位置较高；" "字则可参照3514（图2-61）之" "字，" "" "二字皆作了收缩笔画的构形变化。

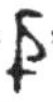

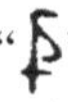

就词例观之，既有4677"千牛"、3456"千牛百羊"，H38作为左读玺释为"千羊"当无误，"羊"古可通读作"祥"，千羊即千祥之意。燕系玺印文字于笔画转折处常略作方笔，且有线条加粗之景，并偶有笔势回转角度较大等特点，3456、4677及H38等玺之文字皆有此特点，当同属燕系吉语玺。

（十二）单□·单端〔燕〕

太田梦庵藏一战国燕系两面印（图2-62—64），此玺原著录于《梦》，因不见于岩手县立博物馆藏印，故无编号。刘海宇、玉泽友基于《概说》一文中著录此玺，并释"单□、千秋万岁"（《梦藏》第29页）。

[1] 吴振武著：《〈古玺文编〉校定》，附录，人民美术出版社2011年版，第370页。

[2] 吴振武著：《〈古玺文编〉校定》，人民美术出版社2011年版，第248页。

[3] 何琳仪著：《战国古文字典》，中华书局2004年版，第1138页。

[4] 徐宝贵：《战国古玺文考释十三则》（二），《考古与文物》2005年第1期，第93页。

[5] 汤志彪编著：《三晋文字编》，作家出版社2013年版，第3016页。

[6] 付枭：《〈古玺汇编〉字释综览》，复旦大学硕士论文，2016年，第433页。

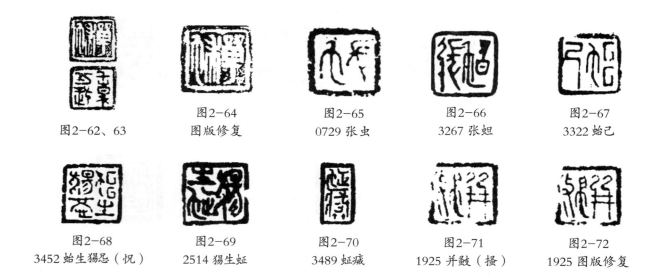

图2-62、63 　　图2-64 图版修复 　　图2-65 0729 张虫 　　图2-66 3267 张蚰 　　图2-67 3322 蚧己

图2-68 3452 蚧生猲惢（怳）　　图2-69 2514 猲生蚯　　图2-70 3489 蚯痲　　图2-71 1925 并敽（搔）　　图2-72 1925 图版修复

编者次字"䖝"作未识字，为一从"巾"从"端"之字，"巾"旁古玺文字又见于**几**（0729）、**旭**（3267）、**倌**（3322）、**裃**（3452）、**㢟**（2514）、**姃**（3489）、**紹**（1925）等字（图2-65—72所从），"几"字何琳仪先生释"巾"，[1]汤余惠先生释"虫"，[2]刘钊先生释"虫"，[3]付枭先生释"虫"，[4]徐在国释先生"奂"。[5]就字形观之，当从刘钊、汤余惠、付枭等诸先生所释为确；"旭"释为"蚰"；[6]"倌""裃"二字右旁运用了叠加形体的构形，为从虫从台的"蚧"字；[7]"㢟""姃"二字为从虫从正的"蚯"字，[8]"蚯"字金文作**㞢**（集成9024），燕系文字惯于文字上方横画作一向上的折笔作为美化之用，因此也造成了将"正""㞢"误认为"延"或"乏"，且诸家皆释"紹"为"搔"字，也间接说明了"几"及从"几"旁释为"虫"的证据，故"䖝"字释为"端"当无误。"端"字见于《类篇》《字汇》《集韵》《正字通》等书。

三、太田梦庵藏战国古玺版本比对

《梦藏》的出版对古玺印研究起了直接地作用，尤其是玺印印拓的图版比对，施谢捷于《谈〈古玺汇编〉存在的几个问题》[9]及《汇考》[10]中即对《玺汇》版本出处作了一系列的研究，堪称

[1] 何琳仪著：《战国古文字典》，中华书局2004年版，第1316页。

[2] 汤余惠编：《战国文字编》，福建人民出版社2007年版，第868—871页。

[3] 刘钊著：《古文字构形学》，福建人民出版社2006年版，第313—314页。

[4] 付枭：《〈古玺汇编〉字释综览》，复旦大学硕士论文，2016年，第151页。

[5] 徐在国：《燕国文字中的"奂"及从"奂"之字》，华东师范大学中国文字研究与应用中心编，《中国文字研究》第十七辑，2013年，第32—35页。

[6] 刘钊著：《古文字构形学》，福建人民出版社2011年版，第313—314页。

[7] 刘钊著：《古文字构形学》，第313—314页。

[8] 王爱民：《燕文字编》，吉林大学硕士论文，2010年，第322页。

[9] 施谢捷：《谈〈古玺汇编〉存在的几个问题》，《出土文献研究》第一辑，复旦大学出版社2006年版。

[10] 施谢捷：《古玺汇考》，安徽大学博士论文，2006年。

为玺印版本学的领航者，施氏的研究也印证了玺印版本研究的重要性。

《梦藏》除提供了版本的比对外，又随附印面翻拍，透过印拓图版及印面翻拍二者的交互作用下，大大地提升了玺印印文考释的准确度，使得玺印版本学迈向新的里程碑，以下就《梦藏》内载《梦》《枫》及《概说》中可作版本比对的玺印及同文玺制表探研。

（一）《梦》战国玺印版本比对与图版修复

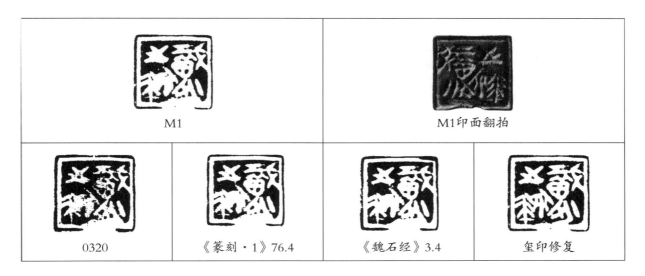

M1		M1印面翻拍
0320	《篆刻·1》76.4	《魏石经》3.4

玺印修复

《梦》谱中M1同出于《玺汇》[1]《篆刻·1》《魏石经》等三谱，如下表：

透过上表图版相互比对，可知M1亦非最佳版本，各版本皆有可取之处，然而诸印拓本于"夲（半）""钵"二字皆字形并黏，难以一窥文字细节，此时可借由印面翻拍的辅助，透过绘图软件对图版进行修复，如下：

M1图版修复过程1

---

[1] 徐畅著：《古玺印图典》，天津人民美术出版社2016年版，第127页。

M1图版修复过程2

上揭 "M1图版的修复1—2" 是在Photoshop软件下进行，首先将印面翻拍作水平翻转，接着叠加印面图版，并将印面图版的 "透明度" 调整至50%左右，使下层印面翻拍之能见度提高，接着调整印拓大小，使之与下层印面翻拍完整重叠，最后透过笔刷工具进行玺印图版的修复。

早期印谱并无印面翻拍随附，近年出版的印谱已逐渐附上印面翻拍，且具高清晰度，透过上述修复模式，对于印文残损而印面文字仍可办识，且兼具研究价值的玺印而言，尤为重要。

（二）《枫》战国玺印版本比对

《枫》为《玺汇》收录的来源印谱之一，因此对于《玺汇》版本研究而言，《枫》是不可或缺的研究资料，而小林斗盦于《篆刻·1》中亦收录了一部分的《枫》玺，于此制表如下，一并比对。

编号	分域	印面	《枫》	《玺汇》	《篆刻·1》
H1	齐			3634	
H2	晋			1299	
H3	晋			4062	162.8
H4	晋			1208	

（续表）

编号	分域	印面	《枫》	《玺汇》	《篆刻·1》
H5	燕			3847	
H6	燕			3882	
H7	晋			1736	
H8	晋			1803	
H9	晋			3836	
H10	晋			0848	
H11	晋			0810	
H12	晋			0865	
H14	晋			0947	97.7
H15	晋			0889	

（续表）

编号	分域	印面	《枫》	《玺汇》	《篆刻·1》
H16	燕			3959	
H17	晋			1272	
H18	晋			2731	
H19	晋			0375	
H20	晋			4043	162.5
H21	晋			3143	146.1
H22	晋			2043	
H23	晋			2949	141.9
H24	晋			2779	
H25	晋？			3379	

（续表）

编号	分域	印面	《枫》	《玺汇》	《篆刻·1》
H26	晋			3266	147.8
H27	晋			4281	
H28	晋			2367	129.1
H29	晋			1977	
H30	晋			0831	
H31				4361	
H32	晋			2629	
H34	燕？			4659	

（续表）

编号	分域	印面	《枫》	《玺汇》	《篆刻·1》
H35	晋			4365	
H36	晋			4436	
H37				4461	
H38	晋			3309	
H40				4333夏	
H41	晋			4422	
H42				4412	
H43				同形玺： 4380—4381 4381	
H44				同形玺： 4302	

（续表）

编号	分域	印面	《枫》	《玺汇》	《篆刻·1》
H45	晋			同形玺： 4179—4181 4179	
H46				同形玺： 4722—4724 4722	
H47	晋			4202	
H48	晋			2702	
H49	晋			2382	
H50	晋			4802	
H51				4844	
H52				同文玺5452—5455	

（续表）

编号	分域	印面	《枫》	《玺汇》	《篆刻·1》
H53				同文玺5452—5455	
H54				5199	
H55	晋			5193	
H56	晋			5135	
H57				5298	
H58	晋			5155	
H59	晋			5339	
H60	晋			5019	

（续表）

编号	分域	印面	《枫》	《玺汇》	《篆刻·1》
H61	晋			5105	185.6
H62				5316章	
H63				同形玺5113—5117 5113	
H65				4530	
H66				4916	

综观上表玺印图版比对，可知《枫》载图版于白文印笔画较《玺汇》要来粗，而朱文则较《玺汇》来得细，《篆刻·1》部分玺印则是介于二者之间。

俗谚云："莫说新人一定好，莫因新人忘旧人。"《枫》所刊载的玺印中有一部分文字笔画过于先纤细，若经多次翻印后，恐有笔画消失之景，如：H10"长（张）敢"、H14"肖勜（勑一胜）"、H20"阳壂（城）瘇"、H22"邘狂"、H30"长隋（隋）"、H41"富昌"，而《玺汇》图版则是笔画粗细适中，较《枫》版为佳，尤其是H41"富昌"，《枫》版""，"富"字已不甚清楚，而"昌"字更是严重断损，反观《玺汇》版""，"富"字完整，而"昌"字仅笔画略为断损，因此《梦藏》之《枫》虽晚于《玺汇》出版，然而在玺印图版的呈现上未必全盘优于《玺汇》，由此亦突显版本比对的重要性。

另外，透过图版比对也发现4659""于印谱来源标注了"枫"，但却与H34""所载的玺印于笔画的完整性及玺印边框有所不同，4659与《枫》H34之印拓当非同一玺印所出。

此外H66" "虽较4916" "之图版要来得清晰许多，但二者在细部呈现上仍有所不足，此时便须要透过印面翻拍作图版细部修复，其修复后作" "，可知"敬"字" "作了极度的简化；而"官"字作" "，仍是从宀从目之形，惟"目"旁作" "形，" "上半部作了笔画填实的构形变化，若无图版比对及玺印修复则难窥其细部变化，透过"敬""官"二字构形变化的分析，对于推测一些相似的简化构形，可提供相关的构形思维及佐证数据，而这也是因为有清晰的印面翻拍的情况下才能做此分析，因此对于印面翻拍能否随附于印谱之中，在未来的玺印研究中愈发重要。

（三）《概说》战国玺印版本比对

《梦藏》收录了绝大部分《梦》《枫》的战国玺，唯少数著录于二谱的玺印失收，就此，刘海宇、玉泽友基于《概说》一文中罗列这些失收的玺印，并加以论述，使得梦庵藏战国玺图版得以完整呈现，兹就《梦藏》失收之战国玺印作版本比对如下：

上揭齐玺"隓（陈）窢（窫）立事岁安邑亭畚（釜）"一玺同载于《梦》《玺汇》《篆刻·1》三谱。经图版比对后可见《梦》与《篆刻·1》版玺文较《玺汇》来得粗，而《玺汇》版虽印文较细，却于印面整体上较为清爽而少杂点，因此各有千秋，皆可互为参照比对之用。

分域	《梦》	《玺汇》《篆刻·1》	
齐		 《玺汇》0289	 《篆刻·1》68.1

分域	《梦》《枫》	《玺汇》	《篆刻·1》《集古》《古玉》	《虚无》
晋	 《梦》		 《古玉》4	 003
齐	 《梦》		 《集古》	

（续表）

分域	《梦》《枫》	《玺汇》	《篆刻·1》《集古》《古玉》	《虚无》
燕	《枫》	0323	《篆刻·1》75.3	064
齐	《枫》	1472	《篆刻·1》110.4	012

上揭4方战国白文玺，透过版本比对后，可见《玺汇》所载图版在笔画上明显纤细，甚至是模糊不清，而《梦》《枫》所载的版本则相对优于其他版本；《集古》版齐玺"不篅（其）坲（市）璽（节）"玺印略显扭曲变形，或为印刷扫描时仪器操作不良所致，整体而言，《梦》《枫》所刊载之白文玺，普遍具有高度的征引价值，而从《虚无》摹写版的精准及细腻度，则让我们体会到施谢捷先生于临摹古玺印时那欲使原印重现一丝不苟的精神。

四、结语

太田梦庵与罗振玉父子交往甚深，于古玺印的收藏的鉴定深受罗振玉的影响，收藏的途径上则由罗美伦负责审核及采购，方有《梦》《枫》《枫续》等三印谱的出版，而罗福颐则于故宫编撰《玺汇》时，将《枫》所载的战国玺印收录于《玺汇》之中，四者因缘之深由此可见。

今《梦藏》的出版让珍稀的《梦》《枫》《枫续》等3部印谱，计1091方古代玺印广泛地重现于世人眼中，《梦藏》包含了部分的战国玺，为研究战国玺印文字不可或缺的数据，且《梦藏》附有印钮及印面翻拍，透过印拓及印面翻拍可与《玺汇》所载《枫》及相关玺印作相互比对以及玺印修复。因此，《梦藏》的出版，实质地令《玺汇》相关研究更加完备。笔者对《梦藏》部分战国玺印文字进行探讨及校补，虽个别而琐碎，但对于《玺汇》相关研究仍有一定的帮助，不足之处，还就正于学者方家。

引书简表

梦藏	日本岩手县立博物馆藏太田梦庵旧藏古代玺印
梦	梦庵藏印
枫	枫园集古印谱
枫续	枫园集古印谱续集
概说	太田梦庵旧藏古玺印概说
玺汇	古玺汇编
篆刻·1	篆刻全集·1
珍战	珍秦斋藏印·战国篇
戎壹轩	戎壹轩藏三晋古玺
魏石经	魏石经古玺室印景
集古	集古印谱（蔡守、谈月色集）
虚无	虚无有斋摹辑古玉印
图典	古玺印图典
古玉	古玉印集存（韩天衡、孙慰祖集）
集粹	中国玺印集粹
新出	新出简帛研究
菁华	鉴印山房藏古玺印菁华
吉林	吉林大学藏古玺印选
侯马	侯马盟书
上博八	上海博物馆藏战国楚竹书（八）

征引书目

一、专著（依姓名笔画）

吴振武著：《古玺文编校订》，人民美术出版社2011年版。

徐畅著：《古玺印图典》，天津人民美术出版社2016年版。

孙合肥著：《战国文字形体研究》，中华书局2020年版。

陈光田著：《战国玺印分域研究》，岳麓书社2009年版。

刘钊著：《古文字构形学》，福建人民出版社2006年版。

萧毅编著：《古玺读本》，凤凰出版社2017年版。

二、硕博士论文（以下皆依出版时间）

施谢捷：《古玺汇考》，安徽大学博士论文，2006年5月。

王爱民：《燕文字编》，吉林大学硕士论文，2010年。

付枭：《〈古玺汇编〉字释综览》，复旦大学硕士论文，2016年5月。

三、期刊、研讨会、专书论文

李家浩：《战国官玺考释（二篇）》，《文物研究》第七期，1991年。

何琳仪：《古玺杂释再续》，《中国文字》新十七期，艺文印书馆1993年版。

施谢捷：《谈〈古玺汇编〉存在的几个问题》，《出土文献研究》第一辑，复旦大学出版社2006年版。

徐在国：《谈齐陶文中的"陈贺"》，《安徽大学学报》（社会科学版），2013年第1期。

徐在国：《燕国文字中的"奂"及从"奂"之字》，《中国文字研究》第十七辑，华东师范大学中国文字研究与应用中心编，2013年3月。

李家浩：《楚简文字中的"枕"字——兼谈战国文字中几个从"臼"之字》，《出土文献》第九辑，中西书局2016年版。

庄哲彦：《〈古玺汇编〉释文补遗及相关文字构形演变析探》，《中国印谱史与印学国际学术研讨会论文集》，西泠印社出版社2019年版。

刘海宇、（日）玉泽友基：《太田梦庵旧藏古玺印概说》，刘海宇、（日）玉泽友基编著：《日本岩手县立博物馆藏太田梦庵旧藏古代玺印》，上海世纪出版2020年版。

林文彦：《古玺抔遗（十五则）》，《世界图文与印记国际学术研讨会论文集》，西泠印社出版社2018年版。

四、网络期刊

刘海宇、玉泽友基：《〈日本岩手县立博物馆藏太田梦庵旧藏古代玺印〉补正表》，复旦大学出土文献与古文字研究中心网站论文：http：//www.gwz.fudan.edu.cn/Web/Show/4711（2020.12.8）

五、印谱

罗福颐主编：《古玺汇编》，文物出版社1981年版。

吉林大学历史系文物陈列室编：《吉林大学藏古玺印选》，文物出版社1987年版。

周暹（进）辑：《中国历代印谱丛书·魏石经室古玺印景》，上海书店1989年版。

菅原石庐编：《中国玺印集粹》，二玄社1997年版。

小林斗盦编：《篆刻全集·1》中国《殷—战国》古玺、私玺，二玄社2001年版。

韩天衡、孙慰祖编：《古玉印集存》，上海书店出版社2002年版。

萧春源编：《珍秦斋藏印·战国篇》，澳门基金会2001年版。

许雄志编：《鉴印山房藏古玺印菁华》，河南美术出版社2006年版。

叶耀才编：《五桂山房丛书——集古印谱》，岭南美术出版社2010年版。

周建亚著：《甘露堂藏战国箴言玺》，文物出版社2013年版。

施谢捷编著：《新见古代玉印选续》，艺文书院2017年版。

张小东主编：《戎壹轩藏三晋古玺》，西泠印社出版社2017年版。

刘海宇、（日）玉泽友基编著：《日本岩手县立博物馆藏太田梦庵旧藏古代玺印》，上海世纪出版2020年版。

六、工具书

罗福颐主编：《古玺文编》，文物出版社1981年版。

何琳仪著：《战国古文字典》，中华书局2004年版。

汤余惠编：《战国文字编》，福建人民出版社2007年版。

汤志彪编著：《三晋文字编》，作家出版社2013年版。

汤志彪编著：《晋系玺印汇编》，学苑出版社2020年版。

（作者系福建师范大学文学院博士后）

由印章鉴赏到篆刻创作的转化路径

——朱简的探索及创见

刘　建

内容提要：临摹前人的优秀作品，是我们学习书画印艺术必经的阶段及手段。这一点在今天已经成为常识，晚明时期的印人也是如此做法。在晚明印坛中，朱简是一个极特别的存在。他不仅篆刻实践出众，有《印品》《菌阁藏印》《印图》传世，被清人董洵评为"明代第一作手"；在印章理论方面也很有建树，从《印章要论》到《印经》，无不显示其渊博的印学认识和开阔的眼界，影响其后的文人篆刻。对后世乃至当代的篆刻学习都有极大的影响。

朱简的出场，非常"狂妄"，似乎目中无人，并不信服任何一个大家口中的权威、大家。在他的眼中，元人的复古，"评骘间有足采"，而"元印体更柔弱，古意荡尽"；文彭的篆刻不过"藉今涂垩之笔，施诸犀象，假手捉刀，摹勒为印记"；何震的创新则被认为是"刻意撏撰"的元人都不屑为之的"何家新样子"；文、何而后的晚明印坛，不过是争名夺利甚至是目不识丁者的"游食之场"。他对前人是有偏见的，也许正是带着这种偏见，才最终造就了印坛上独特的朱简。

朱简对印章的品评和技法整理主要体现在《印品》之中。本文主要以《印品》为基础，结合《印经》《印图》，来讨论朱简关于印章欣赏、篆刻技法的观念，及其最终形成的印章作品风格之间的关系；分析朱简篆刻创作的标准及禁忌。

关键词：朱简　印品　印法　篆刻

朱简，生年约在明隆庆四年，即1570年。其印章研究及创作活动，主要在明万历中后期至崇祯年间。其一生著述颇丰，如万历四十年壬子（1612）出版《印品》；[1]天启元年乙丑（1625）出版《菌阁藏印》；崇祯二年己巳（1629）出版《印经》及《印图》。另外，有《印式》[2]、《韵总持》、《印书》、《集汉摹印字》一卷、《篆说林》一卷、《印家丛说》一卷[3]多种著作。

关于朱简的生年，另见刘东芹《朱简生平考略》："休宁县地方志办公室编的《休宁历史人

---

[1]　《印品》浙江图书馆有藏本。浙图所藏为五册八集，包含《印章要论》。本文所引《印品》各集材料据此者，只注名《印品》明万历刻钤印本。与此本有异者，皆注具体资料来源。

[2]　朱简《印品》首集《印章要论》中有"黄贞父先生叙予《印式》……"语，可知朱简在《印品》成书之前，即有《印式》，当为朱简印章创作的范式，以供求印者选择。

[3]　朱简《印品·发凡》："《印品》外，余有《集汉摹印字》一卷、《印家丛说》一卷，以文字浩繁，当随订付剞劂为《印品外集》。"另《印品·凡例》中又有："《印品》外，余有《汉摹印字》一卷、《篆说林》一卷，以文字浩繁，随当订付剞劂为《印品外集》。"见朱简《印品》，明万历刻钤印本。

物》，里面提到朱简生于明隆庆四年，即1570年。"[1]《休宁历史人物》关于朱简生年的记载，并未注明资料来源。朱简《菌阁藏印》收有韩霖《朱修能菌阁藏印序》及朱简自题《菌阁藏印》，又题《菌阁藏印》。据朱简自题及又题，可以知道，"三十年于兹"，说明已经刻印有三十个年头了，朱简总发"嗜印"，即从15岁左右就开始刻印章了。自题、又题《菌阁藏印》时，署时间"乙卯"，即万历四十三年（1615），是时，朱简45岁，署名依然是朱简。而《菌阁藏印》问世的1625年时，朱简已经过了55岁，这也符合韩霖所说的"贫且老矣"。由此，我们可以知道万历四十三年乙卯（1615），朱简四十五岁左右。据此倒推，其生年约在隆庆四年庚午（1570）。

我们没有发现朱简篆刻上师承的明显证据，但从所存关于朱简的序跋文字中，不难看出家庭环境对其青年时期产生的影响。朱简年轻时家庭条件应当不错，从陈继儒、韩霖的序文及朱简的文字中都可以得到印证。陈继儒说："修能家黄山葱蒨间，有美田园，弃而远游。"[2]韩霖说道："修能幼读父书，即能辨古文奇字，铜盘、石鼓之章。稍长，精研八法、六书，及有韵之文。"[3]而朱简自己说道："余总发嗜印，独取季汉以上金石真迹三数帙，铜章百十余……"[4]朱简已具备了深厚的古文字功底和相当的篆书造诣，因此陈继儒构筑"蕉白石"时，"凡山中花户鸟巢，悉令题志"，[5]说明陈继儒对其篆书是非常认可的。而朱简所著的多种金石类书籍，如《集汉摹印字》《篆说林》《印家丛说》，包括《印品》，多完成于朱简来到"蕉白石"之后的三四年时间里。

这一时期的著作，可视为朱简印章观念及篆刻实践的基础。其后的岁月里，朱简不断探索，不断完善自己的认识。最终，形成了《印经》《印图》，可视为其毕生关于篆刻的总结。

一、朱简存世印谱之间的关系

朱简所作印谱现存三种，即万历四十年壬子（1612）《印品》、天启元年乙丑（1625）《菌阁藏印》、崇祯二年己巳（1629）《印图》。这三种印谱之间有着密切的联系，其中所收印章主要是临摹前人印和创作印章，也存在着前后的关联和变化。

（一）摹古印章

自万历二十五年丁酉（1597）春，至万历三十九年辛亥（1611）冬，历时15年的时间，朱简用青田佳石临摹了大量自先秦、秦汉古印以至明代文人用印，构成了《印品》收录的印章主体。关于用石摹印，朱简的解释是：

> 摹印以石，取易成也。赵凡夫谓当以铜摹铜，以玉摹玉，方为合体。余贫而力弱，不能

---

[1] 刘东芹：《朱简生平考略》，载西泠印社编：《明清徽州篆刻艺术研讨会论文集》，西泠印社出版社2008年版。

[2] 明·陈继儒：《印品序》，《印品》明万历刻钤印本。

[3] 明·韩霖：《朱修能菌阁藏印序》，《印图》明崇祯己巳（1629）刻钤印本。

[4] 明·朱简：《印品自序》，《印品》明万历刻钤印本。

[5] 明·陈继儒：《印品序》，《印品》明万历刻钤印本。

也，用存其义，以俟后之摹古者。[1]

而印章临摹的对象，也是有所选择的，即"非得铜玉真迹印越楮上者不摹，刓缺磨损者不摹，偏枯叠出者不摹"。[2]他所临摹印章的资料来源，在《印品》中就有所交代：

> 是集也，经始于万历丁酉春，卒业于辛亥冬日，盖十五年所矣。初从吾师眉公先生，得顾、项二氏家藏铜玉印越楮上真谱四千余方。嗣于吴门沈从先、赵凡夫，鄮城李长蘅，武林吴仲飞，海上潘士从，云间施叔显，青溪曹重父，东粤陈文叔，吾乡何长卿、丁南羽诸君，得睹其所藏所集，又不下万余。其间重出者、依旧新铸者、宋元赝谬者十五，珠砾并陈，则称鉴赏，不无心摇而目眩矣！用是荑芜撷秀，仅成斯集。亦探骊龙者必在项下，鳞爪非好也。朱简又识。[3]

这批临摹印章所参考的古代印章资料，最初是陈继儒提供的顾、项二家藏印的原钤印谱，朱简又从沈野、赵宧光、李流芳诸友人处见到他们收藏的古今印章及印谱，形成了《印品》所临摹印章的资料基础。朱简这段文字呈现了他部分的交友圈子，也为我们描绘了万历时期的印章、印谱的收藏图景。在临摹历代印章的过程中，朱简进行了筛选和分类。关于《印品》中对于各代印章的品评、鉴赏和临摹，后文会详细讨论，在此不作展开。

通过对古印的品评、鉴赏和临摹，朱简整理出一套切实可行又异于同代印人的"印法"，也为其自己的篆刻实践形成了基本的准则。这批经过筛选之后临摹的印章，朱简保存了很多年，直至《印图》的编订仍保留其大部，成为《印图上》。[4]

> 以上印，余于万历壬子春，从海上沈充符订为《印品》六集。行世十九年，已而刻板磨坏，石璞未刊，然不忍弃为敝帚，与更生相订注成《印图》一卷。铜印如干方，玉印如干方，旧用青田佳石摹临如右。

朱简所说的"《印品》六集"，即浙图本《印品》中一、二、三、四、五、七集，而《印品·六集》中所收赝印，皆为版刻，故不在此列。经过对比，我们可以发现自《印品》完成以后，朱简并未继续临摹前人印章。说明朱简通过《印品》的编集，已经达到了"探骊龙项下之珠"的目的。等到《印图》编集的时候，朱简临摹印章的收录还作了大量的删减。

（二）创作印章

朱简三种印谱都收有其自作印章，这部分印章也是临刻入谱的。这一点，朱简在《印图》中有

---

[1] 明·朱简：《印品·发凡》"三之例"，韩天衡：《历代印学论文选》，西泠印社1999年版，第456页。
[2] 明·朱简：《印品·发凡》"三之例"，韩天衡：《历代印学论文选》，西泠印社1999年版，第456页。
[3] 明·朱简：《印品·三集》，《印品》明万历刻钤印本。
[4] 明·朱简：《印图上》，明崇祯己巳（1629）刻钤印本。

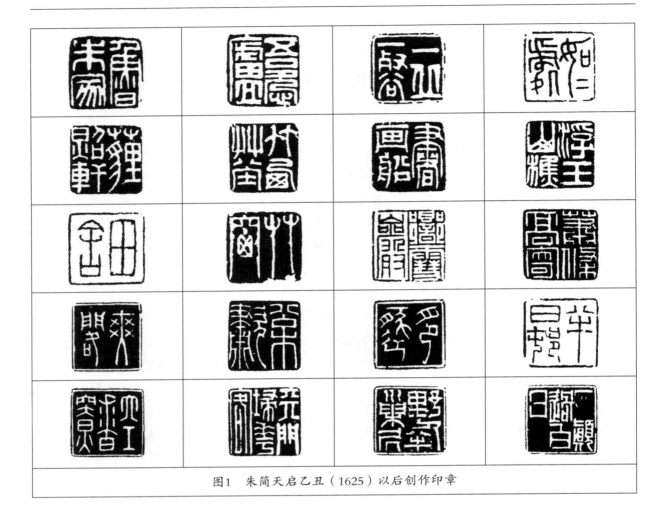

图1　朱简天启乙丑（1625）以后创作印章

所交代：

　　（以上）余自临谱，初从沈充符订附《印品》，又从韩雨公增入《菌（阁藏）印》，始于万历戊申，成于天启乙丑，共印如干方。今更以（更生）铨注为《印图》。其自乙丑而后所授，则属友人程亦远、马□□暨曦、艸两儿摹为《印图》外集，略于此。崇祯己巳嘉平日□□□陵邸次。[1]

　　"自临谱"，即临刻自作印章，编集为印谱。显而易见，印章是临刻的，只不过临刻的对象是自己创作的印章。临刻自作印章编集印谱的现象，在晚明时期是普遍的。这一现象在此不作展开讨论，另作它文。

　　这批印章的临刻及收录经历了三个阶段。第一阶段，《印品》编集时，其自作印章即有收入，作为《印品·附集》，这一阶段的创作印章已具规模。第二阶段，继续临刻的自作印，连同《印品》中所收的部分自作印，增订为《菌阁藏印》，这批创作印章的时间范围从万历戊申至天启乙

---

[1]　明·朱简：《印图下》十六页，明崇祯己巳（1629）刻钤印本。原本文字有缺，括号中为笔者据文意补出。

丑（1608—1625）。韩霖见到朱简《菌阁藏印》"遂欲诠订，以公同好"的时间，当不晚于明万历四十三年乙卯，即1615年。[1]而《菌阁藏印》问世时，已是10年之后的天启元年乙丑（1625）了。第三阶段，天启乙丑以后所作印章，由其两子朱曦、朱艸，友人程亦远及一马姓友人摹刻，这部分印章构成了《印图·外集》，即《印图下》页十六所载20方（图1），也符合朱简"略于此"的说法，另外可知朱简二子亦擅刻印；而其自临印章，则汇集成为《印图下》的主体部分。

其中关于《印品》收录朱简"自临印"这一问题，有必要稍作说明。考察浙图本《印品》之后，我们能够发现这一藏本是经过配版的。两个版本有先后之别，而后印本又是经过改版的。根据浙图本《印品·总目》可知《印品》共九集，分别为：

> 首集·印章要论；
> 一集·秦以上印；
> 二集·汉以下印，字法、章法、文体；
> 三集·汉以下印；
> 四集·唐以下印；
> 五集·国朝印；
> 六集·赝印、玉玺附；
> 七集·谬印；
> 附集·蕉雪林藏印。[2]

此《总目》为旧版目录。浙图本"首集"至"七集"皆存，收有前后版本的"三集"，未见"附集"，其中有"附集"几页错排于五集之中，后文待述。韩天衡《历代印学论文编》关于《印品》目录的描述与浙图本略有不同，[3]少了"附集"，每集题名亦有出入。我们翻阅浙图本《印品》时，一、二、三集题名与《印品·总目》同，后三至七集与韩先生的描述吻合，即经改版后的题名。

通过改版，完善了《印品》的结构，使之更有秩序。到了新版的《印品》，朱简重新梳理印章并刊刻了释文，依照钟繇《千字文》为次序进行编排。为了方便说明，列出所涉及《千字文》中字句于此：

> 二仪日月，云露严霜。夫贞妇洁，君圣臣良。
> 尊卑旧别，礼义矜庄。存而相欣，离感悲伤。
> 岫号艺机，解此敕岂。毁餐饭研，叹徘徊员。

---

[1] 参见朱简《自题菌阁藏印》和《又题菌阁藏印》可知。朱简在《自题菌阁藏印》中说："会晋中韩雨公研思此道，亦惟昌歜是好，因发所椟相视，雨公诧为得未尝睹，遂欲诠订，以公同好"。

[2] 明·朱简：《印品》，明万历刻钤印本。浙江图书馆藏。

[3] "是书首集为印章要论；一集为正始，摹古铜印；二集为正则，摹古铜印；三集为正宗，摹古铜印；四集为正变，摹古玉印；五集为复古，摹明人石印；六集为赝印，刊顾氏《印薮》中赝印；七集为谬印，刊《印薮》及当时名手之败作"。韩天衡：《历代印学论文选》下，西泠印社1999年版，第450页。

洁落叶稷，税稼穑困。唐虞禅让，率宾归德。
飞龙在田，图书见已。迻多世杜，稿席傲理。
谁逼委羁，渠荷射牒。牒施修薪，孔丘升堂。
坟典之盛……

浙图本尚可见，改版后的《印品》自"饭"页至"谁"页为摹古部分，归入三集、四集当中。其前尚有"二"至"餐"42页，大致与前二集存印页数相当。所存前三集是旧版，未依此排序，也未刊刻释文，二集、（前）三集有手书释文。其后自"荷"页至"渠"页，为摹文彭、何震印章，并附"国朝名人印"。不过其中的次序稍有混乱，也给了我们了解朱简此期创作印章的契机。按次序，"羁、渠"二页当排在"谁"页之后，中间缺"逼、委"二页。另，《印图》"明印"中多出一方"白石翁"白文印，《印品》所未见，可知中间所缺二页，尚有朱简摹刻"国朝名人用印"，只是到《印图》编集时，将这些印章删去了。

"典、之、盛"三页按次序是排在"坟"页之后的，存印14方。（图2）我们对照《印图下》时，发现其中也收入了这几页的2方印章，即"有芬""青山长"二朱文印。按理说朱简不可能也没必要将他人所刻印章，作为自己的创作收入集中。这三页其余印章皆不见《印图》所载，可见在《印图》编集时，其自刻印章也作了大量删减。另见"越君子军"白文印，本存于《印品·五集》中"薪"页，注名为何震所刻，后又归入《印图下》。这样给我们分辨《印品》中朱简自刻印增加了麻烦。

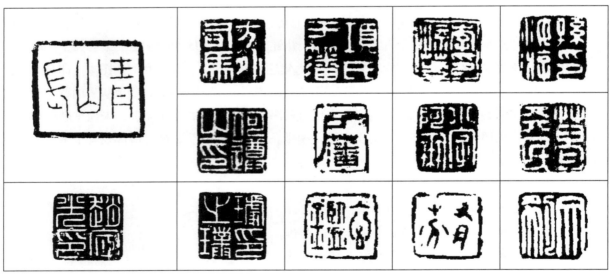

图2　"典、之、盛"三页印

"盛"页之后应当还有数页，因为依照《印品》的编排习惯，朱简会在每组印章结束时，注明"以上某某印"。再结合《印品·总目》，我们可以做出这样的判断："典、之、盛"三页的归属有两种可能。可能应该归入《印品·附集》之中，即属于《蕉雪林藏印》，然不应区区三页之数；另一种可能，即这三页为文、何之后印人所作，被朱简收入《印品·五集》，而到了《印图》编集的时候，误将其中的两方朱文收入自己"自临谱"之中。《蕉雪林藏印》是朱简自己创作印章的专集，也是《菌阁藏印》和《印图下》的基础。尚待资料的更多发掘，可以更清晰地对比分辨，可以更全面地了解《印品》之前朱简的印章创作。

据以上，可以想见应当是后来印谱残缺了，在重新装订时，装订者不知朱简印章排序的原则，才将此三页混入《印品·五集》"国朝名人用印"里面去了。据此亦可知，浙图本《印品》非足本。我们还可以推断，《印图下》中还有一定数量的朱简自作印，刻于《印品》编集之前，惜版本残缺，不易对照了。

二、印章品评到印法的形成

朱简品评古今印章，进行印法梳理，主要体现在《印品》之中。以"印品"为名，可以理解为对印章进行品评、分品，但是朱简所做的不止于此。他说道：

> 予尝取好事家所收藏铜玉诸印，参之秦汉文字及诸家谱说，其于古人离合之间难言之矣。以故广搜先代遗章、近日名家篆勒，其有当于古者，著为法则，谬于古者亦存之，以志鉴瑕瑜，分列临摹成编，题曰《印品》。盖代有升降、作有真赝、字有异同、格有正变、体有雅俗、用有工拙，欲使作者心腕，昭然于沿习讹舛之后，要以还之古初。[1]

品评包含印论和印章两个部分。本身印论及印章互为表里，印、说相参，更能透过"沿习讹舛"形成的重重迷雾，全面系统地整理合乎古典的法则。朱简对印章的品评，分散在《印品》一至七集当中。《印品》中一至五集为临摹前人印章，并进行分类，这些印章是经过筛选留下的优秀作品。六集、七集分别论赝印和谬印，此二集则告诉我们朱简鉴定、品评印章的基本方法。品评，不仅仅是鉴赏，涉及去伪存真、并分良莠。芟除不真的、品质不好的，然后将品质好的进行梳理，分类总结，分类有标准，分类完成后，便形成了规则，即前人篆刻印章的技法总结。以此作为印法正宗，可以指导印章临摹及创作。朱简对印论的品评体现在《印章要论》之中，讨论前人关于印章重要的观点，原则是"摘其有关实用者数条，于悖理处略为笺注"，对于那些无关紧要的浮辞臆说，则不予理会。通过对古今印章的品评分析，结合对前人印论的梳理，最终要形成一套切实可用的"法则"，即符合古法正统的"古初之法"。

在梳理印法之前，朱简花了很大篇幅讨论印字，即印章所用篆字。印字，是一方印章的基础，影响印章的面貌。各个朝代印章用字的不同，很大程度上影响这一时期的印章风格；而文人篆刻时代，不同印人的用字习惯，也影响其篆刻风格。讲到印字，朱简认为先秦用古文、秦用秦隶、汉印用"八分"，即汉篆，都是"是随代使用之俗书"：

> 按，秦隶、八分，当是秦汉使用俗书，正如今之行楷，当时文牍用之，若款识符印，皆出

---

[1] 明·朱简：《印品自序》，《印品》明万历刻钤印本。

一体。考周秦印章，字法与其彝鼎款识相近；汉印即与汉器上字无异。是知秦印即秦隶，汉印即八分。而所谓摹印，鸟头蚊足者，或只玺文用之。若官私等印，惟随俗篆刻也。[1]

然而到了唐代以后的印章，由于使用叠篆而缪篆大盛，以至于古法不行，"印字绝矣"。元代文人虽然进行了变法，而篆用《说文》，与汉印也相去甚远，不合古法。印字的使用是随着字体的演变而发生改变的，字体演变不仅影响印章用字，还影响着书体的流变。当然，这种影响不是单向的，应该是相互的、错综复杂的影响。

朱简认为通篆法是印人非常重要的功课。印人不通篆字、不会写篆，必然贻笑方家。他给出了学篆的路径，以《说文》为基础，可以识篆；而写篆则以《石鼓文》为根本，参以其他秦篆。另外的秦汉款识、碑帖、印章等金石拓本因为"存古法"，也可以作为参考，要寻旧拓本为好。而商周时期的款识文字，"内有形象、假借等字，与今意义不同，不深考据不可妄用"。[2]还援引前人书论来告诉我们如何写篆：

古书法云：
肥字须要有骨，瘦字须要有肉；
字要骨格，肉须裹筋，筋须藏肉；
字中有笔，笔中无锋；
放意则荒，取妍则拙；
行行要有活法，字字要求生动；
小心布置，大胆落笔；
草书尤忌积薪束苇之状；
临访古帖，毫发精研，随手变化，得鱼忘筌。
以上皆古人书法，通用于印，则思过半矣。[3]

篆书是篆刻印章的基础。以独特个性的篆书入印，是清代以来著名篆刻家成就其个人印风的成功路径。朱简在晚明时期就能关注到写篆书对于印章的重要性，并实践"以书入印"，将其篆书运用到印章当中，形成独特的篆刻面目，可谓是"印从书出"的先行者。"以书入印"这一点，在《印品》编集以后朱简的篆刻创作中，表现比较突出。更为详尽的印字材料，则体现在朱简《印书》当中。

篆书对于篆刻印章的重要性，当时很多人都有所提及，在《印章要论》中，朱简记录了赵宧光的观点：

赵凡夫曰："今人不会写篆字，如何有好印？"

[1] 明·朱简：《印章要论》，《印品》明万历刻钤印本。
[2] 明·朱简：《印章要论》，《印品》明万历刻钤印本。
[3] 明·朱简：《印章要论》，《印品》明万历刻钤印本。

赵宧光以独特的"草篆"闻名于世，亦擅篆刻。我们去看赵宧光的印章作品，多以摹古、仿古为主，并未发现其"以书入印"的痕迹。可见赵宧光所说，并非指向以独特的篆书入印，只是说篆书对于篆刻印章的重要性。而到了朱简这里，他的实践则跨越了一大步，将印章的表现力又拓宽了。

朱简还以刀笔关系去品评印章的优劣，强调字、章、刀三者的统一关系。

> 印先字，先章，章则具意，字则具笔。刀法者，所以传笔法者也。刀笔浑融，无迹可寻，神品也；有笔无刀，妙品也；有刀无笔，能品也；刀笔之外而有别趣者，逸品也。有刀锋而似锯牙痈股者，外道也；无刀锋而似铁线墨猪者，庸工也。[1]

字，即印章所用篆字；章，是各代印章的样式。即朱简所说的"如诗之有汉、有魏、有六朝、有三唐，各具篇章"。[2]字和章的整体和谐是第一层次的统一，篇章的选择体现作者的意趣、精神，也决定了印章的用字，而印字则蕴含笔意，为印章整体服务，这二者是不可分割的有机整体。而后，通过用刀来完成印章的刻制，用刀即模拟书法之用笔，而非我们今天所讲的冲刀、切刀。刀、笔之间的和谐关系，则是第二层次的统一。

> 吾所谓刀法者，如笔之有起有伏、有转折、有缓急，各完笔意，不得孟浪，非雕镂刻画、以钝为古、以碎为奇之刀也。
> 使刀如使笔，不易之法也。正锋紧持，直送缓结，转须带方，折须带圆，无棱角、无痈肿、无锯牙、无燕尾，刀法尽于此矣。

"法"，只需规定基本的规则，具体的执行，自然是各人各样的，才能体现"人"的价值；不应规定具体的细节，否则会令人束手束脚，如"人偶"一般无所适从。对于当时流行的所谓的"飞刀、补刀、救刀"，朱简则直接批评"皆刀病也"。这样，我们对朱简关于刀法的论述就有了比较清晰的认识，也为我们去欣赏朱简的篆刻作品，提供了进一步的便利。

除了印字和刀法，还有印面筹措的"印内"规矩，关于"印内"的规矩和法度，朱简主张以汉晋为正宗，即从汉晋印章得到基本的法度，总结为三个方面即字法、章法和文体。

（一）法从汉晋出

此前，摹刻古印制作印谱，在排序上形成了一个基本的规则，即《印薮》中的排列方式，官私印分开，秦汉小玺冠诸首，然后王、后印，官印依秩级排序；私印依沈氏四声韵为序，附以吉语、肖形、不识印。张学礼《考古正文印薮》、甘旸《集古印证》、徐上达《印法参同》、程远《古今印则》摹刻古印入谱，官印排序皆用此例，私印排序除《古今印则》外亦依此。

朱简《印品》临摹的大量古代印章，在排序上并不依前例，而以时代排序，兼顾官私、材质。

---

[1] 明·朱简：《印章要论》，《印品》明万历刻钤印本。

[2] 明·朱简：《印章要论》，《印品》明万历刻钤印本。

不以材质及钮制分类，因为朱简的摹古印，并不是为了做成单纯的"摹古印谱"以供赏玩，而是为了品鉴印章、研究总结印章技法。这一点从《印品》到《印图》的印章编排，都是有所体现的。如果是为了编集"摹古印谱"，当然多多益善，并不介意花哨；若是为了总结"印法"，"合法"自然才是选摹的第一标准。以时代排序，是朱简梳理历代印章的成果之一。这样以印章排列的方式呈现历代印章的流变，在翻阅的过程中，颇有点"以印述史"的意味。给我们呈现了从先秦到明代印章的流变，而这一脉络是经朱简梳理的，即正始—正则—正宗—正变—复古，其中以汉晋印章（包括六朝印）为正宗。他给出的理由是：

> 印莫盛于汉，其文尔雅，结构精微。曰字曰章曰文体，法备矣，为印家正宗。[1]

朱简认为先秦印章全有字法，而汉晋印章"虽以章夺字，而字法尚完"。先秦印章虽具字法，但是从整体章法来看，还是古朴的原始模样，并不如汉晋印章法度完备。汉晋印章以"章"这个整体来统筹印字，更适合总结法度，因此他奉汉晋印章为正宗。也可以看出朱简整理印法是为篆刻实践所用的。

这一时期，有多位印人总结印法。如甘旸有《印正附说》、程远有《印旨》、金光先有《印章论》、徐上达有《印法参同》。其中徐上达《印法参同》文字浩繁，面面俱到，所论文采斐然，切实有理，但视其印章创作，则流于模拟。朱简的印法总结，与其篆刻创作密切关联，可谓心手双畅，多有突破。

《印品·二集》便以印章实例示范印法，皆用私印，不涉及官印。以汉晋印章为基础来总结印章法度，即"正则"。正则从字法、章法、文体三个方面进行梳理、分析，形成一套完备的法则。字法，即一字之法，印章中一个字的结构处理；章法，一章之法，一方印章的统筹之法；另有文体，即印章面貌。从字法到章法，再到文体，有从局部到整体的生成关系，反过来看也有从整体关照下局部筹措的逻辑关系。三者之间，不仅是形式上的构成，还有技法上的关联，是相互统一、不可分割的有机整体。

> 印有章、字，合而论之，章中有字，字中有章，因字成章，因章配字。溯其原末，始有分焉。所分也者，秦、汉貌矣。近人夸其学而悖其法。是以作字法，使知点画之异同；作章法，使知结构之分合，正所谓奉行古先哲王开基创法作用云尔。[2]

章法、字法的配合不同，形成了秦汉印章的不同面目。汉以后印章的面目丰富，法度完善。对汉晋印章的分析，可以得到完备的技法系统，是与时人稍有差异的。以此为标准，可以用来品鉴古印，还能指导自己的篆刻实践。

字法，即处理印字的方法，印章中一个字的结构之法，进行结构的处理，是为了印章整体服务。他总结出"增、减、凑、垂、偏、空、巧、疏、破体、变异、变省、反文"12条，皆依汉私

---

[1] 明·朱简：《印品·二集》，《印品》明万历刻钤印本。

[2] 明·朱简：《印品·发凡》，韩天衡：《历代印学论文选》，西泠印社1999年版，第455页。

印。针对不同的字法处理，朱简作出了具体的解释和说明：

> 字法，以一字结构言。增者，于本体增其点画，如
> "安""猛"之类，汉人写法皆如此，非今所谓少则增
> 也；减者，增之反；凑如减，而凑之以巧；垂如增，
> 而衍之使长；偏不强正；空不填满；巧，有天然之奇；
> 疏，去板滞之病；破体，移东就西；变异，取彼代此；
> 变省则变隶而微似减；反文则似悖而实有章。此字中结
> 构之大概也。

字法的依据是古人固有的写法，而非后人想当然的任意
增减，并分别举以印章实例。（图3）朱简总结的汉晋印章
字法，与金一甫《印章论》所说字法"增、损、合、离、
冲、反、代、复"等八种稍有差异，[1]而所举印例亦有出
入。我们清晰了朱简整理出来前人处理印字的方法，也有利
于去欣赏、分析他的篆刻创作。朱简也提出了自己对于字法
处理的禁忌，即"屈曲填满"，他认为屈曲填满是缪篆之
法，藏拙的表现，太不高明，染上这种习惯，是不可能出人
头地的。

历来言章法者，要数徐上达所论最为精彩：

> 凡在印内字，便要浑如一家人，共派同流，相亲相
> 助。无方圆之不合，有行列之可观。神到处，但得其元
> 精而已。即擅场者，不能自为主张。知此，而后可以语
> 章法。[2]

有一定之章法，能使全印协调，而印字要通过章法来组
织，以求统一，也体现了章法的重要性。在徐上达的表述
中，章法包含以下元素：情意、势态、边栏、格眼、空地、
疆理、纵横。主要讲呼、应顾盼的配合之法。在印章中，一
字有正侧俯仰，即一字与上下左右的协调关系。一印之内，
字的安排应如一家人齐聚一堂，各得其所，"相亲相助"。

---

[1] 明·金光先：《复古印选自序》，《金一甫印选》，明万历壬子
（1612）刻钤印本。

[2] 明·徐上达：《印法参同》卷十，万历四十二年（1614）朱墨刻
钤印本。

		增
		减
		偏
		徙
		凑
		垂
		疏
		空
		变省
		变异
		反文

图3 "字法"举例

这样才能有情，印章才能"活"起来。[1]这种表述，更倾向于作者的审美情趣和主观表达。

朱简关于章法的论述，主要是从汉晋印章分析总结得来，因此在表述上并不如徐上达那般浪漫富有生活气息。

> 章法，以一章结构言。字画均整为正章，无论矣；若三字为章，则取四字之半与二字之半而合之，至五字、七字，则四字、六字成章矣，而以二字之半合之，是曰正合。其字画不均者，或以地分，或以画均，曰疏密、曰肥瘦、曰格，则均其地而异其章也；曰让、曰错对，则均其画而占其地也；错综者平头不等，则磊落而纵之；方口者参差不齐，则设口以统之。四笔有出则空阔其边，小大异势则阴阳其文，至若粗细朱白文之不同，斯亦章法之流派欤。观者类推意会，则见古人精神心画矣。[2]

章法分"正章、正合、疏密、肥瘦、让、错综、错对、口、格"9种，即汉晋印章呈现出来的统筹印字之法。《印品·二集》中亦有印例。（图4）

朱简还谈到了文体。文体，原指独立成篇的文本体裁，是文本构成的规格和模式。它反映了文本从内容到形式的整体特点，属于形式范畴。被朱简拿来分析印章，不同的文体，则指向了不同的印章面目，即"细白文、粗白文、满白文、朱文、朱白文"。（图5）

自汉晋印章梳理印章法度，是与摹刻古印并行的，甚至反复交叉进行。朱简认为字法、章法、文体三者能够"融目浃心"，已经超然上乘，若是再能有自然之妙，那便是"得之法外法矣"。而获得古人印法的方式，就是博古印、善临摹：

> 得古人印法在博古印，失古人心法在效古印，何者？古印迄今，时代浸远，笔意、刀法刓剥磨灭，已失古人精神心画矣。善临摹者，自当求之骊黄之外。余故曰：出土刓剥铜印，如《乐府》《铙歌》，若字句模拟，则丑矣；又如断圭残璧，自有可宝处。[3]

"博古印"能开拓眼界，领会古人印法。而"效古印"，一味模拟其表面形式则会失去古人心法，难以领会古印精义。仅仅模拟时间造成的破败模样，便真的丢掉了古人的精神，临摹时要透过破败的表象，"还之古初"。朱简《印品》临摹古印时，奉行"刓缺磨损者不摹"的原则，不仅追求与原印的貌似，更要紧的是把握古印之神采，形成了若古若今的印章面目，这当然与其长期浸淫古印密不可分。

这些章法和文体样式，在朱简所临"国朝印"中亦有所体现，可见朱简整理印法时，也参照了明人的印作，并以之作为标准，进行"国朝印"的选择。

除了梳理历代印章、分析前人印法，还有两个问题值得我们关注。

---

[1] 刘建：《〈印法参同〉中的印章审美和篆刻技法》。载西泠印社编：《第五届"孤山证印"西泠印社国际印学峰会论文集》，西泠印社出版社2017年版。

[2] 明·朱简：《印品·凡例》，《印品》明万历刻钤印本。

[3] 明·朱简：《印章要论》，《印品》明万历刻钤印本。

正章		
正合		
疏密		
肥瘦		
让		
错综		
错对		
口		
格		

图4 "章法"举例

细白文		
粗白文		
满白文		
朱文		
朱白文		

图5 "文体"举例

（二）对玉印的"误解"

《印品·四集》中朱简摹刻玉印30余方。另于《印品·六集》中专批前谱所载玉印之赝者，他考证著名的三方"传国玺"是伪托之作。对"关内侯印""军曲""寿亭侯印""公孙弘印""卫青""伯栾氏"诸玉印的辨伪考证颇有见地，分别从制度、印章章法、字法角度以辨其伪。作伪者所刻是汉代名人，所以附会为汉印。然而不管是从章、字、印、义，都不符合汉印法则，必为伪作，而且还是不甚高明的伪作。并给出了作伪的原因："正如今之赝画，题一名人款，以欺盲贾耳。"[1]另外还列出12方玉印赝品。

---

[1] 明·朱简：《印品·六集》，《印品》明万历刻钤印本。

这一套方法，也被朱简运用到为友人鉴定玉印的实践中，黄经在为《印品》题跋时便记载了这么一件事：

> 余藏秦汉玉印谱，不下五百方，率以世代名人为次。一日出示修能，修能辗然曰："是名者，皆伪也。何怪乎？世之借名以欺人者也。"[1]

朱简认为，黄经所藏玉印中凡是名人印皆为伪作。他还提出："顾氏家藏汉玉印，皆出后人伪造，近以《印薮》盛行，赝伪殊甚。而铜印亦多新铸，故一人名印在在有之。"[2]当然，这里所说的伪造，也是指向名人印。若是指向所有玉印，那么他的观点就失之偏颇了。

其实，朱简对玉印认识还是有偏差的。朱简认为唐、宋、元三代印章多不足观，而玉印都是宋、元时期所作，而其中少量的优秀作品，可以算是印史流变中遵循优秀传统的，即"正变"。

> 唐以填篆作印而印谬，宋元嗣其余派，不足观也。间有三数君子师心好古，力振颓波。其合作者，文婉丽而多姿，虽高古微逊汉晋，而超超越俗，亦"荒莱之特苗，卤田之善秀"欤！[3]

这点认识一直保持到了《印图》编集的时候，并未发生改变：

> 玉印为宋、元以下物，所见汉晋名人印多是伪造，除公孙弘、卫青、伯鸾氏等百余章摘出外，仅仅得此。文虽小弱，而体格犹存。其卤田善莠者欤！聊具变体，匪曰滥竽。

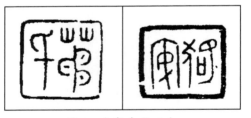

图6　先秦朱文玉印

今天的我们知道，秦汉时期的玉印出土传世虽不甚多，但也具有一定的规模，先秦时期的玉印也有一定数量的出土，历来为鉴赏家奉为印章上品。因此，古今作伪者常伪造。因为有伪作，进而全盘否定秦汉乃至先秦玉印的存在，不得不说，朱简对玉印是有误解的。《印品》中所摹刻玉印，大部分《印薮》已收，其他又有从友人处所采，且多为汉印，甚至还有两方先秦朱文玉印。（图6）

另外，朱简《印品·四集》还临摹有12方铜印，也被认为是唐宋元时期所作。观其风格，当为魏晋时物。到了《印图》编集时，归入了"汉以下印"当中，说明朱简对这类风格印章的认识，发生了变化。

朱简对于唐、宋、元印章的观念，与晚明时期主流的印坛认识出入不大，只是梳理的印章有出入，以及对赵孟頫、吾丘衍的印章创作略有偏见。我们知道，赵孟頫所提倡的"汉晋印章审美观"和元朱文样式对其后的印坛影响极大，无视其贡献，显然是不合适的。到了《印经》编集的时候，

---

[1] 明·朱简：《印品·七集》黄经《印品跋》，《印品》明万历刻钤印本。
[2] 明·朱简：《印品·七集》，《印品》明万历刻钤印本。
[3] 明·朱简：《印品·四集》，《印品》明万历刻钤印本。

朱简才稍稍改口说道："元则有吾竹房、赵松雪辈，描篆作印，始开元人门户。"[1]

（三）关于"三代印"的讨论及考订

朱简关于"三代印"的考订，是其重要的印学贡献之一。此前，元人吾丘衍《三十五举》中"二十九举"说到"三代时却又无印"。其后多有从其说者，至明万历时期程远《印旨》还遵从此说。这一观点，在今天看来有其时代局限。

但是自元至明末，其间也不乏明眼人，元人俞希鲁在《杨氏集古印谱序》便说道："则三代未尝无印，特世远湮没，非若彝器重大而可以久传者也。然则虞卿之所弃，苏秦之所佩，殆亦周之遗制欤？"明人沈明臣《集古印谱序》中又有："……三代未尝无印，而印玺尊卑通名，信矣。"到了甘旸《集古印正自序》说道："夫印始于三代。"在《印正附说》中还说"三代以玉为印"，又以文献来证实"三代有印"。徐上达《印法参同》亦以文献举证，并说道："历历有考，曷以谓无！"而明余经训在《范氏集古印谱叙》中甚至说道："非三代而论印可以称法乎？"但是他们都未举出"三代印"的实例。

朱简认为，自商周以来，皆有印章流传，只是作者未能传其名，史料阙失。而历来好事者、鉴赏家因为眼界不宽，眼力不济，多数的人认为，但凡古印都是秦汉时物，不去作细致的分辨和考证。而世人因循守旧，人云亦云。因此在《印章要论》开篇便说道：

> 印始于商周，盛于汉，沿于晋，滥觞于六朝，废弛于唐宋，元复变体。亦词曲之于诗，似诗而非诗矣。[2]

其后又以按语说道："三代未尝无印！朱文不始于唐！"甚至还说："若曰'三代未尝有印'，是夏虫不可以语冰也。"[3]他认为当时那些持"三代无印"观点的人，简直不可理喻。

当然，认为"三代有印"并非朱简的独创。其贡献在主要在于对三代印进行梳理，举出实例，且的的有据。他在《印章要论》中便有所分析：

> 上古印为佩服者，故极小。汉晋官印大不过寸许，私印半之。今所见铜印极小而文圆劲者，先秦以上印也；稍大而文方简者，汉晋印也；渐大而文渐柔弱者，六朝以下印也；大过寸余，而文或盘屈、或奇诡者，定是唐宋元印。[4]

而到了《印经》时，在此基础上又稍有发挥：

> 余谓上古印为佩服之章，故极小；汉晋官印，大仅方寸，私印不逮其半。所见出土铜印，

[1] 明·朱简：《印经》，明崇祯二年（1629）刻钤印本。
[2] 明·朱简：《印章要论》，《印品》明万历刻钤印本。
[3] 明·朱简：《印品·一集》，《印品》明万历刻钤印本。
[4] 明·朱简：《印章要论》，《印品》明万历刻钤印本。

璞极小，而文圆劲，有识有不识者，先秦以上印也；璞稍大而文方简者，汉晋印也；璞渐大而方圆不类，文则柔软无骨者，元印也；大过寸余，而文或盘屈、或奇诡者，定是明印。嗟乎成风，罕操金锦莫刮敢向，人前津津秦汉，政如村究谈诗，出口盛唐。李长蘅云："皮相者多，且与言秦汉可也。"[1]

朱简辨别各代印章的基本尺寸特征，并分析其风格特征。基本特征，就是大多数，当然也会有其例外，比如上古印章的特征，就是"小"，越往后越大。朱简依靠这个基本标准分辨出先秦印章，各代印章的尺寸也显得十分统一。也就不难理解，为什么朱简鉴别出来的先秦印章，都是尺寸极小的了。通过梳理先秦印章，朱简达到了"正始"的目的，这一贡献是巨大的。对于先秦印章的释读，在印品中，朱简本着"周、秦小印文字，意义多有与今不合者，不详审确据，不敢强注，故用方框以别之"的原则，[2]将不可识读者以方框加以注明。到《印图》编集时，仍有56方未注释文者，当然不全是不可识读的，而其所作先秦小玺释文，亦多有出入。

陈继儒认可朱简的认识和眼光，评价他比之前王厚之、吾丘衍诸人"精识又过之，信为六书董狐"，显然要高明多了。其友人赵昌益在阅读《印品》之后所作跋语，也做出了同样的评价：

修能著《印品》，余始阅不无愕然。既阅，则怃然，命我良多矣。盖朱文小印，顾氏所弁髦者，修能订为先秦以上物而冠诸篇首。名人玉印，多出后人伪造，顾氏袭为奇珍，而修能置诸弃余，此岂贵瓦釜而贱韶濩耶？燕石非可宝也，世之为宋人者少，而修能之识，出王吾诸君子上多矣。[3]

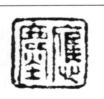

图7　朝代归错印章举例

这一时期朱简周边的印人圈子，逐渐形成了"三代有印"的基本共识。朱简关于三代印章及玉印的讨论，在当时自然是新鲜而刺激的，在当时的印坛必然引起了轩然大波。诚然，朱简对三代印和玉印的认识，在今天看来有其局限。以此标准去关照古印不免出现差错，比如将较大尺寸的先秦古玺归入宋元，将极小尺寸的汉印归入先秦。（图7）但能梳理出这样的标准，在当时已经是非常先进的观念了。也正是这样关于各代印章的尺寸及风格标准，为朱简自己的创作提供了基本的"型范"。

结合由汉晋印章而作的印法梳理，形成了朱简完整的古印认识和技法系统，以此来审视近代印坛、临摹近人的篆刻作品时，也有了与时人明显差异的独特视角，这也体现在他临摹"国朝印"之中。

---

[1] 明·朱简：《印经》，明崇祯二年（1629）刻钤印本。

[2] 明·朱简：《印品·发凡》（三之例），韩天衡编：《历代印学论文选》，西泠印社1999年版，第456页。

[3] 明·朱简：《印品·七集》，《印品》明万历刻钤印本。

（四）对于"国朝印"的临摹

万历时期的印人制作印谱，凡涉及创作印，大都会临摹近代印人作品及文人用印，以示其取法和传承。甘旸《集古印正》设"唐宋近代印"；《古今印则》设"国朝名印"；金一甫《印选》设"大明私印"；《印法参同》则设"戌部"采放时印；等等。从印谱中所设名称，大概可以看出所临印章的范围。关于这一现象，黄惇先生有《晚明印谱中的"今则"》一文专门论述。[1]

朱简没有临摹元代文人印章，这一点或许与他对宋元印章的评价以及对于"玉印"的偏差认知有关系。他认为玉印才是宋元时期印章的正脉，即基于传统的"正变"。他认为元人吾丘衍在理论上"间有足采"，而印章实践上，"元人追描小篆，刻画成象，表曰中兴，中实背法"。[2]而赵孟頫所提倡的"元朱文"，篆用《说文》，正是背离古法的表现，因此"元印体更柔弱，古意荡尽"，[3]这样的印章显然不足为取法，朱简也是看不上的，因此并没有进行临摹。当然，这一观点在今天看来是一种偏见。

对于明代的印坛，朱简多有论述，特别是文、何之后的印人们，则多以批判为主。在朱简为何通《印史》作序时，便说道：

> 我明文博士，业擅临池，嬉娱翰墨，藉今涂垩之笔，施诸犀象，假手捉刀，摹勒为印记，一时名噪天下，称名印章鼻祖已。何震者出，思广其道。始而步趋文氏，既则自成一家，遂亦噪名一时，乃刻意拘撰，得见所未见，是元人之下，又有何家新样子出。而吠声者群起，树帜印坛，人人斯籀，字字文、何，尔王尔霸，又谁知乌之雌雄；甚则佣担匠石、目不识丁者，皆假斯道为游食之场，第且恬然鼓刀，而登乎文薮之上矣。悼哉！颓波莫挽，云乎其思若？[4]

文、何之后的印坛，已经成了如此面目。绝大多数印人对印章之道并不十分热爱，只是携此一技奔走江湖混饭吃而已，更谈不上去深入研究、以广其道了。对于印坛出现的问题，不可能去指望他们承担任何的重任，"悼哉！颓波莫挽，云乎其思若？"或许是对他们心理状态的最好注解。邹迪光在为印人印谱作序时常说到这种状况，如《金一甫印选小序》便有所提及，而为《印品》作序时又说道：

> 今之捉刀而劚金石者，类亦惟是博椒糈糊口而止，曾不知秦碑、周鼓为何物，仓颉、李斯为何代，古籀、分隶为何法，而何印之能为？[5]

朱简显然不是这样的印人，而且他内心也不接受其他的印人这样去对待篆刻艺术。他想为篆刻发声，想为篆刻多做一些事情，还想着督促周围的同道，可不能把篆刻艺术搞坏了：

[1] 西泠印社编：《中国印谱史与印学国际学术研讨会论文集》，西泠印社出版社2019年版，第607—616页。

[2] 明·朱简：《何不韦印史序》，《印史》明崇祯刻钤印本。

[3] 明·朱简：《印品自序》，《印品》明万历刻钤印本。

[4] 明·朱简：《何不韦印史序》，《印史》明崇祯刻钤印本。

[5] 明·邹迪光：《印品旧序》，《印图》明崇祯二年（1629）刻钤印本。

印者，文字之余，自古文人戏于此。其义博，其笔精，故所刻文而有则，是以见重当代。近或习之匪人，而以奔竞求售，故世人鄙之，并目斯道为贱丈夫之技也。吾侪其慎之！勉之！[1]

朱简告诉世人，印章虽为文人游戏，但是前人立意深远，义博笔精，所以文而有则，其精神不可磨灭，也因此才为当代所推重。然而当代有些人不潜心修行，提高学养、技艺，整日奔走忙于名利，所以导致世人的鄙视，引来对这一行当的恶评。朱简出于对印坛名誉的珍视，不禁高声疾呼："吾侪其慎之！勉之！"这或许也可以视为朱简将此书公开出版的一个原因吧。

最终朱简比较认可的优秀印人，形成了《印经》中那段精彩的"流派说"，想来晚年的朱简是欣慰的。朱简在《印品》中梳理了明代的印章，他认为"复古"是从文彭开始进行的：

明自文博士凿中央之窍，而家秦汉、人刀锥，帝且死矣。若夫敦古搜奇，挨华汰习，吾所心契于骊黄之外者，其在斯乎。[2]

文彭凿破混沌，泄露天机，接续前贤，引领了明人摹古的篆刻热潮。何震是文彭的后继者，其影响遍布大江南北，其所传及私淑者大有其人。朱简对于文、何等人的印章也不是一味地信服：

我明德、靖之间，吴郡文寿承崛起复古，代兴者为吾乡何长卿，其应手处，卓有先民典型，而亦不无屈法。[3]

他认为文彭和何震的印章，能得古人典型，也只是"百一亦有可观"。文彭朱文用杂篆，是"伧父面目"；而何震"板滞歪斜并作"，这类印章连元人都不如，更不用说与秦汉相较高下了。而文、何而后的印人，要么泥古，要么人云亦云，大树底下乘凉，

朱简自视为文彭的后继者，他所要追求的，就是沿着文彭打开的复古道路，继续深入下去，"敦古搜奇，挨华汰习"，发扬文彭的复古精神，传其正道，继续探索印章的真谛。

《印品·七集》中列举了大量的当时失败的印章例子，其中不乏为当时人所称道的张凤翼用印"张伯起氏"及被大量临摹的何震作品"金粟如来""刘贻哲父"，还有满白文等。（图8）还有明人大量学习的鸟虫篆，朱简则评价："印如此种，最为丑恶！"

附印亦出近日名手，所谓太巧则拙，太拘则板。偶而倡之，群而习之，犹北驰太行，日趋日远。微曰秦汉，求为宋元，不可得已。敢摘数章以当前轨，知我罪我，非所论也。[4]

---

[1]　明·朱简：《印章要论》，《印品》明万历刻钤印本。
[2]　明·朱简：《印品·五集》，《印品》明万历刻钤印本。
[3]　明·朱简：《印品自序》，《印品》明万历刻钤印本。
[4]　明·朱简：《印品·七集》，《印品》明万历刻钤印本。

图8　当时印人失败印例

在《印品·五集》中，也临摹了大量的"国朝印章"即《印品·五集》，题名"复古"，附"国朝名人印"。关于国朝印的选择，朱简说道：

> 国朝印不敢以时名为去取，即寥廓之士，片章合轨，亟为收入，然而管窥蛙游，未得遍搜方家名迹，尚虚素册以请。[1]

---

[1]　明·朱简：《印品·凡例》，《印品》明万历刻钤印本。

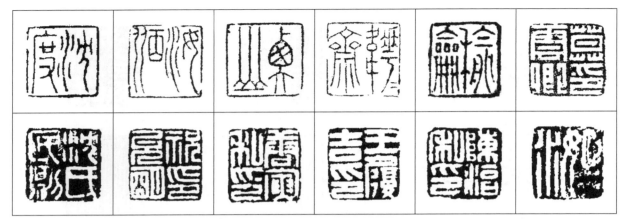

图9　朱简临刻"国朝名人印"

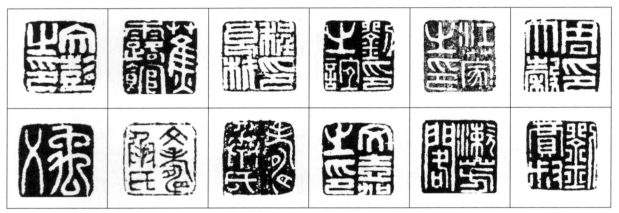

图10　朱简临刻文彭印章

本集所收的印章，显然都是"合轨"的，即合乎法度、超然上乘的印作。有早于文彭者、文彭同期者，也有其后的后进者。摹刻自明初至万历时期的文人用印，有俞龢、张弼、沈度、祝枝山、唐伯虎、文徵明、王宠、黄姬水、莫是龙诸人用印12方（图9）；摹刻文彭、何震二人印章数量上则较多，其中文彭12方（图10），何震34方之多（图11）。到《印图》编集时，"明印"一节，摹刻"国朝名人印"、摹文彭印皆保留，摹何震印仅保留9方。这些印章中，各种文体皆备，且章法各异。

朱简对于"国朝印"的临摹和继承，是以"古法"作为参照的，并不是一味地照搬。他还有文字论述临摹之法：

岳珂跋米元章《临智永千文》云："摹临两法本不同，摹帖如梓人作室，梁庐欂栌虽具准绳，而缔创既成，自有工拙；临帖如双鹄并翔青天，浮云浩荡万里，各随所至而息，宝晋盖进乎此者。"余谓临摹印章，当具此法。[1]

临摹印章之法，"与古为徒"还是"与古为友"。摹古印，古印已在，法度已定，需要的是依

---

[1]　明·朱简：《印章要论》，《印品》明万历刻钤印本。

图11-1　朱简临刻何震印章

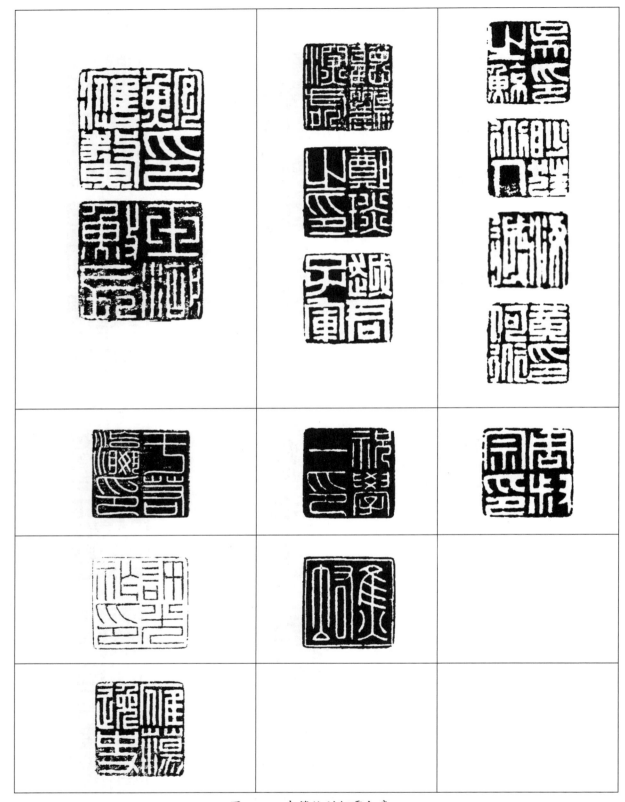

图11-2　朱简临刻何震印章

"法"完成，而完成得如何，则是各人手段的问题；临古印，有点"与古为友"的味道，古印并不是绝对的标准，可以根据自己的审美意趣进行取舍，不必一味地依样完成，如董其昌所言"哪吒太子拆骨还父拆肉还母"那般遗貌而取神。

因此朱简在临刻"国朝印"时，并不是非常忠实于原印，或多或少地进行了细节上的调整，或许这样才更符合朱简的审美和整理出来的印法。白文样式各异，接近印章朱文原接边者，朱简临摹时，皆离边。如文彭印章"文寿承氏"有多方，皆有笔画接边。朱简临摹时，笔画接边者，皆截去。再如张弼用印"汝弼"，原印上部接边笔画不少。我们再看朱简的临作，皆离边，只是钤盖印章时，印泥外溢，才形成了笔画搭边的状态。对于朱文的改造，这一点应当是从汉晋印章的古法而来，汉晋朱文鲜有接边者，即便是先秦印章，大多数印字也都离边。

对照《印图》可知，自《印品》完成之后，其印法已经趋于成熟，而且创作印章日渐增多，朱简并未继续临摹时人印章，而且在进行芟选，因此到《印图》编辑时，"国朝印"的数量变少了。

三、朱简的印章特征和禁忌

从《印品》到《印图》，完整地呈现了朱简篆刻学习到品评、临摹印章，整理印法及篆刻创作的过程，是其大半生的篆刻成果。前文多次提到，朱简印法从汉晋出，兼及先秦、宋元，并从明人篆刻中汲取营养，形成了他独特的取法来源。朱简整理印法，与其自己创作密切关联，较之其他印人，可谓晚明时期整理印法并遵照执行最好的实践者。

《印图》全面地保存了朱简篆刻创作的成果。（图12、图13）从中，我们可以看到朱简印章创作的基本面貌，梳理出其印章作品的风格特征。朱简创作的印章分为两类，即"范古"和"范今"，主要以尺寸区分，兼顾印文内容。"范古"类，法从汉晋出，兼及先秦和近代，尺寸在寸

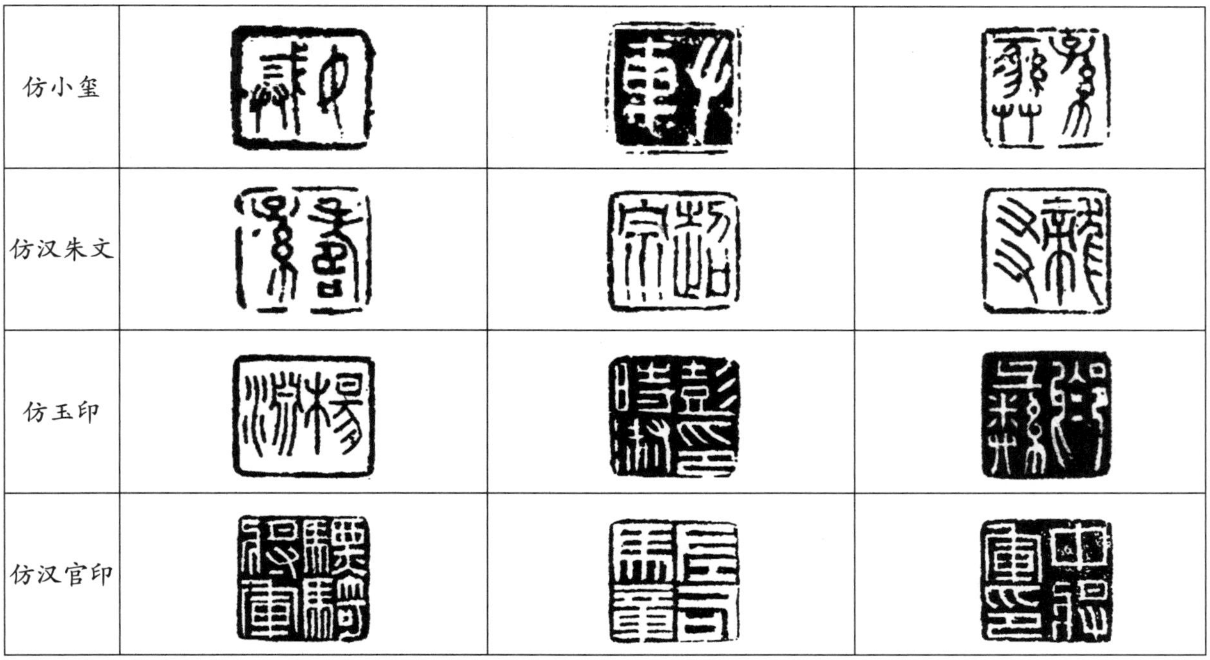

图12　朱简创作印章举例（范古）

图13　朱简创作印章举例（范今）

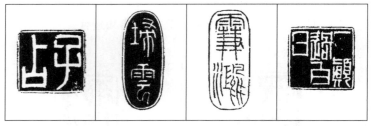

图14　朱简创作印章举例

图15　周公远/裕度
（注：周裕度，自公远，晚明"松江
派"画家。）

内，主要刻姓名、字、典故及仿古官印；"范今"类，尺寸较大，多超过一寸，内容上则不仅范古类所能刻，还有"斋堂、别号、经书、成语"等。朱简刻印，从所存印谱来看，字数二到八字之间，其中二字、四字占绝大多数。

　　其中所呈现的朱简印章特征，是比较全面的。有全自古法而来的仿先秦小玺、汉晋印法而来的各种文体、各种章法的印章，这些印章普遍是比较精彩、比较成功的；有从今人法度而出的各类印章，这些印章尺寸较大，其中有些少字数特别是二字的印章，由于印文内容的原因，显得大而蠢，或是稍显空泛（图14）。

　　另外，朱简印章中，刻朱文绝不接边，印谱中偶有粘边者，是钤印时印泥溢出所致，并非原印如此。因此从这一点可以透过原印谱进行分辨。另外刻表字印，朱简有其禁忌：

又曰："表字只用二字为正。近人或并姓氏于上，若作'某甫'，古虽有此称，系他人美己，却不可入印。"按，古人字印必有姓，今不用姓，亦简省之法，或可从俗，而"氏"字在宋、元方有，亦非汉、晋、六朝法也。

表字印，用二字为好，因此朱简刻表字印，二字为主。古人字印有姓，可用，亦可不用（图15）；加"氏"字在宋元时期才有，不合汉晋六朝法，则不古，不用。朱简所说的这些情况，从元人到晚明的印章中普遍可见。我们来看朱简对创作印章，为他人所刻表字印，《印图》中绝无存者，可以看作朱简"字印"的禁忌。

堂室印始自唐人，地名散号始自元宋，近又有全用古人成语者，虽非古法，亦可旁通。江湖之号，牵涉之语，及科第世家名目入印，则不韵。[1]

堂室印始自唐代有刻，明代文人、书画家多有堂室号，甚至一人会有多个堂室号，因此多有印章，朱简这类印章刻得也不少。地名散号类印章，朱简也有不少。古人亦有成语印，亦可刻。而江湖之号、牵涉附和之语，以及科第世家之类与入印，不雅，遂不可刻。这些都是朱简刻印的禁忌。至《印图》时，绝无入谱者。

三、结语

以上，以《印品》为基础，结合《印章要论》《印图》，来讨论朱简关于印章欣赏、篆刻技法的梳理，对"三代印"对考证、对玉印对认识、对明人印章对评价和临摹，及其最终形成的印章作品风格之间的关系。

在晚明印坛中，朱简是一个极特别的存在。他不仅篆刻实践出众，有《印品》《菌阁藏印》《印图》传世，无愧于"明代第一作手"的赞誉；他在印章理论方面的建树，从《印章要论》到《印经》，都显示了渊博的印学认识和开阔的眼界，影响其后的文人篆刻。对后世乃至当代的篆刻学习都有极大的影响。

因近期疫情影响，不能考察《菌阁藏印》原谱收印情况，对于本文的写作造成一定的影响。另文中论述不妥处，请方家不吝指正。

（作者系中国美术学院中国画与书法学院2021级在读博士生）

---

[1] 明·朱简：《印章要论》，《印品》明万历刻钤印本。

芸阁与研山：嘉万时期上海顾从德家族艺术鉴藏活动研究

孙志强

内容提要： 上海顾氏家族是嘉万时期江南地区重要的鉴藏家群体，顾从德之芸阁是顾氏家族文化事业的缩影，顾从义之研山斋生活则最能体现顾氏昆仲的艺术趣味。顾氏昆仲与长洲文徵明家族保持着长期的艺术互动，在书画鉴藏、碑帖刊刻领域，顾氏昆仲与文彭之间有着密切的合作关系。顾氏所藏书画、古籍、古玺印数量颇夥，在古籍鉴藏方面，顾氏收书多重视宋版，藏品所有权为顾氏家族成员所共有；在书画碑帖收藏方面，顾氏藏品的来源途径多样化，藏品的所有权分属顾氏昆仲之个人。顾氏书画散佚的大致时间在隆庆、万历之交，顾从德、顾从义二人与项元汴有数次交易记录，藏品多流入项氏天籁阁、王氏弇山园。顾氏所藏古玺印有一部分来源于丹阳孙氏，万历中期，顾氏所藏古玺印开始散佚，并呈现出分批次、多方向散佚的特点。顾氏家族的书画、古籍、古玺印鉴藏，以及古籍、印谱出版，为进一步塑造顾氏世家大族的形象起到了关键作用。

关键词： 嘉万时期　上海顾氏　文化事业　书画鉴藏　古玺印

引子："眇视者"与"大法眼"——项元汴与詹景凤对顾氏兄弟鉴藏眼光的评价

万历四年（1576）十一月，嘉兴天籁阁中迎来了一位徽州客人，此人即是途径嘉兴北上的詹景凤。在天籁阁中，藏品一向秘不示人的项元汴，在出示了王羲之《兰亭序》、索靖《出师颂》、欧阳询《梦奠帖》等名迹之后，又出示了一卷唐拓《定武兰亭》。此时，该拓片的所有权仍为上海顾从德所拥有，至于顾家之物何以在项家，从詹景凤所说"汝修上铨部，以此质项元汴家"一语可知，此拓本为顾从德至北京任中书舍人时，抵押在项家之物。[1]杯盘狼藉之际，项元汴与詹景凤谈及当世的鉴赏家，项氏说出了一番令詹景凤瞠目之言：

> 项因谓余："今天下谁具双眼者，王氏二美（按，指王世贞、世懋）则瞎汉，顾氏二汝（按，指顾从德、从义）则眇视者尔。唯文徵仲具双眼，则死已久。今天下谁具双眼者？"[2]

[1]　詹景凤：《詹东图玄览编》附录题跋《文氏顾氏翻刻〈定武兰亭〉十四跋》，卢辅圣主编：《中国书画全书》（修订本）第5册，上海书画出版社2009年版，第462页。

[2]　詹景凤：《詹东图玄览编》附录题跋《文氏顾氏翻刻〈定武兰亭〉十四跋》，上海书画出版社2009年版，第463页。

项元汴自信地认为"今天下具眼，唯足下与汴耳"，他的此番言论大类曹孟德"煮酒论英雄"，或可以称之为项子京"赏画说具眼"。半年后的万历五年（1577）五月，詹景凤先后通过许初与文嘉收得了上海顾氏、长洲文氏两家所翻刻的《定武兰亭》拓本各一本，顾氏翻刻的底本即是抵押在项家之物，文氏翻刻的底本则是赵孟𫖯十三跋本，詹景凤将此二者合装为一卷。在接下来不足两年的时间里，詹景凤针对此卷连续作了十四则题跋，上述项元汴对顾从德、顾从义"眇视者"的轻视之论，即是出自詹景凤《文氏顾氏翻刻〈定武兰亭〉十四跋》中的转述。项元汴的这种自负，在一向以善鉴自负的詹景凤眼中，无疑是可笑的，所以詹景凤不仅当面回复"卿眼自佳"，而且事后对其又有"第项为人鄙啬""骄矜"之评。作为徽州人，詹景凤素来对苏松一带鉴藏家的眼光给予严苛地批评，如他在一些题跋中，虽然一方面对文徵明的绘画表现得爱入骨髓，而另一方面又对文徵明的某些鉴定结论毫不含糊地予以否定。从交往史料的多寡来看，詹景凤与上海顾氏兄弟之间的熟悉程度恐怕超过项元汴。万历五年詹景凤与顾从德、顾从义相聚于北京，在詹景凤的《詹东图玄览编》中，仅此一年中就有多条他们三人交流书画鉴藏的记录。在这些文献记载中，既有詹景凤对顾从义误收刘松年伪作的驳斥，也有两次詹景凤向顾氏兄弟请教《定武兰亭》版本的记载。尤为重要的是，詹景凤对顾氏兄弟鉴藏水准的肯定多于否定，詹景凤云：

予昔闻云间莫廷韩、顾汝和、汝修三人，赏鉴并具大法眼。[1]

"大法眼"一词代表着鉴藏眼光的权威与鉴定的精准，顾从义就曾以"法眼"二字赞誉过文徵明。[2]同样是评价顾氏兄弟的鉴藏眼光，詹景凤的"大法眼"与项元汴的"眇视者"，可谓截然相反，由此可见詹景凤对顾氏昆仲鉴藏水准的认可。

时间回到万历元年（1573）初秋，这年秋天的一件事，似乎能够解释为何王世贞兄弟得到项元汴"瞎汉"之讥，顾从德兄弟得到"眇视者"之评。这年王世贞"因损一岁奉（俸）"入手了顾从德旧藏柳公权《书兰亭诗并后序》手卷。这件作品现藏故宫博物院，按照今天的研究结果来看，该作绝非柳书。（图1）但在嘉万以至崇祯时期的鉴赏家眼中，除了詹景凤对柳公权所书有所质疑外，绝大部分鉴赏家对此都无异议，如顾从德、王世贞、文嘉、莫是龙、张凤翼、张献翼、钱穀[3]、黎民表、顾从义、许初、文彭[4]等，他如孙镛、董其昌、张丑等都将该作看做柳书代表。[5]以上诸人对该作的鉴定确实失眼，但不能说这批明代最具代表性的鉴藏家是"瞎汉""眇视者"。事实上，恐怕项元汴未必真认为顾氏昆仲为"眇视者"，若真的如此，那项元汴后来一系列的行为将无法解释——天籁阁，是入藏顾氏昆仲旧藏最多的地方，如顾氏旧藏的顾恺之《女史箴图》、张旭

[1] 詹景凤：《詹东图玄览编》卷二，卢辅圣主编：《中国书画全书》第5册，上海书画出版社2009年版，第425页。

[2] 詹景凤：《詹东图玄览编》卷二，卢辅圣主编：《中国书画全书》第5册，上海书画出版社2009年版，第425页。

[3] 以上诸人见（传）柳公权：《书兰亭诗并后序》卷后题跋，故宫博物院藏。

[4] 黎民表、许初、文彭、姚淛鉴赏该作之记载，见黎民表：《瑶石山人稿》卷六中载《佛日过顾汝和，观柳公权书〈兰亭禊帖〉，同许元复、文寿承、姚元白集》，《文渊阁四库全书》集部第1277册，台湾商务印书馆1982年版，第69页。

[5] 关于《书兰亭诗并后序》在明、清两代鉴赏的讨论，可参见杜娟：《以〈书兰亭诗并后序〉为例看明清期法书鉴藏的错判与书史想象》，《故宫博物院院刊》2017年第2期，第37—55页。

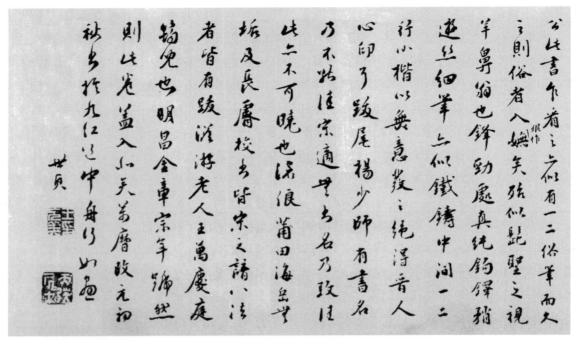

图1　（传）柳公权《书兰亭诗并后序》，顾从德旧藏，万历元年（1573）王世贞题跋，故宫博物院藏

的《兰馨帖》《春草帖》《烟条帖》，米芾《蜀素贴》，赵士雷《湘乡小景图》等，这些原属于顾氏兄弟的珍藏，均流入了项氏天籁阁中。

嘉万时期是明代书画鉴藏史上的巅峰时期，"上海顾氏称世家，三世以博雅传"，顾氏昆仲"并翔艺苑，义同韦氏，鉴有张华"，是这一时期非常重要的鉴藏家。至少从顾氏兄弟之父御医顾定芳开始，顾氏在江南一带已享有鉴赏家的盛名。张应文《清秘藏》卷下"叙鉴赏家"中罗列了其心目中自洪武朝至嘉靖朝真正的"鉴赏家"30人，如徐有贞、李应桢、沈周、吴宽、祝允明、陆完、文氏父子、陆深、王世贞、王世懋、项元汴等，在这份名单里，顾定芳之名也赫然在列。[1]嘉万时期上海顾氏在艺术鉴藏活动中，是否如同项元汴所说的是"眇视者"？顾氏与长洲文氏之间有怎样的艺术互动与艺术合作？顾家刻书的目的是什么？顾氏兄弟的书画、古籍藏品有哪些？其藏品来源与散佚过程有过怎样的经历？顾氏古玺印的聚散过程如何？这些问题是本文所重点关心的议题。

关于上海顾氏的研究，一直是印学界关注的重点，目前已有的研究多基本从以下几个方面入手：一是针对上海顾氏家族成员的考证，较为翔实的成果如孙向群《顾从德家族辈分行第事迹考》一文，该文解决了顾氏家族的世系、家族成员辈分问题，对理解顾氏家族的艺术活动有重要的参考价值；[2]二是对顾氏《集古印谱》以及《印薮》版本的研究，如杜志强《关于顾氏〈集古印谱〉和〈印薮〉版本的初步考察》基本厘定了顾家印谱的版本问题；[3]三是针对顾氏藏印的研究，新近的

[1]　张应文撰：《清秘藏·卷下·叙鉴赏家》，上海古籍出版社1986年版，第134页。

[2]　孙向群：《顾从德家族辈分行第事迹考》，《印说》2007年第2期。

[3]　杜志强：《关于顾氏〈集古印谱〉和〈印薮〉版本的初步考察》，《第二届孤山证印西泠印社国际印学峰会论文集》，西泠印社出版社2008年版，第425—456页。

研究成果是古菲《万历年间的集古印谱与文人篆刻（1572—1602）》一文。[1]此外，需要提及的是钱镜《顾从义书画鉴藏略论》一文，是较全面梳理顾从义鉴藏活动的专文。[2]

一、芸阁与研山：上海顾氏的文化事业与艺术趣味

（一）芸阁：顾氏家族文化事业的呈现

古往今来，文人斋室之名多寄托主人之人生理想，顾氏也不例外。顾氏所使用的斋馆号众多，除了较为知名的南溪草堂、芸阁、研山斋、玉泓馆之外，尚有万玉楼[3]、桃花馆[4]、雪舫[5]、芳园、续玄阁、静龛[6]、石鼎寮[7]、昙花庵、露香园[8]等。对于这些斋馆号，没必要逐一繁琐考证，我们只需通过顾从德的"芸阁"与顾从义的"研山斋"，即可了解到顾氏家族所追求的"文化事业"与"艺术趣味"。

"顾氏芸阁"四个字对于万历以降的印人而言一定不会陌生，自万历三年（1575）《印薮》行世以后，刻于《印薮》书口下部的"顾氏芸阁"（图2）四字即已为天下印人所熟知，无论后人如何评价《印薮》的利与弊，却不妨碍"芸阁"二字在万历以降印人心目中的地位。"芸

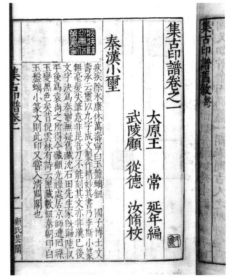

图2 王常编，顾从德校《集古印谱》（《印薮》）卷一卷端页书口处"顾氏芸阁"字样，明万历三年（1575）刻本，日本东京国立博物馆藏本

---

[1] 古菲：《万历年间的集古印谱与文人篆刻（1572—1602）》第二章第一节，中国美术学院博士学位论文，2018年。

[2] 钱镜：《顾从义书画鉴藏略论》，《收藏家》，2017年第10期，第71—78页。

[3] 顾从孝斋馆号。国家图书馆藏明嘉靖二十九年（1550）顾从孝刻本《南唐书》三十卷（索书号：善08009），是书卷一卷端页有"万玉楼"白文印，叶德辉《书林清话》卷五所著录者亦有该印，故叶氏亦称"顾汝达万玉楼"（岳麓书社1999年版，第118页）。又，王重民：《中国善本书提要》据北京大学藏明嘉靖间刻本解题，此本无该印（上海古籍出版社1983年版，第84页）。王重民先生并未将"顾汝达"与顾从德兄弟联系起来，王先生据《松江府志》所载上海"顾汝经、顾汝纶兄弟"，又据此书与顾从德所校刻群书不类，而将《南唐书》之刻者"顾汝达"定为顾汝经一族，误。

[4] 顾氏斋馆，具体所属不详。文洪：《文氏五家集·卷八·博士诗集·下·人日集顾氏桃花馆，同集者黎惟敬、休承弟、顾汝和诸昆季也》，《文渊阁四库全书》集部第1382册，台湾商务印书馆2008年版，第525页。

[5] 顾从义斋馆。徐中行：《天目先生集》卷五《同袁鲁望、文寿承饮顾汝和雪舫得凉字》，《续修四库全书》集部第1349册，上海古籍出版社1995年版，第636页。

[6] 《过云楼书画记》卷五"画类五"著录了两卷文伯仁所画《文五峰芳园十五景图卷》，其中一件存文彭所题写顾氏斋馆号。顾文彬著，柳向春校点：《过云楼书画记》卷五"画类五"，上海古籍出版社2011年版，第147页。

[7] 顾从义斋馆。徐中行：《天目先生集》卷三《题顾汝和石鼎寮》，《续修四库全书》集部第1349册，上海古籍出版社1995年版，第616页。

[8] 露香园，顾从义园林，清嘉庆道光间废，道光十七年（1837）前后上海徐紫珊在其旧址建仁粟堂，并摹刻顾从义《石鼓文》端砚置之仁粟堂中，见张廷济《桂馨堂集》卷四《上海顾氏露香园旧址新建粟厂复药园亭，次韵翁问学题顾园画册诗韵》《上海徐紫珊移海盐张文鱼重摹石鼓置新建仁粟堂，用前韵纪事》，《清代诗文集汇编》第490册，上海古籍出版社2010年版，第374、377页。

阁"二字是顾氏家族追求文化事业最好的注脚，关于"芸阁"之名的由来，欧大任《芸阁记》一文论之甚详：

> 鸿胪顾君家故多书，不下万卷，自其先御医公之所遗，而更广购之者也。即其居之爽垲，地筑重屋庋之，谓芸可辟蠹也，氏曰芸阁，属余为记……君尝括综百家，讨论六籍，搜往牒之精奥，发群藻之英华，所以宣上下之象，明人伦之叙，穷理尽性，以究万物之宜，学已求其大者，岂但刘向通古今之籍，马融见天下之书，京房察风雨之占，裴楷晓阴阳之术而已哉？昔解牛擅于庖丁，斫轮讥于堂下，诚有味哉其言也。君所贻于子子孙孙，百世菁莪之泽，可不以说铃（笔者注：原文作"钤"，误，据文意改）、书麓为戒乎？余未睹河编，徒辑山笥，窃欲湛思大业，聊为君诵所闻。君名从德，字汝修，盖上海名族云。[1]

从该文可知，作为建筑样式的"芸阁"，其形态为"重屋"；作为实用的"芸阁"，其功用是顾家庋藏书籍之所；尤为注重地是，作为文化象征意义上的"芸阁"更值得我们关注。"芸阁"一词中的"芸"字，乃芸草、芸香之简称，古人以芸香避蠹虫，故官方藏书之所可称为芸台，私家藏书之地多称芸窗、芸馆等。藏书与刻书是顾家最重要的文化事业，"芸阁"二字蕴含顾家对诗书世家强烈地追求心态。就藏书而言，虽无法得知顾家藏书的确切数目，但顾家一些重量级藏品在后世仍为人们津津乐道，最典型的例子即是顾从德所藏宋版《汉书》，这部《汉书》在明代鉴藏圈里可谓人尽皆知，[2]它在元代的主人是赵孟頫，前有赵孟頫自绘小像，文徵明八分书题签，又有陆师道在芸阁中所书写的题跋，在进入芸阁之前，它被长洲陆完家族珍藏，顾氏之后复为王世贞用一座庄园的代价所购得，王世贞云：

> 余生平所购《周易》《礼记》《毛诗》《左传》《史记》《三国志》《唐书》之类，过三千余卷，皆宋本精绝，最后班、范二书，尤为诸本之冠……前有赵吴兴小像，当是吴兴家入吴郡陆太宰，又转入顾光禄，余失一庄而得之。[3]

这部《汉书》在明末清初时又成为钱谦益的案头长物，后钱氏将其转售四明谢三宾，换得了绛云楼建造的费用，事后钱氏将此视为他生平中最煞风景之事。借由这部《汉书》，链接了元代赵孟頫，明代陆完、文徵明、陆师道、顾从德、王世贞，以及明末清初的钱谦益等人，其间的文化象征意义又绝非一部《汉书》所能详尽。它和顾家的另一藏品——"疢疾除永康休万寿宁"秦蟠螭小玺一样，是元代后期以来江南地区重要的文化象征符号，顾氏小玺的递藏经过也同样不凡——此印"旧藏沈石田家，既归陆叔平，后为袁尚之所得，今藏顾光禄处，居京师遭回禄……此印又尝

---

[1] 欧大任：《欧虞部集》文集卷十《芸阁记》，《北京图书馆古籍珍本丛刊》子部第81册，书目文献出版社2000年版，第698页。

[2] 有关这部《汉书》的讨论，可参见范景中先生《书籍之为艺术——赵孟頫的藏书与〈汲黯传〉》一文，范文中将王世贞"又转入顾光禄"一语中的顾光禄定为成化、弘治间昆山顾恂，误。见《新美术》2009年第四期，第26页。

[3] 于敏中等著：《天禄琳琅书目》卷二，《中国历代书目题跋丛书》第二辑，上海古籍出版社2007年版，第23页。

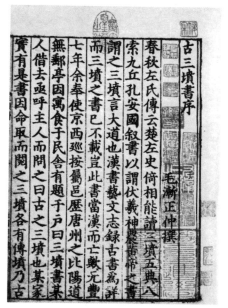

图3　顾从德旧藏宋绍兴十七年（1147）
刻本《古三坟书》书影，国家图书馆藏

图4　顾从德旧藏宋淳熙四年（1177）抚州
公使库刻本《礼记》书影，国家图书馆藏

人（倪瓒）清闷阁也"。[1]顾氏藏书重宋版，且重名家旧藏，除赵孟頫旧藏《汉书》外，仅顾从德本人所藏的宋版尚有严元照《书春秋张氏集传》、宋刻本《新唐书纠缪》、宋兴文署版《资治通鉴》、宋绍兴十七年（1147）《古三坟书》（图3）、宋淳熙四年（1177）刻本《礼记》（图4）、宋嘉定间刻本《乖崖集》等。关于顾氏古籍鉴藏的讨论，我们将放在下文展开，此处暂不枝蔓。

与藏书事业同步进行的，顾氏还有刻书之举。顾定芳所刻医学类书籍，已为研究者所熟知，如嘉靖二十三年（1544）顾定芳刻本《医说》十卷[2]；嘉靖二十九年（1550）顾定芳令顾从德以家藏宋本为底本重刻《重广补注黄帝内经素问》二十四卷（图5）[3]。顾氏昆仲对刻书较顾定芳显得热衷得多，嘉靖二十九年（1550）是顾家刻书的一个高峰时期，除《重广补注黄帝内经素问》行世外，尚有顾从敬以家藏宋本覆刻的《类编草堂诗余》四卷[4]、顾从孝所刻《南唐书》三十卷[5]。在木活字印刷方面，顾氏也有过尝试，以万历元年（1573）顾从德芸阁木活字印本杨循吉《松筹堂集》十二卷为代表。[6]而最为艺苑熟知的是万历三年（1575）顾氏芸阁所刻《印薮》一谱。从隆庆六年（1572）的原钤《集古印谱》到万历三年（1575）木刻本《印薮》的转换，不应仅仅看作是顾氏兄弟为求射利所做出的权宜之举，更重要的是，应该将《印薮》的诞生看作顾家所追求的文化事业的一部分，这也即是顾从德在《刻〈集古印谱〉引》所说的：

[1]　王常编，顾从德校：《集古印谱》（《印薮》）卷一，万历三年（1575）顾氏芸阁刻朱印本。

[2]　《医说》十卷目录一卷，明嘉靖二十三年上海顾定芳刻本，安徽中医药大学图书馆藏（索书号：R—092/m1），是书之叙录见程新著：《珍本古医籍版本叙录》，合肥工业大学出版社2017年版，第597—599页。

[3]　《重广补注黄帝内经素问》二十四卷，国家图书馆藏嘉靖二十九年顾定芳、顾从德重刻本。

[4]　《类编草堂诗余》，国家图书馆藏嘉靖二十九年顾从敬刻本（索书号：CBM2402）。

[5]　国家图书馆藏明嘉靖二十九年顾从孝刻本《南唐书》共两部，索书号分别为：善08009，另一部善04998。

[6]　沈津著：《书城挹翠录》，上海社会科学出版社1996年版，第253页。

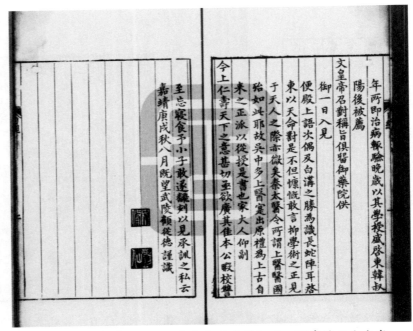

图5　顾从德《重广补注黄帝内经素问》跋，明嘉靖二十九年
（1550）顾从德刻本，国家图书馆藏

余既集古印若干枚，用硃用墨印越楮上作谱者，凡二十册矣……恐散而弗克，常储为一家物，或久益漫灭，并失以在也，后之人抑又何以能尽睹今兹之全也。用是乃起而裒诸前人所谱，如赵子昂氏、王顺伯、杨宗道、吴孟思者，尽付梓人，庶永不至磨灭，而古人之遗意，如诸家所序论者，幸与后千载者同之。此余刻谱之意，敢僣引诸前？……万历三年人日，武陵顾从德识。[1]（图6）

"庶永不至磨灭"与"幸与后千载者同之"正是顾氏藏印"尽付梓人"的本意，由此来看，欧大任《芸阁记》中"可不以说铃（钤）、书篆为戒乎"的劝勉砥砺之言，顾从德恐怕是深有体会。嘉靖二十九年（1550）姚昭在跋顾从孝刻本《南唐书》时，也特意指出此顾刻本的意义，即借由此书而窥视南唐之"流风余韵，千载犹存"，姚氏云：

迨今江左人文甲海内，而好市古书画，辄倾囊橐，故远方人士游历兹土，见者目为"吴痴"，流风余韵，千载犹存。读是书者，可以想见矣。[2]

如果我们稍加留意，即会发现，顾家所藏书籍绝大部分为宋版书，元代刻本偶一二见，明版仅见一部明抄孤本《诗渊》；所刻的各类书籍也有一个共同的特点，即在底本的选取上力求以宋版入梓，并且排斥宋代以降的版本，如顾从孝重刻《南唐书》，即因"厌家藏元刻舛讹"。底本选取的

---

[1]　顾从德：《刻〈集古印谱〉引》，万历三年（1575）顾氏芸阁刻朱印本。
[2]　姚昭跋顾从孝刻本《南唐书》，国家图书馆藏明嘉靖二十九年顾从孝刻本（索书号：善08009）

186

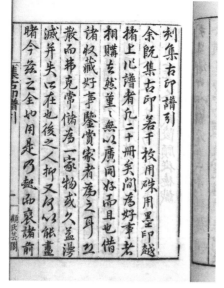

图6　顾从德《刻集古印谱引》，《集古印谱》（《印薮》），明万历三年（1575）刻本，日本东京国立博物馆藏本

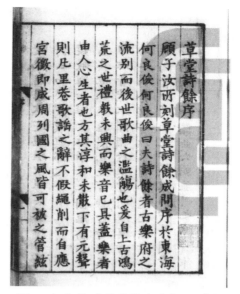

图7　何良俊《草堂诗余序》，《类编草堂诗余》嘉靖二十九年（1550）顾从敬刻本，国家图书馆藏

严苛、校对的精审、刊刻的细致，无不体现出顾家对于藏书、刻书事业的慎重，这与同一时期福建建阳地区所刻书籍的差异不啻天壤。由此我们也可以推测，顾家所刻图书的读者绝非粗识文墨之人，而应是有较高文化水准与文化地位的文人精英。不可否认，顾氏在刻书活动中也有射利的考虑，如《印薮》前钤古玉玦，下标"每部价银一两五钱"[1]，即便如此，我们也不能将《印薮》的面世，完全看成是顾氏追求经济效益的产物，它和万历二十四年（1596）来行学之《宣和集古印史》纯粹追求利益的行为完全不同，如来氏《宣和集古印史》不仅假托掘地得桐棺，又兼翻刻顾氏之谱而妄称宋人之遗，至于其中所列印谱、印泥之价格，[2]尤为后世所诟，清代四库馆臣即称其"尤为猥鄙"。[3]

对于《印薮》面世的认识，应当放置在顾氏家族整体藏书、刻书的文化事业中考察，顾家通过刻书事业进一步巩固其家族文化资本，累积世家声誉，应该是毋庸置疑的。这一点在顾从德主持翻刻《素问》一书时，所言翻刻之目的为其"以见承训"一语也可以看出。[4]嘉靖二十九年顾从敬以家藏宋本为基础重刻《类编草堂诗余》一书，书成，何良俊为之作序，何氏着重突出书写的也是顾氏"上海名家""绰有门风"，何氏云：（图7）

---

[1]　目前所见万历三年（1575）刻本《印薮》大部分未存此价格牌记，所存者如西泠印社藏本，书影见陈振濂编著《中国印谱史图典》（上），西泠印社出版社2011年版，第11页。

[2]　来行学：《宣和集古印史》首册卷前云："官印一套纹银一两五钱，私印二套，纹银三两。"八册卷八末："宝印斋监制珊瑚、琥珀、珍珠硃砂印色，每两实价五钱，硃砂印色每两实价二钱。"来行学《宣和集古印史》，万历二十四年来氏宝印斋刻钤印本，国家图书馆藏（索书号：06439）。

[3]　永瑢等：《四库全书总目》卷一百十四，中华书局1965年版，第979页。

[4]　顾从德：《重广补注黄帝内经素问》跋，明嘉靖二十九年顾从德刻本，国家图书馆藏（索书号：善08929）。

顾子上海名家，家富诗书，代传礼乐。尊公东川先生博物洽闻，著称朝列。诸子清修好学，绰有门风……[1]

万历四十二年（1614）陈继儒以顾从敬所刻版本为底本，重新加以注释而成《类选笺释草堂诗余》四卷，钱允治为之作序，云："先刻《草堂诗余》无如云间顾汝所家藏宋本为佳，继坊间有分类注释本，又有毗陵长湖外史续集本，咸鬻于书肆……惟注释本脱落谬误，至不可句。"[2]钱氏作序时，已距顾从敬初刻该书过去了60余年，按照钱氏的说法，这60余年中，《类编草堂诗余》的刻本有数种行世，但钱氏仍认为"无如云间顾汝所家藏宋本为佳"，这无疑是对顾氏家族文化事业的肯定，恐怕这也是顾氏昆仲热衷刻书行为所追求的目标。概言之，"芸阁"，不仅是呈现顾氏家族文化品位的缩影，更是顾家塑造文化世家过程中的缩影。关于"芸阁"的讨论先到此为止，我们接下来再将目光转移到顾家另一个斋馆——顾从义之"研山斋"。

（二）研山斋：顾氏家族艺术趣味的典型

"研山"是顾从德之弟顾从义的号，"研山"二字来源于米芾之研山，米家的研山在嘉靖年间成为顾氏案头之物，顾从义不仅以"研山"为号，还取"研山"二字名其室曰"研山斋""研山山房"，以"研山"名其文集曰《研山山人诗稿》。与顾从德芸阁中的文化事业相较，顾从义似乎更以追求"艺术趣味"见长，"研山"二字的来源及其意蕴也较"芸阁"轻松活泼得多。虽然顾从义也收藏宋版书，但其鉴藏的重心却在书画碑帖上，他一生的事功见于陈所蕴所撰写的《明文林郎大理寺左寺左评事研山顾先生墓志》[3]一文，与这篇较为郑重的墓志铭相比较，何三畏的《顾廷评研山公传》一文，则更为生动地为我们勾勒出顾从义人生的另一面：

公性好石，尝得米元章研山而宝之，遂以为号。公生而玉立岳峙，长厚谦和，读书聪颖绝伦，过目辄成诵，第不喜博士家言，喜披览秦汉书，晋魏唐诸家词赋，及古斯邈篆籀文，日据案而仿摹之，遂擅长笔札，而会父兄宦京邸，入赀为太学生。岁庚戌，肃皇帝诏选六馆士善书者，令入殿直，公奉诏应试，称上旨，御笔署名第五，拜中书舍人，直文华殿……公之归也，与伯兄光禄汝由、仲兄鸿胪汝修，家自为社，相从杖屦，饮酒赋诗。先是，海上有潘氏四老，而顾氏亦有三老云。公建玉泓馆，结昙花庵，筑舒啸台，夷犹其间，虽风雨寒暑不辍，所蓄鼎、彝、尊、罍、甗、甒、镤、璧、刀、剑、盘、匜，皆三代以上物，帖皆善本，画皆名家大家。盖公既好古，而又精于赏鉴故也。性复巧慧，用小石斛艺怪松，古梅、琼花、奇树种种列庭户前，而自得米家研山后，又构梧台、泗滨诸怪石列盆中为小山，山陦树花木点缀其间，高不盈尺，而偃仰扶疏，居然有干霄薄云气。其自制撵冠、靰笠、芝杖、竹环，室中无不毕具，

---

[1] 何良俊：《草堂诗余序》，见《类编草堂诗余》，国家图书馆藏嘉靖二十九年顾从敬刻本（索书号：CBM2402）。

[2] 钱允治：《合刻类选笺释草堂诗余序》，见《类选笺释草堂诗余》，明万历二十四年刻本，国家图书馆藏（索书号：善16925）

[3] 陈所蕴：《明文林郎大理寺左寺左评事研山顾先生墓志》，见黄宗羲《明文海》卷四百六十六墓文三十七，清涵芬楼钞本。

见者如入五都市而游一洞天矣。公好客，客日益进，门外之车辙恒满，坐上之尊罍不空，而租入之余弗给，则质琴书与裘带，贷子母钱以供之不少倦。至于楷书逼钟尚书，行草宗右军、大令父子，径尺大字则仿颜常山、赵承旨，而诗则法陶、韦，所著有《荆溪唱和》《重游荆溪稿》《使滇南集》，可诵也。我友陈子有太常公所蕴志公之墓，称公博物似张茂先，陆沉类东方曼倩，淳谨孝友不减万石君、郑义门，嗜癖好奇不下稽叔夜、阮遥集，而谓当于古人中求之，语不虚耳。[1]

何三畏以上大段文字所描述的顾从义之形象，可以以"好古"与"精鉴赏"二词来概括，至于顾从义因"巧慧"而制作的种种"玩物"，最终的落脚点仍不出"好古"与"精鉴赏"二词。顾从义曾以宋拓《石鼓文》摹刻于端砚之上，这方端砚后世流传有序，也屡见之于著录文献，如翁方纲即对此砚多次评价，称此砚"一片衡峰圆石样，天然东海古鼉皮"。[2]张廷济在其《桂馨堂集》中更是一题再题，赞其"蝇书细篆穷精奇"。[3]这方令清代人倾慕不已的端砚，今藏天津市艺术博物馆中，使我们仍能一睹顾从义不凡的艺术品位与高超的书写技艺。[4]另外一个例子，对我们理解顾从义的研山生活或许更有所助益。天启元年（1621）汪珂玉收得顾从义旧藏钱穀《樊川诗意图》，特意记载了汪氏家中的另一件藏品，即顾从义手制玉镶椰盂：

> 天启辛酉（1621）春，汤玉林共文氏《万壑松风》持来，俱有顾砚山印记。余家玉镶椰盂亦镌"砚山山房"，愚父子遂得二画与盂供一室，恍身在顾氏玉泓馆，不独樊川诗意也。[5]

从汪珂玉的描述来看，他并没有单纯地将这件"玉镶椰盂"看作一件玩好之物，而是将其视作可以与绘画相较的长物，借此可以"恍身在顾氏玉泓馆"。顾从义的"好古"与"精鉴赏"还可以从文彭的笔下窥见一斑，嘉靖四十一年（1562），文彭丁忧毕，至北京补授顺天府学训导，在北京，文彭曾至研山斋访顾从义，并写下了一首诗题冗长的诗作《连日奔走尘冗，怀抱欠佳，偶过顾舍人汝由研山斋，见其窗明几净，折松枝梅花作供，凿玉河冰烹茗啜之，又新得彝鼎奇古，目所未见，炙内府龙涎香，恍然如在世外，不复知有京华尘土，赋此纪兴》[6]，诗题中，顾从义闲适的生活令文彭艳羡不已。

总体而言，顾氏昆仲的艺术趣味并没有因为其医学世家受到限制。如果说，顾从德是顾家经营文化事业的代表，那么顾从义可以视作顾家追求艺术趣味的典型。我们还要指出，顾氏昆仲之间在

---

[1] 何三畏撰：《云间志略·卷十五·顾廷评研山公传》，《四库禁毁书丛刊》史部第08册，北京出版社1997年版，第462—463页。

[2] 翁方纲：《复初斋诗集》卷二十四"枝轩集"《题顾汝和摹石鼓研》，《清代诗文集汇编》第381册，上海古籍出版社2010年版，第203页。

[3] 张廷济：《桂馨堂集》"顺安诗草"卷四《上海徐紫珊移海盐张文鱼重摹石鼓置新建仁粟堂，用前韵纪事》，《清代诗文集汇编》第490册，上海古籍出版社2010年版，第477页。

[4] 该砚及其拓片见天津市艺术博物馆编《天津市艺术博物馆藏砚》，文物出版社1979年版，第31—33页。

[5] 汪珂玉：《珊瑚网》卷四十二名画题跋十八，《中国书画全书》（修订本）第8册，第445页。

[6] 文洪：《文氏五家集》卷八博士诗集下，《文渊阁四库全书》集部第1382册，台湾商务印书馆1986年版，第520页。

文化事业与艺术追求上并非形同泾渭，而是兄弟之间通力合作，除了在古籍、古玺印收藏上并力协作之外，在碑帖刊刻上也能见到顾氏兄弟之间的合作，我们仅举一例即可。李日华《味水轩日记》卷八中著录了一件顾从义旧藏的吕洞宾《赠沈东老绝句》草书作品，这则史料向未为研究者留意，据李日华记载，顾从义曾将该作摹勒入石，该作后有顾从义题跋，云：

> 今万历己卯（1579），余奉使滇南还京，偶获此墨迹……太原王寿之为余摹，仲兄汝修出古石，金阊施复春刻毚于玉泓馆之松院。武陵顾从义敬识。（按：原文"从"字误作"悦"）[1]

顾从义在摹刻该作时，"仲兄汝修出古石"即表明顾氏兄弟之间有着密切的合作。此外摹勒者"太原王寿之"则极有可能是徽州罗王常。[2]

二、上海顾氏与长洲文氏的艺术互动

顾氏昆仲与长洲文氏的交往，最早可以推至嘉靖二十六年（1547），当然这仅是现存史料中所反映出的历史片段，顾、文二家的交往应当比该时间要早得多。是年夏日，顾氏昆仲中的长兄顾从礼前往北京，道经吴门时，持马和之《小雅南有嘉鱼篇图》拜谒文徵明，文徵明为之鉴定，并作跋云（图8）：

图8　文徵明跋顾从礼藏马和之《小雅南有嘉鱼篇图》，美国波士顿美术馆藏

> 余平生所阅马和之画经，无下数十卷，若作家、士气兼备，此六幅矣。嘉靖丁未九月六日，汝由奉使北还，道出吴门，持此相识，漫为鉴定，徵明。

此时的文徵明已78岁高龄，作为江南艺苑执牛耳者之身份无可撼动，对顾氏兄昆仲，文徵明多以前辈身份指导他们的书画鉴藏。尤其是对顾从义，文徵明有过多次指点，（康熙）《松江府志》卷三十四顾从义传记中称其"尤为文徵明、王世贞父子所重"。嘉靖三十一年（1552）顾从义以善书选授中书舍人至北京，文徵明有《寄顾汝和》一诗相寄，中有"冀北江南

---

[1] 李日华著，屠友祥注：《味水轩日记》，上海远东出版社1995年版，卷八，第534页。

[2] 笔者推测，此处之"太原王寿之"极有可能是罗王常，罗王常避兵难隐身于顾家，易姓为王，假托王氏郡望太原，又屡变姓名，至晚年方复姓为罗，学术界通过潘之恒《亘史抄》等文献已经梳理清晰。在顾家，罗王常之名为王常，字延年，"延年"与"寿之"可互通，不排除罗王常此时又字"寿之"的可能。罗王常与顾氏之间的合作也较多，除较为人所熟知的参与《印薮》之刊印外，罗王常还参与了顾从义《历代帝王法帖释文》一书的校订工作，是书卷端页署"太原王常校"，又，是书前王穉登《法帖释文考异序》之手书者亦为王常。顾从义《历代帝王法帖释文》，国家图书馆藏明刻本（索书号：善17432）。

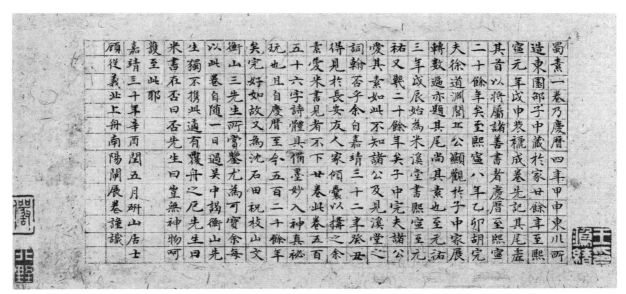

图9　嘉靖四十年（1561）顾从义跋米芾《蜀素贴》，台北"故宫博物院"藏

劳梦想，月明千里共依依"之句，[1]如果历史可以倒流，我们肯定能见到顾从义收到该诗时的喜悦之色。[2]嘉靖三十五年（1556）三月，文徵明跋顾从义所藏《兰馨帖》，并定为张旭之作。嘉靖三十二年（1553），顾从义购得米芾《蜀素帖》，屡次携至吴门，四年后（1557）的十月三日，文徵明在此卷后作观跋。吴门艺坛前辈的题跋对于顾从义而言，必定能为其藏品增色不少，嘉靖四十年（1561）顾从义北上途中的跋文便是记载了这一段经历：（图9）

> 余自嘉靖三十二年癸丑（1553）得见于长安友人家，倾囊以购之。余素爱米书，见者不下廿卷，此卷五百六十字，诗体具备，墨妙入神，真秘玩也。且自庆历至今五百二十余年矣，完好如故，又为沈石田、祝枝山、文衡山三先生所赏鉴，尤为可宝。余每以此卷自随，一日过吴中谒衡山先生，独不携此，适有覆舟之厄，先生曰："米书在否？"曰："否。"先生曰："岂无神物呵护至此耶？"嘉靖四十年辛酉（1561）闰五月，研山居士顾从义北上，舟南阳闸，展卷谨识。[3]

詹景凤在《东图玄览编》中，转述了顾从义的一段话，亦颇能看出顾从义与文徵明之间的关系：

> 松雪绢画小山水一卷，浅绛，虽林木茂而点染莹洁，笔法精雅秀润，惟林内一小童骑牛，

---

[1]　文徵明：《寄顾汝和》（《文嘉抄本》卷十四），转引自周道振、张月尊著：《文徵明年谱》，中华书局2020年版，卷七，第739页。

[2]　周道振、张月尊著：《文徵明年谱》，中华书局2020年版，卷八，第800页。

[3]　台北"故宫博物院"藏米芾《蜀素贴》。

盖法董源。汝和云："文徵仲时时借观，至数十番不厌。"[1]

对顾氏昆仲与文徵明之间的交往梳理暂且告一段落，让我们再来看看顾氏昆仲与文氏兄弟之间的艺术互动。顾氏昆仲与文彭、文嘉之间的互动较文徵明更为频繁，或许这批文徵明的后辈们作为艺坛同代人的缘故，他们之间的互动已经不再是指导与被指导的关系。有充分的史料证明，文彭时代的顾、文两家之交更多地呈现出一种合作状态，典型的例子是嘉靖四十五年（1566），顾从义借潘氏所藏宋拓《淳化阁帖》摹勒上石，历时四年方毕其事，世称"玉泓馆本"。文彭曾言其"亦尝效劳其中"，并在卷后作长跋，云：

> 《淳化阁帖》，其详备载《南村辍耕录》，在当时已难得，况今日乎！余白首止见两本，其一在荡口华氏，而阙第十卷，其一即此本也……吾友孙志周备加考索，作《释文考异》，其间点画结构稍有讹处，必为之注释。然亦未得见此本，据其驳证，则此本盖无恨矣。汝和久有此志，一旦从潘氏借摹，凡阅四年，始克成帙，亦可以为难矣。然使《淳化》祖刻复流人间，不亦快哉！有志书学者，得此则它帖可以尽废矣。余亦尝效劳其中，因书卷末以识，而刻之者，则吴人吴鼒也。隆庆元年（1567）四月朔，长洲文彭书。

文彭跋文中历数顾从义摹刻《阁帖》之经过，还提及其友人"孙志周"，该人即丹阳孙楨，关于他的藏印与顾氏藏印之间的关系，我们后文还要浓墨展开。摹刻这部《阁帖》的刻工"吴人吴鼒"也值得我们留意，文彭之所以将他特意记载在跋中，我们有理由相信，这绝非文彭的一时兴起。吴鼒与文彭家族有着长期的合作关系，薛龙春曾言简意赅地谈到"他是章简甫以外，苏州当时最有名的刻工……也是文氏家族撰书墓志铭使用最多的刻工之一"。[2]嘉靖四年（1525）至嘉靖三十六年（1557），吴鼒所刊刻的文徵明书写的各类碑铭达十余方之多，[3]这还不包括吴鼒承担的文彭、文嘉所书碑铭的刊刻，如嘉靖二十四年（1545）吴鼒就刊刻过文彭所书《王恭人墓志铭》[4]。基于吴鼒与文徵明家族的关系，我们有理由推测，经由文彭介绍，吴鼒成为玉泓馆本《阁帖》的刻工。当然，文彭在玉泓馆本《阁帖》的刊刻过程中，绝不仅仅是介绍吴鼒给顾从义而已，从其"效劳其中"一语可知，他极有可能亲自参与了摹写工作。早在四年之前的嘉靖四十一年（1562）正月，顾从义将文徵明曾经鉴定过的家藏张旭《兰馨帖》摹勒入石，文彭就明确说道"汝和将以入石，命摹一过。老眼眵昏，殊不能得其仿佛，若风神庶几不至悬绝耳。壬戌正月廿六日，文彭记"的话。[5]清代永瑆为我们提供了一则十分重要的史料，可以印证我们的推测，他曾见一册顾从义玉泓馆本《阁帖》，称其为文彭、文嘉双钩入石，且双钩之油纸尚存于册后，可证文彭自言

[1] 詹景凤：《詹东图玄览编》卷二，《中国书画全书》（修订本）第5册，上海书画出版社2009年版，第426页。

[2] 薛龙春主编：《三吴墨妙：近墨堂藏明代江南书法》，浙江大学出版社2020年版，第184页。

[3] 程章灿著：《石刻刻工研究·下编·〈石刻考工录〉补编》，上海古籍出版社2008年版，第433页。

[4] 文彭书，吴鼒刻：《王孺人墓志铭》，私人藏，见薛龙春主编：《三吴墨妙：近墨堂藏明代江南书法》，浙江大学出版社2020年版，第184页。

[5] 文彭跋：《兰馨帖》，周道振、张月尊著：《文徵明年谱》，中华书局2020年版，第801页。

图10 顾从义旧藏文伯仁嘉靖三十年
（1551）画《四万山水图》之《万壑
松风图》，日本东京国立博物馆藏

图11 顾从德旧藏文伯仁嘉
靖四十二年（1563）画《方壶
图》，台北"故宫博物院"藏

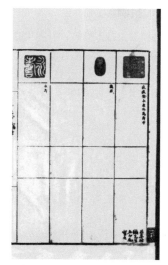

图12 文彭旧藏隆庆六年（1572）顾从德
辑《集古印谱》钤印本书影，浙江图书馆
藏，摘自浙江图书馆编《浙江图书馆藏国
家珍贵古籍题跋图录》

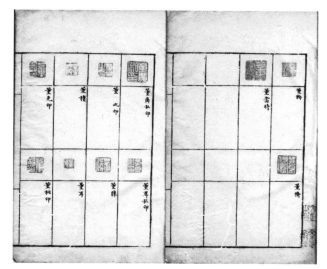

图13 文彭旧藏隆庆六年（1572）顾从德辑《集古
印谱》钤印本，香港松荫轩藏

"效劳其中"一语不虚。[1]

顾氏昆仲与文彭交往最集中的一段时间，是从嘉靖四十一年（1562）开始的。这年文彭丁忧结束补授顺天府学训导，该年十二月二日，甫至北京的文彭即在灯下为顾从义所藏《兰馨帖》题写了一段题跋，连同前一年正月、本年正月的两段题跋，这是文彭在这件藏品上所题写的第三段题跋。文彭居京期间多次过访顾氏昆仲，是年除夕之夜，文彭另有诗寄顾从敬，[2]次年（1563）人日，文彭又约同顾从敬在北京南郊踏雪闲步[3]，前揭文彭那首诗题冗长的诗作大致作于此年年末。[4]嘉靖四十三年（1564）的一整年，文彭与顾氏昆仲之间的交往依然相当频繁，如该年四月七日，顾从义四十生辰，文彭有诗相赠，中有句云"玉殿裁书竣，金銮捧诏回。年光容易过，羡尔接三台"，[5]多少可以看出此时文彭身居闲职之苦闷。这段时间，不仅文彭本人，其弟文嘉也在北京，文氏兄弟与顾氏昆仲之间的酬唱宴饮，未曾间断。[6]此外，黎民表《瑶石山人稿》卷六中载《佛日过顾汝和，观柳公权书〈兰亭禊帖〉，同许元复、文寿承、姚元白集》一诗亦可以看出文、顾两家子弟之间的艺事交往。有关这一时期，文、顾之交的记载，尚有欧大任集中诗作多首：《伏日同文寿承、徐子与、顾汝和饮袁鲁望斋中，听讴者杨清歌，时子与已补长芦矣，因题此句》[7]《伏日同徐子与顾汝和、袁鲁望、沈道桢、顾汝所集文寿承斋中，得家字》[8]《立秋日同文寿承、徐子与顾汝和、沈道桢、顾汝所、朱子愚饮袁鲁望宅得凉字》等诗。[9]

除文徵明、文彭、文嘉之外，顾氏昆仲与文徵明之侄文伯仁也交往密切，文伯仁曾为顾家兄弟子侄作画多幅。如，嘉靖二十八年（1548）为顾从义画《园林十五景》（又称《芳园十五景》，现藏香港艺术馆虚白斋）、嘉靖三十年（1551）画《四万山水图》（四幅，现藏日本东京国立博物馆）（图10）、嘉靖四十二年（1563）为顾从德画《方壶图》（现藏台北"故宫博物院"）（图11），又为顾氏兄弟的子侄辈顾九锡画《南溪草堂图》（现藏故宫博物院）。尤其是文伯仁所画《园林十五景》，此作每页后有文彭所书七言绝句各两首，由此亦可见顾、文二家交往之密切。

结合文氏父子两代与顾氏昆仲之间的交往来看，文彭与顾从义、顾从德之间应极为熟稔，他

---

[1] 永瑆：《诒晋斋集》卷八《贾本阁帖跋》："贾似道以《阁帖》既毁，乃模其家藏本勒石，世所称贾本是也。此册乃原拓，顾从义所收，从义属文寿承兄弟双钩复刻之，而装双钩油纸于此册之背，董文敏跋，暮年真笔也。"清道光二十八年（1848）刻本。

[2] 文洪：《文氏五家集》卷八博士诗集下《除夕答顾汝所》，《文渊阁四库全书》集部第1382册，台湾商务印书馆2008年版，第516页。

[3] 文洪：《文氏五家集》卷八博士诗集下《雪晴同吕舍人、顾汝所南郊闲步》，该诗前一首为《人日雪晴答徐相公》，知二诗同时所作，《文渊阁四库全书》集部第1382册，第516页。

[4] 文洪：《文氏五家集》卷八博士诗集下，《文渊阁四库全书》集部第1382册，第520页。

[5] 文洪：《文氏五家集》卷八博士诗集下，《文渊阁四库全书》集部第1382册，第521页。

[6] 文洪：《文氏五家集》卷八博士诗集下《人日集顾氏桃花馆，同集者黎惟敬、休承弟、顾汝和诸昆季也》《文渊阁四库全书》集部第1382册，第525页。

[7] 欧大任：《欧虞部集》旅燕集卷一，《北京图书馆古籍珍本丛刊》子部第81册，书目文献出版社2000年版，第157—158页。

[8] 欧大任：《欧虞部集》旅燕集卷二，《北京图书馆古籍珍本丛刊》子部第81册，书目文献出版社2000年版，第176页。

[9] 欧大任：《欧虞部集》旅燕集卷二，《北京图书馆古籍珍本丛刊》子部第81册，书目文献出版社2000年版，第176页。

对于顾氏三世五君的藏印也应当不陌生，甚至连顾氏所购得的孙枝旧藏印章，文彭恐怕也十分熟悉——孙枝为文徵明晚年玉磬山房中的常客，文彭与孙枝亦为至交。隆庆六年（1572）顾氏《集古印谱》行世，一年后文彭下世，虽未见文彭参与这本印谱的编纂，但文彭肯定知晓此事，并且在文彭生命的最后一年，他曾收藏了一部顾氏《集古印谱》。这部经由文彭鉴藏的印谱，现在尚能见到残本，官印一册今藏浙江图书馆（图12）。是谱黄姬水序言首页钤"文彭之印""文氏寿承"朱文印两方，后为味水轩主人李日华所得；[1] 香港松荫轩则藏有私印一册，钤印页首页右下亦钤文氏此二印（图13）。

　　嘉靖时期，文氏父子"始辟印源，白登秦汉，朱压宋元"，其印学趣味影响颇深，与文氏父子交往密切的顾氏兄弟很难说没有受到其影响。目前，能够见到的顾氏自用印多方，就印章风格来看，朱文印去文氏父子所用印之风格不远，如所见顾从德两方"顾氏芸阁珍藏"朱文印（图14A、B），在文徵明、文彭的用印中都能找到风格类似的印迹。但是，顾氏兄弟所用白文印却与文氏父子所用印章分风格有较为明显的差异，顾氏所用大部分的白文印章在字法处理上，较文氏父子更为方正，用刀也更具爽利之感，在表现汉印气息这一点上，较文氏用印更胜一筹，这可能与顾氏昆仲长期浸淫秦汉印章，对汉印的理解较文氏深刻有关，如文伯仁《方壶图》左下顾从德所钤两方名印（图15A、B）、传李公麟《潇湘卧游图》中顾从义所钤名印（图16）即是典型代表，其刀法的自觉性可见一斑。虽未见顾氏昆仲刻印之文献记载，但其对秦汉印精髓必有深刻之理解又无需置疑。其他顾氏自用印见下表，不赘述（另有多方，因特殊原因暂时无法列入下表，以俟来日）。

图14A 顾从德"顾氏芸阁珍藏"，钤于马麟《层叠冰绡图》，故宫博物院藏　　图14B 顾从德"顾氏芸阁珍藏"，钤于文伯仁《方壶图》，台北"故宫博物院"藏　　图15A 顾从德"顾氏汝修"，钤于文伯仁《方壶图》，台北"故宫博物院"藏　　图15B 顾从德"顾从德印"，钤于文伯仁《方壶图》，台北"故宫博物院"藏　　图16 顾从义旧藏，李公麟《潇湘卧游图》"顾从义印"鉴藏印，日本东京国立博物馆藏

[1] 浙江图书馆编：《浙江图书馆藏国家珍贵古籍题跋图录》著录，国家图书馆出版社2017年版，第241页。又杜志强：《关于顾氏〈集古印谱〉和〈印薮〉版本的初步考察》，《第二届孤山证印西泠印社国际印学峰会论文集》，西泠印社出版社2008年版，第425—456页。

顾氏家族自用印印迹举隅

序号	印文	释文	所属者	出处	备注
1		顾氏芸阁珍藏	顾从德	台北"故宫博物院"藏文伯仁《方壶图》	
2		顾氏芸阁珍藏	顾从德	故宫博物院藏马麟《层叠冰绡图》、赵孟頫《水村图》；台北"故宫博物院"藏（传）王维《江干雪意图》；美国弗利尔美术馆藏金代李山《风雪松杉图》等	
3		汝修	顾从德	故宫博物院藏马麟《层叠冰绡图》、赵孟頫《水村图》；台北"故宫博物院"藏（传）王维《江干雪意图》；美国弗利尔美术馆藏金代李山《风雪松杉图》	此印与上一印为顾从德常用印，且二者同时钤盖，未见单独钤盖者
4		顾、从德	顾从德	台北"故宫博物院"藏（传）王维《江干雪意图》前隔水下部	
5		顾、从德	顾从德	故宫博物院藏杨凝式《神仙起居法》	该印与上一印应非同一印，该印"从"字弯曲，上一印较直
6		顾汝修印	顾从德	国家图书馆藏宋淳熙四年（1177）抚州公使库刻本《礼记》	
7		宜子孙印	顾从德	国家图书馆藏宋淳熙四年（1177）抚州公使库刻本《礼记》	该印与上印（顾汝修印）在顾氏旧藏《礼记》中多次一并出现，且二印上下并列，应为顾氏用印，这一点另有专文，暂不枝蔓。
8		顾氏汝修	顾从德	台北"故宫博物院"藏文伯仁《方壶图》	

序号	印文	释文	所属者	出处	备注
9		顾从德印	顾从德	台北"故宫博物院"藏文伯仁《方壶图》	
10		武陵世家	顾氏	国家图书馆藏宋绍绍兴十七年（1147）刻本《古三坟书》	
11		顾汝修印	顾从德	国家图书馆藏宋绍兴十七年（1147）刻本《古三坟书》	
12		汝修（木刻）	顾从德	国家图书馆藏明嘉靖二十九年（1550）顾从德重刻本《重广补注黄帝内经素问》	
13		方壶山人（木刻）	顾从德	国家图书馆藏明嘉靖二十九年（1550）顾从德重刻本《重广补注黄帝内经素问》	"方壶山人"为顾从德号
14		方壶山人	顾从德	台北"故宫博物院"藏文伯仁《方壶图》	
15		万玉楼（木刻）	顾从孝	国家图书馆藏明嘉靖二十九年（1550）刻本顾从孝刻《南唐书》卷一卷端	
16		顾从义印	顾从义	日本东京国立博物馆藏李公麟《潇湘卧游图》	
17		文华内史顾从义印	顾从义	上海博物馆藏杜琼《南村别墅图》	
18		顾九锡印	顾九锡	台北"故宫博物院"藏米芾《蜀素贴》	按，故宫博物院藏文伯仁《南溪草堂图》画心右下钤"顾九锡印"（朱文），与此印非一印，因所见图片图版不清，暂不摘录

三、顾氏书画、古籍鉴藏活动中的相关问题考论

（一）顾氏藏品来源考察与藏品钩沉

顾氏之藏品在数量虽远不及项氏之天籁阁，但在质量上有些藏品足以与之抗衡，并且多件顾氏旧藏后来直接流入天籁阁中。顾氏藏品中有几件是重量级的，如顾从义所藏顾恺之《女史箴图》（大英博物馆本），李公麟《潇湘卧游图》《蜀川图》《九歌图》，[1]米芾《蜀素帖》，他如巨然、吴道子等人作品，唐拓《定武兰亭》、宋拓《十七帖》（上野本）、宋拓《九成宫醴泉铭》（翁方纲旧藏大兴成氏本）等无不在艺术史上令人垂涎，此外，赵孟頫旧藏宋版《汉书》也曾在顾家逗留。（顾氏藏品总目见"顾氏家族藏品钩沉表"）

顾定芳时期，尚没有太多史料表明他的收藏体量如何，前文已谈及，出于职业的关系，他的兴趣似乎更多地在于医学类古籍的收藏与刊刻。但到顾定芳的子辈，即顾氏昆仲时期，顾氏的收藏开始变得引人注目，尤其是从礼、从德、从义三人皆以富收藏见称于时。目前很难追溯顾氏每一件藏品的来源，以下以顾从德、顾从义二人为视角，梳理顾氏藏品来源的大致途径。

顾从德藏品来源的渠道较广，既有收自江南大族者，如唐拓米芾、赵孟頫题跋本《定武兰亭》，收自毗陵华氏；[2]又有直接来自古董商者，如其所藏赵士雷《湘乡小景图》，即在嘉靖二十年（1541）从苏州古董商人黄茂夫处以五十金所得。[3]同时，他也有一些书画藏品购自市肆之中，如传柳公权《书兰亭诗并后序》手卷，据莫是龙所记，该作为顾从德得自市肆之中，并且价格相当低廉，莫是龙云：

> （柳《序》）初归吾郡顾汝修家，以得诸市盲儿，钱不满百，元美先生竟以十万钱购去，其真赏好事如此。始拂拭武陵之手，继长价琅邪之门，会其时哉，可存一慨。[4]

除了这些相对零散的购买记载外，顾从德藏品的另一个重要来源，即直接来自长洲陆完家族。

---

[1] 顾氏所藏以上四幅画作，及至乾隆朝并归内府，《石渠宝笈初编》曾著录。《潇湘卧游图》前隔水有董其昌题跋："海上顾中舍所藏名画有四，谓顾恺之《女史箴》，李伯时《蜀江图》《九歌图》，及此《潇湘图》耳……皆奇踪也。"关于这四幅作品是否为顾氏旧藏，有的学者提出异议，如姜鹏《顾从义四名卷说质疑》一文认为，此四幅作品中仅《潇湘卧游图》中钤有顾从义之印鉴，所以目前针对其他三件作品的真伪，及其是否经由顾氏收藏值得怀疑。姜文载李安源主编《与造物游：晚明艺术史研究》（壹），湖南美术出版社2018年版，第79—91页。姜文论述翔实，但一些重要观点笔者并不认同，将另有专文讨论，此处暂不枝蔓。

[2] 詹景凤：《詹东图玄览编》附录题跋《文氏顾氏翻刻〈定武兰亭〉十四跋》："项氏本得之云间顾氏，顾氏得之毗陵华氏，华氏得之云间何元朗。"卢辅圣主编：《中国书画全书》第5册，上海书画出版社2009年版，第463页。

[3] 黄茂夫即苏州黄櫰，其人业古董为生。丰坊：《南禺书画目》："苏州黄櫰字茂甫，号西池，住福济观西首，门前药铺，习贩古董。"白谦慎、陈斐蓉整理《南禺书画目》，载《历史文献》第13辑，上海古籍出版社2009年版，第3页。又，文彭在黄櫰处曾以十六两白银得古画一幅，转让与项元汴，见卞永誉《式古堂书画汇考》卷二十四书二十四，《中国书画全书》第9册，卢辅圣主编：《中国书画全书》第5册，上海书画出版社2009年版，第297页。

[4] 孙岳颁：《佩文斋书画谱》卷七十五历代名人书跋六，《文渊阁四库全书》子部第822册，台湾商务印书馆1983年版，第242页。

陆完（1458—1526），字全卿，号水村，长洲（今江苏苏州）人，正德朝官至兵部尚书，后以通朱宸濠谋反被执，籍没家产。陆完是明代中期重要的收藏家，张择端《清明上河图》、怀素《自叙帖》、周文矩《文会图》等都曾经陆氏珍藏。陆完为顾从德妻子之祖父，正德十五年（1620）陆完被籍没家产时，部分藏品仍得以留存陆家，并未完全散尽。由于陆、顾二家的姻亲关系，顾从德从陆家收得书画多件，如传王维《江干雪意图》即来自陆氏，这幅作品在明代被认为王维真迹，曾经吴门前辈沈周收藏，其影响可想而知。今《江干雪意图》前隔水下钤"长洲陆完"白文印，陆氏印下钤"顾""从德"连珠印（图17）；卷末王鏊跋后又有顾从德"汝修""顾氏芸阁珍藏"印章各一方，卷末另有嘉靖四十五年（1566）顾从德跋，云：

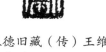

图17　顾从德旧藏（传）王维《江干雪意图》卷前隔水陆完"长洲陆完"，顾从德"顾""从德"鉴藏印，台北"故宫博物院"藏

> 唐王右丞《江干雪意卷》乃妻大父陆太宰水村公家物也，向与怀素《自叙帖》、周文矩《文会图》、刘松年四画同宝藏，曾经裱工目，皆言于有力者夺取。惟此卷与张长史《濯烟帖》未经重裱，人未获睹，故尚存，从德以四十锭得之。嘉靖丙寅秋（1566），武陵顾仲子记。（图18）

除《江干雪意图》外，流入顾从德手中的陆氏藏品尚有马麟《层叠冰绡图》（故宫博物院藏），该画地轴裱有顾从德题跋：

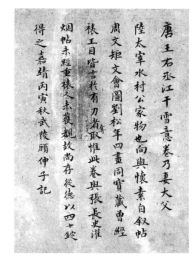

图18　顾从德旧藏（传）王维《江干雪意图》卷末嘉靖四十五年（1566）顾从德跋，台北"故宫博物院"藏

> 嘉靖丙寅（1566）秋，用四十五金得于妻弟陆氏，共两幅，共值白金。顾从德记。

根据顾从德在两画题跋所记时间来看，《江干雪意图》与《层叠冰绡图》极有可能是同时购藏的。此外，前揭顾家所藏赵孟頫旧藏宋版《汉书》亦得自陆氏。

顾从义的藏品大多为其在北京任中书舍人期间所得，其来源大致有二。一是直接购买自市肆，如其所藏巨然《小景山水卷》即购于北京内市。市肆中所购书画之真伪难以得到保证，除巨然《小景山水卷》被詹景凤称之为"亦奇物也"之外，[1]他在市肆中所购书画中也不乏赝品。万历五年（1577）顾从义在北京灯市中购得刘松年巨幅绘画两张，"大喜，夸示友人，以为奇货"，但经过詹景凤鉴

---

[1]　詹景凤：《詹东图玄览编》卷二，《中国书画全书》（修订本）第5册，上海书画出版社2009年版，第432页。

定，实为赝品，顾从义遂以文徵明亦以"法眼者"尚且买到假画自慰。[1]顾从义藏品的另一个来源，即购自熟人处，这部分藏品在质量上明显要比购买自市肆者可靠得多，如嘉靖三十二年（1553）年从北京友人家倾囊以购的《蜀素帖》，还有吴道子《观音七十二化身卷》，"原为陆文裕公家物，严氏当国时归严氏；严氏败，入成国公朱建庵；朱死，家奴窃出，售顾汝和，九十金"。[2]

通过以上梳理，大致也能看出顾从德、顾从义书画收藏之来源，与项元汴等鉴藏家的收藏渠道并无二致，仅是由于顾家与其他家族的姻亲关系，如陆完家族，而得以更便捷地入藏某些书画。至于嘉万时期，到底有多少书画、碑帖、古籍在顾氏芸阁、研山斋里停留过，或许永远也无法得到准确的数字，以下仅就文献记载，以及存世书画、古籍等之上所钤顾氏印章，将顾氏旧藏列于下。[3]

藏品类别	藏品名称	所有者	顾氏题跋	顾氏钤印	现藏地（著录）	备注
法书（含碑帖）	（传）唐柳公权《兰亭诗并后序》	顾从德		前隔水右下钤"顾"（白文）、"从德"（朱文）连珠印；后隔水钤"汝修"（白文）、"顾氏芸阁珍藏"（朱文）	故宫博物院	
	唐拓《定武兰亭》（米芾题，赵孟頫跋本）[4]	顾从德			詹景凤《詹东图玄览编》	
	五代杨凝式《神仙起居法》	顾从德		前隔水钤"顾"（白文）、"从德"（朱文）连珠印	故宫博物院	
	南唐《澄心堂帖》[5]	顾从德			王世贞《弇州山人四部续稿》卷一百八十九	

[1] 詹景凤：《詹东图玄览编》卷二，《中国书画全书》（修订本）第5册，上海书画出版社2009年版，第425页。

[2] 詹景凤：《詹东图玄览编》卷二，《中国书画全书》（修订本）第5册，上海书画出版社2009年版，第432页。

[3] 是表仅统计顾从礼、顾从德、顾从义，以及顾从礼子顾九锡，亦即所谓顾氏"三世五君"中人之藏品；又因未见顾定芳所藏书画的记载，故而顾定芳不计入；顾家所藏古籍部分可能为顾定芳所收（如仅钤有"武陵"连珠印的宋版《资治通鉴》等），这部分古籍后期分藏于顾从德兄弟之间，故而亦不算作顾定芳所藏。顾氏兄弟中之从仁、从孝、从敬三人基本未见书画收藏之记载，故从略。

[4] 詹景凤云："十三跋本与项氏所藏米元章题字本皆唐拓……项氏本得之云间顾氏，顾氏得之毗陵华氏，华氏得之云间何元朗。"詹景凤《詹东图玄览编》附录题跋《文氏顾氏翻刻〈定武兰亭〉十四跋》，《中国书画全书》（修订本）第5册，上海书画出版社2009年版，第463页。

[5] 王世贞：《弇州山人四部续稿》卷一百八十九《答王明府方伯》："辱示论《澄心堂墨帖》，以仆所辑《古今法书苑》遍考之，不著。唯遇顾汝修秘书云，曾藏之三载，是真南唐拓也，纸墨不在《淳化》《大观》下，想当然耳。"此处之"想当然耳"可有两种解释，一是顾从德想当然认为此帖为南唐物，如此则王世贞对此抱有否定态度；二是王世贞本人为"想当然"的主语，即王氏亦认同顾从德之判断。笔者更倾向于第一种看法，即王世贞否定此帖为真，这从王世贞遍考其《古今法书苑》不得这一举动即可得知。《文渊阁四库全书》集部第1284册，台湾商务印书馆，第698页。

（续表）

藏品类别	藏品名称	所有者	顾氏题跋	顾氏钤印	现藏地（著录）	备注
法书（含碑帖）	唐张旭《兰馨帖》	顾从义			詹景凤《詹东图玄览编》卷二；李日华《味水轩日记》卷八	
	唐张旭《春草帖》	顾从义			詹景凤《詹东图玄览编》卷二	
	唐张旭《烟条帖》	顾从义（或顾从德）			詹景凤《詹东图玄览编》卷二	
	唐吕洞宾《赠沈东老绝句》	顾从义			李日华《味水轩日记》卷八	
	宋米芾《蜀素帖》	顾从义	有顾从义跋	钤"顾九锡印"（朱文）	台北"故宫博物院"	
	宋黄庭坚《头陀赞》	顾从义			卞永誉《式古堂书画汇考》卷十一书十一	
	宋拓本孙过庭《书谱》	顾从义			日本中村不折旧藏[1]	
	宋拓《十七帖》（上野本）	顾从义			东京台东区立书道博物馆	
	宋拓《淳化阁帖》	顾从义			《式古堂书画汇考》卷四书四	
	宋拓《定武兰亭》	顾从义			翁方纲《复初斋文集》卷四《跋定武兰亭》	
	宋拓《九成宫醴泉铭》（翁方纲旧藏大名成氏本）	顾从义		钤"玉泓馆珍秘"（朱文）	上海图书馆	
	宋拓《化度寺碑》（庆历间拓本）	顾从义			吴荣光《辛丑销夏记》卷一	
	（传）南宋马和之《小雅南有嘉鱼篇图》	顾从礼			波士顿美术馆	有文徵明跋

---

[1] 启功：《孙过庭〈书谱〉考》，中国书法家协会主编：《当代中国书法论文选》（书史卷），荣宝斋出版社2010年版，第484页。

（续表）

藏品类别	藏品名称	所有者	顾氏题跋	顾氏钤印	现藏地（著录）	备注
绘画	唐韩滉《五牛图》	顾从德			故宫博物院；汪砢玉《珊瑚网》卷二十五名画题跋	
	（传）唐王维《江干雪意卷》	顾从德	有顾从德跋	钤"顾氏芸阁珍藏"（朱文）、"汝修"（白文）、"顾"、"从德"连珠印	台北"故宫博物院"	
	宋赵士雷《湘乡小景图》	顾从德	有顾从德跋		故宫博物院	
	南宋马麟《层叠冰绡图》	顾从德	有顾从德跋	右下钤"顾氏汝修"（白文）、"顾氏芸阁珍藏"（朱文）	故宫博物院	得自陆完家族，售至项元汴
	金李山《风雪松杉图》	顾从德		钤"汝修"（白文）、"顾氏芸阁珍藏"（朱文）	美国弗利尔美术馆	卷后有隆庆戊辰（1568）夏六月王世贞跋，又有是年六月十六日文伯仁观款，同观者尚有钱穀、顾圣之、尤求
	元赵孟頫《水村图》	顾从德		钤"汝修"（白文）、"顾氏芸阁珍藏"（朱文）	故宫博物院	后流入王世贞
	明文伯仁《方壶图》	顾从德		右下钤"顾氏汝修"（白文）、"顾从德印"（朱白相间），左下"顾氏芸阁珍藏"（朱文）	台北"故宫博物院"	
	唐吴道子《观音七十二化身卷》	顾从义			詹景凤《东图玄览编》卷一	
	五代巨然《小景山水卷》	顾从义			詹景凤《东图玄览编》卷一	
	宋李公麟《潇湘卧游图》	顾从义		钤"顾从义印"（朱白）	东京国立博物馆	

（续表）

藏品类别	藏品名称	所有者	顾氏题跋	顾氏钤印	现藏地（著录）	备注
绘画	宋李公麟《蜀川图卷》	顾从义			美国弗利尔美术馆	
	宋李公麟《九歌图》	顾从义			中国国家博物馆	
	晋顾恺之《女史箴图》	顾从义			大英博物馆	
	南宋马麟《玉蝶梅图》	顾从义			顾复《平生壮观》卷八	
	元赵孟頫《绢画小山水卷》	顾从义			詹景凤《东图玄览编》卷一	
	元王蒙山水三幅	顾从义			詹景凤《东图玄览编》卷二	
	明杜琼《南村别墅图》	顾从义		钤"南华内史顾从义印"（朱文）	上海博物馆	
	明钱穀《樊川诗意图》	顾从义		有顾从义印，印文不详	汪珂玉《珊瑚网》名画题跋卷十八；《式古堂书画汇考》卷五十九画二十九	
	明文伯仁《万壑松风图》[1]	顾从义		有顾从义印，印文不详	汪珂玉《珊瑚网》卷四十二	
	明文伯仁《四万山水图》	顾从义			东京国立博物馆	四幅，分别为《万壑松风图》《万山飞雪图》《万竿烟雨图》《万顷晴波图》
	明文伯仁《园林十五景》（即《芳园十五景》）	顾从义			香港艺术馆虚白斋	
	明文伯仁《南溪草堂图》	顾九锡		前钤有"顾九锡印"（朱文）	故宫博物院	

---

[1] 汪珂玉：《珊瑚网》名画题跋卷十八《樊川诗意图》条云："天启辛酉（1621）春，汤玉林共文氏《万壑松风》持来，俱有顾砚山印记。"同卷《文德承画万壑松风》条又云："汪玉水购得文五峰《万壑松风图》。"由此可知该画为文伯仁所作。《中国书画全书》第八册（修订本），上海书画出版社2009年版，第439、445页。

（续表）

藏品类别	藏品名称	所有者	顾氏题跋	顾氏钤印	现藏地（著录）	备注
古籍	宋刻本《新刊诂训唐柳先生文集》，六函六十六册	顾从礼		钤"武陵郡图书记"（朱文，无边）、"顾从礼印"（白文）	《天禄琳琅书目》卷三	是书经过文徵明、顾从礼、王世懋、莫是龙递藏
	宋刻本《汉书》，五函四十四册	顾从德		钤"顾从德印"（白文）	《天禄琳琅书目》卷二	赵孟頫旧藏，前有赵孟頫小像并陆师道题跋："长洲陆师道题于顾汝修芸阁。"
	宋刻本《后汉书》，五函四十册	顾从德		钤"顾从德印"（白文）	《天禄琳琅书目》卷二	
	宋刻本《新唐书纠谬》，一函四册	顾从德		"武陵世家"（白文）、"顾汝修印"（白文）、"顾蒙"（朱文连珠印）	《天禄琳琅书目》卷二	"顾蒙"印亦见于顾氏旧藏《唐书直笔新例》，是书之上钤"顾蒙"印二方，暂不知为顾家何人，或为顾从德孙辈，俟考。
	宋刻本《唐书直笔新例》，一函二册	顾从德		钤"武陵世家"（白文）、"顾汝修印"（白文）、"顾蒙"（朱文）、"顾蒙"（白文）	《天禄琳琅书目》卷二	
	宋刻本《资治通鉴》，十八函，一百十七册	顾从德		钤"顾""从德"（朱白文连珠印）	《天禄琳琅书目后编》卷四	是书明代经长洲文氏、上海顾氏、檇李项氏递藏
	元刻本《资治通鉴》，二十函一百六十册	顾从德		钤"武陵"（连珠印，白文）、"顾从德印"（白文）	《天禄琳琅书目》卷五	
	宋刻本《重广补注黄帝内经素问》一函十四册	顾从德		钤"方壶山人"（白文）	《天禄琳琅书目后编》卷五	
	宋刻本《六家文选》，四函三十二册	顾从德		钤"从""德"（连珠印）	《天禄琳琅书目后编》卷七	

（续表）

藏品类别	藏品名称	所有者	顾氏题跋	顾氏钤印	现藏地（著录）	备注
古籍	宋刻本《古文苑》，一函六册	顾从德—顾晋		钤"武陵"（白文，钤于卷首）、"武陵"（白文）、"顾从德印"（白文）、"顾晋之印"（朱文、钤于卷首）	《天禄琳琅书目后编》卷七	顾晋为顾从礼孙，见孙向群《顾从德家族辈分行第事迹考》
	明抄孤本《诗渊》	顾氏		钤"芸阁""文华内史顾从礼印"	国家图书馆	陆深旧藏
	宋刻本《幼幼新书》四十卷（阙三卷）[1]	顾氏			瞿镛《铁琴铜剑楼藏书目录》卷十四子部二	自顾从义手中售出
	宋绍兴十七年（1147）《古三坟书》三卷，一册	顾从德		钤"武陵世家"（白文）、"顾汝修印"（白文）	国家图书馆	
	南宋刻本《礼记释文》，四卷六册	顾从德		有顾从德印记，具体不详[2]	瞿良士《铁琴铜剑楼藏书题跋集录》卷一《礼记释文》顾广圻跋	
	宋淳熙四年（1177）刻本《礼记》	顾从德		钤"顾汝修印"（白文）、"宜子孙印"（白文）	国家图书馆	
	宋嘉定间刻本《乖崖集》四册十二卷附集一卷	顾从德		钤"顾汝修印"	潘祖荫《滂喜斋藏书记》卷三集部	
	宋刻本《春秋传》三十卷	顾氏		卷首有"顾从德印""顾从义印"	瞿镛《铁琴铜剑楼藏书目录》卷五[3]	
	宋刻本《锦绣万花谷》，四函五十册	顾九防		钤"顾九防印"（朱文）、"顾九防印"（白、朱文）	《天禄琳琅书目后编》卷五	九防，从义子

[1] 瞿镛：《铁琴铜剑楼藏书目录》卷十四子部："《幼幼新书》四十卷，明刊本……是书为明万历间吴郡陈履端编订。履端业医，尝于云间顾研山所购得宋刻本，阙三卷，复于歙程大纲家抄得。略加删节刻之。"从瞿镛所记可知，《幼幼新书》为宋绍兴间刻本，上海顾家所藏者阙三卷，售与陈履端，陈氏复自歙县藏书家抄补，删节后而刻之。上海古籍出版社2000年版，第365页。

[2] 瞿良士：《铁琴铜剑楼藏书题跋集录》卷一《礼记释文》顾广圻跋："南宋椠本《礼记郑氏注》六册，明嘉靖时上海顾从德汝修所藏，后百余年，入昆山徐健菴司寇传是楼，两家皆有图记。"从顾广圻跋可知是书中前有顾从德鉴藏印章，具体不详。瞿良士：《铁琴铜剑楼藏书题跋集录》卷一，《中国历代书目题跋丛书》，上海古籍出版社2005年版，第11页。

[3] 瞿镛：《铁琴铜剑楼藏书目录》卷五，《中国历代书目题跋丛书》，上海古籍出版社2000年版，第140页。

通过分析上表顾氏之藏品，可以看出一个规律，即在书画收藏方面，顾氏兄弟基本保持自己藏品所有权的独立性，而在宋版古籍的收藏上，则很可能是顾氏兄弟间所共有。在顾氏所藏之宋版书中，一方面所钤印章往往使用"武陵顾氏""顾氏世家"这类表明家族郡望的印文，如《新刊唐柳先生文集》钤"武陵郡图书记"印，《资治通鉴》钤"武""陵"连珠印；另一方面，尚有多部古籍中，不仅出现"武陵世家"印文，而且还钤有具体的名章，如《新唐书纠谬》钤"武陵世家""顾从德印"，《古三坟书》钤"武陵世家""顾汝修印"，更为典型的例子是国家图书馆藏陆深旧藏明抄孤本《诗渊》一书，内钤顾从德的"芸阁"印，以及顾从礼"文华内史顾从礼印"印，此外《铁琴铜剑楼藏书目录》卷五著录《春秋传》一书中，分别钤"顾从德印"与"顾从义印"。合理的解释是，顾家的古籍收藏活动在顾定芳时期即已经达到一定的规模，这一时期顾家所收藏的古籍极有可能在顾定芳去世之后，成为顾家兄弟的共同财产；而书画藏品则是顾氏昆仲各自按照其喜好、机缘、财力等分别购藏。目前在曾经顾氏昆仲收藏过的书画中，仅见原属顾从义旧藏《蜀素帖》上钤有顾九锡之印章，其他顾氏旧藏书画藏品中尚未见到同时钤有顾氏多人印章的例证，这或许也能证实我们以上的推测。

关于顾氏家族藏品所有权问题的讨论，直接关系着另一个重要问题，即隆庆三年（1569）《集古印谱》中所载古玺印的所有权问题。就目前的文献来看，这批印章应该和顾家的宋版古籍一样，是属于顾氏兄弟所共有的，黄姬水《顾氏集古印章序》所说的"三世五君，极搜穷购，得古印章凡若千有奇"一语，应为顾氏藏印的真实写照。由此又引申出另一个问题，既然顾家所藏印章是家族所共有，何以万历三年（1575）《印薮》一谱中仅列顾从德之名？合理地解释是该谱由顾从德总其事，顾氏其他兄弟则不同程度地参与其事，但未作署名。这种推测尚有一个前人未曾注意过的重要旁证，即在《印薮》成谱过程中，除了我们熟知的顾从德、罗王常，以及刻工姚起直接参与并署名谱中之外，尚有苏州蔡伯玉亦参与其事。蔡伯玉（？—1588），字孟坚，苏州西洞庭（今苏州吴中区金庭镇西蔡里）人，王世贞《弇州山人四部续稿》卷一百二十四《蔡孝廉琳泉墓志铭》：

> 孝廉亦尝从有司诸生试，不利弃去之，因博综群书，既名成。而云间张玄超氏聘之校阅古今艺文，甚相洽也。其宦钱塘而以御史檄编《唐诗分类》，亦孝廉佐之。他若顾汝修兄弟之《印薮》、何元朗之《语林》、冯汝言之《诗纪》，俱孝廉与有力焉，而逡巡辞避，不欲厕名其间，故无能知者。[1]

据王世贞此文所载，蔡伯玉与顾氏《集古印谱》的作序者黄姬水为至交；又，王世贞、世懋兄弟曾延聘蔡氏至其家教授其子侄辈读书，另王世贞与顾从德、从义等又有密切交往，故而王世贞所记"他若顾汝修兄弟之《印薮》……俱孝廉与有力焉，而逡巡辞避，不欲厕名其间，故无能知者"一语极为可信。王世贞写下这篇墓志铭时，顾从德去世仅仅半年左右[2]，如果蔡伯玉没有参与《印

---

[1]　王世贞：《弇州山人四部续稿》卷一百二十四《蔡孝廉琳泉墓志铭》，《文渊阁四库全书》集部第1283册，台湾商务印书馆，第729页。

[2]　顾从德生于正德十三年（1519）十二月，卒于万历十五年（1587）春，详细考证见杜志强《关于顾氏〈集古印谱〉和〈印薮〉版本的初步考察》，《第二届孤山证印西泠印社国际印学峰会论文集》，西泠印社出版社2008年版，第426页。

薮》的编辑工作，王世贞完全没有必要硬将蔡氏列入其中，毕竟这时顾家兄弟中的顾从义，还有罗王常皆在世。这则史料的发现提示我们，参与《印薮》的编纂人员并非全部"厕名其间"，实际参与而未在谱中署名者应当不止蔡氏一人；此外，从王世贞径直说"顾汝修兄弟之《印薮》"一语也可以得知，顾氏兄弟中的其他人，如与顾从德关系较为密切，且在《集古印谱》《印薮》的编辑过程中尚在世的顾从义必定也参与了二谱的编辑工作，只不过其未署名谱上，仅在黄姬水等人的序言中出现而已。

（二）顾氏书画、古籍藏品的散佚

顾氏书画藏品的散佚极不寻常，至迟在隆庆六年（1572）之前，顾氏藏品中的书画两类已出现大规模的散佚。隆庆六年（1572）的五月十五日，顾氏兄弟借由沈明臣之口讲道：

> 余家自御医府君而下，世嗜蓄古人名迹，故商周彝鼎之属，及法书名画、金玉印章之类，仅仅凡数十种矣。一罹倭变，迁徙流离，再遭时艰，狱辞连染，故三世所蓄一旦归于有力，而印章仅存，亦不敢保其不它。[1]

从顾氏兄弟此语中，能够感受到其家族部分藏品应该是在短时间内突然散佚，散佚的原因是"一罹倭变，迁徙流离"与"再遭时艰，狱辞连染"。嘉靖时期倭变的侵扰在江南、东南一带时见，虽然倭寇侵扰时会突然而至，但嘉靖年间上海等地士人必有所准备，如顾从礼即曾助修上海城墙，所以即便倭寇来袭，也不至于突然措手不及。而"再遭时艰，狱辞连染"一语表明在隆庆六年（1572）之前，顾家曾遭遇某项重大变故，以致有牢狱之灾，这极有可能是顾家牵连到某项政治事件中，具体的变故还有待进一步考证。结合几件顾氏书画藏品的散佚经过，也确实能够印证隆庆、万历之交时，顾氏藏品的异常变动，如原属顾从德旧藏的《兰亭诗并后序》即在此时易主，现存该作后有王世贞两跋，第一跋云：

> 余从顾氏所骤见之，恍然若未识，久看愈妙。因损一岁奉获之，仍为歌志于后。吴郡王世贞谨书。

一个"骤"字，多少能够看出王世贞看到这件藏品时的不同寻常，王世贞所言"损一岁奉获之"，表明王氏在写下这段题跋的时候，《兰亭诗并后序》已经成为弇山园中之藏品。王世贞的第二则跋中有明确的记载时间——"万历改元（1573）初秋，书于九江道中，舟行如画"。由此可知该作从顾家流出的时间必在隆庆、万历之交前后，这与《集古印谱》成书时（1572）顾氏所说"三世所蓄一旦归于有力"的时间相吻合。不仅顾从德的藏品在此时散佚，顾从义之藏品在此时亦有流散的记载，张丑《清河书画舫》卷九（点字号第九）著录了顾从义旧藏黄庭坚楷书《头陀赞》，此作后有王穉登跋语：

---

[1] 沈明臣：《集古印谱序》，顾从德辑《集古印谱》，隆庆六年（1572）墨钤印本，上海图书馆藏本（索书号：线善833516-27）。

涪翁大真书《头陀赞》真迹，神品上上……此吾乡吴文定家旧藏，后归一时贵，最后乃入上海顾廷尉汝和斋中。廷尉之子出以售人，将营负郭。仆方修头陀行，正当购此，惜子母青蚨萧瑟，不能偿十五秦城，楚人之弓未知竟入谁手。此间世名迹，得之者幸毋惜七宝庄严耳。后学王穉登敬书。

虽然王穉登此跋中未有明确纪年，但依然能够考证出该跋大致的时间。王穉登生平崇信佛教，其"方修头陀行"在其生活中是标志性的事件，即其舍宅结"半偈庵"居之，此事皇甫汸、王世贞、世懋兄弟皆有诗作赠予王穉登，文嘉曾为其绘《王百穀半偈庵图》（今藏故宫博物院），并抄录皇甫汸、王世贞、世懋三人赠诗于其上，文嘉款云："万历癸酉腊月，文嘉画并录。""万历癸酉"亦即万历元年（1574），其时间与王世贞得到顾从德旧藏《兰亭诗并后序》的时间一致。又，王穉登之跋语亦颇耐人寻味，王跋所言"廷尉之子出以售人，将营负郭"。"将营负郭"是添置田产、谋求生计较为体面的说法，结合顾氏兄弟在《集古印谱》中所言隆庆末顾家"再遭时艰，狱辞连染"的说辞，以及"负郭"之典多与穷困之意相关联来看，恐怕顾从义之子出售《头陀赞》并非是添置田产，极有可能是为了

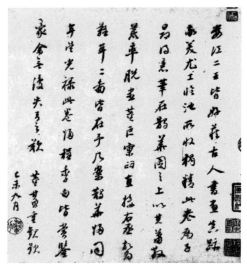

图19　顾从德旧藏赵孟頫《水村图》卷后董其昌万历四十七年（1619）题跋，故宫博物院藏

维系顾家之生计而做出的无奈之举。万历后期顾家昆仲的子辈，亦即顾九锡一辈，虽然人丁较前几代人丁更为兴旺，但其家族的文化声望却日渐衰落，这实际上在万历初年即已经初现端倪，或许也与顾家"再遭时艰，狱辞连染"不无关系。除了王世贞入藏了多件顾氏旧藏外，其弟王世懋也入手过顾氏藏品，如顾从德旧藏赵孟頫《水村图》即为王世懋所得，董其昌在此作中有跋，云：

娄江"二王"皆好藏古人书画真迹，敬美尤工临池，所收独精，此卷为子昂得意笔，在《鹊华图》之上，其萧散荒率，脱尽董、巨窠白，直接右丞，故为难耳。二图皆在予几案，《鹊华》归同年吴光禄，此卷归程季白，皆鉴赏家，余无复失弓之叹。董其昌重观题，己未九月。（图19）

董其昌写下这段题跋的时间是万历四十七年（1619），这时顾氏兄弟都已经去世，并且顾家的藏印也已经散尽。董跋中的"娄江'二王'"即王世贞、世懋兄弟。《水村图》在万历朝数易其主，按照董其昌所记，从顾家流出之后，经由王世懋、董氏本人收藏，最终在万历四十七己未（1619）前后流入徽州程季白手中。徽州程季白在收得《水村图》之前，已经经由项元汴后人购得顾家旧藏古玉印三百余方，当然，这是后话，我们留待下文再展开。下表所列顾氏藏品流向，一窥其旧藏去向（除顾从义旧藏黄庭坚《头陀赞》外，其他均有确切收购者）。

顾氏藏品流向表

藏品名称	原属	流向	交易价格	交易时间	出处
唐拓《定武兰亭》	顾从德	项元汴			詹景凤《詹东图玄览编》卷二
赵士雷《湘乡小景图》	顾从德	项元汴	五十金	嘉靖二十年（1541）	故宫博物院藏《湘乡小景图》项元汴题跋
杨凝式《神仙起居法》	顾从德	项元汴			《神仙起居法》前隔水顾从德、项元汴印
马麟《层叠冰绡图》	顾从德	项元汴			顾从德、项元汴鉴藏印
传柳公权《兰亭诗并后序》	顾从德	王世贞	莫是龙云王世贞花费"十万钱"购买，王世贞自言"因损一岁奉获之"	万历元年（1573）	孙岳颁《佩文斋书画谱》卷七十五；《兰亭诗并后序》卷后王世贞题跋
赵孟頫《水村图》	顾从德	王世懋—董其昌—程季白			赵孟頫《水村图》后董其昌题跋（故宫博物院藏）
传王维《江干雪意图》	顾从德	王世懋[1]			詹景凤《詹东图玄览编》卷二、卷四
宋版《资治通鉴》十八函一百十七册	顾从德	项元汴			《天禄琳琅书目后编》卷四
黄庭坚《头陀赞》	顾从义	未知		万历元年（1573）	张丑《清河书画舫》卷九
张旭《兰馨帖》	顾从义	项元汴			詹景凤《詹东图玄览编》卷二
张旭《春草帖》	顾从义	项元汴			詹景凤《詹东图玄览编》卷二
张旭《烟条帖》	顾从义（或顾从德）	项元汴			詹景凤《詹东图玄览编》卷二
顾恺之《女史箴图》	顾从义	项元汴			李公麟《潇湘卧游图》前隔水董其昌题跋（东京国立博物馆藏）

[1] 按，詹景凤：《詹东图玄览编》卷二、卷四记此画藏王世懋处，《中国书画全书》（修订本）第5册，第450页。然另据台北"故宫博物院"藏《江干雪意图》卷末董其昌题跋"顷于海虞严文靖家又见《江干雪有卷》"一语，可知此图在王世懋手中时间较短，后为严讷所得。

（续表）

藏品名称	原属	流向	交易价格	交易时间	出处
李公麟《潇湘卧游图》	顾从义	陈所蕴—吴廷			李公麟《潇湘卧游图》前隔水董其昌题跋（东京国立博物馆藏）、李公麟《蜀川图》陈所蕴题跋（美国弗利尔美术馆藏）
李公麟《九歌图》	顾从义	？—董其昌			李公麟《潇湘卧游图》前隔水董其昌题跋（东京国立博物馆藏）
李公麟《蜀川图》	顾从义	董其昌—吴廷—王思延			李公麟《蜀川图》董其昌、陈所蕴题跋（美国弗利尔美术馆藏）
米芾《蜀素帖》	顾从义、顾九锡	项元汴			《蜀素帖》顾九锡、项元汴钤印
宋版书《汉书》	顾氏	王世贞—徽州某—钱谦益	具体价格不详，王世贞言及其"余失一庄而得之"		《天禄琳琅书目》卷二
钱穀《樊川诗意图》[1]	顾从义	汪砢玉			汪砢玉《珊瑚网》卷四十二名画题跋十八
文伯仁《万壑松风图》	顾从义	汪砢玉			汪砢玉《珊瑚网》名画题跋十八
文伯仁《万壑松风图》（四万山水图之一）	顾从义	陈所蕴			陈氏鉴藏印（东京国立博物馆藏）
文伯仁《万山飞雪图》（四万山水图之一）	顾从义	陈所蕴			陈氏鉴藏印（东京国立博物馆藏）
文伯仁《万竿烟雨图》（四万山水图之一）	顾从义	陈所蕴			陈氏鉴藏印（东京国立博物馆藏）
文伯仁《万顷晴波图》（四万山水图之一）	顾从义	陈所蕴			陈氏鉴藏印（东京国立博物馆藏）

---

[1] 汪砢玉：《珊瑚网》名画题跋十八称其收得顾从义此作时间为天启元年（1621）春，此时顾从义早已去世多年。《中国书画全书》第8册（修订本），上海书画出版社2009年版，第445页。

四、聚集与流散：顾氏家族所藏古玺印的聚散（1556—1644）

古玺印是上海顾氏另一大收藏重心，隆庆三年（1572）顾氏之《集古印谱》首册前存朱印牌记云："古玉印百五十有奇，古铜印千六百有奇。家藏及借四方者，集印数年乃成仅廿本……"[1]（图20）字样。前揭顾氏古玺印藏品与宋版书的所有权应该是顾氏"三世五君"共同所有，从"集印数年乃成"一语也可看出顾氏收印所持续之时间较长。关于顾氏藏印，目前能够明确知道其来源的仅丹阳孙枝旧藏。[2]孙枝（1506—1566），字志周，一字仲墙，号石云，丹阳（今属江苏）人，嘉靖间重要的收藏家，其"名画法书，厚酬广购，以聚所好，久之牙签万轴称富矣"。[3]嘉靖三十五年（1556）之前，孙枝将其所藏秦汉印章制作成原钤印谱《石云先生印谱释考》（下文简称《印谱释考》），至迟也在此年，因不堪倭寇袭扰丹阳，孙枝变卖家产避倭金坛，所藏古玺印为顾家所得。俞允文（1513—1579）在《仲蔚先生集》中多次提及孙氏，并谈及其曾至丹阳孙家看过这批印章，这则史料早已为印学研究者所熟知：

图20　顾从德、罗王常辑《集古印谱》，隆庆六年（1572）墨钤印本卷前牌记，上海图书馆藏

> 嘉靖间，余至丹阳，孙氏出所藏秦汉玉印三十余钮，皆私印，铜铸官私印七十余钮。其钮各异，有龟钮、驼钮、鼻钮，又有阳阴文子母印。孙氏名枝，顾为博古，秦汉魏晋及六朝印文类能辨之。近上海顾氏已购得孙氏印及次第购得三千余印。[4]

此外，姜绍书在其《韵石斋笔谈》中也有类似记载，姜绍书《韵石斋笔谈》卷上《秦汉印》云：

> 上海顾氏所藏汉铜玉印最多，有印谱行世，而实始于河庄之孙。嘉靖间，外大父石云孙君好古博雅，藏汉玉印三十余方，铜印七十余方，其钮各异，有龟钮、驼钮、鼻钮，又有阳阴文子母等印。石云于秦汉魏晋及六朝印文类能辨之。后为上海顾氏购得，复次第购印三千有奇，盖由孙氏始也。[5]

---

[1]　顾从德辑：《集古印谱》，隆庆六年（1572）墨钤印本，上海图书馆藏本。

[2]　关于孙枝之生平，及其《石云先生印谱释考》等相关问题的研究，可参阅拙文：《明嘉靖间孙枝〈石云先生印谱释考〉研究——兼论明代嘉万年间集古类印谱编纂体例的演进》一文，《第四届全国高等书法教育论坛暨"从篆刻到印学"研讨会论文集》，中国美术学院出版社2021年版，第254—270页。

[3]　姜宝：《石云居士孙君墓志铭》，见孙枝：《石云先生遗稿》，《明别集丛刊》第二辑第十三册，黄山书社2016年版，第581页。

[4]　俞允文：《仲蔚先生集》卷二十二《汉印说》，《续修四库全书》集部第1354册，上海古籍出版社1995年版，第553页。

[5]　姜绍书：《韵石斋笔谈》卷上"秦汉印"，中华书局1985年版，第11—12页。

对比姜氏与俞氏的文字，基本可以肯定，姜绍书是转述自俞允文，但即便姜绍书所言为转述，我们也不能轻视姜氏的言论。姜绍书之祖父姜士麟为孙植之婿，其父姜志鲁与其叔父姜志邹曾于万历三十六年（1608）整理刊印过孙植之遗著《孙石云先生遗书》，及至万历四十五年（1617）"其仲氏又搜匿剔隐，裒为七种"，即姜志邹又裒辑孙植七种遗作。[1]

至迟在嘉靖二十年（1541），上海顾氏与丹阳孙氏之间即已存在较为密切地交往。今故宫博物院所藏赵士雷《湘乡小景图》曾先后归顾从德之芸阁与项元汴之天籁阁，顾从德与项元汴在该画上各有跋语一条，顾从德之跋对于认识顾氏与丹阳孙植家族之关系，十分重要，[2]（图21）顾跋云：

> 嘉靖辛丑（1541）冬，以五十金得之于黄茂夫氏，丹阳孙曲水定价，顾从德记。

前文已经提及，黄茂夫即苏州黄檏，是一位职业古董商，而顾跋中所言定价者"丹阳孙曲水"则为孙植之父孙方。孙方，正德六年（1511）进士，官至御史，所居有曲水山房。其弟孙育，字思和，号七峰，官至中书舍人，因其无子，孙植出继孙育为子。姜绍书《韵石斋笔谈》卷上《定窑鼎记》：

> 定窑鼎乃宋器之最精者，成弘间藏于吾邑河庄孙氏曲水山房，有李西涯篆铭镌于炉座。曲水、七峰昆仲乃朱阳赏鉴家，与杨文襄、文太史、祝京兆、唐解元称莫逆，西涯亦其友也。[3]

孙方、孙育昆仲以富收藏享誉江南，其收藏范围涉及字画、碑帖、古玺印、古玩等，从孙方为顾从德定价一事来看，孙、顾二家在书画鉴藏方面有着良好的互动，顾氏所藏宋拓《十七帖》也基本可以确定来自孙氏，故而嘉靖三十五年（1556）前后，顾氏购得孙植藏印即为顺理成章之事。关于孙植藏印的体量，俞允文与姜绍书所记均在百余方左右，孙植之《印谱释考》中载印93方，与俞、姜二人所记也大致相符，所以顾氏所收孙植旧藏的数量不会超过这个数字太多，也应在百余方左右。《印谱释考》一书分上、中、下三卷，首列该印印文内容，次材质，次钮制，最后对该印进行考证，考证内容包括可印主、印文正讹、用印制度等。万历四十五年（1617）姜志邹重新刊印是书时跋云：

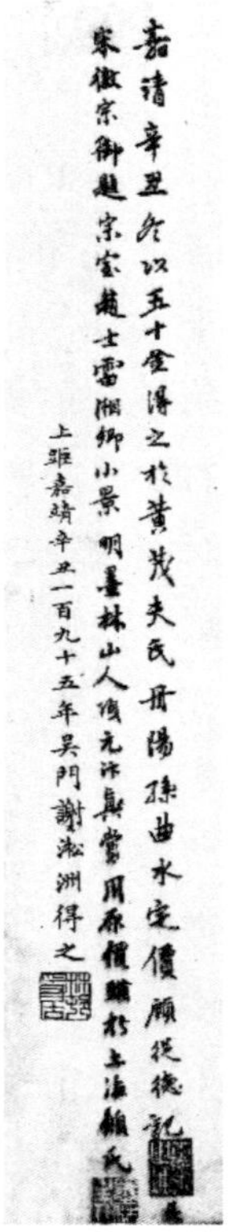

图21 顾从德旧藏赵士雷《湘乡小景图》卷末嘉靖二十年（1541）顾从德、项元汴题跋，故宫博物院藏

---

[1]　姜志邹所整理孙植著述分别为《石云先生遗稿》一卷附录一卷、《石云先生印谱释考》三卷、《江浒迂谈》一卷、《淳化阁帖释文考异》十卷、《校订新安十七帖释文音译》一卷、《金石评考》一卷、《琅琊王羲之世系谱》二卷图一卷别派一卷。

[2]　古菲先生已经敏锐地注意到顾从德跋语中"孙曲水"与丹阳孙植之关系，但其怀疑"孙曲水"为孙植，稍误。见古菲《万历年间的集古印谱和文人篆刻》，中国美术学院博士学位论文，2018年，第34页。

[3]　姜绍书：《韵石斋笔谈》卷上《定窑鼎记》，中华书局1985年版，第8页。

此谱旧有浮粘印文，年久脱落，不可复得，考之顾氏《印薮》，大略具载，故不复摹入。万历丁巳岁菊月，外孙姜道生拜手谨识。

姜志邹已经发现二者之间的联系，其将《印薮》与《印谱释考》二者相互校雠比对，认为《印谱释考》中的印章《印薮》中"大略具载"，故而姜氏仅仅将文字重新整理一过刊印，印蜕则"不复摹入"。《印谱释考》中的印蜕不仅"大略具载"于《印薮》中，在《印薮》中，孙枟的印文考释成果，直接被顾氏所采用，多方印章的考释文字几乎未做改动，仅有部分印章之下的文字有所删减，由此更可证顾氏在编纂《印薮》时参考过孙氏之谱。

接下来再谈一下顾氏藏印之散佚问题。前揭顾氏书画藏品大规模散佚的时间节点在隆庆、万历之交，而顾氏所藏古玺印则在此时间基础上，又保存了40年左右方逐渐散尽，沈德符《万历野获编》记载：

> 《印薮》中所列，及顾氏续收，玉章多至八百方，大半皆出两汉，后为吾里项墨林所得，余皆得寓目，苕华琬琰，不足比拟。至今思之，梦寐中尤为色飞。闻今亦渐散佚，渐为徽州富人以高价购去。[1]

又，程远《古今印则》前载张纳陛序，在是序中张氏谈到程远曾至项元汴子侄处借观藏印：

> 谒其友人项君希宪、晦夫、玄度昆季辈，尽发所藏汉印，精择而谨摹之，并集近代诸名家于后刻，名曰《印则》。[2]

古菲先生综合沈德符与张纳陛的记载，认为顾氏所藏的玉印，包括赫赫有名的"痰疾除永康休万寿宁"秦九字蟠螭小玺，在万历三十年（1602）之前已经转售项家。[3]

笔者认为这种看法值得商榷。的确，程远《古今印则》所收录的第一方印蜕确为这方秦蟠螭小玺。但这并不能证明该印连同顾氏其他玉印此时已经为项氏所有。程远《古今印则凡例》云："云间顾氏《印薮》《印统》务在博收，其中既杂凡庸，复多重叠，殊混雅观，今录其可法可传，并《印薮》《印统》未收者，次序成帙，余则十删其四五。"[4]从此凡例可知，《古今印则》中所收之印，仍有一半左右的数目是根据万历三年（1572）的木刻《印薮》，以及万历三十六年（1608）的《秦汉印统》再次翻摹的。《古今印则》玉印部分下分秦汉小玺、王印、王后印、君印、侯印、私印，其中秦汉小玺6方、王印2方、王后印1方、君印4方、侯印1方、私印114方，校订者为项家项梦原，在该谱中，凡属于项家所藏之印，后皆注明"项氏宛委堂私藏"字样，而玉印部分，仅在四

---

[1] 沈德符：《万历野获编》，中华书局1959年版，卷二十六，第659—660页。

[2] 张纳陛：《印则序》，程远辑《古今印则》，明万历三十九年（1611）项氏宛委堂刻钤印本，国家图书馆藏（索书号：善12955）。

[3] 古菲：《万历年间的集古印谱和文人篆刻》，中国美术学院博士学位论文，2018年，第35页。

[4] 程远：《古今印则凡例》，哈佛大学图书馆藏明万历三十九年（1611）项氏宛委堂刻钤印本。

方君印后署"项氏宛委堂私藏"字样（图22），这表明在《古今印则》玉印部分中，仅这四方君印的所有者为嘉兴项氏。其他未标注"项氏宛委堂私藏"字样的印章不应看作项氏所藏，其来源应是摹刻自《集古印谱》《印薮》《秦汉印统》等旧谱，并且"痰疾除永康休万寿宁"一印自始至终并未归属过项氏。

图22　程远《古今印则》玉印部分"君印类"后署"项氏宛委堂私藏"字样，万历三十九年（1611）刻钤印本，香港松荫轩藏本

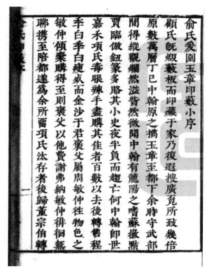

图23　俞彦《俞氏爰园玉章印薮小序》，俞彦辑《俞氏爰园印薮》，明崇祯十四年（1641）刻钤印本，国家图书馆藏

　　对于顾氏藏印散佚的认识之所以有不同的看法，至少由两个原因造成的。一是上海顾氏、嘉兴项氏，同时藏有一批秦汉印章，朱简《印经》云："迨歙人王延年将上海顾汝修、嘉兴项子京两家收藏铜玉印合前诸谱，木刻《印薮》，务博为胜。"[1]从朱简所记可知，在顾氏编辑印谱时，尤其是刊行木刻本《印薮》时，为了数量上博收，顾、项两家的藏印曾混在一起，编入了印谱之中。这就导致一种可能，本身就属于项元汴家族的藏品，在编辑完《印薮》之后，项氏完全有可能再将其取回，这部分藏印在归属权上自始至终都是项氏之物。所以程远摹刻《古今印则》时，项元汴子侄辈"项君希宪、晦夫、玄度昆季辈，尽发所藏汉印"，让程远观摩的即是本属于项氏家族的藏品，并非项氏购于顾氏之物。项氏家族的确购买过上海顾氏的藏印，但这是在《古今印则》编辑成书之后的万历四十五年（1617）的事了。

　　二是上海顾氏的藏印并非一次性散去，而应分批次、按质量优劣等次第散去。就目前的史料来看，顾氏所藏铜印的散佚尚无法清楚地考证出来，玉印的散佚则相对较为明晰。俞彦《俞氏爰园玉章印薮小序》（图23）记述了顾家所藏玉印在万历四十五年（1617）至崇祯后期的散佚过程，云：

---

[1]　朱简：《印经》不分卷，四川省图书馆藏明崇祯刻本。

　　顾氏既毁《薮》板而印藏于家，乃复遇搜广觅，所致几倍原数。万历丁巳（1617），中翰原之携玉章至都下，余时守武部，间得纵观，烂然溢眦。微闻中翰有龙阳之嗜，苏、徽黠贾临仿钮篆，多赇其小史，夜半负而趋，亡何中翰即世。嘉禾项氏毒眼辣手，尽购其佳者百数以去，后转售程季白。季白痪死，而金沙于君褒父属周敏仲往物色之，敏仲倾囊购得，至则褒父以他费谢，弗纳。敏仲徘徊无聊，携至陪都，遂为余所留。项氏汰存者后归董宗伯，转售淮阴杜九如。杜复有中翰癖，苏、徽人舞其故智，散去亦复不少。余初犹妄意延津之合，今岁九如子生之携来，则溢至二百余，赝者十七，即存者亦皆下驷，向之倾仰，一时都尽矣。有户曹先生捐六百金求之，杜一夕逃去，咸可哂也。余以四十年所收购，并项氏原物，汇而行之，政得若干，自为一帙，不与铜章相杂。[1]

　　俞彦序中的顾氏后人"中翰原之"暂不可考，虽然其极有可能是华亭顾懿德，[2]但考虑到华亭顾氏与武陵顾氏并非同宗，保险起见，接下来我们仍按俞彦所称，将这位顾氏后人称为顾原之。通过俞彦记载可知，至迟在万历四十五年（1617）前后，顾家藏印中玉印部分尚为完整，这部分藏品的质量也有所保证，即俞彦所说的"烂然溢眦"。万历四十五年（1617）之后很短的一段时间内，这批藏品逐渐散去，原因是顾原之有"龙阳之嗜"，被苏州、徽州商人配合其所狎昵者窃去，并且以伪作进行了替换。

　　最终促使这批玉印开始转手出售的契机是顾原之的去世。顾原之去世之后，这批玉印方为项元汴家族选择性地购去一部分，苏州、徽州商人所杂入的伪作，被剔除出去，这也就是俞彦所说的"项氏毒眼辣手，尽购其佳者百数以去"。其后，项家后人将这些印整体转售给徽州程季白，即俞彦所说"后转售程季白"。前揭沈德符《万历野获编》所载项氏藏印"闻今亦渐散佚，渐为徽州富人以高价购去"一事即指此事。[3]项氏与程季白交易的时间是天启二年（1622），汪砢玉《珊瑚网》名画题跋卷二所载《文与可晚霭横看卷》条云："壬戌（1622）之秋，程季白飞霞舫成，招李君实及珂雪与余集舫中，看新得汉玉图书，约三百方。"[4]汪砢玉与程季白为密友，曾自言"季白与余善，故获睹其珍秘"，[5]故其所记程季白新得秦汉玉印一事十分可信。而被项氏剔除未购的印章，包括顾氏所藏的其他玉印大致也在万历四十五年（1617）稍后被顾氏转售至董其昌处，董氏再转售淮安富商杜九如，即俞彦所谓"项氏汰存者后归董宗伯，转售淮阴杜九如"。杜九如购入的数

---

[1]　俞彦：《俞氏爱园玉章印薮小序》，俞彦辑《俞氏爱园印薮》，明崇祯十四年（1641）刻钤印本，国家图书馆藏本（索书号05273）。

[2]　顾懿德，字原之，为晚明画家顾正谊之侄，万历后期曾在北京光禄寺任职，其本人也以绘画名世。有关顾懿德及其绘画讨论可参阅（美）高居翰（James Cahill）著，王嘉骥译，《山外山：晚明绘画1570—1644》，三联书店2003年版，第161—162页。

[3]　古非先生据吴其贞《书画记》所记"伯（即吴元维）有别业在上海……顾氏所刻《印薮》并秦汉铜玉图章悉为所得。复增数百集为共八卷，颜曰《印统》，王伯榖为之序，罗王常所刻也"一语，认为沈德符所记购买项氏藏印的"徽州富人"为吴元维。古非先生的观点值得商榷，吴元维并未收购顾氏、项氏藏印，后详。古非《万历年间的集古印谱和文人篆刻》，中国美术学院博士学位论文，2018年，第36页。

[4]　汪砢玉：《珊瑚网》名画题跋卷二，《中国书画全书》（修订本）第8册，上海书画出版社2009年版，第299页。

[5]　汪砢玉：《珊瑚网》名画题跋卷三《宋徽宗雪江归棹图》，《中国书画全书》（修订本）第8册，上海书画出版社2009年版，第306页。

量大致在200方左右。姜绍书《韵石斋笔谈》卷上"定窑鼎记"：

> 万历末年，淮安杜九如贾而多赀，以钓奇为名，高出累千金，购求奇玩，董玄宰之汉玉章、刘海日之商金鼎咸归之。[1]

又，《韵石斋笔谈》卷上"秦汉印"：

> 余曾见淮安杜九如家玉印二百余方，各甚精好，中有无篆之章，而钮极佳，亦因其钮而存之耳。[2]

范凤翼在《题潘建侯印章册子》一文中，也提及淮阴杜九如家藏汉玉印的情况：

> 顷日见吴门周氏、淮阴杜氏汉玉章，可四百余，皆以赫蹏得之，如对上世闻人。[3]

实际上，杜九如所得的顾氏秦汉玉印，并非全部来自董其昌的转售。在此之前，杜氏曾直接从顾家收购过一部分秦汉玉印，这其中就包括那方著名的、曾在吴门一代流传数百年的"疢疾除永康休万寿宁"秦蟠螭小玺，俞彦《俞氏爰园印薮玉章》卷二首列是印，下注"顾售淮阴杜氏，今归爰园"即为证。杜九如从顾家购买这方九字小玺可能早于项氏"尽购其佳者百数以去"的时间，如果不是这样，以项家的鉴藏眼光，这方小玺必定首先进入项家了。

我们再将目光聚集到徽州程季白身上。程季白所收的项氏藏印在程家的时间很短，大部分印章前后仅逗留了四年左右，吴其贞为我们记录了这批玉印在程季白家中的遭遇，《书画记》卷一：

> 正言讳明诏，季白之子也。季白笃好古玩，辨博高明，识见过人，赏鉴家称焉，所得物皆选拔名尤。逮居中翰，因吴伯昌遭珰祸连及，丧身亡家于天启六年（1626）。子正言遂不能守父故物，多售于世，然奢豪与父同风……（正言）与予为莫逆交，观其铜器有姜望方鼎、方甒……项氏所集图章百方，皆各值千金者。[4]

天启二年（1622）汪珂玉看到程季白新得项家所藏印时，尚且是300余方；而天启六年（1626）程季白死于狱中之后，300方玉印仅剩百余方。这距离程季白购得这批古印，仅仅过去了4年左右。关于程季白所藏玉印的流散去向，前揭俞彦所言"季白瘐死，而金沙于君褒父属周敏仲往物色之，敏仲倾囊购得，至则褒父以他费谢，弗纳。敏仲徘徊无聊，携至陪都，遂为余所留"一

---

[1] 姜绍书：《韵石斋笔谈·卷上·定窑鼎记》，中华书局1985年版，第8页。

[2] 姜绍书：《韵石斋笔谈·卷上·秦汉印》，中华书局1985年版，第11—12页。

[3] 范凤翼：《范勋卿文集》卷五《题潘建侯印章册子》，《四库禁毁书丛刊》集部第112册，北京出版社2000年版，第397页。

[4] 吴其贞：《书画记》卷一，《中国书画全书》（修订本）第11册，上海书画出版社2009年版，第369页。

语已较为明确地指出。据俞彦所云，程季白死后，金坛于褒父委托古董捐客周敏仲前往程家代为收购，[1]周敏仲购得后，于褒父却毁约，拒绝入藏这批辗转了多地的印章。于褒父，名玉嘉，字褒父，一字惠生，与董其昌、吴其贞等交好，"家最富，而不出仕，闭户著书"，[2]是晚明金坛地区著名的书画收藏家，曾藏有惠崇《江南春》（即《溪山春晓图》）[3]、赵孟頫《鹊华秋色图》等。于褒父家业殷实，断不是由于经济原因放弃这批印章，唯一可能的解释即是这批印章在辗转交易的过程中，精品不断被人替换，伪作不断加入。以于褒父鉴赏家的身份，不能看不出这批印章的真伪优劣，所以他"弗纳"。之后周敏仲将这批印章携至南京，最终被俞彦所购去，其时间在崇祯六年（1633）。《俞氏印薮序》云："后闻顾氏所蓄俱已散在三吴七郡，无复妄想，不自意崇祯癸酉〔1633〕，忽得玉章百余。"[4]由俞彦序言可知，是年他所得程季白玉章数量在百余方左右，这和吴其贞在程季白子程正言处所见"项氏所集图章百方"，在数量上一致。

实际上，顾家藏印的真伪在万历后期即已经不能得到保证，尤其是万历四十五年（1617）之后，顾家后辈基本不能守祖辈"三世五君"之藏。顾家藏印在几次的散佚过程中，每每被杂入伪作赝品，至崇祯朝时，这些号称顾氏旧藏的印章，已经面目全非，与嘉万时期的顾氏藏品可以说几乎不能看作同一批藏印了。这可以从最终的"冤大头"俞彦藏品中看出，崇祯十四年（1641）俞彦据其自藏——号称来源于顾氏旧藏的玉印辑成《俞氏爰园印薮》一谱（图24），是谱自卷二以下收秦汉玉印，其中卷二收小玺9方，罗福颐《印谱考》称"伪者六"。卷三收官印9方，通用10方，一字印、有名无姓印11方，周秦印23方，罗福颐认为本卷官印9方仅1方为真，其余皆伪；通用10方与一字印有名无姓印11方皆伪；周秦印23方"真者不过十"。卷四收私印，按平上去入四声分类，其中"平声姓"下收印37方，"上去入声"下收印18方，共55方，罗福颐认为这部分真者不过半。[5]

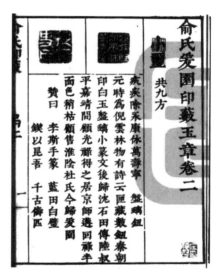

图24　俞彦辑《俞氏爰园印薮》卷二卷端页，明崇祯十四年（1641），国家图书馆藏本

关于顾氏藏印流散的问题，还有一点需要指出，即徽州吴元维是否收藏过顾家藏印。吴元维，字伯张，号濂水，与吴其贞同属休宁商山人。万历三十六年（1608）罗王常刊印《秦汉印统》一谱，吴元维为是谱之校订者。吴其贞在《书画记》谈道：

（王维《雪山归樵图》、李唐《古木寒鸦图》等）于戊寅（1608）秋九月朔日观之于仲坚

---

[1]　周敏仲其人多次出入嘉兴大收藏家李日华的味水轩，生平依靠辗转各地收购、贩卖古董书画为生，详见《味水轩日记》。

[2]　卢世㴶：《尊水园集略》卷十二《与程正夫》，《续修四库全书》集部第1392册，上海古籍出版社2002年版，第570页。

[3]　顾复：《平生壮观》卷六，《中国书画全书》（修订本）第6册，上海书画出版社2009年版，第577页。

[4]　俞彦：《俞氏印薮序》，俞彦辑《俞氏爰园印薮》，明崇祯十四年（1641）刻钤印本。

[5]　罗福颐：《印谱考》卷一，1973年墨缘堂印本。

兄，盖濂水伯之子也。伯有别业在上海，嗜古玩，此则其收藏物。顾氏所刻《印薮》并秦汉铜玉图章悉为所得，复增数百方集为共八卷，颜曰《印统》，王伯榖为之序，罗王常所刻也。[1]

按照吴其贞的记载，《秦汉印统》中所收印章乃吴元维购自顾氏旧藏，即"顾氏所刻《印薮》并秦汉铜玉图章悉为所得"。然而吴其贞所记并非史实。康熙二十一年（1682）刊印的《新安商山吴氏宗祠谱传》载吴元维传，云：

> 易八七叔讳元维，字伯张，号濂水……服阙后以例入南雍，历满归理生业，而不屑铢铢两两，为臣虏守。好结交缙绅先生、词人、技艺士，謦欬足以倾听，规模足以耸观，慷慨足以应人之缓急，即上洋士大夫咸愿与内（纳）交，良辰佳节，每置酒相招，致其欢洽。古玩所嗜惟字画，每购得之，余不多藏。山人王常集古图章若干，欲刻以传海内，而费重难堪，叔即捐赀，刻成命曰《印统》，今宇内图章取法焉。[2]

从《新安商山吴氏宗祠谱传》此传来看，吴元维在《秦汉印统》的刊刻过程中所起到的作用仅为"捐赀"而已。[3] 又，李维桢《秦汉印统序》："而是时，云间顾氏取为《印薮》盛行于世，延年以未广，益购求增益之，而其友吴伯张相与参校品第，凡历廿年，功绪甫竟，付之奇（剞）劂，而延年卒矣，伯张不欲没其所长，标而行之，名曰《秦汉印统》。"[4] 臧懋循《印统序》："太原王常氏遍购诸博古家，积若干稔，增广若干册，以授新安吴元维氏合刻之，命曰《印统》。"[5] 李维桢、臧懋循二人皆未谈及《秦汉印统》所收印章为吴元维所藏。

五、结语

嘉万时期上海顾氏昆仲借由书画鉴藏、古籍刊刻、印谱制作等艺术活动，不断在江南地区累积其作为世家大族的声望。明人论及顾氏之古籍鉴藏，欧大任《芸阁记》中有"上海名族"之评，古籍刊刻方面，则有何良俊《草堂诗余序》中"顾子上海名家"一说，而在古玺印鉴藏方面，更有沈明臣《集古印谱序》中"上海顾氏称世家，三世以博雅传"之语广为人知。顾氏在其最为珍视的一批宋版书中钤"武陵顾氏""顾氏世家""武陵"等郡望印章更能说明其家族成员对名列"世家"的追求与喜色。如果将视野放大至整个江南地区，即会发现，嘉靖时期是苏州及其周边的上海、嘉兴、无锡等地鉴藏活动的顶峰时期，所谓的"世家大族"在这一时期的艺术鉴藏中起到了中流砥柱的作用，如长洲文氏、上海顾氏、无锡华氏、太仓王氏、宁波范氏、嘉兴项氏等；进入万历朝以

---

[1] 吴其贞：《书画记》卷一，《中国书画全书》（修订本）第11册，上海书画出版社2009年版，第371页。

[2] 吴应迁等纂修：《新安商山吴氏宗祠谱传》，清康熙二十一年（1682）刻本，国家图书馆藏。

[3] 王洪军先生也已指出吴元维在《秦汉印统》中的作用仅为"捐赀助刻"，见王洪军《罗王常〈秦汉印统〉本末考》，《文献》，2015年第3期，第23页。

[4] 李维桢：《秦汉印统序》，罗王常辑《秦汉印统》，明万历三十六年（1608）吴氏树滋堂刻本，国家图书馆（索书号：09788）。

[5] 臧懋循：《印统序》，罗王常辑《秦汉印统》，明万历三十六年（1608）吴氏树滋堂刻本。

后，尤其是万历后期以后，上述家族的鉴藏事业随着文徵明、文彭、项元汴、王世贞等吴门鉴藏"具眼"的去世，江南地区的鉴藏中心逐渐转至徽州一地，鉴藏话语权也随之落入徽人手中。万历十六年（1566）的夏天，王世贞邀同詹景凤在南京瓦官寺宴饮，席间詹景凤对王世贞说道："曩者但称吴人具眼，今具眼非吾新安人耶？"王世贞的反应是"默然"。[1] 言外之意，即对詹景凤所说持一种默认的态度。从詹、王所谈即可清晰地看出，万历中期以降吴门一带鉴藏话语权的逐渐衰落，徽州士人的逐渐崛起。

尤为重要的是，这种鉴藏重心的转移，并不仅仅体现在书画鉴藏方面，古玺印鉴藏也有这种趋势。当顾氏藏印逐渐散佚时，（万历）《歙志》中所记徽人吴良琦、方大治等，所藏古玺印数量却都达到一千余方。[2] 在古玺印鉴藏活动中所衍生出来的印学知识、篆刻创作观念也必然会随着艺术鉴藏重心的转移而转移。这也即是徽州印人在万历时期崛起印坛的一个关键因素。单纯地从社会学角度出发，将徽州印人的崛起归结于经济因素的影响，多少是有点偏颇的。在面对詹景凤略有咄咄逼人的言论时，已经成为吴门新一代鉴藏领袖的王世贞采取了一种不予否认，更不予置评的态度。这种感受，万历中期吴门的周应愿恐怕也感同身受，面对声誉方炽的徽州印人何震，周应愿一方面称其"俱擅美誉""颇逾前人"，另一方面却将其归入"江湖行家"，对其态度也是"吾所不知，更难备述"[3]——周应愿的这种表述和王世贞的"默然"竟如此一致，这或许多少传递出从万历中期开始，吴门士人对其艺术话语权逐渐旁落的焦虑。

（作者系首都师范大学中国书法文化研究院在读博士、华侨大学美术学院讲师、西泠印社社员、中国书法家协会会员）

[1] 詹景凤：《詹东图玄览编》卷三，卢辅圣主编：《中国书画全书》（修订本）第5册，上海书画出版社2009年版，第447页。

[2] （万历）《歙志》传第五《文苑》，转引自陈智超《美国哈佛大学哈佛燕京图书馆藏明代徽州方氏亲友手札二百通考释》，安徽大学出版社2001年版，第374页。

[3] 周应愿：《印说》"得力第十"："江湖行家，如歙人何、越人沈、吾吴施、淞江胡，俱擅美誉，纷纷继起，颇逾前人，吾所不知，更难备述。"周应愿《印说》，明万历间刻本，常熟市图书馆藏。

顾氏《集古印谱》之版本再论

——以新见松荫轩珍藏"上声私印"零册为契机的推衍

杜志强

内容提要： 本文藉松荫轩珍藏顾氏《集古印谱》"上声私印"零册呈现之契机，比对知见诸家顾氏《集古印谱》存世藏本，从实际载印、序跋情况观，我们试将存世顾氏《集古印谱》分为四个版本系统，彼此间载印内容增删情形复杂；序跋文字在系统间互存异文，体现了顾氏《集古印谱》版本的复杂性和延续性。虽然，尚有样本缺失隐没，但仍依稀可据实物文本之片楮推衍归理，一窥版本系统之端倪。对我们进一步全面认识、研究顾氏《集古印谱》或有所助益。

关键词： 顾氏《集古印谱》　版本系统　松荫轩藏本

　　清晰地记得十年前（2012）的12月，上海某拍卖公司上拍一部《汉印存》一卷，起拍价标为"5000.00"。定眼阅读拍卖图录，熟悉的"倩影"映入眼帘，曼妙绝伦……松荫轩主以万元之数收入囊中。幸哉！缘哉！此封签墨笔题为"原钤汉印存"的顾氏《集古印谱》（下称"顾《谱》"）"上声私印"零册的入藏，使其时已近三千部印谱的"松荫轩印学资料馆"在藏品架构上达到了印谱收藏的顶尖，"即此不完之本，亦当圭璧视之。宣德鼎炉、成化鸡缸，世犹珍秘，况此谱耶。"[1]"松荫轩印学资料馆"秉承一贯以来"学术者，天下之公器"的集藏要旨，于2019年11月随千余部印谱一同，公布于复旦大学图书馆印谱文献虚拟图书馆"印藏"数据库，[2]使天下学人触手可及，以为研用。

　　顾《谱》从明隆庆六年（1572）及今，历经450年辗转流传，知见存世者林林总总至少尚有八部之数。其中完璧者世存三部，它们是：上海图书馆藏本（下称"上图本"）、永嘉谢磊明藏本（下称"谢氏本"）及蓟县王绍尊藏本（下称"王氏卷"）。而日本东京国立博物馆横田实寄赠本（下称"东博本"）缺卷四；唐长茂藏本（下称"唐氏本"）缺卷二、卷六；西泠印社张鲁庵捐本（下称"西泠本"）缺卷一、卷六；浙江图书馆巢凤初藏本（下称"浙图本"）仅存卷一；如此等等。[3]笔者在2008年曾予竭力关注并做初步探寻，草成《关于顾氏〈集古印谱〉和〈印薮〉版本的初步考察》（下称"《初考》"）一文"发现顾氏《集古印谱》至少有四种版本，它们在版式

---

[1] 秦更年撰，秦蓁整理，吴格审定：《婴庵题跋·卷三·顾氏〈集古印谱〉跋》，中华书局2019年版，第169页。秦氏所跋旧藏四册残本，即下文所称"唐长茂藏本"，今当存世深藏隐没于雅士书斋，俟访。

[2] 复旦大学印谱文献虚拟图书馆"印藏"数据库：http：//yin.fudan.edu.cn

[3] 知见尚有如刘博琴旧藏"官印"卷，其为剪贴零本，册前存黄姬水序内容行款同浙图本，然审非同版。

和载印内容、数量上均有所别"[1]。在过去的十余年中，又幸睹铁琴铜剑楼旧藏和松荫轩所得零册两种，前者"久慕尊名"，后者"神物惊现"，何其印缘！今据年来新知，续《初考》旧文对顾《谱》钤印本作进一步的探赜。

一、新见新知

在《初考》中，笔者将当时知见的七部顾《谱》分别做出版本叙述，今天看来在认识上存在浅薄甚或谬误，本文将随文做申述补充。

首先，对新见之"铁琴铜剑楼旧藏本"和"松荫轩藏本"作版本叙述：

1. 铁琴铜剑楼旧藏本今归常熟市图书馆（下称"常图本"）。一册（开本高30.2厘米，宽18.3厘米），残本。四周单边。版框高20.8厘米，宽13.5厘米，墨色刷版。双面墨色钤印，单面一至八方，四行四列界格划分。书口空白，无叶次。卷末有版刻"汉铜虎符"图案、注释文字一叶。卷内钤"顾汝修"白文、"潘氏珍藏"朱文、"庞君亮借阅过"白文鉴藏印。（图1）

图1 "常熟图书馆藏本"卷端书影　　　　　图2 "松荫轩藏本"卷端书影

卷前有清毛琛题识五则。

所存一册钤印始于上声私印"董修"白文玉印，止第59叶未识私印及子孙日利单字象形之"尒"字朱文玺印。

该谱最早著录于1941年常熟庞士龙《铁琴铜剑楼藏善本印谱目》中，庞氏过录了清乾隆丁未（1787）藏书家毛琛"无意中以青蚨七百得之"欢喜之际所书全部五则题识。

[1] 杜志强：《关于顾氏〈集古印谱〉和〈印薮〉版本的初步考察》，《第二届"孤山证印"西泠印社国际印学峰会论文集》，西泠印社出版社2008年版，第425—456页。

正文钤印"上声私印"21叶308方；"去声私印"13叶166方；"入声私印"6叶88方；"未识私印及子孙日利单字象形等印"19叶272方。此载印数据与庞氏所记略有出入，想是计入双面印、子母印等的因素。常图本私印依沈韵编排，按此遗存之实物编例，前当存一册"上编"，故毛琛发出"珍重珍重！他日觅得前一本，当装潢，什袭传之其人耳"的感慨。

2. 松荫轩藏本（下称"松荫本"）。一册（开本高26.8厘米，宽17.4厘米），残本。四周单边。版框高20.8厘米，宽13.5厘米，墨色刷版。双面朱泥钤印，单面一至八方，四行四列界格划分，钤印下格有鉴藏者墨笔释文。书口空白，无叶次。封面签题"原钤汉印存壬辰秋日，小晴"。卷内钤"文彭之印""文寿承氏"朱文鉴藏印。（图2）

所存一册钤印始于上声私印"董修"白文玉印，止第53叶"马宗之印·马幼公印"朱白子母印。

松荫本此卷尚有佚叶，"马"姓之后他本及《印薮》续有"贾、耿、沈"等诸姓，而止于"范"姓。由卷端右下所钤文彭鉴藏印，联想到浙图本"官印"卷零册也有此印，取而读之，果然延津剑合。（图3）

其次，我们就新知补充《初考》如下：

3. 上图本2019年已全本十二册套色影印出版，[1]给欣赏研究带来极大的方便。《初考》曾以"顾浩藏本"相称，今本文统一以知见之最后藏家称之。潘景郑《记顾氏〈集古印谱〉》[2]是最早对顾《谱》进行版本意义上的研究文字，所据正是上图本，惜引证未广，仅据庞士龙《铁琴铜剑楼藏印谱目》著录之常图本和罗福颐《印谱考》著录之谢氏本二部。然潘先生以其博览古籍，留意文艺之积淀，所论高屋建瓴：

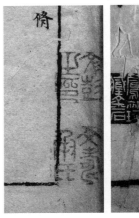

图3　浙图本（右）松荫本（左）
文彭鉴藏印

> 玩赏古印及制作印谱，远自宣和，近则姜、赵，足以证明并不自《集古印谱》的编者顾汝修始，不过以往藏家，钮数不多，不足歆动大多数士大夫阶级之同好，所以赏玩一道，仅为少数人所摩挲把玩，沾沾自喜，而未为普遍的习尚……《集古印谱》之最大成就，不在于引起鉴赏家对于古印之玩赏兴趣上，而在启发学术界根据印章考订古代官制及地方建置之治史参考，同时更可明了古代官印之尺寸制度。

4. 《中国印谱解题》中记载披露了谢氏本在"丙寅（1926）春先生以是谱交余，携之海上征诸名流题咏"（方介堪语）[3]的具体题咏名录：

---

[1]　陈振濂主编：《中国珍稀印谱原典大系第一编第一辑·顾氏〈集古印谱〉》，西泠印社出版社、国家图书馆出版社2019年版。

[2]　潘景郑：（寄沤）《记顾氏〈集古印谱〉》，《江苏文献》，1942年第7期，第33页。

[3]　方介堪：《明孤本顾氏集古印谱考》，见载《上海新民报晚刊》，1948年10月29日。

守尾氏作为老牌古籍卖家，传说他对于经手名品都会一一记录，可惜无人亲见。关于《集古印谱》的见闻录，所幸被金山铸斋氏转抄，以下引自金山氏笔记……

苏惇元、吴振平、叶为铭、瞿菼生、胡止安、经亨颐、黄葆戊、张善孖、张大千、童大年、谭泽园、吴湖帆、张谷年、吴仓硕、郑孝胥、丁辅之、赵叔孺、褚礼堂、罗振玉、王禔、楼辛壶、俞序文、黄宾虹、张葆享。二十六年。[1]

其与罗福颐《印谱考》、方介堪所言"有张叔未、瞿本夫、苏敦元暨吴氏诸人题识"相吻合。现在可以读到的题跋仅张叔未（1832）、瞿本夫（1839）和罗振玉（1926）、褚礼堂（1927）四则及郑孝胥（1930）日记所载，[2]"名录"末署"二十六年"正如横田实所推测的确为1937年。

5. 东博本《初考》仅言其"另见一'官印册'卷端书影亦标示为顾氏《集古印谱》，有墨笔录《印薮》类目、释注……附存俟考"。在横田实《中国印谱题解》中述其曰：

五册（缺一册），正为黄纸墨格钤印，附有手写释文考证。从改装风格看来，似为康熙初所作。序文乃当时书法家蒋廷机手书，序末赞此书为"诚为稀世之宝，旷代之宝"，可见评价之高。根据甲寅纪年判断，其时应为康熙十三年（1674）。

本书五册收印四百八十九颗。秦汉小玺首为"疢疾印""万岁""永昌"三印；王印只有"荆王之玺"；侯印为"关内侯印""平都侯印"；将军印为"左大将军章"等。

小林斗庵进一步"补记"其具体载印数据并认为：

根据木刻本中沈明臣《顾氏集古印谱叙》的记载，原钤本收录玉印百六十余颗，铜印千六百余颗。而本书即使六册齐全，印数充其量亦只有记载的三分之一，数量相差太大。基于以上理由，或许称本书为原钤本之"稿本"更为合适。

小林斗庵"稿本"之说似有一定道理，就载印数而言，与其他已知顾《谱》相较也是最少的，具体见下文统计，但对于东博本的实物版本认识，尚待机缘展开。

6. 唐氏本《初考》因所得卷端书影之质量，并未将其与《婴庵题跋》著录之"秦曼青藏本"产生关联。近年韩天衡先生重新刊布之书影，可以较清晰地释读出卷端首页所钤鉴藏印。[3]柴子英先生也曾见过秦曼青藏本，并与其藏品流散方向相一致。[4]故而，可将两处著录予以归并。《婴庵题跋》《顾氏〈集古印谱〉跋》明确写道："此本存卷一官印、卷三私印下平声、卷四上声、卷五

[1] （日）横田实著：《中国印谱解题》，二玄社1976年版，第4页。

[2] 郑孝胥著，劳祖德整理：《郑孝胥日记》，1930年5月5日："郑午昌、方介岩来，方示上海顾氏汝修所集《印薮》六卷……"中华书局1993年版，第2282页。按，郑氏面对顾《谱》，似未读懂，于此抄录冯少眉《历朝印识》中一段相关文字。

[3] 韩天衡：《闲话印谱九百年》，《书与画》，2017年第一期，第30页。卷端书影右下版框外，自下而上钤："秦氏睡足轩鉴藏金石书画印"白文、"曼青"朱文、"秦更年"白文、"唐长茂"白文鉴藏印。

[4] 郁重今：《历代印谱序跋汇编》，西泠印社出版社2008年版，第3、6页。

去声。凡四册，缺卷二私印上平声、卷六入声二册。又，卷三、四、五各缺首页一纸，盖以每卷有'集古印谱卷△'字，故撤去，以充全帙。"[1]从而，纠正了《初考》中"我们可以得出'唐长茂藏本'所存为官印册、上平私印册、下平私印册和去声私印册"，所含"上平私印册"的错误推断。

7.史上曾出现过与王氏卷相类，且更加完整的卷轴装顾《谱》，巴慰祖《四香堂摹印》序有所记录："比归自汉滨，闻顾氏所自珍藏原印墨渡卷子，沈明臣手书序跋者，丰南吴氏得之，以遗金辅之殿撰。慰从殿撰借观，遂承惠好，不揣谫陋，摹之数月，寝馈以之……"[2]时在乾隆甲午（1774）。该序文中"卷子"及所摹印章为王氏卷类的存世提供了文献印证。同时，也让我们知道上图本、常图本之"墨钤"本，史上尚有"墨渡"本之称谓。

至此，我们对知见存世顾《谱》，有了一个新的基本的认知。

需要说明的是，在顾氏《集古印谱》的研究中，目前所能读到的谱本，私印均依沈韵为序进行编撰，所称之"卷"，在实际谱本中，除唐氏本外，均无卷端分卷题名。上图本十二册，以册的形式分卷，同样的分卷形式还有西泠本和松荫本。而常图本则以空格、换叶的形式分卷。

二、版本系统

如前所述，目前可以用于研究引用的顾《谱》有：上图本、常图本、王氏卷、西泠本、浙图本和松荫本，余者如东博本、谢氏本、唐氏本则仅依相关著录描述及零星图片作为研究辅助材料。让我们先来统计一下，已知顾《谱》诸本载印数据并附《印薮》数据为参照。

表1　顾《谱》诸本载印数据表

卷册　藏本	卷一（官印）	卷二（上平）	卷三（下平）	卷四（上声）	卷五（去声）	卷六（入声+未识等）	合计	备注
上图本	366方	392方	503方	404方	213方	488方（116+372）	2366方	目验
东博本	71方	91方	150方	/	47方	102方	461方	小林斗庵统计
常图本	/	/	/	308方	166方	360方（88+272）	834方	目验
王氏卷	206方	335方	402方	319方	182方	288方（106+182）	1732方	整合统计
西泠本	/	369方	533方	299方	196方	/	1401方	据排印本
浙图本+松荫本	206方	/	/	361方	/	/	567方	同书归并
《印薮》	426方	577方	757方	549方	321方	506方（174+332）	3136方	据姚起原刻本

[1]　秦更年撰，秦蓁整理，吴格审定：《婴庵题跋》卷三《顾氏〈集古印谱〉跋》，中华书局2019年版，第169页。

[2]　巴慰祖：《四香堂摹印》三卷二册，中国国家图书馆藏本，索书号：A02743。尚读刘博琴旧藏一册（缺卷三，下册），版本相异，俱存旧序及王常跋文。另，今西泠印社藏本仅巴序，无旧序跋，版本相异。

由表1可知，如果想通过对顾《谱》具体载印的变化，探究其版本的演变，根据水桶理论，松荫本为我们提供了可资研究的契机。而数年前的香江书斋从容上手拜读，在疫情防控下的今天，想想都是惬意而奢侈的琅嬛之福，况如今此本已成触手可及之学界公器；松荫本与西泠本所采为同一版框，互为印证，可圈可点，力避他本孤证之嫌。凡此，于笔者而言，均为据以展开研究的理由。

1. 由样本载印情况，呈现出版本系统的存在

我们以松荫本零册"上声私印"为样本范围，并加入顾《谱》的后续刻本印谱——《印薮》为参照坐标，编制"顾氏《集古印谱》诸本载印表选"（表2）[1]较为直观地反映出它们的内在关联。

表2　顾《谱》诸本载印表选

序号	印文	上图本	常图本	王氏卷	西泠本	松荫本	《印薮》
01	董修	√	√	√	√	√	√
02	董稚君	√	√	√	√	√	√
03	董相印	√	√	√	√	√	√
04	董稄	√	√	√	√	√	
05	董耳	√	√	√	√	√	
06	董徐来·臣徐来	√	√	√	√	√	
07	董霸	√	√				√
08	董平圣	√	√				√
09	董意	√	√				√
10	董牂私印	√	√				
11	董意私印	√	√		√	√	
12	董□印	√	√		√	√	√
13	董裝私印	√					√
14	董广私印	√		√	√	√	√
15	董殷						√
16	董戎之印						√
17	董剞·董仲卿			√	√	√	
18	董胜			√	√	√	
19	董尊私印			√	√	√	
20	董□之印			√	√	√	
21	董□私印			√	√	√	
22	董当时			√	√	√	

[1] 限于篇幅，此列选取知见"董、孔、纪、史"四姓全部，已可大致反映出"上声私印"的载印现象。研究中已将全册载印罗列，特殊现象后文另行举例。

（续表）

序号	印文	上图本	常图本	王氏卷	西泠本	松荫本	《印薮》
23	董到			√	√	√	
24	董免印				√	√	
25	孔信私印	√	√	√	√	√	√
26	孔鸿	√	√	√	√	√	√
27	孔奉世	√		√	√	√	
28	孔贤私印	√	√				√
29	孔遇	√	√				√
30	孔龄·臣龄	√					√
31	孔从私印·孔细公印	√					
32	孔夫						√
33	孔荼						√
34	孔政私印			√	√	√	
35	孔道愚印			√	√		
36	孔巴之印			√	√		
37	纪信之印	√	√				√
38	纪豊	√	√				√
39	纪林之印	√					√
40	纪冬成	√					√
41	纪忠印	√	√		√	√	√
42	纪福				√	√	√
43	纪功						√
44	史勢	√	√	√	√	√	√
45	史咸私印2	√	√	√	√	√	√
46	史褒私印	√	√	√	√	√	√
47	史豊私印	√	√				√
48	史隆私印	√	√				√
49	史卯	√	√				√
50	史周私印	√	√				√
51	史柳之印	√	√				√
52	史璋	√	√				√

（续表）

序号	印文	上图本	常图本	王氏卷	西泠本	松荫本	《印薮》
53	史宗私印	√	√				√
54	史午之印	√	√		√	√	√
55	史禄私印	√				√	
56	史护众印	√	√		√	√	√
57	史戒私印	√			√	√	√
58	史憙私印	√		√	√	√	√
59	史咸私印1	√			√		√
60	史收私印	√					√
61	史冤之印	√					√
62	史□私印				√		√
63	史明						√
64	史□之印						√
65	史上私印						√
66	史充私印						√
67	史业私印			√	√	√	
68	史银印信·史银			√	√	√	
69	史强印			√	√	√	
70	史参私印			√	√	√	
71	史贾私印			√			
72	史累之印				√	√	
73	史千秋印				√	√	
74	史钦私印				√	√	

在表2中，我们以载印最多的上图本列首，以参照坐标《印薮》殿后；以与上图本同样"墨色钤印"的常图本居二；西泠本与松荫本因版框一致而毗邻；王氏卷因卷轴形制特殊，列于其中。同姓各印序次没有依原谱位置先后顺序，而是以上图本、《印薮》为考量经过重新整理。

由"顾氏《集古印谱》诸本载印表选"可以反映出顾《谱》与《印薮》间的传承关系，而《印薮》在载印的延续中，并未全面汇集采纳曾经出现在顾《谱》诸本所载，个中的缘由及具体情况非本文所及主题，留待《印薮》研究中展开。

同时，列表为我们显现出如：董姓17—24、孔姓34—36、史姓67—74等一组组，既未在上图本中出现，也未在《印薮》中延续，且成批量的在王氏卷、西泠本、松荫本间相互出现印证的现象，这一现象在"上声私印"中的李姓、赵姓类的"大"姓中更加突出明确。而常图本载印与上图本载印的紧密性也得以彰显如：董姓07—10，孔姓28、29，纪姓37、38，史姓47—53，同样，这一现象在"上声私印"中的李姓、赵姓类的"大"姓中也更加突出明确。

上图本、常图本之版本系统和王氏卷、西泠本、松荫本之版本系统因之浮现在我们面前。

除诸本载印之呈现，上图本、常图本的一致性还表现在印章排序和对印章的认知上。正如上图本《凡例》所言顾《谱》"姓氏私印从沈韵四声之次第"进行，但在具体入册排列中，"上声私印"上图本、常图本起首以"董、孔、李、史"之序排列，而在王氏卷、西泠本、松荫本及《印薮》中却依"董、孔、史、李"排序，史姓前移；上图本、常图本中"苦、鲁、杜"姓之序，在王氏卷、西泠本、松荫本及《印薮》中以"杜、鲁、苦"排列等。在对印章的认知上，玉印"闰丝"在上图本、常图本中归类于卷六"未识"，西泠本、《印薮》中归于卷二"傅"姓前位；同样"秦调"在上图本、常图本中也归类于卷六"未识"，王氏卷、西泠本、《印薮》中归于卷二"秦"姓中。此外，依《凡例》"两面印、六面印其间有一面或二面字画磨灭，亦所不弃，以备制度之全"，"赵当时""耿冣""丙充国"等双面印特征，借素面呈现出来。此类限于载印内容和校勘条件，暂未在西泠本和松荫本中得到印证，或也是上图本、常图本相一致之处。

2. 从实物版本出发，历数版本系统的差异

当我们通过载印的排比校雠认识到顾《谱》版本系统的存在，各式顾《谱》实物版本诸要点的表现，需要我们结合零星资料作进一步整合统筹，以冀有所印证发现。

在整个顾《谱》中所呈现的版本形态各异，以下版本要点以各谱所具特点展开归纳。

（1）谱本装帧，顾《谱》在谱本装帧形态上大多为线装本，即使有现以册页装留存的刘博琴"鸿爪留痕馆藏本"（下称"刘氏本"），也是后世因残卷而改制的割裂重装本。唯蓟县王绍尊藏本，虽也经清道光十九年（1839）的重装，仍保持了卷轴装形态原貌。

（2）卷前书牌，知见顾《谱》中在上图本和谢氏本中分别得以保留，书牌内容基本一致，然谢氏本书牌因目前未有面世书影，仅据罗福颐《印谱考》著录。其中首句为"古玉印一百五十有奇，古铜印一千六有奇"，相较上图本多出首位数"一"字。依罗先生之学识此"一"字恐非"衍"误，本文权且采信利用。

（3）序文。a. 黄姬水明隆庆五年（1571）《集古印谱序》（下称"黄《序》"）在上图本、谢氏本、浙图本、唐氏本、刘氏本及之后的《印薮》《高素斋集》[1]中均有出现，就其间的文字内容差别而言，存世版本的差别，表现在序名《集古印谱序》与《集古印章序》；顾氏"三世六君"和"三世五君"的表述，所涉为"汝所大官"是否言及；作序时间或称"辛未冬春"，或称"辛未首春"。上图本作："三世六君……名曰《集古印谱》……隆庆辛未冬春晦日。"谢氏本、《印薮》作："三世六君……名曰《集古印谱》……隆庆辛未首春晦日。"浙图本、唐氏本、刘氏本作："三世五君……名曰《集古印章》……隆庆辛未首春晦日。"其中，谢氏本序文见著罗福颐《印谱考》，唐氏本序文见著韩天衡《历代印学论文选》，均未见书影，《高素斋集》则作："《集古印章序》……三世六君……名曰《集古印章》……"而无纪年。

---

[1] 明·黄姬水：《高素斋集》卷十六，《四库全书存目丛书》集部第186册。

b. 沈明臣明隆庆六年（1572）《集古印谱叙》（下称"沈《叙》"）见存于上图本、唐氏本、《印薮》、《丰对楼文集》[1]中，其间的文字内容、版刻均有差异，表现在对印谱出现初期历史的表述，顾《谱》两篇均为"然古无印谱，谱自宋王厚之顺伯始……"，而《印薮》则为"然古无印谱，有印谱自宋宣和始，宣和谱今不传，而后王厚之顺伯亦谱之……"；对秦汉碑版镂刻蚀剥的记述，上图本和《印薮》作"然岁久风日蚀剥者无几"，唐氏本则作"风日蚀剥落毁泐，存者无几"；还有序末言及编者王常之句，上图本作"手印者太原王常幼安氏"，《印薮》《丰对楼文集》作"集印者太原王常幼安氏"，唐氏本则删除了此句。

（4）顾《谱》《凡例》十五则，仅见于上图本。后续的木刻《印薮》《凡例》调整增至十六则。

（5）顾《谱》钤色有墨、朱两色钤本，这在书牌记、沈明臣《叙》及《印薮》顾从德自序中均有言及。"墨钤"谱本目前知见上图本、常图本，如《初考》指出的"墨拓材料当是一种有类于印刷用墨的水性物质，而非后来使用的印泥类油性物质"。两墨钤本在版框界格形制上相左，但载印内容上联系紧密。

（6）界格样式，顾《谱》知见诸本之正文界格样式有"上三下九行二列"与"四行四列"两种。上图本和东博本为前者，余则均为后者。然细雠框、界的断损特征上图本和东博本并非一套刻板。[2]同样，同属"四行四列"的常图本与西泠本、浙图本、松荫本也并非一套刻板，后三者为同一套刻板。这样，知见顾《谱》正文可以确认至少存在三套版框印刷版。

（7）卷端题名，仅出现在唐氏本卷一，"卷三、四、五各缺首页一纸，盖以每卷有'集古印谱卷△'字，故撤去，以充全帙"（秦更年语）。题名曰"集古印谱卷之一"，次行署名"太原王常幼安集"。

（8）载印分卷方式，常图本与王氏卷的分卷方式较为特殊，常图本载印密集，在姓氏转换时仅以空一钤印格的方式处理，而切换卷次时则以换叶的方式处理。王氏卷则更为密集除在玉印、官印、私印三个类型区分时空行间隔外，均连续钤盖，一气呵成。（图4）

（9）钤印序列在上图本《凡例》和沈《叙》中均有言及，大致均循"谱式首尚方玺，即秦始皇九字玺也，次'荆王之玺'之类，次官印，次私印，私印以沈约韵为前后。而始朱氏，尊国姓也"（沈明臣序语）。然"始朱氏，尊国姓"仅上图本予以践行，王氏卷、西泠本均将"朱"姓归于"徐、间、虞"姓之后，《印薮》也是如此。

（10）常图本卷末所存版刻"汉铜虎符"图案、注释文字一叶（图5），为知见顾《谱》他本未见。《印薮》另镌雕版续用且文字大致相同，补充"汉景帝中元二年更郡守为太守"一句。

以上诸本版本要素列表如下（表3）：

---

[1] 明·沈明臣：《丰对楼文集》卷二，南京图书馆藏沈光宁抄本。

[2] 东博本之《中国印谱题解》著录并未标注版框尺寸，此结论仅据卷端书影情况，特此注示。

图4 "王绍尊藏卷""上声私印"片段

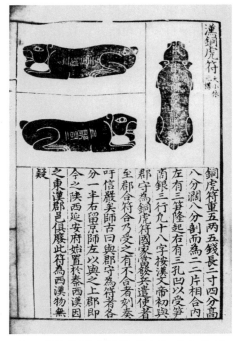

图5 "常熟图书馆馆藏本"卷末书影

表3 顾《谱》诸本版本要素列表

藏本 卷册	上图本	东博本	常图本	谢氏本	王氏卷	西泠本	浙图本+松荫本	唐氏本	刘氏本	《印薮》
装帧	线装，十二册（全）	线装，五册（残）	线装，一册（残）	线装，六册（全）	卷轴装（全）	线装，四册（残）	线装，二册（残）	线装，四册（残）	册页装（改）	线装，六册（全）
书牌	存	/	/	存	/	/	/	/	/	存
黄序	《集古印谱序》手书体，半叶5行，行9字，共3叶。	/	/	存	/	/	《集古印章序》手书体，半叶4行，行10字，共5叶。	存	存（与浙图本同文异版）	存
沈序	《集古印谱叙》手书体，半叶5行，行15字，共9叶。	/	/	/	/	/	/	《集古印谱叙》手书体，半叶6行，行19字，共6叶。	/	存

（续表）

藏本 卷册	上图本	东博本	常图本	谢氏本	王氏卷	西泠本	浙图本+松荫本	唐氏本	刘氏本	《印薮》
凡例	手书体，半叶9行，行16字，共3叶	/	/	/	/	/	/	/	/	存
钤色	墨钤	朱钤	墨钤	朱钤	朱钤	朱钤	朱钤	朱钤	朱钤	木刻
卷端题名	/	/	/	/	/	/	/	集古印谱卷之几。太原王常幼安集。	/	集古印谱卷之几。太原王常延年编，武陵顾从德汝修校。
界格式	上三下九行二列	上三下九行二列	四行四列	四行四列	/	四行四列	四行四列	四行四列	/	四行四列
分卷方式	册分	册分	叶分	册分	连续	册分	册分	册分	册分	册分
钤印序列	官印，私印（朱姓尊前）	官印，私印	私印	官印，私印	玉印，官印，私印	私印	官印，私印	官印，私印	官印	官印，私印
汉铜虎符	/	/	存	/	/	/	/	?	/	存
备注	目验	著录、书影	目验	著录	目验	排印、书影	目验	著录、书影	目验	目验

"书有一印本，即有一种不同处，至今益信"（清黄丕烈语），[1] 以上诸版本要素纷然杂陈，令人应接不暇，况乎还有几多已知未见，几多未知未见。然对印谱史上如此重要，并为推动整个晚明以来文人篆刻艺术蓬勃兴起作出巨大贡献的皇皇巨作，既幸得印缘会际浏览几许，又何妨"信口雌黄"为知者道……

3. 知见版本系统间次第关系的推衍

基于载印内容和版本要素的梳理，顾《谱》知见版本系统业已成立，然其间孰前孰后，是否可以作一推衍？需要说明的是在已知的东博本、谢氏本、唐氏本无缘拜读之前，以下所论均为研读过程中之私念，不揣谫陋，是想着对进一步全面认识、研究顾《谱》或有所助益，并祈博雅君子文字激扬。

我们推衍出的已知顾《谱》诸本相互间版本系统次第结论为：

---

[1] 转自陈正宏：《中国古籍原刻翻刻与初印后印研究序》，郭立暄著：《中国古籍原刻翻刻与初印后印研究》，中西书局2015年版，第2页。

第一版本系统——上图本、东博本→常图本；第二版本系统——谢氏本；第三版本系统——王氏卷、西泠本、浙图本+松荫本；第四版本系统——唐氏本。

顾《谱》的着手编纂从一开始就达到了印谱书籍制作相当的高度，这一高度源自顾从德所处的明代嘉靖时期书籍编辑出版的发展繁荣、顾氏家族编书的实际经验和顾从德"芸阁"读书生活的浸润。"相对于明代前期的低迷状态，晚明时期的商业出版呈现出爆发式增长的繁荣局面。"[1]顾氏家族中其父顾定芳明嘉靖二十三年（1544）翻宋本《医说》、明嘉靖二十四年（1545）参与《古今说海》的出版、嘉靖二十九年（1559）翻宋本《重广补注黄帝内经素问》（顾从德参校、刊刻）；其弟顾从义编纂《历代帝王法帖释文考异》（王常参校）；顾从敬明嘉靖二十九年（1550）选编《类编草堂诗余》《类选注释骆丞全集》；顾从德在万历元年（1573）尚有杨循吉《松筹堂集》的木活字印本出版，并翔艺苑，芸香盈门。顾从德的读书阅历和收藏修养在编撰顾《谱》时已然具备，沈明臣《叙》中言及之：图录类《啸堂集古》、文集类《七修类稿》、印谱类《汉晋印章图谱》版本样式必然是其上手编撰时的借鉴资料，而它们的版框界格样式在上图本的"上三下九行二列"版式中得以表现（图6）。此版式较之"四行二列"版式在实际操作时因钤印格少更便于灵活编排调整，但在同样的印章数量下，册数会成倍增加，相应制作成本也会增加，这是需要考量改良之处。基于此，以上图本为代表所表现出的完整的书籍结构，置于顾《谱》版本系统的前列想是可以接受的。常图本在载印内容上与上图本的紧密度，使其跻身于这一版本系统，而其采用的"四行二列"版式，正是后续版本系统的有效链接过渡。

 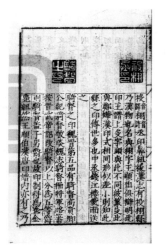 

图6　版式流变书影

（左：《欣赏编·汉晋印章图谱》，中：《七修类稿·古图书》，右：顾《谱》上图本）

在此认识基础上，谢氏本黄《序》中的"三世六君"是对上图本的延续，"首春"则是对"冬春"的文辞修润。在谢氏本的著录中没有出现沈《叙》，我们是否可以将其称为"隆庆五年本"，而将上图本称为"隆庆六年本"，因而将之提前至第一版本系统呢？古籍的"所谓实物分析，所需

---

[1]　何朝晖著：《晚明士人与商业出版》，上海古籍出版社2019年版，第398页。

要的条件就是目验原书。原书不可见，则代以书影"，[1]然方介堪《明孤本顾氏〈集古印谱〉考》中有："（西泠本）版本与此（谢氏本）悉同，尚未经人注释，曾与礼堂同日校勘。"两位前辈的并案对雠，加之"四行二列"版式著录和书牌记的文字差异，是我们略觉宽慰的理由。

第三系统中浙图本黄《序》中"首春"延续之前谢氏本的修润，序名文中的"集古印谱"改"集古印章"，"三世六君"中删去了"汝所大官"而成"三世五君"。关于将顾汝所移撤恐与"（嘉靖）丙辰（1556）岁入京师……归舟再覆，几葬鱼腹，还家不三月而暴疾死"早期故亡相关。[2]沈《叙》仍未见著于此系列。据表2罗列我们知道王氏卷与西泠本、浙图本、松荫本在内容上联系紧密，作为明代卷轴装帧的顾《谱》存世，在印谱史的意义尤为特别。中国古籍装帧形式至明代中叶以来，线装本以装帧牢固，经济实用又便于翻阅大行其道，此卷成为难得的实物遗存形制。

唐氏本是目前仅见的第四系统，黄《序》内容于此延续了第三系统的浙图本。[3]沈《叙》则文字和版式均有变化，上图本中叙末"手印者太原王常幼安氏"在此未曾出现，但其名在卷端次行署名出现。王常曾有"阅晦朔六更，谱乃成，明州沈嘉则序其首，辞富而典，千岁之事可坐而致也"的感慨，[4]显然不会指向此版本系统，故在其后的《印薮》编辑中又重拾此句。或以为卷端已然出现名姓，沈《叙》因此删剔，也未可知？无论如何，该系统卷端书名、署名的出现成为顾《谱》版本流变完美地终极形态。

三、结语

十余年后的再次阅读和探究，我们依然坚持《初考》中对顾《谱》的基本认知：

> "阅晦朔六更，谱乃成"（王常语），我们可以将此六个月，理解为其中某一批次的制作过程的时间……顾《谱》的制作钤印当是分批完成的，正是在这分批制作中，萌生了更大批量的、全面的、有意识的出版《印薮》的想法并予以实施。由顾《谱》到《印薮》当是一个渐变的自然过程。

最后试举一图例，看看"上声私印"册中"尹窦之印"两面印和"尹光之印"子母印在上图本和松荫本中的呈现，以此说明对顾《谱》研究所需具备的整体观，局部单一的观察或许会给我们带来认识的偏差，即便您手持一部顾《谱》原钤印本。（图7）

顾《谱》错综复杂的实物形态与版本流变过程，是认识印谱作为一种具有自身特质古籍类型的重要例证和珍贵素材。

---

[1] 李开升著：《明嘉靖刻本研究》，中西书局2019年版，第9页。

[2] 明朱察卿：《朱邦宪集》卷十一，《祭顾汝所文》，《四库存目丛书》集部第145册。

[3] 明·黄姬水：《集古印谱序》（唐氏本），韩天衡编：《历代印学论文选》，西泠印社1985年版，第511—512页。为寻书影图版校雠，本次行文中特求教于韩先生，蒙先生赐教相告：限于当年条件未拍黄《序》书影，惜哉！

[4] 明·王常：《集古印谱跋》，载清·巴慰祖摹：《四香堂摹印》，中国国家图书馆藏本。

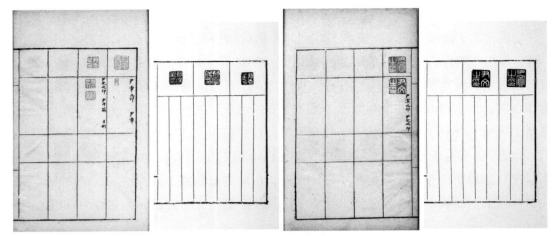

图7　顾《谱》上图本、松荫本"尹窦之印"两面印、"尹光之印"子母印校雠样本

　　上图本以其全帙、完整的书籍结构列于第一版本系统；松荫轩零本残册列于第三版本系统；唐氏本沈《叙》、卷端书影赖韩天衡披露片楮引为验证，谢氏本则仰罗福颐、方介堪著录显现于世分列于第二、四版本系统。其间，或为孤本，或为孤证，就实物版本实践而言样本之缺乏显而易见，然现实之"骨感"，使得我们更加珍惜这历经450年，遭虫鼠，遇水火，经兵燹所能留下来的吉光片羽，以此印证着顾氏三世六君芸阁事业的皇皇业绩。

　　"一九八四年中，偶见友人秘藏四册不全本，其中首卷赫然在焉。以之较谢氏藏本，在黄姬水序后，多沈明臣序一则，沈序作于次年夏。"（韩天衡语）对顾氏《集古印谱》的发现研究，终非一蹴而就的事情，它不仅需要对中国印章历史有清晰地认识和足够的印谱知识储备，同时又要以极大地耐心与定力，等待冥冥之中的印缘。

（作者系西泠印社社员）

《金石录》订证十五篇

李长钰

内容提要：金石之学兴于宋代，赵明诚是宋代最重要之金石学家。其毕生攻研金石，专于考订，《金石录》之问世，中国传统金石考据之学正式拉开帷幕。赵氏夷考史事，以金石为第一史料，但并非盲引金石，而是以实事求是之态度进行金石与史籍互证，还原史实，补益后学。因此，《金石录》之大义，为千百年来金石学家所共识，赵氏之苦心孤诣，亦已传之其人，通邑大都。然世无完璧，赵氏虽长于考史，但未能明辨碑、史撰述之义例不同，而难免疑误。[1]此外，《金石录》之转相钞录，各以意为更移，沿讹踵谬，弥失其真。[2]基于上述实况，予详考《金石录跋尾》二十卷，见阙漏讹谬者十数篇，或后世窜改，或赵氏原误，一以订之，并选其数篇合成此文，略表学而能思而已矣。

关键词：金石　考史　跋尾　训诂　著录

赵明诚之《金石录》，予初读于而立之年，掩卷之余，味赵公之余烈，尝誊钞《跋尾》数篇。近岁因考史之故，详览汉唐诸碑，而碑文史事之考订载诸《金石录》者犹多，复取是书而读之。《金石录》之著录，上自三代而下迄五季，予未一一过目，唯《跋尾》二十卷，还观细绎，凡所见讹，则据史料订之。

赵氏尝云："传诸后世好古博雅之士，其必有补焉。"余非好古博雅之士，且才疏学浅，兹篇唯述己见，匪敢言有补焉。

一、《金石录跋尾》二《古器物铭》第十二《车敦铭》

右《车敦铭》其文云："作旅车敦。"莫详其义。[3]

案："旅"为会意字而见于商周，甲骨文之"旅"从"㫃"、从"从"，像聚众于旗下之形，其本义为师旅之旅。金文之"旅"，字形不一，有㫃下加比者，比为"从"之反写（陵尊）；有从

---

[1] 程章灿著：《古刻新诠·读金石录小识》，中华书局2009年版，第163页。

[2] 贾二强主编：长安学研究文献汇编《考古编·金石卷》第一辑《金石录·四库全书提要》，科学出版社2016年版，第177页。

[3] 宋·赵明诚撰、金文明校证，《金石录校证》，广西师范大学出版社2005年版，第212页。

"从、从、辶"者（陈公子甗）；有从"从、从、车"者（毛公旅鼎和兼史尊）；有从"从、从、车、止"者（伯贞甗），[1]车、辶、止皆与行有关，金文之"旅"具旅行义。曾伯簠载："余用自作旅簠，以征以行。"可知"旅"为行器。宋代王俅《啸堂集古录》之"周单癸卣"及"周虡敦"均释"旅"为"旅车"，[2]实已误识。此《铭》之"作旅车敦"当为"作旅敦"，赵氏未识"旅"之金文从"车"，以一字为二字，故莫详其义。南宋张抡《绍兴内府古器评·周仲申敦盖》云："仲申，经传无所见，而曰旅者，盖取其旅众之义，以明其非一器也。考诸彝器，如甗曰旅甗、匜曰旅匜、簠曰旅簠、彝曰旅彝，义率如此，但惜乎二器皆不见其全耳。"[3]据此，则"旅敦"之义，明矣。

清代倪涛《六艺之一录》卷十《金器款识汇编》作《车敦》，金文明先生《金石录校证》之"车"字原无，据三长本补，[4]皆误也。

二、《金石录跋尾》二《古器物铭》第十四《上林供官铜鼎铭》

　　右《上林供官铜鼎铭》，不知所从得。铭有"监工李负刍"。案，后汉人绝无二名者，此鼎盖西汉器也。（案："二名"，别本作"二字名"，非也。）《公羊》以仲孙何忌为讥二名，此文所本也。何氏焯云："后汉人自有二名，但少耳。"[5]

案：《春秋三传》卷十五《公羊传·定公六年》曰："此仲孙何忌也，曷为谓之仲孙忌？讥二名，二名非礼也。"[6]王莽依《春秋公羊传》之义而"禁二名"，故赵氏以"后汉人绝无二名者"，而定此《铜鼎》为西汉器也。夫"二名"者，《礼记正义》卷三《曲礼·上》疏曰："公羊说讥二名，谓二字作名，若魏曼多也。左氏说二名者，楚公子弃疾弑其君，即位之后，为熊居，是为二名。许慎谨案云：文武贤臣，散宜生、苏忿生，则公羊之说非也。从左氏义也。"[7]顾炎武《日知录》卷二三《两名》云："今按两名见于经传者，不止楚平王。如晋文侯名仇，而书云'父义和'。楚灵王名围，而春秋书'弑其君虔于乾溪'。赵简子名鞅，而铁之战自称'志父'。南宫敬叔名说，一名绍，字容，又字括。"[8]此亭林乃承左氏之说也。东汉《白虎通德论》卷八《姓名》曰："《春秋》讥二名何？所以讥者，乃谓其无常者也。"[9]据此，知"二名"者指人之两名，非独谓二字作名也。何义门曰："后汉人自有二名，但少耳。"金文明《金石录校证》举后汉

[1] 容庚编著：《金文编》，中华书局1985年版，2011年13次印，第465—470页。

[2] 宋·王俅撰：《啸堂集古录》，中华书局1985年版，第82、127页。

[3] 宋·张抡著：《绍兴内府古器评》，《宋人著录金文丛刊初编》，中华书局2005年版，第466页。

[4] 宋·赵明诚撰、金文明校证：《金石录校证》，广西师范大学出版社2005年版，第217页。

[5] 宋·赵明诚撰、金文明校证：《金石录校证》，广西师范大学出版社2005年版，第214页。

[6] 中国书店编：《四书五经·下册·公羊传》，中国书店2009年版，卷十五，第499页。

[7] 汉·郑玄注、唐·孔颖达正义：《四部精要》第1册，《礼记正义》卷三，上海古籍出版社1993年版，第1251页。

[8] 清·顾炎武著、陈垣校注：《日知录校注》，安徽大学出版社2007年版，下册，第1307页。

[9] 汉·班固撰：《白虎通德论》，上海古籍出版社1990年版，第八卷，第64页。

之"窦会宗、程文矩"佐证。赵氏之"后汉人绝无二名者",非史实也。

又,此《铜鼎铭》元为"监工黄佐、李负刍",而赵氏《跋尾》中脱"黄佐"二字,未知其何故也?"负刍":乃指背柴草、从事樵采之事。如,《吕氏春秋》卷十六《观世》曰:"晏子之晋,见反裘负刍息于途者,以为君子也。"[1]此铭中之"李负刍",盖指烧窑点火、辅助制器之工匠为李姓,赵氏以"李负刍"为二字名,乃失于臆断也。

三、《金石录跋尾》二《古器物铭》第十四《平周金铜钲铭》

右《铜钲铭》,云:"平周金铜正(案,一作'钲'。),重十六斤八两。"背文云:"平定五年受圜阴。"士大夫颇疑前代年号无为"平定"者,余尝考之,盖非年号也。案《西汉书·地里志》,平周、平定、圜阴三县皆属西河郡。圜阴,汉惠帝五年置,此钲先藏平周,后归圜阴,复以授平定,故再刻铭尔。所谓"五年",当是景帝以前未有年号时也。前世既无"平定"年号,而三县皆隶西河,故知其如此。又《汉书·地里志》圜阴,王莽改为方阴,颜师古云:"'圜'字本作'圁',县在圁水之阴,因以为名。王莽改为方阴,则是当时已误为圜。今有银州、银水,即是旧名犹存,但字变尔。"其说出于郦道元注《水经》。今案兹器汉时所刻,乃为"圜"字,然则师古何所依据遂以为"圁"乎?恐亦臆说也。[2]

案:李吉甫《元和郡县志》卷一《咸阳县》云:"山南曰阳,水北曰阳,县在北山之南,渭水之北,故曰咸阳。"古之郡、县依水而得名者较多,诸如,汾水之汾阳,淮水之淮阴,洛水之洛阳等,"圁阴"一名亦从"圁水"而来。《史记》卷一百十《匈奴列传》第五十曰:"晋文公攘戎狄,居于河西圁、洛之间。号曰赤翟、白翟。"《集解》:徐广曰:"圁在西河,音银。洛在上郡、冯翊间。"《索隐》:西河圁、洛。晋灼音嚚。三仓作"圜"。《地理志》云:圁水出上郡白土县西,东流入河。韦昭云:"圜当为圁。"《续郡国志》及《太康地志》并作"圁"字也。[3]

据《史记》及《集解》《索隐》,知西汉之前以"圁、洛"并称,魏晋史家韦昭、晋灼、徐广之注均从太史公之言,故颜师古之"圜当为圁",绝非臆说也。汉器《铜钲铭》中之"圜阴",见《汉书》卷二八《地理志下·西河郡》,[4]为惠帝五年(前190)置,而汉初之字书《三仓》亦作"圜",故知以"圜"代"圁",乃汉初之事。《周礼·冬官考工记》载:"火以圜。"汉重火德而称"炎汉","圁"为水名,水克火,由此推测,西汉初之改"圁"作"圜"及东汉初之改"洛"为"雒",俱与炎汉有关。又,《吕氏春秋》卷三《季春·圜道》曰:"天道圜,地道方。圣王法之,所以立上下。"[5]《淮南鸿烈》卷三《天文训》载:"天道曰圆。地道曰方。方者

---

[1] 中国书店编:《吕氏春秋》,中国书店1985年版,卷十六,下册,第6页。

[2] 宋·赵明诚撰、金文明校证:《金石录校证》,广西师范大学出版社2005年版,第214—215页。

[3] 汉·司马迁著:《史记》,中华书局1959年版,第9册,第2883页。

[4] 汉·班固著:《汉书》,中华书局1962年版,第6册,第1618页。

[5] 中国书店编:《吕氏春秋》,中国书店1985年版,上册,卷三,第17页。

主幽，圆者主明。"[1]汉初之"圜阴"，莽曰"方阴"，盖莽生于图谶烂漫之世，其援引古训，改"圜"为方，乃纬谶之流也。

四、《金石录跋尾》五《汉郎中郑君碑》

右《汉郎中郑君碑》。贾谊《过秦论》云："九国之师遁巡而不敢进。"颜师古曰："遁，音千旬反；流俗书本'巡'字误作'逃'，读者因之而为遁逃之意。潘岳《西征赋》云'遁逃以奔窜'，斯亦误矣。"今此《碑》有云："推贤达善，逡遁退让。"详其文义，亦是逡巡之意（案，谢本'义''意'二字互易。），然二字决非一音。盖古人用字，与后世颇异，又多假借，故时有难晓处。不知颜氏何所据，遂音"遁"为"逡"乎？[2]

案："遁"为定纽，"巡"为邪纽，古之"定""邪"二纽通转，如，《尚书》第六卷《周书·秦誓》："惟截截善谝言，俾君子易辞。"[3]而《公羊传》卷七《文公·十二年》作"俾君子易怠"，[4]怠为定纽，辞为邪纽，定、邪通转，此为明例。故"逡遁"亦作"逡巡"。卢文昭据宋本校贾谊《新书》："九国之师逡遁而不敢进。"《汉书》卷七一列传四一《隽疏于薛平彭传·赞》云："平当逡遁有耻。"颜师古注曰："遁读与巡同。"[5]《汉书》卷一百下《叙传》第七十下曰："逡遁致仕。"颜师古注云："遁读与巡同。"[6]颜师古《匡谬正俗》卷五"逡遁"下引贾谊《过秦》云："九国之师逡遁而不敢进。""遁"者，盖取"盾"之声以为"巡"字，当音"详遵反"。[7]据此，颜师古《汉书注》中"遁"音"巡"已明。

赵氏所举之贾谊《过秦论》"九国之师遁巡而不敢进"，出自《汉书》卷三十一《陈胜项籍传赞》，[8]而此《陈胜项籍传赞》引自贾谊《过秦论》，贾《论》之"逡遁"（遁音巡），《汉书》引作"遁巡"，"遁巡"之"遁"为定母文部，"逡"为清母文部，二字古音同部，属叠韵通假，《陈胜项籍传赞》之借"遁"为"逡"，"遁巡"即"逡巡"，颜师古知汉人习用假借，故注"遁"为"千旬反"，乃还原本字也。刘晓东先生《匡谬正俗平议》以"遁"无"千旬反"之音而以"遁"为"逡"之误也；[9]金文明先生《金石录校证》以"《汉书》将'逡巡遁逃'引作'遁巡'，则不仅破词，且亦颠倒其字序，遂使后人无从索解矣"，[10]二家均未言及假借。《史记·秦

---

[1] 刘文典撰：《淮南鸿烈集解》，中华书局1989年版，卷三，第80页。

[2] 宋·赵明诚撰、金文明校证《金石录校证》，广西师范大学出版社2005年版，第254页。

[3] 中国书店编：《四书五经·上册·书经》，中国书店2009年版，卷六，第139页。

[4] 中国书店编：《四书五经·下册·公羊传》，中国书店2009年版，卷七，第234页。

[5] 汉·班固著，《汉书》，中华书局1962年版，第10册，第3053页。

[6] 汉·班固著，《汉书》，中华书局1962年版，第12册，第4260页。

[7] 唐·颜师古著，刘晓东平议《匡谬正俗平议》，山东大学出版社1999年版，卷五，第125页。

[8] 汉·班固著，《汉书》，中华书局1962年版，第7册，第1822页。

[9] 唐·颜师古著，刘晓东平议《匡谬正俗平议》，山东大学出版社1999年版，卷五，第127页。

[10] 宋·赵明诚撰、金文明校证：《金石录校证》，广西师范大学出版社2005年版，第263页。

始皇本纪》之"逡巡遁逃"，刘晓东先生以"遁逃"为衍文，可谓卓识。考汉人用字，假借尤多，汉碑中之借字近乎泛滥（洪景伯《隶释》已详载）。赵氏云："不知颜氏何所据。"盖其于史籍中之异文及文字古音未作深究耳。

五、《金石录跋尾》七《汉三公碑》

右《汉三公碑》。欧阳公《集古录》有《北岳碑》，云："文字残阙尤甚，其可见者，曰'光和四年'，以此知为汉碑耳。其文多言珪币牲酒、黍稷丰穰等事，其后二人姓名偶可见，云：'南阳冠军冯巡，字季祖；甘陵夏方，字伯阳。'"

余尝托人于北岳访求前代刻石几近，独无汉碑，今此碑所书事及二人姓名，与《集古》所载皆同。又光和四年立，惟其额题曰"三公之碑"，而《集古》以为《北岳碑》，岂欧阳公未尝见其额乎？三公者，山名，其事亦载于《白石神君》与《无极山碑》。三山皆在真定元氏云。[1]

赵氏因北岳石刻独无汉碑，而《三公之碑》所书事及二人姓名与《集古录》中《后汉北岳碑》亦同，遂疑欧公未尝见额题"三公之碑"，赵氏遂以《集古录》之《后汉北岳碑》为《三公之碑》。

案：赵氏之说因无确证而不能成立，兹略辨于下：

赵氏托人于北岳遍访前代刻石，而独无汉碑。欧阳修《集古录跋尾》中并未注明《后汉北岳碑》在北岳。

元氏县有诸多北岳庙，《后汉北岳碑》极有可能立于元氏县之某一北岳庙中，欧阳修谓之《后汉北岳碑》，盖非误也。

《三公之碑》有额题，若《三公之碑》与《后汉北岳碑》同为一碑，赵氏生于欧阳公之后，岂有赵氏见额题而欧阳公却未见乎？欧阳修为一代史家，断不会读碑而忽略额题。

《无极山碑》和《三公山碑》亦同为光和四年（181）立，皆载有"南阳冠军冯巡字季祖和元氏令京兆新丰王翊字元辅"，碑文均与祭祀祈雨有关，而非为一碑。

沈涛《常山贞石志》卷一《三公之碑》载："碑在元氏县城角儿村八都神坛。《河朔访古记》云：元氏县西故城西门外八都神坛，亦有《三公山碑》一通，汉光和四年常山相冯巡所立。（案，碑为樊玮所立，此云冯巡立，误。）此碑是也。……今《八都神坛碑》不可见，而此碑巍然独存。丁酉之夏，予始访得此碑于神坛故址，遣工椎拓以归。释其文则与洪氏《隶释》所载光和《三公碑》无异。其碑侧又为欧、赵、洪诸公所未见。洵至宝也。盖此碑自洪氏著录后，六百数十年间，金石家不复著录，以为旧绝人间，乃一旦得之荒村穷谷之中，字迹完好如故，不为风雨所剥蚀，樵牧所磨砺，殆有鬼神呵护而然者乎！"欧阳修《集古录跋尾》载"《后汉北岳碑》文字残灭尤甚"，而沈涛见《三公之碑》却"字迹完好如故"。

---

[1] 宋·赵明诚撰、金文明校证：《金石录校证》，广西师范大学出版社2005年版，第295页。

基于以上五点，《后汉北岳碑》与《三公之碑》非同一碑，明矣。

六、《金石录跋尾》十《游君碑阴》

　　右《游君碑阴》。（案，王莽尝下令禁二名，故当时士人皆以一字为名，东汉时尚尔。）今此《碑阴》所记凡二百五十三人，亦无一人二名者。碑，晋咸宁中建，距莽时二百年矣，而士大夫犹遵莽之令不变，何哉？[1]

　　案：此碑晋咸宁中建，当时之士大夫犹尚单名，然亦有二字名者，如：侯史光、董景道、乐道融、乔智明（鲜卑）等。自西晋惠帝永熙年间以后，二字作名渐次演为时尚，而名末带"之"者多见于高门贵胄及士族之间，如：胡毋辅之、胡毋谦之，王羲之与王献之、王凝之、王玄之，袁悦之，祖台之，顾悦之与顾恺之等，不行避讳而不违名教，流行至南北朝，有寇谦之、祖暅之、祖冲之、朱巽之等。《曲礼》曰："二名不徧讳。"知古人未尝禁二字名也。依左氏之说，二名乃一人两名，王莽依《公羊》而下诏禁二字作名，奉行古制，实已与古制有别。东汉以降，士人犹循旧令而单字作名，直至西晋中期天师道之兴起，人名道化随之而来。《晋书》卷五九《赵王伦传》载："拜道士胡沃为太平将军，以招福佑。又令近亲于嵩山著羽衣，诈称仙人王乔，作神仙书，述伦祚长久以惑众。"《晋书》卷四四《卢钦传附卢志传》云："程太妃恋邺不欲去，颖未能决。……时有道士姓黄，号曰圣人，太妃信之。及使呼入，道士求两杯酒，饮讫，抛杯而去，于是志计始决。"《晋书》卷六《元帝传》曰："元帝咸宁二年生于洛阳，有神光之异，一室尽明，所藉藁如始刈。"[2]天师道传播于帝室高族，上行下效，君臣竞相沉迷，天师道之泛化终使名教退居主流，人名呈现道化而以单名加缀为特征，凡名、字附"之""道"者多与信仰天师道有关。如，晋元帝之五子均以"道"为字（道畿、道成、道让、道叔、道万），王羲之及其七子皆以"之"为名，俱始于西晋后期也。

　　此碑立于咸宁，乃天师道泛化之前。彼时士人犹尊名教，此《碑阴》所载之253人皆单名，即为明证。莽尊《公羊》，诏令单名，东汉之仕宦多为儒士。陈寅恪先生曰："东汉末年之高门必具备儒生与大族之二条件。……西晋篡魏亦可谓之东汉儒家大族之复兴。……河内司马氏本为东汉后期之儒家大族，司马氏佐命功臣亦多与其同类。"[3]儒家素重礼法，《礼记》卷五《郊特牲》云："冠而字之，敬其名也。"[4]单名乃莽之旧令，宪章前朝，乃儒家为政之策。此碑立于西晋前期，虽去莽260年，而士大夫犹能习用单名，盖儒家大族为当世统治阶级之主体也。

[1] 宋·赵明诚撰、金文明校证《金石录校证》，广西师范大学出版社2005年版，第342页。

[2] 唐·房玄龄等撰，《晋书》，中华书局1974年版，卷五九、卷四四、卷六，第1603、1257、143页。

[3] 陈寅恪著：《金明馆丛稿初编》，三联书店2001年版，第142—143页。

[4] 中国书店编：《四书五经·中册·礼记》，中国书店2009年版，卷五，第148页。

七、《金石录跋尾》十《晋太公碑》

　　右《晋太公碑》，其略云：太公望者，此县人。大晋受命，四海一统。太康二年，县之西偏，有盗发冢而得竹策之书。书藏之年，当秦坑儒之前八十六岁。今以《晋书·武帝纪》考之，云："咸宁五年，汲郡人不准掘魏襄王冢，得竹简小篆古书十余万言，藏于秘府。"与此碑年月不同。碑当时所立，又荀勖校《穆天子传》，其序亦云"太康二年"，与碑合，可以正《晋史》之误。其曰"小篆书"，亦谬也。且其书既在秦坑儒八十六岁之前，是时安得有小篆乎？[1]

　　案：盗冢得书之事载于以下史籍，而与《太公碑》略有不同：

　　《晋书》卷三《武帝纪》："咸宁五年冬十月戊寅，汲郡人不准掘魏襄王冢，得竹简小篆古书十余万言，藏于秘府。"

　　《晋书》卷十八《律历志·上》："又武帝太康元年，汲郡盗发六国时魏襄王冢，亦得玉律。"

　　《晋书》卷三六《卫恒传》："太康元年，汲县人盗发魏襄王冢，得策书十余万言。（案，敬侯所书，犹有仿佛。）古书亦有数种，其一卷论楚事者最为工妙。恒窃悦之，故竭愚思，以赞其美，愧不足厕前贤之作，冀以存古人之象焉。古无别名，谓之字势云。"

　　王隐《晋书》："太康元年，汲县民盗发魏襄王墓，或言安厘王冢。得竹书漆字数十车。皆简编蝌蚪文字。束晳为著作。随宜分析。皆有冥证。古书有易卦似《连山》《归藏》。又有《春秋》似《左传》。"

　　《晋书》卷五一《束晳传》："初，太康二年，汲郡人不准盗发魏襄王墓，或言安厘王冢，得竹书数十车。其纪年十三篇，记夏以来至周幽王为犬戎所灭，以事接之，三家分，仍述魏事至安厘王之二十年。"

　　《穆天子传序》："太康二年，汲县民不准盗发古冢所得书也。皆竹简素丝编。以臣勖前所考定古尺度，其简长二尺四寸，以墨书，一简四十字。汲者，战国时魏地也。案，所得纪年，盖魏惠成王子令王之冢也。于世本盖襄王也。"

　　《晋太公碑》："太康二年，县之西偏，有盗发冢而得竹策之书。书藏之年，当秦坑儒之前八十六岁。"

　　比对上述之异同，知盗冢得书之始末在咸宁五年至太康二年（279—281）间，可依次推测：

　　盗墓时间为咸宁五年（279）冬十月。

　　盗发之物进入秘府时间为太康元年（280）前期。

　　整理考定盗发之物始于进入秘府之后，在太康元年至太康二年（280—281）间。

　　从盗冢物品之数量分析，必非一次盗发所得，故《晋书·武帝纪》所载"咸宁五年"应为盗冢

---

[1]　宋·赵明诚撰、金文明校证：《金石录校证》，广西师范大学出版社2005年版，第343—344页。

初始时间，不可谓之误也。复次，据《晋太公碑》所记"书藏之年"为"秦坑儒前八十六岁"，此非安厘王冢之所出，明矣。而《晋书·束晳传》载"仍述魏事至安厘王之二十年"，以"晰在著作，得观竹书，随疑分释，皆有义证"，安厘王之二十年为公元前257年，而魏襄王卒于公元前296年，此非魏襄王冢之所出，亦明矣。复据盗发所得古书古物数量之多，可判定盗发之物出于二冢或群冢，冢主即魏襄王、安厘王或信陵君等时代相近之魏国君主也。盗发之汲冢书，竹简、策、素丝为其材质，漆字则为手写，蝌蚪文为其字体，汲冢书为战国时代文字则无疑矣。独《晋书·武帝纪》中载"得竹简小篆古书"，《汉书·艺文志》以秦篆为小篆，考战国后期，篆书形体已简化，《商鞅量》等已与小篆形体近似，唐修《晋书》云："得竹简小篆。"乃唐人之误也。

八、《金石录跋尾》十《伪汉司徒刘雄碑》

碑后题"嘉平五年，岁在乙亥，二月六日建"。（案，宋莒公《纪年通谱》："刘聪以晋怀帝永嘉四年即伪位，改元光兴。明年改元嘉平。"）嘉平四年改元，则嘉平岂复更有五年？盖《载纪》初不编年，故于改元岁月难考。此碑当时所立，不应差谬，乃《通谱》误也。（金文明先生《金石录校正》云："案，如改元在二月六日以后，则此前自应称五年。《通谱》所载，与碑文并无矛盾。"）[1]

案："永嘉四年即伪位、改元光兴"为公元310年，明年改元嘉平在公元311年，此碑后题"嘉平五年，岁在乙亥，二月六日建"。知立碑之时嘉平五年（315）二月六日尚未改元。且嘉平五年（乙亥）二月六日农历已入乙亥正月，而非嘉平四年（甲戌）之末，汤伯珲《十六国春秋辑补年表》载："嘉平四年十一月改建元元年。《纲目》推下一年。"[2]今据《此碑》知"嘉平四年十一月改建元元年"讹，嘉平有五年，且改元必在嘉平五年二月六日之后也。

九、《金石录跋尾》十《赵浮图澄造释迦像碑》

右《赵浮图澄造释迦像碑》，唐封演《闻见记》云："内丘县西，古中丘城，寺有碑，后赵石勒光初五年立。《碑》云：'大和上竺浮图澄者，天竺大国附庸小国王之元子也，本姓湿。'"此碑即演所见，其说皆同。案《晋书·艺术传》："澄，本姓帛氏。"今《碑》作"湿"。碑当时所立，亦得其真。又《史》作佛图，《碑》作"浮图"，二字音相近尔。惟光初乃刘曜年号，而以为石勒时。盖演误也。[3]

---

[1] 宋·赵明诚撰、金文明校证：《金石录校证》，广西师范大学出版社2005年版，第348、356页。

[2] 北魏·崔鸿撰、清·汤球辑补：《十六国春秋辑补》，中华书局2020年版，下册，第1115页。

[3] 宋·赵明诚撰、金文明校证：《金石录校证》，广西师范大学出版社2005年版，第350页。

案：《封氏闻见纪》卷八《佛图澄姓》载："碑云：太和上佛图澄愿者，天竺大国罽宾小王之元子，本姓湿。"夫"太和上"者，赞词也；"愿者"指佛前立愿之人。赵氏引《封氏闻见纪》作"竺浮图澄者"，澄乃天竺国人，以国为姓也。封氏纪中之"罽宾"，为汉、魏、南北朝时期"迦湿弥罗国"之旧译，"迦湿弥罗"为梵文Kāśmira之对音，Kāśmira又译为羯湿弭罗国、个失密国。梵文音译后，汉语词头之音往往被省略，如，梵文"arhat"之音译为"阿罗汉"，在汉语使用中省略词头"阿"而变为"罗汉"；梵文"agada"音译为"阿羯陀"，陈寅恪先生考"华佗"二字之古音与"gada"相应，[1]"阿华佗"亦简称为"华佗"，而早在梵文输入之前，汉语自身既有同类现象存在，如，《逸周书》卷七《王会解第五十九》载："孤竹距虚，不令支玄模。"《汉书》卷二八下《地理志下·辽西郡》作"令支，有孤竹城"。不令支为古国名，词头亦有省略。梵文Kāśmira汉译后，在汉语中省略词头音为"湿弥罗"国，而汉魏时期西域来华之僧以国为姓者较多，如：康居之康僧会、安息国之安世高、健驮逻国之犍陀勒、中天竺国之竺法兰、月支国之支谶等皆是。汉无"湿"姓，《碑》云"本姓湿"，盖"湿"姓之来源亦如康姓、安姓也。

又，《晋书》卷九五《艺术传·佛图澄》云："天竺人也。本姓帛。"[2]案，天竺，古印度也。《大唐西域记·印度总述》曰："天竺一名始见于《后汉书·西域传》，是伊朗语Hindu（印度）之译音，经早期来我国传播佛教的安息、康居等地僧人传入。"[3]"帛"姓在《高僧传》中有西域来华之僧帛延（《开元录》谓延乃西域人）和帛尸梨密，亦有非本姓之汉僧帛道猷、帛法桥、帛僧光等。法云《翻译名义集》卷一《释氏众名篇》曰："古者出家，从师命氏，如帛法祖、竺道生之流也。东晋安法师，受业佛图澄，乃谓师莫过佛，宜通称释氏。"据此，知道安以前汉僧中之"帛"姓多为师从西域"帛"姓僧人而得。

《魏书》卷一百二《西域·龟兹国》云："龟兹国，在尉犁西北，白山之南一百七十里，都延城，汉时旧国也。去代一万二百八十里。其王姓白，即后凉吕光所立白震之后。"[4]案，白为龟兹王姓，由来已久，《高僧传》卷二《鸠摩罗什传》云："有顷，什母辞往天竺，谓龟兹王白纯曰：'汝国寻衰，吾其去矣。'"[5]窃疑龟兹之"白"姓与其居地"白山"有关（如"万纽于氏"原居"万纽于山"）。"帛""白"同音，因此，西域来华之"帛"姓僧人亦被误为龟兹人。据季羡林先生考证，"佛"之梵文Buddha——龟兹语为Pūdñākte；大夏文为bodo；达利文为bot。[6]霍旭初先生推论："帛就是龟兹语Pūd之简化音译，也就是'佛陀'的意思。僧人名前冠佛陀，完全符合印度、西域僧人根据佛教传统的'四姓出家者，无复本姓。但言沙门释子'的要求。"[7]案，大夏文bodo和达利文bot之对音即"帛"，故"帛"姓乃"佛"之对音，是印度梵文Buddha（佛）流经西域后间接译出，而非龟兹国"白"姓之异文也。

封演云："后赵石勒光初五年立。"赵氏谓："惟光初乃刘曜年号，而以为石勒时。盖演误

[1] 陈寅恪著：《寒柳堂集》，三联书店2001年版，第179页。

[2] 唐·房玄龄等撰：《晋书》，中华书局1974年版，卷九五，第2485页。

[3] 唐·玄奘等著、季羡林等校注：《大唐西域记校注》，中华书局2000年版，卷二，第163页。

[4] 北齐·魏收撰：《魏书》，中华书局1974年版，卷一〇二，第2266页。

[5] 南梁·慧皎撰、汤用彤校注：《高僧传》，中华书局1992年版，卷二，第48页。

[6] 季羡林著：《季羡林谈佛》，武汉出版社2011年版，第172页。

[7] 霍旭初：《古代佛僧"帛"姓考辨》，《西域研究》2013年第3期，第73页。

也。"刘曜于公元318年为主，称光初元年，于光初二年（319）改汉为赵，史称前赵。石勒于光初二年（319）称赵王，史称后赵。前赵、后赵始于同年，而浮图澄与后赵交密，石勒尊浮图澄为太和上，演之"后赵石勒光初五年立"，亦非误也。

十、《金石录跋尾》十一《后魏御射碑》

右《后魏御射碑》，在今怀州。案《北史》及《魏书·宣帝纪》："景明三年十月庚子，帝躬御弧矢射，远及一百五十步，群臣勒铭于射所。"即此碑也。《碑》云："惟魏定鼎迁中之十载。"又云："皇上春秋一十有七。"据《史》及孝文《吊比干文》，皆云"太和十八年迁都洛阳"，至景明三年，盖九年矣，而《碑》作十载，恐误。[1]

案：《集古录跋尾》卷四《后魏定鼎碑》云："按魏孝文以太和十七年迁都洛阳，至此景明三年，盖十年矣。"[2]北魏太和十七年（493）即南齐永明十一年，《资治通鉴》卷一三八《齐纪·四》载："朕世居幽朔，欲南迁中土；苟不南伐，当迁都于此，王公以为何如？欲迁者左，不欲者右。安定王休等相帅如右。南安王桢进曰：'成大功者不谋于众，'今陛下苟辍南伐之谋，迁都洛邑，此臣等之愿，苍生之幸也。群臣皆呼万岁。时旧人虽不愿内徙，而惮于南伐，无敢言者，遂定迁都之计。"[3]《史》载"太和十八年迁都洛阳"，夫"迁都"非数日既毕，必是经年之事，孝文帝于太和十七年旨令迁都，乃迁都之始也。至其宫殿落成，君臣同徙新都，则必在太和十八年（494）以后，故《碑》《史》之所记，均未误也。

十一、《金石录跋尾》十一《后魏郑羲碑》

右《后魏郑羲碑》。《魏史·列传》与此《碑》皆云："羲，荥阳开封人。"……《传》云："羲卒，尚书奏谥曰宣。诏以羲虽宿有文业，而治阙廉清，改谥为文灵。"今碑首题云"荥阳郑文公碑"，其末又云"加谥曰文"。《传》载赐谥诏书甚详，不应差误，而碑当时所立，必不敢讳其一字，皆莫可知也已。[4]

案：《荥阳郑文公碑》存上、下两碑，此为下碑。郑羲卒于太和十六年（492），于太和十七年（493）四月廿四日归葬荥阳石门东南十三里三皇山之阳。而刊石则为永平四年辛卯（511），此

[1] 宋·赵明诚撰、金文明校证：《金石录校证》，广西师范大学出版社2005年版，第350页。
[2] 贾二强主编：长安学研究文献汇编《考古编·金石卷》第一辑《集古录跋尾》，科学出版社2016年版，卷四，第52页。
[3] 宋·司马光撰：《资治通鉴》，上海古籍出版社1987年版，卷一三八，第923页。
[4] 宋·赵明诚撰、金文明校证：《金石录校证》，广西师范大学出版社2005年版，第363—364页。

《碑》之文、书，包世臣等均认为出自郑道昭。从郑羲赐谥至刊石已逾19年，据《魏书》卷五六《郑羲传》载："依谥法，博闻多见曰'文'，不勤成名曰'灵'，可赠以本官，加谥文灵。"知赐谥"文灵"之"灵"实含贬义。此《碑》所记之谥为"文"而阙"灵"，或曰："乃郑道昭徇私改谥。"因"灵"字乏德，碑在天柱、云峰为深谷僻地，人不易觉，故道昭特去"灵"以蔽父谥之不美。但以道昭"其在二州，政务宽厚，不任刑威，为吏民所爱"之行德，私改赐谥，似非道昭之所为，此或另有其由。

案，郑羲卒于492年，于493年4月归葬荥阳，而荥阳郡太守郑灵虬为郑道昭之从父。郑道昭卒于516年，此碑刊于511年，盖刊碑之时，郑灵虬已卒。《礼记》卷七《杂记·下》曰："卒哭而讳，王父母兄弟、世父叔父、姑姊妹、子与父同讳。母之讳、宫中讳、妻之讳、不举诸其侧；与从祖昆弟同名则讳。"[1]《春秋公羊传》卷四《闵公·元年》云："为尊者讳，为亲者讳，为贤者讳。"[2]北齐颜之推《颜氏家训》卷二《风操》曰："今人避讳，更急于古。"[3]道昭生于严讳之世，依古训而不书"灵"字，或为避从父"郑灵虬"之讳，兼可略父谥之疵，"郑文公"之名，盖曰此而来也。

十二、《金石录跋尾》十一《后魏叱闾神宝修关城铭》

右《后魏叱闾神宝修关城铭》，题："右将军、西中郎将叱闾神宝铭。"又云："维大魏神龟元年，岁次戊午，十一月壬午朔十日壬辰，起工三十万修治关城，并作馆第，敬造三级浮图。"（案，《后魏书·官氏志》及《元和姓纂》有叱门氏，后改为门，而无叱闾氏，盖其阙漏也。）[4]

案："大魏神龟元年"为戊戌（518），云"岁次戊午"，误也。《魏书》卷一百一三《官氏志》载："叱吕氏，后改为吕氏；叱门氏，后改为门氏。"[5]"吕"，来纽、鱼部，力举切；"闾"从"吕"声，亦来纽、鱼部，"叱吕氏"即"叱闾氏"，盖译音无定字，而史未阙漏也。

孝文帝《吊比干碑阴》载："直阁武尉中臣河南郡俟吕阿倪。"姚薇元先生考证："俟吕为胡姓，叱读七，与'俟'音极似，《比干碑》'俟吕'，即《官氏志》叱吕之异译。"[6]据此，则《铭》与《史》适相合也。

[1] 中国书店编：《四书五经·中册·礼记》，中国书店2009年版，卷七，第235页。

[2] 中国书店编：《四书五经·下册·春秋公羊传》，中国书店2009年版，卷四，第144页。

[3] 北齐·颜之推撰、王利器集解：《颜氏家训集解》，上海古籍出版社1980年版，第78页。

[4] 宋·赵明诚撰、金文明校证：《金石录校证》，广西师范大学出版社2005年版，第365页。

[5] 北齐·魏收撰：《魏书》，中华书局1974年版，卷一百一十三，第3009页。

[6] 姚薇元著：《北朝胡姓考·内篇第三》，中华书局2007年版，第128页。

十三、《金石录跋尾》十一《后魏贺拔岳碑》

尔朱荣凶残狂悖，盖魏之莽、卓也，而《碑》乃以为"图伊、霍之举"，岂不可笑也哉！然魏收为《魏史》，受荣子文略之赂，亦以荣比韦、彭、伊、霍，乃知贪鄙无知之徒，世不乏人也。[1]

案："莽"卒而东汉始，"卓"卒于东汉初平，"莽、卓"俱非魏也。此《碑》载"图伊、霍之举"与《魏书》卷七四《尔朱荣传》相合。《北齐书》卷四十八列传第四十《尔朱文畅传》曰："文略尝大遗魏收金，请为其父作佳传，收论尔朱荣比韦、彭、伊、霍，盖由是也。"[2]刘知几《史通·论赞》云："魏收称尔朱可方伊、霍，或言伤其实，或拟非其伦。必备加击难，则五车难尽，故略陈梗概，一言以蔽之。"[3]赵氏由此而视魏收为贪鄙无知之徒。然通读《魏书·尔朱荣传》全文，褒贬兼具，而非佳传，《北齐书》所载魏收昧金秽史一事，不足信也。周一良先生辨曰："谓收受荣子之金而拟荣于伊、霍，全失史家抑扬之意，不亦疏乎？"可谓卓识之辨也。[4]

十四、《金石录跋尾》十三《唐段志玄碑》

《碑》云："图形戢武阁。"（案，《唐史》及诸书功臣图形皆云"凌烟阁"。）初，余得《河间元王碑》，云"图形戢武"，意谓凌烟先名戢武，后改之耳，今得斯《碑》亦同。由是益知前言之不谬。二碑皆当时所立，不应差误也。

金文明先生《金石录校证》曰："意谓凌烟先名戢武后改之耳。"据《新唐书·太宗纪》载，贞观十七年二月戊申，图功臣于凌烟阁。志玄卒于贞观十六年，当时必先图形于戢武阁，故碑文有所记载。[5]

金先生云："当时必先图形于戢武阁。"而未言"戢武阁"与"凌烟阁"是否为一阁？赵明诚以"凌烟"先名"戢武"，而为一阁。王应麟《玉海》卷一五九《唐戢武殿》载："《实录》：太宗与公卿谒太上皇于戢武殿，置酒为欢，乙夜方散，赐帛有差，明日复置酒凌烟阁。"案，高祖卒于贞观九年（635），知贞观九年以前，有"戢武殿"和"凌烟阁"，且为不同之所。"戢武阁"应为戢武殿之附属，而与"凌烟阁"并存。《资治通鉴》卷一九三《唐纪》云："贞观四年，夏四月，上皇闻擒颉利，叹曰：'汉高祖困白登，不能报；今我子能灭突厥，吾托付得人，复何忧

[1] 宋·赵明诚撰、金文明校证：《金石录校证》，广西师范大学出版社2005年版，第367页。
[2] 唐·李百药撰：《北齐书》，中华书局1972年版，卷四十八，第667页。
[3] 唐·刘知几撰、清·浦起龙笺：《史通通释》，《四部精要》第11册，上海古籍出版社1993年版，卷四，第921页。
[4] 周一良著：《魏晋南北朝史论集》，中华书局1963年版，第259页。
[5] 宋·赵明诚撰、金文明校证：《金石录校证》，广西师范大学出版社2005年版，第400、406页。

哉！'上皇召上与贵臣十余人及诸王、妃、主置酒凌烟阁，酒酣，上皇自弹琵琶，上起舞，公卿迭起为寿，逮夜而罢。"[1]据此，知贞观四年（630）凌烟阁即为君臣会宴之所，而非如赵氏所云乃从"戢武阁"之改名也。

十五、《金石录跋尾》卷十三《隋皇甫诞碑》

右《皇甫诞碑》。余尝得《诞墓志》，又得此《碑》，以考《北史》及《隋书·列传》。……《传》与《墓志》皆云"为鲁州长史"，而《碑》作"广州"，则疑《碑》之脱漏。《墓志》乃葬时所述，然《碑》亦贞观中其子无逸追建，不应差谬而不同，何也？[2]

案：《碑》作"广州"，"广州"乃后魏所置，治所在鲁山县。隋仁寿之末，因避隋炀帝之讳而改广州为鲁州。贞观元年（627），废州，鲁州改为鲁山县。《传》与《墓志》皆云"为鲁州长史"，诞卒于仁寿四年（604），《诞墓志》乃立于"广州"改为"鲁州"之后。《皇甫诞碑》立于贞观中，而贞观元年以后，鲁州已不复存在，《碑》作"广州"，乃用北魏之旧名，非疏谬也。

（作者系中国书法家协会会员、中华诗词学会会员、陕西师范大学书法文化研究院研究员）

---

[1] 宋·司马光撰：《资治通鉴》，上海古籍出版社1987年版，卷一九三，第1295页。

[2] 宋·赵明诚撰、金文明校证：《金石录校证》，广西师范大学出版社2005年版，第403—404页。

交游视阈下马起凤的印谱辑录与篆刻创作

李兴涛

内容提要： 在金石全形拓领域，颇具肇创之功的马起凤，因其偏居乡野，一生未仕，加之其诸多作品历经兵火而十不存一，这种尴尬的现实境遇，使其在学界中声名不彰。而其在传拓、考据、度藏、鉴赏，以及诗文、书法和篆刻创作方面的综合成就，使其成为全形拓发展史上一个不可忽视的代表人物。而针对马起凤综合成就的研究与梳理，不仅能清晰勾勒和见证其一生的创作状态，同时又能对地域文化现象进行多角度观照。校补过程以及其他稿本存在的可能性，进一步揭示《汉官私印泥封考略》稿本的重要价值与意义。

关键词： 马起凤 交游 印谱辑录 篆刻创作

引 言

有宋一代，以摹写、图绘和捶拓等方式表现金石彝器的版刻图谱，成为记录和展示金石研究的重要手段。元朝国祚短暂，其图学成就，在承袭宋人余绪中乏善可陈。时值明季，宋人在金石学领域所建构的严肃学术，随着明代商品经济的发展而渐趋消解，而明人对金石学的玩赏态度，却为金石研究注入了博古与清供的审美基因。历经元明中衰后，金石学于清季全面复兴。金石全形拓的出现，既是金石学盛行的产物，又是一种新兴的艺术形式。

对于全形拓创始人，徐康《前尘梦影录》载："吴门椎拓金石，向不解作全形，迨道光初年，浙禾马傅岩能之，六舟得其传授。"[1]由于马氏偏居海盐一隅，存世作品极为罕见，而其影响力又远逊于六舟，故学界对于马起凤的生平、著述、传拓活动，及其与六舟的关系大多语焉不详。而要厘清以上诸多问题，则需要结合马起凤的生平及其交游进行必要梳理。

一、马起凤生平及其交游

马起凤（1800—1862），字傅岩，嘉兴海盐县人。原名宗默，后改名起凤，字问奇，号山父、山甫、梦舟、金石友、山父居士等，以非俗居、课耕斋、画兰室、香风轩、清逸山房、小壶天等作斋号，曾自称云山小隐、勾塍村农、清逸老农、清逸诗农等。马氏嗜金石，善传拓，工诗文，富收藏，不仅长于篆隶，而且书法与篆刻创作水准亦可圈可点。

---

[1] 清·徐康撰，孙迎春校点：《前尘梦影录·卷下》，中国美术学院出版社2000年版，第291页。

图1 《三吴手掌纹砖砚》

关于马氏家世，由于相关史料较少，但就其所使用的印章，亦可简要追溯其先祖情况。马起凤曾在其所跋《三吴手掌纹砖砚》[1]拓片（图1），还有时人钱寄坤所拓《汉金缸衔璧》[2]拓本上，曾钤有"伏波将军裔"一印。伏波将军，是汉魏以来众多杂号将军中之一号。第一位出任该职的是汉武帝时的路博德，第二位是东汉光武帝之时的马援，第三位是汉末的陈登。两汉以后，该职既无马姓将军充任，而且在历任的将军中，无论是声名还是功绩，均无法与马援相提并论。由此可见，马起凤所钤"伏波将军裔"印，意指海盐马起凤一族出于汉时马援一脉。

马援（前14—49），字文渊，扶风茂陵（在今陕西兴平）人，东汉初年著名军事家，官至伏波将军，因功封新息侯。作为东汉开国功臣，其又是汉明帝明德皇后之父。据《新邵白鹿谱记》载：马氏家族起于陕西兴平，北宋金兵大举南侵，北方士庶纷纷南迁，遍及江、浙、湘、闽、广。而马起凤一脉，应是这一时期流寓至海盐。而从《海盐县志》和《嘉兴府志》均未载其家族信息的情况来看，播迁至海盐的马氏一族并不显贵。

马起凤虽一生未仕，而就其所作诗文的水准，可知其早年受过良好的教育。西泠印社2018年秋季拍卖会上，曾有马起凤、张青选所跋的《唐船子和尚东游泊船处》拓片。在该拓片上，44岁的马起凤曾跋云：

日暮江头罢钓船，山光秋色水连天。绣洙来往无僧伴，独把丝纶卅外年。小泊南湖有满船，棹歌高唱九秋天。报忠幸得公遗像，面目曾传忆暮年……[3]

无独有偶，咸丰五年乙卯（1855）六月，56岁的马起凤在《沈宗骞所绘小像题跋》上有诗云：

装池画卷旧无伤，风貌通神鬓未苍。如否石田翁手绘，视同废纸孰为藏。不知姓氏照犹传，矍铄如翁莫问年。非我认君君认我，前身结契有奇缘。砚湾老圃摹清奇，遗墨流芳竟遇时。我购谁来真面目，何由归赵漫题诗。蠹虫零落甚堪评，八十年余系我情。松菊犹存彭泽境，效慕靖节古先生。[4]

咸丰己未（1859）六月，60岁的马起凤在其砖砚上随手镌刻的诗文，同样别具天趣。

[1]　马起凤题跋：《三吴手掌纹砖砚》，上海工美2021春拍，古籍善本·集胜专场，编号40。
[2]　马起凤题跋：《汉金缸衔璧》，朵云轩2004秋拍，古籍善本·碑帖印谱专场，编号4507。
[3]　马起凤题跋：《唐船子和尚东游泊船处》，西泠印社2018秋拍，古籍善本·金石碑帖专场，编号2096。
[4]　西泠印社2021年秋季拍卖会古籍善本·金石碑帖专场，编号386号。

图2　马起凤铭汉砖砚及局部图

斯系汉甓，惜无纪年。断而为研，伴我临池。赖之砥砺，祈以永延。（图2）[1]

清中期以来，考据之风日盛，而大量传世或新见的古器物，成为世人乐此不疲的研究对象。这种以学术研究为追求的考据，往往会围绕器形、年代、材质、工艺等进行鞭辟入里的理性分析，而马起凤在保持理性精神的同时，常以诗文的方式积极介入。其不仅自己作诗，同时在题跋中引述他人诗作。在拓《周鲁侯角全形拓》上，其手录了《嘉善黄霁翁观察应嘉兴方莲卿司马赋》：

爵形无柱认来真，制器应同尊簋陈。吾与君为歌燕喜，历阶扬觯是何人。颇想高斋倒酹醽，醉魂可许丐余馨。只惭识君牺蒙辨，画肚沉吟十六铭。[2]

而在北京百衲2015年秋季拍卖会449号拍品上，马起凤在题"明神宗万历银钱拓本"（吴晋德藏），该题跋曾云旋边：

金背铸黄铜，万历当年不惜工。银准一分文十二，小平幕字辨天公……成丰庚申九月二十有五日，录诸城刘燕庭（喜海）方伯论钱诗，傅岩马起凤时年六十有一。[3]

也正是基于这一点，针对马起凤，时人王逢辰于在上海图书馆所藏《〈永安砖琴砚〉马起凤拓本》卷轴下方感慨道：

近时为余之金石交，而酷爱古砖古瓦文者，如南屏六舟上人达受、福安李芗园司马枝青、桐城吴晋斋大令廷康，并藏有秦汉瓦当、汉晋甎文不下数百十种，吾里张叔未解元廷济以及余家所藏，亦足以与诸公匹敌。海盐自张芑堂征士燕昌之后，惟马君傅岩上舍笃嗜之，尝以手撮

[1]　2017朵云轩，春季艺术品拍卖会《马起凤铭汉砖砚》1910号。
[2]　《马起凤拓周鲁侯角全形并题》（右下），泰和嘉成2013年春拍，古籍文献·碑版法书（二），编号1196。
[3]　北京百衲2015年秋季拍卖会，马起凤题《明神宗万历银钱拓本》，449号拍品。

古甄瓦文出示者，约有五六百种之多……且见每拓必多题识，随手写来，或诗或考，竟不自惮
其烦，然其好古之心孜孜不倦，真不可及也。[1]

从王逢辰所云"五六百种之多"的情况来看，马起凤所藏的古砖、古瓦及其拓本，其庞大的数量与品类，远超过他与张廷济的库藏。作为偏居海盐一隅的一介布衣，马起凤何以能与汉晋古砖，乃至金石彝器的传拓结缘？这首先与其所居住的位置及其交游活动有关。针对这一点，张廷济在《清仪阁题跋》中指出：海盐县秦故城，在今海塘外五十里。昔之城郭淹没洪涛中。往往百十年中有数日潮退数十里，大风扬去，浮沙街井毕露。士人谓之海现。现，则人竞往担古砖……此为古砖首次大规模出现，后风潮不绝，好古之士多储之。[2]从以上史料来看，马起凤虽偏寓海盐，但海盐故城得天独厚的优势，为其传拓交游提供了良好的载体。

受乾嘉考据之风影响，清人好古，砖拓则多秦汉故物，而上海工美2021春季拍卖会集胜专场，就集中了马起凤椎拓和题藏的古名砖拓八十余种（图3）。[3]这些拓片，还见证了马起凤与黄山寿、张鸣珂、杨澥、黄锡蕃、六舟、张廷济、蒋光煦等人直接或间接的交集。事实上，当时的显宦如张廷济、阮元，文人鉴藏家如蒋光煦，书法篆刻家杨澥、黄锡蕃等，诸多时人经常雅集鉴赏，交换拓片，砥砺切磋。马起凤作为古砖鉴藏圈的核心人物，不仅擅于椎拓，而且手艺精湛，世人仰其声名，名砖多赖其手拓。事实上，正是得益于这种频繁的交集，使得马起凤在广泛的交游中不仅拓展了视野，获得了新见，同时也为其印章辑录与篆刻创作产生了深远影响。

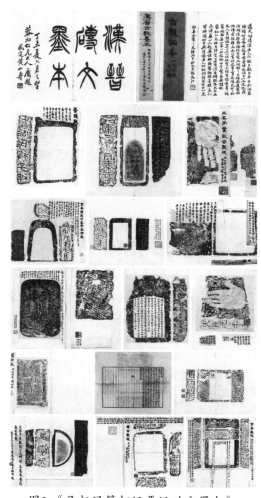

图3 《马起凤等拓汉晋汉砖文墨本》
（古名砖拓80余种）

（一）马起凤与六舟

在全形拓创始人问题上，学界历来争论不一。马起凤和六舟作为早期代表人物，由于马氏偏隅海盐，其个人影响相比六舟可谓相形见绌，加之存世作品可谓凤毛麟角，故有关其记载，仅存于部分学者片羽吉光的零星记录。

[1]　仲威编著：《纸上金石：小品善拓过眼录》，文物出版社2017年版，第210页。

[2]　清·张廷济撰：《清仪阁题跋》，清光绪十九年（1893）刻本。

[3]　上海工美2021春拍，集胜专场40号。

对于二人的关系，除徐康认为"六舟得其传授"外，[1]徐珂同样认为"释六舟得其传"。[2]无独有偶，对于二人关系，褚德彝又特意强调："（马氏）始创拓钟鼎全形，为向来所未有。"[3]为表明其观点，其在马起凤《永安琴砚》拓本中跋云："马傅岩藏金石甚富，能拓古彝器图，六舟其弟子也。"[4]针对二人关系，也有学者认为二人没有交集的文献记录，且六舟年长马起凤9岁，难以产生师承关系。

有关二人交集的直接证物，则来自马起凤所辑《马傅岩集明清印谱》。该谱辑录了六舟的三枚砖砚款文，其中一枚镌刻了"道光丙午年春月六舟书画研"，另一枚在镌刻了"梵王宫殿月轮高，碧琉璃瑞烟笼罩"的同时，又以篆书落款"屏山"二字。这三枚砖砚款文，应是六舟住持杭州南屏山净慈寺时所作。六舟在致吴式芬信札中有"敝寺南屏山，有宋司马公家人卦大摩崖"[5]一句。由此"屏山"二字可知此刻文为六舟所作。那么，六舟是否有制砖砚的习惯的呢？其于《宝素室金石书画编年录》下卷第十页中曾云："道光十有五年……得残瓦数十枚。古意斑驳，采为秦汉间物也。因制以为研。"又于该卷三十页云："道光二十五年……八月，偶染微疴，养静灵寺中，固莲溪将军，金石亦有同嗜，属余制砖砚数方。"[6]由此可见，六舟惯于制作砖砚，已是不争的事实。

从马起凤与六舟共同交集的时贤来看，二人与张廷济、杨龙石（杨澥）、蒋光煦、陈克明、陈畯和黄小松等人皆为契友，保持着紧密的交集。马氏在其印谱中多次提及陈克明（南叔）和陈畯（粟园），如在"云骚"印侧题云："陈南叔先生应同邑郑云忓广文刻名号……粟园兄精拓款识携赠。"[7]陈畯为陈克明之犹子，不仅与马起凤交谊甚笃，同时与六舟、张开福等人关系莫逆，而乡邑间里间的交谊圈，使其二人保持交集的可能性不言而喻。能佐证二人交集的证物，还有现存海宁市图书馆的宋"嬲"字砖拓片，其上钤有六舟和马起凤的印章。"嬲"字砖系六舟藏砖，而从钤印的位置来看，"六舟钤印的时间要早于马起凤，此张拓片或是六舟手拓，送与马起凤。"[8]马起凤与六舟同为古砖收藏者，两人因鉴藏而存有交集的情况也在情理之中。赵阳先生曾举例《南宋韩世忠翠微亭题名》拓本，此拓系六舟拓赠"仁轩先生"，此后"仁轩先生"又嘱马起凤题跋。马氏在题跋中还言及六舟，两人关系由此可见一斑。

针对两人关系的记录，徐康、徐珂和褚德彝三位学者，或与二人生活年代相近，或对两人保持着多角度的了解，故其所述更接近事实。首先，马氏对全形拓虽有肇创之功，但由于其长期偏隅海盐，加之其性癖隐逸，除织里吴养恬、吴江杨龙石（杨澥）为其"平生畏友"外，[9]其交游面相对较小的事实，致使其名为世所掩亦在所难免。需要特别指出的是，六舟曾将其生平经历辑成《宝素室金石书画编年录》，该书并未提及马起凤，部分学者据此推测二人并非师承关系。事实上，六舟

[1] 清·徐康撰，孙迎春校点：《前尘梦影录》，中国美术学院出版社2000年版，卷下，第291页。

[2] 清·徐珂编：《清稗类钞》，中华书局1986年版，第九册，第4422页。

[3] 褚德彝：《金石学续补》上卷，清·李遇孙等编：《金石学录三种》，浙江人民美术出版社2017年版，第190页。

[4] 仲威编著：《纸上金石：小品善拓过眼录》，文物出版社2017年版，第210页。

[5] 赵一生、王翼奇编：《香书轩秘藏名人书翰》，浙江古籍出版社2005年版，第185—187页。

[6] 清·释六舟：《宝素室金石书画编年录》下卷，清刻本。

[7] 清·马起凤：《马傅岩集明清印谱》，道光辛酉年（1861）影印本。

[8] 赵阳：《马起凤与早期全形拓》，《中国美术》2018年第1期。

[9] 清·马起凤：《马傅岩集明清印谱》，道光辛酉年（1861）影印本。

的编年录既非书信集，亦非日记，只是依照年序择要概录，少则数十字，多则数百字，言及马起凤的可能性微乎其微。另一方面，六舟因多年主席寺庙，其编年录曾委托管庭芬"来删补管理"。[1] 管氏曾自云："时六公自订年谱曰《金石书画编年录》，余为之删补。"[2] 古来大家，凡追述师承，多借师名以求附丽，而马起凤不仅小六舟9岁，无论从个人成就上，还是在艺术影响方面，均不及六舟显赫，管氏势必会存在择其概要而有所侧重。

也是在这个意义上，针对全形拓及创始人问题，陈振濂先生指出："马起凤虽首倡而无此影响力，六舟僧又无此精研与成熟。一代风流，聚于陈簠斋一身是也。"[3] 综合以上因素，两人的交集已是不争的事实，虽然六舟比马氏年长9岁，但闻道不分先后，达者为师。马氏久居乡邑，而六舟在广泛的交游中不仅青出于蓝而胜于蓝，而且凭借其突出的创新能力使其声名远播。两人的关系，当在师友之间，皆为早期全形拓的开拓者。

（二）马起凤与钱本诚、钱寄坤父子

马起凤的交游，不仅局限于同六舟、张廷济等人交往，同时还与海盐望族钱本诚、钱寄坤父子关系莫逆。《马傅岩集明清印谱》辑有钱本诚集藏的多枚印蜕，如钱氏珍藏陈惟寅所作的"延陵李子"印，在该印的题跋上，马起凤题云："元陈惟寅手制，海盐钱氏来燕楼主人柞溪上人（钱本诚）舍藏印，傅岩马起凤手拓墨本……"[4] 再如，钱本诚所藏"项伯子画"印，也同样被马起凤辑录于谱。其在该印边款侧跋云："嘉兴'项伯子书画'图记，海盐钱氏来燕楼主人柞溪先辈藏石。聚园陈兄手拓精本，甚为雅赏宝之……"[5]

针对钱本诚，张廷济在《桂馨堂集》中载：钱翁柞溪，名本诚，字惟寅，海盐人。……法书名画古碑佳帖，秦汉之铜玉印，英德灵璧之文，石肇庆龙尾之砚，金粟福业法喜之经笺，无不研求讲考，而后学咨问，从不作一诳语，真古之长者也。[6] 由此可见，钱本诚系海盐大儒，不仅工书法，富收藏，同时精鉴书画碑版，而且能够奖掖后学。针对其次子钱寄坤，《广印人传》载：钱以发〔1766—1835〕，字含章，号寄坤，海盐人。善辨研材及书画金石文字，兼工摹印。[7] 事实上，钱寄坤还是一个全形拓的知名拓手。上海朵云轩2004秋拍古籍善本专场，拍出了几件与马起凤和钱寄坤有关的拍品《周汉吉金全形拓器》两轴。第一轴《汉金缸衔璧》左侧拓片有钱寄坤题跋：

> 昭阳璧。按，《文选》"金缸衔璧"。此以蓝田玉制之，侧有隶书五字"三百八十一"。《汉书》云"昭阳含璧带"也。海昌徐君寿鱼（绍曾）获于禾中，道光四年甲申（1824）秋日余客沪上，适寿鱼访友而来，出示此璧，余假拓数纸，以留璧带之遗制欤。寄坤。[8]

[1] 王屹峰著：《古砖花供——六舟与19世纪的学术和艺术》，浙江人民美术出版社2018年版，第171页。

[2] 清·管庭芬著：《管庭芬日记》，中华书局2013年版，第1382页。

[3] 国家图书馆编：《纸拓千秋——国家图书馆藏古器物全形拓题跋集》序言，上海书画出版社2019年版。

[4] 清·马起凤：《马傅岩集明清印谱》，道光辛酉年（1861）影印本。

[5] 清·马起凤：《马傅岩集明清印谱》，道光辛酉年（1861）影印本。

[6] 张廷济：《桂馨堂集（卷四）感逝诗补题》，清道光十九年（1839）至咸丰八年（1858）刻本。

[7] 清·周亮工等撰：《广印人传》，《印人传合集》，浙江人民美术出版社2014年版，第483页。

[8] 钱寄坤跋：《汉金缸衔璧》，朵云轩2004秋拍，古籍善本·碑帖印谱专场，编号0457。

右下为马起凤跋云：道光丁亥（1827）九月廿有七日钱君寄坤先生见贻拓本，因书识之。古盐云山小隐马宗默。[1]据以上史料可知，该拓为钱寄坤所拓，马起凤作跋。在第二轴《周文王鼎全形拓》上，马起凤跋曰语：周文王鼎全形。寄坤钱姻兄先生手拓本，文曰"鲁公作文王尊彝"，凡七字。傅岩马起凤题并释。[2]从以上记载来看，两拓均为海盐钱寄坤所作。从《周文王鼎全形拓》椎拓工艺来看，钱氏传拓可谓技艺非凡。马起凤称其为"姻兄"，是为姻亲关系。钱寄坤年长张廷济1岁、长马起凤33岁。其父钱本诚为海盐名贤，精鉴书画碑版，寄坤幼承家风，好古擅拓。张廷济《清仪阁金石题跋》载：寄坤……为柞溪翁之次君，鉴古能世其学，善研辨书画金石文字，兼工篆刻，为人重然诺、笃友谊。[3]针对钱寄坤篆刻，张廷济《顺安诗草》给予了中肯评价："钱郎艺事岁，擅场尤刻印。当其得意时，直接彭（文彭）与震（何）。昔年都事黄（椒升）悬金聚玺印，临写健笔能尹。"[4]而有关黄椒升，马起凤在所摹刻的"流水今日，明月前身"印侧跋云："同邑布都事黄丈椒升，原藏吴门吴君明经处上品青田石，甚为可爱，余摹此因识之……"[5]

这种因椎拓和鉴赏而产生的交游，往往会促使人际关系在相互交集与辐射中进一步扩大。钱寄坤所述的徐寿鱼（绍曾），六舟亦曾记云："嘉庆十六年辛未……师弟青雨从徐寿鱼夫子游，师名绍曾，精金石之学，余亦从之学诗。"[6]针对金石圈的这种交集，张廷济在《桂馨堂集》中不仅多次记述了其与六舟及青雨禅师的交往，而且还涉及了张开福、蒋光煦、张燕昌、张辛（受之）等人，而张开福、蒋光煦、张受之等人又与马起凤交谊甚笃，这也是我们能够看到马起凤椎拓的古名砖拓上，有黄山寿、张鸣珂、杨澥、黄锡蕃、六舟、张廷济、蒋光煦等人题跋或鉴赏的直接诱因。事实上，马起凤世居海盐期间，其交往的不仅是钱家父子，同时与陈克明叔侄保持紧密的交集。

（三）马起凤与陈克明、陈畯叔侄

在马起凤所辑明清印谱中，"日长如小年"印，涉及了篆刻家陈克明与张开福。该印由张开福镌刻印文及顶款，陈克明于印章四面镌刻了自作诗：

> 莫（暮）春集兴效放翁体。门临流水是吾家，梓树阴（荫）中曲径斜。雨霁一行飞白鹭，春深两部听青蛙。韶华已过清明候，芍药将开烂漫花。谁谓春残幽兴减，日初长处正无涯。此乙亥旧作也，今刻此印又值红药翻阶，绿筠解箨，幽兴依然，而光阴过如弹指，宁无雪泥鸿爪之感。时嘉庆二十三年戊寅夏四月，陈克明识于古欢楼南窗下。[7]

马起凤于此跋云：红白寿山石，文曰日长如小年，凡五字。印文张石匏（开福）先生篆刻。山

---

[1]　钱寄坤跋：《汉金缸衔璧》，朵云轩 2004 秋拍，古籍善本·碑帖印谱专场，编号 0457。

[2]　钱寄坤跋：《汉金缸衔璧》，朵云轩 2004 秋拍，古籍善本·碑帖印谱专场，编号 0457。

[3]　清·张廷济：《清仪阁金石题识（卷三）》，清光绪十八年（1892）石埭徐氏观自得斋刻本，第 29 页。

[4]　清·张廷济：《桂馨堂集（卷四）感逝诗补题》，清道光十九年（1839）至咸丰八年（1858）刻本。

[5]　清·马起凤：《马傅岩集明清印谱》，道光辛酉年（1861）影印本。

[6]　清·释六舟：《宝素室金石书画编年录》下卷，清刻本。

[7]　清·马起凤：《马傅岩集明清印谱》，道光辛酉年（1861）影印本。

父手拓并记。[1]在马起凤所辑的"人淡如菊"印中，印文和顶款由张开福篆刻，其余四面边款，第一面由陈畯（粟园）摹绘"陶靖节先生小象"，其他三面边款由张开福篆刻。马起凤所辑录两枚印蜕，分别涉及了陈克明、陈畯和张开福。能再现马起凤与陈克明、陈畯交游事实的，还有马起凤所辑陈克明为同邑创作的两面印"云骚"和"郑伯埙印"。在该印蜕边款侧，马氏题云：陈南叔先生应同邑郑云帆广文刻名号，两面朱白文印极佳。犹子粟园兄精拓款识携赠，余宝之。傅岩马起凤并识。[2]

关于陈克明（南叔）和陈畯（粟园），陈介祺在清道光二十六年（1846）为《六舟上人所作吉金全形拓》跋语时还特别提及：

> 吉金绘画古已有之，从器上拓出而形象曲合，绘事制作不差毫厘，足资考定之真，更浑描摹之迹者，则海盐吾宗南叔先生克明始擅其长，诚前人所未有，极今日之能事矣。先生殁，其犹子粟园畯能继之，两世皆馆东武刘燕庭廉访家，余尝遍观所拓，古雅静穆，真不啻在三代几席间也……山左陈介祺记于宝簠斋。[3]

马起凤和陈介祺所载史料，映射了几条重要信息。其一，陈克明与陈粟园叔侄，皆嘉兴海盐人，与陈介祺有同宗关系。其二，陈克明与陈粟园皆擅椎拓。其三，陈氏叔侄先后受聘于鉴藏大家刘燕庭（喜海）家。

陈克明，字南叔，海盐布衣，被刘喜海延聘西席凡十年。因与周凯、袁沛相等人为契友，曾共同创作《槐厅问字图》。清道光十三年（1833），刘喜海任福建汀州知府时，陈克明偕行，卒于闽地。周凯伤之，故作《海盐布衣陈南叔墓志铭》，其文曰："（南叔）少孤育于嫂，事嫂如母。画自山水、人物、花鸟、翎毛之属无不工，书则篆籀八分皆有法。又工雕刻，制造有巧思。精鉴别，爱古鼎彝款识，模为缩本。"[4]《海盐县志》援引周文，谓其"性高洁，好吟咏，画山水、仕女，无不精妙"。[5]对于陈克明，刘喜海也曾记云："余癖金石，曾积五千通，录为《金石苑》。海盐陈南叔克明布衣，尝为余手拓《泉苑》。"[6]

陈畯，字粟园，嘉兴海盐人，陈克明之犹子，精传拓，深为陈介祺（簠斋）推崇。陈介祺在致吴云书中曾言及陈粟园："廿年前所著《簠斋印集》，仅成十部。友人醵资赠粟园亡友，每部十金或十余金不等，纸与印泥不与焉。阅八月乃毕，非粟园静专，不能就也。"[7]陈克明于道光初年受聘刘喜海，其仙去后，其侄陈粟园继之，并同张开福于道光末年为刘喜海监刻《三巴耆古志》。事实上，马起凤、张开福、钱寄坤，以及陈南叔、陈粟园叔侄，皆为海盐同邑，而作为全形拓的善传

[1] 清·马起凤：《马傅岩集明清印谱》，道光辛酉年（1861）影印本。

[2] 清·马起凤《马傅岩集明清印谱》，道光辛酉年（1861）影印本。

[3] 转引自《六舟手拓铜器拓本》，（日）木鸡室藏本；陆明君著：《陈介祺年谱》，西泠印社出版社2015年版，第66页。

[4] 《清代诗文集汇编》编纂委员会编：《清代诗文集汇编》，上海古籍出版社2010年版，第528册，第233页。

[5] 清·《（光绪）海盐县志》二十二卷之十九，清光绪二年（1876）刊本。

[6] 陆蕾平：《浙禾地区早期全形传拓群体及其影响》，《西泠艺丛》2020年第12期。

[7] 清·陈介祺：《致吴云书》（同治十一年九月二日），《簠斋尺牍》十二册本，1919年商务印书馆涵芬楼影印本。

者，这一交际圈，不仅致力于金石彝器的传拓和题跋，同时在篆刻创作与辑录方面有着多角度的交流。综合以上情况来看，马起凤、陈克明叔侄，既是全形拓的从业者，又是亲密无间的金石友。

（四）马起凤与张廷济、张燕昌、张开福

张廷济在其所藏立轴《周诸女方爵全形拓并题》中跋云："吾甥徐籀庄，吾宗质夫开福，皆能读书喜研索徐考此作……叔未张廷济书于清仪阁。"[1]在该立轴下方，张开福跋云：道光庚寅九秋，叔未尊叔出示精拓景本属（嘱）书。从子开福。[2]在此则旁，还有六舟以隶书题跋："道光庚寅八月十九日，偕江令方子可中，从金阊归涂，借观于禾郡舟次，以致眼福不浅。聊识岁月，归之南屏。行者六舟达受。"[3]

在马起凤所辑明清印谱中，收录了海盐同邑张燕昌所用印章"杭郡丁隐君书迹弟子张燕昌谛审印记"。该印款文曰："太姻翁文鱼征君手篆学古堂家宝。道光癸巳四月六日，姻再侄杨澥敬观。"马起凤在印侧跋云：吾乡张征君……手制审定杭郡丁隐君龙泓外史法书真迹……吴江杨龙石佳士石左题识，余拓墨本因志。傅岩马起凤时年六十有二，岁辛酉小春十一日也。[4]马起凤在其辑明清印谱中，不仅辑录了张燕昌的印作，同时还辑录了其子张开福所作的"乐琴楼"印，以及张燕昌从子张辛（受之）所作的"懒道士"印，马起凤还在印蜕旁作了长跋。

对于张燕昌，《广印人传》载：张燕昌（1738—1814），字芑堂，号文鱼，又号金粟山人，海盐人。性好金石，为丁龙泓高弟……善飞白书，工画兰。著有《金石契》《飞白书录》《续鸳鸯湖棹歌》《芑堂印存》等。[5]作为清代著名书画篆刻家，张燕昌嘉庆间举孝廉方正，嗜金石，善画山水人物、兰竹花卉，工篆隶。针对其子张开福，《广印人传》又载：张开福，字质民，号石匏，晚号太华归云叟。……其学亦以考证金石为深。少工韵语，颇为前辈激赏。画兰刻印克传家法。[6]张开福之子张子和，工篆刻，能镌碑。张燕昌从子张辛，字受之。尝为叔未（廷济）刻印极赏之。叔未清仪阁中收藏金石文字甚富，受之得窥珍秘，其业日进。[7]2016年泰和嘉成拍卖会拍出了张燕昌鉴藏的《听松》拓本，该拓钤有"张燕昌印"，马起凤于该拓上题写了两则跋语，其中一则为：唐李少温扬州慧山寺前题此"听松"二篆字，余得昔年孝廉文鱼征君手拓本，傅岩。[8]

从以上史料记载来看，张燕昌与张廷济本为张氏同族。而张燕昌一脉，不仅数代人嗜金石、工篆刻，而且均与马起凤存在着多角度交集。事实上，这种交集，即使张燕昌之姻亲杨澥，其作为清末江南篆刻大家，也与马起凤保持着紧密交游关系，成为马起凤之畏友。而交游关系的无形延

---

[1] 张廷济旧藏《周诸女方爵全形拓并题》画心题跋左下，西泠印社编：《吉金留影——青铜器全形摹拓捃存》，上海书画出版社2014年版，第9—10页。

[2] 张廷济旧藏《周诸女方爵全形拓并题》画心题跋左下，西泠印社编：《吉金留影——青铜器全形摹拓捃存》，上海书画出版社2014年版，第9—10页。

[3] 张廷济旧藏《周诸女方爵全形拓并题》画心题跋左下，西泠印社编：《吉金留影——青铜器全形摹拓捃存》，上海书画出版社2014年版，第9—10页。

[4] 清·马起凤：《马傅岩集明清印谱》，道光辛酉年（1861）影印本。

[5] 清·周亮工等撰：《印人传合集》，浙江人民美术出版社2014年版，第501—502页，第506—507页。

[6] 清·周亮工等撰：《印人传合集》，浙江人民美术出版社2014年版，第501—502页，第506—507页。

[7] 清·周亮工等撰：《印人传合集》，浙江人民美术出版社2014年版，第501—502页，第506—507页。

[8] 清·周亮工等撰：《印人传合集》，浙江人民美术出版社2014年版，第501—502页，第506—507页。

伸，也使得同时期的诸多金石友成为密不可分的契友。六舟就曾于考证方面与杨澥联系，其曾云："……余拓赠吴江杨龙石（杨澥），谓余考误剔寺字作讽之。余笑曰：彼未读《说文》述学诸书耳。"[1]在这种多维度的交游关系中，马起凤所辑《马傅岩集明清印谱》就呈现了这一信息，其在"养恬子吴晋德"一印跋文中云："织里吴养恬、吴江杨龙石（杨澥）两先生通今博古，余平生畏友也。"[2]从以上情况来看，马起凤与时人的广泛交游，无论从传拓技艺方面，还是在篆刻创作与印谱辑录方面，均会在潜移默化中使其受到深刻影响。

二、马起凤的印谱纂集与篆刻创作

国家图书馆现存《马傅岩集明清印谱》，该谱收录了元明清30余位篆刻家73枚印蜕，其中有元人赵孟頫、陈惟寅，明人文徵明、文彭、何震、苏宣、梁袠、江皓臣、马湘兰、程彦明、朱鹤、孙稚徵、吴迥，以及清人丁敬、陈豫钟、程邃、黄易、张燕昌、张开福、张辛、张辛有、陈映之、杨尚木、文伯仁、姚明经、李正叔、杨龙石等书画篆刻家的作品，除此之外，还辑录了部分无名氏的篆刻作品和六舟的两幅砖砚款文。

马氏印谱，不仅集中再现了元明清数百年间的名流印蜕，还特别辑录了其本人创作的篆刻作品15枚。成为我们研究马起凤篆刻作品的珍贵史料。马氏印作，白文与朱文兼具，刀法冲切并用，既彰显了秦汉印风的深厚功底，又不乏文彭、何震、丁敬、陈豫钟和黄易等人的深入影响。马起凤既长于诗文创作，而且对金石鉴定亦不乏真知灼见；不仅是一位传拓高手和金石学家，同时又是一位颇具功力的书法篆刻家。如果我们将其印谱加以综合分析的话，则不难发现，马起凤在辑录印谱的同时，还分门别类地进行了整体题跋。其题跋时间，集中于咸丰十一年（1861）。是年，时年62岁的马起凤，对其所辑印谱进行了一次整体回顾。

就其诸多印蜕及边款来源，马起凤在题跋中作了简要介绍。其一是契友的拓赠，如赵孟頫所作的"醉倒古乾坤"印文及款识，还有闲章"雨丝风片，烟波画船"印，均由郑素庵道士拓赠。来燕楼主人钱本诚所藏"项伯子画"印，则由陈粟园所赠。在陈粟园拓赠的印蜕中，还有陈克明所作"郑伯堉印"和"云骚"印。其二是来源于挚友家族所藏。如其辑录的文彭所作"松涛"印，即为姚明经所藏。元代篆刻家陈惟寅"延陵李子"印，以及孙稚徵所作的竹刻"方外司马"印，系钱本诚所藏。其三是辑录的印友作品。如"日长如小年"一印，则是张开福镌刻印文、陈克明刻款的作品。针对其畏友吴养恬所藏何震的"活活泼泼"印，马起凤在跋文中云：

> 青田石印，文曰活活泼泼。织里养恬盦藏印。道光辛卯十月之望，养恬先生出示假拓墨本于吴门□氏丰瓦斋中。海盐傅岩马起凤并志于香风轩。[3]

从马起凤所作的诸多跋文来看，其所获的大量印蜕，均得益于其广泛的交游。而在频繁的交游

[1] 清·释六舟：《宝素室金石书画编年录》下卷，清刻本。
[2] 泰和嘉成2016年艺术品拍卖会，《马起凤题听松》2651号。
[3] 清·马起凤：《马傅岩集明清印谱》，道光辛酉年（1861）影印本。

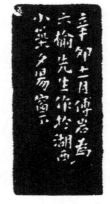

图4 "万斛香楼"印　　　　图5 "六榆宝之"印　　　　图6 "此生惟愿十全为上"印

中，马起凤同友人之间，并不仅限于古砖彝器的传拓、题跋与鉴赏，还就篆刻创作及印谱辑录进行了颇有成效的交流。而这种交流本身，既使得马起凤拓展了视野，同时也借助印谱的辑录，使其对篆刻的章法、字法、刀法有了更为鲜明的认知。在其所辑灌园先生所作的"牧笛樵歌"印蜕旁，马氏进行了颇有见地的品评：

> 灌园先生作此印于青田石，文曰牧笛樵歌。篆由奇思，刀有古势，篆刻取神，得于天籁。余拓墨本，甚为可爱，因须以记之。辛酉十月有二日，傅岩马起凤时年六十有二。[1]

马起凤对篆刻的章法、篆法、刀法，乃至神韵的认知，并不止于此。其在诸多印蜕的鉴赏跋文中，同样表现出对笔法和刀法的独特见解。而这种见解，首先表现为其对刀法的格外关注。其在张辛有所作"画梅庐"印侧跋云：

> 横口张辛有契友，笃嗜金石文字，精善铁笔，刻此印。刀法陈曼生先辈的派也，甚为可爱，假拓墨本，以志金石之有缘也。辛酉十月十日，傅岩马起凤时年六十有二。[2]

马起凤对刀法的敏锐感知，并不仅限于简单评鉴。事实上，其在自身的创作中，同样注重对刀法模拟、吸收和表现。己丑（1829）六月，时年30岁的马起凤为研农作了"万斛香楼"一印（图4），而时隔32年后，马起凤对该印复跋时云：

---

[1]　清·马起凤：《马傅岩集明清印谱》，道光辛酉年（1861）影印本。
[2]　清·马起凤：《马傅岩集明清印谱》，道光辛酉年（1861）影印本。

石砚农茂方出青田石，索刻万斛香楼押角小印。笔法刀法摹文待诏（文彭）遗气……傅岩马起凤并志之。[1]

辛卯（1831）十二月，时年32岁的马起凤，拟前辈张燕昌法，为六榆先生姚明经作了"六榆宝之"一印（图5），时隔30年后，其在复跋中又感叹道：

秀州姚明经六榆先生出上品青田石索篆，摹乡先辈鱼征君（张燕昌）章法刀法，而法有意无意之间也，忽忽三十一年矣。辛酉十月十日，傅岩马起凤并志于非俗居之西轩夕阳窗下。[2]

马起凤对刀法的刻意关注，还表现在道光二十六年（1846），其47岁时所作的"隐峰"一印中。在该印的跋语中，马起凤自云：

牙印，摹文寿承（文彭）篆并刀法，未识诸法家以为何如，请正之。辛酉十月九日，六十二老人马起凤志。[3]

如果我们对马氏印谱进行整体梳理的话，那么很容易发现，其对刀法的关注，基本贯穿了青年、中年乃至晚年的整个创作历程。咸丰丁巳年（1857），58岁的马起凤在为马少愚所作的"孝周"印边款中自云：

咸丰丁巳年九日摹古杭丁钝丁隐君朱文刀法，少愚兄以为何如。傅岩。[4]

辛酉（1861）十月，62岁的马起凤应徐石麟先生索刻"此生惟愿十全为上"一印（图6），马氏在该印边款中镌文："似程秋堂（程邃）刀法，石麟同学属（嘱）刻。傅岩。"在该印印蜕和款文旁，马起凤又题跋道：

红白寿山旧坑石极佳，辛酉十月朔日，应石麟徐生索刻，文曰"此生惟愿十全为上"，凡八字。摹次闲（赵之琛）赵君刀法，效秋堂（程邃）。山父。[5]

由此可见，马起凤在一生的创作中，在对先贤与时人作品追慕的同时，对刀法的认知是刻骨铭心的。其在创作中不仅大量模拟了明人文彭、何震的刀法，同时对丁敬、赵之琛、程邃、张燕昌等人的刀法还进行了多角度的研习与实践。从其早期的创作来看，既有来自明人的深入影响，同时又

---

[1] 清·马起凤：《马傅岩集明清印谱》，道光辛酉年（1861）影印本。
[2] 清·马起凤：《马傅岩集明清印谱》，道光辛酉年（1861）影印本。
[3] 清·马起凤：《马傅岩集明清印谱》，道光辛酉年（1861）影印本。
[4] 清·马起凤：《马傅岩集明清印谱》，道光辛酉年（1861）影印本。
[5] 清·马起凤：《马傅岩集明清印谱》，道光辛酉年（1861）影印本。

不乏对浙派印人的关注与推崇。而其对刀法的刻意关注，实则是对"西泠八家"影响下的印坛表现出的主观认同。

在清代印坛中，以丁敬为代表的"西泠八家"，在创作中特别着意于借助刀法的演绎与表现，力图展现出方中有圆，苍劲质朴，古拙浑厚，别具面目的个性风貌。而马起凤对刀法的关注，也是浙派印人多角度影响下的结果。以丁敬为例，丁氏创作，其在印宗秦汉的主导理念下，常参以隶意，习惯借助刀法表达笔意，无形中开启了近代篆刻的先河。也是在这个意义上，马起凤在丁敬所作的"耦堂"印侧的跋文颇有见地："丁隐君杭郡人，名敬身，字钝丁，号龙泓外史，精擅铁笔，国朝第一人也。"马氏对丁敬无以复加的推崇，无形中见证了其对由丁敬开创的浙派印风而进行的深层认知。

图7　"六榆审定"印

在篆刻创作中，马起凤既关注刀法表现，同时对章法、笔法仍不乏多角度研习。在其34岁时创作的"六榆审定"一印中（图7）。对于该印，马起凤于辛酉年（1861）补题云：

> 秀州姚明经六榆先生审定金石文字之印，余摹丁龙泓（丁敬）高士笔法，未识诸大雅以为何如耳。六十二老人马起凤并记之。[1]

在郑素庵拓赠予马起凤的"雨丝风片烟雨画船"一印侧，马起凤的见解可谓一语破的，其跋云：

图8　"大年"印

> 此八字印，笔法更胜于刀法。文曰"雨丝风片烟雨画船"。题款石经，不知何许人也。素庵仙友拓赠墨本宝之。山父。[2]

无独有偶，马起凤对笔法的关注，还体现在丁酉年（1837），其38岁时所作的"大年"（图8）一印中。马氏于辛酉年（1861）的跋语中自题云：

> 杨晴岩书家出上品青田石索刻名印，仿丁钝丁隐君笔法，未识诸法家以为何如耳。傅岩马起凤志。[3]

如果说马氏对浙派印人刀法和笔法的特别关注，仅仅体现为其对技法的研究，那么其从视觉审美方面对明人篆刻的鲜明认知，则深层次地涉及了印学审美。在何震所作的"散雪残梅上"印蜕旁，其跋云：

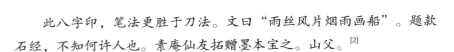

---

[1]　清·马起凤：《马傅岩集明清印谱》，道光辛酉年（1861）影印本。

[2]　清·马起凤：《马傅岩集明清印谱》，道光辛酉年（1861）影印本。

[3]　清·马起凤：《马傅岩集明清印谱》，道光辛酉年（1861）影印本。

"散雪残梅上"，凡五字。主臣此印极为古雅。洵称名手傅岩马起凤手拓。岁年六十有二并志。[1]

"古雅"一词，侧重于人的直观感受和人文素养，蕴含着对典雅气质的推重与认同。其基本精神与人文内涵，既根植于中国古典文艺诸多领域中，同时又从审美理念方面进行了美学延伸。在中国传统文艺中，"古雅"作为一般意义的表述来使用，主要运用于文字、音乐和绘画等领域。从文字角度着眼，"雅"即正，凡雅必属正。许慎《说文解字》："正，是也。从止，一以止。凡正之属皆从正。"[2]在音乐审美方面，传统的"古雅"论，主要指"先王之乐"。就绘画之古雅，清人王昱就明确指出："气骨古雅，神韵秀逸，使笔无痕，用墨精彩，布局变化，设色高华。明此六者，觉昔人千言万语尽在是矣。"[3]如果我们仅仅将古与今、雅与俗相对，将"古雅"与"浅俗"并举，则失其本意。

图9　"心出家道士"印

事实上，马起凤"极为古雅"的品评标准，承接了中国古典"古雅"之论述。虽具不经意的成分，但这种表述本身，却折射了其鲜明的审美理念。作为"美学"及"专论"意义上的"古雅"，马起凤虽未提出系统的论述，但其明确的认知观念，就印章鉴赏而言，既有形式的因素，又不乏具体的内容；不仅诠释了何震印作的视觉审美，又无形中唤醒了古老时间中的历史美感，也折射出了中国文化血液中的艺术精神。笔者此番论述，并非对马氏的认知观念蓄意拔高，而实则是马起凤不经意间对中国古典审美的深层认知，蕴含了其现代美学意义上的独到见解。

图10　"管山草庐"印

那么，从审美维度出发，马起凤对于浙派印人章法、篆法，尤其是刀法的关注，究竟是出于是主动学习的需要，还是被动学习？这需要结合其自身的创作加以分析。针对甲辰（1844）十月44岁时所作的"心出家道士"一印（图9），马氏跋云：

　　织里养恬吴先生，索摹苏啸民（苏宣）刀法，未识诸逸士以为何如耳？六十二老人马起凤并志于非俗居中。[4]

马氏对刀法的研习，还体现在其48岁时所作的"管山草庐"（图10）一印中。该印系马氏丁未

---

[1]　清·马起凤：《马傅岩集明清印谱》，道光辛酉年（1861）影印本。

[2]　汉·许慎：《说文解字》清陈昌治刻本，中华书局影印1963年版，第91页。

[3]　沈子丞编：《历代论画名著汇编》，世界书局1984年版，第399页。

[4]　清·马起凤：《马傅岩集明清印谱》，道光辛酉年（1861）影印本。

年所作，而其在辛酉年复跋时感慨道：

> 笏山先生吾比邻，出上品青田石索摹黄秋盒（黄易）司马刀法，未识以得神韵耳。马起凤志。[1]

由以上记载可知，交游的实际需要，使得马起凤不得不面对契友的索刻。而这种索刻本身，具有明确的指向性。即不以创作者为中心，而是指定或倾向于某家某派的命题性创作。这种创作，虽在某种意义上拘囿了创作者的主观能动性，但也恰恰反映了马起凤对"西泠八家"刀法的谙熟。事实上，浙派印人突出的个性表现，往往体现在对切刀法的运用上。这种对刀法的着意追求，在某种程度上使得浙派印人在凸显其群体面貌的同时，无形中弱化了篆刻家自身的个性表现。而个性表现的弱化，使得不同印人之间的风格差距变得十分微妙。因此，针对浙派印风的学习，能从细微变化处区别不同印人的创作风格已非易事。而马起凤在创作中，不仅能拟丁敬、程邃、黄易的创作风格，同时又能规避流派印人的影响而多角度关注到明人、元人，乃至上溯到先秦古玺及汉魏印风，如果缺乏必要的远见卓识与深邃洞察，很难满足契友的索刻要求。

如果我们将马起凤与同时期诸多书法篆刻家、传拓艺人、金石鉴藏家的印鉴加以类比的话，那么很容易发现，其自用印不仅风格多样，而就创作水准而言，并不逊色于同时期张廷济、徐同柏、杨澥、钱寄坤等人的印鉴水准。如在《马起凤拓鲁周尊》拓片中，马起凤所用"傅岩手拓""起凤所作"两印（图11—图12），前者颇具古玺印的风骨，而后者又多元吸收了明人印风精髓。在《马起凤题听松》拓片中，其所用"马起凤印""海盐马傅岩审定金石文字之印"（图13—图14），还有马起凤题《钟官图》所用的"山父""傅岩""海盐马起凤印""金石友"（图15—图18）与"马起凤印"，以及半通印"起凤"（图19）等印作，无论从创作水准上，还是从审美层面上，均不乏可圈可点处。如"山父""傅岩"两印，在汲取古玺精髓的同时，于章法布局和缪篆入印方面

图11
"傅岩手拓"印

图12
"起凤所作"印

图13
"马起凤印"印

图14　"海盐马傅岩审
定金石文字之印"印

图15
"山父"印

图16
"傅岩"印

图17　"海盐马
起凤印"印

图18
"金石友"印

图19
"起凤"印

---

[1] 清·马起凤：《马傅岩集明清印谱》，道光辛酉年（1861）影印本。

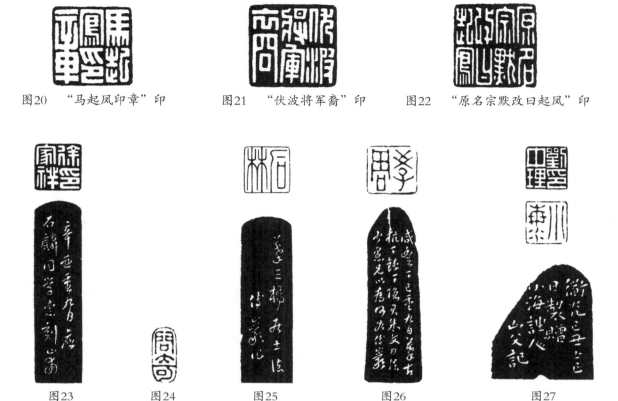

图20　"马起凤印章"印　　　图21　"伏波将军裔"印　　　图22　"原名宗默改曰起凤"印

图23　　　　图24　　　　图25　　　　图26　　　　图27
"徐家祥印"印　"问奇"印　"石林"印　"孝周"印　　"刘中理印"
　　　　　　　　　　　　　　　　　　　　　　　　　"小海"连珠印

别具新意。

相比而言，"马起凤印章""伏波将军裔""原名宗默改曰起凤"（图20—图22）与"徐家祥印"（图23）等作品，在吸收汉印精髓的同时，融章法、篆法和刀法表现于一体，在动静、方圆和粗细对比中，凸显出温文尔雅的书卷气与清刚气。尤为值得一提的是，其"伏波将军裔"印，则于动静合宜的布局中，洋溢着魏晋将军印之遗风。在朱文印创作方面，如"问奇""石林""孝周"，还有连珠印"小海"等印作（图24—图27），既有元明朱文印的遗风，同时又再现了浙派朱文印的清崛气息。

如果我们将马起凤的篆刻创作从风格上进行整体对比的话，则会发现，其篆刻作品一直深受秦汉印风的影响。以"山父手拓""马宗默印""山父"（图28—图30）三印为例，马氏在汲取秦汉印章精髓的同时，还注重对时代印风的吸收和表现。这三幅作品，分别吸收了古玺印、汉印和流派印的精髓，其在风格方面的取法，几乎贯穿了印学发展史的整个历程。而就其水准而言，其"马宗默印"，即使与汉印的经典印例相比也毫不逊色。

针对传统的学习与继承，马起凤对此有着清醒的认知。其在"马廷元印"（图31）款文中自云：

古人作印，往往有反文，曾见汉铜私印"元"字反文极佳，今因笔法仿此作反篆也。少愚三兄教正，起凤并识。[1]

如果我们将《马傅岩集明清印谱》整体观照的话，则不难发现，马起凤在印谱辑录方面，其所辑印蜕并不仅限于友人的鉴藏与拓赠，也并不仅仅刻意追求印蜕的数量，而是有着鲜明的审美倾向和选取标准。其在吴迥所作的"志在山水诗酒"印侧题跋云：

图28
"山父手拓"印

吴君不知何许人，篆法刀法皆正宗派。文曰"志在山水诗酒"，余拓墨本补入册中，以备一格耳。傅岩马起凤并记之。[2]

马起凤所云的吴迥，字亦步，安徽歙县人。活跃于明中后期，篆刻宗何震，深得其法。董其昌赞其曰："亦步舞象时气已吞虎，今犹二十许人，试以其印章杂之长卿印中，不复可辨。"[3]马

图29
"马宗默印"印

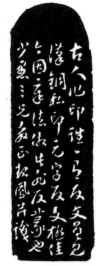

图30　"山父"印　　　图31　"马廷元印"印

起凤之所以将其作辑录于册，实则是因其具有突出的个性风貌，至少在马氏所辑印谱中尚属一格。而马起凤所谓以备补一格，具有潜在的选取意识，是意在通过丰富的印材和多元的印风使其印谱更显多元化与系统化。从马起凤跋文凸显的审美倾向来看，其所辑印谱，与明清诸多大家的印谱著述情形相类似，即以著述的标准突出其印谱的多元风格与人文内涵。事实上，其潜在的诉求，并不仅仅体现在印风的多元化，还体现为其对印材多元化的追求方面。在马起凤所辑的明人玉印"褚廷琯印"的印蜕旁，马起凤详考如下：

玉印覆斗钮，江皓臣手制。江濯之，字皓臣，歙县人，后居闽上。工篆刻晶玉尤妙。海盐傅岩马起凤假拓此印，并志于画兰室中，时年六十有二焉。[4]

再如，其在孙稚徵所作的竹刻"方外司马"印侧，又题云：

竹根印，文曰"方外司马"，凡四字。朱鹤号松邻，长竹刻名手也。子缨号小松，孙稚徵号三松。皆读书之外以雕刻为戏耳。印藏吾乡来燕楼，余假拓墨本，并记于非俗居。[5]

---

[1]　清·马起凤：《马傅岩集明清印谱》，道光辛酉年（1861）影印本。

[2]　清·马起凤：《马傅岩集明清印谱》，道光辛酉年（1861）影印本。

[3]　李菁：《一枚难得的明代寿山石印章》，《宁波晚报》2014年2月16日。

[4]　清·马起凤：《马傅岩集明清印谱》道光辛酉年（1861）影印本。

[5]　清·马起凤：《马傅岩集明清印谱》，道光辛酉年（1861）影印本。

除此之外，马起凤在作"隐峰"一印中。其在跋语中还特别提及"牙印，摹文寿承篆并刀法……"。其实，马起凤除了对玉印、竹根印、牙印等材质关注外，还特别注重对印坛掌故与印史知识的辑录，而此举颇有为印人作传的性质。话及至此，我们回头看一下上海工美2021年春季拍卖会拍品——马起凤等椎拓、题藏，杨澥、黄锡蕃、张廷济、蒋光煦等题钤古名砖拓。在马氏拓本上，诸多时贤的题跋与钤印，见证了这一群体紧密的交游关系。而诸贤对辑录印谱的嗜好，也势必会对马起凤产生深刻影响。张燕昌喜藏彝器、印、泉、砖、瓦等，著作有《芑堂刻印印谱》。张廷济嗜金石彝器，辑录有《清仪阁古印偶存》。而曾被誉为"清末江南第一篆刻名手"的杨澥，著有《杨龙石印存印谱》。相比而言，黄锡蕃著述甚丰，不仅著有《续古印式》，还有《金石表》《醉经楼印谱》《古陶录》等。从以上情况来看，广泛的交游不仅使马起凤深受影响，即使其契友黄椒升，在诸贤的影响下也不乏辑古之举，张廷济就记录了"都事黄（椒升）悬金聚玺印……（钱寄坤）临写健笔"的事实，[1]而在马起凤所辑印谱中，其"流水今日明月前身"一印，正是来源于黄椒升。于此，马起凤还曾记云："同邑布都事黄丈椒升，原藏吴门吴君明经处上品青田石，甚为可爱，余摹此因识之。"[2]

印谱，是专门辑录印章的书籍，最早出现于北宋。宋人好古敏求，其对秦汉印章的收藏和汇辑，多以"考其制，订其文"为目的。由于其时古印实物难求，故大多印谱皆以勾摹印文或雕版印制。这种画瓢翻刻之举，因精准失据而导致画虎成犬，字讹神丧，形神俱失。明人顾从德和罗王常则以秦汉原印钤成印谱。其别出心裁之举，无形中促使明清藏家和印人集印成谱成为一时风尚。而马起凤所辑印谱，在体例编排、用笺规格、释文考证，以及印坛掌故的收录等诸多方面，可谓极尽细致，抉择精审之间，颇具个性风貌。马氏所辑印谱，并非仅仅出于借鉴与赏玩的需要，而是有着明确的著述意识。其不仅以原印钤辑，同时在拓制款文的同时，还进行了分门别类的品评与题跋。马氏跋文，或释或考，或补或录，既涉及了章法、篆法、刀法的剖析与品评，同时还从审美维度出发，多角度地涉及了印林掌故和印学审美，此举在同时期的诸多印谱中可谓殊难一见，成为我们研究清人篆刻、地域印风和印谱辑录不可或缺的史料，也为我们提供了弥足珍贵的历史信息。

三、析论

马起凤集诗人、书家、印人和刻手于一身，尽管其一生偏隅海盐，其名不彰，但其在诸多方面取得的成就，使其成为一位不可忽视的人物。由于其诸多书法、篆刻、诗文作品，乃至可能存在的相关著述，已历兵燹之厄而十不存一。而其一生所藏，历世既久，悉没兵燹。而间有遗篇，也多被秘而藏之。但其因交游而幸存之遗作，就目前所见，虽不能揽其全貌，但仍能窥其一隅。

就其书法作品而言，其不仅四体皆能，而且其行草书结体秀美，笔意潇洒。不仅有法可寻，有章可依，而且于布白相间中，点画牵丝映带，行笔疾徐合宜，或飘逸俊美，或磅礴放旷，或散漫不羁，表现出浑然天成的个性风貌。而其题跋类行草书，则以草草之笔、纵意而为的方式，颇具野逸之趣，确应了其"清逸山房""清逸山人"之称谓。而其小楷书，以《钟官图》拓片和《汉晋古

---

[1] 清·张廷济：《桂馨堂集》（卷四）《感逝诗补题》，清道光十九年（1839）至咸丰八年（1858）刻本。

[2] 清·马起凤：《马傅岩集明清印谱》，道光辛酉年（1861）影印本。

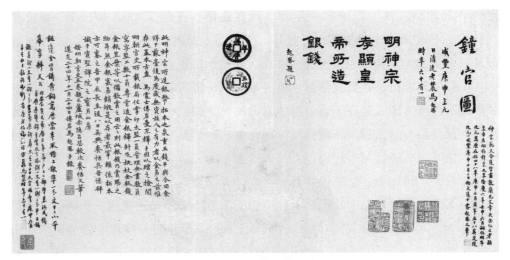

图32　马起凤题《钟官图》拓片

宝》（图32—图33）全形拓跋文为例，全篇文字一笔不苟，可谓风姿俊逸，神采飞扬。在结体上，造型优美，结构精巧。在用笔上，露锋顺入，轻而不浮，重而不滞，于流畅中求稳健，于典雅中见遒劲。尤为值得注意的是，其《马起凤铭汉砖砚》隶书铭文、《钟官图》隶书题款，还有其篆刻作品"隐峰"（图34）隶书边款，其隶书笔势圆劲、沉稳果敢，既不失汉碑的浑朴严整，同时又兼具清隶的典雅雍容。就其风格源流，既不乏《曹全碑》洒脱流丽，又有《衡方碑》《华山庙碑》和《孔庙碑》的雍容气度。

而从其《钟官图》题跋的书迹来看，马起凤所书"明神宗孝显皇帝所造银钱"数字，于磅礴壮严中凸显出雍容正大的庙堂气，给人如对高山、如仰大贤、如沐春风之感。这种审美意趣，既再现了清代隶书创作的主流与正脉，同时又彰显了其鲜明的人格精神与审美理念。如果我们对其三幅隶书作品整体观照的话，则不难发现，其结体方正，分布均匀，用笔平铺直叙，在淡化了波挑的同时，营造出明朗与率直的整体气息。这种单纯而不单调，笔简而意足，实则是其提纲挈领，以简驭繁的创作能力。如果我们将其与清代颇具创新的书家相比，那么其笔下的隶书，恰恰于温文尔雅中呈现出雅俗共赏的一面。而这种气息、气格与气象，正是其在品评何震篆刻时所秉承的"古雅"标准。事实上，如果我们将这一标准对其书作进行整体观照的话，那么不难发现，这种审美标准，正是他审美倾向与艺术自觉的自然流露。

从马起凤的边款创作来看，其边款得益于书法方面的成就。诸多边款，不仅能单刀刻款，同时又能在熟练驾驭双刀的同时，多角

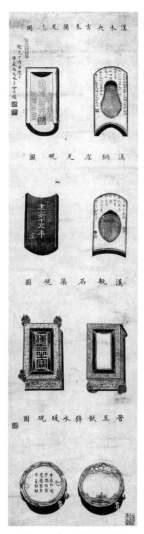

图33　《汉晋古宝》

图34
"隐峰"印

度表现行草和隶书的神韵。一般而言，一个成熟的篆刻家，往往会习惯于以一种典型面貌进行刻款。而多元化的刻款方式，往往会表现在两个层面：一是在典型的刻款方式尚未定型时而进行的多元探索。二是为了体现印款的多元风格而进行的自由选择，这是篆刻家综合素养的直接体现。而纵观马起凤多元化的边款创作，就其成熟度而言，其以诸体入款的创作实践，既是一种多元化的探索，又是其对明清名家印款广泛涉猎的结果。

尽管马起凤在书法创作方面取得了可圈可点的艺术成就，但我们不能蓄意拔高其创新精神。马起凤的书法创作，能在清代碑学蔚然成风之时不囿时风而恪守成法，其与清代诸多创新型书家相比，虽不具标新立异的创新精神，但在汲古承新中仍能不落窠臼，其以不变应万变的守成精神依然是值得肯定的。在篆刻创作中，马起凤在深受秦汉印风影响的同时，在对明人刀法的不断研习中，积极吸收浙派印人的刀法精髓，不能不说是一种革故鼎新之举。而纵观其篆刻成就，马氏能在吸收秦汉印章精髓的同时，于明清流派印中虽遍学各家，但又不为流派印风所囿，不仅入而能出，而且能将自己丰富的金石学养与印艺结合起来，将几百年来以烂铜印作为拟汉的唯一标准给予了一定程度的变革。而从其晚年的部分拟汉作品来看，可谓是从早期的绚烂之极而最终复归于晚年的平淡天真。

从马起凤早年对浙派印风的推重，到晚年对秦汉印风的追求情况来看，在篆刻创作方面，其广泛的交游势必会对其产生影响。以其畏友杨澥为例，杨氏精金石考据之学，早岁宗浙派，后研习秦汉印。而其晚年所作正书、隶书边款，得汉魏六朝碑刻遗意。而马起凤也同样是晚岁回归秦汉，以其光洁妍美的风姿，质朴平正的章法，在吸收浙派刀法同时，为其晚年的篆刻赋予了沉稳朴茂的魅力，无形中为后世印人的提供了一种多元探索的路径。

由于马起凤作品存世极少，而硕果仅存者也无异于凤毛麟角。而相关的辑录，也仅其所辑的《马傅岩集明清印谱》。而即使是这部印谱，也存在着诸多不容回避的问题。主要表现在以下几个方面：首先，该印谱编排时间前后错乱，不符合编排的时间逻辑。如该印谱16页和17页分别辑录了马氏30岁和45岁的创作，而在18页又辑录了32岁的创作。无独有偶，该谱20页编排了其62岁的作品，而在27页又编排了其48岁时的作品。古人辑录印谱，多表现为两种形式，其一是集中时间一次编排成型，其二是依照创作的时间进度顺延辑录。但无论哪一种形式，均有一个先后的时间顺序。另一方面，该谱所辑元明清诸贤印蜕，前后颠倒错乱，并未依照时间顺序加以辑录。

其次，部分印蜕显得极为草率，如开篇第一页即是张燕昌遗物"带钮生"印，该印蜕极不清晰，几乎不能释读。这与其他印蜕在钤盖质感上形成了鲜明对比。如果与印蜕与诸多印蜕相比，完全可以作为残次品弃之不用。但就目前所见，此印蜕附于开篇，难免有凑数之嫌。其实，就该谱所辑名人印蜕而言，文彭、何震、丁敬等人之作，完全可以置于前部，但有意思的是，诸多名贤印蜕不仅没有置于前部，而在整体编排上显得杂乱无章。另一方面，该印谱部分印面与边款尺寸极不协调，在尺寸上出现了印蜕大而边款小的现象，不合常规。如"此生惟愿十全为上""懒道士""志在山水诗酒""竹云阁"，以及"杭郡丁隐君书迹弟子燕昌谛审印记"等印，其印蜕尺寸明显比边款尺寸大出许多。究其原因，这是由于在边款拓制过程中，连史纸的自然收缩，会不同程度地导致边款尺寸略小于印蜕尺寸，但还至于小出惊人的比例。而个中原因，尚待考证。

再次，该印谱最后部分辑录了六舟的三枚砖砚款文，三面款文侧边三分之一处均有斜形豁口。虽然我们未能一睹该砚风貌，但通过三面款文的豁口进行对应，可知该砚上部应有一个"井"字形装饰边槽，如果我们将边槽对应的话，那么会发现明显少了一面款文。而从目前的款文内容来看，其内容因缺少连贯性而文义不通。究其原因，此砖砚应当是四枚款文，而目前应是缺失了其中一侧款文，而这枚可能遗失的款文，很可能是关联目前三侧款文的重要材料。

最后，我们从该印谱的封签题写时间进行考察，该封签由名为"伯高"的人题写，而此人暂时无考。但此封签颇可玩味的是，其落款时间为"卅四年一月"。如果我们从马起凤的生平加以梳理的话，马起凤生于嘉庆五年（1800），卒于同治元年（1862）。清代皇帝自乾隆以下，在位超过30年者，仅有清德宗光绪帝在位34年。那么其落款时间为"卅四年一月"，也就是光绪三十四年（1908）。这一年，距离马起凤仙去已46年。也是从这个意义上来看，笔者以为，国家图书馆现存《马傅岩集明清印谱》，是后人在拾遗补缺中随机收集和编排的半部残谱。

四、结语

在生生不息的华夏民族艺术中，全形拓融审美表现与学术道问于一体，犹如一枝耀眼的奇葩，发轫于清季，流衍于民国，两百年间几经沉浮。在金石学大兴的时代背景下，马起凤及其交游群体，在传拓、交流、庋藏、辑录与鉴赏活动中，跨越了职业与年龄，或就金石辑录，或就传拓交流，在直接或间接交集中始终保持着相互影响、借鉴与资取的关系。

作为全形拓的肇创者，马起凤既是一位出色的传拓艺人，又是一位成就显著的诗人、书家和印人。由于其诸多自用印多散布于题跋和拓片中，而钤盖的匆忙与漫不经意，在某种程度上会致使其印文失去了原有的状态，很难再现其应有的精神风貌，而即使在这样的情况下，其诸多印作仍不失为上乘水准。由于其作品大多散佚，而是否可能存在相关著述也未可知，今天呈现于我们眼前的，也不过是冰山一角。回望波诡云谲的清国史，战乱和灾难频发，消解与重建共举，破除同创造并行，在江河日下的时代际遇中，马起凤作为一位寂寂无闻的民间艺人，其一生的经历，既是民间文人生活状态的真实写照，又再现了民间艺术活动的一个侧影。

中国篆刻的发展，是一条生生不息的生命链条，在这个体系的建构中，既有闻名遐迩的艺坛巨擘，也有默默无闻的民间刻手，是他们共同构筑了篆刻艺术的广阔世界。我们不能割裂历史，也不能割裂艺术，只有将它们作为一个密不可分的整体来梳理、观察和剖析，今天的理论研究才显得丰富而完整。也是在这个意义上，本文以马起凤的交游为视角，深入分析与梳理其篆刻创作和辑录活动，重估其应有的学术价值，就显得特别富有现实意义。

（作者系中国书法家协会会员、商丘师范学院副教授、离退处党委副书记）

民国时期北京金石篆刻社团的收藏流通与传承

李阳洪　王　伟

内容提要： 清末民国时期，金石收藏之风盛行北京，出现了考古学社、冰社、圆台印社等金石篆刻社团。社团中收藏家人数甚多，藏品种类丰富，或以定期集会的方式组织、联系社员，或通过报刊让社员进行交流，或借助社团内外的藏品辑录成册，带动了社员间的相互研讨、借鉴，促进了社员对金石的认识，研究和纂著。通过讲授金石篆刻学、传拓技术的师徒承袭、书画市场的润例、金石书画报刊登录藏品广告等方式，实现了藏品与篆刻作品的流通、金石篆刻学的传承，同时彰显了民国时期北京金石篆刻社团的现代性质。

关键词： 民国　北京　金石篆刻社团　收藏

近代社会变革中，志于政治改革的革命社团开启了现代社团的先声，科学、教育、文化和艺术社团随后也如雨后春笋般地成长起来。就北京地区，从晚清转向民国时期，金石篆刻社团主要有考古学社、冰社、圆台印社等，这些社团通过社员收藏的金石篆刻文献，对其进行研究、刊行和交流探讨，促进了金石、篆刻学在旧京的发展。

一、民国北京金石篆刻社团建立

（一）考古学社

中国考古学溯其渊源，可以追至宋代以来的金石学。直至近代，金石研究仍然是中国考古的一个重要领域。北京地区的现代金石学研究社团，是重要的传播阵地。

1934年6月由燕京大学容庚（1894—1983）与徐中舒（1898—1991）、董作宾（1895—1963）、顾廷龙（1904—1998）、邵子风（1903—？）、商承祚（1902—1991）、王辰（1908—1936）、周一良（1913—2001）、容肇祖（1897—1994）、张荫麟（1905—1942）、郑师许（1897—1952）、孙海波（1911—1972）等发起金石学会。9月1日在北平大美餐馆开成立大会，会员到者35人，原来的"金石学会"名称改为"考古学社"，票选容庚、徐中舒（1898—1991）、刘节（1901—1977），唐兰（1901—1979），魏建功（1901—1980）5人为执行委员，主要负责修订社章，编辑社刊《考古》，并定于12月出版社刊。[1]

---

[1]　容庚：《记考古学社》，《东方杂志》，1934年第1期。

学社于1937年停办，4年间社员共分3期，第一期就有58人，3期社员（含中途退会者）人数共152人。[1]包括江苏、浙江、河南、安徽、河北、湖北、广东、湖南、辽宁、山东、云南、福建、江西13省，外国社员2人（英国与加拿大各1）。北京学界的学者仍然占据绝大多数，尤以服务于燕京大学的学者群作为整个学社的基本力量所在。就燕京大学的组成进行分析，与容庚有师生之谊、同门师属的不在少数，如邵子风、孙海波、周一良皆曾为容氏的学生。博物馆、图书馆等机构也有学者参与学社，他们所在的单位如上海博物馆、河南博物馆、南通图书馆、山东省立图书馆等有着丰富文物资源，对于社内交流也起到了非常重要的作用。考古学社为社员提供了重要的平台，是当时影响很大的金石与考古社团。

"社之任务不过为社员互通消息之一机关"，[2]考古学社主要通过社刊联系会员，并刊行其文章。社刊32开小本，第1期56面，第2期78面，第3期开始增至250余面，开始记录多篇论文。社团研究运用现代科学研究方法，"整理"使"国故""国学"出现了创新的论文内容。罗振玉（1866—1940）、容庚、于省吾（1896—1984）、郑师许、柯昌泗（1899—1952）、唐兰、商承祚等都发表了重要的论文。学社还出版了考古专辑、考古丛书甲编二种、乙编四种。这些著作都成为后来历史学、考古学、金石学、艺术学等领域内的重要著作和参考资料。

（二）冰社

20世纪20年代，北京的金石篆刻社团以冰社最为活跃。社名来自"冰，水为之，而寒于水"（《荀子·劝学》）。社团成立于为1921年，社址设在琉璃厂路北五十四号的周康元（1891—1961）的古光阁后院。以"发扬国粹，开展学术研究"为该社的宗旨。至年底，冰社共发展社员41人。[3]

社长由易大庵[4]担任。副社长为齐宗康（1875—1962）、周康元，秘书为孙壮（1879—1943）、柯昌泗。这几位在当时北京的金石圈内，具有重要的影响。易大庵曾加入海上题襟馆，1918年与李尹桑（1882—1945）、邓尔雅（1883—1954）、简经纶（1888—1950）等发起了广州的濠上印社。周康元精于器物传拓，是民国全形拓的推动者，对古器物深有研究。齐宗康是京剧理论家，北京国剧陈列馆馆长。孙壮是北京商务印书馆经理，中国营造学社校理，文物收藏家。青铜研究专家柯昌泗是史学家柯劭忞（1848—1933）长子，毕业于国立北京大学文科，著名碑版研究专家。几人均为金石、收藏研究的专业人士。社团主要成员有罗振玉、姚茫父（1876—1930）、陈宝琛（1848—1935）、冯恕（1867—1948）、溥伦（1874—1927）、徐鸿宝（1881—1971）、梅兰芳（1894—1961）、尚小云（1900—1976）刘毓瑶、启功（1912—2005）[5]等。

---

[1] 考古学社1934年第一期社员58人，包括孙壮、徐森玉、明义士、黄仲琴、杨树达、胡鸣盛、容庚、于省吾、董作宾、常惠、郑师许、柯昌泗、唐兰、徐中舒、容肇祖、刘节、魏建功、商承祚、邵子风、容媛、梁思永、罗君惕、顾廷龙、张荫麟、孙海波、柯昌济。其中诸多人曾参加了上述冰社等社团。

[2] 容庚：《考古学社之成立及愿望》，《考古》1934年第1期，第7页。

[3] 史树青、傅大卣：《冰社小记》，参见史树青著：《书画鉴真》，北京燕山出版社2009年版，第402页。

[4] 易大庵（1874—1941），原名廷熹，后改名孺，字季馥、季复，号大庵、大厂等，广东鹤山人。早岁入庠，肄业广雅书院，中年东渡日本习师范，曾任孙中山秘书，岭南知名篆刻家，曾受黄士陵教益。

[5] 刘廼中：《回忆启功先生》，参见北京画院编：《逸笔遗珍·启功书画精品集》，广西美术出版社2015年版，第187页。刘毓瑶，字贡扬，天津杨柳青人，为清末金石书法家，毕业于清京师大学堂，生平喜金石碑版文字，擅书法，尤工篆书，书法篆刻均享盛名，常与齐白石交往。

由于社员大多在北京，社章约定星期六、星期日聚会，参会者"各携所藏金石文物到会，考释文字，鉴定年代，以收切磋琢磨之效。并互通学术信息，互赠拓片，开展学术交流"。[1]通过金石与文字研究、探讨、交流、传播，社员们借此加深学习。在这样的氛围中，进行了金石文字的撰著，在社内产生了很多传至后世的著作。社员们所藏的青铜器，汉、魏石经残字亦由冰社辑拓成书。其他如甲骨、陶器、砖瓦、玺印、封泥、货币等也都有拓片流传，并售卖到海内外各地，影响很大。另外，冰社社员多数对书画篆刻均有所涉猎，除了收藏书画印章，以篆刻名家者甚众，如易大庵、周康元、丁佛言（1878—1931）、陈半丁（1876—1970）、寿玺（1885—1950）、罗惇曧（1872—1924）、马衡（1881—1955）、柯昌泗、陶祖光（1882—1956）、林白水（1874—1926）等。冰社篆刻家治印众多，且结集出版，同样影响甚大。此时北方篆刻之学，风气蔚然，可与南方西泠印社媲美。

（三）圆台印社

北伐战争时期，1928年，北京学者有沈兼士（1887—1947）、陈垣（1880—1971）、马衡、刘半农（1891—1934）、徐森玉（1881—1971）、周肇祥（1886—1954）、台静农（1903—1990）、常维均（1894—1985）、庄慕陵（1900前后—1980）等成立了"文物维护会"。"新兴的文物机关是古物保管委员会。此有总会与北平分会，但均设于团城之内。总会主任委员是张溥泉，分会主任委员是马叔平先生……平时异常清闲，职员们到会划到之后，或静赏团城风景之美，或组织圆坛印社而致力于刻印，亦盛事也。"[2]庄慕陵是古物保管委员会秘书，在北海琼华岛脚下、北海南门左边的团城住，邀请了王禔（1880—1960）、马衡两位金石大家为印社导师，在团城成立了印社。社员5人：庄慕陵、常维钧、台静农、魏建功、金仲坚（1908—1998）。"开社之日，马先生认为'团城'原是俗称，所谓'城'即是'台'，因定名为'圆台印社'，半农又误'台'为'坛'。马先生当场刻一秦玺式的'圆台印社'，权作'关防'。王福庵先生为了示范，也刻了一方。"[3]原期望每周雅集，切磋篆刻，事实上仅集会过一次，便成为绝响。随后马衡出任第二任西泠印社社长。相对来说，没有社长，没有社章，不太具有严格的现代社团性质。

二、北京社团金石与印学文献收藏

清末民国，金石收藏之风在北京地区非常盛行。除了特别有影响的大收藏家，如端方（1861—1911）、张之洞（1837—1909）、潘祖荫（1830—1890）、翁同龢（1830—1904）等，一般的官员士绅、行业领袖、文化教育系统学者甚至普通政府公务人员都收有金石书画。罗振玉提倡的"古器物学"，即是建立在社会广泛的收藏各种具有历史、文物价值的器物的基础上，使研究对象既有传统意义上的吉金器皿、铭文、石刻文字，又有新的文物不断涌现，如甲骨文、简牍、钱币、封泥等。

民国北京的金石书画社团中有很多的收藏家。冰社所在的社址，周康元的古光阁是一家收藏、

[1] 史树青、傅大卣：《冰社小记》，史树青著：《书画鉴真》，北京燕山出版社2009年版，第402页。

[2] 刘半农：《北旧》，《刘半农文选》，人民文学出版社1986年版，第214页。

[3] 台静农：《记"文物保护会"与"圆台印社"》，《龙坡杂文》，生活·读书·新知三联书店2002年版，第91页。

经营金石书画的机构，往来的多是收藏家。冰社简章规定的"参加社集者，各携所藏或新得金石文物到会""互赠拓本"，[1] 就是给收藏家们提供相互交流切磋的机会。社团内各个行业的精英都非常着意收藏，如中国近代著名古文字学家、金石学家罗振玉、容庚、商承祚等，宣统帝溥仪的老师陈宝琛，清宗室贝子溥伦，史学家、金石学家柯昌泗，金石学家、故宫博物院院长马衡，北京商务印书馆经理、收藏家、金石学家孙壮等都有着不少的青铜收藏，藏书家、文物收藏家冯恕藏有古玉、石屏、砚等多件，图书上万册。金石、学家容庚抗战前已藏青铜器173件，所费心血颇多："力所能购，间取一二；金有所不足，或舍旧而求新。"[2] 冰社秘书柯昌泗、孙壮多方努力，将社员的古器物藏品进行传拓整理，先后成集的包括：罗振玉所藏42件，陈宝琛69件，冯恕24件，孙壮72件，溥伦76件古器物。此外其他社员的收藏门类众多，如甲骨、陶器、砖瓦、玺印等，都会在社内进行交流，为研究、学习和著述提供了丰富的资料，促进了民国金石、文字学、美术学、考古学的发展。

冯恕收藏甚丰，1927至1929年藏135件青铜器，有钟、鼎、鬲、彝、簋、尊、壶、卣等，他将这些青铜器铭文以及自己的题跋，刻在132方大小各异的歙砚、端砚上，铭文达8629字，即著名的"金文砚"。砚是文人书法必备的文房四宝之一，浑厚高古的青铜器铭文特别适合刻在石头上，如天津收藏家徐世昌（1855—1939）也收藏了金文砚，徐世襄（1886—1941）藏有石鼓文砚等。冯恕后传拓、辑录成《冯氏金文研谱》，李经畲（1858—1935）为其题名，前有宋伯鲁（1854—1932）、冯汝珍、孙壮、柯劭忞、叶恭绰（1881—1968）等作序，后有柯昌泗作跋。当时亦有人题词称赞："先生此谱开著录之别裁，定鉴别之标准。"[3]

另一社员林白水（1874—1926）也收藏砚，尤其酷爱一方古砚"生春红"，高14.2厘米，宽9.4厘米，厚1.7厘米。其来有自清代乾隆年间"十砚老人"黄莘田（黄任）旧藏。他在砚背刻下了一段跋："余在端州日，室人蓄此砚，戏名：'生春红。'盖取东坡'小窗书幌相妩媚，令君晓梦生春红'之句，室人摩挲不去手。迨来砚匣尘封，视砚尚墨沈津津欲滴也。而人逝已兼旬矣，悲何可言。因镌以诗云：'端江共汝买归舟，翠羽明珠汝不收。只裹生春红一片，至今墨沈泪交流。'"黄莘田的后人正是林白水外祖父。1925年林白水得到此砚时，此砚已180余年，极为珍爱，以其名斋，他将《社会日报》副刊命名为《生春红》，该刊提倡风雅，专门登金石研究、艺术探索相关文章，用文言文来写作。[4]

文物收藏本就是风雅之事，收藏家能借此在社团内广泛交流，也能获取知识、受到历史、文化熏陶。他们珍视自己的重要藏品，并爱屋及乌，如冯恕制作了130多方珍贵的砚台，而林白水则开辟了一个研究金石字、推广书画的重要平台，为社会贡献了新的文化资源。无论是冰社以定期集会的方式组织、联系社员，还是考古学社以考古社刊的方式让社员进行交流，都带动了社员之间的相互研讨、借鉴。借助社团内部的藏品交流，辑录成册传播，不仅增加了社员对金石的认识，也促进了社员对此的深入研究。这种研究，可以从对藏品的历史、文化、文字问题的一个题记开始进行。

---

[1] 史树青、傅大卣：《冰社小记》，史树青著：《书画鉴真》，北京燕山出版社2009年版，第402页。

[2] 容庚：《颂斋吉金图录·序》，燕京大学考古学社1933年版。

[3] 刘季人：《冯公度二三事》，《旧京人物与风情》，北京燕山出版社1996年版，第83页。

[4] 林慰君著：《我的父亲林白水》，时事出版社1989年版，第67页。

如孙壮将武进蒋氏藏的一件器物图像发表于报刊，以题跋对铭文进行字形推测："铭作重屋羊首形，在器内，《诗·召南》：'维锜及釜。'注：'有足曰锜，无足曰釜。'《说文》：'江淮之间谓釜曰锜。'《集韵韵会》语：'锜切。并音蚁，故定名曰锜。'（案，首一字象器形，有盖。《捃古录》有彝爵铭，与此同。）许印林说，上一字疑是'祖'字，第二字释作'甲'。予以为首一字似庙形，作畬，次字为𡉄，合为畬字，转而为'享'字。姑识之以俟高明。北平孙壮记。"[1] 孙壮对许氏的说法进行重新思考，结合字形得出自己的结论——对不能识读的铭文，很难下绝对准确的判断，常出现在古文字学研究过程——借助报刊，给未来的研究留下了资料和思路。孙壮也曾在一张铭文为"史"的青铜鼎拓片上题跋，记录了该鼎出土于安阳。后来此拓片收藏于中国社会科学院考古所。《殷周金文集成》收入此物，将其定为殷代文物。有记录的史族铜器99件，此鼎出土地点便是源于孙壮对其的记录。[2]可见这样的收藏、研究、题跋记录的重要意义。民国北京社团的金石研究，最具学术性的还是考古学社。社刊共发行6期，第3期以后就以论文为主，内容主要是金石文字研究，也涉及历史、书画、目录等领域。社团提供了的资料，创造了学习和交流的条件，促成了社员们研究成果的产生，也逐渐养成了更加严谨的学术态度和科学的研究方法。

三、金石篆刻藏品、作品的交流与传承

社团内部组织集会，为社员交流金石书画作品、藏品提供了平台。冰社有定期的集会活动。冰社"社友同居北京，且各有收藏，社章规定每星期六及星期日为聚会之期"，除了"考释文字、鉴别年代"的研究，还"互通学术消息，互增拓本、书报，开展学术交流。其中最有意义而对后世古文字学研究影响最大者，即金石拓本的广泛流布"。[3]聚会中的交流、拓片交换，进行金石文物考释文字、鉴别年代的活动，也是一种相互学习的传承活动。考古学社发起的初衷，"社之任务不过为社员互通消息之一机关"，[4]"在联络同志，印行几部同志们所作的书而已"。[5]《考古学社简章》规定："本社以我国古器物学之研究、纂辑，及其重要材料之流通为主旨。"[6]所以，社团内材料流通、互通消息、辑录刊行出版，是非常重要的几项工作。考古学社、湖社画会通过《考古》《湖社月刊》等社刊，刊发书面的论文、题跋、报道、感想文字和金石书画图片等，让社员和读者们进行交流、传播和学习。就学术研究而言，"学术的发表行为使现代学者从事研究的过程产生了根本变异，改变了学者获取信息及其撰述的方式。大部分学者的论著，皆先揭橥报刊上，其后或经修补增删，收入文集再出版。而且，学人们在广泛披览报刊之后，就进入一个与并世学者发生紧密互动的交流空间"。[7]这几乎能让每一个研究相关领域的学者都受到不同程度的影响，并在这种交

[1] 《周锜》，《艺林旬刊》1928年第16期，第2页。

[2] 何景成著：《商周青铜器族氏铭文研究》，齐鲁书社2009年版，第149页。

[3] 史树青、傅大卣：《冰社小记》，参见史树青著：《书画鉴真》，北京燕山出版社2009年版，第402页。

[4] 容庚：《考古学社之成立及愿望》，《考古》1934年第1期，第7页。

[5] 刘节：《考古学社之使命》，《考古》1935年第2期，第7页。

[6] 《考古学社简章》，《考古》1934年第1期。

[7] 王建伟：《专业期刊与民国新史学——以二三十年代学术的发表行为为中心》，《福建论坛（人文社会科学版）》，2007第10期。

流中逐渐形成、修正自己的观点，从而产生新的学术论著。冰社林白水办《社会日报》，并开辟出副刊《生春红》，该刊以其收藏的砚台题名，"专以提倡风雅，导扬文化，发挥艺术为宗旨"。[1]每三日发刊，发表诗词、对联和金石一类的佳作，用文言文来写作。[2]这成为冰社的阵地之一。1926年，容庚也选取了一些当时新出版的，或者少见的金石著作进行评述，在《生春红》发表。[3]这些都形成了对于金石文献与藏品的交流风气。

冰社成立时马衡正在北大任教，寿玺在北京大学、北平国立艺专讲授金石学。[4]寿石工还专门制定了《篆刻学讲义》（分12个部分，包括历代印人、技法、品评等）和《书学讲义》（阐释书法的历史和各种书体）。其他社员的著作也在交流、学习中完成，如丁佛言觉得《说文古籀补》有缺失，在社友姚华、柯昌泗的协助下，运用身边的新资料、金文、陶文、玺印等，编纂了《说文古籀补补》。柯昌泗《山左访碑录校补》、陶祖光《翔鸾阁金石文字考释》等也都部分得益于社团的资料和交流。篆刻家金仲坚没有受过正规的学堂教育，私从冰社的马衡学习金石文字学，后来加入圆台印社，一生以刻印为生，有《金曼叔印存》传世。金石、篆刻社团，吸引了诸多同道进行学习与传承，在不同的学术领域都做出了重要贡献。

社团对于金石尤其是青铜器的传拓技术，也进行了师徒相授的传承。冰社副社长周康元是古器物传拓专家，创新全形拓技术，成就之高，被看作集大成者，[5]被称为"周拓""20世纪全形拓的第一大家"。[6]他参用西洋透视技法，拓出器物全形，拓片具有很强立体感，比例合理，用墨讲究，匀净苍润。金石学、文字学家陈邦怀（1897—1986）对其评价极高。[7]而周康元之所以能用准确的透视进行全形拓的制作，也得益于他1915年专门到绘画社团——画法研究会学习西方的焦点透视画法，该社团的绘画教育非常专业，为他日后的成就奠定了非常好的基础。成为传拓专家后，他也收了不少学生，有韩醒华、郝葆初、萧寿田、宋九印、马振德、傅大卣（1911—1994）等。傅大卣在冰社当学徒时，受到了冰社社员集会探究、学术交流的熏陶，掌握了有关历史、文物、文字等各方面的学问。周康元曾手拓故宫武英殿、宝蕴楼及罗振玉（雪堂）、孙壮（雪园）等所藏铜器，尤其陈宝琛所藏青铜器，多以六吉棉连纸淡墨全形精拓，成书《澂秋馆吉金图》出版后影响很大。傅大卣都有机会亲见这些古器物。1934年徐世章（1889—1984）编撰砚谱，请周康元为其所藏古砚做拓片，当时助手就是傅大卣，二人在徐家一起工作了很长时间。[8]傅大卣正是在冰社浓厚的金石研究、传拓工作的氛围中，成长为非常优秀的古物传拓专家。

---

[1] 《生春红》，1925年7月3日。

[2] 林慰君：《我的父亲林白水》，1925年7月3日。

[3] 张振林《容庚先生的学术成就和治学方法——为纪念容庚先生诞生九十周年而作》，东莞县政协文史组编：《东莞文史资料选辑》，1984年第4期，第24页。

[4] 李颖林、李洪啸编：《寿石工印存》序，中国书店出版社2002年版。

[5] 史树青：《悼念周希丁先生》，《文物》1962年第3期，第60页。

[6] 桑椹：《全形拓之传承与流变》，《紫禁城》2006年第5期。

[7] 史树青：《悼念周希丁先生》，《文物》1962年第3期，第60页。陈邦怀评价周康元全形拓："审其向背，辨其阴阳，以定墨气之浅深；观其远近，准其尺度，以符算理之吻合。君所拓者，器之立体也，非平面也，前此所未有也。"

[8] 徐绪玲：《记先父徐世章先生二三事》，中国人民政治协商会议天津市委员会文史资料委员会编：《天津文史资料选辑》，天津人民出版社，1996年第4辑（总第72辑），第83页。转自邹典飞：《浅析冰社副社长周康元的篆刻艺术成就》，《西泠印社当代篆刻学术研讨会论文集》，西泠印社出版社2015年版，第407页。

　　但社团毕竟是民间组织，除了微薄的会费，并没有固定的经费支撑社团的活动、发展和刊物出版。考古学社后期的社刊出版，部分由社员个人赞助印刷。林白水的报纸也因财政困窘，感觉难以为继、力不从心："不自量度，却以匹夫笔舌之力，为社会挽回风气，为士君子维持廉耻，其结果则到处暗礁。"[1]"资历所扼，发展无望，愧对读者。今则并此不死不活之状态，犹虽维持，一切环境，警吏、侦探、印刷、艺人、纸店掌柜均可随意压迫，催其生命，避免无术。"因此，他在《生春红》上刊登《林白水卖文字办报》，叙述其艰难，列出了榜书、堂幅、单条、横幅、扇面、册页碑志、题端署检的润例，也接墨盒、茶壶、漆琴、石砚、镇纸、扇骨等小件的题写，意欲请社会各界人士支持。"上列各种限于篆体，承嘱托，临摹钟鼎，如毛盂、散智各文每篇五十元，石鼓、峄山、琅玡、碣石下至城隍谦卦等。"[2]通过制定润格，吸取多方支持、实现刊物出版等，不失为一条可行之路。冰社所在的古光阁，本就是书画售卖的文物店，代书画家订润格。社长易孺，曾在报上为多位朋友共同制定书法、篆刻润例。[3]胡佩衡（1892—1962）在《艺文杂志》订了山水画润格，住址写的北平，收件则在上海。[4]抗战期间，学者们生存状况恶劣，容

　　[1]　林白水：《时事昨闻》，参见林伟功：《林白水文集》，福建省历史名人研究会林白水分会2006年版，第520页。

　　[2]　《林白水卖文字办报》，《生春红》，1926年4月3日第89号。全文：仆从事新闻，已逾三十载，硁硁自守，不敢以个人私便之故，累及神圣之职业，海内知友，类能见信。社会日报自出世以迄今日，已满五年。耗自己之心血，不知几斗；糜朋友之金钱，不知岁万。艰难缔造，为社会留此公共言论机关，为平民作一发抒意见代表，触忌讳，冒艰险，所不敢辞。然为资历所扼，发展无望，愧对读者。今则并此不死不活之状态，犹虽维持，一切环境，警吏、侦探、印刷、艺人、纸店掌柜均可随意压迫，催其生命，避免无术。如陷重围，揶揄之鬼载途，将伯之呼不应，计不得已，惟有出卖其自以为能之文与字，藉资全活。海内读吾，报与表同情者，或能不吝援助，俾得共保此公共言论机关。则靡惟区区私人之感性已也，文列字例，订如左方。

　　序跋：每篇由十二元至三十元；传记：每篇由五十元至百元；碑铭：每篇由二十元至百元。说帖条陈：每千字五元，不满千字以千字计；楹联：每副由四元至十元；状启：每篇由五元至十元；寿文：每篇至少百元。上列各类，限于散体文。视其内容性质轻重大小，以定价目之多寡，故只能略示范围，不能详列数目。

　　榜书：每字二元，纵横一尺以上者倍之。对联：每副由四元，五尺以上每尺加一元。堂幅：四尺六元，五尺八元，六尺十元，按尺计算。单条：每条四元，四尺以上每尺加一元。横幅：视单条。屏条：每条两元。扇面：每面二元，泥金倍之。册页碑志：另议；题端署检：每字五角。墨盒、茶壶、漆琴、石砚、镇纸、扇骨，每件两元。

　　上列各种限于篆体如承嘱托，临摹钟鼎，如毛盂、散智各文每篇五十元，石鼓、峄山、琅玡碣石下至城隍谦卦等。画格小篆加倍。以上两例，对于学界暨以八折计算。

　　[3]　《易大厂篆刻书画直例》，《金石书画》，1925年11月15日。全文:老友大安居士慧根绩学，连年南北竭来，朋从既众，闻见日多于玉石书画孟晋深造，令人惊异。迩日京国倦游，栖息海上，编述之暇，贡其艺术。吾人为分订其直于次。篆刻例：石章，每字二元，过大过小加倍。来文边款，每次二角，恶石不作。造像碑诏，及他种雕刻，均面议。晶玉、骨角、竹木、牙铜等，均不做。书例：榜书，每尺四元，按尺加倍。楹联，三四五尺每副四元，六尺以上按尺递加。堂幅，整纸四尺八元，五尺十元，六尺以上按尺递加。单条，四尺四元，五尺五元，六尺以上按尺递加。折扇三元，执扇二元，册页二元。横幅照单条，篆隶及其他面议，恶纸不书。画例：画佛照书例三倍，山水照书例四倍。花卉不画，恶纸不画。篆刻书画一概随封加一，先润，约期取件。甘璧生、严直方、王璧齐、邓秋收待订。

　　[4]　《胡佩衡墨笔山水润例》，《艺文》1936年第1卷，第5期，第101页。全文：堂幅：八尺百廿元，六尺八十元，五尺六十元，四尺四十元，三尺三十元，二尺半二十四元，二尺二十元，不及过尺者，以足尺论横同。条屏：对裁单条照堂幅例六折，四条以上成堂者，每条照堂幅例减半，长三尺，宽一尺，每条二十元。横画照手卷例算（四尺屏一尺三，尺屏宽八寸二尺，屏宽五寸，宽者酌加。）册页：方尺以内者，每开十四元，若八开以上成册者，每开十二元，过尺递加，极小而细笔者同。手卷，高在一尺以内，每尺十二元，三尺起算；扇面，每面十二元，过大者倍之；花卉，照山水例六折，浅绛加一，青绿金笺、工细均倍，临古点品及例外者另议。润资先惠，随封加一，立索。劣纸，油扇均不应。丙子清明节重订。寓北平西四牌楼后毛家湾二十七号，电话：西局一七五四，收件处：上海杂志公司代定部。

庚也曾制定书法篆刻润例《颂斋鬻书约》，收取笔墨之资。其篆"刻印每石二十元，四字以上加倍，印石方不及五分不刻。先润后墨，随封加一。十日取件"。[1]此后不久，《容庚北平日记》记容氏刻"黄鉴长寿"一印得润笔十八元，略有差异。鬻书鬻画在古代是文人不屑之事，但近代随着经济、书画市场的发展，这种通过刊出润格收取书画、篆刻的劳动报酬，逐渐也成为情理之中的事情。

《生春红》这样的金石书画报刊，为了沟通书画家和购物者，同样也刊登金石书画润例，发布了《招登书画润例广告》："本副刊系提倡风雅之作，故购阅者多属文艺界之人士，京师人文渊薮，擅长八法、精究丹青者，平时苦无披露作品机关，而求书求画者，亦往往问津无自，兹为便利供求两方起见，凡以书画润例托登者，本刊一律欢迎，并照寻常刊费，克外减让。其有以买卖碑帖书籍文玩，及旧字画之广告托登者，亦概从廉价。区区导扬文化，尊重艺术之苦心，幸赐鉴察，此启。"[2]书画润例托登者，收取刊登费，这也是报刊收入的来源。也确实有金石藏家刊广告，进行售卖："毗陵吴氏花曼寿以所藏隋唐志十余种，为艺林珍品拓本，素未流传。兹精拓数十分，以供同好，售罄即止。印有详单函索即寄，如每日上午径至参谋部后草岚子二号吴宅购取，照价八折，或愿以相当书画文玩交换者，商量再定。"[3]

四、结语

民国时期北京地区的各金石、印学社团，将传统文人集会和交往逐渐转换成了现代社团的形式，社团章程的规定以及刊物的出版，规模地将金石、印学文献进行收藏、研究、交流与传播，以上这些行为，都一定程度加快了金石篆刻作品的流通，促进了现代意义上学术刊物的出现。金石、印学文献的收藏和研究是社团发展的基础，社团集会的藏品与作品交流、社团内外的授课、师徒传授的传拓技艺与篆刻技法承袭等始终贯穿社团发展，推动了社团的传承、壮大，同时也是社团现代发展的重要特征之一。

（国家社科基金后期资助项目20FYSB031阶段性成果）

---

[1] 《颂斋鬻书约》共一页，未刊稿本，转自方孝坤《容庚的学术贡献及书法成就蠡谈》，《大观》（收藏），2019年第3期，第102—103页。全文：余少从舅氏邓尔雅先生习篆刻。北游北平，任教大学垂二十年。虽未习唐宋行狎之书，差幸识商周古文之字。亲友委书堆积几案，书之则自以为苦，不书则人以为傲，依违两者之间。战争频年，朔饥欲死，支笔锭墨中人之产，不有所取，其何以堪。五十之年，倏忽已至，爰定润例以当画饼，苟能疗饥固所欣然，若其不能亦节劳勚，并世同志幸毋讥焉。

[2] 《招登书画润例广告》，《社会日报》副刊《生春红》，1926年4月3日第89号。

[3] 《家藏贞石精拓出售》，《社会日报》副刊《生春红》，1926年4月3日第89号。

附录1 民国金石篆刻社团表

社团名称	创办时间	社团宗旨	创办刊物	主要负责人	社团地址	备注
西泠印社	1904	保存金石、研究印学		唐醉石、丁辅之、王福庵、吴石潜、叶品三等人发起，社长由吴昌硕担任	浙江杭州西湖孤山	定期集会，切磋印艺；保存文物，集藏印学资料；出版印谱及印学著作和开展对外交流活动。
乐石社	1916			经亨颐、夏丏尊、李叔同发起，李叔同任社长	浙江杭州浙江省立第一师范学校	社员是校内师生，其中骨干：丰子恺、吴梦非、潘天寿、刘质平、黄寄慈、马一浮、张宗祥等。
遁社	1917			马光楣	江苏昆山	
追社	1917		《追社印存》	王世黩		
海上印学社	1918	研究印学		易大厂、李尹桑发起，易大厂任社长	上海	主要社员有邓散木，宣哲、黄宾虹等。
濠上印学社	1918			邓尔雅、易大厂、李尹桑	广东广州	
三余印学社	1920			邓尔雅、李研山	广东广州	
冰社	1921			易孺为社长，周康元为副社长，孙壮、柯昌泗为秘书长	北京琉璃厂54号	
东池印社	1924			黎泽泰	湖南长沙	
圆台印社	1932			庄严、马衡、台静农、王褆、魏建功、金仲坚等	北京团城	
天南金石社	1934			李泽甫发起，兼任社长	广州禺山	每逢周日举行一次社员例会，互相观赏，共相研讨。1938年李泽甫赴去云南滇缅铁路任职，"天南金石社"也因此停止活动。
宣和印社	1935			方节庵	上海	以经营出版为主，其出版业对民国的印学研究、印谱出版贡献极大。

（续表）

社团名称	创办时间	社团宗旨	创办刊物	主要负责人	社团地址	备注
巴社	1940		《巴社印选》	朱景源、徐文镜、陈敬先、黄笑芸、高月秋、曾绍杰、蒋维裕、谢梅奴	重庆	
天目印社	1943			张凤	天目山	张凤、吴耀华、许明农、庞沛人等，张凤撰有《天目印人传》《昌化石研究》等。
龙渊印社	1945		《龙渊印社社刊》	金维坚发起组织，余任天主持社务	浙江杭州	会员余任天、金石寿、潘臣青、毕茂霖等，印社每月雅集数次。
之江大学中学部金石书法研究社					浙江杭州	
蕙兰中学蕙兰篆刻研究社					浙江杭州	

附录2　民国北京社团金石篆刻文献辑录一览表（冰社、考古学社）

著作名称	作者	出版单位	出版时间
《古石刻拾零》	容庚	（影印本）	1934
《楚器图释》	刘节	北平图书馆影印本	1933
《海外金石图录》	容庚	（影印本）	1935
《汉代圹砖集录》	王振铎	（石印本）	1935
《续殷文存》	王辰	（石印本）	1935
《十二家吉金图录》	商承祚	金陵大学影印本	1934
《殷契卜辞》	容庚、瞿润缗	燕京大学石印本	1933
《颂斋吉金图录》	容庚	（影印本）	1933
《双剑誃吉金图录》	于省吾	（影印本）	1934
《殷契佚存》	商承祚	金陵大学影印本	1933
《善斋彝器图录》	容庚	哈佛燕京学社	1936

（续表）

著作名称	作者	出版单位	出版时间
《二王墨影》	容庚	（影印本）	1936
《汉武梁祠画像录》	容庚	（石印本）	1936
《颂斋书画录》	容庚	燕京大学考古学社	1936
《伏庐书画录》	容庚	燕京大学考古学社	1936
《魏三字石经集录》	孙海波、张瑄	（石印本）	1937
《善斋彝器图录》	容庚	哈佛燕京学社	1936
《甲骨文编》	孙海波	燕京大学影印本	1934
《历代钟鼎彝器款识》	宋·薛尚功	（石印本）	1935
《俑庐日札》	罗振玉	（铅印本）	1934
《独笑斋金石文考、生春红室金石述记合刊》	郑业学、林白水	（铅印本）	1935
《古文声系》	孙海波	来薰阁石印本	1934
《双剑誃吉金文选 》	于省吾	（石印本）	1933
《双剑誃尚书新证》		（石印本）	1934
《双剑誃诗经新证》		（石印本）	1936
《甲骨书录解题》	邵子风	商务印书馆石印本	1935
《宜庐汇释》	邵锐	（石印本）	1928
《雪堂所藏吉金》	罗振玉		
《澂秋馆藏器》	陈宝琛		
《玉敦斋所藏吉金》	冯恕		
《读雪斋藏器 》	孙壮		
《埙室藏陶》	孙壮		
《篆刻学讲义》	寿玺		
《说文古籀补补》	丁佛言		
《延鸿阁吉金》	溥伦		
《石言馆印存》	周康元	（影印本）	1943

（作者一系中国艺术研究院书法博士，中央美术学院博士后，重庆师大副教授、硕导；作者二系重庆师范大学书法硕士研究生）

《汉官私印泥封考略》的多线编纂与校补
——以"上图稿本"和"潍坊稿本"为中心

李柯霖　刘　昕

内容提要：《封泥考略》是中国古代封泥研究中一部具有开创意义的重要著作，由吴式芬、陈介祺二人同辑，吴重憙编校。其稿本《汉官私印泥封考略》的相关情况也颇值得关注，但学界尚未完全厘清，多停留在概述层面，且未过多关注潍坊市博物馆馆藏稿本。本文旨在梳理上海图书馆、潍坊市博物馆所藏《汉官私印泥封考略》稿本的现状、撰写体例等内容，兼及吴、陈二人的封泥收藏。通过比较"上图稿本""潍坊稿本"与《封泥考略》之关系异同，探讨两种稿本的编纂时间、多线进行的校补过程以及其他稿本存在的可能性，进一步揭示《汉官私印泥封考略》稿本的重要价值与意义。

关键词：《汉官私印泥封考略》　吴式芬　陈介祺　稿本

封泥，或称泥封，它的发现是晚清金石学的重要成果之一。自道光二年（1822）蜀地出土封泥后，遂引起世人的关注。陈介祺（1813—1884）与吴式芬（1796—1856）便是较早关注并涉足收藏封泥的人物，两人早年既定金石之交，自道光后期始有将各自所藏封泥陆续编录成书，但因其各种原因，多数今日未见。最著名者，当属两人同辑的《封泥考略》，它是中国古代封泥研究中一部具有开创意义的重要著作。光绪二十四年（1898）初辑，光绪三十年（1904）石印本正式刊行，扉页篆书"封泥考略"四字，牌记题"海丰吴氏、潍县陈氏所藏辑成十卷，光绪甲辰（1904）之秋印于沪上"，内署"海丰吴式芬子苾、潍县陈介祺寿卿同辑"。目录中每枚封泥分别以"吴藏""陈藏"标识，正文中每面一拓，并于左下角钤"双虞壶斋封泥""簠斋藏古封泥"以示区别，左为考释文字。（图1）全书收录秦汉官私封泥846枚，其中陈藏575枚，吴藏271枚。逐枚考释，首开利用封泥文字证史、补史的范例，对研究秦汉官职、地

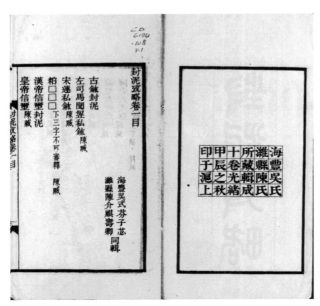

图1　《封泥考略》石印本

图2 《封泥考略》付印底本　　　　图3 《汉官私印泥封考略》稿本（"上图稿本"）

图4 陈介祺批注校订《汉官私印泥封考略》稿本（"潍坊稿本"）

理以及篆刻艺术创作都具有极其重要的史料价值。

此书刊行时吴式芬已谢世48年，陈介祺已谢世20年。书内既无序跋题记，题署亦未见书者具款，与同时期的金石考据著书成例极不相符，也使得对这一重要著作的成书过程茫然不知，颇具神秘。庆幸的是，《封泥考略》的付印底本现存上海博物馆（图2），它保存着原始的面貌，具有特定的信息，有助于配合其他条件揭示此书的考辑情况。[1]

近十年来，与《封泥考略》形成相关的稿本陆续被发现与整理。2008年由复旦大学出版社出版的《上海图书馆未刊古籍稿本》，影印《汉官私印泥封考略》稿本（以下简称"上图稿本"）三卷（原装一册）（图3），对我们厘清《封泥考略》的形成背景具有重要的揭示作用。2013年潍坊市博物馆在第一次可移动文物普查中，发现陈介祺批注校订《汉官私印泥封考略》稿本（以下简称"潍坊稿本"）一册（图4），现藏潍坊市博物馆。它的发现，为我们研究两个稿本之间的关系，以及与刊印《封泥考略》的关系提供了重要的依据。

与此同时，围绕着两个稿本以及《封泥考略》的研究成果也为我们深入研究提供了诸多线索。如孙慰祖作为封泥研究的专家，将"上图稿本"和《封泥考略》进行分析梳理，撰写"上图稿本"解题及《〈封泥考略〉与〈汉官私印泥封考略〉》，对《封泥考略》编纂过程及其陈、吴两家藏品的状况做出了初步探究。囿于其他原因，孙慰祖或许未曾注意到"潍坊稿本"的存在，进而缺失对两个稿本异同及相关信息的分析比较。另如潍坊市博物馆研究员杜晓军，将馆藏"潍坊稿本"与

[1] 孙慰祖：《〈封泥考略〉与〈汉官私印泥封考略〉》，《西泠艺丛》2022年第3期，第10页。

《封泥考略》相较，撰写《〈汉官私印封泥考略〉稿本与〈封泥考略〉比较研究》[1]，通过梳理两者之关系、比较两者之异同，揭示"潍坊稿本"对《封泥考略》的总成研究有重要意义。然作者虽知晓"上图稿本"，却未将其置于封泥整体发展过程进行梳理，不免有局限性。再如，西泠印社出版社副编审张月好撰写的《〈封泥考略〉三种稿本比较》，将"上图稿本""潍坊稿本"和国家图书馆藏《封泥考略》进行比较，只是各稿本情况的简单概述，并未深入探讨。此外，台湾成功大学研究生郑宇清所撰写的硕士论文，从《封泥考略》的作者、版本和辑录封泥数量出发，对相关问题进行辨析，虽有创建，但仍以《封泥考略》为主体，未涉及稿本之间的比较。

因此，本文以"上图稿本""潍坊稿本"为中心，对两种稿本状况进行梳理，兼及吴、陈二人的封泥收藏，厘清稿本之间的关系，同时从稿本内容出发，探讨与刊印《封泥考略》的相关问题，从而揭示《汉官私印泥封考略》稿本的重要价值与意义。

一、《汉官私印泥封考略》稿本概况和吴、陈二人的封泥收藏

由前可知，《汉官私印泥封考略》稿本现存两种，一是已经影印出版的"上图稿本"，二是尚未全部公开且未引起足够重视的陈介祺手批注校订"潍坊稿本"。现将两种稿本分别进行概况。

上海图书馆藏《汉官私印泥封考略》稿本，由陈介祺手书文字、凡例、职官表、陈介祺增补新获封泥目、总目和正文组成。正文部分共三卷（原装一册），卷一为原题卷上及卷中，收录为官印；卷二为原题卷下，收录为官印；卷三为私印。确定了官印以《汉书·百官公卿表》为据，地方郡县官印的编次参照《汉书·地理志》所载，私印附后，私印封泥多数为陈介祺所藏，最初并未将私印列入总目，而另置《汉私印泥封考略》，即卷三，故校订后总目改定为《汉官私印泥封考略》。据统计，该稿本收录吴、陈二人所藏官私封泥近600枚，其中陈介祺所藏350枚左右，以小字"陈藏一""陈藏二"进行标记，列于泥封下方。正文由工整的小楷书写，非陈介祺笔迹，但有陈介祺手书眉批、旁批，以及行书书写的浮签粘贴至书中适当之类，这些浮签所记的内容均为陈介祺增、改封泥考释的文字。

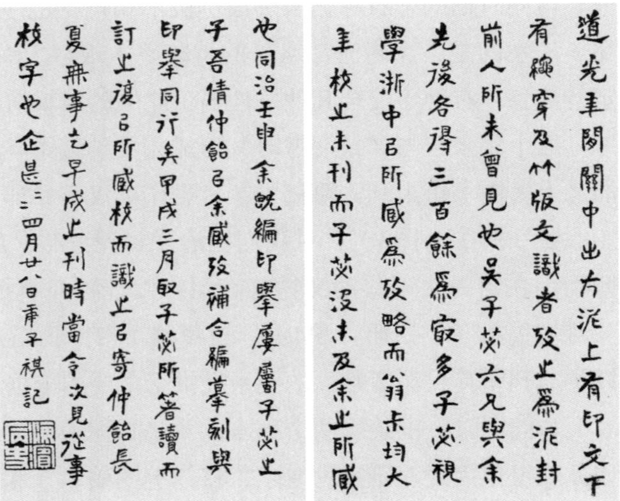

除此之外，"上图稿本"中一则重要的信息是我们了解《封泥考略》成书过程的关键。卷首有陈介祺手书文字（图5）：

图5 "上图稿本"卷首陈介祺手书文字

---

[1] 潍坊市博物馆馆藏稿本中，陈介祺将全书"泥封"用对调符号改为"封泥"，因此该作者以《汉官私印封泥考略》命名，故《汉官私印泥封考略》和《汉官私印封泥考略》实为同一稿本。而本文为统一标准，均称为《汉官私印泥封考略》。

道光年间关中出方泥，上有印文，下有绳穿及竹版文，识者考之为泥封，前人所未曾见也。吴子苾六兄与余先后各得三百余为最多。子苾视学浙中，以所藏为《考略》，而翁叔均大年校之，未刊而子苾没，未及余之所藏也。同治壬申余既编《印举》，屡属子苾之子，吾倩仲饴以余藏考补合编摹刻，与《印举》同行矣。甲戌三月取子苾所著读而订之，复以所藏校而识之，以寄仲饴。长夏无事，乞早成之，刊时当令次儿从事校字也。甚企！甚企！四月廿八庚子祺记。

由该内容可知，吴式芬在咸丰四年至五年（1854—1855）任浙江学政，[1]以所藏封泥作《考略》，并由翁大年校订。然而咸丰六年（1856）十月，吴式芬卒于海丰家中，故《考略》未刊，也未及收录陈介祺所藏之封泥。其实早在咸丰元年（1851），陈介祺《簠斋印集》中已经辑入自藏封泥137枚，但未曾考释。至同治壬申（1872），陈介祺编纂巨制《十钟山房印举》时便嘱托吴式芬次子吴重憙（1838—1918），字仲怿（仲饴），也即其婿（咸丰己未，陈女适吴式芬次子吴重憙），加上自己所藏考补合编，与《印举》同传。

关于上述信息中所指的《考略》，据孙慰祖研究，为目前可知的吴式芬考释封泥的第二稿。[2]夏早时，陈介祺于咸丰八年（1858）七月致信吴式芬长子吴重周时写道："寄示汉封泥考一册，敬谢敬谢。"[3]虽此时吴式芬已谢世两年，但其子已将考释的成稿寄示陈介祺。在此之前，吴式芬于道光后期曾撰《海丰吴氏藏汉封泥》四册，收入官私印封泥原拓165枚，各页有吴氏释文考证手迹，原为横田实藏，今藏东京国立博物馆。[4]而此《海丰吴氏藏汉封泥》即目前已知吴式芬考释封泥的第一稿。

"上图稿本"是否在吴式芬第二稿基础上完成，我们暂无法确认。可以确定的是，"上图稿本"是经吴重憙增入陈藏部分并再加考补，又经陈介祺校订、补编的本子。[5]陈介祺是何时萌生将两家所藏进行合编并付诸行动，在陈介祺致金石友人的信中可略知一二。

陈介祺至迟同治十一年（1872）已萌生封泥合编的想法。"上图稿本"卷首陈介祺手书文字："未刊而子苾没，未及余之所藏也。同治壬申余既编《印举》，屡属子苾之子，吾倩仲饴以余藏考补合编摹刻，与《印举》同行矣。"我们虽不能判断手书文字的确切时间，但在同治壬申（1872）前已经显现出陈介祺有合编的想法。同年九月致吴云信中提到："汉印少朱文。近来出泥封之多，余与吴子苾阁学合存数百方，亦前人所未有，叔均曾略考之，若得佳工精刻，真足为朱文之矩矱，

[1] 孙才顺：《吴式芬金石年谱》，《西泠艺丛》2019年第9期，第21—22页。
[2] 孙慰祖：《汉官私印泥封考略解题》，《上海图书馆未刊古籍稿本》第三十册，复旦大学出版社2008年版，第6页。
[3] 陆明君著：《簠斋研究》，荣宝斋出版社2004年版，第149页。
[4] 孙慰祖：《汉官私印泥封考略解题》，《上海图书馆未刊古籍稿本》第三十册，复旦大学出版社2008年版，第6页。
[5] 孙慰祖：《汉官私印泥封考略解题》，《上海图书馆未刊古籍稿本》第三十册，复旦大学出版社2008年版，第6页。

图6　"潍坊稿本"的卷首手写朱书，在"上图稿本"中用墨书工楷誊写

松雪不足道矣。"[1]以及"……惟泥封拓黏不易（合海丰吴氏，又倍于前），……"。[2]封泥的不断出土，虽使得二人封泥收藏数量剧增，但仍未进行合编，加之泥封特殊的材质而产生的拓黏不易，也更希望寻求佳工精刻。而后，陈介祺已开始谋划编刻工作。同治十二年（1873）二月，再次致信吴云："泥封拟属小倩吴仲饴水部编刻，亦一巨观。"[3]另同治十二年三月致鲍康信中提到："四十年来所收金文多至九百种，加之其有人赠予，或可得千，能刻此传之，即为至慰。如遇有好钩手及刻手，请先令刻一器后再议，泥封亦当先刻。"[4]以及同年八月，又致信鲍康："弟与小倩仲饴之泥封六百余枚，未能刻附。"[5]最终，甲戌年（1874）二月分别致信鲍康与吴云提出，"并望仲饴作泥封考同刻传"，[6]"敝藏泥封与子苾阁学所藏共六百余，敦促仲饴考（旧有考）刻，与《印举》同传"。[7]三月，陈介祺终于取到吴式芬所著而订之，又以所藏校而识之，于四月寄还吴重憙。但是，陈介祺手中所校订的稿本究竟是哪个本子？我们或许可从"潍坊稿本"中寻找到答案。

潍坊市博物馆藏《汉官私印泥封考略》稿本，全一册，线装，封面题"汉官私印泥封考略"书名，"泥封"二字用朱书符号对调，下书"甲戌校本""己卯又校"，右侧篆书"光绪己卯余作印文曰'簠斋藏古封泥'，'封泥'文似胜'泥封'，'封泥'见《百官志》"。封二书"古封泥官印考略，或曰玺印、其官私目刊之"。正文和总目均为墨书小楷，卷首文字全部朱书，眉批、旁批、校注大部分为朱书，间有墨书，内容主要涉及书名确定、编次顺序、考释增补、封泥辨伪

[1]　清·陈介祺著，陈继揆整理：《秦前文字之语》，齐鲁书社1991年版，第220页。

[2]　清·陈介祺著，陈继揆整理：《秦前文字之语》，齐鲁书社1991年版，第226页。

[3]　清·陈介祺著，陈继揆整理：《秦前文字之语》，齐鲁书社1991年版，第230页。

[4]　清·陈介祺著，陈继揆整理：《秦前文字之语》，齐鲁书社1991年版，第153页。

[5]　清·陈介祺著，陈继揆整理：《秦前文字之语》，齐鲁书社1991年版，第170页。

[6]　清·陈介祺著，陈继揆整理：《秦前文字之语》，齐鲁书社1991年版，第188页。

[7]　清·陈介祺著，陈继揆整理：《秦前文字之语》，齐鲁书社1991年版，第264页。

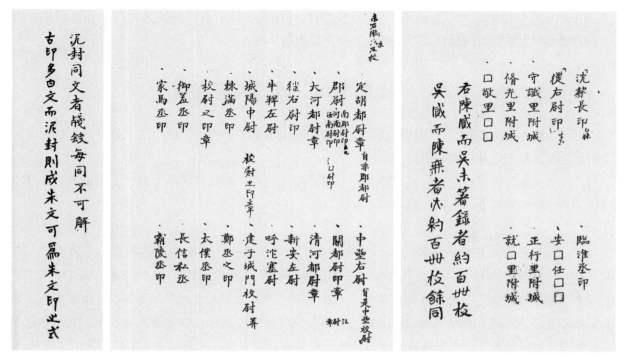

图7　"上图稿本"中陈介祺手批校改

图8　"潍坊稿本"眉批有陈介祺手批校改

等。[1]

"潍坊稿本"封面上所记录的"甲戌""己卯",分别为同治十三年（1874）和光绪五年（1879），均为陈介祺墨书手写笔迹。此外，从目前该馆已刊布的图像资料看，并与"上图稿本"中同一内页进行比较发现：（1）"潍坊稿本"中陈介祺的卷首手写朱书，在"上图稿本"中用墨书工楷书写（图6）；（2）"潍坊稿本"中部分未著录的信息出现在"上图稿本"中（图7）；（3）"上图稿本"中部分未著录的信息出现在"潍坊稿本"中（图8）。

[1]　杜晓军、翟松岩：《〈汉官私印封泥考略〉稿本与〈封泥考略〉比较研究》，《陈介祺研究》，齐鲁书社2022年版，第1198页。

由此可初步判断，"潍坊稿本"似乎经过两次传递及校改，时间分别为甲戌年和己卯年，而"上图稿本"完成的时间恰在"潍坊稿本"两次校改的中间。

二、"上图稿本"成稿时间商榷

"潍坊稿本"的发现以及两次校改时间为我们确定了"上图稿本"成稿的大致时间，如何进一步缩小范围，我们可从材料中进行分析。

"潍坊稿本"未发现之前，通常认为陈介祺"甲戌三月"所校订的稿本即"上图稿本"，其实不然。"潍坊稿本"卷首有陈介祺朱书小字：

> 右泥封文曰某某当一律改正。（案，某某亦当改画一，甲戌三月校本。）考内有"大年曰"，则叔均当列名。印文引表如"将作少府"后改"将作大匠"之类，似可即以将（"以将"原写为"作"）大匠为目，奉常、太常等同。郡次宜依志为先后，县令县长似亦宜分，国邑县道同。陈藏有私印泥封似当附后，私印与官印者同出，自是职官所用言事者。泥封可以古印伪，为须辨其泥，文同而异式者当两见。印字当如印书写，泥封同文者残缺，每同不可解。

这段文字同样出现在"上图稿本"的卷首，内容基本相同，由工整的小楷书写，非陈介祺笔迹。同样，在"潍坊稿本"中，另有陈介祺朱书的增补封泥目，密密麻麻书写在一页上，如"定胡都尉府""中垒右尉""巨鹿太守章"……这些朱书墨迹同样出现在"上图稿本"中，由工整的小楷书写，并且按照一页两栏整齐排列（图9）。

由此可推测"上图稿本"应是陈介祺修改补充后寄给吴重憙，由吴重憙寻写手誊抄后的本子，则"上图稿本"应书于"潍坊稿本"之后。

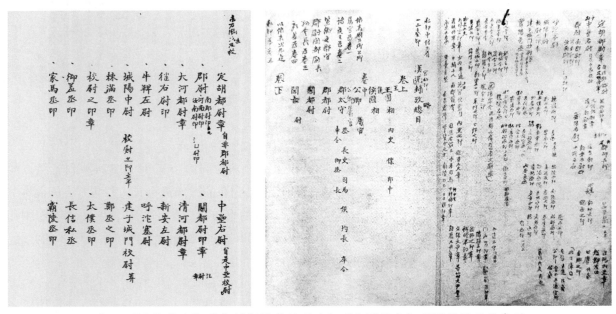

图9　"潍坊稿本"陈介祺新增补封泥目与"上图稿本"新增封泥目的誊写

再回到"上图稿本"卷首陈介祺的手书文字，其所言"甲戌三月取子苾所著读而订之，复以所藏校而识之，以寄仲饴。长夏无事乞早成之，刊时当令次儿从事校字也。企甚！企甚！四月廿八日庚子祺记"。这段话似乎并不像专为此书所做题记，而更像是随手书写的一则笔记。因此，我们并不能以此判断"上图稿本"的书写时间是甲戌年（1874）。再者，"潍坊稿本"封面上出现的"甲戌校本，己卯又校"字样，右侧又有篆书"光绪己卯余作印文曰'簠斋藏古封泥'，'封泥'文似胜'泥封'，'封泥'见《百官志》"。这或许可以说明，陈介祺所言的甲戌三月读而订之、四月寄出的即"潍坊稿本"。

还原"潍坊稿本""上图稿本"的成稿过程。同治十三年甲戌（1874）三月，陈介祺取吴重憙整理过的《考略》进行校补，在卷首补充上文提到的对于整体编目体例的修改意见，并用朱书小楷亲自书写，又在此页之后手写新获增补的封泥目，并调整部分目录顺序。完成以上工作后寄给吴重憙，吴重憙收到陈介祺甲戌"潍坊稿本"后，进行誊抄、整理等工作。之后，又将整理好的本子（即"上图稿本"）寄给陈介祺。陈介祺就"上图稿本"增入并补释新获封泥，以浮签形式粘贴并归于相从之类，同时对考释文字也进行补订（图10）。例如，"上图稿本"中吴重憙寻书手誊抄新增封泥目的眉批有"未及编次未及校"七字，结尾有"右陈藏而吴未著录者约百卅枚，吴藏而陈无者亦约百卅

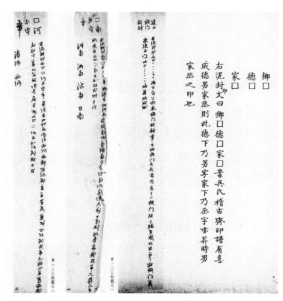

图10　"上图稿本"中陈介祺考释校改的浮签

枚，余同"，证明陈介祺未有时间或精力对新获封泥进行编次及校订，而只是将每个封泥的考释以浮签形式归于相从之类，即"上图稿本"所见散落各处的浮签。另如，在第一页后补充"古印多白文而泥封则成朱文，可为朱文印之式"，并再次寄给吴重憙进行整理。（见表1）

表1

所在页面	甲戌潍坊稿本	上图稿本
卷首编目体例	无	古印多白文而泥封则成朱文，可为朱文印之式。
新增封泥目的眉批	无	未及编次未及校。
新增封泥目的结尾	无	右陈藏而吴未著录者约百卅枚，吴藏而陈无者亦约百卅枚，余同。
汉官私印封泥考略总目	无	君当附侯国后，别为一类。
全文	无	新获封泥的考释以浮签形式散落书内各处

直至光绪元年（1875），陈介祺在正月、二月、三月三次致信王懿荣告知他泥封考可以索阅的消息："仲饴处有校补封泥印文考，可索阅，不得，则倩胥录寄，与石查订正之。"[1]"仲饴处泥

[1]　清·陈介祺著，陈继揆整理：《秦前文字之语》，齐鲁书社1991年版，第96页。

封考，可索录存之。"[1] "封泥考当写寄，唯不可仿八比，琐事询过再复，止能随风气之后，而求此所无，不能如八比，求开风气之先。"[2]此时，吴重憙已经完成陈介祺在"上图稿本"中新增补泥封的考释及其他修改整理工作。

所以，至迟光绪元年正月，"上图稿本"已经成稿。加之陈介祺同治十三年（1874）甲戌三月读而订之、四月寄出的是"潍坊稿本"，基本可以断定，"上图稿本"成稿的时间为同治十三年四月（1874）至光绪元年正月（1875）之间。

三、"潍坊稿本"的两次校补

由"上图稿本"及"潍坊稿本"可知，陈、吴二人进行传递、修改的过程中，并不仅仅就一个本子来回传递，可以说他们的修改、整理是在多个稿本、多线进行的。

陈介祺甲戌年（1874）校补"潍坊稿本"后，于光绪五年己卯（1879）再次进行校补。此次修改，首先将全稿的"泥封"逐一校改为"封泥"，均用朱书颠倒符号表示，封面题签亦同。陈氏还在封面以墨书篆体补写："光绪己卯余作印文曰'簠斋藏古封泥'，'封泥'文似胜'泥封'，'封泥'见《百官志》。"并在封二题写"古封泥官印考略，或曰玺印，其官私目刊之"。又在正文中眉批处墨书标注："考《汉书·百官志》，少府属官，守宫令一人，六百石。本注曰'主御纸笔墨，及尚书财用诸物及封泥'。"[3]咸丰二年（1852），刘喜海（1793—1852）就已为"封泥"正名或定名，然时人多有疑问，因此未得到普遍认可，陈介祺在第二次校补中终为"封泥"正名，并沿用至今。

其次，他还在卷首朱书小字后再次补充，使编目体例更加完备：

> 叙次宜依表，考证必兼古印。三代官玺封泥宜列前，山左出者宜注明，出非一地所知者，关洛齐鲁耳。封泥有不尽用之书牍者，似是古陶器口上封识，背锐入口而无绳文。陶器上有印者亦似封泥，勿阑入。印印于泥，白文成朱，自校印拓□融，然字之原边在下，所可拓者乃字之底，不如原因之真矣。

最后，陈介祺也多对眉批进行补充修改，补充考释或增添封泥，与"上图稿本"并无重复之处。如"汉官私印封泥考略总目"一页，上面的眉批"依表则公卿、公卿属官为卷一，诸侯王为卷二，监御史、郡守、郡尉、关都尉长、县令长为卷三，新莽为卷四，以依表次

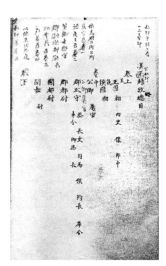

图11　"潍坊稿本"内页

[1] 清·陈介祺著，陈继揆整理：《秦前文字之语》，齐鲁书社1991年版，第101页。

[2] 清·陈介祺著，陈继揆整理：《秦前文字之语》，齐鲁书社1991年版，第106页。

[3] 咸丰二年（1852），刘喜海、陈介祺以所藏封泥200余枚请胡琨考其是非。同年，胡琨辑录有《泥封印古录》，并自序云："余疑为汉印之范，相传名为印封，不知所出。刘方伯援《后汉书》守令'主御笔笔墨及尚书财用诸物及封泥'为证。"

为是",这些小楷内容在"上图稿本"中悉数誊抄,而"私印为卷五"以及"私印中似亦有一二秦印"（图11）两处批注"上图稿本"并没有出现。另如在正文第一页"汉官印封泥考略卷上"上方进行眉批,朱书"印文摹刻则考中皆须释文",朱书更小字"考字可省";墨书小字在右"古封泥玺印文考略""三代汉""官印私印"。朱书字形较大,而墨书字形小且书写拥挤,可以推测朱书先写而墨书后写。也就是说,陈介祺在己卯年进行修改时,用了朱、墨两种颜色。（见表2）

基于以上三点,可再次证明陈介祺对于"潍坊稿本"甲戌年、己卯年的两次校补修改,一次发生在"上图稿本"前,是"上图稿本"的誊抄样本;一次发生在"上图稿本"之后,修改内容相较第一次少,但更涉及封泥考略的核心内容、成熟形式、编目顺序等,也为之后《封泥考略》的正式编写做足准备。

表2

所在页面	上图稿本	己卯潍坊稿本
全文	泥封	封泥
封面	无	光绪己卯余作印文曰"簠斋藏古封泥","封泥"文似胜"泥封","封泥"见《百官志》。
封二	无	古封泥官印考略,或曰玺印,其官私目刊之。
卷首朱书小字	无	叙次宜依表,考证必兼古印。三代官玺封泥宜列前,山左出者宜注明,出非一地所知者,关洛齐鲁耳。封泥有不尽用之书牍者,似是古陶器口上封识,背锐入口而无绳文。陶器上有印者亦似封泥,勿阑入。印印于泥,白文成朱,自校印拓□融,然字之原边在下,所可拓者乃字之底,不如原因之真矣。
汉官私印封泥考略总目	无	私印为卷五 私印中似亦有一二秦印 公卿侯附城
正文第一页的眉批	无	印文摹刻则考中皆须释文。（朱书） "考"字可省。（朱书） "古封泥玺印文考略三代汉官印"私印（墨书）
正文第三页的眉批	无	考《汉书·百官志》,少府属官,守宫令一人,六百石。本注曰"主御纸笔墨,及尚书财用诸物及封泥"。

四、"潍坊稿本"与刊印《封泥考略》的关系

己卯年（1879）陈介祺完成对"潍坊稿本"的第二次校补后,次年《封泥考略》进入编写阶段。[1]那么,"潍坊稿本"与《封泥考略》的形成有何关联,两者又有何异同?本节我们以稿本内

---

[1] 陈介祺于光绪六年（1880）七月致信吴云:"封泥于齐鲁间亦得一二,皆共吾兄赏之。唯陈州守小倩吴仲饴家藏五百余,仅见目考,未获拓本。考略甫编,尚未写毕,毕再写奉寄。弟事须躬亲,无文字之助,辟地之难如此。封泥出于印而非印,印范拔蜡法今失传矣。"

容为核心，从编目、拓制、封泥数量以及考释所存异同进行探讨，揭示"潍坊稿本"于《封泥考略》成书的重要意义与价值。

（一）编目

早在光绪二年（1876），吴重憙便受陈介祺嘱托，已初将《封泥考略》考订大概，并将录目寄陈介祺审定。《潍县陈氏旧札钞》记载，是年六月二十三日吴重憙致信云："前寄来《封泥考略》并目，所未入者百四十种，日来编录略有眉目，其未考得者尚有二十七种，兹将录目寄呈。祈鉴定寄下。"同时，还记录了编纂、考订、拓制的事宜：

> 京中亦以一目交莲生（廉生）托其代考。婿手下无书，只就班书一检，故多未及也。须一例按次后方可写清本、次序，自以按《汉书》为是，而一动原书之次序，则注之前详后略者，须大动一番手方能无病。且传钞多则讹易生，此亦不易也。且必须对拓本一校，方可写清本，同文者共几方须与留出地步，且须校字画有无谬错，即以二十七方内之"大安长丞"，累查无"大安"地名，窃疑恐是"六安"，此非审拓本不可，倘非"大安"，则虚费此一番精神矣。祈检尊藏泥封，属东山、同山速精拓二份，遇便寄下，一留上木，一粘本作为校勘底稿缮本，有沿讹者即可随手更改。最为紧要，婿考得者，即随便夹条于册内，必须早誉清目方好，恐日久则亦自忘之也。[1]

由"上图稿本"和"潍坊稿本"的传递校改我们已知陈、吴二人对于封泥的修改、整理是多个稿本、多线进行的，在此封信中同样得到验证。光绪二年（1876）介于"上图稿本"和己卯年（1879）"潍坊稿本"之间，然涉及封泥的原拓在两个稿本中均未得见。故而可以猜测，此时二人传递的应是所未见的其他本子。而后从己卯年"潍坊稿本"卷首陈介祺所补充的朱书小字体例以及总目所增加的"私印为卷五"可知，陈介祺对编目的修改幅度并不大，但从《封泥考略》的成书上看，后者表现出更加严谨且合理化的编次方式。主要体现在以下两方面：

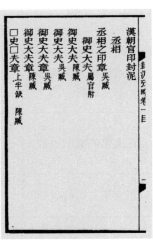

图12　《封泥考略》目录

1. 编次更趋完备细化。"潍坊稿本"总目分五卷，以大类进行划分；《封泥考略》总目分十卷，大类下又分若干小类。（见表3）

2. 《封泥考略》较"潍坊稿本"收录封泥种类及数量有所增加。"潍坊稿本"所收封泥以

[1] 陆明君著：《陈介祺年谱》，西泠印社出版社2015年版，第333页。

"诸侯王玺印封泥"为卷一；《封泥考略》则以"三代封泥、汉帝信玺封泥、汉代官印封泥"为卷一（图12），这些均是陈、吴二人新增补的封泥，且涉及的官制也较齐全。

表3

潍坊稿本	《封泥考略》
依表则公卿、公卿属官为卷一，诸侯王为卷二，监御史、郡守、郡尉、关都尉长、县令长为卷三，新莽为卷四，私印为卷五。	第一册为古玺封泥、汉帝信玺封泥、汉代官印封泥； 第二册为汉诸侯王玺印封泥、汉侯印封泥、汉侯国官印封泥； 第三、四册为汉郡国官印封泥； 第六册为汉县邑道官印封泥； 第七册为汉县邑道官印封泥、汉县邑道无官名印封泥、汉县邑道掾史印封泥、汉县邑道乡官印封泥； 第八册为新莽朝伪官印封泥、新莽郡国伪官印封泥、新莽县邑道伪官印封泥、新莽伪封侯子男印封泥、新莽族女伪封号印封泥、新莽诸侯以下母妻伪封号印封泥、新莽伪封家丞印封泥； 第九册为新莽伪封号印封泥； 第十册为汉臣名印封泥、汉妾名印封泥、汉私印封泥。

（二）拓制

"上图稿本"和"潍坊稿本"只见封泥及考释，未见封泥原拓，而《封泥考略》两者兼有，且从上海博物馆藏底本中纸、墨差异及信札往来可知陈、吴两家墨拓是分开进行的。[1]

同治末年，陈介祺敦促吴重憙编刻泥封考略与《印举》同传，此时两家共藏有封泥合600余枚。光绪元年（1875），陈介祺致信吴大澂，拓得泥封三百余，[2]次年又曰："泥封敝藏者拓毕，唯小倩仲饴水部旧藏拓不至，合之六百余。子苾有成书，再有亦当补入。"[3]同年，陈介祺还告诉吴大澂，东土竟亦有泥封，文曰"姑幕丞印"，未及拓。[4]直至光绪五年（1879），再次致信吴大澂，附上其封泥拓全分五百余纸。[5]短短三年时间，陈介祺收藏封泥的数量增加至500余枚。至光绪六年（1880），吴重憙所藏也已达500余枚，可惜仅见目考，未获拓本。[6]

（三）封泥数量

从"潍坊稿本"两家计600余枚，到光绪六年（1880）计千余枚，再到《封泥考略》共收录846枚，两家虽都未全部进行辑入，足以在近代为海内之冠。

---

[1] 孙慰祖：《〈封泥考略〉与〈汉官私印泥封考略〉》，《西泠艺丛》2022年第3期，第14页。

[2] 清·陈介祺著，陈继揆整理：《秦前文字之语》，齐鲁书社1991年版，第289页。

[3] 清·陈介祺著，陈继揆整理：《秦前文字之语》，齐鲁书社1991年版，第289页。

[4] 清·陈介祺著，陈继揆整理：《秦前文字之语》，齐鲁书社1991年版，第289页。

[5] 清·陈介祺著，陈继揆整理：《秦前文字之语》，齐鲁书社1991年版，第289页。

[6] 陈介祺于光绪六年（1880）七月致信吴云："封泥于齐鲁间亦得一二，皆共吾兄赏之。唯陈州守小倩吴仲饴家藏五百余，仅见目考，未获拓本。考略甫编，尚未写毕，毕再写奉寄。弟事须躬亲，无文字之助，辟地之难如此。封泥出于印而非印，印范拔蜡法今失传矣。"

封泥攷略卷二　三

文帝十八年別爲國後並北海諸侯王表菑川孝文十六年
四月丙寅王賢以齊悼王子武城侯立反誅懿王志以齊悼
惠王子安都侯立爲濟北王孝景四年徙菑川薨靖王建嗣
薨頃王遺嗣薨思王終古嗣薨考王尚嗣薨孝王橫嗣薨懷
王友嗣薨王永嗣王莽簒位貶爲公明年廢此其璽也簠齋
陳氏臧淮陽王璽是白玉者非金與表異

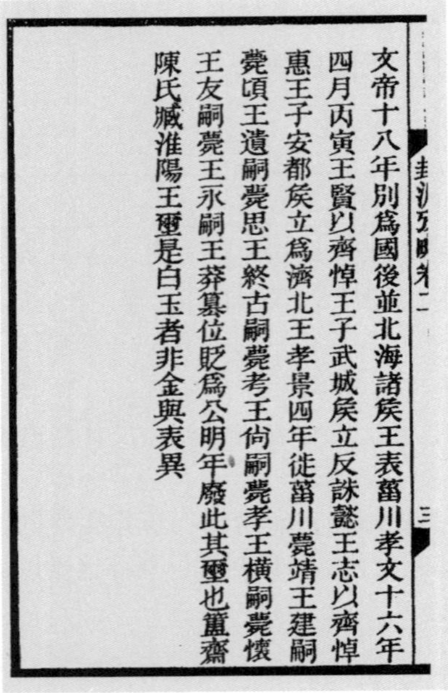

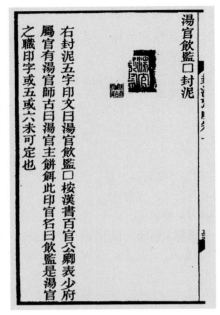

图13　《封泥考略》“淄川王玺”封泥增补的考释内容

湯官飲監□封泥

右封泥五字印文曰湯官飲監□桉漢書百官公卿表少府
屬官有湯官師古曰湯官主餅餌此印官名曰飲監是湯官
之職印字或五或六未可定也

图14　《封泥考略》“汤官饮监”封泥考释内容更加简化

諸侯王表趙隱王如意高帝子九年立又趙共王恢高
帝子高后七年徙趙又趙幽王友高帝子十一年立高
淮陽王二年徙趙孝文元年王遂以幽王子紹封又趙
敬肅王彭祖景帝子二年立爲廣川王四年徙趙傳三
世又地節四年哀王高以頃王子紹封傳三世此其相
之印也
真定
相印
章
右真定相印章泥封案史記諸侯年表孝武元鼎四年
真定國頃王平元年常山憲王子漢書諸侯王表真定
頃王平傳五世此其相之印也
廣川
相印
章
右廣川相印章泥封案漢書地理志信都國景帝二年
爲廣川國宣帝甘露三年復故諸侯王表廣川惠王
越景帝子中二年立薨繆王齊嗣薨王去嗣廢地節四
年戴王文以繆王子紹封傳二世此其相之印也

廣川相封泥

右封泥五字印文曰廣川相印章桉漢書地理志信都國景
帝二年爲廣川國宣帝甘露三年復故諸侯王表廣川惠王
越景帝子中二年立薨繆王齊嗣薨王去嗣廢地節四年戴
王文以繆王子紹封傳二世此其相之印也

封泥攷略卷二　七

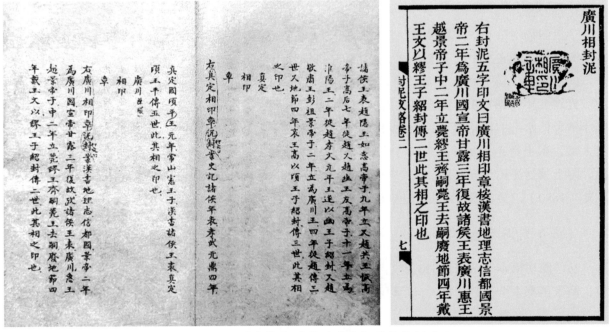

图15　“潍坊稿本”与《封泥考略》考释体例对比

“潍坊稿本”收录封泥近600枚，其中陈藏350枚左右；《封泥考略》收录封泥846枚，其中陈藏575枚，吴藏271枚。陈氏所藏溢出稿本百余枚，当有光绪年间新获封泥，而吴藏仅有实际的一半，孙慰祖则认为，吴重憙在编入《封泥考略》时做了严格的鉴定和筛选。[1]

[1]　孙慰祖：《〈封泥考略〉与〈汉官私印泥封考略〉》，《西泠艺丛》2022年第3期，第12页。

（四）考释及考释体例

将"潍坊稿本"与《封泥考略》的考释文字对比发现，后者又做了进一步改订，使之更加科学严谨。如："淄川王玺"下，《封泥考略》增入文字"簠斋陈氏藏'淮阳王玺'，是白玉者，非金，与《百官公卿表》异"（图13）；"梁于里附城"下，《考略》增入文字"新莽里名，今不可考，古'庸''墉'一字，附城即仿古附庸文，附于五等之封，里名即所食之邑以里计者也"；陈藏"汤官饮监"，簠斋释曰："按《百官公卿表》，少府，秦官，有六丞，属官有尚书、符节、太医、汤官、导官、乐府、若庐、考工室、左弋、居室、甘泉居室、左右司空、东织、西织、东园匠十二官令丞。师古曰：汤官主饼饵。饮监，义未详。"《封泥考略》简作："少府属官有汤官。师古曰：汤官主饼饵。此印官名曰'饮监'，是汤官之职印，印字或五或六，未定也。"[1]（图14）

同时，考释体例方面，《封泥考略》在"潍坊稿本"的基础上逐步补充及完善。如"广川相印章"这枚封泥，未经考订前，考释的起始语体例为"右＋印文＋泥封"，如"右广川相印章泥封"；甲戌"潍坊稿本"校订为"右＋泥封印文曰＋印文"，如"右泥封印文曰广川相印章"；己卯"潍坊稿本"将"泥封"二字对调，即"右封泥印文曰广川相印章"；《封泥考略》中，又改订为"右＋封泥＋字数＋印文曰＋印文"，如"右封泥五字印文曰广川相印章"，可见其厘定的规范化、合理化。（图15）

综上所述，"潍坊稿本"对《封泥考略》的最终成书提供了多方面、多层次的基础信息，两者既有一脉相承的关系，亦有在进一步梳理、增订、调整过程中造成的差异，但更多体现出陈、吴二人精益求精的治学态度。

五、结语

以"上图稿本"和"潍坊稿本"为中心，通过对《汉官私印泥封考略》稿本进行梳理和考察，确立了"潍坊稿本"经过两次传递及校改，时间分别在同治十三年（1874）和光绪五年（1879），而校补时间的确定也为"上图稿本"的成稿时间提供了依据。此外，在"潍坊稿本"完成第二次校补后，光绪六年（1880）《封泥考略》进入了编写阶段，于光绪三十年（1904）得以正式印行。同时，通过对两者之间的关系进行探讨，从编目、拓制、封泥数量及考释四个方面进行分析梳理，可知两者既一脉相承，又有在逐步完善、梳理过程中造成的差异。但基本可以断定，《封泥考略》是以"潍坊稿本"为基础，在更加严谨、更加科学的基础上形成的一部具有重要研究价值的金石学著作。这部中国古代封泥研究的开山之作，集吴、陈两家两代人之力，前后承接而得以完成，在学术史上影响深远，更极大地促进晚清金石学的发展与深入研究。因此，我们不能忽视《汉官私印泥封考略》稿本的重要性，也希冀"潍坊稿本"能够有更多的图像信息公诸于世，为封泥及相关稿本研究提供更多新鲜的材料。

（作者一供职于上海书画出版社；作者二供职于首都师范大学美术学院）

---

[1] 孙慰祖：《〈封泥考略〉与〈汉官私印泥封考略〉》，《西泠艺丛》2022年第3期，第12页。

海内第一本：中国国家博物馆藏宋拓《刘熊碑》考述

——兼论《刘熊碑》的金石学传播

李瑞振

内容提要： 刻立于东汉时期的《刘熊碑》，其碑石早佚。中国国家博物馆所藏卷轴装宋拓《刘熊碑》，与北京故宫所藏《刘熊碑》卷轴装宋拓本是目前仅存的两种《刘熊碑》较完整拓本[1]。从版本价值来看，国博此本在内容上相对更加完整，其存字较故宫本多出约14字，罗振玉将其命名为"海内第一本"，诚非虚誉！更难得国博本题跋多达23则，晚清民国的一时之名流纷纷援笔落墨，愈令此本踵事增华。国博本历经刘鹗、端方、完颜衡永等人递藏，可谓名家迭继，绵绵不绝，堪称古代碑帖中的无上妙品！历代文人学者和金石书画家们围绕《刘熊碑》及其拓本，通过著录、收藏、双钩、临摹等多种方式，塑造了《刘熊碑》的金石传播史。

关键词：《刘熊碑》 刘鹗 宋拓 题跋 双钩

一、碑石概述

（一）碑刻概况

《刘熊碑》，全称为《汉酸枣令刘熊碑》，亦称《刘孟阳碑》《俞乡侯季子碑》，碑文为隶书，刻立于东汉末年。碑石原在今河南省新乡市延津县，南宋末期，碑石残断，仅剩两段残石，后残石亦不知所踪。关于刻石亡佚的时间，据清代杨守敬推测，当佚失于明代中叶：

> 《刘熊碑》明人尚有著录，是碑之亡，当在明代中叶。[2]

1915年，金石学者顾燮光在河南延津县城之学宫旧址寻获一块《刘熊碑》残石，因为碑阳部分长期用作捶打石，故文字已经毁坏不可见，仅存碑阴8行50余字，上刻部分捐资题名者的职官、姓名以及捐资数目。此外，这块碑阴残石侧面还刻有8行共24字宋人之题跋。碑阴残石今存于河南省延津县文化馆。

---

[1] 除了国博藏刘铁云旧藏本和北京故宫藏天一阁本之外，尚有其他几种《刘熊碑》拓本，随着时间流逝，这些拓本或下落不明，或残缺严重，与国博本和故宫本无法相提并论。

[2] 谢承仁主编：《杨守敬集》，湖北人民出版社1997年版，第8册，第1075页。

此碑碑石虽然早佚，幸赖文献中尚有相关之记载，可以让我们得窥刻石之具体情况。据南宋洪适的《隶释》卷五之"酸枣令刘熊碑"记载，此碑分为碑阳和碑阴，均刻有隶书文字，碑阳文字记载刘熊德政，碑阴记载了一百八十余位捐资者题名。依洪适所记，南宋时的《刘熊碑》全文共670字，缺43字；碑额为篆书，南宋时仅见右侧一行，残存"枣令刘"三字。另据唐代诗人王建《题酸枣令刘熊碑》诗中的"苍苔满字土埋龟"来看，此碑应该为龟趺。后来的学者根据《隶释》记载和残碑拓本之行次，推断出碑阳文字为23行，行30余字。碑文无撰人、书人之姓名。

（二）碑刻内容

《刘熊碑》碑文所讲述的是东汉时期河南酸枣县令刘熊的政治功绩，文中极尽赞美之词。

河南延津县，古称"酸枣县"。秦始皇五年（前242），实行郡县制，以河南延津多棘，置酸枣县，在今河南省新乡市延津县城西南。至汉代，仍袭酸枣县，宋代改为延津县。北魏郦道元《水经注》中最早记载了《刘熊碑》在酸枣县城的情况：

> 酸枣以棘名邦，故曰酸枣也……城内有后汉酸枣令刘孟阳碑。[1]

刘熊，生卒年不详；字孟阳，江苏广陵海西（今江苏省连云港市灌南县东南）人；东汉光帝刘秀玄孙。碑文主体分为序文和铭文两大部分[2]。第一部分序文是以骈、散文结合方式记述了刘熊的"德政"。首先记叙了刘熊的身世，"光武皇帝之玄、广陵王之孙、俞乡侯之季子也"。其次重点叙述了刘熊"德政"的具体体现：一曰体察民情，"约之以礼，博之以文，政敦始初，慎徽五典，勤恤民殷"；二曰砥砺劝学，"帅厉后学，致之雍泮"；三曰轻徭薄赋，"富者不独逸乐，贫者□顺四时。积和感畅，岁为丰穰，赋税不烦，实我刘父"。由于刘熊施行德政，因此，当地官民对他敬爱有加，"吏民爱若慈父，畏若神明"。第二大部分是铭文，"刊诗三章"，每首诗14句，每句4字，共168字。表达了对碑主刘熊的赞美。

（三）历代著录

历代文献对《刘熊碑》著录较多，北魏郦道元《水经注》，北宋欧阳修《集古录跋尾》卷二、欧阳修之子欧阳棐《集古录目》卷二、赵明诚《金石录》卷十九、南宋洪适《隶释》卷五、陈思《宝刻丛编》卷一、明代杨慎《金石古文》卷七、都穆《金薤琳琅》卷六，清代朱彝尊《金石文字跋尾》卷二、王昶《金石萃编》卷十九、严可均《铁桥金石跋》卷一、罗振玉《雪堂金石文字跋尾》卷二等均有相关著录。

《刘熊碑》记载的内容涉及皇族世系等重要史事，加上其隶书书法结体超逸旷达，笔法方圆兼

---

[1] 北魏·郦道元著、陈桥驿校证：《水经注校证》，中华书局2007年版，第203页。

[2] 关于汉碑的序文与铭文，清人姚鼐曾说："碑志类者，其体本于诗。歌颂功德，其用施于金石。周之时有石鼓刻文；秦刻石于巡狩所经过；汉人作碑文又加以序，序之体，盖秦刻琅玡具之矣……志者，识也。或立石墓上，或埋之圹中，古人皆曰志。为之铭者，所以识之之词也。然恐人观之不详，故又为序。世或以石立墓上，曰碑、曰表，埋乃曰志，乃分志、铭二之，独呼前序曰志者，皆失其义。"见清·姚鼐编纂；胡士明、李祥唐校点：《古文辞类纂序》，上海古籍出版社1998年版，第11页。

济，是汉碑中的上乘之作，因此备受学者推崇。清代翁方纲在《两汉金石记》中称："是碑（《刘熊碑》）隶法实在《华山碑》之上！"清人杨守敬在其《激素飞清阁评碑记》卷一"酸枣令刘熊碑"条目下称此碑"古而逸，秀而劲，疏密相间，奇正相生，神明变化，拟于古文"。[1]

（四）相关传本

《刘熊碑》刻石虽佚，幸赖有拓本、摹本等多种形态的版本流传于世。

综合来看，《刘熊碑》在流传过程中形成了原石拓本和翻刻本、钩摹本两大版本系统。

其一是原石拓本。原石拓本又分为两种，一种是上、下两片残石合装拓本，合装本存字字数较多，计约三百六七十字。主要代表是国家博物馆藏刘鹗本和北京故宫藏清末范懋政题签天一阁本，两者比较而言，刘鹗旧藏本因为存字更多，略胜于范懋政旧藏本。[2]原石拓本还有一种是只有下半片拓本，其存字只有200余字，主要代表就是汪中（容甫）旧藏本（今归台湾蒋氏密韵楼[3]）。此外，还有一种拓本属于原石拓本，那就是1915年顾燮光访得的碑阴拓本，这种拓本比较常见，中国国家博物馆、国家图书馆等不少单位和个人都收藏有这种拓本。

其二是翻刻本和钩摹本。翻刻本和钩摹本也分为两种，一种是上、下两片残石合装本，如清代书画大家赵之谦钩摹本，其钩摹的底本是天一阁宋拓本，赵氏钩摹的细节与天一阁本有明显差别，有民国印本。还有一种是下半片残石的翻刻本或摹本，这种传本较多，如沈树镛（均初）本、巴慰祖本、江德量（秋史）本、翁方纲本，都是这一类本子，仅存二百余字。

表1 《刘熊碑》版本情况一览表

版本	名称	存字数	形态	现藏地
原石拓本	刘鹗旧藏本	378	拓本	中国国家博物馆
	天一阁旧藏本	364	拓本	故宫博物院
	汪中旧藏本	245	拓本	台湾蒋孝瑀处
	顾燮光访得碑阴本	54	拓本	国家图书馆等[4]

[1] 清·杨守敬著、赵树鹏点校：《学书迩言：外二种》，浙江人民美术出版社2019年版，第71页。

[2] 王壮弘先生曾目验故宫藏范懋政旧藏本，认为依据纸墨特征来看，此本为明中叶以后拓本。见清·方若原著、王壮弘增补：《增补校碑随笔》，上海书店出版社2008年版，第92页。

[3] 汪中藏宋拓《刘熊碑》归蒋毂孙后，蒋曾把沈均初本和汪本进行过对比，他认为沈本"非真本"，而自己所藏的汪本为"宋拓真本"："此沈郑斋藏本，后归武进费氏，匋斋督两江时，费子怡献之宝华庵中，时匋斋新得刘铁云之整纸本也。辛亥后，闽县陈淮生承修得之，在沪时曾屡见之，审其纸墨，不过百余年前物耳。陈氏所藏诸碑，皆请罗叔言审定题识，独此本罗氏审为覆刻，未着一字。而义州李文石氏仅书王建一诗于册尾，盖亦心知其非真本也。戊申冬，静公为作缘，得汪容甫之宋拓真本，在借石印本对勘一过，乃知两家真鉴，非陈氏所能及。碑后附装伪叔双钩天一阁本甚精，惜未印行。匋斋之整纸本存字最多，三十年前见之衡亮生处，曾请宝瑞老代为议值而未成。世间刘熊碑拓本天一阁本外，皆得见之，墨缘为不浅矣。岘翁。"见台静农著：《台静农论文集》，安徽教育出版社2002年版，第556页。

[4] 据许承尧"歙之金石家"中记载："汪中（容甫）藏宋拓《刘熊碑》，多出巴予籍本二十八字，补洪氏所阙者十三字，正其误者一字。"见许承尧撰、李明回等校点：《歙事闲谭》，黄山书社2001年版，第40页。汪容甫本后归蒋毂孙，蒋传其子孝瑀，蒋孝瑀于1978年请甲骨学家严一萍协助，经由艺文印书馆印行。从艺文印书馆的印本来看，汪容甫旧藏此本点画神完气足，笔意浑厚弥满，系为原石所拓，只可惜存字较少。见蒋孝瑀著：《北宋拓刘熊碑》，艺文印书馆1978年版。

（续表）

版本	名称	存字数	形态	现藏地
翻刻本、钩摹本	沈树镛旧藏本	245	拓本	私人[1]
	巴慰祖双钩本	217	钩摹本	国家图书馆等藏印本
	翁方纲双钩本	243	钩摹本	国家图书馆等藏印本
	江德量旧藏本	245	钩摹本	不详[2]
	赵之谦双钩本	364	钩摹本	国家图书馆等藏印本

二、既往之研究

据目前所见，《刘熊碑》相关研究成果主要有以下数种。

1966年，启功先生以笔名"少文"发表了《记汉刘熊碑兼论蔡邕书碑问题》，基本厘清了《刘熊碑》托名为东汉蔡邕的问题，认定此碑为"一位无名书家所写"。[3]

1988年，中国历史博物馆碑帖研究专家蒋文光先生撰写了《东汉刘熊碑的书法艺术——兼谈海内第一本附诸家跋》一文，对刘鹗旧藏宋拓《刘熊碑》的书法艺术进行了论述，并择要整理了拓本上的部分重要题跋。[4]

1988年、1991年、1993年，《考古》杂志陆续刊发了三篇文章，对《刘熊碑》的碑文内容、特别是刘熊的家世进行了讨论。1988年，李发林先生发表了《汉碑偶识》一文，考察了刘熊的家世，并认为碑文有误刻的问题；1991年，陈奇猷先生发表了《读〈汉碑偶识〉质疑》对李文进行了商榷，认为碑文无误；1993年，王戎先生发表了《〈刘熊碑〉释读正误》，也对李文所言碑文内容进行了讨论，对刘熊的家世进行了梳理。

2009年，书画鉴定家马宝山先生在其《书画碑帖见闻录》一书的"汉《刘熊碑》及收购经过"章节中首次谈到了从收藏家完颜衡永处征集刘鹗旧藏宋拓《刘熊碑》的历史过程。[5]2013年，马宝山的"徒弟"黄秀纯先生撰写了《收购文物趣谈》，再一次谈到了文物征集工作者"巧妙"征集刘鹗旧藏宋拓《刘熊碑》的具体情况，记录了更多的历史细节，是珍贵的历史资料。

2015年，秦多可先生撰写了《汉刘熊碑拓跋文解读和版本浅析》，对刘鹗旧藏宋拓《刘熊碑》的题跋和版本进行了简要梳理。

---

[1] 沈树镛旧藏此拓本与赵之谦双钩本曾经于2018年出现在广州华艺2018春季拍卖会上。

[2] 据清人钱泳记载，江德量本是在巴慰祖本和汪中本的基础上双钩而成："郦道元《水经》载酸枣城有县令《刘孟阳碑》，即是碑也。曩时见歙县巴隽堂氏有双钩本，既又见扬州汪容甫家有宋拓原本，虽经残蚀，其字较多于巴氏，且有出于洪《释》之外者。后江秋史又为双钩，以巴、汪两家合参之，然总缺上半截。后见明州天一阁旧拓本，有'君讳熊字孟阳'下缺十字，始'大帝垂精感笃生圣明'等字，则知江秋史所钩是下半截也。"见清·钱泳著：《履园丛话》，上海古籍出版社2012年版，第160页。

[3] 少文：《记汉刘熊碑兼论蔡邕书碑问题》，《文物》1966年第5期。

[4] 蒋文光先生此文为油印本，系《中国汉代碑刻学术讨论会》参会论文。1988年，中国书法家协会在山东曲阜举办"中国汉代碑刻学术讨论会"。

[5] 马宝山著：《书画碑帖见闻录》，北京燕山出版社2009年版，第129页。

2019年，郭怀宇先生撰写了《中国国家博物馆藏〈刘熊碑〉（宋拓本）》一文，介绍了国家博物馆藏宋拓《刘熊碑》的基本情况。同年，柳向春先生发表了《〈汉酸枣令刘熊碑〉二题》一文，对故宫所藏拓本和《刘熊碑》的刻立时间进行了讨论。[1]

综上所述，诸家研究主要集中在两个方面，一是《刘熊碑》碑文内容（刘熊家世）以及书碑者的考察，二是《刘熊碑》拓本的相关研究。这其中，现藏于中国国家博物馆的刘鹗旧藏宋拓《刘熊碑》成为大家研究的焦点，如蒋文光、马宝山、黄秀纯、秦多可、郭怀宇等先生的研究均属此类。

三、国博藏宋拓《刘熊碑》

（一）拓本概况

中国国家博物馆藏宋拓《刘熊碑》，一轴，整幅卷轴装，白棉纸，重墨拓。卷轴内分上、下两部分装裱了墨心两片，上片大体为正方形，高56厘米、宽73厘米，存字15行，每行最多者12字，共存153字；下片为不规则形状，高81.2厘米、宽115.5厘米，存字22行，每行最多者15字，共存225字。两片拓本共存字378字。拓本四周布满诸家题跋。（图1）

（二）拓本流传

国博所藏此拓本为清光绪三十二年（1906）北京帖贾发现于江苏省宝应县邗上成氏[2]故纸堆中；7月，此《刘熊碑》拓本为刘鹗（铁云）所得，刘铁云请好友罗振玉篆首并题跋，罗氏推此本为"海内第一本"；1907年3月，此本归端方，端方遍邀杨守敬、罗振玉、郑孝胥、李葆恂等诸多名家题跋此卷；辛亥革命爆发后，端方旧藏星散，此本又转归完颜衡永；1965年，衡永去世，此本由北京文物商店庆云堂所得；1966年，北京庆云堂将此本售归中国历史博物馆。

（三）拓本版本

国博藏《刘熊碑》碑阳拓本，分为上、下两片；中部有较大面积的文字残缺。由于传世较完整的拓本仅见国博本和故宫本两种，因此我们将这两种拓本进行了校勘。

故宫博物院所藏宋拓本《刘熊碑》，收购于1957年。在20世纪50年代，唐兰和马子云先生就将其列为故宫碑拓的顶级藏品："拓本流传只有两本，此为范氏天一阁旧藏，宋时黑墨精拓，定为珍品甲。此拓本原为剪粘本，后恢复整张。碑已残为两块，上段十五行，行十至十一二字不等。下段二十二行，行十至十一、二、三、四、五字不等。题签一，道光二十三年范懋政书。印章四，沈德寿秘宝二方，补兰轩金石图书记二方。"[3]由此可见，即便是善拓云集的大收藏单位，东汉《刘熊

[1] 柳向春：《〈汉酸枣令刘熊碑〉二题》，范景中、曹意强、刘赦主编：《美术史与观念史》（23—24），南京师范大学出版社2019年版，第437页。

[2] 乙之先生在其《海内第一本汉〈刘熊碑〉读后》一文中认为此成氏或为成静生家。见乙之著：《海内第一本汉〈刘熊碑〉读后》，《书谱珍藏本》（1974—1990，26，1979·1），上海辞书出版社2017年版，第22页。

[3] 柳向春：《〈汉酸枣令刘熊碑〉二题》，《美术史与观念史》，南京师范大学出版社2019年版，第439页。

图1　中国国家博物馆藏宋拓《刘熊碑》

图2　故宫博物院藏天一阁本宋拓《刘熊碑》

碑》拓本也是墨林至宝，备受学者专家们的珍视！

首先，将国博本上片拓本与故宫本（图2）对比来看，差别并不太大，主要差别在左上角，左起第十二行"载克成"之"载"字和第十三行"刻表诸来世"之"刻"字，国博本尚有笔画可辨，故宫本完全不可见。

其次，将国博本下片拓本与故宫本对比，二者差距则较为明显，第12行"自古在昔，先民有作"之"昔先民"3字故宫本残缺不全，国博本完整；第13行"式序在位，量能授宜"之"式序在位量能授"7字故宫本缺失，国博本除"量"字损泐较为严重之外，其他6字尚存；第14行"造设门更，富者不独逸乐"之"造设门更"4字故宫本缺失，国博本尚存。另外，下片拓本底部，第6行"循东里之惠"之"之惠"2字故宫本基本可辨，而国博本则残损不完；第7行"勤恤民殷，心顾下"之"心顾下"3字故宫本尚依稀可辨，国博本残缺不见；第12行"洪勋则甄，盛德刻表"之"甄盛德"3字故宫本缺失，国博本存。

综上来看，《刘熊碑》碑文中共有约19字国博本尚存，而故宫本缺失；另外，碑文中共有5字在故宫本中尚存，而国博本则缺失。由此可见，国博本和故宫本各有优长。

整体而言，国博本存378字，故宫本存364字，国博本存字较故宫本多出约14字。我们对这两种拓本所缺失的文字部分进行了辨析，发现其各自缺失之字并非是因为拓制时间早晚所导致，而是由于各自最终装裱前对拓本保存不善，才导致了部分拓本文字遗失。对比这两种拓本的文字及石花损泐细节来看，二者传拓年代接近。

（四）相关钤印

国博所藏宋拓《刘熊碑》拓本，全本钤印计约35枚。其钤印主要包括两大类，一类是拓本上的鉴藏钤印，另一类是题跋部分的落款钤印。

拓本上所钤鉴藏印共10枚，上、下墨心各5枚。上片墨心钤："铁云长寿"白文方印、"衡永寿同金石"白文方印、"湘南审定"朱文方印、"湘南墨缘"朱文随形印、"衡酒仙读碑记"朱文方印。下片墨心钤："酒仙长物"朱文方印、"酒仙之玺"白文方印、"铁云长寿"白文方印、"衡永长寿"白文方印、"酒仙所藏金石"白文方印。

这10枚鉴藏印的主人分别是刘鹗和完颜衡永二人，"湘南墨缘""酒仙之玺"等均为完颜衡永用印。

题跋相关钤印计约25枚，分别为罗振玉、王瓘、杨守敬、缪荃孙、李瑞清、张玮等题跋者所钤姓名、字号印。

（五）题签、题跋

《刘熊碑》卷轴有篆书题签（外签）一枚，为罗振玉于宣统二年（1910）为端方所题写："《海内第一本汉刘熊碑》。宣统二年冬，匋斋尚书命上虞罗振玉署题。"（图3）通过这个卷轴题签和卷轴内杨守敬于1907年3月所书题跋中"据陶公言，得此时尚是未装裱本"来看，这个卷轴应该是端方于1906年8月（王瓘为刘鹗题跋《刘熊碑》落款时间）至1907年3月（杨守敬为端方题跋《刘熊碑》最早落款时间）之间装裱完成，也就是说现在国博本宋拓《刘熊碑》卷轴的装裱形态是清末裱本。

通观此本，拓本题跋共计23则，我们依照题跋时间的先后顺序进行了全面整理。这些题跋可以分为三个时期，一是刘鹗收藏时期的题跋；二是端方收藏时期的题跋；三是完颜衡永收藏时期的题跋。其中，端方收藏时期的题跋最为丰富。

第一时期，即刘鹗收藏时期。

刘鹗（1857—1909），字铁云，江苏丹徒人，近代小说家，富于金石、甲骨收藏。撰有长篇小说《老残游记》，被称为"晚清四大谴责小说"之一。

刘鹗收藏时期，主要有罗振玉和王瓘二人在拓本上题跋。刘铁云视《刘熊碑》拓本为斋中至宝，在其《抱残守缺斋中头等碑帖》（残页）目录中，他列举了所藏珍贵拓本24种，其中多为孤本、初拓本、最佳拓本，而《海内第一本刘熊碑》列为第一！[1]罗振玉和王瓘先后为刘鹗所藏拓本书写题跋。

题跋一为罗振玉于1906年7月下旬所作楷书：

图3　国博本罗振玉篆书题签（外签）

汉刘熊碑海内第一本（篆书题端）。[2]《刘熊碑》，玉平生所见凡二本：一范氏天一阁本；一沈均初藏本。天一阁本于十七年前见之越中，不甚记忆，但记所存仅百余字。沈本存费西蠡许，存字较多，然神采殊乏，曩颇疑是复刻；且以纸墨观之，亦二百年物耳。至海内久著称之巴慰祖、江秋史、汪庸夫三家藏本，虽未得见，然翁苏斋双钩本，实会合三本而成，其存字二百四十有三，号称最多字。今此本存字，则较三家合摹本，多三之一，而精采焕发，足证沈本确是复刻！然则此本谓为"海内第一"，洵非夸矣。宋洪丞相著录是碑，讹字凡三："字孟□"之"孟"，碑作"孟"，洪讹"孟"；"不显"之"不"，碑作"不"，洪讹"不"；"勤恤民殷"之"殷"，碑作"殷"，洪讹"殷"。吾乡魏稼生先生尝据碑本校订《隶释》，章君硕卿欲将其稿本上木，当移书告之，将此三字并是正也。诗第一章"言协坟"，洪氏"言协"下缺一字，今谛审是"经"字。翁苏斋据巴本补洪氏缺字九，此本则于巴本九字外更增一字。诗第二章"鹤鸣一震"，洪书及翁钩本并同，今此本实是"鹤鸣上震"。"一震"本不辞，可见此字宋代已漫漶矣。翁氏《两汉金石记》著录此碑，写"核其妙行"之"妙"作"抄"，而反诬南原《隶辨》作"妙"从"女"非是，今此本实从"女""少"作"妙"，洪丞相著录亦然。汉碑书"妙"字有作"眇"者，而从"立"者绝未之见。良由翁氏仅见钩本，致有此讹，著录之不可不慎也如此。文内"鲁无君子，斯焉取旂"，与今本《论语》异文，而谊较

[1] 刘德隆、刘瑀著：《刘鹗年谱长编》，上海交通大学出版社2019年版，第712页。
[2] "题端或引首，在前附页上写的大字碑名或赞语，如是手卷则写于引首处。"见施安昌著：《善本碑帖论稿》，上海书画出版社2017年版，第283页。

长，翟氏《四书考异》未及征引，当据补。碑版之有稗于经训如此。光绪丙午七月下浣，铁公新得此碑，出以见示，为之篆首，并记数语，以记眼福。上虞罗振玉时同客京都。

末钤"臣玉之印"白文方印、"叔言"朱文方印。

罗振玉的这个题跋是国博本宋拓《刘熊碑》卷轴上最早的一则题跋，也是刘铁云新得拓本后的第一则题跋，由此可见刘铁云和罗振玉的交情匪浅（图4）。罗振玉果然没有辜负刘铁云的"慧眼识人"，他不负刘氏所托，通过翁方纲双钩本将刘铁云此本与沈均初、巴慰祖、江秋史、汪庸夫等人藏本比勘之后，认为其他诸家共存243字，而刘铁云此本存字比诸家藏本多出

图4　1906年刘鹗（右一）与王瓘（左一）、罗振玉（左二）、方若（左三）合影

三分之一，同时铁云此拓本"精采焕发"，验证了沈均初本实际为复刻本！所以，罗振玉认为刘铁云此本当之无愧地堪称"海内第一"！而这个论断也一举奠定了刘铁云藏宋拓《刘熊碑》的学术史地位。

题跋二为王瓘于1906年8月8日所作隶书观款："光绪丙午八月八日，铜梁王瓘孝禹观于都门。"末钤"王"朱文长方印押记一枚。

第二时期，即端方收藏时期。

端方（1861—1911），本为汉族，姓陶，满姓托忒克氏，字午桥，号陶斋，清末大臣、金石收藏家。官至直隶总督、北洋大臣。

在端方收藏时期，受邀题跋者最多，一时名流如杨守敬、罗振玉、张謇、郑孝胥、李葆恂、章钰、左孝同等十余人纷纷落墨题跋。

1907年3月9日和14日，杨守敬率先为此拓本书写题跋两则，这两则题跋后收入其文集中，见载于《杨守敬题跋书信遗稿》。在文集中，这两则题跋合为一处，名为《刘熊碑跋》[1]。

题跋三为杨守敬于1907年3月9日所作行书：

> 《刘熊碑》，明人尚有著录，是碑之亡，当在明之中叶。据陶公言，得此时尚是未装裱本，如天一阁之《华山碑》。然则此碑沉霾于故纸中且数百年，宜国朝金石家未经眼也。罗君叔蕴以《隶释》校之，有不合者三字。然刊《隶释》多讹，未便遽定为洪氏之误。余从日本得影摹十行宋刻《隶释》，惜未携行箧，不得一证其是否也，光绪丁未三月九日邻苏老人记于金陵节署。[2]

[1]　清·杨守敬著、杨先梅辑、刘信芳校注：《杨守敬题跋书信遗稿》，巴蜀书社1996年版，第24—25页。

[2]　"邻苏老人"，《杨守敬题跋书信遗稿》中作"杨守敬"。

末钤"杨守敬印"白文方印、"星吾审定"白文方印。

题跋四为杨守敬于同月14日所作行书：

前日忆《寒山金石林》有此碑，故以石亡于明代，今以《两汉金石记》考之，乃知顾南原《隶辨》所录之字，即从赵寒山拓本出，然是则赵亦以旧本著录，非其时原石尚存也。又覃溪言巴慰祖本亦是双钩，此外郑谷口天一阁本，皆不足二百字[1]；沈韵初本是重刻，然则此为南宋拓海内孤本无疑。覃溪谓"是碑隶法实在《华山》之上"，此语殊有微契。余曾于李眉生处见王山史本，流美整练，已开唐隶之先。此则纯古浑沦，实为中郎之遗，且《华山》海内尚有数本，此则少二寡双，语其珍秘，固应有轩轾之分也。十四日，守敬再记。

末钤"邻苏老人"朱文方印。

题跋五为罗振玉于1907年4月所作楷书：

此本去岁藏丹徒刘氏，曾留敝斋饱观三日。今归匋斋尚书，益为此碑庆得所矣。丁未四月道出金陵重拜观再题记。上虞罗振玉。

题跋六为张謇于1907年4月所作行书：

昔常临范氏天一阁本数十过，今见此本，肃然增敬，开窾不少。光绪丁未四月，张謇拜观并观。

末钤"吴国男子张謇"白文方印。

题跋七为郑孝胥于1907年6月所作行书：

图经茫昧失著龟，文字传讹苦异词。望古能持《王建集》，临池应信蔡邕碑。匋斋尚书命题，丁未六月孝胥用王建原韵。

末钤"太"朱文方印、"夷"朱文方印、"海藏楼"朱文长方印。

题跋八为李葆恂（图5）于1907年6月所作行书：

苍苔埋字土埋龟，风雨绢磨绝妙辞。不向图经中旧见，无人知是蔡邕碑。《题酸枣令刘熊碑》，王建。右诗见宋刻《王建集》第九卷。匋斋尚书近获此拓，命为题记，谨大书此诗于右，以谂来世。按：汉碑具书人名者，不三四见，最负书名如蔡中郎，当时穹碑巨制固应多有，而亦绝不一见，金石家以为恨，则往往悬拟附会以为重。如《夏承碑》以芝英体谓之中

---

[1] "皆不足二百字"，《杨守敬题跋书信遗稿》中脱"二"字。

图5 1901年端方（左一坐者）与李葆恂（右一执扇者）、
锡春臣（右二）、黄左臣（右三）、程伯臧（左二）合影

郎；《华岳庙碑》明署郭香察书，亦谓之中郎。（前辈谓察莅中郎之书，无论"察书"二字不概见，抑岂有不著书人而反著察书者耶？）[1]吾皆不敢附和。如《郭林宗碑》似最可信矣，然中郎止云撰文无愧色，不云书也，吾仍不敢遽谓之中郎。惟此碑以唐人据图经定为中郎，良可据依。盖唐去汉未远，古籍尚多，非灼然可信，必不轻为此诗。非嘉祐中张稚圭辄云据图题记者比也，然则此碑实古今第一可信中郎书，特是片楮沉埋故纸堆中几百余年，金石老学无一获寓目者，而葆恂获摩挲玩赏三日之久，且与公新得关中本《华岳庙碑》并几校观，自诩多生于楞严会上获眼根圆通不少，欢喜赞叹，辄纵笔题此，不自知其言之澶漫也。光绪丁未六月望，义州李葆恂题记。

末钤"子恂"朱文方印。
题跋九为章钰于1907年7月17日所作行书：

篆如李斯，隶如蔡邕，尚矣！匋斋师于上蔡遗迹搜罗殆尽，言先秦文字者推为渊薮。日者，又出中郎《刘熊碑》命读，目眩神夺，惟有赞叹！汉石经既归箧衍，此碑尤称希世之珍，伯喈有灵，庆得所矣！私尝持论以为古人亡矣，文字则其精神所寄，亡而未亡者也。苍茫寥廓中时时求一二贤主人以托其命，而惟与古为契、沆瀣如一者，则神交冥会，欣然投之，气机翕应，自然而然，匪第物聚所好之谓也！师主持风会于国粹，所寓竺者而屡守之，故海内大宝如百川赴壑，有迎无拒，此碑为当世学子所闻而未见者。门墙下士得从旁寓目，亦自幸墨缘之非浅矣。率臆书之，敬质观者。光绪丁未六月十七日，长洲章钰谨记。

---

[1] 括号内文字，题跋原文为小字。

题跋十为左孝同于1908年3月所作行书：

谷口（郑氏簠有拓本，竹垞曾见之）[1]寒山（《隶辨》中所有此碑之字，俱摹自赵凡夫藏本）与甬东（天一阁），久传妙迹互争雄。惊看照乘珠腾采，应出三家鼎足中（碑久不存，传拓极少，此本或即三家所藏之一）。摩挲玉轴眼频揩，古墨曾闻属伯喈（唐人王建有诗）。什袭双钩一残本，欲将享帚笑苏斋（翁覃溪所见仅巴俊堂双钩残本）。匋斋尚书命题。戊申三月，湘阴左孝同。

末钤"慇靖侯四子"白文长方印、"左孝同印"白文方印、"子异"朱文方印。

题跋十一为杨守敬于1908年3月所作行书：

前年但据罗叔韫谓亲见沈均初本，确是复刻，故深信不疑。今见沈本，的非复刻，但拓之在后耳。又以知余前跋谓是碑之亡，在明之中叶，寒山赵氏所录非必据旧拓也。宣统元年三月，守敬重观题。

末钤"杨守敬"白文方印。

杨守敬在题跋中谈了一点自己独特的看法，他最初听罗振玉讲沈均初本是翻刻本，并深信不疑，但是当他见到沈本后，又改变了看法，认为沈本并非翻刻本，只是传拓时间较晚一些而已。相比于罗振玉的详加比勘而言，杨守敬并没有说出自己看法的相关依据。

题跋十二为杨守敬于1908年3月所作行书：

洪氏所录，碑尚未断，而下截磨泐缺字却未核，故翁氏图之，每行字多寡不一。今以此整本计之，碑廿九行，行三十三字。翁图惟十二行、十四行、十六行、二十一行为得之，良以其未见整本故也。赵益甫驳翁图，前四行阙字失写，不知其自图每行三十二字，尚行失一字也。益甫好轻议前人，不自觉其武断。吾于《补寰宇访碑录》见之矣。宣统元年三月，守敬重观复题。时年七十有二。

末钤"杨守敬印"白文方印。

题跋十三为允升于1908年2月23日楷书观款：

宣统二年二月廿三日，徐世昌、铁良、李葆恂、升允同观于宝华庵。升允题。

题跋十四为志锐于1911年3月26日所作楷书：

---

[1] 括号内文字，题跋原文为双行小字。

宣统辛亥三月二十六日，陶氏博物馆同观者赵尔巽、荣庆、赵尔萃、陶葆廉、刘师培、赵世基、于式枚、李家驹、志锜、郑孝胥、袁克定、金还、叶景葵、许鼎霖、余建侯、孙桂澄。志锐题记。

第三时期为完颜衡永收藏时期。

完颜衡永（1881—1965），又名王衡永，字湘南，号"衡亮生""衡酒仙""寸园酒仙"等。

1911年11月，端方身故，其所藏《刘熊碑》拓本逐渐流落散佚；直至1918年，完颜衡永在碑帖市肆中得到此拓本并率先题跋。

题跋十五为完颜衡永于1918年所作楷书：

> 《季子孟阳碑》久佚，此拓雪堂称第一。未剪人间孤本存，赵宋精拓墨如漆。当年曾藏铁云家，后归宝华庵珍秘。戊午市肆碑忽见，斯时始识庐山面。虽然全豹未获窥，字多覃溪令人美。况是原拓易千金，朝夕临摹直到今。世间三本此为最（范氏天一阁本已付劫灰，巴慰祖本存字无此本多，其余沈均初、江秋史、汪庸夫等复刻本，皆不足论。翁覃溪藏双钩本号称字为最多，今较此本，比伊本多三之一矣）[1]，足慰多年好古心。酸枣残碑志原委，摊笺灯下借闲吟。长白完颜衡湘南未定草。

末钤"衡酒仙读碑记"朱文方印、"酒仙所藏金石"白文方印。

完颜衡永以藏主身份，认为沈均初、江秋史、汪庸夫等其他诸本"皆不足论"，且认为天一阁本已经不存于世，而巴慰祖双钩本源出天一阁本，存字较此本为少，完颜衡永遂推此本为当世最善之本。

题跋十六为胡嗣瑗于1934年4月10日所作楷书观跋：

> 康德癸未四月十日，玉牒溥忻、溥仲、江安傅增湘、侯官郭则沄、大兴恽宝惠、长白魁瀛、开州胡嗣瑗集寸园同观。嗣瑗题记。

题跋十七为溥修于1941年所作楷书观款：

> 康德七年五月，溥修观并识。

题跋十八为张玮于1961年冬所作楷书：

> 四十年前曾见《汉圉令赵君碑》，已叹观止。不意迟暮之年，又因稚簧许丈于酒仙斋中得见此碑，眼福不浅，八十光阴未虚度矣！辛丑大寒，敂园敬识。

---

[1] 括号内文字，原文作双行小字。

末钤"固始张玮儌彬"白文方印、"重游芹泮四渡沧溟"朱文方印。

以上十八则题跋皆有具体年份信息，故可以依次叙之。另有五则无落款年月的题跋，亦整理、附录于后。

题跋十九为程志和行书观款：

新建程志和敬观。

末钤"志和长寿"白文圆印。

题跋二十为俞陛云[1]楷书：

河朔贞珉失，炎刘宝刻携。郡名诤秀水，快事轶罩溪。迹已俞乡远，文应华岳齐。江亭怀雪夜，然烛更留题。曩岁曾题《雪夜看碑图》。德清俞陛云阶青。

末钤"阶青"朱文方印。

题跋二十一为李葆恂行书：

神物当天，历代宝之。摹刘文清题关中本《华岳庙碑》装本籤上书。李葆恂。

末钤"猛庵"朱文方印。

题跋二十二为缪荃孙楷书：

《酸枣令刘熊碑》，碑久佚。《集古录目》《金石录》《隶释》《宝刻丛编》《汉隶字原》《金薤琳琅》《寒山金石林》《隶辨》《两汉金石记》均著录考证，以《隶释》及翁记为最详。欧未见碑额，但据碑云君讳熊，字孟缺，广陵海西人，光武皇帝之玄、广陵王之孙、俞乡侯之季子，因名《俞乡侯季子碑》，并云当在扬州。洪氏见篆额，并据《水经注》定为《酸枣令刘孟阳碑》，言碑在酸枣，而正欧公碑名及碑地之误。洪述赵语，以熊为彪之弟，翁据熊方《补后汉同姓王侯表》，证熊当为彪之子，不得云彪弟。洪氏但执平封俞乡，又不知彪之封号，漫尔谓碑为误，殊为无据。所考皆确。洪又举王建诗、苏迈书胡戢之语，谓此为《刘宽碑》同，皆中郎书，建诗为不诬，洪独以为非。不知以为中郎书者，不仅王建一诗，唐张祐《题酸枣驿前碑》云："苍苔古涩字凋疏，谁道中郎笔力余。长爱当时遇王粲，每来碑下不关书。"更足为中郎书添一确据矣。酸枣，今延津，不知尚可踪迹否？江阴缪荃孙识。

---

[1] 俞陛云（1868—1950）字阶青，别号"斐庵""乐静""乐静居士"，晚号"乐静老人""存影老人""娱堪老人"，室名"乐静堂""绚华室"。浙江德清人，清末朴学大师俞樾之孙、俞平伯之父。光绪二十四年（1898）殿试中一甲探花，授编修；后任浙江省图书馆监督、清史馆协修。著《小竹里馆吟草》《乐青词》《蜀輶诗记》《诗境浅说》《诗境浅说续编》《唐五代两宋词选释》《乐静吟》《清代闺秀诗话》等。

首钤引首章"江阴"朱文长方印，末钤"荃孙"朱文长方印。

缪荃孙此跋主要谈论了以往金石学家们关于刘熊家世的讨论，他坚持认为《刘熊碑》为蔡邕所书。

题跋二十三为李瑞清楷书：

> 隶书，汉代独崇中郎，论者以《刘熊》为中郎书，然汉代书家多不题名，故评者如聚讼。或以偏旁损益以辨其为蔡书否，陋矣！大约汉代书家，多尚方整，而中郎一变从衡，时人遂相与惊异。且用笔微带章草法，观世称《夏承》《华山》为中郎书，可以悟蔡法矣。是碑体势近《史晨》，而其超逸则非它碑所及，朱秀水比之《衡方》，殆以臆度评之耶？匋斋尚书命题，李瑞清。

李瑞清这则题跋主要驳斥了将《刘熊碑》附会为蔡邕书的说法，他的依据与此前诸家不同，李瑞清从书法的用笔角度进行了辨析，在众多的题跋中别有新意，显示了其思考和看待问题的独特视野。

通过以上20多则题跋来看，诸家所论，集中在以下几个方面，一是碑主刘熊的身份；二是《刘熊碑》是否为蔡邕所书；三是《刘熊碑》的流传和著录问题。

在这张珍贵的拓本之上，罗振玉、杨守敬、缪荃孙、李瑞清等数十位金石学家、书法家、收藏家围绕这些问题展开了充分的讨论，也形成了晚清民国时期《刘熊碑》学术史和传播史的重要组成部分！

四、《刘熊碑》的金石学传播

《刘熊碑》自刻立之后，便备受金石学者和书画家们的广泛关注，北魏以后，代不乏人。由于拓片罕见，晚清民国的金石书画家们甚至以"双钩"的方式将《刘熊碑》钩摹出来，用以研究、收藏和朋辈师友间的馈赠。

（一）金石学家与《刘熊碑》

东汉末期，《刘熊碑》刻立于河南延津县北十五里的酸枣县城北。

北魏后期，郦道元（466—527）在其《水经注》中率先著录了《刘熊碑》的位置等基本情况。

唐代中期，诗人王建（765—830）作七言绝句《题酸枣令刘熊碑》："苍苔满字土埋龟，风雨销磨绝妙词。不向图经中旧见，无人知是蔡邕碑。"[1]王建据图经类地理类古籍之相关记载认为，此碑为东汉大书法家蔡邕所书。这一说法影响了1000多年，后世为此争讼不休。

同样生活于唐代中期的诗人张祜（约785—849）也作了一首关于《刘熊碑》的诗——《题酸枣驿前碑》："苍苔古涩自雕疏，谁道中郎笔力余。长爱当时遇王粲，每来碑下不关书。"从张祜的

---

[1] 唐·王建著、尹占华校注：《王建诗集校注》，巴蜀书社2006年版，第407页。

诗中，我们可以看出，在中唐时期，《刘熊碑》是"蔡邕书"的说法流传甚广，而对于这种说法合理与否的辨析则直到宋代才充分展开。

北宋治平元年（1064）六月五日，欧阳修为《刘熊碑》拓本写下了《后汉俞乡侯季子碑》的跋语，描述了碑文损泐情况，并认为《刘熊碑》"据碑文无卒葬年月，而其辞若此，似是德政碑"。[1]

成书于南宋乾道三年（1166）的《隶释》，是第一部较为全面、系统地整理和著录《刘熊碑》文字内容的金石学著作，并开创性地否定了前人的错误说法。作者洪适在《隶释》卷五首先整理了《刘熊碑》的碑阳和碑阴的文字内容，存字、缺字情况，悉录之如实，并且还对碑额残字也进行了描述；接着又回顾了此前郦道元的《水经注》、唐人王建诗以及欧阳修的《集古录跋尾》中的相关《刘熊碑》的内容，指出了《刘熊碑》的碑文书法既非"蔡邕书"，同时碑文内容文辞也并不是唐人王建诗中所说的"绝妙词"：

> 予谓此（《刘熊碑》）固汉隶之上品，似非中郎笔法！其文有云："七业勃然而兴，咸居今而好古。"其诗则曰："有父子，然后有君臣。"文律如此，难以谓之绝妙辞也！[2]

除此以外，洪适还指出《刘熊碑》碑文中关于刘熊的家世记载与传世文献《古命氏》《唐书宰相世系表》有出入，所以洪适认为碑文可能有刻错文字的可能。洪适的记载既详，辨析得力，同时又提出了新的问题，后世金石学家或采纳其说，或对其说展开讨论。可以说，在《刘熊碑》整个传播历程中，洪适是最全面地划定研究焦点的人，后人再也没有超越洪氏提出的这些问题范畴。南宋理宗时期（1205—1264）的刻书家、藏书家陈思在其《宝刻丛编》中记载了"汉酸枣令刘熊碑"，其内容皆节选自《隶释》中的相关记载。

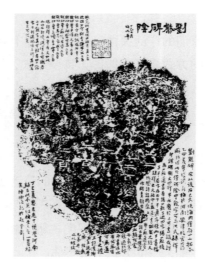

图6 《刘熊碑》碑阴残石拓本

图7 顾燮光《汉刘熊碑考》

[1] 宋·欧阳修著、李之亮笺注：《欧阳修集编年笺注》（七），巴蜀书社2007年版，第390页。
[2] 宋·洪适著：《隶释》，中华书局1986年版，第65页。

从唐人王建到宋人洪适，我们可以窥见，在金石学的研究和思考层面，宋代要远迈于前代。

明代万历年间的藏书家张萱（约1553—1636）在其学术笔记《疑耀》卷六中著"刘熊碑"一条，张萱表示赞同宋代洪适的观点，同时对《刘熊碑》并非"蔡邕书"进一步做了辅助论证："既非中郎之词，又安得云中郎之笔？盖东汉诸碑，流俗多以为中郎笔，犹王子敬好书《洛神赋》，故世一有《洛神赋》，辄以为子敬书耳。"[1]

1915年，金石学家顾燮光（1875—1949）于河南延津学舍重新访得《刘熊碑》碑阴残石一块，为此他还专门写了《汉刘熊碑考》一书，辑录前人对此碑的考证文字内容以及数十人题跋（图6、图7）。

中华人民共和国成立后，启功、王戎等先生将《刘熊碑》的相关问题形成定论，认定《刘熊碑》非"蔡邕书"，而是无名者书；而碑文中关于刘熊的家世记载基本是准确的，[2]算是回应了南宋洪适提出的问题，堪称千余年来金石学的"异代赏音"！

（二）书画家与《刘熊碑》

《刘熊碑》除了受到金石学家们的广泛关注之外，那些具有金石学背景的书画家们也纷纷临摹、研究、收藏相关传本，推动了《刘熊碑》研究的繁荣和深入。这其中，最具有代表性的人物就是巴慰祖和赵之谦。

1. 巴慰祖钩摹《刘熊碑》

巴慰祖（1744—1793），字隽堂，号予藉，安徽歙县人，清代徽派篆刻的重要代表人物，长于隶书。

乾隆四十六年（1781），巴慰祖将自己从武林（杭州）所得的《刘熊碑》拓本进行了"双钩"并付刊印，他在题跋中记载道：

> 《酸枣令刘熊碑》《隶释》载全文，欧、赵《录》《目》皆列，以后诸家乃未收入，盖碑久不存矣。顾南原谓寒山赵氏家藏拓本，惜未及见。兹本得于武林，文漫灭已不可识，其存者都计二百十七字……乾隆辛丑正月立春后五日，歙巴慰祖双钩毕并记。[3]

通过巴慰祖的记载可知，巴慰祖在1781年之前在杭州得到了《刘熊碑》的拓本，这个拓本存字约217字，巴慰祖于乾隆四十六年（1781）"双钩"完毕后付诸刊刻。

"双钩原是在无法获得真迹（或拓本）的情况下勾勒文字（或图像）的轮廓、聊存梗概的权宜之计。"[4]《刘熊碑》拓本传世极为罕见，因此，在金石学兴盛的乾嘉时期，"双钩"《刘熊碑》拓本成为一种新的"时尚"选择。据清末金石学家叶昌炽记载，晚清时期，"双钩"成为一种潮流："模勒古碑，古有响拓之法，今人辄喜用双钩。"[5]黄易、翁方纲、宋葆淳、费念慈、杨守敬

---

[1] 明·张萱：《疑耀》卷六，四库全书本。

[2] 王戎：《〈刘熊碑〉释读正误》，《考古》1993年第9期。

[3] 清·巴慰祖：《汉酸枣令刘熊碑》册后题跋，清刊本。

[4] 薛龙春著：《古欢：黄易与乾嘉金石时尚》，三联书店2019年版，第178页。

[5] 清·叶昌炽著、姚文昌点校：《语石》，浙江大学出版社2018年版，第315页。

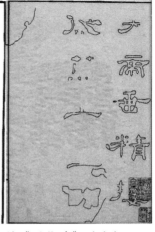

图8　国家图书馆藏《巴慰祖双钩汉酸
枣令刘熊碑》（册后题跋）

图9　国图藏巴慰祖双钩《刘熊碑》（左）、
翁方纲双钩《刘熊碑》（右）

等人都是这一时期"双钩"拓本的实践者，双钩本既可以用于师友间的馈赠、交换，也可以收藏、出版，极大地促进了金石资料的传播。

巴慰祖双钩《刘熊碑》以后（图8、图9），翁方纲又于嘉庆二十一年（1816）将巴氏双钩本、汪中（容甫）藏本、江德量（秋史）藏本等多种《刘熊碑》传本荟而萃之，形成了一个新的"双钩本"，共得碑文"凡二百四十三字"，比巴慰祖双钩本多出了26字。

2. 赵之谦"遭遇"《刘熊碑》翻刻本

赵之谦（1829—1884），初字益甫，后改字㧑叔，号悲庵，浙江会稽（今绍兴）人。清代著名书画家、篆刻家，也是清代碑派书法的重要代表人物。

同治二年（1863），赵之谦的好友沈树镛[1]在北京购得《刘熊碑》拓本，次年三月，赵之谦为之题记，并刊刻"均初藏宝"青田石朱文印（图10），赵之谦在边款中记载道：

> 旧藏宋砚一，后刻印，文曰："仲臣藏宝，盖倒语也。"均初得元拓《刘熊碑》，至宝也，因为摹此，用正意矣。无闷记。

同年，赵之谦为沈树镛依据天一阁本钩摹了《刘熊碑》拓本，是为《天一阁宋拓刘熊碑双钩本》。在给好友魏稼孙的书信中，赵之谦描述了自己钩摹《刘熊碑》的前因后果：

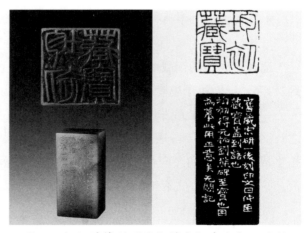

图10　赵之谦篆刻"均初藏宝"朱文印及边款

---

[1]　沈树镛（1832—1873），字均初，一字韵初，号郑斋，斋号有汉石经室、宝董室、灵寿花馆等。长于收藏，著有《汉石经室金石跋尾》《书画心赏日录》等。

《刘熊碑》世间无拓本，仅天一阁（此最古，多上列十五行，齐梅农双钩一纸，为均初得），汪容甫先生藏本、巴俊堂本皆无可问者。均初忽买到一本，真奇宝也！（明人剪裱本，价尚不昂，卅金。）因为重钩天一阁多字本，别存一册。尽半月之功，考证讹阙，雪中手木，强不知冷，近已装池矣。[1]

从这封书信中，我们可以看到赵之谦对金石学的痴迷，"雪中手木，强不知冷"！赵之谦对《刘熊碑》的兴趣，除了题跋拓本，双钩摹写之外，还体现在他先后多次临摹《刘熊碑》，将这通碑刻隽秀飘逸、雍容典雅的书风融入自己的艺术创作之中（图11）。

值得注意的是，沈树镛在北京所得的这部《刘熊碑》拓本，赵之谦在其"均初得宝"印章边款中认为是"元拓"；在给好友魏稼孙的书信中认为这个元拓本是"明人剪裱"而成。民国时期，这个沈藏、赵题本在1929年和1935年由中华书局两次影印出版，题名为《原石拓刘熊碑》。经过与国博本、故宫本校勘，我们认为，赵之谦所题此沈藏"元拓本"确实如罗振玉等人所言，"神采殊乏"，与国博本、故宫本气韵充沛、笔力浑厚的趣味悬若霄壤，沈藏本实为《刘熊碑》下半残石的翻刻本（图12）。[2]

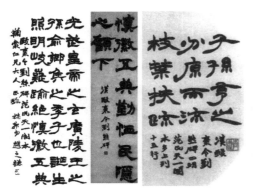

图11　赵之谦《临刘熊碑》[3]

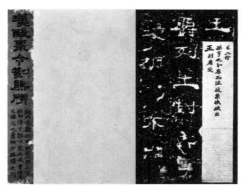

图12　赵之谦题、沈树镛藏《刘熊碑》拓本

一通《刘熊碑》，千载金石史。围绕东汉《刘熊碑》及其传本，在中国古代金石、书画历史上形成了一条清晰的传播脉络，我们通过梳理《刘熊碑》的研究历史，希望借以窥见中国金石学发展的一个侧面。

（作者系文献学博士、中国国家博物馆副研究馆员、文物定级专家、中国书法家协会会员）

---

[1]　邹涛著：《赵之谦年谱》，荣宝斋出版社2003年版，第131—132页。

[2]　沈树镛所藏拓本，其字画、笔势、笔意皆与传世原石拓本下半段有明显差异。张彦生、王壮弘均认为是翻刻本。见张彦生著：《善本碑帖录》，中华书局1984年版，第36页；清·方若原著、王壮弘增补：《增补校碑随笔》，上海书店出版社2008年版，第92页。

[3]　左图采自钟明善著：《中国书法史》，河北美术出版社2001年版，第473页；中图为上海博物馆藏，赵之谦节临《汉酸枣令刘熊碑》；右图采自倪文东著：《扇面书法百品》，世界图书出版公司2008年版，第66页。

千金顾谱秘石渠，铁画银钩北魏书

——谢磊明的印学收藏与篆刻艺术[1]

杨 庆

内容提要： 谢磊明系西泠印社早期社员，金石收藏家，所藏明代《顾氏集古印谱》六卷为海内孤本，收藏清明流派及西泠诸家印章众多，辑成《春草庐印存》六册。谢磊明篆刻在取法明清印人，浸淫浙、皖两派的基础上，主张上溯秦汉，形成了端凝淳朴、古雅俊逸的印风，独树一帜。其边款缩摹碑帖于印侧，累累百字，以刀为笔，神形具备，字字珠玑。谢磊明擅长款，其边款创作相对于印面而言具有独立的审美意识，迥出时人。此外，谢磊明的印学收藏与篆刻艺术还对蜚声近代印坛的方氏昆仲有着重要影响。

关键词： 谢磊明 边款 集古印谱 西泠印社

"谢光，字烈珊，一字磊明，号玄三，又号磊庐。永嘉人，刻印得徐三庚风致。富收藏，得上海《顾氏集古印谱》，为海内孤本，因名所居曰顾谱楼。著有《春草庐印谱（存）》六卷、《磊庐印存》五集。"[2]谢磊明（1884—1963）（图1）为西泠印社早期社员，以上为《西泠印社志稿》卷二所载谢磊明小传。谢磊明另有髯叟、春草庐、墨池居、顾谱精舍等名号斋称。中华人民共和国成立后，谢磊明曾任浙江文史研究馆馆员、温州市文管会委员等职。谢磊明旧宅两次遭受火灾，生平藏品及作品、著作大多被毁。因资料稀见，所以声名不显。事实上，谢磊明的印学收藏及篆刻艺术均有较高造诣，是一个被学界所忽视的重要印人。本文通过对谢磊明现存有限的印石、印谱、印拓资料，及相关史料的梳理，以期尽可能全面地还原谢磊明的印人形象。

图1 谢磊明先生旧照

一、谢磊明的印谱收藏与古印目鉴

谢磊明壮时经营盐业，曾任北洋时期温处道盐业署资深职员，家境富足，性嗜收藏，有"富甲

[1] 本文系2021年度国家社科基金项目"清代书法题跋文献整理与研究"（项目编号：21CF185）阶段性成果，并受中国博士后科学基金第69批面上资助（资助编号：2021M691256）。

[2] 余正编：《西泠印社志稿》卷二，浙江古籍出版社2006年版，第16页。

浙南""家中文物满坑谷"之誉。温州文化老人吴景文回忆："公之春草庐，位于温州市东北杨柳巷，为公自建之七间楼房，高敞清朗，占地二亩。外道坦（即天井）凿辟大池塘，旁栽花竹，中养游鱼，石笋罗列。内道坦筑有花墙，玲珑透巧，玉兰花发，香溢庭院。东南楼房，为公藏书写字刻印之大室，四壁均置自造高阔书厨拾多大只，珍藏印谱书画影印版本，琳琅满目，美不胜收，明窗净几，移暑忘归。"[1]黄宾虹曾三游雁荡山，期间专门前往春草庐观看谢磊明的藏品，黄宾虹《游雁荡日记》载："十七日，晤谢磊明，观书画杂器。"[2]民国乐清学者洪邦泰曾有《谢烈珊》一诗记载了谢磊明的好古生平，诗言："图书金石萃珍奇，晨夕摩挲意自怡。世正好新君好古，此心难语俗人知。"[3]

据张如元先生回忆谢磊明藏品多为吴廷康、郭钟岳旧藏[4]，可谓流传有序。吴廷康（1799—1888），字赞甫，一字康甫，号元生，又号晋斋、茹芝。安徽桐城人。"依据民国龚嘉俊修、李格纂的《杭州府志》记载，吴廷康同治三年（1864）出任杭州府司狱，光绪四年（1878）又出任杭州府税课大使，这段时间内他还在仁和县担任过典史等职。"[5]吴氏精金石鉴藏，与何绍基、俞樾交善。马其昶《桐城耆旧传》称其："性耆金石篆刻，多得古器，摹勒手题，几于家有之迹。尝以谓：汉、晋钟铭、印文、铜器、碑碣、瓦当之属，可一一取证砖文。"[6]有《慕陶轩古砖录》等著作。郭钟岳（？—1903后[7]），字叔高，号外峰，江都（今扬州）人。清同治年间，曾任温州司马，光绪年间任温州同知，光绪十九年（1892）代理乐清知县。工诗训，能鼓琴刻印，精书法，各体皆妙。著有《瓯江竹枝词》《东瓯竹枝词百咏》《东瓯小记》等。此二人去世后，生平所藏金石书画为家属悉数卖出，多为谢磊明所购得。[8]谢磊明的印学收藏主要有印谱和印章两方面：

1. 明代《顾氏集古印谱》孤本

谢氏藏品中当属吴廷康旧藏明代《顾氏集古印谱》六卷全本最为名贵。是谱为明代顾从德倩歙人王常集家藏及友好藏印而成，成谱于隆庆壬申年（1572），系原钤印谱之嚆矢。因仅钤成二十部，在明末已经罕见，现已逾四百年，终成秘笈。谢磊明藏《顾氏集古印谱》现学界已无法得见。据韩天衡先生《印谱九百年说》一文可知，是谱晚年传至谢磊明儿子谢博文手中，可能仍在上海，而韩天衡先生曾四次上门寻访未果。[9]后来笔者有幸结识谢磊明之孙谢波，谢波先生称是谱确实仍由谢氏后人秘藏，但如借观原谱须由分管钥匙的谢氏后人全部到场才行。关于谢氏后人，我们较熟悉者有谢秀云、谢秀之二女，分别嫁给了方节盦、方去疾兄弟。殊不知，谢磊明子嗣众多，夫人潘

[1] 温州市政协文史资料委员会编：《温州文化史料专辑·温州文史资料第18辑》，2004年版，第233页。

[2] 上海书画出版社、浙江省博物馆编：《黄宾虹文集·杂著编》，上海书画出版社1999年版，第596页。

[3] 洪邦泰：《洪邦泰集》，线装书局2009年版，第250页。

[4] 张如元：《金石有声——纪念谢磊明先生诞辰一百三十五周年书法篆刻展》前言，温州博物馆、衍园美术馆2019年版，第7页。

[5] 郭峰：《近代城市宫观与地方社会——以杭州玉皇山福星观为中心》，巴蜀书社2018年版，第81页。

[6] 马其昶著，毛伯舟点注：《桐城耆旧传》，黄山书社1990年版，第399页。

[7] 安徽师范大学中国诗学研究中心：《中国诗学研究》第17辑，安徽师范大学出版社2019年版，第148页。

[8] 张如元：《金石有声——纪念谢磊明先生诞辰一百三十五周年书法篆刻展》前言，温州博物馆、衍园美术馆2019年，第7页。

[9] 韩天衡：《印谱九百年说》，西泠印社编《世界图纹与印记国际学术研讨会论文集》，西泠印社出版社2018年版，第687页。

氏生育六儿三女（女谢秀云、儿谢博文、儿谢学文、儿谢宏文、女谢秀兰、儿谢达文、儿谢良文、女儿谢秀之、儿子谢加谊），二夫人史氏生育三儿三女[儿谢乃文、儿谢以文、儿谢永森（又名谢克文）、女谢秀菊、女谢秀慧]，孙辈则更多。其中，部分已移居海外，很难聚齐。所以，现在谢磊明所藏《顾氏集古印谱》较韩天衡先生寻访之时更难得见。

谢磊明藏《顾氏集古印谱》，现可从方介堪《明孤本顾氏集古印谱考》中窥见一二，其言：

> 是谱为隆庆五年（1571）云间顾汝修从德辑，黄姬水序。以"痰疾除永康休万寿宁"九字玉玺，冠于卷首，次君王印，次官印，次蛮夷印。二至六卷，皆私印，依沈韵四声为次序。其不可辨识者，与吉语印之类，则附于卷末。玉印列于铜印之前一叶，印泥亦较为鲜红；铜印所钤者，虽觉黯淡，然其字画甚明晰。每叶四行，行四格，上中钤印，印下空格备注释文。但印格上有未钤成者甚多，限于印数故也。[1]

罗福颐《印谱考》中也有谢氏藏《顾氏集古印谱》相关记载，可与方介堪文一同参看：

> 上海顾氏集印，黄纸墨格，原印朱拓，每叶横列印二排，四枚至六枚不等，格式与木板《印薮》同，前有黄姬水序，序前叶有木戳一方云："古玉印一百五十有奇，古铜印一千六有奇，家藏及借四方者，集印数年乃成，仅廿本。手印者、藏印者、朱楮者三分之，手印友随亦致病，斯谱有同秦汉真迹，每本白金十两。"[2]

谢磊明得谱后曾刻"谢光所得明顾光禄集古印谱""谢氏顾谱精舍"（图2）二印为念。边款分别记："民国十二年（1923）四月，磊明得明顾光禄集古印谱于栝苍。""明上海顾研山三世耆古，以其家所有之古玉印一百五十有奇，古铜印一千六百有奇，家藏及借四方者，集印数年乃成，仅廿本，为四百年来印谱第一宝迹。余得于栝苍许氏，系吴康甫少府慕陶轩物，获此全部，不胜欣幸，因筑精舍以藏之。民国二十年（1931）仲秋之月，磊明谢光并记。"可知，是谱谢磊明得于民国十二年四月，而谢磊明边款中提及"古玉印一百五十有奇，古铜印一千六百有奇，家藏及借四方者，集印数年乃成，仅廿本"云云，即从谱前木戳中内容直接摘

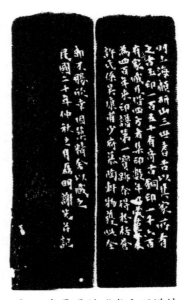

图2　谢磊明刻"谢氏顾谱精舍"朱文印及边款

---

[1] 方介堪：《明孤本顾氏集古印谱考》，载《上海新民报晚刊》，1948年10月29日。本文所引用方介堪《明孤本顾氏集古印谱考》、罗福颐《印谱考》相关文献，此前杜志强先生《关于顾氏〈集古印谱〉和〈印薮〉版本的初步考察》一文已经刊布，为本文提供了重要参考，谨致谢忱。

[2] 罗福颐：《印谱考》，墨缘堂1993年印本。

录。谢磊明边款还提及是谱为吴廷康旧藏，并得自栝苍许氏。关于谢磊明藏《顾氏集古印谱》的流传过程，方介堪文记载得更为详细：

> 初藏冯钝吟家，其释文即冯氏贤行所填者。嗣归吴氏康甫，有张叔未、瞿本夫、苏敦元暨吴氏诸人题识。后为丽水许一钧所得。许氏复质于某氏，某家失慎，攫斯本夺火出，未遭焚如亦云幸矣。事为吾乡谢磊明先生所闻，往访无所得，凡谋之数寒暑始入其手。[1]

冯钝吟即冯班，可知，是谱初为冯班旧物，印章下方释文为冯班手迹。后为吴廷康所藏，期间有张廷济、瞿中溶、苏敦元等人题跋，辗转至许一钧处，后又曾质于他人。谢磊明苦心谋划数年，最终从许一钧处购得。方介堪提及的张廷济、瞿中溶二跋，罗福颐《印谱考》亦有记载：

> 上海顾研山家合其三世所藏，再借诸友藏所有之秦汉铜玉印，印廿部之一也。吾家旧有一部（此是足本），未郡友人有二部，皆不全，此为吾金石至友吴康甫少府藏本，囊为冯定远物，可宝！可宝！道光壬辰八月十五日安砚于西湖汪氏水北楼，随笔书此，叔未张廷济，年六十五。
>
> 顾氏从原印印之廿本，余平生所见二本，一为吾乡故家所藏，一即叔未之本，皆不全补帙，今于康甫慕陶轩获见此全部，不胜欣慰，爰随笔题而识之。道光己亥四月十一日，缪珠老木中溶七十有一。[2]

从张廷济、瞿中溶二跋可以看出，《顾氏集古印谱》流入冯班处时已经是当时学界所知的唯一全帙，目鉴者深以为慕。民国十五年（1926）春，谢磊明将是谱交与方介堪，携之海上征诸名流题咏。现西泠印社藏有四卷不全本，系张鲁庵捐赠褚德彝旧藏本。褚德彝得见谢磊明所藏六卷全本后曾有题跋，是跋被张鲁庵先生抄录于褚藏四卷本的扉页上得以刊布，褚德彝言：

> 明《顾氏集古印薮》原本止廿册，墨林视为星凤，极不易睹。介堪携此见示，古色溢目，殊可宝贵。寒斋亦藏有四本，检出并几对勘，芝泥纸色无不吻合。余既得宝残册，复见完帙，窃幸古缘不浅也。[3]

与褚德彝相同，吴昌硕见到印谱，也惊叹不已，谓平生曾观金石书画珍品无数，但未获睹全帖《顾氏集古印谱》，深以为憾，暮年获睹此宝物，以为宏福。[4]另据吴景文《谢磊明珍藏秘籍记》可知，方介堪沪上一行，至少征得吴昌硕等数十人题记，其他跋言，惜已难见全文。抗日战争期间，因温州屡遭敌机轰炸，谢磊明不得已将是谱寄存于沪上长婿方节盦处。时张鲁庵先生愿以黄金

---

[1] 方介堪：《明孤本顾氏集古印谱考》，载《上海新民报晚刊》，1948年10月29日。

[2] 罗福颐：《印谱考》，墨缘堂1993年印本。

[3] 郁重今编纂：《历代印谱序跋汇编》，西泠印社出版社2008年版，第4页。

[4] 戴家妙：《谢磊明传·评》，余正主编：《西泠百年印举》，浙江古籍出版社2003年版，第151页。

一市金求购，谢磊明未允割爱。

从诸家题跋可知，谢磊明藏《顾氏集古印谱》确为六册全秩，且为当时可见的唯一全本。韩天衡《上海〈顾氏集古印谱〉刍议》一文认为谢磊明藏本是天下无二的孤本，并呼吁相关文管部门对是谱予以关注和保护。[1]有学者发现了顾氏集古印谱的其他足本，如孙向群《关于上海顾氏〈集古印谱〉初拓本的考察》一文指出上海图书馆藏顾浩旧藏本为足本（图3），十二册，墨拓本[2]，无释文，有沈明臣序言，孙先生认为此本为廿本之一。然郁重今先生在《顾氏集古印谱》序跋前言中曾提及：

> 此谱全秩应是六册，仅一次以朱泥钤成二十部。至于称墨渡卷册者，拟是《印薮》锓板底稿剩余篇什，揆之序文、凡例，自无疑义。[3]

图3　《顾氏集古印谱》顾浩旧　　　　　　图4　谢磊明书丁敬印跋书法斗方
藏本卷首书影

上海图书馆藏本顾浩旧藏本为足本已十分难得，但由于其为十二册，且为墨拓等特征，是否为《顾氏集古印谱》祖本似乎尚有争议。杜志强《关于顾氏〈集古印谱〉和〈印薮〉版本的初步考察》一文发现蓟县王绍尊藏本亦是足本，这为《顾氏集古印谱》相关研究提供了重要资料。但是，王绍尊藏本为卷轴形制，卷首有《顾氏印薮》题签，显然不在"廿本"之列。此外，韩天衡先生还指出谢磊明藏本前无沈明臣序言，为重要的学术问题[4]，这也恰恰证明了谢氏藏本所独有的学术价

[1] 王宏、韩国权编：《天衡艺谭》，天津古籍出版社1996年版，第73页。

[2] 杜志强先生认为该谱所用墨拓材料是一种有类于印刷用墨的水性物质，而非后来使用的印泥类油性物质。见杜志强《关于顾氏〈集古印谱〉和〈印薮〉版本的初步考察》，《第二届"孤山证印"西泠印社国际印学峰会论文集》，西泠印社出版社2008年版，第428页。

[3] 郁重今编纂：《历代印谱序跋汇编》，西泠印社出版社2008年版，第2页。

[4] 韩天衡：《印谱九百年说》，西泠印社编：《世界图纹与印记国际学术研讨会论文集》，西泠印社出版社2018年版，第687页。

值。这样看来，谢磊明藏《顾氏集古印谱》确为弥足珍贵的孤本。

2. 明清流派及西泠诸家印石

谢磊明藏印甚夥，关于其藏印数量，有两种说法流传甚广。其一，谢磊明拟编《磊庐藏印》，请方介堪为其誊录印章边款文字耗费近两年时间。其二，谢磊明晚年好将自己的藏印内容及印跋写成书法斗方，此类印跋主题的书法斗方（图4）竟有千幅之多。[1]由此观之，谢磊明藏印数量当较为可观。1919至1925年间，方介堪被谢磊明聘至家中整理藏品并做分类编目等工作，长达六年。可以想见，这一时期，谢氏藏印已有一定规模。谢磊明的印跋系列书法斗方创作，有千幅之巨自毋庸置疑，但这部分印跋斗方涉及的西泠诸家印章却非均为自藏。衍园美术馆所藏谢磊明印跋斗方系列书法作品，内容与梁溪秦祖永辑《七家印跋》内容高度重合，且谢磊明在部分印跋斗方作品中钤盖"磊明手写七家印跋"白文印。可以想见，谢磊明这批印跋斗方当据《七家印跋》一书创作而成。

图5　谢磊明辑《春草庐印存》扉页方介堪题字

图6　谢磊明辑《春草庐印存》首页张鲁庵鉴藏印

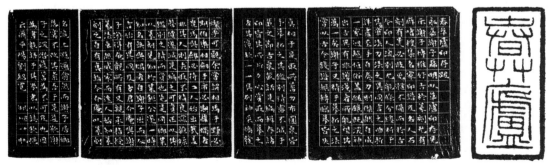

图7　谢磊明刻"春草庐"朱文印，边款录刘绍宽《春草庐印存跋》

[1]　张如元：《金石有声——纪念谢磊明先生诞辰一百三十五周年书法篆刻展》前言，温州博物馆、衍园美术馆2019年版，第8—9页。

当然，《七家印跋》涉及印章数量远不及千方，谢磊明藏印数量究竟几何尚未可知。

谢磊明曾将其藏印辑成《春草庐印存》一谱。是谱有西泠印社藏本，六册，原钤，每页一印，视边款多寡增加页面，多面印亦钤于一页。开本高29厘米，宽14厘米。板框高13.5厘米，宽8.2厘米。书口上刻"春草庐印存"数字。扉页题"鲁盫吾兄惠存，庚午冬月，方岩持赠"。钤"方介堪"朱文印。（图5）无序跋。首页为唐寅"黄绢幼妇外孙齑臼"白文印，右注"永嘉谢光磊明氏集"。板框右下角钤"鲁庵所藏"白文印（图6），可知，是谱由方介堪赠予张鲁庵，后由张鲁庵捐至西泠印社。是谱前当有刘绍宽序跋，谢磊明曾刻"春草庐"朱文印，边款录跋文全篇（图7），文曰：

> 永嘉谢子磊明以《草庐印存》见示，谢子博雅好古，于篆刻尤有癖嗜。搜集名家印谱及名人石刻，有美必收，无体不备，而于古今印人流别，尤能条分缕析，于其章法刀法之异同言之，曲折详尽。至手自奏刀，则杰然自成一家，迥越恒俗。盖酝酿既深，神出古异，有非谫浅者，所能望其万一矣。谢子又精于摹拓之法，尝以古今钱谱辗转临摹，皆失真相，于是取所蓄刀布圆泉，皆手摹拓之，其鉴别精审，不减于戴文节《古泉丛话》。是编辑存诸印皆其所昕夕心赏，取而摹之者。其边款一一具列，神采焕发，灿乎可观。余尝谓：相马于野必期伯乐，相剑于市必期薛烛者。岂马与剑必待二人始出哉？盖非其人则去取不精，良窳杂糅，声价遂减。是编之可贵，正以其鉴别之精而贵也。先是同乡某以篆刻见知于某巨公，遂一时知名无与偶者。自谢子出，而人言始有异同。及方君介庵与谢子游，得奄观所有，又亲承指授篆法，卓然成家，而后人始知篆刻之自有诣。今介庵以篆刻名沪上，遐迩翕然，而谢子居乡落寞不改其素，吾于是益叹，谢子之深潜蕴蓄，为不可及也。因为书数语于其卷末，以志钦挹云尔。平阳刘绍宽。民国十九年十一月。[1]

刘绍宽此跋客观评价了谢磊明的印学鉴藏、篆刻艺术、摹拓技艺等方面的成就，并论及谢磊明对方介堪先生的影响。在印学鉴藏方面，尤其肯定了谢磊明的鉴别能力，称其所藏印章既精且贵。从刘绍宽题跋落款时间看，是谱当辑于民国十九年（1930）左右。谢磊明生于1884年，卒于1963年。此时，谢磊明才45岁，正值青年。所以，是谱收录印章，应该仅是谢磊明生平藏印的部分而已。

《春草庐印存》西泠印社藏本收录藏印情况如下（详见附录）：第一册，唐寅1方，文彭6方，陈鸿寿2方（有文彭旧款），何震1方，丁敬1方，鲍言1方，钱松1方，江尊1方，闵沄2方，程世勋1方，佚名（无款）2方，计19方；第二册，赵之琛8方，陈祖望7方（图8），徐三庚8方，赵之谦1方，章太炎1方，伯庸（待

图8　陈祖望刻"年少仙人王子晋风流词客杜樊川"朱文印，《春草庐印存》第二册

---

[1]　谢磊明：《磊庐印存》，西泠印社藏。

图9 赵穆刻"何氏家藏章"白文印，《春草庐印存》第四册

考）1方，计26方；第三册，老信（待考）1方，陶计椿7方，沈宗昉4方，谢庸2方，马衡2方，潘飞声1方，曹重庆1方，陈祖通1方，老铁（非赵穆，待考）1方，赵石1方，简松筠1方，方樏（待考）1方，莫松（待考）1方，计24方；第四册，项瑞16方，刘眉伯4方，许传霈2方，方鸎1方，朱士骧2方，计25方；第五册，钟以敬10方，赵穆14方（图9），王福庵2方，陈霖1方，计27方；第六册，郭钟岳8方，张小符1方，曾衍东4方，吴昌硕3方，徐星周6方，丁尚庚3方，唐醉石2方，计27方。合计涉及印人46人次，印作148方。其中，明代唐寅、文彭、何震，清代赵穆、陈祖望，西泠丁敬、陈鸿寿、赵之琛、钱松诸家印作最为难得，时人珍如拱璧。吴昌硕、赵之谦、徐三庚，钟以敬、徐星周亦均是一时名流，价值不菲。谢磊明以一己之力，搜集如此规模的明清流派及西泠诸家印作实属不易。从部分印章内容及上款可知，谢磊明藏印部分得自许一钧处，其中沈宗昉4方印石、陈祖望7方印石，或均为许一钧所有。

1947年、1948年国民党政权崩溃前夕，民生艰难，谢磊明不得已通过方节盦在上海变卖部分藏品。谢磊明还曾把多年收藏的西泠四家印章也交托方节盦，希望能做成印谱。始料未及的是，方节盦1951年突然因脑充血去世，印谱最终未能刊行。[1]20世纪30年代和1948年，谢氏住宅曾两遭火灾，大量藏品被烧毁，从存世谢磊明旧藏印章及部分抢救下来的印谱来看，均有明显过火痕迹。谢磊明藏印大部分或已不存。谢磊明去世后，部分剩余藏印或归方去疾及谢氏后人所有，想必现在已经散落各方。

二、谢磊明的篆刻取法及风格

谢磊明一生刀耕不辍。民国二十四年（1935），曾由宣和印社印行《谢磊明印存初集》，封面有王福庵"谢磊明印存初集"隶书题签（图10），"乙亥夏日，福厂题"款，钤"王禔"白文印，内封有赵叔孺"谢磊明印存初集"小篆题字（图11），"乙亥秋月，叔孺赵时棡"款，钤"赵叔孺"白文印；《谢磊明印存二集》，封面有楼辛壶"谢磊明印存二集"隶书题签（图12），"乙亥秋日，辛壶题眉"款，钤"楼虚"白文印；内封有丁辅之"谢磊明印存二集"小篆题字（图13），"鹤庐丁辅之题于海上，时乙亥中秋"款，钤"鹤庐"朱文印。初集、二集谱末均有版权页，二集版权页上刊有《永嘉谢磊明篆隶铁笔润格》一则。是谱板框粗线日字格、田字格、六格墨刷，板框高16.5厘米，宽11.3厘米。初集14页，除内封和版权页外，12页钤印，每页正反钤印2至12方不等，部分印下有边款，计76方。二集14页，除内封和版权页外，12页钤印，每页正反钤印2至12方不等，部分印下有边款，计84方。初集、二集共录印160方。民国三十六年（1947），又自辑有《磊庐印存》四册，原钤本。《磊庐印存》有西泠印社藏本，开本高29厘米，宽18厘米，板框高17.6厘米，宽10.5厘米。扉页有王福厂题："磊庐印存，磊明道长嘱题，持默老人王福厂。"钤"持默

---

[1] 张如元：《金石有声——纪念谢磊明先生诞辰一百三十五周年书法篆刻展》前言，温州博物馆、衍园美术馆2019年版，第10页。

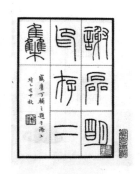

图10　王福庵题写《谢　　　图11　赵叔孺题写《谢　　　图12　楼辛壶题写《谢　　　图13　丁辅之题写《谢
　　磊明印存初集》封面　　　　磊明印存初集》内封　　　　磊明印存二集》封面　　　　磊明印存二集》内封

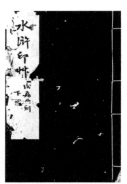

图14　《磊庐印　　　　　　　图15　《谢磊明印　　　　　　图16　《水浒印草》
　　存》内封　　　　　　　　　痕》封面　　　　　　　　　　　封面

翁"白文印，"王福厂七十后书"朱文印。（图14）书口上刻书名，下刻"永嘉谢磊明鉴拓"。
第一册36页，计27印；第二册35页，计27印；第三册35页，计11印；第四册44页，计29印，总计94
印，印章涉及西泠八家印跋等主题内容，每一印均为多面多字边款，且为小楷长款。西泠印社另藏
有《谢磊明印痕》（《毛主席诗词印谱》）（图15）一册，原钤本。开本高28厘米，宽18厘米，无
板框。封面有童衍方先生题签："谢磊明印痕，辛巳之春晏方题。"钤"晏方私印"白文印。扉页
钤"东瓯方去疾"朱文印。是谱30页，计28印，均为谢磊明刻毛泽东诗词系列印章，印面多为诗词
名，边款为诗词全文，且边款多为篆隶书。从边款纪年时间来看，多为1958年所刻，个别为1959年
刻。谢磊明另自辑有《磊明印玩》、《月令印谱》、《十二花神印玩》、《雁荡山印集》、《水浒
印草》（图16）、《唐宋诗词印谱》、《选团结报诗词》等印谱，多为编未梓本。1984年，上海书
画出版社《现代篆刻选辑》第五辑合丁尚庚、陈衡恪、谢磊明为一册刊行。由于谢磊明藏品及部分
自刻印石、自辑印谱损毁严重，除西泠印社、温州市图书馆等少量文博单位，及部分私人藏家所藏
外，几乎不存。尽管如此，我们从其存世印谱及印石可知，谢磊明篆刻至少涉及西泠八家印跋、水
浒人名、红楼梦人物、雁荡山胜景、十二花神、毛泽东诗词、郭沫若诗词、鲁迅笔名、唐宋诗词等
多种主题创作，其子谢宏文《先父生平琐记》称其治印数千方当真实不虚。
　　《西泠印社志稿》称谢磊明"刻印得徐三庚风致"，林乾良在《西泠群星》一书中予以质疑：

图17　谢磊明刻"谢
光印信"白文印

图18　谢磊明刻"温州谢
光字磊明之印"朱文印

图19　谢磊明刻"面山背水一
萧斋"白文印，边款记："拟
完白山人篆法。"

图20　谢磊明刻"二十余年成
一梦，此身虽在堪惊"朱文
印，边款记："赵次闲先生有
此刻，己卯九月磊明仿制。"

"谢氏的印作，属传统一路，但并不纯出哪一家。"[1]从其存世印石及印谱看来，林先生所言不无道理。谢磊明确曾学习过徐三庚，其所治"永嘉谢光之印""谢光印信"（图17）"温州谢光字磊明之印"（图18）等均是典型的徐三庚风格，但我们不难发现，这批徐三庚风格印章多收录于宣和印社1935年所刊行的《谢磊明印存》（初集、二集）内，而在谢磊明于1947年自辑《磊庐印存》中则极为罕见。1936年，谢磊明年仅52岁，可以说徐三庚风格仅是谢磊明早期的印风之一。谢磊明篆刻面目较多，能够看到吴让之、邓石如、赵之谦及赵之琛等不同风格，如"不怨不尤"印，边款记："磊明拟让之法。""面山背水一萧斋"印，边款记："拟完白山人篆法。"（图19）"天道忌盈人贵知足"印，边款记："赵㧑叔大令有'天道忌盈人贵知足'一印，别饶古趣，兹仿其意，识者鉴之。""二十余年成一梦，此身虽在堪惊"印，边款记："赵次闲先生有此刻，己卯九月磊明仿制。"（图20）等等。谢磊明还有摹写印谱的经历，有手摹《近鄦斋印存》墨稿（图21）存世，这均是谢磊明篆刻大量仿古的表现。但是谢磊明并不满足于临习古人，其"浑然"印边款（图22）言："太极未判天地之气浑然。秦汉故物金石之气浑然。唐六如题'绝妙好辞'篆刻后云：两汉模糊气浑然，宋元工整及鲜妍。此中妙处从心会，俯仰随人最可怜。余每仿古，辄有俯仰随人之意，不能浑然，盖因会心少为可愧也。爱篆二字置之座右以自励。磊明制。"[2]谢氏认为"随人最可怜"，在"仿古"的基础上，应该自成面目，达到浑然之境。而关于"浑然"，其边款中所述"秦汉故物金石之气浑然"，或正是其篆刻艺术的追求。谢磊明曾刻有"溯源仓籀订斯邕"一印，这便不难理解谢氏篆刻中常见秦汉古籀的现象了。此外，谢磊明所刻"演音"印边款记"磊明拟秦小玺"，"天门一长啸"印边款提及"仿汉凿铜法，作此印"，亦可证明其篆刻有取法秦汉印章的实践。谢磊明还曾于刘庆祥所刻"寿宸私印""千万"两面印上补刻跋款，款中摘录仲陶题《铁耕

[1]　林乾良著：《西泠群星》，西泠印社出版社2000年版，第133页。

[2]　谢磊明：《磊庐印存》，西泠印社藏。

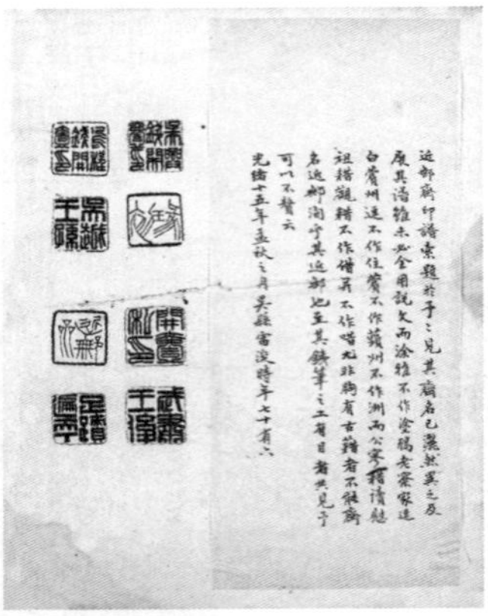

图21　谢磊明手摹《近鄦斋印存》墨稿

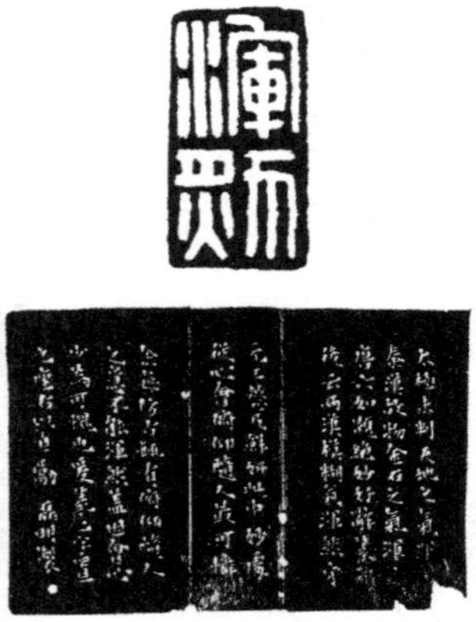

图22　谢磊明刻“浑然”白文印及边款

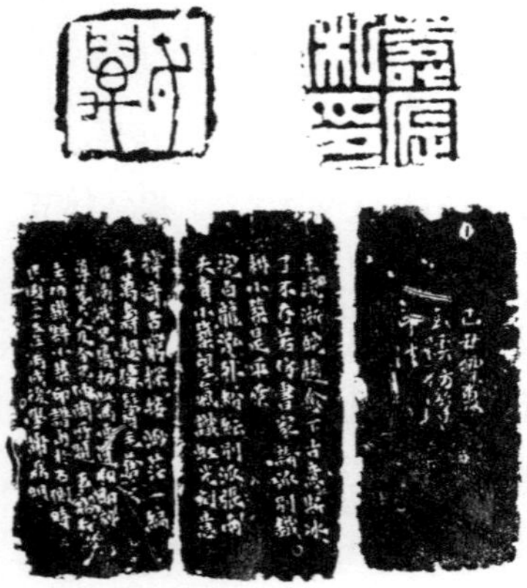

图23　刘庆祥“寿宸私印”“千万”两面印及谢磊明补刻跋

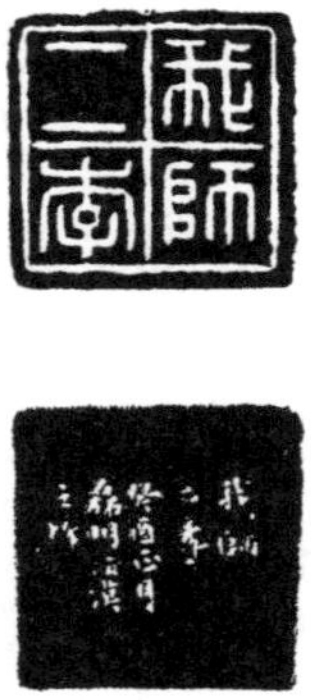

图24　谢磊明刻“我师二李”，款：“我师二李，癸酉正月，磊明仿汉之作。”

小筑印谱》跋言，其中“末流浙皖赵愈下，古意斯冰了不存”句（图23），与其自刻“我师二李”印（图24）（李阳冰是李斯的继承者）同调，均是其本人篆刻上溯秦汉诉求的体现。在谢磊明存世印作中，我们还能看到部分临习明代何震的印作，有论者认为谢磊明篆刻受明人影响亦不无道理。可以说，谢磊明在对明清印人的学习基础上，上溯秦汉，追求金石浑然之气，形成了自己独特的篆刻风格，这在其1947年自辑《磊庐印存》中已有充分表现。关于谢磊明成熟篆刻风格，林乾良曾以“固守端凝、谨严、淳朴一路，不求华丽，反对粗犷、怪异与斑驳”总结[1]，戴家妙《谢磊明传·评》称其：

> 所作白文印，用刀爽利，光洁平直，淡雅静谧，有君子之风。所作朱文印，兼有邓、吴、徐三家风采，婉转流利，婀娜多姿。偶亦用大篆入印刻朱文，颇见己意。[2]

[1]　林乾良著：《西泠群星》，西泠印社出版社2000年版，第133页。

[2]　余正主编：《西泠百年印举》，浙江古籍出版社2003年版，第152页。

孙洵《民国书法篆刻史》评曰：

> 谢氏以冲刀刻印，线条坚挺俊逸，布局匀称工稳，力求在平淡中追逐淳古高雅之趣，绝不狞厉离奇。此平淡绝非平庸，而是在静中蕴动，在细微、缜密中体现方寸之虚实，在线质的舒展中阐发缕缕情思，耐人寻味处，妙在作者追逐的平淡之中，若佳茗沏茶，色淡而味醇厚。[1]

此三家之言基本概括了谢磊明成熟印风特征，较为中肯。可以说，谢磊明篆刻早年虽受明清印风影响，浸淫浙皖，但是其后上溯秦汉，古雅俊逸，虽未能形成流派性影响，但其主张复古秦汉，与时风迥异，亦是一股清流。

谢磊明还常以草书入印，时见章草笔意，自然成趣，其所作水浒传人物印玩系列双面印，一面多以篆书入印，另一面则多用此法，曾自辑草书部分成《水浒印草》一谱，颇可玩味。谢磊明又刻有部分细朱文小印（印面长宽1.5厘米左右），这类印章结字方整，线条爽利，别开生面，"瓣香南田""托兴毫素""悠然见南山"诸印即是如此。

三、谢磊明碑帖缩摹入款行为及其边款特色

谢磊明篆刻艺术由"仿古"致"浑然"的过程，在其边款创作中也有所体现。谢磊明擅以经典碑帖缩摹入款，长篇累牍，以刀为笔，点画逼真，神采奕奕，别具一格。其临碑者，如"张黑女"印（图25），边款缩摹《魏故南阳张府君墓志》，并明确指出"用勒碑法缩临"，有好事者将其与原碑进行对比，称"得原刻神形之八九，真令人叹为观止"[2]；又有"董美人"印（图26），边款缩摹《董美人墓志》；"张贵男"印（图27），边款缩摹《隋邯郸县令蔡府君故妻张夫人墓志铭并序》；"李富嬢"印（图28），边款缩摹《大隋左武卫大将军吴公李氏女墓志》；"蝉蜕龙变"印，边款缩摹《汉太中大夫东方先生画赞》；"常丑奴"印（图29），边款缩摹《隋都督荥泽县令故常府君墓志》等。其临帖者，如"愿把兰亭比美人"印，边款缩摹东阳何氏定武本《兰亭序》，并保留了将原帖增补"崇山"二字的章法，笔法亦生动传神，如见笔墨；又有"书临大令十三行"印，边款缩摹王献之《大令十三行》；"草书曾悦圣明君"印，边款为缩摹汉代张芝《冠军帖》；"东坡居士集归去来辞诗"印，边款缩摹苏轼《晚香堂帖》（图30）；"天根月堀之巧牛鬼蛇神之奇"印，边款缩摹董其昌《秣陵旅舍送会稽章生帖》（图31）；"江流有声断岸千尺"印，边款缩摹文征明《后赤壁赋》。细审谢磊明所缩摹碑帖，楷书碑刻，单刀刻就，如对原碑，无一差讹；张芝、二王、苏轼、董其昌、文征明等行草入款，各得其神，绝不雷同，其墨拓宛如刻帖，惟妙惟肖。孙洵先生称"见其边跋如临法帖，字字珠玑，笔笔生辉，气宇不凡"[3]，当为确论。

一直以来，边款被用于记载刻印内容、时间、地点、作者等信息，以实用性为主，很大程度上依附于印面而存在。值得注意的是，在谢磊明的篆刻艺术中，边款具有独立的审美性，其对边款的

---

[1] 孙洵著：《民国书法篆刻史》，上海交通大学出版社2011年版，第329页。

[2] 王家葵著：《近代印坛点将录》，山东画报出版社2008年版，第368页。

[3] 孙洵著：《民国书法篆刻史》，上海交通大学出版社2011年版，第329页。

图25　谢磊明刻"张黑女"印，边款缩摹《魏故南阳张府君墓志》

图26　谢磊明刻"董美人"白文印，边款缩摹《董美人墓志》

图27　谢磊明刻"张贵男"朱文印，边款缩摹《隋邯郸县令蔡府君故妻张夫人墓志铭并序》

图28　谢磊明刻"李富孃"白文印，边款缩摹《大隋左武卫大将军吴公李氏女墓志》

图29　谢磊明刻"常丑奴"白文印，边款缩摹《隋都督荥泽县令故常府君墓志》

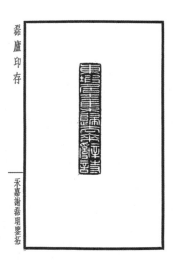

图30　谢磊明刻"东坡居士集归去来辞诗"白文印，边款缩
摹苏轼《晚香堂帖》

图31　谢磊明刻"天根月堀之巧牛鬼蛇神之奇"白文印，边款缩摹董其昌《秣
陵旅舍送会稽章生帖》

图32　谢磊明缩摹《曹全碑》

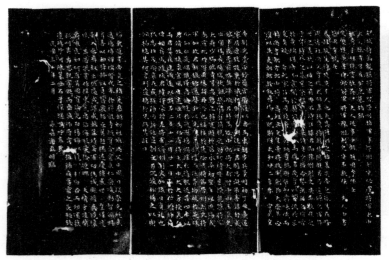

图33　谢磊明缩摹《魏龙骧将军崔公敬邕墓志铭》及碑额

关注远超前人。如其缩摹《曹全碑》入边款（图32），仅见《曹全碑》栩栩如生镌于印侧；又如其缩摹《魏龙骧将军崔公敬邕墓志铭》入边款，该印甚至以顶款形式摹刻了原碑的篆书碑额，（图33）却也未见印面。另其摹刻《何子贞先生藏小字麻姑仙坛记》所用印侧共计八面，分"见东海三为桑田"（图34）"海中行复扬尘"（图35）二印完成；其所刻《长恨歌》边款亦是如此，分"在天愿作比翼鸟""在地愿为连理枝"二印完成；其存世"谢光印信"印，四面印侧满刻陈师曾《篆刻小识》竟是未完稿，想见亦是分作多印完成。由此可见，谢磊明已经大胆突破了一印一款的传统。谢磊明的篆刻创作中，边款的艺术性已经超过实用性，边款具有与印面相同甚至更高的审美意识。

谢磊明在篆刻创作中，会刻意发挥边款的可创作性，故而多作长款。上文提及谢磊明以《七家印跋》内容创作书法斗方作品。谢磊明亦有大量西泠七家印跋系列印章，其中存世的如黄易"一蓑烟雨意吴松"（图36）、陈鸿寿"心香"（图37）、丁敬"赏雨茅屋"（图38）等印，印侧均以楷书刻录所仿印章的原跋，这或是其增加边款内容的一种方法。谢磊明常在边款中录以长文，其"出师一表真名世""千载谁堪伯仲间"二印，边款分别镌刻《诸葛亮前出师表》《诸葛亮后出师表》二文，洋洋洒洒，密密麻麻。谢磊明另有十二花神系列创作，以每月花名及其代表人物入印面，印侧则以相应诗歌入款；又有唐宋诗词、毛泽东诗词系列创作，以诗词或词牌名称入印面，印侧以诗词内容入款，均是着眼于边款内容的系列创作。谢磊擅作长款，故曾创作较大尺寸印作，如"滄经养年"（图39）"野竹上青霄"等印面尺寸可达五厘米左右。

谢磊明边款创作中，最令人称奇的是近乎微雕的蝇头小楷款，如"谢枋得北行别友""心香""独卧"诸印。其子谢宏文回忆：

（谢磊明）刻制边款，尤为精工，每字仅见方三毫米左右，针头小字，笔画清楚不苟，见者无不惊异钦佩；虽然近于市上神刻微雕，但先父之作，艺术性甚高，不以奇巧炫人，观求者

图34　谢磊明刻"见东海三为桑田"白文印，边款摹刻《何子贞先生藏小字麻姑仙坛记》（上半部分）

图35　谢磊明刻"海中行复扬尘"朱文印，边款摹刻《何子贞先生藏小字麻姑仙坛记》（下半部分）

图36　谢磊明刻黄易"一蓑烟雨意吴松"及印跋

图37　谢磊明刻陈鸿寿"心香"及印跋

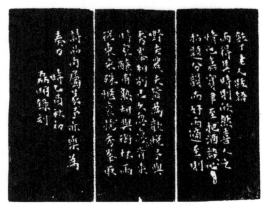

图38　谢磊明刻丁敬"赏雨茅屋"及印跋

图39　谢磊明刻"澹经养年"朱文印，边款录《般若波罗蜜多心经》全文

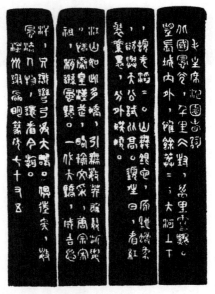

图40　谢磊明刻"数风流人物还看今朝"
白文印，边款刻篆书《毛主席沁园春词》

图41　谢磊明刻"毛主席清平乐词"朱文
印，边款刻隶书《毛主席清平乐词》

皆对边款欣赏不释。[1]

　　谢磊明边款创作所用书体楷书、行草较多，亦偶有篆书、隶书款。篆书款者如"四维""沉潜奋发""数风流人物还看今朝"（图40）等印，隶书款者如"靖言全福""才薄将奈石鼓何""毛主席清平乐词"（图41）等印，亦多是长款，与其篆隶书法风格接近，特色鲜明。

---

　　[1]　中国人民政治协商会议浙江省温州市鹿城区委员会：《鹿城文史资料》第3辑，中国人民政治协商会议浙江省温州市鹿城区委员会文史资料工作委员会1988年版，第145页。

四、谢磊明的印学鉴藏与篆刻艺术的影响

谢磊明与方氏昆仲关系密切，三人皆出其门。方介堪得入其室，观其所藏，亲承指授。方节盒、方去疾为之婿。可以说，谢磊明的印学鉴藏及篆刻艺术对蜚声近代印坛的方氏三兄弟均有着极为重要的影响。

《西泠印社志稿》"方岩"条称方介堪为"谢光、赵时棡入室弟子"。不过，关于方介堪的老师，学界大多只知后者，而忽视前者。方介堪22岁于五马街摆摊刻字之时，谢磊明见其为可塑之材，便将其召回家中，给其报酬，嘱其在谢府整理金石书画典籍，钩摹古印文字。方介堪的弟子张如元先生认为：

> 介堪先生日后迈上二十世纪篆刻艺术之巅，自然有他独有的客观条件和主观条件，但与他六年浸润于谢氏的丰厚藏品，足不出乡里而能饱览前代名家巨子金石书画真迹，应该有着不容忽视的关系。[1]

方介堪在《明孤本顾氏集古印谱考》中自言谢磊明曾将《顾氏集古印谱》置于方介堪玉篆楼中数年，方介堪感慨：

> 先生所藏金石文物颇富，余尝往借观，过从既密，相知益深。余之获有成就，诚先生所赐也。[2]

可以说，方介堪在谢府得到的印谱、印石目鉴机会，是其成功的重要因素。不仅如此，温州学者王季思在《白鹃楼印记》中言及：

> 介堪与其（谢磊明）旦夕相处，并与摩挲观赏，且师事之。磊明为友朋酬应之作，或假手焉。[3]

谢磊明存世印谱中有两方印作即可为证。其一，"磊明长物"印，边款记："磊明篆，嘱介堪刻。"（图42）其二，"陋室铭（全文）"印（图43），边款记："磊明录黄彝伯语，属方介堪刻印面，时在民国乙丑。"此二印亦被收录于方介堪部分印谱中，系谢磊明篆稿，方介堪刻制，这样的篆、刻合作的代刀关系，亦是师徒授受的一种形式。这在一定程度上，证明了谢磊明与方介堪之间确有直接的师承关系。谢磊明对方介堪有伯乐之识，又有师授之实。然方介堪青出于蓝，蜚声海上，谢磊明声名则为其所掩。刘绍宽曾在《春草庐印存跋》中感慨：

---

[1] 张如元：《前言》，《金石有声——纪念谢磊明先生诞辰一百三十五周年书法篆刻展》，温州博物馆、衍园美术馆2019年版，第8页。

[2] 方介堪：《明孤本顾氏集古印谱考》，载《上海新民报晚刊》，1948年10月29日。

[3] 方介堪篆刻，方广强整理：《方介堪篆刻集》，西泠印社出版社2011年版，第97页。

图42　谢磊明篆、方介堪刻"磊明长物"朱文印，边款："磊明篆嘱介堪刻。"

图43　谢磊明篆，方介堪刻《陋室铭》全文，谢磊明刻边款录黄彝伯语

图44　谢磊明刻"宣和印社"椭圆朱文印

图45　谢磊明刻"寄情丘壑"印，方去疾补款："外舅磊翁早岁遗作，去疾记，戊辰。"

　　及方君介庵与谢子游，得奄观所有，又亲承指授篆法，卓然成家，而后人始知篆刻之自有诣。今介庵以篆刻名沪上，退迹翕然，而谢子居乡落寞不改其素，吾于是益叹，谢子之深潜蕴蓄，为不可及也。[1]

　　方介堪的两位堂弟，方节盦、方去疾兄弟亦深受谢磊明影响。1928年，方节盦随方介堪来沪，在上海西泠印社学习印泥、印谱制作工艺。1935年夏，在上海三马路701号开设宣和印社，经营印谱出版、篆刻耗材出售等业务。方去疾则在店里帮忙，并随方介堪学习篆刻。《谢磊明印存》即由宣和印社刊行。在之后印谱出版及藏品售卖往来中，谢磊明与方节盦、方去疾两兄弟逐渐熟悉，并择为乘龙快婿，而当时谢磊明嫁女的嫁妆便是自己的金石书画藏品。方节盦创办的宣和印社，谢磊明曾亲为其治"宣和印社"椭圆朱文印（图44）。谢磊明传世部分无款印石上，可见方去疾的补款（图45），款中多见翁婿之情。可以说，谢磊明对"方氏三杰"均有知遇和教诲之恩。方介堪之子方广强先生有言：

　　　　"方氏三杰"在中国近代印坛上的崛起，与谢磊明先生和叶墨卿先生的栽培分不开。谢磊明公慧眼如炬，相中节盦公和去疾公，预言两位日后必成大器，并将二位千金许配给他俩（介堪公其时已有所适），也是印坛一大趣事。[2]

　　叶墨卿系方节盦、方去疾的表兄，与"方氏三杰"，及谢磊明皆为西泠印社早期社员，且方介堪、方去疾又当选西泠印社副社长，传为艺林佳话。从方广强的言论中，不难看出，谢磊明对于方

---

[1]　谢磊明：《磊庐印存》，西泠印社藏。

[2]　方广强编：《节盦集印册》，平湖玺印篆刻博物馆2020年4月，第2页。

节盦、方去疾的赏识。谢磊明的金石书画鉴藏及其篆刻艺术，直接影响了蜚声近代印坛的方氏昆仲。方氏昆仲对近代海上印坛乃至近代印坛影响巨大，而这背后，谢磊明实功不可没，但学界对此认识明显不足。

谢磊明篆刻颇受时人欢迎。南田宿儒刘祝群《疚庼日记》中记载了他托人向谢磊明索印的经历：

> 得手书，以蒋二叔南托阁下转丐谢磊明刻赠图章，循诵之余，感触涕零。……阁下重叔南之诺，转丐刻章，高谊古风，非可求之今人，至佩至佩！如谢君已刻，只希寄赐，使余永感故友之爱，与阁下之诚，中心藏之，有如此石；如谢君无暇及此，请勿趣之，盖余身世摇落，百不聊赖，殆不久与叔南相见者，留此一段不了之缘，作九泉谈助，亦可破涕为笑。[1]

图46　谢磊明刻"许武麟"朱文印及边款

图47　唐醉石刻"赵瑞雯"白文印，
谢磊明补刻边款

从刘祝群感人肺腑的求印言语可知，谢磊明篆刻艺术在当时已颇有声誉。谢磊明部分印章边款中，亦提及被人索印之事。如"许武麟"印，边款记："武麟属余刻名印多作旁款。因录贺阳亨语应之。"（图46）"张鸿勋"印，边款记："鸿勋属余多作款字，因录格言数语。""张永华"印，边款记："永华喜余款字，属多刻于石上，因刻唐人诗七绝七首。"从这些边款来看，谢磊明边款更受时人欢迎，且索请者众多。另印西法师有"石莲""沙门印西"二印，由马一浮篆，施漱芳刻，谢磊明补边款；唐醉石刻"赵瑞雯"一印（图47），边款为唐醉石民国三十一年（1942）纪年短款，次年谢磊明应索补刻三面长款，刻杜甫《咏怀古迹》三首。凡此，均说明谢磊明边款为人

---

[1]　刘祝群：《疚庼日记》，吴鹭山著；卢礼阳，方韶毅编校：《吴鹭山集》，线装书局2013年版，第859页。

所重。当然，谢磊明的篆刻也颇受同时期印人认可，如其曾为弘一法师治"演音""沙门月臂"等印；为丁辅之刻"鹤庐"印，并镌刻程宗裕《鹤庐记》于印侧（图48）；又为张宗祥治"冷僧书画""海宁张宗祥印"等印。

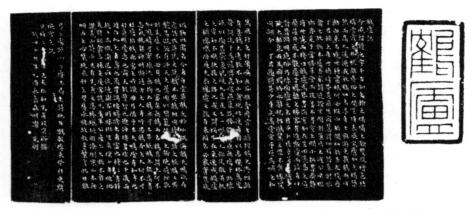

图48　谢磊明刻"鹤庐"印，并镌刻程宗裕《鹤庐记》于印侧

　　当代印学界对谢磊明的篆刻艺术成就有所关注。孙洵《民国书法篆刻史》将谢磊明列入"重要篆刻家"一节中的"篆刻书法兼擅"类进行专题介绍。[1]王家葵《近代印坛点将录》有"地全星鬼脸儿杜兴·谢光（磊明）"专文讨论，并撰诗赞曰："日日摩挲吴赵徐，千金顾谱秘石渠。烈珊印侧真独步，铁画银钩北魏书。"[2]戴家妙《西泠百年印举》中作《谢磊明传·评》等。惜这些成果多为人物介绍类的文章，学界尚缺少关于谢磊明的较为深入的个案研究。较为遗憾的是，马国权《近代印人传》中未见谢磊明小传。马国权先生甚至误将谢磊明刻"鹤庐"一印，收入丁辅之自刻印图例中。[3]直至朱琪《丁辅之"鹤庐"别号小考》（2019年3月）一文才发现并进行正讹。[4]可见，马国权先生对谢磊明其人其艺并不熟悉，这在一定程度上也说明了谢磊明并未得到学界的足够重视。

　　在"大印学"语境下，印学收藏逐渐成为印学研究的重要论题。又社人、社史研究历来为西泠印社所重。作为明代《顾氏集古印谱》孤本的收藏者，以其丰富的印学收藏滋养了蜚声印坛的方氏昆仲，且自身篆刻艺术成就斐然的西泠印社早期社员谢磊明，有必要被学界重新认识和重点关注。近年来，随着艺术品投资市场的蓬勃发展，有大量印作存世的印人因藏家的经营与炒作，大多名过其实，相关研究热度也随之高涨。然而，不少存世印作较少的印人则寂寂无闻，相关研究也几乎无人问津。印学史上卓有成就却声名不显的印人还有很多，谢磊明绝非个例，这有待我们的不断挖掘和深入研究。

[1]　孙洵：《民国书法篆刻史》，上海交通大学出版社2011年版，第328—329页。

[2]　王家葵：《近代印坛点将录》，山东画报出版社2008年版，第367页。

[3]　马国权：《近代印人传》，上海书画出版社1998年版，第128页。

[4]　朱琪：《丁辅之"鹤庐"别号小考》，《西泠艺丛》2019年3期，第72页。

附录 谢磊明辑《春草庐印存》西泠印社藏本收录藏印明细

序号	册次	印人	印文	朱白文	边款
1	一册	唐寅	黄绢幼妇外孙齑臼	白文	两汉模糊气浑然，宋元工整及鲜妍。此中妙处从心会，俯仰随人最可怜。正德四年初夏仿曹援碑阴以消长昼。六如唐寅。
2	一册	文彭	大块假我以文章	朱文	□古金粟后身，三桥居士文彭法古。
3	一册	文彭	安西都护胡	白文	嘉靖岁在乙未立秋前二日偶作，三桥彭。
4	一册	文彭	一床书	白文	一床书。 嘉靖甲寅夏五月文彭作。
5	一册	文彭	富贵昌	白文	富贵昌。 文彭作于停云馆，秦文转角圆，汉文转角方，此秦汉之分也。一印中不可下宗，免致夹杂。
6	一册	文彭	寄傲	白文	寄傲。 三桥文彭作于停云山馆。 法宗周鼎秦钟，漫云雕虫小技。乙卯四月曼生氏识。
7	一册	文彭	未能免俗	朱文	未能免俗。 三桥居士。 嘉靖戊辰春，篆于安晚轩。
8	一册	陈鸿寿	惜花情绪只天知	白文	惜花情绪只天知。 三桥。（文彭旧款） 明自文博士独开，铁笔生面，遇巧于法，貌质于文，深得秦汉规模，又合近人之好，尚图绘室鉴，谓其所刻印章于古今观绝非，何汉也。曼生陈鸿寿。
9	一册	陈鸿寿	红袖添香夜著书	朱文	红袖添香夜著书。 三桥居士文彭。（文彭旧款） 凡人笔气各出天性，或近于轻秀，或自然浑厚皆如其人，种种不一。但能得情趣，都成佳品。惟俗而不韵者，虽雕龙缕凤之文，亦无足观也。 己卯四月上浣八日，曼生陈鸿寿识。
10	一册	何震	昙花头陀	白文	雪渔制于清旷阁。
11	一册	丁敬	稽留山民	白文	冬心为余画《石屋校经图》六册。不日成之旋以此印索篆，敢不勤刻奉报，聊仿汉人刻铜法，未知有当于高明否？丁敬。

（续表）

序号	册次	印人	印文	朱白文	边款
12	一册	鲍言	荔盒	白文	听香作为荔盒大兄，壬辰十月廿又二日。
13	一册	钱松	守知之印	白文	乙卯二月六日，叔盖为后盒仁弟作。
14	一册	江尊	虑氏	朱文	西谷作。
15	一册	闵沄	翁荣用印	白	咸丰庚申鲁孙作于三林塘。
16	一册	闵沄	肤一	朱文	庚甲四月鲁孙为肤一仁兄大人作之。
17	一册	程世勋	双印面： 右：丽水许一均字伯信号禹廷亦号雨庭道光戊子生 左：丽水许雨亭珍藏金石书画印	皆朱文	秦人朱文其字多不可识，汉则专尚白文。六朝人始起而振之，延至宋元而朱文之法大备。厥后一败，明再败。于国初不惟朱文即白文几不可问，自钝丁振之，小松成之，至今作者不至茫无所主，虽文字有兴衰，亦人心有趋向也。乙卯二月，心梅并记。"明"字上脱"于"字。
18	一册		双印面： 上：臣国瑚印 下：子彝	上：白文 下：朱文	无款
19	一册		端木鹤田	朱文	无款
20	二册	赵之琛	潘鄞私印	白文	小崐大兄属，次闲赵之琛。
21	二册	赵之琛	玉壶天地小蓬莱	朱文	子先世家越占籍逢□迁居西湖有年，因有小蓬莱之名，属刻印以明，两地湖山皆饶胜耳。 道光庚子嘉平十有三日，次闲并记。
22	二册	赵之琛	杜照之印	白文	赵之琛为尺庄先生仿汉铸印。
23	二册	赵之琛	子朗诗草	朱文	次闲为石笥篆刻。
24	二册	赵之琛	潘鼎私印	朱文	次闲为小崐篆。
25	二册	赵之琛	君晦子养	朱文	次闲为小崐作戊辰九月廿一日。
26	二册	赵之琛	伯信	朱文	甲午八月次闲作。
27	二册	赵之琛	合同	朱文	合同两字缄封口，安吉数行慰寄怀。多藉青鸾与黄犬，不辞辛苦对天涯。以汉画像意篆合同印，漫题廿八字。次闲。 丙子九秋奉送潘兄小崐，持此赠别。惟愿青鸾无恙，黄犬多情，寸幅频通，尺书时寄为幸。次闲记于补罗迦室。

（续表）

序号	册次	印人	印文	朱白文	边款
28	二册	陈祖望	年少仙人王子晋风流词客杜樊川	朱文	缵思刻充芝圃尊兄唫坛。
29	二册	陈祖望	许一均曾观	白文	甲寅三月缵思为禹廷先生刻。
30	二册	陈祖望	雨庭	朱文	仿宋人瓢印氏为雨庭尊兄。乙卯八月十又六日缵思记。
31	二册	陈祖望	臣一均	白文	缵思作。
32	二册	陈祖望	凡事作复一步想	朱文	拟垢道人，甲寅八月朔缵思刻。
33	二册	陈祖望	连珠印： 上：弍 下：均	上：白文 下：朱文	缵思。
34	二册	陈祖望	许一均印	朱文	仿汉人朱文铜印为伯信先生，甲寅□七月□□日，缵思记。
35	二册	徐三庚	曾经沧海	白文	辛谷仿□□□。
36	二册	徐三庚	唐铭	白文	上虞徐三庚刻充勋伯仁兄文房，甲戌七月同客甬上。
37	二册	徐三庚	唐铭印信	白文	勋伯属刻，三庚。
38	二册	徐三庚	唐铭勋伯	白文	徐三庚为勋伯仁兄制。
39	二册	徐三庚	勋伯	朱文	井罍。
40	二册	徐三庚	唐铭私印	白文	铁生道兄法鉴。上虞徐井罍，四明朱阁臣，合作于宁江榷舍，时甲戌午月。
41	二册	徐三庚	徐寿麟印	白文	三庚刻充梓良大弟文房，光绪纪元乙巧。
42	二册	徐三庚	黄福楸印	白文	徐三庚为榕泉仁兄仿汉铸。
43	二册	赵之谦	周记	白文	悲盦作。
44	二册	章太炎	均	白文	咸丰甲寅炳麟篆。
45	二册	伯庸	还将补读未完书	朱文	余幼年失学，弱冠远行客外六七年，旅游八九省，俗尘白扰，书卷日荒，年复一年，伊于湖底，犹忆在京曾得此句，常以自励。今刻诸印以赠豫生，贤阮古会，开卷有益，又云书中有金玉□，吾人守身处世皆将于书中□取给，非独涉猎词华，为博功名计也，其共勉旃。庚子元宵叔氏伯庸手制。

（续表）

序号	册次	印人	印文	朱白文	边款
46	三册	老信	四印面： 右上：子广深 右下：景尹 左上：厥里乡人 左下：两楹书堂	右上、 左下： 朱文； 右下、 左上： 白文	景尹老兄方家大雅正。 癸丑春二月老信作赠。
47	三册	陶计椿	听涛山人	白文	牧缘。
48	三册	陶计椿	恕斋绘事	朱文	牧缘拟松雪法。
49	三册	陶计椿	郭子忠长寿印	白文	恕斋道兄正，壬午四月弟陶计椿仿汉玉印。
50	三册	陶计椿	恕斋画印	白文	曼生法，牧缘。
51	三册	陶计椿	双印面： 上：郭 下：恕斋	上：白文 下：朱文	牧缘作。
52	三册	陶计椿	郭氏子忠	朱文	牧缘作。
53	三册	陶计椿	双印面： 上：郭子忠 下：恕斋父	上：白文 下：朱文	切刀法为恕斋道兄作， 牧缘。
54	三册	沈宗昉	许生	朱文	叔纲明经过越，属余作此以贻伯信先生。寄凡。
55	三册	沈宗昉	伯信父	朱文	寄帆刻于八瓴书室。
56	三册	沈宗昉	一均之印	白文	沈昉于□。
57	三册	沈宗昉	落拓	白文	寄凡。
58	三册	谢庸	斡鼎宝瓠	白文	某石仿汉之作。
59	三册	谢庸	不试故艺	朱文	梦薇素大人老先生将赴湖都，匆匆不急□□见汉人有此印，即仿之，聊赠行安。丙戌长至前八日，谢庸记。
60	三册	马衡	双印面： 上：周庆奎印 下：紫垣	上：白文 下：朱文	叔平为紫垣词长作连珠印。
61	三册	马衡	周郎	朱文	叔平仿六朝为紫垣词长。
62	三册	潘飞声	剑屑	朱文	剑之为用可屑金玉，及自为屑断兵遗镞，琐碎细微无功可录，然芥王纳乎须弥，而延津由合于丰狱，辛亥剑道人刻并题。

（续表）

序号	册次	印人	印文	朱白文	边款
63	三册	月舟	罗峰潘氏家藏	白文	丁卯十月四日，月舟作。
64	三册	陈祖通	伯信	朱文	小崔为伯信作。
65	三册	老铁	宣门父	朱文	老铁作。
66	三册	赵石	介于石	朱文	石农作于泉范四文之室。
67	三册	简松筠	石樵书画	朱白相间	壬寅之夏，简松筠。
68	三册	方樵	双印面： 上：恕 下：斋	上：白文 下：朱文	壬午秋日海上方樵刻奉恕斋先生属。
69	三册	莫松	存心养性	朱文	养素莫松镌。
70	四册	项瑞	怡园	白文	小果作于松西草堂。
71	四册	项瑞	双印面： 右：项维仁印 左：果园	右：朱白相间 左：朱文	小果刻于松□山房。
72	四册	项瑞	还读我书	白文	丁未之冬，小果用汉铜印法。
73	四册	项瑞	瓣春南田	白文	壬寅小春作奉岳生先生雅鉴，小果项瑞。
74	四册	项瑞	富贵昌	朱文	小果。
75	四册	项瑞	涂雅	朱文	小果作。
76	四册	项瑞	次石	朱文	小果用汉印法于松西草堂。
77	四册	项瑞	家住松台雁沼间	朱文	小峰先生嘱，小果作。
78	四册	项瑞	品花为事	白文	小果法汉。
79	四册	项瑞	石交	朱文	□□。
80	四册	项瑞	小峰翰墨	白文	小峰大兄大人雅属，甲午之秋，小果作。
81	四册	项瑞	怀古情深	白文	小果用汉印法。
82	四册	项瑞	平安一纸	朱文	小果用宋人法。
83	四册	项瑞	曾乔云印	白文	甲午仲秋作奉次石二兄先生正篆，项瑞。
84	四册	项瑞	次石	朱文	小果项瑞作。
85	四册	项瑞	味闲	白文	小果法汉。
86	四册	刘眉伯	未出土时先有节便凌云去也无心	朱文	梅道人句，应竹楼大兄嘱，眉伯作。

（续表）

序号	册次	印人	印文	朱白文	边款
87	四册	刘眉伯	小闲	朱文	丁亥仲冬仿石鼓文法为小闲仁兄作，眉伯。
88	四册	刘眉伯	曾佩云印	白文	两汉作印最妙在分篆之间，故笔法浑圆秀媚。眉伯。
89	四册	刘眉伯	曾裔云印	白文	石佳往往易于磨去，入一手则矮一次，而妙篆随之去矣。
90	四册	许传霈	三十六鸳央馆	朱文	己卯夏中，子醴莳上作此。
91	四册	许传霈	枫天枣地室主	白文	子醴篆。
92	四册	方鹗	墨池居士	朱白相间	云泉作。
93	四册	朱士骥	（肖形印）人与鹿	朱文	己亥秋八月，四明朱士骥刻于拉笋山房。
94	四册	朱士骥	（肖形印）鱼和鸟	朱文	四明朱士骥制。
95	五册	钟以敬	晚香草堂	白文	一斋正抱东篱之好，金葩雪蕊罗列满庭，不下数千百本，因取宋韩魏公诗意名其居，曰晚香。丁未七月，裔申为作此印。
96	五册	钟以敬	民生手笺	朱文	裔申。此吴蘋香女士赠滋伯人句也。旧印朱文。庚申之变为火所燔，命铖重制，孝威作于春星草堂，辛酉七月。
97	五册	钟以敬	顾鸿藻	白文	拟补罗迦室法，以敬。
98	五册	钟以敬	少岚	朱文	戊申长夏，窳龛。
99	五册	钟以敬	顾少岚启事章	朱文	效完白山民法，窳龛。
100	五册	钟以敬	顾少岚氏拜书	白文	拟曼生司马法，裔申作。
101	五册	钟以敬	家仁	朱文	汉人私印中蟠虎文式，此作仿之，丁未八月裔申。
102	五册	钟以敬	护□	朱文	裔申。
103	五册	钟以敬	洪树勋印	白文	越生仿汉，时丁亥季冬作于诏安草庐。
104	五册	钟以敬	镜芙	朱文	裔申。
105	五册	赵穆	何氏家藏章	白文	二百甄甓之室。时光绪丁亥夏六月二十有二日。铁如意斋素兰盛开，对花作此遣寂，牧龛记。时客西子湖头。
106	五册	赵穆	师老莲	白文	穆盦为慎之制。

（续表）

序号	册次	印人	印文	朱白文	边款
107	五册	赵穆	本龘印信	白文	印侯。
108	五册	赵穆	借园	白文	乙酉嘉平，穆盦制。
109	五册	赵穆	慎之大利	朱文	慎之大利印，仲穆篆刻。
110	五册	赵穆	保勤印信长寿	白文	慎之夫画家长寿印。南兰陵赵穆。
111	五册	赵穆	子知文房长物	白文	穆盦为子知仁兄作鉴别印。
112	五册	赵穆	颛顼远孙	白文	铁篸词人属，琴鹤生仿汉。
113	五册	赵穆	縠泉道人	朱文	龙池外史仿汉朱文。
114	五册	赵穆	仁和蔡钟楼印信长寿	白文	武进赵仲穆为慕徐同道仿汉，时光绪丁亥二月。
115	五册	赵穆	润之	朱文	穆盦为润之制。
116	五册	赵穆	如瓶	朱文	穆盦。
117	五册	赵穆	润之	朱文	琴鹤生作。
118	五册	赵穆	何葆光印	白文	牧盦篆。
119	五册	王福庵	柯怡私印	白文	壬子伏日，归自沪上，刻此。印佣记。
120	五册	王福庵	陶盦	朱文	福盦居士刻于宜斋。
121	五册	陈霖	意在青藤黄鹤白石之间	白文	七如画天姿秀挺，自是不二法门。然亦必有佳古斯有来，今为合泉美而称之，曰意在青藤黄鹤白石之间，恐犹不能方其万一也。后之人得睹七如之笔墨，当不以余言为谬已。嘉庆三年六月在济南跻突泉。雨人陈霖篆。
122	六册	郭钟岳	脱略公卿跌宕文史	白文	脱略公卿跌宕文史，偶翻印匣得此石为之，久不作印，指僵目昏，几不成章，徒知老拙，当让后生一步。光绪丙申九月，老外。
123	六册	郭钟岳	一肚皮不合时宜	朱文	无款
124	六册	郭钟岳	江都郭钟岳长生安乐	白文	无款
125	六册	郭钟岳	美人香草	朱文	无款
126	六册	郭钟岳	欣欣此生意	白文	无款
127	六册	郭钟岳	和天倪斋	朱文	无款
128	六册	郭钟岳	江都郭钟岳字外峰印	白文	吾行不彰，吾名不传，惜尔磷磷，庶不可刊。

（续表）

序号	册次	印人	印文	朱白文	边款
129	六册	郭钟岳	金可同坚石同久	朱文	同治戊辰春三月，外峰作于小东莱室，添香夜读之余。
130	六册	张小符	户外一峰秀	朱文	外峰仁弟嘱刻，张小符。
131	六册	曾衍东	云光书台	白文	七如。
132	六册	曾衍东	石史	朱文	石史。 曾七如老。
133	六册	曾衍东	渐入佳境	白文	顾恺之食蔗自末至本，云：渐入佳境。七如。
134	六册	曾衍东	一丘一壑	朱文	一丘一壑，七如。
135	六册	吴昌硕	寿梅	白文	拟汉官印之精湛者，辛酉夏，吴昌硕。
136	六册	吴昌硕	骧宇	朱文	老缶作于沪，辛酉四月时年七十又八。
137	六册	吴昌硕	双印面： 上：孔广深 下：景尹	上：白文 下：朱文	景尹仁兄，昌石作于东江。
138	六册	徐星周	双印面： 右：周庆奎印 左：紫垣	右：白文 左：朱文	壬寅秋月，星舟刻二面印于沪。
139	六册	徐星周	紫垣长寿	白文	星舟。
140	六册	徐星周	王业	白文	星舟。
141	六册	徐星周	公勇	朱文	庚申春正月，为公勇先生教之，吴人徐星周刻。
142	六册	徐星周	谢光	白文	庚申元月，星州。
143	六册	徐星周	磊明	朱文	星周刻。
144	六册	丁尚庚	春草庐	朱文	二仲拟汉。
145	六册	丁尚庚	永嘉谢光	朱文	二仲摹汉官印法，时寓白门，明年五十又六。
146	六册	丁尚庚	磊明	白文	庚申春，二仲。
147	六册	唐醉石	谢光之印	白文	醉石为烈珊仁兄仿汉，甲寅长夏。
148	六册	唐醉石	烈珊	朱文	醉石制于东瓯。

图版说明：

[1]　图1，谢磊明先生旧照，谢波先生提供。

[2]　图2、19、20、22—29、32—38、46—48，采自《谢磊明印谱》，春兰草堂藏。

[3]　图3，《顾氏集古印谱》顾浩旧藏本，上海图书馆藏。

[4]　图4，谢磊明书丁敬印跋，衍园美术馆藏。

[5]　图5、6、8、9，谢磊明缉《春草庐印存》，西泠印社藏。

[6]　图7，谢磊明刻"春草庐"印拓片，春兰草堂藏。

[7]　图10—13，谢磊明《谢磊明印存初集》《谢磊明印存二集》，从容阁藏。

[8]　图14，谢磊明《磊庐印存》，西泠印社藏。

[9]　图15、40、41，谢磊明《谢磊明印痕》，西泠印社藏。

[10]　图16，谢磊明《水浒印草》，春兰草堂藏。

[11]　图17、18、31、39、44，据谢磊明印石钤拓，怡艺斋藏。

[12]　图21，谢磊明手摹《近郇斋印存》，春兰草堂藏。

[13]　图30，采自谢磊明《磊庐印存》，春兰草堂藏。

[14]　图42、43，采自方介堪篆刻、方广强整理《方介堪篆刻集》，西泠印社出版社，2011年10月版。

[15]　图45，据谢磊明印石拍摄，谢波先生藏。

（作者系博士、博士后，暨南大学艺术学院讲师，硕士研究生导师，西泠印社社员）

唐醉石《急就篇》入印的收藏及其他若干问题的考察

沈必晟

内容提要：本文以武汉博物馆新发现的馆藏唐醉石先生《急就篇》入印印章实物为本，比照湖北文史研究馆版、台湾联经版《急就篇》出版文献，廓清唐醉石先生《急就篇》入印的具体时间、地点、风格、数量及印章拓本、原印收藏等相关问题，并在文本细读和对新近公开资料的解读基础上，尝试性地将其有别于常规的主题性篆刻创作放在时代的大背景下进行考察，以期待还原一个真实的唐醉石先生。

关键词：唐醉石　《急就篇》　篆刻创作　解放初期

唐醉石（1886—1969），原名源邺，字李侯，号醉农、醉石、醉石山农等，湖南长沙人。幼年随外祖父宦游杭州，及壮曾在北平、南京、重庆、温州、上海、武汉等地居住工作。工书法，篆书得力于两周吉金及秦汉刻石，隶书融会诸碑之长，书风静穆古雅。精篆刻，印宗秦汉，旁涉砖瓦，受"西泠八家"影响颇深，为新浙派柱石。早年自辑有《醉石山农印稿》，为60岁前作品。曾任职于北洋政府国务院印铸局、故宫博物院、南京政府印铸局、湖北省文史研究馆等，是西泠印社创社社员，东湖印社创社社长，列名中国美术学院20世纪篆刻大师专著。其印作遗稿，经其子唐达聪整理出版者有《急就篇唐醉石篆刻集》《唐醉石自用印印存》《醉翁印最》《醉石山农印稿残篇》等四种，另有《唐醉石治印选集》等印谱行世。[1]可见，《急就篇》非常特别，更像一个"主题性创作"的篆刻集。

在传统中国，《急就篇》由西汉史游撰述，是中国古代字书，属于儿童启蒙读物。也就是说，唐醉石先生的《急就篇》入印专辑，既不同于一般性寻章摘句的集萃性印谱，也不同于简单的夫子自道式的自用印印集，还不同于友朋交游之间的相互应酬式篆刻创作，应该属于唐醉石先生比较主动、专门、系统的篆刻创作作品集。放眼唐醉石先生一生的篆刻艺术生涯，他的这个创作举措，显得非常突兀。

根据武汉博物馆新发现的馆藏唐醉石先生印章，特别是其中比较系统的《急就篇》入印印章实物情况，通过和已经公开出版的文献相互比照，我们试图通过本文，尝试性的探讨唐醉石先生在什么时间节点开启了《急就篇》入印的创作、这些作品的具体情况怎样、有否全部完工、他为什么会

---

[1]　《急就篇唐醉石篆刻集》，由陈上岷先生通过原印辑拓成轴，台湾联经出版事业股份有限公司1999年版；《唐醉石自用印印存》，台湾联经出版事业股份有限公司2002年版；《醉翁印最》，为武汉翟公正先生原印辑拓本，台湾联经出版事业股份有限公司2003年版；《醉石山农印稿残篇》，是集叶鸿翰先生早期原印辑拓、杨葆益先生藏本而成，由西泠印社2007年版；《唐醉石治印选集》，则由湖北省文史研究馆编，长江文艺出版社1990年版。

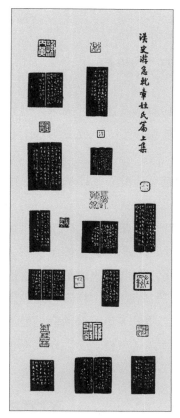
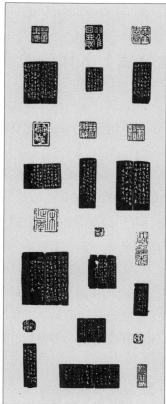
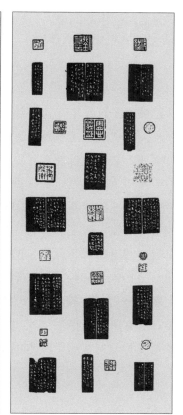
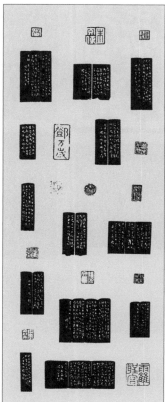

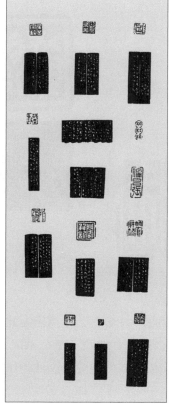

图1　六条屏

进行这样的系列创作等问题。

一、唐《急就篇》入印的收藏及其数量

最早记录唐醉石先生《急就篇》入印本事，是马国权先生在1981年撰述《近代印人传》中唐醉石条目所及，唐"晚年《急就篇》入印，每印三字，品类尤富，佳构甚多，但仅成约八十石，尝装成屏条四幅悬于家，颇自爱赏"。[1]

1990年，湖北省文史研究馆委托谷有荃、陈上岷二位先生编选《唐醉石治印选集》，第一次著录了唐"有边款《急就篇》姓名印七十四方"，[2]有印有边款。

1999年，台湾出版了唐醉石先生哲嗣唐达聪整理的《急就篇唐醉石篆刻集》，根据唐达聪在前言中的说明，知道唐《急就篇》的印拓藏本中，有一个版本为陈上岷先生所有。按照说明，他承陈先生帮助，于1996年5月在武汉获得了该版本的影印件。同时说明，在当年的12月份，唐达聪先生承陈先生多方努力，在湖北省博物馆寻获唐《急就篇》原拓六条屏（图1），每印均附边款，其中一幅条屏右上有唐醉石楷书"汉史游《急就篇·姓氏篇》上集"，并无下集。台湾联经版《急就篇唐醉石篆刻集》既是在这个藏本的基础上开展的进一步整理，即收录《急就篇》入印"七十九方印

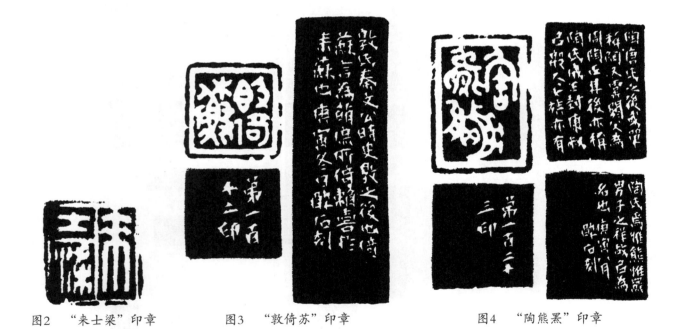

图2 　"来士梁"印章　　　　　图3 　"敦倚苏"印章　　　　　图4 　"陶熊黑"印章

拓、七十七个姓名"，并指出湖北文史馆版唐印选集中的《急就篇》入印，少了来士梁、敦倚苏、陶熊黑三方印章（图2、图3、图4）。

下面依据新发现的武汉博物馆馆藏唐《急就篇》入印印章藏品实物，采集印文、款字、石质、

---

[1] 马国权著：《近代印人传》，上海书画出版社1998年版，第232页。

[2] 湖北省文史研究馆编：《唐醉石治印选集》，长江文艺出版社1990年版。

时间等信息，按照时间顺序（款字未署具体时间的置后）列表如下：

武汉博物馆藏唐醉石《急就篇》入印一览表

序号	印面文字	款字	文样	石质	长宽高（cm）	时间	备注
1	赵孺卿	顶款：弟六印；侧款一：造父善御，事周穆王。穆王封之赵城，其后因称赵氏。晋之赵凤，即其苗裔。孺幼少之号卿言，可为列卿，汉有苏贤，字孺卿；侧款二：一九四九年（十）二月，醉石摹悲盦，治印于春申。	朱文	青田石	2.3×2.3×4.0	1949年12月	方印
2	薛胜客	顶款：第六十一印；侧款一：有奚仲者为夏车正，受封于薛，后迁于邳，而仲虺居薛，为汤左相。其后称为薛侯，及为楚所臣；侧款二：余族因号薛氏。胜者□堪之义，客者人礼敬之，为上客也。己丑十一月醉石刻。	白文	寿山石	1.5×1.5×5.0	1949年12月20日	方印，1949年12月20日后进入己丑农历十一月。
3	马牛羊	顶款：第八十四印；侧款一：造父既封赵城，其后称马氏，盖以善御马云。又赵将赵奢克收秦师；侧款二：赐号马服君，其后即为马姓。牛羊者，爱而讳之，比之于畜产者；侧款三：也。己丑长至节醉石手治。	朱文	寿山石	0.8×0.8×3.5	1949年12月22日	方印
4	朱交便	顶款：第二十三印；侧款：舜臣朱武其后以为姓……己丑冬至后二日醉石作于沪上。	朱白文	青田石	2.3×2.1	1949年12月24日	方印
5	司马褒	顶款：第一百二十一印；侧款：程伯休父周宣王时有平徐方之功……己丑冬至后二日醉石刻。	朱文	青田石	1.4×1.2	1949年12月24日	方印
6	郑子方	顶款：弟二印；侧款：周宣王封母弟于郑其后以国为氏。宋有郑翩，即其族也。子者，男子之美称。方者，言其正直不回也。己丑冬日醉石刻。	朱文	寿山石	1.5×1.5×5.5	1949年冬	方印
7	尹李桑	顶款：第五十四印；侧款：尹氏本周大夫也，后为官族。李桑，义与杜杨同。己丑冬日醉石刻。	朱白文	青田石	1.4×1.2×4.8	1949年冬	方印
8	代焉于	顶款：第一百二十印；侧款一：代国名在常山之北，代王为赵襄子所灭，其遗族遂称代氏。焉，安也，于，曲；侧款二：也。焉于，言无所屈□也。己丑冬，醉石仿秦人印。	白文	青田石	1.6×1.6	1949年冬	圆印
9	令狐横	顶款：第二十二印；侧款：令狐，晋地名，在河东，大夫魏颗食邑于此，号令狐颗，因以为氏。横，充也大也。己丑大寒醉石篆。	朱文	青田石	1.5×4.5×5.0	1950年元月20日	连珠印
10	慈仁他	顶款：弟一百零三印；侧款一：慈氏本高阳氏，才子之后也。美其宣慈惠和，因以为姓。仁，他者所爱；侧款二：及□也。庚寅立春后三日醉石作于休景斋。	白文	青田石	1.5×1.4×5.5	1950年2月7日	方印

（续表）

序号	印面文字	款字	文样	石质	长宽高（cm）	时间	备注
11	灌（观）宜王	顶款：第四十四印；侧款：灌（观）夏之同姓诸侯也……庚寅三月醉石。	白文	青田石	2.0×1.0		长方印
12	景君明	顶款：第十四印；侧款：景氏楚之同族……庚寅三月醉石作于沪上。	白文	青田石	1.5×1.5		方印
13	来士梁	顶款：第六十八印；侧款：来氏殷之别族本子姓……庚寅三月醉石仿秦印。	白文	青田石	0.8×0.8		方印
14	颜文章	顶款：弟四十印；侧款一：颜氏本出颛顼，生老童，老童生吴回，为高辛火正，是谓祝融。生陆终，陆终生六子，其五曰安，是为曹姓。周武王封其苗裔；侧款二：于邾，为鲁附庸。其后邾武公，名夷父，曰颜，其后称为颜氏。齐鲁之间皆为盛族。孔子弟子达者七十二人，颜氏有八人焉；侧款三：四科之首回也，标为德行。韩子称儒分为八，而颜氏处其一焉。汉有颜驷、颜异、颜安，汉以春秋名家。文章，言其文；侧款四：章之材也。庚寅三月醉石刻。	白文	青田石	1.5×1.5×5.4		方印
15	兰伟房	顶款：第九十四印；侧款：郑穆公本因梦兰而生，故号公子兰，其后支庶或为兰氏。伟房，言器大，众艺所聚也。庚寅三月醉石。	朱文	寿山石	2.5×2.5×4.0		方印
16	所不侵	顶款：弟廿七印；侧款一：所所，斫木声也，古有虞衡之官，因主伐木，遂以为姓。汉有所忠，武帝之近臣也。不侵言其谨愿，不为寇暴，春秋；侧款二：左氏传曰，不侵不恤之臣。庚寅上巳醉石作于海上。	朱文	寿山石	1.6×1.6×5.3	1950年4月19日	方印
17	解莫如	顶款：第一百二十四印；侧款一：解，地名也，在河东，因地为姓。故晋国多解氏，解张、解杨、解狐，皆其族也。汉有解光、解延年。莫如，言无有能如之者。汉有；侧款二：毛莫如。庚寅上巳，醉石作于休景斋中。	白文	青田石	1.5×1.5×5.5	1950年4月19日	方印
18	蔡游威	顶款：弟一百零七印；侧款：周蔡叔者，文王之子……庚寅上巳醉石刻。	白文	青田石	2.0×2.0×6.0	1950年4月19日	方印
19	耿潘扈	顶款：第一百十三印；侧款一：耿地名也，在河北，祖乙所都，旧居之者以为姓也。又有耿国，在平阳皮氏，晋献公灭之，其后亦称耿氏，汉有耿寿昌。潘，水名也，在荥阳。扈，广大也，言生此水土；侧款二：而广大也。庚寅四月醉石作于沪上。	朱白文	青田石	1.0×2.5×4.0		长方印，一个印石上一朱一白两方印。

（续表）

序号	印面文字	款字	文样	石质	长宽高（cm）	时间	备注
20	龙未央	顶款：弟二十八印；侧款：龙舜臣名命为纳言者也……庚寅立夏前三日醉石作于和平坊居。	白文	青田石	1.5×1.5	1950年5月3日	方印
21	左余地	顶款：第一百零八印；侧款一：左丘明本鲁之左史，继守其职遂为姓，又楚左史倚相，末裔亦为左氏；侧款二：地余，言土地有余，封邑广大也，汉有欧阳地余。庚寅春日醉石。	白文	青田石	2.0×2.0×4.0		方印
22	向夷吾	顶款：第一百二十八印；侧款一：向者国名本姜姓也，其后以为氏，又宋之向氏与宋同姓，恒公生向父，昐遂为向氏，向戌、向仪、向宁皆；侧款二：其后也，夷吾欲效管仲之名也。庚寅夏四月醉石刻。	白文	青田石	1.3×1.3×6.0		方印
23	遗失余	顶款：第一百三十二印；侧款：遗氏，本鲁季氏家臣南遗之后也。失余，言所失之余，惟此一字也。庚寅夏五醉石。	白文	青田石	1.5×1.5×5.5		方印
24	翠鸳鸯	顶款：弟八十八印；侧款一：翠者楚翠景之后也，避入关迁□土逃匿，改姓为翠，驾凤取匹鸟；侧款二：为名也。庚寅夏五醉石作于沪。	白文	青田石	1.2×1.2×4.5		方印
25	公孙都	顶款：第一百零二印；侧款一：黄帝姓公孙氏，支庶遂以为姓也，出又公子之子皆号公孙，公孙鲁、公孙敖郑、公孙阔齐、公孙蛩；侧款二：晋、公孙龙卫、公孙朝，凡此等类，其后皆以为姓。汉有公孙贺都，美称也。诗曰：洵美且都，又曰不见；侧款三：子都。庚寅夏五月醉石作于沪上。	朱文	青田石	1.2×1.2×6.3		方印
26	苟贞夫	顶款：第七十三印；侧款一：苟，本草名。汉有苟宾，河内人也。今之河内，犹有此姓焉。一曰，本晋大夫，苟氏之后避难，改族而；侧款二：称苟。云贞者，言有岁寒之节，夫者，大夫之谓也。庚寅夏五月醉石刻。	白文	青田石	1.2×1.2×6.0		方印
27	求男弟	顶款：第六十三印；侧款一：求氏本居卫国裘氏之地，故称裘焉，后又转为求。汉末；侧款二：有求神，即其后也。男者，别女。弟者，以有兄之称也。庚寅夏五月醉石仿古玺。	朱文	寿山石	1.0×1.0×3.0		方印

（续表）

序号	印面文字	款字	文样	石质	长宽高（cm）	时间	备注
28	宁可忘	顶款：第七十二印；侧款一：宁氏与秦同姓，秦襄公曾孙谧曰宁公，支庶因以为氏百宁，宁本一姓，卫大夫宁俞之后，汉；侧款二：有宁成，史记作宁成可志，言其善德不可忘也。诗云：有斐君子，终不谖兮。谖亦忘也；侧款三：庚寅五月二日醉石刻于休景斋之南窗。	白文	青田石	1.3×1.3×6.0		方印
29	阴宾上	顶款：第八十七印；侧款一：阴亦周之采地，周大夫阴忌、阴不佞、阴里，其后遂以为姓焉。宾上者，思宾礼于君上，取利用宾于王之；侧款二：义也。庚寅天中前二日醉石仿古玺。	朱文	青田石	1.3×1.3×6.4	1950年6月17日	方印，天中，端午节也。
30	任逢时	顶款：第十七印；侧款一：周文王之母，任氏之女，此古姓也。又有任国之君，太皞之后，本风姓，其后亦为任氏。逢时，言遇太平；侧款二：也，汉有王逢时。庚寅中伏醉石制于休景斋。	白文	青田石	1.3×1.3×6.4	1950年7月24日	方印，7月24日进入中伏，后十天都称作中伏天。
31	霍圣宫	顶款：第三十九印；侧款一：周文王子霍叔武其国在河东，今霍昌县是也。后为晋献公所灭，子孙遂姓霍氏。汉有霍去病、霍光，即是河东人；侧款二：圣宫，言睹圣人之奥秘，若入其宫室也。子赣曰：譬之宫墙。天子之墙数仞，不得其门而入，不见宗庙之美；侧款三：百官之富。庚寅孟秋醉石□刻。	朱文	青田石	3.0×3.0×3.5		方印
32	宋延年	顶款：第一印；侧款：武王克商，封微子于宋，其后或以国□姓，遂有宋氏。延年之意，取寿考也。汉有李延年、杜延年、田延年。《急就篇》首陈姓名，使学者识习施用，非真有其人也，应劭撰……庚寅七夕前三日醉石刻于休景斋。	朱文	青田石	3.0×3.0×6.5	1950年8月17日	方印
33	莞（管）财历（智）	顶款：第四十一印；侧款一：管氏之先出自周文王，以国命氏。齐有管至父、管夷吾、管子奚、管修，因为著姐；侧款二：财智，言富于财而又多智也。庚寅七夕醉石刻。	朱文	青田石	2.0×2.0×4.0	1950年8月20日	方印
34	姚得赐	顶款：第五十九印；侧款：姚，舜姓也，陟方之后，末嗣称焉。郑有姚句耳，汉有姚平。得赐，言受君之宠锡也。庚寅七夕醉石刻。	白文	青田石	1.5×1.5×5.5	1950年8月20日	圆印
35	褚回池	顶款：弟九十三印；侧款一：褚师，官名也。卫有褚师定□声子及褚师团，其后因姓褚焉。又周有褚氏之地，居者亦因命族。汉有褚大褚；侧款二：少，孙回池，犹颜回字子渊之义也。庚寅七夕醉石。	朱文	寿山石	3.5×3.5×4.4	1950年8月20日	方印

（续表）

序号	印面文字	款字	文样	石质	长宽高（cm）	时间	备注
36	萧彭祖	顶款：第五十五印；侧款：萧本殷之六族成王所用封伯禽也……庚寅七夕醉石制于休景斋。	白文	青田石	2.0×2.0	1950年8月20日	方印
37	审毋妨	顶款：弟六十六印；侧款一：审氏之先为周司空，属官，（主）审（所）面势者也，后因赐族。汉有审时其；侧款二：毋妨言，勿所妨审（出）庚寅白露醉石刻。	朱文	青田石	1.3×1.3×4.0	1950年9月8日	方印
38	葛咸（坎）轲（坷）	顶款：弟一百十一印；侧款：夏时，诸侯有葛伯者……庚寅白露醉石刻。	朱文	青田石	1.3×1.5×3.7	1950年9月8日	方印
39	毛遗羽	顶款：第八十三印；侧款一：文王之子封于毛国其后以为姓，又周之采地，亦名为卿士所食，毛伯卫、毛伯过皆是其后；侧款二：亦称毛氏，□有毛蓬，汉有毛释之。遗羽，自谦之称，言种轻贱也。庚寅八月醉石刻。	朱文	青田石	1.3×1.3×6.0		方印
40	偏吕张	顶款：弟四十二印；侧款一：楚之军帅使主偏者，因以为姓。司马法曰，军十五乘曰偏。春秋左氏传曰；侧款二：广有一卒卒偏之两吕张言为心。吕之臣可张大王。□出，昔太为禹，心吕之臣。故封吕侯吕，譬身有；侧款三：骨，吕骨也。其为字，象形，非两吕也。庚寅八月八日醉石作。	朱文	青田石	1.5×3.6×3.5	1950年9月19日	连珠印
41	谢内黄	顶款：弟七十六印；侧款一：谢，南方国名也。周宣王后父申伯于此作邑，其后以为氏，鲁有谢息。内黄，言黄中通理也，一曰取县为名也。内黄属魏侧款二：郡。庚寅中秋前二日，醉石制于海上。	白文	青田石	2.3×2.3×4.5	1950年9月24日	方印
42	荣惠常	顶款：第二十印；侧款一：周大夫食采于荣者，因而氏焉。《周书》曰：王□荣伯作贿肃慎之命春秋天王使荣叔来□。《国语》云：厉王脱荣夷公，皆荣氏也。鲁有荣驾鹅，楚侧款二：有荣黄，其后亦称荣氏。孔子所见荣启期，泰山郮人也。或谓之荣声期，启声相近。汉有荣畜惠，常言，以仁惠为常也。庚寅中秋醉石刻于春申。	白文	青田石	2.0×2.0×6.0	1950年9月26日	方印
43	闳并诉	顶款：弟一百二十九印；侧款：闳氏之先本周之闳人，闳所以作扉门枨也，职典其事，遂以为姓，汉有闳孺。并诉，言众并，诉，喜也。庚寅中秋醉石刻。	白文	青田石	2.3×2.3×4.7	1950年9月26日	方印

（续表）

序号	印面文字	款字	文样	石质	长宽高（cm）	时间	备注
44	丘则刚	顶款：弟八十六印；侧款一：陈有宛丘居之者以为姓，□□有丘弱，后亦为丘氏，则犹象也，谓法象于天为刚德；侧款二：而不干时也。庚寅中秋醉石刻。	朱文	青田石	1.2×1.2×5.5	1950年9月26日	方印
45	晏奇能	顶款：弟一百十五印；侧款一：齐有晏弱，本齐之公族，号晏桓子。桓子生婴曰晏平仲，其后遂为晏氏。又有晏圉、晏父戎、晏釐，皆其族也；侧款二：奇能谓有异才也。庚寅寒露醉石。	朱文	青田石	2.3×2.3×4.5	1950年10月9日	
46	陶熊罴	顶款：弟一百二十三印；侧款一：陶唐氏之后或单称陶，汉虞阈父为周陶臣，其后亦称陶氏。成王封庚叔，以殷人□族亦有；侧款二：陶氏焉，惟熊惟罴，男子之祥，故以为名也。庚寅八月醉石刻。	白文	青田石	3.0×2.0×4.0		方印
47	宰安期	顶款：弟一百十八印；侧款：宰氏，周大夫宰孔之后，安期，取古人安期生之名也。庚寅八月醉石。	朱文	青田石	1.3×1.3×4.3		方印
48	苗涉藏	顶款：弟七十四印；侧款一：苗贲皇本楚人，奔于晋，其子孙遂为苗氏，或作茅国名也。周公子所封其后因以；侧款二：为氏。又郏有茅堪及茅夷鸿，皆茅姓也。涉藏言其所涉，皆善道。一日遇难，逃祸；侧款三：涉水，所藏匿也。庚寅秋八月醉石刻。	白文	青田石	1.5×1.5×5.3		方印
49	万段卿	顶款：弟九十印；侧款一：万亦橘字，橘者木名，因树以得姓也。《诗》云：橘维师氏。谓女宠之族，有姓橘者，为师氏之官。汉有万童段卿者，言其厚重如石之段，可为卿也。春；侧款二：秋郑有印段字子石，公孙段字白石。《孙子》曰：如段之投卵。庚寅秋九月醉石作于沪。	朱文	青田石	2.5×2.5×4.5		方印
50	刘若芳	顶款：弟八十二印；侧款一：刘氏之先与范氏同祖，王会自秦归于晋。其族留秦不去者，为刘氏，又周之采地，亦名为刘，刘康公定公献公皆王卿。侧款二：王其后亦称刘姓。言□兰若之芬芳，若谓杜若，芳草名也。庚寅九月醉石刻。	白文	青田石	2.4×2.4×4.8		方印
51	焦（郭）破胡	顶款：弟一百零四印；侧款一：虢叔周王季之子，受封于虢，其地今陕州陕县是也。后为晋所灭，虢公丑奔周，遂姓郭氏。郭者，虢之转声，又齐地有；侧款二：郭氏之墟，盖古国国灭之后，亦为郭姓。齐有郭荣，此其族也。破胡，言能克匈奴。庚寅九月醉石手治。	朱文	青田石	2.4×2.4×4.5		方印

（续表）

序号	印面文字	款字	文样	石质	长宽高（cm）	时间	备注
52	周千秋	顶款：弟五印；侧款：周大夫，周桓公宰周公，周公忌父继守官邑，故有周氏。周任之后亦为周姓。千秋若长生之亲也。汉有张千秋田千秋。庚寅重九醉石篆刻。	朱白文	寿山石	1.0×2.1×5.3	1950年10月19日	一个印石上一朱一白两方印，上面一方是圆印重九，重阳节也。
53	雍弘敞	顶款：第八十一印；侧款一：雍，国名也，在河内山阳，文王之子所封，其后以为姓。又宋有雍氏，本姞姓也，郑有雍纠、齐有雍廪、楚有雍子，后人；侧款二：于晋，其裔皆雍氏，汉有雍齿。弘敞，言大而高明也。庚寅九日醉石刻。	白文	青田石	2.5×2.5×4.7	1950年10月19日	方印，九日，重阳节也。
54	邓万岁	顶款：第九印；侧款：邓，古国名，本曼姓也，其后称为邓氏。楚有邓廖，郑有邓析，并其族也。庚寅秋醉石。	朱文	寿山石	4.4×2.0×4.2		长方印
55	爰展世	顶款：第七印；侧款一：爰氏之先本与陈同姓，陈申公生静伯、甫伯，甫（伯）八世孙爰诸生爰涛涂，因而命氏焉，其后或为；侧款二：辕氏，又作袁氏，本一族也。汉有；侧款三：爰盎。展，若伸也，言子孙蝉联不绝也，或曰展诚也。庚寅秋醉石。	白文	青田石	1.0×3.0×3.0		方印
56	祝恭敬	顶款：弟六十五印；侧款：祝氏郑祝聃之后，又有卫祝□，后嗣传□贤而有识，亦称祝氏恭，敬谓不忘，恭敬慕赵盾也。庚寅秋醉石。	朱文	青田石	1.2×1.2×6.0		方印
57	敦倚苏	顶款：弟一百十二印；侧款：敦氏，秦文公时史敦之后也。倚苏，言为萌，所保倚赖，喜于来苏也。庚寅冬日醉石刻。	白文	青田石	1.5×1.5×4.7		方印
58	泠幼功	顶款：弟九十一印；侧款一：泠人掌乐之官也，国以为姓。黄帝时，有泠伦。周有泠州鸠。秦有泠至。汉有泠褒、泠丰。幼者，少小。功者；侧款二：言能立功也。"之"下脱"次"字。庚寅长至醉石作。	白文	青田石	1.6×1.6×4.7	1950年12月22日	方印，长至，冬至也。
59	范建羌	顶款：弟七十印；侧款一：陶唐氏之后在夏为御龙氏，在商为豕韦氏，在周为唐杜氏，其后杜□之孙曰今（芳）为晋司空，芳子士毅亦继其官，芳孙□□晋太傅，□昌于范，为范氏建羌；侧款二：言立功于西羌之□也。甲午立夏前三日醉石。	朱文	青田石	1.5×4.0×4.0	1954年5月6日	方印

（续表）

序号	印面文字	款字	文样	石质	长宽高（cm）	时间	备注
60	侯仲郎	顶款：弟十八印；侧款一：侯氏之先郑大夫侯宣，多侯羽之后也。鲁有侯叔夏、侯□，齐有侯朝，其后亦皆以为姓。仲；侧款二：者，次伯之下郎者，可为郎官也。庚寅□日醉石篆刻。	白文	青田石	1.4×1.4×6.0	1950年某月日	四灵印
以上印章均款署时间，少数可以精准到具体的年月日，多数只是个大致的时间段。以下印章的款字则均未涉及时间。							
61	屈宗谈	顶款：弟五十六印；侧款一：屈氏之先，楚同姓也。屈暇、屈重、屈荡、屈建、屈平皆其后。宗谈，言有口，辨为；侧款二：谈者，所宗也。醉石刻。	白文	青田石	1.5×1.5×5.0		方印
62	董奉德	顶款：弟十五印；侧款一：董氏之先本为己姓，□叔安之裔曰董父，能扰玄伯，能服事帝舜，帝赐之姓曰董。又周大夫辛，有之二子适晋，与籍氏俱，董；侧款二：督晋之典籍，因为董氏。董狐、董叔、董安平皆其后也。奉德言其奉持德义一日有贤德人所戴奉也。醉石篆刻。	白文	青田石	2.0×2.0×5.0		方印
63	聂干将	顶款：弟六十二印；侧款：聂，本地名，因以为姓。春秋□齐师、宋师、曹师，次于聂壮救邢。韩有聂政、汉有聂壹，干将，古之善剑，一曰剑师名也。醉石。	朱白文	青田石	2.0×2.0×5.0		方印
64	秦妙房	顶款：弟十印；侧款：秦本地名，后为国号，因又命氏。鲁有秦堇父、秦丕□、秦遄。妙，谓德行高妙。房，为德之所聚也。醉石刻于沪。	朱文	青田石	1.5×1.5×5.0		圆印
65	柴桂林	顶款：第七十七印；侧款：卫人高柴为孔子弟子后……醉石。	朱文	青田石	1.0×3.0		长方印
66	卫益寿	顶款：弟三印；侧款：周公诛管蔡，封康叔为卫侯，其后以国为氏。益寿者，延年之义也。醉石刻。	白文	青田石	1.5×1.5×5.5		方印
67	翟回庆	顶款：弟三十印；侧款：翟氏本齐翟偻新之后，魏有翟璜、翟翦。汉有翟公翟方进。回庆者，言福方来也。醉石。	白文	青田石	2.0×3.0×3.0		长方印
68	费通光	顶款：第三十六印；侧款：费氏楚大夫费无极之后也……醉石。	朱文	寿山石	1.5×4.2		长方印
69	左地余	顶款：第一百零八印；侧款：左丘明本鲁之左史，继守其职遂以为姓。又楚左史倚相，末裔亦为左氏，地余言土地有余，封邑广大也。醉石刻。	朱文	青田石	2.3×2.3×5.0		方印

（续表）

序号	印面文字	款字	文样	石质	长宽高（cm）	时间	备注
70	宪义渠	顶款：第一百零六印；侧款：宪氏之先本为周之布宪，司寇之属官也，其后以为姓。义渠，国名也，后为县，在北地，以县为名。醉石。	白文	青田石	2.7×2.7×4.5		方印
71	淳于登	顶款：第三十五印；侧款：春秋淳于公如曹度其国……醉石治印。	白文	青田石	1.1×1.1		方印
72	崔孝让	顶款：第五十八印；侧款：崔齐邑名也，卞公之子于此受封，其后有崔夭，夭之支庶，苗裔盛焉。孝让，言既有孝德，又能克让也。醉石刻。	白文	青田石	2.0×2.4×5.4		长方印
73	柏杜杨	顶款：第五十二印；侧款一：古帝有柏皇氏，其后称为柏氏。一曰晋伯、宗伯、州犁之后。柏、伯，古通用字，故为柏氏，魏有柏直，汉；侧款二：有柏至。杜杨以一木为名，杜甘；侧款三：常也，杜者曰常，无子者也。□者曰杜，有子者也。杨，一名蒲柳可以为矢。醉石篆刻。	朱文	青田石	0.8×2.5×2.7		连珠圆印
74	过说长	顶款：第六十四印；侧款：过者夏时国名，因为姓也。说长，言常悦，豫也。醉石作于沪。	白文	寿山石	2.0×2.0×3.0		方印
75	吴中皇	顶款：第四十六印；侧款：周大王之子太伯封于吴，吴氏即其后也。仲者，次伯之子。皇者，正也大也。醉石。	朱文	青田石	1.3×1.3×5.0		方印
76	笃（乌）承禄	顶款：第二十一印。	白文	青田石	1.5×1.5		方印
77	程忠信	顶款：第五十五印。	白文	青田石	2.0×2.0		方印
78	谭平定	顶款：第一百零九印；侧款：谭，小国也，为齐所灭，谭子奔莒，因而姓谭。平定，谓无忧虞也。醉石刻。	白文	青田石	1.5×1.5×5.3		方印
79	秦妙房		朱文	青田石	1.5×1.5		方印
80	颜文章		朱文	青田石	1.5×6.0		长方印

（说明：1. 印章排序，基本上按照边款署明时间顺序，没有时间的置后；2. 印面文字栏括号中的字，均是唐醉石先生原石印文中的用字，与《急就篇》姓氏人名未见一致；3. 款字栏主要包括顶款、侧款，最多的印章四面均有款字，一一尽可能列明，残损或无法释读的部分用□或者……表示；4. 长、宽、高栏因为工作原因多处未标明印章高度。）

从上述列表来看，共计有印80方，其中有纪年的60方印章，无纪年的20方印章。重复内容的印章有三种，即"秦妙房""左地余"和"颜文章"（见图5、图6、图7）。"秦妙房"内容的两方，都是通过秦小玺的形式处理，只是"方""房"有所区别，均无款字。"左地余"内容的两方，都是通过玺印的形式处理，只是一方白文玺印、一方朱文玺印，白文玺印在款书中注明为"庚寅春"即1950年春，朱文玺印没有纪年。"颜文章"内容印章，一方通过白文流派印的形式处理，

图5　"秦妙房"印章

图6　"左地余"印章

图7　"颜文章"印章

一方则通过朱文连珠印的形式处理，白文流派印侧款署有"庚寅三月"即1950年春；另一方则没有纪年。从印面的形式处理来看，"颜文章"的印面处理，白文属于流派印，特别是"文章"二字，更是显示出满白文的效果，而朱文连珠的处理，则是更多的借鉴了元朱文的办法。"秦眇房"的小玺印处理，唐醉石先生应该是满意的，两方的处理形式高度一致，都是朱文小玺，都属于外圆内方的花边框，只是"方""房"有所不同，按照《急就篇》的正式内容，应该是"房"。"左地余"的玺印处理，一朱一白，朱文玺印印面是按照左边二字右边一字的方式，而白文玺印则是顺着横排三字进行处理，但是从右到左的次序，文字则变成了"左余地"，这个和《急就篇》的正式内容不太一致。细细审读武汉博物馆馆藏唐《急就篇》入印印章实物，唐镌治的印章内容和《急就篇》正式内容有所出入的还不在少数，或许是唐为了更好地处理印面文字的艺术化，在具体的镌治过程中进行的取舍。

上述馆藏实物，确乎印证了唐达聪所言的"七十七个姓名"，湖北文史馆版唐印选集中缺少的"来士梁""敦倚苏""陶熊罴"3方印章也都赫然在列。当然，具体印章的数量有80方，和湖北文史研究馆版唐印选集中的74方、台湾版唐印专集中的79方相比，武汉博物馆馆藏唐《急就篇》入印印章实物应该是最全版本，完全印证了马国权先生"约八十石"的说法。

唐醉石先生的《急就篇》入印，只是选择了部分《急就篇》中的姓氏人名。从武汉博物馆馆藏唐《急就篇》入印藏品实物进行比对，史游《急就篇》有132组姓氏人名，唐印虽然有80方印章，但只是对姓氏人名中的77组进行了镌治。也就是说，无论是已经公开出版的文献，还是武汉博物馆馆藏的唐印章，都不是史游《急就篇》姓氏人名部分的全貌。

二、唐《急就篇》入印的时间节点

按照唐达聪所撰《唐醉石先生治印年表》（以下简称《年表》）的记录，唐醉石先生在1949年"冬日，取《急就篇》姓名治印，每印体例不一，丰富多姿且各有边款，参考唐代颜师古注疏，并注明刻治时地，是先生印艺登峰造极之作"。[1]

从新发现的武汉博物馆馆藏唐《急就篇》入印印章实物来看，"郑子方"印侧款署有"己丑冬日"（见图8）、"薛胜客"印侧款署有"己丑十一月"（见图9），应该是唐达聪先生所说的1949年冬唐醉石先生开始《急就篇》入印创作的起始时间。从有署款的印章进行统计，署款1949年的有8方。"令狐横"一印虽然署款为己丑年，但农历年的大寒节气已经是次年阳历新年的元月（见图10），属于1950年，所以署款1950年的印章计有51方。署款甲午即1954年的1方。从署款的具体时间看，唐醉石先生镌治"万段卿"印章，署款为"庚寅秋九月醉石作于沪"（见图11），镌治"荣惠常"印章，署款为"庚寅中秋醉石刻于春申"（见图12），沪、春申是上海的别称，即至少在1950年的秋天，唐醉石先生还在上海。从前一年的冬日开始，到1950年的中秋，历时将近一年时间，说明《急就篇》入印的印章，应该多半在上海镌治完成。

唐醉先生在镌治这批印章时，按照史游《急就篇》姓氏人名的自然排序，在绝大多数印章的顶

---

[1] 唐达聪著：《唐醉石自用印印存》（一函三册），一册为"唐醉石先生治印年表"，台湾联经出版事业股份有限公司2002年版。

图8 "郑子方"印章

图9 "薛胜客"印章

图10 "令狐横"印章

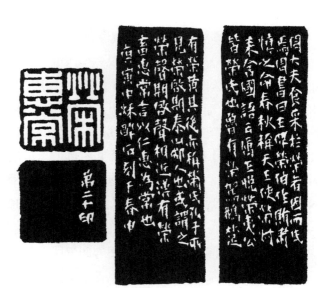

图12 "荣惠常"印章

图11 "万段卿"印章

部刻制了顶款。如上文所述，按照唐醉石先生开始《急就篇》入印创作的起始时间1949年冬，"郑子方""薛胜客"可能是最早的两方印章，但是在顶款上，唐在"郑子方"印章的顶款上刻"第二印"、在"薛胜客"印章的顶款上是"第六十一印"。有必要再次强调一下，这个顶款的顺序，只是按照史游《急就篇》132组姓氏人名的顺序进行的自然排序。因为按照自然排序，第一个姓氏人名是"宋延年"，唐在顶款上刻"第一印"，但在该方印章的侧款则署为"庚寅七夕前三日"，这已经是1950年的盛夏了。

由此可见，唐醉石先生在具体镌治这些印章的时候，并没有按照史游《急就篇》姓氏人名的自然顺序来进行，很可能是他在酝酿的过程中，成熟一个，他方才奏刀具体实施。这说明唐《急就篇》入印印章的侧款，才具备唐具体刻制顺序的时间性质，而没有具体署上时间款的20方印章，虽然绝大多数都有顶款，但并不能作为唐集中创作的时间顺序看待。在有署款时间的印章看，"冷幼功"一印最晚，署款是1950年的长至即冬至节气，分明已经是1950年的12月底了。即唐《急就篇》入印印章的创作时间节点，应该是如前所述开始于1949年的冬日，一直到1950年的冬至、或许还可以延续到1951年的春天。

众所周知，1949年5月上海解放。按照唐醉石先生哲嗣唐大康的追记，此后不久，唐醉石先生就和其堂弟———一位名叫唐亥的共产党员——在上海见了面。[1]

在1949年5月，解放后的武汉，迅速成立了湖北省文学艺术联合会，唐亥当选为湖北省文学艺术界联合会副主席。唐亥到上海，应该是在武汉、上海相继解放不久。他或许肩负着邀请堂兄唐醉石先生来湖北工作的任务，也或许是他担任了湖北文教方面领导职务之后，借上海探亲，对已经"沪飘"多年的他的这位著名的堂兄唐醉石开展比较务实恳切的友善建议。

按照湖北省博物馆原馆长谭维四先生的回忆文章，在时任湖北省文教厅厅长李实的直接邀请下，[2]1951年春，唐醉石先生以65岁的年龄，正式卜居汉上了。

三、唐《急就篇》入印的具体情况

如前所述，马国权先生对唐《急就篇》入印给予了"品类尤富，佳构甚多"的高度评价，其子唐达聪也在《年表》中称赞"是先生印艺登峰造极之作"。昌少军在《唐醉石篆刻艺术考论》中第一次提及了唐《急就篇》入印的艺术特色，[3]认为这些创作"品类众多、技术集大成、巧妙嫁接"，特别对唐镌治的"令狐横""赵孺卿""代焉于"三方印章摹临古印进行分析（见图13、14），尤显精当。

确实，唐《急就篇》入印是在1949年冬到1951年春一年多的时间里集中创作的，这些印章在风格上拟秦印、汉印、玉印、满白文印、烂铜印、古玺、封泥、图案印、肖形印和流派印，用字上有金文、汉砖文、小篆、缪篆、鸟虫篆、隶书、楷书等，印面成正方、长方、圆形、椭圆等印式，而且绝大多数印章在其顶附刻"第多少多少印"以示《急就篇》姓氏人名的自然顺序，并简要概括颜

[1] 唐大康：《一个质朴无华的艺术家——回忆我的父亲唐醉石》，原载《书法报》，1985年第17期。
[2] 谭维四：《怀念唐醉石先生》，载《西泠印社》西泠印社早期社员唐醉石研究专辑（总第四十一辑），第28页。
[3] 昌少军：《唐醉石篆刻艺术考论》，载《西泠印社》西泠印社早期社员唐醉石研究专辑（总第四十一辑），第17页。

图13　"赵孺卿"印章

图14　"代焉于"印章

师古注疏刻成边款，马国权"品类尤富"、唐达聪"每印体例不一、丰富多姿且各有边款"的评价诚不我欺也。

　　一个直观的判断，唐《急就篇》入印应该是唐醉石先生在较短的时间内，举平生之学的重要成果。比较唐醉石先生一生篆刻创作的各个时期，以有记录的文献来看，即使是1915年其早年青壮时在汉口的创作高峰期，[1]也只有45方印章。在1949年冬到1951年春一年多一点点的时间里，唐醉石先生以花甲之年集中创作完成《急就篇》入印80石，而且风格更加多样、用字更加丰富、形式更加

---

[1]　沈必晟：《唐醉石先生早年汉上金石交游考》，载《第六届"孤山证印"西泠印社国际印学峰会论文集》，西泠印社出版社2020年版，第122页。

多彩，可以说是唐醉石先生一生的篆刻创作中非常突出的情况，完全有别于唐在之前寻章摘句旧式文人模样的常规创作，特别是对于一位64岁精力日衰的老人来说，不能不说是一项浩大的工程。

那么问题来了，唐醉石先生为什么会有别于常规的进行这样一次集中的篆刻创作？特别是在中华人民共和国成立前后的特殊时间节点，他以儿童启蒙读物史游《急就篇》的姓氏人名为底本进行集中的篆刻创作，所为何来？

四、唐《急就篇》入印问题的可能性考察

1949、1950、1951年的中华人民共和国成立初期是一个特殊的时间节点，对唐醉石先生来说，他在此刻的选择，按照其哲嗣唐大康的追记，是他"一生最大、也是最重要的一次转折"。[1]

在这个特殊时间节点，从唐醉石先生个人生活来说，他结束了沪上鬻印的日子，毅然卜居汉上迎接了新的生活。早在抗战时期，唐醉石先生就曾经因为"痛斥顽固势力倒行逆施"被狱上饶集中营，[2]虽然后经亲友营救定居上海，但对民国时期的国民党政府早已不怀期待，并以"休景斋"颜室明志。虽然如此，在上海鬻印的生活着实艰难，他在居沪期间镌治"为五斗米折腰"一印聊以自嘲，[3]一家八口，仅仅凭借鬻印鬻字的微薄收入，可以想见生计困窘的状态。应该是堂弟唐亥从解放区武汉带来了准确信息，唐醉石先生开始对新中国新社会新生活满腔热情、充满期待。也是在中华人民共和国成立初期的特殊时间节点，他积极支持儿子唐达孝、唐达宁参军，自己在唐亥的郑重建议下，也"欣然同意，立即只身随五叔到湖北"。[4]

在这个特殊的时间节点，从一位艺术家的创作生命来说，他应该也在积极寻找新的创作方向、新的创作计划、新的创作思路。在此之前，唐醉石先生遵循的是旧式文人的篆刻方法，要么一般性寻章摘句的集萃性篆刻创作，要么简单的夫子自道式的自用印篆刻创作，要么是友朋交游之间的相互应酬式篆刻创作。可以合理推测，在这个特殊的时间节点，作为共产党员的唐亥，无论是政治宣传鼓动也好，还是对至亲的友善建言也好，唐醉石先生举平生之所学贡献新中国的热情应该是被激发起来了。唐醉石先生考虑得最多的，很可能是怎样将自身书法篆刻方面的卓越才能和新中国在文教方面的迫切需求结合起来的问题。

虽然我们再也无缘起唐醉石先生于地下，来听从他讲述这段特殊时间节点的心路历程，也从来没有相关文献透露这方面的原委，但尘封的往事，依然会在文本细读和不断出现的新资料面前，慢慢拼出一些图案。

无独有偶，在近年披露的沈尹默致唐醉石先生的系列信札中，[5]署款1952年7月30日的文函往来中谈及了中华人民共和国成立初期的识字运动，这为解索唐醉石先生《急就篇》入印的原委似乎找到了

[1] 唐大康：《一个质朴无华的艺术家——回忆我的父亲唐醉石》，原载《书法报》1985年第17期。
[2] 唐大康：《一个质朴无华的艺术家——回忆我的父亲唐醉石》，原载《书法报》1985年第17期。
[3] 唐大康：《一个质朴无华的艺术家——回忆我的父亲唐醉石》，原载《书法报》1985年第17期。
[4] 唐大康：《一个质朴无华的艺术家——回忆我的父亲唐醉石》，原载《书法报》1985年第17期。
[5] 泰和嘉成，2019年秋拍，"秋明墨缘——沈尹默书法文献暨沈士远家族旧藏"中的沈尹默致唐醉石先生的第七封信札。

作为旁证的线索：

> 识字与写字乃一体两事，故能读完若干本通俗书，写若干篇短文，方可认为扫盲完成。惟如何教人写字，写怎样的字，中央文件中似未作详细规定。我曾上书沪市政府（并专函到北京教部夷初处），谓亟须重视一般工农扫盲（工作）中之写字问题（迄无回音），中南现况若何？（何人主持？）可否在楚省扫盲班加多写字训练？我新写有一字帖，恰可用作一般扫盲练习写字之需，兹特附呈，乞览之。

从上述信札中可以看到，沈尹默先生积极新中国初期的文教工作，通过致函上海市政府、国家教育部的形式向新中国建言，要求在以工人、农民为主的扫盲工作中重视写字问题。同时也期待已经在湖北主持文物工作的唐醉石先生，重视在扫盲班中增加写字训练。为此，沈先生随信专门附上他新近刚刚用心写就的识字字帖，为扫盲班专用，期待有助于推动中南地区的扫盲教育。

署款虽然是1952年7月，但这封沪上旧游的往来书函，还是透露了一个重要线索，即无论在上海还是武汉，当其时正在工农群众中开展扫盲运动。唐醉石先生在1949年的沪上，在和堂弟唐亥的往来中，会不会就是得到了扫盲工作的准确信息呢？

众所周知，新中国初期，社会文盲率高达80%以上，识字认字是社会和经济发展的先决条件，是事关国家、民族前途和命运的大事。为此，在中国共产党的领导下，从1950年的全国工农教育会议开始，在全社会开展了大规模的扫盲教育，政府开办了各种类型的实习班，扫盲工作取得了明显成效。也就是说，扫盲运动是新中国初期，由中国共产党领导的主要面向社会下层的群众识字运动。

唐醉石先生的堂弟唐亥，原名唐拔斋，是戏剧活动家、导演、编剧。湖南长沙县人，1911年出生，1926年在北京参加了爱国学生运动，他加入了中国共产党。1935年，唐拔斋从上海艺专学成回乡，在长沙成立剧社排演抗日救亡戏剧。1938年初，剧社成立了中共党支部，唐拔斋任支部书记，受八路军武汉办事处派遣，打入国民党，后因身份暴露，赴中共鄂豫皖边区挺进纵队驻地，改名唐亥，组建宣传队。挺进队改编为新四军第五师，出任第五师文工团团长。他导演并主演了《满城风雨》《人约黄昏》等话剧，也曾创作戏曲剧本《赵连新归队》《新古城会》等，被称为五师文艺战线上的总领队。1946年后，他跟随359旅实现中原突围。1949年5月16日，武汉解放，此后不久，唐亥即当选为湖北省文学艺术界联合会副主席。1951年6月，中央民族学院在北京正式成立后，唐亥奉调进京，这是后话。[1]重要的是，唐亥从事革命工作以来，一直在党的文宣战线中担任领导职务，他熟悉党的文艺方针和政策，面对新中国的实际情况，怎样开展文化教育，他应该有着不同一般人的见识和认知。

如上所述，唐醉石先生开始《急就篇》入印的系列创作，确切时间是在1949年的冬日。他创作思路的变迁，应该和在1949年6月后担任湖北省文学艺术联合会副主席的堂弟唐亥有着非常直接的关联。作为中国共产党文宣战线的高级干部，唐亥一定知道很多旧式文人不知道、也不愿意知道的

---

[1] 孙文辉、陈嘉琪、尹雨：《在岁月的尘埃中搜寻——记我们快要遗忘的戏剧艺术家（一）》中关于唐亥的记述，载《艺海》2011年第1期。

中国共产党的文艺方针政策和社会面上情况，而中华人民共和国成立伊始的扫盲教育，天然地和书法篆刻中的文字紧密关联，这应该也是唐亥郑重建议其堂兄唐醉石先生为新中国文教事业发挥其卓越才能的重点地方。合理推测，应该正是在唐亥的建议下，唐醉石先生才结合当时国人的识字水平以及中国共产党的文教政策，在反复的审慎思考下，选择了将中国传统儿童启蒙读物《急就篇》作为系列专题篆刻创作的底本。

图15　"范建羌"印章

细读《年表》，我们会发现，唐醉石先生在中华人民共和国成立初期的1950年、1951年、1952年、1953年这个阶段，基本上杜绝了旧式文人印章的镌治，[1]四年的转变，对于一位成就卓著的篆刻艺术家来说，这是十分罕见的。特别是在1950年全年，从《年表》及新发现的实物来说，唐全身心地投入《急就篇》入印的篆刻创作中来，没有在这个专题创作外有任何一方其他内容的印章创作。他或许会认为，作为传统蒙书的《急就篇》，如果加上作为著名篆刻家的艺术再创作，是不是正好可以对接上新时期的扫盲教育。

同时，唐醉石先生在《急就篇》入印的创作上，可以说是十八般武艺全部用上，如前所述，各种印法、各种字法、各种印式等他都一一精选一一用上，一方面似乎想通过这些不同的追求最大程度地减少识字教育过程中的审美疲劳，一方面似乎要把平生所学毫无保留地展示出来。唐醉石先生创作得也非常认真，有些印章并不是一次完成。如前所述，"秦眇房""左地余"和"颜文章"3方印章，唐醉石先生就不止一次地进行过创作，他似乎是在挑选一方自己最为满意的作品。

可以想见，唐的这种创作激情，也同其对新中国新生活的满怀期待情形相互生发、互相映衬、完全一致，其哲嗣唐大康追记："父亲常常感慨地说，想不到在花甲之年还能为国家、为人民出力，真是幸运。"[2]而在收到时任湖北省文教厅厅长李实的正式邀请后，唐醉石先生在1951年春，在没有完成《急就篇》入印全部创作的情形下，就毅然卜居汉上，担任了湖北省文物管理委员会主任委员。

唐醉石先生卜居汉上后，工作和荆楚大地的文物收集保护以及"文管会机构的完善、队伍的充实提高"紧密关联。[3]中华人民共和国成立初期的文保工作，百废待兴，应该占用了唐醉石先生不少时间，他作为中南地区文保工作的领导以及直接管理者，这些任务，已经完完全全地区别于自我

---

[1]　唐达聪：《唐醉石自用印印存》（一函三册），一册为"唐醉石先生治印年表"，台湾联经出版事业股份有限公司2002年版。

[2]　唐大康：《一个质朴无华的艺术家——回忆我的父亲唐醉石》，原载《书法报》1985年第17期。

[3]　谭维四：《怀念唐醉石先生》，载《西泠印社》西泠印社早期社员唐醉石研究专辑（总第四十一辑），第28页。

揣测的扫盲教育工作，更是完完全全地区别于旧式文人篆刻艺术家的做派了。但是，唐醉石先生终是"西泠印社柱石"，[1]作为近现代历史上著名的篆刻艺术家，他的《急就篇》入印的"主题性创作"戛然而止。虽然在第一次全国性的扫盲教育运动结束后的1954年，他似乎又记起了什么，以68岁的年龄又镌治了"范建羌"一印（见图15），[2]但作为一项总体性的系列篆刻创作工作，唐醉石先生再也没有继续下去，不能不说给近现代印坛留下了一个永远的遗憾。

2022年3月疫中于沙湖邻桐馆、6月修改于江汉关

（作者系中国书法家协会会员、武汉书法家协会副主席、中流印社顾问、华中师范大学特聘研究员）

---

[1] 此语为西泠印社创始人叶为铭对王福庵、唐醉石二位先生的评价，经过马国权先生在《近代印人传》中进行转述，广为印坛传颂。见马国权著：《近代印人传》唐醉石条目，上海书画出版社1998年版，第233页。

[2] 唐达聪：《唐醉石自用印印存》（一函三册，一册为"唐醉石先生治印年表"中的1954年条目），台湾联经出版事业股份有限公司2002年版。武汉博物馆馆藏该印，印侧的边款记有"甲午立夏前三日醉石"。

西泠印社壬寅秋季雅集

大印学（2）

下册

印学收藏史国际学术
研讨会论文集

西泠印社 编　　西泠印社出版社

目　录

（下册）

線刻石板考

——日本沖縄県出土の石製遺物の解明と海のシルクロード—

（日）久米雅雄

内容提要：2022年9月29日は「日中国交正常化50周年」の記念すべき時であり、同時に5月15日は「沖縄復帰50周年」の記念すべき時でもある。この年の1月1日に、日本のフジテレビにより「沖縄のロゼッタストーン」と呼ばれる謎の石板についての番組「沖縄の石板　長年の謎　その正体に迫る！」が制作され、筆者も考古学・文字学・歴史学の立場から出演し、所見をのべる機会を得た。その後も研究を続け、さいわい研究の精度を高めることができたので、その成果を提示することにした。

　先ず「線刻石板発見史」から始め、1933年に熊本医科大学学長であった山崎正董が沖縄県嘉手納町に所在する野国總管墓付近で発見した石板、その後、北谷町や読谷村や宜野湾市等で発見された石板（合計11点前後）についてその概要を説明した。

　現時点における石板研究の到達点については「船や建物や鳥などが描かれているが、いつ頃作られ、どのような意味をもち、何に使ったのかは分かっていない」との現況も紹介した。

　その上で「線刻石板研究」に入り、予察1として「舟」もしくは「船」について、予察2として「建築物」について、予察3として「文字的要素」について言及した。予察1についてはそれが蒸気船を伴わない大小の「帆船」の時代であること、予察2については「ビザンチン的なもの」「イスラム的なもの」「東南アジア・西南アジア的なもの」を含む幅広い「東西洋航路」（海のシルクロード）の知見を反映していること、予察3については落合直澄の『日本古代文字考』、須藤利一の『南島覚書』などを参考に、印章・沖縄字と琉球宮古島の文字・カイダー文字などを検討した結果、「漢字」もしくは「漢数字」及び「家判」の混用は認められるものの、他は未完整な絵記号、絵画表現にとどまることを明らかにした。

　この予察が正鵠を射ているかどうかを検証するために、「近年の人類学的・考古学的成果」にも目をむけ、沖縄出土の中国貨幣（古くは明刀銭や唐・北宋・金・元の貨幣を含むが、大量の明の時代の貨幣の出土が多く、14～15世紀の貿易陶磁器と伴出する）やローマ貨幣（4～5世紀のローマ貨幣が14～15世紀の地層から出土）やオスマン・トルコ貨幣（1687年銘）を確認した。また琉球王国の古墓及び石厨子の人骨調査のミトコンドリアDNA分析の結果、古人骨3体は、日本、朝鮮、ヨーロッパ由来の15～17世紀の人骨と判断された。

　これらのことを総合的にみる時、線刻石板の時代は、主に14～17世紀ということになり、その頃の「海のシルクロード」を介した国際関係は、線刻石板出土地である琉球王国

（1429～1879）を基軸に考えた場合、「明国」（1368～1644）及び「清国」（1616～1912）、「マラッカ王国」（1402～1511）、ポルトガル（1511～）、オランダ（1641～）、イギリス（1824～）ということになる。以後の歴史については本題から離れるので省略する。

　　この線刻石板の時代に活躍した数多くの人々のうち、特筆しておきたいのは明の鄭和（1371—1434）、イタリアのマテオ・リッチ（1552—1610）、そして日本の野国總管（1596—1615）に進貢船の總管職にあった）である。彼らは当時の「一帯一路」構想の実現者であり、何に精励すれば成功し、何を怠れば挫折するかを、今日のわたくしたちに教えている歴史的先達である。歴史の教訓から十二分に学びたいものである。

　　関鍵詞： 沖縄復帰50周年（2022年）と「沖縄のロゼッタストーン」とフジテレビ出演　線刻石板研究史　現時点における石板研究の到達点　線刻石板研究〔予察1〕　舟もしくは船について　帆船沖縄の進貢船と久米三十六姓　〔予察2〕建築物について　ビザンチン建築　オスマン・トルコ建築　西南アジア・東南アジア建築　〔予察3〕文字的要素について　印章　沖縄文字と琉球宮古島の文字　カイダー文字　沖縄における近年の人類学的・考古学的成果　線刻石板の時代と内容と制作目的および史的背景　今後の課題と展望

1．はじめに

　　2022年9月29日は「日中国交正常化50周年」の重要な記念の日にあたる。と同時に5月15日は「沖縄復帰50周年」の記念すべき時でもある。九州の南端から台湾東北端に至る1200kmの海上に連なる琉球列島は、かつて「琉球王国」と呼ばれた時代もあったが、紆余曲折を経て、現在は日本の領土となっている。南西諸島全図をみればわかるとおり、それらは東海上に、薩南諸島、琉球諸島として存在し、さらに細かくみれば吐噶喇列島、奄美群島、沖縄群島、宮古群島、八重山群島などから成り立っていた。

　　2021年11月9日に、日本のフジテレビの「世界の何だコレ！？ ミステリー」の担当者からメールが届き、「沖縄のロゼッタストーン」という遺物があり、その解明にご協力願いたいとの連絡が入った。石板の実物資料も拝見し、所見も述べて、2022年1月1日の新春3時間スペシャルで「沖縄の石板　長年の謎　正体に迫る！」というテーマで放映されたが、研究の精度をさらに高めることができたので、本稿で発表することにした。

2．線刻石板発見史

〈線刻石板の最初の発見〉（図1）

　　「沖縄のロゼッタストーン」という呼称がふさわしいか否かはともかくとして、最初の発見は、1932年に熊本医科大学学長であった山崎正董[やまさきまさただ]（1872—1950）博士が、奄美大島・沖縄を旅行している昭和8年（1933）頃に貝や古瓦等などと共に採集した石板で、現在は九州熊本市の熊本博物館に収蔵されている（図1）。

「熊本博物館収蔵品」を検索していくと、線刻画（線刻石板）は沖縄県嘉手納にある野国總管（1605年に中国から沖縄に甘藷を伝来したとされる人物）の墓付近で1933年4月3日に出土、美濃口紀子氏は「山崎正董博士の琉球関係コレクションに関する沖縄調査について」の中で、法量は縦23cm、横13cm、厚さ2cm前後を測る（熊本市立熊本博物館館報№152003）と報告している。

〈その後の発見〉（図2、図3、図4、図5）

この種の石板はその後も発見が続き、沖縄本島中部の西海岸のグスク、拝所、畑などで10数点が発見され、うち4点が沖縄県立博物館・美術館に収蔵されている。熊本市博物館に1点、嘉手納町に3点、読谷村に1点、うるま市等での発掘が2点と、現在確認できるものは11点前後という（2020年の沖縄県立博物館・美術館発行の『岩石』展では奄美大島と沖縄本島の間を繋ぐ徳之島から発見された岩盤に刻まれた線刻画に注意が向けられている。江戸時代のものと推測されており、弓矢や帆船のような絵柄が数多く刻まれている。これを含めると12点）。ここでは、沖縄県立博物館に展示してある4点を紹介しておきたい。

図2は1959年に北谷町上勢頭上森原の耕作地（旧家の敷地内）で発見され、1974年に沖縄県立博物館に寄贈された石板である。縦29cm、横18cm、厚さ2cmを測り、片岩もしくは結晶岩系と推定されている。画面は比較的シンプルで、舵をもつ帆船が描かれている。

図3は嘉手納町で発見された石板の片面で、縦30.0cm、横19.0cmを測る。構図が複雑化しており、絵画的要素に加え、文字的要素も表現されているようにみえる。「復帰20周年記念特別展『琉球王国―大交易時代とグスク―』」（1972）によれば「拝殿風の家屋、鳥、宝珠、船等が描かれているがその意味がよくわからない。時代も不明である。この種の遺物は、沖縄本島中部の宜野湾、北谷、嘉手納、読谷から発見されている」とある。

図1　1933年、沖縄県嘉手納町所在野國總管墓付近で発見された線刻石板（熊本市立熊本博物館所蔵）

図2　線刻石板（沖縄県立博物館所蔵）

図3　線刻石板（沖縄県立博物館所蔵）

図4は嘉手納町の屋良城後原モーの松林で発見された石板である。1960年に表面採集され、1967年に沖縄県立博物館へ寄贈された。周辺からはグスク土器や褐色陶器、青磁などが伴出している。縦30㎝、横19㎝、厚さ5㎝を測り、石質は片岩系である。『沖縄の旧石器人と南島文化』（2017）によれば、表裏に、「一文字、Y字、十字、L字、口字」「真円状や円弧、波、渦巻き状の曲線を基調とした刻み」を見ることができる。とくに十字文やそれを連続させた文様が多用されているのが特徴的である」と述べられている。鳥のような表現、船、建物のようなものにも注目できよう。

図4　線刻石板表裏（沖縄県立博物館所蔵）嘉手納町の屋良城の近くで発見

図5　線刻石板表裏（沖縄県立博物館所蔵）北谷村の耕作地で発見

図5は図2と同様の状況下で発見された遺物である。縦33.5㎝、横25.5㎝、厚さ4㎝を測り、片岩もしくは結晶岩系である。表裏に円形のもの、三角形、人のような形、船や建物、渦巻き状のもの、漢字などが描かれている。

３．線刻石板の時代と内容と制作目的—現時点における到達点—

では、これらの石板の時期や内容や使用目的については何が明らかになっているのだろうか。

『博物館展示ガイド』（2007）では「刻画石板」の項において「線刻石板は、平らな石の表面に様々な絵や記号のようなものが刻まれた資料です。読谷（よむたん）村、嘉手納町、北谷（ちゃたん）町、宜野湾市といった沖縄中部のグスクや拝所などから発見されています。石板をよく見ると船や建物、鳥などが描かれているのが分かりますが、いつ頃作られ、どのような意味を持ち、何に使ったのかは分かっていません」とある。

そこでこの「線刻石板の実相」に近づくために、わたくしは主として以下の３点に焦点をあて、解決への糸口を探ることにした。それはこの線刻石板の主要テーマと思える「舟もしくは船」「建築物」「文字及び文字的要素」に注目し、真相にせまる手がかりを得ようとする試みである。

４．線刻石板研究

〈線刻石板研究予察１「舟」もしくは「船」について〉（図6）

「舟」や「船」の歴史については、須藤利一編『船』（1968）をはじめ、先達による良書が存在する。ここではそれらの内容を通史的に挿図でまとめてみた（図6）。それは「舟」もしくは「船」の歴史を顧みることによって、問題解決の手掛かりを見いだせるものと確信するからである。

　　図6の左上から縦列に5枚、右横に同じく縦列に5枚の図を並べ、左列を1〜5、右列を6から10と称する。

　　図6−1は日本の弥生時代（今から約2000年ほど前）の銅鐸（福井県大石村出土）に描かれた「舟」の絵で、実際は丸木舟が多かったがゴンドラ形をしており、人物や櫂が描かれている。

　　図6−2は大阪高井田古墳から発見された古墳時代の刻画で、中央に大きな人物、船首に碇、船尾に櫂が描かれている。

　　図6−3は12世紀頃の宋船をモデルに描かれた『華厳縁起・義湘絵』（高山寺蔵）に見える中国商船図である。楠材のものが多く、大型船は5000石（500〜600人収容）、中型船は2000石から1000石（200〜300人収容）、船尾に高楼があり、貴賓室を備え、船首に大小二つの石の碇、船尾には大小二つの正舵、高楼の後には2棹の三副舵、正風の時は布の帆を、偏風のときは竹の帆を用いたという。日本では平安〜鎌倉時代にあたる頃の帆船である。

　　図6−4は戦国時代の水軍書である『全流水軍書』に載せられている「井楼船」の図である。上甲板上に角材を校倉式に組み上げて高い井楼をつくり、その頂部から大銃で狙撃する構造の船である。

　　図6−5は朱印貿易船の末次船である。朱印船貿易とは安土・桃山・江戸初期の時代から鎖国の時代まで続いた、朱印状で公認された日本船による貿易のことで、豊臣秀吉が貿易振興のために採用し、徳川家康が継承、京都・堺・長崎などの商人や西国大名、幕府役人、外国人までが朱印船を出した。海外居住の日本人も集荷や売りさばきに従事した。渡航先は、中国、澳門、呂宋、交趾、暹羅、ボルネオ、爪哇などで、生糸、絹織物、綿織物、鹿皮、砂糖、蘇木などを輸入し、銀・銅・硫黄・樟脳などを輸出した。なお末次船の末次家は長崎の代官であり、1592年に豊臣秀吉の朱印状、1604年に徳川家康の朱印状を受け、主に台湾、交趾に渡航、特に末次平蔵（？−1630）は有名である。これも立派な帆船である。

　　図6−6は朝鮮役、すなわち文禄・慶長の役（1592〜1598）頃の関船である。関船とは軍船のことであるが、軽快さをねらった軍船で、防御用の装甲は竹製である。本図は八王子・信松院所蔵の40挺立の関船のスケッチである。なお、挺とは軍船の大きさをあらわすための、装備している櫓の数による数え方である（二人漕ぎのものを大櫓、一人漕ぎの櫓を小櫓という）。

　　図6−7は山田長政（？−1630）の軍船図である。彼は1611年に暹羅に渡り、アユタヤ日本町の浪人隊長となった。王室の内紛解決に尽力し、六崑王に封じられた。静岡市浅間神社に、長政が寛永3年（1626）に奉納した軍船図の写し（原物は焼失）がこれである。完全な西洋型帆船である。

　　図6−8は菱垣廻船の積荷状況である。菱垣廻船とは江戸時代に大坂から江戸の間を運航した廻船で、船の側面に積荷保護のために檜とか竹を交叉させて菱形の垣をつくったためにこの名がある。17世紀の初めに堺の商人が始め、この図は品物によってそれぞれ積む場所が定まっていた

図6　日本における「船」の変遷（弥生・古墳時代から近代まで）「銅鐸に見える舟」「大阪高
井田古墳の刻画」「華厳縁起・義湘絵の船」「井楼船の図」「朱印貿易船の末次船」「朝鮮役
当時の関船」「山田長政の軍船図」「菱垣廻船の積荷状況」「咸臨丸の航海図」

ことを示している（東京都都政史料館蔵）。船の帆が巻き上げられている点にも注意をはらっておきたい。その後、18世紀初め頃から酒樽を主な積荷にした足の速い樽廻船に代わったが、1841年の天保の株仲間の解散で衰退したとされる。

　　図6−9は薩摩藩で建造した昇平丸である。薩摩藩の藩主であった島津斉彬（1809−1858）は早くから国防の充実を急務とし、洋式海軍の創立を企てていた。（その100年ほど仙台藩士である林子平〔1738−1793）は『三国通覧図説』『海国兵談』などを著わし、国防の要諦を説いている〕。島津斉彬は、米国船に救われ、その後、米国で教育をうけて1951年に帰国、土佐藩に召しかかえられることになる中浜万次郎（1827−1898）が琉球に到着した時、造船の方法を学んだり、琉球との交通用として三檣（三本マスト）の「琉球型武装帆船」の建造を幕府に出願し、幕府は禁制を解き。軍船数隻の建造を委託した。1854年3月に完成したのが日本で最初に造られた「伊呂波丸」、次が同年12月に完成した昇平丸であった。そのあとも幕府用の注文により、鳳瑞丸・大元丸、また薩摩藩用として万年丸・承天丸などが造られた。

　　1853年に米国の東インド艦隊司令官であったペリーMatthew Perry（1794〜1858）が4隻の軍艦（うち2隻は蒸気船であった）を率いて浦賀に入港し、米国の第13代大統領フィルモアMillard Fillmore（1800−1874）の国書を提出して開国を要求した。翌1854年に米国は7隻の軍艦で再度来日、武力を背景に「日米和親条約」を締結し、開国を実現させたことはよく知られている。そのおり、先にのべた中浜万次郎は土佐藩士を経て江戸幕府に仕え、通訳や翻訳を行ない、軍艦操練所教授、鯨漁御用などを務め、後述のように1860年の遣米施設に随行したことも重要である。

　　このあたりから蒸気船の登場が気になるところであるが、ちなみに世界で最初の実用的な蒸気船は1783年頃、フランスで発明されたとされている。1807年頃には米国のロバート・フルトンがハドソン川で外輪蒸気船「クラーモント号」の乗客を乗せた試運転に成功している。日本で最初に建造された蒸気船は1855年に薩摩藩が竣工させた「雲行丸」であることが知られている。

　　図6−10は有名な「咸臨丸」の航海図である。1854年の「日米和親条約」締結から4年後の1858年に初代駐日総領事ハリスTownsend Harris（1804−1878）との間に「日米修好通商条約」が結ばれた。その批准の遣米使節に従い、米艦ポーハタンPawhatan（外輪蒸気船）と護衛艦である咸臨丸（スクリュー式蒸気船）がサンフランシスコに向かうことになる。ポーハタン号には遣米特使外国奉行の新見正興・村上範正・目付の小栗忠順らが、咸臨丸には軍艦奉行である木村摂津守や艦長である勝海舟（1823−1899）、福沢諭吉（1835−1901）、中浜万次郎らが乗船した。1860年正月に咸臨丸、ポーハタン号の順序で品川・浦賀を出帆したが、連日の荒天でポーハタン号は船体の損傷等でホノルルに寄港、咸臨丸はそのまま直航し、2月22日に単独でサンフランシスコに到着している。なお帰途は、往航とはうってかわって好天気に恵まれ、3月19日にサンフランシスコを出帆、5月5日に浦賀に無事に帰着したと記されている。それにしても、咸臨丸は、1855年に江戸幕府がオランダに発注、1857年に竣工して長崎に回航した木造帆装蒸気船で、須藤利一氏によれば「艦種木造暗車汽船（三檣パーク型）長さ二七間半（約50.0m）巾四間（7.27m）馬力一〇〇備砲一二門」と記されている。最近の研究では、全長48.80m、トン数620tであることが、1989年に同型艦の図面の発見により、明らかになりつつある。いずれにしても、それまで蒸気船による遠洋航海の経験の

なかった日本人にとっては大変な難事であったことは容易に推察することができよう。沖縄発見の石板に描かれた「船」の絵は、「帆船」が主流であり、「蒸気船」の描写は見出せな。線刻石板の年代判定に役立つかも知れない。

〈沖縄の進貢船と冊封使行列絵巻〉（図7）

『甘藷と野國總管』（2004）という書物の中に、貴重な沖縄に関連した「進貢船の図」が掲載されている。線刻石板と沖縄の関係を考える点で重要な箇所なので注意を喚起しておきたい。

同書には明国と琉球との「進貢貿易と久米三十六姓」との記事があり、そこには次のように書かれている。

「明国は、琉球が朝貢関係を結ぶと、『琉球優遇策』（琉球を手厚くもてなす）として、琉球に大型海船を無料で与えるとともに、航海技術や外交、商活動にたけた中国人を派遣しました。海船の無料供与は160年間も続きます。派遣された中国人が住む区域は他の東南アジア地域にもありましたが、琉球では那覇久米村に住み、一般に『久米三十六姓』とよばれています」（図7左）。

図7　中国への進貢船と冊封使行列絵巻（沖縄県立博物館所蔵）

中国との「朝貢・冊封関係」という時、中国皇帝に朝貢するためのあいさつ文と貢ぎものを運ぶ船のことを「進貢船」という。逆に朝貢してくる外国に対して、中国皇帝より国王であることを認めてもらうのを、「冊封」をうけるという。この点を具体的に描いた様子が「冊封使行列絵巻」である（図7右）。

描かれた進貢船が、大型の「帆船」であった（「蒸気船」以前であった）ことに注目しておきたいと思う。

〈線刻石板研究予察2「建築物」について〉（図8、図9、図10、図11、図12、図13、図14）

沖縄から発見された線刻石板には、仔細に観察すると、さまざまな建築物の絵を見いだすことができる。それらの建築物の線刻表現は、単に琉球国や日本国にとどまらず、ビザンチン、バロック、オスマン、インド、東南アジアなどの各地の建築様式の特徴を反映しているおり、ここ

図8　世界における「建築物」の変遷（ビザンチン・バロック・オスマン・東南アジア）

ではその点について言及しておきたい（図8）。

　図8の1段目の左上はビザンチン建築の代表格である。ビザンチン建築とはギリシア・ローマ古代文化に、東地中海諸地方や中東の文化を融合させ、中央の堂に円蓋（Dome）をいただき、周囲に小堂を付属させている。トルコのイスタンブールの歴史地区や右隣に掲げている聖（ハギア）ソフィア聖堂などが有名である。4世紀初めにコンスタンチヌス1世が建立し、焼失後、ユスチニアヌス1世が再建（532～537）、オスマン・トルコ時代（1299～1922）にイスラム教寺院となり、今日に至っている。

　図8の2段目左はバロック（baroque）建築の代表格を採りあげている。ルネサンス後の16世紀末～18世紀前半に、ヨーロッパで流行した様式である。左はカトリックの総本山であるバチカンの聖ピエトロ大聖堂であり、創建は4世紀、現在の聖堂は1626年に完成、世界最大級の教会堂建築とされる。右はトルコのエディルネにあるセリミエのモスク（1568年起工、1574年竣工）Selimiye Mosqueである。

　図8の3段目左はオスマン・トルコ時代のイスラム教の影響をもつ建築物（古い橋）である。スタリ・モストStari Mostと呼ばれ、ボスニア・ヘルツェゴビナの都市モスタルにある。1557年にオスマン帝国のスレイマン1世（1494－1566）が、当時存在した不安定な木製の吊り橋をより強固なものにした。9年間を要して、1566年7月19日から1567年7月7日の間に完成したとされる。3段目の右側は、インド北部アーグラにあるタージ・マハルTaj Mahalである。ムガル帝国第5代皇帝シャー・ジャハーン（1592－1666）が、1631年に亡くなった愛妃ムムターズ・マハルのために建設した、インド・イスラム文化の代表的建築である。総大理石の墓廟で、1632年着工、1653年竣工とされる。

　図8の最下段は急勾配の屋根や大きな庇、高床式の構造や竹素材を用いた東南アジアの建築物である。左側はタイ北部のランナータイ地方で水稲耕作をしている人々の家である。高床の家屋に、食事や作業の場になるベランダ、前室や台所や寝室や物置、水瓶置場、洗い場、穀物庫などがあり、外部には井戸、水飲み場、そして小屋や祠が大切に配置されている。最下段右側は、インドネシアを構成するジャワ島に見られる高床式の建築物である。ジャカルタを首都とし、世界一、人口の多い島、約1億2400万人とされる。スマトラ島などと共に、大スンダ列島を形成する。何といっても鋭角的な急勾配をもつ屋根の形や竹を用いたバンブー・アーキテクチャーはひときわ一目をひき、線刻石板との関連を彷彿とさせる。

　以上、ビザンチン、バロック、オスマン・トルコ、東南アジア方面の建築物の代表的なものを写真で示してきたが、Henri Stierlin "Encyclopaedia of World Architecture" アンリ・ステアリン著『図説世界の建築』上下（1979）からも図面で補っておきたい（図9、図10、図11、図12、図13、図14）。

　図9はエジプトのギザのクフ王（第4王朝：紀元前2000年紀）のピラミッド図であるが、正方形基底部は一辺230m、高さ146.5mを測るとされている。右下の1がクフ王のもの、2がカフラ王、3がメンカウラ王、4がスフィンクスである。

　図10はビザンチンのコンスタンチノープルにあるハギア・ソフィア聖堂であり、直径31ｍを

超える中央ドームをもち、それは2個の半球ドームによって支承されている。床からの高さは56mに及ぶ。ユスチニアヌス帝によって532～537年に建設された（図8の1段目右）。

　図11はエルサレムにある岩のドームであり、ビザンチンの工匠たちにより、685～692年頃に建設されたイスラム教徒のモニュメントである。ドームを戴いた、八角形集中式の殉教者廟の形式をとっている。

　図12はオスマン・トルコによるエディルネのセリミエ（セリムのモスク）である。1569～1575年の間に建設され、単一の直径43mに及ぶドームが八角形の平面の上に築かれている（図8の2段目の右）。

　図13は北インドのアグラにあるタージ・マハルである。ムガール帝国のシャー・ジャハーンによって1632～1648もしくは1652年に建てられた。四隅には45mの高さを有つ塔であるミナレット（Minaret）が建っている。ミナレットとは「火、光を灯す場所」を意味するアラビア語のマナーラから転訛した言葉である（図8の3段目右）。

　図14は日本の三重県に所在する伊勢神宮の内宮正殿の図である。図8の写真ではタイやジャ

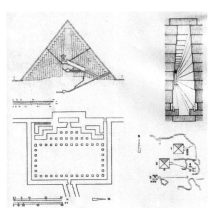

図9　エジプトのギザのクフ王のピラミッド図（紀元前2000年紀）

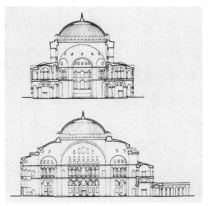

図10　コンスタンチノープルのハギア・ソフィア教会図（紀元後532―537）

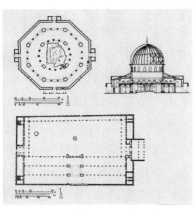

図11　エルサレムの岩のドーム図（685―692）

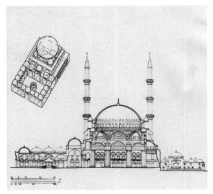

図12　エディルネのセリミエ図（1569―1575）

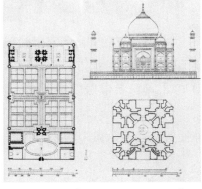

図13　北インドのアグラにあるタージ・マハル図（1632―1648or1654）

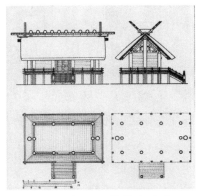

図14　日本の伊勢神宮内宮正殿図

ワの建築物を掲載したが、ここでは日本古来の「神明造」を採りあげた。切妻、平入り、掘立柱、高床式などが特色で、屋根には千木、堅魚木10本を置く。なお、ほかに島根県出雲大社本殿に代表される「大社造」も双璧で、高床式、方二間（約3.6m）の切妻造、妻入りで、中央に心柱を伴う構造のものも知られている。内部を前後2室に分け、四ツ目間取りで、古代住居建築の様式を示している。大社造最古の建築は島根県神魂（かもす）神社であるとされている。

　このようにみてくる時、線刻石板に描かれた建築物は、ビザンチン的なもの、イスラム的なもの、西南アジア・東南アジア的なものなど、東西洋航路（海のシルクロード）を介しての多様な要素が含まれているように思われる。

〈線刻石板研究予察3「文字的要素」について〉

　もうひとつ注目しておきたいのは、線刻石板上の「文字的要素」についてである。

　日本における「文字の始まり」については諸説がある。日本の古典である奈良時代の『日本書紀』（720）は漢文で書かれているが、「帝王本紀多有古字」と記していて、奈良時代以前に多くの「古字」が存在していたことを示唆している。鎌倉時代の古典学者である卜部兼方も『釈日本紀』（1301年以前に成立）の中で「陰陽二神生蛭児。天神以太占卜之。乃卜定時日而降之。無文字者、豈可也卜哉者」と述べ、「太占が存在したのであるから、日本独自の文字があった筈だと推定している（ちなみに中国からの日本への漢字の流入は、考古学的には日本で出土する中国貨幣や青銅鏡の年代から戦国～秦漢まで遡ることは明らかである）。戦国時代の儒者であった清原宣賢（1475—1550）は『日本書紀抄』（1527）で「神代の文字は、秘事にして、流布せず、一万五千三百七十九字あり」とのべており、また江戸時代の復古神道家であり国学者であった平田篤胤（1776—1843）も『古史徴』（1811）の中で「神代文字」を積極的に肯定している。但し、由来や出所不明なものも多いことから、「神代文字」を偽字とする否定論者も少なくない。否定論者の中には貝原益軒（1630—1714）、太宰春台（1680—1747）、賀茂真淵（1697—1769）、本居宣長（1730—1801）、藤原貞幹（1732—1797）、伴信友（1775—1846）らがいる。

　そういった古代文字研究の流れの中で、それまでの研究を集大成したものが、江戸時代末から明治時代にかけて国学者また神職として活躍した落合直澄（1840—1891）の『日本古代文字考』である。

　落合直澄の『日本古代文字考』（錫安印章文化研究所蔵）を調べていくと上巻に「印章」という項目がある。そこには5枚の印影が掲げられている（図15）。

　右端は天平勝宝元年（749）の「具録状申送以解」に捺された郷長桃尾臣井麻呂の「桃尾印」である。材質は不明である。

　右から2番目は筑後国高良神社所蔵の銀魚鈕の銅印「高良社印」である。「義詳ナラズ。神ナルベシ」とある。

　右から3番目は大和国宇陀郡春日井村人であった宇陀太郎氏の所蔵であった銅印「宇陀氏印」で、鈕は巌上猿と記されている。

　右から4番目は豊前小倉人であった渡邊修斎氏所蔵の銅印「渡邊氏印」であるが、鈕につい

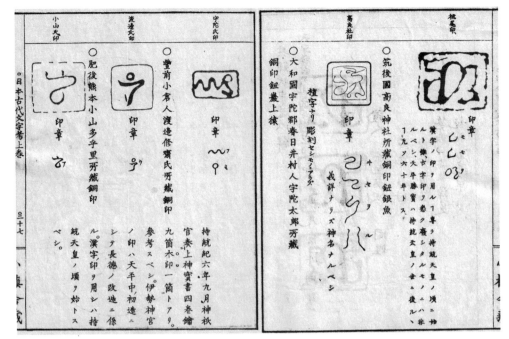

図15　日本の古代文字と印章（落合直澄『日本古代文字考』1881）

ては記載が無い。

　　右から5番目は肥後熊本小山多乎里所蔵の銅印「小山氏印」であるが、これも鈕については言及が無い。

　　以上、5例を紹介したが、日本の古代印は、材質は木印か銅印で、しかも鈕形は弧鈕か荅鈕が主流であるので、私見としては、これらの印影は古代の印章ではなく、国学が台頭した江戸時代以降の、特に「神代文字」発明以降の資史料ではないかと考えている。

　　〔沖縄字と琉球宮古島の文字〕（図16、図17、図18）

　　『日本古代文字考』の下巻を読み進めていくと「沖縄字」という項目を見いだすことができる（図16）。冒頭に慶長年間に書かれた『琉球神道記』への言及があり、「琉球字」として17文字が紹介されている。右側5文字は五行（十干の陰陽の区別の無いもの）であり、その隣の12文字は十二支を指す。占いや順番を表す符丁（甲乙丙、イロハ等）として用いられたとされている。

　　また同じく下巻には「琉球ミヤコ（宮古）嶋住民覚帳の写」というのが見いだされる。これは『東京人類学会第10号』（明治19年〔1886〕12月月報）を参考に掲載されたもので、「琉球ミヤコ嶋字」と題されている（図17、図18）。同年に歴史家の神谷由道が『東京人類学会報告第9号』において「琉球の古代文字」を発表しているので、それを受容しての成果であろう。

　　図17では、「この文字は琉球の宮古島で用いられている文字で、月日は七月二十六日と中国字（中国文字）で書かれているが、意味の詳細は判らない。薪や鳥や魚といった物品とその数量が記されているようである。読者諸氏で、若しこれらの文字の意義や組織、あるいは他に類似の

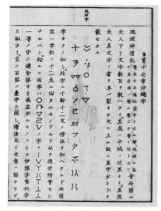
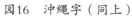

図16　沖縄字（同上）

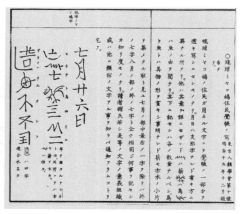

図17　琉球宮古嶋住民覚帳の文字の写
Ⅰ（同上）

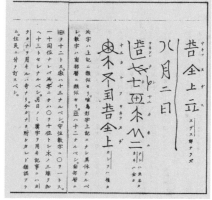

図18　琉球宮古嶋住民覚帳の文字
の写Ⅱ（同上）

文字のあることを知っているならば通知していただくよう乞うものである」といった内容が記されている。

　図18は八月二日のことを記し、また構文の比較など細緻な考証をすすめているが、「月日のみ漢字を用い、記事にはカタカナ（片仮名）を用いるのは奇である。今、仮名を附けてみたが、猶誤りがあることだろう。住民に付して訂正すべきである」としている。

　解釈上の限界と問題点はあるものの、線刻石板の中に、漢字まじりの記録がある（図5参照）ことと関連して、注目すべき興味深い資料である。

〔**カイダー文字**〕（図19、図20、図21）

　沖縄関連の文字として、もうひとつ注目しておきたいのは「カイダー文字」（Kaida Character）である。一般の百科事典には図19のような文字が紹介されており、「沖縄県の与那国島等で使われていた象形文字である」と説明されている。研究史をみると須藤利一氏は「1640年の人頭税施行に伴い、17世紀後半に作られた文字」とし、池間栄三氏は「琉球王朝（1429～1829による支配下で作られ、1839年頃に完整、明治23年（1890）の小学校令の施行あたりまで、この文字が使用された」との見解を示している。いずれも琉球王朝以後のもので、明治時代には廃された文字とされている。

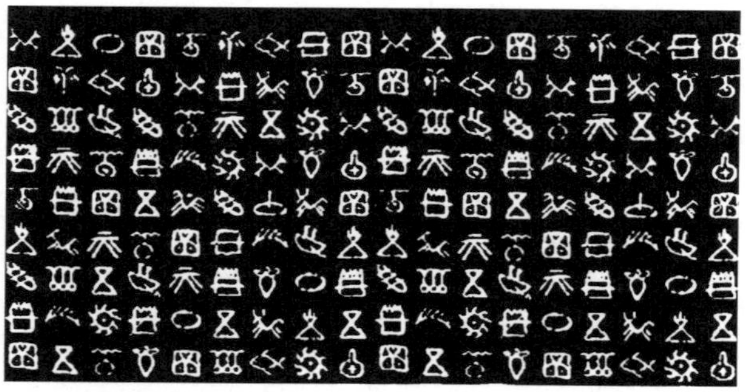

図19　沖縄の「カイダー文字」（KaidaCharacter）

　とは言え、時の経過とともに民族の帰属は変化し、言語や文字は消失していく場合がある。ここでは、須藤利一氏が昭和19年（1944）に発行の『南島覚書』（東都書籍）に所収の「すうちうま（琉球数碼）」（1939）という貴重な論考を出しているので、その成果を概観しながら、沖縄県出土の線刻石板との関連性を追究していくことにする（図20、図21）。

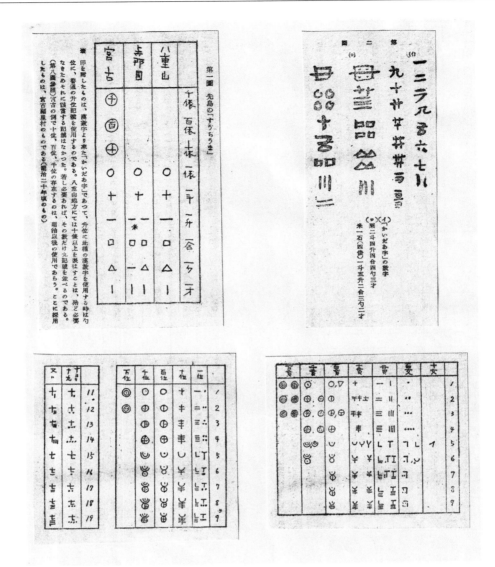

図20　先島の「すうちうま」（第1図）「かいだあ字」の数字及び釈文（第2図）すう
ちいま I「すうちうま」の基本的記号形式（第3図）金高の「すうちうま」（第4図）

　　須藤氏によれば「すうちうま」（数記号）には1）琉球固有のものと2）中国伝来のものと
大きく2種が存在する。また「カイダー文字」は「仮屋文字」に由来するらしく、「仮屋」とは
石垣の蔵元のことであり、奉行所であるとの説明がある。
　　図20の第1図は八重山・与那国・宮古の「すうちうま」であって、「千俵」「百俵」「十
俵」「一俵」「一斗」「一升」「一合」「一勺」「一才」などの数量表記である。
　　図20の第2図のイ）は「カイダー文字」の数字であり、漢数字の混用がみられる。第2図の
ロ）は右行が「粟二斗四升四合四勺三才」、左行が「米一石（四俵）一斗五升二合三尺二才」の
意味である。
　　図20の第3図は「すうちうま」の基本的な記号形式である。一見「七」にみえるものが

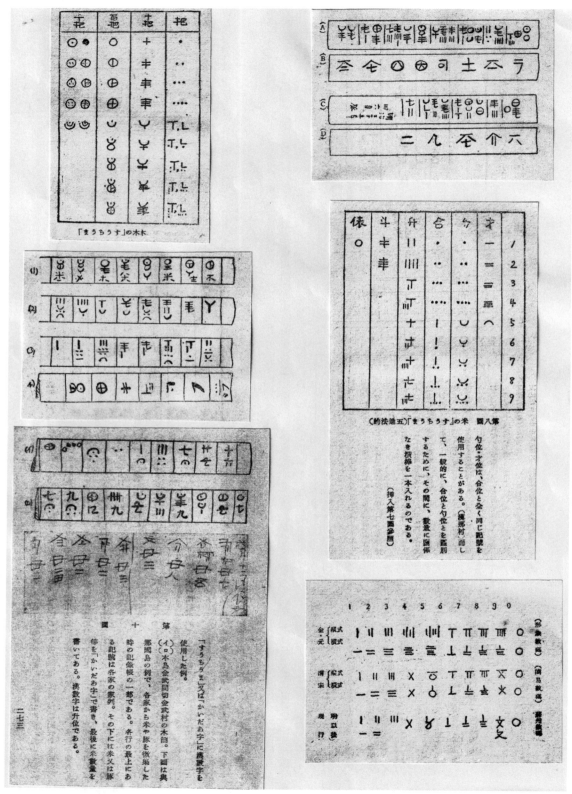

図21　すうちうまⅡ薪木（材木）の「すうちうま」（第5図）金高と「家判」（第6図）金武
間切漢那村の例（第7図）米の「すうちうま」（第8図）中国数码の変遷（第9図）「すうちう
ま」又は「かいだあ字」に漢数字を使用した例と「家判」（第10図）

「15」である類例に注意をはらっておきたい。

図20の第4図は「万貫」「千貫」「百貫」「十貫」「貫」「百文」「十文」など金高の「すうちうま」である。ただし貨幣経済がどの程度に浸透していたかはよくわかっていない。

図21の第5図は材木（薪木）の「すうちうま」である。「千把」「百把」「十把」「把」の表現がある。

図21の第6図は首里市郷土館所蔵の木簡の一例である。A欄とB欄は第4図にあるように金高（貫文）をあらわしているが、注目したいのはC欄とD欄である。これは「家判」と呼ばれており、一種の屋号のようなものである。

図21の第7図は金武間切漢那村の「すうちうま」の例である。

図21の第8図は米の「すうちうま」の例である。勺位・才位が、合位と同じ記号を使用することがある点にも留意しておく必要がある。

図21の第9図は「すうちうま」の中国における変遷図である。須藤氏は金・元の算木に基づく「形象数碼」、南宋の「簡易数碼」、そして明の「蘇州数碼」の3種に大きく分類しているが、特に明時代以後、数学者以外の人々、すなわち商人たちに大きく普及していったことをのべている。「すうちうま」は「蘇州碼」が琉球に伝わった時の訳音に似ているとも考えられるが、ただしその文字は中国とは別のものであると考えた方がよい。

図21の第10図は「すうちうま」または「カイダー文字」に漢数字を使用した例である。イ）ロ）は沖縄本島の金武間切武村の木簡である。下の図は、与那国島で発見された記録帳の一部であるが、各家から米や豚を徴集したことが記されている。各行の最上にあるのが「家判」であり、その下に米または豚を「カイダー文字」で書き、最後に数量を書いている。漢数字の単位は升位であると考えられる。

以上、沖縄の文字やカイダー文字を調べてきたが、沖縄本島から発見された線刻石板には、漢字的要素（漢数字）は見出すことはできても、カイダー文字そのものを、整然とした文字大系として見いだすことは困難であり、未完整な絵記号、絵画表現にとどまるのではないかというのが、わたくしの所見である。

ここまで「線刻石板」の実相に迫るために、石板に描かれた「舟」もしくは「船」、「建築物」、そして「文字的要素」等に注目してきた。

「舟」もしくは「船」については、規模の大小はあるが、その多くは「帆船」であり、碇や舵や漕ぎ手や櫂を伴うものであることが明らかとなった。

「建築物」については、創建は4世紀前後に遡るものの、6世紀以降のビザンチン帝国時代のキリスト教建築ややオスマン・トルコ帝国時代のイスラム建築、東南アジアやインドネシアにみられる急勾配の屋根をもつ高床式構造の東アジア建築など、多種多様であることを見てきた。

「文字的要素」については、中国の「漢字」的要素を見いだすことができるが、「沖縄文字」もしくは「Kaida Character」、あるいは中国の「蘇州文字」と呼ばれる文字等については明確な把握はできなかった。

そこで次に考えたいのは、上述の情報をさらに編年的に細分化できないかということである。そこで私が方法論として試みたいのは、近年の沖縄における人類学的・考古学的成果を視界に入れるということである。

〈沖縄における近年の人類学的・考古学的成果について〉（図22、図23、図24）

〔検証1：沖縄出土の明刀銭〕（図22）

沖縄から2種の「明刀銭」の出土が報告されている。

ひとつは沖縄県島尻郡具志頭村大字具志頭小字須武座原所在の琉球石灰岩の洞穴内から発見されたとされる「明刀銭」である（図22第1図）。1992年頃に発見されたと報告されているが、洞穴内部は「沖縄戦」で攪乱されていた。「明刀銭」の法量は全長13.2cm、刀身幅1.0cm、刀身厚0.6cm、刀背長7.5cm、刀刃長7.2cm、刀頭幅1.7cm、重量16.2gを測る。この洞窟の上部、崖の上の台地には「具志頭城」が立地しており、石垣遺構が良く残されており、14～15世紀の貿易陶磁器や具志頭城式土器が出土している。近年の調査では、この台地上に縄文時代後期～晩期の遺跡も複合して存在している。なお、この洞穴の西南西約400mの海岸段丘下には、463点の中国貨幣が発見された「ウフブリ下洞穴遺跡」があり、1981年に調査されている。唐・北宋・金・元の銭貨も見つかっているが、「洪武通宝」296点、「永楽通宝」63点と「明銭」が圧倒的に多い。

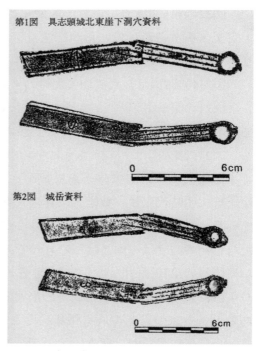

図22　沖縄出土の明刀銭（具志頭洞穴及び城岳貝塚）

もう一つの「明刀銭」は1923年に発見された「城岳資料」と呼ばれる貝塚から出土した「明刀銭」である（図22第2図）。東京大学考古学研究室に所蔵されているが、法量は全長13.0cm、刀身幅1.5cm、刀身厚0.6cm、刀背長7.4cm、刀刃長7.1cm、刀頭幅1.6cmを測る。渡来経路については、かつては九州からの経路が考えられていたが、沖縄の砂丘遺跡から「開元通宝」等が発見される事例を検討して、中国から沖縄へ直接流入してきたとの見解もある。わたくしもこの海上ルート説に注目すべきだと思う。

〔検証2：琉球王国古墓及び石厨子の人骨調査〕（図23）

2022年6月6日付け『毎日新聞』夕刊に「『琉球王国欧州系が定住？』」「15～17世紀日本、朝鮮系と納骨」「沖縄古墓の人骨ミトコンドリアDNA分析」（南城市の神座原古墓群）」という記事が掲載された。紙面によれば「沖縄県南城市の神座原古墓群の人骨を調査した研究チームは5月20日、同市で記者会見し、納骨堂内にあった古人骨3体をDNA分析したところ、それぞれ、日本、朝鮮半島、ヨーロッパ由来だったことが分かったと発表した。3体の年代は15～17世紀ごろとみられ、1429年に成立した琉球王国が東南アジアなどと海外貿易

図23　琉球王国古墓及び石厨子の人骨調査〔沖縄県南城市神座原古墓群〕（毎日新聞2022年6月6日〔月〕付け夕刊）

図24　海外交易拠点跡からのローマ貨幣及びオスマン・トルコ貨幣の発見〔沖縄県うるま市勝連城跡出土〕（毎日新聞2022年6月6日〔月〕付け夕刊）

を行っていた時期と重なる。研究チームは「琉球王国時代には海外との物の行き来だけでなく、異国の人も入ってきていたことが生物学的に分かった」としている。

　〔検証3：ローマ貨幣及びオスマン・トルコ貨幣の発見〕（図24）

　2016年9月27日に『沖縄タイムズ』で発表された沖縄県うるま市の勝連城跡（世界遺産）出土の4～5世紀頃のローマ貨幣4点（14～15世紀の地層から出土）とオスマン・トルコ貨幣（1687年銘）1点（17世紀の地層から出土）にも言及、東アジア経由での琉球王国の海外交易の拡がりを裏付けている。

５．線刻石板の時代と内容と制作目的及びその史的背景

〈線刻石板の時代について〉

　叙上のことを総合的にみる時、何が明らかになってくるであろうか? 線刻石板の時代は、その石板のモチーフから考えて、「琉球王国」（1429～1879）を中心に据えつつ、「明国」（1368～1644）及び清国（1616～1912）、そして「マラッカ王国」（1402～1511）等の関係が重なる時代、すなわち14世紀から17世紀あたりにかけてのことであるということがわかるで（マラッカ王国については、1511年にポルトガルに、1641年にオランダに、1824年にイギリスに、1963年にマレーシア連邦となった）。

〈線刻石板の内容について〉（再説：図1、図2、図3、図4、図5）

　その内容についてはどうか? 全てが解明されたというわけではないが、最初の「線刻石板発

見史の中で紹介した、図1、図2、図3、図4、図5について考えるところを記しておきたい。

　　図1は、野国總管の墓付近から出土した線刻石板であった。野国總管とは、琉球王国時代の沖縄本島の北谷間切（ちゃたんまぎり）野国村（嘉手納町野国）の總管（進貢船乗組員の一役職名）であり、慶長年間（1596—1615）にこの役職に就いたとされる。1605年に甘藷は中国の福州から伝来したとされる。図1の上段には「九」を斜めにしたような字や「正」を左右反対にしたような鏡文字、帆船、高床式の建物、墓碑形のようなものがみえる。下段には芋蔓と甘藷芋のように見えるものや船（「鎌」という説もある）が描かれている。帆や建物の屋根に見える「十字」はキリスト教と関連していることを示しているかも知れない。野国總管の記念碑であるとすれば興味深い。

　　図2は上段に舵を有する帆船が描かれており（カイダー文字のカヌーには舵がなく、山原船には舵がある）、その右下にはジッパー型の図像や渦巻き状の描写がある。物品もしくは何かの数字を書きとめたものと思われる。

　　図3は上段に「九」を斜めに傾けたような文字や「十字」、下段にドーム状の建物や宝珠のような頂部をもち、双頭の蛇の飾りを伴う建物などがみえる。左側には漢数字の「二」その他が読み取れる。

　　図4の表には頂部に鳥の止まったかのような大型帆船、右に「人」のようにも見える急勾配の屋根を有する「十字」をもつ建物、下部に鳥のような生き物、裏には鳥のような意匠を船体横に描く、舵を有する船、急勾配の屋根をもち、中に「十」を重ねたような文字、渦巻き文、その下に高床式の建物などが描かれている。

　　図5の石板の表面の上方には「九」字を太陽のように円形で囲んだもの、四角で囲んだもの、中央左側に舵をもつ大型帆船（ジッパー型の表現は主船、副船の乗組員や漕ぎ手の数を示しているかもしれない）、右に三角形と中に数字を刻んだような記号、その上に「人」のように見える急勾配の屋根をもつ建物、さらに遠くに山のような描写が見える。左下にも同じく「人」のように見える急勾配の建物と山のような描写が見え、少なくとも右旋、左旋の渦巻き文が4か所において観察される。漢字的要素の混用は確実であり、「三十二」「廿」「九」そして「五」の鏡字などを読み取ることができる。裏面には図4にも描かれていた、円形に「九」字を刻んだもの、宝珠型の頂部をもつ建物、「人」という字に見える図形、その右に「正」の漢字が二つ、逆V字型の屋根を構造物の中に棒状の数詞のようなものを見いだすことができる。特に「九」字は多用されており、「久米三十六姓」の「九」と音通しているかもしれない。

〈線刻石板の制作目的について〉

　　では、これらの線刻石板は何のために制作されたのであろうか。国家安康や海路安全や五穀豊穣などの祈願の石板のようにも見えるが、少なくともこれらの石板は、墓碑ではなく、記念碑もしくは顕彰碑のようなものであると考えられる。何故ならば、墓碑であれば、必ず名前や生没年が記されるからである。それがどれにも欠けているのは、これら石板が、墓碑ではなく、

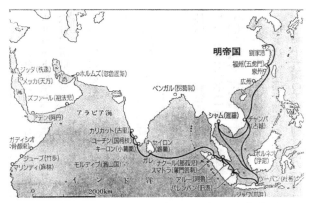

図25　鄭和（1371—1434）の航海図（東南アジア～インド南岸～西南アジア）

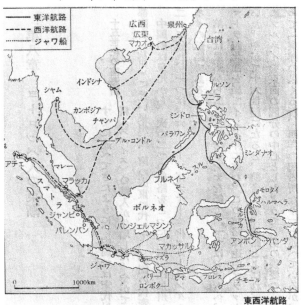

図26　東西洋航路（明・暹羅・マラッカ・ジャワ・琉球周辺）

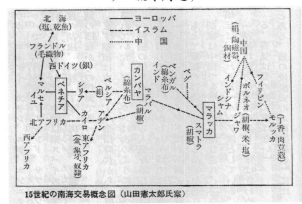

図27　15世紀の南海交易概念図（中国・ジャワ・マラッカ・インド・ペルシア・シリア・ベネチア・アデン・カイロ・北アフリカ・西アフリカ等）

「琉球」に居住した、あるいは「明」や「マラッカ」など、「海のシルクロード」を往来して活躍した人々の、すなわち、王侯貴族や官人、大商人や宣教師、進貢船の乗組員たちや通訳などの航海及び商業記録、あるいは事蹟の記念碑あるいは顕彰碑のようなものではなかったかと考えている。文字文化の浸透が琉球王国・中国（明清帝国）・マラッカ王国などにおいて不均等であり、幾種もの方言が並存するような場合、漢数字を混用しながらも、不足なところは絵画表現などで補いながら、視覚的に理解を深めるべく、線刻されていったものと考えられる。

〈歴史的背景について〉（図25、図26、図27）

鄭和（1371—1434頃）は、雲南出身のイスラム教徒であり、宦官であった。燕王（後の永楽帝〔1360—1424〕）に仕え、特命をうけて、大型貿易船による官業貿易に従事している。『明史』鄭和伝によって、前後6回の西征が考えられていたが、その後の碑文の発見により、前後7回から8回の大艦隊による航行が主張されている。1405年に始まる第1次から第3回までの航海は、インドのカリカット（古里）までであった（図25）が、1413年に始まる第4次以降はアラビア海を経てペルシア湾のホルムズを経て、分遣隊などはアフリカ東岸まで巡歴している。第5次の時には、1420年に獅子、麒麟、斑馬、駝鳥、駱駝などを献じられている。最後は宣徳帝の1433年に南京に帰着している。

15世紀になると「ヨーロッパ人（ポルトガル・オランダ・イギリス）の東漸」も始まるが、その頃には泉州からルソン島、ミンダ

387

ナオ島、ボルネオ島に向かう「東洋航路」と泉州から広東を経て暹羅やマラッカ王国（イスラム教受容）に向かう「西洋航路」が発展することになる（図26）。山田憲太郎氏による「15世紀の南海交易概念図」（図27）を掲げているが、これにより、交易品の動きや、中国（明）からの「東洋航路」「西洋航路」、さらには「明」への朝貢国であった「マラッカ王国」（「琉球王国」も同じく「明」への朝貢国であった）を経て、アデンから東アフリカへ、カイロを経て北アフリカ、西アフリカへの「南海交易」の概念が明らかになって来るであろう。「線刻石板研究」予察2の〈建築物について〉の中にエジプトのピラミッドの図（図9）を掲載したのは、鄭和たちが大艦隊を率いて「海のシルクロード」を巡遊していた頃、彼らの視界には、恐らく当然のように紀元前3000年紀のこの古代の遺跡ピラミッドを見ていた可能性を十二分に確信するからである。1799年のナイル川流域でのロゼッタストーンの発見まで400年近くもあったというのに。

「ヨーロッパ人の東漸」という時、ポルトガルやスペインやイタリアも看過することはできない。ここでは中国でキリスト教の伝道に従事したマテオ・リッチMatteo Ricci（1552—1610）を採りあげておく。彼はイタリアの宣教師でイエズス会に所属する。中国名は利瑪竇。1582年に中国の澳門に到着し、科学的知識を示して、多くの人々の尊敬を集めた。1601年に万暦帝に謁見し、布教を認められた。「坤輿万国全図」や「幾何原本」の共訳などに邁進した。線刻石板の中に「十字」を伴うモチーフがあることは、キリスト教との関係を示唆しているのかも知れない。時代をほぼ同じくするが、イギリス人航海士であったウィリアム・アダムス（1564—1620）は神奈川県三浦郡に領地を与えられ、三浦按針（水先案内人）とも称し、長崎県平戸に開設されたイギリス商館に勤務した。20年間、日本に滞在して海外交易に従事し、病死。墓には「十字」が刻まれている。

もうひとり採りあげておきたいのは、琉球王国の野国總管のことである。彼が生活していた中国福州からの甘藷の伝来は1605年のこととされているが、その功績については『甘藷と野國總管—甘藷の発信基地・嘉手納—』（2004）に詳しい。1700年（元禄13年）に地頭であった野国正恒が總管の遺徳をたたえ、石厨子を造り、遺骸を安置したことが伝えられている。甘藷はその後、前田利右衛門が薩摩藩内へ、青木昆陽（1698—1769）が西日本普及に普及した甘藷を江戸へ伝えて、飢饉対策としても大いに感謝された。總管のほか、農政家の蔡温、普及に貢献した儀間真常なども高い評価を受けている。

6．まとめにかえて―今後の課題と展望―

以上、「線刻石板考―日本沖縄県出土の石製遺物と海のシルクロード―」と題して、学界において未解決の問題について、拙稿を披歴してきた。線刻石板発見史から始めて、その後の発見史、現時点における石板研究の到達点を整理した上で、線刻石板のモチーフである「船」「建築物」「文字的要素」その他について分析を重ね、近年の人類学的・考古学的成果を視界に取り込みながら、考察を進めてきた。結果として、①これらの線刻石板は14世紀～17世紀あたりまでの遺物として位置づけられ、②それらは中国の「明・清」を宗主国とし、「琉球王国」や「マラッカ王国」などを進貢（朝貢）国とする、当時の「海のシルクロード」を介しての壮大な「進貢貿易」の実相を、漢数字や絵画表現を混用させながら記録した歴史的記念碑もしくは顕彰碑であり、③その中には、明の鄭和（1371—1434）やイタリアのマテオ・リッチ（1552—1610）や日本の野国總管（1596—1615）など、国際的に活躍した優れた人物たちが多く含まれており、その周辺にいた人々の輝かしいほどの生きた痕跡が、永く記憶に留められるよう、この「線刻石板」に深く彫りこまれたことなどを説いてきたのである。

　記録によれば、明に対する琉球の入貢回数は171回、安南は89回、暹羅は73回、爪哇は37回、朝鮮は30回にものぼる。また琉球から中国へ輸出した貿易品として、琉球産の馬・硫黄・宝貝や夜光貝、日本産の刀や槍などの武具類・屏風・扇子・金銀の皿や器・銅、東南アジア産の蘇木（染料・薬品）・胡椒・錫、中国から輸入したものとして、磁器類・絹織物・布類・生糸・鉄製品などと記されている。また特筆すべきは、琉球が明と朝貢関係を結ぶと、明は「琉球優遇策」として、琉球に大型海船を無料で与えるとともに、航海技術や外交や商業活動に秀でた中国人を派遣（那覇久米村に久米三十六姓として永く居住、東南アジアなどでも居住区があり、華僑として経済界で成功し実例が多い）、海船の供与が160年間も続いたという事実である。これは途中で打ち切りとなったが、国家繁栄の要諦（国民・民族・部族・言語・異文化・異宗教を超えた共存共栄）が秘められているように思われる。

　本稿では、④未開拓な「線刻石板」研究の序論を述べたにすぎない。今後の国際的な研究は不可欠であり、さらに深められていく必要がある。また⑤かつて用いられていた沖縄「カイダー文字」の実相が時間の経過とともに不明瞭になりつつある。沖縄夫人の入墨である「針突」（ハジチ）の場合も同様である。消失しないうちに、保全に努め、正確な記録を遺しておくべきであろう。また⑥鄭和やマテオ・リッチや野国總管など、彼らは当時の「一帯一路」構想の実現者であり、何に精励すれば成功し、何を怠れば挫折するかを、今日のわたくしたちに教えている歴史的先達である。歴史の教訓から十二分に学び、賢い道を選択したいものである。

（2022年7月15日稿了）

参考文献：

久米雅雄「中国古印の考古学的研究」文部省科学研究費実績報告書1989年

久米雅雄「シルクロードの印章」『西域への道—シルクロードと大谷探検隊—』大阪府立近つ飛鳥博物館2002年

久米雅雄「東西印章史論序説—中国の印章とシルクロードの印章とオリエントの印章—」『立命館大学考古学論集Ⅲ』立命館大学2003年

久米雅雄「シルクロードの印章探検略史と東西交流圏と経営拠点」『はんこ』法政大学出版局 2016年

久米雅雄「『景教印』の研究」『立命館大学考古学論集Ⅳ』2013年

久米雅雄「松本清張『火の路』とペルシア文化の飛鳥東漸」東京大学にて発表2014年

久米雅雄「松本清張『火の路』と漢魏晋以来『胡印』及び『景教印』等の研究—印章の世界にペルシ

ア文化とその東漸をよむ―」北九州市立松本清張記念館2015年

久米雅雄「松本清張『火の路』とペルシア文化の飛鳥東漸」『松本清張研究第16号』北九州市立松本清張記念館2015年

須藤利一訳『Basil Hall バジル·ホール大琉球島航海探検記』（1818年、第一書房1982年）

落合直澄『日本古代文字考』（吉川半七1881年：錫安印章文化研究所蔵）

須藤利一『南島覚書』（東都書籍1944年）与那国島の「バラザン」「カイダー字」及び家判

国立国語研究所編『沖縄語辞典』（大蔵省印刷局1963年）

須藤利一ほか『ものと人間の文化史・船』（法政大学出版局1968年）

アンリ·ステアリンHenri Stierlin著鈴木博之訳『図集世界の建築』（鹿島出版会1979年）

市川重治『南島針突紀行』（那覇出版社1983年）

長澤和俊『海のシルクロード史』（中央公論社1989年）

復帰20周年記念特別展『琉球王国～大交易時代とグスク』（沖縄県立博物館1992年）

當眞嗣一「具志頭城北東崖下洞穴内で発見された明刀銭について」（『沖縄県立博物館紀要第23号1997年）

南山宏編著『海底のオーパーツ』（二見書房1997年）

美濃口紀子「山崎正董（1872－1950）博士の琉球関係コレクションに関する沖縄調査について」（『熊本博物館館報№15』熊本市立熊本博物館2003年）

沖縄県嘉手納町『甘藷と野國總管』（野國總管甘藷伝来400年実行委員会2004年）

沖縄県立博物館・美術館』『博物館展示ガイド』（沖縄県那覇市2007年）

平成29年度大阪府立弥生文化博物館夏季特別展『沖縄の旧石器人と南島文化』（大阪府立弥生文化博物館×沖縄県立博物館・美術館2017年）

令和2年度博物館特別展『岩石』（沖縄県立博物館・美術館2020年）

波平勇明・山城博明『新版琉球の記憶針突』（高文研2020年）

山本正昭「明朝が設置した福建省における城郭の特徴とその成立背景―14世紀後半・洪武期の築城ラッシュを考える―」（『沖縄県立博物館・美術館博物館紀要第13号』2021年）

（作者系文学博士、西泠印社名誉社員）

线刻石板考

——日本冲绳县出土的石制遗物的阐明与海上丝绸之路

文：（日）久米雅雄　译：（日）浅野泰之

内容提要： 2022年9月29日正值"中日邦交正常化50周年"纪念，同时5月15日也是"冲绳回归日本本土50周年"。这一年的1月1日，日本富士电视台制作了关于"冲绳罗塞塔石碑"的节目——"逼近冲绳石板长年谜团的原形！"，笔者从考古学、文字学、历史学的角度进行了研究，并阐述观点。

首先从"线刻石板发现史"出发，对1933年原熊本医科大学校长山崎正董在冲绳县嘉手纳町的野国总管墓附近发现的石板，以及之后在北谷町、读谷村、宜野湾市等地发现的石板（共11块左右）进行了说明。

石板虽然描绘了船、建筑物、鸟等，但不知何时制作、有何意义、用途是什么。笔者在此做了介绍，是关于这块石板的研究现状。

在此基础上的"线刻石板研究"，笔者的猜想1提到了"舟"或"船"，猜想2提到了"建筑物"，猜想3提到了"文字要素"。关于猜想1，笔者认为石板处于没有蒸汽船出现的"帆船"时代。关于猜想2，石板反映了包括"拜占廷式""伊斯兰式"和"东南亚·西南亚式"在内的"大西洋航线"（海上丝绸之路）。关于猜想3，笔者参考落合直澄的《日本古代文字考》、须藤利一的《南岛觉书》等，探讨了印章、冲绳文字和琉球宫古岛文字、凯德文字（日语发音：カイダ—，下文同）等，结果发现其"汉字"或"汉数字"及"家判"的混用之外，其他都是未完成的符号，得出了石板只停留在绘画表现上的结论。

为了进一步验证猜想是否准确，我们也将目光转向"近年来的人类学、考古学成果"，确认了冲绳出土的中国货币（唐、北宋、金、元、明的货币，但大多数是明朝时代的货币，与14—15世纪的贸易陶瓷一起出土）和罗马货币（4—5世纪的罗马货币，从14—15世纪的地层出土）以及奥斯曼土耳其货币（1687年铭）。另外，从琉球王国的古墓及石厨子（译注：容纳骨灰的容器）的人骨线粒体DNA分析的结果看，3件古人遗骸被判断为来自15—17世纪的日本、朝鲜、欧洲。

综上所述，线刻石板的时代应处于14—17世纪，通过"海上丝绸之路"的国际关系以线刻石板出土地琉球王国（1429—1879）为轴心，即"明朝"（1368—1644）以及"清朝"（1616—1912）、"马六甲王朝"（1402—1511）、葡萄牙（1511—）、荷兰（1641—）、英国（1824—）。

关于以后的历史，因为脱离正题，故省略。

在这个线刻石板时代有众多活跃的历史人物，值得一提的是明朝的郑和（1371—1434）、意大利的马特奥·里奇（1552—1610）以及日本的野国总管（1596—1615）（担任进贡船的总管职）。

他们是当时"一带一路"构想的实现者，也是历史先行者。我们应从历史的经验中用心地学习。

关键词： 回归冲绳50周年（2022年）和富士电视台出演"冲绳的罗塞塔石碑"；线刻石板研究史；目前石板研究的现状；线刻石板研究猜想1；舟或船；帆船；冲绳的进贡船和久米三十六姓；猜想2关于建筑物；拜占廷建筑；奥斯曼土耳其建筑；西南亚东南亚建筑；猜想3关于文字要素；印章；冲绳文字和琉球宫古岛的文字；凯德文字；冲绳近年来的人类学、考古学成果；线刻石板的时代、内容和制作目的以及历史背景；今后的课题和展望

一、绪论

2022年9月29日是"中日邦交正常化50周年"的重要纪念日。同时，5月15日也是"冲绳回归日本本土50周年"纪念日。从九州南端到中国台湾东北端长达1200千米的海上琉球列岛，曾经被称为"琉球王国"，它们在东中国海上，作为萨南诸岛、琉球诸岛而存在，再仔细看，是由吐噶喇列岛、奄美群岛、冲绳群岛、宫古群岛、八重山群岛等构成的。

2021年11月9日，日本富士电视台节目《这是什么！？神奇》（原题：世界の何だコレ！？ミステリー）的负责人发来了邮件，称发现有"冲绳的罗塞塔石"的遗物，希望笔者能帮助解谜。笔者看了石板的实物资料，也阐述了拙见，在2022年1月1日的新春3小时特别节目中，播放了"逼近冲绳石板长年谜团的原形！"（原题：沖縄の石板　長年の謎　その正体に迫る！）的节目，因此笔者提高了研究的精度，决定在本文发表。

二、线刻石板发现史

（一）线刻石板的最初发现（图1）

姑且不论"冲绳的罗塞塔石"这个称呼是否合适，它最初是熊本医科大学校长山崎正董（1872—1950）博士在奄美大岛、冲绳旅行时[昭和8年（1933）左右]，与贝壳、古瓦等一起采集到的，现在收藏于九州熊本市的熊本博物馆（图1）。

检索"熊本博物馆收藏品"的话，线刻画（线刻石板）是在冲绳县嘉手纳的野国总管（1605年从中国向冲绳传来甘薯的人物）的墓附近（1933年4月3日）出土，美浓口纪子女士在《关于山崎正董博士琉球关系收藏的冲绳调查》（原题：山崎正董博士の琉球関係コレクションに関する沖縄調査について）中说，石板长23厘米，宽13厘米，厚2厘米左右[1]。

图1　1933年，在冲绳县嘉手纳町所在野国总管墓附近发现的线刻石板（熊本市立熊本博物馆收藏）

[1]　《熊本市立熊本博物馆馆报》，2003年第15期。

（二）之后的发现（图2、图3、图4、图5）

这种石板在那之后也不断被发现，在冲绳本岛中部西海岸的グスク（译注：在冲绳指城）、拜所、田地等地发现了10多块，其中4块被冲绳县立博物馆·美术馆收藏。加上熊本市博物馆1块，嘉手纳町3块，读谷村1块，宇流麻市等发掘2块，现在能确认的石板有11块左右（笔者在2020年冲绳县立博物馆·美术馆发行的《岩石》展图录上注意到了连接奄美大岛和冲绳本岛之间的德之岛发现的岩盘上的线刻画。推测是江户时代的东西，刻着很多像弓箭和帆船一样的图案。包括这个的话是12块）。接下来，笔者想介绍一下冲绳县立博物馆展示的4块。

图2是1959年在北谷町上势头上森原的耕作地（世家用地内）发现，1974年捐赠给冲绳县立博物馆的石板。测量：长29厘米、宽18厘米、厚2厘米，推测为片岩或结晶岩系。画面比较简单，描绘了有舵的帆船。

图3是在嘉手纳镇发现的石板单面。测量：长30厘米，宽19厘米。构图复杂，除了绘画要素之外，还表现了文字要素。根据"回归20周年纪念特别展《琉球王国——大交易时代与城》（原题：琉球王国—大交易时代とグスク—）"（1972）的记载："虽然描绘了拜殿风格的房屋、鸟、珠宝、船等，但其意义并不清楚，时代也不清楚。这种遗物是在冲绳本岛中部的宜野湾、北谷、嘉手纳、读谷发现的。"

图4是在嘉手纳町屋良城附近的松林发现的石板。1960年被地表采集（译注：通过采集地表出现的陶器等遗物，推测其地面下存在着什么时代的遗迹），1967年捐赠给冲绳县立博物馆。周边有城土器、褐色陶器、青瓷等。测量：长30厘米，宽19厘米，厚5厘米，石质为片岩系。根据《冲绳的旧石器人与南岛文化》（原题：沖绳の旧石器人と南岛文化）（2017），正面和背面可以看到"一

图2　线刻石板（冲绳县立博物馆收藏）

图3　线刻石板（冲绳县立博物馆收藏）

图4　线刻石板的正面与背　图5　线刻石板的正面与背面
面（冲绳县立博物馆收藏）（冲绳县立博物馆收藏）在
在嘉手纳町屋良城附近发现　北谷村耕地发现

字、Y字、十字、L字、口字""以正圆状、圆弧、波浪、漩涡状曲线为基调的刻纹"。特别是十字文和连续使用十字文的花纹是其特征。像小鸟、船、建筑物等一样的图案值得关注。

图5是在与图3相同的状况下发现的遗物。测量：长33.5厘米，宽25.5厘米，厚4厘米，石质为片岩或结晶岩系。正反面画着圆形、三角形、漩涡状图案，及人物、船和建筑物和汉字等。

三、线刻石板的时代、内容和制作目的

那么，关于这些石板的时期、内容和制作目的是什么呢？

《博物馆展示指南》（原题：博物館展示ガイド）（2007）在"刻画石板"一项中写道："线刻石板是在平坦的石头上刻上各种各样的绘画和记号的资料。读谷村、嘉手纳町、北谷町、宜野湾市等冲绳中部的城和拜所等地发现。仔细看石板，可以看到画着船、建筑物、鸟等，但不知道是何时制作、有何意义、用途是什么。"

所以，为了接近"线刻石板的真相"，笔者试着探讨主要以下3点，寻找解决的线索。即这个线刻石板的主题"舟或船""建筑物""文字及文字要素"。

四、线刻石板研究

（一）线刻石板研究猜想1：关于"舟"或"船"（图6）

关于"舟"或"船"的历史，以须藤利一篇《船》（1968）为首，已经有了前人的大著。在此，笔者将其内容用插图进行了整理（图6）。因为笔者认为通过回顾"舟"或"船"的历史，可以找到解决问题的线索。

图6-1是日本弥生时代（距今约2000年前）的铜铎（出土于福井县大石村）中描绘的"舟"的画，实际上圆木舟很多，但呈凤尾船形状，还描绘了人物和桨。

图6-2是从大阪高井田古坟发现的古坟时代的刻画，中间画着大的人物，船头有碇，船尾画着桨。

图6-3是以12世纪左右的宋船为原型描绘的《华严缘起·义湘绘》（高山寺藏），从中可以看到中国商船造型，其以楠木居多，大型船舶5000石（容纳500—600人），中型船舶2000石—1000石（容纳200—300人），船尾有高楼，设有贵宾室，船头大小两石碇，船尾大小两正舵，高楼后两杆三副舵，正风时用布帆，偏风时用竹帆。这也是日本平安到镰仓时代（794—1333）主流的帆船。

图6-4是战国时代（1467—1600或1615）《全流水军书》中记载的"井楼船"图。在上甲板以校仓造的方式组装角材，建造高楼，从其顶部用大枪狙击敌船。

图6-5是朱印船贸易的末次船。朱印船贸易是指从安土、桃山、江户初期开始一直持续到锁国时代，持朱印状进行的海上贸易。丰臣秀吉为了振兴贸易而采用，至德川家康继承，京都、堺、长崎等商人、西国大名、幕府官员、外国人都使用了朱印船。居住在海外的日本人也从事了提货和推销。目的地为中国（包括澳门）、吕宋、交趾、暹罗、婆罗洲、爪哇等，进口生丝、丝

图6　日本"船"的变迁（弥生·古坟时代到近代）"看起来像铜铎的船""大阪高井田古坟里
刻画的船""《华严缘起·义湘绘》里的船""图上的井楼船""朱印船贸易的末次船""朝
鲜役时的关船""山田长政的军船图""菱垣回船的装载状况""咸临丸的航海图"

织品、棉织物、鹿皮、砂糖、苏木等，出口银、铜、硫黄、樟脑等。另外，末次船的末次家是长崎的幕府直辖地的地方官，1592年收到丰臣秀吉的朱印状，1604年收到德川家康的朱印状，主要前往中国台湾、东南亚交趾，特别是末次平藏（？—1630）期间较为兴盛。

图6-6是朝鲜役——文禄·庆长之役（1592—1598）前后的关船。关船是指军船，防御用的装甲是竹制的。该图为八王子·信松院收藏的40挺关船的素描。另外，"挺"是为了表示军船的大小，根据装备的橹的数量来计算的方法（两人划的称为大橹，一个人划的橹称为小橹）。

图6-7是山田长政（？—1630）的军船图。他在1611年远渡暹罗，成为阿瑜陀耶日本町的浪人队长。他致力于解决王室内讧，被封为六昆王。在静冈市浅间神社，长政在宽永3年（1626）奉纳的军船图的副本（原物烧毁）就是这个，是一艘完整的西式帆船。

图6-8是菱垣回船的装载状况。菱垣回船是江户时代从大阪到江户之间航行的回船，在船的侧面为了保护载货，将丝柏和竹子交叉做成菱形的篱笆，因此得名。从17世纪初堺的商人开始，该图显示了根据物品的不同，各自堆积的场所是固定的（东京都都政史料馆藏）。也要注意船帆被卷起这一点。之后，从18世纪初开始，代替了以酒桶为主要载货的快速木桶巡船，但由于1841年天保的股票伙伴的解散而衰退。

图6-9是萨摩藩建造的升平丸。萨摩藩的藩主岛津齐彬（1809—1858）很早就把充实国防作为当务之急，企图创立西式海军。［近100年来，仙台藩士林子平（1738—1793）著有《三国通览图说》《海国兵谈》等书，阐述了国防的要点］。岛津齐彬被美国船拯救，之后在美国接受教育，1951年回国，侍奉土佐藩的中滨万次郎（1827—1898）抵达琉球时，学习造船方法，向幕府申请建造与琉球交通用的三桅"琉球型武装帆船"，幕府解除了禁制，委托建造了几艘军船。1854年3月完成的是日本最初建造的"伊吕波丸"，接下来是同年12月完成的升平丸。之后也根据幕府用的订单，建造了凤瑞丸、大元丸，以及萨摩藩用的万年丸、承天丸等。

1853年，美国东印度舰队司令官马休·佩里（Matthew Perry，1794—1858）率领4艘军舰（其中2艘是蒸汽船）进入浦贺，提交了美国第13任总统米勒德·菲尔莫尔（Millard Fillmore，1800—1874）的国书，要求日本门户开放。第二年，美国7艘军舰再次来到日本，以武力为背景签订了《日美和亲条约》，实现了门户开放。

日本从这个时候起注意到蒸汽船，顺便说一下，世界上最早实用的蒸汽船是1783年左右在法国发明的。1807年左右，美国的罗伯特·富尔顿在哈德逊河成功试驾了外轮蒸汽船"克莱蒙脱号"。而日本最早建造的蒸汽船是1855年在萨摩藩竣工的"云行丸"。

图6-10是著名的"咸临丸"航海图。1854年签订《日美和亲条约》4年后的1858年，日本与第一任驻日总领事汤森德·哈里斯（Townsend Harris，1804—1878）签订了《日美友好通商条约》。根据其批准的遣美使节，美舰帕沃坦号（Pawhatan，外轮蒸汽船）和护卫舰咸临丸（螺旋桨式蒸汽船）将前往旧金山。遣美特使外国奉行的新见正兴、村上范正、目付的小栗忠顺等人登上了帕沃坦号，咸临丸的军舰奉行木村摄津守、舰长胜海舟（1823—1899）、福泽谕吉（1835—1901）、中滨万次郎等人登上了船。1860年正月以咸临丸、帕沃坦号的顺序从品川·浦贺启航，但由于连日的暴风雨天气，帕沃坦号因船体损伤等停靠檀香山，咸临丸直接航行，2月22日单独到达旧金山，并在3月19日从旧金山出发，5月5日平安返回浦贺。事实上，咸临丸是1855年江户幕府向

荷兰订购，1857年竣工后回航长崎的木造帆装蒸汽船，须藤利一先生说："舰种是木造的暗轮船（三桅帆船型），长二七间半（约50米），宽四间（7.27米），马力一百，备炮一二门。"对于之前没有蒸汽船远洋航海经验的日本人来说，这是一件非常困难的事情。在发现冲绳的石板上画的"船""帆船"是主流，找不到"蒸汽船"的描写。也许有助于线刻石板的年代判定。

（二）冲绳进贡船与册封使行列画卷（图7）

在《甘薯与野国总管》（2004）一书中，刊登了与冲绳相关的珍贵的"进贡船图"。在考虑线刻石板和冲绳的关系这一点上是很重要的，引起了笔者的注意。

图7　进贡船和册封使行列画卷（冲绳县立博物馆收藏）

该书中有明朝和琉球的"进贡贸易与久米三十六姓"的消息，上面写着以下内容。

明朝与琉球一旦建立朝贡关系，就会采取"琉球优待政策"，于是，在给琉球免费提供大型海船的同时，派遣了擅长航海技术、外交、商业活动的中国人。海船的免费供应将持续160年。被派遣的中国人居住区域在其他东南亚地区也有，不过，琉球则居住在那霸久米村，一般被称为"久米三十六姓"（图7左）。

与中国"朝贡册封关系"时，为了向中国皇帝朝贡而交流和运送贡品的船被称为"进贡船"。相反，对于朝贡的外国，承认中国皇帝是自己的国王，就叫接受"册封"。具体描绘这一点就是《册封使行列画卷》（图7右）。

值得注意的是，描绘的进贡船就是大型的"帆船"（在"蒸汽船"之前）。

（三）线刻石板研究猜想2：关于"建筑物"（图8、图9、图10、图11、图12、图13、图14）

在冲绳发现的线刻石板上，仔细观察可以发现各种建筑物的绘画。这些建筑物的线刻表现，不仅仅是琉球国和日本国，还反映了拜占廷、巴洛克、奥斯曼、印度、东南亚等各种风格的建筑样式的特征。

图8的第1排左边是拜占廷建筑的代表。拜占廷建筑是在古代希腊罗马文化中融合了东地中海各地方和中东的文化，在中央的堂上盖上圆盖（Dome），周围还附设了小堂。土耳其伊斯坦布尔的

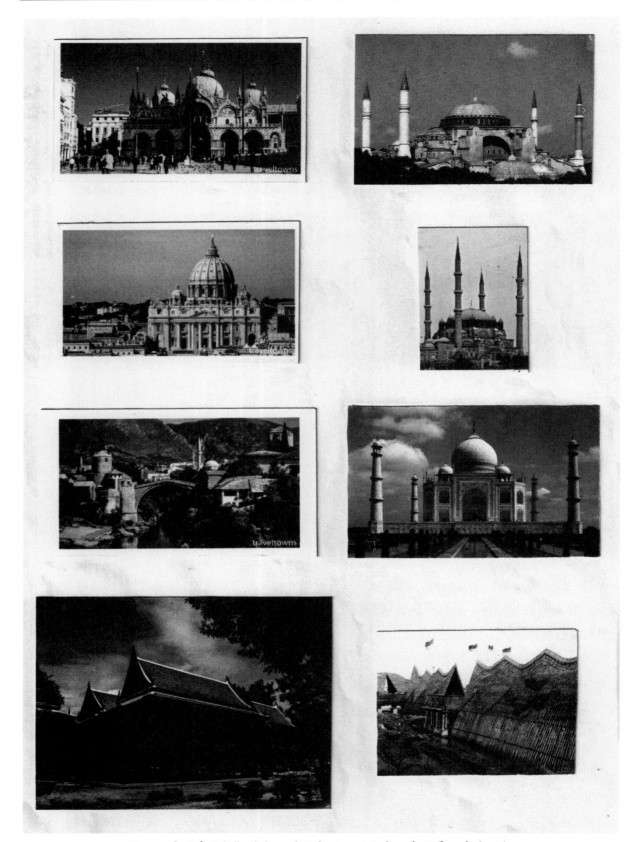

图8 世界"建筑物"的变迁（拜占廷、巴洛克、奥斯曼、东南亚）

历史地区和右边的圣索菲亚教堂等都很有名。4世纪初，君士坦丁斯一世建立烧毁，至查士丁尼一世重建（532—537），奥斯曼土耳其时代（1299—1922）成为伊斯兰教寺院直到今天。

图8的第2排左边采用了巴洛克（baroque）建筑的代表。这是文艺复兴后的16世纪末至18世纪前半期，在欧洲流行的样式。左边是天主教的总本山梵蒂冈的圣彼得大教堂，创建于4世纪，现在的教堂于1626年完成，被认为是世界上最大的教堂建筑。右边是位于土耳其埃迪尔内的塞利米耶清真寺（Selimiye Mosque，1568年开工，1574年竣工）。

图8的第3排左边是奥斯曼土耳其时代的伊斯兰教影响的建筑物（旧桥）。它被称为莫斯塔尔古桥（Stari Most），位于波斯尼亚和黑塞哥维那城市莫斯塔尔，于1566年7月19日至1567年7月7日完成。第3排右边是位于印度北部阿格拉的泰姬陵（Taj Mahal）。莫卧儿帝国第五代皇帝沙·贾汗（1592—1666）为1631年去世的爱妃慕塔芝·玛哈建造的印度伊斯兰文化的代表性建筑。为大理石墓庙，1632年开工，1653年竣工。

图8的最下层是使用陡坡的屋顶、大屋檐、高脚式的构造和竹子素材的东南亚建筑物。左边是在泰国北部兰纳王朝地区耕种水稻的农户。在高脚屋里，有阳台、前室、厨房、卧室、储物间、水瓶放置场、洗浴场、谷物库等，外部还配有水井、饮水场以及小屋和祠堂。最下段右边是在印度尼西亚的爪哇岛上看到的高脚屋。具有锐角陡坡的屋顶形状和使用竹子的建筑（Bamboo architecture）格外引人注目，让人想到与线刻石板的关联。

以上图版呈现了拜占廷，巴洛克、奥斯曼土耳其、东南亚风格的建筑物，不过，笔者还想从亨利·斯泰林著的《图解世界的建筑》（Henri Stierlin "Encyclopaedia of World Architecture"，1979）所用图版给予补充。

图9是距今4000年前埃及吉萨的胡夫王的金字塔图，正方形基底部是一边230米，高146.5米。图9右下方1是胡夫王，2是哈夫拉王，3是孟卡拉王，4是斯芬克斯。

图10是位于拜占廷君士坦丁堡的哈尔滨圣索菲亚教堂，它有一个直径超过31米的中央圆顶，由两个半球圆顶支撑。离地面高达56米。由查士丁尼努斯帝于532—537年建成（图8第1段右侧）。

图11是耶路撒冷的岩石圆顶，是拜占廷的工匠们在685—692年左右建造的伊斯兰教纪念碑。采用了圆顶八角形集中式殉教者庙的形式。

图12是奥斯曼土耳其的埃迪尔内的塞利米耶（塞利姆清真寺）。建于1569—1575年间，一个直径达43米的圆顶建筑在八角形平面上（图8的第2段右侧）。

图13是位于北印度阿格拉的泰姬陵。由莫卧儿帝国的沙·贾汗于1632—1648或1652年建造。四角建有45米高的塔宣礼塔（Minaret）。宣礼塔是从阿拉伯语的manarah"火，点燃光芒的地方"转音而来的词语（图8的第3排右边）。

图14是位于日本三重县的伊势神宫内宫正殿的图。图8的图版里刊登了泰国和爪哇的建筑物，这里刊登了日本自古以来的"神明造"。以切妻（译注：悬山式）、平入口（译注：日本建筑按出入口位置的不同分为妻入口和平入口。正面为三角形屋顶的是妻入口，平直形的是平入口）、掘立柱（译注：指的是不采用基石，柱子直接深埋土中的一种建造方式）、高脚式等为特点，屋顶放置千木、坚鱼木10根（译注：千木、坚鱼木是神社建筑的重要特征性构件）。另外，以岛根县出云大社正殿为代表的"大社造"也是双璧，高脚屋式、方二间（约3.6米）的切妻造，妻入口，在中央

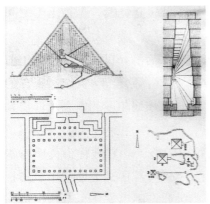
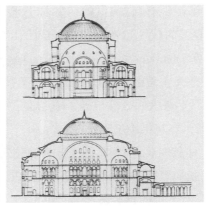
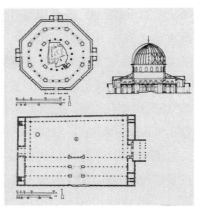

图9　埃及吉萨的胡夫王的金字塔 图（公元前2000年）　　图10　君士坦丁堡的哈尔滨圣索菲 亚教堂图（532—537）　　图11　耶路撒冷的岩石圆顶图 （685—692）

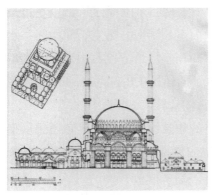
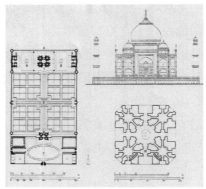
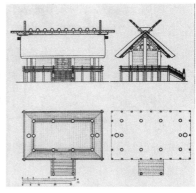

图12　埃迪尔内的塞利米耶图 （1569—1575）　　图13　北印度阿格拉的泰姬陵图 （1632—1648或1654）　　图14　日本伊势神宫内宫正殿图

伴随着心柱的构造也广为人知。内部分为前后两个房间，然后田字形布局，展示了古代居住建筑的样式。大社造最古老的建筑是岛根县神魂神社。

这样看来，线刻石板上的建筑物似乎包含了拜占廷式、伊斯兰式、西南亚式、东南亚式等，包含东西洋航线（海上丝绸之路）的多种元素。

（四）关于线刻石板研究猜想3："文字要素"

另一个值得注意的是，关于线刻石板上的"文字要素"。

关于日本"文字的开始"有各种说法。奈良时代的《日本书纪》（720）是用汉文写的，记载了"帝王本纪多有古字"，暗示在奈良时代以前多有"古字"存在。镰仓时代的古典学者卜部兼方也在《释日本纪》（1301年以前完成）中说："阴阳二神生蛭儿。天神以太占卜之。乃卜定时日而降之。无文字者，岂可也卜哉者。"然后说："因为存在太占，所以推测应该有日本独特的文字（顺便说一下，关于中国汉字流入日本从考古学的角度看，日本出土的中国货币和青铜镜年代可以追溯至战国至秦汉）。"战国时代的儒者清原宣贤（1475—1550）在《日本书纪抄》（1527）

中说："神代的文字是秘事，不流传，有一万五千三百七十九字。"另外，江户时代的复古神道家、国学家平田笃胤（1776—1843）也在《古史征》（1811）中积极肯定"神代文字"。但是，因为由来和出处不明的东西很多，所以将"神代文字"作为假字的否定论者也不少。否定论者中有贝原益轩（1630—1714）、太宰春台（1680—1747）、贺茂真渊（1697—1769）、本居宣长（1730—1801）、藤原贞干（1732—1797）、伴信友（1775—1846）等人。

1. 印章（图15）

在这种古代文字研究的潮流中，从江户时代末到明治时代作为国学者和神职的落合直澄（1840—1891）的《日本古代文字考》是迄今为止的研究集大成之作。

笔者调查了落合直澄的《日本古代文字考》（锡安印章文化研究所藏），上卷记录有5枚印章（图15）。

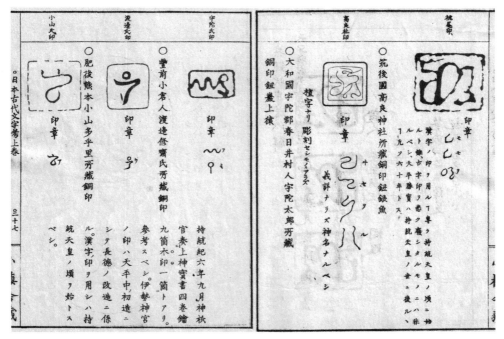

图15　日本古代文字与印章（落合直澄《日本古代文字考》1881）

右端是天平胜宝元年（749）"具录状申送以解"上盖章的乡长——桃尾臣井麻吕的"桃尾印"。印章材料不明。

从右数第2枚是筑后国高良神社收藏的银鱼钮铜印"高良社印"。

从右数第3枚是大和国宇陀郡春日井村人——宇陀太郎所藏铜印"宇陀氏印"，钮形是岩上猿。

从右数第4枚是丰前小仓人渡边修斋所藏铜印"渡边氏印"，没有记载钮形。

从右数第5枚是肥后熊本小山多乎里所藏铜印"小山氏印"，同样没有记载钮形。

以上介绍的5枚古印，材料是木印或铜印，所以笔者认为这些印是国学热兴起的江户时代以后的，有可能是"神代文字"发明以后的史料。

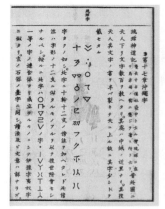

图16　冲绳字（同上）

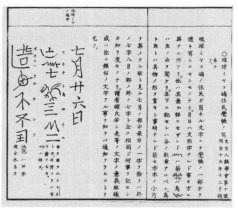

图17　琉球宫古岛居民觉帐的文字抄写 I（同上）

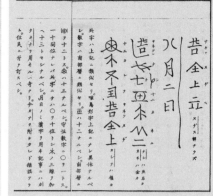

图18　琉球宫古岛居民觉帐的文字 抄写 II（同上）

（五）冲绳字和琉球宫古岛的文字（图16、图17、图18）

在《日本古代文字考》的下卷就能找到"冲绳字"（图16）。开始提到的庆长年间写的《琉球神道记》，介绍了17个"琉球字"。右边5个字是5行（没有十天干阴阳之分），旁边的12个字是十二地支。作为表示占卜和顺序的符号（甲乙丙、伊吕波等）被使用。

另外，同样在下卷中也可以发现"琉球宫古岛居民觉帐的写照"。这是参考《东京人类学会第10号》[明治19年（1886）12月月报]刊登的，题目为"琉球宫古岛字"（图17、图18）。同年历史学家神谷由道在《东京人类学会报告第9号》中发表了"琉球的古代文字"，应该参考了这一点的成果吧。

图17中还记载了这样的话："这个文字是琉球宫古岛使用的文字，虽然写着7月26日和中国文字，但是不知道其详细含义。好像记载着柴火、鸟、鱼等物品及其数量。读者们如果知道这些文字的含义，或者其他类似文字，请通知我。"

图18记载了8月2日的事情，并进行了句法的比较等细致的考证，该图中还记载了这样的话："只在月日使用汉字，在报道中使用片假名是很奇怪的。现在，试着加上假名，还是有错误的吧。应该附加给居民进行订正。"

虽然存在解释上的局限性和一些问题，但线刻石板中，有关汉字混合的记录（参照图5）是值得关注的资料。

1. 凯德文字（图19、图20、图21）

作为冲绳相关的文字，还有一个值得注意的是"凯德文字"（Kaida Character）。一般的百科全书中介绍了如图19所示的文字，说明为"这是在冲绳县的与那国岛等地使用的象形文字"。从研究史来看，须藤利一先生认为这是"随着1640年的人头税的实施，17世纪后半期制作的文字"，池间荣三先生认为"这是在琉球

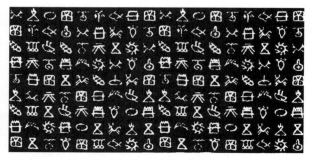

图19　冲绳的"凯德文字"（Kaida Character）

王朝（1429—1829）的统治下制作的文字，1839年左右完成，到明治23年（1890）的小学令的实施为止"。故可判断凯德文字是琉球王朝以后，至明治时代被废弃的文字。

话虽如此，随着时间的流逝，民族的归属会发生变化，语言和文字也会消失。须藤利一先生在昭和19年（1944年）发行的《南岛觉书》（东都书籍）中有"すうちうま（琉球数字）"（1939年）这一珍贵的评论，笔者一边概观其成果，一边追究与冲绳县出土的线刻石板的关联性（图20、图21）。

据须藤先生"数记号"中有"琉球固有"和"中国传入"两大类。另外，"凯德文字"似乎来源于"假屋文字"，"假屋"是石垣的藏元（译者：即地方政府）。

图20-1是八重山、与那国、宫古的"琉球数字"，是"千俵""百俵""十表""一表""一斗""一升""一合""一勺""一才"等数量标记。

图20-2（イ）是"凯德文字"的数字，可以看到汉数字的混用。第2图（ロ）的右行的释文应

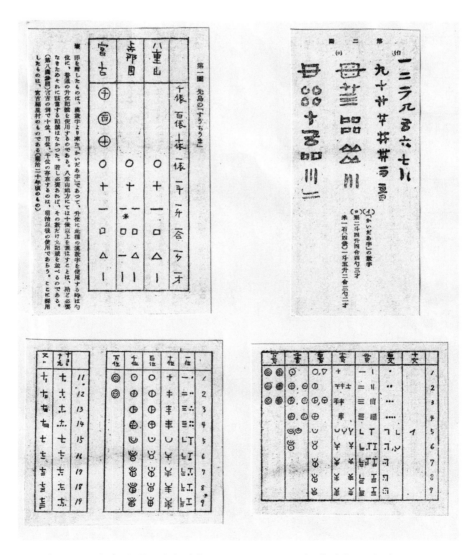

图20-1　先岛的"琉球数字"　图20-2　"かいだあ字"的数字及释文
图20-3　琉球数字Ⅰ"琉球数字"的基本符号形式　图20-4　金高的"琉球数字"

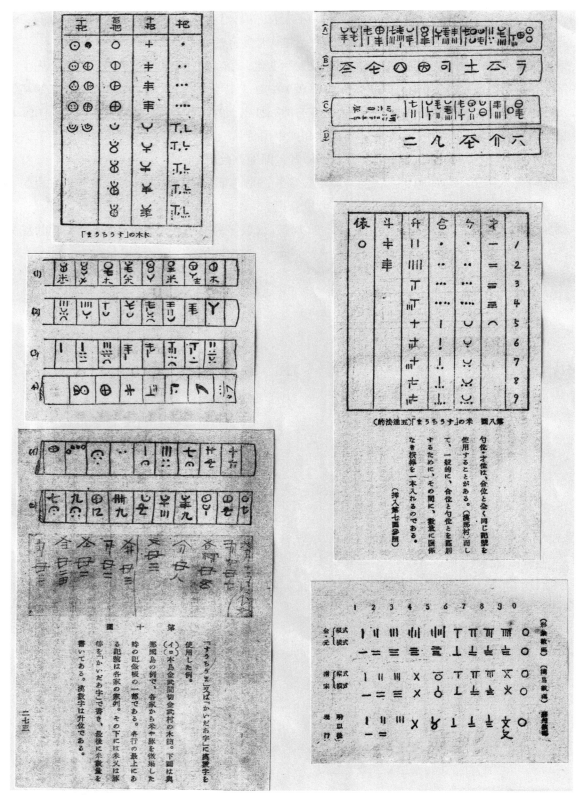

图21-5　琉球数字Ⅱ薪木（木材）的"琉球数字"　图21-6　金高和"家判"　图21-7　金武间切汉那村的例子　图21-8　大米的"琉球数字"　图21-9　中国数字的变迁　图21-10　"琉球数字"或"凯德文字"使用汉字数字的例子和"家判"

为"粟二斗四升四合四勺三才",左行是"米一石(四俵)一斗五升二合三尺二才"。

图20-3是"琉球数字"的基本符号形式。请注意乍一看像"七"但实际上是"15"的类似例子。

图20-4是"万贯""千贯""百贯""十贯""贯""百文""十文"等金额的"琉球数字"。但是,货币经济渗透到了什么程度还不是很清楚。

图21-5是木材(薪木)的"琉球数字"。有"千把""百把""十把""把"的符号。

图21-6是首里市乡土馆收藏的木简。A和B如图4所示表示金额(贯文),但需要注意的是C和D。这被称为"家判",就像一种商号。

图21-7是金武间切汉那村的"琉球数字"的例子。

图21-8是大米的"琉球数字"的例子。也需要注意"勺""才"有时会使用与"合"相同的符号。

图21-9是"琉球数字"在中国的变迁图。须藤先生根据金、元的算木分为"形象数码"、南宋的"简易数码"以及明的"苏州码"3种,特别是明代以后,除数学家以外,在商人们中也得到了很大的普及。"琉球数字"也可以认为与"苏州码"(译注:苏州码,原为苏州地区民间表示数目的符号,也叫草码、花码、番仔码、商码等,是中国早期民间的计数方法,从古时候的算筹中来,经常在文书、商铺中得以应用,至今仍在被使用。)传入琉球时的译音相似,但认为其文字与中国文字不同。

图21-10是在"琉球数字"或"凯德文字"中使用了汉字数字的例子。(イ)(口)是冲绳金武间切武村的木简。下图是在与那国岛发现的记录本的一部分,记载了从各家征集大米和猪的情况。每行最上面的是"家判",下面用"凯德文字"写大米或猪,最后写数量。笔者认为汉数字的单位是升位。

调查了以上冲绳的文字和凯德文字,在冲绳本岛发现的线刻石板上,笔者认为虽然能找到汉字的要素(汉数字),但是很难找到凯德文字本身完整的文字体系,只停留在未完成的记画符号、绘画表现上。

到目前为止,为了接近"线刻石板"的实际情况,笔者关注了石板上描绘的"舟"或"船""建筑物",以及"文字要素"等。

关于"舟"或"船",虽然有规模的大小,但大多是"帆船",伴随着铁锚、舵、划船手和桨。

关于"建筑物",虽然创建可以追溯到4世纪前后,但我们看到了6世纪以后拜占廷帝国时代的基督教建筑、奥斯曼·托尔科帝国时代的伊斯兰建筑、东南亚和印度尼西亚的具有陡坡屋顶的高脚屋式东亚建筑等。

关于"文字要素",可以找到中国的"汉字"要素,但是在"冲绳文字"或"凯德文字",或者被称为中国"苏州码"等文字中没有明确的把握。

接下来要考虑的是能否进一步对上述信息进行编年细化。因此,笔者想将近年来冲绳的人类学、考古学成果纳入研究范围。

（五）关于冲绳近年来的人类学、考古学成果（图22、图23、图24）

1. 实证1：冲绳出土的明刀钱（图22）

一种是在冲绳县岛尻郡具志头村大字具志头小字须武座原所在的琉球石灰岩的洞穴内发现的"明刀钱"（图22第1图）。虽然报告说是1992年左右发现的，但是洞穴内部被"冲绳战"扰乱了。"明刀钱"的法量为全长13.2厘米，刀身宽1.0厘米，刀身厚0.6厘米，刀背长7.5厘米，刀刃长7.2厘米，刀头宽1.7厘米，重量16.2克。这个洞窟的上部，悬崖上的台地有"具志头城"石墙遗迹被留下，出土了14—15世纪的贸易陶瓷和具志头城式土器。在近几年的调查中，这个台地上绳文时代后期至晚期的遗迹也同样存在。另外，在该洞穴西南约400米的海岸线地下，发现了463件中国货币的"ウフブリ下洞洞遗址"，于1981年进行的调查虽然也发现了唐、北宋、金、元的钱币，但"洪武通宝"有296枚、"永乐通宝"有63枚，"明钱"占压倒性多数。

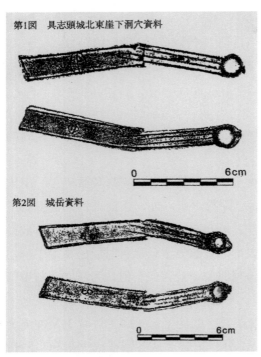

图22　冲绳出土的明刀钱（具志头洞穴及城岳贝冢）

另一种"明刀钱"是1923年被发现，在被称为"城岳资料"的贝冢出土（图22第2图）。收藏于东京大学考古学研究室，法量全长13.0厘米，刀身宽1.5厘米，刀身厚0.6厘米，刀背长7.4厘米，刀刃长7.1厘米，刀头宽1.6厘米。关于舶来路线，曾经考虑过从九州出发的路线，但也有观点认为，从冲绳的沙丘遗迹中发现了"开元通宝"等事例，因此有可能从中国直接流入冲绳。笔者也认为应该关注这个海上路线说。

2. 实证2：琉球王国古墓及石厨子的人骨调查（图23）

2022年6月6日《每日新闻》晚报刊登了"《琉球王国是否存在欧洲人定居？》（原题：琉球王国欧洲系が定住？）'15–17世纪日本，朝鲜系和遗骸''冲绳古墓的人骨线粒体DNA分析'（南城市的神座原古墓群）"的报道。报纸上说："对冲绳县南城市神座原古墓群的人骨进行调查的研究小组于5月20日在同市召开了记者招待会，发表了对纳骨堂内的3具古人骨进行DNA分析后，发现它们分别来源于日本、朝鲜半岛、欧洲。一般认为三者的年代在15—17世纪左右，

图23　琉球王国古墓及石厨子的人骨调查（冲绳县南城市神座原古墓群）[《每日新闻》2022年6月6日（周一）晚报]

代は測定不可能だったが、松下さんは「保存状態から他の2体と同じ年代に生存していたと思われる」とする。

ヨーロッパ由来の母系を持つ人骨が納められた経緯を、松下さんは「ヨーロッパ人か、ヨーロッパ人と中国人の間にできた子孫が中国などから船で来たのではないか」と推定する。

沖縄県うるま市の勝連城跡（国指定史跡、12～15世紀）ではこれまでに3～4世紀ごろの古代ローマ帝国のものとみられる銅貨4枚が見つかった。うち2枚は14～15世紀と推測される地層から出土し、当時盛んだった海外との交易で持ち込まれた可能性があるが、今回の調査結果からは人の移動もうかがわれる。

一つの石厨子に納められるのは家族など血縁関係にあった人の骨で、松下さんは「母系の異なる3人が異国から来て定住し、家族を作って、地域で生活していた可能性がある」と話している。【大坪菜々美、竹内望】

海外交易拠点跡にローマ帝国銅貨

9年前に出土

沖縄県南城市で15～17世紀ごろのものとみられるヨーロッパ由来の人骨が見つかったことで、9年ほど前に県内で発見されたある出土品に再び注目が集まっている。うるま市にある世界遺産「勝連城跡」の14～15世紀の地層から出てきたローマ帝国のものとみられる古い銅貨だ。種子島（鹿児島県）に漂着した船に乗っていたポルトガル人により鉄砲が日本に伝えられたのが1543年。それよりも前に沖縄にはローマ帝国のコインがもたらされていた。

ローマ帝国のコインとみられる銅貨。右向きの肖像がある＝沖縄県うるま市で2016年9月26日、佐藤敬一撮影

うるま市教育委員会の2016年9月の発表によると、13年度の調査で勝連城跡から小さな円形の金属製品が10点見つかった。専門家による分析の結果、ローマ字やアラビア文字、人物像が確認された5枚のうち4枚が3～4世紀のローマ帝国時代の銅貨（直径1・6～2㌢、重さ1・5～3・6㌘）とみられることが分かり、うち2枚は14～15世紀と推測される地層から出土した。また、5枚のうち1枚はオスマン帝国の銅貨（直径2㌢、重さ1・2㌘）とみられ、「1687年」に相当する暦が刻まれていた。

勝連城は12～13世紀に築城され、14～15世紀に中国や東南アジアとの交易で栄えた。ローマ帝国時代の銅貨2枚が見つかったのは、まさにこの時期の地層からだった。

うるま市教委によると、出土した金属製品10点のうち残り5点が何だったのかは今も分かっておらず、ローマ帝国などのコインが勝連城にたどり着いた経緯も謎のままだ。【井上俊樹】

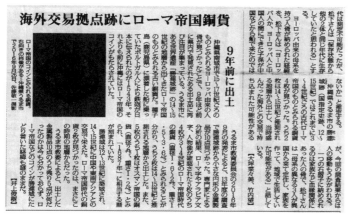

图24 从海外交易据点遗址发现罗马货币及奥斯曼土耳其货币（冲绳县宇流麻市胜连城遗址出土）［《每日新闻》2022年6月6日（周一）晚报］

与1429年成立的琉球王国和东南亚等进行海外贸易的时期重叠。研究团队认为‘从生物学的角度可以看出，琉球王国时代不仅有与海外的朝鲜、日本来往，也有欧洲人进入’。”

3. 实证3：发现罗马货币及奥斯曼土耳其货币（图24）

2016年9月27日在《冲绳时报》上报道冲绳县宇流麻市胜连城遗迹（世界遗产）出土的4—5世纪左右的罗马货币4枚（14—15世纪的地层出土）和奥斯曼土耳其货币（1687年铭）1枚（17世纪的地层出土）。证实了琉球王国经由东亚海外交易的扩大。

五、线刻石板的时代、内容和制作目的及其历史背景

（一）关于线刻石板的时代

综上所述，什么会变得清楚起来呢？从石板的思想考虑，线刻石板的时代是以“琉球王国”（1429—1879）为中心，与“明朝”（1368—1644）、清朝（1616—1912）、“马六甲王朝”（1402—1511）等关系重叠的时代，即从14到17世纪左右。（关于马六甲王朝，1511年成为葡萄牙领土，1641年成为荷兰领土，1824年成为英国领土，1963年成为马来西亚联邦。）

（二）关于刻线石板的内容（图1、图2、图3、图4、图5）

图1是从野国总管墓附近出土的线刻石板。所谓野国总管，是琉球王国时代的冲绳本岛的北谷间切野国村（嘉手纳町野国）的总管（进贡船船员的一个职务名），庆长年间（1596—1615）就任了这个职务。1605年甘薯从中国福州传来。在图1的上段可以看到倾斜“九”字和左右相反的“正”的镜文字、帆船、高脚屋式建筑、墓碑形等。下面画着像甘薯一样的东西和船（也有“镰刀”的说法）。在帆和建筑物屋顶上看到的“十字”可能表明它与基督教有关。如果是野国总管的纪念碑会很有意思。

图2描绘了上层具有舵的帆船（凯德文字的皮划艇没有舵，山原船有舵），其右下方有拉链型的图像和漩涡状的描绘。记录了物品或者什么数字。

图3可以看到上面倾斜着“九”的文字和“十字”，下面有圆顶状的建筑物和像珠宝一样的顶部，伴随着双头蛇的装饰的建筑物等。左边可以读到汉数字的“二”和其他。

图4正面是顶部有像鸟停了一样的大型帆船，右边有像“人”一样的陡坡屋顶的具有“十字”的建筑物，下部有像鸟一样的生物，背面有像鸟一样的设计在船体旁边描绘，有舵的船，有陡坡的

屋顶，里面有"十"重叠的文字、漩涡文，下面画着高脚屋式的建筑物等。

图5的石板表面上方有"九"字像太阳一样用圆形包围的，用四角包围的，中央左侧有舵的大型帆船（拉链型的可能表示主船、副船的船员和划艇手的数量），右边有三角形和里面刻着数字的记号，上面有看起来像"人"的陡坡屋顶的建筑物，更远处可以看到像山一样的描写。左下也能看到同样看起来像"人"的陡坡建筑和山一样的描写，至少在4个地方可以观察到右旋、左旋的漩涡文。汉字要素的混用是确实的，可以读取"三十二""廿""九"以及左右对称的"五"字等。背面有图3中也描绘的圆形刻有"九"字，具有珠宝型顶部的建筑物、看起来像"人"字的图形，右边有两个"正"字、在倒V字型的屋顶的构造物中发现像棒状的数词。特别是"九"字被广泛使用，可能与"久米三十六姓"的"九"有音通。

（三）关于线刻石板的制作目的

这些线刻石板看起来像是祈祷国家安康、海路安全、五谷丰登等的石板，至少可以确定这些石板不是墓碑，而是纪念碑或表彰碑。因为如果是墓碑的话，一定会记载名字和生卒年。因此制作目的应该是居住在"琉球"，或者"明""马六甲"等来往于"海上丝绸之路"的人们，即王侯贵族、官人、大商人、传教士、进贡船的船员们和翻译等，为了纪念或表彰航海及商业记录或者是事迹。文字文化的渗透在琉球王国、中国（明、清帝国）、马六甲王国等地是不均等的，在几种方言并存的情况下混用了汉数字，汉数字不足以表达的地方用绘画等来补充，也是为了加深视觉上的理解。

（四）关于历史背景（图25、图26、图27）

郑和（1371—1434左右）受明永乐帝之命从事大型贸易船的官方贸易。根据《明史》"郑和传"记载郑和可能有前后6次西征，但根据后来发现的碑文，应该是前后7到8次。从1405年开始的第1次到第3次航海，是到印度的卡里卡特（古里）为止（图25），从1413年的第4次以后经过阿拉伯海，经过波斯湾的霍尔木兹，分遣队等巡游到非洲东岸。1420年的第5次其他王国则献上了狮子、麒麟（长颈鹿）、斑马、鸵鸟、骆驼等，最后在宣德帝的1433年回到南京。

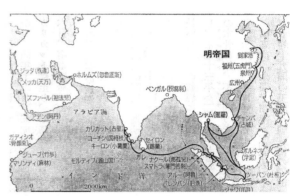

图25 郑和的航海图（东南亚—印度南岸—西南亚）

图26 大西洋航线（明帝国、暹罗、马六甲、爪哇、琉球周边）

到了15世纪，"欧洲人（葡萄牙、荷兰、英国）的东渐"也开始了，那个时候从泉州到吕宋岛、明达纳奥岛、婆罗洲岛的"东洋航线"和从泉州经过广东到暹罗和马六甲王国的"西洋航线"都将发展起来（图26）。由山田宪太郎先生提出的"15世纪的南海交易概念图"（图27）所揭示的，可以知道交易品的动向、来自中国（明）的"东洋航线""西洋航线"、甚至是向"明"朝贡的"马六甲王国"（"琉球王国"也同样是向"明"朝贡的国家），从亚丁到东非经过开罗，对北非、西非的"南海交易"概念将变得清晰起来。由"线刻石板研究"猜想2的"关

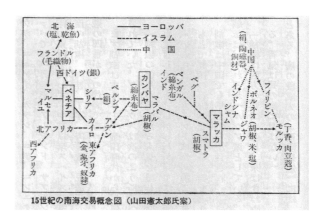

图27　15世纪的南海交易概念图（明帝国、爪哇、马六甲、印度、波斯、叙利亚、威尼斯、亚丁、开罗、北非、西非等）

于建筑物"中刊登埃及金字塔的图所揭示的（图9），郑和等人在率领大舰队周游"海上之丝绸之路"的时候，我们确信，他们有可能看到了公元前3000年的这座古代遗迹金字塔。1799年在尼罗河流域发现罗塞塔石已经有将近400年了。

说到"欧洲人的东渐"，葡萄牙、西班牙和意大利也不能忽视。这里要提及在中国从事基督教传教的马特奥·里奇（Matteo Ricci，1552—1610）。他是意大利传教士，隶属于耶稣会。中国名是利玛窦。他在1582年抵达中国澳门展现了其科学知识，由此赢得许多人的尊敬。1601年谒见万历帝开始传教，参与了《坤舆万国全图》和《几何原本》的翻译。线刻石板中有伴随着"十字"的主题，也许暗示了与基督教的关系。虽然时代大致相同，但英国航海士威廉·亚当斯（1564—1620）被赋予日本神奈川县三浦郡领地，也被称为三浦按针（引水人），在日本长崎县平户开设的英国商馆工作，他在日本居住了20年，从事海外交易，最后病死，墓碑上刻着"十字"。

笔者另一个想提的是琉球王国的野国总管。从他生活中国福州传来的甘薯被认为是1605年的事，不过，关于其功绩在《甘薯和野国总管——甘薯的发源基地嘉手纳》（原题：甘藷と野國總管—甘藷の発信基地・嘉手納—）（2004）有详细介绍。1700年（元禄13年），作为当地庄头的野国正恒赞扬了总管的遗德，为他建造了石厨子，安置了遗骸。之后，前田利右卫门将甘薯传到萨摩藩内，青木昆阳（1698—1769）在西日本普及的甘薯传到江户，作为饥荒对策受到感谢。除了总管之外，农政家蔡温、为普及做出贡献的仪间真常等也受到了很高的评价。

六、代替总结——今后的课题和展望

以上，以"线刻石板考——日本冲绳县出土的石制遗物和海上丝绸之路"为题，拙稿探讨了学术界尚未解决的问题。从线刻石板发现史开始到此后的发现再到目前整理石板研究的基础上，对线刻石板的主题"船""建筑物""文字要素"等进行了反复分析。将近年来的人类学、考古学成果纳入视野，并进行了考察。其结论是：①这些线刻石板被定位为14至17世纪左右的遗物；②它们以中国的明朝、清朝为宗主国，以"琉球王国""马六甲王国"等为进贡国，通过当时的"海上丝绸之路"实

现了宏伟的"进贡贸易"，这是一座混用汉字数字和绘画表现记录下来的历史性纪念碑或表彰碑；③其中包括明朝的郑和、意大利的马特奥·里奇、日本的野国总管等优秀历史人物。笔者在此说明这个"线刻石板"所雕刻的事物，也是为了让那个时代的历史人物光辉存在过的痕迹能永远留在大家的记忆中。

据记载，琉球对明朝的进贡次数为171次，安南为89次，暹罗为73次，爪哇为37次，朝鲜为30次。另外，从琉球出口到中国的贸易品有琉球产的马、硫黄、宝贝、夜光贝，日本产的刀、枪等武具类，屏风、扇子，金银的盘子、器皿，铜，东南亚产的苏木（染料、药品）、胡椒、锡，从中国进口的有瓷器类、丝绸、布类、生丝、铁制品等。另外值得一提的是，琉球与明朝缔结朝贡关系后，明朝作为"琉球优待政策"，向琉球免费提供大型海船，同时派遣航海技术、外交和商业活动方面的优秀人才（这些人在那霸久米村作为久米三十六姓长期居住，东南亚等也有居住区，作为华侨在经济界成功的实例很多），海船的供应已经持续了160年，这个是事实。虽然在中途结束了，但似乎隐藏着国家繁荣的要点（超越国民、民族、部落、语言、不同文化、不同宗教间的共存共荣）。④本文仅论述了未开拓的"线刻石板"研究的绪论。今后的国际性研究是不可缺少的，需要进一步加深。⑤此外，过去使用的"凯德文字"的实际情况随着时间的流逝而变得模糊。冲绳夫人的"针刺"也是一样的（译注：以前冲绳有女性刺青的习惯）。在没有消失之前，应该努力保护，留下正确的记录。⑥郑和、马特奥·里奇、野国总管等，他们是当时"一带一路"构想的实现者，是教育我们努力会成功，懈怠会失败的历史前辈。要从历史中吸取教训，选择明智的道路。

（2022年7月15日脱稿）

参考文献：

·久米雅雄《中国古印的考古学研究》（中国古印の考古学的研究）文部省科学研究费实绩报告书，1989年

·久米雅雄"丝绸之路的印章"（シルクロードの印章）[收录于《西域之路——丝绸之路与大谷探险队》（西域への道—シルクロードと大谷探検隊）大阪府立近飞鸟博物馆，2002年]

·久米雅雄"东西印章史论序论——中国的印章和丝绸之路的印章和东方的印章"（東西印章史論序説—中国の印章とシルクロードの印章とオリエントの印章—）（收录于《立命馆大学考古学论集Ⅲ》立命馆大学，2003年）

·久米雅雄"丝绸之路的印章 探险简史和东西交流圈和经营据点"（シルクロードの印章 探検略史と東西交流圏と経営拠点）[收录于《印章》（はんこ）法政大学出版局，2016年]

·久米雅雄"《景教印》研究"（『景教印』の研究）（收录于《立命馆大学考古学论集Ⅳ》2013年）

·久米雅雄"松本清张《火之路》和波斯文化的飞鸟东渐"（松本清張『火の路』とペルシア文化の飛鳥東漸）2014年在东京大学发表

·久米雅雄"松本清张《火之路》和汉魏晋以来《胡印》以及《景教印》等的研究——在印章的世界里阅读波斯文化及其东渐"（松本清張『火の路』と漢魏晋以来『胡印』及び『景教印』等の研究—印章の世界にペルシア文化とその東漸をよむ—）（收录于北九州市立松本清张纪念馆，2015年）

·久米雅雄"松本清张《火之路》和波斯文化的飞鸟东渐"（松本清張『火の路』とペルシア文化の飛鳥東漸）（收录于《松本清张研究第16号》北九州市立松本清张纪念馆，2015年）

·须藤利一译《Basil Hall大琉球岛航海探险记》（Basil Hall バジル·ホール大琉球島航海探検記）（1818年，第一书房1982年）

·落合直澄《日本古代文字考》（吉川半七1881年：锡安印章文化研究所藏）

·须藤利一《南岛觉书》（东都书籍，1944年）与那国岛的《巴拉桑》《凯德字》及家判

·国立国语研究所编《冲绳语辞典》（大藏省印刷局，1963年）

·须藤利一等《物与人的文化史·船》（ものと人間の文化史·船）（法政大学出版局，1968年）

·Henri Stierlin著，铃木博之译《图集世界的建筑》（图集世界の建築）（鹿岛出版会，1979年）

·市川重治《南岛针突游记》（那霸出版社，1983年）

·长泽和俊《海上丝绸之路史》（海のシルクロード史）（中央公论社，1989年）

·回归20周年纪念特别展《琉球王国——大交易时代与城》（琉球王国～大交易時代とグスク）（冲绳县立博物馆1992年）

·当真嗣一"关于在具志头城东北崖下洞穴内发现的明刀钱"（具志頭城北東崖下洞穴内で発見された明刀銭について）（收录于《冲绳县立博物馆纪要》第23号1997）

·南山宏编著《海底的欧帕慈》（海底のオーパーツ）（二见书房，1997年）

·美浓口纪子《关于山崎正董（1872–1950）博士琉球相关收藏的冲绳调查》（山崎正董（1872–1950）博士の琉球関係コレクションに関する冲绳调查について）（收录于《熊本博物馆馆报№15》熊本市立熊本博物馆2003年）

·冲绳县嘉手纳町《甘薯与野国总管》（甘藷と野國總管）（野国总是管甘薯传来400年执行委员会，2004年）

·冲绳县立博物馆·美术馆《博物馆展示指南》（博物館展示ガイド）（冲绳县那霸市，2007年）

·平成29年度大阪府立弥生文化博物馆夏季特别展《冲绳的旧石器人与南岛文化》（沖縄の旧石器人と南島文化）（大阪府立弥生文化博物馆×冲绳县立博物馆·美术馆，2017年）

·令和2年度博物馆特别展《岩石》（冲绳县立博物馆·美术馆，2020年）

·波平勇明、山城博明《新版 琉球的记忆 针突》（新版 琉球の記憶 針突）（高文研，2020年）

·山本正昭"明朝设置的福建省城郭的特征及其成立背景——14世纪后半期·洪武时期的筑城热潮思考"（明朝が設置した福建省における城郭の特徴とその成立背景—14世紀後半·洪武期の築城ラッシュを考える—）（收录于《冲绳县立博物馆·美术馆博物馆纪要第13号》2021年）

（作者系文学博士、西泠印社名誉社员）

（译者系湖北师范大学美术学院讲师）

金农自用印汇考

沈慧兴

内容提要： 清代金农在诗、书、画、印方面的全面艺术造诣，一直是中国文人艺术家向往的目标，并与如今西泠印社的办社宗旨不谋而合。本文在全面收集金农自用印的基础上，以自然科学的研究方法，从大量的使用统计数据中，以一位艺术家自用印的视角，考析金农自用印的来源、作者、风格特征以及使用习惯，初步揭开了金农自用印的一些基本特征与使用规律，并对鉴定金农书画作品的真伪提供了新的方法和思路。

关键词： 金农　自用印　考释　鉴定

引　言

杭州金农冬心先生，是清代书画艺术史上不可回避的重要人物。他在诗、书、画、印方面的深厚造诣，被后人尊为"扬州八怪"之首、"西泠五布衣"之一。金农的一生，是集诗词家、书画家、金石家、旅行家、美食家、音乐家和落第文人于一身，极富传奇色彩的生动艺术个例。

金农生于清康熙二十六年（1687），卒于乾隆二十八年（1763）。浙江仁和（今杭州）人。初名司农，字寿田。39岁后，更名为农，更字寿门。斋馆别号又有：冬心先生、江湖听雨翁、古泉居士、纸裘老生、耻春亭翁、寿道士、三朝老民、金吉金、苏伐罗吉苏伐罗、心出家庵粥饭僧、如来最小弟、曲江外史、稽留山民、龙棱仙客、龙梭旧客、金牛湖诗老、惜花人、昔邪居士、龟林居士、枯梅庵主、仙坛扫花人、十九松长者、金二十六郎、竹泉、莲居士、百二砚田富翁等20多个。

金农生前即享有盛名。21岁时师从吴门何焯（字屺瞻、号仪门），诗名出众，得同里诗人吴庆伯、诗坛名宿毛奇龄、东南诗坛盟主朱彝尊的盛赞。金农50岁前，遍游"燕、赵、齐、鲁、秦、晋、楚、粤之地"，均以诗人目之。自51岁定居扬州后，方以书画为营生，直至终老。

笔者在收集整理《金冬心诗书画印史料长编》的过程中，发现金农的自用印不仅数量多，而且艺术质量高，相比于"扬州八怪"和同时代其他的书画艺术家用印，明显胜出一筹。这是笔者对金农自用印研究的最初触发点，也是本文研究的重点。

金农的"印缘"，还得从汪启淑的《飞鸿堂印谱》说起。乾隆

图1　《飞鸿堂印谱》
182毫米×298毫米

十二年（1747）冬月，61岁的金农因杭州汪启淑之请，为《飞鸿堂印谱》书孙陈典序。次年夏，又为汪启淑所辑《飞鸿堂印谱》题"偶爱闲静"漆书，并列印谱题赠之首。金农还与丁敬同列《飞鸿堂印谱》校定之职，可见其地位与影响。成书于乾隆年间的《飞鸿堂印谱》，其书名前赫然印有"金寿门、丁敬身两先生校定"的文字（图1）。同时代诗人沈心在《论印绝句十二首》云："辛苦雕虫细讨论，平生嗜古性犹存。每怜共赏无迁铁，只眼只推金寿门。"[1]说明晚年的金农，不仅是江浙艺术界的前辈，也是篆刻界的权威。

下面对金农自用印的收集与鉴定、作者考证、风格特征及使用习惯分别进行论述。

一、金农自用印的收集与鉴定

金农自用印的收集与鉴定工作历时数年，是一个不断发现、对比、筛选、确定的过程。其资料来源的可靠程度、鉴定和对比方法的正确应用，都影响着金农自用印研究的质量和价值。

（一）资料来源

1. 金农自用印资料的来源主要有：

（1）《中国书画家印鉴款识》，上海博物馆编，文物出版社1987年12月版，收录金农自用印55方。需要说明的是，由于该书出版时间较早，印面较大的印章在制版时与原印实际尺寸有少许出入，但大部分与原印实际尺寸基本一致。

（2）《中国篆刻丛刊·第十三卷·丁敬》，小林斗庵编集，日本二玄社昭和五十八年（1983）版，收录丁敬为金农所刻印7方，印面尺寸原大。

（3）《扬州八怪书法印章选》，张郁明编著，江苏美术出版社1993年8月版，收录金农自用印60方，均无边款，印面尺寸不确。

（4）《中国书法家全集·金农》，范正红著，河北教育出版社2003年6月版，收录金农自用印22方，均无边款，印面尺寸基本原大。

（5）《金农书画编年图目》，齐渊编著，人民美术出版社2007年6月版，收录金农自用印92方，均无边款，印面尺寸未标注。

（6）《扬州画派书画全集·金农（修订版）》，金农著，天津人民美术出版社2000年1月版。

（7）《中国书法全集》（第65卷），刘正成主编。荣宝斋出版社1997年8月版。

（8）《金农精品集》，董宏伟主编。河北美术出版社2014年7月版。

在（5）（6）（7）（8）四种金农作品集的作品图版中，发现部分未见自用印，但印面尺寸一时无法确定。

此外，还在张郁明著《盛世画佛金农传》、故宫博物院藏画集编委会编《中国历代绘画——故宫博物院藏画集1》、中国书店编《中国画大师系列丛书·金农》、西泠印社编《清代金石家书画集粹》、童衍方编著《艺苑清赏——晏方品珍》、刘元飞编《历代书法大家系列·金农翰墨聚珍》

---

[1] 韩天衡编：《历代印学论文选》，西泠印社1985年版，第976页。

等著作中零星发现金农的部分自用印，笔者都一一作了采集。

2. 鉴别原则和对比方法。

面对如此丰富的第一手资料，如何科学有效地进行鉴别、对比和确定，是本文论证是否成立的基础。由于金农自用印资料的收集来之不易，笔者对资料的鉴定原则相对宽松。凡是前人保留和作品中使用的印面，尽可能予以保留。具体来说，对于采集到的自用印，首先对每一方印按印文笔画进行列表排列，并注明了自用印的印面内容、朱白形式、印面尺寸、作者、著录来源和使用记录等信息。通过列表，初步排除了部分明显重复的印面。如金农的自用印"冬心先生"共有20方（白文1方、朱文19方），"金农印信"朱白文印有9方，"金司农印"白文印有7方，"金氏寿门"朱文印有6方，"金吉金印"白文印有6方，部分印面差别极小，只有通过仔细的对比，才能确定是否重复。对于一时难于确定的印面，先予以保留，待与其他资料对比后，再作进一步排除或保留的决定。需要说明的是，目前金农书画作品的存世量还比较多，部分明确为赝作上使用的自用印，则不予采用。此外，网络图版上使用的金农自用印，因尺寸未知及像素太低等原因，一律不予采用。

对于书画作品和信札中使用的自用印，凡是不重复的内容和形式，都按内容笔画顺序添加到列表之中。关于印面尺寸的测定，对已知为原大的，如《中国篆刻丛刊》所刊的丁敬印章，直接量取印面尺寸。而对于未知印面尺寸的，笔者采取三种测量方法。一是察看书画作品的原件，从原件上直接量取印面尺寸。如桐乡君匋艺术院藏金农作品6件，笔者直接在原件上量取了自用印"丁卯甲辰庚子壬午"朱文印、"冬心先生"朱文印、"龙虎丁卯"朱文印、"金农之印"白文印等印的原大（图2-1—3），并作为金农自用印章的标准尺寸校验其他出版物的印章。如与《中国书画家印鉴款识》的尺寸比对中，发现大部分尺寸是一致的，只有"龙虎丁卯"朱文印的实际尺寸比出版物

图2-1 "丁卯甲辰
庚子壬午"朱文印
23毫米×23毫米

图2-2 "冬心先
生"朱文印
18毫米×18毫米

图2-3 "龙虎丁
卯"朱文印
34毫米×34毫米

略大。二是根据已知的印面尺寸，来推算出另一方自用印的尺寸。如在一件作品中有3方自用印，已知1方是20毫米×20毫米，再根据作品中印章的大小比例关系，测定另2方自用印的尺寸。这种按比例确定尺寸的办法，虽然不是十分精确，但基本可以从确定的印面尺寸，区别出同一内容和形式的印面是否为同一印。如有2方"冬心先生"朱文印极为相似，其中一方印面尺寸为18毫米×18毫米，而另一方印面尺寸为20毫米×20毫米，就可以根据印面尺寸知其为二印。三是在已知作品原大的情况下，用图文编辑技术测量出印面的实际大小，这种办法也只能测到一个大概的数值，不能做到十分精确，故尺寸前面均加了一个"约"字。相反，在已知印面尺寸的前提下，也可以通过印章与书画作品的比例，来大致测出书画作品的尺寸。通过以上三种办法，基本上解决了印面尺寸的问

题，为下一步的研究工作打下了基础。

因为版面关系，笔者将161方金农自用印的图版和出处等信息予以省略，只按印面文字笔画顺序列表如下（详情可见本文附件：《金农自用印一览表》）：

印面笔画	印面内容及朱白形式	数量
一	一日清闲一日仙（朱）、一字值百金（朱）、一字值百金（白）	3
二	丁卯生（朱）、丁卯甲辰庚子壬午（朱）	2
三	三薰而三沐（朱）、己卯以来之作（朱）、与林处士同邑（朱1）、与林处士同邑（朱2）、与林处士同邑（朱3）	5
四	六十不出翁（白）	1
五	生于丁卯（朱1）、生于丁卯（朱2）、生于丁卯（朱3）、生于丁卯（朱4）、生于丁卯（白1）、生于丁卯（白2）、冬心先生（白）、冬心先生（朱1）、冬心先生（朱2）、冬心先生（朱3）、冬心先生（朱4）、冬心先生（朱5）、冬心先生（朱6）、冬心先生（朱7）、冬心先生（朱8）、冬心先生（朱9）、冬心先生（朱10）、冬心先生（朱11）、冬心先生（朱12）、冬心先生（朱13）、冬心先生（朱14）、冬心先生（朱15）、冬心先生（朱16）、冬心先生（朱17）、冬心先生（朱18）、冬心先生（朱19）、布衣三老（朱1）、布衣三老（朱2）、田寿（朱）、龙虎丁卯（朱）、古井生（朱）、古杭金由（朱）、古泉（朱1）、古泉（朱2）、只寄得相思一点（白）	35
六	农（白1）、农（白2）、农（白3）、农（白4）、农（白5）、农（白6）、农（朱）、光风霁月（朱）、吉金（白）、竹泉（朱1）、竹泉（朱2）、竹泉（朱3）、百砚翁（朱1）、百砚翁（朱2）、老苈（白）、江湖听雨翁（朱）	16
七	寿（朱1）、寿（朱2）、寿（朱3）、寿（朱4）、寿（朱5）、寿（朱6）、寿（朱7）、寿（朱8）、寿（朱9）、努力加餐饭（朱）、寿门（朱1）、寿门（朱2）、寿门（朱3）、寿门（朱4）、寿门（朱5）、寿门（朱6）、寿门（朱7）、寿门（朱8）、寿门（朱9）、寿门（白1）、寿门（白2）、寿门（白3）、寿门（白4）、寿昌（白）、寿·门（朱1）、寿·门（朱2）、寿·门（朱3）、寿·门（朱4）、寿·门（朱5）、寿·门（白朱）、辛丑以来之作（朱）、辛丑以后之作（朱）、寿田（朱）、纸裘老生（白）	34
八	金氏八分（朱1）、金氏八分（朱2）、金氏八分（白朱）、金氏寿门（朱1）、金氏寿门（朱2）、金氏寿门《朱3）、金氏寿门（朱4）、金氏寿门（朱5）、金氏寿门（朱6）、金氏寿门书画（朱）、金氏冬心斋印（朱）、金由之印（朱）、金由之印（白1）、金由之印（白2）、金由之印（白3）、金·司·农（白）、金司农印（白1）、金司农印（白2）、金司农印（白3）、金司农印（白4）、金司农印（白5）、金司农印（白6）、金司农印（白7）、金司农印（朱）、性本爱岳（白）、金农（朱1）、金农（朱2）、金农（朱白1）、金农（朱白2）、金农（白）、金老丁（朱）、金农之印（白1）、金农之印（白2）、金农之印（白3）、金农之印（朱1）、金农之印（朱2）、金农之印（白朱）、金农印信（朱1）、金农印信（朱2）、金农印信（朱3）、金农印信（朱4）、金农印信（朱5）、金农印信（白朱1）、金农印信（白朱2）、金农印信（白朱3）、金农印信（白朱4）、金农私印（白）、金吉金印（白1）、金吉金印（白2）、金吉金印（白3）、金吉金印（白4）、金吉金印（白5）、金吉金印（白6）、金吉金印（朱）、金吉金（朱1）、金吉金（朱2）	56

（续表）

印面笔画	印面内容及朱白形式	数量
九	临池（白）、洁尊论阖（白）、荐农（白）	3
十	娘子关附马后书（白）、莲身居士（白朱）	2
十一	得句先呈佛（白）	1
十四	榴皮街（朱）	1
十五	稽留山民（朱1）、稽留山民（朱2）	2
合计		161

注：1. 印面中朱白相间的，文字先朱后白的，注为"朱白"；文字先白后朱的，注为"白朱"。2. 印面文字与朱白形式相同的，括号内再分别用数字标注，以示区别。

二、作者考证

对于金农自用印的作者，自然是读者比较关心的问题，也是本文的重点之一。目前笔者收集到的161方印面中，除了丁敬给金农刻的7方、汪士慎刻的1方外，其余作者都不明确。关于金农自用印的来源，除了少数几则自刻印章的记录外，目前未见其现金购买印章的文献。在清代中期，虽有丁敬"一字十金"的刻印付润之例，但实际的交易并不多见。由于前人留下的金农自用印印面多，边款少，对于作者考证带来了一定的难度。下面分别进行论述。

1. 明确已知作者及来源的自用印。黄易在"一笑百虑忘"白文印的边款中说："冬心先生名印乃龙泓、巢林、西唐诸前辈手制，无一印不佳。"[1]这则边款，对于确定金农自用印的作者无疑是一个重要的线索。目前明确已知作者的，是丁敬为金农所刻印7方，除了前图所见"冬心先生"朱文印外，还有"金农"朱文印、"莲身居士"白朱文印、"金农之印"白文印、"金氏八分"白朱文印、"冬心先生"朱文印、"金农印信"朱文印、"只寄得相思一点"白文印6方（图3-1—6）。在这7

图3-1 "金农"朱文印 14毫米×14毫米　图3-2 "莲身居士"白朱文印 16毫米×16毫米　图3-3 "金农之印"白文印 17毫米×17毫米　图3-4 "金氏八分"白朱文印 18毫米×18毫米　图3-5 "金农印信"朱文印 25毫米×25毫米　图3-6 "只寄得相思一点"白文印 14毫米×14毫米

---

[1] 小林斗庵编集：《中国篆刻丛刊·第十四卷·黄易》，日本二玄社昭和五十八年（1983）版，第75页。

方印中，"金农之印"白文印和"金氏八分"白朱文印从形制和尺寸来看，应当为对章。7方印章中有边款的只有2方，边款文字也不多。汪士慎为金农所刻"金氏寿门"朱文印，只有"近人"穷款。印章边款文字的缺失，对于研究工作而言，无疑是十分不利的。而黄易的一则边款文字，又提供了汪士慎为金农刻印的线索。黄易在"苏门"朱文印的边款中云："心观老人为冬心先生作'寿门'二字，有汉人法。武林后学黄易仿之。"[1]根据黄易的"苏门"朱文印风格，来比对金农所用的12方"寿门"朱文印，其中金农74岁所用的"寿门"朱文印，最为接近黄易关于"有汉人法"的描述，故此"寿门"朱文印，也可初步定为汪士慎所刻（图4-1—2）。此外，民国时期秦祖永所著《七家印跋》中，还有丁敬为金农所刻"乐此不疲""寿道士""金农"3印，因未见印稿及不知印面尺寸，估且存录，以备日后考证。

图4-1 "金氏寿门"朱文印 23毫米×23毫米　　图4-2 "寿门"朱文印 15毫米×15毫米　　图5-1 "娘子关堕马后书"白文印24毫米×34毫米　　图5-2 "生于丁卯"朱文印 18毫米×18毫米　　图5-3 "得句先呈佛"白文印 27毫米×27毫米　　图5-4 "临池"白文印 45毫米×73毫米

2. 自刻自用印。对金农能否刻印的讨论，一直是印坛关注的话题。由于至今没有发现金农的自刻印谱，故金农的印人身份，一直受到今人的质疑。但金农刻印的事实，还是在一些文献中留下了一些蛛丝马迹。如雍正七年（1729），金农游太原晋祠、平定等处，在娘子关堕马，遂自治长方形白文引首印"娘子关堕马后书"。[2]此印在广东省博物馆所藏《清机令德》隶书五言联、《王秀传》隶书册页的起首中使用，说明此印的事实存在。在叶铭的《再续印人小传》中，明确记录为："金农字寿门……印章摆脱文、何，浸淫秦汉。"[3]张郁明先生在《盛世画佛——金农传》一书中，认为"龙虎丁印"朱文印、"生于丁卯"朱文竹根印也为金农的自刻印。[4]韩天衡先生《篆刻大辞典》中，将金农列为印人，并说："兼能篆刻，不多作，未见传世印刻。"[5]以上种种记录表明，金农是能刻印的，其印人的身份应当成立。

除了以上几方初步可确定金农所刻的印外，秦祖永所著《七家印跋》中，边款所记还有金农所刻"得句先呈佛"白文印、"临池"长方白文印（图5-1—4），在相关的著作中都发现了印稿的事实存在。"得句先呈佛"白文印的边款为："唐贾岛诗云：得名先呈佛。其奉西方圣人可知矣。萧斋无事，偶摘此句作印。并书四大菩萨、十六罗汉诸像，亦必施入金绳界中以充供养，为善之乐，

[1] 小林斗庵编集：《中国篆刻丛刊·第十四卷·黄易》，日本二玄社昭和五十八年（1983）版，第79页。

[2] 张郁明著：《盛世画佛——金农传》，上海人民出版社2001年版，第156页。

[3] 周亮工等著，于良子点校：《印人传合集》，浙江人民美术出版社2014年版，第303页。

[4] 张郁明著：《盛世画佛——金农传》，上海人民出版社2001年版，第3、379页。

[5] 韩天衡编：《中国篆刻大辞典》，上海辞书出版社2003年版，第121页。

与众共之。雍正十一年癸丑二月金农自篆。"[1]"临池"长方白文印的边款为："环山先生以书法名芜城，行楷结构严密，纯学思翁。临池之暇，间写山水小幅，拈毫濡墨，洒然出尘，亦有华亭意趣，故作此贻之。金农。"[2]虽然目前大部分学者对秦祖永所著《七家印跋》持否定的态度，但笔者认为《七家印跋》的内容并非完全杜撰，其中丁敬的边款文字与存世的作品大部分还是吻合的。故对其他六家的边款文字，并不能完全持否定意见。笔者将对《七家印跋》的边款文字与印谱实物进行全面的核对后，作出一个比较理性客观的判断，限于篇幅，本文暂不作展开。

目前初步确定的5方金农自刻印中，除了"龙虎丁卯"朱文印外，其余4方的风格基本一致，并与叶铭评价金农"印章摆脱文、何，浸淫秦汉"的观点基本吻合。

3. 根据印面风格和文献推断出的其他作者。金农的自用印，其风格上可分四类：

一是以丁敬创作的"金农印信"朱文印、"金农之印"白文印等为代表的浙派印风。除了前文

图6-1 "江湖听雨翁"朱文印 32毫米×39毫米　　图6-2 "努力加餐饭"朱文印 23毫米×24毫米　　图6-3 "寿"朱文印 8毫米×8毫米　　图6-4 "金氏八分"朱文印 13毫米×13毫米　　图6-5 "金老丁"朱文印 19毫米×20毫米

图7-1 "金司农印"白文印 19毫米×19毫米　　图7-2 "金吉金印"白文印 19毫米×19毫米　　图7-3 "金农私印"白文印 18毫米×18毫米　　图7-4 "田寿"朱文印 15毫米×15毫米

图8-1 "冬心先生"朱文印 23毫米×23毫米　　图8-2 "布衣三老"朱文印 23毫米×28毫米　　图8-3 "金氏寿门书画"朱文印 19毫米×28毫米　　图8-4 "与林处士同邑"朱文印 25毫米×37毫米

[1] 黄宾虹、邓实编：《美术丛书》，江苏古籍出版社1997年版，第一册，第846页。
[2] 黄宾虹、邓实编：《美术丛书》，江苏古籍出版社1997年版，第一册，第846页。

明确的丁敬7印外，"丁卯甲辰庚子壬午"朱文印、"江湖听雨翁"朱文印、"努力加餐饭"朱文印、"寿"朱文印、"金氏八分"朱文印、"金老丁"朱文印（图6-1—5）等6印，与丁敬的篆刻风格十分接近，也可初步臆定为丁敬或同时代的浙派印人所刻。"丁卯甲辰庚子壬午"朱文印是金农的一方生辰八字印，与金农的出生年月日正好吻合。此印目前唯一用于桐乡君匋艺术院藏自作诗《安稳寺泉上》的隶书书法条幅上。据《冬心先生集》所记，《安隐寺泉上》一诗作于乾隆二年（1737）十二月，故此印使用时间当在金农51岁之后。"江湖听雨翁"朱文印也唯一见于金农35岁时的行书书法条幅上，是年丁敬27岁，完全有可能为金农创作此印。待今后文献或实物的出现，便可得到进一步的证实。"寿"朱文印，金农曾使用过7枚，而风格方面最与丁敬接近的，是印面8毫米×8毫米的朱文小印。从使用记录看，此印从39岁（1725年）一直用到74岁，前后使用36年，除了此印古拙若屈铁的风格外，契友丁敬所刻的情谊，也可能是此印长期使用的真实原因。"金老丁"朱文印唯一使用在金农73岁时，故宫博物院藏《人物山水》册页中。"努力加餐饭"朱文印、"金氏八分"朱文印则仅见印面，未见使用记录。

　　二是以"金司农印"白文印、"金吉金印"白文印、"金农私印"白文印、"田寿"朱文印（图7-1—4）为主的汉铸印风格。这些自用印都用于金农的中晚期作品，具体来说，"金司农印"白文印从47岁（1733年）用到77岁，沿用31年；"金吉金印"白文印从39岁用到76岁，沿用38年，使用记录竟有77次之多；另一方"金吉金印"白文印从66岁用到75岁，使用记录也有36次之多；这些规整的汉白文印风格，在清代中期的印坛比较少见，笔者根据当时集大成的《飞鸿堂印谱》作品进行对比，竟然没有发现与此风格十分接近的作品，只有周芬、项鲁青的白文印风格比较接近。同时又对金农同时代上下十年出生的印人进行了搜索，也发现只有高凤翰、高翔、沈凤等为数不多的

图9-1　"冬心先生"朱文印　23毫米×23毫米

图9-2　高翔绘金农像　100毫米×154毫米

印人有可能为金农创作这些汉铸印风格的作品。由于笔者材料所限，目前尚无法确定这类作品的作者，但是从清代中期印风研究的角度看，这些工整的汉印风格作品，必然有作者创作出来。从目前掌握的资料看，这些作者还是隐在清代中期的印林中，未被重视和发现，如有方家不吝指教，将不胜感谢。

　　三是以"冬心先生"朱文印、"布衣三老"朱文印、"金氏寿门书画"朱文印、"与林处士同邑"朱文印等朱文印（图8-1—4）。这些用字规整、线条明净的朱文印，在金农的自用印中无疑是一个亮点。虽然朱文的线条有粗有细，但整体的文雅之气直到今日仍然受到世人的喜爱。此类印风在目前见到的清代中期篆刻作品中并不是主流，但在金农的自用印中仍有较多出现，说明以明代汪关为代表的元朱文印，其影响一直延续到清代中期，直到当代也没有被世人所遗忘，可见此类印风生命力的坚强。这些朱文印的客观存在，同时也说明当时在江浙地区还存在一些刻元朱文印的印人。虽然目前不能根据印稿确定印人，但可以通过印风的对比来推断作者。

　　据前文黄易边款所述，高翔也曾为金农刻印，但限于目前资料，并不能确定金农自用印中的高翔作品。在研究过程中，发现高翔为金农画像的题端篆书文字，与金农用印"冬心先生"朱文印以及其常用书画作品上的"冬心先生"朱文印（图9-1—2），结构线条如出一辙。笔者根据篆书和篆刻的极高相似

度，可初步推断出此类风格的金农自用印，基本为高翔所刻。金农还在致高翔的一通信中说："印章复已改琢，急欲一观。乞交令表弟来与书八字并望即为一挥。'痴绝'二字，书若字不匀，五字可戏为之。……同学小弟司农拜。"[1]金农以极谦恭的口吻，请高翔刻印，还请其创作书法的事实，进一步证实了高翔为金农刻自用印的推论。从风格上看，另有"冬心先生"朱文印、"与林处士同邑"朱文印、"布衣三老"朱文印、"辛丑以来之作"朱文印、"辛丑以后之作"朱文印等5方自用印，字法刀法十分接近，风格高度一致，极有可能也为高翔所刻。

四是具有金农自刻印特征的写意汉印风格。以"娘子关堕马后书"白文印、"得句先呈佛"白文印等印为风格标准，"一字值百金"朱文印、"生于丁卯"白文印、"生于丁卯"朱文印、"竹泉"朱文印、"寿门"白文印、"稽留山民"朱文印等，风格比较一致，并与金农的自刻印风格十分接近。虽然目前不能确定为金农所刻，但至少可以为读者提供一点线索，对进一步的研究有所启示。

4. 其他不知作者的自用印。在金农的自用印中，还有一些不知作者的，其风格又可分为四类。一是以"榴皮街"朱文印、"金吉金印"朱文印、"寿·门"连珠朱文印等印为代表的朱文印，线条简洁，字形方整，有汉朱文印的遗风。二是以"金司农印"、"金·司·农"连珠印、"寿门"为代表白文印，线条比较粗犷写意，刀法凌厉，在金农自用印中风格明显与众不同。三是"古井生"朱文印、"己卯以来之作"朱文印、"与林处士同邑"朱文印、"金农印信"白朱文印等（图10-1—2），印面文字及刀法都极有功力，唯个性特点不明显，难于从风格上进行归类和比对。四是"一日清闲一日仙"朱文印、"洁尊论阔"白文印等少数风格芜杂、文字通俗的作品。这些印章风格，客观地反映了清代中期书画艺术家用印的真实情况。书画艺术家的用印风格多样的事实，再一次证明金农这个时代对自用印的重视程度。当然，金农自用印的整体艺术水准，是大大超越同时代书画家的。

图10-1 "与林处士同邑"朱文印 25毫米×25毫米　　图10-2 "己卯以来之作"朱文印 25毫米×25毫米

三、使用记录与使用习惯

1. 使用记录。对金农自用印使用记录的整理和分析，有助于金农书画作品的真伪鉴别。笔者对金农的161方自用印，除了进行去伪存真、列表对比外，还对每一方印的使用情况进行了统计。从统计情况看，有两条信息对书画作品的鉴定工作有所帮助。

一是印章什么时候开始使用。一方印章的使用，当然起于印章的刻制完成之后。如果作品上的用印早于刻制时间，该作品的真伪就一目了然。二是印章的使用时间跨度。一方印章的使用，受时间、地点以及个人喜好的影响，随意性很大。只有全面收集金农自用印的使用记录，对每一件书画作品的使用印章进行统计和排比，才能明确地揭示出印章的使用规律。如"金吉金印"正方白文印，在77件书画作品中留下了使用的记录，其最早的使用年龄是39岁（1725年），最晚是76岁。说

---

[1] 齐渊编著：《金农书画编年图目》（下），人民美术出版社2007年版，第151页。

明此印从雍正三年一直使用到乾隆二十六年，共使用了38年。又如丁敬为其刻的"金农印信"朱文印，从58岁（1744年）用至76岁，有31次用印记录，共用19年。又如"金氏寿门"朱文印，从38岁（1724年）一直用到76岁，共用39年，并在43件作品上留下了使用的记录。这些印章使用的真实数据，忠实地记录了金农自用印的使用状况，对于金农书画作品的鉴定工作提供了一种法门。

笔者根据金农自用印使用的频繁程度，择其28方常用印，列表如下：

年龄/印名	1「一字值百金」朱文印	2「与林处士同邑」朱文印	3「生于丁卯」朱文印	4「生于丁卯」白文印	5「古井生」朱文印	6「冬心先生」朱文印	7「冬心先生」朱文印	8「冬心先生」朱文印	9「龙虎丁卯」朱文印	10「古泉」朱文印	11「农」白文印	12「竹泉」朱文印	13「寿」朱文印	14「寿·门」朱文印一	15「寿·门」朱文印二	16「金氏寿门书画」朱文印	17「金氏寿门」朱文印	18「金司农印」白文印	19「金农」朱文印	20「金农之印」白文印	21「金农印信」白朱文印一	22「金农印信」白朱文印二	23「金农印信」朱文印	24「金吉金印」白文印一	25「金吉金印」白文印二	26「金吉金印」白文印三	27「莲身居士」白文印	28「榴皮街」朱文印
35		↓																										
38																	↓											
39			↓					↓		↓	↓		↓											↓		↓		
44																					↓	↓						
47					↓					↓						↓		↓										↓
48							↓																					
49							↓											↓										
52																					↓							
54									↓															↓				
55																					↓							
56	↓				↓		↓		↓																			↓
57	↓				↓			↓																				↓
58					↓		↓		↓							↓				↓			↓					
59				↓																↓			↓					

（续表）

	1	2	3	4	5	6	7	8	9	10	11	12	13	14	15	16	17	18	19	20	21	22	23	24	25	26	27	28
60																				↓								
62									↓														↓					
63									↓														↓					
64			↓						↓										↓				↓					
65									↓																			
66			↓					↓												↓			↓	↓	↓			
68			↓			↓		↓	↓	↓	↓	↓	↓	↓	↓	↓	↓		↓				↓	↓		↓		
70			↓														↓							↓				
71			↓					↓		↓			↓	↓			↓		↓			↓		↓	↓			
72			↓					↓		↓							↓							↓				
73			↓			↓		↓		↓		↓	↓				↓		↓				↓	↓	↓		↓	↓
74			↓	↓				↓		↓			↓											↓	↓			
75								↓		↓	↓			↓		↓							↓	↓	↓	↓		
76			↓	↓											↓		↓						↓	↓				
77							↓											↓										

注：1. 此表根据作者自编《金农自用印一览表》162方中，选择其使用较多的常用印28方，按使用时年龄排列。印名前数字编号，以区别相同内容的不同印面。2. 一方印在同一年中多次使用的，只标注一次。标注依据为作者所编《金农纪年书画作品存目》253件（套）中的印章使用记录情况。

通过本表，读者可直观地看到金农自用印的使用起讫时间，以及使用过程中的连贯性情况，以及在某一时间内使用的频繁程度。一方印章的产生和使用，必然有一个时间起点，如果一方印章的使用时间超过了印章产生的时间，则该作品的真伪就要引起怀疑。如丁敬为金农刻的"金农"朱文印，其最早的使用记录是金农68岁时有3次在相应的作品上使用，如果这方印在68岁前的作品中出现，其作品就应该值得推敲。又如丁敬刻的"金农印信"朱文印，是金农58岁时开始广泛使用的，此前则没有此印的使用记录。本表的另外一个学术启发，就是也可以用这个方法，对金农的落款字号按创作时间进行统计排列，找出金农落款的某些规律。因本文只讨论印章，故此处不再详述，待有兴趣者另文研究。

2. 用印习惯。为了确切地掌握金农书画作品上的用印数量和习惯，笔者对金农的232件书法和452件绘画（册页每页计1件，书画总计684件）作品的用印情况进行了全面统计，结果列表如下：

用印数量 类　别		每件作品用印数量（册页每页计1件）							
		一印	二印	三印	四印	五印	六印	七印	无印
书法	纪年	11	60	42	9	2	0	0	0
	无纪年	18	29	36	23	1	0	0	0
	小计　232	29	89	79	32	3	0	0	0
	百分比	12.5	38.4	34.1	13.8	1.3	0	0	0
绘画	纪年	7	324	44	4	0	0	0	1
	无纪年	1	54	15	1	0	1	0	0
	小计　452	8	378	59	5	0	1	0	1
	百分比	1.8	83.6	13.1	1.1	0	0.2	0	0.2
合计	684	37	467	138	37	3	1	0	1
百分比			5.4	68.3	20.2	5.4	0.4	0.1	0	0.1

从用印的总体情况看，一件作品用1印的467件，占68.3%；用2印的138件，占20.2%；用3印的37件，占5.4%；用4印的3件，占0.4%；用5印和7印的各1件，各占0.1%；没有用印的37件，占5.4%。根据这个统计数字，证明金农对书画作品的用印，1件作品用1方印章的比例极高，特别是绘画作品，一画一印的比例高达83.6%，而用2印的比例只有13.1%。对金农用印数量的全面统计，是前人没有做过的尝试，虽然没有多少的技术含量，但对金农用印的习惯提供了充分的数量依据，也有助于读者对金农的用印习惯有了全新的认识和了解。金农在书画作品上的用印数量，同样对于鉴定金农书画作品的真伪，提供了一个新的参考标准。如在金农的书画作品上用印数量超过4方的，就应该引起怀疑，进而再由其他标准鉴定作品的真伪，这就是对金农用印数量进行统计的意义所在。因为书法和绘画在用印方面的差异，下面分别就书法和绘画作品进行论述。

金农的书法用印习惯，从其存世的大量作品看，一般在落款处用1方或2方自用印，而且落款名字与印章文字基本错开，起首章很少使用。如落款名字为"杭郡金农"等正名的，用印则为"金吉金印""冬心先生"或"金氏寿门"等比较随意的字号印；相反，落款名字用"昔邪居士"等字号印的，则用"金农印信""金农之印"等比较正式的名字。这样使用印章，可以避免落款与印文的重复，丰富画面的可读性，也有利于后人对作者字号的认识。

关于起首章的使用，在目前笔者看到的232件（套）书法作品中，使用起首章的书法作品只有22件，占总数的9.5%，说明在清代中期，起首章并不是每一件书法作品的"标配"。而且起首章的内容，并不是现代意义上的"闲章"，而大部分是金农的纪事或斋馆印，如"龙虎丁卯"朱文印、"生于丁卯"朱文印、"冬心先生"朱文印、"金吉金印"白文印，常作为起首章用于书法作品的右上角。具体可见君匋艺术院藏隶书《饮量文心》七言联、四川大学藏隶书《童蒙八章之三》、四川省博物馆藏隶书《疏花片纸》七言联等作品。

从起首用印的形制上看，所用印章也以方形为主，并不是现代常用的长方形或随形章。金农自用印的起首章为长方形的，只有"金氏冬心斋印"朱文印、"布衣三老"朱文印、"竹泉"朱文印等为数不多的几方，还有一方"古泉"圆形朱文印；具体可见故宫博物院藏隶书《王彪之井赋》、行书《游禅智寺诗》，《中国书法全集》所录隶书《度量如海格言》，扬州市博物馆藏隶书《四言茶赞》等书法作品。

从金农232件（套）书法作品的用印数量看，用1印的占38.4%；用2印的占34.1%；用3印的占13.8%；用4印的占1.3%，不用印的占12.5%，没有发现一件书法作品用5印及以上的情况。根据金农在起首章使用方面的习惯，如果金农的一件书法作品用印数量超过5方，或者起首章为长方形的闲语章，就应该对此件作品引起足够的怀疑。如某省博物馆收藏的一件五言联无纪年书法作品、某拍卖公司的一件五言联无纪年书法作品，用长方形起首章、落款用印朱白分明，完全符合现代人的书法用印习惯，再看其书法艺术水平，作品真赝就昭然若揭了。

金农的绘画作品用印习惯，与书法作品一样，只在落款处用1印或2印，押角章则很少使用。从笔者所见的452件金农绘画作品的印章使用记录看，用1印的378件，占83.6%；用2印的59件，占13.1%；用3印的5件，占1.1%；不用印的8件，占1.8%。用押角章的作品19件，占4.2%。用5印和7印的绘画作品，目前都只有发现1件，用4印或6印的目前没有发现。（注：有些作品上用印较多，大多是后人的收藏印，非金农自用印。）这些金农用印的统计资料，虽然不是绝对全面的，但可以从这些数据中真实地反映金农以及当时书画艺术家的普遍用印习惯，对于清代书法、绘画史的研究

图11-1 "金吉金印"朱文印
2毫米×4毫米

图11-2 "金吉金印"白文印
2毫米×4毫米

图11-3 "古泉"朱文印
2毫米×4毫米

图11-4 "冬心 先生"朱文印 2毫米×4毫米 　　图11-5 "金 农"朱文印 2毫米×4毫米 　　图11-6 "金吉金 印"白文印 2毫米×4毫米

鉴定工作或许有所启发。

　　在印章使用方面，还有一个特例，就是册页上印章的使用，书法和绘画均如此。金农的自用印多，字号也多。故其册页上的用印，基本是不会重复的。如在沈阳故宫博物院所藏《画吾自画图册》十二开中，[1]分别用"金吉金印"朱文印、"金吉金印"白文印、"金吉金印"白文印、"金农"朱文印、"冬心先生"朱文印、"金农"朱文印、"金吉金印"白文印、"古泉"朱文印、"金吉金印"白文印、"金氏寿门"朱文印、"金吉金印"白文印、"竹泉"朱文印。（图11-1—6）这种有意回避落款字号与印文内容重复的习惯，是古人"避复"意识在书画作品中的真实体现，而在金农的书画作品中，表现得尤为刻意和明显。

四、结语

　　对金农自用印的全面研究，是基于目前大量存在的金农书画作品及信札，得到了全面出版面世，虽然部分存世作品的真伪值得商榷，但收藏于国内外各大博物馆、艺术馆的书画作品，必然是经过历史的无情淘汰和专业工作者的认真甄选。由于笔者精力有限，并不可能对每一件金农作品进行实物鉴赏，而只能以观察作品图版的方式，最大可能地对存世的金农书画作品用印，以统计学的方法，对金农自用印的总体数量、作者来源、作品风格、使用习惯等问题进行初步分析，从而发现了金农自用印的一些使用习惯和规律，为鉴定金农书画作品的真伪提供了一种新的方法和途径。这种以自然科学的方法，来研究人文艺术的尝试，在当前以大数据为支撑的信息时代，或许是印学理论研究的一个方向。

壬寅仲夏于桐荫山馆

---

[1]　金农著：《扬州画派书画全集·金农》（修订版），天津人民美术出版社2000年版，第137—148页。

附：

金农自用印一览表

序号	首字笔画	印面内容	朱白	尺寸（mm）	篆刻作者	附图	使用记录（依次为著作简称、所在页码、使用时年龄）	印稿来源与备注
1	一	一日清闲一日仙	朱	19×19				识590、选附172
2		一字值百金	朱	26×28			编上49（56）、编上52（57）、全24（57）、全286、编下10、编下23、编下108、编下114	编下246、全24
3		一字值百金	白	23×25			编下彩12	编下246
4	二	丁卯生	朱	约12×12			编20（48）	编20
5		丁卯甲辰庚子壬午	朱	23×23			君58	君藏第58号
6		三薰而三沐	朱	约16×22			选附书3	选附书3
7		己卯以来之作	朱	25×25				识591、选附印176、金256
8	三	与林处士同邑	朱	25×25			编下彩3、编下彩10	识591、选附印176、金256
9		与林处士同邑	朱	17×28			编上16（47）	编上16、编下250
10		与林处士同邑	朱	25×37			全1（35）、编下73	编下250、全1

（续表）

序号	首字笔画	印面内容	朱白	尺寸（mm）	篆刻作者	附图	使用记录（依次为著作简称、所在页码、使用时年龄）	印稿来源与备注
11	四	六十不出翁	白	约 28×28			系35（约60）	系35
12	五	生于丁卯	朱	18×18	金农		编上8（39）、编上77（64）、全46（66）、全47（66）、编上91（66）、编上92（66）、全60（68）、编上102（68）、编上110（68）、编上113（68）、全69（68）、编上130（70）、全80（71）、全93（71）、编上157（71）、编上161（71）、刘139（71）、全120（72）、编上190（73）、编上196（73）、编上270（74）、全183（74）、全196（74）、全203（74）、全216（74）、刘143（74）、编上彩7（76）、刘153（76）、全241、全297、编下46、编下227	识590、选附169、编下247、全46、刘139。竹根印。共32处。
13		生于丁卯	白	22×23			全36（59）、全37（59）、全182（74）、全197（74）、全239（76）、编上26（51）、编上62（59）	识590、选附173、全36、编下247、金255
14		生于丁卯	白	19×20			编下彩23	编下247
15		生于丁卯	朱	约 26×26			编上126（70）	编上126
16		生于丁卯	朱	21×21				编下247

（续表）

序号	首字笔画	印面内容	朱白	尺寸（mm）	篆刻作者	附图	使用记录（依次为著作简称、所在页码、使用时年龄）	印稿来源与备注
17		生于丁卯	朱	约18×18			编上159（71）	编上159
18		冬心先生	白	22×22			系39	识590、编下247、选附173、金255
19		冬心先生	朱	17×17			编上17（47）	识590、编下246、选附169、金254
20		冬心先生	朱	18×18				识590、选附169
21	五	冬心先生	朱	18×18	丁敬		全56（68）、全61（68）、全145（73）、全153（73）、全164（73）、全179（73）、编上彩8、编上192（73）、编上197（73）、编上198（73）、编上204（73）、编上245（73）、编下186	识590、编下246、选附170、丁27。共13处。
22		冬心先生	朱	18×18			全35（58）、编下彩13	识590、选附170、金254
23		冬心先生	朱	20×20				识590、选附171
24		冬心先生	朱	23×23			全36（59）、编34（54）、刘139（71）、编上191（73）、编上244（73）、中33	识590、编下246、选附173
25		冬心先生	朱	22×22			刘92（48）、编上22（48）、编上24（49）、全14（49）、编上48（56）、全21（58）、全27（58）、编上彩4（77）、全286、编下15、编下19、编下111、编下115	识590、编下246、选附173、金255。共13处。

（续表）

序号	首字笔画	印面内容	朱白	尺寸（mm）	篆刻作者	附图	使用记录（依次为著作简称、所在页码、使用时年龄）	印稿来源与备注
26		冬心先生	朱	23×23			编上7（39）、编上53（57）、全46（66）、全50（68）、编上105（68）、编上108（68）、编上111（68）、编上120（68）、编上124（68）、全71（68）、全79（71）、全106（71）、编上133（71）、全118（72）、全129（72）、编上170（72）、编上174（72）、全166（73）、全169（73）、编上190（73）、编上244（73）、全190（74）、全205（75）、全211（75）、编上彩6（75）、编上彩12（75）、全249、全253、全258、全259、全260、编下172	识590、编下246、选附174。共32处。
27		冬心先生	朱	23×23			系35（约60）、编上79（64）、编上178（72）、编下彩20、编下230	识590、选附174
28	五	冬心先生	朱	24×24				编下246
29		冬心先生	朱	22×22			编下彩17、编下240	编下246
30		冬心先生	朱	21×21			编上94（66）、全80（71）、编上159（71）、编下彩21、编下224、编下240	编下246
31		冬心先生	朱	24×24			全13（48）、编上21（48）	编下246
32		冬心先生	朱	24×24			全281、全300	编下246
33		冬心先生	朱	25×25			飞5（62）	西146

（续表）

序号	首字笔画	印面内容	朱白	尺寸（mm）	篆刻作者	附图	使用记录（依次为著作简称、所在页码、使用时年龄）	印稿来源与备注
34		冬心先生	朱	约 24×24			全40（64）、编上78（64）	全40
35		冬心先生	朱	约 22×22			全52（68）	全52
36		冬心先生	朱	约 24×24			全284	全284
37		冬心先生	朱	约 24×24			全132（66）	全132
38	五	布衣三老	朱	23×28			全2（39）、编下13	识591、选附177、金256
39		布衣三老	朱	33×39			编上45（56）、编上52（57）、全23（57）、全26（57）	编下247
40		田寿	朱	15×15				选附180
41		龙虎丁卯	朱	34×34			全17（54）、编上40（56）、编上58（58）、全38（64）、全39（64）、编上68（62）、艺30（63）、编上72（64）、编上72（64）、编上74（64）、编上75（64）、编上78（64）、全45（65）、编上82（65）、全66（68）、编上116（68）、精162（76）、编上彩4（77）、全285、全289、编下彩12、编下彩14、编下37、编下225、过139	识591、编下252、选附178、金256。共25处。

（续表）

序号	首字笔画	印面内容	朱白	尺寸（mm）	篆刻作者	附图	使用记录（依次为著作简称、所在页码、使用时年龄）	印稿来源与备注
42		古井生	朱	25×25			编上18（47）、全19（58）、全30（58）、全244、编上47（56）、编上50（56）、编上53（57）、编上54（57）、编下9、编下110、编下113、编下115	编下247。共12处。
43		古杭金由	朱	23×23			编下18	编下247
44	五	古泉	朱	Φ21			编上7（39）、编上17（47）、全63（68）、全75（68）、编上110（68）、编上119（68）、全109（71）、全122（72）、全124（72）、编上175（72）、编182（72）、全140（73）、全155（73）、全173（73）、编上195（73）、编上195（73）、全193（74）、编上284（74）、刘144（74）、全208（75）、全220（75）、全221（75）、编上287（75）、编上彩5（75）、全245、中41、编下彩15、编下220、编下229	识590、编下247、选附172、金255。共29处。
45		古泉	朱	Φ约19			全42（65）	全42
46		只寄得相思一点	白	14×14	丁敬			丁75。1758年作
47		农	白	10×10			全59（68）、全86（71）	编下250
48	六	农	白	9×10			编上8（39）、编上111（68）、编上124（68）、编上125（68）、编上136（71）、全94（71）、全105（71）、全112（71）、全115（71）、全172（73）、编上245（73）、全186（74）、全198（74）、全200（74）、全218（75）、全234（75）、全284、编上245、编下223	识590、编下250、选附164。共19处。

（续表）

序号	首字笔画	印面内容	朱白	尺寸（mm）	篆刻作者	附图	使用记录（依次为著作简称、所在页码、使用时年龄）	印稿来源与备注
49		农	白	13×13				编下250
50		农（花押）	朱	23×23			编上52（57）、全22（58）、全32（58）	编下252
51		农	白	约15×15			编上126（70）	编上126
52		农	白	约9×9			全84（71）	全84
53		农	白	约11×12			中61、中63	中61
54	六	光风霁月	朱	10×28				识591、选附176
55		吉金	白	16×16			全284	编下247
56		竹泉	朱	13×22			全57（68）、全62（68）、全138（73）、全162（73）、编上192（73）、编上202（73）、中57、中58、中59、中60、中64	编下247、选附179、丛846。共10处。
57		竹泉	朱	23×34			编上46（56）、编上53（57）、全20（58）、全31（58）、编下8、编下103、编下106	编下247
58		竹泉	朱	22×38				编下247
59		百砚翁	朱	19×19			全298	识590、选附170、金254

（续表）

序号	首字笔画	印面内容	朱白	尺寸（mm）	篆刻作者	附图	使用记录（依次为著作简称、所在页码、使用时年龄）	印稿来源与备注
60		百砚翁	朱	约 26×26			编上彩2（53）	编上彩2
61	六	老荐	白	约 10×15			中58、中67	中58
62		江湖听雨翁	朱	32×39			全1（35）	编下248
63		寿	朱	8×8			编上8（39）、全51（68）、全68（68）、编上103（68）、编上117（68）、编上124（68）、刘138（70）、全82（71）、全95（71）、全100（71）、全111（71）、全138（73）、全157（73）、全174（73）、全177（73）、全189（74）、全191（74）、全201（74）、全231（74）、全248	识590、编下251、选附164。共20处
64		寿	朱	9×9				编下251
65	七	寿	朱	7×7				编下251
66		寿	朱	13×13			全87（71）	编下251
67		寿	朱	25×25				编下251
68		寿	朱	10×10				编下251
69		寿	朱	18×18			编上9（39）、编上77（64）、编下彩24、编下227	编下251

（续表）

序号	首字笔画	印面内容	朱白	尺寸（mm）	篆刻作者	附图	使用记录（依次为著作简称、所在页码、使用时年龄）	印稿来源与备注
70		寿	朱	约 9×9			中62	中62
71		寿	朱	约 19×19			编下彩18	编下彩18
72		努力加餐饭	朱	23×24				识591、选附175
73		寿门	朱	10×10				识590、选附164
74		寿门	朱	13×13				识590、选附165
75		寿门	朱	约 12×12			中63	中63
76	七	寿门	白	18×19			全16（52）、编上36（55）、刘108（55）、全242、全281、全294、全295、全298、全300、编下彩3、编下彩8、编下彩10	识590、编下251、选附167、金253。共12处。
77		寿门	朱	14×18				识590、选附168
78		寿·门	朱	7×8（×2）			全49（68）、编上111（68）、编上121（68）、全52（68）、全76（68）、全98（71）、全114（71）、全210（75）、全222（75）、全210（75）	识590、选附170。共10处。
79		寿·门	朱	8×9（×2）				编下251
80		寿·门	朱	8×8（×2）			全41（65）、全110（71）、全185（74）、全206（75）、中32、中35、中36、中37	编下251

（续表）

序号	首字笔画	印面内容	朱白	尺寸（mm）	篆刻作者	附图	使用记录（依次为著作简称、所在页码、使用时年龄）	印稿来源与备注
81		寿·门	朱	10×11（×2）			编上103（68）、全81（71）、全91（71）、全123（72）、全150（73）、全166（73）、全180（73）、编上194（73）、全227（75）、全236（76）、编下彩15	编下251。共11处。
82		寿·门	朱	约10×10（×2）			中67	中67
83		寿门	白	12×12			全15（51）、编27（51）	编下251
84		寿门	朱	15×15			编上251（74）、编下彩9、编下138	编下251
85	七	寿门	朱	13×13				编下251
86		寿门	朱	17×17			编10（44）、编上14（44）、全85（71）、全283	编下251
87		寿门	白	20×20				编下252
88		寿门	朱	约17×17			全36（59）	全36
89		寿·门	白朱	约15×15（×2）			编上126（70）	编上126
90		寿门	朱	约15×15	初定汪士慎		编上251（74）	编上251
91		寿门	白	约19×19			精68（52）、系29	精68

（续表）

序号	首字笔画	印面内容	朱白	尺寸（mm）	篆刻作者	附图	使用记录（依次为著作简称、所在页码、使用时年龄）	印稿来源与备注
92	七	寿昌	白	约 7×12			中57、中62、中63	中63
93		辛丑以来之作	朱	24×37			编下12、编下104、编下109、编下112	编下248
94		辛丑以后之作	朱	约 24×25			全2（39）	全2（39）
95		寿田	朱	约 15×15			选附书24	选附书24
96		纸裘老生	白	23×23			编上15（40）、编下彩8	编上15、编248
97	八	金氏八分	朱	13×13				识590、选附165
98		金氏八分	白朱	18×18	丁敬		全35（58）、编上彩3（59）、全42（65）、编下彩2	识590、选附168、丁25、编下250、金254
99		金氏八分	朱	约 28×28			刘101（55）、编上37（55）、编上42（56）	刘101
100		金氏寿门	朱	22×24			刘111（58）、刘121（65）、编上96（66）、系39	识591、选附174
101		金氏寿门	朱	24×24			编上79（64）、编下彩1、编下73、编下97	识591、编下249、选附175
102		金氏寿门书画	朱	19×28			编上19（47）、全29（58）、全65（68）、编上114（68）、全213（75）、全246、系39、编下彩16、编下107	识591、编下250、选附176、金256

（续表）

序号	首字笔画	印面内容	朱白	尺寸（mm）	篆刻作者	附图	使用记录（依次为著作简称、所在页码、使用时年龄）	印稿来源与备注
103		金氏寿门	朱	25×26			编上7（39）	识591、选附177
104	八	金氏寿门	朱	25×26			刘68（38）、全54（68）、编上102（68）、编上107（68）、编上111（68）、全78（70）、编上131（70）、编上136（71）、编上160（71）、编上164（72）、编上165（72）、编上171（72）、编上180（72）、全121（72）、全133（72）、全136（73）、全142（73）、全149（73）、全167（73）、全168（73）、全175（73）、编上189（73）、编上191（73）、编上193（73）、编上218（73）、编上219（73）、编上240（73）、编上241（73）、编上242（73）、编上244（73）、编上246（73）、编上272（74）、全181（74）、全194（74）、全237（76）、精162（76）、全240、全252、全256、全282、编下彩14、编下169、编下170、编下221	编下249、金256。共43处。
105		金氏寿门	朱	23×23	汪士慎			丛10-15
106		金氏寿门	朱	约31×30			精36（38）	精36
107		金氏冬心斋印	朱	19×32			全1（35）、金39（39）、编上16（47）	编下250、金39
108		金由之印	朱	约24×24			编上40（56）	编上40

（续表）

序号	首字笔画	印面内容	朱白	尺寸（mm）	篆刻作者	附图	使用记录（依次为著作简称、所在页码、使用时年龄）	印稿来源与备注
109		金由之印	白	20×21			编彩2（53）、全192（74）	编下250
110		金由之印	白	15×16				编下250
111		金由之印	白	约14×14			编上204（73）	编上204
112		金·司·农	白	9×9（×3）			编上8（39）、全83（71）、全91（71）	编下248。三联珠印。
113	八	金司农印	白	19×19			编18（47）、刘92（48）、全14（49）、编上25（49）、编上彩4（77）、编下14	识590、选附171、金255
114		金司农印	白	21×21			编22（48）、编上252（74）	编下249
115		金司农印	白	22×22			全2（39）、编下73、编下97	编下249
116		金司农印	白	15×15			刘43（约32）、选附书24	选附180
117		金司农印	白	约24×24			全13（58）、编上21（48）	全13
118		金司农印	白	约24×24			全287、刘45	全287
119		金司农印	白	22×23			刘84（47）、全286	编下249

（续表）

序号	首字笔画	印面内容	朱白	尺寸（mm）	篆刻作者	附图	使用记录（依次为著作简称、所在页码、使用时年龄）	印稿来源与备注
120		金司农印	朱	约21×21			金39（39）、编下148、编下149	金39
121		性本爱岳	白	约24×24			全287、刘45	全287
122		金农	朱	14×14	丁敬		全74（68）、编上112（68）、编上123（68）、全97（71）、全104（71）、全132（72）、全133（72）、全134（72）、编180（72）、全139（73）、全144（73）、编上191（73）、编上209（73）、全148（73）、全153（73）、全156（73）、全199（74）、全284、编下194	识590、编下248、选附165、丁25、金253。共19处。
123	八	金农	朱				编下156	编下156
124		金农	朱白	10×9			编上20（48）	识590、选附164
125		金农	朱白	15×15			全89（71）、全90（71）	编下248
126		金农	白	23×23			编下79	编下248
127		金老丁	朱	19×20			全161（73）	识590、编下250、选附172
128		金农之印	白	17×17				识590、选附167

（续表）

序号	首字笔画	印面内容	朱白	尺寸（mm）	篆刻作者	附图	使用记录（依次为著作简称、所在页码、使用时年龄）	印稿来源与备注
129		金农之印	朱	17×17				编下249
130		金农之印	白	17×17	丁敬		全25（58）、全33（58）、编上62（59）、编上彩3（59）、编上67（60）、编上77（64）、编上92（66）、编上彩8、系14、系22、编下彩2、编下46、编下154	识590、选附167、丁25。共13处。
131		金农之印	白朱	13×13			全15（51）、编上27（51）	编下248
132	八	金农之印	白	约18×18			全243	全243
133		金农之印	白朱	约19×19			精68（52）、系29	精68
134		金农印信	朱	12×12				编下248
135		金农印信	白朱	13×13			全12（44）	识590、编下248、选附165
136		金农印信	白朱	16×17				识590、选附166
137		金农印信	白朱	17×17			编上10（44）、编上12（44）、全16（52）、编上36（55）、刘108（55）、全242、全281、全283、全294、全295、全298、全300、编下彩3、编下彩8、编下彩9、编下彩10、编下彩13、编下138、编下171	识590、编下248、选附166。共19处。

（续表）

序号	首字笔画	印面内容	朱白	尺寸（mm）	篆刻作者	附图	使用记录（依次为著作简称、所在页码、使用时年龄）	印稿来源与备注
138		金农印信	白朱	18×18			编上14（44）、全80（71）、编上159（71）、编上彩7（76）	识590、编下248、选附166
139		金农印信	朱	23×23			编上15（40）	识591、选附174
140	八	金农印信	朱	25×25	丁敬		全34（58）、全37（59）、编上62（59）、系35（约60）、编上68（62）、艺30（63）、编上69（64）、全39（64）、编上70（64）、编上74（64）、编上75（64）、编99（66）、编110（68）、编244（73）、编上190（73）、编上173（73）、全195（74）、全204（75）、全215（75）、全223（75）、全224（75）、全226（75）、全229（75）、全230（75）、编上6（75）、全238（76）、全239（76）、全241、全254、全285、全288、全289、全291、编下彩12、编下彩15、编下彩17、编下4、编下37、编下230、过139	识591、编下249、选附175、丁25、金255。共40处。
141		金农印信	朱	25×25			全38（64）、全204（75）	识591、编下249、选附175
142		金农印信	朱	25×23			编上9（39）、全126（72）	选附179
143		金农私印	白	18×18				识590、选附169
144		金吉金	朱	14×18			编上78（64）、编上204（73）	识590、选附168
145		金吉金	朱	约16×21			全40（64）、全293	编下249（25×34毫米）

（续表）

序号	首字笔画	印面内容	朱白	尺寸（mm）	篆刻作者	附图	使用记录（依次为著作简称、所在页码、使用时年龄）	印稿来源与备注
146	八	金吉金印	白	17×17			编上8（39）、全17（54）、全47（66）、全5（68）、全58（68）、全64（68）、全67（68）、全73（68）、编上110（68）、编上112（68）、编上118（68）、编上132（70）、全93（71）、全96（71）、全99（71）、全102（71）、全107（71）、全113（71）、编上157（71）、编上161（71）、全116（72）、全125（72）、全127（72）、全128（72）、全130（72）、编上167（72）、编上172（72）、编上181（72）、编上182（72）、全137（73）、全141（73）、全143（73）、全151（73）、全152（73）、全160（73）、全163（73）、全178（73）、编上199（73）、编上200（73）、编上201（73）、编上208（73）、编上250（73）、全184（74）、全188（74）、全196（74）、全202（74）、全203（74）、编上270（74）、刘143（74）、全207（75）、全209（75）、全214（75）、全216（75）、全217（75）、全207（75）、编上彩14（75）、刘153（76）、全247、全255、全257、全290、全293、全297、编上彩10、中31、中38、中39、中40、中56、中63、中65、中66、编下彩22、编下彩25、编下5、编下168、编下174	识590、编下249、选附167、金253。共77处。
147		金吉金印	白	17×17			刘134（70）、编下177	识590、编下250、选附168

（续表）

序号	首字笔画	印面内容	朱白	尺寸（mm）	篆刻作者	附图	使用记录（依次为著作简称、所在页码、使用时年龄）	印稿来源与备注
148	八	金吉金印	白	19×19			全46（66）、全48（68）、全72（68）、编上104（68）、编上106（68）、编上110（68）、编上122（68）、全101（71）、全103（71）、全108（71）、全117（72）、全131（72）、编上166（72）、编上168（72）、编上169（72）、编上181（72）、全139（73）、全147（73）、全158（73）、全176（73）、编上191（73）、编上207（73）、编上245（73）、全187（74）、全212（75）、全218（75）、全235（75）、编上彩14（75）、编上彩12（75）、全250、全251、中40、编下173、编下190、编下222、编下240	识590、编下249、选附171、金254。共36处。
149		金吉金印	白	20×20			全284、编上79（64）	编下249
150		金吉金印	白	21×21				编下250
151		金吉金印	白	约20×20			编下155、编下175	编下155
152		金吉金印	朱	19×19			编上7（39）、刘133（66）、编上107（68）、编上191（73）、编上206（73）、全147（73）、全219（75）、全233（75）、编上彩5（75）、编上287（75）	识590、编下249、选附171、金254。共10处。
153	九	临池	白	45×73	金农			选附178、丛846
154		洁尊论阔	白	20×20				识590、选附172

（续表）

序号	首字笔画	印面内容	朱白	尺寸（mm）	篆刻作者	附图	使用记录（依次为著作简称、所在页码、使用时年龄）	印稿来源与备注
155	九	荇农	白	约 10×16			中61、中66	中66
156	十	娘子关堕马后书	白	约 24×34	金农		全283、选69、刘71（44）、编下56	盛156
157		莲身居士	白朱	16×16	丁敬		全156（73）、全157（73）、全159（73）、全160（73）、全161（73）、全164（73）、全165（73）	识590、编下250、选附166、丁25、金253
158	十一	得句先呈佛	白	27×27	金农			盛4、丛846
159	十四	榴皮街	朱	19×19			编上19（47）、编上43（56）、全18（57）、编上53（57）、编下11、编下22、编下102、编下105	编下250
160	十五	稽留山民	朱	30×30			编上104（68）、全293	编下252
161		稽留山民	朱	26×26			编下彩12	编下252

2022年7月

附：金农自用印引用资料和使用记录来源及简称

1. 上海博物馆编：《中国书画家印鉴款识》，文物出版社1987年12月版。（识）

2. 齐渊编著：《金农书画编年图目（上、下）》，人民美术出版社2007年6月版。（编上、编下）

3. 小林斗庵编集：《中国篆刻丛刊·第十三卷·丁敬》，日本二玄社昭和五十八年（1983）版。（丁）

4. 金农著：《扬州画派书画全集·金农（修订版）》，天津人民美术出版社2000年1月版。（全）

5. 张郁明编著：《扬州八怪书法印章选》，江苏美术出版社1993年8月版。（选）

6. 范正红著：《中国书法家全集·金农》，河北教育出版社2003年6月版。（金）

7. 刘正成主编：《中国书法全集第65卷（金农、郑燮）》，荣宝斋出版社1997年8月版。（刘）

8. 张郁明著：《盛世画佛金农传》，上海人民出版社2001年8月版。（盛）

9. 黄宾虹、邓实编：《美术丛书》第一册，江苏古籍出版社1997年12月版。（丛）

10. 《飞鸿堂印谱》影印本，上海古籍出版社1992年8月版。（飞）

11. 西泠印社编：《朱痕积萃——中华珍藏印谱联展西泠印社藏品集》，西泠印社出版社2012年8月版。（西）

12. 上海博物馆编：《过云楼书画集萃》，上海书画出版社2002年1月版。（过）

13. 童衍方编著：《艺苑清赏——晏方品珍》，上海书店出版社2006年5月版。（艺）

14. 《书谱》总第35期，《书谱》出版社1980年8月版。（书）

15. 刘元飞编著：《历代书法大家系列·金农翰墨聚珍》，浙江人民美术出版社2017年7月版。（系）

16. 金农著：《中国画大师经典系列丛书——金农》，中国书店2011年10月版。（中）

17. 桐乡君匋艺术院收藏原件。（君）

（作者系西泠印社社员）

邹寿祺金石玺印收藏

——兼论晚清民国印谱中之伪印

张炜羽

内容提要：光绪进士邹寿祺在上海爱俪园收藏研究古器物与古文字多年，喜蓄古玺印，但被造假者鱼目混珠，误收了"厉王之钵"等三方伪作，反映了近代印章收藏界为牟利不择手段的乱象。此外通过列举晚清民国印谱中的伪印，介绍一些作伪的主要对象与手法，意在引以为鉴。

关键词：邹寿祺 爱俪园 晚清民国 印谱 伪印

历代玺印与文人篆刻作品的收藏，流行于有一定经济实力的明清文人士大夫和鉴藏家群体之中，为他们的风雅生活增添了许多乐趣。同时以牟利求财为主要目的的作伪仿制也贯穿于印章收藏史，甚至出现了全谱造假的现象。因过程与手法隐蔽、高妙，连一些古缘匪浅、目光如炬的大收藏家也被一时蒙蔽，所辑印谱中偶现赝品也在所难免。今近代上海爱俪园的邹寿祺金石玺印收藏为例，兼论晚清民国印谱中的伪印。

一、邹寿祺生平与玺印收藏

邹寿祺（1864—1940），又名安，字景叔，别署适庐、双玉主人，室名双玉钵斋。关于邹寿祺的籍贯有海宁、杭州两种说法。据地方历史沿革史料，海宁县于清乾隆三十八年（1773）复升为海宁州，属杭州府八县一州之一，邹寿祺为海宁州优廪生，时署"杭州邹安"也合乎情理。另据宣统二年（1910）七月《两江总督张人骏、江苏巡抚程德全奏请以邹寿祺补丹阳令折》[1]，较为详细记录了邹寿祺的籍贯与早期科场宦途经历，折奏曰：

> 即用知县邹寿祺年四十七岁，浙江海宁州优廪生，取中光绪辛卯（1891）科优贡，是年乡试中式举人，大挑一等，以河工知县用。戊戌（1898）科会试中试贡士。光绪二十九年（1903）补行辛丑、壬寅恩正并科，殿试三甲引见，奉旨以知县即用，钦此，遵例捐指江苏。是年六月初三日给照，九月初八到省。三十年（1904）六月丁父忧回籍，三十二年（1906）十二月初七服满回省。程德全到任未及三月，例不加考。臣人骏覆查该员心地明白，才具娴

---

[1] 《政治官报》1910年7月13日，第1006期，第16页。

练，以之请补丹阳县知县，洵堪胜任。

据折奏可知，邹寿祺为光绪十七年（1891）乡试举人，光绪二十四年（1898）会试贡士，光绪二十九年（1903）辛丑、壬寅并科三甲第六十三名进士，可谓鸾飞凤翥，仕途顺遂。光绪末，邹寿祺居苏州，任江苏省高等学堂斋务长，并编著《朋寿室经说》《论文要言》等。宣统二年（1910）正月，丹阳知县罗良鉴（借子）因故被革职，两江总督张人骏（安圃）、江苏巡抚程德全（纯如）一起上本推举候补知县邹寿祺任丹阳知县之缺，而当时丹阳县政务殷繁，民情困苦，可以"繁、疲、难"三字来形容，邹寿祺能担当此任颇为不易。

晚清时期，伴随着新式学堂的勃兴，学堂教学材料需求量急剧增长。学识渊博的邹寿祺顺应形势，与"钱塘才子"张相（献之）合作，翻译、校订日本文学士木寺柳次郎先生编著的《中等西洋历史课本》，于光绪三十三年（1907）由上海东亚公司发行。[1]1915年至1916年10月，犹太人大亨欧司爱·哈同在上海爱俪园（哈同花园）先后创办仓圣明智大学、广仓学会，网罗了王国维（静安）等一批国学大师，其中广仓学会以崇奉仓学、研究文字、保存国粹为宗旨，附设古物陈列所，邀请诸多海上耆宿与鉴藏家入会，定期举办古物研究展览会，在海上金石书画收藏界产生较大影响。邹寿祺在爱俪园收藏研究古器物、古文字多年，专注学术研究，与金石家、书画家褚德彝（松窗）、黄宾虹（质）等交善，亦为贞社社员。邹寿祺在爱俪园期间辑有《双玉铗斋金石图录》（1915）、《周金文存》（1916）、《艺术类徵》（1916）、《专门名家第一集》（与姬觉弥合编）（1917）、《专门名家二集》（1917）、《古石抱守录》（1918）、《广仓砖录》（1918）、《草隶存》（1921）、《梦坡室获古丛编》（1927）、《汉金文存目录》、《说文形同义异辨说》等，涉及殷墟甲骨、商周青铜彝器、玉器、陶器、秦汉砖瓦、铜器、碑刻、画像砖、北魏造像及历代名家书画等品类，邹寿祺勤于题跋考证，论述专业精深，成为爱俪园古物收藏研究方面不可或缺的人物。

酷嗜金石的邹寿祺也涉足玺印收藏，1912年将所蓄古印辑为《邹寿祺藏玉玺》一册，收录古玉玺、汉官印、宋元官印，末附明清流派印人印作。全谱共存印约350方，部分玉玺、铜印注明印材、藏家或印文等，少量有墨拓者，均为邹寿祺多年搜罗之物。惟是谱精芜相参，列次较为零乱。邹寿祺藏印中最富声望的是两方战国王玺"厉王之钵""舒王之钵"与一方汉代"荆王之玺"（图1），[2]其还特意请黟山派篆刻大师黄士陵（牧甫）之子黄少牧（石）镌刻了"双玉主人""双王铗斋"，遗憾的是这三方王玺均为托名之品。

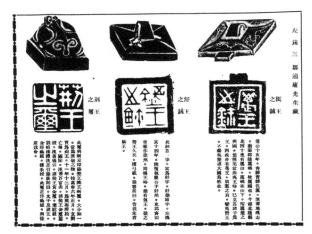

图1　邹寿祺藏厉王之钵、舒王之钵、荆王之玺

[1]《申报》1907年3月14日，第6版。

[2]《河北第一博物院画报》半月刊，1934年第64期第2版。

因大名头作品具有艺术与经济上的双重价值，为历代收藏家所偏爱，同时也是赝品泛滥的重灾区。周秦汉魏玺印收藏大多以爵位、官职的高低和金银铜玉印材及制作的优劣为选择标准，明清篆刻则多以印人名望的大小与印石的瑕瑜为入藏尺度。邹寿祺两方王玺中"厉王之钵"上凸出一方楞原为战国齐玺所特有，但外加边框则前所未见，实为画蛇添足。印钮也仿造著名齐国官玺"易都邑坠□盟之钵"的坛钮，将四侧对称云纹改为游龙。邹寿祺还利用典籍对此玺中厉国、厉王作了考证，称："僖公十五年，齐师曹师伐厉。《汉书·地理志》：南阳郡随厉乡，故厉国也。今湖北随县北四十里有厉山，厉乡在山下。按厉，楚之与国，楚熊渠当周夷王时，已立其诸子为王。西戎亦有亳王，周室之衰，蛮夷僭王，不独吴、楚诸大国为然也。""厉王之钵"还著录于黄宾虹《滨虹草堂藏古玺印》（图2），称其"嘉兴瓶山出土，邹适庐藏。徒河贾氏《翰墨因缘馆印存》三册中册收入，[1]此与武康出土两勾鑃（狄平子藏）均战国器"。[2]然而此玺本身是似伪作，欲以史书文献来佐证，也是无本之木，毫无意义。

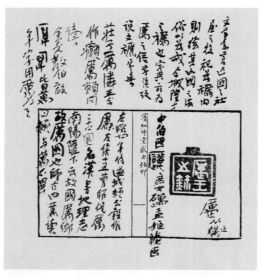

图2　厉王之钵（《滨虹草堂藏古玺印》）　　　图3　荆王之玺（《青琅玕馆摹古印谱》）

同样向壁虚造的"舒王之钵"首字出于臆造，释为"舒、徐同字"，并引出了"周穆王时徐有偃王，徐之僭王久矣"等语。"舒王之钵"曾出现在神州国光社印行的《簠斋古印集》（又称《陈簠斋手拓古印集》）之中，但不在《十钟山房印举》之内。从二玺可知玺印伪造者依据史书记载来作假的这一惯用伎俩，以此来骗取买家的信任，引人入彀，邹寿祺也不幸被蒙蔽。

秦汉玺印中最有名的伪作是被奉为"皇权天授，正统合法"信物的传国玉玺"受命于天既寿永昌"，印文一作"受命之天皇帝寿昌"，虽印面大小、篆法、朱白有数种版本，皆不足信。诸王之玺最早批量伪造的有明万历二十四年（1596）西陵来行学（颜叔）《宣和集古印史》中"赵王之玺""魏王之玺"等四十七方。邹寿祺对"荆王之玺"也作了详考，再次以文献来证明印章的

[1]　贾月铭：《翰墨因缘馆印存》四册，成谱于民国初年。

[2]　浙江省博物馆：《黄宾虹古玺印释文选》，上海书画出版社 1995 年版。

图4 荆王之玺（故宫博物院藏）

来源。"荆王之玺"另有伪品多件，早在道光二十二年（1842）胡之森（箕谷）《青琅玕馆摹古印谱》中就有带框式样的摹本（图3），[1]注明玉印覆斗钮，故宫博物院收藏的"荆王之玺"（图4）[2]篆法与胡之森一印略有差异，可见彼时作伪邪风之炽。

邹寿祺虽在玺印鉴藏上缺乏专业经验，但在爱俪园各项古物展览、研究等各项活动中劳绩卓著，并在沪、杭两地重要的文博考古团体或活动中担任职务。如曾任杭州西湖博览会出品审查委员会特品组委员（1929）、中国考古学会编辑委员会委员（1933）、浙江文献展览会古器物组主任（1936）、吴越史地研究会评议员（1936）、上海文献展览会名誉理事（1937）等。1931年6月，哈同去世后爱俪园的广仓学会、仓圣万年耆老会趋于停顿，仓圣明智大学早在1923年1月因受学潮影响而停办，爱俪园在抗战间被日寇侵占，其人文盛况一去不复返，邹寿祺亦于1940年去世。

二、晚清民国印谱中伪印举隅

晚清至民国是辑录印谱的高峰期，此时不论是古玺印还是明清流派篆刻收藏正如日中天，射利之徒也伺机鱼目混珠，一些藏家的收藏热情被利用，以致误入圈套，连一些大金石家、鉴藏家也未能免。此时羼入伪印的印谱不在少数，也有明清名家印谱皆赝品者。因古官印或大名家量少价高，已成为被仿制作伪的主要对象。

著名印学家罗福颐（子期）所著《古玺印考略》第九章《古玺印封泥等辨伪》中曾言："自清末金石家发现战国古玺，当时古玩商人以利之所在，乃翻砂作伪者蜂起，试看清末各家铜印谱中，或多或少不免夹杂一二方伪品。案判别真伪良不易，他复杂性是作伪者亦时时变换方式以求售。"在"古玺真伪对比举例"中又称："今日审别真伪，知伪造者书体莫不呆板无自然风趣，字画多生硬，不然则软弱无力，故作缺角损画之姿，而其文辞多半窃取古文献字句。如'大辞乐钵''大行人之钵'等，名辞通俗亦易辨别其伪造。朱文私玺则笔画粗而无力，不同真品笔力劲健。"传授了一些古玺辨伪经验。之后他在判别汉魏官印真伪时举出几个作伪方法，有"仿真印文字而伪造者""仿真印文字而改一二字者""完全出于伪造者"以及"封泥之伪造"等，[3]并将真伪玺印印蜕一并展示，给读者较为直观的感受，有助于积累辨伪经验。现介绍一些名谱中之伪印。

1. 官玺伪品举例

战国古官玺中著名的"易都邑聖□盟之钵"（图5），因尺寸大、

图5 易都邑聖□盟之钵（《续齐鲁古印捃》）

[1] 陈振濂编：《中国印谱史图典》下册，西泠印社出版社2011年版，第723页。

[2] 叶其峰编：《古玺印与古玺印鉴定》，文物出版社1997年版，第150页。

[3] 罗福颐著：《古玺印考略》，紫禁城出版社2010年版，第369—387页。

形制奇、印文多，成为藏家竞相抢夺的目标。此玺中的"易都"在今山东省沂水流域之阳都，战国时为齐邑。该玺清光绪年间出土于山东沂州，为潍县古董商人孙海平所得，转售郭裕之（申堂），成为郭氏《续齐鲁古印捃》压卷之作。后被人仿制，字锈逼真，欺世盗名，而此印真物，因出土已久，摩挲失泽，持走南北，人皆疑为仿造，一度无人敢于问津。此玺伪品先后出现在吴大澂（清卿）《十六金符斋印存》（图6）、秋浦周季木（进）《魏石经室古玺印景》、侯官林树臣（廷勋）《石庐玺印萃赏》等名谱中，可见巨玺在一谱之中举足轻重的分量，也给作伪者可乘之机。

图6　易都邑聖□盟之钤　图7　□□□以令之钤　图8　职□氏之钤　图9　□□□□信钤
（《十六金符斋印存》）　（《乐只室古玺印存》）　（《十六金符斋印存》）　（《匋斋藏印》）

图10　右司□□闻　　图11　大司马之钤　　图12　司寇之钤　　图13　□都庚钤
□□之钤（《匋斋　　（《簠斋古印集》）　　（《读雪斋印谱》）　　（《梦坡室金玉印痕》）
藏印》）

其他古玺印印谱中的伪官玺还有高络园（时敷）《乐只室古玺印存》的圆形玺"□□□以令之钤"（图7）；吴大澂《十六金符斋印存》中令人惊讶的九方楞玺"职□氏之钤"（图8）；端方（午桥）《匋斋藏印》圆形玺"□□□□信钤"（图9），后亦见于贾月铭（敬轩）《翰墨因缘馆印存》，与前面乐只室圆形八字玺一样，前四字都是凭空造作。《匋斋藏印》还有伪造的九字大玺"右司□□闻□□之钤"（图10）；《簠斋古印集》中有朱文大玺"大司马之钤"（图11）；孙汝梅（春山）《读雪斋印谱》中的"司寇之钤"（图12）；周庆云（梦坡）《梦坡室金玉印痕》中的圆形金质大玺"□都庚钤"（图13）、"□□无□之钤"（图14）；侯汝承（意园）《意园古今官印匄》中的"右司徒□□□之钤"（图15）、"虞都司马"（图16）等，尺寸较一般传世官玺为大，可见作伪者为得善价，热衷于伪造大玺，以满足于藏家贪大好奇的癖好。

2. 汉官印伪品举例

晚清与民国古玺印印谱中的汉官印伪品颇多，现举若干部印谱，欲使后人引以为戒。如吴

图14　□□无□之钤
（《梦坡室金玉印痕》）

图17　左将军印（《二百
兰亭斋古铜印存》）

图18　兼平北司马印（《二百
兰亭斋古铜印存》）

云（平斋）《二百兰亭斋古铜印存》中的"左将军印"（图17）、"兼平北司马印"（图18）、"陈留太守章"等；何昆玉（伯瑜）《吉金斋古铜印谱》中的"柱史大中丞印"；吴大澂《十六金符斋印存》中的"右将军假司马"（图19）；刘鹗（铁云）《铁云藏印》中的"济南马丞"；陈宝琛（伯潜）《澂秋馆印存》中的"别部司马"；吴隐《遯庵秦汉印选》中的"虎头将军章"（图20）；罗福颐《待时轩印存》中的"镇南军假司马"等，或篆法臆造，或气息相违、或线条僵硬、或印钮与官衔不符、或尺寸超过形制，较容易被戳穿。近年来随着作伪手法的不断更新提高，像此类一望而知的伪印已经没有市场。

图19　右将军假司马
（《十六金符斋印存》）

图15　右司徒□□□之钤
（《意园古今官印匀》）

图20　虎头将军章
（《遯庵秦汉印选》）

3. 明清流派篆刻印谱伪品举例

明清流派篆刻印谱与古玺印印谱一样，伪印屡见不鲜。因名家印作可取印石来伪造，较金属

图16　虞都司马（《意园古今官印匀》）

图21　修竹吾庐（《读未见书室集印》）

材质的古玺印为易，以致达到了系统仿刻某家、某流派或集数十家印人为所欲为的境地。

文彭（寿承）在印坛中德高位尊，被奉为明清流派篆刻开山鼻祖，也是最早被重点仿刻的对象。后世名家印谱多冠以文彭之印为荣，但真正可靠的百不得一。如乾隆间就有严筠轩的《文三桥先生印谱》，全谱皆伪，毫无明人气质，与文彭更不着边际。其他如咸丰八年（1858）黄世本（坤

图22 欹器一满即倾当念亏从
盈处然（《味古堂印存》）

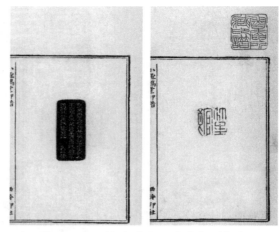

图23 竹里馆（《小飞鸿堂印谱》）

图24 大块假我以文章
（《春草庐印存》）

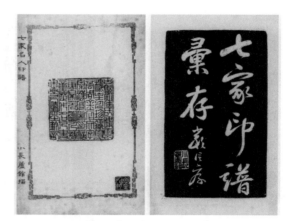

图25 《七家印谱汇存》

陶）《读未见书室集印》首页的文彭"修竹吾庐"（图21）；光绪十四年（1888）冯兆年（穗知）《味古堂印存》冠首的文彭"欹器一满即倾当念亏从盈处然"（图22）；1916年汪承启（梧庵）《小飞鸿堂印谱》中文彭"竹里馆"（图23）；1929年谢磊明（光）《春草庐印存》中文彭"大块假我以文章"（图24）、"安西都护胡"等，无一真品。

西泠诸家伪品较为集中的印谱有严信厚（筱舫）所辑《七家印谱汇存》（亦名《七家名人图章》）（图25）。[1]严信厚为上海商务总会总理，被称为"宁波商帮第一人"，对近代民族金融业和工商业发展颇具贡献。因雄于赀，好收藏印章，一度成为造假者紧盯的对象。如光绪二十七年（1901），严信厚将所藏的140余方秦汉古玺印辑为《小长芦馆古铜印谱》四册，内多伪品。同年又将丁敬（敬身）、蒋仁（山堂）、黄易（小松）、奚冈（铁生）"西泠前四家"和陈鸿寿

---

[1] 陈振濂编：《中国印谱史图典》下册，西泠印社出版社2011年版，第1226—1236页。

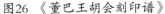

图26 《董巴王胡会刻印谱》

图27 《松月居士集印》

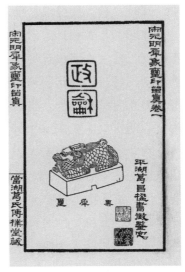

图28 《宋元明犀象玺印留真》

（曼生）、金农（冬心）、郑燮（板桥）七家印作216方辑为《七家印谱汇存》十册，除个别存真外，其他均为赝品[1]。关于严信厚《七家印谱汇存》，晚清著名印学家魏锡曾（稼孙）在同治八年（1869）所辑《绩语堂论印汇录》中曾称："近见传抄丁、黄、蒋、奚、板桥、冬心、曼生印谱一册，面文皆闲散语，款则纰缪支离，并诸家时代先后，交游踪迹，未稍加考证，妄人所为，诚不足辨。"可见严氏所收藏的这批冒牌货，早也"流传有绪"。

1917年吴隐在上海西泠印社发行《董巴胡王会刻印谱》四册（图26），后经学者考证，该谱是将《巴莲舫先生摹汉印谱》中巴慰祖（予藉）自刻印及巴氏为董洵（小池）、胡唐（长庚）、王声（振声）刻印分拆为四家，属于张冠李戴一类。至于1923年由前清宫廷画家庆宽（筱珊）所辑的《松月居士集印》（图27），收录署名为赵孟頫（子昂）、吴宽（原博）、文彭、何震（长卿）、项元汴（子京）及浙皖诸派等70余家印作1100余方，除了黄士陵（牧甫）及个别印家作品外，皆为赝品，且手法相类，似一人所为[2]，数量之巨，令人瞠目。

《七家印谱汇存》《松月居士集印》还存少量真印，同期更有甚者，有全谱造假的《宋元明犀象玺印留真》，已经到了恣意妄为的地步。

民国间平湖葛昌楹（书徵）酷嗜历代印章，收藏明清篆刻家印作达千余钮，又每憾宋元印一无所获。1923年冬，葛氏家中有"周君永年复介于君子翼自禾（嘉兴）来，携有犀印九方，为宣德小玺及衡山（文徵明）八印，询其从来，则谓洪杨乱时，有巨宦孙姓自吴中避地至其下字圩宅中，客死无以为殓，其祖为理身后事，孙家人以所藏百余犀印为报。其祖筑复壁藏之，秘不示人，间有投赠亲友而已。祖殁，印乃分储各房子姓云云"。[3]既然这批旧印有如此来历，自然勾起了既好印又拥有财力的葛昌楹想收纳孙家全部藏印的强烈欲望。"因命偕至其乡，从其子姓以及其亲友广事征

[1] 韩天衡编：《中国篆刻大辞典》，上海辞书出版社2003年版，第507页。

[2] 韩天衡编：《中国篆刻大辞典》，上海辞书出版社2003年版，第529页。

[3] 葛昌楹：《宋元明犀象玺印留真》序，1925年版，第一册。

求，阅时一载，凡得宋、元、明三朝犀玺五，犀印百四十有九，又象齿印十有四。并得孙氏自用之'百犀印斋'黄杨印，及其藏印原匣，读其匣盖题识，复知孙氏之印大半得诸吴门文氏者，五百年中仅三易主。因藏奔甚秘，未为乾嘉诸老所见，故从无谱录行世。"[1]葛氏既得犀印又获原匣，更深信不疑。1925年，葛昌楹将禾中所得和近期从他处购入的200钮印章，辑为《宋元明犀象玺印留真》六册（图28）。[2]上钤朱迹，下绘钮首，并注明印材。印主除宋徽宗（赵佶）、宋高宗（赵构）、明宣宗（朱瞻基）外，几乎囊括了宋、元、明三代书画及收藏大家苏轼（子瞻）、黄庭坚（鲁直）、米芾（元章）、岳飞（鹏举）、姜夔（尧章）、赵孟頫、鲜于枢（伯机）、王蒙（叔明）、刘基（伯温）、沈周（石田）、文徵明、祝允明（希哲）、仇英（实父）、唐寅（伯虎）、项元汴、董其昌（玄宰）、李流芳（长蘅）、黄道周（幼玄）等44家的印鉴。葛昌楹于谱末还附有"观印券"，称："凡购传朴堂出版之《宋元明犀象玺印留真》者，得持此券向敝处索观原印，每券用一次，二人为限，所以公同好结墨缘也。"自许印古缘深。其实这批印章皆为印人汤临泽（安）利用旧犀角、旧象牙仿摹，再雕刻印钮并做旧后而成。所谓收藏流传来历，如同拍卖赝品前的编造故事，试图诱骗卖家陷入圈套。后被高人识破，葛昌楹兴致索然，将其全部质入银行，这也是近代篆刻收藏史上影响最大的一件欺诈案例。

三、结语

印章鉴赏是一门综合的学问，玺印篆刻的作伪也伴随着金石收藏而生。早在南宋薛尚功（用敏）的《历代钟鼎彝器款识法帖》中曾收录三方传国玺摹本，在第一方"受命之天皇帝寿昌"的注释中称："右玺文按《集古印格》云石本在毕景传家。"[3]即北宋杨克一（道孚）的《集古印格》中就有该玺的记录。随着明代中期文人篆刻艺术的兴起，唯利是图之辈又开始把目标扩大到名家篆刻之中。到了晚清民国间，战国官玺、两汉官印及文彭等伪作已屡见不鲜，藏家稍一疏忽即落入陷阱，连精于金石鉴赏的邹寿祺也不能免，望同道引以为鉴。

壬寅溽暑定稿于春申郢庐

（作者系西泠印社理事、上海韩天衡美术馆馆长）

[1] 葛昌楹：《宋元明犀象玺印留真》序，1925年版，第一册。

[2] 陈振濂编：《中国印谱史图典》下册，西泠印社出版社2011年版，第1683—1689页。

[3] 薛尚功：《历代钟鼎彝器款识法帖》卷第十八，《宋人著录金文丛刊初编》，中华书局2005年版，第419页。

从杨克一《图书谱》看北宋印学图谱之肇始

张　姣

内容提要：杨克一《图书谱》是有文献记载的最早一部集古印和文人创作印混编的印谱，可视为印学图谱之肇始。杨克一参与篆印，并赠师友，声名远播。本文首先结合大量文献资料对杨克一的士大夫身世、士大夫艺术修养进行了文献考证，以确证北宋年间，已发篆刻主体开始从铸印官向文人士大夫转移先声。接着通过对《图书谱》所体现出来的辑谱目的、谱录内容形式的转变进行分析，证实《图书谱》已开印学谱录之先河，发"印式学"研究之风气。此后，就《图书谱》在流传过程中，对印谱发展史的实际贡献有限，与其地位极不匹配的原因做出分析，并再次强调《图书谱集》集古印和31姓名奇字印在印学谱录发展史上的重要意义。同时，提出了关于《图书谱》《印格》《集古印格》作者、书名的几处存疑，以便后期考证。

关键词：杨克一　《图书谱》　《印格》　《集古印格》　印学谱录

引　子

到神宗元丰至哲宗元符年间，在北宋政府"国家兴儒，追风三代"的政治理念，以欧阳修为核心的金石家"证经考古"，以苏轼为核心的艺术家"寓意于物"的共同影响下，金石学发展日臻兴盛。在这二十多年里，金石学研究日趋深入，辑录了大量编纂形式多样的金石学著录与图谱。与此同时，作为金石图谱的分支，印学谱录也逐渐产生。约成书于北宋哲宗元祐元年（1086）之后，不晚于崇宁三年（1104）的杨克一《图书谱》，即是有文献记载的第一部由文人士大夫编集、创作的一部集古印和文人创作印合编的印谱。

《图书谱》（又称《印格》《集古印格》）的辑录者杨克一是活跃于北宋士大夫文化圈的重要人物，他与处于政治核心圈的东莱吕氏关系匪浅，还是"苏门四学士"之一张耒的外甥，与以苏轼为核心的士大夫文化圈渊源颇深。因其家学渊源，杨克一好印成痴，精通古今印法和收藏古印，熟谙各体文字，是当时声名远播篆印高手。[1]其父杨补之因"克之既好之，爱之尤笃"，遂完成了《图书谱》的集古印部分的收录，其谱对于印史的研究"能悉取古今印法，尽录其变"。作为集古印谱的雏形，《图书谱》遵循印史轨迹，自秦汉而下依次排列辑录，且图样与考释文字并重。同

---

[1]　宋·张耒《图书序》："（杨克一）为人篆印玺，多传其工，有自远求之者。"

时，《图书谱》还收录了杨克一自篆的31方奇字姓、名、字印[1]。这样一部创作印和集古印混编的印谱，实质已经超出主要收集古器物图样的博古图录，具有了为印痴杨克一篆印提供一定参考依据的功能。杨克一《图书谱》是文人士大夫参与篆印的实例，实现了篆印主体的变化，从之前的印篆皆出于少府工匠"铸印官"等工匠世家，到作为贵公子、士大夫的杨克一；《图书谱》还实现了辑谱目的的转变，从以"崇古"为主要目的的"玺谱"，以"持信"为主要目的的"官印谱"，以"辨伪"为主要目的的私家"鉴藏印集"，转变为有一定的"印式考据""印篆学习借鉴"功能的"集古印集"；与此同时，还实现了谱录内容形式的转变，从"玺谱"录古玺印，"官印谱"录当代官印，"鉴藏印集"录历代鉴藏印，到集秦汉古印与杨克一创作31方姓名奇字印合编。作为最早的印学图谱，它一方面具有金石学研究的性质：所集秦汉以来古玺印部分，皆注以出处、考证文字，明确印制与印体、印文的变化缘由，为开南宋王厚之《汉晋印章图谱》、元吾丘衍《古印式》、清吴云《两罍轩印考漫存》等"印式"类研究风气之先；一方面又具有明显艺术赏玩意味。

一、杨克一——篆刻主体的转变：铸印官→士大夫

（一）杨克一以前的篆刻主体：铸印官

在文人士大夫参与印篆之前，历代的官印皆由官府铸印机构之铸印官为主要篆刻主体。关于历代铸印机构和铸印官的记载不多。王献唐称："秦汉已不可考，惟《晋书·职官志》载，侍御史所掌有五，二曰印曹，掌刻印，为印官始见著录者。《续文献通考》载明代各衙门印信，俱礼部铸印局专管，迄今犹然。"[2]铸印官一般设在少府监。王献唐提到的晋代"印曹侍御史"即属少府系统，到唐宋一直沿用这一规范。《旧唐书·职官志》记载：

少府监：凡天子之服御，百官之仪制，展采备物，皆率其属以供之。
掌冶署：掌冶令掌铭铸铜铁器物。[3]

《新唐书》《大唐六典》也有类似的记载。

到了宋代，一般由礼部掌管印制，少府监、文思院的铸印官掌制作。宋以后的官印刻款中多有铸造机构一项，如宋印刻款中"少府监造"和"文思院造"等文字。[4]《宋史·舆服志》称：

凡车辇、访器、印记之造，则少府监、文思院隶焉。[5]

[1] 宋·张耒《图书序》："甥杨克一梦人授图书，凡三十有一体，大抵皆其姓、名、字，变易迭出，颇奇。……予见尔之好图书几癖矣，心思手画，唯怪之以为求，则其梦授于异人，何足怪哉！"
[2] 王献唐著：《五灯精舍印话》，齐鲁书社1982年版。
[3] 后晋·刘昫著：《旧唐书·职官志》卷44，中华书局2005年版。
[4] 陈振濂编：《隋唐以来官印集存》，西泠印社出版社2019年版。
[5] 元·脱脱撰：《宋史·舆服志》卷149，中华书局2005年版。

凡进御器玩，后妃服饰，雕文错彩工巧之事，分隶文思院、后苑造作所。本监但掌造门戟、神衣、旌节、郊庙诸坛祭玉法物，铸牌印诸记。[1]

至宋高宗时，"诏少府监并归文思院"，从礼部的各种职掌来看，其职能主要是制定官印制度，如尺寸、材质、钮式、文字等，给付印章给各部官员，而不直接参与铸印的具体事务。司掌官印铸造的，主要是少府监。关于此类分工，神宗熙宁五年（1072）诏书可见，诏曰："内外官及溪洞官合赐牌印，并令少府监铸造，送礼部给付。"[2]

铸印官的品级不高，监管其铸造事务的监印官也仅在从六品至九品之间，尤其以七八品的中下级官吏居多。即使是品阶最高的符宝郎，也仅为从六品上。这些工匠型的铸印官也存在着世代相传的家学渊源，他们学习缪篆，与司马迁家族世代史官，后来的"样式雷"雷家世代司掌样式房类似，也有着一定的家族传承。在《宋史·舆服志》中有这样一则记载：

及得蜀中铸印官祝温柔，自言其祖思言，唐礼部铸印官，世习缪篆……悉令温柔重改铸焉。[3]

蜀中铸印官祝温柔，祖父祝思言即是唐代的礼部铸印官。从"世习缪篆"可以看出，"祝"家其实是一个传承多年的铸印家族，整体官阶较低，属于中下层官吏，与我们即将提到的杨克一的家世相差甚远。

（二）士大夫杨克一

米芾是否真正参与印篆，目前还尚未定论，所以我们所看到的杨克一，就可以暂时称为有文献记载，有印谱辑录的第一个文人士大夫篆印的实例。他与宋初煊赫至极的东莱吕氏关系匪浅：其祖父杨仲元进士及第，娶北宋名臣吕夷简之弟、王钦若之婿吕宗简女为妻；其父杨贤宝字补之，在东莱吕氏由政治核心家族转向学术核心家族的关键性人物吕公著处受教多年，娶"苏门四学士"之一张耒的三姐为妻；其舅张耒字文潜，与黄几道之子黄师为连襟，与苏轼兄弟、文与可、晁补之、黄庭坚等关系莫逆……可见杨克一为贵公子、士大夫无疑。此外，根据目前看到的关于杨克一官职的文献记载，可知他曾做过淮南西路（治扬州）和州的"州法曹掾"，属于法曹的胥吏，与铸印官全然无涉。

1. 杨克一身世考

在论及杨克一身世之前，首先需要解决的是杨克一的姓名、生年的问题。

关于其姓氏，自晁公武《郡斋读书志》误刻以来，元·马端临《文献通考》、陶宗仪《说郛》皆从其说，此后明清印谱序跋、文人笔记中，多讹作"晁克一"。直到陆心源在《仪顾堂题跋》卷五中指出这一错误，多番考证之后，才确定杨克一之姓为"杨"。

---

[1] 马端临著：《文献通考·王礼考》卷88，中华书局2011年版。
[2] 元·脱脱撰：《宋史·舆服志》卷154，中华书局2005年版。
[3] 元·脱脱撰：《宋史·舆服志》卷149，中华书局2005年版。

　　然而，陆心源解决姓氏问题时，又造成了一个新错误，即杨克一名"吉老"。以致此后学者多沿袭此误。邓椿的《画继》中曾言：

　　　　杨吉老，文潜甥也。文潜尝云："吾甥杨吉老，本不好画竹，一旦顿解，便有作者风气。挥洒奋迅，初不经意，森然已成，惬可人意。其法有未具，而生意超然矣。"无咎亦有《赠文潜甥克一学与可画竹》诗。克一，吉老字也。

　　这应该就是陆心源讹误的来源。

　　然，查核古籍，笔者发现张文潜在《奉议杨君，予姊丈也。廉静乐道，不交世俗，造道微妙，自得不耀。未六十而终，余实铭其墓。其子克一又纂其遗文，求书卷末。怀想平昔，不知涕之横集也》中有"平生好学谁能继，后世高名骨已消"句，吕本《宛丘先生文集》有注曰："君于籀篆医学所深妙。"可见杨克一父亲杨补之精于籀篆、医术。

　　又张文潜有《秋日喜杨介吉老寄药》[1]，吕本中亦有《泗上寄杨吉老二首》[2]，黄庭坚题杨吉老《画竹》则曰：

　　　　庖丁解牛，梓庆销镰与清明在躬志气，如神同一枢纽。[3]

　　可知，张耒有甥名介，字吉老，擅画竹。

　　再，晁补之有《赠文潜甥杨克一学文与可画竹求诗》，宋黄庭坚《山谷集》中有《题杨道孚画竹》：

　　　　观此可知其人有韵。问其主名，知其为克一道孚，吾友张文潜之甥也。

　　吕本中有《杨道孚墨竹歌》，吕本中《紫微诗话》记载有：

　　　　杨廿三丈道孚克一，吕氏重甥，张公文潜之甥也。少有才思，为舅所知。年十五时，在鄂渚作诗云："洞庭无风时，上下皆明月。微波不敢兴，其静蛟蜃穴。"[4]

　　张耒有《与杨道孚手简》：

　　　　来篇绝妙，行色有光，老拙之幸。毛楮有便，当分寄从公。之外刻意书史，是望。未致司

---

[1]　宋·张耒：《张右史文集》卷十三，据《四部丛刊》景旧抄本。
[2]　宋·吕本中：《东莱诗集》卷第六，《四部丛刊续编》景宋本。
[3]　明·钟惺：《摘黄山谷题跋语记》，见《钦定古今图书集成·理学汇编·文学典》第一百六十四。
[4]　宋·吕本中：《紫微诗话》，据明《津逮秘书》本。

理三哥。[1]

"司理"为当时杨克一的职司，"三哥"应是杨克一家中行三之意，与克一小字"念三"暗合。

由此可以推知，张耒此甥名克一，字道孚，小字念三、廿三，亦擅画竹。而杨克一、杨吉老并非一人，二人当为兄弟。克一好篆，成《图书谱》（《印格》）一卷；吉老学医，成《存真图》一卷，《四时伤寒总病论》六卷。兄弟二人均擅画竹，皆有著录辑录，惜皆不传。

弄清了杨克一姓名的问题，杨克一的家世也逐渐清晰起来：

①出于东莱吕氏家族

东莱吕氏八世子吕本中关于杨克一的身世有两则记载，一见于《紫微诗话》：

　　杨念三丈道孚克一，吕氏重甥，张公文潜之甥也。……元符初，荥阳公（吕希哲）谪居历阳，道孚为州法曹掾，尝从公出游……[2]

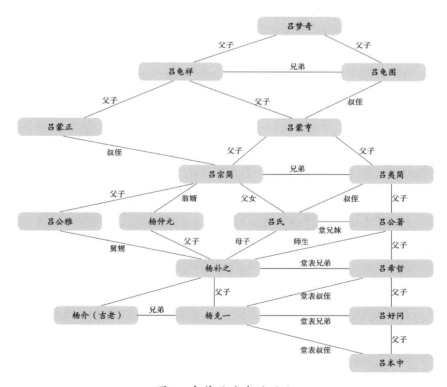

图1　东莱吕氏家族后人

---

[1] 宋·吕本中：《东莱吕紫微师友杂志》，据《丛书集成初编》本，第2页。

[2] 宋·吕本中：《紫微诗话》，据明《津逮秘书》本。

另一则见于《师友杂志》：

> 元符间，荣阳公（吕希哲）谪居和州。杨丈克一，字道孚，为州司法，予家重甥。尝称赞许，以为可教者。[1]

由"吕氏重甥""予家重甥"入手，笔者考察了杨克一所在的杨氏家族与东莱吕氏的渊源关系：

东莱吕氏是宋初煊赫的世家大族，一门七执政，世代簪缨。杨克一的祖父杨仲元是东莱吕氏核心之一吕宗简的女婿，父亲叔伯均受教于吕公著。据吕本中《师友杂志》记载：

> 杨应之兄弟四人，皆吕出也。叔高祖刑部公（吕宗简）外孙，正献公（吕公绰）其从舅也。兄弟自少皆亲依正献。应之名国宝，次补之名贤宝，次器之名瑰宝，次择之名仁宝。[2]

由此可知，吕宗简的女儿嫁给杨仲元后，生有四子：杨国宝应之、杨贤宝补之、杨瑰宝器之、杨仁宝择之。四兄弟均受教于吕氏宗学，授业恩师正是堂舅父吕公著（吕夷简子）。杨克一的父亲即杨仲元的次子杨补之。为了更清楚杨克一与东莱吕氏的关系，制图如图1。

宋代东莱吕氏家族从北宋太宗太平兴国二年（977）吕蒙正状元及第以来，从吕蒙正到吕好问，吕氏家族相继执政七朝："吕文穆（吕蒙正）相太宗。犹子文靖（吕夷简）参真宗政事，相仁宗。文靖子惠穆（吕公著）为英宗副枢，为神宗枢使，次子正献（吕公弼）为神宗知枢，相哲宗。正献孙舜徒（吕好问）为太上皇右丞。"[3]在北宋政坛上煊赫已极。作为东莱吕氏的家族姻亲，杨克一为士族贵公子的身份当无异议。

②世族管城杨氏后人

杨克一祖父杨仲元，出管城杨氏，曾进士及第，历知光、虔、虢三州，官光禄卿，改中散大夫，[4]娶吕宗简女为妻。参考东莱吕氏一贯以来的联姻宗旨，可知杨氏并非寒门。

姚兆余先生在《论北宋世家大族的择偶标准》言道："婚姻当中的家世观念、门当户对的原则仍占有支配地位，婚姻重门第仍然是大部分家族笃守的信条。"[5]考东莱吕氏家族的其余姻亲，门第极为可观，如：王旦家族、程琳家族、韩琦家族、鲁宗道家族、钱惟演家族、张显之家族、马亮家族、李中师家族等。据姚兆余在《论北宋世家大族的择偶标准》一文中的不完全统计，北宋吕氏家族21个女婿中，"1人寒族出身，8人出身不详，官宦世家出身12人。这12人中，除丁度人曾祖、祖父不仕外，其他人三代以上都有仕宦的经历，都称得上是名门望族。"[6]杨仲元作为吕宗简的女

---

[1] 宋·吕本中：《东莱吕紫微师友杂志》，据《丛书集成初编》本，第2页。

[2] 宋·吕本中：《东莱吕紫徽师友杂志》，据《丛书集成初编》本，第15页。

[3] 宋·王明清：《挥麈录》前录卷二，第13页。

[4] 元·脱脱撰：《宋史》卷三百三十三列传第九十二《杨仲元传》，中华书局2005年版。

[5] 姚兆余：《论北宋世家大族的择偶标准》，《甘肃社会科学》2002年第6期。

[6] 姚兆余：《论北宋世家大族的择偶标准》，《甘肃社会科学》2002年第6期。

婿，虽在《宋史》中没有明确记录其家族仕宦情况，亦当非寒族。

选择具有真才实学的士人做女婿，依靠自己的政治地位对其仕途加以扶持，待其成名后反过来帮助自己家族，是包括吕氏家族在内的宋代许多世家大族保持门第不衰的重要手段。杨仲元进士及第后曾调任宛丘主簿，知泽州沁水县，徙知郿乡县……历知光、虔、虢三州，官光禄卿，改中散大夫。[1]勤政爱民，不畏强权，在"河西之役"中立下大功，深受百姓爱戴。

杨克一大伯杨国宝，字应之，洛阳人，官至朝散大夫，无著作传世。杨国宝曾拜入"北宋五子"之邵雍门下，与吕公著三子：吕希哲、吕希积、吕希纯，一同受教于邵氏。其人才华出众，程颢曾赞其"杨应之在交游中，英气伟度，过绝于人，未见其比，可望以迁吾道者矣。"[2]吕本中的《紫微诗话》也可作旁证：

> 杨十七学士应之国宝力行苦节，学问赡博，而弘致远识，特异流俗。尝题所居壁云："有竹百竿，有香一炉，有书千卷，有酒一壶，如是足矣。"伊川正叔（程颢）先生尝以为交游中惟杨应之有些英气。

邵雍在杨国宝岳丈邵必（字不疑）和吕公著的共同影响下，收国宝为徒，传先天图和先天之学，视之如子。后邵雍过世，邵伯温以兄长之礼待杨国宝。邵伯温《邵氏闻见录》即有记载：

> ……女嫁杨国宝应之。应之亦康节先公门生，康节先公视之犹子也。开禧、元丰中为河南府推官，康节已捐馆，伯温复以兄拜之。[3]

杨克一父亲杨贤宝，字补之，曾从学于堂舅吕公著，官鄂州支使，精于籀篆、医术。娶谯郡张氏女，北宋大臣、文学家张耒的三姐为妻。这在张文潜的文集中可以找到许多印证，如张文潜于元丰二年（1079）所作的送别三姐夫妇的两首诗：

送杨补之赴鄂州支使

相逢顾我尚童儿，二十年来鬓有丝。涕泪两家同患难，光阴一半属分离。扁舟又作江湖别，千里长悬梦寐思。何日粗酬身世了，卜邻耕钓老追随。

送三姊之鄂州

兄弟分飞各一方，来老分袂苦多伤。两行别泪江湖远，五月征车歧路长。休叹伯鸾甘寂寞，所欣杨恽好文章。北归会有相逢地，只恐尘埃发易苍。

且，其另有诗题为：

---

[1] 元·脱脱撰：《宋史》卷三百三十三列传第九十二《杨仲元传》，中华书局 2005 年版。

[2] 明·黄宗羲著，清全祖望补：《宋元学案》卷 33，《王张诸儒学案》，第 1163 页。

[3] 宋·邵伯温：《邵氏闻见录》，据《钦定古今图书集成·明伦汇编·家范典》卷一百四，第 1 页。

奉议杨君，予姊丈也。廉静乐道，不交世俗，造道微妙，自得不耀。未六十而终，余实铭其墓。其子克一又纂其遗文，求书卷末。怀想平昔，不知涕之横集也。[1]

可见杨补之为其三姐夫无疑。

杨家长子娶丹阳邵氏女，次子娶谯郡张氏女，参宋代世家大族联姻惯例，可以想见杨氏家族实力当与丹阳邵氏、郡张氏门当户对。为了更清楚杨克一所在的杨氏家族与士大夫圈的交际，制图如图2：

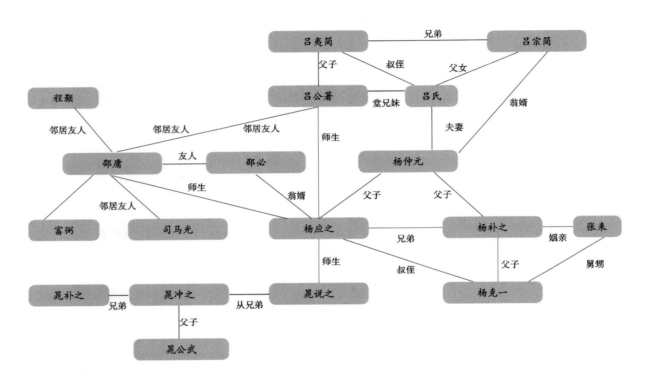

图2　管城杨氏

③苏门学士张耒之爱甥

检张文潜文集，可见其与杨补之一家的诗文唱和颇多，且对甥男杨克一尤为爱重，赠诗最多，检《张右史文集》，有：《赠杨念三道孚》（卷九）、《大风与杨念三饮次作此》（卷十二）、《和阳念三自武昌至京师》（卷十四）、《离楚夜泊高丽馆寄杨克一甥四首》（卷十七）、《寄杨克一》（卷二十二）、《题外甥杨克一诗篇末》（卷二十六）、《别外甥杨克一二首》、《别外甥杨克一》、《送杨念三监簿侍行赴鄂渚》等。在他曾为杨克一所作的《真赞》中，特别体现他对这个"气扬善动""神鹜思用"的外甥的喜爱：

---

[1]　宋·张耒：《张右史文集》卷二十四，据《四部丛刊》景旧抄本。

其气扬以善动，其神骛以思用。盍观老氏之言乎？君子行不离辎重。盖规之也。

在其《图书序》一文中，也对杨克一的"用心不移，至精于小事末务"的研究精神和治学方式大加赞赏。正是出于张文潜的特别爱重，杨克一也逐步迈入张文潜所在的顶级文化圈，与张耒同为"苏门"四学士的黄庭坚、晁补之、文同等都有了交集。如黄庭坚、晁补之都曾为其画作进行过品评，黄庭坚有《题杨道孚画竹》，晁补之《济北晁先生鸡肋集》中亦有《赠文潜甥杨克一学文与可画竹求诗》。

在晁补之的诗题中，我们似乎还可以发现一则信息：当时的画竹名家文与可，可能在张文潜的大力引荐下曾指导杨克一画竹。

为了更清楚杨克一与"苏门"的关系，现制图如图3：

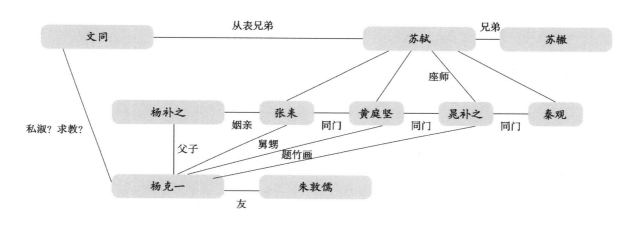

图3　杨克一与"苏门"

前文所涉及的杨克一所在的文人士大夫圈，只是择要而录，远未尽之。但已足以证明杨克一其人，是士大夫贵公子无疑。

2. 杨克一的士大夫修养

杨克一作为北宋高层士大夫的一员，自身也有着十足的士大夫气，与之前世代篆印的铸印官明显不同。首先，他的职司主要为"司理"。结合之前引到的吕本中关于杨克一的记载，其"年十五时，在鄂渚作诗"可知，杨克一在元丰二年（1079）五月随父杨补之入鄂州的年纪应该不足15岁。[1]三年后，杨念三从武昌回到的京师，有张文潜诗为证：

三年别我客荆州，一日长安从我游。爱君诗有春草句，使我神游黄鹤楼。江山望尔欲穿眼，见我惊嗟秋鬓短。扁舟可办吾欲东，年年五湖魂梦中。

---

[1] 吴云峰：《宋元明印谱史研究》，南京艺术学院 2020 年博士论文。

此次回京后不久，杨克一便已绶官监簿，见张文潜诗：

送杨念三监簿侍行赴鄂渚

楚天南去水冥冥，鄂渚悠悠到几程。京洛信稀千里隔，江湖春尽一帆轻。莫辞送别青春满，会是相逢白发生。饱读诗书取卿相，不应如我老无成。

考宋代职官，监簿当为从八品小官。因张文潜曾称克一为"司理三哥"，可知杨克一当作过司理监主簿，主管狱讼刑罚。到元符初，杨克一为州法曹掾，依旧掌狱讼法事。可见，杨克一在官职上并未有过与"铸印"有关的内容，其"好图书几癖"，仅出于家学渊源、个人喜好。

① "苦于诗"

杨克一对李商隐"嫦娥应悔偷灵药，碧海青天夜夜心"之句甚为称道，"以为作诗当如此学"。

张文潜《送三姊之鄂州》中有："休叹伯鸾甘寂寞，所欣杨恽好文章。"（《甥克一苦为诗》）以西汉杨恽好文章激励杨克一。此时的杨克一当不超过15岁，正是"苦于诗"的年纪。在张文潜的激励下，杨克一在15岁时，就在鄂州写下了"洞庭无风时，上下皆明月。微波不敢兴，其静蛟蜃穴"之佳句。元符初，又有"雨绿霜红郭外田，山浓水淡欲寒天。参军抱病陪清赏，一檄呼归亦可怜"之句赠予荥阳公吕公著，公甚称之。崇宁初，又寄吕本中数首绝句，见吕本中《紫微诗话》：

杨丈道孚见寄数绝，有云："东平佳公子，好学到此郎。别去今几日，结交皆老苍。"又一绝云："不知更事多，但觉拜人少。"其余忘之。

就其留下的几首不多的诗歌来看，杨克一在诗歌创作上还是造诣颇深的。

② "善画竹"

前文已经提到，杨克一与杨吉老皆擅画竹。杨克一曾学文与可画竹求诗于晁补之，得到了晁补之"君今似与可，神会久已熟"的高度赞赏：

与可画竹时，胸中有成竹。经营似春雨，滋长地中绿。兴来雷出土，万箨起崖谷。君今似与可，神会久已熟。吾观古管葛，王霸在心曲。遭时见毫发，便可惊世俗。文章亦技尔，讵可枝叶续。穿杨有先中，未发猿拥木。词林君张舅，此理妙观烛。君从问轮扁，何用知圣读。

当黄庭坚看到杨克一的竹图时，也大赞一声"观此可知其人有韵"。此后吕本中更作《墨竹歌》以盛赞杨克一画竹：

君不见渭川之阴卧龙横千秋，貌取者谁文湖州。十年笔意闭黄壤，只今妙手唯杨侯。杨侯画竹尽真迹，功夺造化令人愁。满堂回头看下笔，扰扰云烟乱晴日。大丛纵横高入云，斜风落叶秋纷纷。小丛欹倾病无力，傍水长根走苍石。门前车马汗成川，何得阴风动高壁。杨侯嘻笑辞未工，此意不与丹青同。粉黛初数无一钱费，酒炙能使千家空。袜材远寄动盈屋，我子画无由穷。剡溪寒藤不难致，须君放手为双丛。须君放手为双丛，与我俱隐南山中。

可见，杨克一在画竹上，取法文同，苦心磨炼十余年，终于有所成就。后来的元夏文彦《图绘宝鉴》、清孙岳颁《御定佩文斋书画谱》、清王毓贤《绘事备考》等，都有杨克一道孚擅画的记录。

③ "好印成癖""远近咸求"

在张文潜的《图书序》中，有关于杨克一痴迷篆刻，擅于篆印，并深受喜爱的记载：

予见尔之好图书几癖矣。心思手画惟怪之为求，则其梦授于异人何足怪哉。

为人篆印玺多传其工。有自远求之者数为予言。

自秦汉以来变制异状，皆能言其故。

在这三条信息中，我们首先可以看到杨克一极为好印，以至于如"好射者梦良弓，好乐者梦奇声"一般，日有所思也有所梦，终于"梦人授图书凡三十有一体，大抵皆其姓名字，变易迭出颇奇"。这31方奇姓名字印，自然是杨克一"心思手画"的篆印成果。

其次，杨克一的篆印，不仅仅局限于自己赏玩，还曾"为人篆玺印"，风格上以"工"见长，在士大夫圈中颇受喜爱，以至于有人大老远地数次请托张文潜代请杨克一篆印。

再次，杨克一对秦汉以来的印史"皆能言其故"，可见他对于篆刻的痴迷，不仅仅停留在"印篆"之工，还对"印史"有着相当深入的研究。在这个过程中，杨克一有可能已经宗法秦汉印，运用秦汉印中相对工稳一路的形式进行了篆刻创作。

要之，杨克一"好印成癖""远近咸求"，他为人篆印的性质与铸印官铸造官印、文人士大夫为皇帝篆写宝玺不同，完全出于个人喜好，有着足够的发挥空间，可以任意行事，故有"变异迭出""颇奇"的31方姓名字印的创作。如果说我们可以把赵子昂称篆刻家，那么杨克一当为之先。

二、《图书谱》辑谱目的的转变：崇古、持信→印篆借鉴

（一）早期印谱的主要功能

至迟在南朝齐梁间就开始有了关于玺印的图谱，即"玺谱"，然这些图谱更主要关注与传国玺和帝王玺，尤以历代帝王专用的玉玺为主。所著录的文字信息主要为：玺印制作时间、印文、字体、边款、钮制与残损状况、流传过程等，同时可能绘有印体和印谱，辑谱的主要目的还是考证古玺流变和价值。

"官印谱"则作为规范制印的"底本"和相关衙署留存的"印样"存在，延续多年。可能在著录有印章的材质、钮式、印绶、印台高度、印面尺寸、文字内容、字体选用等信息的同时，留存有"印模"和"印蜕"，但究其功能，还是规范印制、验明正身之实用。

随着鉴藏热的发展，鉴藏印在古籍、书画上的广泛应用，[1]中晚唐时期出现的数量可观的关于书画古籍中钤盖的印章图样的汇集。其辑谱目的主要是方便购藏、赏鉴书画者辨伪求真之实用。

（二）《图书谱》与印史考证

1. 从张耒《图书序》看"秦汉以来变制异状，皆能言其故"
张文潜的《图书序》对《图书谱》的辑录目的有着明确的描述：

> 克一既好之，其父补之爱之尤笃。能悉取古今印法尽录其变，谓之图书谱。自秦汉以来变制异状，皆能言其故。

杨克一父子二人，均是篆刻的"骨灰级发烧友"，不仅喜爱印章，对印学知识也可以说了如指掌，能够"悉取古今印法尽录其变"，这就让他们的集古印目的发生的巨大的转变：《图书谱》的辑谱目的，与以"崇古"为主要功能的"玺谱"，"持信"为主要功能的"官印谱"，以"辨伪知真"为主要目的的"私人鉴藏印谱"大不相同，他的主要目的在于"尽录其变"，作印史研究；在于"能悉取古今印法"，为篆印提供印法借鉴。由"尽录其变"一个"录"字可知此谱应是勾摹了"秦汉以来"的古玺印；由"变制异状，皆能言其故"又可推测，此谱在勾摹古玺印之外，还对古玺印的制度变化、流传过程、收藏情况等各方面信息进行了考证。

清人桂馥在《再续三十五举》曾评《图书谱》曰：

> 案，此书既名《印格》，则古印自有程序，能守其正而通其变者，善也。[2]

应该说是对其印史考证之功的高度肯定。

2. 从薛尚功《钟鼎彝器款识法帖》看《图书谱》的考证内容
因杨克之的《图书谱》早已失传，目前我们只能依靠薛尚功在《钟鼎彝器款识法帖》在载录"秦玺"时在注解中转引杨克一《集古印格》（《图书谱》）中的两段文字一窥《印格》之内容：

> 受天之命皇帝寿昌：右玺文，按《集古印格》云："石本在毕景传家，其文玄妙淳古，无过于此。虽龙飞凤蓄，不足以拟其势，摹印之祖也。"
> 受命于天既寿永昌：右二玺文……按《集古印格序》云："秦取赵氏蓝田玉，命丞相李斯

---

[1]　可见唐太宗自篆"贞观"连珠印、唐玄宗自篆"开元"印、南唐内府的"建业文房之印"等。
[2]　清·桂馥：《再续三十五举》，据清道光海虞顾氏刻本。

书，作鱼鸟之状，刻为玺，文曰'受命于天，既寿永昌'，历代传之，以为国宝。"[1]

结合张文潜的《图书序》，似乎可以推想：《图书谱》的辑录顺序，当是遵循印史发展的轨迹，自秦汉而下依次排列；辑录体例当是图样与考释文字并重，即勾摹印体与印文图像，著录印章释文、出处、流传情况等明印史"变制异状"的考证型文字。这种考证印史，明确印制、印体、印文变化缘由的辑谱目的，兼具金石学研究的性质。开南宋王厚之《汉晋印章图谱》、元吾丘衍《古印式》、清吴云《两罍轩印考漫存》等"印式"类研究风气之先。

（三）《图书谱》与借鉴赏玩

张耒《图书序》中写道："克一既好之，其父补之爱之尤笃。"参考吕本《宛丘先生文集》关于杨补之善缪篆的记录，可知杨克一对印篆的痴迷，与其父杨补之脱不开关系。在其父杨补之因"克一既好之，爱之尤笃"，完成了《图书谱》的集古印部分的收录。

杨补之、杨克一父子篆印颇工，且多赠亲友，在辑录古玺印时"能悉取古今印法尽录其变"，想必也会参考古玺印的篆印形式进行印篆创作，使得《图书谱》的集古印部分具备了一定的文人设计印稿的样式参考功能。在薛尚功关于"受天之命皇帝寿昌"的引注中，可以看到杨克一曾提到的：此秦玺"玄妙淳古，无过于此"，是对古玺篆刻总体风格的把握；"虽龙飞凤翥，不足以拟其势，摹印之祖也"的评议，又是对此秦玺艺术性的判断。这些文字内容，已经与考证印史，明确印制、印体、印文变化缘由等印史考证内容全无相关，具有明显的篆刻赏玩意味。《图书谱》这一私家集古印谱在辑录、使用中，有意无意地表现出了一种文人趣味，体现出一定的篆印参考功能，可说是为印学谱录走向艺术，迈出了关键一步。

三、谱录内容形式的转变：集古印＋当代文人印篆

《图书谱》的谱录内容，与之前的"玺谱"录"帝王玺印"，"官印谱"录"历代、当代官印"，"鉴藏印谱"录"历代鉴藏印"不同，它首次将集古印与当代文人创作印合编，一部分集古玺印，一部分录杨克一"梦中"所得31方姓名奇字印。这里有两个第一：第一次独立于金石图谱存在的专门印谱；第一次辑录当代文人篆印的"名家"印谱。

（一）《图书谱》：北宋博古图谱中独立出来的印学图谱个例

随着金石之学的盛行，越来越多的士大夫学者迫切地想要获得更多的金石材料，为防止大量出土金石器物文字的年久失传，金石铭刻侵蚀损坏，这些可以校正史书记载抵牾的金石文字，记录传世已迫在眉睫，金石学著作、博古图谱由此应运而生。据研究者统计，北宋《考古图》、南宋《续考古图》中有姓名可考的金石学家超过60位，宋人编撰的金石学著作有119部之多，著名的有首开金石学之风的欧阳修《集古录跋尾》六卷，开创最早且系统的图录体例的吕大临《考古图》十卷，

---

[1] 宋·薛尚功：《历代钟鼎彝器款识法帖》卷十八，据明朱谋垔刻本。

宋代金石研究的典范和集大成者赵明诚《金石录》三十卷等。为了便于收藏者更直观地了解、鉴别文物古玩，一些宋代的金石学著作还附上摹画了古器形制的插图，即博古图谱。

身处金石研究大潮核心圈外围的杨克一父子，在印章运用范围愈加拓展的时代背景下，编纂完成的《图书谱》，首次将印学谱录从博古图谱中独立出来，可以说是印谱发展史上的里程碑。但是这样的印学图谱在北宋时期仅为个例。此后，印学谱录又多存在于金石学图谱中，如目前可以看到的《啸堂集古录》就是在大量的金石古器铭文间，辑录了4叶37方古印（图）。无论是文献记载，还是传世古籍中，都也再未找到关于独立印谱的身影。直到南宋王厚之的《汉晋印章图谱》，才有了印学谱录的再一次独立成谱。

（二）《图书谱》中的31方姓名奇字印

先来《图书序》的开篇记载：

> 甥杨克一梦人授图书。凡三十有一体。大抵皆其姓名字，变易迭出颇奇。惟古人有言，梦者想也。形神所不接，而梦者因也。夫因者想之变，其初皆有兆于子心，迁流失本其远也，已甚故谓之因。然其初皆想也，而世不能明其故，以所因者为非想。而得夫使如至人之无想软则无梦矣，岂有有梦而非想者哉。予见尔之好图书几癖矣。心思手画惟怪之为求，则其梦授于异人何足怪哉。好射者梦良弓，好乐者梦奇声，何则志固在是也。尔心谓是三十一图，皆非平日之所思，则正昔人之所谓因者也。精神迁流何怪不有，古人或以谓考吉凶明将来。三十一图曷足怪也哉。尔以是思之，将复有得矣。图书之名，予不知其所起，盖古所谓玺用以为信者。克一既好之，其父补之爱之尤笃，能悉取古今印法尽录其变，谓之《图书谱》。自秦汉以来变制异状皆能言其故，为人篆印玺多传其工，有自远求之者，数为予言。予不省之，独爱其用心不侈，致精于小事末务，故并录焉。

通过这段文字，我们可以确切地知道，《图书谱》中合编了杨克一的自篆印稿。这31方"图书"大部分为杨克一自己的姓、名、字印，设计风格多样，且"变易迭出颇奇"。张文潜用"想因说"解释了杨克一所谓的"梦人授图书"，实在是其日思夜想、浸淫其中的设计灵感，并盛赞了杨克一的"为人篆印多传其工""用心不移，至精于小事末务"。此后张文潜又说到"故并录焉"，可知此31方姓名奇字印确与集古印并录一册，成为印谱史上第一部收录文人创作印的印学谱录。

四、《图书谱》的失传与后世影响

（一）《图书谱》与《印格》《集古印格》

检宋元明有关《图书谱》《印格》《集古印格》的信息，约列如下：

> 宋·张有《复古编》卷十八："右玺文按《集古印格》云……"

宋·晁公武《郡斋读书志》："印格一卷。皇朝晁克一撰，克一张文潜甥也……"

宋·薛尚功《历代钟鼎彝器款识法帖》卷十八"秦玺"："右玺文按《集古印格》云。"

宋·陈槱《负暄野录》卷上《秦玺文玉刻》："古器物铭载此玺文云，得于河内向氏家。援《集古印格》所载，谓是秦玺。"

元·马端临《文献通考》卷二百二十九《经籍考》五十六："《印格》一卷。晁氏曰：宋朝晁克一撰。克一，张文潜甥也。……"

元·盛熙明《法书考》卷八附录："杨克一《图书谱》一卷。又名《集古印格》。张文潜之甥，其父补之。"

元·陶宗仪《南村辍耕录》卷之三十："杨克一《图书谱》一卷。又名《集古印格》。"

元·吾丘衍《学古编》附录《世存古今图印谱式》："晁克一《图书谱》一卷。"

明·焦竑《焦氏笔乘》卷六："杨克一《集古印格》。"

明·焦竑《经籍志》卷十一："《墨谱》《砚谱》《鼎录》《刀剑录》《印格》《香谱》二十一种入《艺术》，非，改《食货》。"

明·王圻《续文献通考》卷一百八十《经籍考》："《图书谱》一卷，杨克一著，又名《集古印格》。"

明·顾起元《说略》卷十五："杨克一《集古印格》。"

明·张维（韩）《溪谷集·溪谷先生漫笔》卷之一："宋晁补之笃爱古印章。""宋晁补之字无咎，苏门四学士之一也，笃爱古印章。悉录古今印玺之法，谓之图书谱。自秦以来变制异状，皆能言其故。其子克一，张文潜甥也，亦好之，著《印格》一卷。今世诸名公亦有癖此者。若见此书。必有不与同时之恨。"

按：薛尚功为高宗绍兴年间人，陈槱为光宗绍熙元年（1190）进士，与姜夔（1154—1221）同时。晁公武（1105—1180），晁冲之子。晁冲之的从兄弟晁说之，是杨克一大伯杨国宝应之的爱徒，晁补之更是晁公武的从叔伯，杨克一《印格》经晁说之，成为晁氏藏书应极为可能。如果说是晁公武自己在《郡斋读书志》中就已经将晁补之、杨补之二人混淆，而误以为杨克一姓误"晁"似乎不太说得过去。然核查南宋淳祐九年至十年（1249—1250）黎安朝袁州刊《郡斋读书志》，却已然为"晁克一"了（图4）。清嘉庆二十四年（1819）汪氏艺芸书舍重刊衢本《郡斋读书志》，也是"晁克一"了（图5）。根据前文的考证，此处应是《郡斋读书志》之讹，但究竟是杜鹏举在蜀中初刻时即错（蜀本已佚），还是赵希弁在校订时出的错，还是宋元递修过程中出错，以致递修袁本、重刊衢本均从此误，亦或是其他原因，目前尚无法确定。

另，《图书谱》《书格》《集古印格》的名称变化到底缘何而来？三者是不是同一部印谱？若不是，又有什么样的渊源关系？这些都是需要解决的问题。因证据不足，笔者仅作以下猜想：

宋张有，与杨补之、杨克一生活在同一时期，在他的《复古编》中，称"集古印格"，晁公武晁氏藏书读到的当是同时所刊之本，然称《印格》。由此似可推想，杨克一《印格》北宋时，即有《印格》《集古印格》两种称法，"集古"可能是张有在引用时所加，之后南宋薛尚功、陈槱在引用时皆从此说。

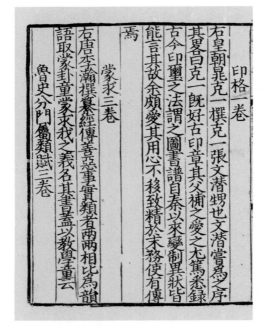

图4　《郡斋读书志》袁州刊，宋元递修本

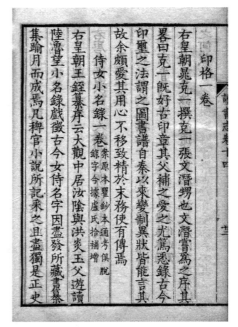

图5　《郡斋读书志》清嘉庆二十四年
（1819）重刊衢本

相对比较复杂的是《图书谱》与《印格》之间的关系。宋代文献中提到的杨克一著录，仅《印格》《集古印格》二名，未有称《图书谱》者，到宋元之际的马端临亦未见有《图书谱》之说。同时期的张有，关系相对亲近的晁公武二人并未说明《印格》又名《图书谱》，而自元至正年间盛熙明《法书考》著录杨克一《图书谱》又名《集古印格》以来，才逐渐开始了《图书谱》《印格》《集古印格》三名的混用。由此似可怀疑《图书谱》与《印格》并非一书？

再读张文潜《图书序》："图书之名，予不知其所起，盖古所谓玺用以为信者。克一既好之，其父补之爱之尤笃，能悉取古今印法尽录其变，谓之《图书谱》。自秦汉以来变制异状皆能言其故，为人篆印玺多传其工，有自远求之者，数为予言。予不省之，独爱其用心不侈，致精于小事末务，故并录焉。"此处"并录"似乎也还可以这样理解：即此段与前面杨克一梦得31姓名奇字印之事并录。"能悉取古今印法尽录其变""自秦汉以来变制异状皆能言其故""为人篆印玺多传其工，有自远求之者"的主人公都是杨补之。如果做此解，那么就是杨克一之父杨补之即精于印史，善于篆印，《图书谱》之作者当为杨补之。《印格》为杨克一在其父杨补之《图书谱》的基础上编辑完成的一部关于印章标准、形制、体式内容的独立印学谱录。如果真如此，那么印谱史，乃至印史或须一变。撇开对杨克一父亲的误判不谈，明时韩国名士张维对《图书谱》与《印格》的关系所作的解释：《图书谱》的著作者为杨克一父亲，《集古印格》则是杨克一在其父《图书谱》的基础上完善的独立集古印谱，似乎即是如此理解。具体如何，此处仅提出一疑，待日后详考。

（二）《图书谱》的失声与失传

文人参与设计印稿渐成风气，但在宋代的文人士大夫眼中，仍属于"小末事务"，并没有受到普遍重视。张文潜作为笃好缪篆的杨补之的妻弟，痴迷篆印的杨克一之舅父，在谈到"图书"的时候，仍称自己"不省之"，这应该不是过度自谦，因其在整篇序文中，除对杨克一的31方创作只指出了"变易迭出"的现象，表达了自己的看法"颇奇"之外，再没有关于31方印篆的任何评价信息。张文潜还在赞扬杨克一专心钻研的同时，提出了他的"图书"的定位——"小末事务"。这种对篆印的不重视，可能受到了扬雄"雕虫篆刻，壮夫不为"观念的影响。即使扬雄当时可能只是将作文与胸怀天下相比而发的感慨，但这句话却仍然让篆刻长时期在早期文人士大夫圈中步履维艰。

宋代的印史资料中，文人士大夫间擅长篆印的还有南宋中期的吴景云、曾大中等，[1]他们虽在当时已有印名，如："大中尤喜为摹印，甚得秦汉章玺气象。"[2]但是目前并没有看到有关辑录他们创作印篆的谱录。杨克一《印格》实属个例，在当时并没有形成风气。

要之，宋代士大夫对篆印仍然没有脱出"雕虫末技，壮夫不为"固有认知，"篆印"在文人士大夫圈中仍然被视为"小末事务"，仅受到少数人的喜爱和重视，并没有形成风气；此后南宋虽有吴景云、曾大中等士大夫参与篆印镌铜，但他们仍然没有集谱成书之念。所以杨克一之后，直到晚明才出现了独立的个人印谱。此外，由于《印格》成谱后的流传范围当限于极小的圈子，后又历"靖康之乱"，北方大族藏书散佚良多，所以《印格》很早就已经失传，且对后世影响寥寥。在它发声之后，直到晚明才实现了印学谱录的蓬勃发展，实在是一大憾事。

（三）《图书谱》的价值意义

即使《图书谱》早已失传，且并没有在印谱的发展过程中产生与其首创之功所匹配的影响，却也毫不妨碍它在当下的印谱史中的首创地位。《图书谱》作为时代的产物，将集古印与创作印混编。集古印部分，是辑谱目的从"崇古持信"到"印篆借鉴"之滥觞，开"印式类"研究风气之先；31方姓名奇字印部分，则为文人士大夫参与篆印的早期实例，其"集当世文人印篆"的辑谱方式，亦为后世个人印谱振翮之端倪。

1. 集古印部分

《图书谱》集古印部分之辑谱目的与"玺谱""官印谱""私人鉴藏印谱"的辑谱目的有着明显的不同，主要在于"尽录其变"，作印史研究；在于"能悉取古今印法"，为篆印提供印法借鉴。集古印编的辑录顺序，当是遵循印史轨迹，按时间排序；辑录体例当为图样与考释文字并重，勾摹印体与印文，著录印章释文、出处、流传情况等。这种考证印史，明确印制、印体、印文变化缘由的辑谱目的，兼具金石学研究的性质。开南宋王厚之《汉晋印章图谱》、元吾丘衍《古印式》、清吴云《两罍轩印考漫存》等"印式"类研究风气之先。

通过薛尚功关于"受天之命皇帝寿昌"的引注，杨氏"玄妙淳古，无过于此，虽龙飞凤翥，不足以拟其势，摹印之祖也"的评议可见，《图书谱》已经不再是局限于印史考据，具有了明显的篆刻赏玩意味。这种在有意无意之间表现的文人趣味，正可说是为印学谱录走向艺术，迈出了关键一步。

---

[1] 黄惇著：《中国印论类编》，荣宝斋出版社 2010 年版，第 193 页。

[2] 南宋·陈槱：《负暄野录·近世诸体书》，据《钦定续文献通考》景本卷一百七十七。

2. 姓名奇字印部分

《图书谱》的另一组成部分，杨克一创作的31方姓名奇字印，是北宋文人士大夫参与"篆印"的有力实证。杨克一不仅善于篆印，在北宋士大夫圈中一度盛传其"工"，甚至有大老远跑去求印之人。有鉴于此，韩天衡先生在《中国篆刻大辞典》的"印人"中，将杨克一列为第二，仅在米芾之后。然与米芾是否真正参与篆印的争论不休不同，而杨克一既有士大夫出身，又有《集古印格》的著录，张耒关于其善于篆印、远近咸求的记载，当为文人士大夫参与篆印的实例，再无疑议。

此外，出于父亲杨补之的爱重，舅父张耒的鼓励，杨克一所篆的31枚姓名奇字印被并录于《图书谱》内，首次将"当世文人印篆"收录在印学谱录中间，虽早在成谱60年内就已经失却，对后期印学谱录没有发生过有效的影响，但这并不妨碍他作为后世个人印谱振翮之端倪。

五、结语

综上所述，杨克一首先是活跃于北宋士大夫文化圈的重要人物，与处于政治核心圈的东莱吕氏关系匪浅，以苏轼为核心的士大夫文化圈渊源颇深。因其家学渊源，杨克一好印成痴，精通古今印法和收藏古印，熟谙各体文字，是当时声名远播篆印高手。《图书谱》首次将集古印和当代文人篆印合编，收录秦汉以来古印，并录杨克一篆印31枚。《图书谱》是文人士大夫参与篆印的实例，实现了篆印主体、辑谱目的、谱录内容形式的转变，开"印式"类研究风气之先，具有明显艺术赏玩意味，作为北宋印学图谱之肇始应实至名归。

（作者供职于公众号"金石书画录"）

国家图书馆馆藏张廷济金石文献三题研究

——兼论古印鉴藏

张 雷

内容提要：国家图书馆馆藏张廷济金石文献，内容丰富，是研究张廷济关于金石文字考据、古印书画鉴藏的重要资料，《张叔未解元所藏金石文字》《清仪阁题跋》《清仪阁古印偶存》中皆有记载；另外，这些文献中涉及张廷济鉴藏古印的内容，尤其《清仪阁古印偶存》（陈介祺批注本），不仅是研究张廷济与陈介祺鉴藏古印思想异同的重要文献，亦是研究陈介祺鉴藏古印及印学审美的重要资料。

关键词：张廷济　金石学　清仪阁　古印　陈介祺　国家图书馆

国家图书馆馆藏张廷济（1768—1848）金石文献有《张叔未日记》（稿本，善本书号：05320）、《张叔未编年诗》（稿本，善本书号：07760）、《张叔未解元所藏金石文字》（石印本，善本书号：古120867）、《清仪阁题跋》（石印本，善本书号：古12086703.1）、《清仪阁古印偶存》（刻本、钤印本，善本书号：A02622）、《清仪阁古印偶存》（刻本、钤印本，善本书号：A02622，陈介祺批注本）。其中《张叔未解元所藏金石文字》《清仪阁题跋》《清仪阁古印偶存》对古印的鉴藏题跋内容皆有涉及。本文拟从以上三部文献内容着手，对张廷济在金石研究过程中涉及的古印鉴藏问题进行探索。

一、《清仪阁题跋》中的宋代金石学

国家图书馆馆藏《清仪阁题跋》光绪年间由苏州振新书社出版发行。该书主要收录张廷济金石题跋内容，其中收录历代金石、书画、文玩类资料，从这些题跋内容可知张廷济生平过眼金石书画资料相当丰富。《清仪阁题跋》所呈现的不仅是金石古器物鉴藏，同时，也把张廷济与同时代的文人以金石书画交游形式记录在内。他与阮元、翁方纲、张燕昌、赵魏、宋葆淳及他的堂侄张受、外甥徐同柏等。整体上，从《清仪阁题跋》内容中足以把乾嘉金石学派的学术风貌一览无余。细审之，兴起于乾嘉学派的金石学，无论是鉴藏，还是考据都离不开宋代金石学成就的影响。王国维《宋代之金石学》中提到：

考证之学，亦至宋而大盛。故天水一朝智之活动与文化之多方面，前之汉唐，后之元明，皆不逮也。近世学术多发端于宋人，如金石学亦宋人所创学术之一。宋人治此学，其于搜集、著录、考订、应用各面无不用力，不百年间，遂成一种学问。[1]

图1　国家图书馆馆藏
《清仪阁题跋》石印本

宋代金石学以杨南仲、欧阳修、刘敞、李公麟、吕大临、赵明诚、洪适、洪遵、黄伯思、董逌、楼钥等人成就影响深远。以欧阳修《集古录跋尾》为代表的金石学著作集中收录先秦至五代时期的金石资料，欧阳修还做了考证；其把刘敞、杨南仲、蔡襄等人在他集古过程中所作的贡献也记录在内，如刘敞、杨南仲释读器铭款文，蔡襄与其品评书法。宋代金石学对古器物器型、图案、文字的保留以描摹、捶拓为主，如李公麟描绘青铜古器物形；洪适描摹古碑碑形。高学治在《清仪阁题跋序》中提到：

主人（清仪阁主人张廷济）嗜古弥笃，辨释正文，自有专集。凡此零星条录之词或他人请质，抑已续收一、二年又成一册。有如王复斋所拓藏杨南仲之精识铺叙必详……[2]

杨南仲，即杨元明，字南仲。北宋书法家、古文字学家。历太常博士、国子监书学等职。[3]杨南仲、刘敞、章有值在《集古录跋尾》中常被提到，其主要是为欧阳修所藏青铜彝器识读款文。如："原父（刘敞）博学好古，多藏古器器物，能读古文铭石，考知其人事迹。"[4]"原甫博学，无所不通，为余释其铭以今文，而与南仲时有不同。故并著二家所解，以俟博识君子。"[5]"自余集古录古文，所得三代彝器，必问于杨南仲、章有直。"[6]可见，欧阳修《集古录》是集众家之所长，如古文字释读方面得到刘敞、杨南仲、章有直的帮助，刘敞、杨南仲在金石收藏领域也有成就，同时，形成一个金石朋友圈。

宋代金石学不仅推动文字考释和书法发展，同时，还推动金石图谱和捶拓技术的发展。诸如，吕公临、李公麟、洪适、洪适在收录金石古器物过程中，他们通过描摹技术把器物的器形收录，通过捶拓技术收录款识文字。洪适《隶释》《隶续》对古石刻的收录较翔实，其中包括石刻图案、文字的考证。洪遵《泉尊》是一部系统的古钱币变迁史，同时，还收录少数民族和外藩的钱币图案、

---

[1]　王国维：《宋代之金石学》，《王国维考古学文辑》，凤凰出版社2008年版，第113页。

[2]　张廷济：《清仪阁题跋·序》，国家图书馆藏。

[3]　欧阳修著、邓宝剑校：《集古录跋尾》，人民美术出版社2010年版，第10页。

[4]　欧阳修著、邓宝剑校：《集古录跋尾》，人民美术出版社2010年版，第5页。

[5]　欧阳修著、邓宝剑校：《集古录跋尾》，人民美术出版社2010年版，第8页。

[6]　欧阳修著、邓宝剑校：《集古录跋尾》，人民美术出版社2010年版，第9页。

文字内容。金石学从宋代发展至明末清初，以赵涵、郭宗昌、顾炎武、王宏撰等人为代表，尤其，顾炎武在金石考据过程中亲自进行实地考察，搜访金石资料；又重视古文字音韵考证，就成丰硕，对乾嘉金石考据学有深远影响。

乾嘉学派的推动者以毕沅、阮元影响力最显。毕沅曾在陕西任职期间常常亲身实地考察，搜访古奇，著有《关中金石记》《关中胜迹图记》，同时还修缮陕西学府（今碑林博物馆）；其他金石学著作《中州金石记》《三楚金石志》。毕沅与阮元曾在金石学领域有交流，传《山左金石志》和《两浙金石志》记载了他们的交流信息。阮元著有《积古斋钟鼎彝器款识》，其中收录钟鼎彝器拓本及款识内容，数量庞大。张廷济与阮元既有"师生之缘"又是"金石之友"，所以他们的关系可想而知。值得注意的是，从张廷济《清仪阁题跋》《张叔未解元金石文字》中皆能找到阮元《积古斋钟鼎彝器款识》中所收录的部分器

图2 《清仪阁题跋》目录

物来自张廷济清仪阁的记载。此外，在《清仪阁题跋》中，张廷济在青铜彝器部分，常提到他的外甥徐同柏（籀庄）。徐同柏在张廷济金石学熏陶下，精于古文字考据，常在张廷济收藏过程中识读古文字，著有《从古堂款识学》《清仪阁古印附注》，王国维曾为徐同柏《桐乡徐氏印谱》作序，其中提到："楙斋（徐同柏）至于古器物、古文字之学，可谓知所先务也。余近于六国文字及玺印之学颇有所论述，因书以弁其首，世之治文字学以鉴观焉。"[1]易言之，徐同柏的古文字学成就对于后世学者治学是可以借鉴的。《清仪阁题跋》中记载《商子父已爵》：

　　商爵，纯素无花色黝润，好事家所谓："黑漆，古者文在鋬内，字画刻露，外奄内闳。象子形肋脊，指皆具尤字，孙象形文中所罕见者。"徐籀庄云："是燕子。"盖古燕饮之器。嘉庆甲子三月十八日，购于湖州潮音桥严含章家，其值番银八饼。壬午二月廿一日。[2]

另，张廷济在跋《周叔氏宝琴钟》中如是记录，流露出他对徐同柏的赏识。

　　盖辛酉冬杪事。己巳春，余再至京，旨苏米斋索观，令工拓数本。此赠寿藏须甥一也。今宜泉化去诸古物，闻悉归叶东卿，拓致大不易矣。钟文义奥古，与阮仪征师所藏虢叔钟同为真正古文。按，阮虢叔钟与陈受笙得于关中。今归伊墨卿太守者，文字相同。此与素方伯藏钟、司马达甫藏钟亦皆同文。古人一文不仅一器，此其证也。余收集钟鼎彝器文不下四百种，而钟文合新旧本止十数纸，知古器中钟最难得。吾甥能识古文奇字，此得实诸籀书窠可谓得一知己

[1] 王国维：《桐乡徐氏印谱序》《观堂集林外二种》上，河北教育出版社，2001年版，第185页。

[2] 张廷济：《清仪阁题跋》，国家图书馆藏。

矣。甲戌三月三日。[1]

实际上，以张廷济的金石交游圈规模，使他获得高品质金石古器物及拓本是非常容易的。他与翁方纲（苏米斋主）交往，从翁处不仅获得拓本，还请翁方纲题写"清仪阁"及吉金拓本；他与阮元及其门生交游，提高了他的金石鉴藏声望；徐同柏在古文奇字方面的成就受到他的器重。质言之，张廷济的金石鉴藏地位及影响力的提高，与翁方纲、阮元及其门生有很大关系。

张廷济对古钱币的鉴藏参考洪遵《泉志》。在《张叔未解元金石文字》《清仪阁所藏古器物文》题跋既能发现他对《泉志》的了解。尤其，对一些古钱币在历史上的流传，他援引《泉志》里提供的信息进行考证。如张廷济在《清仪阁题跋》中题《新莽十布·大黄布千》中记载："'黄'即'横'字，'横'即'衡'字，'黄千'犹言指'千'也。《洪志》以前旧谱皆讹，始订正于张端木《钱录》，翟中溶《续泉志》说尤精核，此布流传尚多。余藏有五写法小异，然皆真品，壬午七月念一日。"[2]其中，《洪志》即洪遵《泉志》。张廷济在对古钱币进行考证时，不仅关注了钱币上的文字特征，同时，还从书法风格角度进行考证。如《新莽大泉五十范》中提到：

此杭州王五检叔范，隶书至精，器亦厚重。嘉庆癸亥闰二月余，客杭州手拓之，嗣为海昌马芝亭购去。芝亭善飞白书，藏古亦富。癸未。[3]

又有《新莽货泉范》：

货泉范背有"母"字，字迹极古。此当是真汉刻，《金石契》云吴门江都郑堂藩所藏。此拓本有王兰泉宗伯二印四，八分朱字，亦其手书，当曾入蒲褐山房而流转他属耳。[4]

张廷济对古钱币文字特征及书法风格的关注受《泉志》影响。不同的是，《泉志》中集中的收录历代（宋以前）的钱币，所以能够系统地考证不同时代不同地域的钱币文字及风格；张廷济只是零散地收录，并没有系统的钱币发展脉络。然而，张廷济把书法风格与金石收藏结合起来，用于考证，确实值得探索。

《清仪阁题跋》中有若干宋代金石器物是宋人拓本。从张廷济的题跋中可以发现：一方面，张廷济对宋代金石器物的流传和历史比较有兴趣，如《宋至德坛铜炉》、《宋宝祐牛符》、《宋临安府铸牌》、《怀素圣母帖》（元祐戊辰刻本）、《苏文忠蜀冈帖诗刻》、《宋黄文节浯溪诗刻》（旧拓剪本）、《淳化阁帖淡墨拓第六七八九十卷》（朱朵山藏本）、《大观帖原刻残帙》、《宋文绣院洮河石砚》等；另一方面，张廷济重视宋代拓本及捶拓技术，如《宋拓汝南王公主墓志》（明李竹嫩旧藏本）、《宋拓阴符经二种》、《曹娥碑》（查嗣瑮旧藏宋拓本）、《戏鱼堂东方像

[1] 张廷济：《清仪阁题跋》，国家图书馆藏。
[2] 张廷济：《清仪阁题跋》，国家图书馆藏。
[3] 张廷济：《清仪阁题跋》，国家图书馆藏。
[4] 张廷济：《清仪阁题跋》，国家图书馆藏。

赞》。张廷济在《戏鱼堂东方像赞》中他到："古帖以宋拓为第一，宋拓又以'二王'小楷为第一。"[1]在张廷济传世的关于金石学资料中，能看出他对捶拓技术的重视。如他在题跋《曹娥碑》中提到："《曹娥碑》纤劲清丽，赵子昂、虞伯生皆推为正书第一。此宋重墨拓瘦劲异常，真能写得孝女诉神告哀，一种性情出古刻古拓之所以足重也。"[2]诚然，张廷济重视宋人对《曹娥碑》的"墨拓"技术。

值得一提的是，张廷济在当时已经注意到全形拓的重要性。从《张叔未解元金石文字》《清仪阁所藏金石文》中可以发现，其中收录青铜彝器的器形就是通过全形拓技术完成的。全形拓是传拓技术发展过程中，成熟较晚的一门技术。"全形拓是在传拓基础上的改良。""全形拓是一种墨拓古器物立体形状的特殊传拓技法。"[3]马起凤、六舟、陈介祺皆是清代全形拓名家。张廷济的好友翁树培曾托人给他送了一个钟文全形，并索题跋。张廷济题曰："所藏钟文全形者已被友人取去，希再寄一纸全形。知全形实在难拓，或止拓其文字，希多寄数本也。"[4]张廷济有关金石古器物全形拓的收藏在《张叔未解元金石文字》中有图版传世，其中收录钟鼎彝器、古钱币、古砚等，此部分内容在下一题另有专述。

张廷济对古印收藏有浓厚的兴趣。然而，《清仪阁题跋》中仅收录三则题跋，即"汉赵婕好玉印""朱履伯石印""葭轩刻玉印"。张廷济鉴藏古印不仅有题跋传世，还有《清仪阁古印偶存》传世；至今还能从《清仪阁所藏金石古文》《张叔未解元金石文字》《张叔未日记》中发现他关于古印鉴赏品评的手稿。光绪年间由苏州振新书刊行的《清仪阁题跋》中仅收录三则题跋内容。

二、《张叔未解元所藏金石文字》及古印题跋

《张叔未解元所藏金石文字》一书是光绪十年（1884）四会严荄鹤缘馆刊印发行的，其书名由徐三庚题写"金石文字"。下款："张叔未解元所藏本，乙酉秋，褒海署。"是故国家图书馆拟用该书名为《张叔未解元所藏金石文字》。其书有刊印者严荄根（根复）作《序》以述缘起：

> 予癖耆金石书画至老益笃。曩游海上，渡大江，入京口，登北固，上金焦，过芜城，寄维扬，随处句留，批浮旧迹。兵燹后，铜驼久归。荆棘玉案亦出人间。得嘉兴张叔未解元家藏金石最夥，内有水前精拓《瘗鹤铭》二本，一浓墨圆浑古厚，元气淋漓；一淡墨苍劲，朴奥神采动宕。各家题跋推为双绝。拟各依原迹大小厘为四幅，用泰西脱景法上石印出，使《鹤铭》全体毕现（见），亦足继张力臣、洼后谷两先生之志也。因以名，斋曰："鹤缘。"云：今将是景印以供同好异考据，精核鉴古者当自领之。光绪岁在阏逢涒滩厉辜月上浣。四会严荄根复

---

[1] 张廷济：《戏鱼堂东方像赞》，《清仪阁题跋》，国家图书馆藏。

[2] 张廷济：《曹娥碑》，《清仪阁题跋》，国家图书馆藏。

[3] 张雷：《马衡金石研究与全形拓技术的传薪——兼论马子云〈金石传拓技法〉的价值和意义》，《西泠艺丛》，2020年第12期，第57页。

[4] 张廷济著、国家图书馆编：《国家图书馆藏抄稿本日记选编·张叔未日记》，国家图书馆出版社2015年版，第364页。

识。钤有"莨印""根复"两印。[1]

比较现今市面上流通的《清仪阁所藏古器物文》（浙江人民美术出版社2020年版），《张叔未解元所藏金石文字》体量略小，其书中所收藏钟鼎彝器、钱币（含外藩钱币）、钱范、古砖、古瓦、古尺、古铜铃、残碑、古砚、古印。书中集有张廷济及其朋友的题跋内容，这些作者皆是张廷济的金石朋友圈名仕，如张燕昌、邪鉴徵、文鼎、翟中溶、翁方纲、叔盖（钱松）、邓骧英等人。其中，收录的题跋内容可分为一下几类：

其一，记载金石古器物拓本流传。如：

图3　国家图书馆藏
《张叔未解元所藏金石文字》石印本

> 阮师《积古斋钟鼎彝器款识》云：右《羊灯铭》十四字，长洲顾文铄所藏器，据摹本编入。案，黄龙元年，西汉宣帝之二十五年也。嘉庆癸酉四月二十九日，张廷济叔未录。钤"廷"字印、"济"字印。

> 嘉庆戊寅正月卅日，仁和老友赵晋斋魏寄来。张廷济记。钤"张叔未"印。

> 曲阜孔氏所藏汉尺真本。嘉庆壬戌四月十九日，杭州江秬香同年凤彝所赠。时同客京师，秬芗（香）又赠余黄小松易双勾汉碑镌本五册，余献以汉魏易注一部。今别去十五年，对此益深旧雨之感。钤"张叔未"印。

> 此曲阜孔氏所藏汉尺真本，与安邑宋文帅初所赠旨曲阜亲拓之真本细细对勘不爽毫发。此外又有剪去四边白纸之本亦真。清仪集古款识所装之本，翁覃溪学士云：系孔氏摹本。嘉庆癸酉四月二十八日张廷济记于八砖精舍。钤"张廷济"印。[2]

阮元编订的《积古斋钟鼎彝器款识》中古器物拓本多来自张廷济藏处，同时，张廷济在阮元的影响下在金石界声名鹊起。赵晋斋魏，乃张廷济好友赵魏，号晋斋，仁和（今浙江杭州）人。赵魏曾入阮元幕府参与编辑《两浙金石志》；赵魏与张廷济交往甚密，常在金石方面有交流。显然，张廷济对每件器物拓本的来龙去脉都有清晰的记载。

其二，对古器物金石文字的考释。《张叔未解元金石文字》中共收录吉金钟鼎彝器拓本五个，其中一个有详细文字考释，如图5中所示。另外，张廷济还关注了古钱币的文字及图案特征，如：

---

[1]　张廷济：《张叔未解元所藏金石文字》，国家图书馆藏。

[2]　张廷济：《张叔未解元所藏金石文字》，国家图书馆藏。

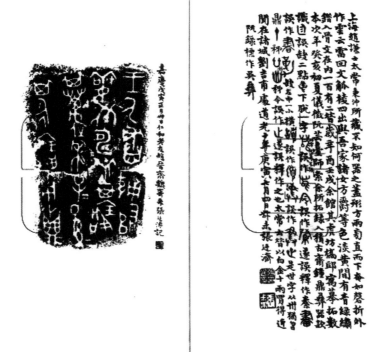

图4 《张叔未解元所藏金石文字》内容之一

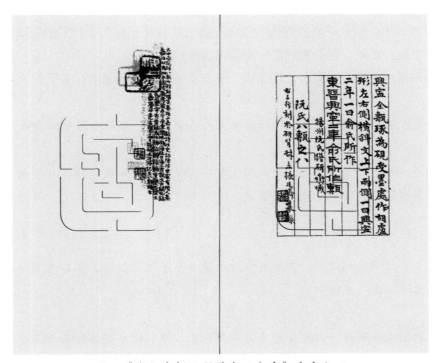

图5 《张叔未解元所藏金石文字》内容之二

右布文作五男儿女，新莽时之厌胜品也。乾隆六十年乙卯，余观于文鱼哲兄石鼓亭。子（字）古润可爱，后归仪征阮师积古斋。道光四年甲申二月二十三日。叔未张廷济。钤"张廷济""张叔未"印。[1]

其三，对古钱币研究的系统性初具规模。历代金石学家对古钱币皆有涉及，但是，像张廷济这样能够参考多家文献对古钱币及拓本流传和文字进行考证的却极少。宋代洪遵《泉志》中收录了历代钱币拓本、文字及历史信息考证；之后，金石学家对古钱币的收录都是在前人基础上的续补，也很少有洪遵那样规模的古钱币研究现象。直至张廷济，从《张叔未解元金石文字》中就能发现其中端倪。如：

武林吴亦庵于故家得古泉布一箧，至精者"汉兴"其一也。洪遵《泉志》、顾烜《钱谱》云：今世犹有小钱重一铢半，径五分文。曰：汉兴小篆。案，班、马二史皆云：莫钱不载泉文。顾烜之说盖失之矣。金光袠与董迴皆因之李孝美以为楷书。文曰："汉兴"莫钱自蝌蚪之法熄，而篆隶行至东汉末始变为开，何其说之妄耶？云：廷济案，此"汉兴"字原是篆法，古器文往往有此。李谓：为楷固非，然洪亦实未见真泉，故以顾说为失，而《泉志》刊本其文列孔之左右，是皆以意伪造而不意，数百年后真迹复见于世也，成书之不可虚假如此。[2]

在历代研究古钱币的文献中，洪遵《泉志》是一部专门的集钱币图案、文字记载、币形的著作，所以张廷济对古钱币的研究以《泉志》为参考。虽《泉志》中也对古钱币上的文字有收录，但是极少谈及文字和书法。而张廷济的古钱币考证先进之处就在于对文字与书法变迁史的涉猎，即他通过历代钱币文字进行比较，进而梳理出一条脉络清晰的书法史。

其四，收录张廷济金石朋友圈名仕的题跋，丰富了《张叔未解元金石文字》题跋内容。如：

……道光己丑十月四日过访，八砖精舍主人为书此跋，木居士瞿中溶。钤"木居士"印。

新得汉洗一枚，形类乐仲文，延销篆下紫字定必记号，如梁山销之扶字也。兹特拓奉，法鉴品定之后务望指示，屡承见教谅不吝也，肃此并孝履不宣。叔未兄文，吾师，弟鼎顿首。无钤印。

刻下在舍，驾同往拓汉兴壮布并有铜权古镜刀币等留呈精鉴，望勾迟滞顺询刻佳不备送张叔未老爷，帖亭拜白。无钤印。

久谏，教答殊得渴拜，兹托春峙三兄寄上拓本二纸、徐忠懿公印三纸乞检收，尊处有拓本纸寄我一二为……叔未三兄大人，弟顿首。

---

[1] 张廷济：《张叔未解元所藏金石文字》，国家图书馆藏。
[2] 张廷济：《张叔未解元所藏金石文字》，国家图书馆藏。

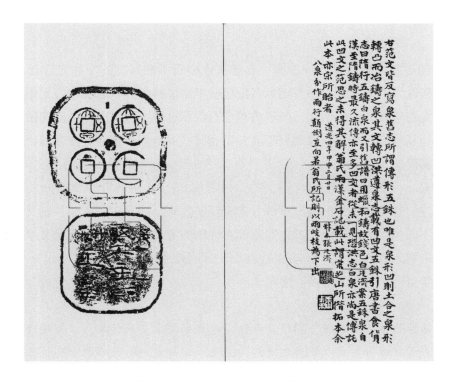

图6 《张叔未解元所藏金石文字》内容之三

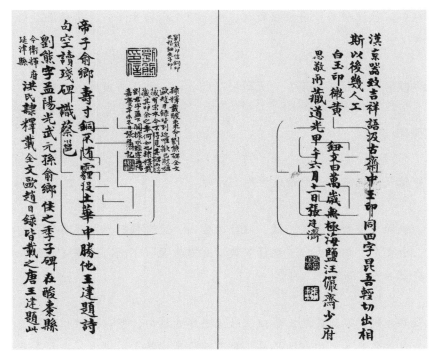

图7 《张叔未解元所藏金石文字》内容之四

藐姑着意画难政，腕底何曾妙入神。色相两忘闲处取，胡然绰约见仙人。（里）甲子冬日燕昌篆并题。[1]

从以上名仕的题跋内容可见，一方面，张廷济在金石学朋友圈的交往之广泛，他们涉及青铜器、古钱币、古砖瓦、古印等。另一方面，名仕题跋书法风格各异，题跋内容更是见其考据功夫。这也正是张廷济金石鉴藏的价值所在。张廷济在金石收藏世界不仅范围广，其交游范围也广，诸如以上所提及的名仕从事各行各业，收藏兴趣亦各不相同，而他们却能够经常互动，进而推动乾嘉学派之后的金石考据发展。

值得注意的是，《张叔未解元金石文字》一书中收录较集中的古印章部分，有很大的发掘价值。综合前文所述，这些在该书的古印章部分皆有反映。张廷济对古印章的收录及考证内容丰富。他对不同地域、不同风格、不同时代的古印章都有详细的考述，无论印风还是文字考据都有涉猎。此处拟从《张叔未解元金石文字》中选择校注以下三则题跋内容进行阐释。

其一，"延年益寿"与"天毋极"铜印。

"延年益寿"与"天毋极"铜印，龟钮。海盐家文鱼孝廉旧藏，曾质钱廿四千于同里黄椒升锡番，黄著《续古印》式以此为之冠后，文鱼赎回归大中丞阮师积古斋，嘉庆二十年，乙亥四月十四日，张廷济识。钤"张叔未"印。

汉京器致吉祥语，汲古斋中玉印同四字。昆吾轻切出相斯以后几人工。白玉印微黄，钮文曰：万岁无极。海盐汪俨斋少府思敬所藏。道光甲午六月十一日，张廷济。钤"张廷济""张叔未"印。[2]

张廷济前后两次题跋"延年益寿""天毋极"印，前一跋记录此印的流传，后一跋对其材质，及钮文进行补录。

其二，"刘熊印信"。

"刘熊印信"，铜印，天禄钮失子印。

《隶释》载酸枣令刘熊全文，欧、赵目录皆列，近唯歙巴慰祖藏有宋本，今不得见其碑，而得藏其印，余之幸，何如也！《隶释》载"刘君字孟"下阙□，据《水经》字孟阳。嘉庆辛未冬日张廷济记。钤"张叔未"印。

帝子俞乡寿寸铜，不随霾没土华中。胜他王建题诗句，空读残碑识蔡邕。刘熊，字孟阳，光武元孙，俞乡侯之季子，碑在酸枣县（今卫辉府延津县）。洪氏《隶释》载全文，欧、赵目

---

[1] 张廷济：《张叔未解元所藏金石文字》，国家图书馆藏。

[2] 张廷济：《张叔未解元所藏金石文字》，国家图书馆藏。

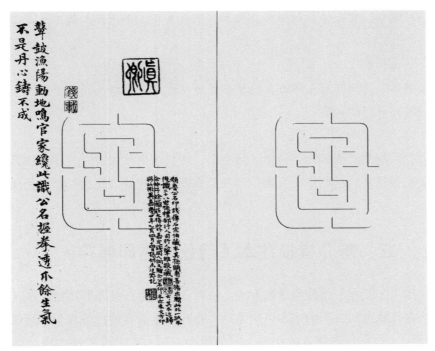

图8 《张叔未解元所藏金石文字》内容之五

录皆载之，唐王建题此。

云苍台满字，土霾龟（秋）风雨消磨。绝妙辞不向图经中旧见，无人知是蔡邕碑。碑久毁，惟歙巴俊堂慰祖，江都汪容甫中尚有残拓，此铜母印辟邪钮。秀水文后山鼎售来。道光十四年甲午六月十一日，张廷济。钤张叔未，廷济印。[1]

张廷济考释"刘熊印信"参考多方面史料，鄱阳洪迈、洪适、洪遵本是亲兄弟，他们三人在金石研究领域各有成就。洪适《隶续》《隶释》，洪遵《泉志》都是研究金石图谱的重要资料，《隶续》《隶释》收录历代石刻资料，且图文并茂；《泉志》前文题到过，也是图文并茂。张廷济在考证"刘熊印信"过程中，参考了洪氏兄弟传世文献进一步考证"刘熊残碑"，试图佐证"刘熊印信"的价值。刘熊乃光武帝元孙，其碑刻书法水平不会差。另外，《刘熊碑》被巴慰祖、汪容甫、文鼎这样精于金石鉴藏的名仕关注，可见"刘熊印信"同样也是如此。

其三，"真卿"印。

颜鲁公名印，钱萚石宗伯藏本，其孙顺甫善扬出赠此外一纸本。后识：二十八世孙，礼部行人司行人肇维敬藏。（钤"颜肇维"印，"肃之"印）云：其本近归余姊子徐籀庄大椿。此外，嘉定钱同人侗又赠余公名印，本亦朱文方印，与此微异。家庆廿年乙亥四月十四日，张廷济叔未记。钤"张叔未"印。

---

[1] 张廷济：《张叔未解元所藏金石文字》，国家图书馆藏。

鼍鼓渔阳动地鸣，官家才此识公名。握拳秀爪余生气，不是丹心铸不成。（此跋旁钤"钱载"印）

鲁公铜名印不一，此其后人所藏，想非后世追造。道光十四年甲午六月十一日，张廷济。钤"廷济""张叔未"印。[1]

此跋中，颜鲁公乃唐代颜真卿，字清臣，号鲁公，唐代楷书代表之一。徐籀庄乃张廷济外甥徐同柏，精通金石学。张廷济直接判定"真卿"印乃颜真卿后世子孙"追造"，可见他在印学领域的非凡眼力。

三、陈介祺批注本《清仪阁古印偶存》

张廷济《清仪阁古印偶存》是其印学集大成。值得注意的是，从陈介祺批注本《清仪阁古印偶存》中可见张廷济在收集古印过程中诸多可疑之处。张廷济生活在清代乾嘉学术活跃的时期，他与阮元、翁方纲、邢澍、张燕昌等师友的交游，对他的金石研究有助推提携作用；他与张受、徐同柏、陈介祺、翁大年等交游，使他们受益颇丰，其中张受是他的堂侄，徐同柏是他的堂外甥。张受和徐同柏与张廷济接触时间较长。文献记载，张廷济收藏过程中涉及的古文字考证有徐同柏参与，铭刻有张受（张受之）参与。也就是说，张廷济的金石收藏活动已经形成分工明确的"团队"规模。另外，张廷济收藏事业因为有张受、徐同柏的参与，他在金石鉴藏领域各自皆有成就；他们不仅传承了张廷济的鉴藏本领，还对张廷济的学术成果起到了传播的重要作用。张受、徐同柏与陈介祺（1813—1884）的交往，使陈介祺在金石收藏方面受益颇多。陈介祺比张廷济小45岁，但是陈介祺与张廷济的交往却成为金石学史上的佳话，陈介祺多次与张廷济书信来往，在这过程中陈介祺就已经收获很大了，再加之他通过与张受和徐同柏的交往，其从清仪阁中收获之大可想而知。从陈介祺与张廷济、张受、徐同柏的交往过程分析，陈介祺对清仪阁的收藏规模和资料掌握非常丰富。所以，陈介祺因缘际会获得《清仪阁古印偶存》之后，对其进行批注，并有诸多真伪可疑之处的矫枉内容就不难解释了。

关于陈介祺是通过什么方式？什么时候？通过谁？获得《清仪阁古印偶存》的，至今没有找到明确记载。陈介祺在金石研究方面成果丰硕，如《簠斋印集》《潍县陈氏宝簠斋藏器目》《潍县宝簠斋金文册目》《簠斋金文考释》《簠斋藏古金化》《簠斋传古别录》《簠斋古陶文字考释》《簠斋泉范》《十钟山房印举》等，另有潘祖荫撰《潘伯寅至陈簠斋书札》《王廉生至陈簠斋书札》等与陈介祺有关文献。其中所记录内容不乏张廷济金石研究的信息，但是几乎找不到陈介祺关于《清仪阁古印偶存》的信息。

从事陈介祺研究的陆明君先生在其成果《簠斋研究》[2]中也未明确提及。尽管陆先生通过大量史料旁征博引对陈介祺在金石学领域的成就进行论证，其中涉及陈介祺与张廷济的交往信息，尤其

---

[1] 张廷济：《张叔未解元所藏金石文字》，国家图书馆藏。

[2] 陆明君著：《簠斋研究》，荣宝斋出版社2004年版。

图9　国家图书馆藏《清仪阁古印偶存》钤印刻本

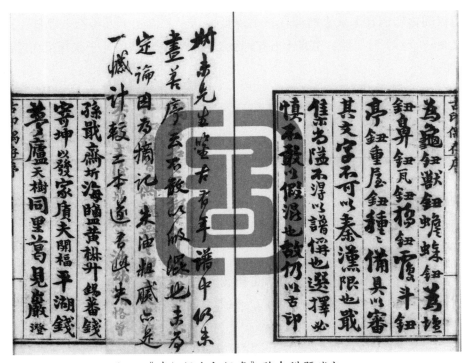

图10　《清仪阁古印偶存》陈介祺题跋之一

在《簠斋研究》中的第一章第三节是交游部分；第四章第二节是印学思想及自用印部分；第五章第四节是批注、校订的书籍部分，皆有提到陈介祺在印学领域的信息，尤其第五章对陈介祺的金石著作成就进行整体论述。其中，第四节批注、校订的书籍部分，如陆先生所整理：《观古阁泉说》《续泉说》《古泉汇》《古官印考证》《诸经校释》《簠斋所藏封泥目》《捃古录残稿》《簠斋摘录利津李氏记金文目》《潍县金石志》《延煦堂金文册目》《攀古楼款识目》《筠清馆金石文字》《长安获古编》《攀古小楼款识释文》《攀古小楼砖瓦文字》《说文解字》《汉书地理志目》《金文考读古陶文记》《御纂周易折中》《战国策去毒》，从中可知，其未提及陈介祺批注《清仪阁古印偶存》的信息。值得注意的是，陆明君先生在《簠斋研究》第六章"陈介祺年表"中提到张廷济、张受、徐同柏与陈介祺的交往信息。遗憾的是，年表中亦未提到《清仪阁古印偶存》传到陈介祺处的信息。此外，从事张廷济研究的王艳明在博士论文《清仪阁中的金石鉴藏世界》[1]中提到陈介祺与张廷济的交往信息与陆明君有观点一致内容，甚至陈介祺与张受、徐同柏的交往也是如此。陆明君先生在《陈介祺年表》中提到：

> 道光八年（戊子，1828）十六岁（陈介祺）。是年，徐同柏馆舅父张廷济清仪阁，编《清仪阁古印偶存目录》并附注六卷。[2]

> 道光十五年（乙未，1835）二十三岁（陈介祺）。此年，张廷济（叔未）《清仪阁古印偶存》（钤印本）行世。[3]

关于《清仪阁古印偶存》成书时间在该书扉页提到："道光十五年乙未春日，嘉兴张廷济。（钤有'清仪阁'印。）"（注：道光十五年即1835年）。张廷济的儿子张邦梁在《清仪阁古印偶存》最后有题识：

> 印古真印成书者，明上海顾汝修所集印二十本为最善，其书官印一册，私印上、下平声，上、去、入声五册，卷首朱记四行定其直曰："每本白金十两。"吾家旧有藏本，世颇珍之。昔岁戊子。家大人以积存古印三百三十有奇，命邦梁印三十五部，部分六卷，卷首四行，悉如顾书之例。惟顾有铜有玉，而此则仅有铜也。甫就铜者购去殆尽，今通并戊子后所续增者。复命梁印二十部纸，扣略小取便携带部分仍旧，而卷首朱记不复用。道光十五年乙未二月既望。邦梁敬识。[4]

可知，《清仪阁古印偶存的》刊印的时间和缘由，在张邦梁的题识中已经明确提到。生活在道光十五年（1835）的陈介祺年仅23岁，其在本年接触《清仪阁古印偶存》似乎不可能。《清仪

---

[1] 王艳明：《清仪阁中的金石鉴藏世界》，中国美术学院 2020 年博士学位论文。

[2] 陆明君著：《簠斋研究》，荣宝斋出版社 2004 年版，第 182 页。

[3] 陆明君著：《簠斋研究》，荣宝斋出版社 2004 年版，第 184 页。

[4] 张廷济：《清仪阁古印偶存》，国家图书馆藏。

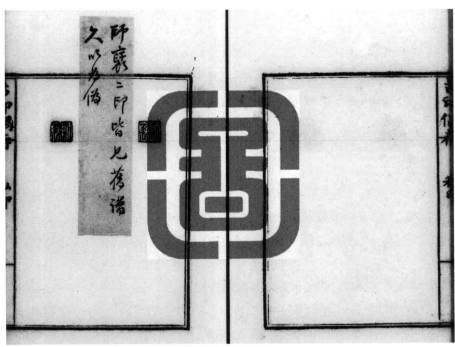

图11 《清仪阁古印偶存》陈介祺题跋之二

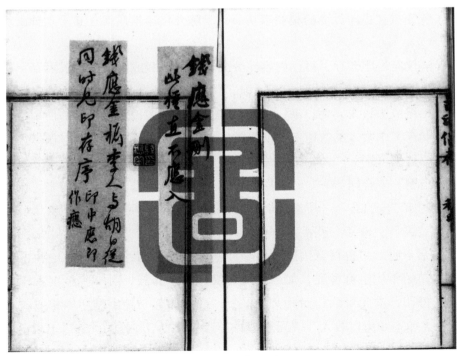

图12 《清仪阁古印偶存》陈介祺题跋之三

阁中的金石鉴藏世界》中提到："陈介祺不止一次托嘉兴知府李芸赓向张廷济索要清仪阁藏品的拓本。道光二十四年（1844）甲辰正月初一日，张廷济为陈介祺所藏汉刘耽六面印作赋以颂，并作有'宇识子姬千名以上；诗在苏黄两家之间'隶书联及'邹鲁渊原言有物；商周文字识其真'行书联见赠。是年陈介祺32岁，张廷济77岁。二人曾互通信札，但未谋面。"按这个时间推知，道光二十四年《清仪阁古印偶存》已经刊行9年，陈介祺通过书信来往而"托嘉兴知府李芸赓向张廷济索要清仪阁藏品的拓本"的过程中获得《清仪阁古印偶存》是有可能的。"道光二十七年（1847）张受之寓京，因张氏为张廷济侄，而陈介祺与张廷济为金石交，故张受之客京后频访陈介祺。从《徐寿藏年谱》可知，张受之充当了陈介祺与徐同柏的信使……五月，致徐同柏书，并赠吉金款识六种，请为考释。始与徐氏通函。"[1]从陈介祺与张受、徐同柏的交往过程来看，陈介祺通过张、徐二人之手获得《清仪阁古印偶存》也有可能。此外，从陈介祺对张廷济的敬仰，加之他又善于集古收藏，在印学领域兴趣浓厚的现象分析，其通过自己收藏手段获得《清仪阁古印偶存》也有可能。综合以上各类信息可知《清仪阁古印偶存》传到陈介祺处不仅是因为张廷济的金石成就影响力，还有陈介祺自身对古印收藏的浓厚兴趣，因缘际会获得。但是，关于陈介祺批注《清仪阁古印偶存》信息却在其传世文献中难以查阅。

国家图书馆藏陈介祺批注《清仪阁古印偶存》，其中内容有多处内容值得推敲。这些内容不仅为我们提供陈介祺关于鉴别古印的真伪、优劣信息。同时也反映出张廷济在集成《清仪阁古印偶存》过程中略有疏忽，而被陈介祺发现。陈介祺以便签形式在《清仪阁古印偶存》中进行批注，并把批注内容粘贴在内。正如他在批注中所言："叔未先生鉴古有年，谱中似未尽善。序云不敢以假混也未为定论，因为摘记。朱油粗腻亦是一憾，计较工本，遂有此失。"[2]这则内容从另一个方面反映了陈介祺在古印方面的精益求精。关于陈介祺印学成就在其《十钟山房印举》中有集中体现。

陈介祺在《清仪阁古印偶存》批注内容涉分为：疑、无疑或可疑；摹或可摹；佳或不佳；删或去；奉；收、不胜收或何以收；取或不可取；伪；古；新；等批语。经过统计比较，其一，疑、无疑或可疑；删或去；古；伪；摹；佳或不佳；用处较多，这些批语的使用足以说明陈介祺对《清仪阁古印偶存》中收入的古印有过认真的鉴别。如"开卷西阳亭侯'西'字即可疑""常乐亭候摹""平原徒丞可疑""沛祠祀长见旧谱仍疑之""绥德令伪""廉平北司马伪""疏字印可删""王田当删""合同当去""吉梁昶氏当去之"。其二，是对古印之"古"与"新"的鉴别也是有提到。如"安官古""毕潮兄旧谱而非古，删"。其三，陈介祺对于一些不佳、佳的古印批为"删""去"；对于一些品相好的古印会"收"，如"齿字佳""张羽不佳""王尊不佳""周翁孺余不收""鲁得意当删、鲁修亦不佳"。其四，陈介祺对一些古印中的古文字进行考证；对古印的年代也有考证，如"龚琛非汉印"。其五，对一些特别古印进行品评，如"刘胜、刘赣子母印，本无可取，而此又太多""谈字印似与疏字结字印相似，非摹魏印，可删""赵性善一类印不知何以收入""元篆押两三套者收之不胜收"。从以上批语可知陈介祺对古印的风格、朝代、文字、优劣都有涉及。

[1] 陆明君著：《簠斋研究》，荣宝斋出版社2004年版，第190页。

[2] 张廷济：《清仪阁古印偶存》，国家图书馆藏，陈介祺批注本。

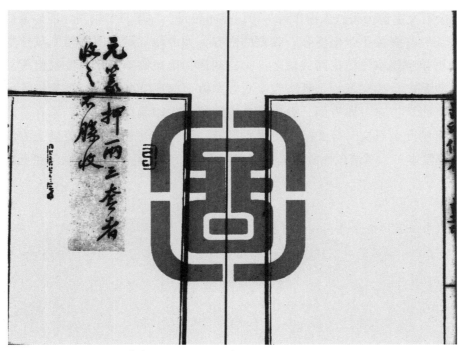

图12 《清仪阁古印偶存》陈介祺题跋之四

在陈介祺批注《清仪阁古印偶存》中出现类似何绍基的书法风格。陈介祺和何绍基有交往，何绍基于道光二十二年（1843）七月二十九日陈寿卿处看桂字，观所得白淮父敦及内者灯，刘耽印亦佳；于道光二十三年（1844）七月二十九日在陈寿卿（陈介祺）处看柳公权《神策军纪圣德碑》宋拓。[1]陈介祺钤印成《簠斋印集》，"日照许瀚印林、海丰吴式芬子苾、道州何绍基子贞审定"，何绍基并为题签。[2]张廷济的侄子张受是陈介祺和何绍基共同的金石之友，道光二十七年（1847）移寓北京松筠庵，至道光二十八年（1848）三月病逝。在这期间，何绍基与张受有频繁交往，而张受此时与陈介祺也有交往。所以，在这期间，何绍基是否有机会接触《清仪阁古印偶存》值得推敲，从批注文字内容中流露出何绍基的书法风格，如"张羽不佳""王尊不佳""税字印当删""廖立见旧谱而伪""毕潮见旧谱而非古""博望不佳""元篆押两三套者收之不胜收""合同当去之""吉梁昶氏当去之"。陈介祺在编订《簠斋印集》的过程中在《序》中就提到："余集古印二十年，精选慎收去伪……校之诸家印谱……"[3]

四、余论

国家图书馆藏张廷济的这批文献中内容相当丰富，仍有诸多问题还需要进一步挖掘。需要强调的是，这批文献中手稿部分由于保存了张廷济的手写面貌，给文字识读带来了诸多困难。有幸的是，在识读文稿文字过程中对张廷济的书法风格和审美趋向有新的认识。尤其《张叔未日记》

[1] 钱松：《何绍基年谱长编及书法研究》，南京艺术学院 2008 年博士学位论文，第 72—76 页。
[2] 韩天衡编：《中国篆刻大辞典·印谱》，上海辞书出版社 2003 年版，第 479 页。
[3] 陈振濂主编、西泠印社编：《簠斋印谱汇录》，《陈介祺研究专辑》，荣宝斋出版社 2006 年版，第 7 页。

《张叔未解元金石文字》《张叔未编年诗》皆以稿本传世，属于日常书写，所以需要认真校对。在诸多文献中还有许多关于张廷济金石收藏的内容，如台北"国家图书馆"藏抄本《清仪阁笔记》、上海图书馆藏稿本《清仪阁钱谱》、天一阁博物馆藏稿本《张廷济收租簿》等，皆是研究张廷济金石收藏的重要文献。张廷济在金石收藏方面的成就和影响，近几年受到众多学者的关注。特别是，张廷济在古印方面，由于其有《清仪阁古印偶存》传世，另有《清仪阁所藏金石文》《张叔未解元金石文》等文献的传世；另有，张廷济外甥徐同柏传世《清仪阁古印考》（邓实风雨楼秘笈本）、《清仪阁藏铭人遗印》等著作，为我们提供诸多关于张廷济金石鉴藏的信息。

（作者系中国书法家协会会员、陕西省书法家协会理事、沙孟海书学院研究员、东南大学博士）

《学山堂印谱》序跋之"务虚求空"现象刍议

陈道义

内容提要：《学山堂印谱》为明末张灏所集辑，它熔篆刻艺术与文学经典于一炉，具有极高的艺术价值和文化价值，其序跋在晚明印谱编辑中为多为最，足窥当时文人篆刻之盛况。但仔细研习这些序跋，不觉有浮多、冗长、虚诞等"务虚求空"现象，如重复旧序、嫁接内容、改易作者姓名、不吝溢美之词等，不一而足。而今印学研究者对此应抱有一种审慎的态度，以免再生浮华之风。

关键词：学山堂　印谱序跋　务虚求空

　　《学山堂印谱》为明清时期著名的"三堂印谱"之首，它熔篆刻艺术与文学经典于一炉，具有极高的艺术价值和文化价值，其开创性在中国印学史上有着举足轻重的地位。该印谱为明末太仓张灏（生卒年不详，字古民，又字夷令，别署长公、白于山人、扣石山主人、平陵居士等）集辑，收录明代50余位印人共计2000多方篆刻作品，是继其《承清馆印谱》之后集更多同时代印人印作、更大规模的印谱，且以经史诗文佳句和成语箴言等闲章为主，开创了总集式印谱之编例，后世效仿者较多，如周亮工之《赖古堂印谱》、汪启淑之《飞鸿堂印谱》等。《学山堂印谱》有多种版本流传，若以总体论，主要是五卷六册本（成书于明崇祯四年）和八卷十册本（成书于明崇祯七年）两种类型，现存于西泠印社（六册本与十册本）、中国国家图书馆（八卷本）、浙江图书馆（八卷十册本）、上海图书馆（六册本）、南京图书馆（五卷本与八卷本）、苏州图书馆（八卷十册本存第

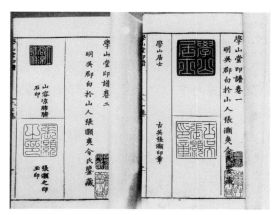

西泠印社藏《学山堂印谱》六册本

西泠印社藏《学山堂印谱》十册本

（选自2019年10月浙江省博物馆"朱蜕华典——中国历代印谱特展"）

一册与卷之三、五卷六册本存卷一、二、三）、台北图书馆（八卷本存四），以及日本京都大学藏二十四册本（分拆而成）、美国哈佛大学汉和图书馆（八卷十册本）等藏本，各有小异，如序跋题识的作者、篇数，以及排名次序与个别字词句不同等，这可能是在编辑与流传过程中由于改版、拆分重装、增损缀合等多方面的原因所致。本文以上海图书馆所藏六册本（成书于1631年，以下简称"上图藏本"）和苏州图书馆所藏十册残本（成书于1634年，序跋全，以下简称"苏图藏本"）为蓝本，兼及其他。

印谱序跋（含题识）向为印学研究者所重视，业已成为研究篆刻史论之必备，其史料之钩沉、作品之鉴赏、技法之论述、文化之高谈，皆影响时代，泽被后昆。如元代朱珪《朱伯盛印谱》（一名《印文集考》）今虽不存，但因其遗留的众多序跋题识诗文等而传为佳话。明代后期，印谱大为流行，尤以集古印谱为多（原钤或摹刻），其序跋也随之逐渐丰富，如顾从德、罗王常、杨元祥、甘旸、来行学、范汝桐等所辑印谱等。至明末，娄东张灏先后集辑同时代印人印作为《承清馆印谱》（版本有几种，最后版成书于1617年）与《学山堂印谱》，其序跋之多，尤其是《学山堂印谱》实为晚明之最，足窥当时文人篆刻之盛况，个中确有"十分可贵的印学史论资料价值"之处，亦使后人得以一睹明末篆刻艺术的总体风貌。然而，仔细研读之，这些序跋题识虽有长篇累牍或短小精干之作，但有关篆刻本体或印学的精辟论述均极少见存于其中，而更多的是对集辑者张灏的赞颂（如陈万言《印谱题词》"夷令玄心古道，于千秋大业无不工"等），或叙张灏之父大司空张辅之（容宇）先生之旧谊（如项鼎铉《张长公印谱序》"余犹忆先君子称先生亮节茂功为海内山斗，盖仰止久矣"），皆有类似捧场文字之嫌。有的序跋即使有些许印学观点，却也缺乏真知灼见，难以谈得上有既广且深的印学思想闪现。因此，愚以为《学山堂印谱》之序跋，不排除有浮多、冗长、虚诞等应酬之作，或是编辑者为了射利而拉"大旗"作"包装"，从而存在"务虚求空"现象。明末清初昆山籍著名思想家、经学家顾炎武早有见识，他在1646年云：

> 近二三十年，吾地文人热衷务虚求空之娱乐，盖无例外者。[1]

这值得我们深思，或许其时印谱序跋题识之类尽在顾氏所指之中。

现存《学山堂印谱》各版本表明，其序跋"务虚求空"表现之一是求繁多以壮声势，从而满足辑者自己对士绅身份的诉求，亦不排除当时文化消费市场之需要。今上图藏六册本有诸家序跋共21篇，苏图藏十册残本之序跋全一册为22篇（《学山记》《学山记游》和《学山题咏》与印谱题跋无直接关系，不计），对照中国国家图书馆所藏《学山堂印谱》八卷本附《学山记》一卷、《学山纪游》《学山题咏》一卷（缩微文献），则有孙慎行、韩日缵、钱谦益、徐沥4位序跋作者不同（张惠淇统计浙江图书馆藏本亦如此），再加上哈佛大学之序跋新见作者刘士斗（同西泠印社藏十册本）及张灏《载白》一篇，总共累计序跋叠加共28篇。综合这两种版本序跋不重复的作者共有36人

---

[1] 转引自（英）柯律格著，高昕丹、陈恒译：《长物：早期现代中国的物质文化与社会状况》，三联书店2015年版，第146页。

（可能还有未见版本之新作者），是为晚明印谱序跋之最多者。而且两种版本为求序跋多，皆不惜重复旧序而凑数（下文详述）。如果续阅十册本后附的《学山题咏》等，则作者阵容更大，名流更多（如李继贞、朱之蕃、李维祯、汤显祖、钱龙锡、徐光启、葛锡璠、魏浣初、顾起元、王思任、顾燕诒、范允临、娄坚、宋珏等）。

《学山堂印谱》序跋之多，其阵容之大，应与辑集者张灏出身世家、为名门望族之后有关。其父张辅之（1547—1630，字尔赞，号容宇）官至南京工部尚书，得荫子之荣，同僚及部下有不少追随者；堂弟张溥（1602—1641，字天如，号西铭）为明末复社创始人和领袖，当时许多文武官吏及士大夫、生员等都自称是其门下。张溥称张灏为伯兄，且相处融洽。其《印谱跋语》云：

> 嗟乎!予阅伯兄之篆谱，而不胜今昔之感也……当阴雨绸缪，世波狂悖，肉骨相劳，则惟兄是……赖至今追想，兄调剂之苦心，三十年如一日也。[1]

所以，从《学山堂印谱》序跋作者群看，张灏相与交游者皆为一时名士。又因其家境殷实，性嗜金石，故能遍集当世名手之篆刻。今梳理其序跋作者的身份与类别，[2]皆以官绅及士大夫名流为主，如董其昌、韩日缵、陈继儒、王在晋、陈仁锡、吴伟业、杨汝成、钟惺、方应祥等人。作者中有些是复社骨干成员如张溥、吴伟业、钱谦益、许士柔、马世奇、徐汧等，亦有与张灏为"通家"之好者，如武文达、吴震元、葛鼎（字端调，与《学山堂印谱》十册本之"参考"者、张灏之婿葛竑调为胞兄）等。另外，这些作者约有11篇序跋提及大司空张辅之（容宇）先生，可见张氏"余荫"之显。而且，所有序跋作者中没有布衣文人，即使是学山堂篆刻名家如朱简、沈野等也不例外，就连学山堂座上宾、"篆刻名家姓氏"排名第一并鼎力相助《承清馆印谱》编辑成书的归昌世（九位作者张峻、陈元素、金在镕、管珍、黄元会、薄澹儒、王志坚、王瑞璋、颐锡畴在印谱序跋中均提及），也只是作了《学山记》，似与印谱序跋无直接关系。这说明当时"篆刻名家"的印人身份很难与官绅同日而语，况且，期间很多名士依然在很大程度上对治印仍抱有"雕虫小技"的心态，即使自己对篆刻感兴趣并能躬身奏刀，也只是"游于艺"而已。因此，张灏附言：

> 外，同事摹勒印谱者尚不下三十余友，因诸君素弗以是显，故不具载其姓氏。[3]

关于这一点，我们将张灏所辑印谱与同时期同地区的汪关《宝印斋印式》（成书于1614年）、何通《印史》（成书于1623年）相比，便可一目了然地看出《学山堂印谱》序跋作者之高格规模与强大阵容及其浮华程度。

---

[1] 明·张溥：《学山堂印谱·印谱跋语》，明崇祯甲戌（1634）刻本，苏州图书馆藏。
[2] 郝长宁硕士论文《〈学山堂印谱〉研究》对序跋作者有较清晰的梳理，参见2018年渤海大学硕士学位论文。
[3] 见美国哈佛大学汉和图书馆藏八卷本《学山堂印谱》第一册。

张灏、汪关与何通三家所辑印谱序跋作者比较

成书年代	印谱名称	序跋数量	辑者	序跋作者及其身份
万历甲寅（1614）至万历丁巳（1617）	《宝印斋印式》	16篇（据孙慰祖、陈才《汪关篆刻集存》，含题诗11首）	汪关	李流芳（2篇）、张崃、宋珏、汪关、程嘉燧、唐汝询等11名，题诗者略（另有娄坚，其《学古绪言》存2篇未计），无一官绅，多文化艺术名家。
万历丁巳（1617）	《承清馆印谱序》	24篇（苏州图书馆藏本，初集11篇、续集13篇）	张灏	张崃、陈元素、张嘉、舒曰敬、张灏、李继贞、王在公、王伯稠、李吴滋、徐日久、金在镕、管珍、张寿鹏、陆文献、归昌世、黄元会、张大复、张灏、薄澹儒、钱龙锡、王志坚、陆献明、王瑞璋、高梦兆，多为官绅，极少为文化艺术名家。
天启癸亥（1623）	《印史》	7篇（中国国家图书馆藏本）	何通	苏宣、陈万言、王亮、陈元素、沈承、通隐居士、陈本，无一官绅，多文化艺术名家。
崇祯四年（1631）	《学山堂印谱》（六册本）	21篇（上海图书馆藏本）	张灏	王在晋、许国荣、吴暐、陈万言、武文达、吴震元、陈世埈、项鼎铉、袁德温等，先见于《承清馆印谱》12人略，多为上层官绅或名流。
崇祯七年（1634）	《学山堂印谱》（十册本）	28篇（综合所见各版本累计并张灏《载白》）	张灏	董其昌、陈继儒、顾锡畴、陈仁锡、李明睿、杨汝成、许士柔、钟惺、马世奇、吴伟业、方应祥、刘士斗、葛萧、孙慎行、韩日缵、钱谦益、徐汧、张溥、张灏（2篇），先见于六册本及《承清馆印谱》8人略，上层官绅或名流。

（注：因印谱版本不一，本表统计可能略有误差）

其实，印谱序跋求多现象在晚明初期已露出端倪，如万历乙亥（1575）王常在顾从德《集古印谱》（序跋2篇，成书于1572年）原钤20部被文化消费市场高度关注而视为"墨林星凤"、且供不应求而成人间秘籍的情况下，遂作木刻本《印薮》，收录古印更多，序跋沿用了《集古印谱》的2篇，新增1篇，又增录宋元旧序7则，以追根溯源的方式来造声势、扩影响，以适应更大的市场需求，当不排除有书商求利的介入。之后，张学礼《考古正文印薮》（1589年成书）、来行学《宣和集古印史》（1596年成书），以及陆鑨《片玉堂集古印章》（1607年成书）等皆有效法，而且有印人摹古并自刻印谱者亦追仿之，如上文所及汪关《宝印斋印式》与何通《印史》等。由于明代中期以后，江南刻书业最为兴盛（苏州是全国重要的刻书中心），其时"书皆可私刻"，并开始流行红、黑两色套印，尤其是晚明更是盛极一时，其间许多士大夫以刻书为荣，可见文化消费市场之兴盛。因此，张灏凭借自身世家的庞大关系网络，诚邀有关上层官绅，将印谱序跋的数量扩展到近乎冗多，并十分讲究排场，以造成极大社会影响而迎合晚明商品市场逐利和奢侈风气之需要。事实上，这些序跋作者大多对篆刻及印学知之甚少，或许只是应酬而已，故《学山堂印谱》序跋虽多，却缺少有关印学实质的讨论，从而构成"务虚求空"的主要表征。

　　《学山堂印谱》之序跋"务虚求空"表现之二是内容务虚且溢美之词较多，以求哗众取宠，从而迎合士绅阶层闲暇时所从事的艺术品收藏和欣赏活动的浮华心态。此印谱序跋有的只是擅摇笔管，几乎不涉及严肃的篆刻艺术与印学问题，或有代笔、附会、改动之作，具体表现为重复旧序、嫁接内容、改易作者姓名等，不一而足。如六册本（上图藏）21篇序跋见于《承清馆印谱》（苏图藏）的有12篇之多，其中李吴滋《题印谱》只是改"承清馆"为"学山堂"，题款改"陇西"为"友人"而已。这些重复序跋的作者几乎全是缙绅，而真正懂篆刻审美的如陈元素、张嘉、归昌世等人之序跋反而未被复用。并且，所有21篇序跋题款除了许国荣的一篇标注"崇祯己巳（1629）秋日"外，其余均无纪年月（或为刊刻时刊去），仿佛事先为重复使用作好了准备。又如十册本（苏图藏）中已见于《承清馆印谱》和"六册本"的序跋作者有王在晋、陆文献、许国荣、舒曰敬、张寿朋、陈万言、徐日久、项鼎铉、吴震元，更加缙绅化。而新增的作者在序跋题款处却多有纪年，如董其昌的"癸酉（1633）仲冬"、顾锡畴的"崇祯辛未（1631）季冬日"、陈仁锡的"壬申（1632）春季"、张溥的"甲戌岁（1634）季春之望"，等等。另外，许士柔《学山堂印谱序》，原见于《承清馆印谱》时落款为"友弟张崍九服题"，此处更改作者名且加"壬申（1632）秋日"，有人分析张崍在同时期又为汪关（与张灏交恶）《宝印斋印式》作序并大加赞扬而引起张灏不满；同样，马世奇《学山堂印谱序》，相同内容在六册本中落款为"年家弟吴暐题于娄东公署"，疑当时吴暐官于娄东公署，然十册本编辑时已去官，故换成新职官员马世奇；又，钱龙锡的《承清馆印谱续集跋》在《学山堂印谱》六册本序跋中复用，但在十册本中却易为方应祥的《学山堂印谱题词》，内容完全相同，只是落款为"通家弟方应祥孟旋题"。如非务虚，类似的序跋不再复用即可，又何必改头换面以充数？另外，徐日久《学山堂印谱序》分别见于《承清馆印谱》和六册本中，然文字改动较多，而吴震元《学山堂印谱跋》，亦见于六册本"印谱题语"，然文字稍异。这些序跋内容改动或作者改名换姓固然有各种原因所致，其中政治因素概不例外，如《明史》记载，天启五年（1623）钱龙锡（1579—1645）因忤魏忠贤而被削籍，固然不能再以其名作序。其他原因有的一时还难以琢磨，但最终是凸显了《学山堂印谱》序跋之"务虚求空"的方方面面。

　　《学山堂印谱》序跋内容有重复空洞的一面，并且夸饰溢美之词较多，有的几乎是隔靴搔痒，纯为褒扬之作，与印谱本身尤其与篆刻艺术无关。如：

序跋作者、篇名	序跋中的溢美之词
王在晋《学山堂印谱叙》（六册本）	长公天性孝友，才豪意迈，娴诗古文词，其饬躬砥行，巨擘宫墙。
陈万言《印谱题词》（六册本）	夷令玄心古道，于千秋大业无不工。
吴震元《印谱题语》（六册本）	予友张夷令，落穆悠忽，对之如见古人。
陈世埈《印谱题辞》（六册本）	（夷令）轶宕之才，远大之宇，足雄今古，而特偶涉焉以寄其神兴之所到。
董其昌《学山堂印谱序》（十册本）	所谓所接在楹阶俎豆之间，而为国折冲，厌难者自远，长公其天下一人哉。

（续表）

序跋作者、篇名	序跋中的溢美之词
顾锡畴《学山堂印谱序》（十册本）	有夸学山堂印于余者曰：是可轶苍史而短斯邈也。
刘士斗《学山堂印谱序》（十册本）	噫！车揭揭兮，风发发兮，高寒清肃，先生一人耳。
吴伟业《学山堂印谱序》（十册本）	乃知天下不可一日无此书，吾侪不可一日不读此书。

这些溢美之词在此印谱其他序跋中虽然不突出，但也只是多见描述张灏的"印癖"嗜好与志向幽远，抑或是赞颂司空张辅之（容宇）先生"亮节茂功为海内山斗，盖仰止久矣"（项鼎铉《张长公印谱序》）、"至其直声端节，犹在人心。余景行之余，愿拜下风"（韩日缵《学山堂印谱序》），以及"长公夷令有司空之遗风焉"（杨汝成《印谱小引》）之类。至于印学与篆刻本体则多语焉不详或切入不深。如王在晋《学山堂印谱叙》云：

印谱云乎哉？印谱云乎哉？当以问之知者。[1]

或有如许国荣《学山堂印谱叙》曰：

篆刻之胜，人知其质如瑶琨灵璧，文如鸟迹蝌蚪，工如鬼斧神刀，绮如幻霞轻霭，奇如蕲凿涛排，富如五都东序。[2]

多为"云里雾里"之辞。由此可见，《学山堂印谱》序跋之"务虚求空"现象较为突出，这在晚明鉴赏类编著中亦不稀有。其时有些书籍内容相互转述甚至直抄现象较为常见，如文震亨《长物志》（明天启年间刻本）关于"藏画""卷画"二节，内容与屠隆《考槃余事》（明万历、泰昌间刻本）之文几乎相同，而屠隆之文又源自高濂的《遵生八笺·燕闲清赏笺》（成书于明万历十九年）。另外有的类书便览册、工艺品鉴赏著作等更是彼此自由借鉴，甚至是一字不漏地加以引用。至于印谱序跋本身，在张灏之前也有改动内容的先例，如在1572年初版的《顾氏集古印谱》中有沈明臣序称："然古无印谱，谱自宋王厚之顺伯始……"[3]而在三年后翻刻本的《印薮》（亦称《集古印谱》）中复刊此序时则改称："然古无印谱，有印谱自宋宣和始，宣和谱今之不传，而后王厚之顺伯亦谱之。"[4] 这样随意添改内容，究竟谁是始作俑者？作序者抑或《印薮》之编者已不可考，但由此而产生的"虚空"，却严重影响了后人对宋元以来印谱起始的甄别，且非今日所言学术不严谨之能阐释，而与晚明文化奢侈"浪漫"密切相关。张灏《学山堂印谱》的编撰时间处于明末，其时代传统与习俗、政治体制、商品经济、思想文化领域都发生了重大变化。其中商品意识、

---

[1] 明·王在晋：《学山堂印谱叙》，明崇祯辛未（1631）刻本，上海图书馆藏。
[2] 明·许国荣：《学山堂印谱叙》，明崇祯辛未（1631）刻本，上海图书馆藏。
[3] 明·沈明臣：《集古印谱序》，见韩天衡编订《历代印学论文选》，西泠印社1999年版，第429页。
[4] 明·沈明臣：《集古印谱（印薮）序》，中国国家图书馆藏，据万历三年（1575）上海顾从德芸阁刻朱印本影刻。

弃儒就贾、奢靡享乐等促进了印谱等艺术文化书籍刊印的发展，从而又迎合了城市消费的增长，同时造成了富裕阶层生活的奢侈化倾向愈演愈烈之势，这对当时的行为规范和价值取向等士风产生了重大的影响，或许也改变着士人尤其是名士阶层的处世心态。正如鹿城（昆山）张大复所作《叙印谱》所言：

> 吾友张夷令，独好名人篆刻，集录成谱，既已传之其人，通邑大都，而好未已也。[1]

我们知道，序跋题识是古代文人对他人（或自己）著作的引介和认识，或详察源流、品评优劣，或考订版本、鉴别真伪，或纲举目张、知人论世，在学术史、文化史研究等方面均有着不可替代的作用，是古典文献中极具开发潜力的领域。然而，若《学山堂印谱》序跋"务虚求空"之引介却未必能尽如此意，因为这一现象凸显了晚明文化消费的奢华及娱乐性，而在一定程度上掩盖了当时印学发展的本质规律，所以我们要在史学与社会学的基础上重新作出公正的客观性评判。这些序跋虽然对印章文化的传播交流起到了一定的积极作用，但更多的是产生了一些学术上的不利影响，如清代印谱的序跋内容（包括《飞鸿堂印谱》序跋题辞52篇）时有大同小异之处，读之味同嚼蜡，故太仓陆时化（1714—1779）《书画说铃》"书画说"第十四则云：

> 收藏印……诗与跋，非妄作也。诗有意旨，跋有发明……往往敷衍几句，则又何必……前明之犯此病者，在在皆是，何况今日。[2]

因此，而今印学研究者引用、考述《学山堂印谱》序跋之类，当抱有一种审慎的态度，应悉心辨析其文献史料的真实性与可靠性，慎重对待其中一些虚无溢美之词；而篆刻创作者辑集出版印谱时亦当引以为戒，以免再生浮华之风。

（作者系苏州大学艺术学院教授、博士生导师、书法篆刻中心主任；国家社科基金艺术学同行评议专家，中国博士后基金评审专家；中国书法家协会会员，西泠印社社员）

---

[1] 明·张大复：《学山堂印谱·叙印谱》，明崇祯辛未（1631）刻本，上海图书馆藏。

[2] 清·陆时化：《书画说铃·书画说十四》，清乾隆丁酉（1777）刻本，中国国家图书馆数字古籍。

古玺抒遗（十则）

——《匋鈢室藏古玺印选》释文订补（古玺篇）

林文彦

内容提要： 先秦的官、私玺印，自1981年罗福颐先生等辑录《古玺文编》《古玺汇编》二书刊行以来，海内外学者就文字考释发表了许多极为珍贵且丰硕的研究成果，对古玺研究的领域与方式深耕了研究的广度与深度。2019年日本篆刻家协会尾崎苍石会长以旧藏并和田广幸先生编著《匋鈢室藏古玺印选》，所刊兼含先秦官、私玺、匋玺、巴蜀符号玺，秦、汉、魏、晋官、私印，单字玺、吉语玺、两面印、图像印及肖形印等共784方。其中部分玺文或因漫漶作为未能辨识的文字，部分玺印文字考释则仍有研商空间，本文续就拙文《古玺披遗（十七则）》《古玺扱遗（三十七则）》所刊先秦官、私玺编号242—295中未竟或存疑部分增补新释文字，提出浅见并就正于方家。

关键词： 古玺　玺印　匋鈢室藏古玺印选　古玺汇编

一、前言

古玺印考释向来以1981年北京故宫博物院出版的《古玺汇编》（简称《玺汇》）为主要的研究对象，连同释文成书《古玺文编》（简称《玺文》），不仅引发学界对古玺印及先秦文字研究，三十多年来古玺研究的领域与方式，也深耕了广度与深度。

2019年日本篆刻家协会尾崎苍石会长以旧藏并和田广幸先生编著《匋鈢室藏古玺印选》（简称《匋藏》），所刊兼含先秦官、私玺、匋玺、巴蜀符号玺，秦、汉、魏、晋官、私印，单字玺、吉语玺、两面印、图像印及肖形印等共784方。其中部分玺文或因漫漶作为未能辨识的文字，部分玺印文字考释则仍有研商空间，本文续就拙文《古玺披遗（三十则）》（简称《披遗》）、《古玺扱遗（三十七则）》（简称《扱遗》）[1]所刊《匋藏》先秦官、私玺编号242—295中三晋私玺未竟或存疑部分增补新释管见，采样时秉持版本学之要旨，参酌案头庋藏印集，

---

[1] 林文彦：《古玺披遗（十则）——〈匋鈢室藏古玺印选〉释文订补（古玺篇）》，《第六届"孤山证印"西泠印社国际印学峰会论文集》中册，西泠印社出版社2020年版，第662—678页。《古玺披遗（三十则）——〈匋鈢室藏古玺印选〉释文订补（古玺篇）》，《书画艺术学刊》第30期，台湾艺术大学美术学院书画艺术学系2021年版，第1—81页。林文彦：《古玺扱遗（三十七则）——〈匋鈢室藏古玺印选〉释文订补（古玺篇）》，《书画艺术学刊》第32期，台湾艺术大学美术学院书画艺术学系2022年版，第1—77页。

就正于海内外方家。

二、研究本文

本文按逐印、逐条方式叙述，在论述之前，首列该玺印于《匋藏》之编印页码及序号，次列原释文，"·"后为订补后之释文，未能辨识的字以"□"代替，之后再叙明分域；文中所举玺印印例与本文无涉者，囿于篇幅部份隶定、释读一概省略，请另参阅所举原书。

（一）242长瞷／瞥（？）·长（张）瞷（瞢）　三晋　姓名私玺

图1-1《匋藏》242第二字作 ，《匋藏》编者释"瞷"、疑为"瞥"字。《战国古文字典》（简称《战典》）页732"黾"字条载："黾，商代金文作 （父丁鼎），像蛙类动物之形。西周金文作 （师同鼎），主体讹作它（ ）形，四足省作两足。春秋金文作 （邵钟鼀作 ）。战国文字承袭两周金文，两足或与腹部相连演变作 、 、 、 ，它或讹作 形，或于黾加日为饰。"说可参，检"黾"字甲骨《前》4·56·2作 、《掇》2·409作 ，象巨首、大腹、四足之蛙形，以其无尾而与甲骨龟字正面形相区别，金文师同鼎作 、鄂君启车节作 ，形体已稍讹变，晋三年付余戈作 ，陕西咸阳出土战国陶文作 ，《说文》："黾，鼃黾也。从它。象形。黾头与它头同。 ，籀文黾。"金文字形与《说文》黾字籀文 形近。

战国楚系"龟"字《郭店楚简·缁衣》46作 、 ，《新蔡江陵楚简·甲三》15作 、"乙四"141作 、《零》207作 、245作 、283作 、294作 ，字与鄂君启车节"黾"字 同，亦与师同鼎 类近；另检《新蔡江陵楚简》从龟之字"䲖"字《甲一》25作 、《甲三》18作 ，"黜"字《甲三》115作 ，"鼈"字《甲三》204作 、《乙三》20作 、38作 、43作 、《零》370作 ，"鼀"字《甲三》110作 、《乙四》130作 ，"鼂"字《乙二》8作 、《江陵天星观一号墓遣策简》作 、《包山楚简》172作 、273作 、《郭店楚简·成之闻之》30作 ，所从 亦与鄂君启车节 及图1-2"王黾" 字同，知战国时期"龟""黾"二字形近而有讹混现象。

图1-1　《匋藏》242
长瞷／瞥（？）·长（张）瞷（瞢）

图1-2　《珍秦斋古印展》
142　王黾

此玺 字上作 ，系在"它"（ ）讹作 形透过借笔，将原作 形两侧部件 并连上方弧线，字从目、黾声，隶作"瞷"，此字《说文》未收，《玉篇·目部》："瞷，亡幸切。视也。又音萌。"《广韵·庚韵》："瞷，瞷盯，直视。"《耕韵》："瞷，瞷视。"《梗韵》："瞷，瞷盯，视兒。"《类篇·目部》："瞢、瞷，末更切。瞢盯，目怒兒。或从瞷。瞷，又母梗切。瞷瞥，有余视。一曰恚兒。瞷，又眉耕切。瞷盯，直视。又母耿切。"又《玉篇·目部》："瞥，古冷

499

切。瞀瞴有余视也。一曰喜也。瞴，眉冷切。瞀瞴。"《广韵·耿韵》："瞀，瞀瞴，视皃。 瞴，武幸切。"《映韵》："瞴，瞴盯，瞋目。"

至于《匋藏》编者另将 𤄃 疑释为"督"字，《战国文字编》（简称《战编》）页217收有《古陶文汇编》（简称《陶汇》）3·823"督"作 𤎻，《战典》第256页释作"眵"，并云："从目、矛声，疑督之省文，《说文》：'督，氐目谨视也。从目、𡿺声。'又疑矛之繁文，目为迭加音符，与冒字造字方法类同。""督（眵）"字所从矛《郭店楚简·五行》41作 𤘔、𤘵、《江陵秦家嘴一号墓竹简》作 𤘲，构形与此玺 𤄃 所从 𤉙 不类，释"督"不确。

本条此玺当释作"长（张）瞴（瞴）"，三晋姓名私玺。

（二）250貉（貉）餡（馅）·餡（馅—啗/啖/噉）貉（貔/貉） 三晋 姓名私玺

图2-1《匋藏》250第一字 𤎻 释参拙文《披遗》第十四条"坒（埰—采）貉（貔/貉）"，"貉"见《玺征》9·14"臣貉""韩貉""秦貉"，皆作为人名，作为姓氏则见"貉宜家印"，惟此姓未见于姓氏书。

第二字 𤎺，参0810"长（张）餡（馅—胸/啗）" 𤎻（图2-2）、0988"肖餡（馅—胸/啗）" 𤎺 、0989"肖餡（馅—胸/啗）"𤎺，或省作0811"长（张）餡（馅—胸/啗）"𤎻（图2-3）、1826"事（史）餡（馅—胸/啗）"𤎻（图2-4）、2223"郝（杀）餡（馅—胸/啗）"（图2-6），或附加心繁化如0503"王餡（餡—馅—胸/啗）"𤎻 、4018"鲜（鲜）于餡（餡—馅—胸/啗）" 𤎺（图2-5），《玺汇》释"餡"、《玺文》收于5·7、页112"餡"字条，《战编》页329从之，《古玺汇考》（简称《汇考》）页226、《三晋文字编》（简称《三晋》）、《战国玺印分域研究》（简称《战域》）释"餡（馅）"、《古玺文分域研究》（简称《玺域》）页271、322释"馅"。

《〈古玺文编〉校订》（简称《文校》）页111—112引裘锡圭、李家浩《曾侯乙墓钟磬铭文释文说明》（《音乐研究》1981年1期）中认为当释为"馅"，即胸或啖字异体；"餡"、"馅"二字《说文》及字书未见，上揭诸玺俱作人名。"胸"字《说文》："胸，食肉不厌也。从肉、臽声。读若陷。"《玉篇·肉部》："胸，胡监切。食肉不厌也。"《广韵·勘韵》："胸，食肉不

图2-1 《匋藏》250
貉（貉）餡（馅）·餡
（馅—啗/啖/噉）貉（貔/貉）

图2-2 《玺汇》0810
长（张）餡（馅—胸/啗）

图2-3 《玺汇》0811
长（张）餡（馅—胸/啗）

图2-4 《玺汇》1826
事（史）餡（馅—胸/啗）

图2-5 《玺汇》4018
鲜（鲜）于餡（餡—馅—胸/啗）

图2-6 《玺汇》2223
郝（杀）餡（馅—胸/啗）

厌。"《阚韵》："**脂**，炙令熟。或作**貂**。**貂**，同上。"《陷韵》："**脂**，《说文》云：'食肉不厌也。'又**腿脂**也。"《类篇·肉部》："**脂**，乎**甜**切。《说文》：'食肉不厌也。'又胡绀切。又呼绀切。又呼滥切。"知"脂"字或作"貂"。

"啗"字《说文》："啗，食也。从口、召声。读与含同。（与今音异）"《玉篇·口部》："噉，徒敢切。噉食也。亦作啖。啖，同上。啗，达滥切。《说文》云：'食也。'"《广韵·敢韵》："噉，噉食。或作啖。又姓。前秦录有将军噉铁。徒敢切。啖，同上。啗，亦同。"《阚韵》："啗，噉也。食也。"《类篇·口部》："啖、啗、噉、嚪，杜览切。《说文》：'噍，啖也。'或作啗、噉、嚪。啖，又徒滥切。诳也。啗、噉、嚪，又徒滥切。食也。啗，又户黤切。物在口中也。"知"啗"字亦作啖、噉、嚪。

《玺汇》0808（图2-7）第二字作 ，原释作"饮"，《玺文》收于8·9、页223"歆"字条中，注云："或从酉，金文'余义钟'作与此形近，玺文省今。"此字省臼符，《文校》第112页认为"也可能是馅（脂或啖）字异体"；李家浩《楚简文字中的"枕"字——兼谈战国文字中几个从"臼"之字》云："我们过去曾对G2（《古玺汇编》0810号 ）的字形进行过讨论，认为是'馅'字的异体，现在看来是有问题的。G1（《古玺汇编》1826号 ）、G2的结构分别跟'酖'的B1、B2写法相同，G显然应该是'饮'字的异体。"[1]

图2-7 《玺汇》0808
长（张）歆（饮）

图2-8 《玺汇》5317
歆（饮）

《玺文》2·14、第44页"牙"字条收录2503"肇（栾）臽（牙）" 、0412"王臽（牙）" ，注云："与《说文》古文同。"《说文》："**月**，壮齿也。（段注：壮各本讹作牡，今本《篇》《韵》皆讹。惟石刻、九经字样不误。而马氏版本妄改之。士部曰：'壮，大也。'壮齿者，齿之大者也。统言之皆偁齿、偁牙，析言之则前当唇者偁齿，后在辅车者偁牙。牙较大于齿，非有牝牡也。）象上下相错之形。**重**，古文牙。""牙"字西周金文十三年瘐壶作 、师克盨作 、 ，皆象齿上下交错之形，春秋金文屄敖簠作 ，古文《崔希裕纂古》作 ，《汗简》作 、又作 ，《郭店楚简·缁衣》9作 、《陶汇》6·102作 ，系加齿表意，《玺文》2503 、0412 则作牙省如丩形，后分化为与。尽管"牙"字加齿表意，并与古文、战国楚简、《陶汇》近似，惟上述李说视为"饮"字异体，检《玺汇》有0808"长（张）饮"（图2-7）、5317（图2-8）、5318"饮"单字同文玺（又见《天津市艺术博物馆藏古玺印选》37），系未加臼"饮"字（《玺探》释作"即"，可备一说[2]）。

---

[1] 李家浩：《楚简文字中的"枕"字——兼谈战国文字中几个从"臼"之字》，《出土文献》第九辑，中西书局2016年版，第122—123页。

[2] 田炜著：《古玺探研》，华东师范大学出版社2010年版，第190页；又《田炜印稿·论文》，中西书局2018年版，第71页。

　　"饮"字《说文》未收，"歙"字甲骨《甲》205作 ，象人俯首吐舌捧尊就饮之形，又省作《后上》8·14 、或作 ，所从 彡 象酐酒之形，亦读作饮，金文臯中壶作 、余义钟作 、中山王壶作 、伯姬壶作 、辛伯鼎作 ，《说文》云："歙，歙也。（段注：《易·蒙卦》虞注曰：'水流入口为饮。'引伸之，可饮之物谓之饮。如《周礼》四饮是也。与人饮之谓之饮，俗读去声。如《左传》饮之酒是也。又消纳无迹谓之饮。《汉书·朱家传》：'饮其德。'犹隐其德也。）从欠、酓声。（酓从酉，今声见酉部，于锦切。七部。隶作饮。）……歙，古文歙。从今、水。（从水、今声也。）歙，古文歙。从今、食。（从食、今声也。隶用此。）歙，饮也。（二篆为转注。与口部啜义异。）从歙省。（不立歙部则歙字无所附。倘云从欠、从酒省，则所歙不独酒也。）殳声。"《玉篇·欠部》："歙，一锦切。古文饮。"《广韵·寝韵》："歙，《说文》曰：'歙也。'于锦切。饮，上同。"《类篇·欠部》："歙，歙也。从欠、酓声。……或作饮。古作歙、歙、歙、酓。于锦切。饮。又于禁切。歙也。一曰度声曰饮。歙，姝说切。《说文》饮也。从 省、殳声。"知"饮"字除作歙，古又作歙、歙、歙、酓、歙，唯皆未见于姓氏书。

　　如上述狢（貃／貉）及馅（馅—胎／啗）诸字皆作为人名，未见于姓氏书，窃疑"馅"当为"胎"或"啗"字异体，"啗"字《玉篇》《广韵》《类篇》亦作啖、噉、嚪，其中"啖"或作"噉"，姓氏，见《通志·氏族略》："啖氏，亦作'噉'。前秦有将军啖铁。又啖助，治《春秋》。大历水部郎中啖彦珍。会昌进士啖鳞。避武宗讳，改为'澹'。望出河东。"《元和姓纂·敢韵》："啖，《前秦录》，将军啖铁。【河东】大历水部郎中啖彦珍。会昌中进士啖鳞，避武宗庙讳改澹。"岑校："大历水部郎中啖彦珍。《智远律师塔》铭，前进士啖彦珍撰，开元廿五年立，见《集古录目》。"又"会昌中进士啖鳞，避武宗庙讳改澹。'帝'，《通志》及《类稿》四一引均作'宗'。然旧籍（如《元龟》）中亦常称'宗'为'帝'。《登科记考》二七云：'按《姓纂》作于元和，此条疑后人所增。'是也。《芒洛四编》六《澹氏志》，题朝议郎、守太子詹事、柱国、赐绯鱼袋澹鳞撰，《志》已残阙，当立于大中已后，氏即鳞之长女也。鳞父昱官至国子博士，残文有'历人郢二州刺史'语，当是鳞自叙所历官。"

　　本条此玺除释作"狢（貉）（馅—胎／啗／啖／噉／嚪）"，亦释作"（馅—啗／啖／噉）狢（貃／貉）"，三晋姓名私玺。

图3-1 《匋藏》257
庆邸·廙（嘼—螱—鹿）
郘（郘—匼／医—盬）

图3-2 《玺汇》2341
叀（韩）庆

图3-3 《玺汇》3891
公孙匼（医—盬）

图3-4 《史藏》7-3
邵（吕）匼（匼／医—盬）

（三）257庆郎·廐（廛—蟛—鹿）郎（郖—臣／医—簠）　三晋　姓名私玺

图3-1《匋藏》257编者原释作"庆"第一字作 ，检"庆"字《玺文》收于109、页262，字作2341 （图3-2）、2853 、3071 、1489 、2340 、2955 、2523 、2430 等形，上作鹿省、下作心，惟本条此玺 上作鹿省、下作虫，隶作"廛"，"廛"之省体，读作"蟛"，释"庆"不确；"蟛"字《说文》未收，《玉篇·虫部》："蟛，力木切。蟛蟛。蟛，胡鸡切。蟛蟛，即蟋蟀。一名蝌。亦蜓蚰也。"《类篇·虫部》："蟛，卢谷切。虫名。《尔雅》：'蜓蚰、蟛蟛。一名蟋蟀。'"

此玺第二字作 ，左部作 ，楚系"盛君臣"作 、"盦口臣"作 ，《包山楚简》作 、 ，《玺汇》见1887 、2750 、3891 （图3-3）、5313 ，《玺文》收于5·1、第99页"簠"字条，注云："从匸、从古，与'大膚簠'簠字同。"或繁化加一横画如2050 、2428 及本玺 ，或再共享上面横画如《"国立"历史博物馆藏印选辑》（简称《史藏》）7-3 （图3—4），又见0712 、0869 。

0712 、1887 、2050 、2428 《玺汇》原释"固"，《玺文》6·8、页136"固"字条则失收；检"固"字楚系作1318 、晋系作0427 、0713 、1604 、1909 、2584 等形，或繁化加一横画，或再共享上面横画，皆从口部，与此字从匸部不类。0869 、2750 、5313 《玺汇》释臣（簠），0712 、0869 《玺文》又作为未能辨识的字，收于附录97、页560。《战典》第476页载："匠，从匸，古声，医 之异文。《正字通》'匠与 医 同。'或作簠。《说文》'簠，黍稷圆器也。从竹，从皿，甫声。医，古文簠从匸，从夫。'"

此字 隶作"郎"，所从"臣"系"臣"字增一赘笔，当作"郖"，战国文字用作地名、姓氏的文字常上加注邑旁，造成专用字， 读作"匠"；此字如《玺汇》旧多释作"簠"，拙文《古玺校遗》（简称《校遗》）第十五条[1]曾列举宋后薛尚功、吕大临皆定名为"簠"[2]，唐兰《略论西周微史家族窖藏铜器群的重要意义》定名为"瑚"，"簠"则为浅盘、有镂空、高圈足的豆形

图3-5　弭中簠
长方形、斗状、器盖同形器
摘自《考古图》

图3-6　杜嫣铺
浅盘、有镂空、高圈足豆形器
摘自《考古图》

[1]　林文彦：《古玺校遗——〈"国立"历史博物馆藏印选辑〉释文订补（古玺篇）》，《书画艺术学刊》第28期，台湾艺术大学美术学院书画艺术学系2020年版，第23—25页。
[2]　薛尚功：《历代钟鼎彝器款识法帖》卷十五，吕大临：《考古图》卷三，皆收于《宋人著录金文丛刊初编》，中华书局2005年版。

器；高明《盨、簠考辨》认为长方形、斗状、器盖同形的器物应定名为"盨"，同《论语·公冶长》中"瑚琏"的"瑚"以及《礼记·明堂位》中"胡簋"的"胡"，浅盘、有镂空、高圈足的豆形器，自名从甫声，应定名为"簠"，"盨"与"簠"是两种不同的器物[1]；朱凤瀚《中国青铜器综论》将长方形、斗状器物仍称为"簠"，浅盘、有镂空、高圈足的豆形器称为"铺"，后成为学界的主流；赵平安先生《"盨、铺"再辨》则将前述长方形、斗状、器盖同形器定名为"盨"（图3-5），浅盘、有镂空、高圈足的豆形器定名为"铺"（图3-6）[2]。

检"螷""邸""巨""医"等字姓氏书皆未收，窃疑本玺"螷"字或如战国文字"增凡无义偏旁"繁化现象赘加虫符，读作"鹿"，姓见《通志·氏族略·以邑为氏》："鹿氏，赵大夫食采五鹿，因氏焉。汉有巴郡太守鹿旗，子孙因家焉。又阿鹿元氏，改为鹿氏。后魏黄门侍郎鹿悆。宋朝鹿积，登进士第。又有鹿元规，单州人。鹿敏求，陈州人。"《元和姓纂·屋韵》："鹿，赵大夫食采五鹿，因氏焉。汉有巴郡太守鹿旗。"岑校："赵大夫食采五鹿，《姓氏篇》谓'赵'宜作'卫'，然《风俗通》称五鹿晋邑，《寻源》二七不复以此为辨，殆已觉其未安矣。"又见《姓韵·屋韵》《风俗通》《氏族略》《氏姓谱》等书，《汉征》10·4有鹿姓汉印"鹿通私印""鹿忠""鹿苍""鹿沉孟"。

本条此玺当释作"廘（盨—螷—鹿）邸（巨/医—盨）"，三晋姓名私玺。

（四）258江□·江遑（遑—徙）　三晋　姓名私玺

图4-1《匋藏》258第二字作 ，原玺笔画稍漫漶惟所从辵部清晰可见，廓清复原后右部字作 ，上从羽、下作尾，与《玺汇》1254（图4-2）第二字 右部 同。

图4-1　《匋藏》258
江□·江遑（遑—徙）

图4-2　《玺汇》1254
黄輾（輾—纸/辗）

图4-2《玺汇》1254 刘钊《玺印文字释丛（一）》释作"轇"；《战典》第240页，阙晓莹《〈古玺汇编〉考释》第172页，《战编》第939页，《战域》第163页，徐畅《古玺印图典》（简称《图典》）第142页，孙刚《齐文字编》第542页，高明、涂白奎《古文字类编》（缩印增订本）第1187页皆从之；庄哲彦《〈古玺汇编〉玺印释文补遗及相关文字构形演变析探》释作"輾"，并认为"从羽从尾的'輾'字不见于字书，笔者认为'輾'当为'尾'字，其上方的'羽'旁为文字形体演变过程中所繁增的形符。"又云"尾，从人具尾形，在六书中属于合体象形；'羽'字甲骨文作'ᛋ'（合集3266）、'ᛃ'（合集32916），像鸟羽之形，引申为翅膀，

---

[1] 唐兰：《略论西周微史家族窖藏铜器群的重要意义》，《文物》1978年第3期。高明：《盨、簠考辨》，《文物》1982年第6期。又，高明著：《高明论著选集》，科学出版社2001年版，第217—225页。

[2] 朱凤瀚著：《中国青铜器综论》，上海古籍出版社2009年版，第140页。赵平安：《"盨、铺"再辨》，《古文字研究》第三十一辑，中华书局2016年版，第229页。

繁增'羽'符后的'𦒷'，或意指团队中的排名或学习成效居末尾，亦能透过羽翼之助而迎头赶上。"[1]其说可从。

▨ 右部 ▨ 刘钊认为"'▨'字所从之'今'作'𠂊'，乃讹变所致。这如居延汉简廖字作'▨'，所从之'今'，也写作'𠆢'一样，翏字见于《集韵》《广韵》等书。"《文源》卷四："▨，《说文》云：'翏，高飞也。从羽、今。'按古作 ▨（"邵钟"缪字偏旁）、作 ▨（"邾公华钟"缪字偏旁）。象鸟羽毛丰满欲飞形。"金文翏生盨作 ▨，字形完整象鸟张羽高飞之形，《说文》所称"从羽、今"之 今，系从"翏"字下部截取的一个偏旁，《文源评注》页160隶订为"凤"可从。

《文源》卷四又载："▨，《说文》云：'彡，新生羽而飞。从几、从彡。'按古作 ▨（"邵钟"缪字偏旁）、作 ▨（"邾公华钟"缪字偏旁），𠘧象鸟形，彡象新生之羽。"《文源评注》页161云："此即'凤'字，隶定为'今'，易与训'稠发'之'彡'相混。按'几'与'凤'的来源，当与'翏'字有关。……从金文字形（"翏 生盨"▨）看，字为一个整体，象鸟张羽高飞之形。上既为羽，左下之点或斜笔短画就不再是羽毛，当是表示鸟飞时的声音，犹如'彭'之'彡'表示鼓声。《六书故·动物三》云：'翏，众羽飞声。引之则亦为风声。'故'翏翏'即为象声词，表示风声。……'凤'所从之'几'，音'市朱切'，《说文》云：'鸟之短羽飞几几也。''几几'为鸟飞声，与短羽长羽无关。'几几'之为鸟飞声，与'翏'之为'众羽飞声'或'翏翏'为'长风声'，应该都是互有关系的。"[2]

▨ 字所从 𠂊 形与拙文《扱遗》第四条"賈（贾）虙"所刊《玺汇》4053"成公虙"▨ 所从 ▨ 同，与"今"构形不类，释"今"不确，庄哲彦与笔者所撰《古玺掭遗》已将古玺旧未释的"虙"字比对梳理[3]，请另酌参。

至于《玺汇》1254 ▨ 上揭诸家原释"翏"、庄哲彦释作"尾（尾）车"合文，"轛"字《说文》及后世字书未见，检《玉篇·车部》："軧，丁礼、多履二切。大车后也。"《广韵·荠韵》："軧，大车后也。"《类篇·车部》："軧，陈尼切。车两尾。又展几切。大车后也。又典礼切。"《集韵·荠韵》："軧、轋，《说文》：'大车后也。'或从氐。"

此玺第二字 ▨，隶作"遷"，读作"遟"，从辵、累省声，疑遲（遟）省文，"遟""遟

[1] 刘钊：《玺印文字释丛》（一），《古文字考释丛稿》，岳麓书社2005年版，第167页。何琳仪著：《战国古文字典》，中华书局1998年版，第240页。阙晓莹：《〈古玺汇编〉考释》，台湾师范大学硕士论文，2000年，第172页。汤余惠编：《战国文字编》，福建人民出版社2007年版，第939页。陈光田著：《战国玺印分域研究》，岳麓书社2009年版，第163页；徐畅著：《先秦玺印图说》，编号2873，文物出版社2009年版，第142页。孙刚编：《齐文字编》，福建人民出版社2010年版，第542页。高明、涂白奎编著：《古文字类编》（缩印增订本），上海古籍出版社2014年版，第1187页。庄哲彦：《〈古玺汇编〉玺印释文补遗及相关文字构形演变析探》，《中国印谱史与印学国际学术研讨会论文集》，西泠印社出版社2019年版，第1012—1013页。

[2] 林义光著：《文源》卷四，中西书局2012年版，第164—165页。林志强、田胜男、叶玉英评注：《〈文源〉评注》，中国社会科学出版社2017年版，第160—161页。

[3] 刘钊：《玺印文字释丛》（一），《古文字考释丛稿》，岳麓书社2005年版，第167页。庄哲彦、林文彦：《古玺掭遗（四则）》，《第五届"孤山证印"西泠印社国际印学峰会论文集》，西泠印社出版社2017年版，第286—307页。又，庄哲彦、林文彦：《战国古玺考释与补说四则》，《书画艺术学刊》第26期，台湾艺术大学美术学院书画艺术学系2019年版，第39—69页。

图4-3　《玺汇》3618　　　图4-4　《玺汇》3486　　　图4-5　《玺汇》5515　　　图4-6　《玺汇》2672
鏢（墨）愳（思）　　　　邵（邵）嚣（䚒—奋）　　　嚣（䚒—奋）　　　　悹（悇—掖—液）遧（徙）

（遧）"二字《说文》及字书未收；《楚文字编》页99"遷（遷）"字《包山楚简》78作、250作、259作、《郭店楚简·五行》17作、《九店楚简》M56·15作、M56·100作，并注云："与《汗简》徙之古文相近。""遧"字《帛书·丙》70作、98作；《新蔡葛陵楚简》"遷（遷）"字《甲二》6作、159-2作、《甲三》183-2作、204作、《零》49作、274作，"遧"字《甲二》14作、《甲三》240作、259作。

楚玺赘加"羽"符的字除本条此玺、图4-2《玺汇》1254"黄輷（辊—甀／甀）"，又见3618"鏢（墨）愳（思）"（图4-3）、3486"邵（邵）嚣（䚒—奋）"（图4-4）、5515"嚣（䚒—奋）"（图4-5），未加"羽"符的"遧"字见齐系0198"昜（阳）都（县）邑伺遧（徙）盟（盐）之鉨"、0199—0202"遧（徙）盟（盐）之鉨"、楚系0203"遫（传）遧（徙）之鉨"、晋系1066"肖痹遧（徙）"、2672"悹（悇—掖—液）遧（徙）"（图4-6）、3055"甸（斋／奓／䵷—魏）盍遧（徙）"、燕系5652"帛遧（徙）"。

《汗简》古文"徙"作、又作，《古文四声韵》引《古老子》作、《义云章》作，字皆与楚简"遷（遷）""遧"字类近，据此此玺第二字亦可读作"徙"。

本条此玺当改释作"江遷（遧—徙）"，三晋姓名私玺。

（五）265　蠱（蟍）苍·蠱（蟍—寿）苍或"苍蠱（蟍—寿）"　三晋　姓名私玺

图5-1《匋藏》265又见于《中国玺印全集》，第一字作，上作㽝、下从二虫，隶作"蠱"，字又见图5-2《虚无有斋集古玺印》"蠱（蟍—寿）鄟"（或"鄟（鲁）蠱—蟍—寿"）。"㽝"字甲骨《前》7·38·2作、《合集》13416作、14912作、21174作，构形不明，《说文》："畼，耕治之田也。从田、㽝。象耕田沟诘诎也。㽝，畼或省。"大徐本作"象耕屈之形"，"畴"为"㽝"之后起字，金文"寿"字所从偏旁遅盨作、吴娶鼎作、遣盨作、翏生盨作、铸吊簠作、，杜伯盨或作、颂簋作、楚公逆钟作、王子吴鼎或作、彭宇匜作、"楚王钟"作、，下加口、日皆为装饰部件，战国文字承袭金文，或省简"㽝"为、。

金文"寿"字伯康簋作、郜遣簋作、"姬鼎"作、"陈公子甗"作、"杞伯壶"作、《包山楚简》117作、《九店楚简》M56·46作、"楚子赤目臣"作、"王子申盏"作、"齚钟"作、"襄鼎"作，《说文》："薑，久也。从老省。㽝声。"战国文字"寿"字所从"㽝"亦省简作、、、、、、、、、、、、、等形，参图5-4《玺汇》3517"靶（范）寿"、图5-5《玺汇》4540"善寿"，与"畴"字省简"㽝"字形同，字又参《玺文》8·7、页219—220"寿"字条。

图5-1 《匋藏》265
蟲（蠹）苍·蟲（蠹—寿）苍
或"苍蟲（蠹—寿）"

图5-2 《虚无有斋集古玺印》
蟲（蠹—寿）鄑 或"鄑（鲁）
蟲（蠹—寿）"

图5-3 《玺汇》1049
肖寿

图5-4 《玺汇》3517
軏（范）寿

图5-5 《玺汇》4540
善寿

《战典》页1174云："蚰，甲骨文作 𧈪（京津623）。从二虫，会二虫之意。虫亦声。见纽譆部；虫，晓纽脂部。晓、见为喉、牙通转，脂、譆为阴阳对转。蚰为虫之准声首。"说可从。

"蚰"字甲骨文除《京津》623作 𧈪 、《林》1·7·16作 𧈪 、《前》4·52·4作 𧈪，金文鱼鼎匕作 𧈪，《说文》："𧉪，虫之总名也。（段注：虫下曰：'有足谓之虫，无足谓之豸。'析言之耳。浑言之则无足亦虫也。虫下曰：'或行或飞、或毛或蠃、或介或鳞，皆以虫为象。'故虫皆从虫，而虫可读为虫。虫之总名偁蚰。凡经传言昆虫，即蚰虫也。日部曰：'昆，同也。'《夏小正·昆小虫》传曰：'昆者，众也。犹魂魂也。'魂魂者，动也。小虫动也。《月令》：'昆虫未蛰。'郑曰：'昆，明也。'许意与《小正》传同。）从二虫。（二虫为蚰。三虫为蟲。蚰之言昆也。蟲之言众也。古魂切。）读若昆。"《玉篇·蚰部》："蚰，古魂切。虫之总名。亦作蜫。"甲、金文从二虫，与《说文》𧉪同。

此玺第一字 𧈪，从蚰、丮声，隶作"蟲"，读作"蠹"，唯"蟲""蠹"二字《说文》及字书未收，窃以为此字当与本文第三条"廘（麤—麤—鹿）鄑（邸 — 臣/医 — 盬）"所述，"蠹"字或如战国文字"增凡无义偏旁"繁化现象赘加虫符，读作"寿"，姓见《通志·氏族略·以名为氏》："寿氏，姬姓。《风俗通》，吴王寿梦之后。吴大夫寿越，又有寿于姚。汉末兖州牧寿良。晋有太仆寿冲。南凉有尚书寿悦。《南史》将军寿寂之。望出京兆、博陵。宋登科寿朋，汉州人。"除见《风俗通》又见《氏族略》《氏姓谱》《题名录》及《姓韵·有韵》。《汉征》8·16有"寿"姓汉印"寿成"，余多作人名，有"毕印延寿""张延寿""马适寿"等42例。

又，古有"苍"姓，见《通志·氏族略·以名为氏》："苍氏，《风俗通》云：'八凯苍舒之后。'汉有江夏太守苍英，子孙遂为江夏人。望出武陵。"又见《路史》《姓韵·阳韵》《太平寰宇记》，《桂阳太守周憬碑》阴有"故含洭长南郡邸苍陆"，据此本玺或亦可从左起读，释作"苍 蟲（蠹—寿）"，《汉征》1·15有"苍"字汉印13见，唯皆作为人名。

（六）270阴疤·阴疤（痱） 三晋 姓名私玺

图6-1此玺第一字作 𧈪，从𨸏、会声，读作"阴"，字见《玺文》14·4—14·5、页340—341"阴"字条，又参图6-2《玺汇》3138"会（阴）距"、3162"会（阴）绢（缩）"（图

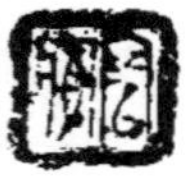

图6-1 《匋藏》270
阴⿸疒肥·阴⿸疒肥（痱）

图6-2 《玺汇》3138
侌（阴）距

图6-3 《玺汇》3162
侌（阴）絽（绾）

图6-4 《玺汇》2533
倩昌（青阳）⿸疒肥（痱）或⿸疒㔾（⿸疒宛）

图6-5 《玺汇》2645
瘳（瘳—廖）⿸疒肥（痱）

6-3），就玺文知为三晋风格；此玺第二字作 ，字又见2533“倩昌（青阳）⿸疒肥（痱）或⿸疒㔾（⿸疒宛）”（图6-4） 、2645“瘳（瘳—廖）⿸疒肥（痱）”（图6-5） ，《玺汇》未释，《玺文》从疒、肥声，隶作“⿸疒肥”，《战域》页128、《三晋》页3000从之，唯此字《说文》未录，《文校》页409—410隶作“⿸疒肥”，并云“⿸疒肥字见于《玉篇》和《广韵》，两书皆谓和痱字同。”《战典》页1300、《玺探》页150、《图典》页350从之。

《玺探》页150云：“古玺‘⿸疒肥’字作 （《玺汇》2533）、（《玺汇》2645）等形，旧不识，由吴振武先生释出。《玉篇》：‘痱，风病。⿸疒肥，同痱。’即今所谓中风。战国文字有‘⿸疒肥’而无‘痱’。《史记·魏其武安侯列传》：‘魏其良久乃闻，闻即恚，病痱，不食欲死。’《灵枢经·热病》：‘痱之为病也，身无痛者，四肢不收，智乱不甚，其言微知，可治。甚则不能言，不可治也。’”图6-4《玺汇》2533 何琳仪、焦智勤〈八年阳城令戈考〉载：“检《玺文》7·13、《汉征》7·19—20人名用字往往从‘疒’旁，这是古人驱病心里的一种风俗习惯。……（此字所从‘巳’旁拐角处不作实笔，故或释‘⿸疒㔾’，即‘⿸疒宛’，见《龙龛手镜》，义不详。）”[1]二说可参。

《玉篇·疒部》：“痱，扶非、步罪二切。风病也。《诗》云：‘百卉具痱。’⿸疒肥，同上。”《广韵·微韵》：“⿸疒肥，风⿸疒肥，病也。痱，同上。”《类篇·疒部》：“痱、⿸疒肥，扶非切。风病。一曰小肿。或从肥。又并部浼切，又并父沸切。痱，又妃尾切。鬼痛病。又薄亥切。”又见《集韵·微韵》。《说文·疒部》：“痱，风病也。（段注：非、风双声。《释诂》曰：‘痱，病也。’郭注：‘见《诗》。’按《小雅》：‘百卉具痱。’”李善注：《文选·戏马台诗》云：“百卉具腓。薛君曰：‘腓，变也。’毛苌曰：‘痱，病也。’今本作腓。据李则毛诗本作痱，与《释诂》合。）从疒、非声。（蒲罪切。十五部。按当扶非切。亦作⿸疒肥。）”

此玺释作“阴⿸疒肥（痱）”，三晋姓名私玺。

（七）276公行革·公行革或“革公行” 三晋姓名私玺

图7-1《匋藏》276“公行革”，检《姓解》有“公行”“公师”“公孙”“公伯”“公

[1] 田炜著：《古玺探研》，华东师范大学出版社2010年版，第150页。何琳仪、焦智勤：《八年阳城令戈考》，《古文字研究》第26辑，中华书局2006年版，第213页。

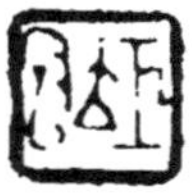

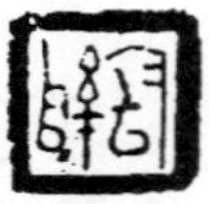

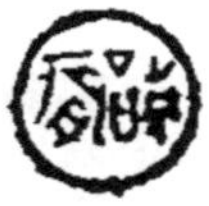

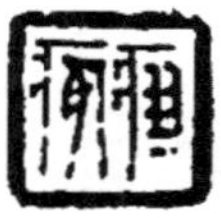

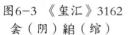

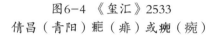

西""公冶""公羊""公族""公乘""公石"等75组"公"字复姓，《玺汇》则有"公孙"（秦系3920，齐系3726、3896、3912、3914—3918、3921—3925，燕系3841—3854、3856—3857、3859—3864、3866—3874、3876、3878—3880、3882—3887、3890—3895、3897—3906、3908—3910、3913、3919、3926、3928，晋系3855、3858、3865、3875、3877、3881、3888—3889、3907、3911、3927）、《守丘刻石》有"公乘䢍（得）"等复姓。

就印面玺文知为"公行"二字，作为复姓见《姓解》："《孟子》有公行子著书。"《广韵·东韵》："《孟子》有公行子著书。《左传》晋成公以卿之庶子为公行大夫，其后氏焉。"又见《姓韵·东韵》："《荀子》：公行子之之燕，遇曾元于途曰：'燕君何如。'"曾元曰："志卑。"杨倞注："子之，盖孟子时公行子之先也。"

又战国习见玺印自左起读，据此此玺或作"革"姓，见《元和姓纂·麦韵》："革，汉功臣枣阳侯革朱（《汉功臣表》作煮枣阳侯革朱）。"岑校："'《汉功臣表》作煮枣阳侯革朱。'余按《广韵》《通志》亦作'煮枣侯'，唯宋本《辨证》与此同。"《广韵·麦韵》："革，改也。兽也。兵革也。亦姓。《汉功臣表》有煮枣侯革朱。"《姓韵·陌韵》："《汉书·功臣表》：'煮枣端侯革朱以越连敖从起薛，别以越将入汉击诸侯，以都尉侯。孝文二年，康侯式（一作武）以朱子绍封。孝景中二年，侯昌嗣。元康四年，朱玄孙杨陵大夫奉诏复家。按：《水经注》作灵朐侯革朱。'"又见《氏姓谱》。"革"姓参图7-2《玺汇》3103"革睸（眿—賜）疥（序）"，《汉征》3·14有"革"字汉印，皆作为人名。

本条此玺释作"公行革"，三晋复姓私玺，亦可释作"革公行"，三晋姓名私玺。

（八）280都涂□·都（诸）涂（余—御）痦 三晋复姓私玺

图8-1《匋藏》280右列作 ，玺文漫漶残损，经检视印面图版复原后作 ，知为 、 二字，《左传·昭公三年》："国之诸市，屦贱踊贵。"《晏子春秋·内篇·问下》作"国都之市，屦贱踊贵。"《史记·夏本纪》："被明都。"《索隐》："明都，《尔雅》《左传》谓之孟诸，今文亦为然，唯《周礼》

图7-1 《匋藏》276
公行革·公行革或"革公行"

图7-2 《玺汇》3103
革睸（眿—賜）疥（序）

图8-1 《匋藏》280
都涂□·都（诸）涂（余—御）痦

图8-2 《匋藏》280
印面图版

图8-3 《吉大》41
乐痦

图8-4 《玺汇》3809
司马痦

图8-5 《玺汇》3989
夒（夏）后痦

称望诸。""都""诸"皆从"者"得声，鱼部韵母相同，二字可通；又《山海经·海内南经》："夏后起之臣曰孟涂。"《太平御览》六三九引孟涂作孟余，余，余母、鱼部；涂，定母、鱼部；"涂""余"皆从"余"得声，鱼部韵母相同，二字亦可通。

本条此玺"都涂"可作"诸余"，又余，余母、鱼部；御，疑母、鱼部；鱼部韵母相同，二字可通，亦可读为"诸御"复姓，《姓韵·鱼韵》："诸御氏，此姓诸书无，今补。《左传·哀公十三年》：'齐阚业为政，陈成子惮之。'诸御鞅言于公曰：'陈阚不可并也，君其择焉。'"张澍按《吕氏春秋》："齐简公有臣曰诸御鞅，谏简公曰：'田常与宰予二人者甚相憎也，臣恐其相攻。相攻虽叛而危之，不可，愿君去一人。'简公曰：'非细人之所敢议也。'"《说苑·正谏篇》也有"诸御己"。

《玺汇》3238"者余（诸御）羚（羚）"、3311"者余（诸御）疵"三晋复姓私玺"者余"亦读作"诸御"复姓，《战典》页1487读"诸御"，《诗·邶风·谷风》："亦以御冬。"《艺文类聚》八二、《白孔六帖》八一、《事类赋》五并引御作御，《荀子·荣辱》："于是又节用御欲。"杨注："御或作御。"二字可通，可备一说，惟《左传》《吕氏春秋·慎势》《说苑·正谏篇》皆作"诸御"，本文从之。

此玺第二字作 ，又见图8-3《吉林大学藏古玺印选》（简称《吉大》）41"乐痦" ，此字内部字形上、下填实，《匋藏》《吉大》二书皆未释；《玺汇》3809收有三晋复姓私玺"司马痦"（图8-4）字作 ，殆为未填实字形，《玺汇》未释，《玺文》收于附录30、页425，《三晋》页3022释"瘖"，《战典》页1532将《玺汇》3809 、《吉大》41 释"瘰"，《玺汇》3989 （图8-5）《战典》页467未释、页1519则释"疟"，唯"瘖""疟"二字字书未收；《中国古文字研究》（简称《中古》）第一辑页149徐在国释"痦"，其说可从。

《说文》："言，直言曰言。论难曰语。从口、辛声。"《文源》卷七、页297云："按，辛与辛同字，辛非声。"另检舌字甲骨作 （《合集》14949）、 （《合集》9472反），言字作 （《合集》3685）、 （《合集》440正），系在"舌"上加一横变为指事符号，以示言语生于舌，由于所加一横与"舌"上部合而为辛，遂为《说文》误为"从口、辛声"，西周早期"敔尊"作 、西周中期"趞伯簋"作 ，上加短横为饰，战国文字承袭两周金文，《包山楚简》14作 、《郭店楚简·忠信之道》8作 、《货系》1376作 、中山王鼎作 ，甲骨《合集》3685 字填实后，正与本条所刊图23-3—23-5 、 、 诸字同，此字从疒、言声，《说文》未收，《玉篇·疒部》："痦，呼骨切。多睡病也。"《广韵·没韵》："痦，睡多。"又见《集韵》。

本条此玺当释作"都（诸）涂（余—御）痦"，三晋复姓私玺。

（九）286 ＝（司马）樵· ＝（司马）枵（椆／橄／橾／傲）　三晋 复姓私玺

图9-1《匋藏》286第一字作 ，编者释"樵"，此字《说文》及后世字书未收； 右部作 ，似作"羔"，检金文"索角"作 、"訇伯簋"作 、"九年卫鼎"作 ，《说文》："羔，羊子也。从羊、照省声。"字当为从羊、在火上，《说文》作从羊、照省声非。　所从 与

图9-1 《匋藏》286

图9-2 《玺汇》0071

图10-1 《匋藏》295

图10-2 《玺汇》5348

鬲＝（司马）槎·鬲＝（司
马）枵（梮／檄／檠／儆）

战堇（苟—羌）司寇（寇）

岜·岜（范）

岜（范）子

图10-3 《玺汇》3417

图10-4 《玺汇》2170

图10-5 《玺汇》2284

岜（范）弗曲（钩）亼（玺）

郎（邶—范）峇（堂—尚／上）

範（范）张

3091 𦍋 类近，晋系"羌"字《玺汇》0431作 𦍋 、3409作 𦍋 、4925作 𦍋 、5424作 𦍋 、5425作 𦍋 、5426作 𦍋 ，字与"羊"字混同，3091 𦍋 则于"儿"之两笔对称，字又与"羔"字混同，字又参图9-2《玺汇》0071"战堇（苟—羌）司寇（寇）"𦍋 所从 𦍋 ，二字完全相同，知本玺 𦍋 所从 𦍋 亦当释作"羌"。战国文字"羌""丂（苟）"古音并属见系阳部，"苟""敬"皆从羌得声，二字往往不分，故"羌""𦉰（苟）""敬"皆可通。据此，则本玺 𦍋 当隶作"槎""枵"或"檄"。

"槎"字《说文》及后世字书未录，"枵"亦未见于《说文》，《玉篇·木部》："枵，吉口切。枵杞也。根为地骨皮。本作枸。""檄"字则见《说文》："檄，榜也。（段注：《秦风》：'竹闭绲縢。'毛曰：'闭绁、绲绳、縢约也。'《小雅·角弓》传曰：'不善绁檠巧用则翩然而反。'《既夕记》说明器知弓有柲。注云：'柲，弓檠也。弛则缚之于弓里。备损伤也。以竹为之。'引《诗》竹柲绲縢。《考工记·弓人》注云：'绁，弓隿。'弓有隿者，为发弦时备顿伤。引《诗》竹隿绲縢。合此言之。《礼》谓之柲。《诗》谓之闭。《周礼》注谓之隿。《礼》古文作柴。四字一也。皆所谓檄也。绁者系檄于弓之偶。绳则系之之绳。谓之檄者，正之也。谓之榜者，以竹木异体从旁傅合之之言。凡言榜笞、榜棰者，取义于缪绁。凡后世言标榜者，取义于表见外也。）从木、敬声。"《广韵·梗韵》："檄，所以正弓，出《周礼》。亦作檠。"《类篇·木部》："檄，渠京切。《说文》：'榜也。'亦书作檠。又举影切。所以正弓。又渠映切。有足以几物。"《集韵·梗韵》："儆、檄，《说文》：'戒也。'引《春秋》传。儆言或作檄。"据此知 𦍋 可隶作"枵"，读作"梮""檄""檠"或"儆"。

本条此玺当改释作"鬲＝（司马）枵（梮／檄／檠／儆）"，三晋复姓私玺。

（十）295岜·岜（范） 三晋 姓氏单字玺

图10-1《匋藏》295第一字作 岜 ，字又见《玺汇》5348"岜（范）子"𦍋（图10-2）、3417"岜（范）弗曲（钩）亼（玺）"𦍋（图10-3），《文校》页343引李学勤、李零在《平山三

器与中山国史的若干问题》中根据好蚉壶"𢁥（世）𢁥（世）母（毋）犯"之犯作■，即"范"字省体。《玺文》附录4、页373收有2169 🏃、2170 🏃（图10-4）、2171 🏃、2172 🏃 等字，所从左部与上揭二印及本玺同，隶作"邔"，释为"邨（范）"，《玺汇》原未释，《战典》1095"节"，《战编》第37页收于"范"字条。

本玺此字 🏃 隶作"岂"，从中、从泛省，释参拙文《扱遗》第十三条"邔（邨一范）萃"，《类篇·中部》："中，木初生也。象丨出形。有枝茎也。古文或以为屮字。""岂"为"范"字省体，三晋姓氏单字玺，"范"姓见《元和姓纂·范韵》："范，帝尧刘累之后，在周为唐杜氏。周宣王灭杜，杜伯之子隰叔奔晋，为士师。曾孙士会，食采于范。遂为范氏。越有范蠡。魏有范座。项羽谋臣范增，居巢人。"《汉征》1·18有汉印"范信私印""范鲔私印""范杲"。

《文校》页343又载："范氏之范作 🏃 或 🏃 是三晋玺的写法，燕玺则作 🏃 或 🏃（借範为范），和三晋玺不同。"参图10-5《玺汇》2284"蒩（范）张"，《孟子·滕文公下》："吾为之範我驰驱。"《音义》範我或作范氏。《后汉书·班固传》李注引範我作范氏，又《尔雅·释诂上》："範，常也。"《释文》："範字或作范。"知"范""範"二字可通，"範"姓见《通志·氏族略》："範氏，宋登科，範昱，饶州人。"《姓韵·赚韵》："《氏族略》：'汉有範依字少公。宋有範昱，饶州人，登科。'"据此则"范"姓见三晋玺，燕玺姓氏则作"蒩（範）"。《汉征》1·18有汉印"范信私印""范鲔私印""范杲"。

本条此玺释作"岂（范）"，三晋姓氏单字玺。

三、结语

《匋藏》所收极为广博，系近年来难得一见收藏辑录，其中多前未见精品，对古玺研究帮助甚大；部分文字考释，以今人严谨、谨慎态度，则仍有增补空间。

本文续就拙文《古玺披遗（三十则）》《古玺扱遗（三十七则）》所刊《匋藏》先秦官、私玺编号242—295中三晋姓名私玺、复姓私玺及姓氏单字玺等所刊释文不揣谫陋提出浅见，就教于海内外方家。撰写期间蒙陈君信良提供"引得市"疑难字缺字造字，特此申谢！

参考文献：

王力著：《同源字典》，中华书局，2014年版。

王人聪著：《古玺印与古文字论集》，香港中文大学文物馆，2000年版。

王延林编著：《常用古文字字典》，上海书画出版社，1997年版。

王爱民：《燕文字编》，吉林大学硕士学位论文，2010年。

方述鑫等编：《甲骨金文字典》，巴蜀书社，1993年版。

天津市艺术博物馆编：《天津市艺术博物馆藏古玺印选》，文物出版社，1997年版。

田炜著：《古玺探研》，华东师范大学出版社，2010年版。

吉林大学古文字研究室编：《中国古文字研究》第一辑，吉林大学出版社，1999年版。

吉林大学古文字研究室编：《古文字研究》第二十一辑，中华书局，2001年版。

宋·司马光等编：《类篇》，中华书局，1984年版。

宋·郭忠恕、夏竦编；李零、刘新光整理：《汗简·古文四声韵》，中华书局，1983年版，2010年二版。

宋·陈彭年等编，林尹校订：《宋本广韵》，黎明文化事业股份有限公司，1976年版。

吴振武著：《〈古玺文编〉校订》，人民美术出版社，2011年版。

何琳仪著：《战国古文字典》，中华书局，1998年版。

何琳仪著：《战国文字通论》，中华书局，1989年版；又，江苏教育出版社，2003年订补本。

宋·丁度等编：《集韵》，上海古籍出版社，2017年版。

宋·郑樵撰，王树民点校：《通志二十略》，中华书局，1995年版。

萧毅著：《古玺文分域研究》，崇文书局，2018年版。

林志强、田胜男、叶玉英评注：《〈文源〉评注》，中国社会科学出版社，2017年版。

林义光著：《文源》，中西书局，2012年版。

范祥雍补释：《广韵三家校勘记补释》，上海古籍出版社，2011年版。

施谢捷：《古玺汇考》，安徽大学博士学位论文，2006年5月。

唐·林宝撰；岑仲勉校记：《元和姓纂》，中华书局，1994年版。

高明、涂白奎编：《古陶字录》，上海古籍出版社，2014年版。

徐畅著：《先秦玺印图说》，文物出版社，2009年版。

陈光田著：《战国玺印分域研究》，岳麓书社，2009年版。

陈斯鹏、石小力、苏清芳编：《新见金文字编》，福建人民出版社，2012年版。

张桁、许梦麟主编：《通假大字典》，黑龙江人民出版社，1993年版。

庄哲彦：《战国文字构形及艺术特征研究》，高雄师范大学国文系博士论文，2017年8月。

清·张澍著：《姓韵》，三秦出版社，2003年版。

梁·顾野王撰：《大广益会玉篇》，中华书局，1987年版，2004年版。

汤志彪著：《三晋文字编》，作家出版社，2013年版。

汤余惠编：《战国文字编》，福建人民出版社，2001年版。

汉·许慎撰、清·段玉裁注：《说文解字注》，黎明文化事业股份有限公司，1974年版，1986年增订二版。

刘钊著：《古文字考释丛稿》，岳麓书社，2005年版。

萧毅著：《古玺读本》，凤凰出版社，2017年版。

罗福颐著：《古玺文编》，文物出版社，1981年版。

罗福颐著：《古玺汇编》，文物出版社，1981年版。

罗福颐著：《汉印文字征》，中华书局香港分局，1979年版。

罗福颐著：《玺印文字征》，艺文印书馆，1974年版。

印谱、书目简称表：

《三晋》	《三晋文字编》
《文校》	《〈古玺文编〉校订》
《史藏》	《"国立"历史博物馆藏印选辑》
《古印》	《中国古印——程训义古玺印集存》
《古域》	《古玺文分域研究》
《吉大》	《吉林大学藏古玺印选》
《匋藏》	《匋斋室藏古玺印选》
《陶汇》	《古陶文汇编》
《汉征》	《汉印文字征》
《集粹》	《中国玺印集粹》
《图典》	《古玺印图典》
《汇考》	《古玺汇考》
《战形》	《略论战国文字形体研究中的几个问题》
《战典》	《战国古文字典》
《战域》	《战国玺印分域研究》
《战编》	《战国文字编》
《战论》	《战国文字通论》
《玺文》	《古玺文编》
《玺探》	《古玺探研》
《玺域》	《古玺文分域研究》
《玺征》	《玺印文字征》
《玺汇》	《古玺汇编》
《玺图》	《先秦玺印图说》

（作者系西泠印社社员、台湾嘉南药理大学退休特聘教授）

易均室印事研究

周　赞　刘玮琳

内容提要：沙孟海称易均室不治印。然而非印人身份的易均室却活跃于印人群体间，从事印学研究，而其思想影响了众多印人的创作。虽然易均室视印为学问之余事，但是后来者研究印学终究绕不过他。他的印学亟待我们重新思考。在钩沉易均室遗留文献之后，我们发现其尤为可贵的价值。

关键词：易均室　印学　印谱

在《沙邨印话》中，沙孟海云："均室不刻印，顾笃好印。"他所说的均室姓易、名忠篆（1886—1969），号穋园，湖北潜江人。少年时易均室考入武昌经心书院；后赴日本求学，毕业于早稻田大学，并在日参加同盟会；回国不久参与了辛亥革命。讨袁护国战争之后，易均室闭门读书，潜心于金石文字与诗词戏曲等学术。1930年王福庵"晴窗日日拟雕虫"印款称："均室道盟人品、诗词，似南宋白石道人，比复精研三代文字，知必有所阐扬。"正是反映了易均室的学问志向。方介堪为其所治"两宋词工画史之后"印款称："太原易氏受姓以来，于宋得二人焉。曰元吉，娴画；曰袚，精词。穋园属制是印，可以明其志趣耳。"可见在易氏宗族历史中，宋代以来出现绘画、词学人才仅易元吉、易袚两人，而易均室立志兼善之。方介堪为之治"倚声家兼金石学"印，可谓概括了他的学术兴趣。易均室书法幼习篆、分之书，长而宗古籀、石鼓，于李邕、钱坫均有独悟，深自韬晦，未尝效时流以炫人，终自成古雅的独特面目。（图1）

图1

镌刻印章被文人长期视为雕虫小技，其能成为一门学问，实属不易。沙孟海指出三点"不易"的原因：一是印石小，容易散落，而难以收集；二是朱墨仰拓，不仅耗费精力与财力，而且这项工作的技术要求颇高而且较之收集工作更加艰难；三是在读书人中爱好印章者鲜罕，而能认识到其中古文字、古官制等经史价值者就更寡，以至于这门学问流传更难。由此可见，印学、印人的知音稀少，使得沙孟海感慨地说："是故世间不可无易均室。"虽然易均室不刻印，但是他成为印人的知音，在与众多印人交游中，他的学问使其逐渐走到了印学的中心。其门人徐无闻治"稽园游艺"边款云："稽丈平生笃学静思，于词章、考据皆有创获。论印，其余事耳。"由此，我们不免要问，研究印学却绕不过一个不刻印的易均室，更何况他视印学为学问之"余事"，这是为什么？他的印学是否成立？若成立，则其中的重要组成部分有哪些？

沙孟海、徐无闻、徐正行、王可万等诸位先生文章已勾勒出易均室人生轨迹，不必赘言。以此为基础，就其毕生所涉及印学事业而言，我们认为易均室印学主要体现在四个方面。首先他在古器物、书画碑帖方面，从事鉴别、收藏、摹拓等整理工作，如《古印甄初集》《明清名印集拓》《稽园印鲭》《锦里篆刻征存》《韩宋官印》等印学著作皆是这个方面的成就。其次在艺术考据方面，针对甲骨、吉金、陶器、古印、古泉、书画、碑帖等史料，易均室运用古文字学进行考证、训诂，如《说文部首形系》《古籀臆笺》《金石学讲稿》《静偶轩金石题跋》《三游洞题名考》《李北海书碑系年》等既是此类著作。再次在文学方面，如诗词、戏曲等文体创作、品评，易均室尤精诗韵，如《稽园论画绝句》《词曲讲稿》等就是这个方面的著作。最后在书籍编辑出版方面，易均室运用目录、版本之学从事本民族文化艺术的传播工作，如《艺罟》《艺海扬尘录》等即为这个方面的著作。据其门人后学所见、所忆，以及散见他人笔记中著录，易均室曾完成的书稿还有《均室文稿》《隔云集》等数十余种书籍，而关于古文字的散叶和关于诗词的批校、批注本则更多。总之，关于易均室所著述、批校、出版之书籍书目，还有散叶、信札等，虽然我们目前尚待整理，但是可以肯定，其规模不小。

从研究印章之学的发展历程而言，若欲形成印学，一般必要经历四个阶段。即首先是古印章遗物的收集、整理阶段。这项工作滥觞于宋代，盛于晚明，以隆庆六年（1572）的《顾氏集古印谱》尤为代表。其次是研究古印的形制、古文字进而认识历史制度、人物以及文字衍变的阶段。这个阶段文士、印人从"集古"发展到"摹古"，以万历三十年（1602）程远《古今印则》、三十三年（1605）陈钜昌《古印选》等为代表。再次是鉴赏古印形制、文字而产生认识、思想，激发印人群体积极主动创作的阶段。若从印章创作而言，沙孟海认为米芾是先行者。然而印人群体的形成才是这个阶段的特征。记录印人群体的创作始于周亮工《印人传》。第四个阶段是分类、编辑古今印人创作而形成的印章谱牒之学。这以万历三十八年（1610）梁袠《梁千秋印隽》为滥觞，逐渐发展出具有主题性创作的印谱，如天启元年（1621）邵潜《皇明印史》、崇祯二年（1629）江万全《姓苑印章》等印谱；此后又有了以汇集各名家印章成谱的张灏《学山堂印谱》。印学之中，四个阶段所产生的大量印谱、印人、印章形成了有机的结构整体。我们由此而观易均室，则可以还原其印学，揭示其历久弥新的价值。

我们认为印学应该包括印章收集、鉴赏印风、激发创作、印谱编辑四个部分。其中鉴赏而创作是十分密切的联动，属于审美范畴，所以我们将其合为一节，节省篇幅。

一、印章收集渠道

收集印章的工作可以从三个渠道展开。第一是通过购买交易等方式获得印章；第二是继承家族祖父辈遗赠的印章；第三是结交印人、培养门人，嘱咐其治印、补款。

易均室收集印章的事实初见于《沙邨印话》。1929年秋客居广州的沙孟海在蔡哲夫处见到易均室所编一厚册明清诸家印谱，发现是谱中竟有自己在六年前为好友陈道希所刻的印。是知此印已经被易均室收得。在当时时局政变、战乱中，易均室或许通过较为低廉价格购买了是印。1932年十月完成的《古印甄初集》印谱是易均室夫妇过手的古印集合。这批古印后为汉阳周氏石言斋所藏。

图2

易均室以"甄"名是谱，以及1931年其所创办的"艺甄社"、刊物《艺甄》，皆与其字"均"者有关联之义。均本义为塑造陶坯之具，外形为一个圆形可以旋转的底托，又称"陶旋轮"。董仲舒云："泥之在均，惟甄者之所为。"可见易均室以"甄"题是印谱之名乃寓意其印学之基。在新中国成立后，寄居成都、生活穷厄之时，易均室简衣缩食亦不忘于荒摊旧市中收集古印。1939年秋易均室在重庆市场见到元季韩林儿起兵所造"管军万户府印"，遂亟介绍唐醉石收之，并拓印珍藏。1941年万灵蕤将《韩宋官印》装池，易均室题记述其藏印原委。门人徐无闻述其收得明代成化十八年（1482）沈贞吉"悠然见南山"印于荒摊，将吴中文人治印历史向上推进了40余年。我们在其《锦里所见古铜印》著录中又看到57方印蜕，上至秦汉印章，下至元押，其中还有从其好友陈氏冥搜阁、崔氏清标阁所藏古铜印中收集来的四方印蜕。总之，易均室将毕生精力与财力用于收集各类古代印章应无疑。（图2）

收集印章最为便利的方式是继承家族祖父辈遗赠的印章。易均室的祖、父是否有印学修养，目前尚缺文献征考。但是其夫人万灵蕤之父万季海深于印学。万隽选字季海，浙江瑞安人，黄体芳的四女婿，清末曾任职于湖北新军。万季海与王福庵、唐醉石等交善，应视为浙江印人。然而他尤心契于黟山印风。1935年（乙亥）易均室《黟山人黄牧甫先生印存跋》云："盖自识外舅万季海先生，示以黟山印拓始；时安吉吴缶庐方以皖宗易帜江左，称海内宗匠；黟山则远历五羊。"吴昌硕易帜之时应该是1882年黄牧甫移居广州之时。由跋文所知，易均室步入印学，初见印谱是从万季海收集黟山印拓开始的。由此则可见当时万季海早已展开收集黟山印拓，并且进行大量摹刻研习。

我们从万灵菉的媵印"和平"与"人之砥锡"可以窥见万季海对黔山印风十分深入的程度。然而1883年秋黄牧甫为羊城富文斋刊印魏稼孙《绩语堂题跋》《绩语堂文存》《绩语堂诗存》题写书名，尚在关注魏氏印学。[1]1890年四月黄牧甫为梁鼎芬治"珍重芳华"，其边款云："节庵先生远寄《篆刻丛书》见贻，教陵所不及也。"显然此时黄牧甫远未及梁鼎芬写信给邓蓉镜称誉"穆甫印今推海内巨擘"[2]之程度。1893年（癸巳）二月黄牧甫应诸友之嘱而治印时，还在仿赵之谦风格。所以万季海如此关注黄牧甫，似有先知先觉之智乎？1917年（丁巳）万季海仿制黔山印风，取《淮南子·修务训》句，治"人之砥锡"朱文印，足见其深爱之情状。当时他将这些研习成果传授给了10岁女儿万灵菉；之后也影响了易均室。1935年易均室还曾请黄少牧制"私淑黔山"印，可见灵均夫妇较早认识到黄牧甫印风价值。易均室跋文亦感慨云："自季海先生以来，所识海宇印人，半黔山门下士。"他见证、记录了万季海的预见。而黄牧甫印风价值被发现的溯源应该不可或缺万季海，似可无疑。（图3）

图3

万家素有金石、印学的文化传习，好收藏古物，尤其是明清印人所治印石。1967年易均室题《旅园印精》一律云："承先珍艺久从论。"万季海所收藏印石中，一部分作为万灵菉陪嫁之媵印转入易均室家，如上述"人之砥锡"即为"媵印"；其余则应在其去世后，皆由易均室夫妇继承。我们从《明清名印集拓》50余方印及款识可窥易均室夫妇继承先辈所藏明清印石。其中年代最远者如隆庆二年（1568）文彭所治"清歌妙舞落花前"白文印、万历三年（1575）文伯仁所治"年年岁岁花相似，岁岁年年人不同"朱文印；可补印人传者如胡玉津"山阴旧宅"、楚桥"几生修得到梅花"等。在《锦里所见明清旧印》中，我们还发现寄居成都的易均室又新收藏了明清印石如明代成化十八年（1482）沈贞吉所治"悠然见南山"白文印、嘉靖三十六年（1557）文彭所治"读古人书"白文印、嘉靖二十七年（1548）何震所治"洗砚焚香""绥我眉寿"白文印、道光元年（1821）俞准所治"伯文父一字云谷"朱文印，还有"何绍基印"鸟虫白文印等。（图4）

广交印人、培养门人，嘱咐其治印、补款，是易均室收集印章、印蜕的重要且主要渠道。由于岳父印学影响，易均室结交了浙派印人如王福庵、唐醉石、方介堪、沙孟海等，黔山派印人如李尹桑、邓尔雅、冯康侯等。又因印学与诗词之学的交织，使得印人创作内容必然有文以载道的要求，反映在印面、边款之上。所以原本热衷研究诗词文章的易均室常常会与如蔡哲夫等学者讨论印学，而两个家庭的主妇万灵菉与淡月色之间也因如此。文士家庭之间的学术交往，不仅在夫妇之间，还会在师生家庭之间，比如门人徐无闻的妻子李淑清也是印人，曾治"灵均"印。易均室在其中发挥

[1] 黄耀忠著：《黄牧甫旅粤书迹图证》，西泠印社出版社2018年版，第165—167页。

[2] 黄耀忠著：《黄牧甫旅粤书迹图证》，西泠印社出版社2018年版，第89页下半部第6行。

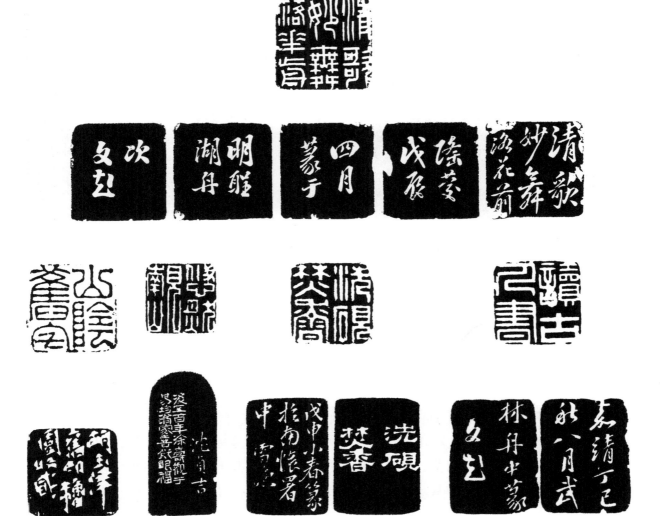

图4

的带动作用，使得成都地域印学发展起来。

易均室常常邀嘱印人治印，皆有主旨，大致粗略可分为反映个人学问心志一类、夫妻美满生活一类和某事某书告竣庆贺一类。表达心志者有如唐醉石、方介堪、门人徐无闻、苏苏园等所治"沧浪一舸""曾在沧浪一舸""庚午浮家署所寓曰沧浪一舸"等印。在《黟山人黄牧甫先生印存跋》易均室开篇亦云："并无篆刻之累累，吾沧浪一舸。"即表达了自己并非印人的事实，又表明自己谦卑求学的志向。反映夫妻婚姻美满者称为"鹣印"（关于"鹣印""媵印"另在有关万灵蕤之文中专论），如王福庵"静偶轩"、沙孟海"静偶轩夫妇心赏之符"等印。专为某事庆贺者如《古印甄初集》完成时，唐醉石取秀水王仲瞿句治"明诚夫妇又同痴"一印，其边款云："今租园伉俪以仲瞿、五云之流风，绍德甫、易安之遗韵，故乐为治是印以媲之。"是印作为了这部印谱竣工的贺礼。易均室钤印于每本书末以为纪念。因此，此印不仅是"鹣印"，还是庆贺之印。1933年方介堪

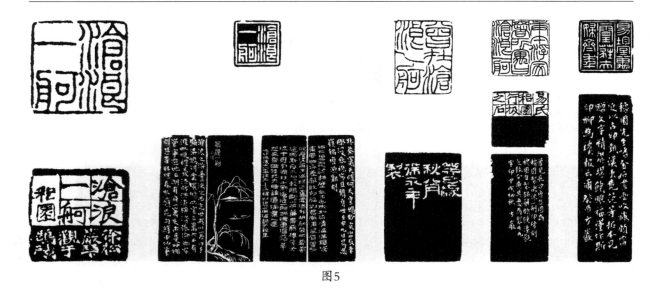

图5

也收到《古印甄》，还有汉砖、镜拓本。他称赞这些金石学书籍"文字精湛"而大饱眼福，故治"易均室万灵蕊夫妇齐年"印以庆贺并答谢。（图5）

二、鉴赏印风、激发创作

收集印章不易，而护佑印章更难。易均室所收集印章在战乱迁徙之中不免遗失。1946年十月易均室致沈渃莽信末云："《均室玺印》二册中有已失之印，不可复拓。乞慎护是祷。"[1]由此可见，如何发扬印学，不应只是在收藏上用力，还应在激发创造新印作上努力。所以在此信中我们又看到，易均室请沈渃莽再刻三枚印，并且恳请不要交门人携带出来。可见其慎重之至。（图6）

1946年三月上巳节易均室将玉印等拓附书致信沈渃莽；[2]后长夏中，易均室又致沈渃莽信三页，[3]反映出他们平素篆学、印学研讨的生活状况。是信讨论了三个方面都关乎印学。一是篆法问题。易均室述其用钱坫的篆书玉筋法篆写"近宛楼"三字，并自我评价了一番。二是品鉴问题。易均室对"细篆""玉筋""三代金文""两汉金文"诸种篆书风格提出代表性书家，即王福庵、王宗炎、丁佛言、常子襄。同时还转述王福庵的认识，与沈渃莽讨论。信的第三页易均室又补述其所藏清嘉禾人沙神芝的篆联作品，称其篆书用"峄山法"、印用浙派，唯有钱坫篆书可以对垒。三是人物关系问题。易均室为沈渃莽指出，程穆庵（程千帆之父）与唐醉石是亲戚，而非与王福庵。（图7）

在生活穷厄之时，易均室亦不忘印拓新收集的藏印，与友人共赏、研讨。1953年长至节致沈渃莽信左下角特意钤盖清代沈介舟所治"幽人空山"白文印以示。易均室收集明清、时人的印章中多

---

[1] 陈光建编：《清远堂遗笺》，西泠印社出版社2020年版，第260页。

[2] 陈光建编：《清远堂遗笺》，西泠印社出版社2020年版，第268页。

[3] 陈光建编：《清远堂遗笺》，西泠印社出版社2020年版，第262、264、266页。

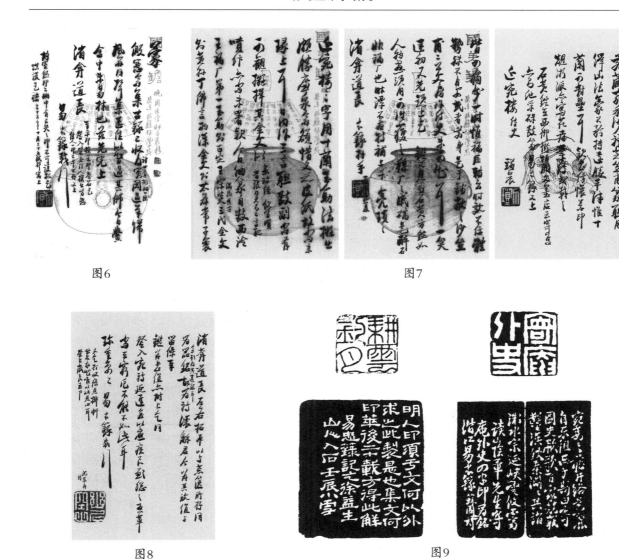

图6

图7

图8

图9

有未刻款现象。这为他自撰铭志，命嘱友朋、门人镌刻于石，留下了再创造的空间。"为往圣继绝学"也正体现在这样的再创作中。（图8）

在1952年小雪节寓成都的易均室与徐寿（徐无闻之父）一起品鉴"耕云钓月"印。（图9）易均室感悟到认识明代印的艺术价值，务必摆脱文彭、何震的固有影响。于是请徐寿将他的印学思想刻入是印边款："明人印须于文、何以外求之，此制是也。集《文何印萃》后二十载，方得此解。"晚清浙派印人章仪庆所治"寄庵外史"原石无边款。易均室因与其有旧谊，得此印而为章氏作铭，以表其德。并且嘱门人苏苏园刊刻铭文于印石侧。其铭曰："宛委之藏，井络是丽。自东徂西，于斯曰寄。图史啸歌，百家竞艺。凿汉镂秦，渊渊其诣。渑水宗延，峡云攸霁。"昔大禹登宛委山而得金简玉字之书，其文尤珍。蜀地乃井宿分野，因章氏宦游而文德彰显。易均室用典作铭，赞誉章氏，使得此印价值从此不朽。还值得注意的是其铭文书法风格为易均室所特有，而镌刻者苏苏园对其书法风格刻画极为真实。我们发现易均室诸多印款题记皆由苏苏园代镌。（图9）

图10

三、印谱编辑理念

易均室治学深淳的外显以图书编辑最为关键。因为从内容到形式，无处不体现其学养。易均室所编图书尤重视目录。我们发现，在1947年秋留寓成都三载的易均室编辑出《艺罟》一大册（图10）。其目录分八种，即风景、古迹、建筑、金石、壁画、雕塑、人体、花影。其题端乃其集石鼓文而篆书，且雄厚古朴。罟，网也。从网，古声。《易》曰："作结绳而为罔罟，以佃以渔。"可见易均室作此图录类书意在网罗艺术相关图像，进而形成系列可供研究参考的文献。比如"风景"可以为山水画提供素材，又如"古迹"可以为文学创作提供灵感等。而其中的"金石"则为印学提供了研究视野。还有近年私人藏品《瓦当拓本》《金声谱》等数种存世的作品。我们不难推测，易均室夫妇通过这些图录可以在传拓、颖拓文物方面展开更加广阔而丰富地创作。我们相信，易均室长期致力编辑此类图录，诸如北周津门瓦当这类的细卷纹饰可能早就影响了《古印甄初集》印谱的板框设计，尽管后者成书的时间早于前者。（图11）

完成于1932年《古印甄初集》四册应该算是较早的印谱。易均室夫妇的工作涵盖了从编辑体例、版式设计到朱墨仰拓、书籍审定的全流程。其中万灵蕤承担了制谱的大多数工作环节。是谱开版高五寸五，阔三寸。细画格，高二寸五，阔一寸七。可知其开版高约为8.4cm，宽约为5.7cm，十分类似于清代汪启淑的《锦囊印林》。从版框装饰来看，其风格趋向极简"细卷"纹交错。这与《锦囊印林》以繁花纹为饰，形成鲜明对比。这些都无形中传递出易均室夫妇的审美趋向在古雅简约。这本集古印谱一共收录二百品，凡依时序编排，始于战国玺，止于元押印；从地域而分如齐系、晋系、楚系等古玺具备；从印章制度、用途而分官印、私印、穿戴印；从印文内容而存官名、姓氏、名号、吉语、肖形等；从印文字数量而分有单字、两文、四字、多字等。由此可见，从集古仰拓到发凡起例，易均室皆有其考虑，如选取的角度、内容的完备等。

完成于1968年《锦里篆刻征存》六卷应该算是最晚的印谱。此本印谱历时两年，将易均室《印鲭》、沈执闇《印存》、拜石轩《印选》三部印谱所藏原印与零散剩余之印钤拓而汇集成。其中朱墨仰拓主要由门人徐无闻为主，夫人万灵蕤辅助；印谱编排体例则由易均室主事。其编排体例重点凸出在成都地域所见、所藏的印学史料，共分五个部分。首先为"锦里所见古铜印"57方；其次"锦里所见明清旧印"21位印人如沈贞吉、杜乘等25方、佚名29方；再次"锦里所见当代诸家篆刻"乃全国名

图11

图12

家如黄少牧、方介堪、赵时㭎等共16位印人30方、佚名7方；第四部分"锦里当代诸家篆刻"乃当时生活于成都的印人如沈懋、颜楷等共13位印人121方；第五部分"锦里近代诸家篆刻"乃曾经生活于成都而已经去世的印人如沈贤修、章仪庆、沈中等共8位印人53方。《锦里篆刻征存》的规模之大、编排之谨，非易均室不能办到。这本印谱无愧为四川至今最为重要、全面的印谱史料，可谓前无古人、后无来者。（图12）

四、羁旅一生的学问

综上所述其印学，我们认为易均室治学方法具备新旧时代对学科分类的一般特征。博闻强记、向外拓展与离析精审、向内含蓄，在易均室身上有独特体现。然而对于人生际遇，易均室早年似乎筮卜过一卦，其得"旅"乎？

1922年李尹桑治"旅园"印，乃易均室始用"旅"名。之后还有江夏徐石治"旅贞吉"、武进蒋维崧治"旅琐琐"，晚年溧阳施孝长治"旅叟行年八十"。1967年易均室第二次、也是最后一次拓《穞园印鲭》，将"穞"即"稆"字依许慎《说文》改作"旅"，将"鲭"改作"精"，遂题写是册为《旅园印精》。"穞"同"稆"，但不同"旅"。《集韵·语韵》："穞，禾自生。或从吕。"《说文》："旅，军之五百人为旅。"其古文旅"以为鲁卫之鲁"。可见，"旅"就其音与"穞"近，但其涵义以及外延则更加丰富。其本义为军旅，引申出众多、陈列、寄居、养、道路、地名、姓氏、祭名等含义。《周易》中"旅卦"则是最早诠释其本义、引申的文献，也是最为深邃。我们发现易均室用"旅"字的时间可上溯至民国十年（1921）左右，下至其晚年，历时近50年。他取卦辞"旅贞吉"，又取初六爻辞"旅琐琐"入印，似当在其筮占初得"旅"乎？回首其一生羁旅，应卦象之征，莫可名状。王可万先生《楚云天隔锦里留》一文中讨论了易均室晚年寄居成都的诸多客观原因。我们认为，从易均室用"旅"入印、改"旅"题名而言，是他认识到"旅"卦的深邃内涵，并以自己行世履历回应了"旅"卦之义。（图13）

"旅"卦之象，上离火、下艮山。其下为基础，其上为终究。从整体含义而言，要在其象辞："柔得中乎，外而顺乎刚，止而丽乎明。"其意思是从柔的角度而言，能否得、守"中"之道。得

图13

"中"、守"中"之道极难矣。个人发展相对于时局潮流发展，即可比喻为"柔"与"刚"的关系。身处于乱世，如何顺应时代？言行举止如何消灾避祸，成为每个人都必须随时应对的时代主题。乱世所呈现出的礼乐秩序、伦理价值悉数颠倒、杂乱，扭曲了每个人。所以知道"止"于何处者极难！这就是"旅"卦处于极难之时的内在含义。

从"旅"卦分析而观，古人重元贵始，爱护初生之时。初六爻之小象曰："旅琐琐，志穷，灾也。"从许多事实而观，易均室始终其一生，其志正，故不穷，亦无灾。他是真正做到"旅"卦对一个君子的要求，而得"旅贞吉"之德者。

附：易均室印学印谱文献简表

编号	书目	册数	成书时间	文献著录	存世情况
1	《明清诸家印》	一厚册	成书应在1929年之前	见于《沙邨印话》载，"己巳秋客广州，于蔡哲夫坐上见潜江易均室（忠箓）所选《明清诸家印》，凡一厚册。"	不详
2	《古印甄初集》	四册	完成于1932年十月	1988年徐无闻《金石学家易均室事略》称："《古印甄》四册，现湖北图书馆藏一部。"然笔者查湖北省图书馆书目，未见此书著录。	存世
3	《文何印萃》	不详	成书在1932年	始见于"耕云钓月"1952年易均室记、徐益生补刻款，称："集《文何印萃》后二十载方得此解。"	不详
4	《均室玺印》	二册	成书或在《古印甄初集》之后不久	见于1946年十月易均室致沈淯莽信中。	不详
5	《鹄矶印撷》	不详	成书应在民国时期	始见于1986年徐无闻《纪念易均室先生》。鹄矶者，黄鹄矶也，即武昌黄鹤楼。故此印谱应专辑鄂渚印人之作。《沙邨印话》载："鄂中印人，少著称者。均室举汉阳曹复堂（善）、江夏胡箦谷（之森）、明紫卿（兆麒）、江陵郭某庵（芬）诸子，出视朱迹。惟不多，故弗能有所评骘。"可见其规模不大。"沧浪一舸"徐松岩刊边款云："观于鹄矶。"	不详

（续表）

编号	书目	册数	成书时间	文献著录	存世情况
6	《铁书过眼录》	不详	成书应在民国时期	始见于1986年徐无闻《纪念易均室先生》。	不详
7	《丙戌金石书画研究会印选》第一集	一册	成书于1946年	九潜斋藏本。	存世
8	《明清名印集拓》	一册	成书于1948年九月	松荫轩藏本。	存世
9	《青简赤文》	不详	成书于其晚年成都	始见于1988年徐无闻《金石学家易均室事略》。	不详
10	《旅园印精》，又作《稽园印鲭》。	一册凡四	成书于1967年立秋	松荫轩藏本	存世
11	《锦里篆刻征存》	六卷	成书于1968年	易均室选拓、徐无闻类次本	存世
12	《易均室藏印》	一册	成书于1968年	徐正行藏本	存世
13	《韩宋官印》	一轴	装池于1941年	见于2021年《泰和嘉成——蜀中往事》拍品	存世
14	《历代印谱摘要》（原抄本稿无名，笔者拟定。）	34页纸本	抄录于民国时期	见于2021年《泰和嘉成——蜀中往事》拍品	存世

参考文献：

[1]　祝遂之编：《沙孟海学术文集》，中国美术学院出版社2018年版；

[2]　徐无闻编：《易均室藏印》，中华书局2020年版；

[3]　易均室篆：《锦里篆刻征存》，中华书局2014年版；

[4]　凌翔主编：《印鉴·易均室辑拓印谱两种》，西泠印社出版社2020年版；

[5]　易均室篆：《古印甄初集》，休休文库2019年版；

[6]　黄耀忠著：《黄牧甫旅粤书迹图证》，西泠印社出版社2018年版；

[7]　陈光建编：《清远堂遗笺》，西泠印社出版社2020年版；

[8]　王可万：《易均室挽王福庵夫人诗札抉微》，《书法》2014年第05期，第136—139页；

[9]　王可万：《情天眷属是仙侣易均室伉俪轶事》，《收藏》2013年第19期，第18—21页；

[10]　王可万：《天涯相望石荒友——易均室与沙孟海交游始末》，《书法赏评》2013年第02期，第70—78页；

[11]　王可万：《楚云天隔锦里留——记金石学者易均室先生》，《文史杂志》2012年第06期，第10—14页；

[12]　https：//mp.weixin.qq.com/s/D2Nmd0GeMSjfX9mXCBCIfA《泰和嘉成——蜀中往事》拍品。

（作者一系湖北美术学院中国画学院副教授、硕士生导师；作者二系书法与篆刻方向在读研究生）

始于摹拟，终于变化

——明清篆刻收藏视域下"摹古观""反摹古观"研究

赵作龙　程　昱

内容提要： 明清文人参与篆刻，打破了僵化的篆刻发展格局，开拓了文人篆刻审美新局面，为明清印学及收藏的发展、演化打下了坚实的基础。文彭、何震开创了"印宗秦汉"的审美格局，将篆刻参与对象由"匠人"转向"文人"，提高了篆刻艺术及篆刻收藏的地位。故而越来越多的文人参与到篆刻艺事中来，在篆刻市场的催化下，篆刻收藏、印谱需求等因素影响着印学批评的导向，"摹古观""反摹古观"等印学批评观随之发展起来。通过梳理"摹古观""反摹古观"印学批评的传承与嬗变，将清"形""神"构成元素，阐述印人由"始于摹拟"到"终于变化"的转化。提炼"摹古观""反摹古观"印学批评评价标准的确立及对印学的推动，挖掘篆刻收藏背景下的印学批评。

关键词： 篆刻收藏　印学批评　摹古观　反摹古观

一、篆刻收藏离不开"摹古观"的形成及演化

（一）篆刻收藏"尚古"风尚对印学"摹古观"的催化

随着篆刻艺术的发展，唐宋印风趋向曲屈盘绕的叠篆样式，故而为文人所不齿。如宋代的米芾（1051—1107）、元代的赵孟頫（1254—1322）不满足于自用印为唐宋印样式，便自篆印稿再由匠人刻凿或铸造而成，从而推动了篆刻收藏倾向的文人化与自觉化。元代的印学理论的传世，更是反映了这一时期印人的印学思想及审美格局，如吾丘衍（1272—1311）《学古编》和赵孟頫《印学史》提出"复古""宗法秦汉"等印学思想，由此奠定了篆刻收藏及取法的审美格局和美学导向。

米芾、赵孟頫等人不满于印风时弊而自篆印稿，受印材质地坚硬的影响，未能亲自刻凿印章，"匠人"虽然很难尽数传达其意，却依然可以根据传世印章窥探其审美追求。其二人所用印章暗合古意，与同时代唐宋官私印面貌大相径庭，也彰显了文人篆刻以秦汉印为宗的格局。这无疑为后世印人指明了方向，随着文人对书画篆刻需求的扩大，以及花乳石、灯光冻等印石运用于篆刻，为文人参与篆刻提供了可能。明代文彭（1498—1573）、何震（1522—1604）等人亲自操刀就石，打破了"篆""刻"分离的藩篱，更加明确了以秦汉为宗的印学道路。由此标志着篆刻艺术的三大转化：一是印人身份由"匠人"到"文人"的转化；二是印材由"青铜"为主向"印石"的转化；三

是篆刻发展由唐宋官印"叠篆"向"印宗秦汉"的转化。

宋、元文人有意无意地参与篆刻，皆将审美指向了"复古"。赵孟頫、吾丘衍等人更是有印学理论传世，更加确定了篆刻审美及收藏的导向标。明代初期，印人更是承袭了前人的印学审美和印学思想，在"复古"基础上更加明确了"印宗秦汉"这一范式。在市场需求的推动下，越来越多的文人取法明清印章，无非是通过两种渠道习古：一是通过自己或友人收藏秦汉印章实物；二是通过印谱取法秦汉印风。通过查阅资料，也可以看出明代的印学文献、印人及传世印谱等，其审美一步步指向了秦汉。明代初期的印学及文人篆刻，基本延续了宋元的发展模式，并未有太大改观，正如李刚田、马士达先生在《篆刻学》所云：

> 明代初期的印论与当时的篆刻创作一样，并没有显著的发展，而是进入一个沉寂的时期，除了元末的篆刻对明初仍有一定的影响，以及明初有一些集古印谱的编辑史实之外，我们对明代洪武至弘治年间的篆刻艺术发展及其印论的认识几乎是空白。即是偶有一二，亦无新意。[1]

又如李流芳（1575—1629）在《题汪杲叔印谱》云："国初名人印章，皆极芜杂可笑。"更加明确了明代初期名人篆刻现状，为其变法革新埋下了伏笔。文人互相题写印谱序跋也成为印谱刊刻收藏的必要条件，寻求有声望的人物题写序跋，可以有效地提高印谱自身的收藏、流传价值。

文人参与篆刻，开辟了"文人篆刻"新领域，也推动了篆刻收藏的发展，自此衍生出一系列的集古印谱、摹古印谱、印论、篆刻审美、刀法、印学批评等相关的印学成果。文彭、何震等人，一改前人自篆印稿、匠人铸凿的现象，开启了自篆自刻新征程，由此开辟了"篆刻一体化"的印学之路。明初印章的趋俗化现状，随着石制印材的推广，促使越来越多的文人不满足于"匠人"僵化的刻凿风气，促发了"自篆自刻"的热潮，同时也开辟了"刀法""笔情墨趣"等印学批评范畴。文彭为文徵明（1470—1559）长子，受父辈"吴门书派"的地位及影响，使文彭具备结识收藏家项元汴（1525—1590）、顾从德（1519—1587）等人的机缘，为其开阔眼界、宗法秦汉古印提供了便利条件。文彭凭借家学渊源和自身先决条件，在书法、绘画、篆刻等领域取得了令后世瞩目的成就，尤其开辟了"操刀就石"的"文人篆刻"新格局。文彭继承了赵孟頫的复古思想，一改唐宋官印繁杂的篆文程式，上承秦汉印章，如沈野在《印谈》所云："我朝至文国博，始取汉、晋古章步取之。"[2]由此影响了大批的文人士大夫投身印学，这种以文彭印学思想为理念的篆刻流派，被后世称为"三桥派"。

文彭等人无论是在印章取法上，还是做旧方法上，均跨越唐宋官印，上承汉、晋印章为范式，由此开启了收藏"尚古"风尚。然而秦汉印章皆为私人收藏，受地域及资源短缺等影响，并非每个人都有机缘品鉴古印。受篆刻收藏市场需求的影响，才使得集古印谱和摹古印谱盛行。随着篆刻收藏及印谱的推广，摹古、习古风气大振，由此开启了摹拟古印的新格局，推动了"摹古观"印学批评的形成。

---

[1] 李刚田、马士达：《篆刻学》，江苏教育出版社 2009 年版，第 331 页。

[2] 明·沈野：《印谈》，韩天衡：《历代印学论文选》，西泠印社出版社 2005 年版，第 62 页。

（二）篆刻收藏推动"摹古观"的形成

收藏家们将所藏印章辑成印谱，通过推广印谱可以提高印章的经济价值，印人取法印谱又带动了印章的艺术价值，从而潜移默化地影响了"摹古观"印学批评的形成。"文人篆刻"不同于"匠人篆刻"，不仅要具备精湛的技术手段，还要具备文学、书法、绘画等方面的综合素养。文人身份具有多重性特点，在其他领域取得的艺术造诣，自然会影响其篆刻收藏的导向，这也促使"尚古""摹古观"等印学批评的形成。

作为文人篆刻的开创者，文彭对古印更是推崇备至，这也影响着时人的审美及篆刻收藏的发展。如沈野在《印谈》所云："文国博刻石章完，必置之椟中，令童子尽日摇之。"[1]可见文氏对于古印的"摹拟"，已不满足于汉印范式，更是通过后期"做印"手法追求"古意"，无疑为"摹古观"印学思想的形成奠定了实践基础。明代印人上承汉晋印章，通过风格、章法、气息及做旧等处理手法，达到摹拟古人的效果。然而"文人篆刻"的兴起，得益于这一群体有着深厚的文化内涵，如朱简云："自三桥而下，无不人人斯、籀，字字秦、汉，猗欤盛哉。"[2]可见文彭对后人的影响十分深远，之后的印人皆能够精通秦汉篆籀文字，这也表明印人不仅做到了从形式上摹拟古人，而且在字法渊源上以秦汉为宗。名人效应直接影响着印学审美和篆刻收藏，文彭的白文印与汉印风格相合，注重虚实章法，对残损的艺术处理，更是衬托了苍茫、古拙之气；朱文印则以元朱文为宗，章法疏朗俊健，一改元人靡弱的印风，尽显古朴自然。何震继承了文彭的印学思想，在取法上更是上追秦汉。秦汉印章的收藏风气也随之兴盛，印人取法也几乎完全脱离了宋元面貌。

文人篆刻的兴起，得力于"摹古观"的印学批评风尚下的收藏导向，主要体现在两个方面：一是体现在对秦汉印的摹拟，跨越唐宋印叠篆样式，上承秦汉印章；二是对秦汉篆文的复古，真正做到了摹其形、师其迹。如祝世禄在《梁千秋印隽序》中所云：

> 印章之作，其年尚矣。盛于秦而工于汉，其法平正方直，删繁益简，以通其宜，匠心运妙为千秋典型。六朝参朱文而法坏，唐、宋好盘纠而法亡。至我朝，文寿承氏稍能反正，何主臣氏乘此以溯其源，遂为一代宗匠。[3]

不仅道出了印章的发展脉络，也指明了印章"平正方直""删繁益简"等特点，并对六朝朱文、唐宋官印复杂"盘纠"的印风予以批判，并对文彭、何震一改立改时弊的做法给予高度赞扬。这种崇尚秦汉、反对唐宋官印的做法，势必会影响篆刻审美和收藏的发展。

何震在印学界的声誉，离不开篆刻收藏家的影响，除了在篆刻取法上直接宗法秦汉印章，还有印学著作《续学古编》传世，并提出了"法由法出，不由我出"[4]的印学思想。可以看出何氏完全突破了时人枷锁，得力于篆刻收藏，并认为古法"不由我出"，秦汉印有着自身的典范楷则，刊印

---

[1] 明·沈野：《印谈》，韩天衡：《历代印学论文选》，西泠印社出版社 2005 年版，第 64 页。

[2] 明·朱简：《印经》，韩天衡：《历代印学论文选》，西泠印社出版社 2005 年版，第 140 页。

[3] 明·祝世禄：《梁千秋印隽序》，韩天衡：《历代印学论文选》，西泠印社出版社 2005 年版，第 447 页。

[4] 明·何震：《续学古编》，韩天衡：《历代印学论文选》，西泠印社出版社 2005 年版，第 56 页。

时应当遵守秦汉法度。何氏参透古印楷则，通过习古、化古等印学实践活动推动了印学发展，并指出习印应当以秦汉印典范。其"法由法出"更是强调习古应当遵循古印法度，更要掌握秦汉字法渊源。这种摒弃以时人想象古印的做法，最大限度地还原了"古法"，更是抛弃"我法"、时人理解的"古法"，为后世印人提供思路，也标志着"摹古观"的形成。收藏家们通过辑录印谱供印人取法，何氏印风的形成，还得力于其对《印薮》的深入研习，如甘旸在《集古印正自叙》中所云：

> 至我明武陵顾从德搜集古印为谱，复并诸集梓为《印薮》，艳播一时。然秦汉以来印章，已不无剥蚀，而奈何仅以木梓也？况摹拟之士，翻讹叠出，古法岂不渐灭无遗哉！此不佞所深叹息者也。[1]

根据《印薮》成书时间为明万历三年乙亥（1575），以何震对篆刻的痴迷以及名望，再加上当时并未有更好的集古印谱出现，何氏研习过此谱定在情理之中。甘旸在《集古印正》中客观评价了《印薮》等集古印谱的功绩，并指出"摹拟"印谱由于"翻讹叠出"导致古法渐灭无遗，为"摹古观"的形成起到推波助澜的作用，自此掀起了集古印谱、摹古印谱的热潮（见表一）。

表一　集古印谱、摹古印谱一览表

印谱名称	刊行时间	作者	卷数	备注
集古印谱	隆庆六年（1572）	王常集	六卷（册）	原印朱钤本，集古类印谱
印薮	万历三年（1575）	王常、顾从德校	六卷（册）	翻刻本，集古类印谱
考古正文印薮	万历十七年（1589）	张学礼等汇编	五卷	朱砂原钤1406印，集古类印谱
甘氏集古印正	万历廿四年（1596）	甘旸	五卷（册）	1700余印，摹古类印谱
宣和印史	万历廿四年（1596）	来行学编	全本八卷（册）	棉纸木板墨刷，摹古类印谱
范氏集古印谱	万历廿五年（1597）	范汝桐集	共十卷十册	朱砂原钤本，集古类印谱
古今印则	万历壬寅（1602）	程远摹刻	共五册不分卷	摹古类印谱
古印选	万历三十二年（1604）	陈钜昌摹刻	一帙四册四卷	原钤本，摹古类印谱
潘氏集古印范	万历三十五年（1607）	潘云杰辑	一帙十册十卷	苏尔宣、扬汉卿等根据顾氏《印薮》摹刻，共2412印
片玉堂集古印章	万历三十五年（1607）	陆鑨集	一帙八册	朱砂原钤本，集古类印谱
图书府印谱	万历四十年（1612）	自彦摹	一帙六册	全书共收1618印
印章法	崇祯七年（1634）	潘茂弘编	一帙二册	棉纸墨印，摹古类印谱
承清馆印谱	万历四十五年（1617）	张灏编集	共二卷	收印664方，集古类印谱
学山堂印谱	崇祯四年（1631）	张灏编集	六卷本	共收1192印，集古类印谱

---

[1] 明·甘旸：《集古印正自叙》，郁重今：《历代印谱序跋汇编》，西泠印社出版社2008年版，第49—50页。

（续表）

印谱名称	刊行时间	作者	卷数	备注
学山堂印谱	崇祯七年（1634）	张灏编集	十卷（册）	收印2032方，集古类印谱
石鼓斋印鼎	崇祯元年（1628）	余藻编	九卷九册	墨印原钤本，摹古类印谱
翰苑印林	崇祯七年（1634）	吴日章	一帙二册二卷	共计474印，摹古类印谱
印商	崇祯七年（1634）	程子通刻	此谱只一册	共79印，摹古类印谱
赖古堂印谱	康熙六年（1667）	周亮工家藏印	一帙四卷（册）	凡1550方，集古类印谱
长啸斋摹古小技	康熙三十六年（1697）	孙拔刻	上、下二卷（册）	上卷摹前人法，共计120章
立雪斋印谱	康熙四十一年（1702）	程大年刻	此谱一帙四册	第一、二两册为摹古印，摹古类印谱
珍珠船印谱	雍正八年（1730）	金一畴集	两册	首次集于雍正年间，又于乾隆间续编二次，集古类印谱
赵凡夫先生印谱	乾隆十年（1745）	章宗闵辑	共六卷	赵㝩光摹古印
春晖堂印始	乾隆十四年（1749）	汪启淑集	八卷	共收604印，摹古类印谱
西京职官印录	乾隆十九年（1754）	徐坚摹刻	一帙两卷，每卷上、下二册	摹古类印谱
芸斋印谱（《孝经》摹印）	乾隆三十年（1765）	刁峻岩刻	全书四册	共收印1164方，摹刻赖古堂印58方，摹林鹤田15方
飞鸿堂印谱	乾隆四十一年（1776）	汪启淑编	全帙五集，四十卷	秦汉迄明金、玉、银、晶、铜、铁、牙、角、竹、木等古印，集古类印谱
汉铜印丛	乾隆十七年（1752）	汪启淑编集	十二卷十二册	共收1174印，集古类印谱
㓇萼集古印存	乾隆二十三年（1758）	汪启淑编	十六册	共计3394印，集古类印谱
古铜印丛	乾隆三十一年（1766）	汪启淑集	四卷	共收藏唐、宋、元、明铜印268方，集古类印谱
汉铜印原	乾隆三十四年（1769）	汪启淑集	十六卷（册）	彩印，集古类印谱
四香堂摹印	乾隆三十九年（1774）	巴慰祖摹古	三册，不分卷	第一、二册摹古印
印征	乾隆四十六年（1781）	朱枫集	二卷	共计171印，集古类印谱
续古印式	嘉庆元年（1796）	黄锡藩集	二卷	全本印102方，集古类印谱
铜鼓书堂藏印	嘉庆四年（1799）	查悙辑	四卷（册）	集古玺824方，集古类印谱
学古斋印谱	嘉庆十四年（1809）	张金夔刻	一册	朱泥原钤78印，摹古印谱
问奇亭印谱	嘉庆十七年（1812）	陆延槐集	全本四卷（册）	明代以来各家印，集古印谱
画梅楼摹古印存	道光二十六年（1846）	汤绶名摹古印	全本一册	所摹官印31方，私印48方，摹古类印谱

（续表）

印谱名称	刊行时间	作者	卷数	备注
簠斋印集	咸丰元年（1854）	陈介祺编集	共十二巨册	共2385钮，集古类印谱
石寿山房印谱	咸丰四年（1854）	汪蔚霞刻	装成册页一帙	摹刻丁敬、黄易之作，共印88方，边款102面
清仪阁古印偶存	咸丰六年（1856）	张福熙（张廷济孙）重印本	此书一帙六册	共收452印，集古类印谱
双虞壶斋印存	道光季年或咸丰初元	吴式芬集	全本八卷（册）	集古玺印1118方
小石山房印苑	同治年间	顾湘藏印	十二卷（册）	集明、清二代名家所刻，共收印479方，集古类印谱
学山堂印存	同治年间	顾湘藏印	全本四卷（册）	全书共156方，集古类印谱
吉金斋古铜印谱	同治五年（1866）	何昆玉、高要集	一帙八册	共收古铜印1506方，集古类
铁琴铜剑楼集古印谱	同治、光绪年间	瞿雍藏印，瞿启甲刊集	全本八册不分卷	共510印，集古类印谱
汉印偶存	光绪元年（1875）	姚觐元集	此书一帙三册	共收汉印276方，父祖辈印126方，集古类印谱
二百兰亭斋古铜印存	光绪二年丙子（1876）	吴云编	一帙十二册	共收印903方，集古类印谱
晋铜鼓斋印存	光绪二年（1876）	李培桢集	此书一帙四册	吴让之刻，共收418印，集古类印谱
两罍轩印考漫存	光绪七年（1881）	吴云集	全本四册九卷	共收印186方，摹古类印谱
西泠六家印存	光绪十一年（1885）	传栻集	一帙四册六卷	共收189方，集古类印谱
共墨斋藏古印谱	光绪十二年（1886年）	周铣诒、周銮诒	全书十册	凡收1231印，集古类印谱
十六金符斋印存	光绪十四年（1888）	吴大澂辑	上、下两函，各十三册	共计2021印，集古类印谱
齐鲁古印攈	光绪七年（1881年）	高庆龄集	一帙五册	共收810印，集古类印谱
十钟山房印举	道光年间	陈介祺	十册本	集古类印谱
观自得斋印集	光绪二十年（1894）	徐士恺集	一帧，十六册	共收2110印，集古类印谱
二弩精舍印赏	光绪二十二年（1896）	赵时枫集	全书一帧八册，不分卷	全书凡印339方
漱芳书屋集古印谱	光绪二十三年（1897）	孙思敬集	全本四卷（册）	全书凡印189方，边款47面，集古类印谱
师让庵汉铜印存	光绪二十七年（1901）	丁丙集	一帙四册	共收209印，集古类印谱

（续表）

印谱名称	刊行时间	作者	卷数	备注
缉雅堂印影	光绪二十九年（1903）	潘元长集	全本二册，不分卷	收明清各家刻印80方，边款104面，集古类印谱
铁华庵印选	光绪三十年（1904）	叶铭集	此谱一帙六册	共收132印，集古类印谱
福盦藏印	清宣统二年（1909）	王禔集	全本十六卷	集清代名家印，集古类印谱
赫连泉馆古印存	1915年	罗振玉编	此谱共一册	共收372印，集古类印谱

文人篆刻的出现，不仅改变了印章取法范畴及篆刻收藏的导向，更是增添了"摹古观"印学批评范式。随着集古印谱和摹古印谱的盛行，为文人参与篆刻提供了便利，将印学导向转为秦汉印章。通过习古、化古等"摹古观"的不断丰富，更是推动了篆刻实践、思想与篆刻收藏的发展。

二、"反摹古观"印学批评及收藏的传承与嬗变

（一）"反摹古观"印学批评及收藏的"形"与"神"

晚明是"文人篆刻"兴起的重要阶段，一改时人"趋俗"的审美现状，将篆刻审美及收藏引入了"复古""宗法秦汉"的复归之路。随着入古的不断深入，继而对古印的"形""神"等印学批评体系随之建立起来。这也带动了印谱辑录的审美导向，藏家对所藏印章进行筛选，如赵宧光（1559—1625）在《金一甫印谱序》中云："及顾氏谱流通遐迩，尔时家至户到手一编，于是当代印家望汉有顶。"[1]随着经济市场的催化，晚明集古印谱、摹古印谱盛行，然而各大集古印谱、摹古印谱的版本更是良莠不齐，以此为范本的结果可想而知。故而越来越多的印人意识到这一点，提出了"反摹古观"的印学批评理论。

值得肯定的是"反摹古观"更多的是针对印谱版本的"怪俗"现象，而非对"摹古"本身的规避。明隆庆六年（1572）王常集《顾氏集古印谱》手钤本仅20部，无法泽被更多印人，幸在明万历三年乙亥（1575）由王常编、顾从德校《印薮》随之大量推广，其版本精良，才使得更多印人得以品鉴学习古印。然而《印薮》为木刻版本，与手拓钤印《集古印谱》相较，自然存在失真现象，虽然为印人提供了便利，却对秦汉印的神采造成缺失。由于更多的印人无缘得见秦汉印章原物，在"摹古观"的催化下致使印人一味求其"形"，对于一些粗劣的集古印谱、摹古印谱不假思索便视若珍宝。故而导致了印人对古印曲解严重，其"摹古"之作自然也形成印人"我法"之下的摹形之作，对印学的发展产生重要影响。何震"法由法出，不由我出"观点的提出，更是引发了还原篆刻本来面目的思考，也为印人"反摹古观"印学批评的觉醒埋下了伏笔。

"反摹古观"起初是印人对印谱存在的问题进行批判，而非对古印以及以古为尚的"摹古观"的反叛，其二者的关系（如表一所示）互相影响，共同构成印学批评体系。从某种意义上说，"反摹古

---

[1] 明·赵宧光：《金一甫印谱序》，韩天衡：《历代印学论文选》，西泠印社出版社2005年版，第461页。

观"是对"摹古观"的延续和发展，是更深层次的"摹古观"，如徐上达在《印法参同》中云：

> 善摹者，会其神，随肖其形；不善摹者，泥其形，因失其神。……人有千态，印有千文，吾安能逐一相见摹拟，其可领略者，神而已。神者四体皆一物，一真一切真，苟神之不得，即亲见摹拟，亦未必肖也。是故有不法而法自应者，亦有依法而法反违者。[1]

徐氏指出了"摹古观"应当"会其神""肖其形"，而非"泥其形""失其神"。并指出"摹拟"的最高境界不是便临天下印，而应抓住古印其"神"。印人若非得其神，即便自认为惟妙惟肖，也未必"肖似"。其"反摹古观"是印人深层次的思考，是不以追求"法度"而"法度"自生的思辨，而为了"法度"而"求其法"则往往失去了法度，与何震所云有异曲同工之妙。

"摹古观""反摹古观"的形成并非一蹴而就，而随着文人篆刻的不断自觉，逐渐形成对"形""神"的关注，也影响着印学批评体系的建立。如徐上达《印法参同》所云："须取古印良可法者，想象摹拟，俾形神并得，毫发无差，如此久之，自然得手。"[2]徐氏不仅指出习古应以

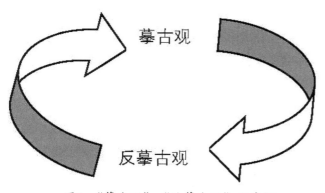

图1 "摹古观""反摹古观"示意图

优良的古印为师法对象，并提出习印标准应当"形神兼备"，这也奠定了"摹古观"的雏形。然而这种求其"毫发无差"的"摹古观"有着一定的法则，不成想却成为限制印学发展的桎梏，关于"形""神"的辩论也促使了"反摹古观"的形成（见图1）。如孙旭在《集古印正序》中云："余不知印章，而癖古印章，非癖古印章也，以古人心画寄诸印章，故不能不癖之也。里中有甘旭先生者，亦好古印章，凡余之废寝食而摹拟莫肖者，甘先生一染指鼓刀即得之。天会神解，虽宜僚之弄丸、丈人之承蜩不是过也。孰谓古今人不相及哉！"[3]孙氏更指出了"癖古印章"当以古人心态寄托"印章"之中，不应以一己之私妄揣古人。甘旭好古，却可轻而易举地"摹拟肖似"，究其缘由是甘氏辨别出了"古今不相及"，由此为后世指明了"形似"之外的元素除了技法层面之外，还应当还原古人意趣、字体渊源等方面。

明代印学承袭了宋元"复古"之风，上承秦汉印章，为文人篆刻的范畴立下范式，也为"摹古观"立下诡谲。随着商品市场的推动，印章收藏也与篆刻审美趋于一致，集古、摹古印谱随之大量涌现，市面上流通的印谱版本千差万别、良莠不齐，"形""神"等"摹古观"的追求，促进了印人"反摹古观"印学批评理论的建立，也促使"摹古观""反摹古观"等印学批评体系的自觉。

---

[1] 明·徐上达：《印法参同》，郁重今：《历代印谱序跋汇编》，西泠印社出版社 2008 年版，第 27 页。

[2] 明·徐上达：《印法参同》，郁重今：《历代印谱序跋汇编》，西泠印社出版社 2008 年版，第 25 页。

[3] 明·孙旭：《集古印正序》，郁重今：《历代印谱序跋汇编》，西泠印社出版社 2008 年版，第 48 页。

（二）"反摹古观"由"始于摹拟"到"终于变化"的转化

明清印学从事者多为文人士大夫，提高了印人层次，推动了印学艺事的档次，更是集文字学、文学、美学于篆刻一体。随着篆刻收藏不断发展，集古印谱、摹古印谱更是不断推出，使得印人见多识广，且有着更加明确的审美理念。如苏宣（1553—1626）在前人"摹古观"的基础上，提出了"始于摹拟，终于变化"的印学思想。

文彭、何震等人将印章取法转向了秦汉印，由此掀起了摹拟古印的风尚，也带动了篆刻收藏的转向。然而在经济市场的推动下，木刻版本印谱失真，以及出现了大量粗劣的摹刻印谱，影响了印人取法的精准性，自此带动了印人关于"形""神"的思考，也促使印人掀起了学习古法的思辨。如苏宣在《印略自序》中云：

> 乃取六书之学博之，而寿承先生则从谀之，辄试以金石，便欣然自喜。既而游云间则有顾氏，檇李则有项氏，出秦汉以下八代印章纵观之，而知世不相沿，人自为政。如诗非不法魏晋也，而非复魏晋；书非不法钟、王也，而非复钟、王。始于摹拟，终于变化，变者愈变、化者愈化，而所谓摹拟者愈工巧焉。[1]

苏氏善于总结前人规律，提出了以下观点：一是强调文彭对印学的贡献，以及"六书"及金石学于篆刻的重要性；二是强调古印的重要性，指出"顾氏""项氏"等收藏家收藏了大量古印，并出版了集古印谱，为印人提供了古印范例；三是以诗文、书法复魏晋遗风，明确是学习魏晋的方法，而非魏晋本身，书法也是法钟繇、"二王"气息，并非其作品本身；四是以诗词文学、书法习古方法引入印学；五是强调印学应通过"摹拟"来达到"变化"的目的，而非为了求其形似"摹古观"，实乃"反摹古观"的集大成者。苏氏提出"始于临摹""终于变化"的印学思想，强调了变化的重要性，并指出一味摹古反而会愈发工巧，无法达到"形而上"的高度。

关于"摹古""变化"的印学观点，篆刻家及印学理论家多有自己的见解，如李流芳在《题菌阁藏印》中云："印文不专以摹古为贵，难于变化合道耳。三桥、雪渔其佳处正不在规规秦、汉，然而有秦、汉之意矣。修能此伎，庵映今古皮相者多，且与言秦、汉可也。"[2]李氏认为印人不应该以追求"摹古"为至高法则，应当以"难于变化"为最高追求。文彭（三桥）、何震（雪渔）等人印章佳处，正在于"不规规秦汉"却有秦汉印章之遗意，朱简（修能）善于思考并深谙其理，悟出了秦汉印章的古意，并能够与古相合。

正是篆刻收藏的催化，明清印人不仅强调学习古印的重要性，更指出学习"古法"的具体方法。如潘茂弘在《印章法序》中云：

> 至宋古法渐废，元官私印亦用朱文，自赵子昂集《印史》、杨宗道《集古印谱》、王延年编《印薮》《印统》，庶后之人尚得亲见古人印章之来，尚矣。由是善技有文寿承、何长卿者，而阴祖秦、汉、晋、魏，人士争艳而嗜若渴，雕龙刻虎，制作纷然。人唯法之，独不知其

---

[1] 明·苏宣：《印略自序》，郁重今：《历代印谱序跋汇编》，西泠印社出版社 2008 年版，第 103 页。

[2] 明·李流芳：《题菌阁藏印》，黄惇：《中国印论类编》，荣宝斋出版社 2010 年版，第 872 页。

所法也。盖摹印，自未有形于纸笔，以法后世。故异式异形，不法秦汉。吾最印章一事，结构摹拟，无不罗致，删笔成谱，名曰《印章法》。上下数千载间，考其制，订其文，如辙其迹，使雕文之士知先后之制，无异式之别。其善以劝，其恶以戒，印章之尚，于斯有征矣。[1]

潘氏指出至宋"古法"渐废，元代私印以"元朱文"为主，由此发展至明代印章离古法渐行渐远。而自赵孟頫、杨宗道、王延年等人的集古印谱传世，为印人习古提供便利，解决了后人印人无法亲见古印的问题。文彭、何震等人开文人篆刻先河，得秦、汉魏印章的遗韵，人们争相仿之，却不知其二人以何为宗。所以世人多"摹印"，而难以像摹仿书法那样有迹可循，仅可以通过摹拟印蜕集结印谱以法后世。故而潘氏为了宗法正源，通过对上下千年印章"考其制，订其文"，特此刊印此谱。借此希望印人可以通过"辙其迹"，并让"雕文之士"知悉古印先后演化，以促使印人明其理、宗其源，做到有迹可循、有法可依。

通过印人的不断探索与努力，先后经历了"摹古观""反摹古观"反复转换，并演化出"始于摹拟，终于变化"的印学批评风尚。这些印学批评同样也促使篆刻收藏市场的发展，使得明清印人不仅超越时俗，更是以"宗法秦汉"为指归，为后世印人指明道路，为"摹古""反摹古观"的发展提供了可能。

三、"摹古观""反摹古观"印学批评对印学收藏的推动

（一）"反摹古观"印学批评评价标准的确立

"反摹古观"并非是对"摹古观"的反叛，而是对其补充与完善，更标志着文人篆刻印学批评体系的建立。明清印人以秦汉印章为旨归，篆刻收藏遂以此为目标，带动了大量的集古印谱的出现。印人正是基于印谱的学习，通过不断的探索与实践，总结归纳其理，集文学、文字学、诗词、书画、美学等领域于篆刻艺事，做到全方位、多层次的深入研究。涌现出了大量的印学文献、论著、印谱、序跋、刀法、印学思想等，走出了一条以古为尚、立古化古的印学之路，皆离不开篆刻收藏的发展。

"反摹古观"立足于"摹古观"，对其存在的问题进行批判，以期达到更为完美的印学批评评价标准。由此催发了篆刻收藏、美学的建立、复古思想的形成，以及站在印学发展史高度下以秦汉为宗的觉醒，随着刀法的丰富及刀石相生的意趣，由此了产生了印人、印学流派等印学体系。如朱简在《印品·发凡》中阐发了对"反摹古观"的见解：

摹印以石，取易成也。赵凡夫谓当铜摹铜，以玉摹玉，方为合体。余贫而力弱，不能也，用存其义，以俟后之摹古。古印虽见诸家刻谱，非得铜玉真迹印越楮上者不摹，刓缺磨损者不摹，偏枯叠出者不摹。[2]

朱氏指出了摹印应当以印石为之，才更容易达到想要的效果。而赵宦光则认为摹铜印当用铜质

---

[1] 明·潘茂弘：《印章法序》，郁重今：《历代印谱序跋汇编》，西泠印社出版社 2008 年版，第 106—107 页。

[2] 明·朱简：《印品发凡》，黄惇：《中国印论类编》，荣宝斋出版社 2010 年版，第 871 页。

印材、摹玉印用玉质材质，才能称得上与古相合。朱氏并指出铜及玉等印材一是较贵，二是自己力量较小，相信更多的印人无法具备赵氏所要求的条件。则以前人刻印制谱为例，指出他们并非要以铜玉原印才可以摹拟，大多以印谱为范进行摹拟一样取得了成功。并认为印谱中存在"刓缺磨损""偏枯叠出"等的情况不可作为取法对象，由此明确了"摹古观""反摹古观"的辩证思维。

然而随着印章收藏的演化，印谱自身质量的不断改良，印人对印学本身有了更为深入的思考。如明代的沈野（生卒年不详）在《印谈》中云："印章自六朝以降，不能复汉、晋。至《集古印谱》一出，天下争为汉、晋印，其优孟乎？其真孙叔敖、哪吒太子乎？"[1]沈氏指出六朝以后，印章不再有汉晋遗韵，明代印人通过《集古印谱》再现魏晋风采，却仅仅得其面貌，以孙叔敖、哪吒太子的典故再现了时人学古场景。认为这种习古方法不可取，初步表达了其"反摹古观"的印学思想。并在《印谈》中进一步指出对"天然"理解："墙壁破损处，往往有绝类画、类书者，即良工不易及也。只以其出之天然，不用人力耳。故古人作书，求之鸟迹，然人力不尽，鲜获天然。"[2]表达了自己对书画、篆刻等的审美追求，认为"天然"存在于大自然之中，非所谓的"良工"能理解，认为非人力可为，当师法自然便可达到"天然"。以此表达了自己对一般意义上优良艺术的批判，也表达了其对篆刻作品达到"天然"的向往。

经过不断思考，沈野认为达到这种"天然"的效果，也并非不可达到，如其所云："徐声远不作诗，任其自至。作印当具此意。盖效古章，必在骊黄牝牡之外，如逸少见鹅鸣之状，而得草书法。下刀必如张颠作书，乘兴即作，发帚俱可。"[3]沈氏以诗文、书法等领域的成功案例运用到印学，认为篆刻下刀当如"张颠作书"，一任天然、不计工拙，然而这是基于其对篆法、布局、刀法等"理性"基础之上的"放纵"。这是一种基于"形""神""意"基础上的理解，是一种不"依附于"古印却又"不桎梏"的反叛。故而对时人习古的亦步亦趋，表达了自己的愤懑与不满，如其所云："藏锋敛锷，其不可及处全在精神，此汉印之妙也。若必欲用意破损其笔画，残缺其四角，宛然土中之物，然后谓之汉，不独郑人之为袴者乎。"[4]沈氏认为过分地通过"残损笔画""残缺四角"以达到"土中之物"，认为这是郑人"邯郸学步"失去"古法""自我"的荒谬做法。这标志着对于古印，印人有了自己的理解，这正是"反摹古观"的核心所在。认为古印有着内在的"精神"，而印人过于追求外在的"肖似"，会南辕北辙失去习古的意义。

经过明清印人对"摹古观""反摹古观"的不断探索，形成了"复古"的具体道路，更形成了"印宗秦汉"的不二法门，为艺术流派、篆刻收藏的发展提供了范式。同时也解放了印人"法由法出，不由我出""终于变化"等印学思想，同时为"神妙能"品评标准，以及"笔情墨趣""以书入印""印外求印"等印学思想的延展提供了反思，更使得"篆刻小道"上升为"大道"。

（二）"反摹古观"印学批评下文人意识的觉醒

"文人篆刻"的兴起，掀起了习古风尚，促使了篆刻收藏市场、印谱盛行，文人在实践过程中

[1] 明·沈野：《印谈》，韩天衡：《历代印学论文选》，西泠印社出版社 2005 年版，第 65 页。
[2] 明·沈野：《印谈》，韩天衡：《历代印学论文选》，西泠印社出版社 2005 年版，第 63—64 页。
[3] 明·沈野：《印谈》，韩天衡：《历代印学论文选》，西泠印社出版社 2005 年版，第 63 页。
[4] 明·沈野：《印谈》，韩天衡：《历代印学论文选》，西泠印社出版社 2005 年版，第 67 页。

愈发发现印学自身问题。"摹古观""反摹古观"印学批评的兴起也催生了印人意识的觉醒，如王稚登在《古今印则跋》中云："《印薮》未出，坏于俗法；《印薮》既出，坏于古法。徇俗虽陋，泥古亦拘。"[1]揭示了人们在习古过程中，印学陷于"俗法""古法"的弊端，也标志着"摹古观""反摹古观"印学批评的成熟。

鉴于篆刻由"匠人""工人"群体转为"文人"，以及明清复古思潮的兴起，也预示着明清印学、篆刻收藏市场走向了寻根溯源之路。随着明清印人对"文人篆刻"的不断诠释，印学思想愈发成熟，如周兆基（？—1817）在《问奇亭印谱序》中云：

> 自摹印之体作，而篆刻兴，缪篆之书成，而篆文备。于时法掌乎官，官兼乎师，师传其业，业守以世。官师世业弗替，故为之者虽工人，而其用法也巧，其为文也朴而不华，茂密有伦理。今世所存汉铜官私印可征也。自后世去古渐远，易私印以石，于是文人学士，时出新意，以趋工巧。至元吾衍列《三十五举》，篆体备而古人之法失，刀法详而古人之巧亡，是岂文人学士之心思才力不如工人哉？事不师古，而求及前人，徒劳无益耳。[2]

周氏对印学的发展依然十分熟悉，认为篆刻随着"摹印篆""缪篆"出现兴起，也预示着篆刻所需篆文已完备，标志着印人已关注印文载体。并指出印人群体由"工人"转向"文人学士"，代之以印石，然而却难以匹敌"匠人"所为。究其原因有二：一是所谓的"文人学士"生活在明清，离汉印制作年代"去古渐远"，同样失去了古人生存的生态环境；二是当代印人以印石为载体"时出新意"，却仅仅是在技术上的完备，以至于"工巧"。这种"工人""文人学士"印人身份与作品形成强烈反差的现状，引发了印人深层次的思考，指出时人"古人之法失"，而"刀法"比古人更加精巧，难道是因为"文人学士"的"心思才力"不如"工人"吗？通过对今人作品贬斥、古人作品称赞，不在于"技巧"的不断娴熟，道出了"师古"不到位，否则再努力也是徒劳无功，道出了关注技法本身之外的重要性。

文彭、何震开"文人篆刻"先河，其"印宗秦汉""做印法"等印学思想影响后世，也影响着篆刻收藏市场的发展，后世印人纷纷效仿。如明末的韩霖在《朱修能菌阁藏印》序中云：

> 余究心此道二十载，殊觉登峰造极之难，于今人中见巧篆刻之按近千人，与之把臂而游，上下其议论近百人，其尸而祝之者必曰何氏……余观何氏生平所摹拟，肖则因规就圆，如土偶之不灵，不然则研璞为雕，犹画鬼以藏拙，技止此耳。[3]

韩氏认为后世印人均以何震之法刊之，并对何氏"因规就圆"的"摹拟"之作予以批判。认为何氏追求形似研习《印薮》的做法，没有抓住印章神髓，并进一步指出如果没有意识到印章也存在"藏拙"的问题，仅停留在"因规就圆"的表明层次，即便技术再娴熟，也难以达到"道"的高度。周亮

---

[1] 明·王稚登：《古今印则跋》，郁重今：《历代印谱序跋汇编》，西泠印社出版社2008年版，第70页。

[2] 清·周兆基：《问奇亭印谱序》，郁重今：《历代印谱序跋汇编》，西泠印社出版社2008年版，第408页。

[3] 明·韩霖：《朱修能菌阁藏印序》，韩天衡：《历代印学论文选》，西泠印社出版社1999年版，第43页。

工在《印人传·书梁千秋谱前》中云："盖千秋自运颇有佳章，独其摹何氏'努力加餐饭''痛饮读离骚''生涯青山'之类，令人望而欲呕耳。"[1]周氏对梁袠（字千秋）作品不以为然，且多贬斥语言，意味着后世印人对前人不再单纯地膜拜，而是"融入己意"予以理性判断。这种对篆刻文辞的筛选，使得篆刻收藏也倾向于文辞兼美。

明清印人审美意识的觉醒，体现在印学批评、篆刻收藏市场标准的不断完善。如甘旸在《印章集说》中关于"神妙能"的论述：

> 印之佳者有三品：神、妙、能。然轻重有法中之法，屈伸得神外之神，笔未到而意到，形未存而神存，印之神品也。……有此三者，可追秦、汉矣。[2]

甘氏明确了"法""神""妙""能"等品评标准，无疑为印章的优劣定下了规矩，标志着印学品评观的建立。印学批评发展到清代，除了注重前人在技法层面取得的成就外，对古印印谱更加重视，请人题写序跋成为风尚，不仅是自娱自乐的怡情，更注重自身学养及其前人的理论成果的梳理，借此以传之后世。如清代陈鍊在《超然楼印赏》（见图2）所云：

> 超然主人读书博，古雅有印癖，乞作一小谱以便自随。示以他委，而委之拙笔，亦以习。见余之拙笔，而语爱之也。昔人云：'遇知己宜镌，余又何敢多让耶。'于是先为之摹临种种古印，凡得五卷。夫摹印之难，难得其神，故一印有一刻而就，就印有屡刻而就，历再寒昆乃得，断手但未知于古人稍有合处否？至自制诸印，恐更丑恶，凡二卷。

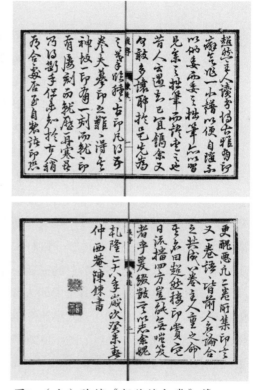

图2 （上）陈鍊《超然楼印赏》第214—215页，（下）陈鍊《超然楼印赏》第216—217页

文彭、何震通过印学实践，真正实现了"篆""刻"一体化，掀起了"复古"风气，也带动了篆刻收藏市场新的导向。随着明清印人"摹古观""反摹古观"的不断深入，印学批评体系、篆刻收藏市场也逐渐完善，也唤起了文人自觉意识的觉醒。印人身份的多重性，也造就了书法、绘画、哲学、美学、文字学、批评等领域延展到印学，极大地催化了印学、篆刻收藏市场的发展。

（作者一系吉林建筑大学书法学院书法篆刻教师；作者二系大连航运职业技术学院教师）

---

[1] 明·周亮工：《印人传》，韩天衡：《历代印学论文选》，西泠印社出版社 2005 年版，第 160 页。

[2] 明·甘旸：《印章集说》，韩天衡：《历代印学论文选》，西泠印社出版社 2005 年版，第 84 页。

潜研堂里的金石世界：钱大昕所藏金石拓本来源考略

郝长宁

内容提要：乾嘉时期，诸多学术菁英纷纷投入金石学领域，他们通过搜访碑石、拓本鉴赏、编制碑目、读录碑铭等活动激活了乾嘉时期的金石社会网络并使金石学兴盛一时。钱大昕作为乾嘉时期金石活动的主要参与人，家藏金石拓本甚夥，这些拓本的收藏亦是得益于他数十载为官所带来的眼界与地位、腹载五车的学识，与商贾的多方周旋、金石挚友的帮助以及他一生不辞辛苦地访碑活动等。故本文以《潜研堂金石跋尾》中记载的金石文字为契机，在梳理钱大昕金石拓本来源的同时，从而探赜以钱大昕为核心的人情网络与乾嘉金石社会。

关键词：钱大昕　金石收藏　来源考

"宦游虽久，归装全无长物，惟书一二万卷，金石刻几及千卷，亦足云富。"[1]是钱大昕在书札中的自述，钱氏虽位居高官，但却以万卷藏书、千卷金石拓本的收藏为自豪之事，可见乾嘉金石学家痴心金石盛况。薛龙春先生曾在《古欢》中提及文化资本在乾嘉金石圈占据主导地位。[2]这与"归装全无长物，金石亦足云富"的观点不谋而合，也正是因为这样的社会情境，更多的不同层次、身份的参与者才得以参与其中，故在可考的钱大昕所藏百余件金石拓本中有着诸多人情网络交织，或为商贾买卖，或为同朝或地方官员交往，或为弟子门生、金石好友、世交友朋、姻亲族人寒暄等，每一份拓本都牵引着以钱大昕为首乾嘉金石生态。

一、琉璃厂求购

"购"是钱大昕金石收藏开始的途径，他往返于琉璃厂亲自购得拓本，这种经历无疑不为钱大昕的金石收藏奠定了丰富的基础。目前可考证钱大昕在琉璃厂所购拓本的具体碑目为《淮安安公赵芬碑》："予于京师琉璃厂中得之，如获珍珠船矣。"[3]《赠太子宾客白道生碑》："予于京师琉璃厂市上购得之，文尚完好，无大漫漶，而书法亦迥整可喜。"[4]《朱文公书》："予在都门琉璃厂书市得此本，盖尤常德元刻，笔法险劲，精采四射，殊可喜也。"[5]然而钱大昕所藏不仅这三方来自琉

[1]　蒋祖诒旧藏《钱大昕致李文藻书札》册，参见李经国《钱大昕年谱》，中华书局2020年版，第141页。
[2]　薛龙春：《古欢·黄易与乾嘉金石时尚》，生活·读书·新知三联出版社2019年版，第161页。
[3]　清·钱大昕：《潜研堂金石文跋尾》，陈文和主编：《嘉定钱大昕全集》（6），凤凰出版社2016年版，第79页。
[4]　清·钱大昕：《潜研堂金石文跋尾》，陈文和主编：《嘉定钱大昕全集》（6），凤凰出版社2016年版，第165页。
[5]　清·钱大昕：《潜研堂金石文跋尾》，陈文和主编：《嘉定钱大昕全集》（6），凤凰出版社2016年版，第376页。

璃厂，据《竹汀居士年谱》记载，乾隆二十二年（1757），钱大昕"公事之暇，入琉璃厂书市，购得汉唐石刻二三百种，晨夕校勘，证以史事，辄为跋尾。收藏金石文字自此始"。[1]换言之，琉璃厂求购金石拓本是早期钱大昕金石收藏的开端，然而这区区二三百种金石拓本在钱大昕一生所藏二千余方金石拓本所占比重较少，此后四十余年间，钱大昕所藏金石拓本的来源途径愈加多样。

二、他人相赠

（一）官员相赠

钱大昕获取拓本的重要形式来自同朝官员或地方官员的相赠。其中周春、毛式玉、沈业富、王昶四人为与钱大昕同年考取进士之人。钱氏记载："右重建文殊寺碑……此碑海宁周松霭同年所赠，云在肃州。"[2]周春（1729—1815），号松霭，乾隆三十一年（1766）官广西岑溪知县。此跋文中钱大昕对周春仅以籍贯贯之，而未加官职头协，说明此时周春未任岑溪知县，因此获赠《重建文殊寺碑》的时间大致在乾隆十九年至三十一年间（1754—1766）。

乾隆三十六年（1771），钱大昕从沈从富处获得《宣州刺史陶府君德政碑》拓本。其跋文称：

> 今石故无恙，而地僻左，知之者鲜。顷岁，朱学士朱君（朱筠）视学安徽，始访得之。而沈太守方毂拓本贻予。二君皆予同年也。[3]

沈业富（1732—1807），字方毂。沈业富于乾隆三十四年至四十六年（1769—1781）任安徽知县。朱筠（1729—1781），字竹君，乾隆三十六年（1771）奉命为安徽学政。《笥河文集》中记载："辛卯冬十二月廿六日，余与上虞张方海凤翔、余姚邵二云晋涵及门会稽章宝斋学诚、宛平徐文圃翰武进、洪稚存体吉、黄仲则景仁、宛平莫逊之与俦为采石之游出太平南门，泛舟姑息而下。"[4]即朱筠到任安徽后便与张凤翔、邵晋涵等七人开启访碑之行。也就是说，乾隆三十六年冬（1771），朱筠与友人在采石之游中共同访得《宣州刺史陶府君德政碑》。然而据钱大昕记载，此拓本乃沈业富所赠。可见此碑在朱筠不辞万里访得后，任安徽知县多年的沈业富因官职之便为此拓得，相比朱筠而言，沈氏对此碑的访拓更为便利。

王昶（1725—1806），字德甫，号述庵，乾隆九年（1744）秋乡试，钱大昕始与王昶订交。[5]王昶曾两次宦于云南，分别为乾隆三十三年（1768）和乾隆五十二年（1787）。且两次入滇经历都曾有过访碑经历。第二次以布政使身份来云南虽仅一年，却收获颇丰。[6]王昶跋《王仁求碑》：

[1] 清·钱大昕：《竹汀居士年谱》，陈文和主编：《嘉定钱大昕全集》（1），凤凰出版社 2016 年版，第 15 页。

[2] 清·钱大昕：《潜研堂金石文跋尾》，陈文和主编：《嘉定钱大昕全集》（6），凤凰出版社 2016 年版，第 463 页。

[3] 清·钱大昕：《潜研堂金石文跋尾》，陈文和主编：《嘉定钱大昕全集》（6），凤凰出版社 2016 年版，第 119 页。

[4] 清·朱筠：《笥河文集》卷六，北京大学图书馆藏本。

[5] 清·钱大昕：《竹汀居士年谱》，陈文和主编：《嘉定钱大昕全集》（1），凤凰出版社 2016 年版，第 9 页。

[6] 赵成杰：《清人王昶的云南行迹及其金石活动——兼论王昶的金石学思想》，《地域文化研究》2021 年第 1 期，第 80—87 页。

按，此碑从未经人椎拓，诸家金石书皆未著录。昶官滇藩时，阅省志见唐刺史王公仁求墓在废三泊县南二十里……因属太和县知县杜君钧，使善拓者拓之，于是始得其大略……因拓其旧，碑多翻遍，遗诸同好，其鉴赏之。[1]

王昶于乾隆五十二年（1787）受太和知县杜钧的帮助获得此拓本，并在得此碑后，将它赠予同嗜金石的钱大昕、武亿等人。故武亿有："拓本为青浦王少司寇所赠，远地边徼，石刻罕能搜剔，予故珍惜书之。"[2]钱大昕有"右河东州刺史王仁求碑，同年王述庵侍郎任云南方伯时所赠，向来收藏金石家皆未有著录"[3]一说。

钱大昕于毛式玉处获得《东平忠宪王安童碑》拓本，钱大昕跋文称：

新城令单君功擢拓数本上督府言状，意不欲毁之也。督府不识安童何人，命工磨去其文，得碑材者四，识者咸惋惜焉。予友毛检讨式玉时在单令所，得拓本，属予题而藏之。[4]

毛式玉（？—1761），字其人，号肖峰，官翰林院检讨。好为古文，酷嗜金石，骑驴裹粮入天柱山，遍拓元魏齐碑，道旁观者，不知其为仕宦者。[5]毛式玉与钱大昕同朝为官，钱大昕对此类人群往往以官职为称，如"曹中允""孔户部""庄吉士""汪舍人"等，仅在毛式玉官职前加上"予友"之称，这是钱大昕为数不多的友人称谓之一。可见毛式玉不仅是钱大昕朝廷的伙伴，更是钱大昕金石上的同道。同时对所赠拓本有"题而藏"的要求，钱氏又照做的，应为钱大昕仰慕之人。

钱大昕所藏《仓颉庙碑阴》来自于在京同朝为官的曹仁虎。其跋文中称：

赵德甫金石录有仓颉庙碑，即碑之正面……其又一面与碑阴，则赵亦未见。洪文惠则全未之见。予访之廿年未得，顷曹中允来殷游秦中，始募工拓以饷余。以欧、赵、洪三年未能尽见者，而予幸得之，谁谓古今不相及乎？[6]

曹仁虎（1731—1787），字来殷，号习庵，乾隆二十六年（1761）进士。乾隆三十六年（1771）还朝升中允，翰林院侍读。据年谱云：乾隆四十年至戊戌（1775—1778），先生在秦有《秦中杂稿》及《二十四气转注古义考蓉镜堂文稿》。[7]可知曹仁虎游秦中的时间也正是钱大昕获得此拓本的时间，即乾隆四十年到四十三年间（1775—1778）。钱大昕因十分中意欧阳询、赵明诚、洪适未曾著录的碑刻，当他收到此拓本时，不由得发出"谁谓古今不相及乎"的感叹。曹仁虎与钱大昕

[1] 清·王昶：《金石萃编》卷三十六，北京大学图书馆藏本。

[2] 清·王昶：《金石萃编》卷三十六，北京大学图书馆藏本。

[3] 清·钱大昕：《潜研堂金石文跋尾》，陈文和主编：《嘉定钱大昕全集》（6），凤凰出版社2016年版，第121页。

[4] 清·钱大昕：《潜研堂金石文跋尾》，陈文和主编：《嘉定钱大昕全集》（6），凤凰出版社2016年版，第459页。

[5] 刘廷銮、孙家兰：《山东明清进士通览·清代卷》，山东文艺出版社2015年版，第221页。

[6] 清·钱大昕：《潜研堂金石文跋尾》，陈文和主编：《嘉定钱大昕全集》（6），凤凰出版社2016年版，第20页。

[7] 清·王鸿逵：《曹学士年谱》，《乾嘉名儒年谱》，北京图书馆出版社2006年版，第448页。

结识于乾隆十四年（1749），二人于紫阳书院共同求学，晨夕切磋。[1]此后二人交往颇深，也正是这份情谊使曹氏游秦中时见金石碑刻后特为钱大昕募工拓碑。

另有拓本《父母恩重经》，钱大昕获赠在孔继涵处。跋文云：

> 右《父母恩重经》……五季惟汉祚最促，石刻流传者鲜。予家收藏金石几二千卷，独以未得后汉刻为憾。癸卯岁，曲阜孔户部荭谷拓此刻见贻，忻然如百朋之锡。乃报书未达而荭谷奄为古人，展读此卷，不知涕之何从矣。[2]

孔继涵（1739—1784）号荭谷，系六十七代衍圣公孔毓圻之孙，乾隆三十六年（1771）进士。据《因居记》记载，孔继涵在京为官六年，其家中"数过从者，钱唐卢抱经文弨、嘉兴钱晓徵大昕、休宁戴东原震、程瑶田易田……"。[3]孔继涵于京为官期间，不可避免地与钱大昕有着学术上的探讨或金石上的共鸣。乾隆四十八年（1783），卸官回籍的孔继涵在曲阜为钱大昕拓得后汉碑刻。钱大昕虽家藏金石拓本二千余方，但独未见过后汉碑刻。曲阜是汉碑的集合地，孔继涵作为钱氏金石好友亦知大昕对未曾见过碑刻的偏爱，故特意将此碑刻拓好寄赠于钱大昕。钱氏尤为喜爱，意书信于孔继涵表示感谢，无奈孔氏已去世，大昕因丧失金石友人而潸然泪下。

同时，钱大昕的拓本一部分来自于地方官员，他们多为在京考入进士后，分配到各省市任职当地知县。其中有在许州任知县的周天度，钱大昕跋《敬史君碑》提到："己卯岁，钱塘周君天度以户部主事出知许州，拓一本贻予。"[4]《佛顶尊胜陀罗尼幢》："乾隆己卯，钱塘周君西隝以户部主事出知许州，拓其文遗予。"[5]周天度，字让谷，号西隝，乾隆十七年（1752）进士。周天度早于钱大昕前两年考入进士，为钱大昕京中前辈，二人私交甚好。乾隆十六年（1751），二人在高斌府中相见，相投甚欢。周氏于乾隆二十四年（1759）出任许州任知府，利用职务之为钱大昕拓得石刻。钱氏有："西隝到许后，贻书言：近移唐咸通石幢一、后梁贞明石幢一与廨中，筑小室贮之，颜曰古幢书屋。"[6]可见周天度与钱大昕一样拥有着对石刻文化的喜爱。然而钱大昕跋尾中只对《佛顶尊胜陀罗尼幢》《敬史君碑》拓本来源有所记载，另周府所藏唐代咸通石幢《尊胜陀罗尼经幢》钱大昕未曾在《潜研堂金石文跋尾》中著录，但从钱氏《潜研堂金石文字目录》中可见其拓本收录在许州。[7]因此周天度在乾隆己卯（1759）时赠予钱大昕的碑刻至少有三种，分别为梁《佛顶尊胜陀罗尼幢》、魏《敬史君碑》以及唐《尊胜陀罗尼经幢》。乾隆五十一年（1786），钱大昕跋《佛顶尊胜陀罗尼幢》又言："西隝下世，又将十年矣。感良友之赠，恒藏诸笥。戊子冬十一月有三日，日南至题。"[8]作为前辈，周西隝对钱大昕金石学研究提供一定的帮助，这使得钱大昕在获

[1]　清·钱大昕：《竹汀居士年谱》，陈文和主编：《嘉定钱大昕全集》（1），凤凰出版社2016年版，第11页。

[2]　清·钱大昕：《潜研堂金石文跋尾》，陈文和主编：《嘉定钱大昕全集》（6），凤凰出版社2016年版，第249页。

[3]　清·孔继涵：《杂体文稿》卷三，《续修四库全书》第1460册，上海古籍出版社2001年版，第437页。

[4]　清·钱大昕：《潜研堂金石文跋尾》，陈文和主编：《嘉定钱大昕全集》（6），凤凰出版社2016年版，第66页。

[5]　清·钱大昕：《潜研堂金石文跋尾》，陈文和主编：《嘉定钱大昕全集》（6），凤凰出版社2016年版，第237页。

[6]　清·钱大昕：《潜研堂诗集》，陈文和主编：《嘉定钱大昕全集》（10），凤凰出版社2016年版，第124页。

[7]　清·钱大昕：《潜研堂金石文字目录》，陈文和主编：《嘉定钱大昕全集》（6），凤凰出版社2016年版，第563页。

[8]　清·钱大昕：《潜研堂金石文跋尾》，陈文和主编：《嘉定钱大昕全集》（6），凤凰出版社2016年版，第237页。

得西陬所贻拓本27年后，仍不忘当年情谊，在著录中表达了对故友的怀念以及拓本相赠的感谢。

姚学甲，字半塘。山东巨野县人，乾隆三十一年（1766）进士，乾隆四十三年（1778）知嘉定县。在钱大昕的跋尾中记载了4种姚学甲所贻的拓本，分别为《胡叔和造石像记》《河清造像记》《福严院牒》《济州刺史任公屏盗碑》，其中前3种为姚学甲游泽州时所拓，第4种为姚学甲在家乡巨野县发现，其碑石"久坠水中"，姚氏"募人舁出"并拓一本赠予钱大昕。[1]其中《胡叔和造石像记》《济州刺史任公屏盗碑》两本拓本金石学家都未有著也。

邢澍（1759—1823），号佺山，乾隆五十五年（1790）进士。嘉庆元年（1796）任长兴县知县。[2]其间他为钱大昕拓得《少蕴寺等题名》与《万寿山修观音祠记》两种拓本。其一碑在浙江长兴县，其二在甘肃阶州，钱大昕并记载有"甘肃少南宋刻，而震书法破似唐人，尤难得也"。[3]钱大昕十分珍贵邢澍所赠拓本，虽为宋刻，但碑刻书法似唐人，也可见钱氏对唐碑的认可。

胥绳武（1757—1808），字燕亭。乾隆四十五年至四十九年（1780—1784）任萍乡知县。[4]钱大昕在《竹汀先生日记钞》卷二中记载：

> 胥燕亭以萍乡县二唐碑见赠，一为《杨岐山禅师乘颛塔铭》，刘禹锡篆并正书，元和二年五月。一为《甄叔大师塔铭》，沙门至关撰，元幽书，大和六年四月。又天祐十一年钟款一，今在泽州燕亭。[5]

正是因为胥在萍乡任知县，才有机会为钱大昕拓得拓本。故《杨岐山禅师乘颛塔铭》《甄叔大师塔铭》两碑的赠予时间应在胥氏任知县期间。因是唐碑，故而引得钱大昕极为喜爱，所以钱大昕特在日记中记载此事的经过。

朱廷基（？—1775），乾隆二十六年（1761）中进士后任吉水县知县。朱氏在任期间为钱大昕拓得南唐碑刻《元寂禅师塔碑》一方，大昕在跋文中曰："予家藏石刻千余通，独未得南唐碑。顷益都朱进士廷基出宰吉水，拓此本见贻，喜而跋之。"[6]由此，钱大昕获赠此拓本的时间为乾隆二十六年。虽钱氏家藏诸多，但仍对未曾见过的碑刻极为喜爱。

张敦仁（1754—1834），字古愚。乾隆四十年（1775）进士。嘉庆初年，摄守吴郡。钱大昕跋曰："右蕲忠武王韩世忠碑……顷阳城张古余摄守吴郡，与予同嗜，募工拓十余纸，分其一见贻。"[7]张氏与钱大昕同好金石，故在他掌管吴郡期间，赴灵岩山悬崖峭壁间拓得《蕲忠武王韩世忠碑》十余纸，并赠其一于钱大昕。由于张敦仁始摄守吴郡的时间为嘉庆初年，故而钱大昕收到此拓本的时间亦为此时。早年钱大昕曾与王昶、吴泰来、曹仁虎游吴县灵岩山，见诸碑刻，摩挲其碑文。乾隆四十年（1775），钱大昕归田后"从舆有力者拓其文"，无奈其地势险恶故，拓之未果。

[1] 清·钱大昕：《潜研堂金石文跋尾》，陈文和主编：《嘉定钱大昕全集》（6），凤凰出版社2016年版，第250页。
[2] 李鼎文：《甘肃文史丛稿》，甘肃人民出版社1986年版，第160页。
[3] 清·钱大昕：《潜研堂金石文跋尾》，陈文和主编：《嘉定钱大昕全集》（6），凤凰出版社2016年版，第382页。
[4] 曾伟：《乾隆〈萍乡县志〉研究》，《中国地方志》2019年第5期，第28—36页。
[5] 清·钱大昕：《竹汀先生日记钞》，陈文和主编：《嘉定钱大昕全集》（1），凤凰出版社2016年版，第559页。
[6] 清·钱大昕：《潜研堂金石文跋尾》，陈文和主编：《嘉定钱大昕全集》（6），凤凰出版社2016年版，第266页。
[7] 清·钱大昕：《潜研堂金石文跋尾》，陈文和主编：《嘉定钱大昕全集》（6），凤凰出版社2016年版，第373页。

故当张敦仁贻此拓本时，钱大昕不由发出"数十年访求之勤藉一慰，亦晚年快事也"的感叹。[1]

对于《孔子见老子画像二》碑，钱大昕获得的途径是钱塘吴春溁任宝应知县时为他访得。据《宝应县志》载："吴春溁，字郎陵，浙江钱塘人。进士……乾隆四十八年（1783）补宝应邑……在任一年，卒于官。"[2]按此县志，吴春溁在宝应县任知县一年，即钱大昕获得《孔子见老子画像二》的时间为乾隆四十八年（1783）。又有《大安寺香炉题字》，钱大昕在徐联奎处得。徐联奎（1730—1822）字璧堂。乾隆三十一年（1766）进士，后官南昌知县。据《南昌府志》卷三记载："乾隆三十三年（1768）知县徐联奎增建县志。"[3]又《南昌府志》卷十四："徐璧堂，乾隆三十七年（1772）由南昌知县升任吴城同知。"[4]可知徐碧堂自乾隆三十二年（1767）考取进士后便任命为南昌县知府，五年后调任吴城。钱大昕所获《大安寺香炉题字》拓本为徐氏在任南昌知府期间所贻，故此拓本的获得时间大致为乾隆三十三年至三十七年间（1768—1772）。

萧山汪辉祖共赠予钱大昕两种拓本，分别为《某君墓志》《祇园寺舍利塔题字》。汪辉祖（1731—1807），字焕曾，乾隆四十年（1775）进士，其后官于乌程县、宁远、道州等地，乾隆五十七年（1792）回籍萧山。[5]对于《祇园寺舍利塔题字》，钱大昕跋曰：

> 海盐张燕昌芑堂尝为予言，在萧山之祇园寺。乾隆丙申……芑堂尝与邑人汪进士辉祖焕曾、蔡秀才英云白同往观之。癸卯岁，予过萧山，入祇园寺访。僧雏诡言在县令所，怅然而返。丙辰秋，焕曾始拓其文贻予。[6]

汪辉祖一生著录丰富，与其交往皆为当时著名学者，诸如章学诚、钱大昕、邵晋涵、洪亮吉、王鸣盛等人。但汪氏多以官位显，因此他在史学上的成就往往被史治所掩盖，历来不受重视。[7]乾隆四十一年（1776），即王辉祖中进士第二年，同张燕昌、蔡秀才入祇园寺观得此碑。钱大昕于乾隆四十八年（1783年）过萧山时欲亲自访得此碑，不得。后汪辉祖辞官回籍后，于嘉庆元年（1796）为钱大昕拓得此碑。尽管汪氏有访碑、拓碑的经历，究其原因这或许是汪氏与钱大昕往来的一个层面，但这并非出于他对金石的喜爱。

阮元（1764—1849），字伯元，号芸台。乾隆五十四年（1789）进士，乾隆五十八年至六十年（1793—1795）任山东学政，在此期间，访遍山东金石文物。阮元《题秦二世琅玡台石刻》中称："得此足以豪，神发忘食眠。更思寄同好，南北翁孙钱。"[8]阮元在山东学政期间，多次访求秦代石刻，然而众石坠入海中，惟有此刻石"岿然独存"，阮元视为"神物"。故在拓得琅玡台石刻后不由寄赠给金石同好翁方纲、孙星衍和钱大昕。又有钱大昕跋："右任城太守夫人孙氏碑，乾隆甲

[1] 清·钱大昕：《潜研堂金石文跋尾》，陈文和主编：《嘉定钱大昕全集》（6），凤凰出版社 2016 年版，第 373 页。
[2] 汤氏沐华堂藏板，《宝应县志》，道光庚子刊，哈佛燕京图书馆藏。
[3] 清·谢啟昆、陈兰森：《南昌府志》卷三，哈佛大学图书馆藏本。
[4] 清·谢啟昆、陈兰森：《南昌府志》卷十四，哈佛大学图书馆藏本。
[5] 鲍永军：《一代名幕汪辉祖》，杭州出版社 2014 年版，第 199 页。
[6] 清·钱大昕：《潜研堂金石文跋尾》，陈文和主编：《嘉定钱大昕全集》（6），凤凰出版社 2016 年版，第 252 页。
[7] 蔡克骄，夏诗荷：《浙东史学研究》，知识产权出版社 2009 年版，第 303 页。
[8] 清·阮元：《揅经室四集》卷一，北京大学图书馆藏本。

寅秋，阮詹事芸台拓以见贻。"[1]因此可见乾隆五十九年（1794），钱大昕收到阮元在山东拓得的《任城太守夫人孙氏碑》《秦二世琅玡台石刻》两方石刻。

孟超然赠予钱大昕《干禄字书》拓本一种。孟超然（1731—1797），字朝举，号瓶庵。乾隆二十五年（1760）进士，选庶吉士，改兵部主事，累迁吏部郎中。三十年（1765），典广西试。寻督学四川……旋以亲老，请急归，年甫四十二，遂不出。[2]钱大昕跋文中称："鲁公元刻在湖州，今所传者，宋人翻刻本，在四川之潼川府。顷孟吏部超然视学蜀中，拓以赠予。"[3]又据《使蜀日记》[4]载乾隆三十三年（1768）孟超然视学四川。因此钱大昕获得此拓本的时间为乾隆三十三年至三十七年间（1768—1772）。

黄易（1744—1802）字大易，号小松，官济宁同知。济宁作为汉碑集出之地，黄易获得金石拓本的途径较为广泛。他共赠予钱大昕四种拓本，分别为《高平县石里村造桥碑》《章仇氏造像碑》《太公吕望表》《皇太后造观世音石像记》。其中两种隋代碑刻，另两种为魏晋南北朝石刻。对于《太公吕望表》，钱氏详细记载经过："予初意此碑不当在汲县城，疑即东魏碑，装潢者析而为二。后见范氏天一阁有此碑，始知其石尚存，深悔向来持论之失。顷黄小松郡丞以拓本见贻。读之，又知表后有韵语六行，为魏碑所未录……字画颇古雅，不似东魏之率易。"[5]乾隆五十二年（1787），钱大昕受范钦之邀登鄞县天一阁编次目录。也正是此年钱大昕得以目睹天一阁所藏《太公吕望表》。"顷"字可知当黄易将此碑贻于钱大昕乃为乾隆五十二年后。又《高平县石里村造桥碑》《章仇氏造像碑》皆在山东地方出土，两碑又同为开皇年间石刻，因此二碑多为同一时间赠予钱大昕。钱氏所言："右高平县石里村造桥碑……嘉庆丙辰春，钱唐黄小松郡丞拓以见贻。"[6]因此《高平县石里村造桥碑》《章仇氏造像碑》两碑钱大昕获赠时间应为嘉庆元年（1796）。

综上，钱大昕拓本的来源多为位居官场中的友人的主动相赠。但在文献中仍有钱大昕对其下属的委托。钱大昕曾叮嘱庄承篯购买《敕内庄宅使牒》拓本："碑铭柳城悬书，久行于世，而碑阴椎拓者少。予属西安庄吉士少彭购得之。"[7]庄承篯（1739—1788），字少彭。乾隆三十一年（1766）进士，乾隆四十一年（1776）官至詹事府左春坊，实为钱大昕官场中的晚辈，因此钱大昕以"属"字记之。

（二）金石好友

钱大昕拓本来源中，他以"吾友"称谓的人数较少，目前可见只有五人。其一为上文所述与钱大昕同年考取进士的毛式玉，其二为钱大昕的门生弟子李文藻（下文详述），另三人分别为聂剑光、武亿与严蔚。此三人虽早年为官，但都在任时间不长，可以说这三人不以官名。相反他们的经历更多的在藏书、著录及金石研究上。

[1] 清·钱大昕：《潜研堂金石文跋尾》，陈文和主编：《嘉定钱大昕全集》（6），凤凰出版社2016年版，第45页。

[2] 清·赵尔巽：《孟超然传》，《清史稿》卷四百八，中华书局1976年版，第13151页。

[3] 清·钱大昕，《潜研堂金石文跋尾》，陈文和主编：《嘉定钱大昕全集》（6），凤凰出版社2016年版，第172页。

[4] 清·孟超然：《使蜀日记》，嘉庆二十年（1815）刊本。

[5] 清·钱大昕：《潜研堂金石文跋尾》，陈文和主编：《嘉定钱大昕全集》（6），凤凰出版社2016年版，第46页。

[6] 清·钱大昕：《潜研堂金石文跋尾》，陈文和主编：《嘉定钱大昕全集》（6），凤凰出版社2016年版，第80页。

[7] 清·钱大昕：《潜研堂金石文跋尾》，陈文和主编：《嘉定钱大昕全集》（6），凤凰出版社2016年版，第216页。

聂剑光（1711—1796），名钗，泰安人。早年曾任泰安府吏，不久离去。乾隆二十五年（1760）参与《泰安县志》的编纂工作。乾隆三十八年（1773）编成《泰山道里志》。他在游徂来山后所访得《大般若经残字及佛名》《般若波罗蜜经》，皆赠予钱大昕，钱大昕在收到拓本时记载："吾友聂剑光游徂来山，始访得之，手拓寄予都下。"[1]武亿（1745—1799），字虚谷，号半石山人，乾隆四十五年（1780）进士，后知山东博山县。在官七月，以忤权贵罢。尤嗜金石，每每遇到石刻，便扪苔剔藓。钱大昕于武亿处获得《昭义军节度葛从周碑》拓本，钱氏尤为珍惜，并称："吾友武君虚谷始拓以遗予。文虽残损，尤足为考史之助。"[2]严蔚，字豹人，以"二酉斋"藏书著称，家藏万卷。钱氏亦有："右尊胜陁罗尼真言并赞，在元和县甫里保圣寺……吾友严豹人访得，拓以贻予。"[3]

此外，钱大昕在其跋文中虽未曾称为"吾友"，但从交往所见，他们亦为钱大昕金石友人。汪中（1745—1794），字容甫，精于史学。乾隆四十二年（1777）后不再科考，乾隆四十八年（1783）在南京协助编书，与钱大昕辩论古今。汪中赠予钱大昕《使院新修石幢记》一方，因"考欧、赵诸公皆未著录，近代藏金石家亦罕及之"，故而钱氏发出"一纸书胜于百朋之锡矣"的感叹。[4]

袁枚于乾隆三十二年（1767）赠《李钰题名》，钱氏跋文记载："右李钰题名……甲辰岁，袁简斋游粤中，拓以诒予。"[5]袁枚（1716—1798），号简斋，晚号仓山居士，乾隆四年（1739）进士。后历任江苏诸县县令，乾隆十四年（1749）便辞官隐居山林，潜心吟咏。故当袁枚赠拓本时他辞官已近二十年。乾隆四十三年（1778），钱大昕辞官任钟山书院院长期间，曾"课试之暇，与袁简斋、严冬友诸公为文酒之会，城内外诸名胜屦齿几遍"。[6]由此可知早在十余年前，袁枚便以拓本为礼物赠予钱大昕，以此交好。

张子恂生平未曾考见，但其应年长于钱大昕，据钱氏致书张子恂的信札随记时，其在款识作"子恂大兄先生，弟大昕顿首"，[7]可见钱大昕对张子恂的敬重之意。张子恂共两次赠予钱大昕金石拓本。第一次为张子恂游中州时，为钱大昕寄赠石刻四通。"右赠太傅罗周敬墓志，近洛阳人掊土得之，吾友偃师武虚谷始著于录。昨常熟张子恂游中州，寄仆石刻四通，此其一也。"[8]同时在跋文中钱氏记载另两种石刻拓本《李万通造弥勒像记》《造须弥塔记》也为张子恂游中州时所赠。至于张子恂游中州的时间，钱大昕未曾提到。第二次为乾隆五十七年（1792），"右尊胜陀罗尼经……乾隆壬子十月，张夔子恂访予吴门寓馆，出此幢拓本见诒。云在昭文县梅里镇之燕脂墩，邑

[1] 清·钱大昕：《潜研堂金石文跋尾》，陈文和主编：《嘉定钱大昕全集》（6），凤凰出版社 2016 年版，第 73 页。

[2] 清·钱大昕：《潜研堂金石文跋尾》，陈文和主编：《嘉定钱大昕全集》（6），凤凰出版社 2016 年版，第 237 页。

[3] 清·钱大昕：《潜研堂金石文跋尾》，陈文和主编：《嘉定钱大昕全集》（6），凤凰出版社 2016 年版，第 218 页。

[4] 清·钱大昕：《潜研堂金石文跋尾》，陈文和主编：《嘉定钱大昕全集》（6），凤凰出版社 2016 年版，第 189 页。

[5] 清·钱大昕：《潜研堂金石文跋尾》，陈文和主编：《嘉定钱大昕全集》（6），凤凰出版社 2016 年版，第 214 页。

[6] 清·钱大昕：《竹汀居士年谱》，陈文和主编：《嘉定钱大昕全集》（1），凤凰出版社 2016 年版，第 28 页。

[7] 据中国嘉德艺术公司 2012 年秋拍《中国古代书画图录·竹汀墨迹迻录》，参见上海交通大学经学文献研究中心编：《经学文献研究集刊》第 12 辑，上海书店出版社 2015 年版，第 294 页。

[8] 清·钱大昕：《潜研堂金石文跋尾》，陈文和主编：《嘉定钱大昕全集》（6），凤凰出版社 2016 年版，第 242 页。

乘向未采录，顷始访求得之"。[1]由于此碑位于昭文县，即今苏州地区。而第一次赠拓本是在游中州时，即今河南地区。因此张子恂至少两次为钱大昕寄赠拓本。

赵魏（1746—1825），字晋斋，长于碑板考证。在其游秦中时赠予钱大昕《浙东道宣慰使答里麻世礼墓志》拓本，钱大昕跋文载："钱唐赵晋斋游秦中，拓其文贻予。考前人未有著录者，因撷其大略书之。"[2]

陈鱣（1753—1817），字仲鱼，号简庄。嘉庆元年（1796），举孝廉方正，嘉庆四年（1799），中举人，嘉庆三年（1798）始与钱大昕往来。钱大昕记载："右处士包公夫人墓志……海宁陈仲鱼所赠，云顷岁杭人掊土得之，文字尚可辨。"[3]因此钱大昕获得此拓本的年份也在嘉庆三年（1798）左右。朱文藻（1735—1806），号朗斋。精于校勘和簿录，曾佐校《四库全书》。钱大昕曾有言："右马丹阳满庭芳及归山操……碑在潍县玉清宫，钱塘朱朗斋摹其文寄示，因为考正如右。"[4]对于《马丹阳满庭芳及归山操》，朱氏摹文赠之，这是目前可见第一方钱大昕拓本收藏中友人相赠的摹本碑刻。

上述人群与钱大昕的活动经历并非在官场之间，他们大多数并未考取功名或在与钱大昕交往之际以辞官多载。这也正是文化资本在乾隆金石学的重要作用。他们或以金石考据为生，或以藏书著录为业，总之在其著录中，钱大昕仍然对他们赠予拓本的行为一一记录，并没有以官职大小作为磨灭他们的金石情谊。

（三）世交友朋

以世家身份与钱大昕相交的有严长明父子。严长明（1731—1781），字道甫。乾隆二十三年（1758）特赐举人，藏书三万卷，金石文字三千卷，日吟咏其中。[5]钱氏有："右尔朱逵墓碣……江宁严侍读道甫游秦中，拓以见贻。"[6]虽钱大昕仅记载一种严长明赠予的拓本，实际上，严长明与钱大昕的金石之交不止如此，二人也曾于乾隆三十七年（1772）共赴翁方纲寓所赏东坡"英德南山"、米芾"药洲"石刻。[7]诸如此类经历不一一。

严观，字述斋，一字子进，严长明之子。受其父家学影响颇深，同嗜金石。钱大昕的金石拓本有三方源自严观。严观不仅为钱大昕募工拓访石刻，且他亦"购得"拓本而相赠。钱大昕跋曰："右共城县百门陂碑……访之三十年未得，顷严公子子进购一本饷余，为之忻然。"[8]"右追树十八代祖晋司空河东太守猗氏侯王公碑……项严子进拓得一纸贻予。"[9]"右本业寺碑……寺在麒

[1] 清·钱大昕：《潜研堂金石文跋尾》，陈文和主编：《嘉定钱大昕全集》（6），凤凰出版社2016年版，第226页。

[2] 清·钱大昕：《潜研堂金石文跋尾》，陈文和主编：《嘉定钱大昕全集》（6），凤凰出版社2016年版，第461页。

[3] 清·钱大昕：《潜研堂金石文跋尾》，陈文和主编：《嘉定钱大昕全集》（6），凤凰出版社2016年版，第213页。

[4] 清·钱大昕：《潜研堂金石文跋尾》，陈文和主编：《嘉定钱大昕全集》（6），凤凰出版社2016年版，第422页。

[5] 清·钱大昕：《潜研堂文集》，陈文和主编：《嘉定钱大昕全集》（9），凤凰出版社2016年版，第594页。

[6] 清·钱大昕：《潜研堂金石文跋尾》，陈文和主编：《嘉定钱大昕全集》（6），凤凰出版社2016年版，第184页。

[7] 清·翁方纲：《复初斋诗集》卷十，北京大学图书馆藏本。

[8] 清·钱大昕：《潜研堂金石文跋尾》，陈文和主编：《嘉定钱大昕全集》（6），凤凰出版社2016年版，第123页。

[9] 清·钱大昕：《潜研堂金石文跋尾》，陈文和主编：《嘉定钱大昕全集》（6），凤凰出版社2016年版，第184页。

麟门外，以僻左，人迹罕到。严公子子进募工拓数本，以其一遗予。"[1]钱氏在文中记录了严观获得这三种拓本的途径实属不易，又这些拓本是钱大昕求而不得或未曾见过，所以当他收到拓本时，钱氏十分"忻然"。

钱大昕曾言："予于宋、元时刻，爱之特甚，而与予同志者，唯严侍读道朱学士竹君、李郡丞南涧三四人耳。子进为侍读之长子，濡染家学，深造自得，其于金石石刻，殆废寝忘食以求之。"[2]与严长明父子的金石之交，钱大昕收获良多，他们不仅是钱大昕金石拓本的来源者，也是他金石搜访的友朋。

（四）姻亲族人

钱大昕族人中有三人曾为其赠予拓本。瞿中溶（1769—1842），字苌生，号木夫，钱大昕之舅甥。早年跟随钱大昕学习金石，常于人烟稀冷荒僻之地搜访奇石。瞿中溶馆于钱大昕寓所十三四年，亲蒙其指教。期间随钱大昕周游各地，摩挲访石。晚年钱大昕又得益于瞿中溶的辅助，目力不好时瞿中溶为其辨金石文字。钱大昕从他处获得五种金石拓本，其中《匡国军节度使赠太尉白延遇碑》《造像记》，分别为瞿中溶在苏州玄妙观市、吴市购之。《重新妆銮圣像记》在苏州双塔寺，瞿中溶拓得。乾隆五十九年（1794）瞿中溶游桐川、广德州，于此地访得《尊胜陁罗尼幢》《祠山铁像题字》碑刻，手拓其文，后赠予钱大昕。[3]

王鸣韶（1732—1788）号鹤溪，与钱大昕为姻娅，即钱氏妻弟。钱大昕跋文所载："右南翔寺尊胜陁罗尼经幢……予少时乘舟过此者三四，皆未留泊。丁亥岁南归，王鹤溪为予言，寺有唐石幢。乃往访之。薄暮，读其文，不及拓而还。乙丑夏，予将北行，鹤溪募工各拓一纸遗予。"[4]从这段题跋中可见，乾隆三十二年（1767），钱大昕与王鸣韶共赴嘉定南翔寺访碑，二人对此唐《南翔寺尊胜陁罗尼经幢》颇为珍视。王鸣韶作为嗜古好事者，两年后以此碑拓本为钱大昕送行。实际上，两人的交往不仅如此，王鸣韶也曾致书钱大昕请教金石。如《龙兴路儒学铜鼎题字》："王鹤溪拓以遗予，并致书言：元文宗崩于至顺三年八月，则至顺不得有四年，以是可疑。"[5]

陈曦，字药耘，钱大昕妹夫。二人曾于乾隆三十三年（1768）春，同游苏州，在虎丘山石观音殿访得《向子諲题名》等石壁题刻。后钱氏过娄塘时，赠予其《右创建永寿禅寺记》拓本。钱氏亦有："右创建永寿禅寺记……此碑昔人未有著录者。顷过娄塘，妹夫陈君药耘导予往观，并拓其文见贻。"[6]

（五）门生弟子

"是以林下三十年，历主钟山、娄东诸讲席，而在紫阳至十六年。门下士积二千余人，其为

[1] 清·钱大昕：《潜研堂金石文跋尾》，陈文和主编：《嘉定钱大昕全集》（6），凤凰出版社2016年版，第266页。
[2] 清·钱大昕：《潜研堂文集》，陈文和主编：《嘉定钱大昕全集》（9），凤凰出版社2016年版，第386页。
[3] 据钱大昕《潜研堂金石文跋尾》整理。
[4] 清·钱大昕：《潜研堂金石文跋尾》，陈文和主编：《嘉定钱大昕全集》（6），凤凰出版社2016年版，第223页。
[5] 清·钱大昕：《潜研堂金石文跋尾》，陈文和主编：《嘉定钱大昕全集》（6），凤凰出版社2016年版，第467页。
[6] 清·钱大昕：《潜研堂金石文跋尾》，陈文和主编：《嘉定钱大昕全集》（6），凤凰出版社2016年版，第456页。

台阁侍从，发名成业这，不胜计。"[1]钱大昕自乾隆四十年（1775）辞官回籍后，便全心教学。作为钱氏门生之一的李文藻，钱大昕长于李文藻两岁，乾隆二十四年（1759）钱大昕作为李文藻的乡试主考官，二人相识与山东。[2]钱大昕极其赞赏李文藻的才华，至乾隆四十三年（1778）李文藻去世，期间两人常常往通书信，亦师亦友间，在钱大昕的金石研究上，李文藻对钱大昕的帮助最大。李文藻（1730—1778），字素伯，晚号南涧。乾隆二十六年（1761）进士，乾隆三十四年（1769）任广东恩平知县，乾隆三十七年（1772）出任广东潮阳县。乾隆四十二年（1777）官赴广西静江县。目前可考李文藻共赠予钱大昕21种拓本，在所有曾为钱大昕赠予过金石拓本的人群中，数量最多，金石交往最为密切。

钱大昕称李文藻"好搜罗三齐掌故"，往往"手拓是碑见寄"。[3]其中《历城县千佛□石刻五种》《汝阳王造弥勒像记》在济南历城县，《中兴三藏圣教序》在济南长清县四禅寺，《张景晖造像记》《仇公著墓志》《济南郡宣懿公张宓碑》《张洪亮等造像记》《窦巩等题名》《缙云县城隍庙记》在济南青州市，《胶东令王君庙门残碑》在济宁，《程师孟等题名》在泰山。

乾隆三十七年（1772），李文藻任潮阳知县，于此地四处搜访，亲到岩下，为钱大昕拓得《敕祠南海庙记》《董仲珪驵寇纪功碑》《周伯温游白牛岩诗并序》《拓路记》《王用文题名》。乾隆三十九年（1774）夏，李文藻过访广州光孝寺，"募人椎出"《龚澄枢造铁塔记》赠予钱大昕。乾隆四十二年（1777）李文藻到达广西。次年李文藻在广西桂林搜遍石刻，在此地曾有"拓碑又出水东门，龙隐岩边钓石温，记事昔凭金薤□，题名今变薜苔痕，敢言著录追欧赵，不是藏书为子孙。典尽羊裘买胶墨，图将跋尾遣晨昏"的感叹。[4]虽李文藻仅官广西一年，但他对与金石搜访的努力却依然如故。故李文藻在乾隆四十三年（1778）赠予钱大昕《先之等题名》《似榘等题名》《舜庙碑》。[5]

何元锡（1766—1829）字梦华，官至主簿。他共向钱大昕赠予5种拓本，分别为《敦煌长史武斑碑》《新建风山灵德王庙记》《僧统大师塔铭》《竹林寺石幢》《程闳中等题名》。其中《新建风山灵德王庙记》跋文明确记载了何元锡赠予拓本的时间为嘉庆元年（1796）："丙辰春，钱唐何梦华购此寄赠。"[6]另有《竹林寺石幢》，此碑同《新建风山灵德王庙记》皆为吴刻，收到《竹林寺石幢》时，钱氏称"亦晚年一快也"。[7]嘉庆元年之际，钱大昕乃六十九岁高龄，因此，此二碑应为同时期相赠。钱氏收到此二碑时亦有"手脚轻欲旋矣""斯亦足以傲前贤矣"的感慨。[8]另有《敦煌长史武斑碑》在山东，《僧统大师塔铭》在浙江临安，《程闳中等题名》在青天县石门山，此3种皆为何元锡访碑后手拓得之，并"见贻"。何元锡作为钱大昕的门生得以经常登门拜访求教，故"见贻"成为平常之事。

[1] 清·王昶：《皇清诰授中宪詹事府少詹事钱君墓志铭》，参见李经国《钱大昕年谱》，中华书局2020年版，第684页。

[2] 清·钱大昕：《潜研堂文集》卷四十三，陈文和主编：《嘉定钱大昕全集》（9），凤凰出版社2016年版，第691页。

[3] 清·钱大昕：《潜研堂金石文跋尾》，陈文和主编：《嘉定钱大昕全集》（6），凤凰出版社2016年版，第487页。

[4] 清·李文藻：《岭南诗集》卷二，北京图书馆藏本。

[5] 以上李文藻赠予钱大昕拓本来源皆据钱大昕《潜研堂金石文跋尾》整理所得。

[6] 清·钱大昕：《潜研堂金石文跋尾》，陈文和主编：《嘉定钱大昕全集》（6），凤凰出版社2016年版，第275页。

[7] 清·钱大昕：《潜研堂金石文跋尾》，陈文和主编：《嘉定钱大昕全集》（6），凤凰出版社2016年版，第259页。

[8] 清·钱大昕：《潜研堂金石文跋尾》，陈文和主编：《嘉定钱大昕全集》（6），凤凰出版社2016年版，第259页。

乾隆六十年（1795），钱大昕从孙星衍处获得《元康砖字》与《井兰文》。其一跋尾详细记载了获赠《井兰文》拓本经过："前人著录未有及之者。乙巳春。阳湖孙秀才季仇省亲句容学斋，得以遗予。陶隐居旧馆坛碑向在茅山玉晨观，国初，前辈犹有见之者。予七年前与季仇入山，宿观中，遍寻不获。此刻虽渐漫漶，却亦是萧梁时物，所谓买王得羊也。"[1]孙星衍（1753—1818），字渊如，号伯渊，乾隆五十二年（1787）进士。乾隆四十四年（1779）与钱大昕共赴茅山访碑。直到16年后，孙星衍才为钱氏拓得《井兰文》拓本。

又有《续兰亭诗并序》，在余姚县学。邵晋涵（1743—1779）拓以遗钱氏。[2]《真身瑞像历年记》，在苏州府娄门内小关帝庙，胡生鼎衡为钱大昕拓得。[3]《施缜墓志》，宣城孙生元诏因钱大昕嗜金石，故为其手拓一本。[4]此三人皆钱大昕门生也。

三、访碑所得

钱大昕自乾隆二十七年起至嘉庆六年（1762—1801），近四十年间始终痴迷于金石，专研金石访碑，踏影摩挲间共访得碑刻数百种，因此金石访碑是钱大昕获得金石拓本的主要来源之一。乾隆二十七年（1762），钱大昕奉使过真定，"秉烛"访得隋《龙藏寺碑》并"募工拓而藏之"。[5]此为钱大昕所记载的第一次访拓碑石的经历。自此，钱大昕不遗余力地从事访碑活动，且每每都作诗文记载。乾隆三十年（1765），游清凉寺访得石幢八面及周刻《般若波罗蜜多心经》。乾隆三十二年（1767），同蒋宗游镇江甘露寺，观唐《尊胜陀罗尼经幢》，未及椎拓。乾隆三十二年（1767），游集仙宫，得南宋石刻一，元石刻四。如《集仙宫重建东行祠记》《集仙宫瑞竹记》。乾隆三十三年（1768）年，与妹婿陈曦游虎丘山，访得《向子諲题名》等。乾隆三十四年（1769），复游集仙宫，欲雨未及椎拓《虎邱山石观音殿题名》。乾隆三十五年（1770），入法源寺观海棠，偶得《悯忠寺观音菩萨地宫舍利石函记》刻石；游戒台寺、潭柘寺，得辽金石刻六七种，如《法均大师碑》。乾隆三十九年（1774）视学粤东，公务之暇，婆娑石间，拂拭题刻，访得《南汉九曜石》。乾嘉四十年（1775），访先圣寺，观南汉黄莲山铜钟题字，得《宋徽宗御笔付李邦彦诏》拓本。访曲江，得《中书令张九龄碑》。

乾隆四十三年（1778），为钱大昕访碑的高峰期。是年，钱大昕游往诸地，游安平寺，观石幢唐宋石刻；复到松风阁故址，得《汤绍恩述怀诗石刻》；游城隍庙，访得《崇福侯庙记》《重修庙记》《昭祐公敕牒》《赐额显宁庙敕》《重修显宁庙碑》《去思碑》《绍兴府地图碑》；复游清凉寺，得《许公祠记》；游大禹庙、南镇庙，得《禹庙二十四韵》《重修南筑碑》；过访江宁，拓瞻园普生泉石栏题字；游金陵东郊，上元县祈泽寺访得《建藏经记》《治平寺舍田记》二碑。

乾隆四十四年（1779），游茅山访碑访得《蔡卞鲍慎辞碑》《祥府御制碑》《景昭法师碑》

[1]　清·钱大昕：《潜研堂金石文跋尾》，陈文和主编：《嘉定钱大昕全集》（6），凤凰出版社2016年版，第50页。
[2]　清·钱大昕：《潜研堂金石文跋尾》，陈文和主编：《嘉定钱大昕全集》（6），凤凰出版社2016年版，第490页。
[3]　清·钱大昕：《潜研堂金石文跋尾》，陈文和主编：《嘉定钱大昕全集》（6），凤凰出版社2016年版，第322页。
[4]　清·钱大昕：《潜研堂金石文跋尾》，陈文和主编：《嘉定钱大昕全集》（6），凤凰出版社2016年版，第336页。
[5]　清·钱大昕：《潜研堂金石文跋尾》，陈文和主编：《嘉定钱大昕全集》（6），凤凰出版社2016年版，第81页。

《元靖先生碑》等。乾隆五十五年（1790），游曲阳天宁寺，得《苏过题目》《北岳神庙碑》《重修北庙碑》《北岳庙石柱题名》《北岳庙李克永题名》《北岳安天元圣帝碑》《重修北岳安天王庙碑》。嘉庆二年（1797），游洞庭西山，得《赵崇隽圹志》《赵崇隽墓》；又复游洞庭东、西二山，拓宋《范至能题名》《灵祐观中书门下牒》二碑。嘉庆六年（1801），游顾渚山，访得《杨汉公题名》《汪藻题名》。[1]

钱大昕的金石访碑始于乾隆二十七年（1762）春，官职上的十余年间，乾隆四十年（1775）辞官回籍后，直至晚年七十四岁高龄的钱大昕仍在游诸山访拓金石。因此，钱大昕得以收藏金石拓本数千方，实则离不开他四十年来的访碑经历。

四、结语

上述百余方拓本虽然仅是钱大昕两千余种藏品里的一小部分，但也囊括了他四十年来诸多收藏片段，这些分散的记录虽不能完整地还原钱大昕金石收藏的全貌，但亦可一窥乾嘉金石诸多情景。钱大昕位居官场多年，不论是同朝官员或地方官员，他们利用职务之便为钱大昕访拓金石，借所贻拓本得以共论金石之事，这让他们不仅成为金石学术上的"共同体"，亦在官场形成了无形的"圈子"。作为钱大昕影响下的族人与门生，钱大昕作为他们金石学术的主要奠基者，亦师亦友间，他们也对钱大昕的金石拓本收藏产生了不小的推力。不可忽视的是，钱大昕的金石拓本来源又不乏些许从未入官或以金石学问、著述为显的金石友人，如赵魏、聂剑光等人，这便是纯粹的金石旨趣的导引。此外，访碑作为乾嘉金石活动的重要形式，进一步扩大了钱大昕的金石活动范围。凡此种种，无不是乾嘉金石活动得以成功的关键因素。

（作者系马来西亚博特拉大学中文系博士研究生，中国书法家协会会员）

---

[1] 以上访碑据钱大昕《潜研堂金石文跋尾》《潜研堂诗集》《潜研堂文集》等文献整理所得。

刘鹗玺印、封泥鉴藏考论

贺文荣

内容提要： 刘鹗的甲骨、陶文、封泥、玺印等多项收藏都极为丰富，他的藏品著录与研究在多项领域都处于开创者地位和领先水平。笔者从刘鹗日记中梳理出他的玺印、封泥鉴藏诸多历史事实与细节，涉及藏品来源、藏品内容、收藏过程、收藏费资、印章鉴定、结集发行等多项内容。现发现《铁云藏印》的版本有五种。刘鹗的玺印、封泥鉴藏有助于他对"三代文字"的考释与体系建构；他在"周印""秦印"的印式判定和封泥的功用、称谓等方面都有重要的学术贡献。刘鹗的鉴藏观念受到"太谷学派"的"教养天下"思想的影响；同时，受儒、释、道等诸多思想的影响，他在鉴藏观念上还表现出一种"矛盾的丰富"和"投入的超脱"状态。

关键词： 刘鹗 玺印 封泥 鉴藏

刘鹗（1857—1909），初名梦鹏，字云博、箟湍，谱名震远，后来自己改名为"鹗"，字铁云，又字公钧。斋号有半瓦镫斋、五十瓦镫斋、抱残守缺斋等。刘鹗是清代后期著名的鉴藏家，他在甲骨、陶文、封泥、玺印、泉货等多方面都处于开创者地位，做出了卓越的贡献。下面从他的玺印与封泥收藏实况、《铁云藏印》的版本与内容、学术贡献与重要观点和鉴藏观念四方面做出系统的考证与论述。

一、《抱残守缺斋日记》所见刘铁云印章、封泥鉴藏实况

"抱残守缺斋"是刘鹗的斋号之一，此斋号在《铁云遗印谱》《铁云碑帖题跋》和《壬寅日记》等上使用过。刘鹗日记现存"壬寅""乙巳""戊申"三年的手稿，"辛丑日记"原件不存，现残存约一万字的文字。2018年6月中西书局将刘鹗"壬寅""乙巳""戊申"三年日记手稿影印并附以"辛丑日记"文字约一万字结集出版，书名为《抱残守缺斋日记》。此本日记尽管只收录了刘鹗四年的个人记录，但其中有不少关于他玺印和封泥收藏的记录。以日记为主要依据，再结合其他文献，我们可以了解到刘鹗玺印、封泥收藏的多方面情况，如藏品来源、藏品内容、收藏过程、收藏费资、印章鉴定、参考资料，等等。

刘鹗收藏印章的来源，应该是多方面的，《壬寅日记》五月十九日："论古又送《嵩山三阙》来看，古气盎然，殊可爱也。澄云阁送汉印三本来，索价三千五百金。"[1]依据这则记录，我

---

[1] 刘鹗著、刘德隆编：《抱残守缺斋日记》，中西书局 2018 年版，第 74 页。

们很难断定刘鹗当天是否买入印章，因为这里说"汉印三本"，并未说汉印多方，另外只说索价三千五百金，没说刘鹗买了没有；但结合下文的印章价格来看，当时的实际情况可能是：为了方便，澄云阁先拿来了钤印的图录让刘鹗过目，而"三千五百金"正是这批古印的报价。

从日记来看，刘鹗收藏的印章与封泥，最主要的一部分来自王懿荣的藏品。庚子（1900）国难，八国联军攻入北京，光绪帝和慈禧出逃，王懿荣自尽殉国，此后他的藏品渐渐散失。这部分藏品正是通过王懿荣的儿子王翰甫之手进入刘鹗的宝库的。《壬寅日记》六月初八记录了刘鹗计划从王翰甫处购砖瓦、泥封，日记写道："……王端士来谈，翰甫砖瓦、泥封有人出三百元，予拟购之。"[1]本月的四则日记很完整地记录了刘鹗与王翰甫很重要的一批古物交易过程：

六月初十日：

> 晴。早起甚晏，急吃饭。至王翰甫处看其秦、汉印五百余方，又瓦头七十余件。大约明日去可以看其古钱矣。[2]

六月十一日：

> 早起往翰甫处议汉印，竟不能就。索其古钱，吝不与看，意在印、瓦二事，售二千金也。[3]

六月十二日：

> 子谷、予迂道翰甫家，议定汉印六百方，千二百金。予携回观之。至子谷处吃午饭后，申刻复往义署，晤谈后即归寓。检点古印，可用者仅三百五十七方，价未免太昂矣。[4]

六月十三日：

> 午前雨，午后晴，本日请客。易实甫先到，次子衡，次仲丹。三点入座，哲甫方到。半阑翰甫到。饭后与翰甫议定汉印、瓦头、古钱三项共二千金。当偕翰甫入城取回，检点古钱竟夕。虽至难得之泉俱无，所有者亦颇富矣。[5]

这次的收藏交易发生在壬寅（1902）六月，包括印章、瓦当、古钱三项，其中有印章五六百方，费资"二千金"的交易从六月十日到十三日四天就达成了，而且在这四天内，刘鹗几乎每天都与王翰甫有接触，我们似乎能感觉到刘鹗对这些藏品是很关注且热切期待拥有的。《壬寅日记》七

[1] 刘鹗著、刘德隆编：《抱残守缺斋日记》，中西书局 2018 年版，第 87 页。
[2] 刘鹗著、刘德隆编：《抱残守缺斋日记》，中西书局 2018 年版，第 85—86 页。
[3] 刘鹗著、刘德隆编：《抱残守缺斋日记》，中西书局 2018 年版，第 86—87 页。
[4] 刘鹗著、刘德隆编：《抱残守缺斋日记》，中西书局 2018 年版，第 87—88 页。
[5] 刘鹗著、刘德隆编：《抱残守缺斋日记》，中西书局 2018 年版，第 88 页。

月五日："阴。午后至子谷处，因翰甫之债本日到期，乃由子谷暂挪千金付之。"[1]从时间和金额来看，几乎可以确定这则日记所记录的"债"，应该就是六月份那笔交易的余款。可见刘鹗当时手头上现金并不宽裕，当时这笔余款是由子谷垫付的。

《壬寅日记》六月二十六日、十月二十日还有关于刘鹗所鉴藏印章来源的两则记录：

六月二十六日：

> 晴。午前，张次祥来送汉印，每钮以纸捻，甚精致可爱。[2]

十月二十日：

> 巳刻，潍县赵执斋来，携龟版、汉印各一匣。印计七百余方，又太和大造像一区、秦权一枚。龟板颇有大者。[3]

这两则虽都未记录最终入手与否，但据刘鹗的一位孙子刘蕙荪所言，刘鹗所藏古印中应该有相当大一部分是托赵执斋等人代收的，刘蕙荪说："铁云先生既在北京得到王懿荣旧藏钤印五百余方，又先后由赵执斋等人代收了数百方。"[4]

另外，据刘德隆、刘瑀合编的《刘鹗年谱长编》，庚子劫后清内府及王侯府邸、世家大族所藏古物有一部分流散于市肆、民间，刘鹗当时除购得一些宋元善本书籍外，所购古器物中有"汉赤泉侯印""夷陵长印"。[5]

刘鹗所收藏封泥的来源，有一部分来自王懿荣的收藏；另外，山东临淄刘家寨所出土者应该也是一大宗。从清代后期到民国时期，全国陆续出土的封泥中临淄刘家寨出土的数量为最大。《罗振玉年谱》光绪二十六年（1900）："于刘铁云许见山见山左临淄新出土封泥，劝铁云传拓于所辑《铁云藏印》之后。"[6]从《抱残守缺斋日记》中我们还可以发现刘鹗有关古印、封泥审定、研究、赏玩的日常记录。《壬寅日记》有三条这样的文字：

六月十四日：

> 薄阴，不及九十度而甚燥。早起摩挲古泉而原君锡至，与之审定铜印。[7]

六月十八日：

[1] 刘鹗著、刘德隆编：《抱残守缺斋日记》，中西书局2018年版，第109页。
[2] 刘鹗著、刘德隆编：《抱残守缺斋日记》，中西书局2018年版，第98页。
[3] 刘鹗著、刘德隆编：《抱残守缺斋日记》，中西书局2018年版，第161页。
[4] 刘德隆、朱禧、刘德平著：《刘鹗小传》，天津人民出版社1987年版，第129页。
[5] 刘德隆、刘瑀编著：《刘鹗年谱长编》，上海交通大学出版社2019年版，第389页。
[6] 罗继祖述辑、罗昌霖校补：《罗振玉年谱》，台北文史哲出版社1986年版，第22页。
[7] 刘鹗著、刘德隆编：《抱残守缺斋日记》，中西书局2018年版，第88—89页。

晚读古印，其用笔之妙，有在钟鼎之上者，决为周印无疑，世以秦印目之，诬矣。[1]

八月十四日：

夜检泥封一过，颇有精者。因查各家所藏官印皆不能多也。[2]

这些日记文字将一位玺印鉴藏家生动翔实的日常状态在我们眼前勾勒出来了。其中六月十八日日记中的"周印""秦印"印式之辨涉及明清印学史一个很重要的论题，具有很高的学术意义，下文再详论。

就印章收藏来说，对于古印、封泥实物的鉴定、鉴赏与收藏当然是核心部分，同时"鉴""藏""赏"往往是三位一体的；一个鉴藏家眼力和学术功夫并不一定全来自实物品鉴，对印谱、印学专著的研读也可视为印章鉴藏的自然延伸。我们看以下五则日记文字。

《壬寅日记》三月二十三日：

因论古约看书籍，取《十六长乐堂金石》一部，又《吴平斋印谱》一部以归。[3]

六月二十八日：

申刻至义善源、宝聚成两处。后至琉璃厂，遇于蕃于论古。取《漆园印型》及《二百兰亭斋印存》以归。[4]

八月二十五日：

晴，暖。赴王汉辅家，取拓片并印谱以归。大概同时人所藏，但聚之不易耳。一一检阅，手足酸痛。[5]

八月二十八日：

……潘文勤所藏《王孙遣钟》，孝公求之数年得其半同，予以其半赠之，亦一快也。《簠斋古玺》拓本，原价十两。[6]

[1] 刘鹗著、刘德隆编：《抱残守缺斋日记》，中西书局 2018 年版，第 91 页。
[2] 刘鹗著、刘德隆编：《抱残守缺斋日记》，中西书局 2018 年版，第 132—133 页。
[3] 刘鹗著、刘德隆编：《抱残守缺斋日记》，中西书局 2018 年版，第 43 页。
[4] 刘鹗著、刘德隆编：《抱残守缺斋日记》，中西书局 2018 年版，第 100—101 页。
[5] 刘鹗著、刘德隆编：《抱残守缺斋日记》，中西书局 2018 年版，第 138 页。
[6] 刘鹗著、刘德隆编：《抱残守缺斋日记》，中西书局 2018 年版，第 140 页。

九月初十日：

> ……夜考《长安获古编》金元印数事。[1]

十月初五日：

> 晴。午前，还琉璃厂账目。赵平甫来，买汲古阁《八唐人诗集》一部、《篆学丛书》一部、《金石屑》一部。[2]

壬寅（1902）三月二十三日日记中提到的"吴平斋"即清代道光、咸丰年间的鉴藏家吴云，吴云曾将自己所藏古玺印钤盖辑录，先后成《二百兰亭斋古铜印存》和《两罍轩印考漫存》两部印谱，吴云又著有《二百兰亭斋古印考藏》六卷。此处所说的《吴平斋印谱》应该不是准确的名称，不知是吴云所辑印谱中的哪一部？但不管是哪一部，都有很高的学术价值。壬寅六月二十八日日记中提到的《漆园印型》，是大约1660年庄冏生辑成的印学专著，又名《宝书堂印型》，共十三卷。八月二十八日日记中提到的《簠斋古玺》是清代著名收藏家陈介祺所辑的印谱。九月初十提到的《长安获古编》是清代刘喜海所收藏古物的图录，虽非印学专著，但除青铜器外还涉及印章、封泥的鉴藏；1905年刘鹗还出过此书的补刻本。壬寅十月初五日日记提到的《篆学丛书》又名《篆学琐言》，是清代顾湘辑录自唐代至清代三十余种印论而成的印学理论集。另外，《抱残守缺斋日记》中还多次提到《说文古籀补》，这也是刘鹗经常参阅的一部工具书，可以推想到，刘鹗在印文释读与考证时经常会用到它。

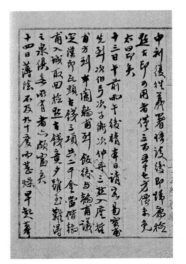

图1 《抱残守缺斋日记》之《壬寅日记》封面　　图2 《抱残守缺斋日记》之《壬寅日记》选页

[1] 刘鹗著、刘德隆编：《抱残守缺斋日记》，中西书局2018年版，第144页。
[2] 刘鹗著、刘德隆编：《抱残守缺斋日记》，中西书局2018年版，第155页。

刘鹗所藏的数千方古印后来流向如何？据刘蕙荪先生讲，刘鹗所藏古印后来全部归端方所有。他在《铁云先生年谱长编》中写道：

> 铁云先生既在北京得到王懿荣旧藏钤印五百余方，又先后由赵执斋等人代收了数百方。在印行《藏陶》同时，选印《铁云藏印》共一至四集。但因不是石印，而是以原印由家中塾师汪剑农闲时钤盖，共只印了百十部，所以流传极少。后来全部藏印让归端午桥（方），端方又编为《陶斋藏印》，内容大致相同。所以家淮生兄说："印有正书局所印之《陶斋藏印》。"蒋逸雪先生怀疑说："岂鹗所藏器物，后归端方，端方乃并鹗之著述而窃取之耶？"其实两部书是一批铜印，并非端方窃书。[1]

带着上面的说法，笔者将福建人民出版社影印的端方《匋斋藏印》四集与《铁云藏印初集》《铁云藏印续集》和《铁云藏印》（官印）比对，竟发现几乎没有重复者。因此笔者推测：《匋斋藏印》或许与《铁云藏印》的"四集本"有交集，或基本相同（《铁云藏印》"四集本"的介绍见下文）；《铁云藏印初集》《铁云藏印续集》《铁云藏印》（官印）可能与《铁云藏印》"四集本"是并列关系，后者不包括前三者的内容。目前尚未见到"四集本"，此推论待考。

二、《铁云藏印》的版本、内容与"铁云藏泥封"的辑录与印行

据《刘鹗年谱长编》载："（1900年）开始在北京搜寻古物字画等，已得封泥、玺印等。开始考虑编辑《铁云藏印》。并曾以所收藏之封泥、印玺示于罗振玉。"[2]此书同时认为，《铁云藏印初集》《铁云藏印·续集》成书于1903年，《铁云藏印》（一至四集）、《铁云藏印》（官印类）大概的成书时间皆为1904年。

《铁云藏印》有多个版本，情况较为复杂，刘德隆整理的《刘鹗集》中做了较为详细的考证，现再结合笔者掌握的资料，做一些补充并进行重新梳理，列述如下：

（一）"初集、续集本"

即《铁云藏印初集》和《铁云藏印续集》。

《铁云藏印初集》共10册，无释文。笔者见到过西泠印社藏本和天津图书馆藏本。西泠印社本内页版框为黄色梅花纹，全框竖17.4厘米，横12.2厘米，版心左上端有篆书"铁云藏印初集"六字。此集收官印104方，古玺89方，私印296方，共收489印。此本为张鲁庵先生旧藏，后捐给西泠印社。天津图书馆藏本，版框为黑色细线，版框宽10.2厘米，高13.7厘米，版心无鱼尾，书页正面版框左上署篆书"铁云藏印初集"六字，页背右下署篆书"抱残守缺斋"五字。印为朱砂原钤，一页一印，背页空白，印无释文，钤印387方。此谱为周叔弢先生旧藏。《刘鹗年谱长编》作者刘德隆先生所见的"初集"本又与以上两种版本有所不同，他所见的版本：书名"铁云藏印初集"（篆字），钤

---

[1] 刘蕙荪著：《铁云先生年谱》，齐鲁书社1982年版，第111—112页。

[2] 刘德隆、刘瑀编著：《刘鹗年谱长编》，上海交通大学出版社2019年版，第383页。

于"抱残守缺斋"（篆字）稿笺上。全印谱十册，钤印421方，无释文。分别为第一册50面、50方，第二册40面、80方，第三册37面、45方，第三册34面、34方，第五册33面、33方，第六册40面、40方，第七册40面、40方，第八册36面、36方，第九册37面、37方，第十册40面、40方。其中第三册、第四册、第七册，有圆形印18方。第二册有菱形印1方。第二册有组印两组，各5方。[1]

《铁云藏印续集》共8册，西泠印社有藏。西泠印社藏本版框为粗线墨刷，框高14.5厘米，宽9.4厘米。版框正面上方印老宋体"铁云藏印续集"六字，背页下方印"抱残守缺斋金石"七字。封面无题签，按古玺、官印、私印编次，无释文，收官印42方，古玺116方，私印371方，共收印529方。

（二）"四集本"

据《松荫轩藏印目录（初稿）》："《铁云藏印》四集即四十八册。"初集十册，二集十二册，三集十四册，四集十二册，计二千方。这可以称为"四集本"。2021年9月10日日本雅宝秋拍中有《铁云藏印》（初集、二集、三集、四集）原钤本，即为"四集本"，但每集册数等未必与"松荫轩"所记完全相合。西泠印社2020年春季拍卖会曾拍《铁云藏印三集》，此集也是"四集本"散落出的一本。

（三）"两册本"

20世纪60年代钱杏邨"得《铁云藏印》两册"。上海大众2004秋季大型拍卖会有"《铁云藏印》"二册。北京"中国嘉士德第66期周末拍卖"有7000多件中国书画拍卖，其中"两册《铁云藏

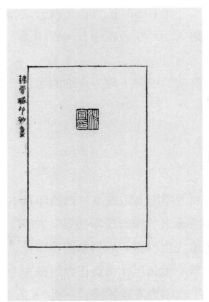

图3　天津图书馆藏《铁云藏印初集》选页

图4　西泠印社藏《铁云藏印初集》选页

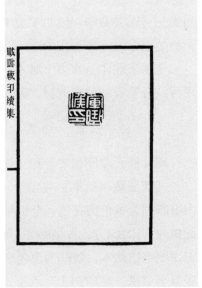

图5　西泠印社藏《铁云藏印续集》选页

---

[1]　刘德隆、刘瑀编著：《刘鹗年谱长编》，上海交通大学出版社2019年版，第535页。

印》合集"。

（四）"四册本"

《铁云藏印》还存在一种装订成四册的版本。这可以称为"四册本"。

（五）"分类本"

"南京博物院又存《铁云藏印（官印本）》一册，为从无记录者。这可以称为'分类本'。封面隶书题签'铁云藏印'四字下有小字'官印类'。印36方钤于'抱残守缺斋金石'专印笺纸。此册用笺上有'铁云藏印初集'六字，其字体似现在的印刷体，与本书所收8册本《铁云藏印续集》相同，与本书所收《铁云藏印初集》用笺之篆字不同。"[1]

刘鹗所藏封泥没有单独结集出版，而是附在《铁云藏陶》一书的后面。光绪三十年（1904）刘鹗刊行《铁云藏陶》作为"抱残守缺斋藏三代文字之二"。《铁云藏陶》共四册，第一至第三册拓印所藏陶器铭文，有刘鹗自序。第四册拓印刘鹗所藏封泥，有吴昌绶序和刘鹗自序。共收封泥165方，日本人山本由丁题签，由有正书局出版。1988年江苏广陵古籍刻印社根据1904年的石印本，重新影印出版《铁云藏陶》。2003年中国科技大学校长朱清时在日本购得日本影印之《铁云藏陶》并请中国社会科学院李学勤先生释文。

三、刘鹗玺印、封泥鉴藏方面的学术贡献

考藏刘鹗在玺印、封泥鉴藏方面的学术贡献，要将其还原到收藏史和玺印学术史的历史链条中，并结合19世纪末、20世纪初的具体文化境况，如此才能凸显他的先驱者身份和启蒙者的作用。因为也许在现在看来常识性的认知和观点，在当时却具有开创性和启蒙性。

究心三代，溯源篆籀，振扬国学。刘鹗收藏古代玺印和封泥，在文字学研究方面表现出清醒而自觉的学术意识。在刘鹗的心里，钟鼎彝器款识文字与甲骨文、陶文、古玺印文构成一个研究三代文字的体系，而三代文字正是通向三代历史文化的一条路。因此，光绪二十九年（1903）他刊行《铁云藏龟》时，将其命名为"抱残守缺斋所藏三代文字之一"；接着于光绪三十年（1904）刊行《铁云藏陶》时则命其为"抱残守缺斋所藏三代文字之二"。刘鹗在《铁云藏龟》《铁云藏陶》出版广告中说："士生三千年后而欲上窥三代文字难矣！……近来新学日明，旧学将坠，愿与二三同志抱残守缺，以待将来。故出敝藏古文，拓付石印。"[2]刘鹗当时所藏封泥中虽然没有秦以前的，但他把封泥和甲骨、陶文看成一个体系，仍从与三代文字相比较角度看待，他说："虽非三代文字，然其中官名多为史籍所不载，殆亦考古者之一助云。"[3]后来我们见到不少先秦封泥，可见当时刘鹗试图用甲骨文、陶文、货币文、玺印文、封泥文等共同建构"三代文字"体系的想法具有超越时代的先见之明。

[1] 刘德隆、刘瑀编著：《刘鹗年谱长编》，上海交通大学出版社2019年版，第535页。

[2] 刘德隆整理：《刘鹗集》（上册），吉林文史出版社2007年版，第669页。

[3] 江苏广陵古籍刻印社编：《铁云藏陶》，江苏广陵古籍刻印社1998年版，第98页。

在玺印断代、分类上刘鹗也做出了可贵实践，提出了重要见解。《抱残守缺斋日记》壬寅日记六月十八日："晚读古印，其用笔之妙，有在钟鼎之上者，决为周印无疑，世以秦印目之，诬矣。"[1]这一条看似平淡无奇的日记，实际上涉及明清印章鉴定方面一个重要问题，即秦印与先秦印章印式特点的判定问题。这一问题在明清印学理论著作的论述、印谱编撰和印人的取法与主张等多方面都表现出一致的倾向：那就是对秦印和先秦印式表现出夹缠不清的认知和判断。明代甘旸的《集古印证》《集古印谱》对古玺印和秦印没有明确的区分。明清以来，印人对于秦印的认知是模糊笼统的，经常将战国古玺判为秦印。清代夏一驹的《古印考略》、孙光祖的《古今印制》误将战国小玺称为秦玺，将秦印的判定标准设为两条，一为"小方阳文"，一为"多边阔"。这是将三晋古玺与秦印混淆了。沙孟海先生针对明清人对秦印的误读作了清晰的辨析，他曾于1966年在香港《大公报》发表《论秦印》一文，1983年《书法研究》第三期全文专载此文，文中论述道：

> 过去人们称为秦印的有两种，其一是朱文小玺，即所谓"阔边碎朱文"；其一是有边栏有界格的白文印。……但今天还有人沿用"秦玺汉印"，还认为朱文小玺为"秦印"，那是必须纠正的。……第二种被认为秦印的是有边栏有界格的白文印。这一认识基本正确。[2]

实际上沙孟海先生提及的第二种对于秦印正确的认识，也是到了清后期刘鹗、陈介祺、吴大澂、罗振玉等少数人那里才逐步得到清晰而准确的认知。陈介祺在1878年致《吴大澂书》中明确指出明清人对秦印与先秦印的认知混淆，他说："前人谓之秦印，不知是三代，今多见，亦似六国文字。"[3]陈介祺在后来的《封泥考略》中对秦印判定标准的判断就更清晰了，他概括为：职官地理符合秦制，印面有界格和文字同石鼓、小篆。可见直到19世纪末，对秦印和先秦古玺区分才逐步清晰起来，这个学术课题是由刘鹗、陈介祺等少数几位既富有收藏又饱学博通的鉴藏家完成的。对于玺印的分类研究，刘鹗也做了一些工作，如上文所述，《铁云藏印续集》8册，从西泠印社藏本可以发现他在按古玺、官印、私印编次。《铁云藏印》中有一册以"官印"为专题的版本，南京博物院收藏有此本。如果不是获罪被执而流放新疆，以致以53岁的年龄病发身殒，可以想见玺印分类编辑的工作刘鹗应该会继续做下去，也会做得更深入，更细致。

对封泥的功用判定和"正名"上，刘鹗也有重要的贡献。现在我们称"封泥"，似乎有一种服从习惯称呼的惰性。要为封泥正名，就要先追究一下清人对封泥功用的认知。道光二十二年（1842）吴荣光辑《筠清馆金石》，摹出"刚羝右尉"等六枚封泥。此文序文中记载了道光二年（1822）四川人挖山药时发现封泥，并将其卖至京师的事。但当时人却不明此物的用途，将其称为"印范子"。后来刘喜海的《长安获古编》著录当时30枚关中出土的封泥，书中图旁有隶书标题"封泥"字样。据刘鹗日记，他曾多次读此书，后来还从王翰甫处买得王懿荣旧藏此书的刻版，补刻了一些标题后再版。那么，刘鹗对于"封泥"之名肯定是熟悉的。但是1904年刘鹗在出版他的《铁云藏陶》时明确用了"泥封"一名，且很清晰准确地说明其用途，他说："泥封者，古人封苞

---

[1] 刘鹗著、刘德隆编：《抱残守缺斋日记》，中西书局2018年版，第91页。

[2] 《书法研究》1983年第3期，第1—2页。

[3] 陈介祺著、陈继揆整理：《秦前文字之语》，齐鲁书社1991年版，第319页。

苴之泥而加印者也，封背麻丝黏着往往可见，在昔不见于著录。自吴荷屋《筠清馆金石》始录六枚，称为印范，误以为铸印之范也。"[1]刘鹗说的"封苞苴之泥"才应称为"封泥"，而在泥上加印后即成为"泥封"。秦汉以来史料是有明确的记载；尤其是"封泥筒"的出土更证明这点。同年陈介祺、吴式芬的《封泥考略》问世，却依然用"封泥"为名；1913年罗振玉、王维的《齐鲁封泥集存》一书印行，依然用了"封泥"的名称，随后多种著录、著作都习惯性地沿用了"封泥"的名称，极少有人关注"封泥"的命名问题。2019年12月周晓鹿先生在《西泠艺丛》发表《"泥封""封泥"称谓辨》一文，对此问题做了全面而清晰的梳理和论证。周先生的学术论证使我们可以发现，"泥封"和"封泥"尽管相关，但它们各自有着明确的内涵指向和文物归属，只有将两个称谓明晰化，才有利于文物制度的研究和学术表述的准确。由此，我们可以发现刘鹗作为封泥研究的先行者见地颇高，其学术贡献不容忽视。

四、刘鹗鉴藏观念寻绎

如果我们把刘鹗玺印鉴藏与他的藏龟、藏陶和藏货作为统一的整体，再结合他的学术思想与人生观念，我们会发现他的鉴藏观念不但具有深入的思想内涵，且表现出独特个性。鉴藏观念研究是我们研究古代具有士人和朝廷官员身份的收藏家时一个重要的课题，这个课题应该受到重视。

刘鹗的古物鉴藏有一个明显的特点，那就是他非常重视藏品的结集印行，且做得很及时，以至于在多项领域都处于开创和领先地位。就甲骨文来说，一般都公认王懿荣为发现甲骨第一人，但是由于刘鹗的《铁云藏龟》是甲骨文史上第一本藏品著录，所以学界不少学者也称刘鹗为"甲骨第一人"。而他的《铁云藏陶》也是我国著录和研究古陶文的第一本著作。刘鹗非常及时地刊行个人藏品，当然原因是多方面的，但一定与他"以天下为己任"的思想密切相关。他曾在《铁云藏龟》《铁云藏陶》出版广告中感叹收藏家不肯轻易公示自己藏品的情况。而他自己的态度则相反，他在《铁云藏龟》序中写道："龟板文字极浅细，又脆薄易碎，拓墨极难。友人闻余获此异品，多向索拓本，苦无以应。然斯实三代真古文，亟当谋广其传，故半载之力，精拓千片，付诸石印，以公同好。"[2]在《铁云藏陶》自序中写道："可见匋之为器虽微，而古人作之正之者皆圣贤之资，宜其文字足重也。海内名家尚未显诸著录。于是选择敝藏属直隶张茂细心精拓，得五百余片，更益以旧藏陈寿卿家拓本七十余纸并付石印，是为抱残守缺斋三代文字之二，世之宏博君子欲考篆籀之原者，庶有取焉。计海内收藏家所得必数倍于此，吾其为嚆矢也夫。"[3]《铁云藏印》没有序跋，但在玺印方面他的这种主动意愿与天下共享的心意与前面所述一定是一致的。虽然，任何一个想将自己收藏公诸天下以供大家研究的人都多少有类似的想法，但如果我们结合刘鹗的思想体系考察其收藏观念，我们就会有更多、更深的感悟。

追究其思想与学术根基，刘鹗一生归止"太谷学派"第二代传人李光昕（李龙川），他曾于20岁时在扬州游历，拜见过李光昕，一见倾心，一生拜服。据说在"谒师礼"上李光昕给予刘鹗"超

[1]　江苏广陵古籍刻印社编：《铁云藏陶》，江苏广陵古籍刻印社1998年版，第97页。

[2]　刘德隆整理：《刘鹗集》（下册），吉林文史出版社2007年版，第28页。

[3]　江苏广陵古籍刻印社编：《铁云藏陶》，江苏广陵古籍刻印社1998年版，第3页。

凡入圣"的训言。太谷学派主张"富而后教"，以"养民"为本。刘鹗秉持这一思想，一生都在践行。他在光绪二十八年（1902）致函黄葆年时说：

> ……弟既深自信以能窥见公之一斑，故谤满天下不觉稍损，誉言满天下不觉稍益，惟一事不合龙川之法与公所为，辄怏怏终夜不寐，改之而后安于心，此又不足为外人道也。……今日国之大病，在民失其养，各国以盘剥为宗，朝廷以朘削为事，民不堪矣。……圣功大纲，不外教、养两途，公以教天下为己任，弟以养天下为己任。各竭心力，互相扶掖为之。[1]

在刘鹗心中，处处以太谷学派师长为榜样，以致言行与老师的教导不相合时，心里就很不安。将自己的收藏品印于楮素，流通天下，好像与此一段话的关系不是很密切；刘鹗"养民"的主张主要表现在兴办实业、治河救民、"买太仓粟"救灾民等方面；但印书既关乎"教"，又关乎"养"，是一种以书供养天下的行为，最起码与"以天下为己任"的拳拳之情密切相关，有此大胸怀、大格局岂会有囤奇待沽、秘不示人的心理。

刘鹗的老师李光昕在各地讲学时，多次给弟子们强调儒家"立德、立功、立言"的"三不朽"传统。严薇青在《刘鹗和太谷学派》中说："根据太谷学派的解释，不仅功在社会、民间是立功，就是专攻学术，献身文艺，同样是也是立功。……所以太谷弟子在做事业和做学问时，多是勇往直前，百折不挠，不畏缩，不颓丧，在遇到需要牺牲时，也不毫不犹豫。……刘鹗在庚子战役中自动携款进京，办理平粜、放赈等，做出种种一般人所不敢设想的事，而从未考虑其后果和得失；在学术方面甚至被诬陷；遣戍新疆后，还致力于中医学的研究，也是为了这个信念。"[2]读了这一段话，就不难理解刘鹗为什么在甲骨学、陶文、封泥、泉货等多项鉴藏与著作印行方面都成为先行者甚至是首创者了。

当然，刘鹗的收藏观念也不是这么简单的，其具体表现上还呈现出一种"矛盾的丰富"和"投入的超脱"，这与他的思想以"太谷学派"为核心和根基，又呈现出儒、释、道传统文化与西方新学相融合的状态有关。我们先看两则《壬寅日记》：

七月十三日：

> 午刻论古来借《东海庙碑》及《嵩山三阙》，为沈子培代借也。接于继美信，寓贻德里第二巷第一家。……信愿以股票易帖，因得《圣教序》一本，出鄂本上远甚。王孟津比之于帖中之帝，信矣。又宋拓六种：《九成》《皇甫》《岳麓》《道因》各一，《智永千文》二，狂喜不禁。楚生赞曰："可谓穷得阔极了，阔得穷极了。"二语至当。[3]

七月二十八日：

[1] 刘德隆整理：《刘鹗集》（上册），吉林文史出版社 2007 年版，第 754 页。

[2] 刘德隆、朱禧、刘德平编：《刘鹗及老残游记资料》，四川人民出版社 1985 年版，第 641 页。

[3] 刘鹗著、刘德隆编：《抱残守缺斋日记》，中西书局 2018 年版，第 114—115 页。

阴，微雨数阵。镇日无一事，亦无一人来。清闲静逸，于是临帖数纸，读书数篇。觉此乐境得未曾有。盖人生世间高寿不过七八十岁，少年后志于功名，老来耳目手足俱不适用，中间三四十年家室之累、衣食之资，日奔走风尘以求锱铢之利而不可必得，况有余资搜集古人书籍、金石之美，岂不难哉！即有余资，而此类者非若黄金、白玉、越锦、吴绫之可立致也。既集之矣，人事之烦搅、家室之丛杂，自朝至于深夜，又无寸晷之闲俾得摩挲而玩赏之。然则如今日者，求之于一生之中，不知有几次也。悲哉！予有黄金左田册页一本，书、画各四叶，自庚子年得，至今未重寓目。今日展视，若故友重逢，不胜离合之感。然则往日之极力搜罗至负重债而不顾者，所为何哉？誓自今日为始，苟非动心怵魄之品，一概禁止，既惜费，又惜福也。[1]

第一段日记中的"可谓穷得阔极了，阔得穷极了"一句虽非由他本人之口说出，但从刘鹗对此句的激赏态度，可见他在因收藏过分费钱，以至于常常陷入财政拮据的困境面前是何等的洒脱。他将"穷"与"富"参出了禅味，参到了"不一也不异"的境界！第二段日记感叹人生易逝、奇物难得，即使有幸拥有，迫于人生诸种事务，也难得有寓目骋心的闲暇和心境。进则喟叹自己在收藏上投入太多了，下决心以后若非上等精品，绝不出手，说这是"既惜费，又惜福也"。这一段表现刘鹗收藏过程中思想感情既丰富又矛盾的状态。但是因为刘鹗有足够丰富、深刻的思想，使他最终能从多种矛盾中超脱出来，呈现出超然洒脱、心定神闲的状态。他在《述怀》一诗中写道："……孔子号时中，知时无中偏。万事譬诸物，吾道为之权。得权识轻重，处如循自然。因物以付物，谁为任功愆……"[2]这几句诗很有哲学高度，写出了他对待事与物的超然态度。对于一个鉴藏家来说，古物一定是心之所向、情之所钟的对象，用情越深、用心越专就会出现"人为物役"的状态，但是刘鹗的思想是广博深厚的，他参到了这层关系，并采取了一种从容达观的态度。这让人自然想起苏东坡写的《宝绘堂记》。《宝绘堂记》是写给当时极富书画收藏的王晋卿的，此文一开篇就写道："君子可以寓意于物，而不可留意于物。寓意于物，虽微物足以为乐，虽尤物不足以为病。留意于物，虽微物足以为病，虽尤物足以为乐。"[3]东坡先生的看法可以与铁云先生的观点可相参看。如是，我们从鉴藏观的角度考察鉴藏家，可以引出很有意义的课题，还可以从具体的门类鉴藏研究延伸到大的收藏文化。

（作者系西安美术学院副教授、硕士研究生导师，终南印社社员）

[1] 刘鹗著、刘德隆编：《抱残守缺斋日记》，中西书局 2018 年版，第 123 页。

[2] 刘德隆整理：《刘鹗集》（上册），吉林文史出版社 2007 年版，第 561 页。

[3] 苏轼著，曾枣庄、舒大刚主编：《苏东坡全集》，中华书局 2021 年版，第 2867 页。

钩沉索隐：明代前期私家集古印谱散考

——以沈津《印章图谱》、郎瑛《古图书印谱》为例

袁文甲

内容提要： 从印谱发展史的角度看，明初印谱的发展是相对稳定的，明初是明后期印谱大发展的酝酿时期，具有承上启下的重要作用。明初沈津《印章图谱》除了继承宋元集古印谱的尚古观之外，文人鉴赏及艺术化的功能逐渐凸显，彰显了印谱由集古与摹古至摹刻与创作的价值抬升。郎瑛《古图书印谱》编排体例更加科学，从印的形式、制度、钮制、排布、气息多角度的筛选。笔者梳理了沈津及郎瑛的印谱集印及序跋，分别对相关文人、审美、释证、鉴定等问题进行系统的梳理。

关键词： 集古　审美接受　文人观　释证　鉴定

弁言

集古印谱（包含手摹古印成谱），是集古印及摹古印的重要文献载体。[1]四库古籍书目中，辑古印谱是比较特殊的古籍类，它辑录古代玺印及明清以来流派印作品，若以传统古籍分类，录古代玺印者归古籍史部门类金石之属，而后者以明清流派篆刻辑录者则归入艺术类子部。回顾印谱史的发展及相关艺术史，又通过梳理相关文献，辑古印谱于唐代时见锥形，源于考古及古玩鉴赏之录，在《玉玺谱》[2]《述书赋》[3]《叙古今公私印记》[4]中明确"印谱"属性，私家辑古印谱的出现于晚唐书画古玩鉴赏之后。两宋诗、书、画结合并钤盖印章风气[5]及宋金石学风气促进了辑古印谱的发展与成形，而后元代赵、吾的印学思想及印谱编辑理念催促了印谱的艺术化转型，元末朱珪根据自己的喜好选择相应的印章编入印谱，这种选择即是作者本身的审美

---

[1]　按黄惇先生《中国印论类编》以印谱分类三种形式，即集古印谱、摹古印谱和创作印谱。本文以沈津《印章图谱》与郎瑛《古图书印谱》为例，本文以集古印谱的形式进行分析，主要以手摹汉晋甚至是唐代古印。黄惇先生认为摹古印谱是篆刻家学习集古印谱时，以石印为主，也包括其他硬质印材，摹刻古印之后钤拓而成的印谱。即摹古印谱并非是集古印谱中的手摹印谱，需要明确开来。黄惇：《中国印论类编·上》，荣宝斋出版社2010年版，第568页。

[2]　金梁辑：《玉玺谱》一卷，民国时期钤印本，哈佛大学图书馆藏。

[3]　唐·窦臮著：《述书赋》，其中有"论验"，举士人印十余枚，钤盖记印于传世名迹，以这些士大夫鉴定雅玩，增加美质感，能看出古玩鉴赏之录。

[4]　唐·张彦远著、章宏伟编、朱和平注：《历代名画记》，中州古籍出版社2016年版，第5版。

[5]　沙孟海著：《印学史》，西泠印社出版社1999年版，第89页。按：宋代文人画盛行，把诗书画结合起来，成为综合的艺术形式，最后加盖印章，美术的含义就更丰富。印章本身也从此变成一种美术作品。

反映。印谱发展到明末至嘉庆时达到高潮，"摹古""辑古""混编""创作""摹刻"等印谱种类及形式繁多。[1]印谱作为印章图像的载体，其由元至清经历了几次重要转型，学者们往往把视角定在元及明末，忽略明初印谱的发展情况，在集古印谱的流传发展上，这一时期是承上启下的关键时期[2]，虽然明初的文人用创作印及辑古印少开创性，又不像明末印及印谱的全面艺术化与个性化，以钩沉史料整理的陶九成[3]《集古印式》、沈润卿《欣赏编图谱》、郎仁宝《古图书·印谱》、郑宗晦[4]《汉印式》、唐愚士[5]《杨氏古印谱》及柴季通[6]摹刻《印石刻小册》等都在集古印谱的传承和印章审美观上有重要作用，这些印谱虽然多是私家辑古，但是也能展现到当时文人的印章观念及对秦汉印的审美关照，这一时期印谱的发展是稳定、积淀、向前的，为明末印谱的大爆发提供了重要的铺垫。集古印谱作为古印收藏家的辑录载体，亦是考古研究及印学研究的重要资料，集古印谱，至今仍有着重要的价值。笔者以沈津《汉晋印章图谱》及郎瑛《古图书·印谱》为例，对明代前期集古印谱的印、序跋、注释、释证、鉴定、审美等相关问题进行梳理、研究、考证。

一、沈津《印章图谱》

沈津（生卒年不详），字润卿，明长洲（今苏州）人，著有《吏隐录》二卷，《邓尉山志》一卷[7]，见《四库总目》。津喜收藏，兴趣广，藏品繁，《玉石图》《印章图谱》《文房职方图赞》《茶具图赞》《砚谱图》《燕几图》《古局象棋图》《谱双》《打马图》见沈氏《欣赏编》目录（如图1）[8]，并以天干十种甲、乙、丙、丁、戊、己、庚、辛、壬、癸作目录依次排序，有吴郡沈津润卿编集。其中《印章图谱》是其中一卷，与《玉石图》合甲、乙集，属《欣赏编》十种之二。

---

[1] 顾从德《顾氏集古印谱》是明代中后期较为成熟且大宗的印谱资料，西泠印社藏本虽只有四卷，缺官印二卷。此谱原按四声排列，现存上平、下平、上声、去声四册，各印分韵编集，铜印在先，有玉印独占一页，上平册存410印，下平册存498印，上声册存348印，去声册存206印，共收录印章1462方，其中玉印有100多方，印谱种类和形式较之前的集古印谱都明显提高。

[2] 黄惇著：《中国古代印论史》，上海书画出版社2019年版，第59页。

[3] 陶宗仪（1316—？），字九成，号南村，黄岩（今属浙江）人。元末明初文史学家，工诗文，精古学，四次拒绝元、明两朝皇家召旨，终身不入仕途，人称"南村先生"。著有《辍耕录》，引吾丘衍《三十五举》中后十八举；搜集金石碑刻、研究书法理论与历史的《书史会要》9卷，汇集魏汉至宋元时期名家作品617篇；编纂《说郛》100卷；《南村诗集》4集、《四书备遗》2卷，所集《古人印式》今不传。

[4] 郑烨，字宗晦。福建罗源人，活动于元末明初。长八分书，有《汉印式》今不传。据卢熊在为朱珪所撰《印文集考序》载：《汉印式》仿吾丘衍《古印式》，存古印数十及所集印文七十余，后摹刻辑集成谱名《汉印式》。

[5] 唐之淳（1350—1041），字愚士，以字行，山明（今浙江绍兴）人。博闻多识，工诗文，善笔札。篆、隶得李斯、李阳冰体，楷法从欧阳询出，著有《萍居稿》《文断》《唐愚士诗》。

[6] 柴季通（生卒年不详），名綮，字季通，室名白石书屋，四明（今浙江宁波鄞州区）人。家有刻书坊，布衣终生，生性疏旷，放纵不羁，然博雅好古，攻字学，擅刻印，于篆书尤有精诣，著《印石刻小册》今不传。

[7] 清·永瑢：《四库全书总目提要》卷七十六·史部三十二《邓尉山志》一卷（浙江范懋柱家天一阁藏本）。

[8] 明·沈津著，明·茅一相编：《欣赏编》，明万历年间刊本，第4—5页。

（一）关于《印章图谱》印之源

《印章图谱》成书于明正德六年（1511），谱汇编了南宋王厚之[1]《汉晋印章图谱》及王厚之摹古印[2]、元吴叡[3]《吴氏印谱》（含吾丘衍《古印式》印章）及吴氏所摹印、沈津本人收集的古印章。有吴氏印谱序，序中记印章由来及制作，记录汉晋搜访古印态度，并进行以钮绶形制及品列进行一一划分，辅以下文注印属之职官，在序中亦能看到传统文人立场下对印章制度、文字的重视，沈津《印章图谱》的成谱动机和印谱形式是元明之际吾丘衍、赵孟頫的思想过程影响下的产物，他对汉印的推崇及立场与吴孟思、陆辅之、朱珪等集辑古印谱的思想一致，沈津自己对印宗汉魏加以提倡及推

图1 《欣赏编》目录

广。《印章图谱》中一部分印章来自于王厚之《汉晋印章图谱》，在沈津《印章图谱》中记《汉晋印章图谱》并署"临川王厚之顺伯考"。王厚之印谱所著录的古印，只有少部分为其自己所藏，大多数是从同时代人的藏品或集古印谱中摹出，皆于印下标明出处。据文献考，其中标有古印谱有两种：《邓挺器先印册》和《荣次心古印册》，而标明收藏者姓名的有吕寿卿、沈虞卿、袁起岩、孟信安、杨伯虎、元延之、张敬夫、朱至等20人，王厚之言"古印皆古印册内选出"，这些人无疑都是古印收藏者及各种集古印谱的集辑者。《汉晋印章图谱》所录汉晋中包括"钮制""钮式""官印篆式""古人私印式""一印六面汉印""汉官仪"六个分目。按其钮式制作分列八类：黄金橐驼钮、金印龟钮、铜印驼钮、涂金龟钮、铜印龟钮、涂银龟钮、铜印环钮、铜印鼻钮，共计70方，在图录中绘以不同的钮式图，每印下均加以注释，涵盖印章的释文、官职、印材、印式、收藏者，部分印章加以考释文字，其中"南亭侯印"及"阳平亭侯"无任何注释。分别辑录如下：

乐安王章	中山王宝·玉印	关内侯印·白玉	关内侯印·玉印	四代相氏	京兆君开国公章	都亭侯印	杜亭侯印	都乡侯印	都乡侯印
南亭侯印	阳平亭侯	巨野侯章	武平侯印	归赵侯印	关内侯印	关中侯印	义城太守章	宜阳太守章	义兴太守章
陇东太守章	就都亭宰印	弋阳郡丞之印	西平郡长史印	司徒左长史印	奉车都尉	金城令印	樊令之印	下相令印	泉陵令印
安丰令印	高安令印	安宁令印	求昌长印	新昌长印	新丰长印	新宁长印	故障长印	防东长印	浦阳长印

---

[1] 王厚之（1131—1204），字顺伯，号复斋（《宋元学案》卷五八），江西临川人。南宋著名金石学家、语文学家、理学家和藏书家。著有《复斋金录录》《复斋印谱》《钟鼎款识》《考异》《考古印章》《汉晋印章图谱》等。

[2] 明·沈津著，明·茅一相编：《欣赏编》，明万历年间刊本，第21—23页。

[3] 吴叡，字孟思，号雪涛散人、青云生、养素处士，生于杭州。是吾丘衍的弟子，擅长书法，尤其精通篆、隶。在篆书、隶书、印章方面都接受了吾丘衍的思想，并在这个基础之上有所发展。

（续表）

横海侯丞	立义行事	津梧长印	玄平长印	彭城医长	多睦子家丞	□栩丞印	云阳右尉	吴尉之印	汉夷邑长
晋率善胡邑长	魏率善羌邑长	魏率善胡阡长	征虏将军章	奋武将军章	偏将军印章	骑都之印	骑部曲督	军假司马	军司马印
前将军军司马	右将别部司马	部曲将印	驸马都尉	殿中都尉	骑部曲将	别部司马	假司马印	军假侯印	部曲都印

除以上辑录相关官印之外，在印章图录中还有"古人私印式"，皆为王厚之所摹，其文：

诸侯王黄金印驼钮，文曰"玺"；列侯黄金印龟钮，文曰"章"；御史大夫金印紫绶，文曰"章"；中二千石银印龟钮，文曰"章"；千石至四百石皆铜印，文曰"印"。以上王顺伯所摹。[1]

每方印并附有释文及形制，其中还有一枚六面汉印。这些印章并非都是汉晋印章，唐·李泌的端居室印、唐·化光印等夹在其中，相关印章辑录："张幼君"（白文）"吕化光"（朱文）"端居室"（白文）"敬琰私印"（白文）"任千秋印"（白文）"马超之印"（白文）"幼安私印"（朱文）"千万"（白文）、一枚六面汉印（皆白文）。除此之外，还有吴孟思所摹几十余方印，其编制体例与王厚之所摹体例相仿，均以图文印配其注释，有些印章辅以考释和校注，其中"任千秋印"属于回文印，通过沈氏所集印谱中古印可知，印谱中所摹印以汉印白文印及少量的朱文私印，从这些印章看有一部分印文的形体结构保存了大量可靠的篆形，[2]如"关内侯印""都亭侯印""关中候印""殿中都尉"等；有些印章的印文形体是小篆的异体，如"安丰令印"中"安"字处理；还有一部分印章的印文形体受隶书冲击比较大，如"关、守、章、徒"等字；也有一些是因面的或局部空间的需要填满印面，导致字的扭曲变形。今存沈氏《印章图谱》，原刊本是明正德六年（1511），当时印谱发展环境相对"封闭"，世家大族及文献故家虽藏有古印谱，但一般文人难以寓目。这些印谱虽然一定程度上为古印的收集及流通提供了可行资料，但是印谱的刊制数量并不多。从沈氏的辑古印章图谱看，沈津继承了王厚之及吴孟思文脉，亦是救元末明初印谱发展之断绝。他在图录中一方面专注于前人收集古印的整理，立场师法古人，出于对博雅好古的天性及态度，对于印注释皆一一明确，以俟博识；另一方面沈氏自己好古博学，收集古印，对于尚古前贤之推崇。由此可见，《印章图谱》印之来源主要分三个部分：第一部分末尾注明"已上王顺伯所摹"，第二部分末尾注明"已上吴孟思所摹"，第三部分未注明，是为沈津自己所藏。

[1] 明·沈津著，明·茅一相编：《欣赏编》，明万历年间刊本，第21—23页。原跋："按：印章之来尚矣，制式之等钮绶之别，虽各有异，所以传令示信也。是编，自汉至晋凡诸印章搜访殆尽，一一摹拓，类聚品列，沿革始末，标注其下，不惟千百年之遗文，旧典古雅，朴厚之意粲然在目，而当时设官分职，废置之由，亦从可考焉，吴氏孟思素以篆隶名，而是编皆由其手录，尤可宝也。能君仲章得之，以示余。故书此而归之，至正二十五年五月甲子豫章揭法识。"

[2] 赵平安著：《秦西汉印章研究》，上海古籍出版社2012年版，第92页。按：秦西汉印文附着在特定的载体上，一旦生成便一成不变，因此最能反映当时的实际，其中保留的大量篆文，有的可以与《说文》互证，是相对比较可靠的篆形，沈津对相关印章仅仅是集辑，并没有就文字的形体进行考证或分析。

（二）《印章图谱》跋赞与审美接受

集古印谱中序跋题述在宋代时有相关记载，如宋·张耒《杨克一图书序》[1]；元代时印谱序跋题述发展较为普遍，赵孟𫖯《印史序》[2]、吾丘衍《学古编·三十五举·三十二举》[3]、镏绩《柯九思取秦汉印帖褙成帙》[4]、王沂《集古印谱记》[5]《书砚北生传后》[6]、杨维桢《太史印谱续》[7]、周伯琦《印谱题辞》[8]、俞希鲁《杨氏集古印谱序》[9]、唐之淳《题杨氏手摹集古印谱后》[10]、卢熊《印文集考序》[11]、张绅《印文集考跋》[12]等，集古印谱发展到明初时较为平稳，明初集古印谱序跋中文人雅鉴现象更为明显，所涉及的文人雅玩圈及交游广泛，形成比较明显的区域文人圈的特征，以明初沈津《印章图谱》而产生的序跋为例，往往可看到当时文人的印章观念，是文人研究印章的标志，更是当时文人士大夫借以抒发怀古幽情及审美接受的重要契机。明代初年，统治者加强中央集权，摒除元代之习，提倡程朱理学，诗文创作趋于文笔工整、辞章藻丽，内容多为歌功颂德，书画创作方面走向宫廷，回归宋制，明代篆刻艺术的高峰是中后期，随着文彭为代表的文人篆刻家崛起及流派印学的形成，标志着明代篆刻艺术繁荣时代的到来，加之石质材料的广泛使用，极大地方便了文人亲自操刀篆刻。从篆刻及印学研究的角度看，学者们普遍对于明代中后期的篆刻艺术较为关注，往往忽略明初的篆刻或印谱的发展情况，明初的一百年是明代后期篆刻繁荣的前奏和缓进的铺垫。印谱的出现与发展是文人关注印章的结果，这种关注有历史研究层面的因素，也有艺术鉴赏层面的因素。沈津的《印章图谱》一方面体现了古代印章的实用价值，另一方面也体现了篆刻艺术欣赏的文人接受。沈津《印章图谱》是在宋代王厚之《复斋印谱》的基础上，经过元代吴孟思和明代沈润卿的增补而成，基本保存了王厚之《复斋印谱》的本貌，编排体例与吾丘衍《学古编》相似，与元代博雅好古的立场相吻合，但随着明代文人雅士关注印章并参与创作，促进了印章由实用性向艺术性的转变，沈津《图谱》中有跋："右计……一可见古人官印制度之式……识者自有精鉴。"[1]通过此跋可知，文人制作印谱的范本已经逐步关注印谱集古印，印谱的艺术功用亦被凸显出来，所谓"精鉴"[14]，即明于鉴别，多指高明的识别力。"精鉴"是带有自身

[1]　宋·张耒著：《柯山集·卷四十》，据文渊阁四库全书本。

[2]　元·赵孟𫖯著：《松雪斋集·卷六》，据涵芬楼影印元沈伯玉刊本。

[3]　元·吾丘衍著：《学古编》，据明·陈继儒保颜堂秘籍本。

[4]　元·镏绩著：《霏雪录卷上》，据文渊阁四库全书本。

[5]　元·王沂著：《伊滨集·卷十九》，据文渊阁四库全书本。

[6]　元·王沂著：《伊滨集·卷二十二》，据文渊阁四库全书本。

[7]　元·李修生著：《全元文》卷一三〇二杨维桢（二〇），据凤凰出版社2004年版。

[8]　明·顾从德著：《印薮》，据万历三年（1575）顾氏芸阁刻本。

[9]　明·顾从德著：《印薮》，据万历三年（1575）顾氏芸阁刻本。

[10]　明·顾从德著：《印薮》，据万历三年（1575）顾氏芸阁刻本。

[11]　元·朱珪著：《朱珪名迹录·卷六》，据文渊阁四库全书本。

[12]　元·朱珪著：《朱珪名迹录·卷六》，据文渊阁四库全书本。

[1]　明·沈津著，明·茅一相编：《欣赏编》，明万历年间刊本，第25页。

[14]　注：古人多以"精鉴"来形容鉴别欣赏力。如唐·韩愈《与凤翔邢尚书书》："欲求士之贤愚，在于精鉴博采之而已。"明末藏家王时敏《烟客题跋》有《题自画关使君袁环中》中对袁枢赞赏道："环翁使君，既工盘礴，又富收藏。李营丘为士大夫之宗，米南宫乃精鉴之祖，（袁可立子袁枢）故使荆、关、董、巨真名迹归其家。"

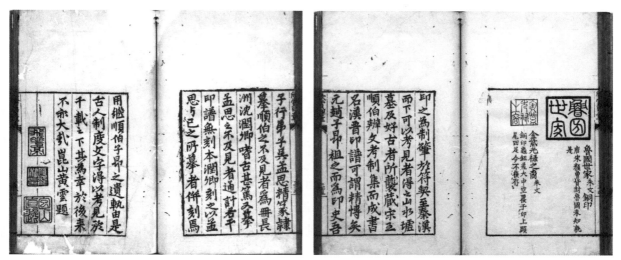

图2　黄云题跋《欣赏编·印石图谱》

的欣赏力和感染力，是从艺术欣赏的角度被开发，使印谱的艺术性价值及印章的赏鉴成为研究对象，从而被赋予了新的内涵。

沈氏《印章图谱》是《欣赏编》中一卷。从划分的功能看，沈津是从文人雅玩清供之类进行分类的，一方面体现了沈津所生活的苏州一带文人雅玩的文化范围，不仅仅是辑古类的书斋文房文化，已经拓展到室外的游历；另一方面从《欣赏编》之篇名，便可知沈氏是从审美及鉴赏的艺术接受美视角出发，他将文人把玩的琴棋书画等书斋文化与印作共同审美对待，说明了印章已经具备了文人雅鉴基本条件。沈津对于篆刻艺术美的接受，还体现在以沈周、祝允明、唐寅、黄云等为主的文人圈以欣赏的视角对古图谱的题跋及赞赏，如黄云跋《印章图谱》（如图2）：

印之为制……及好古者所袭藏。宋王顺伯辨文考制，集而成书，名《汉晋印谱》，可谓精博矣……昆山黄云题。[1]

黄云善鉴赏，是明代苏州著名的鉴赏家之一，黄云从传统文人的立场阐述了印章的制度及文字的重要，并提及王厚之辨文考制。沿赵孟頫、吾丘衍及吴孟思之脉，从黄云的题跋看，并非仅仅从研究及考证的角度看古印谱，而是从雅玩及欣赏的角度进行把玩。沈周《文房职方图》也是从文房之美的欣赏角度题跋：

于是乎，法其为益，世道之功不归之润乡乎，岂徒为文房之美观而已。

在《茶具图谱》中，朱存理从雅玩的角度对茶具题赞，更是自记谓消除岁月，唯品砚、借书、鉴画三事而已，足可见其修心逸气、平和自然之心态。其跋云：

<hr />

[1]　明·沈津著，明·茅一相编：《欣赏编》，明万历年间刊本，第27页。

饮之用必先茶……以终身此闲富贵也。[1]

最后一句"终身此闲富贵"，一个"闲"字可看到内心之心境与欣赏把玩之心态。此外，唐寅题跋并赞《谱双图》，后以自用印钤。自用印钤便是文人欣赏把玩的标志，即在题跋的文人士大夫心中的欣赏观。沈津又以印与棋、砚、茶、几、琴等相并集辑，还以"欣赏"命名，可以明确沈津的雅鉴意图及把玩视角。印章的美与其他书斋文化是共通的，这是一种对于印章艺术美的接受，所以由沈津《印章图谱》编谱由来看，已把印章上升为一种自觉地艺术阶段。至明代中期沈周以后，吴门书画家人才辈出，创作活跃而盛极一时，又以文徵明、文彭为核心，有祝允明、唐寅、沈周、王宠等众多书画家，他们与沈津也多有交集，彼此相互交流，切磋文艺，由书画旁涉篆刻。我们通过这些《欣赏编》跋赞能看到他们的品鉴审美，他们往往用自刻印章或请人代刻自家得意诗语，以抒发豪情而风流偶傥，常以篆刻作为抒发怡情寄兴的一种手段。虽然明代篆刻艺术的辉煌主要是在中后期，但是明初近百年间是这种繁荣的前奏及缓进的铺垫，在此篆刻艺术发展情景下，沈津《印章图谱》发挥了承上启下的关键作用。

（三）沈津《印章图谱》成谱动机与文人观

沈津《欣赏编·印章图谱》的成谱动机大概有四个方面：辑古尚古、文人雅鉴、收藏题款、理论研究。据文献考，古玺印见于后人载籍，大约始于宋代，伴随着宋代金石学的兴起，像欧阳修、吕大临、王俅、薛尚功、赵明诚、洪适等金石学家各有金石著作，这些著作中有古代玺印之相关记载。印谱的出现，是文人关注印章的结果，《辞海》释印谱为"辑集玺印篆刻的书籍通称"。宋代的辑古印谱较为常见，如杨克一《图书谱》、王厚之《复斋谱》、颜叔夏《古印谱》两卷、姜夔《集古印谱》一卷。[2]此辑古印谱虽集众多前印，但属文人收藏辑集，如王厚之印谱所入古印，除了其自藏之外，还有很多是从同时代人的藏品或辑古印谱中摹出，皆于印下标明出处。这种标注印下释文、印材、印式及收藏者的体例在《印章图谱》中亦见，可见沈津对于这种尚古标注范式的接受。另外，这些收藏者往往也精于鉴审。这种尊古尚古的复古体例从宋延续至元影响至明初。元人主张复古主义，这从子昂《印史序》、吾丘衍《学古编》等相关集辑能看到。在印的复古上面吾丘衍用功最勤，从篆书到篆刻都力倡古法归秦汉，即印宗秦汉。这种思想影响到元末及明初的诸多文人书法篆刻家，一定程度上提供了科学的范式，开创了文人士大夫从学术的角度参与篆刻创作和研究的风气，具有划时代意义。在赵与吾的复古印学的主张与影响下，辑古印谱成一度成为文人士大夫追踪秦汉的依傍，除了赵、吾之外，还有吴孟思《汉晋印章图谱》、杨遵辑集《杨氏集古印谱》、陆友仁《陆氏集古印谱》[3]。元代大量的辑古印谱的现象直接影响了明代中前期集古印谱的发展，随着元末陶九成、朱石君等进入明代，集古印谱这一发展脉络不仅没有断，而且在一定程度上得到了成长。明代前中期的印谱，据文献记载有陶九成《集古印式》、沈润卿《欣赏编图谱》、郎仁宝《古图书·印谱》、郑宗晦《汉印式》、唐愚士《杨氏古印谱》及柴季通摹刻《印石刻小

---

[1] 明·沈津著，明·茅一相编：《欣赏编》，明万历年间刊本，第7页。

[2] 祝竹著：《中国篆刻史》，上海人民出版社2006年版，第156页。

[3] 祝竹著：《中国篆刻史》，上海人民出版社2006年版，第162页。

册》等。其中陶九成《集古印式》今已不传，其他诸种或流传有序跋，或存有明刻本。这些辑古印谱在一定程度上继承了宋元辑古印谱的尚古情结，[1]另一方面也推动了明代中后期《顾氏集古印谱》这种大宗辑集古印谱的出现。

沈津《印章图谱》很好地继承了宋元辑古印谱的范式及"尚古"情结。除此之外，沈氏印谱的成谱也离不开明初文人雅集鉴赏及文人圈收藏题款的文人关照。印章由实用发展为艺术，其衍生转化的过程是漫长的。明代中前期，对印章由实用发展为艺术的进程产生决定性影响的因素，一是文人参与印章的制作，二是印章在书画文献上的题识应用，文人印谱与文人印论的出现是篆刻艺术觉醒的标志。[2]如沈津《欣赏编》上黄云、唐寅、沈周、徐中行的跋文后分别钤印"飞花亭、应龙私印、唐伯虎、唐寅私印、启南、石田、天目山人、青罗馆"，从钤印的内容及风格看，属于文人雅士姓名款识印及鉴藏标记的印，印章的形式有选择性地用朱文与白文兼用。唐寅及沈周所钤印均为朱白相间，以保证组合的美观。"飞花亭、石田、青罗馆"便是典型的斋馆印记，这种鉴藏印在明初时已经形成，文人也开始明确的审美意识注入了印章的制作和使用。最初的书画鉴藏印，虽然只是书画作品上一种还不算太重要的附属品，但是当沈周及唐寅开始有选择性地以朱白印相间，体现阴阳虚实之美。这种有意识的审美追求，无疑已经超越了单纯以印作印记的功用，是实用转向艺术的催化剂。虽然现在很难辨别黄云、唐寅及沈周所用印是否是自刻印，但是这种鉴赏清雅的文人圈把篆刻艺术逐步推向繁荣。

篇名	续欣赏编·序——徐中行撰钤印	欣赏编·谱双——唐寅题跋钤印	欣赏编·印章图谱——黄云题跋钤印
印 （朱白相间）			

二、郎瑛《古图书印谱》

明代前期的辑古印谱除了沈津《印章图谱》之外，还有郎瑛《古图书印谱》有较高史料价值，值得深入关注。郎瑛（1487—1566），字仁宝，号藻泉、草桥，浙江仁和（今杭州）人。好收藏，博综艺文，探讨经史，为明代学者。家藏文章经史、杂言、士人手迹、古印等，闲于斋中诵览，得其要旨，取其精华及善考谬误，著有《七修类稿》55卷、《萃忠录》2卷、《青史衮钺》60卷。郎瑛《古图书印谱》属《七修类稿》卷42·事物类，书"明仁和郎瑛仁宝著述"，后共著录60余方印章，计：

殁裪丞印、骑督之印、部曲将印、军假司马、假司马印、营邱太守丞印、晋率善羌佰长、

---

[1] 注：由于元代赵孟頫、吾丘衍的影响，与他们同时代的文人所用印章及明初印章，基本上都是以仿制汉白文印和元朱文这两种格局。

[2] 黄惇著：《中国古代印论史》，上海书画出版社 2019 年版，第 56 页。

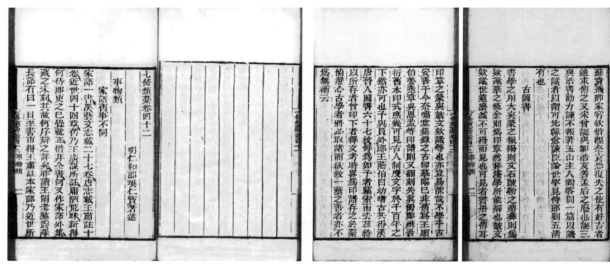

图3　郎瑛《七修类稿·卷四十二》　　　　　　　　图4　郎瑛《古图书印谱》序文

别部司马、太子率更令印、司马昌、徐、长、□□长利、臣午、王疾巳（臣疾巳）、公孙私印、王始昌、董平圣、韩辅白记、林循印、淳于德、公何中印、卫妹、徐望、公孙贾、秦循之印、□胜、吴□私印、王仆之印、吾邱寿王、周到、□□□□、军司马印、王庆之印、夏侯登印、徐□之印、艮当、邢阅之印、孔□之印、逢广、马□□印（马弘印史）、□阅之印、周贤私印、公孙贤印、贾常之印、赵高私印、路章之印、辟邪、敏、崔氏子达、潘杨私印、成□谚印、凉俭印信、孟赏、吉思忠为、和甫。[1]

郎瑛以上诸此印逐一考证并注释，考证中涉及印谱有王厚之《汉晋集古印谱》、吾丘衍《汉官仪》《学古编》，郎瑛综合运用相互参照的印章考证法及以印章锈色、包浆、气息来鉴定的传统方法，对于古印章的鉴藏考证有重要的参照价值。

（一）《古图书印谱》中印文综合释证法

《古图书印谱》中印文综合释证主要有两种。其一：借助前人集古印谱，综合运用传世文献，结合印文的形、音、义在不同历史时期及语境下进行综合释证；其二：综合印文的书写，以篆文或隶文的构形、演变及风格来释证。细观郎瑛所录古印，较之前人的辑古印谱在印的选择、文字考订、编排体例等有较大进步，印章的选择方面私印比例较大占43方，官印11方，其中同文印3方，回文印"部曲将印、军假司马"，风格多样有四字及六字的官印、四字及二字的私印、鸟兽形图像印等，还有朱白相间的私印数方，内容丰富均体现郎瑛的审美鉴赏观；印谱体例编排更加科学及规范，遵从官印著录及私印著录的先后次第顺序，并以同文印相归并（"王始昌""臣始昌"），同形人名印归并（"吴□私印""王仆之印"），方形、扁方及圆形相间使整体节奏明显，打破了原来印谱中印章单调的排布。此印谱开风气之先河在印的考证方面，其方法是综合运用文字、史书、汉字构形等考释，以篆书、隶书、古文等字体演变及书写特征作参照，以《汉书》《后汉书》《三

---

[1]　明·郎瑛著：《七修类稿》（卷四十二·事物类），明嘉靖间刻本，第16—31页。

国志》考其相关印文姓氏、名目及官职。在郎瑛的《古图书印谱》中有文：

> 书学之用大矣……非旧写王顺伯、姜尧章、吴孟思等印谱，则又翻刻失真，独郑□吾衍旧本印式……而欲致一艺之善者，亦不为无补云。[1]

此文可为《古图书印谱》之序，在序中谈到石鼓、鼎彝款识、印章，并为其久远不可见，自是其文高古，强调以古为徒，王顺伯及吴孟思等印谱翻刻失真而遂以古印临摹成谱，文中见考释之态度，考古人制度及文字于印下。

对于郎瑛的印文综合互释，运用形、音、义转换考其用是较为科学及常用的一种方法，如"吾丘寿王"[2]（按，郎瑛释）一印，按其音义或以█字为"亞"或"中"，古文"玉"，鱼欲切，玉也象贯结之形，█象闻切，以峰峦积石之形，今玉字正同而山字有省形，并结合《汉书·地理志》中山国相关记载，考此印文可能为中山寿王或玉山寿王，后依据古篆字形█为"渊"字，但依据史书记载并无渊山寿王之理，《博雅》曰："█"不作"山"字，█中有█、█之形，█是█之变，吾丘寿王更为合理，也符合史书记载。郎瑛以形、音、义综合释证，并结合相关史书文献中的用法，对印文进行相对科学而严谨的释读推定。"营邱太守丞印"[3]（按，郎瑛释），杜佑《通典》有秦灭诸侯以某地郡置守丞尉各一人，守治民丞佐之尉典兵，汉时更郡为太守，后王莽更太守为大尹。关于"营"字，隋以上者营字不从█，通过资料梳理可知，汉晋的印文多借用█、█字难识读，有为营邱者，按《汉书·艺文志》营陵注或曰：营邱。然字书邱为█，惟兵字从█，汉人忌邱字，有相背之形故借用兵字，去其脚为邱也。这也是通过形、音、义结合传世文献相互释证。

古人造字是依托语境及字字的相互关系，非闭门创造单字的孤立，随着时间的推移，每个字的音、义、形都有它特定的发展，这种发展与进步是动态的，是随着不同的语境及不同的使用情况而发生变化的，郎瑛在考释印文时善用字字的关联关系，除了考察字源的特定含义，还在了解印中涉及的相关制度及地理关系等，这种释证是比较准确的。郎瑛对音、义综合参照，并考察文字字形的构件关系，一方面结合字的本身分析与比较，另一方面考察字的内部关系，形体分析法即从字形入手，假借读破法则注重字音，辞例推勘法则重视字义。通过辨音、明义、察形、通读的辩证过程及比较文字与文字之间的内部联系。对于文字的形音义互释，杨树达有较为翔实的阐述：

> 首求字形之无牾，终期文义之大安，初因字以求义，继复因义而定字。义有不合，则活用其字形，借助于文法，乞灵于声韵，以假读通之[4]。

此串通形、音、义的观点论证，实质上就是综合论证的基础。郎瑛以形音义互释印文，这在集古印谱中属于较早的。郎瑛对于印文释证方面的细致考究，也为明中后期及以后印谱中印文释证研

---

[1] 明·郎瑛著：《七修类稿》（卷四十二·事物类），明嘉靖间刻本，第16—31页。

[2] 明·郎瑛著：《七修类稿》（卷四十二·事物类），明嘉靖间刻本，第25页。

[3] 明·郎瑛著：《七修类稿》（卷四十二·事物类），明嘉靖间刻本，第20页。

[4] 杨树达著：《积微居金文说·自序》，上海古籍出版社2007年版。

究提供了范式，从这一角度看郎瑛《古图书印谱》无疑是有进步意义的。在郎瑛的印文释证中，综合印文的书写，以篆文或隶文的构形及演变来释证也是郎瑛较为常见的释证方法。如"夏侯登印"（按，郎瑛释），关于"夏"字，会意字，据小篆字形，从页，从臼，从夊。页，人头。臼，两手。夊，两足。合起来像人形，此"夏"字脚作学字头，古人篆法如此。郎瑛释"夏"，参照《说文》中以构形解析，并总结前人关于"夏"字篆文处理。"卫姝"，郎瑛考其"卫"字不合法，其书写为▇。甲骨文字形或作 ▇，从行、止、方；甲骨文又或作 ▇，从行、从四止，也是像武士环行街道守卫之意。甲骨文又或作"▇"，从行、从韦声。"韦"上下有"止"，正像包围的样子，于此作为示义的声符，表示音读。此形和另二字构形同意。金文字形从方或从韦声（韦中之口又或变作 ▇），其实皆与甲骨文同体。战国楚系文字从行、韦声，和甲、金文同体；而秦系文字则口下作 ▇，或是"止"之变形，与 ▇ 形近。篆文据秦系文字形体从行、韦声之外，另加"帀"，以表示环绕周遍之意。隶书、楷书字形则又省帀。在六书中，除甲骨文 ▇ 、▇ 及金文 ▇ 之形属于异文会意外，其余字形皆属于形声兼会意。由上可知，郎瑛释证▇卫字，▇并不符合篆法的演变规律，并考姝字不可识读，作标注，亦见郎瑛释证的严谨。

（二）《古图书印谱》中的印章鉴定观

对于印章鉴定，郎瑛颇有见底，从《古图书印谱》印文注看，主要依托印章的锈色、包浆、印钮、形制及整体气息，这种综合运用不同方式相互参照的方法是比较成熟、完整及科学的，这在明初的印章鉴定方面亦是开创性的，也提高了印之外的艺术鉴赏观，在此对于印章鉴定观的讨论不包含文字释读的相关问题。如"禾甫"一印（按，郎瑛释），此印篆法古劲而朱文似近时之，物体质莹然玄色如玉，又非百年可得者，必宋元之物也，这是通过印的锈色及整体气息来鉴定得出相关风格。"军司马印"，郎瑛下文释此印军字头与旧印谱上者不同，彼倒右此倒左也，"马"字中画彼不通此通第三点，及观钮印字文无毫发之损，最后郎瑛通过印的锈色判定"蚀比诸印不同，恐其伪铸，然铜色甚古，非可伪为"。"秦循之印"，龟钮之字作朱文，古人用意亦巧取妍之滥觞也。对于印章之审美，郎瑛多用"厚、古、拙"等美学词汇，[1]如"军假司马"印有释"俱不如此印古拙也"；"部曲司马"印有释"似凿、似铸、似刻，似凿者最古"；"徐坚"印有释"龟钮制，度铜色，绝古，真汉人名印也"。通过上述印的注释得出郎瑛是遵古及尚古，对于"古"的追求不仅仅是在印的流传时代，更多的是印的文字及形制本身。对此，郎瑛与沈津等都有尚古鉴赏观，他们反对滥觞的"妍"。除了浑厚及古拙的美学词汇之外，郎瑛于印的鉴定由特定的评定，尤其喜欢以"可识读、可看、不可玩、不可识、不可看"等直观词汇，这种直观的鉴定词汇便是鉴赏的自觉化体现，在"韩辅白记"印中有"可看也"，在印谱中常以"□"的符号代替不识读字，其中有一方印作"□□□□"，下注有"此印可看不可印"（按此印为笔画细劲的浅白文，故云"不可印"），这种可看不可印的鉴赏词汇听觉略显随意，孰是鉴定成熟及审美自觉化的产物，在"贾常之印"印下注"此印可看"。这种颇有审美观照及鉴赏自觉化的"艺术鉴定法"，虽是了了词汇，

---

[1] 黄惇著：《中国古代印论类编》，荣宝斋 2010 年版，第 1 页。按：论印章审美，从宗法、印与诗文书画一体、摹拟、古意、自然天趣、印如其人、巧拙、雅俗、寄托、性情、兴到、写意、传神、风格、趣味等。笔者梳理郎瑛集古印谱相关印文，其审美鉴定观对"厚、古、拙"尤为推崇，尤其是对"古"的高度追求。

但轻松鉴赏之余的鉴定判断，无疑是郎瑛在大量实践基础上的心得。纵观先前的集古印谱及相关印谱印文释证中，郎瑛是第一次明确地用艺术自觉化眼光来判断印章的次第，继而得出自己的审美判断与接受。

三、结语

通过梳理明初的集古印谱，沈津《印章图谱》及郎瑛《古图书印谱》具有重要学术价值，从印谱史及印学史的发展看有承上启下的关键作用。承上继承了王厚之《汉晋印谱》，吾丘衍《汉官仪》《学古编》，启下影响了隆庆年间《顾氏集古印谱》成形及晚明印谱大发展。学者们对明代中晚期印谱关注较多，往往忽视明代初期，这一时期可视为晚明印谱大发展的前期重要阶段。因为印谱作为印章图像的载体及艺术化不断地提升，特别是印谱完全转向艺术化的历程是与文人篆刻艺术的发展历程密切相关的。换言之，没有赵、吾及元代诸多士大夫于集辑古印谱汉晋艺术审美，没有文衡山父子及吴门诸多文人篆刻家在明代中期复兴篆刻艺术，没有明初这些文人士大夫雅鉴圈倾注集古印谱的前奏，那么晚明则不可能出现印谱的大爆发，也不可能出现篆刻艺术的鼎盛。通过沈津《印章图谱》成谱动机便能看到当时文人雅赏的艺术观及文人雅集圈注入印章赏鉴，郎瑛《古图书印谱》除了从艺术接受的角度看，还有比较成熟的印章文字的综合互释法及特定的鉴定法，这些都对印学及印谱的发展有重要的贡献，都是需要重点关注的。

（作者任教于河北大学艺术学院）

浅析明末清初自刻印谱对日本印坛的影响与意义

——以日本早稻田大学图书馆所藏《酣古集印谱》三个版本为例

耿　鑫

内容提要：自北宋杨克一《集古印格》发轫，印谱作为独特的工具书籍逐渐进入文人的生活交游圈，直至明代隆庆年间顾从德《集古印谱》的横空出世，印谱发展真正蔚为大观，对启发文人将印章钤盖入谱的思路，实有筚路蓝缕之功。本文以日本早稻田大学图书馆所藏三个不同版本的《酣古集印谱》为例，郤视明末清初自刻印谱对日本印坛的影响与意义，力图完善当代学人对日本篆刻艺术的发展认识，对深入了解自刻印谱的创作生态与文人交流具有深层的意义，亦可为研究文人篆刻艺术、印谱传播等领域提供新的发展思路。

关键词：《酣古集印谱》　日本　篆刻　自刻印谱　早稻田大学

明隆庆六年（1572），上海顾从德以上好朱砂、采用原印钤盖地方法辑成《顾氏集古印谱》，此印谱突破先前枣梨翻刻程式，一改以往印谱"皆摹拓重翻，未免失真多矣。唯兹印章，用墨、用朱，用善楮，印而谱之，庶后之人，尚得亲见古人典型，神迹所寄，心画所传，无殊耳提面命也已"[1]的旧习，荡涤先前翻刻的形神具失，而能直睹上古优秀传统的真面，是有划时代历史意义的里程碑。正是《集古印谱》的问世，使得如饥似渴乞求篆刻的文人队伍可以亲身参与。除《集古印谱》这类集摹印人、汇各家各派印人印为谱的工具书之外，还有自刻印谱另辟蹊径，而《酣古集印谱》即是此类型的代表。自明崇祯九年（1636）问世以来，《酣古集印谱》并未得到明清文化精英的关注，无论是参与该书制作的文人，还是文人篆刻家、印学史作者，都很少提及该书。但仔细研究该印谱就会发现，它区别于前人的高屋建瓴的举措，对上弘扬上古优秀传统，对下承明清流派印章产生了强烈且深远的典范意义，摧枯拉朽地启动了明清流派自刻印谱的迅猛崛起。

一、早稻田大学图书馆所藏三种《酣古集印谱》相关人物考订

五代刘昫在《韦述传》曾记："唐代韦述（？—757）有始于骨董鉴赏、考古而著录的集古印谱《玺谱》。"[2]这是现存文献中关于印谱最早的记录。明末清初作为中日交流史上的又一高峰期，因江浙沪闽地区通商口岸的相继开放，以及印刷技术的日臻完善，大量的书籍被印制出版，再

---

[1] 韩天衡：《九百年印谱史漫说》，《中华书画家》2016年第9期，第98—107页。

[2] 刘昫著：《旧唐书》卷一百，中华书局1975年版，第3184页。

加上南京、宁波、福州等通商口岸海上贸易的兴盛，卷帙浩繁的中国古书典籍得以输入日本，这其中就包括此时期在文人圈逐渐流行的原钤印谱，为当时日本印坛的发展提供了诸多参考资料。

在韩天衡先生《中国印学年表》中记："崇祯九年（1636），苏晓（东白）、黄宸辑自刻印成《酣古集》四册。"[1]《酣古堂印谱》是用上等朱砂印泥，钤盖于特制蓝色云龙纹边框笺纸之上，每页印章2至6方不等，共收508方印，钤印精美。书首方朔、汪其度序及每印释文均一一抄录。原印500余方曾于明末流入台湾，后被日本篆刻界全数持归己有，现部分原印石存日本。囿于笔者视域，仅在第五届"孤山印证"西泠印社国际印学峰会，周新月《万历印学地舆——晚明印人分布与篆刻艺术的传播》一文中见到有简单记述苏晓的生平，其字号东白，籍贯安徽休宁，日本《古印屏风》卷首曾记述琴石西道仙从古寺获得，出自明代隐居长崎的华人苏晓、黄镇二士之手古印30余颗，有大小印之分。是书1879年由清朝驻长崎首任领事余瓗撰写序文，长崎大海商世家、篆刻家小增根乾堂题字，内收约19种印文，后琴石西道仙儿子摹刻大印装裱为屏风供博览会欣赏，印行大印为此卷，现仅日本国会图书馆及早稻田文库等有藏，此证亦对苏晓的生平有所补全。而另一作者黄宸的资料较苏晓显然更丰富。黄宸，字景州，自称长啸生，江苏吴江人。善画山水及花鸟。传世有现藏于故宫博物院，万历十六年（1588）所作的《曲水流觞图卷》。款识为："万历戊子暮春之初，长啸生黄宸写。"钤印"长啸"（朱文）、"黄宸梦龙"（白文）（图1）。传世另有2020年中国嘉德春拍《牛首山图及诸家题咏》，上钤："黄宸"（朱文）、"梦龙"（朱文）二印。结合"长啸""黄宸梦龙""黄宸""梦龙"四方印与《酣古集印谱》中钤盖印章的对比，《酣古集》由自刻印辑成当不虚。早稻田大学所藏《酣古集印谱》侧面也为此印谱的传播起到了推动作用，不至于将其在篆刻发展与传播进程中的功劳抹去，这是值得庆幸的。

《酣古集印谱》原钤本极为少见，故笔者尝试对日本早稻田大学图书馆现藏此印谱的三个版本中的相关人物进行考订，借此探究《酣古集印谱》的影响与意义。

（一）获野三七彦旧藏本《酣古集印谱》

获野三七彦（1904—1992）旧藏《酣古集印谱》卷一到卷四（图2），线装，尺寸19厘米。馆藏号：彳0403153D014。成濑米（1839—1895）校订，并在明治十一年（1878）于长崎县的永昌堂刊印发行。此版本题首：酣

图1 "长啸"
"黄宸梦龙"

图2 获野三七彦旧藏
《酣古集印谱》
卷一封面

图3 获野三七彦旧藏
《酣古集印谱》
卷一题首

---

[1] 韩天衡著：《中国印学年表》，上海书画出版社2012年版，第15页。

古集印谱（图3），并在卷一题首明确标记海阳苏晓篆，长崎永昌堂藏，并钤盖"永见之印"。由池原日南写序、四会林云逵题辞、武原汪其度写序并由顺德高卉如题画。

获野三七彦著有《姓氏·家纹·花押》《日本古文书学と中世文化史》《印章》（图4）等，是日本现当代重要的篆刻理论家。

日本的《国史大辞典》（1979年）曾载获野三七彦对"丝印"的独特看法："因为是与丝有关系的印章，所以才有了这个名称。十五世纪，我国从明代中国进口生丝以织成织物时，每一斤生丝附有一个印章，在到货的时候，检查过斤量，在收据上用这个印章捺印后再交给对方，作为交易的凭证。在这一过程中，印章不交还给原有者，而

图4　获野三七彦著《印章》

是由收货人收留，因此过后集中在一起，数量众多，也不再有什么用处。这样的明印是铸铜印，就印形而言都有钮，钮形则包括狮、虎、龙、猿、犬等不乏想象成分的动物，此外也有人物；印面有圆形、方形等各种形状，总之是富有雅趣的物品，被喜爱者赏玩，15世纪后也被用于捺印。"[1]获野三七彦在《国史大辞典》中概括性地介绍了与15世纪中日贸易相关的"丝印"的概念。同时他也说："虽然可以考虑丰臣秀吉的印章中其平生所用的正圆印就是这种丝印，但是由于印文无法释读，还没有足够的证据来改变通行的说法。这一枚秀吉的印的钮形究竟是什么样子，是一个遗留的课题，但由于只有印文保存了下来，印章早已佚失，因此现在也无法弄清这一点了。"[2]可以看出，获野三七彦已预感到了"丝印"研究的困难以及今后印学研究的难题。

卷一所载内容为我们提供了诸多信息。首先，"海阳"在明代隶属于山东布政使司登州府宁海州、莱阳县，这条信息补全了作者苏晓生平为官的些许资料。其次，第一序作者池原日南（？—1884），号香稚，日本长崎人，诗人、画家。师承日高铁翁。长于南宗画，尤善水墨山水。通中、日文学，曾供职于宫内省。1870年，池原日南在《美术史研究集刊》第二十七期题言以表达木下逸云所出版的《木下逸云遗墨》与《展观录》的感激之情。木下逸云（1800—1866），日本江户时代长崎的南画家。名相宰，号逸云、螺山人、物物子。斋号养竹山房、荷香深处。与铁翁祖门、三浦梧门一起并称为"长崎三家"。

然后，四会林云逵（1828—1911），广东人，旅日书法家，江户幕末时期由广东至长崎经商。与徐雨亭、王克三等人共同于日本交流书学。与日本书法家中林梧竹、山田镜古、汉学家阪谷朗庐等往来密切。为中日书道交流作出深远影响。林云逵是当时中日贸易中重要的徽商，在同治三年（日本元治元年，1864）的长崎《重修悟真寺碑序》中：

协德号裕泰号□南帮程稼堂丰兴号益昌号沈荣春程缦云福泰号泰记号（裕诚）号泰昌号长

---

[1]　（日）获野三七彦：《丝印》，国史大辞典编集委员会，《国史大辞典》，第一卷，吉川弘文馆1979年版，见于（日·久米雅雄：《日本丝印考》，《西泠艺丛》2016年第二期，总第二十六期，第128页。

[2]　（日）久米雅雄：《日本丝印考》，《西泠艺丛》2016年第二期，总第二十六期，第136—138页。

益号裕兴号裕丰号敦和号德记号永兴号广隆号陈维泽杨应祥森大号冯镜如林云遐程四德李南圃黄汝烈振成号……

该碑碑末题作："大清同治三年甲子九月董事程稼堂林坤良李白西（郑）勤（喜）□□□傅从光欧阳达三□登□□□祥。"碑文中，既有商号的输资，又有个人的捐款。从中可以看出，当时太平天国时期兵燹战乱对苏州的破坏，迫使生活在苏州的诸多徽商凭借着先前的商业人脉逃往长崎，这也为《酣古集印谱》在日本传播提供了合理性。

最后，是武原汪其度。笔者翻阅相关典籍，并未找到汪其度的个人史料，却阴差阳错地找到汪氏家族其他的资料。在乾隆五十二年（1787）刻本《汪氏通宗世谱》中，有一篇乾隆三十六年（1771）由朱振东所撰的《八十二代道洋汪公传》，其中就提到一位叫汪道洋（1652—1735），其人祖先曾于明代在清江浦开设永贞商号，及至清代前期："遂乃泛湖，走苏、杭、淮、扬间。适奉旨开洋，公附首舟航海，抵日本国之长崎岛。值彼国有事，原舟发回，隔岁再往，始纳。由是频往频来，渐成熟地。嗣涉大、小琉球及西洋、红毛、暹罗、哈喇叭、大呢诸国，惟日本十常八九，以道近而人地宜也。"此处描摹了汪氏数十余载在海上漂泊的历史，涉及的范围包括东亚、东南亚等地。其中提及汪道洋曾随"开洋"首舟前往长崎，根据文中"自三旬泛海"的记载可以推测，其人应当是在康熙前期前往日本。众所周知，清政府于康熙二十三年（1684）废除"迁界令"，颁布了"展海令"。同年（日本的贞享元年），日本方面也颁布了旨在限制贸易的"贞享令"，规定了每年的贸易限额。为此，当年十一月末至十二月入港的商船只能原船返航。《八十二代道洋汪公传》中所说的"值彼国有事"，指的可能就是这一点。

除了中方的文献之外，日本方面的史料，也反映了不少长崎徽商的活动。譬如，收录在江户时代幕臣宫崎成身所编《视听草》中的《唐土门簿》，就是反映徽商活动的重要资料。而其中的人名，所见最多是汪、程二姓。具体说来，在《唐土门簿》中出现的汪姓商人共有9名，即汪八老爷（文琪）、汪大爷（本川）、汪二老爷（士镗）、汪老爷（永增）、汪老爷（敬）、汪捷大爷、汪十二老爷（文玢）、汪大爷（炯）和汪二老爷（元炜）。汪永增住义慈巷，这里属明清时代苏州最为繁华的商业区。根据日本学者山胁悌二郎、松浦章等人的研究，此人系休宁人，居住于苏州府长

图5　横山有策旧藏《酣古集印谱》卷二到四　序言：积园农夫、晋斋、可庵

洲县。汪永增在经营中日贸易期间，共派出11艘船前往日本长崎，汪其度与汪永增是否同宗同族，还有待后续的研究考证，但结合现有材料来看，汪其度极有可能在此时期以徽商的身份往来中日，并为《酣古集印谱》的传播立下了汗马功劳。

另外，卷一所提及的画家顺德高卉如（字荣安），卷二到四序言撰写者：枳园农夫、晋斋、可庵（图5），笔者均未查到相关资料，恳请诸方家不吝赐教，以补阙佚。

（二）横山有策旧藏本《酣古集印谱》

横山有策旧藏《酣古集印谱》第一至四册（图6），和装，尺寸27厘米。馆藏号：チ10003706，成濑米（1839—1895）参与校订。其实早在文政十一年（1825），《酣古集印谱》即被日本篆刻界广为人知，这才促使了日本学者对其的关注和校订，荻野三七彦旧藏《酣古集印谱》在明治十一年（1878）于长崎县的永昌堂刊印发行，而校订者也是成濑米，可见，两个版本同气连枝，一脉相承。横山有策曾在1929年于新潮社出版译著《沙翁杰作集·世界文学全集》，并在昭和六年（1931）于东京泰文社出版译著《莎士比亚研究》。足见横山有策对西方古典文学的深入研究，以及自身对外语的熟练掌握。

图7　横山有策旧藏《酣古集印谱》目录和题首　　　图8　荻野三七彦旧藏版序言（左）
横山有策旧藏版序言（右）

横山有策旧藏版本题首：酣古集（图7）。卷1标明"海阳东白苏晓篆"，序言亦由武原汪其度撰写，但与荻野三七彦旧藏版本的序言内容虽然相同，所用书体却大相径庭：荻野三七彦旧藏为流利的行书题写，横山有策旧藏为隽秀的小楷题写（图8）。卷二到四标为"关中实紫黄宸篆"，与荻野三七彦旧藏版本的体例契合。

另外，横山有策旧藏版本多了目录，这也是相较于荻野三七彦旧藏版本的进步之处，为研习者的学习提供了诸多便利，反映了当时印谱编撰者的不断推陈出新，以及对印谱精益求精的更高追求。

（三）云英末雄旧藏本《酣古集印谱》

云英末雄旧藏《酣古集印谱》卷一（图9），和装，尺寸纵26.6厘米，横18.2厘米。馆藏号：文库31E0843。此版本只存卷一，亦未存题首，仅见武原汪其度撰写序言，钤盖有"惜阴馆记"鉴藏印（图10），原藏于云英文库。后为早稻田大学图书馆所藏，此本亦有目录。

云英末雄本身就是古籍收藏家，有史可考，他曾收藏加藤谦斋（1669—1724）《药方选》原本，此著作在天保八年（1837）于文渊堂刊布发行。另在2001年小学馆为云英末雄与山下一海，丸山一彦，松尾靖秋共同出版《新编日本古典文学全集72·近世俳句俳文集》，间接证明了云英末雄在日本文坛的地位。

日本国会青山文库旧藏本《博爱堂集古印谱》的编撰就曾以《皇朝古印谱》《公私古印谱》《聆涛阁印谱》等古印谱为参考。如日本学者中田勇次郎所说："现存的这些资料已可证明两国施用印记的对象几乎完全重合。"[1]日本江户时期，大量的"集古印谱"通过商船舶入，使日本以"丝印""竹印"以及元押风格为尚的印坛开始上追秦汉风流，这变相促进了日本开始关注对古印的收辑与编撰。

图9　云英末雄旧藏
《酣古集印谱》卷一封面

古印谱的编撰基本建立在前人的搜集基础之上，明代万历年间，文人篆刻在各类集古印谱刊行的推动下，掀起了一股摹古的热潮，一时间"无不人人斯籀、字字秦汉"。所涉地域之广、人员之多均超过前代，在此热潮中，篆刻艺术得到了普及，创作出卷帙浩繁的优秀作品。在集古印谱的推动和影响下，篆刻家开始把自己的作品汇编成册，以作观赏和传世。周亮工曾在《印人

图10　首开页"惜阴馆记"

传》中说文彭"尚不敢以谱传"，这"不敢"恐主观之言，实应文彭还没有意识到自刻印谱的重要性。而《酣古集印谱》的重新重视与研究，不仅可以完善此期间文人自刻印谱的史料，更可揭示它在中日文化传播中的重要作用。

二、自刻印谱在明末清初印坛的发展与所占比重

明代篆刻家集作品为谱始自何震，周亮工在为其作传时有"主臣谱自镌，久之而诸本互出"。[2]据称此谱约于1595年编成，今尚存《何雪渔印选》残本一册。[3]自何震发轫，开创自刻印成谱之风，印人随即群起效仿，迄明末，短短40余年间，这一类印谱即有30余部相继问世，展现出明代篆刻艺术蓬勃的生命力与空前繁荣的景象。

囿于笔者视域所限，结合相关材料，将明代文人篆刻印谱大致分为四类：与古印合谱、自刻印谱、集摹印人印谱、汇各家各派印人印为谱。为方便阅读，笔者以表格形式，将名称、作者、时间

[1]　（日）中田勇次郎著：《日本の篆刻》，二玄社1965年版，第68页。

[2]　周亮工：《印人传》，《历代印学论文选》，西泠印社出版社2010年版，第157页。

[3]　韩天衡：《九百年印谱史考略》，《天衡印谭》，上海书店1993年版。

等相关资料统计如下：

表1　明代文人四种篆刻印谱类型汇总

印谱分类	作者	谱名	时间
与古印合谱	程远	《古今印则》	1602
	金光先	《金一甫印选》	1612
	汪关	《宝印斋印式》	1614
自刻印谱	何震	《何雪渔印选》	约1595
	胡正言	《胡氏篆草》	1610
	吴忠	《鸿栖馆印选》	1615
	苏宣	《苏氏印略》	1617
	吴迥	《珍善斋印印》	1618
	曹一鲲	《丛珠馆印谱》	万历年间
	何通	《印史》	万历年间
	程大宪	《程氏印谱》	万历年间
	周应麟	《印问》	1621
	邵潜	《皇明印史》	1621
	吴正旸	《印可》	1625
	朱简	《菌阁藏印》	1625
	吴日章	《翰苑印林》	1634
	范孟嘉	《范氏印品》	1636
	苏晓、黄宸	《酣古集印谱》	1636
	洪元长	《洪元长印谱》	年份不详
	黄应闻	《问字编》	年份不详
	程圣卿	《印鉴》	年份不详
	贺千秋	《印衡》	年份不详
	黄正卿	《黄正卿诗印册》	年份不详
集摹印人印谱	张其坚	《三桥印谱》二卷	
	梁袠	《梁千秋印隽》	1610（多为摹刻何震作品，并兼收自作者）
	程基	《何雪渔印证》	1621（收印84方）
	程朴	《忍草堂印选》	1626（收印1000余方）
	全贤	《何雪渔印谱》二卷	
	程名世	《印商》	1634
	朱简	《印品》	1609
	吴可贺	《古今印选》	1610
	余澡	《石鼓斋印鼎》	1628
	丁元孝	《山言海印编》	
	孙宁	《漱芳斋印苞》	崇祯年间

（续表）

印谱分类	作者	谱名	时间
汇各家各派印人印为谱	张灏	《承清馆印谱》	1617
	张灏	《学山堂印谱》六卷本	1631
	张灏	《学山堂印谱》十卷本	1634

综上可见，明末清初的印坛热闹非凡，多达30余部的印谱，不仅丰富了文人篆刻的取法资料，也为印谱的传播提供了范本。而其中自刻印谱所占的比重尤其值得关注和重视，30余部印谱中，自刻印谱多达20部，近三分之二的印谱都是以自刻集成的方式刊行于世的。何震、苏宣、朱简等篆刻家都选择以自刻印谱传世的方法印史留名，而《酣古集印谱》在此阶段的应运而生，除了印坛大环境的推波助澜，更不能忽视其印谱本身篆刻艺术水平的高度。《酣古集印谱》能在日本传承有序的留存下来，必然有它本身涵盖的文化属性与日本江户时期文人思想上的契合，是双向奔赴的美好结果。

三、《酣古集印谱》的传入对日本印坛自刻印谱的影响与意义

日本印章的制作有史可查大约始于8世纪，《日本书纪》中曾记："持统天皇六年（692）九月丙午，神祇官向天皇奏上《神宝书》四卷、钥九个、木印一颗。"[1]直至江户时期资料可见达到近百余种。[2]再次证明了江户时期是日本印学发展的高峰期，这也正是源于"一衣带水"的明清篆刻艺术的高度发展，以及文人对编撰印谱的热忱。

日本元禄十年（1697），明代徐官的《古今印史》已在京都刊行流传，而吾丘衍、甘旸、沈野等人的印学著述也被大量刊行。这些传入日本的元明清印学资料，对江户时期日本篆刻界影响巨大。日本江户时代（1603—1868）至今保存有大量从中国进口书籍等商品的记录，考虑到文化传播传入的时差和滞后性，在《分类舶载书目》记录的进口图书的名目上探析，此阶段日本从中国引进的印学书籍与集古印谱已蔚为大观。日本学者大庭修撰写的《江户时代における唐船持渡书の研究》《江户时期中国典籍流播日本之研究》等文章重点考察了江户时期中日书籍往来的情况，里面就翔实地记录了诸多通过贸易往来等途径传入日本的印谱。这些材料是支撑中日印学传播的重要研究实证，便于理解江户时期中国篆刻印谱在日本的传播普。[3]结合《酣古集印谱》自刻集成的属性，笔者将这一时期传入日本的自刻印谱以表格形式整理统计如下：

表2　江户时期传入日本的自刻印谱汇总

时间	印谱名称及传入日本具体年份
元禄时期（1699—1702）	《承清馆印谱》（1699）、《金一甫古印选》（1702）
宝永时期（1704—1709）	《雪斋印谱》（1704）

---

[1] （日）舍人亲王等编撰：《日本书纪·卷十》，古籍本，720年，第4页。

[2] （日）大庭修著：《江户时代における唐船持渡书の研究》，同朋社1967年版，第406—420页。

[3] 海玉豪：《日本藏〈飞鸿堂印谱〉窥探日本江户时期印坛对中国篆刻的接受》一文曾涉及此论，兹不赘述。

（续表）

时间	印谱名称及传入日本具体年份
亨保时期（1725—1728）	《文雄堂印谱》（1725）、《乐圃印薮序》（1727）、《立雪斋印谱》（1727）
元文时期（1736—1737）	《苏氏印谱》（1736）
宝历时期（1762—1763）	《澄怀堂印谱》（1762）、《赵凡夫印谱》（1762）、《孝慈堂印谱》（1763）、《学山堂印谱》（1763）、《鲈香诗屋印存》（1763）、《宝书堂印型》（1763）、《六顺堂印赏》（1763）、《苏氏印略》（1763）、《韫光楼印谱》（1763）、《鸿楼馆印谱》（1763）、《谷园印谱》（1763）、《秋水园印谱》（1763）
明和时期（1765—1767）	《何雪渔印谱》（1765）、《崇雅堂印谱》（1765）、《赖古堂印谱》（1765）、《晓采居印谱》（1765）、《超然楼印谱》（1765）、《醉爱居印赏》（1765）、《飞鸿堂印谱》（1767）
安永时期（1779—1780）	《琅山堂印史》（1779）、《广金石印谱》（1779）、《研山印章》（1779）、《期翼堂印谱》（1779）
享和时期（1802—1802）	《四本堂印谱》（1802）

　　正是由于明末清初自刻印谱的不断传入，促使日本印坛发生变化。笔者以"印谱"为关键词在早稻田大学图书馆古籍数据库检索共得77条与印谱相关的条目，其中也多以自刻印谱类型为主，或个人摹刻成谱、或家族自用刻印成谱，借此可以看出《酣古集印谱》作为自刻印谱对日本印坛的意义，这些自刻印谱中其中不乏"幕末三笔"之一的市河米庵、著有《日本外史》等诸多书籍的赖山阳等名家印谱。当然《集古印谱》《飞鸿堂印谱》等明代重要的印谱亦榜上有名，更有《博爱堂集古印谱》这样的日本国宝级集印印谱。

表3　日本早稻田大学图书馆古籍数据库所藏印谱

名称	著者/作者	出版事项
《客印谱》		
《印谱》	津田左右吉	
《吉田半迂印谱》		书写年不明
《近世诸家印谱》		
《君台观印谱》		出版地不明，吉田伝右卫门，正保四年（1647）
《桂川家印谱》	桂川家编	书写年不明
《高田早苗印谱》		
《漆山天童所用印谱》		出版地不明、出版者不明、出版年不明
《酒井抱一先生印谱》		书写年不明
《坪内逍遥印谱》	本间久雄（1886—1981）辑	书写年不明

（续表）

名称	著者/作者	出版事项
《渡边华山印谱》		出版地不明、出版者不明、出版年不明
《博山居印谱》		书写年不明
《孝经印谱》		书写年不明
《红霞山房印赏》		书写年不明
《鸿爪印谱》		出版地不明、出版者不明、出版年不明
《市河米庵等印谱》		
《丝印谱》		书写年不明
《紫岩印章花押谱》	古笔了仲（1820—1891）编	下谷池之端仲町（江户）：冈村屋庄助，出版年不明
《紫岩印章花押谱》	古笔了仲（1820—1891）编	下谷池之端仲町通御数寄屋町（江户）：冈村屋庄助，安政二年（1855）
《守山侯赖宽印谱》		书写年不明
《秋水园印谱·卷上》	陈錬（1730—？）	书写年不明
《秋水园印谱·印说》	陈錬（1730—？）	书写年不明
《秋碧印谱》	久保天随（1875—1934）编	书写年不明
《秋碧吟庐印谱》	久保天随（1875—1934）编	大正十五年（1926）跋
《集古印谱》卷一至四	王常编，顾从德校	出版地不明，顾氏芸阁，出版年不明
《集古印谱》卷一至四	王常编，顾从德校	出版地不明，顾氏芸阁，万历三年（1575）序
《春斋印谱序》	武富圯南（1808—1875）、武富定保撰	写（自笔），天保十五年（1844）
《诸国社寺朱印等印谱》		
《松香馆印谱》	佐藤砚湖（1831—1890）集	
《秦汉印统序》		书写年不明
《水石堂印谱》上下卷		
《藏书印谱·正》	市岛谦吉（1860—1944），续篇春城辑	明治三十八至四十一年（1905—1908）
《足利学校印谱》		
《大规玄干文集》	大槻磐里（1785—1837）	书写年不明

（续表）

名称	著者/作者	出版事项
《椿山印谱》	椿椿山（1801—1854）、小羊留踪、春城编	出版地不明、出版者不明、出版年不明
《坪内逍遥印谱》	市岛谦吉（1860—1944）	昭和四年（1929）
《天随印谱》	久保天随（1875—1934）编	书写年不明
《东皋图书》		书写年不明
《寅弐月より四月本町印谱》		书写年不明
《二程印谱》卷一至二	程远、程大年篆，源常德摹	出版地不明：长啸亭，宝历十三年（1763）序
《博爱堂集古印谱》	长谷川延年（1803—1887）摹镌	
《眼居士印谱》		书写年不明
《飞鸿堂印谱》卷四	汪启淑（1728—1799）编	出版地不明、出版者不明，乾隆十四年（1749）序 乾隆二十二年（1757）跋
《尾形流略印谱》	中野其明（1834—1892）编辑	东京：春阳堂，明治二十五年（1892）
《尾崎红叶印谱》		出版地不明、出版者不明、出版年不明
《平々凡々四十印》	三村竹清（1876—1953）编	出版地不明，三村竹清，昭和时代
《北窗翁遗文》	英一蝶（1652—1724）、英一珪（？—1843）编 北窗翁撰	出版地不明、出版者不明，文政元年（1818）跋
《问奇亭印谱》元·亨·利·贞	陆廷槐，花谷主人编	出版地不明、出版者不明，嘉庆十四年（1809）序
《养浩堂印谱》	宫岛诚一郎（1838—1911）编	书写年不明
《赖山阳印谱》	赖山阳编	
《李王家印谱》		
《龙蛇帖》		
《龙眠山人印谱》卷一至三		安永二年（1773）序
《奇胜堂印谱》卷一至三	细井广沢（1658—1735）细井九皋（1711—1782）编	书写年不明
《群鸿留爪》	市岛谦吉（1860—1944）编	
《酣古集印谱》卷一	苏晓篆	书写年不明
《酣古集印谱》卷一至四	苏晓篆 黄宸辑	书写年不明
《酣古集印谱》卷一至四	苏晓篆 黄宸辑 成濑米（1839—1895）校订	长崎县，永昌堂，明治十一年（1878）

由以上材料可看出，日本篆刻艺术的发展始终离不开中国篆刻的浸染，众多的日本印谱也是在中国印谱的基础上通过日本人学习、贸易往来等途径带回日本，经过日本的接受和本土化，变成了日本独特的篆刻渊源。从某种程度上说，今天的日本篆刻已经不再受到中国篆刻传统的桎梏，在不断地吸纳欧美文化的同时，其自身也在进行接受、改造和发展，终有"他山之石，可以攻玉"的美好前景。《酣古集印谱》所辑印章与江户时期日本文人篆刻的思想十分接近，因此容易与日本知识分子的欣赏心理产生共鸣。相比同时期的其他印谱更能为日本知识界所接受。繁星璀璨的印谱中，日本文人对《酣古集印谱》的独特推崇反映了当时日本知识界对篆刻艺术、印谱印学的一种美感判断和审美接受。日本印人对篆刻印谱的接受和发展经历了相当长的时间，对于印谱的传播功不可没，出色地完成了日本篆刻发展承前启后的使命，具有划时代的意义。

四、结语

作为一本文人自刻印为主集成的印谱，《酣古集印谱》自明崇祯九年（1636）问世以来，逐渐通过徽商及中日海上贸易的往来流传到日本，但在明清时代，该书并未得到当时文化精英的关注，无论是参与该书制作的文人，还是文人篆刻家、印学史作者，都很少提及该书。但从图像传播上看，在明清时代，该书的使用者和受益者更多是从事篆刻创作的艺术家。他们模仿或部分临仿书中的印章图形，改造成自己的作品。在日本，该书兼具印学史与印谱的双重作用。

日本早稻田大学旧藏三个版本的《酣古集印谱》表明该印谱曾经在日本大受欢迎，成为当时上层贵族与文人获取中国篆刻知识和图像的重要来源，对中国篆刻、特别是明清流派印章在日本的传播起到重要作用。而在江户时期，由于幕府政权掌握在丧失文化的创造力和主宰欣赏的武家和贵族手中，文人自刻印谱逐渐兴盛，并开始逐渐压缩集古印谱的生存空间，加之日本文人对肖形印、图像印的独特审美趣味，导致《酣古集印谱》在当时绽放了别样的风采。"如果没有江户时期中国印谱传入日本，日本印学发展就不会如此迅速，当然，这一时期中国印谱流传日本，也为中国印学的传播起到了重要的推动作用。"[1]正因如此，江户时期的印人不断通过传来的明清印谱资料进行临摹与学习。虽然《酣古集印谱》在国内并未发挥太大影响，却鬼使神差地为中国篆刻与印学的传播起到了积极影响。这对探讨篆刻艺术在日本的繁荣发展、进一步挖掘篆刻艺术所蕴含的文化价值不遑多让，这也将更好地指引当下中日篆刻研究的发展。

（作者系西泠印社出版社编辑、中国楹联学会会员、浙江省书法家协会会员）

---

[1] 海玉豪：《日本藏〈飞鸿堂印谱〉窥探日本江户时期印坛对中国篆刻的接受》，渤海大学学报（哲学社会科学版），2019年第2期，第48—51页。

余寿湘和他的《古碑重摹伪刻考》

徐 发

内容提要： 民国时期，湖南人余寿湘将历代金石文献中碑刻的重摹、伪刻汇纂成为一书，名为《古碑重摹伪刻考》。遗憾的是，此书少为人知，近人在碑刻研究中也都忽略了此书关于碑刻重摹、伪刻的记载，同时对此书也缺乏相应的学术研究。本文通过对余寿湘《古碑重摹伪刻考》一书的研究，考证了余寿湘的生平与履历，并对此书的版本、编纂体例、文字讹误、辨伪方法及其存在问题作出初步研究。

关键词： 余寿湘 《古碑重摹伪刻考》 版本 体例 辨伪方法 存在问题

自金石学兴起以来，碑帖的重摹、作伪便相伴而生。碑帖重摹、辨伪不仅给书画学习带来误导，而且给学术研究造成干扰，也对文物收藏者带来严重的经济损失。因此，考察碑帖的重摹、伪刻，同文献辨伪一样，是学术研究中基础且重要的组成部分。检索相关著作，关于碑刻重摹的记载散见于历代金石文献中，不见专书，直至马子云《碑帖鉴定浅说》[1]才有系统记录。而关于碑刻辨伪的记载，以陆增祥《八琼室金石补正》后所附《金石祛伪》[2]为最先，此后方若《校碑随笔》[3]、张祖翼《伪石考》[4]、叶昌炽《语石》[5]、顾燮光《古志新目初编》所附《伪作各目》[6]都附有关于对碑刻伪作的记载。遗憾的是，相关著述多徒知伪作之伪，不知所致之由，省略了其间的论证过程，读罢仍不知其所以然。直至民国余寿湘《古碑重摹伪刻考》一书出版，才将碑刻重摹、

---

[1] 马子云著：《碑帖鉴定浅说》，故宫出版社 2016 年版。

[2] 陆增祥：《八琼室金石祛伪》，《石刻史料新编》第一辑，第八册，台湾新文丰出版公司 1977 年版。

[3] 方若著：《校碑随笔》，《石刻史料新编》第二辑，第十七册，台湾新文丰出版公司 1979 年版。

[4] 张祖翼：《伪石考》，上海图书馆藏，稿本。

[5] 叶昌炽著，姚文昌点校：《语石》，浙江大学出版社 2018 年版。关于碑帖辨伪的相关著述还有：顾燮光《古志新目初编》所附《伪作各目》（《石刻史料新编》第二辑，第十八册，台湾新文丰出版公司 1979 年版），张彦生著《善本碑帖录》（中华书局 1984 年版），马子云、施安昌著《碑帖鉴定》（广西师范大学出版社 1993 年版），马子云著《碑帖鉴定浅说》（故宫出版社 2016 年版），陈邦福《碑版研究法六卷》[《陈邦福金石著述汇编》（下），国家图书馆出版社 2018 年版]，王壮弘著《增补校碑随笔》（上海书店出版社 2008 年版），赵超《汉魏南北朝墓志汇编》（天津古籍出版社 1992 年版），袁维春著《秦汉碑述》（北京工艺美术出版社 1990 年版）、《三国碑述》（北京工艺美术出版社 1993 年版），陈根远著《中国碑帖真伪鉴别》（安徽科技大学出版社 2001 年版），仲威著《碑帖鉴定概论》（上海古籍出版社 2014 年版）、《中国碑拓鉴别图典》（文物出版社 2010 年版），宗鸣安著《碑帖鉴藏与研究》（陕西人民美术出版社 2008 年版），江岚《历代碑刻辨伪研究综述》（西南大学 2007 年硕士学位论文），王连龙《石刻辨伪通例》（《书法研究》2016 年第 3 期，第 143—153 页）等。

[6] 顾燮光：《古志新目初编》所附《伪作各目》，见《石刻史料新编》第二辑，第十八册，台湾新文丰出版公司 1979 年版。

辨伪的研究推向一新境界。毛远明称："余寿湘《古碑重摹伪刻考》四卷，铅印本，1932年刊行。这是碑刻辨伪的第一部有分量的专著。"[1]可是，近人在碑刻研究中都忽略了此书关于碑刻重摹、伪刻的记载。因笔者近日从国图古籍馆查阅此书，[2]故不揣浅陋，对此书作一介绍，以便引起学界注意，推进相关研究的深化。

一、余寿湘其人

由于余寿湘研究的相对空白，故有必要先对余寿湘其人及其生平行迹作一梳理。余寿湘，字笪衡，生卒年不详，[3]湖南省平江县人。笔者检索文献，于网上所见《余公勋铭暨德配陈夫人墓表》拓本，后有天一题识，略记其生平梗概。兹录于下："府君讳寿湘，字笪衡。岁辛亥，以最优等毕业于湖南全省优级师范数理科。旋执教会城一中、一师、稻田女师诸校，有声于时。府君即为数理专家，而又擅长文学，耽金石，工书法，真草篆隶无不得其神韵。著有《古碑重摹伪刻考》，业已梓行于世，并选存国立北京图书馆，誉为精审。平生除临池作书外，喜收藏，所集文史字画碑帖盈四十箧，达万数千册，多为海内孤本、名家真迹。历日寇侵华战乱，复经极左思潮之干扰，全部所藏及《笪衡联语》《笪衡文存》《征车丛脞录》诸手稿，悉已荡然无存。世变沧桑，曷胜痛惜。"[4]从文意可知，天一乃为余寿湘之子，生卒年不详。余寿湘1911年以最优等毕业于湖南全省优级师范数理科。（湖南全省优级师范乃湖南巡抚俞廉三遵照《奏定学堂章程》于1907年创办，以造就初等师范及中学堂师资为宗旨。先办理化、博物、数学三科。）毕业以后，执教于会城一中、会城一师、稻田女师（湖南省立第一女子师范学校），此三所中学皆为当时名校。数理以外，余寿湘擅长文学，喜好金石，工于书法，真草篆隶皆能得其神韵。可见，在当时余寿湘有着综合性的知识结构。而此时《古碑重摹伪刻考》已印行出版，并被北京图书馆收藏，当时誉为精审之作。余寿湘临池之外，收藏亦颇为丰富。所集文史字画碑帖盈四十箧，达万数千册，多为海内孤本、名家真迹。除《古碑重摹伪刻考》外，尚有《笪衡联语》《笪衡文存》《征车丛脞录》等书，惜经战乱，荡然不存，令人遗憾。以上天一所题，甚为简略，我们只能对余寿湘有一大致了解。而从下文杨树达对《古碑重摹伪刻考》的序中及余寿湘自序中，又可补充其生

---

[1] 毛远明著：《碑刻文献学通论》，中华书局2009年版，第527页。

[2] 关于余寿湘《古碑重摹伪刻考》一书，笔者于国图古籍馆检索黄立猷相关著作中无意搜得。后查阅文献，发现毛远明《碑刻文献学通论》："余寿湘《古碑重摹伪刻考》四卷，铅印本，1932年刊行。这是碑刻辨伪的第一部有分量的专著。"（见毛远明《碑刻文献学通论》，中华书局2009年版，第527页。）又毛远明学生江岚《历代碑刻辨伪研究综述》在论文结语中提到："三是资料的搜集不足，一些重要的参考书籍，到论文定稿之时一直未能找到，甚感遗憾。如1932年铅印本余寿湘《古碑重摹伪刻考》四卷，至今也没见到原书，其研究成果未能利用，十分可惜。"（见江岚《历代碑刻辨伪研究综述》，西南大学2007年硕士学位论文，第53页。）笔者有幸见到原书，在其基础上作进一步研究。

[3] 《中国近现代人物名号大辞典》（陈玉堂编，浙江古籍出版社2005年版），《平江县志》（湖南省平江县志编纂委员会编，国防大学出版社1994年版），《平江县文化志》（湖南省平江县文化局编，1999年内部印刷）均未载其人。《湘人著述表》卷一载："余寿湘，平江人。《石刻重摹伪刻考》四卷，1932年平江余氏铅印本。"（寻霖、龚笃清编著，岳麓书社2010年版，卷一，第486页。）

[4] 检索网络，孔夫子旧书网合诚达书店所售《余公勋铭暨德配陈夫人墓表》拓本，后有天一题识，从文意可知，天一当为余寿湘之子。检索时间：2019年11月20日，网址 http://book.kongfz.com/19087/203515087/。

平。杨序"余则知君迹者，橐笔从军，以随军幕，故历游齐、鲁、燕、赵之故墟，足迹遍数千里。"[1]我们又知其曾有军幕经历，"中岁客游吴、粤、齐、鲁、燕、豫"[2]诸省。以上为余寿湘生平事迹的简要介绍。

二、《古碑重摹伪刻考》的版本及成书体例

（一）《古碑重摹伪刻考》的版本

国家图书馆古籍馆藏《古碑重摹伪刻考》有两种版本，一种为篆书题签本，另一种为无篆书题签本。两种版本略有差异，现分别介绍如下：

1. 篆书题签本。共上、下两册，四卷。开本高27.6厘米，宽16.6厘米。板框高18.6厘米，宽13.3厘米。黑框单边双鱼尾，每页9行，每行18字。上册封面篆书题签"古碑重摹伪刻考（上）"，下册封面篆书题签"古碑重摹伪刻考（下）"，当为自题。首页篆书"古碑重摹伪刻考"（铅印），落款为"康宏瓒篆"，落款左侧钤白文印"宏瓒"，首页背面刊有"壬申秋月平江余氏家塾开雕"字。上册右上部有穿孔破损处，下册上部边缘有蓝色印迹，此两册当为试印初校本。上册卷一第1页右下侧钤有朱文"北京图书馆藏"印，下册末尾右下侧钤有朱文"北京图书馆藏"印。

2. 无篆书题签本。共上、下两册，四卷。开本高27.6厘米，宽16.6厘米。板框高18.6厘米，宽13.3厘米。黑框单边双鱼尾，每页9行，每行18字。上册首页篆书"古碑重摹伪刻考"（铅印），落款为"康宏瓒篆"，落款左侧钤白文印"宏瓒"，首页背面刊有"壬申秋月平江余氏家塾开雕"字。上册左上部有穿孔破损处。书中夹有北京图书馆收书牌记："古碑重摹伪刻考，字第102号，史部类，余寿湘述。四卷，铅印本，二册。国立北平图书馆藏。"牌记上方钤"廿五年十月三日"（紫色），当为国立北平图书馆收书时间。上册左上部有穿孔破损处，此两册当为正式刊印本。上册卷一（杨树达序）右下侧钤有细朱文"国立北平图书馆珍藏"印，两册末尾右下侧均钤有细朱文"国立北平图书馆珍藏"印。

此书两种版本均有墨笔改动处，篆书题签本：卷一第9页，"云"改为"石"。无篆书题签本：卷一第8页，"徙"改为"徒"；卷一第9页，"云"改为"石"；卷二第2页，"者止此也"改为"者不止此也"；卷二第6页，"溪"改为"沟"；卷三十第3页，"郎浩中徐"改为"郎中徐浩"；卷三十第3页，"袖"改为"神"。无篆书题签本除碑目第7页西干郡王李晟碑[3]，第8页尊胜陀罗经幢[4]未改外，其余几处墨笔改动处与后面所附勘误表吻合。书后附有勘误12处，详见

---

[1] 余寿湘：《古碑重摹伪刻考》，国家图书馆古籍馆藏，索书号：古492\9253.部一、部二，壬申秋月平江余氏家塾开雕，杨树达序。

[2] 余寿湘：《古碑重摹伪刻考》，国家图书馆古籍馆藏，壬申秋月平江余氏家塾开雕，余寿湘自序。

[3] 注：西干郡王应为西平郡王。

[4] 注：尊胜陀罗经幢应为尊胜陀罗尼经幢。

注释。[1]

此书1932年秋由余氏家塾开雕，国立北平图书馆1936年收藏。文中前有杨树达序，作于1932年2月15日；后有余寿湘自序，作于1930年4月。因两序涉及余寿湘生平、《古碑重摹伪刻考》的碑拓来源、著录体例诸方面，故将两序录之于下。

　　杨树达序云："余则知君迹者，橐笔从军，以随军幕，故历游齐、鲁、燕、赵之故墟，足迹遍数千里。君故喜临池，于是，凡君游踪之所至，虽荒郊旷野、深山穷谷，必遍访古碑碣之所在，手摹而毡拓之，以此遂尽悉古碑存亡迁徙之情状，及后人重摹、贾竖作伪之由。君愍初学者之误认而遗谬也，乃取架上金石书之论，及重摹伪刻者汇录而存之。呜呼！君之用心笃，而汇为力亦已勤矣。余惟清代学者考辨之业突过前人，自阎潜邱、惠定宇发《古文尚书》之覆，而姚立方遂专著《古今伪书考》一书，继是以还，作者云兴，逮于今日已臻极盛。顾古书辨伪之业既有专书，而清儒于金石之业亦既超越古先，辨伪之说亦时时见之题跋。如余所见，近日太仓陆氏之金石祛伪，寥寥数简，不足以语其全。天下之大，学人之众，顾未有专著一书论之者，宁非恨事钦！夫重摹之本既足以误临池之人，而赝品尤足为考古者之蔽，然则起而廓清障翳之如笱衡之所为者，顾今日儒林之先务也。呜呼！国事陵迟，外患日亟，其患且始于不求真，扩吾笱衡求真之一念，足以治天下定国家，岂惟翰墨文字之事有所裨补而已哉。民国二十一年二月十五日学弟长沙杨树达谨序。"[2]

　　余寿湘自序云："寿湘束发受书，性耽石刻，赢粮裹絮，穷极窅幽，墟莽裴裹，山厓往复，或掘自颓埴之砌石，或拾从耕父之耰锄，乃至僻壤荒碑家藏孤本，或藉邮筒购致，或假墨拓钩摹。中岁客游吴、粤、齐、鲁、燕、豫，自夏、商、周、秦、汉、六朝以逮明、清之贞石摩挲殆遍，剥文蚀字，目讞毡椎，委积行箧，绵历岁年，顷由海峤归来，日闲无事，料检平生所得，以年相次，汇为如干秩，又虑真赝杂糅，心目为霜。仞梨轩之善炫，核字画于惟微。爰摭其初刻已佚，仅据拓本而复勒者，或著于录而书迹久亡依其以入石者，以及本无其碑而凭空结撰者，综之得百七十通。因更博稽往籍多识前言，纂述《古碑重摹伪刻考》一书，厘为四卷，取自研摩，其有原碑具在并新出之造像志铭便于诒诂，故为伪以周于时者，不可殚纪，姑置勿论已。民国第一庚午四月平江余寿湘。"[3]

从杨树达序中可知，余寿湘曾随军幕历游齐、鲁、燕、赵等地。而齐、鲁、燕、赵之地古碑众多，余寿湘军幕之余，访碑摹拓，对古碑的存亡迁徙，重摹作伪甚为熟悉。因怕误导后学，蒙蔽研

---

[1] 古碑重摹伪刻考勘误表：碑目：七页十行，误文：西干郡王；正文：西平郡王。八页六行，误文：尊胜陀罗经幢；正文：尊胜陀罗尼经幢。卷一：四页十三行，误文：亳社；正文：亳社。八页十三行，误文：申徒骃；正文：申徒骃。九页八行，误文：金云录云；正文：金石录云。卷二：二页十五行，误文：辨其误不数处；正文：辨其误者数处。（按：二页）页十六行，误文：而知其误者止此也；正文：而知其误不止此也。六页一行，误文：深溪；正文：深沟。卷三：十一页八行，误文：二六尺寸；正文：二尺六寸。十三页十六行，误文：郎浩中徐；正文：郎中徐浩。二十二页十六行，误文：袖道碑铭；正文：神道碑铭。卷四：十五页一行，误文：原名已亡；正文：原石已亡。

[2] 余寿湘：《古碑重摹伪刻考》，国家图书馆古籍馆藏，壬申秋月平江余氏家塾开雕，杨树达序。

[3] 余寿湘：《古碑重摹伪刻考》，国家图书馆古籍馆藏，壬申秋月平江余氏家塾开雕，余寿湘自序。

究者，乃取历代金石典籍中关于重摹、伪刻的记载汇录成为一书。接下来，杨树达论述了清代古书辨伪的成就，指出清人的文献辨伪成果最为突出，成就最大。而清代金石学发达，但关于金石辨伪的记载，过于简略，尤其是如陆增祥之《金石祛伪》寥寥数语，尚不能概括历代金石中的伪作。余寿湘能将古代金石典籍中的重摹、伪刻辑出，可谓功莫大焉。最后，杨树达上升到民族国家高度，认为国事陵迟，外患日亟，在于不求真。[1]而此一时期，学术研究中的"辨伪""考据"之风成为学术研究中的主要潮流，如梁启超、王国维、顾颉刚[2]、胡适、钱穆、钱玄同在文献辨伪方面皆取得了突出成就。流风所及，诸多领域多受影响，如帖学方面则有张伯英的《法帖提要》、林志钧的《帖考》皆涉及帖学的辨伪考证。而余寿湘自序亦言及早岁搜访碑刻，多实地考察，至于不易得者多假邮筒购致或墨拓钩摹，中岁随军幕历游齐、鲁、燕、赵等地，进而言及编撰体例，碑刻收录标准及其收录总数。只不过余序与杨序相比较，更为简略。

（二）《古碑重摹伪刻考》的编纂体例

《古碑重摹伪刻考》以时代为序，考古代碑刻170种，所考碑刻涉及墓志、刻石、经幢、题名，还有少量的法帖。其中以唐宋碑刻著录最多，时间跨度从夏、殷、周到元代。而关于碑刻的立碑时间、年代、所在地、尺寸、书体、撰者、书者姓名，存佚情况，多依据历代金石著作所记载移录而来。总体看来，隋前之碑不记尺寸、撰者、书者姓名，隋后碑刻多有记尺寸、撰者、书者姓名者，盖缘于唐代以后碑刻墓志多书撰者、书者姓名。所载各代重摹、伪刻碑刻数量有：夏1种，殷1种，周3种，秦5种，汉33种，魏2种，蜀汉1种，吴2种，晋2种，北魏3种，北齐1种，隋5种，唐55种，后晋1种，宋48种，辽2种，元5种，具体碑刻重摹、伪刻情况详见后文附表。

《古碑重摹伪刻考》一书选录碑刻的标准分为三种，一是"初刻已佚，仅据拓本而复勒者"，二是"著于录而书迹久亡依其以入石者"，三是"本无其碑而凭空结撰者"。[3]余寿湘所提到的前两种，乃是重刻，后一种为伪刻。重刻分为两种，一种为依拓本重刻，一种据文献记载重刻。依拓本重刻多为原碑或损泐严重，或地处偏远，或失传，或椎拓不便，为满足人们对拓本的需求，后人依据拓本重新翻刻上石，再次重刻而成。重刻多为重要且著名之碑，有的重刻还不止一次，这也就是叶昌炽所说的"一刻再刻"，重刻虽然因为原碑损坏或失传，但其价值仍不可低估。如《峄山刻石》的绍兴本、青社本、蜀中本、邹县本便是翻刻于长安本，清代阮元更是重刻《西岳华山庙碑》

---

[1]　此一时期学风承继乾嘉朴学余续，治学皆以实学为主，相关著作多有流露以实学救国之思想。如栾调甫致王献唐函中言："数十年中，埋首故纸堆里，一知半解，虽无裨世，然朴实治学之志，至今未尝稍煞。思挽百代之狂澜，重建朴实之学风，至今持之弥坚。诚以人能朴实为学，自无幸进之心，必使人无幸进之心，方可实收宏奖之效，亦以学风朴实，学行必修，然后用行舍藏，人人可期，庶无尔我之叹，而有治道之实，居恒举此，晓告学者，终无一丝之效，未始不叹慎子贵势之言，而有待于势之为也。"（栾调甫1945年10月8日致王献唐函，《栾氏短文·序跋·书信集》，现藏山东大学古籍研究所）按：此时间虽为1945年，但此时学风仍以实学为主。（转引自张书学、李勇慧撰《王献唐年谱长编》[下]，华东师范大学出版社2017年版，第918页。）另，汤用彤在《汉魏两晋南北朝佛教史》跋中言："非谓考证之学可济时艰，然敝帚自珍，愿以多年之所得，作一结束。"按：汤用彤此跋作于1938年，时值抗战，亦可见此时学界考证之学风。汤氏虽言"非谓考证之学可济时艰"，但字里行间仍透露出忧国忧民的情怀。（转引自汤一介著《我们三代人》，中国大百科全书出版社2016年版，第32—33页。）

[2]　顾颉刚先生主要是"辨伪史"，与"辨伪书"还有诸多不同。

[3]　余寿湘：《古碑重摹伪刻考》，国家图书馆古籍馆藏，壬申秋月平江余氏家塾开雕，余寿湘自序。

《泰山刻石》《天发神谶碑》于扬州北湖。可见有些碑刻虽经重刻，仍是我们了解古人遗迹及书法学习的重要组成部分。而另一种据文献记载重刻，乃是碑刻内容见于文献记载，而碑刻亡佚，后人依据文献记载翻刻而成。因原碑久佚，碑刻形制、书法风格无从查考，故后人在重刻时不免以己意为之，此种翻刻与原碑差异巨大，但有些碑刻因为名家书写重刻，仍是后世书法学习的重要资源。如东汉邯郸淳作《孝女曹娥碑》，原碑已佚，后世李邕、蔡卞乃据其内容重新书写刻石。第三种为伪刻，伪刻与重刻不同，它是由牟利者或好事者依据著录或拓本，向壁虚造而成。如《朱博残碑》便是尹竹年少年游戏所作。[1]三种标准之外，由于新出之造像志铭便于诒讬，且数量众多断伪难度增大，故作者不收。

《古碑重摹伪刻考》一书在所录碑目之下，援引金石著作众多[2]，或述重摹，或记伪刻。而杨序言中"取架上金石书之论，及重摹伪刻者汇录而存之"，余序"因更博稽往籍多识前言，纂述《古碑重摹伪刻考》一书"。可知作者乃是汇辑历代金石著述而成。在书中，关于重摹、伪刻的记载，有的不厌其烦援引众多，有的记录简略仅记其伪。但作者在汇辑历代金石著述中，常以己意裁剪，对原先抄录的内容在措辞上进行了一些删改和处理。在这里，我们以此书开篇《大禹岣嵝刻石》为例，将余氏所引金石著作录出，并加以按语，以便读者具体了解此书的著录体例。

《大禹岣嵝刻石》：

> 王象之《舆地纪胜》云："禹碑在岣嵝峰，又传在衡山县云密峰，昔一樵夫曾见之，自后无有见者。宋嘉定中，蜀士因樵夫引至其处，以纸打其碑七十二字，刻于夔门观中。"杨慎《升庵集》云："近张季文金宪，自长沙得之，云是宋嘉定中何子致一刻于岳麓书院者，凡七十七字。《舆地纪胜》云七十二字者，误也。唐刘禹锡《寄吕衡州温诗》尝闻祝融峰上有神禹铭：'古石琅玕姿，秘文蝌蚪形。'韩愈诗：'岣嵝山尖神禹碑，字青石赤形模奇。科斗拳身薤倒披，鸾飘凤泊拏虎螭。事严迹秘鬼莫窥，道人独上偶见之。我来咨嗟涕涟洏。千搜万索何处有，森森绿树猿猱悲。'观此则刘、韩二公皆未之见。宋朱张二子游南岳寻访此碑不得，

---

[1]　"查罗氏《石交录》一卷二十四页云：'近人于古刻往往是非倒置，如朱博残碑乃尹竹年广文所伪造，广文晚年也不讳言。予曾以书质广文，覆书谓少年戏为之，不图当世金石家竟不辨为叶公之龙也，其言趣甚。'"（转引自《增补校碑随笔》修订本，清·方若原著，王壮弘增补，上海书店出版社2008年版，第19页。）

[2]　余寿湘引书如下：金石著录：欧阳修《集古录》、赵明诚《金石录》、郑樵《通志·金石略》、洪适《隶释》、娄机《汉隶字原》、王象之《舆地碑目》、吾丘衍《学古编》、都穆《金薤琳琅》、赵崡《石墨镌华》、安世凤《墨林快事》、顾炎武《金石文字记》、孙承泽《庚子消夏记》、顾蔼吉《隶辨》、叶奕苞《金石录补》、王澍《虚舟题跋》、吴玉搢《金石存》、褚峻《金石经眼录》、王昶《金石萃编》、钱大昕《潜研堂金石文字跋尾》、毕沅《关中金石记》、吴骞《拜经楼碑帖跋尾》、翁方纲《两汉金石记》、黄易《小蓬莱阁金石文字》、孙星衍《寰宇访碑录》、阮元《山左金石志》、洪颐煊《平津馆读碑记》、梁章钜《退庵题跋》、冯登府《石经阁金石跋文》、张德容《金石聚》、赵之谦《寰宇访碑录》、冯云鹏《金石索》、刘青藜《金石续录》、朱枫《雍州金石记》；地方志：谈钥《吴兴志》，王象之《舆地纪胜》，于钦《齐乘》，郑元庆《湖录》《绍兴府志》《绍兴府旧志》《孟县志》；文集：封演《封氏闻见录》，沈括《梦溪笔谈》，王恽《秋涧集》，宋濂《潜溪集》，杨士奇《东里集》《东里续集》，杨慎《升庵集》，湛若水《甘泉文集》，王士禛《带经堂集》，汪诗韩《韩门缀学》；史书：《后汉书》；法帖：《淳化阁帖》《汝帖》；其他：《仪礼》《广韵》。按：余寿湘虽然引书众多，如金石著作、史书、文集、地方志等资料，但所引多为历代金石著作中的记载，且主要参考了王昶的《金石萃编》一书。而史书、文集、地方志等书，也是金石著作中所提及的，并非余氏首发之功。

乃谓衡山实未有此。其后朱子作《韩文考异》，竟谓韩诗为传闻所误。[1]

顾炎武谓此碑字奇而不合法，语奇而不中伦，韵奇而不合古。王昶《金石萃编》云："岣嵝碑一在云南昆明，一在四川成都，皆杨慎所摹，慎蜀人又谪戍云南故也；一在长沙，不知何人重勒，据顾璘跋乃明嘉靖初太守潘鉴所得，今在书院之旁；一在西安，康熙中毛会建所刻，昶皆亲至其下，摩娑采视，拓而藏之。后见一拓本，乃明安如山等依据杨氏本所摹。《石墨镌华》及《金石存》均谓杨时乔尝刻于栖霞嗣后。容璊刻于甘泉，张襄刻于新泉精舍，见《甘泉文集》。又有高氏刻本见《墨林快事》，汲县刻本见黄叔璥《重立岣嵝碑记》。康熙中，通江李蕃刻于黄县，亦见所撰记文，钱塘姜氏又藏有无名氏刻本。据李蕃所记知石刻在济南长山，后列释文，当即杨时乔所释之本，与诸家异者五十余字。总之，此碑自南宋始出，故欧阳、赵皆不著录，后来金石学家自杨慎、杨时乔、安如山、郎瑛诸人外，胥斥为伪物。唯《古今乐录》载禹治洪水，上会稽山作襄阳操云。呜呼，洪水滔天，下民愁悲，上帝曰咨，三过其门不入，父子道衰，嗟嗟不欲烦下民云云。其文与此碑大诣相似，然会稽、衡岳地既悬隔，且三代乐章类多后人傅会，未可援以为据也。"[2]

按：查杨慎《升庵集》，其无"近张季文佥宪，自长沙得之，云是宋嘉定中何子致一刻于岳麓书院者，凡七十七字。《舆地纪胜》云七十二字者，误也。唐刘禹锡《寄吕衡州温诗》尝闻祝融峰上有神禹铭，'古石琅玕姿，秘文螭虎形。'"等内容。且杨慎《升庵集》韩诗之后内容，余略而不录。杨慎《升庵集》："《禹碑歌》：禹碑在衡山绝顶。韩文公诗云：'岣嵝山尖神禹碑，字青石赤形模奇。科斗拳身薤倒披，鸾飘凤泊拏虎螭。事严迹秘鬼莫窥，道人独上偶见之。我来咨嗟涕涟洏。千搜万索何处有，森森绿树猿猱悲。'详诗语，始终公盖至其地矣，未见其碑也。所谓青字赤石之形模，科斗鸾凤之点画，述道士口语耳。若见之矣，发挥称赞，岂在石鼓下哉，迨宋朱张同游南岳，访求复不获。后晦翁著《韩文考异》，遂谓衡山实无此碑，反以韩诗为传闻之误云。再考《六一集古录》、赵明诚《金石录》、郑渔仲《金石略》之三家者古刻，胪列无疑，独不见所谓禹碑者，则自昔好古名流得见是刻亦罕矣。碧泉张子得墨本于楚，持以贶予，予抚卷而叹曰：嗟呼，韩公所谓事严迹閟者，信夫。不然何三千余年而完整无泐如此。何昔之晦，何今之显，晦者何或翳之，显者何或启之，天寿珍物，神饫吾嗜，不必以生世太晚而恨也，已作禹碑歌以记之。"注：碑歌略。[3]

按：王昶《金石萃编》："昶所藏岣嵝碑有四。"余文"岣嵝碑一在云南昆明"。王昶《金石萃编》："一在西安。"余文："一在西安。"王昶《金石萃编》："据杨氏本所摹，其石闻在绍兴禹陵后。"余文少"其石闻在绍兴禹陵后。"王昶《金石萃编》："亦见所撰记则不止五石矣，考虞夏帝王皆尝南巡，故舜葬苍梧二妃沉于潇湘洞庭间，而今辰州大酉山为夏禹藏书之所。《水经

---

[1] 余寿湘：《古碑重摹伪刻考》，国家图书馆古籍馆藏，壬申秋月平江余氏家塾开雕，卷上，第1—2页。

[2] 余寿湘：《古碑重摹伪刻考》，国家图书馆古籍馆藏，壬申秋月平江余氏家塾开雕，卷上，第2—3页。

[3] 杨慎著：《升庵集》，《四库明人文集丛刊》，上海古籍出版社1993年版，第187—188页。按：余寿湘所引为转引王昶《金石萃编》内容。王昶：《金石萃编》，《石刻史料新编》第一辑第一册，台湾新文丰出版公司1977年版，第58页。

注》亦谓禹得玉检于衡山，证之昌黎道人登山偶记之语，是岣嵝禹碑无可疑者。第此碑自南宋始出……"余文少录上文，且将王昶《金石萃编》后面之文"钱塘姜氏又藏有无名氏刻本。据李藩所记知石刻在济南长山，后列释文，当即杨时乔所释之本，与诸家异者五十余字"挪于此处，且文多有删改。王昶《金石萃编》："后来考据家。"余文为"后来金石学家"。王昶《金石萃编》："后来考据家如杨慎、杨时乔、安如山、郎瑛诸人深信不疑，余皆斥为伪物。今亦究无确证。"余文为"后来金石学家自杨慎、杨时乔、安如山、郎瑛诸人外，胥斥为伪物"。王昶《金石萃编》："上帝愈咨三过吾门不入。"余文为"上帝曰咨三过其门不入"。王昶《金石萃编》："类皆后人傅会。"余文为"类多后人傅会。"余文引王昶《金石萃编》完成后，王昶《金石萃编》其文还有："盖唐虞时去古结绳未远，周礼所载三皇五帝之书，其形制已不可考，即较之科斗籀文亦当有异，以四千余年后之人，欲辨四千年以上摧残剥落之字，岂能别识。而好古者或附会穿凿，或涂改窜点，致失本真，自所不免，是书姑依时代编次，其释文以杨慎本为正，沈、杨、郎三家各有所长，参注于下，又近日钱塘姜氏家藏无名氏刻本。据李藩碑记知石刻在济南长山，后列释文，当即杨时乔所释之本，与诸家异者五十余字。则不能逐一分注，附著杨氏之后以广异闻。"余文则无此段。[1]

从此例可以看出，余寿湘在《大禹岣嵝刻石》先后援引王象之《舆地纪胜》、杨慎《升庵集》、王昶《金石萃编》关于此碑的记载，论述其为伪刻，且在文字内容上做了一定的删改处理。在其体例上，将余之著作与《语石》两相对照，可以看出余在体例上主要借鉴了叶昌炽《语石》中关于古碑"一刻再刻"的体例，且余于此书之序言多有借鉴《语石》之用语。叶昌炽《语石》"一刻再刻"条云："古碑一刻再刻，如唐之《圣教序》有五本。据《古石琅玕》所记：一为怀仁集右军书，一为王行满正书。褚登善书有三刻。一《序》《记》分刻二碑，龛置慈恩寺塔下，世所称'雁塔本'也。一《序》《记》并为一碑，即刻于同州倅厅者。《苍润轩帖跋》有褚公行书《圣教序》，刻于咸亨三年，储藏家罕著于录。宋端拱元年沙门云胜分书《新译圣教序》尚不在内也。"《竹云题跋》云："褚《圣教序》，行书一，楷书二。行书为宋道君瘦金书之祖，今已亡。"又按《观妙斋金石略》云："余于同州、雁塔二刻之外又得一本，年月同雁塔本，而字法不同，碑已有断蚀处，不知在何所，诸评论者皆不之及焉。然则褚公《圣教序》实有四本。"《梦真容碑》，一在易州龙兴寺，一在终南楼观。《观妙斋金石略》："《梦真容碑》，又得白鹤观一碑，先是党光所书，汉乾祐三年杨致柔奉命重书。"此本从未见著录。宋之《党人碑》，五岭以西即有两刻。元之《张留孙碑》，京师一刻，贵溪一刻。此金石家所共知也。[2]叶氏关于唐之《圣教序》有五本的论述，依次援引（清）佚名《古石琅玕》、（明）盛时泰《苍润轩帖跋》、（清）王澍《竹云题跋》、（清）李光暎《观妙斋金石略》等金石著作的记载，可谓"辨章学术，考据源流"，作了一种学术史的梳理，但叶氏仅据相关金石著作记载，录而不辨，使此书大打折扣。如李光暎《观妙斋金石略》所言《圣教序》实有四本，叶氏言有五本，到底几本，因碑帖辨伪牵扯到拓本实物的佐证，我们不得而知。而这种著述体例，也被余寿湘《古碑重摹伪刻考》所承继。

---

[1] 王昶撰：《金石萃编》，《石刻史料新编》第一辑，第一册，台湾新文丰出版公司1977年版，第60页

[2] 叶昌炽撰，姚文昌点校：《语石》，浙江大学出版社2018年版，卷十，第307页。

三、《古碑重摹伪刻考》的辨伪方法

古书辨伪在清代较为发达，相关学者也总结出了不少关于古书辨伪的方法。[1]而关于碑刻辨伪的方法，也有不少与古书辨伪相同之处。总体来说，不外乎依据史传著录、碑刻形制、文字内容、干支年号、官职名称、书法风格、题记印章、版本比较等几方面做出判断。余寿湘《古碑重摹伪刻考》，一书虽说是作者实地考察与金石著录相结合，但揆诸全书，与所说并不相符。首先，余寿湘《古碑重摹伪刻考》卷一右框下有"平江余寿湘纂述"，且序言中亦有提到"纂述""汇录"等词语，说明了余寿湘编纂此书的体例缘由。也就是说，余寿湘此书是据历代金石著录汇编而成。在辨伪方法上，余寿湘主要依据金石著录辨伪，也就是在重摹、伪刻碑目之下，罗列历代金石著作中关于此碑的记载。遗憾的是，余寿湘并没有做出自己的论断。其次，虽然余氏关于古碑的重摹、伪刻，判断依据多援引历代金石著录的论述为主，但历代金石著录中在辨伪上亦涉及上面提及辨伪方法的几个方面，且一碑中并不局限于某一方法，几个方面多有交叉。因此，笔者以余氏书中所论为例，以上面所述分类方法依类整理，上附余氏关于此碑的汇辑摘录，下附所引著作原文（因原文过长，笔者文中省略），并加以按语，说明余氏关于此碑所引著作的增删整理。书中汇辑摘录虽不是余氏关于碑刻辨伪的观点，但仍可以看出历代金石著作中关于碑刻辨伪的方法与特色。

（一）据所引著录辨伪

关于古代重要碑刻，历代著录多有记载。因此，根据古代著录，了解前人关于碑刻的历代题跋，拓本种类，存佚情况，有无翻刻，是碑刻辨伪的重要依据。

汉《西岳华山庙碑》：

> 洪适《隶释》云，西岳华山庙碑，篆额，在华州华阴县。威宗延熹四年，袁逢守弘农郡，以华岳旧碑，文字磨灭，遂案经传所载原本，勒斯石以垂后。
>
> 顾炎武《金石文字记》云，碑旧在华阴县西岳庙中，嘉靖三十四年碑毁。
>
> 毕沅《关中金石记》云，此碑世有两本，一为商丘宋氏荦所藏，一为华阴王弘撰所藏，皆宋拓也。宋氏藏本，雍正初姜任修摹刻于扬州。王氏藏本，今为曲阜孔继涑摹刻，两本字残泐处悉同。世又有所谓全本，则不足信。
>
> 梁章钜《退庵题跋》云，华山碑毁于明嘉靖时。近日相传，海内只有三本，一为华阴本，即关中本，前明藏东云驹肇商、云雏荫商兄弟墨庄楼，后归武平郭胤伯宗昌。天启中，名流书跋者十余人。入清为王山史弘撰、张力臣弨、凌侍郎如焕、黄星槎文莲所得，最后归朱竹筠，其嗣锡经世守之。一为长垣本，前明藏王文逊鹏冲家，清为宋漫堂荦尚书所得，继归陈伯恭宗丞，后归成邸诒晋斋。一为四明本，明藏宁波丰南禺熙家，清归鄞全谢山祖望，复入范氏懋柱天一阁，乾隆庚戌嘉定钱竹汀大昕得之，质于印氏，后归阮芸台先生。元阅长垣本拓最旧而

---

[1] 如胡应麟在《少室山方笔丛·四不正讹》中总结为"辨伪八法"，梁启超在《古书真伪及其年代》亦有详细的总结。

最完好，华阴本则阙"山镇曰华春秋传"等百字，四明本亦阙百字，而全碑整拓未经裁剪，碑首李卫公等题名，为华阴、长垣两本所无。余于嘉庆甲戌舟过淮安，谒芸台先生于漕帅廨，索观此碑，展玩移时，赋诗而去。越岁而先生以珠湖祠塾摹刻本寄示，又越岁复在苏斋观吾师所手摹大轴，盖以四明本为主，而以华阴、长垣两本补其阙字，精意勾勒，居然完璧。近桂未谷馥云，吴江陆直之在西安曾见两本，一雠于惠民李衍孙，想嘉靖未毁以前，自有好事者时时拓之，奚必宋拓邪？然则谓海内仅存三本者，未见其必然矣。[1]

按：余录"西岳华山庙碑"，洪适原文为"右西岳华山庙碑"，少一"右"字。余仅录至"勒斯石以垂后"，后文未录。余仅录"此碑嘉靖中犹在"至后面内容，前文未录。余录"视殿上碑题皆显者"，赵崡"视殿上碑题皆当时显者"，漏"当时"二字。余录"此碑年久可以任情摧毁，人莫之问因，遂碎为砌石"，赵崡"此碑年久遂碎为砌石。余从东肇商借旧本而书其后，如此云"，余增"可以任情摧毁，人莫之问因"等字，少"余从东肇商借旧本而书其后，如此云"等字。余仅录"碑旧在华阴县西岳庙中，嘉靖三十四年碑毁"，前少"此为汉延熹八年四月甲子，前弘农太守汝南袁逢所立，会迁京兆尹，后太守安平孙璆遵而成之者"，其余内容未录。余录"华阴"，毕沅作"华州"。余录"宋氏藏本"，毕沅作"宋氏本"。余录"王氏藏本"，毕沅作"郭本"。余录"今为曲阜孔继涑摹刻"，毕沅作"今为曲阜孔继涑所刻"。余录"一为华阴本即关中本，前明藏东云驹肇商、云雏荫商兄弟墨庄楼，后归武平郭胤伯宗昌"，梁章钜作"一为华阴本，前明藏东云驹肇商、云雏荫商兄弟家，后归郭允伯宗昌"。余录"华阴本"后多"即关中本"，"兄弟"后少一"家"字。余录后一句多"墨庄楼、武平"。余录"郭胤伯"，梁作"郭允伯"。余录"入清为王山史弘撰"，梁作"入国朝"。余录"最后归朱竹筠"，梁作"最后归朱竹君先生"。余录"清为宋漫堂荦尚书所得"，梁作"国朝为宋漫堂尚书所得"。余录"明藏宁波丰南禺熙家，清归鄞全谢山祖望，复入范氏懋柱天一阁，乾隆庚戌嘉定钱竹汀大昕得之，质于印氏，后归阮芸台先生"，梁作"前明藏丰熙家，国朝归全谢山，复入范氏天一阁。又为嘉定钱氏所得之，质于印氏，今归阮芸台先生"。余录"明藏"少一"前"字。余录"藏宁波丰南禺熙家"虽多"宁波南禺"字，以余为对。余录"清"，梁作"国朝"，余录"全谢山"后多"祖望"二字，"范氏"后多"懋柱"二字。余录"乾隆庚戌嘉定钱竹汀大昕得之"，梁作"又为嘉定钱氏所得之"。余录"今归"，梁作"后归"。余录"元阅长垣本拓最旧而最完好"，梁作"闻长垣本"。余录"居然完璧"后少"因与孔荃溪、陈石士、李兰卿同题名于轴尾，盖余于四明本有缘如此，而华阴、长垣两本之在咫尺者，乃终不得一见，不知此缘又在何日。闻长垣本在陈宗丞家时，余叔太常公屡得纵观，华阴本在竹君先生家时，先通奉公亦曾侍观并有长句纪之，则余家之余三本又不可谓无缘也。惟朱竹垞曾为长垣本跋，云余生平仅见一本，漫漶已甚，今睹西陂所藏文特完好云云，则所谓仅见之一本，不特非四明未剪本，亦必非华阴本，以华阴本原未甚漫漶也"等内容。余录"近桂未谷馥云"，梁作"近桂未谷又云"。余仅录至"未见其必然矣"，剩余内容未录。

---

[1]　余寿湘：《古碑重摹伪刻考》，国家图书馆古籍馆藏，壬申秋月平江余氏家塾开雕，卷一，第18—19页。

汉《洛阳长史残碑》

碑无年月，八分书。赵之谦《补寰宇访碑录》云，浙江仁和韩氏藏有拓本，疑非汉刻。[1]

按：余录文字次序略有调整。
晋《保姆砖志》

原砖为晋兴宁三年造，王献之行书。宋嘉泰二年夏六月，会稽山阴（今并为绍兴县），周姓野人辟地得砖于黄闉冈，以贻钱清王千里。畿砖出土时断为四，归于千里又断为五，当时姜白石即谓有数人刻别本以乱真。归德安世凤撰《墨林快事》，诋其字不佳，语不伦。《绍兴府志》载，原砖久已不存，所传者惟脱本耳。王昶《金石萃编》云，是砖旧拓本不可复见。董氏戏鸿堂摹其文，尺寸行款并阙，蚀痕一依原砖之旧。[2]

按："原砖为晋兴宁三年造，王献之行书。宋嘉泰二年夏六月，会稽山阴（今并为绍兴县），周姓野人辟地得砖于黄闉冈，以贻钱清王千里。畿砖出土时断为四，归于千里又断为五，当时姜白石即谓有数人刻别本以乱真"，以上内容乃余寿湘据王昶《金石萃编》归纳而成。"归德安世凤撰《墨林快事》，诋其字不佳，语不伦"，乃据顾炎武《曝书亭集》抽取。"《绍兴府志》载，原砖久已不存，所传者惟脱本耳"，余仅录《绍兴府志》首句，其余未录。"王昶《金石萃编》云，是砖旧拓本不可复见。董氏戏鸿堂摹其文，尺寸行款并阙，蚀痕一依原砖之旧"，乃据王昶《金石萃编》按语段首录之，其余未录。
唐《女子苏玉华墓志》

碑在陕西长安，武德二年五月立，欧阳询正书。罗振玉《补寰宇访碑录刊误》，采为伪作。[3]

按：罗振玉《补寰宇访碑录刊误》：唐《女子苏玉华墓志》，振玉按：此伪托。[4]
宋《龙井记》

碑在浙江钱塘（民国与仁和并为杭县），元丰二年淮海秦观为才大师撰，楚国米芾书。王昶《金石萃编》云，此记米芾书者，原碑已佚，今所存者，明董文敏补书。[5]

[1] 余寿湘：《古碑重摹伪刻考》，国家图书馆古籍馆藏，壬申秋月平江余氏家塾开雕，卷二，第13页。

[2] 余寿湘：《古碑重摹伪刻考》，国家图书馆古籍馆藏，壬申秋月平江余氏家塾开雕，卷二，第17页。

[3] 余寿湘：《古碑重摹伪刻考》，国家图书馆古籍馆藏，壬申秋月平江余氏家塾开雕，卷三，第1页。

[4] 罗振玉：《补寰宇访碑录刊误》，《石刻史料新编》第一辑，第二十七册，台湾新文丰出版公司1977年版，第20273页。

[5] 余寿湘：《古碑重摹伪刻考》，国家图书馆古籍馆藏，壬申秋月平江余氏家塾开雕，卷四，第4—5页。

按：余仅录"此记米芾书者，原碑已佚，今所存者，明董文敏补书"，省王昶《金石萃编》后面按语，且前面未录碑之尺寸、《游龙井记》原文及《匏翁家藏集》内容。

（二）据碑刻文字内容辨伪

碑刻文字内容涉及碑刻所记人名、年代、避讳、官制、史事等诸方面，而这些记载与史书互勘，有的年代不符，有的避讳有误，有的史事捏造，从以上诸方面判断，亦可证其为伪刻。

1. 年代不符

从年号、干支、时间等方面考察碑刻，亦是碑刻辨伪的重要依据。碑刻所立皆有其具体时间与年代，有的伪造者，对碑刻所立时间及年代加以伪造、杜撰，导致失误。

唐《淤泥禅寺心经》

顾炎武《金石文字记》云，碑在京师城内西南隅秀峰寺，其末曰：大唐贞观二十三年三月吉日建立，误作三十三，以三字改成式字。案，贞观止于二十三年，此碑疑是后人伪作。[1]

按：余录"大唐贞观二十三年三月吉日建立，误作三十三"，顾炎武《金石文字记》作"大唐贞观二十二年三月吉日建立，误作三十二"。剩余内容，余未录。

2. 避讳不符

古代在书面用语中，涉及帝王、尊长都要进行避讳。而避讳在书写中具体表现为缺笔、空缺，或使用同音、同义字代替。而从避讳方面考察石刻之伪，亦是碑刻辨伪的有力证据。

隋《智永真草千字文》

文凡八石，皆横广二尺四寸，高八寸，每石二十七行，行十二字，真书草书各一行，额题"智永千文"四字，篆书，在陕西西安。赵明诚《金石录》云：《千字文》，世传智永书，非也。盖智永陈时人，而此书"常"字、"民"字、"基"字皆阙之，以避唐讳，乃明皇以后人所书。不然，笔法本出智永，后来临摹入石尔。其间字画不类，盖旧本不完，国初时人为补足之云。[2]

按：余录与赵明诚《金石录》相校，"《千字文》"前少一"右"字。余录"常"字，赵为"虎"字。余录"其间字画不类"，"其间"后少"二十八行"。余录"为补足之云"多一"之"字。

3. 官制不符

我国历史悠久，朝代众多，每一时代皆设置有不同的官职，这种官职的设置在不同时代既有沿承，又有变更，还有着使用时期与特定区域。因此，从职官角度考察碑刻之伪，也为碑刻辨伪提供了一个新的角度。

---

[1] 余寿湘：《古碑重摹伪刻考》，国家图书馆古籍馆藏，壬申秋月平江余氏家塾开雕，卷三，第5页。
[2] 余寿湘：《古碑重摹伪刻考》，国家图书馆古籍馆藏，壬申秋月平江余氏家塾开雕，卷二，第21—22页。

唐《西平郡王李晟碑》

碑在高陵县，奉正原大和三年四月立，裴度撰文，柳公权正书。钱大昕《潜研堂金石文字跋尾》云，碑经后人重开，虽间架尚存而神采顿减，如裴晋公署衔，当云特进守司空，今伪守为爵，俗生不通官制，以意妄改，甚可笑也。[1]

按：余谨录"钱大昕《潜研堂金石文字跋尾》云，碑经后人重开，虽间架尚存而神采顿减，如裴晋公署衔，当云特进守司空，今伪守为爵，俗生不通官制，以意妄改，甚可笑也"，其余内容未录。"意"钱大昕《潜研堂金石文字跋尾》作"臆"。

4. 名号不符

古人名、字、号不同时代皆有不同的称谓与用法，且具有明显的时代群体特点，如北魏迁都洛阳，名字中多以"洛"为名。而其书面署款亦有其时代形制。从名号考察碑刻之伪，亦为碑刻辨伪的重要参考因素。

宋《送张紫岩诗》

诗作于绍兴五年秋。王昶《金石萃编》云，此诗刻者三处，一在汤阴，一在钱塘墓祠，一在济南府署。紫岩即张浚号，《宋史·高宗纪》及张浚《岳飞传》，绍兴五年秋皆无张浚北伐之事。是时，浚方与赵鼎同官左右仆射，巨寇杨幺据洞庭，浚请因盛夏乘其怠讨之。具奏。与岳飞同讨杨幺，湖寇尽平。浚遂奏遣岳飞屯荆襄以图中原，并非北伐。至其署款尤非宋人体制。宋人赠诗标题及自署姓名皆系衔于上，从未有称其号而谓之紫岩张先生者。又姓名之下又未有书"拜"字者，似是明人伪托。然碑已传久，忠武诗迹又为人所重，故特辨之。[2]

按：余标题为《送张紫岩诗》，王昶《金石萃编》为《送紫岩张先生北伐》，余未录其诗。余"诗作于绍兴五年秋"，王为"绍兴五年秋日岳飞拜"。余"皆无张浚北伐之事"，后"李幼武《名臣言行录·别集》载：张浚，知密院上问大计，浚请身任陕蜀之事，置司秦川，乃以浚为川陕等路宣抚处置使。浚至汉中，上奏言汉中实天下形势之地，号令中原必基于此。谨于兴元积粟理财以待巡幸云云。此择浚图北伐以复中原之本计，然其事在建炎二年时，岳飞方在宗泽军中，为留守司统制，与张浚毫不相涉也"，余未录。

5、文字不符

语言文字作为一定历史时期的产物，自然深深打上了时代烙印。如魏晋多别体，武则天时有新造字，某一时期关于某字的使用也有其特殊写法。从文角度考察碑刻之伪，亦是碑刻辨伪的有力证据。

唐《韩茂财墓志》

碑在陕西长安，纵横一尺二寸，十二行，行十三字，正书。额题大唐故韩君之墓志。陆耀

---

[1] 余寿湘：《古碑重摹伪刻考》，国家图书馆古籍馆藏，壬申秋月平江余氏家塾开雕，卷四，第12—13页。

[2] 余寿湘：《古碑重摹伪刻考》，国家图书馆古籍馆藏，壬申秋月平江余氏家塾开雕，卷四，第15页。

通《金石续编》云，韩宝才墓志，不知原石所在，唐改作**庙**，它碑未见。咸亨四年，岁次癸酉，此误作己酉。铭首然字亦不可解，拙工作伪，往往败露。[1]

按：《韩茂财墓志》应为《韩宝才墓志》。余录"碑在陕西长安"置于尺寸前，陆作"在陕西长安县"置于尺寸后。余录"纵横一尺二寸"前少一"石"字。余录"正书"后多"额题大**庙**故韩君之墓志"等字。余录"此翻刻本"，"此"后少一"其"字。余录"它碑"，陆作"他碑"。余录"此误作己酉"多一"酉"字。余仅录至"往往败露"，其后内容未录。

唐《李术墓志铭》

碑纵横各一尺二寸，十五行，行十五字，李翱撰文，正书。额题唐故叔氏墓志铭并序。陆耀通《金石续编》云，李术墓志铭见《李文公本集》，术为诸父而曰叔氏，叔父之尊而拟之延陵嬴博，尤为不伦。翱以浙东观察判官乞假篮宅，铭曰：唯叔平生游居是邑，卒莫知所葬何地。李翱此文本不可为典要，后人就集本上石，诡为出土石刻，并劣集本题叔氏墓志，石本加"唐故"二字，旅宦之旅作㳆，灵幽之幽作囧，浅人涉笔一二字已见其陋，录而摘之，以微赝托。[2]

按：余录"碑纵横各一尺二寸"，"碑"陆作"石"。余录首句多"李翱撰文"四字。"额题唐故叔氏墓志铭并序"，余录多"额题"两字。余录墓志铭内容未录。余录"铭曰"，陆作"铭云"。余录"叔氏墓志"后少一"铭"字，下文同此。余录"诡为出土石刻"，陆"石刻"为"书刻"。

（三）据书法风格辨伪

每一时代都有每一时代之书法风格，故有"晋尚韵、唐尚法、宋尚意"之说。而身处其时代，必然会不知不觉间受到熏染，其自身风格也会呈现出这种时代特色。因此，从书体、笔法、风格等因素判断石刻的真伪，也是石刻辨伪的重要依据。

汉《高祖大风歌》

吴玉搢《金石存》云，《徐州志》《歌风碑》在沛县歌风台，碑有二，一竖于东，不知年代；西则为元大德间摹刻者，旧碑中断束以铁。汪蛟门《歌风台记》云，元大德间摹刻于石者，邑令罗士学也。予案此碑不知刻自何时，相传为汉曹喜书，亦无确据。碑自大德中已经重刻，其旧碑即非汉刻，亦必唐宋人所为，何近在彭城（今为铜山县），而欧赵皆不收录也。王昶《金石萃编》云，《大风歌》见于《史记·本纪》，此碑首题汉高祖皇帝，字且篆体，亦不类秦汉人书，其非当时原刻无疑。盖后人以沛为高祖发祥之地，而歌内有归故乡之文，遂书其文刻之于石耳。[3]

[1] 余寿湘：《古碑重摹伪刻考》，国家图书馆古籍馆藏，壬申秋月平江余氏家塾开雕，卷三，第5—6页。
[2] 余寿湘：《古碑重摹伪刻考》，国家图书馆古籍馆藏，壬申秋月平江余氏家塾开雕，卷三，第24—25页。
[3] 余寿湘：《古碑重摹伪刻考》，国家图书馆古籍馆藏，壬申秋月平江余氏家塾开雕，卷一，第13—14页。

按：与吴玉搢《金石存》相校，余录少"汉高祖皇帝歌（案：此行原书脱，今补。）大风起兮云飞扬，威加海内兮归故乡，安得猛士兮守四方"内容。余"予案"，吴为"余案"。余"何近在彭城"后，少"（今为铜山县）"内容。余"而欧赵皆不收录也"，后少"篆法非，上蔡当涂矩矱，殆闻古人有县针书法而仿佛之者，不为佳品，故藏弄之者亦少尔"等内容。与王昶《金石萃编》相校，余录"大风歌"后少"首"字。"遂书其文刻之于石耳"，后少"或指为曹喜书亦无确据，今姑置之汉末云"等内容。余录与吴玉搢《金石存》、王昶《金石萃编》相校，知余录并未参考吴玉搢《金石存》内容，乃直接录自王昶《金石萃编》，因王昶《金石萃编》已包含吴玉搢《金石存》中关于《大风歌碑》之记载。而检王昶《金石萃编》，余录少碑之尺寸及篆书，"碑高一丈一尺，广四尺四寸，四行行八字，今在沛县"。注：篆书略。

唐《三坟记》

碑在陕西西安，大立二年立。钱大昕《潜研堂金石文跋尾》云：《三坟记》与《栖先茔记》同时立，皆李季卿撰文，李阳冰篆书，臬光刻。碑末无重开年月而字画更明显，笔力似较弱，盖开凿又在《栖先茔记》之后也。[1]

按：余谨录"《三坟记》与《栖先茔记》同时立，皆李季卿撰文，李阳冰篆书，臬光刻。碑末无重开年月而字画更明显，笔力似较弱，盖开凿又在栖先茔记之后也"。其余未录。文字略有差异。

（四）据著录形制辨伪

碑刻有其固定形制，如碑额、碑阳、碑阴、行数、纹饰、碑座，不同时代有其不同形制与时代特征。而碑刻传拓产生拓本，其装潢与形制亦有其时代特征。从形制判别，亦可为辨伪依据。

汉《淳于长夏承碑》

汪诗韩《韩门辍学》云，碑在永年县漳川书院二门外，此碑凡有三本。《金石录》云：因治河堤得于土壤中者，此一本也。《金薤琳琅》云：江阴徐子扩尝得旧刻双钩其字以惠予，与此绝异。案，此即秦民悦所言下截为后人摹刻者，此又一本也。碑之存贮亦是三处，府治也、府学也、漳川书院也。《汉隶字原》在洺州州衙，秦民悦见府治后堂有碑仆地者，应即此碑矣。而元王文定公恽《秋涧集》为蔡中郎书，且云在广平府学，然则成化时何得尚在府治，窃为元祐时无人指为蔡中郎书，而民悦乃仍文定臆度之语，与今碑末直书建宁三年蔡伯喈书者无异，似乎民悦所见已非原碑矣。唐曜重刻跋云，置亭中，其实漳川书院已建，而跋云亭中似亭，即秦民悦爱石轩之旧址，又何人移入漳川书院乎。至于今昔拓本不同，不特书法好丑异也，其款式字迹之别，亦有三端。"勤约""勤绍"字之不同，一也。旧有碑额云"汉北海淳于长夏承碑"九篆字，今本碑额只"夏承碑"三篆字，而铭词下刻一方圈，内作楷书"淳于长夏承碑"六字，标题之不同，又其一也。旧本十四行，每行二十七字，今本十三行，每

---

[1] 余寿湘：《古碑重摹伪刻考》，国家图书馆古籍馆藏，壬申秋月平江余氏家塾开雕，卷三，第14页。

行三十字,行数之不同,又其一也。(《隶释·碑图》云,圭首之上有晕二重,自右周于左,其左复有一重篆额,三行黑字,其文十四行,行二十七字。)然则嘉靖本固非成化本,而成化本亦非元祐本矣。嘉靖二十三年,碑为筑城工役所毁,它时修城者,断石残刻犹或遇之,未可知耳。[1]

按:余录《夏承碑》全文乃出自清汪诗韩《韩门辍学》,余录多有删节错讹。余录"碑在永年县漳川书院二门外",汪为"汉《夏承碑》在永年县城内,漳川书院二门外"。余删"城内"二字,后少"近有县令曲阜孔君改名紫山书院,明末巡按苏京尝建紫山书院,其废已久,孔乃移用其名,盖不知洺水本名漳水也"。余"《金石录》云:因治河堤得于土壤中者,此一本也",汪为"赵明诚《金石录》云:元祐间因治河堤得于土壤中,刻画完好如新者,此一本也"。余录"《金石录》"前少"赵明诚","因治河堤"前少"元祐间",后漏"刻画完好如新者"。余录"《金薤琳琅》云:江阴徐子扩尝得旧刻双钩其字以惠予,与此绝异。案,此即秦民悦所言下截为后人摹刻者,此又一本也",汪为"都穆《金薤琳琅》云:江阴徐公扩尝得旧刻双钩其字以惠予,与此绝异,旧刻阙字四十五,而此独完好。又'积行勤约',今作'勤绍',俱为可疑,乃是后人伪作者。按,此即成化间郡守舒城秦民悦跋中所言。下截一百一十字,为后人摹刻者,此又一本也"。余录"《金薤琳琅》"前少"都穆","徐公扩"误为"徐子扩"。余录后少"旧刻阙字四十五,而此独完好。又'积行勤约',今作'勤绍',俱为可疑,乃是后人伪作者"。余"案"汪为"按","秦民悦"前少"成化间郡守舒城",后少"跋中","下截"后少"一百一十字"。余"碑之存贮亦是三处",前少"嘉靖间郡守富顺唐曜取摹本临石置亭中,此又一本也"。余"《汉隶字原》在洺州州衙",汪作"《汉隶字原》云在洺州州衙",少一"云"字。余"与今碑",汪作"与今本碑"。余"爱石轩",汪作"爱古轩"。余"今昔拓本",汪作"古今拓本"。余"不特书法好丑异也",汪作"不独书法好丑异也"。余"《隶释·碑图》",汪作"宋洪丞相淳熙《隶释·碑图》",少"宋洪丞相淳熙",余"《隶释·碑图》"后少"右淳于长碑"。余"嘉靖二十三年",汪作"嘉靖二十二年";余"它时修城者",汪作"他时修城者"。余"未可知耳"后少"又按北海者,郡名也,淳于者,郡之县也,长者,县之官也。《春秋》:桓公五年冬,州公如曹。《左传》作:淳于公,如曹。杜注:淳于,州国所都。城阳,淳于县也。《史记正义》曰:注《水经》云:淳于县,故夏后氏之斟灌国也。周武王以封淳于公,号淳于国也。《汉书·地理志》淳于属青州北海郡,颜师古注云:淳于公国之所都。[淳于本乐器之名,亦作錞釪郑氏。《周礼》注云:圆如碓,头大上小下(疑缺字),故凡山川之行似此者,多以淳于为名。]今考淳于故城在青州府安丘县东北三十里。而是碑乃出广平,事有不可解者。《百官·公卿表》序云:县令长掌治其县,万户以上为令,减万户为长。夏承官终淳于长碑文甚明,今之新县志乃云:夏承碑,淳于长文,蔡邕书。以淳于长为人姓名,此乃前汉《佞幸传》之名也,讹谬甚矣。(乾隆三十三年,永年县修城。急嘱留意此碑,而竟不可得,闻城一面有不必拆者,岂正在此一面内耶。)"

---

[1] 余寿湘:《古碑重摹伪刻考》,国家图书馆古籍馆藏,壬申秋月平江余氏家塾开雕,卷二,第3—4页。

（五）伪刻亦有价值

伪刻虽然其伪，但有的碑刻已经佚失，且有的伪刻乃出于当时人所造，在一定程度上保留了诸多信息。因此，伪刻仍具有其价值与意义。

宋《芜湖县学记》

> 碑在安徽芜湖，黄裳撰，米芾书。安世凤《墨林快事》云：米老学记字字有体势，亦尟败笔，乃米书中最可珍贵者，海内之存否不可知。大氐为伪墨迹者必自旧拓本摹出，则虽娄经翻刻，尚有典型，足资楷式也。[1]

按：余仅录安世凤《墨林快事》内容，且与原文内容有异。"米老学记字字有体势"，"学记"后漏一"乃"字。"亦尟败笔"，"尟"安文为"鲜"。"乃米书中最可珍贵者"，余录多一"乃"字。"海内之存否不可知"，余录前少"其原碑"。"大氐为伪墨迹者必自旧揭本中摹出"，余录"大氐"，安文为"大抵"。"尚有典型，足资楷式也"，安文为"固尚有典型也"多一"固"，无"足资楷式也"字。另外，余录仅录安世凤《墨林快事》，钱大昕《潜研堂金石文跋尾》关于此碑跋语未录，王昶《金石萃编》按语未录。

四、结语

历代金石著作中，关于碑刻辨伪的论述，不乏其例，但多散见于题跋、文集、地方志之中，零散且不便于查阅。余寿湘之前，陆增祥《八琼室金石补正》、方若《校碑随笔》、张祖翼《伪石考》虽附有伪刻碑目，但"徒见其伪作之伪，不知所致之由"，直至余寿湘《古碑重摹伪刻考》一书出，始为翔实完备。在检索甚为不便的当时，余氏能将某一碑刻散见于金石题跋、文集、地方志中的记载，汇为一书，"辨章学术，考镜源流"，使我们对金石碑刻的重摹、辨伪有了一个系统全面的认识，不但"知其伪作之伪，而知所致之由"，显得科学而富有条理，其汇辑开创之功是显而易见的。而揆诸全书，余氏所定书名《古碑重摹伪刻考》，与书中内容并不相符，也就是说，作者关于古碑的重摹、伪刻并没有考证，只是汇纂，可见原书应命名为《古碑重摹伪刻文献辑录》更为合适。而余书其他方面，也存在着一定的问题与不足。

在编纂体例方面，余寿湘《古碑重摹伪刻考》一书的编纂体例主要借鉴了叶昌炽《语石》中关于古碑"一刻再刻"的论述，也就是从历代金石著作中汇辑重摹、伪刻的相关记载，述而不断。在内容方面，余寿湘关于古碑的重摹、伪刻的记录，虽然参考了大量的金石著作、史传、文集、地方志等资料，但主要是参考了历代金石著作中的记载，而史书、文集、地方志等书，也是金石著作中所提及的，并非余氏首发之功。而在余氏参考的金石著作中，主要参考了王昶的《金石萃编》。《金石萃编》作为清代集大成的金石汇编，体例完善，收录碑刻众多，材料搜集广泛。可以想见，余氏案头必备一部《金石萃编》，时常翻阅的。余氏在援引相关著作方面，汇辑摘录的同时，多以

---

[1] 余寿湘：《古碑重摹伪刻考》，国家图书馆古籍馆藏，壬申秋月平江余氏家塾开雕，卷四，第8页。

己意剪裁，保留碑刻摹本、伪刻的主要观点，对原先抄录的内容在措辞上进行了一些删改和整理，有些录文虽无关碑刻大意，但有些内容与文字已与原文相差甚远，使用时需要核检原书。

在碑拓来源方面，余氏历游齐、鲁、燕、赵之故墟，遍访古碑碣之所在，手摹毡拓，或广搜僻壤荒碑、家藏孤本，或藉邮筒购致，或假墨拓钩摹，途径多样，来源广泛。在辨伪方法方面，余氏积多年之力，必使所知碑刻，目论毡椎，始为征信。又取架上金石书之论，两相比较。可以说，余寿湘的《古碑重摹伪刻考》一书是作者实地考察与金石著录相结合的产物，但此种方法仍是前人访碑之风的余续，并无特别之处。而揆诸全书，余氏虽然遍游各地、广引著录，但主要汇纂历代金石著作中关于碑刻的重摹、伪刻，且汇而不断，这不仅使本书的价值大打折扣，或许这也是此书不为时人所关注的原因。

我们知道，从事任何一门学术研究，首先做的工作便是需要对本学科的文献材料进行辨伪，文献不真，得出的结论自然错误。郭沫若先生在《古代研究中的自我批判》中曾强调材料辨伪的重要："无论作任何研究，材料的鉴别，是最必要的基础阶段。材料不够固然大成问题，而材料的真伪或时代性如未规定清楚，那比缺乏材料还要更加危险。因为材料缺乏，顶多得不出结论而已，而材料不正确便会得出错误结论。这样的结论比没有更要有害。"[1]对于金石学而言，碑刻重摹、伪刻不仅贻误初学，而且蒙蔽研究者，对文物收藏也带来严重的经济损失所以，我们在书法学习、学术研究、文物收藏等方面首先要弄清楚碑刻的重摹、作伪，为学术研究廓清障碍、奠定基础。同时，我们也要看到问题的另一面，就是重摹、伪刻也有其自身的价值。陈寅恪在冯友兰《〈中国哲学史〉上册审查报告》中言："真伪者，不过相对问题，而最要在能审定伪材料之时代及作者而利用之。盖伪材料亦有时与真材料同一可贵。如某种伪材料，若径认为其所依托之时代及作者之真产物，固不可也；但能考出其作伪时代及作者，即据以说明此时代及作者之思想，则变为一真材料矣。"[2]可见，考出作伪时代及其作者，以说明古碑存亡迁徙之情状，后人重摹、贾竖作伪之由，亦是一种重要的价值。这也正如仲威所言："即便《阁帖》中收录了不少伪帖，那也是宋以前书家的遗迹，同样具有极高的艺术参考价值。"[3]而又如《朱博残碑》虽为尹竹年伪刻，却被黄牧甫所取法，[4]在艺术上仍有其价值。

碑帖拓片的重摹、真伪鉴别极为复杂，古人称之为"黑老虎"，意在碑帖鉴定稍不留神，即为

---

[1] 郭沫若著：《十批判书》，东方出版社 1996 年版，第 2 页。

[2] 陈寅恪著：《冯友兰中国哲学史上册审查报告》，《金明丛稿二编》，三联书店 2001 年版，第 280 页。

[3] 仲威著：《帖学十讲》，上海书画出版社 2005 年版，第 7 页。

[4] "月前，用七缗购得《朱博残碑》一纸，爱之甚，每举笔辄效之。此印特仿《孟伯获修路记》，运刀时仍走入《朱博碑》字一路。下愚不移，一至于此，千禾先生教之则幸矣。黄士陵并志。"（见"光绪十一年国子学录蔡赓年校修大学石壁十三经"印）[转引自黄惇编著《中国印论类编》（下卷），荣宝斋出版社 2010 年版，第 1038 页。]"《朱博残石》出土未远，余至京师先睹为快。隶法瘦劲似汉人镌铜，碑碣中绝无而仅有者，余爱之甚，用七缗购归，置案间耽玩久之。兴酣落笔，为蕴贞仿制此印，蕴贞见之当知余用心之深也。黄士陵并志于宣武城南。"（见"我生之初岁在丙辰维时己巳"印）[转引自黄惇编著《中国印论类编》（下卷），荣宝斋出版社 2010 年版，第 1038 页。]"略师《朱博残碑》而参以己意，牧父。"（见"庚年印章"印）[转引自黄惇编著《中国印论类编》（下卷），荣宝斋出版社 2010 年版，第 1039 页。]"从前喜用《朱博残石》刻字入印，今忘之矣。"（见"伯惠"印）（转引自唐存才著《黄士陵》，上海书店出版社 2007 年版，第 106 页。）"而《朱博残碑》笔致细劲，纯悉单刀，熟习可通凿印。"[见王光烈《印学今义·补助》，转引自黄惇编著《中国印论类编》（下卷），荣宝斋出版社 2010 年版，第 1024 页。]

所咬。而关于古碑重摹、伪刻的整理，我们一方面要参考历代金石文献中关于此方面的记载，如余寿湘所著，将历代碑刻中重摹、伪刻者汇为一书，便于后人查考，同时我们也要认识到"尽信书等于无书"；另一方面，在相关文献的基础上，我们还要注重文献与实物的相证比对，尤其注重细节的对比。这样一来，碑帖鉴定才能得出翔实可靠的结论，避免为"黑老虎"所伤。在这一点上，仲威提出以"石花、石质纹理、断裂纹、细擦痕、石面凹凸、界格线、字口内外、碑石边角、考据点"等作为参照点，为碑帖鉴定提供了翔实有效的依据，不仅知其作伪之果，更知其作伪之由，为我们树立了标准的鉴定参考模式。而历代古碑重摹、伪刻虽然众多，但"诗人只说西昆好，可惜无人做郑笺"，直至余寿湘出，才将古碑重摹、伪刻汇纂成为一书，遗憾的是，由于时代条件所限，余氏所辑并未全面，且并未对重摹、伪刻作出自己的判断，并与拓本相印证。前修未密，后学转精，如能在余氏的基础上，将历代碑学、帖学的重摹、伪刻文献重新整理辑出，并与现存拓本互相印证比对，进行全面系统的整理、总结与研究，图文并茂，学术与艺术相结合，建立碑帖文献辨伪学，则是今天学者的重任，这也是笔者将《古碑重摹伪刻考》表而出之的原因。

《古碑重摹伪刻考》重摹、伪刻碑目

按：本目将余寿湘《古碑重摹伪刻考》一书目录附之于下。同时将陆增祥《八琼室金石祛伪》书后所附《金石祛伪》，方若《校碑随笔》，张祖翼《伪石考》，顾燮光《古志新目初编》所附《伪作各目》，容媛著、胡海帆整理《秦汉石刻题跋辑录》所附伪刻，陈邦福《碑版研究法》，马子云《碑帖鉴定浅说》，郭玉堂《洛阳出土石刻时地记》，王壮弘《增补校碑随笔》《六朝墓志简要》《帖学举要》，赵超《汉魏南北朝墓志汇编》，潘景郑《伪刻和翻刻碑帖举例》，洛阳市文物局编《洛阳出土北魏墓志选编》，刘琴丽《汉魏六朝隋碑志索引》所附《伪刻（含疑伪）碑志索引》，网络佚名《历代伪造石刻名录》，诸书所录伪刻相同者标出，重摹者不再标明。（说明：文中所录碑刻缺年代时间者，原书即是如此。）

卷之一

夏

《大禹岣嵝刻石》（方若《校碑随笔》伪刻；容媛著、胡海帆整理《秦汉石刻题跋辑录》《岣嵝碑》：时代不明。旧传为夏禹时书刻；陈邦福《碑版研究法》存疑；马子云《碑帖鉴定浅说》伪造；潘景郑《伪刻和翻刻碑帖举例》伪刻；《历代伪造石刻名录》伪刻）

殷

《比干铜盘铭》（马子云《碑帖鉴定浅说》伪造；王壮弘《帖学举要·宋汝帖》伪帖；《历代伪造石刻名录》伪刻）

周

《穆王坛山刻石》（张祖翼《伪石考》原石有无不可考；马子云《碑帖鉴定浅说》伪造；王壮弘《增补校碑随笔》伪刻；《历代伪造石刻名录》伪刻）

《孔子题殷比干墓字》（马子云《碑帖鉴定浅说》伪造存疑；《历代伪造石刻名录》伪刻）

《孔子题吴季札墓字》（马子云《碑帖鉴定浅说》伪造存疑；容媛著、胡海帆整理《秦汉石刻题跋辑录》《季札墓碑》：时代不明。旧传为孔子书；《历代伪造石刻名录》伪刻）

秦

《峄山刻石》

《泰山刻石》（张祖翼《伪石考》本有今存十字；马子云《碑帖鉴定浅说》翻刻）

《琅邪刻石》

《之罘刻石》

《会稽刻石》

汉

《高祖大风歌》（张祖翼《伪石考》原石有无不可考；马子云《碑帖鉴定浅说》伪造；《历代伪造石刻名录》伪刻）

《巴州民扬董买山记》（地节二年）（陈邦福《碑版研究法》存疑；王壮弘《增补校碑随笔》伪作）

《武阳官墼文》（永初七年）

《李昭碑》（元初五年）（陈邦福《碑版研究法》存疑；方若《校碑随笔》伪刻；潘景郑《伪刻和翻刻碑帖举例》伪刻；《历代伪造石刻名录》伪刻）

《孝女曹娥碑》（元嘉元年）（王壮弘《帖学举要·明停云馆帖、清三希堂石渠宝笈法帖》伪帖）

《樊安碑》（延熹三年）

《桐柏淮源庙碑》（延熹六年）（张祖翼《伪石考》本有久佚；马子云《碑帖鉴定浅说》翻刻；潘景郑《伪刻和翻刻碑帖举例》翻刻）

《西岳华山庙碑》（延熹八年）（张祖翼《伪石考》本有久佚；马子云《碑帖鉴定浅说》翻刻）

《沛相杨统碑》（张祖翼《伪石考》本有久佚）

《高阳令杨著碑》（建宁元年）（马子云《碑帖鉴定浅说》翻刻）

《太尉杨震碑》（马子云《碑帖鉴定浅说》翻刻）

《繁阳令杨君碑》（熹平二年三月）

《郭有道碑》（建宁二年正月）（张祖翼《伪石考》本有久佚；马子云《碑帖鉴定浅说》翻刻；潘景郑《伪刻和翻刻碑帖举例》翻刻）

卷之二

汉

《孝廉柳敏碑》（建宁二年十月）（马子云《碑帖鉴定浅说》翻刻）

《淳于长夏承碑》（建宁三年）（张祖翼《伪石考》本有久佚；马子云《碑帖鉴定浅说》翻刻）

《陈德残碑并阴》（建宁四年三月）（容媛著、胡海帆整理《秦汉石刻题跋辑录》伪刻；马子云《碑帖鉴定浅说》伪造；王壮弘《增补校碑随笔》伪刻；刘琴丽《汉魏六朝隋碑志索引》所附《伪刻（含疑伪）碑志索引》伪刻；《历代伪造石刻名录》伪刻）

《李翕析里桥郙阁颂》（建宁五年二月）（张祖翼《伪石考》本有今存；马子云《碑帖鉴定浅说》翻刻）

《成阳灵台碑》（建宁五年五月）

《东海庙残碑》（熹平元年）（按：马子云《碑帖鉴定浅说》有《东海庙碑》翻刻，不知是否指此碑）

《玄儒先生娄寿碑》（熹平三年正月）（马子云《碑帖鉴定浅说》翻刻）

《熹平石经残字》（熹平四年）

《幽州刺史朱龟碑》（中平二年）（张祖翼《伪石考》本有久佚）

《小黄门谯敏碑》（中平四年七月）（马子云《碑帖鉴定浅说》翻刻）

《养奋碑》（初平四年）（刘琴丽《汉魏六朝隋碑志索引》所附《伪刻（含疑伪）碑志索引》疑伪）

《酸枣令刘熊碑》（陆增祥《八琼室金石祛伪》伪刻；张祖翼《伪石考》本有久佚）

《太尉尹公阙》

《郎中尹君阙》

《天禄辟邪字》

《贞女罗凤墓石》

《广都公乘伯乔残题名》

《洛阳长史残碑》

《司徒残碑》

《张桓侯破张郃铭》（建安二十年）（方若《校碑随笔》伪刻；容媛著、胡海帆整理《秦汉石刻题跋辑录》伪刻；陈邦福《碑版研究法》存疑；马子云《碑帖鉴定浅说》伪造；刘琴丽《汉魏六朝隋碑志索引》所附《伪刻（含疑伪）碑志索引》伪刻；潘景郑《伪刻和翻刻碑帖举例》伪刻；《历代伪造石刻名录》伪刻）

魏

《孙二娘等题名》（黄初元年三月）（方若《校碑随笔》伪刻；陈邦福《碑版研究法》伪刻；马子云《碑帖鉴定浅说》伪造；《历代伪造石刻名录》伪刻）

《王五娘等题名》（黄初元年三月）（方若《校碑随笔》伪刻；陈邦福《碑版研究法》伪刻；马子云《碑帖鉴定浅说》伪造；《历代伪造石刻名录》伪刻）

蜀汉

《丞相诸葛武侯庙石琴题字》（章武元年）

吴

《萧二将祠堂记》（太元□年）

《天发神谶碑》（天玺元年）（张祖翼《伪石考》本有今佚；马子云《碑帖鉴定浅说》翻刻）

晋

《周孝侯碑》

《保姆砖志》（兴宁三年）（张祖翼《伪石考》本有久佚；王壮弘《帖学举要》单刻伪帖）

北魏

《孝文皇帝吊殷比干墓文》

《司马元兴墓志铭》

《司马景和墓志铭》

北齐

《陇东王感孝颂》

隋

《李渊为子祈疾疏》（大业元年正月）

《姚辩墓志铭》（马子云《碑帖鉴定浅说》伪造；《历代伪造石刻名录》伪刻）

《李靖上西岳王文》

《智永真草千文》

《龙池寺舍利塔铭》（仁寿元年）（王壮弘《增补校碑随笔》伪刻；《历代伪造石刻名录》伪刻）

卷之三

唐

《女子苏玉华墓志》（武德二年五月）（陆增祥《八琼室金石祛伪》伪刻；方若《校碑随笔》伪刻；陈邦福《碑版研究法》伪刻；马子云《碑帖鉴定浅说》伪造；潘景郑《伪刻和翻刻碑帖举例》伪刻；《历代伪造石刻名录》伪刻）

《孔子庙堂碑》（武德九年十二月）（张祖翼《伪石考》本有久佚）

《凉州郭云墓志》（贞观五年十月）（陈邦福《碑版研究法》伪刻）

《化度寺邕禅师舍利塔铭》（贞观五年十一月）（张祖翼《伪石考》本有久佚；潘景郑《伪刻和翻刻碑帖举例》翻刻）

《赠比干太师诏并祭文》（贞观十九年二月）

《淤泥禅寺心经》（贞观二十三年三月）

《蜀王西阁祭酒萧胜墓志》（永徽二年八月）（陆增祥《八琼室金石祛伪》伪刻）

《韩宝才墓志》（咸亨四年）

《修孔子庙诏表》（仪凤二年七月）

《叶慧明碑》（开元五年七月）

《宗圣观主尹尊师碑》（开元五年十月）

《娑罗树碑》（开元十一年十月）

《后汉郑康成碑》（开元十三年八月）

《庐山东林寺碑》（开元十九年七月）

《石窟寺陀罗尼经幢》（开元十九年十一月）

《法华寺碑》（开元二十三年十二月）

《三藏无畏不空法师塔记》（开元二十五年八月）

《开元寺陀罗尼经幢》（天宝七载二月）

《通微道诀碑》（乾元二年六月）

《缙云城隍庙碑》（乾元二年八月）

《扶风县文宣王庙碑》（大历二年）

《拪先茔记》（大历二年）

《三坟记》（大历二年）

《赵城县广胜寺牒》（大历四年）

《庾贲德政颂》（大历五年九月）

《麻姑仙坛记》（大历六年四月）（张祖翼《伪石考》本有久佚；马子云《碑帖鉴定浅说》翻刻）

《八关斋会报德记》（大历七年）（潘景郑《伪刻和翻刻碑帖举例》翻刻）

《阳冰谦卦》

《干禄字书》（大历九年正月）

《送刘太冲序》

《奉使蔡州书》

《李元靖先生碑》（大历十五年五月）

《送李愿归盘古序》（贞元年）

《裴耀卿神道碑》（元和七年十一月）

《石壁禅寺甘露义坛碑》（元和八年三月）

《李术墓志铭》（元和九年）（陆增祥《八琼室金石祛伪》伪刻；方若《校碑随笔》伪刻；陈邦福《碑版研究法》伪刻；马子云《碑帖鉴定浅说》伪造；《历代伪造石刻名录》伪刻）

《大鉴禅师碑》（元和十一年）

《张九龄碑》（长庆三年）（马子云《碑帖鉴定浅说》翻刻）

《张九皋碑》（长庆三年）

《李渤留别南溪诗》（大和二年十一月）

《西干郡王李晟碑》（大和三年四月）

《处州孔子庙碑》（大和三年）

《白乐天游济源诗》（大和五年）

《龙兴寺尊胜陀罗尼经幢》（大中八年四月）

《重兴保安禅院记》（大中二年）

《佛顶尊胜陀罗尼经幢》（大中八年四月）

《直角镇保胜寺尊胜陀罗尼真言》（大中八年）

《圭峰寺定慧禅师碑》（大中九年十月）

《临平安隐寺经幢》（大中十四年正月）

《觉苑寺尊胜经幢》（咸通二年正月）

《南翔寺尊胜陀罗尼经幢》（咸通八年十二月）

《南翔寺尊胜经幢》（乾符二年八月）

《尊胜经幢记》（乾符二年十月）

《北岳庙李克用题名》（中和五年二月）

《尊胜陀罗经幢》

后晋

《开化寺宝严阁记》（开运二年七月）

卷之四

宋

《庆唐宫延生观勅》（建隆二年八月）

《太一宫记》（建隆三年正月）

《玄圣文宣王赞》（大中祥符元年十一月）

《萧山昭庆寺梦笔桥记》（天圣四年三月）

《长城葆光等题名》（明道二年六月）

《游径山记》（景祐三年十二月）

《三贤堂赞》（嘉祐四年九月）

《游径山诗》（熙宁八年九月）

《表忠观碑》（元丰元年八月）

《龙井记》（元丰二年）

《乳母任氏葬志铭》（元丰三年十月）

《集归去来辞诗》（元丰四年九月）

《耆英会图并诗》（元丰五年正月）

《司马温公投壶图》

《雪堂词刻》

《苏轼海市诗》（元丰八年十月）

《阿育王寺宸奎阁碑》（元祐六年正月）

《半月泉诗并题名》（元祐六年三月）

《与胡祠部游法华山诗》（元祐六年四月）

《满庭芳词》（元祐六年十月）

《丰乐亭记》（元祐六年十一月）

《游青原山诗》（元祐七年）

《九成宫台铭》（建中靖国元年）

《芜湖县学记》（崇宁元年）

《中岳寺修五百大阿罗汉洞记》（崇宁元年）

《苏轼书金刚经》

《浮粟泉二词》

《灵岩建塔手札》

《元祐党籍碑》（崇宁三年）

《万寿宫诏》（宣和九年八月）

《崇真宫徽宗付刘既济手诏》

《崇真宫徽宗付项举之宸翰》

《汝州香山大悲菩萨诗》

《拱极观记》（靖康元年八月）

《延庆寺罗汉像记》（靖康元年）

《洞庭包山显庆寺记》（绍兴二年）

《送张紫岩诗》（绍兴五年）

《墨庄题字》（绍兴六年）

《显忠庙记》（绍兴二十七年四月）

《张浚过严子陵钓台诗》（隆兴二年）

《白雀寺题名》

《重建华严寺碑》（庆元五年八月）

《忠烈庙碑》（嘉定四年）

《无垢居士像赞》（绍定二年六月）

《金祝二太尉庙记》（淳祐元年八月）

《清真观理宗御书放生池勅》（淳祐十年正月）

《七十二贤赞》

《东阳镇卢君庙记》

辽

《豆店清凉寺千佛像石幢》（清宁三年十月）

《丹阳子行吟图诗》（大定二十一年八月）

元

《重修慈云禅寺记》（泰定二年六月）

《长安镇胡令公庙记》（泰定四年十月）

《北海县膏润行祠碑》（后至元三年十月）

《重修颍考叔庙记》（后至元六年九月）

《绍兴路总管府推官贡承务碑》（至正年）

（作者系中国艺术研究院2020级美术学在读博士）

李尹桑的印谱及相关问题研究

曾毓晟

内容提要：李尹桑与易孺、邓尔雅作为近现代岭南篆刻界"三杰"，然学界以李尹桑为相关研究文献十分稀少，以其存世相关印谱的研究更是学术上的"空白点"。笔者所见仅王守民一文[1]，从印学审美、思想渊源、印学交游等方面进行相关研究。故笔者以其相关印谱为切入点，对印谱内容，包括体例、形制、序跋、印蜕、印款等进行整理与研究，并从印学取法、渊源、交游等角度对其印学价值与意义加以分析，以期引起大家的关注。

关键词：印谱　边款　李尹桑

一、李尹桑印谱初考

今可见李尹桑印谱，广东省立中山图书馆保存数量计3种，松荫轩计5种，私人藏本计7种，共计13种19册，数量丰富。笔者以手头所存6种9册，对其编辑体例及特点进行论述，其余待增补的印谱则整合以表格的形式呈现。

（一）《秦斋魏斋玺印合稿》

李尹桑、易孺合辑《秦斋魏斋玺印合稿》二册，约民国七年戊午（1918），铅印本，广东省立中山图书馆藏，见冼玉清《广东印谱考》著录。

是谱版本高32.4厘米，宽13.4厘米，内页有粗线版框高17.4厘米，宽7.8厘米。扉页印楷书书题"秦斋魏斋玺印合稿"，未署款（图1—2），或为易孺所加，其后为大厂作序：

> 吴氏大澂谓宋以来钟鼎彝器之文始见于著录，乾隆以后古金文字日出不穷，古币、古玺、古陶器文，皆在小篆以前。今去愙斋此言亦数十年，海内摹印之学复盛，益之新术廉贾以馈学人。愙斋、訇

 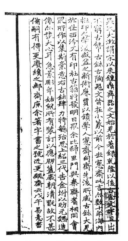

图1　扉页楷书书题　　图2　易孺作序

---

[1] 王守民：《从黄牧甫到李尹桑——论李尹桑印风形成、发展及其印学审美、创作观》，《书法赏评》2018年，第42—45页。

斋先后所藏古玺大见于世。西泠又有印社，古籀将发明日众。余比归里门，与秦斋嗜相同。会众所作，以集斯稿。意右古玺，肆力特繁。殆思上绍三代吉金，附以仿元魏造像，亦发大心耳。姑就所有。装订以应朋旧岁朝清玩。

第一册19页，收印55方。其中李尹桑9页，每页钤印一至二方，自"尹桑之玺"白文小玺始，共27方印，均附边款，内容多为记事。易孺10页，每页钤印一至二方，自"广雅旧学"朱文玺始，共29方印，均附边款，且有作图。第二册21页，收印61方，钤拓方镐、陈曼生等人印作。

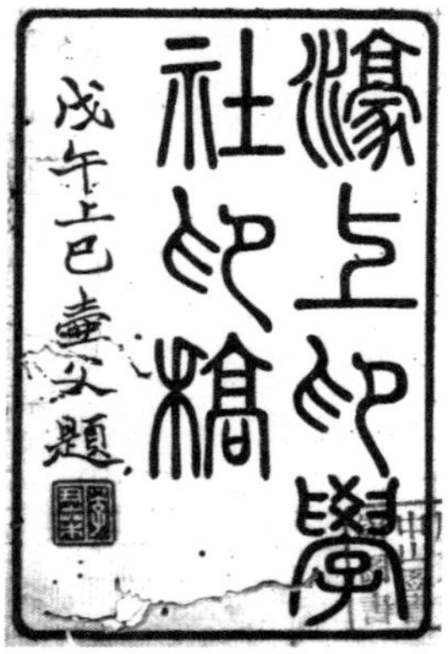

图3　李尹桑篆书书题

（二）《濠上印学社印稿》

李尹桑等合辑《濠上印学社印稿》一册，约民国七年戊午（1918），钤印本，广东省立中山图书馆藏，见冼玉清《广东印谱考》著录。

是谱版本高17.8厘米，宽10.4厘米，内页有粗线版框高12.5厘米，宽9.1厘米。封面印篆书书题"濠上印学社印稿"，署款"戊午上巳壶父题"（图3），每页正面离书口1.20厘米有一条粗线，上隶书印有"濠上印学社印稿"，与李尹桑隶书书风相似，或为李尹桑所书。

全谱28页，自"濠上学社"朱文合作印始，终于黄牧甫边款，共录印30方，钤拓李尹桑、钽父、李步昌等人印作。

（三）《大同石佛堪玺印稿》

李尹桑自镌《大同石佛堪玺印稿》二册，约民国八年己未（1919），铅印本，广东省立中山图书馆藏，见冼玉清《广东印谱考》著录。

是谱版本高29.4厘米，宽11.5厘米，内页有粗线版框高14.5厘米，宽9.8厘米。封面易孺题签"大同石佛堪玺印稿"，署款"己未夏五崔山易熹题"，扉页印篆书书题"大同石佛堪玺印稿"八字篆文（图4），署款"己未年六月褚德彝署"（"冼谱"作"伍德彝"，当误）。伍德彝为居廉弟子，字兴仁、懿庄、逸庄，号乙公、叙伦，广东番禺人。

其后为大厂作序：

图4　褚德彝扉页题字

易熹序云：余自髫髦即好治印，日手刃石不倦。比游江南，亦间作一二，私于自课自娱而已。前年丁巳岁（1917），返里忽忽，于戊午（1918）春始重晤玺斋于文社。旧游如梦，颇增感喟。嗣是遂相与论印。玺斋力攻古玺，并举以督劝。试为之不能工，至岁除乃勉集合稿。海内交游嗜之笃遗，苦未普显。咸不异玺斋之工，而转惊余忽有所撰，若宿畜者。然而玺斋远矣。今岁春颣，复去里门，沪上仍我穷居。而玺斋书来，又成谱矣，更令弁首。嗟乎！余之能逊玺斋，而懒则胜之。复何足以序玺斋乎？虽然，昔尝闻之玺斋，谓得一知己，可以无憾。今海内真知玺斋者得二易焉，余外有汉南易均室。然则玺斋其又奚止无憾？闻均室为撰《古玺

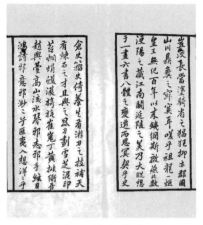
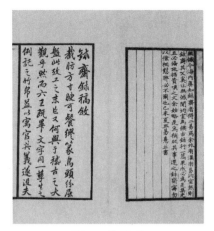

图5　易忠箓序　　　　　　　　　　　图6　易孺序

行》一篇。果成，必为是集先，且必备考据叹之文。余姑略是为稍（述）其事遂之。玺斋宁勿以俭相恧耶？必不尔也。己未（1919）夏五易憙并书。

易忠箓叙云（图5—6）：

载防方寸腴可饕，缪篆鸟头纷屈盘。此考工之未作，又何与于稽古之大观乎？然而六王既毕，文字同一。孳生之例，托之竹帛。益以写实，其义遂没。夫岂浍长、当涂、骑省之猖狂？抑亦郡国山川鼎彝之寂莫耳？嗟乎！祖龙一炬，皇王无纪。百年以来，铁网斯启。燕北数渑阳之藏，江南斗延陵之美。乃大纵想于一画、六书、八体之变迁，而思冥契乎史仓、史籀、史倚。养生有游刃之技，补天有炼石之才。且与之昆刀划雪，芝泥印苔；蜿蝈蠼濩，旖旎崖嵬。丁、黄排牙，吾、赵舆台。高山流水，琴耶？志耶？手弦目鸿，诗耶？意耶？渺渺兮匪夷入想，洋洋乎可堵传来。疾之者昆明灭，好之者曰浑沌开。而壹不知夫鸢翔而凤翥，粟雨而鬼哀。此则李子之神诣，而下走为之，咨嗟而徘徊。礼云，礼云，玉帛云乎哉！乐云，乐云，钟鼓云乎哉！礼云。

第一册35页，一页钤一印，自"南海区贮玺"白文大玺始，终于"木孙"朱文小玺，共录印30方，均附边款，内容不乏考订、评论、记事。第二册38页，一页钤一印，自"陈坤培"白文玺始，终于"庐陵"白文长方形印，共收印38方，均附边款。

（四）《古玺集存》

李尹桑自辑《古玺集存》一册，民国十九年（1930）钤印本，松荫轩藏，电子版可见于复旦大学"印谱文献虚拟图书馆"未见著录。

是谱版本高21.9厘米，宽13.6厘米。封面李尹桑自题签"古玺集存"，署款"己巳十月乙亥二十九日，戊寅装成，玺斋题记"，扉页有篆书书题"古玺集存"4字篆文（图7），署款"玺斋仁

图7　赵叔孺篆书题签

图8　商承祚序

图9　甲申玺印稿下册

兄属，赵叔孺题"，其后为商承祚序（图8）：

　　茗柯先生于金石文字者之极笃，收藏之富甲于南越。予与同癖相得益欢。庚午中秋予将有燕京之行，复在玺斋畅观所藏，大有山阴道士之势。几不知日之□也，三载相交，别于转瞬，劳燕惨神，有同感矣。观□题此以志爪泥。

（五）《甲申玺印稿》

　　李尹桑与其子李步昌合辑《甲申玺印稿》二册，民国三十三年（1944）钤印本，私人藏，现仅存下册，未见著录。

　　是谱版本高26.8厘米，宽14.7厘米。封面李尹桑隶书自题"甲申玺印稿下册"，署款"十月乙亥朔八日辛卯，玺斋记"，钤"李尹桑"白文姓名印（图9），无序跋。

　　下册55页，一页多印，有重复，自卷首"鲁园"朱文小玺始，共钤印599方，部分附边款，卷末有李尹桑手稿，内容不乏印章设计、记事、篆书手稿等。此稿本未见著录，李尹桑治印手稿尤属罕见，流传后世者甚少。

（六）《李玺斋先生印存》

　　李千里与冯衍锷合辑《李玺斋先生印存》一册，约1944年钤印本，松荫轩藏，未见著录。

　　是谱版本高27.5厘米，宽12.6厘米，内页有粗线版框，高17.5厘米，宽7.8厘米。封面行楷书题"李玺斋先生印存"，未署款，书口里页下署"番禺李天马冯霜青同集"，无序跋。

　　全谱66页，一页一印，自"玺斋"白文长方形印始，录印62方，多附款，有8印无系边款，边款以记事为主。

（七）《李尹桑印存》

黄耀忠辑《李尹桑印存》一册，2015年钤印本，私人藏，未见出版。是谱版本高24.3厘米，宽12.5厘米，内页有花纹版框，高15.4厘米，宽9.5厘米。

封面行楷书题"李尹桑印存"（图10），署款"孙慰祖题"，扉页亦为孙慰祖行书题"李尹桑印存"字样，后有梁晓庄序，其中不乏对李尹桑生平、风格、取法等灼见，与《岭南篆刻史》中"李尹桑"节同出一辙。卷末为黄耀忠红棉山房后记，可知其递藏脉络，其言：

图10 孙慰祖书题

> 李尹桑从黄士陵学，其成就晓庄兄已在前述，此不赘言。

癸巳夏，李尹桑、步昌父子所藏书画、金石图籍、自用印章流出穗垣市肆。余得其珂珞版、石印金石图籍多种，善本有汲古阁藏版《说文》、初钤本吴赵印谱、李尹桑咏颖拓钱币一册、易孺题赠之玦亭玺印集二册、李尹桑印谱散五十页、黄士陵印谱四册本二种、二册本一种。

> 其二本玺盖尤为精美，为余所仅见。李尹桑是黄士陵入室弟子，谱内粘贴的估计是黄士陵亲手玺盖，余为李尹桑所玺自存。鸣皋社兄煮枣堂藏一本尤佳，乃承容庚赠其师梁扶冲者。

（八）李尹桑存世印谱总目

以上为笔者所见，以下为李尹桑印谱总目：

成谱时间	编者/成谱类型/谱名	册数	版本	著录出处	收藏	基本信息
民国七年戊午（1918）	李尹桑、易孺《秦斋魏斋玺印合稿》	二册	钤印本	"冼谱"	"省图"（J/142.5/605-3）	附长边款，有笔记。其中印出易孺之手较多，学界研究亦集中于对易孺所刻。整合二者边款文字信息，对二者交游、观念的嬗变可有一个更为完整的把握。
民国七年戊午（1918）	李尹桑《濠上印学社印稿》	一册	钤印本	"梁表"	"省图"（J/142.5/8/184）	濠上印学社同仁藏古印及自刻印，另有别本，皆附款。

（续表）

成谱时间	编者/成谱类型/谱名	册数	版本	著录出处	收藏	基本信息
民国八年己未（1919）	李尹桑《大同石佛龛玺印稿》	二册	钤印本	"冼谱"	"省图"（J/142.5/575）	此本为稿本，以尹桑所刻为主，其子李步昌也留痕不少，今仅可见下册。
民国八年己未（1919）	李尹桑《李茗柯钤印留真》	二册	钤印本	松荫轩	未见	共有2种4册，分为钤印本2册、粘贴本2册，可见于松荫轩。册1共87页，基本一页一印，无边款，总计90方。
民国十年辛酉（1921）	李尹桑《玺斋印存》	一册	钤印本	"梁表"	未见	尚未见到实物。
民国十九年庚午（1930）	李尹桑《古玺集存》	一册	钤印本		松荫轩	版本高21.53cm，宽13.58cm，封面页篆书题"古玺集存"，署款"己巳十月乙亥二十九日戊寅装成玺斋题记"，扉页为赵叔孺篆书题字并署款"十月"。商承祚序："茗柯先生于金石文字耆之极笃，收藏之富甲于南越。予与同癖相得益欢。庚午中秋予将有燕京之行，复在玺斋畅观所藏，大有山阴道士之势。几不知日之□也，三载相交，别于转瞬，劳燕惨神，有同感矣。观□题此以志爪泥。"
民国二十七年戊寅（1938）	李尹桑《戊寅玺印稿》	一册	钤印本	"马传"	未见	未见实物。
民国十二年辛巳前（1943）	《李茗柯玺印留真》	二册		"梁表"	未见	共有2种4册，分为钤印本2册、粘贴本2册，可见于松荫轩。册1共87页，基本一页一印，无边款，总计90方。
民国三十三年甲申（1944）	《异构堂玺印集》	一册	钤印本	"马传"	未见	尚未见到实物。

（续表）

成谱 时间	编者/成谱类型/ 谱名	册数	版本	著录 出处	收藏	基本信息
民国 三十三年 甲申 （1944）	《金石蓴录》	一册	手稿本	私人藏		邝以明一文，载于西泠印社印学峰会论文集，对此本金石蓴录进行了讨论，可从侧面了解到尹桑对金石之嗜笃，且有大量小字注解，是深入李尹桑金石观念的重要材料。
民国 三十三年 甲申 （1944）	《甲申玺印稿》	二册	钤印	私人藏		此谱仅存下册，版本高26.82厘米，宽14.70厘米，封面页隶书题"甲申玺印稿下册"，署款"十月乙亥朔八日辛卯玺斋记"，无序跋。全部57叶，51叶钤印，每叶印数量不定，单印多次钤盖，有手稿。
1954年	李千里、冯衍锷 《李玺斋先生 印存》	一册	钤印本		松荫轩	谱板框粗线墨刷，横7.8cm，竖17.5cm，书口上署"李玺斋先生印存"字样，书口里页下署"番禺李天马冯霜青同集"字样，无序跋，全部66叶，66叶钤印，每叶钤印1方，印下系边款，录印62方。
2015年	黄耀忠 《李尹桑》	二册	钤印	私人藏		

二、论李尹桑的印学取法及其渊源

基于对上述印谱的整理，丰富的印谱序跋、印文内容、印款内容等信息，皆为对其印学观念、印章作品、印谱传播等研究的开展提供了史料支撑。

（一）对黄牧甫的取法

诚如黄宾虹所言"汉魏古印，楷模百世，犹学书者祖钟、王，学诗者宗李、杜"。[1]虽印宗秦汉早已不必赘述，但从纵向发展脉络来看，李尹桑印学审美中的求"古"观念，与岭南印学从谢景卿至陈澧这一发展脉络中的核心审美内涵是一致的。陈澧曾言："古印笔画断烂，由于剥落之故，不必效颦。"再到黄牧甫："汉印剥蚀，年深使然，西子之颦，即其病也，奈何捧心而效之"。[2]

---

[1] 黄惇著：《中国印论类编》下卷，荣宝斋出版社2010年版，第844页。

[2] 韩天衡编：《历代印学论文选》，西泠印社出版社1999年版，第782页。

图11 "易忠篆"边款
3.2cm×1.0cm

图12 "师实长年"边款
3.1cm×1.2cm

图13 "步昌和印"边款
3.3cm×1.0cm

众所周知，牧甫追求的是古印文字最原初的面貌，而非经过多年的后天侵蚀、剥落的效果，这与李尹桑在《大同石佛堪跋尾》中所言相契合："秦瓦则如新发于硎，初无残泐。"[1]其以磨刀石作比喻，旨在强调古秦瓦上古文字原初的"新"，追求无"残泐"的效果，以"新"追"古"。这也影响着他对其他入印文字的解读，他在"易忠篆"边款中言："古金文精者无不光洁可爱，其剥泐乃入土耳……"（图11）可知其对金文的审美亦是如此，认为金文之所以示人剥泐之面貌是因为入土后的自然条件使然，其中的精品本应符合其心目中"光洁可爱"的审美理想。

李尹桑求"古"除了以上所言以新追"古"、与"古"为新的内在理路外，从具体做法上看，还要求"精"，即追求古器物上文字原初的精美的面目，如"印愈小而愈精，悲庵后未之见""古玺之至精者，仿为秋台长兄刻之""古金文精者无不光洁可爱"等，这类印章往往尺寸较小，1厘米可孕六七字。且李尹桑认为："小印不难于工细，而难于浑厚，此刻庶几得之。"可见，对于工细精美与浑厚高古二者的调和与平衡，李尹桑是有着清晰的次序的。而将"高古"与"雄浑""浑穆"相对举，并非空穴来风，其言："古陶器每多玺文，雄浑高古，可与金文相埒，而意趣自别，此玺颇类之。"又如他在为其子所刻"步昌和印"，边款道："法汉以浑穆、简静为上。徒儿为高古者，可笑，可笑。己未六月壶父挥汗记。"（图12）

对于李尹桑求"古"这一印学思想的来源，主要是受其师黄牧甫的影响，而这又与其家庭条件、自身努力分不开。从其生卒年可以推算，当为黄牧甫第二次南下岭南时，即牧甫任职广雅书局校书堂时，是李氏与黄牧甫接触较为密切的时期。[2]据《清代人物生卒年表》可知，李尹桑原籍江苏吴县，但幼年随父李秋泉迁居番禺，而其之所以有求学于黄牧甫的机会，正是因为其父留心翰墨、富于收藏，且与黄牧甫相交甚笃。于是便令李雪涛[3]、李尹桑、李若日师于黄牧甫门下。[4]

---

[1]《庄子·养生主》："今臣之刀，十九年矣，所解数千牛矣，而刀刃若新发于硎。"硎，即磨刀石。

[2] 谢光辉：《〈广东印谱考〉——岭南印学研究的奠基之作》，《印说岭南》，2015年，第122页。

[3] 董建：《新见黄士陵残谱考》，《百年名社·千秋印学国际印学研讨会论文集》，西泠印社出版社2003年版，第351页。

[4] 孙慰祖著：《中国玺印篆刻通史》，上海东方出版中心2016年版，第423页。

图14　穿带印印面1.8cm×1.8cm
　　　边款1.6cm×1.7cm

而在兄弟之间，又以尹桑用功最勤，牧甫自然也对其关照有加，[1]多次为其刻印示范，如"师实长年"边款（图13）："此牧甫数十石中不得一之作也，平易正直，绝无非常可喜之习，愿茗柯珍护之。"牧甫将自己数十方中才满意的一方作品赠以李尹桑，可见其为师用心，且基本"每有新作，即专为李尹桑钤抑一纸，长年若此"。而他对自己老师的学习与推举，也可从他本人教其子李步昌治印入门的择印观中窥见一二。又如《甲申玺印稿》中有一方穿带印颇具特色（图14），边款道："汉穿带印双虞壶斋藏玺斋为昌儿摹之。"[2]除此之外，李尹桑还曾为牧甫的印谱作序：

> 先师黟山先生摹印，上溯周秦下窥汉魏，独往独来，无少顾忌，故能自树一帜。赵悲盦所谓为二百年来摹印家立一门户者，先师庶足以当之。其生平治印未尝辑谱，仅存印稿十余册，都二千余印置之行，亦未示人，故朋旧多未之见先师故后，嗣君少牧即欲以印稿影印，俾公诸世，只以人事仓皇迁延未果，时以为憾。桑耿耿于心，亦同此情，今春少牧书来，谓已将先师印稿重加董理影印成帙，桑闻之惊喜欲狂。盖海内渴望先师印集已久，今竟印成，宁非一大快事！即先师在天之灵可稍慰矣。少牧克承家学，于先人手泽尤能善为保守，其孝行有足多者，书此以志钦佩。甲孟秋七月，受业李尹桑道识。[3]

序中前半段溯及牧甫印学"周秦汉魏"之渊源，认为牧甫乃独立门户者，却未尝辑谱，仅有印稿十余册面世，实为缺憾。后半段则交代了少牧将牧甫印稿影印成帙的信息，也从侧面得知了尹桑作序的缘由。故而，李氏作为学生，受业于牧甫，得到为老师印谱作序的机会，一方面是师门对其的认可，另一方面也可窥其在同门中的印人地位。那么李尹桑得其厚爱，受其影响，则是理所当然了。

（二）对其他文字的博取

由上可知，在黄牧甫印风于岭南传播这一背景下，李尹桑作为弟子，且为亲传门人，受到影响，这是客观事实。但李氏后期对玺、陶、砖瓦、钱币等文字的关注，更凸显其开放性、包容性、相融性等文化特质，形成了触类旁通、兼收并蓄的艺术格局和学习借鉴的关系。从这个层面来看，

---

[1]　刘浩敏：《香港近百年印史考略》，《世界图纹与印记国际学术研讨会论文集》，西泠印社出版社2018年版，第942页。其言："黄氏为李尹桑刻印甚多，存世印约约50枚。"翟屯建亦言："士陵曾为茗柯刻有20多方示范之作。"（见《徽派篆刻》，安徽人民出版社2005年版，第242页。）由此可以推断，黄氏对李尹桑关照有加并非虚言。

[2]　黄耀忠：《从三种稀见黄牧甫印谱观其书法篆刻艺术的核心思想和刀法创新的直接原因——兼述其幼年行踪与赴南昌时间》《中国印谱史与印学国际学术研讨会论文集》，西泠印社出版社2019年版，第324页。

[3]　唐存才著：《黄士陵》，上海书店出版社2007年版，第241页。

在黄牧甫这一师承脉络中也是十分难能可贵的。

开放与包容的文化特质，首先与粤派篆刻的发展模式、人文环境自然是分不开的。岭南虽地处偏隅，较之江浙、中原、上海等地区篆刻艺术创作薄弱，但也正因如此，在岭南篆刻艺术发展由"传统派"至"东塾派"再到"黟山派"这一过程中，逐渐形成了博取诸长、兼收并蓄的发展模式，体现出相容性的文化特质。

李尹桑对于如何相容、兼取众长，有着特殊的把握方式。其专精于古玺，易均室《铁书过眼录》曾评其"玺斋亲炙黄牧父，尽得其运力之奥，近更专攻三代古玺，搜罗亦富，尝自负其章法篆法均消息于玺文"。而李尹桑在治玺时，则常常将不同风格、趣味的文字相互糅合。他曾言："以古币文追古玺，所谓异流同源也。"[1] 即是明证。又如在"隋斋"这方印中，将玺印文字与汉铭意趣相参。

李尹桑对陶文、砖瓦文、钱币文等关注，这类文字的审美共性在于结字上较汉印更为天真自然，而对这一点的执着追求，是终其一生的。其个人收藏颇丰，不仅为其学习的不断深入提供了物质基础，也为其在民国岭南印坛的交流与互动中发挥着重要的媒介作用。商承祚先生曾为其自镌印谱《古玺集存》作序，在其中提及李尹桑对金石之嗜笃。

由此可见李尹桑收藏之丰，这也使他与印友交好提供了交流之资，在印友处获得了更多可供学习的机会。例如，李尹桑与易大厂交往甚笃，二人曾合作印谱《秦斋魏斋印谱合稿》。

图15—16 《古玺集存》第4页、第20页21.53cm×13.58cm   图17 《甲申玺印稿》瓦当拓片
14.67cm×3.2cm

易孺所言里门，即乡里之门。比户相连，里中有门，《墨子·号令》："里正与有守者，宿里门。"尹桑与大厂不仅有着距离相近的便利，二人可谓志同道合，感情十分深厚，而易孺个人藏甚富，也为尹桑学习古玺的深入提供了便利。易孺与他互相来往的印章，多达数十方。李尹桑在其中一方边款中曾言："家无担石不嗟贫，矗有千峰席上珍。不数藏书数藏石，富翁原不（以多文）。"可知易孺富于藏石，那么李尹桑畅观所藏，便是近水楼台的事了。

从其具体收藏来看，有古玺、拓片、钱币、砖瓦等，种类斯繁（图15—17）。最为其津津乐道

[1] 梁晓庄著：《岭南篆刻史》，广东人民出版社2017年版，第256页。

图18　"玺斋"印
印面2.2cm×4.1cm
边款5.0cm×4.1cm

图19　"有穷尽天下古文奇字之志"印
印面3.5cm×2.6cm
边款5.0cm×3.5cm

的，乃燕国巨玺"日庚都萃车马"，此玺历史价值、艺术价值至今依旧为世所重。也正是在得到此玺拓片之后，以"玺斋"为号。其在"玺斋"边款中言："余笃耆古玺，收集摹拓不惮心力。今夏得大银玺……更字'玺斋'并纪于石。己未七月李尹桑。"（图18）

相比之下，同门中的邓尔雅，则是从黄牧甫具有篆刻形式美、装饰意味的"几何符号"进一步强化与提炼，在这一基础上，假以自身在赴日留学中积累的西方美术理念，将篆刻艺术中的"现代性"由自发运用推向了自觉运用，赋予了全新的印学价值，开创其较为现代的篆刻风貌。[1]他曾作诗："怀宁印后谁神者，惟数黟山集大成。布白几何入三昧，冲刀旁舞敌千兵。"[2]他从用刀的角度予以肯定的同时，亦从空间布白的角度推演出几何概念，由此可证。

反观李尹桑，则是从观念层面、审美意趣出发，把握牧甫对汉印天真、纯朴这一核心精神，在这一前提下，博取诸家，以穷尽天下古文奇字（图19），达到"乐道信古、研心金石，颉篇史籀，都熔铸于缪篆镌刻之中"[3]圆融一体的境界，进一步丰富了黄牧甫"印外求印"的印学思想，与古为新，兼收并蓄，最终形成自己的多元面貌，从形而上的高度，继承与发展了黄牧甫的艺术精神。

从这一点来看，李尹桑不仅印谱的文献、史料价值不容小觑，且从艺术价值的角度，与易孺、邓尔雅、简经纶等人为推动岭南篆刻艺术的发展作出了不懈努力，共同形成了近现代岭南画派、岭南篆刻、岭南书法的艺术繁荣的局面。

三、李尹桑的印学交游

陈巨来《安持精舍印话》道："近代印人，南有李玺斋尹桑、邓尔雅万岁、易大庵憙之三君者，渊源所出，金出牧甫，各有所擅，未可轩轾。"[4]李尹桑享誉印坛，与近代名家、印人等留赠作品、互相交流，形成了生机勃勃的印学发展生态。

[1] 周杨：《粤派篆刻对"现代性"的探索——从黄牧甫到邓尔雅》，《印说岭南·第三届岭南印学国际学术研讨会论文集》，岭南美术出版社2019年版，第192页。

[2] 邓尔雅著、东莞市政协编：《邓尔雅诗稿》，广东人民出版社2007年版，第284页。

[3] 黄宾虹：《与李壶父书》，《黄宾虹金石篆印丛编》，人民美术出版社1998年版，第289页。

[4] 刘浩敏：《香港近百年印史考略》，《世界图纹与印记国际学术研讨会论文集》，西泠印社出版社2018年版，第942页。

（一）与仕人的交游

这个时期的篆刻润例，虽有明价，但往往并不会在边款等信息中直接表现出来，往往较为隐晦，仅仅落上受印人的名款。但个别边款信息中，受人之托的情况也可窥见一二：

> 丙辰春，广州东山发见古冢，黄肠题凑，确为南越故迹。明年秋，南海盐步乡浪发一冢，制度与东山同。其中古物杂陈，士人争夺，几致涉诉，遂各藏匿。今秋，始以二镜售诸省垣市肆，余与梦园闻而往观。二镜花纹精美，颜色古黝，审为西京故物，遂以玺值得之。东粤为南故旧地，年末，地不爱宝，神物次第出土，前所未闻也。梦园居士□爱逾恒，用名其斋。余为治印。戊午中秋后一日，李尹桑并记。（图20）

由上可知，1916—1917年间，广州考古发现两个秦汉之际的古坟，二坟制度相同，期间有许多古物。并可知李尹桑与"梦园"志趣相投，相约南海，共同前往观摩。梦园居士，即李应庚，《广东印谱考》载《梦园藏印》，四册，"南海李应庚集拓"，光绪二十九年（1903）癸卯恩科乡试解元，后入仕。[1]李应庚时在南海收藏颇丰，李尹桑不止一次与其往观，每次为其治印都格外用心。

在另一方印中，因李应庚所藏正是李尹桑其师黄牧甫最赞赏的"虢盉"：

> 虢盉为朕朝内府藏器，见《西清古鉴》，不知何时流落人间。其盉为三水欧阳务绲所得，深自秘啬。殁时欲以殉葬，幸其家人未从，故不果。黄牧甫师客南粤时，最赞赏之，曾为其绘图，并详记其事。今归梦园居士筑室庋藏，即以名之，以为永宝。戊午十月，壶父。（图21）

图20 "南越双镜斋"印
印面2.1cm×2.1cm 边款1.8cm×1.8cm

图21 "虢盉盖室"印
印面2.0cm×2.0cm 边款2cm×1.9cm

---

[1] 冼玉清：《广东印谱考》，文物出版社2010年版，第64页。

图22　"陈坤培"印　　　　　　　　图23　"陈坤培字厚栽"印
印面1.2cm×1.2cm　　　　　　印面2.1cm×2.1cm　边款2.2cm×2.2cm
边款3.0cm×1.2cm　　　　　　印面2.4cm×2.4cm　边款2.4cm×1.1cm

　　受人之托治印为生的情况还有许多，受印人的身份也不尽相同，在印谱中可见李尹桑也常为一民国时期的将军治印，如"厚栽将军命。李尹桑刻"。厚栽，即陈坤培，柳州陆军中将，广州军政府1919年授衔。李尹桑为其治印数量最多，且与其他应酬或交流之作的边款内容对比可知，李尹桑为陈坤培将军治印皆有所用意，每方边款中皆述及取法渊源，并自矜为得意之作（图22—23）。亦有为海军最高将领李直绳治印，李直绳即李准（1871—1936），清朝广东水师提督。

　　（二）与好友的交游

　　除了以上这种情况以外，与友人互相欣赏、互相留赠作品的情况也很常见。如黄宾虹曾在1917年致信李尹桑：

　　　　壶父左右：日月不居，教已易寒，终朝仆仆尘中，固无善状，佣于通候，想知已能谅之。足下乐道信古，研心金石，篆史籀都熔铸于缪刻之中，西完白，不足矜已。尚欲刻小印数，以增墨光荣。仆于西泠，差喜龙，余子圭角太甚，似伤和雅。皖派折心石如，白文为佳。若吾乡垢道人、吧子二公，非特开西泠之祖师，而且古之网奥能于陈、王生子数百年之前具此慧眼；在人坚持斯论，未免有齐人称仲之也。近贤如赵悲庵亦极推崇巴氏，真能不于者矣。海内刻之士，于齐鲁吴越近年金石家新出印谱，学风渐向周秦古求奥。杭州师范学堂学生能篆刻者有五十余人，以李子息为之提倡。中谅不乏贤俊之士，开创岭南宗派，成为巨家，足下将无容过让也。前蒙属绘册页，以宋纸珍重，未敢轻于点笔，因或观览古人名作，与游六桥三归来，乘兴成此六幅。谛审是纸，以拟南宋元明为宜，故稍从放，郎呈教正。专此奉，祇候道安。质启。[1]

_____

[1]　黄宾虹：《与李壶父书》，《黄宾虹金石篆印丛编》，人民美术出版社1998年版，第289页。

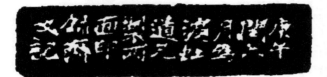

图24 "宾虹"双面印　　　　　　　　　　　图25 "高仑之玺"印
印面1.1×1.1cm　边款1.1cm×5.0cm　　　印面1.4cm×1.4cm　边款1.4cm×1.6cm

从信中可以得知，黄宾虹与李尹桑关系密切，开篇为自己终日舟车劳顿、仆仆风尘而疏于问候报以歉意，并对李尹桑以"知己"相称，希望李尹桑能够谅解。且从印学发展脉络的角度，肯定了李尹桑其印艺，认为"足下将无容过让也"，并拟南宋元明风格作画六幅，以此向李尹桑索"刻小印"（图24）。又如，在李尹桑赠高剑父"高仑之玺"中，边款道："剑父画箑为赠，刻此报之，玺斋。"（图25）扬雄言："扇自关而东谓之箑，自关而西谓之扇。""箑"即"扇"。从当时两位画坛巨擘的主动求印、互赠作品的情况来看，已可对李尹桑当时的盛誉遥想一二了。

在这些印学友人之间，李尹桑与易孺交往最为密切。1918年，易大厂返里门，与李尹桑等成立"濠上印学社"，以便印学交流，后合作《秦斋魏斋玺印合稿》此谱。1919年，易孺在《大同石佛龛玺印稿》序中云："返里匆匆，于戊午春始重晤玺斋于文社。旧游如梦，颇增感喟。嗣是遂相与论印。玺斋力功古玺，并举以督劝。"可知李尹桑于古玺之用功，且督促其友好一同取法于古玺，二人是从篆刻艺术的层面上，互相交流提升印艺。

1918年，李尹桑于高安何氏处得陈宝斋造像，对此十分喜爱，并自此用名所居，其自镌印谱《大同石佛堪玺印稿》也是因此而得名，他在"大同石佛之堪"（图26）边款中道：

> 梁大同十年，陈宝斋造像为吴门韩履卿旧藏，见所著《江右石刻文编》《玉雨堂碑目》。其始著录于海丰吴氏《攗古录》，张松坪《金石聚》亦钩摹之。番禺梁杭叔《麟枕簿》后已著录。履卿殁后，为高安何氏所得，携归粤东，已将卅载。今展转归余，皈依供养，宝之不逾璆璧。用名所居，并刻是印。戊午重阳前四日，李尹桑记。

而这对于易孺来说，可谓"正中下怀"。由此可知，易孺在此前肆意搜求元魏造像，甚至更号魏斋，喜爱程度可见一斑。而李尹桑好友获此至宝，可谓近水楼台、一饱眼福。于是易孺为李尹桑作图

图26 "大同石佛之堪"印

图27 "大同石佛堪造像记"印

并记:

民国七年戊午,大厂愿壶父连了宏愿,圆满功德。比假壶父所藏造像千余种,为之著录,因刻此记,差以为神似执叔,大厂。

大同石佛堪造像记。既为秦斋作图并刻此记。戊午九月,玉达摩堪居士。(图27)

李尹桑也刻数印以答谢易孺:"鄁斋为余作画册,刻此钤之佛头着粪,负负,壶父。"

李尹桑与易孺除了共同研习古玺、互赠作品以外,易孺还为其以边款的形式制订润格(图28)。"石印一字四金,牙角竹木印一字四金。铜玉金晶印一字十金。己未正月玺斋李尹桑定,易憙撰刻。"由以上润例的制订,不难看出此时的李尹桑篆刻是有一定的市场。且印材和尺寸明码标价,种类齐全,可以满足基本的索印需求,已是较为完整的润例了。润例内容自定,又请好友篆刻,其用意不言而喻:易孺晚年生活拮据,卖印以补资给、辐射面较广、社会资源丰富。[1]且以墨拓边款的形式,附于印谱予以传播,具有明显的"广告效益"。由此可见其对于篆刻的商品意识已非常成熟。

而李尹桑此类"广告效应"远不止于印谱内部,还注意在报刊上发表自己的见解,以此为宣传手段(图29)。如他在龚自珍《瓦录序》书后[2]:

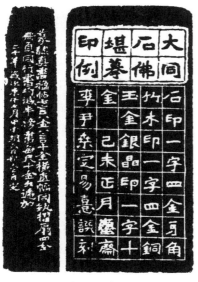

图28 易孺刻李尹桑润例

大同石佛堪跋尾,古吴李尹桑玺斋撰。龚定庵瓦录序书后瓦当文字,瑰奇伟丽,工眇可喜。余故啫之笃,其义有四:海内秦刻,澌灭殆尽,秦瓦则如新发于硎,初无残泐,先秦文字,赖以复睹,一也;西京文字,欧阳公以未见为恨,晚近出土,亦复寥寥,瓦文则日出不穷,见所未见,二也;东汉石刻,已变

分隶,瓦文乃兼大小篆,其字足补字书之阙,三也;秦汉宫殿、职官、姓氏,为史所未载者,瓦文皆足以补其阙,四也。余年来搜讨甚勤,风雨寒暑,几忘寝食,所获打本,数守逾千。今读定公所录五十有五,文之可以目治者九,为余不及见者已有数瓦,定公未见三,而余所蓄为定公未

---

[1] 洪权:《古黏书屋印集考兼论易大厂晚年与梁效钧之交往与赞助》,《中国印谱史与印学国际学术研讨会论文集》,西泠印社出版社 2019 年版,第 354 页。

[2] 龚自珍著:《龚自珍全集》,浙江古籍出版社 2014 年版,第 153 页。

图29 《艺声初集》载"大同石佛堪跋尾"

图31 "安贫知名"印　印面1.4cm×2.0cm　边款1.4cm×3.2cm

图30 "桑香"印　印面0.9cm×1.0cm　边款1.0cm×3.1cm

录者，则不下数百。相距仅百年，而旧有者零落，新出土者日异，益叹收集之维艰，而著录不容缓。欧阳公云，足吾所好，玩而老焉。余固乐此不疲也。读定公瓦录序，辄书其后。

以上可见其对篆文、瓦文的糅合这一方面的认识，认为瓦文兼大小篆，且可以以此窥见先秦文字之面貌，内容上补史之阙，有所见地。故而，李尹桑在鬻印为生、在报刊上宣传自己的同时，并不以鬻印人自居，而是钟情于对各类文字的研究，追根溯源，不断提升文化修养。如在"隋斋"这方印中道："《说文》：隋，裂肉也。徒果切，古玺已屡见。自杨坚始，改'随'作'隋'，后人仍之音变而义亦异矣。戏为'隋斋'仿之，尹桑记。"不仅如此，李尹桑还自辑《金石摹录》，对钱币渊源、形制等进行考订。然而，时人评价却不如他理想中的那么美好。

　　此编记玉乃市估掮客记问之书，非学人考索之书也。古籍言玉者甚多，都不溯源。论玉质斑沁可也，乃斤斤于盘玉，此纨绔、估客所为，大雅所弗尚。盖古董家辨识器物，亦有秘本传授也。沈演公为沈文肃之孙，以道员流寓广州，尚不俗。李茗柯，浙人，以小官流寓，刻印甚工，其举止则掮客耳。吾但识此两人，至以科学考古，真逐末矣。论玉之书，他不具论，吴愙斋《古玉图考》炬赫当世，此编亦未征及，文亦词不达意，间以新名词耶。[1]

即使在李尹桑的不断努力下，时谭、徐二人却言如"掮客"，这对于晚年穷困拮据的李尹桑来说，平添了几分无奈。其晚年也常在印中提及："安贫知命，富贵由天，恪守家风。壬申三月，李尹桑记。"（图29）又如在"桑香"印中（图30）提到其个人对理想中舒坦生活的向往："十亩

[1] 叶德辉撰，湖南图书馆编：《湖南近现代藏书家题跋选》第二册，岳麓书社2011年版，第648页。

之间，闲闲泄泄，得以徜徉，岁月乐至无极，此愿何日可偿。"以至于后来甚至将老师黄牧甫钤赠自己的《续黟山人印存》卖出，继续鬻印为生。到了1935年，李尹桑在边款中："乙亥夏五，雨巾。玺斋作此以送日月。"其中的感时伤怀，或许只可自知。

四、结语

本文前期工作以李尹桑存世印谱为中心，进行基础整理与译读释文等工作，可知其印谱存世数量较为可观，故印谱内序跋、印款丰富，文献与史料价值不可小觑，为对李尹桑印学审美思想、印论、印事等研究提供了坚实的史料支撑，为重新发掘与定位其历史价值提供了宝贵的一手文献，而这并不是简单的印面风格分析所能够解决的。基于前期工作的基础，可知李尹桑的印学取法渊源，作为牧甫师门中地位最高的学生，受其影响颇深。这样的影响不仅是简单地体现在对印章的创作层面的理解，例如刀法、空间布局等，而是他个人的印艺提升与发展的内在理路，以学养艺，对文字、学问的重视，都是从形而上的层面，对黄牧甫艺术精神的继承。

而他与时人的印学互动，也侧面体现出其在近现代岭南印坛之盛誉。对不同交游情况的还原的同时，也还原出当时岭南印坛欣欣向荣的局面，也正是李尹桑其个人的努力，与友人的互相交流，共同推动了岭南印学向前发展，形成了近现代岭南印学与岭南画派共同繁荣的艺术高峰。

（作者系暨南大学艺术学院本科生）

钱君匋[1]的印谱收藏及其印学价值探析

——以君匋艺术院藏印谱为例

蔡泓杰

内容提要：钱君匋先生收藏宏富，除书画篆刻外，印谱数量亦十分可观，就君匋艺术院所藏即有百余种且不乏珍本甚至孤本。这些印谱特色明显，尤其在研究赵之谦、吴昌硕、黄牧甫三家的篆刻艺术以及钱君匋的篆刻创作、印章收藏、印谱制作等方面均有其重要的价值。故笔者在以前所撰论文的基础上，对君匋艺术院藏谱作一整体记述，并以此为例对钱君匋的印谱收藏及其印学价值作一探析，以期为有志于进一步研究者提供一些资料。

关键词：钱君匋　君匋艺术院　印谱收藏　印学价值

印谱的收藏制作，历来不乏其人；其于印学的意义，向来为印坛所重。在谈到20世纪60年代张鲁盦先生将400多部古代珍本印谱捐赠西泠印社这一义举时，陈振濂先生认为："这些印谱的捐赠收藏，为西泠印社成为海内外印学渊薮、奠定核心地位，起到了强有力的支撑作用，也为已故沙孟海社长号召要建设'国际印学研究中心'的目标提供了独一无二的雄厚物质条件。"[2]

图1　钱君匋像

钱君匋先生（图1）艺兼众美，在艺术创作之外尤以收藏和捐赠名重印坛，泽被后世。在其藏品中，除了大量的书画真迹和篆刻原石外，印谱

---

[1] 钱君匋（1907—1998），浙江桐乡屠甸镇人。原名玉棠，学名锦堂，字君匋，别署午斋、豫堂、敬堂、冰壶生。室名白川屋、海月庵、思源堂、丛翠堂、无倦苦斋、新罗山馆、抱华精舍等。曾任西泠印社副社长、华东师范大学艺术系教授、上海文史馆馆员、君匋艺术院院长等职。钱君匋艺兼众美，饮誉海内外。早年以书籍装帧、出版、音乐、诗歌名世。书法诸体皆工，尤善汉隶，法乳汉简而化为己有，健拔秀逸，别开生面。于画最擅大写意花卉，得文人味、富金石气。他一生治印二万余钮，力追秦汉玺印神韵，下取明清诸家精髓，尤得力于赵之谦、吴昌硕、黄牧甫三家。常作巨印长跋，边款刻至五面，真草隶篆，各体尽工，独步一时。出版印谱近20种，为20世纪印坛杰出的篆刻大家之一。钱君匋亦是鉴藏大家，1985年春，钱君匋先生决定将毕生收藏的数千件明、清珍贵书画文物捐赠给家乡。桐乡市人民政府为感谢钱君匋先生的爱国主义精神和深厚的桑梓之情，决定建造君匋艺术院，作为珍品收藏之库、艺术研究之宫、讲学传授之院、书画创作之家、展览陈列之馆，并于1987年11月10日落成。

[2] 陈振濂主编：《朱蜕华典——中国历代印谱特展图录》，上海书画出版社2019年版，第1页。

图2　钱君匋创作的印章及收藏的印谱等

数量亦十分可观。（图2）就笔者所知，君匋艺术院即藏有百余种，且多未曾公开之品。此虽非钱氏印谱收藏之全貌，然就其量而言，当为大宗而具代表性。近年，笔者阅读了部分印谱，并就钱君匋的印章收藏过程等作了一些考证，完成了《钱君匋的印章收藏始末及其社会价值》[1]等多篇论文。笔者认为，这百余种印谱虽不及张鲁盦所捐者数量之多、品类之全、珍本之众，然特色明显，尤其在研究赵之谦、吴昌硕、黄牧甫三家的篆刻艺术以及钱君匋的篆刻创作、印章收藏、印谱制作等方面均有其重要的价值。故笔者不揣浅陋，在以前所撰论文的基础上，结合新近所见材料，对君匋艺术院所藏印谱作一整体介绍，并就其印学价值作些探讨，以助读者一窥钱氏印谱收藏及其意义，从而为有志于进一步研究者提供一些资料。

一、君匋艺术院藏印谱概况

君匋艺术院藏有钱君匋收藏、制作的印谱共计111种，369册。从内容看有古玺印印谱，流派印印谱；从制作方式看以原石钤印本为主，亦有石印本、双钩本等（图3）；从制作年代看，自晚清至民国一直到20世纪80年代均有。从印谱附带的信息分析，其来源当以购买、赠予和自制为主，部分印谱经钱君匋重题签或重装，亦有汇聚多种成一函者（图4），限于篇幅，具体情况另行文以考。现将目录制成下表，以便参阅。

图3　《邓石如印钩本》封面

图4　《印谱七种》函套

[1]　蔡泓杰：《钱君匋的印章收藏始末及其社会价值》，《第五届"孤山证印"西泠印社国际印学峰会论文集》，西泠印社出版社2017年版，第2069页。

君匋艺术院藏印谱一览表

序号	印谱名称	册数
1	《邓石如印存》	2
2	《缶庐印存二集》	4
3	《染仓室印存》	4
4	《季木藏印》	6
5	《西泠八家印谱》	1
6	《玺印集林》	4
7	《王冰铁印存》	5
8	《吉金斋古铜印谱》	8
9	《十钟山房印举》（上、下函）	12
10	《贞松堂唐宋以来官印集存》	1
11	《金罍印撷》	1
12	《鲁庵仿完白山人印谱》	2
13	《黄牧甫印存》	1
14	《吴熙载印谱》	4
15	《吴让之印存》	10
16	《邓石如印钩本》	1
17	《黄牧甫印集》（内实为集古印）	1
18	《黟山人黄牧甫先生印存》	4
19	《黄牧甫印存》	4
20	《黄牧甫印存》	2
21	《吴昌硕自用印集》	4
22	《吴昌硕刻印偶存》	2
23	《苦铁印选》	4
24	《苦铁印选补遗》	2
25	《齐白石印集》	1
26	《齐白石印集》	2
27	《赵之谦印集》	2
28	《赵扚叔印谱（上）》	4
29	《赵扚叔印谱（下）》	4
30	《吴赵印存》	6
31	《瘦铁印存》	2
32	《毛泽东诗词十首篆刻印集》	1
33	《来楚生印存》	4
34	《来楚生印集》	2
35	《瘦铁印存》	2
36	《黄宾虹常用印集》	1
37	《潘天寿常用印集》	1
38	《漱石轩印存》	8
39	《漱石轩印存》	6
40	《周叔弢藏印》	10
41	《二金蝶堂印谱》	4

（续表）

序号	印谱名称	册数
42	《善斋玺印录》	16
43	《二弩精舍印谱》	6
44	《荔庵印选》	2
45	《孺斋自刻印存》	4
46	《四朋印谱》	1
47	《集古印谱》	8
48	《十六金符斋印存》	10
49	《西湖胜迹印集》	1
50	《今古楼印谱》	1
51	《伏庐考藏玺印》	11
52	《簠斋古印集》	4
53	《瞿秋白笔名印谱》	1
54	《邹梦禅治印癸酉集》	1
55	《黄易印稿》	1
56	《颐渊印集》	1
57	《桂山印剩》	1
58	《似鸿轩印稿》	1
59	《甄古斋印谱》	1
60	《邵亭印存》	1
61	《西京职官印录》	2
62	《三长两短斋印存五卷》	5
63	《二百兰亭斋古铜印存》	6
64	《退庵印寄》	4
65	《童子雕琢》	4
66	《元押》	1
67	《西湖胜迹印集残本》	1
68	《名印拓本》	4
69	《乐只室古玺印存》	10
70	《徐星洲印存》	2
71	《黄龛印存》	2
72	《胡匊邻印存》	2
73	《汉印拾遗》	1
74	《二百兰亭斋古印考藏》	3
75	《古泥印选》	2
76	《福盦老人印集》	1
77	《散木印集》	1
78	《吉金斋古铜印谱》	4
79	《钟鼎申印存》	4
80	《抱冰庐印存》	4
81	《海月庵印剩》	10
82	《豫堂所见印录》	2

（续表）

序号	印谱名称	册数
83	《钱君匋印存》	2
84	《无倦苦斋印剩》	1
85	《悲庵印迹》	3
86	《君匋印选》	2
87	《启斋藏印》	2
88	《豫堂印存》	6
89	《无倦苦斋印剩》	2
90	《无倦苦斋印剩丁巳编》	2
91	《抱华精舍印剩》	4
92	《无倦苦斋印剩》	3
93	《无倦苦斋印剩乙卯编》	4
94	《君匋印选》	2
95	《无倦苦斋印剩丁巳编》	2
96	《抱华精舍印剩》	2
97	《抱华精舍印剩》	2
98	《无倦苦斋印剩》	6
99	《无倦苦斋印剩》	2
100	《无倦苦斋印剩》	2
101	《无倦苦斋印剩》	2
102	《无倦苦斋印剩》	6
103	《悲庵印迹》	2
104	《钱君匋印藏》	2
105	《钱君匋获印录》	6
106	《鲁迅印谱》	1
107	《君匋印选》	2
108	《长征印谱》	1
109	《豫堂藏印甲集》	1
110	《豫堂藏印乙集》	1
111	《丛翠堂藏印》	2

说明：①此表诸谱以藏品编号为序，未作分类。②涉及石印本、制版钤拓本等情况皆未作注明。③同名印谱未作区分。

二、君匋艺术院藏珍本印谱选录

由于工作关系，笔者参与了这批印谱的整理、编目等工作，对印谱进行了阅读，采集了相关信息，然因总量较大，无法一一介绍，现选取其中七种述录如下，以飨同好。

图5 《悲盦印迹》封面

图6 《二金蝶堂印谱》封面

（一）《悲盦印迹》

《悲盦印迹》（图5），是谱为重装本，原本册一胡义赞辑于1876年，册二刘子重辑，成谱时间待考。一函二册，均为蝴蝶式册页装，原钤剪贴本。蓝布函套，上无题签，两册封面均为楠木板，纵23.5厘米，宽13.5厘米，左上均有"悲盦印迹"6字行书签条，款"君匋"，钤白文长方印"午斋"。两册内页均无版框，首末各有四页为洒金纸，中间各页为白色宣纸。第一册第二页左上贴签条，上书"悲盦印迹。胡石查手拓，梦华藏，愚公署"。钤白文方印"宣君长印"。第四页左下角自下而上钤朱文长方印"昊天阁藏金石书画"、朱文方印"祈寿堂主"。五至二十七页剪贴赵之谦原钤印蜕及边款拓片，自朱文方印"郑盦"及款始，止于朱文连珠印"元本"及款，所录印皆附边款，计印蜕28面，边款36面。第二十八页剪贴有胡石查手书跋文一则，钤白文方印"义赞私印""吾腕有鬼吾眼有神"。是册末页左下钤有朱文方印"昔非平生真赏"。第二册第二页左上方贴签条，上书"悲盦印迹。刘子重手辑，梦华藏，愚公署"。钤朱文方印"愚公"。第四页左下钤朱文方印"祈寿堂主"。第五至四十页剪贴赵之谦原钤印蜕及边款拓片，自白文长方印"绩溪胡澍川沙沈树镛仁和魏锡曾会稽赵之谦同时审定印"及款始，止于白文方印"大兴刘铨福家世守印"及款，所录印部分无边款，计印蜕74面，边款52面。第四十二页左下钤有朱文方印"昔非平生真赏"。是册末两页空白。两册所录印无重复，总计印蜕102面，边款88面。

（二）《二金蝶堂印谱》

《二金蝶堂印谱》（图6），傅栻辑。一函四册，原石钤印本，成谱于1877年。蓝布函套，上有"二金蝶堂印谱"行书题签，款"钱君匋"，钤朱文长方印"豫堂"。各册皆土黄色封面，上有蓝刷"二金蝶堂印谱"隶书签条，无款。谱纵23.1厘米，宽10.3厘米，内页版框幼线蓝刷，纵15.2厘米，横8.8厘米，书口皆无字。是谱大部分印附款，拓于印蜕次页。册一扉页框内蓝刷篆书"二金蝶堂印谱"六字篆书，无款及钤印，框外右下钤朱文方印"钱君匋"，次页蓝刷"大兴傅氏华延年室辑"隶书题记。是册始于朱文椭圆形印"第二个不才子"，止于朱文方印"竟山"款，共录印蜕36面，附款36面。册二始于白文方印"胡澍之印"，止于朱白文相间方印"赵㧑叔"款，共录印蜕36面，附款33面。册三始于白文方印"何澂之印"，止于朱文方印"成性存存"款，共录印蜕36面，附款42面。册四始于朱文方印"曾归锡曾"，止于朱文方印"如今是云散雪消花残月缺"款，共录印蜕30面，附款26面。是册后有傅栻手书跋文一则，钤白文长方印"印癖"、白文方印"傅栻私印"，共计3页。跋后空白页左下钤白文方印"钱君匋在解放后买的"，末页钤朱

图7 《豫堂藏印甲集》封面

图8 《豫堂藏印乙集》封面

图9 《丛翠堂藏印》第二册封面

文方印"傅氏所藏"。全谱共录印蜕138面，附款137面。

（三）《豫堂藏印甲集》

《豫堂藏印甲集》（图7），钱君匋辑。一册，原石钤印本，成谱于1960年。蓝色印花封面，线装本，谱纵25.8厘米，宽14.8厘米（图4）。封面有叶恭绰题"豫堂藏印甲集"6字签条，款"恭绰题"，钤"遐盦"朱文方印。扉页为绿色花边版框，高15.0厘米，宽10.2厘米，书口无字，框内有钱君匋题"豫堂藏印甲集"6字行书，款"君匋"，钤"钱君匋"白文方印。后页版框同前，书口上有"豫堂藏印甲集序言"8字，下有页码及"海宁钱氏藏石""午斋丁酉编次"12字。框内为钱君匋1960年10月撰写之序言，是序共计3页。序言后页书口上有"豫堂藏印甲集赵之谦"9字，下有页码及"海宁钱氏藏石""午斋丁酉编次"12字。框内右侧有"豫堂藏印甲集"及"清会稽赵之谦手刻。海宁钱君匋编次"字样。是谱录印始于朱文方印"赵之谦印"及款，迄于朱文椭圆印"如愿"及款，共录印面112面，边款148面。中有两面印1方，故实际录印为111方，其中95印为钱氏自藏，另借张鲁盦、葛锡祺、葛书徵、矫毅等所藏，以及北京西单商场、天津市肆见到的赵印共计16方，附录于后。谱后有钱君匋撰拓本解说，述及印文、印材、尺寸、边款释文等，共计22页。此谱以张鲁盦藏上等纸张和张氏制印泥，由符骥良精拓而成。

（四）《豫堂藏印乙集》

《豫堂藏印乙集》（图8），钱君匋辑。一册，原石钤印本，蓝色印花封面，线装，上有叶恭绰题"豫堂藏印乙集"6字楷书签条，款"恭绰题"，钤朱文长方印"遐翁"。谱纵26.3厘米，宽15.3厘米。扉页为绿色花边版框，纵15.2厘米，宽10.2厘米，书口无字，框内有钱君匋题"豫堂藏印乙集"6字行书，款"君匋"，钤"豫堂"白文长方印。后页版框同前，书口有"豫堂藏印乙集序言"8字，中有页码，下有"海宁钱氏藏石"6字，框内为钱君匋撰写序言，共计4页，均为宋体。序言后版框似前，纵14.8厘米，宽10.2厘米，书口上有"豫堂藏印乙集吴昌硕"9字，中有页码，下为"海宁钱氏藏石"6字，均为宋体。框内右侧有"豫堂藏印乙集吴昌硕"及"清安吉吴昌硕手刻。海宁钱君匋编次"字样，亦为宋体。此页收录白文方印"井公"及款，是谱止于朱文方印"冯文蔚"及款，共计收录印111面，边款119面。卷后各页版框如前，书口上为"豫堂藏印乙集拓本解说"10字，中为页码，下为"海宁钱氏藏石"6字，框内为拓本解说，共计19页，录印文及边款内容，字均为宋体。

（五）《丛翠堂藏印》

《丛翠堂藏印》（图9），钱君匋辑。一函二册，原石钤印本，成谱于1966年5月。蓝布函套，上有唐云题"丛翠堂藏印"5字行书签条，款"大石"2字，钤"大石"朱文方印。印谱一函两册，均灰色封面，线装本，谱纵25.8厘米，宽14.8厘米。封面均有唐云题"丛翠堂藏印"5字行书签条，款"大石"，钤"大石"朱文方印。第一册扉页为湖蓝色粗线版框，纵16.8厘米，宽10.0厘米，书口无字，框内有钱君匋题"丛翠堂藏印一"6字隶书，款"豫堂"，钤"钱氏"圆形白文印。后页版框同前，书口有"丛翠堂藏印序言"及页码字样，框内为钱君匋撰写序言，右下钤有"无倦苦斋"白文方印，是序共计8页。序言后为湖蓝色回纹版框，纵15.2厘米，宽10.6厘米，书口上有"丛翠堂藏印黄士陵"字样，中有页码，下有"海宁钱氏藏石"6字。框内右侧有"丛翠堂藏印一"及"清黟县黄士陵手刻。海宁钱君匋编次"字样，框外右下部钤有朱文长方印"钱君匋自留本"一印。此页收录"上松印信"白文方印及款。是册止于朱文方印"伯严"及款，共计收录印面82面，边款81面。第二册扉页版式如第一册，框内有钱君匋题"丛翠堂藏印二"6字隶书，款"豫堂"，钤"钱氏"圆形白文印。后页为回纹版框，版式同第一册。框内右侧为"丛翠堂藏印二"及"清黟县黄士陵手刻。海宁钱君匋编次"字样。此页收录"蔡伯宏于光绪柔兆困敦之岁长春节后五日生"朱文方印及款。是册止于白文长方印"宝彝斋"及款，共计收录印面81面，边款81面。第二册后数页版框格式如第一册之序，唯书口字为"丛翠堂藏印跋"及页码，框内为钱君匋先生撰写之跋文，右下钤"丛翠堂"朱文方印，是跋共计3页。此谱一、二两册总计收入黄氏印章159方，其中两面印3方，连珠印1方。

（六）《钱君匋获印录》

《钱君匋获印录》，钱君匋辑。一函六册，原石钤印本，成谱于1988年。锦缎函套，上有钱君匋自题"钱君匋获印录"6字行书签条，无款，钤"午斋"二字白文长方印。印谱一函六册，均灰色印花封面，线装本，谱纵25.8厘米，宽15.2厘米。各册封面题签同函套。其中收赵之谦印者一册，收吴昌硕印者两册，收黄牧甫印者两册，另有一册收40名家印作。是谱序言存于赵之谦一册册首，其余各册均无序跋（图10）。

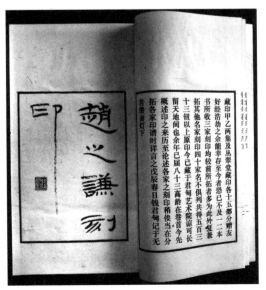

图10 《钱君匋获印录·赵之谦刻印》内页

图11 《钱君匋获印录·四十家刻印》内页

图12 《苦铁印选补遗》函套

收赵之谦印一册扉页为粗黑线框，纵15.3厘米，宽10.3厘米，框内有钱君匋题"钱君匋获印录"6字隶书，款"抱华"，钤"钱君匋"白文长方印。后页版框同前，书口上有"钱君匋获印录序言"8字，下有页码，框中为钱氏1988年撰写之序言，共计4页。序后一页书口无字，框内为钱氏隶书"赵之谦刻印"5字，无款，钤"钱君匋"白文长方印。此后均为灰色粗线版框，书口有"钱君匋获印录"6字，下有页码。是册始于朱文方印"赵之谦印"及款，迄于白文方印"小脉望馆"及款，共计收录印面106面，边款139面。其中有两面印1方，故实际存印105方。收吴昌硕印之第一册扉页为粗黑线框，纵15.4厘米，宽7.0厘米，框内有钱君匋题"吴昌硕刻印一"6字隶书，无款，钤白文长方印"钱君匋"。后页版框灰色，书口有"钱君匋获印录"6字宋体，下有页码。是册始于白文方印"井公"及款，止于白文方印"自娱堂主"及款，共计收录印面78面，边款86面。第二册编排同第一册，扉页框内有钱君匋题"吴昌硕刻印二"6字隶书，无款，钤白文长方印"钱君匋"。是册始于白文方印"陶在宽印"及款，止于朱文方印"耦圃乐趣"及款，共计收录印面77面，边款82面。收黄牧甫印之第一册扉页为粗黑线框，纵15.4厘米，宽10.7厘米，框内有钱君匋题"黄士陵刻印一"6字隶书，无款，钤"钱君匋"白文长方印。后页版框灰色，书口有"钱君匋获印录"6字宋体，下有页码。是册始于"上松印信"白文方印及款，止于朱文方印"绿云轩主"及款，共计收录印面96面，边款98面。第二册编排同第一册，始于"蔡伯宏于光绪柔兆困敦之岁长春节后五日生"朱文方印及款，止于白文长方印"宝彝斋"及款，共计收录印面76面，边款75面。另有一册收录各名家刻印104方，涉及桂馥、陈豫钟、陈鸿寿、赵之琛、吴让之、徐三庚、胡钁、吴涵、赵古泥、徐新周、钟以敬、童大年、陈师曾、吴隐、寿玺、齐白石等约40家（图11）。其中朱其石、邓散木、韩登安、来楚生、唐醉石、方介堪、陈巨来、叶潞渊等人刻有钱氏自用印。

（七）《苦铁印选补遗》

《苦铁印选补遗》（图12），钱君匋辑。一函二册，原石钤印本，多数印拓为剪贴，部分印未附边款，成谱于1964年。蓝布函套，上有钱君匋题"苦铁印选补遗"6字楷书签条，款"钱君匋题"4字，钤白文方印"无倦苦斋"。两册均灰黑色印花封面，线装本，纵26.2厘米，宽14.8厘米。封面均有钱君匋先生题"苦铁印选补遗"6字隶书签条，款"钱君匋"，钤白文方印"钱君匋"。两册内页均刷黑色细线版框，纵16.6厘米，宽10.9厘米，书口上有"苦铁印选补遗"6字行书（偶有个别页无"补遗"两字，未知何故），下有"钱氏海月庵辑"6字宋体。第一册扉页钱君匋先生题

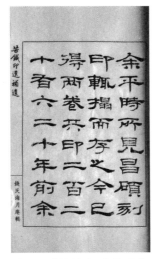  

图13 《苦铁印选补遗》　　　　图14 《苦铁印选补　　　　图15 《钟矞申印
钱君匋手书序言　　　　　　　遗》内页　　　　　　　　　存》内页

"苦铁印选补遗"6字隶书，款"钱君匋"，钤白文方印"钱君匋"，朱文方印"豫堂"。后有钱君匋先生手书隶字序文一篇，共4页（图13）。文曰："余平时所见昌硕刻印辑拓而存之，今已得二百二十有六。二十年前，余友方节盦尝编《苦铁印选》四卷，共印四百三十有七。此两卷中印为节盦所未见，余有节盦所编之四卷，此两卷因以'补遗'名之。甲辰春三月之望，海宁钱君匋记于无倦苦斋之南窗。"是册起于白文方印"吴俊卿信印日利长寿"及款（图14），止于朱文随形印"受因"，共计收录印面110面，边款104面。第二册扉页题字一如第一册。此册起于朱文方印"楚园"及款，止于朱文方印"陶文冲写金石文字印"，共计收录印面116面，边款113面，后有若干空白页，夹未粘贴印蜕4方，边款4面。全谱无跋。

三、君匋艺术院藏印谱之印学价值例谈

据前文所列表可见，君匋艺术院藏印谱涉及面较广，除小部分集古印谱及《退庵印寄》、《金罍印摭》、《钟矞申印存》（图15）、《荔庵印选》等耳熟能详的名家印谱外，以赵之谦、吴昌硕、黄牧甫、钱君匋诸家印谱数量最多而特色鲜明。笔者曾就这些印谱进行了研读，发现部分印谱存世量少，甚至为孤本，其间富含宝贵的信息，具有较高的印学研究价值，故撰写了《〈悲盦印迹〉〈二金蝶堂印谱〉读记》[1]等文加以介绍。现结合新近研读所见资料，以所藏赵、吴、黄、钱四家印谱为主要对象，就其呈现的印学价值再作一些介绍与探析，以备方家进一步研究之需。

（一）印谱版本珍且稀

如前文所述录的《悲盦印迹》《二金蝶堂印谱》，笔者详读之下发现均为赵之谦生前所辑印谱。其中《悲盦印迹》为存世孤本，《二金蝶堂印谱》则是仅有的几部赵之谦生前辑成的印谱中录

---

[1]　蔡泓杰：《〈悲盦印迹〉〈二金蝶堂印谱〉读记》，《中国书法》，2020年3月总第371期，第75页。

印多且精者。众所周知，赵之谦天才卓绝、艺兼众长，在书画印等诸多领域影响深远。对于诸艺，赵氏自言"生平艺事皆天分高于人力，惟治印则天五人五"。[1]赵氏刻印极为自惜，自言"以少有合故"[2]"以伎拙而议之者众也"[3]乃不轻为人作。魏稼孙曾竭力搜集赵氏所刻而成《二金蝶堂印谱》初稿。1863年，赵之谦在册首题了"稼孙多事"四字篆书，并书"然令我一生刻印、赋诗、学文字，固天所以活我，而于我父母生我之意大悖矣"[4]等句。可见赵氏虽于篆刻用力甚多，自我要求极高，但志向更在"经世之学"上。所以至今未见赵氏自辑印谱存世，其生前由他人辑成之谱亦极少。时至今日，即便是一纸旧拓亦足可宝之。

关于赵氏生前所辑成之谱，戴家妙在《赵之谦著述考》一文中云："对赵之谦刻印的辑录，则有魏锡曾所辑《二金蝶堂印谱》二册，该谱后由赵氏门生学生朱志复再续成《二金蝶堂癸亥以后印稿》一册，前有好友胡澍书端及题记。此后不久，还有《扨叟印存》一册流传。光绪三年，傅以礼之子傅栻在魏锡曾、朱志复的基础上再辑成《二金蝶堂印谱》四册，前有傅栻序。这是赵之谦生前辑成的较为完整的印谱。"[5]笔者曾在《〈悲盦印迹〉〈二金蝶堂印谱〉读记》[6]一文中详考二谱的辑成时间。君匋艺术院藏傅栻所辑《二金蝶堂印谱》末有傅栻跋文，款曰："光绪丁丑秋中，大兴傅栻子式识于福州寓邸之有万憙斋。"（图16）故可知是谱成于光绪丁丑，即1877年，时赵之谦49岁，客南昌。而《悲盦印迹》名不见经传，且在递藏过程中有重装甚至扩容之举，然其原本成谱之早却出乎意料，又以孤本传世，更显其价值。是谱册一原本为胡石查拓于1876年，有胡氏手书跋文为证（图17）。这是与傅栻《二金蝶堂印谱》同一时期辑成的印谱，且录印与之不重出。另一册为刘子重手辑本，经笔者考察发现至少有部分印蜕为1863年甚至更早钤拓而成（详见《〈悲盦印迹〉〈二金蝶堂印谱〉读记》

 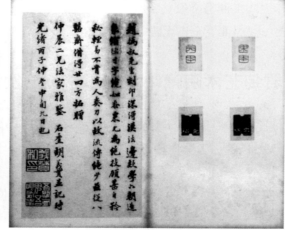 

图16 《二金蝶堂印谱》跋　　　　图17 《悲盦印迹》册一跋　　　　图18 《悲盦印迹》册二题签

[1] 吴瓯主编：《中国历代印风系列·赵之谦印风（附胡钁）》，重庆出版集团2011年版，第4页。

[2] 赵之谦："何传洙印"边款，《中国历代印风系列·赵之谦印风（附胡钁）》，重庆出版集团2011年版，第41页。

[3] 赵之谦："叔度所得金石"边款，《中国历代印风系列·赵之谦印风（附胡钁）》，重庆出版集团2011年版，第71页。

[4] 张小庄著：《赵之谦研究·下》，荣宝斋出版社2008年版，第515页。

[5] 戴家妙：《赵之谦著述考》，《中国书法》，2016年1月总第285期，第192页。

[6] 蔡泓杰：《〈悲盦印迹〉〈二金蝶堂印谱〉读记》，《中国书法》，2020年3月总第371期，第75页。

图19 《苦铁印选补遗》内页　　　　图20 《悲盦印迹》内页　　　　图21 《二金蝶堂印谱》内页

一文），这是与魏稼孙所辑《二金蝶堂印谱》同时期钤拓的赵氏印蜕，其稀有不言而喻（图18）。

又如《苦铁印选补遗》，此谱所录之印来源广泛，亦为孤本存世。笔者曾撰《钱君匋先生辑吴昌硕印谱三种述录》[1]予以介绍。《苦铁印选补遗》所录之印当为钱君匋于师友处所见吴昌硕刻印，随见随拓，或转而相求，故印泥颜色、边款拓法等不尽相同且多为散件，部分印章甚至未及拓制边款。是谱成于1964年，笔者推测所录印积稿时间跨越民国至新中国，历时数十年。期间战乱频发，后又历经"文革"，所录印之原石辗转，遗失损毁在所难免，故此谱作为吴昌硕原钤印谱中录印数量较大的传世孤本也就更显其价值了（图19）。

（二）印谱内容富且贵

近年来，对于印人、印作、印事的研究不乏其人，亦不乏专论与专著。然而由于一手资料的缺乏，常常阻碍研究的深入，甚至造成认识的偏颇。君匋艺术院所藏印谱，不仅数量较多，且内容丰富，其间蕴含的许多新资料不仅有助于推进以往的研究，甚至能纠旧说之谬，甚为宝贵。

1. 有助于推进对赵、吴、黄三家篆刻艺术的研究

如前述《悲盦印迹》，虽名不见经传，然钤拓时间之早出乎意料；傅栻《二金蝶堂印谱》为传世经典，惜至今未有印刷本刊行。故于此两谱，寓目者极少。现笔者就二谱中所见信息列举数条以供参阅。

大家知道，篆刻作品随着使用和递藏难免磨损和磕碰，导致钤盖的印蜕呈现不断变化的现象。故而越是早的拓本越是接近作者想要达到的形式效果，想要表达的印学思想，有助于我们对作者更全面而深入的研究。如赵之谦名作"鉴古堂"一印，无论是方去疾编《赵之谦印谱》、小林斗盦编《中国篆刻丛刊·赵之谦》、吴瓯编《中国历代印风系列·赵之谦印风（附胡钁）》等广为流传的印刷本，还是傅栻所辑《二金蝶堂印谱》均可见"堂"字底部边线残损殆尽。然笔者发现《悲盦印迹》册二所录"鉴古堂"一印，"堂"字下面边线并未残破（图20）。再如《悲盦印迹》册二所录白文方印"二金蝶堂"之"二"字第一横仅在右角有残破。而傅栻所辑《二金蝶堂印谱》中此印"二"字第一横左上已大面积破损。此二印之现象，也充分证明了刘子重手辑本至少有部分印蜕钤

[1] 蔡泓杰：《钱君匋先生辑吴昌硕印谱三种述录》，2016年9月入选"吴昌硕与中国印学"（安吉论坛），入编浙江省书法家协会2016年10月编《吴昌硕与中国印学——安吉论坛学术研讨会论文集》。

拓时间远早于傅栻辑本，极有可能是难得的初钤本。

关于赵氏篆刻作品是否存在代刀问题，并非秘密，众说不少，在其与友人信函中也多有提及。然要对此类作品加以甄别，绝非易事。如"俯仰未能弭寻念非但一""如今是云散雪消花残月阙"两印，款计8面，录赵之谦撰《亡妇范敬玉事略》，后有纪年"同治元年冬十一月"。读者常据此认定为赵氏1862年的印作。傅栻《二金蝶堂印谱》录有此二印及款。"俯仰未能弭寻念非但一"印蜕下有题记曰："是两印扨叔手篆，属钱少盖奏刀，乃刻未半少盖遽卒，汪述庵少尹续成之，因列诸末。"（图21）这一记录不仅让我们知道了此二印为师篆徒刻，三人相继完成。同时根据钱式卒年，可推定此两印的刻成时间上限为1865年。

再如《豫堂藏印甲集》《豫堂藏印乙集》《丛翠堂藏印》《钱君匋获印录》等谱，钤拓精良，成谱数量少。除《豫堂藏印甲集》个别印为借拓外，所录之印基本藏于君匋艺术院，是极为难得的印谱与原始尚可一一对应的赵之谦、吴昌硕、黄牧甫三家珍本原拓印谱。这些印谱的序跋文字多为钱氏结合对藏印与作者之研究而撰写，具有较高的学术性。以《丛翠堂藏印》之序言为例，钱君匋对黄氏的生平作了考证和介绍，对其艺术风格进行了分析和评价，提出了"在广州的后期，更成熟地表露出锋锐挺劲，光洁妍美，乍看似乎呆板，其实并不呆板，而含有无穷变化的特点。能在皖浙二派次第衰落时，以粤派异军突起于十九世纪之末"[1]的精辟论断。我们知道，黄牧甫早年生活在徽州、南昌一带，盛年的印学活动范围以广州为主，晚年又在鄂、皖两地，远离当时的印学中心江浙沪一带。正如傅抱石所言："生前的名并不怎么了不起，作品的流传虽不少——四千以上——但在当初似乎没有如何特殊的地位（他的印谱，是近数年才印行的）。"[2]身处上海的钱君匋说自己是一九四二年才见到黄牧甫印的，也可印证当时黄氏影响远不及后来之广。钱氏对黄牧甫篆刻收藏之时，对于上海一带的藏家来说，似乎鲜有人涉足。20世纪60年代撰成的《〈丛翠堂藏印〉序言》等，成为当时较少的论及黄牧甫的专文，可以说于推动篆刻界对黄氏的认识或再认识起到了相当大的作用。直至今日，这些文字仍为论及黄牧甫的专业论文所引用。唐存才著《黄士陵》[3]一书中附录"近代名家说黄牧甫"文章十篇，《〈丛翠堂藏印〉序言》即为其一，可见一斑（图22）。

2. 有助于推进对钱君匋印学活动的研究

笔者认为，钱君匋对于篆刻艺术继承与发展所作的贡献是多方面的，包括其篆刻创作的探索尤其是边款创作、主题印创作，篆刻与书法、绘画、装帧等的相互借鉴与融合，印章、印谱的收藏与研究，篆刻人才的发现与培养，篆刻艺术的海外传播等方面。近年篆刻界对钱君匋的关注度有所提升，有关学术论文时有见诸报端或研讨会，钱氏在中国篆刻史的地位正在被不断重新认识。而君匋艺术院所藏印谱，可为更全面、深入、客观的研究提供一手资料。

（1）可探其篆刻创作之变

钱君匋刻印生涯前后达70余载，作印之多共计2万余方，因而很难有一个对钱氏篆刻的全面展示，致使大家对其印象多碎片式地停留于中、晚年风格相对成熟时期的部分作品上。其实钱氏生前自选出版印谱就笔者所知见者有17种（不包括书画篆刻合集及杂志专辑）。数量之多、品类之丰富

---

[1] 钱君匋著：《丛翠堂藏印·序》，原石钤印本，1966年辑成。

[2] 马国权：《晚清印坛巨擘黄牧甫》，《青少年书法》（青年版），2009年第5期。

[3] 唐存才著：《黄士陵》，上海书店出版社2007年版。

图22 《丛翠堂藏印》序

图23 《长征印谱》封面

图24 赵之谦"以分为
隶"印蜕及边款

以及前后时间跨度之长，同时代的大家无出其右。笔者曾撰《从钱君匋自选出版印谱看其印学特色》[1]等文以作探讨。再加上他人为辑印谱，如舒文扬编《钱君匋印存》、陈茗屋编《海派代表篆刻家系列作品集——钱君匋》等，实为洋洋大观。然与钱氏一生所刻相较，仍为冰山一角。君匋艺术院藏有钱氏个人印谱26种，78册。就笔者初步翻阅，所录印纵贯其创作的早、中、晚各个时期，且多有未曾公开发表之作。其中也包括钱君匋最著名的主题印创作《长征印谱》（图23）、《鲁迅印谱》。《长征印谱》于1961年告成，此后，钱君匋反复推敲，陆续改刻了44方印面以及48则边跋，至1979年最终定稿，立意高远，创作谨严，影响深远。诚如舒文扬先生所言："古老的艺术形式与现代重点题材的融合，也使篆刻走出文人雅士的书斋而面向人民大众。钱君匋的创作在反映时代精神的同时，完好无损地维护了传统艺术的经典和纯粹，因此他的成功尝试在二十世纪印坛应有其典范意义。"[2]就篆刻本体而言，《长征印谱》的创作活动前后持续了近20年时间，这正是钱氏篆刻由中期步入晚期而更趋成熟的关键期，也是其创作的高峰期。两个版本的比对对于研究钱氏篆刻创作及印学思想发展的意义重大。由于钱君匋的改刻多为在原石上磨去印面或边款再度创作，故君匋艺术院藏《长征印谱》1961年原石钤印本也成了这套印谱留于世间的最初写照而尤为珍贵。

（2）可考其印章收藏之路

《豫堂藏印甲集》《豫堂藏印乙集》《丛翠堂藏印》《钱君匋获印录》等谱，除《豫堂藏印甲集》中有小部分为借拓外，其余所录印为钱君匋自藏。笔者曾以君匋艺术院藏印为基础，借助对这批印谱的比对研究，撰写了《钱君匋的印章收藏始末及其社会价值》等数篇论文，对钱氏的印章收藏，尤其是赵之谦、吴昌硕、黄牧甫三家篆刻原石收藏过程作了探讨。如《豫堂藏印甲集》中有赵之谦"以分为隶"一印，款为钱君匋所补，曰："闻之谦之印百又一方，在津已将卅载，乙未冬，与朱咏葵兄踏雪相寻，始得一亲。翌年小除，竟为余斋中物，快何如之！"（图24）而《豫堂藏印

[1] 蔡泓杰、陆冬英：《从钱君匋自选出版印谱看其印学特色》，《中国书法》，2018年5月总第329期，第32页。
[2] 上海鲁迅纪念馆编：《钱君匋纪念集》，中国福利会出版社2007年版，第251页。

图25　《黄牧甫印存》（瓦存室辑）内页　　　　　图26　《海月盦印剩》

甲集》之序言中却述及："印的总数是一百零一钮……编拓本书时，我把它删去了一部分，共存九十五钮。"[1]经反复比对，并参考王士进于1947年所辑之《赵之谦、徐三庚印谱》[2]等，笔者认为钱氏于天津所得赵印确为101方，而从中选出95印编入《豫堂藏印》当是去伪存真之举。故钱氏一生所得赵印总数为《钱君匋获印录·赵之谦卷》所录的105方。

（3）可知其以印会友之广

《钱君匋刻书画家印谱》《钱刻文艺家印谱》为钱氏生前亲自选定出版者，所录印取法多样，风格各异，不仅体现了钱氏的篆刻学习之路和创作的理念，同时也能从中窥见其与书画家、文艺家的交往概况。然而钱君匋70余年的从艺生涯，交往的师友同道远不止此。从君匋艺术院所藏印谱中，我们可以看到更多的交游信息。

君匋艺术院所藏印谱除了钱君匋购买与自制的外，有一部分来自师友同道的赠予。比如《齐白石印集》内有钱君匋自题"己丑夏日，白石翁以此见贻……"，《黄牧甫印存（瓦存室辑）》内有黄文宽题"君匋先生鉴定……"（图25），《邹梦禅治印癸酉集》册一封面有邹梦禅题"君匋吾兄哂正……"，等等。

院藏钱君匋自存印谱多有师友同道题签。以《海月盦印剩》（图26）一函十册本为例，分别有谢稚柳、沙孟海、郭绍虞、来楚生、唐云、钱瘦铁、王个簃、容庚、顾廷龙、陆俨少所题签。其他谱中亦可见赵叔孺、齐白石、叶恭绰、吴湖帆、白蕉、韩登安等的题签。此外，诸谱所录印中未公开发表的姓名、斋馆等印也比比皆是，边款所记录的信息亦十分珍贵。限于篇幅，此不详述。

（4）可见其印谱制作之佳

钱君匋为著名的装帧家、出版家。"钱封面"曾受到鲁迅等大家的好评；人民音乐出版社的前身万叶书店即是钱氏与几个志同道合的青年一起创办的。钱氏于印谱制作的方方面面都极为考究，《上海千年书法图史·篆刻卷》印谱部分概述中特别提道："二十世纪五十年代末的'中国金石篆

---

[1]　钱君匋：《豫堂藏印甲集·序》原钤本，1960年辑成。
[2]　王士进：《赵之谦、徐三庚印谱》原钤本，1947年辑成。

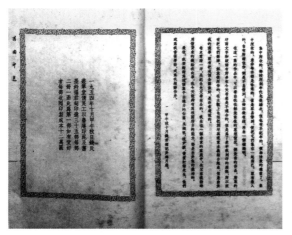

图27 《君匋印选》末页

图28 《丛翠堂藏印》
第二册内页

刻研究社筹备会'为我们留下了《鲁迅笔名印谱》《庆祝建国十周年印谱》两部印谱，同时期的钱君匋对印谱编辑的热情，也一直持续高涨……"[1] 故篆刻界向有"看印谱，解放后看钱君匋"之说。如1954年辑成的《君匋印选》，末附语："……丛翠堂倩良工以鲁庵印泥及旧墨钤拓《君匋印选》三十五部。每部二册一函，此为第一部。如有爱好者，每部收回印制成本十二万元。"（图27）既可见其印谱制作之用心，亦可由此看到其时精制印谱的制作成本，从而反映出当时人工及物价的一些信息。

再如钱氏20世纪60年代辑拓的《豫堂藏印甲集》《豫堂藏印乙集》《丛翠堂藏印》等，用纸为民国时期老纸，印泥为张鲁庵秘制，钤拓非妙手不可，以至版框印刷、印谱装订均十分精致（图28）。《中国印谱史图典》[2]收录历代印谱近500种，其中钱君匋所辑《豫堂藏印甲集》《长征印谱》入编。《朱蜕华典——中国历代印谱特展图录》[3]收录印谱130余种，钱君匋编辑的印谱《豫堂藏印甲集》《豫堂藏印乙集》《丛翠堂藏印》等在列。《上海千年书法图史·篆刻卷》印谱部分所收则更多。

（三）印学传播久且远

1985年，钱君匋决定将毕生所藏书、画、印等珍贵文物4000余件捐赠家乡桐乡。1987年11月君匋艺术院正式对外开放，他在开院大会上说："我今天所有的一切，都是艺术的赐予。当然，用不着妄自菲薄，我也勤奋地笔耕过。我把一切还给艺术，因为生命有限，艺术院无涯，第二母亲——艺术哺育了我，我也有义务，为艺术的发展尽一点人子的微力。""我希望君匋艺术院开门办院，为专家服务，也为普通读者效劳，这样才能物尽其用，无愧前哲。如果把艺术

图29 君匋艺术院

[1] 孙慰祖主编：《上海千年书法图史·篆刻卷》，上海书画出版社 2020 年版，第 202 页。

[2] 陈振濂主编：《中国印谱史图典》，西泠印社出版社 2011 年版。

[3] 陈振濂主编：《朱蜕华典——中国历代印谱特展图录》，上海书画出版社 2019 年版。

图30 《君匋艺术院藏三家名印二百品》内页

院办成一把锁，一只保险箱，那就违背我们的初衷，收藏只是为了研究，为了造就新人，这一点希望领导和朋友们给我以支持！"[1]（图29）

30多年来，君匋艺术院利用所藏的印谱和篆刻原石举办或参与了一系列国内外专题展览。如1990年在日本名古屋、金沢、新潟三地举办的"中国之国宝——吴昌硕原印展"，2004年在香港举办的"中国历代玺印艺术展"，2015年在澳门举办的"吴赵风流——吴让之、赵之谦书画印特展"，2019年在杭州举办的"朱蜕华典——中国历代印谱特展"，等等。此外，君匋艺术院还出版了《君匋艺术院藏印集》《桐乡市馆藏篆刻精品集》《君匋艺术院藏三家名印二百品》《金罍印撷》《钟矞申印存》等印谱。这些印谱的出版，令篆刻研究者和爱好者有如直接目睹这些篆刻珍品，避免了因主观臆测而误入歧途的危险。1992年由浙江人民美术出版社出版的《君匋艺术院藏印集》，钱君匋亲自担任顾问，全书由印拓配以原石彩图，印面和边款的刀痕跃然纸上，走在了当时篆刻类图书出版的前列，为学习者提供了更为直观的资料。2019年，《君匋艺术院藏三家名印二百品》由上海书画出版社出版（图30），全书印蜕与边款采自《豫堂藏印甲集》《豫堂藏印乙集》《丛翠堂藏印》等制作精良的原拓本，配以放大的原石彩图精印。原石印面和边款的刀痕与钤拓成的印蜕和边款拓片两相对照，更为直观地展现了三家篆刻的精妙。

四、结语

陈振濂先生于《百年西泠群英谱》中赞曰："钱翁君匋，才情四溢。擅巨印、多字印，富收藏。尤以吴昌硕、赵之谦、黄牧甫、齐白石洋洋大观。于桐乡、海宁各立君匋艺术院……"[2]收藏与捐赠是钱君匋艺术人生精彩的篇章。他的印谱收藏与其书画、印章的收藏一样，秉承的是为学而藏的思想，故有其独特的视角，也形成了鲜明的特色。他的文化自觉、文化自信和历史担当，使得他收藏的印章和印谱得以集中保存，推动了对赵之谦、吴昌硕、黄牧甫三家篆刻艺术和钱君匋印学活动的不断深入研究，为新时期篆刻艺术的繁荣贡献着光和热。由于笔者水平有限，所论不免粗浅片面甚至谬误。相信，随着新资料的不断面世，更多同道的不断参与，研究会不断深入，我们也将对钱君匋所藏印谱乃至其艺术人生的价值和意义有更全面而清晰的认识。

（作者系九三学社社员、中国书法家协会会员、浙江省书协篆刻委员会委员、青桐印社秘书长，供职于君匋艺术院）

---

[1] 钱君匋：《钱君匋先生在君匋艺术院开院大会上的讲话》，1987年。

[2] 西泠印社编：《西泠印社》总第四十三辑，西泠印社出版社2014年版，第74页。

黄易汉印收藏研究

臧　坤

内容提要： 乾嘉时期金石收藏活动盛行，黄易生逢其时，受到家学金石收藏渊源以及其师丁敬推崇汉印的影响。黄易在秉承家学、继承师学的基础上对汉印展开了一系列的收藏活动。纵观黄易与友朋之间围绕汉印展开的相关互动，黄易对汉印的收藏并非秘而不宣，收聚蓄藏也并非是黄易的真实目的，其更多的学术旨向，是将对汉印的收藏引向以师法汉印为主导的篆刻实践当中。

关键词： 黄易　汉印　收藏　篆刻

黄易（1744—1802），字大易、大业，号小松、秋盦，又斋号秋景盦、小蓬莱阁等，浙江仁和（今杭州）人。乾嘉时期著名的收藏家、金石学家、书画篆刻家，被誉为"金石五家"[1]和"西泠八家"之一。黄易积极搜访古代金石遗文，并对其进行相应的保护、收藏与研究。黄易在发现和保护古代碑刻中作出了突出的贡献，柴萼在《梵天庐丛录》言及："钱塘黄小松司马嗜奇好古，每游一处，必访求古碑之存亡，厥功甚巨。以其余力，收藏秦、汉铜印，装订成帙。"[2]正如柴萼所言，黄易的古印收藏虽仅以"余力"为之，但作为黄易收藏的一部分，也具有极高的成就，其中尤以汉印最为突出。其在印学方面辑有《黄氏秦汉印谱》（《秦汉铜印》），又自辑刻印为《种德堂集印》《黄小松印存》。

一、收藏渊源：家学与师承

黄易出生于书香门第，幼年时期便受到较好的家庭教育，其父黄树穀在黄易八岁（1751）时去世，黄易与父亲的交集也仅仅停留于其幼年时期，然而其父对于金石的收藏，却对黄易产生了深远的影响。《清史稿》称：

> （黄易）父树穀，以孝闻，工隶书，博通金石。易承先业，于吉金乐石，寝食依之，遂以名家。[3]

---

[1]　"金石五家"，指清乾嘉时期的钱大昕、翁方纲、王昶、孙星衍、黄易。

[2]　清·柴萼：《梵天庐丛录》卷二十，中华书局 1926 年石印本。

[3]　赵尔巽：《清史稿》，民国十七年（1928）清史馆铅印本。

对于黄树穀的收藏活动，张照曾言："于金石文字搜索不遗余力，丁星断烂，宝若性命。"[1]可以看出，黄树穀对于金石收藏赋予极度的热爱，其平生应有不少的金石收藏，在黄易《小蓬莱阁金石目》中就收有其父所遗留下来的多件藏品。黄树穀还藏有《孝慈堂印谱》，并亲为题跋。这种家学环境可能是黄易产生金石兴趣的起点。黄易秉承家学，其斋号也有继承家学之意，翁方纲《黄秋盦传》言：

> 父树穀，以篆隶名家，世称松石先生者也，故君字号小松。[2]

黄易因父亲被称为"松石先生"而自号小松，透露出他欲继承父亲的学问和遗志的心迹。黄易的斋名"小蓬莱阁"也有秉承家学之意，"小蓬莱阁"原为黄易七世祖黄汝亨（贞父先生）读书南屏书室，在杭州西湖雷锋之麓，后毁，黄易以此为名有追思先人之意。[3]

如果说家学是黄易金石收藏潜在的影响，促使黄易能够较早接触到金石。那么黄易对于汉印的收藏与研究则少不了其师丁敬的引领，黄易约19岁开始师从丁敬学习篆刻。其师丁敬与黄树穀是世交，对于二人的交游，黄易在家藏《麻姑仙坛记》拓本题跋中云：

> 丁泓龙先生与先子扪碑论古，晨夕过从。先生之手迹宜乎不少，然寒家五十年来书卷零落，惟此岿然尚在耳。拓本固可宝，而先生词翰尤不易得。重加装池，永为枕秘。[4]

在黄易的印象中两人"扪碑论古，晨夕过从"。可见其父与丁敬关系非同寻常，经常扪碑论古，黄易深处其中，耳濡目染，多少都会有所影响。清人十分重视汉学，清代中期以汉代为典范的思潮渗透于学术、艺术等各个层面，丁敬的篆刻就有明显的"尚汉"主张。[5]因此，丁敬也十分重视对于汉印的学习，这一点在丁敬篆刻的边款中多有论及：

> 古印留遗莫精于汉。（"寿古"印款）[6]
>
> 秦印奇古，汉印尔雅，后人不能作，由其神流韵闲，不可捉摸也。（"王德溥印"印款）[7]

丁敬对遗存下来的古印当中，对汉印尤为推崇。丁敬作为浙派创始人，更是黄易篆刻艺术的领路人，对黄易篆刻的发展有着重要的影响。黄易不仅在篆刻实践中对其师有所继承，其师注重践行

---

[1] 清·张照：《题识》（拓本），《黄小松友朋书札》第一册。

[2] 清·翁方纲：《复初斋文集·黄秋盦传》卷十三，清李彦章校刻本。

[3] 秦明主编：《蓬莱宿约：故宫藏黄易汉魏碑刻特集》前言，紫禁城出版社2010年版，第14页。

[4] 国家图书馆编：《中国国家图书馆碑帖精华》第八册，国家图书馆出版社2001年版。

[5] 关于黄易的篆刻审美观，可参白洪锦《清代金石热对黄易印风的影响》，华东师范大学艺术学院美术系硕士论文，2009年，第12—29页。

[6] 韩天衡编：《历代印学论文选》，西泠印社1999年版，第717页。

[7] 韩天衡编：《历代印学论文选》，西泠印社1999年版，第715页。

的学术态度也深深地影响了他。丁敬对古代遗物曾做过大量的收集，其中不乏对古印的收集。

二、汉印收藏：来源与去向

黄易注重访求汉印，曾在乾隆丁酉（1777）秋与朱筠一同访汉印于京师。朱筠《小蓬莱阁金石文字·汉石经残字》跋：

> 乾隆丁卯（应为丁酉），余同钱塘黄小松访汉印与京师，留守卫曲巷之草庵。[1]

朱筠能够与黄易一同访汉印于京师，应与朱筠的治学有着密切的联系。朱筠治学以汉学为旨归，张学诚在《朱先生墓志铭》中曾言："至于文字训诂、象数名物、经传义旨，并主汉人之学，以谓与作聪明，宁为墨守。"[2]朱筠幕府大力提倡汉学，这也使其幕府成为汉学产生和聚集的重要场所。

对于收藏活动而言，出资购买是藏家获得藏品较为直接的方式之一，在黄易《嵩洛访碑日记》中，就记录了其购买汉印的情况：

> （九月）初六日……市间得汉镜，文曰"宜君乐""乐未央""大富昌"……又购唐镜一，古币四，汉印二。[3]

通过商家之间的买卖使得汉印流通于市，这种无序的递藏导致藏品分布较为零散。黄易在日记中指出于市中购得两枚汉印，每次仅能购得较少的藏品，这在收藏活动中也较为的普遍。这也导致了一些藏家更热衷于寻求资深藏家的藏品，其藏品之丰富往往能引起他们的极大关注，黄易在《题王莲湖汉铜印谱》中就曾记录了这一现象：

> 济宁吴氏所藏古铜印章五百余，谱首郑居实序。汪水部讱庵、潘中翰毅堂见而心艳，屡求卒不可得。近时印渐散失，易初得十余。居实子鲁门，自金乡持来六巨椟，为印五百四十，又小匣，为印二十有七，吴氏物居多。易力薄，留小匣，趣王刺史莲湖购六椟。[4]

济宁吴好礼世德堂所藏古铜印章500余枚，其丰富的藏品使得汪启淑与潘有为表现出极大的兴趣，屡次寻求终无所获。此后吴好礼世德堂所藏印章散失，黄易初得10余枚，后郑鲁门自金乡持来500余枚，其中多为吴氏旧藏，黄易因为资金问题仅购得其小匣中27枚印章。虽然黄易未能获得全

---

[1] 清·黄易著：《小蓬莱阁金石文字》，《石刻史料新编》第三辑1册，新文丰出版公司1977年版。题跋书影见于秦明主编《蓬莱宿约：故宫藏黄易汉魏碑刻特集》，紫禁城出版社2010年版，第60页。

[2] 清·朱筠：《笥河文集》卷首，清嘉庆二十年（1815）叔华吟舫刻本。

[3] 清·黄易著，毛小庆点校：《嵩洛访碑日记》（外五种），浙江人民美术出版社2018年版，第3页。

[4] 清·黄易：《秋盦遗稿》，《续修四库全书本》第1446册，上海古籍出版社1995年版。

部的藏印，然王莲湖的大量购藏也能让黄易有机会获观这些古印的全貌，对于黄易而言这何尝不是一大幸事，通过这种集中出让的方式，也使得古印在金石收藏活动中变得流传有绪，更极大地方便了学者的相关研究。

黄易因为种种原因使得每次获得的古印数量并不是非常的可观，但黄易对古印的收藏未曾间断，乾隆五十六年（1791）四月二十八日，翁方纲之子翁树培就曾写信给黄易询其新近所得汉印之事："并闻新得刀布若干，汉印若干，不知可一一拓以见赐否？"[1]数次的积累自然也能形成一定的规模，从所辑《黄氏秦汉印谱》所收录的印章来看，其对于古印的收藏规模还是非常可观的，对于黄易的印章收藏，伊秉绶曾言："箧中多蓄古器物，累累官印炎刘铜。"[2]

黄易亲身寻访以及出资购买虽然可以直接获取古印的收藏，但这样的资源需要一定的时间和机遇，有时还会因资金的不足导致与藏品失之交臂。个人的收藏毕竟有限，而想获观更多的藏品资源，与其他藏家的交流就显得极为重要。潘有为在当时以古印收藏最为著名，对于像潘氏这样的大收藏家，黄易自然少不了与他的交流。在潘有为致黄易的书信中曾言及："汉印检出一枚奉上，转盼便不合用，仍归我斋，亦佳话也。"[3]除此之外二人围绕汉印展开的交流还有很多，潘有为在乾隆四十三年（1778）六月中就曾多次写信给黄易，言及所藏印章以及印谱之事：

> 为新得汉铜印六百余颗，暇当全印以报君惠耳。[4]
>
> 为处所藏汉印，缘印谱之名未定，印格未经付梓，而用印复不得人以代，以此少稽。[5]
>
> 所藏秦汉铜印，前后共得八百余颗，其气味稍涉唐宋以后者，即不入选，以此尚存七百廿余颗，足下仅以三百颗美余，或亦轻量天下士耶？……芸堂新赠芝山明人尺牍一百幅，健美健美。又赠我汉铜印两三枚，皆可宝也。[6]

想必在此之前黄易对潘氏的藏印就有所了解，并向潘氏索要他的藏印谱，而潘氏也在回信中指出由于印谱之名未定，以及印格未经印刷等作罢。此后黄易对此事应一直有所关注，在乾隆四十四年（1779），潘氏的回信中还能看到潘氏因缺乏印泥，导致印谱迟迟未成：

> 看篆楼所藏秦汉印七百余，苦无印色，是以迟迟，近日朱砂已得，有同年恒益高者善制，制成当得佳本奉寄。[7]

直到乾隆四十九年（1784）九月，潘氏又因印谱尚未凑齐一千枚，而向黄易寻求帮助：

---

[1]《黄小松友朋书札》第七册，国家图书馆藏。

[2] 清·黄易著，毛小庆点校：《嵩洛访碑日记》（外五种），浙江人民美术出版社 2018 年版，第 134 页。

[3]《黄小松友朋书札》第六册，国家图书馆藏。

[4]《黄小松友朋书札》第五册，国家图书馆藏。

[5]《黄小松友朋书札》第五册，国家图书馆藏。

[6]《黄小松友朋书札》第五册，国家图书馆藏。

[7]《黄小松友朋书札》第五册，国家图书馆藏。

铜印尚未满千，尊藏能足岳添流，更感。[1]

弟集铜印千枚，择其气味稍差与模糊欠真、不入赏鉴者割置百余，以此尚未盈千，必加意拓之，就正有道。[2]

对于潘氏的请求，黄易是年便作出了回应，潘氏回信言：

昨廿四日接手示，兼承寄赐铜章四十枚，内有精美非常者，顷与芝山细赏，不能去手，古之朋锡其何能过此？可胜道意耶？[3]

而对于黄易的请求直到1793年潘有为才给予奉上：

印谱多年鹿鹿，未暇拓得，屡札需此甚急，谨将案头手披底本专上，另有新购汉印数十枚未补，俟有定本，续继何如？[4]

为了获观潘氏的这部印谱，黄易不仅为此寄出了所藏铜印中40枚印，来助力潘氏印谱尽快完成，黄易还为此等待了至少15年。黄易对于潘氏印谱的持续关注不仅是为了获观潘氏众多的古印收藏，更多的在于可以一睹潘氏所藏古印的艺术风貌，这也是作为一名篆刻家所表现出的对于艺术资源的强烈渴望。古印钤盖成谱，不仅方便学者对于印文的学习与借鉴，同时也使得藏印以另一种更为直接的方式得以有效的保存。时过境迁，原印可能会分散遗失，而印谱中保存的大量钤盖印文对于日后的研究而言就显得极为重要。

乾隆五十九年（1794），黄易得到一枚"桂"字古铜小印，赠桂馥，此事一时传为金石佳话，翁方纲作诗记之，圈内友人也多有唱和。[5]黄易将藏品赠予桂馥，使藏品因黄易有了新的递变，而与众多藏家的藏品命运一样，黄易收藏古印最终也散于他出，阮亨记载：

积古斋旧藏秦汉铜印十种，在浙江府署时曾邀同人分赋，后续得黄小松易所藏四百余印，选其完善者二百钮于己巳贡入内府，余印择其中姓名有见于列史者，自汉至唐，共得二十八钮，予兄自为《印记》，命侄常生释注之。[6]

黄易所藏古印后来大多归于阮元，随后又贡入内府。阮元所提及的黄易所藏400余印，汉印应占多数。黄易通过收藏活动将零散于各处的古印实现了阶段性的聚集与保存，而随后以集中出让

---

[1]《黄小松友朋书札》第七册，国家图书馆藏。

[2]《黄小松友朋书札》第七册，国家图书馆藏。

[3]《黄小松友朋书札》第七册，国家图书馆藏。

[4]《黄小松友朋书札》第十二册，国家图书馆藏。

[5] 朱琪著：《蓬莱松风：黄易与乾嘉金石学》，上海古籍出版社2021年版，第99页。

[6] 清·阮亨：《瀛洲笔谈》卷十二，清嘉庆年间刻本。

的形式让黄易的藏印得到了有效的保存，对黄易而言这是幸运的，对于学界而言更是一笔巨大的财富。

三、蓄物资学：理论与实践

黄易收藏汉印，与汉印有较多的接触，翁方纲在《黄秋盦传》中就言及："多蓄汉印、诸吉金杂器物款识，摩挲终日不去手。"[1]汉印体型小巧，方便把玩，作为篆刻家的黄易，应对汉印印文所具有的艺术特征有着较为深刻的了解，其在《柿叶斋两汉印萃序》云：

> 两汉刻印，无体不工，萃成一书，昔称顾氏《集古印谱》，然梨枣雕镂，略存形似。汉篆一波一折，妙入精微，木刻何能仿佛？鲁门先生以美石摹镌，逼真古法，岂惟远超顾氏之书，直令两汉精神尽来腕底。有功后学，正复不浅。先生深思好古，学有本源，余知之独深。每叹其怀才不遇，今见此书，真堪寿世。虽吉光片羽，亦足以长留天地间也。钱唐黄易。[2]

黄易指出顾氏《集古印谱》使用梨枣雕镂汉印，只是对汉印形似的保存，其入印文字的波折之处，不能达到妙入精微。并指出鲁门先生以美石摹镌，直逼古法，得以表现两汉精神。黄易指出梨枣摹印的不足，并肯定了以石摹镌古印的重要性，这种对以石摹古的认识，想必与黄易自身的实践有着密切的联系。

汉印有官印与私印之分，两类当中都存有艺术价值较高的印章，黄易约在乾隆六十年（1795）为王穀作《题王莲湖汉铜印谱》中就有所论及：

> 官印"大司马建威校尉""鹰扬将军""彭城左尉"，私印"李广""任贺"等章，皆极为精妙。"翱"字一印，易辨为谢翱物，高贤手泽，宜同西台竹如意并传于世。莲湖得兹多宝，足以自豪，手成一谱示易。茶熟香温，闲窗评赏，真堪与关中松谈阁、淮阴程荔江诸谱后先争胜，辉映艺林，不独海内嗜古之士一时妒美已也。[3]

黄易充分肯定了《王莲湖汉铜印谱》当中所收官印"大司马建威校尉""鹰扬将军""彭城左尉"，以及私印"李广""任贺"等印章的艺术价值。黄易对于印章的评判标准我们无法获知，而其对于汉印的认可，应更多地来自其对印文艺术价值的充分肯定。此外黄易还辨别出"翱"字私印为谢翱之物，使得古印与古人之间有了较为密切的联系，在无形之中也提升了此印的历史文献价值。这也很好地反映出，在古印收藏中龚自珍所提出的"官印欲其不史，私印欲其史"[4]这一说法。

---

[1] 清·翁方纲：《复初斋文集·黄秋盦传》卷十三，清李彦章校刻本。

[2] 清·郑支宗摹刻《柿叶斋两汉印萃》四册本，上海图书馆藏。

[3] 黄易：《秋盦遗稿》，《续修四库全书本》第 1446 册，上海古籍出版社 1995 年版。

[4] 清·龚自珍著：《龚自珍全集》，上海人民美术出版社 1975 年版，第 267 页。

将收藏的印章进行钤印并装订成谱，是当时藏家用于保存印文较为普遍的做法，黄易在致顾文鉽的书信中就曾对印谱有所提及：

> 兹闻有陈贯霄先生精于篆刻，乃下文拙作，何敢匿丑，谨以弟刻自用之印印出一册请正，乞寄之。《汉印谱》及诸拓本俟陆续再寄。[1]

黄易所辑《黄氏秦汉印谱》（又名《秦汉铜印》）。据韩天衡记载，《黄氏秦汉印谱》中藏印部分为黄氏旧藏，大部分为吴好礼旧物。全谱存官印94方，私印280印，合计为376印。成书当在嘉庆初年。[2]对于此谱柴萼《梵天庐丛录》卷二十《黄小松、张叔未诸家之集古印谱二则》记载：

> 钱塘黄小松司马嗜奇好古，每游一处，必访求古碑之存亡，厥功甚巨。以其余力，收藏秦汉铜印，装订成帙。乾隆甲寅，自署题签。谱无卷目，首列官印，有将军印章八钮，又"颍州郡长"。私印"曹苗""公嗣"两印颇为奇特。共计官印七十八钮。周秦方寸玺仅一小玺有"臧疢讯玺"。汉印有"黄易"二字，白文古拙，殆因得此印以改名者。私印近三百钮，如"青世""谢林"皆私印中所习见，无甚足异。后有"道光壬寅冬日汉阳叶东卿志诜借题记"。惜流传无多，世不恒觏耳。[3]

从柴萼所记录的印章数量以及种类而言，此谱应与韩天衡所言为同一印谱，从文本内容来看，此谱多为汉印，这也与黄易的收藏相符合，而韩天衡所记印章要多于柴萼当时所记录的数量，这一点应与柴萼所记"谱无卷目"有关。因为印章的收藏具有一定的阶段性和延续性，黄易未编其卷目，想必是为日后所获新印能够继续增补作出的深思远虑。将所藏印章不断收录于谱，不仅丰富了印谱的收藏体例，更增加了印谱的收藏价值，这也为日后相关研究的开展提供了更多的可能性。

黄易收藏汉印，并取法汉印，在其印章边款中就记载了其对汉代铜铸印以及阴文双边印式的取法：

> 庚申大暑，小松仿汉。（"黄易之印"印款）[4]
>
> 小松访汉铸，时乙酉四月。（"漫赢得幽怀难写"印款）[5]
>
> 汉印有沈姓，"沈延年""沈颐""沈子卿"诸章，阴文双边亦汉人法也。隶吏黄易刻于济宁之尊古行斋。（"沈启震印"印款）[6]

[1] 薛龙春著：《黄易友朋往来书札辑考》，生活·读书·新知三联书店出版社 2021 年版，第 277 页。
[2] 韩天衡著：《天衡印谭》，上海书店出版社 1993 年版，第 308 页。
[3] 清·柴萼：《梵天庐丛录》卷二十，中华书局 1926 年石印本。
[4] 书影见冈州区氏双莲馆辑自藏印而成《双莲馆藏石》，1941 年版。
[5] 书影见冈州区氏双莲馆辑自藏印而成《双莲馆藏石》，1941 年版。
[6] 韩天衡编：《历代印学论文选》，西泠印社 1999 年版，第 732 页。

黄易将不同汉印所表现出来的艺术效果运用于自身的篆刻创作当中，同时他还指出："汉印有隶意，故气韵生动。"[1]这种对于汉印的独到见解，与其参与的汉印收藏活动密不可分，可见黄易的汉印收藏活动在其整个篆刻艺术创作中起到了重要的作用。阮元在《小沧浪笔谈》中就曾论及黄易对汉印的取法：

> 小松为丁敬身先生高弟，篆隶铁笔，实有过蓝之誉。尝谓"刻印之法当以汉人为宗，萃金石刻之精华以佐其结构，不求生动而自然生动矣"，又谓"小心落墨，大胆奏刀"，二语可为刻印三昧。生平不轻为人作，虽至交亦不过得其一二石，作者难，识亦匪易，故当推为海内第一。[2]

阮元认为黄易的印章与其师丁敬相比有过蓝之誉，黄易也常常论及刻印取法汉印，同时汲取金石碑刻之精华来辅佐入印文字之结构，从而使印文不求生动而自然生动，阮元借用黄易常言之语来论及黄易的篆刻，不仅突出了黄易对于金石文字的推崇，更反映了阮元对于黄易取法的认可，并将其推为海内第一。

在乾嘉金石收藏的大环境中，金石的存在无形中对黄易的印章产生了影响，黄易也曾指出刻印不只是单纯的娱乐行为，而是把他当作检验自身金石学养的标杆，在"金石刻画臣能为"印款中有言：

> 古文篆隶之存于今者，惟金石为最古。后人摹仿镌刻，辗转流传，盖好古情深，爱奇志笃，非苟为适意遣兴已也。余宿有金石癖，有喜探讨篆隶之原委，托诸手以寄于石，用自观览并贻朋好，非徒娱心神，亦以验学力。因取义山语刻石，明臣所能为也。乾隆丙午，秋庵黄易并志。（"金石刻画臣能为"刻款）[3]

黄易认为留存下来的古文篆隶金石最古，后人以此为参照进行模仿镌刻，不仅仅是为了适意遣兴，而是有着深刻的好古情怀。黄易爱石成癖，喜探讨篆隶之原委，在追本溯源的过程中，通过篆刻呈现出来。这一点在黄易的汉印收藏与仿刻实践中就有很好的体现，黄易的收藏不再是简单地占有，而是滋养其学力的重要养分，对于养分的汲取与吸收又通过篆刻实践呈现出来。

对于黄易印章的评价，黄易所刻"金石癖"一印，吴江杨澥另刻款识评其曰："浑厚中藏刀法。置之汉铜印丛。亦当让司马出一头地也。"[4]潘庭筠在《山东兖州府运河同知钱唐黄易君墓志铭》中也言及："生平精篆刻印，得秦汉之遗。"[5]伊秉绶对于黄易的篆刻实践有着较高的评价："箧中多蓄古器物，累累官印炎刘铜。出其绪余试雕刻，文何顾郑难为工。"[6]以此我们

---

[1] 韩天衡编：《历代印学论文选》，西泠印社 1999 年版，第 734 页。

[2] 清·阮元：《小沧浪笔谈》卷二，第 557 页。

[3] 韩天衡编：《历代印学论文选》，西泠印社 1999 年版，第 731 页。

[4] 黄尝铭编纂：《浙派印论文摘》，西泠印社出版社 2015 年版，第 64 页。

[5] 清·黄易著，毛小庆点校：《嵩洛访碑日记》（外五种），浙江人民美术出版社 2018 年版，第 128 页。

[6] 清·黄易著，毛小庆点校：《嵩洛访碑日记》（外五种，清伊秉绶《留春草堂诗钞》卷一），浙江人民美术出版社 2018 年版，第 134 页。

可以看到世人对于黄易篆刻成就的高度认可，这也充分表明了黄易在篆刻上所作出的实践是成功的。

四、结语

黄易幼时处于金石收藏的家学环境当中，成年时期又受到丁敬崇尚汉印思想的引领。在乾嘉时期金石收藏的大背景下，黄易对汉印所作出的收藏似乎一直以来都有一定的内在脉络。作为一名收藏家，黄易亲身践行寻求汉印；作为一名篆刻家，他从汉印文字中汲取养分并运用于自身的篆刻实践当中。黄易将收藏助力于自身学力，其对汉印所做的收藏活动，不再是简单地收聚蓄藏，而是藏以致用。薛龙春曾指出："金石收藏与研究是乾嘉学者的集体兴趣。"[1]而黄易对于汉印的收藏与研究作为乾嘉学术动态的一个缩影，不仅可以帮助我们更好地了解当时的学术环境，以及学术开展的新动向，同时也为收藏界提供了一个良好的典范，以此推动金石收藏与研究的全面发展。

（作者系杭州师范大学美术学院硕士研究生）

---

[1] 薛龙春著：《古欢：黄易与乾嘉金石时尚》，生活·读书·新知三联书店出版社第 2019 年版，第 13 页。

西泠印社壬寅秋季雅集

大印学（2）
印学收藏史国际学术
研讨会论文集

附录

早期社员底奇峰生平析疑

王佩智

内容提要：民国初年，西泠印社中人为拯救西泠印社之存续，供奉早期社员底奇峰遗像于蒋公祠，其社会影响很大。但他的真实身份和职位，百多年来一直含混不清，令人费解生疑。社中史料虽有记载但缺少佐证，官方文件几乎没有记录。对此，本文试图通过阅读相关的民国史料，对其人其事层层辨析，反复梳理，去伪存真，基本合理定位出革命党人、民国印人底奇峰的真实面貌及其历史功绩。

关键词：底奇峰　新世界印社　总统府印铸局局长

西泠印社早期社员底奇峰是1911年"上海军政府"成立前后的较短时间里一位较为活跃的人物。他生前参与上海光复起义，立下汗马之劳，先后供职上海都督府、南京临时政府，逝后其牌位供奉在杭州蒋公祠内。那么，一个祭祀晚清浙江护理巡抚的地方，为什么会允许供奉一个民国印人呢？西泠印社同蒋公祠又是什么关系呢？

关于底奇峰的文字记载，旧时叶为铭编《西泠印社小志》载有"底奇峰传略"如下：

> 民国元年三月九日（1912年4月25日），南京总统府印铸局长底君坠马死。孙大总统以千金赙之。越日，灵榇达上海，同人复请于都督陈英士君，更以五百金恤其家属，即葬于日晖港清真寺坟山。是日开会追悼，到者凡数百人。呜呼！底君以一布衣奔走国事，虽不得其死，而荣哀之礼，亦云旷矣。君讳云，字奇峰，世居盐城，转徙至沪。幼孤，赖母夫人习女红以生。性至孝，中年母病发，医药累载，家贫益甚。庚戌（1910年）大除，病几殆，君至割股以进，其愚盖不可及也。辛亥九月十三日（1911年11月3日），上海制造局之战，君与诸党人执枪前驱，慷慨杀敌，有烈士风。今即赍志以殁，犹足令后之人凛凛叹尚焉。君臂力过人，尤工于金石刻画之学，晶章玉质，运刀如泥。即葬，其弟子杨遂生等谓，君本西泠印社社员，乃商诸同人，以遗像供奉社中。同人题之，并记其概略如右。[1]

底奇峰逝世20年后的1932年8月，另一篇署名汪切肤[2]的文章《西泠印社的创立及现在》出现在

---

[1] 吴振平、秦康祥整理，叶为铭旧编：《西泠印社小志》油印本1963年版，第40页。

[2] 汪切肤：即汪厚昌（1872—1943），仁和（今浙江杭州）人。居上海。字吉门，号了翁，室名后飞鸿堂。晚清诸生。精小学，工篆籀。汪切肤是他为刊物撰稿时的常用笔名。

上海《金刚钻报》上，其中有更为翔实的关于底奇峰的表述：

> ……民国光复，凡清代官家公产，民军悉数没收。蒋果敏祠，亦在籍没之列。西泠印社，虽具有雏形，至此势将铲除。社中诸人，慼焉忧之。于是，上海望平街刻字店主底奇峰乃得入祀印社中，一若革命伟人之专祠焉。
>
> 底奇峰者，江苏盐城人。在上海望平街开设刻字铺，牌号曰"新世界"，专售东洋牙印。殆与叶舟、吴石潜同为一丘之貉。清季国人昌言革命，人心蠢焉思动。底奇峰本俗伧，然秉性率真，闻革命辄跃跃欲试，不时与秘密党相往还，以是得获交于陈其美诸人。陈其美攻上海制造局，底奇峰追随左右，颇效微劳。沪军都督府成立，底奇峰得出入于都督府之门。孙文为临时大总统，即位南京，组织总统府，府中设铸印局。底奇峰以沪上诸革命伟人之介，充总统府铸印局局长。刻字店主得此，真可谓风云际会已。底既获此奇遇，心中狂喜，居南京者凡数月。一日乘马游郊外，已归府矣，马忽蹶，底奇峰坠地，头触巨石，血流如注，顷刻毙命。孙大总统特赠赙仪一千元。灵柩回沪，派卫队护送。时沪上诸同志，以底屡随陈其美奔走，不无微功，拟请陈都督酌给抚恤。又以余与底奇峰素相识，嘱余属草陈请。余乃为之上书陈都督。嗣奉陈都督复书许可，并赠五百金。说者谓底之厄，且愈于生也。时杭州社中诸人，以印社即将倾覆，闻底君事，议以底君遗像，供诸社中，则印社或可保存。又以余与底奇峰生前多交往，身后事又多余为之处理。属余为底君撰传，书之遗像之端。余乃为纪述其革命经过，及死后哀荣，备极铺张。于是，底君遂得高供于西泠印社中，印社俨若为底君专祠矣。时杭县知事汪曼峰，与社中诸人多相识，社中诸人请其设法保护。汪知事亦力为维持，而西泠印社得以保全。经此一役，而基础乃益巩固。[1]

从文中"属余为底君撰传，书之遗像之端"之句得知，这篇文章和"底奇峰传略"同出于汪厚昌（切肤）之手笔。

这两篇文章都强调了底奇峰"上海望平街刻字店主"和"南京总统府印铸局局长"的身份，及"以遗像供奉社中"的重要事件。后来的其他书籍介绍底奇峰多引用此处，无多新意。但这毕竟是一家之言，尤其是底奇峰任职之事，笔者曾专赴"南京总统府"和中国第二历史档案馆（原名南京史料整理处）查阅资料，惜尚未发现有此记载。还有，南京中国近代史遗址博物馆编纂的《总统府旧影》（2006年11月版）一书亦未见底奇峰任职"南京总统府印铸局局长"的记载，而是另有他人。

凡此种种，不免令人疑窦顿生——底奇峰究竟有没有担任过"南京总统府印铸局局长"？还有，他究竟是不是"上海望平街刻字店主"？其遗像、牌位为何能"供奉社中"蒋公祠？

上述两篇记述皆言底奇峰由参与上海"攻打制造局"之功而入总统府，或许可作为解谜底奇峰的一个线索起点。多年来，笔者通过寻阅有关"上海军政府"成立前后的民国史料，由此而入，关于底奇峰生平的脉络渐渐明晰起来，经过不断地反复辩证，始解开一些疙瘩，但也留下些许疑问。

---

[1] 1932 年 8 月 29 日上海《金刚钻报》第二版，至 9 月 8 日起连载结束。

一、底奇峰其人

底奇峰，名云，字奇峰，祖籍江苏盐城人，回族。其父曾在浙江嘉兴石门县城（今桐乡市崇福镇）内的"善长典"当铺做过职员。《广印人传》载他"工美术，精篆刻"。他与西泠印社创始人叶为铭、吴石潜等交好，列为西泠印社社员。

底奇峰素衣淡食，性格豪爽，臂力过人，落拓不羁，清瘦，颔下留须，喜饮酒。回族人一般禁止饮酒，但他却"常常一手举着锡酒壶，一手紧握刻刀"。清末，底奇峰赴沪谋生，后入上海望平街"新世界"刻字铺。有文描述，他与同盟会首领陈其美相识，陈生于1877年，喊他"底大哥"，1911年时他"年过30"[1]，据此推算他年龄应略长于陈其美，出生大约在1875年左右，卒于民国元年三月九日（1912年4月25日），在世约36岁左右。

底奇峰早年参加同盟会，积极响应革命，参加上海华人商团。为上海商团公会清真商团（130多人）的倡导者之一，上海商团公会镌刻业商团团长。他曾因邹容《革命军》遗著被查封，搜劫一空，无人敢再承接印制，受托急刻《革命军》石印本散发。

底奇峰为人为事敢打敢冲，敢作敢为。清真商团操练需要统一制服，在出席筹备会上，他上台作慷慨激昂的演说，要求民众力图自强。遂将随身穿的湖丝长衫脱下，连同衣袋中仅有的16枚银圆，以及表链等物，悉捐给清真商团作为筹办经费。在他的带动下，与会者纷纷慨解义囊，不到几天，清真商团便获得了一笔可观的经费和物资，团员都穿上了统一的制服。[2]

上海光复起义前，底奇峰按照陈其美、周柏年的要求，秘密刻制上海光复起义所备用的"沪军都督府""沪军都督"及各种用印。光复起义时，他积极参与攻打清政府在上海的军事堡垒——江南制造局[3]，分配给他的任务是防守北城的九亩地和火药局。他刻的那些印章在光复起义前后都派上了大用场。

二、望平街谋生

望平街在哪里？它是旧日上海的一条小马路，南起福州路，北到南京东路，长306米，宽约10米，街巷虽短，却名震中外。光绪年间，清王朝在内忧外患的风雨中摇摇欲坠。一些开明绅士纷纷办报，以图唤醒民众，全上海的各种报纸都汇拢在望平街。在望平街汉口路的拐角，矗立着两座大厦，分别是《新闻报》（创刊于1893年）和《申报》（创刊于1872年），这两张报在新闻界首屈一指。（图1）

望平街204号有家名叫"新世界印社"的刻字店，店主人是浙江南浔商人周柏年。（图2）

周柏年（1880—1933），原名周延龄，字君鹤，湖州南浔人，南浔富商"八牛"之一周昌大之长孙。周柏年是陈其美攻打制造局、光复上海的重要助手。他20岁东渡日本，1905年在日本参加同

---

[1] 沈寂著：《上海：1911攻打制造局》，上海辞书出版社2007年版，第24页。

[2] 沈寂著：《上海：1911攻打制造局》，上海辞书出版社2007年版，第178页。

[3] 江南机械制造总局，又称江南制造局，是晚清设在上海的规模最大的近代军事企业，也是近代中国最大的军火工厂。

图1　上海望平街，引自《黄埔档案》

图2　上海望平街新世界印社旧影

盟会。1908年与陈其美一起回国，在上海从事革命活动。受孙中山指派，他出任同盟会上海支部评议员兼常务议员。为了便于工作，由张静江[1]提供经费，在上海望平街204号开设"世界社"，周柏年任总经理，作为革命党人在巴黎创建的世界社的上海分社，从事中外文化交流，主要是筹集革命经费（金融机关），为陈其美等人的开展革命活动提供掩护。望平街时有《民呼报》《民立报》《民权报》，不遗余力鼓吹革命。周柏年与三报的经理过从甚密，三报的经费均由世界社资助。世界社办有"新世界印社"，名为经营印石文具，实为革命党在上海的秘密联络站。

上海光复起义前夕，周柏年参与陈其美等组织光复军。陈其美要周柏年准备刻制"沪军都督府""沪军都督"及各种印章，张贴革命文告，周立即嘱咐他的"新世界印社"雇员底奇峰秘密刻制印章。[2]并在1911年11月3日攻打制造局的战斗中，参与组织敢死队，到处张贴光复军布告。

据此，汪厚昌笔下的"望平街刻字店"应是"新世界印社"或"新世界印社刻字店"的简称，"店主底奇峰"的真实身份其实是新世界印社的雇员，这里是他以刻刀谋生的地方，他仅是日常负责这里面上工作的"店主"，从事秘密工作的需要，兼具负责扮演秘密联络点的台面人物，而真正的店主是世界社经理周柏年。而这个秘密联络点的具体人事信息，汪厚昌不可能知道得那么多。

三、结识陈其美

因为店主周柏年的缘故，底奇峰结识了陈其美；又因陈其美曾与其父同在当铺做过事，拉近了底奇峰与陈其美的距离，渐为亲密。此后，他按照周、陈二人的要求秘密镌刻所需印章。

陈其美（1877—1916），字英士，浙江湖州吴兴人。辛亥革命著名活动家。1891年，因父亲去

---

[1]　张静江：（1877—1950），又名人杰，浙江湖州南浔人。国民党元老。出身江南南丝绸巨贾之家，结识并经济资助孙中山，支持革命，孙中山称其为"革命圣人"。曾任国民党中央执行委员会常务委员会主席、国民党浙江省政府主席等。

[2]　陆剑：《干国匡时的周柏年》，2012年6月9日《联谊报》。

世，家道不济，15岁的陈其美不得不中断学业，经人介绍到嘉兴石门县城内的"善长典"当学徒。"善长典"是当时石门县城四大当铺之一，号称"百年老当"。当时底奇峰的父亲也在这家当铺做事，与其可谓有"同事"之熟面。到1903年离开，只身到上海十里洋场闯荡，他在这里前后一共当了12年学徒，其间也接触过如"记账"之类的"高级活"。不几年，他又从上海出走日本"开阔眼界"，并参加了同盟会。[1]

上海光复起义后，沪军都督府成立，陈其美出任沪军都督。由陈其美推荐，底奇峰离开"新世界印社"刻字店，出任沪军都督府秘书，[2]遂"得以出入于都督府之门"。

四、任职总统府

笔者所见多种非官府文本，几乎众口一词地认为：凭着底奇峰的治印才能和在上海光复起义中的英勇表现，以及他与陈其美的交际，陈其美把他推荐给了孙中山。孙中山就任南京政府临时大总统后，旋即任命他为"总统府印铸局局长"。

总统府铸印局是南京临时政府总统府的内部机构，以局长一人为主官，掌铸印及颁发印信，收缴旧印。该局建于1912年1月，直属临时大总统（北洋政府时改隶国务院）。专职承造官用文书、票券、勋章、徽章、印信、关防、图记及刊刻政府公报、法令全书、官版书籍。设局长一人，其下有参事、秘书、佥事、主事等。另置技正、技士多人，分掌技术业务。[3]

1912年元旦，孙中山从上海乘火车赴南京，当晚就任临时大总统。底奇峰亦随同前往南京。

"南京总统府门禁森严，肃穆幽深，和望平街的'新世界'相比，宛若两个天地。铸印局有三大间，外一间对外，里一间是'印库'，中间则是他的办公室兼卧房。他那里很少有人进出，也无公可办，故而显得冷冷清清。可他本人却是异常忙碌，整个总统府的官印都出自他的手。"[4]这种说法与典籍所载印铸局的规格存在很大的差距。但从这些表述分析表明，底奇峰应仅为制印者之一而已，他的个人经历似乎离局长之管理职能也有很大一段距离。

据资料显示，总统府印铸局下设：局长室、编校科、官书科、印信科、篆刻科、铸造科、勋章制造所、章照科、收发科、总务科、庶务科、经理科、印刷科、发行科等。后来机构不断扩张。

民国初年，民国临时政府印铸局初建，在刚开始的几个月时间里，可能不会有这么大的规模，但也绝不是仅仅刻刻印章而已，亦应有相应的规模以及制作程序和审批规章。

五、底奇峰之死的不同记载

底奇峰之死，上海作家沈寂所著《上海：1911攻打制造局》中"抗袁贼血溅石头城"一节有段传神的文学描述：

---

[1] 张学继著：《陈其美》，团结出版社2013年版，第14页。

[2] 谢俊美：《盐城近代史上的一些人与事》，2016年11月5日《盐城晚报》。

[3] 《中华民国史辞典》，上海人民出版社1991年版，第314页。

[4] 沈寂著：《上海：1911攻打制造局》，上海辞书出版社2007年版，第182页。

谁料好景不长，孙中山在袁世凯的胁迫下，辞去了大总统职务。而铸印局依旧保留在南京，底奇峰作为官长，不能随意离开。袁世凯上台后，逐渐露出了真面目。在恢复帝制的喧嚣声中，他密令铸印局为即将出台的新皇朝预备大量印章。

底奇峰这时走也走不掉，留也不愿留。袁世凯天天派人来催促。底奇峰，这个为推翻封建帝制出过大力的英雄汉，怎么能够走回头路，去甘当出卖良心、遭万人唾骂的小丑帮凶！他满腹怨忿，可是有苦无处诉，发牢骚无人听，只得借杯酒来浇胸中块垒。周围的人都感觉到底奇峰变了，他再也无心公务，天天纵酒享乐，仿佛整个世界都在他那把酒壶里了。

袁世凯登基的日子越来越近，催逼底奇峰的命令也越来越急。底奇峰恨不能插翅高飞。忽然听到院子里传来马的嘶叫，他灵机一动，叫侍佣搬来酒坛，说酒能提神，酒足方能刻印。三大碗下肚，便露出醉汉的神态，摇摇晃晃手提酒壶，闯到大门口，要侍卫备马："到街上去醒醒酒！"他跨上马背，直冲过去，袁世凯派在门口防守的卫兵想要阻拦都来不及了。

街上挤满人群。他为了不冲撞百姓，也不能让官兵对自己的行动引起注意，就把马缰一松，马匹放慢了脚步。他一边举着酒壶喝酒，一边东张西望，窥视城门口的动静。将要走进城门口，他看见官兵们从四面向他渐渐围拢过来，再要迟疑就不能脱身了。他双腿在马肚上紧紧一夹，缰绳一勒，策马疾驰。人潮顿时混乱起来。猛听到在嘈杂的叫唤声中，不知从哪里发出了一下枪响。那匹马惊得高举前蹄，底奇峰惨叫一声，从马背上翻滚下来，酒壶里的酒和他身上的鲜血交流在一起。官兵们匆匆忙忙将他的尸体抬走了。人们纷纷传说，这个刻字匠出身的铸印官，最后是酗酒成狂，以致坠马丧命。在异常混乱的当口，很少留意到那一声罪恶的枪响。原来，袁世凯心里早就明白，底奇峰决不肯为他的新王朝卖命。他不希望在他的敌对阵营里再出一个好汉。底奇峰的遗体后来被运回了上海。[1]

1912年1月，孙中山的中华民国临时政府虽然成立了，但南北矛盾无法调和。1月22日，孙中山发表声明，只要袁世凯迫使清帝退位，赞成共和，就立即辞职，推袁世凯当大总统。26日，袁世凯就指使北洋军将领联名逼清帝退位。2月12日，清帝宣统发布退位诏书。13日，袁世凯就致电南京。14日，孙中山辞临时大总统职；15日，南京临时参议院选举袁世凯为第二任临时大总统。3月10日，袁世凯在北京就任临时大总统，开始组阁。4月3日，临时参议院迁至北京，南京临时政府结束。

而底奇峰4月25日的"坠马"事件，就发生在南京临时政府陆续北迁这个蹉跎的时间段里，冥冥之中暗合了某种政治纷争，依他与孙中山、陈其美的关系，他的出走是因为不愿苟同委身于袁世凯政权不是没有可能。但是袁世凯准备黄袍加身是两年以后的事了。虽然此文添油加醋的成分居多，但它揭出了一个秘密，底奇峰系遭行刺暗算而亡。

更值得注意的是，这与前两份出自汪厚昌之手的文稿，对底奇峰之死的描述有着本质的明显不同。同社汪厚昌大概为着西泠印社的生存安全计，将这场惊心动魄的流血牺牲轻描淡写地一笔带过。底奇峰"坠马而亡"的措辞，极有可能是在袁世凯执政时期，息事宁人的明智措辞。因为，这

---

[1] 沈寂著：《上海：1911攻打制造局》，上海辞书出版社2007年版，第182—184页。

件事南京临时政府方面没有记载，他死后也未进烈士陵园，而是安葬于上海日晖港清真寺坟山。

六、蒋果敏公祠

杭州蒋公祠位于孤山南麓，建于清光绪三年（1877），原为祭祀因平叛"太平军"有功的浙江护理巡抚蒋果敏。（图3）

蒋公祠（20世纪20年代）

图3　蒋公祠

蒋果敏（1825—1874），字方伯，名益澧，号薜泉，湖南湘乡人。行伍出身，为人憨厚，著名湘军将领罗泽南门生。清咸丰十一年（1861），太平军占领杭州后，浙江全省除衢州、温州两府城外，其他各府县均入太平天国版图。正在广西厮杀的蒋果敏，应调督师入浙，重回湘军战场。在闽浙总督左宗棠麾下，在浙江各处与太平军作战，扫荡郡凶，救民出水火，将太平军赶出了浙江。收复浙江后，同治三年（1864）十一月，因浙江巡抚左宗棠"追寇福建"，蒋果敏任浙江布政使、护理浙江巡抚，全心致力杭州建设，平复战乱创伤，疏陈善后事宜。在蒋果敏的治理下，疏浚西湖、重修岳庙，一批古迹渐渐得到恢复。同时兴办学堂，振兴教育、设义学、重建孤山诂经精舍及贡院、开仓济民等德政，惠济民众，很得百姓拥护爱戴。同治五年（1866）后，蒋果敏离开杭州升迁调往外地，任广东巡抚、山西按察使等职。

蒋果敏逝世后，虽然他在杭时间较短，但杭人念其功绩，寻地铭功。清光绪三年（1877）春，由杭州名绅丁申、丁丙兄弟出资在广化寺旧址旁择地修建蒋果敏公祠，是祠南临西湖，北依孤山，殿堂楼阁，以次递进。祠内竖立《蒋果敏碑记》，廊壁镶嵌12块记述蒋果敏率部与太平军作战的功绩图文刻石。大殿正堂内悬挂清慈禧太后和光绪皇帝的御赐匾额和楹联，昭示着法度和尊严。

七、供奉底奇峰之牌位以求政治庇护

西泠印社成立之初的前后时间里，它主要依附于蒋公祠，社员的大多活动都是在此范围内进行，是拓制印谱、会友交流的主要场所。正如汪厚昌所说"此时之西泠印社，不过蒋果敏祠中一席地耳"。因为在当时杭人的眼里，蒋公祠也是西泠印社的所在地，或者说这里是西泠印社的发源地。1905年秋，西泠印社复建仰贤亭。此后的几年间，属于基础建设"空档期"，直到1910年才逐渐开始筹划仰贤亭以外的地面营建和景观设置。

民国成立后，新政权却给西泠印社带来了产权的忧虑，因为它颁布的土地政策规定，凡属个人财产一律保护，但凡公产则一律没收。西泠印社的立足之地蒋公祠包括复建仰贤亭用地皆属蒋公产权，因为系"借地建屋"，便有了二重性——土地属公，而地上产权属于印社，为私人所共有之产。土地属公，自然就遇上了麻烦。

1912年夏末秋初，叶为铭、吴隐等人闻讯，急忙奔波联系，商量寻求对策，极力维护西泠印社的存在。[1]

一方面，他们联名修书紧急禀呈杭县知事汪嵚[2]，阐明缘由，争取他的支持——请求将蒋公祠后"柏堂、竹阁之北，数峰阁之西"及复建仰贤亭用地，按"私产"对待，给予保护。这位前清钱塘县知事、民国首任杭县知事，博学嗜古，着力"提倡职业性的工艺美术，造就许多精刻拓碑版的技术人才"，因而与吴隐、叶铭等人过往甚密，他亦多次资助社内建设，是一位知晓印社内情的"县长"。杭县知事接到呈文后，亦有意助力西泠，从中斡旋，设法保护。

另一方面，此时正逢"湖上旧有各祠纷纷改设民国功勋死难诸忠烈祠宇"之风。左公祠[3]已改为徐公祠[4]，左宗棠牌位移至蒋公祠，改称"左蒋二公祠"，后又传闻要将祠中左宗棠、蒋果敏的牌位移往李公祠[5]共祀，西泠印社中人遂担心左蒋二公祠被挪作他用。皮之不存，毛将焉附？这时，底奇峰的学生杨遂生等人进言，称底乃西泠印社社员，于是商诸同人，以遗像供奉蒋公祠。浙江省临时议会批准同意保留蒋公祠。据此，请求杭县"伏维蒋祠既经议会认许照旧办理，则印社即属私人创建，理合呈请保护"。

于是，1912年七月初四（公历8月16日），杭县发布针对西泠印社保护而设定公告称："今幸民国缔造，凡属私人财产业，奉大总统电令一律保护。蒋公祠宇又经临时议会议决存留，理合呈请保护等情到县。除批准予出示外，为此仰居民人等，知悉是项，社屋既属私人所创，实为艺苑所珍。如有无知乡愚任意损害，准其随时送究，严惩不贷……"

有此"尚方宝剑"，西泠印社恭迎民国功臣底奇峰牌位入驻蒋公祠就顺理成章了，紧接着开始操办、布置这项迎入活动。《西泠印社庚戌年至壬子年六月底收支报告》记载：这项活动，开支"画底奇峰铅笔像支洋三元二角，配铅笔像框支洋一元零五分，送蒋公祠司事胡质亭回神礼支洋二元，开讲支洋一元五角，（布置）中堂板框一块挂屏框两块支洋三元八角"。[6]因汪厚昌"与底奇峰生前多交往，身后事又多余为之处理"，捉笔"为底君撰传，书之遗像之端。余乃为纪述其革命经过，及死后哀荣，备极铺张"。于是，蒋公祠变身，"一若革命伟人之专祠焉"。有这个革命党人"坐阵"蒋公祠作护身符，于印社之存续，不啻是一着绝妙之棋。

这样双管齐下，巧妙地把蒋公祠保全下来，为西泠印社"柏堂、竹阁之北，数峰阁之西"的

---

[1] 吴振平、秦康祥整理，叶为铭旧编：《西泠印社小志》油印本1963年版，第2页。

[2] 汪嵚，字曼峰，仁和（今浙江杭州）人。曾任前清钱塘县知事，民国初年撤府并县，改任杭县首任知事。善诗文书法。西泠印社早期社员。民国元年（1912），浙江军政府调整县区机构，废府，合并钱塘、仁和两县称杭县，改称杭县知事。县公署设于井亭桥东堍。

[3] 左公祠：祀清湘军将领左宗棠，旧在北山路湖山春社右。

[4] 徐锡麟：（1873—1907），字伯荪，浙江绍兴人。首批光复会成员。被晚清政府杀害于安庆抚院门前。民国初，"左公祠"改作"徐公祠"，专祀徐锡麟。后又改为"浙江先烈祠"，祀多人。

[5] 李公祠：旧在金沙港畔，祀清李鸿章。民国三年（1914）五月，改称"清勋臣祠"，合祀前清名臣左宗棠、蒋果敏、李文忠、帅承瀛、彭玉麟、杨昌浚、曾忠襄、刘果敏等八人。

[6] 吴振平、秦康祥整理，叶为铭旧编：《西泠印社小志》油印本1963年版，第39页。

土地所有权撑起了一把保护伞，使得弱小的西泠印社在这个非常时期安然无恙，平稳地度过最初的一场生存危机。同时，有这两项措施保障，西泠印社仰贤亭一线的园林建设也乘势加快了速度。

八、底奇峰任职"局长"之疑

不过，底奇峰这样一个脉络清晰、故事丰满的人物，却让人心生疑惑。因为这些故事有相当部分仅见于"野史"，官方文件却查不到他担任相关职务的记载。

民国之初，大总统为行使职权设总统府，其直辖机构有秘书处、法制局、公报局、印铸局、铨叙局、参谋部、大本营等。"南京总统府印铸局局长"一职，就目前史料所见，均指向"辛亥革命先驱""炸弹大王"黄复生。黄复生在其自传中也是以"参议院议员兼印铸局局长"的身份称之，[1] 仅一笔带过，没有更多的细节描述。

黄复生（1883—1948），原名树中，四川隆昌人。1904年赴日本留学，加入同盟会。少时喜读刺客列传，辛亥革命前后热衷研习制造炸药，参与数次惊天动地的重大暗杀活动。曾因试验炸弹失事，他的眼睛几近失明。1910年因与人谋炸清摄政王载沣事被捕入狱，1911年11月获释，故更名"复生"。1912年任四川军政府驻京代表，旋奉委为南京临时政府印铸局局长。1月28日，中华民国临时参议院成立，任参议院议员兼印铸局，并兼同院财政审查员。同年4月，南京临时政府北迁后，黄复生去职。（图4）而民国初年北洋政府的印铸局局长亦另有他人在组阁序列。

图4　民国临时政府各部局官长，引自《总统府旧影》

[1]　隆昌县龙市镇编：《辛亥革命先驱黄复生资料集》，2008年9月印刷，第21页。

民国南京临时政府规定印铸局长为简任，即为经过遴选而任用的官员，就是说它有一套任用的标准和程序。虽然黄复生并不治印，所谓"遴选"，其实也是一种权力分配。这些硬性规定和条件，对底奇峰担任局长一职来说，似乎都是不可能的，因为论资历、能量和社会影响力，相比黄复生他都略逊一筹。唯一的可能是在印铸局成立之初，总统府曾口头让他"临时代理局长"，到黄复生就任局长，时间极短不足一月，且未见诸文字。

综上所述，印人底奇峰担任局长之职，只是外界的善意猜测。因为他同孙中山、陈其美的关系而受人尊敬之。实际情况应该是他经陈其美介绍到南京临时政府就任总统府秘书之职，临时襄理治印事务，嗣后在黄复生的领导下，帮助办理具体的相关公印制作事务。他在南京临时政府印铸局的时间仅三个多月，他的"坠亡"，且发生在南、北两府办理移交北迁的风起云涌的"混乱"之时。底奇峰临时任职局长或许是有其名无其实。

记得前西泠印社总干事韩登安先生曾在一篇拟文中谈到底奇峰以"孙中山先生的秘书"称之。或许如韩登安所说，南京总统府"秘书"一职的定位于底奇峰的社会地位、出身、功绩是比较恰当的，专事帮办印章制作的总统府秘书，才是他的真实身份。

虽然底奇峰未必担任过局长之职，但其牌位进入蒋公祠，帮助西泠印社渡过难关却是事实。因为他生前与孙中山、陈其美关系之密切；死后的葬礼规格之隆重，抚恤之厚重，"孙大总统以千金赙之"，陈都督"以五百金恤其家属"……这些在民间都是极为体面、极有影响的事，自然是风光无限。由是，在杭州改祠风潮之时，民国功臣之牌位入蒋公祠，"以遗像供奉社中"，也是名正言顺的。

2020年7月9日二稿

（作者系西泠印社社员）

《江苏篆刻史》论著概述与地域文化

孙　洵

内容提要：首先要从宏观上厘清中国篆刻史与地方印志的关联，再论各朝代江苏篆刻与大运河文化带，丰厚文化底蕴与理论研究，篆刻创作与流派，选录当代印学研究成果。古今篆刻版图之衍变，冠带之伦，咸获嘉祉。尤对苏州扬州等古城与印学深有剖析。

关键词：专门史的理念　流派形成与交融　文论与篆刻学　上海的特质

《江苏篆刻史》是江苏专门史编纂方案中的一个艺术分支，同样也是一个重要课题。当友人推荐要我承担这个光荣而又艰巨的任务前，据说已经找过一位专家，被人家婉言拒绝。省、市文联、书协领导也赞成找我……搞篆刻的人很多，搞理论的人稀少，要搞成一部史书谈何容易。我内心担心身体吃不消，1月6日刚在省人民医院胸外科做微创手术，截取右下肺一个肺叶，恢复相当好，但年龄毕竟偏大。一开始接触的是文学研究所胡发贵研究员和一位姓孙的女博士，谈得很投机。洵内心有点激越，仿佛又走进印史印论研究的殿堂。这是要付出辛勤的劳动，但也是很幸福的。

一、担当此著的由来

2017年6月，洵有幸应邀出席江苏省社会科学院主持的"江苏文脉工程研究篇"学术研究暨工作推进会。也许是年长的原因，我被安排在省府、省委领导与两个院长邻近座位。有位院长主动与我搭讪："南艺徐教授（西泠印社理事、南京印社社长徐利明）很赞赏你老学养，考虑年纪大了，准备派两个研究生协助你整理、抄写史料……"我不加思索你的答之："谢谢，用不着，我还能打理……"这个侧面让洵揣摩院方的心理状态，有意无意打听一下孙洵水平如何，也属正常。世上大小事，换位思考能迎刃而解。每人面前都有一本《会议纪要》，翻到我名下，列出个人专著外，提到"当代印学界领军人物"有悖于笔者处世态度，有"烧包"有"抬高之嫌"，好在是油印本，外传的影响极小。注意与会者名次，有南京大学、北京大学、上海大学、南京师范大学、南京艺术学院近三十所高校的专家学者。还是年长的关系，主持人指名道姓让洵第一个发言，好在几十年来的与会历练，我的临场发挥是应付自如的。

经过"江苏文化通史""江苏文化名人传""江苏文化专题研究"等四大块面的学习讨论，通过两天的交流，认知水平有所长进，获益颇多。

我国有着深邃久远的修史传统。在长期实践中构建成丰富的史书体例。比如纪传体、编年体、国别体等。虽然专门史的提出是晚近所鼓吹的新概念、新称谓。溯源往上往前，就其术有专攻的特色以及特定人物、特定领域、特定问题的专业性记、研讨论之，其实以上诸体名著中都有专门史的影子，司马迁《史记》中的人物传记、货殖传、龟策传等，即是专门的界定。一个世纪前，梁启超先生在清华学校演讲时，就说过是相对于"一般"的"特殊"的历史研究。意味隽永，耐人深思。

我辈学人所见正史中的《志》，无论在形式、内容、体例以及逻辑推理诸方面都要接近专门史。不妨回顾一下，古代论学有志之士基于个人爱好、兴趣的潜心研究、著述，早就启开了专门撰述的先河。例如宋欧阳修《集古录》、赵明诚《金石录》、明陈继儒《书画史》（陈有好几位高足都是清代声誉煊赫的篆刻书画家），还有晚清皮锡瑞的《经学历史》等。

一点不夸张，篆刻与书法、国画，原本就是中华民族艺苑里的三枝奇葩，是一代又一代国人心目中的国粹，有深厚、广泛的生存沃土，世界上有那么多国家，有哪一国可以比肩？

君试想一下，书、画、印妙契在一个画面上，那种巧夺天工的组合协调，鬼斧神工的丝丝入扣、缺一不可，在世界艺苑里也是独一无二的。所以，篆刻史有着明显民族印记的专门史，说到底，写江苏的篆刻史，还原历代篆刻本体诸方面的风貌，还要解释意蕴丰厚的江苏地域文化，各个朝代的人文背景……要求治史者的学养、取舍、筛选、甄别，以至于"驾驭"的能力。说直白一点也就是一本印学方志。

淘这大半辈子，"但求耕耘，不问收获"，也从不计较头上有没有"桂冠"。由于前辈与学长们的策励，我参与撰写有84部类、丛、辞与志书。就"志"而言，《南京文艺志》书法与篆刻史我与晓庄学院庄希祖负责撰写的，顾小虎主编《南京大观》（百花文艺出版社1994年12月版）淘也是参与者。还专门研习过清代史学家章学诚有关方志的著作。

其实，近十年来，我在投资、变卖祖传房屋损失极大，一般人都以为淘不会那么笨、蠢……不过及时调整心态而已。一旦提到研究某专题、著书工程，我真切的是浑身是胆雄赳赳……是的，淘已入古人所言耄耋之年，还敢担当《江苏篆刻史》这一任务呢，民谚说的好："不疯魔、不成活。"篆刻创作可以"封刀"，撰写史书不可放弃。

二、地方印志的界定明确

吉光片羽、惜字如金。这是千年以来史学家们严谨、缜密的学术宗旨。随着时空转换，不少学者在寻觅简要、明晰的途径，较为明显的是艺术范畴，就说印史、印论。

明末周亮工著《印人传》三卷，收录作者生平，鉴藏宋至明代之古印，编入明文彭至清初59位印人传记。到了乾隆年间汪启淑有《续印人传》八卷，又辑《印人传》以外的129位印人，附有名无传者61人。细心推敲，这两部传记基本上反映了周、汪两家追求印宗秦汉、入古出新的印章审美观。

"西泠四君子"之一的叶为铭，毕生热心印学，不仅撰写《西泠印社志》，还有《广印人传》，搜集并记述历代篆刻家1800人，又有日本篆刻家60余人（其中有仅记姓名，而无事略者），时在1910年。由于众多外部原因，相距90年，第四部《近代印人传》所收印人凡125位，从王石经、吴昌硕一直写到吴朴、徐无闻。对近百年印坛的发展脉络，大体可见。热心此道的学人很多，一直至县（区）皆有见，如《桐乡印人传》《六合篆刻史略》等。

若以突出地域文化特点，文明形态斑斓，人文背景各异的省域篆刻史，实属罕见。于是无例可按，无范文可借鉴，要靠学人大胆摸索、探求。虽说我将《民国篆刻艺术》《民国书法史》《清代乾嘉学派与书法》《黄庭坚书论注》等重新整合成《民国书法篆刻史》，该书列入了"中华民族优秀文化普及读物86种"。2019年10月底，该书责编函告洵此书成了好多所艺术院校教科书，诚惶诚恐，难免浪得虚名。我经常告诫自己"几斤几两，心知肚明"。如何走进《江苏篆刻史》的科研大门，体例、架构、史料筛选、切入点等，陷入深深沉思之中。怎么处理好一个历史时期的整个国家与省域的篆刻生态、周边关系，颇费心思，不能顾此失彼。篆刻史是真实的、立体的、多元的，相对全面的……它又不是"生日蛋糕"是不可能"切割"的……比如上海最有代表性，在行政建制上清以前它隶属于江苏，辛亥革命后辟为特别市、直辖市……就说篆刻艺术，上海与江苏太深太厚，关联真是千丝万缕，要妥善安置、如同"我中有你，你中有我"……

久久地酝酿，总会有结果的。

先说说整个国家的篆刻生态、沿袭与省域的篆刻的相同与不同，即共性与个性。况且篆刻史是艺术性质的史书，它具备众多艺术特质、属性，是专门性很强的发展演化史。随着朝代更迭，时间空间的转换，它涉及常用的称谓与专业术语日渐丰富。它是怎么从实用性演变至艺术观赏性、鉴赏与收藏等多种功能的技术表现形式。千万别疏忽，冷不丁我请你回答一个专业术语，你未必能讲得很到位。一本史书在篆刻界应当是大众层面，不能想当然、不能囿于小众。

最终洵想到《江篆》的开篇，单刀直入，是绪论，也是导论。写好了各地朋友同道要看，恰好有晚辈约稿，准备在《江苏文艺评论》刊出，孰料图版在一青年学人手中，他忙不过来，等弄好。机会转瞬即逝，很沮丧，无奈。我先读给老伴听，她都能听懂，有效果。

为使广大同好容易认知《江苏篆刻史》涵盖面与容量，兹将篆刻学的一些理念，各个历史时期的篆刻艺术特征、文化背景，稍加梳理，简述如此。也就是提纲挈领，按历史上的朝代衍变下去。

从现当代出土的陶器上，人们看到新石器晚期出现的印纹陶，它的纹饰在拍印以后会出现凹凸的视觉效果。到了商周时出现的印纹陶在表现方法上摆脱了往日的单纯拍打，而采用印模压印。

早在20世纪30年代中期，安阳殷墟出土了三板铜制玺印，为有一定鉴赏能力的古董商黄濬编入《邺中片羽》，1935年出初集，1937年二集，著名学者徐中舒叹为"惊人之发现"，后有容庚、于省吾、胡厚宣、丁山、饶宗颐等名家皆有评论著录。他们分别是当时部落领袖"瞿甲""亚禽氏"和"子亘"的名印。（图1—3）

战国玺大多为铜玺，它集中反映克古代玺印的辉煌成就。白文官玺（图4），调迁时要收回。私玺略小，除方形外，还有长方、圆形、菱形等，朱文坚挺有力，多为铸造而成，线条较细（图

图1　瞿甲

图2　亚禽氏

图3　子亘

图4　大府

5）。战国吉语玺少见，战国印陶是指钤压在陶器上印章（图6），它有工匠姓名、地名作坊。

秦始皇统一中国后，规定只有皇帝的印称玺，一般只能称印。仅一时而已，此后太后、王妃的印皆称玺。说明玺是权力的象征。读《周礼》有"凡通货贿，以玺节出入之"。可见玺印随着贸易而兴起，也作为信物的一种凭证。《左传·襄公二十九年》记载："季武子取卞，使公冶问玺书，追而与之。"这便是玺印封检公文书札在行政领域的应用。此两例可证实玺的权力象征演变到信物、封检公文的实用性。结合文献所说"以检奸萌"说明它还含有司法监督的功能。先秦及秦、汉印章多用封发物件、简牍之用，把印盖于封泥之上，以防私拆，并作信验。后来简牍易为纸帛，封泥之用渐废，印章也改为朱色钤盖，十分醒目、好看。试想一下，封泥原本有一定含水量，随着时空转换，水分不断蒸发，其上面的结字章法，出现似裂非裂的独特效果，让后代众多印人所追捧。

图5　战国私玺　　　　　　　　　　　图6　战国印陶　　　　　　图7　旃厨郎丞

"汉代对匈奴的战争，尤以汉武帝对匈奴的大举征伐，将匈奴逐出漠北，长期以来，为史家所艳称，这的确表现了当时汉王朝的强大与武功卓绝。"[1]事实上对匈奴的战争，是长期受到侵扰、寇掠后的必然反应，理由充分，无可厚非。汉王朝在精心谋划与充分准备之下，最终取得战争决定性胜利，其结果可谓产生了及其深远的历史影响。"另一方面，汉王朝亦并不愿与南下的北方民族兵戎相见，战争实为不得已之举。事实上，每当北人言和或南下归附，汉朝均与以礼遇、厚待，作出妥善安置。当时汉王朝通常表现是一种和平、友善的大国风范与宽广、开阔的胸怀。"[2]这也是国人民族认同的重要基础。

所以论及汉印，皆强调雄强、宽厚、庄重的风范。足以说明政治氛围也必然反映到艺术作品的风格上来。由于实际需要与制作不同就出现汉铸印、汉凿印等样式。

铸印即汉铸印，原先是指制作金属印章的方法，先雕刻蜡模，外用泥作范，熔金属注入泥范而成。故也将铸印称为"拔蜡法"。当时铸印，有不少只铸印坯，然后刻凿印文。在汉代印坯文就连同浇铸，这类印文精巧工整、庄重大方，别具一格，后世篆刻家取法于此，遂称某家、某印出于汉铸。传世的汉官印数量较多，大多是铸造。但西汉初期的官印由于汉承秦制，与秦官印区别不大，也常加田字框格，如"旃厨郎丞"等（图7）。印文以白文为主、文字基本上是方中带圆略含隶意的小篆。发展演化下去，遂根据内容需要，常按"六书"或增或减。于是其风格或雄伟粗放，或峻峭瘦劲，或奇崛古朴。总体上还是方整匀称、端庄浑穆，有大国匠人之风度。

凿印即汉凿，是指在预制的金属印坯上击凿印文。其印文即错落自然，其中多是将军印和朝廷

[1]　虞友谦、汤其领主编：《江苏通史·秦汉卷》，凤凰出版社 2011 年版，导论第 3 页。

[2]　虞友谦、汤其领主编：《江苏通史·秦汉卷》，凤凰出版社 2011 年版，导论第 3 页。

颁发给兄弟民族头领的官印,此乃起源于军中官职急于任命,印信都是仓促凿成,相沿成习,遂又有一别称"急就章",成为一种传统刻法,与汉铸印相比较,将军印章法无拘无束,刀法自然,锋颖逼人,多为率意之作。(图8)

图8　将军章

以上印面篆文渐渐与原有的秦篆(小篆)不同了,尤其王莽时所定的"六书"之一,缪篆是也。(图9)

从传统意义上说,历代凡入门学篆刻者,多强调汉铸印,汉白文入手,代代相传,已成风尚。

印钮俗称"印鼻",古代玺印上都有钮,穿孔可以佩戴。先秦古玺还有鼻钮、台钮之别。自汉代既有以螭、龟、驼等印钮,分别为帝王百官之用。至于私印钮式随时间推移更趋多样。

《汉书·朱买臣传》:"拜为太守,买臣衣故衣,怀其印绶,步归郡邸。"文中所指印绶就是朱买臣所用之官印。"官吏迁死,印绶必须归还。"不论调走或故去,此印绶须归还。其实"印绶"原意是指印和系印的丝组(一组丝带而已)。

图9　汉私印

可以说,在历代印章宝库中,传下来的汉私印数量最多,形式也极为丰富。私印尺寸较小,若材质是玉质更别有韵味。当时工匠还创造性的在一方印材上,刻成两面印、六面印、套印(子母印)。加上动物图案成为一种富有趣味的四灵印(青龙、朱雀、白虎、玄武)。以及在同一方印章中朱白文相间的私印,"臣·妾"印等。印文也不拘汉摹印篆;还有一种印章在文字中增饰了鱼、鸟、虫等形状,更具装饰趣味,俗称"鸟虫书",原本是装饰在兵器、礼器上的嵌金文字,后来也演化成一种治印形制。

图10　汉玉印

汉吉语印,源头上早在战国时即有,只有在汉代人们拜天信神,祈福家人平安,以及后世还发现不少文字较多的转为死者殉葬用的祝福印。

汉黄神越章是当时道家专门佩戴在身边用以"辟邪除魔"的印章,起源于东汉,传至两晋较为风行。

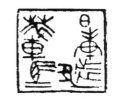

图11　唐都萃车马

汉代玉印和石印较之铜印为少。出土的汉代玉质官印仅见"皇后之玺",余下多为私印,均精巧工整,印钮多为覆斗钮和螭虎钮。传世"淮阳王玺"系汉高祖时物,出土时间、地点均不明(为清代潍县陈簠斋嗣子某君会试在京时以四百金购得),此印篆法由秦篆之圆转变为方折,属典型的工整一路的汉玉官印。(图10)

烙马印是指古代官方用于烙马的专用玺印。虽传世无多,但特征鲜明,风格独具,艺术欣赏价值极高。其中尤以"唐都萃车马"(旧释为"日庚都萃车马",也有认为"日庚"为一字,争论不一,待考;6.7cm见方)为古玺之冠,"灵丘骑马""夏丘"为后人称道。(图11)

以上属篆刻史宏观上的"巡视"。请注意,下文这些历代印蜕虽不是在江苏境内发现,但从这

图12　虎猛校尉　　图13　部曲督印　　　　图14　部曲将印　　　图15　晋归义氐王

个侧面可以帮助我们在总体上把控、了解每个时代的篆刻艺术的特征，也不乏有"闪光点"，对系统熟悉《江苏篆刻史》是大有好处的。

曹魏时代的官印承袭汉制。其制作特点，除铸印外，多为凿印。印钮有龟、驼、鼻等形制，在印体与文字的规整与浑穆上，略逊于汉代。由于封赠给少数民族的官印比较多，多以凿刻为之。从而形成以用刀为主的凿印风格。如"武猛校尉"印。（图12）此官职始于汉末到三国时仍沿用。据《文物》1980年第12期《洛阳博物馆馆藏官印考》称：此印系在洛阳出土，系银质，从造型和入印书体来分析，应是三国时期之的官印。而三国时魏、吴都有"武猛校尉"的官职，再按出土地域应是魏国的官印。该印四字排列方正整齐，线条匀称，用刀用笔挺进有力。视觉效果不及汉印，唯猛利而不失粗率，雄强仍具含蓄。加之年深日久，略有残蚀，更显得有浑朴之韵味。又如"部曲督印"，此处"部曲"二字为东汉末年始置的武将官职。（图13）

关于魏晋私印，其印大小多为2.4cm见方，也有比这更小者。

晋代官印有明显的时代标识。因当时统治者颁发给兄弟民族的官印，在印文中皆冠以"亲晋"或"亲率善"等字。例如"亲晋羌王""亲晋氐王""晋率善傁佰长""晋鲜卑归义侯"等。在制作方法上，同三国时一样，除铸印外多数为凿印，其印风也随时代推移而略有差异。比对之下，汉印文字风格浑厚，魏晋以后日渐趋向单薄。此外，可根据相关文献的记载，或依照出土墓葬的随葬品定出确凿的年代。如"部曲将印"，部曲将是汉代就有的官职，三国时承袭汉制。魏、蜀等国皆有史籍记载，至两晋时也有此官设置。此印出于福建南安丰州狮子山东晋古墓1号墓。同时出土有"宁康三年"纪年的封门砖及"太元三年七月"纪年的长条砖。查：宁康、太元均系东晋孝武帝的年号，更加有力佐证此印为东晋孝武帝时之物。该印四字很均匀地分四等份排列，字显得略有大小，线条略有粗细，或疏或密，好在圆转自然。从字迹用刀来看，保存较好，至今还能觅出用刀痕迹。显得劲健有力，富于变化又得和谐，实在是魏晋出土印中难得之物。（图14）

"晋归义氐王"印，查"归义"见于《史记·滑稽列传》："远方当来归义。"这在汉官印中常见。实因当时统治者对边境上无法实际控制的少数民族部落实行的羁縻怀柔政策。至魏晋时亦承此制，直白地说是对边境少数民族一种统治手段而已。查：氐，是魏晋时北方一个大族。秦汉迁后，他们多聚居于甘肃、青海等地。有自己的酋长，仅受地方官吏的监督而已。此印第一行"晋"占一格，特拉长，寓意自己才是大当家的。虽说在结篆上字画不够规范，好在刀法挺拔爽利，竖画多，粗而实，丰满遒丽，另有一番韵致。（图15）

南北朝官印传世不多，但官印形制逐渐加大，入印文字和刻工大多显得草率。

隋唐官私印形体变大，入印多为朱文。因汉以前的印章多用于封检，且封泥字迹醒目，故阴文较宜。它在泥封上则是阳文，清晰易辨。发明了纸以后，由纸代替了竹木简。两晋后文书即用

图16　涪娑县之印　金山县印　　　图17　贞观

图18　端居室　《集古印谱》　　　图19　右策宁
　　　　　　　　　　　　　　　　　　州留后朱记

图20　宜州管下　　　　图21　都亭新驿朱记、
　　　羁縻都黎县印　　　　　　义捷左第一军使记

纸帛。在纸帛上钤印白文则不及朱文醒目。所以隋唐以后，官私印多以朱文阳刻，形制也渐放大。从《隋唐以来官印集成》等印谱见到"广纳戌印""观阳县印"皆朱文，约5cm见方，边框与印文粗细一致。还有"涪娑县之印""金山县印"等，入印多为小篆结体，结构章法较自由、朴拙。（图16）隋唐时代私印传世极少。从流传下来的字经纸绢或帖本上尚可见到如"贞观"朱文印，当是鉴藏印的开始。（图17）明甘旸《集古印谱》卷五后列唐宋以后的室名、别号印，其中有"端居室"白文印。下注："玉印，鼻钮，唐李泌端居室，斋堂馆阁印始于此。"（图18）

朱记是指唐宋以后一种特定的官印格式，加之唐宋以降印泥制艺日渐精美，遂有朱记之称谓，待元明以后所有钤印皆如此，已没有早先独特的内涵。但这一类印章较少应用篆书，多为隶、楷，入印文字亦非缪篆那般屈曲环绕，常用长方形，印文末尾都有"朱记"二字，主要行使官印的功能。

这里所引"右策宁州留后朱记"系典型范例，几乎每个字都向左右舒展，还有汉隶的燕尾以丰富线质的变化，明显与秦玺汉印拉开距离。（图19）

宋代叠篆官印总体格式与唐代并无很大差异。主要是"九叠篆"的趣味浓郁。乃钤于官防文告上的赫然醒目的大红巨制，平添威猛森严的气势。边框自此逐步粗大成宽边。"九"仅是个约数，以形容皇权至高无上的用意，也有学人认为"乾元用九"，当是一个时代风尚的文化标记。金代官印用九叠文已成定局，元人更将蒙古文（八思巴文）入印，一直延伸至西夏，这中间涵盖了众多地域的、文化的与民族传统的规定与差别。"宜州管下羁縻都黎县印"是宋官印代表作。（图20）

宋代细边楷书式篆书官印，明显有别于宋元的九叠篆官印。"都亭新驿朱记""义捷左第一军使记"不讲求对称，也不严整，更不填满。好似印文是随意地欹斜，结字还任性一般地伸拳舒腿，给人以非常随意的治印理念。故学者推测这类官印普遍在中下级，尤其是下级官吏中应用。（图21）

宋徽宗是位公认的书画大家。内府装卷是满纸钤印，琳琅满目，美不胜收。特别是手卷形式，在绫天头，前后隔水，本幅与赠尾纸等位置上，各个印的钤用几乎成为一种固定格式。而在隔水与

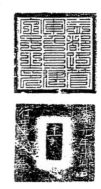

图22　宣·和　　　图23　绍·兴　　　图24　赵明诚印章　　　图25　元押印　　　图26　益都路管均
　　　　　　　　　　　　　　　　　　　　　　　　　　　　　　　　　　　　　　千户建字号之印

本幅之间，最常见则是"宣·和""政·和"等印，而且均以连珠印形式出现。"宣·和"是方形的边框古朴苍茫，印文线条常碰撞贴合，加之边框剥蚀、层边脱空，改变可两个方印连珠的刻板，收到了令人意想不到的艺术效果。（图22）再如南宋的"绍·兴"，虽也是连珠印，比对之下远没有"宣·和"精练老到，醇厚古朴。（图23）

宋元私印所指范围特广。这里所言的私印，当是比较接近秦汉玺印的传统模式。具有代表性的当以《金石录》作者赵明诚所用"赵明诚印章"，颇有点汉白文的古典、儒雅。（图24）

唐宋朱记是元押印崛起的前导，这样的联系是科学的，也符合历史渊源。初时，宋人的私印除采用篆书处，还有用"押"附注刻印。"押"即以个人名字写成如同符号般的图案，还要有不易别人摹的功能。"押"印后在元代盛行，遂俗称"元押"。皆为朱文，大多是长方形，上一字楷书姓氏，下是一个画押。（图25）有学者认为此种印式实在是对肖形印、异形印的一种发展，对后来的流派印也提供了有益的参考。

唐代虽有以"胡文"入印，但极少见。元代用"八思巴"文字入官印，说明篆刻艺术的本体是胸襟博大的，性格开放照样接纳。"益都路管均千户建字号之印"，印背上署款是"中统元年十月行中书省造"。（图26）

金章宗对宋徽宗的亦步亦趋是众所周知的。"防城副统日子号之印"，为金代官印中的突出范例，模仿缪篆的屈曲缠绕，虽不可尽善尽美，大体上说明制作者有一定造诣。侧翼刻楷书"防城副统日字之印"，顶部又刻有"贞祐五年四月一日造"，标明释字所用，以免众多金国官员不识汉篆。（图27）

到了元代虽异族统治，就篆刻艺术发展言之，出现了两位举足轻重的领军人物。

据《元史本传》《翰林学士赵公传》《书史会要》《广印人传》等典籍著录：赵孟頫（1254—1322），系宋太祖十一世孙，秦王德芳之后，赐第居吴兴（今浙江湖州）。入元后官至翰林学士承旨，时称"赵承旨"。诗文清远，又精佛、老之学。工书法兼擅各体，国画亦入逸品，工释像、

图27　防城副统日
子号之印

山水、木石、花竹，尤精画马。平日游戏点染，欲树即树，欲石即石，故朝野上下对其才艺无不叹服。在汉人士大夫中负盛望。虽说此公治印专尚玉筋，本人写篆，交给印工镌刻，一洗唐宋陋习，在印章上能觅赏书法情趣，此即为后人称的"元书文"，亦称"圆朱文"。（图28）他在所摹辑的集古印谱《印史》序中对自家所选的古印称"汉魏而下，典型质朴之意，可仿佛见之"。就在赞美汉印质朴的同时，他还抨击了当时对于印章的世俗眼光："近世士大夫图书印章，已是新奇相矜。鼎、彝、壶、爵之制，迁就对偶之文……"无疑一针见血地反对形式主义倾向，希望走上学汉魏印的正道上来。紧随赵之后是吾丘衍。吾丘衍（1272—1311），一作吾衍，字子行，号贞白，一号竹房、竹素，又号贞白居士。太末（今浙江龙游）（一作开化）人。因跛一足而隐居教授，弟子众多。久居钱塘（今浙江杭州）时有"小篆精妙，当代独步，不止秦唐'二李'间"的美誉。（图29）他著有《学古编》，其中《三十五举》中的后十八举是历史上最早研究篆刻艺术的专论，教人

图28　赵孟頫印

图29　吾衍私印

图30　王冕私印

如何篆刻，如同设计印稿。他在教学中普及汉印制法，在当时产生很大影响。吾丘衍本人并不刻印，所以此书不足在于未涉及刀法为核心的创作理论。可以说，这两位是文人介入篆刻创作的先驱者。

以往多用金、银、铜及玉，偶凿石也是山野杂石，毫无温润善于用刀的特质。

元末还有一位篆刻家王冕。王冕（1287—1359）号煮石山农、会稽外史、梅花屋主等。久居诸暨九里山，以书画易米为生，亦为人治印。他的同乡刘绩在笔记《霏雪录》记载："初无人，以花药石刻印章，自山农始也。又山农用汉制刻图书，印甚古……"（图30）这同时也验证了赵孟頫、吾丘衍所倡导的汉印审美观在元末明初已广为文人所接受。据学者考证"花药石"即为邻近诸暨的萧山所出。走刀感觉良好的石质印材问世，无疑为明、清篆刻艺术进入中国篆刻艺术发展史的第二个高峰，从创作思路、走向、材质等方面，铺平道路。

三、要搞好《江苏篆刻史》从哪里入手

回忆廿年前，我与黄惇兄分别获得"首届中国书法兰亭奖·理论奖"以后，各地的反响很大。很多中青年学人与我交流，怎么深入研究书史书论、印史印论时，洵明确无误地答：应当从《中国文学史》《中国文学批评史》入手……这是因为历代有成就的书家、印人，皆有相当好的"文论"作为基础。印史、印论不是孤立的。它就是文艺理论的一个"分支"，它也是金石学（考古学前身）的一小部分。

所以，洵必须先通读2012年出版的全套《江苏通史》，有"秦汉卷""魏晋南北朝卷""隋唐五

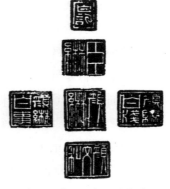

图31　上邦相玺　　　　图32　广陵王玺　　　　图33　颜綝（六面印）　　　图34　建邺文房之印

代卷""宋元卷""明清卷"，以及2015年出版的"中华民国卷"，几无参照。于是从体例上吸收。再从"大文化"的立场，将各自的深厚文化史实与独特的人文背景，有选择地融入《江苏篆刻史》。

比如，第一章，战国至秦汉两朝省内出土之玺印，一上来就开门见山，汉初近一个半世纪虽有"文景之治"的繁盛，而动荡仍在所观免。直到汉武帝时方不断显示出大汉威仪与"汉之所以为汉"的特色，政治、经济、宗教、文化等方面无所不包，恢宏而不自限地开阔胸襟，将中国封建社会推上一个高峰。联系到篆刻艺术，上面提到的汉铸、汉凿（汉将军印，即急救章）、封泥等及业内人士常讲的庄重恢宏的"汉白文"成为入门艺术的必修课。

第一节，说到苏州出土的"上邦相玺"（图31）；第二节详述徐州狮子山楚王陵出土的汉印；第三节提及扬州邗江出土的"广陵王玺"（图32）；第四节介绍南京博物馆所藏的"平原令印""军司马印"等几方汉铜印。

第二章，魏晋南北朝出土之官私印，南朝时期，由于文学创作的繁荣，引发了人们对文学理论更大的关注和更深入的探讨，产生了两部比较系统、完备的文学批评专著——刘勰的《文心雕龙》和钟嵘的《诗品》。此后东晋南朝时又有南齐王僧虔的《论书》、梁代袁昂的《古今书评》、庾肩吾《书品》等。这就开启了后人对印史、印论研究的规范细则，比如明代周应愿及其《印说》。说明后者也是文学艺术理论体系的重要分支。

第一节，魏晋官私印主要传承汉制。"兰陵左尉"（兰陵在今山东兰陵县西南）一印当为殉葬之物。1984年在南京栖霞区甘家巷金陵石化化肥厂汉墓出土。还有"军司马印"，是在西晋墓中发现。

关于1959年在南京老虎山晋墓二号出土的私印，有署名为"颜綝"的六面印，这段考评文字为刘江教授撰写。（图33）

第二节，南北朝官印。这一节段还阐释"刘宋"的由来，以有别于隋唐以后的北宋与南宋小王朝。

第三章，隋唐五代概述与篆刻，江苏原本系长江下游，濒临黄海，有较长海岸线。关于大运河它始凿于公元前5世纪（春秋末期）。后有隋文帝开凿广通渠之后，在今江苏省域内开凿山阳渎，隋炀帝即位后要改变"关河重阻，天由自达"的难题，对关东地区的水道进行大规模的整治。经过数年的努力，终于完成了贯通帝国东部江南、江淮、黄淮和华北平原的南北大运河。至元代又经两次扩展，全程分7段，北起北京，经北京、天津、河北、山东、江苏、浙江，南至杭州，全长1794千米，沟通海河、黄河、淮河、长江、钱塘江五大水系，人称"京杭大运河"，为世界著名的伟大水利工程。也是"大运河文化"的主要纽带。涉及明清以降，篆刻流派的孕育生成，相互借鉴、交融的主要交通手段。彼时印人们的奔波交往以水运最经济，也最便捷。

话说回来，介于唐宋之间的五代十国（907—960），是我国古代历史上一个短暂而纷乱的时期。各地战争频繁，政权更迭繁复，形成中原五代相继，南方及中原周边地权数个政权并存的局面。其中南唐被视为同时代诸政权中最为强大者，但也无能力吞并邻国。

第一节，南唐的文艺书画与文房四宝。南唐后主李煜是一位造诣精深的书画家，书法上自创"金错刀""撮襟书"，还有两篇书法作品传世。其所画林石飞鸟，远过常流，高出意外。南唐宫廷还设有画院，现存《韩熙载夜宴图》及翰林待诏顾阁中的手笔。

书画艺术的流派，带动了书画工具制造工艺的发展，笔墨纸砚都出现一批精品。

关于"建邺文房之印"的考评文章出自陈振濂教授手笔，虽是30年前的文笔，风骨依然清朗、幽雅又不乏谐趣。（图34）

第四章，宋元时期江苏篆刻发展与代表人物的概况分五节。

第一节，字书与篆刻创作：主要讲的是徐铉的"大徐本"。铉尝受诏与句中正、葛瑞、王惟恭等共同校订许慎的《说文解字》。后此书成为历代篆刻家常用的工具书。

第二节，文人篆刻的开山鼻祖——米芾，《米芾成套用印考》为陈振濂撰文。

第三节，杨克一与《集古印格》。从徐邦达、刘江、陈振濂、韩天衡诸家考订，改变了往昔在日散佚的《宣和印谱》。杨克一的《集古印格》才是最早的印谱。杨克一是"苏门四学士"之一——张耒（文潜）的外甥。

第四节，《宋史》实行印牌并用。

第五节，元代文人印章发展的三个阶段，提及赵孟頫、吾丘衍与王冕。前文已述，不赘。

第五章，明清两代篆刻研究与篆刻创作的盛况，先梳理一下文坛上的"前七子"有李梦阳、何景明、徐祯卿、边贡、康海、王九思、王廷相。再有后起的李攀龙、王世贞、谢榛、宗臣、梁有誉、徐中行、吴国伦，人称"后七子"。他们在文学上力主复古"文必秦汉，诗必盛唐"相互标榜、盲目尊古。

至明后期，袁宏道与其兄宗道、弟中道为首出现了新的文学流派。因上述"三袁"系湖北公安人氏，遂称"公安派"。后者汉对拟古风气，主张要抒写性灵。这就造就了印坛的两种思潮的对抗。经过岁月的拭痕，风霜的洗礼，篆刻创作渐向有个性的取向发展。故不可不提。因为理论研究是导向，大的人文背景必须阐明。

学术界，尤其是印史印论的专家们有一个经过时空锤炼的共识：篆刻发展出土秦汉是第一高峰，明、清两代是第二高峰。这与江苏有什么关系呢？先谈篆刻研究。

所谓篆刻研究，说白了，也就是常说的印史印论。在中国篆刻史上，第一为研讨理论并形成专著的是谁？应是周应愿。

周应愿（1559—1597）字公谨，吴江烂溪（今江苏苏州）人。生长于官宦诗书人家，曾祖父周用（1476—1547），字行之，别号白川，弘治十五年（1502）进士，正德初任南京兵科给事中，后历广东参议、浙江、山东副使、福建按察使、河南右布政使，嘉靖八年（1529）任右副都御史、吏部左、右侍郎、右副都御史等职，谥恭肃。

周应愿是万历十六年（1588）中顺天榜，"一时名噪都下，车骑填门，其冠盖盈坐，謦笑吐涕，奉为指南"。他曾对《宋史》辨定名称，随条甄举，收拾亡遗，缀补前事，冀成一家之书。他还有一卷《论策》，"此特公车言"，"专掌昭代国书，推究总括"。其诗集有明万历二十四年（1596）刊本《江左集》，严绍璗《日藏汉籍善本书录》曰"共四册"，日本内阁文库藏本八卷，原枫山官库旧藏。《松陵烂溪周孝廉传》也录此书四卷，称"海内尚未见为恨"，可见此书在当时流传也极少。应愿不仅研讨史学，精文辞，于六书尤得三昧。[1]他自己也说"吾家伯叔昆季中多好印"，能鉴赏对

图35　周应愿《印说》

其刻印影响极深。虽说他一生短暂又无子嗣，但在篆刻创作尤其是篆刻理论上显示了过人的才华，可以说同辈中无人能够取代。（图35）

周应愿《印说》原刊本，前有"太原王穉登序"，未提成书年月。今江苏省常熟图书馆有存本，卷首钤有清常熟"布衣王恂"白文印、"省三李云溪"朱文印，在卷末有清代藏书家黄廷鉴"红豆山馆"朱文印，后归常熟瞿熙邦所有。瞿氏在刻本题首曰："《印说》一卷，吴江周应愿撰，传本甚稀，罕见著录。古龙、袁陀治印有年，饱读印学书籍，云未见过。丙子岁少，来书索阅，小除事毕，缘为检出，惟破碎不堪出手，乃手自修补，两夕而竣。因记颠末，时丁丑元旦，特殊书，以志纪念。"

《印说》当为应愿二十八九岁时所作。关于《印说》写作原因大约也与周应愿的友人圈有关系。黄宗羲《明文海》第三百一十八文中收录有明代刘世教所作《吴元定印谱序》，其中提到："余少时亦雅好文艺，而故所交游，若松陵周公谨、长水李玄白诸君，皆攻印章，精鉴识，赫然负重声艺苑，而癖与余同。暇辄抵掌相对，为辨析其致，得一奇语，辄击节相赏。公谨遂草《印说》一卷，见者往往秘之枕中。"从《江左集》和《印说》中还可以看到，周应愿与当时苏州一带文人如王衡、王穉登、周天球等有交往，与文嘉、张凤翼、苏宣等印人都有密切的往来。

《印说》全书分二十章，依次为：原古、证今、正名、成文、辨物、利器、仍旧、创新、除害、得力、拟议、变化、大纲、众目、兴到、神悟、鉴赏、好事、游艺、致远。这不是一个简单的章节表述，而是明确无误地阐述传统意义上的规范与递进，也超越前人所提出除害、兴到、神悟，以及创新、变化等篆刻艺术的创作理论。为掀起明清篆刻创作高潮做了较好的舆论准备。

甘旸（1568年前—1625年后），秣陵（今南京）人，隐居在鸡笼山（金鸡鸣寺一带）。《集古印证》是从摹古到创作的过程、《印章集说》才是显示他的印学见解。

---

[1]　朱天曙：《周应愿"印说"内容及其影响初论》，《第三届"孤山证印"西泠印社国际印学峰会论文集》，西泠印社出版社 2011 年版，第 152 页。

《印章集说》六十七个条目中，属于甘旸在理论上独到的贡献的有如下三个方面：

其一，在"秦汉魏晋印"之前，他鲜明地指出："或谓三代无印，非也。"从而打破了吾丘衍"三代无印"的陈说，为后人在古印中找寻古玺提供了理论上依据……

其二，甘旸从理论上讲印章艺术的创作方法，归为四法，即篆法、笔法、章法和刀法……

其三，甘旸的品印标准是以品味为核心的，他以印品中的神品为最高标准，曰："轻重有法中之法，屈伸得神外之神，笔未到而意到，形不存而神存，印之神品也。"

甘旸的"法中之法"，与周公谨的"法由我出，不由法出"，其含义是相通的，即旨在传统基础之上的创新，他提倡的"笔不到意到、形不存神存"，实质上是将文人书画中，以不求形似重神似为主流的美学观引进了印章艺术领域，表现了文人书画审美观对印章艺术的强烈渗透。[1]

继之是沈野标榜的"禅理"的《印谈》；杨士修鼓吹个人风格的《印母》；朱简的《印圣》，胡正言的《印史初集》，周亮工《印人传》，朱象贤《印典》，瞿中溶《集古官印考证》等。朱简是安徽休宁人，但一直在苏南活动。胡正言也是休宁人，寄籍金陵为上元县人，参加"复社"以示不屈气节，还在金陵创设比荣宝斋历史深远的"十竹斋"。周亮工对印学有贡献，也久居金陵状元里。上述这些论述多在江苏印制，作者又多是江苏人，论之开风气之先，不为谬传。

关于篆刻创作之开山是苏州文徵明、文彭父子，尤以文彭"三桥派"成后人的金科玉律，其弟子何震"雪渔派"、苏宣"泗水派"。乍一看是师生，后人谓之"鼎足三立"，这是什么提法？

首先要明确文彭一开始时印风倾向于宋、元，有文人写意的特征，但用了冻石后才注重表现汉印趣味。虽说此老的篆刻实践并非当时的高峰，充其量是"高峰之始"。

何震作为职业印人，既无科举功名，又非官员出身，为什么能拜见文国博……

周亮工《印人记》"国博究心六书，主臣从之讨论，尽日夜不休"很笼统。自从今人柴子英考订出郎中司马汪道昆，这个谜才解开，是汪从中穿针引线，汪、何乃是同乡。

学人一针见血。"新安雪渔，神而化之，祖秦汉而亦孙宋元。"就是说学了祖师，又学了孙子辈，况且何的刀法、章法作为职业印人，挟其技艺谋生的人，在艺术表现诸多方法上超过文国博。魏锡曾就说过："明诗半七子，明印皆主臣。"这主臣、雪渔就是何震。

何震将自刻印辑成《何雪渔印谱》，开印人汇辑自刻印成谱之先河。他从古铜印单刀凿刻边款以及工匠刻石中受到启发，首创在印石上以单刀侧锋刻制边款，这都远远超过文国博，学人论何震"性能神解"，印风又能符合一个时代的审美取向，模仿者众。弟子又多，如梁千秋、吴迥、程原、吴忠。此后胡正言、杨长青也列于门下，人称"雪渔派"。

苏宣家学渊源，好读书，能过目而不忘，又爱击剑，年少任侠，曾仗义杀人，逃遁淮海间。他祖上与苏州文氏有交情。本人曾在文家设馆，短时间得到文彭指点印艺，又得以拜访，顾从德与项元汴两家，得以观赏秦汉玺印。

文彭于万历年辞世，恰逢顾氏《集古印谱》刊行于世，苏宣多吸取汉铸印特色，营造出品格伟

[1] 黄惇著：《中国古代印论史》，上海书画出版社1994年版，第62—63页。

岸、朴厚雄浑的印风，在形制上比常见的汉印大，冲、切刀并用，气足爽快，又能不主常故，逐渐形成个人风格强烈的泗水派，受苏宣影响的有程远、何通、姚淑仪、顾奇云、程孝直等人。在这三家之后，还有汪关的娄东派。

汪关（1575—1631后），字尹子，又号杲叔，原名东阳，祖籍安徽歙县，他久寓江苏娄东（今苏州太仓）。说来也有些传奇，他在万历甲申年（1614）在苏州竟然得到汉代一方铜印，上有"汪关"二字，兴奋庆幸之际，决定从此易名为"汪关"。虽说受文国博典雅平和印风的影响，但连仿汉玉印、汉凿印，突出精严的入印篆文，谋篇布局细致富变化，用刀稳健干净，所有作品格调高雅，有文人气息，深受吴门一带书画名家欢迎、赞赏。学者评曰："若论明代以精、工建树者，无出其右。"因他久居娄东，遂称娄东派，具有传承意义的是，这一派对清代的林皋、巴慰祖都有启发与借鉴。

进入清代后，相继出现不少大小流派。明显与苏州、扬州、南京、南通有关，尤其是苏、扬二州，此与流派孕育、交流密切有关。

首先要说的是以"文氏弥甥"名世的顾苓与文氏之传者。"弥甥"即外甥之子。明亡后顾苓以遗老自居，隐居塔影园，萧条高寄，操刀能翰，闭门著述，不与俗客过从，受江南遗民推崇。故能从三桥派传人而自立门户。有学人认为文彭、顾苓二人为吴门印派正、副二将。传者甚众。（图36）

林皋与虞山派及其同时期的篆刻家林氏祖籍福建莆田，先世官宦吴门，遂定居虞山（今常熟）。他深受娄东派汪关的启迪，研读汉印、六朝朱文印，力求批评致广大精微。十六岁时治印已有个人面目，著名学者钱陆灿在他的《宝砚斋印谱·序》中称林皋为"晚年印人中第一友"。文渊阁大学士王楷也赞其"独追正脉，其镌刻诸体，全用汉篆，不杂史及钟彝敦盘之文……"。林的影响一直到了浙江、安徽，对黄牧甫也有启发。（图37）下文三位虽非开宗立派者，但能凸显文人品格者。

图36 顾苓刻印

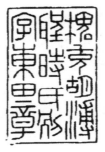

图37 林皋刻印

图38 万寿祺《印说》书影

坚守民族气节的清初三名家

"子孙不受北朝官"的万寿祺，是徐州人。明崇祯三年（1630）举人。1645年清兵下江南后，万氏参加了陈子龙、沈狄龙领导的义军。曾被俘，经友人营救逃回江北。1646年初，他在普应寺落发遁入空门，号明志道人。1648年冬，隐居淮安浦西，在此建隐西草堂，穿僧服。万氏在其印论《印说》中，提倡汉印。（图38）

冒辟疆好友戴本孝，是安徽休宁人。父戴重，明亡后绝食而死，受父亲影响放弃举子业，隐居鹰阿山之中。后与冒辟疆订交。应冒氏之邀顺治十四年（1657）夏来金陵，后有去如皋水绘园。戴为辟疆治印多方，刀法跃然，醇古大方，富有装饰趣味。（图39）

诗人篆刻家吴麐外貌俊美潇洒，家境原本殷实，清兵下扬州后，吴父死兵荒马乱之际。终其一生都在漂泊不定中度过，后来北京入幕谋生，与王士祯密切。其刻印能突破文、何模式。（图40）

黄经是开派人物，号济叔，系安徽盐商后裔，寄籍江苏如皋是后来的事。黄与许容、童昌龄、乔林等人，聚集南通州、如皋一带，共研印学，日久遂形成"东皋印派"。黄经虽年长于程邃，算是同时代的篆刻家，但程、黄并未谋面，在印风上相互影响是可能的。因程生前与冒襄诗书往还，尝为襄刻印。黄经间接看到程的作品而受启发，从而吸收程印风的优点，故后人分析是有一定道理的。（图41）

寄籍如皋的童昌龄祖籍浙江义乌，后定居如皋，师承邵潜、程邃。其擅长刻多字印章，风格与程邃接近。童昌龄有《韵言篆略》印谱一册，存印61方。（图42）

艺迹斑斑的许容是如皋人。有《许默公印谱》《谷园印谱》《韫光楼印谱》《石鼓文钞》《篆海》《印略》《篆学辨似》《篆海破难草》《破冢草》《欧浮集》等。（图43）

喜欢以诗入印的乔林是如皋人。他一生喜欢用竹根为材质刻印，最有名的是"桃花潭水"。（图44）

后起之秀的黄学岷，号楚桥，久居江苏如皋。他一生致力于南通如皋一带的印学研究，并对印

图40　吴麐

图39　戴本孝刻印

图41　黄经刻印

图42　童昌龄刻印

图43　许容刻印　　　　图44　乔林刻印　　　　图45　黄学圯刻印　　　　图46　高凤翰刻印

派艺术得失进行了比较认真的总结与发扬光大，汇编成《东皋印人传》。经过他不断努力，克服可原先一些小家子习气，使得东皋印派渐渐走进艺术殿堂。（图45）

　　"四凤派"这一提法是由《郑板桥先生印册》黄学圯《东皋印人传》先后提出来的。实指雍正、乾隆年间活跃在扬州艺坛的四人。

　　"左臂"为艺的高凤翰，山东胶州人，雍正五年（1727）凤翰举贤良方正，授县丞。雍正末年到扬州，为泰州坝长。受诬入狱，得清白后去官右臂废，在扬州卖书画谋生。穷新缪篆印章，取法秦汉，苍古朴茂。（图46）

　　王澍的高足沈凤，是江苏江阴人。约30岁时得王澍（虚舟）青睐并资助，遂有《谦斋印谱》行世。《清史稿》记录王澍，康熙时以其善书特命充任五经篆文馆总裁官。恩师对沈凤着力培养。沈在汉铸印的基础上法乳程邃的技法，朴实苍雄，浑厚古拙。沈治古玺比王西泉还早一百多年。郑燮之印，皆出沈、高之手。（图47）

　　适时趋变的高翔，字凤冈。生前与汪士慎、丁敬齐名。明亡后，程邃侨居扬州四十多年，受染者胜多。《画徽录》说凤冈"刀法师程穆倩"。不过凤冈朱文印有东皋派痕迹。（图48）以地域文化言之，雍正年间包括如皋在内的南通州属于扬州府治，东皋印派在扬州有一定影响是情理之中。可以说也是"四凤派"的介入因素，有相互启发，取长补短，乃流派之间在艺术交流上的必然。扬州在东南一隅，仍商业（尤以盐商）重地，雍乾年间"四凤派"印风有较大影响，对往来于此的各地印人有熏染，推波助力的作用是极其正常的。

　　与郑板桥年龄相近的潘西凤，是浙江天台人。早年问学王澍（虚舟）。澍摹《十七帖》成，嘱西凤勒刻于竹简，后归大内，遂师生名噪一时。早年客年羹尧幕府，因有献而不纳，后来扬州寓居，与郑板桥、高凤冈，李福堂等人唱酬。"寄兴于烟霞之外"仍潘氏代表作，篆法多变且能混融于一体。"四凤派"刻印常有装饰性趣味，潘氏又擅此道，如"画蝉"一印。（图49）这对后来的赵古泥、邓粪翁醉心于笔势线条的重轻与装饰趣味是有启发意义的。

　　也有学人认为书画家王士慎刻印也接近"四凤派"可称得上是这一流派的追随者、朋友。

　　器宇大方的程邃，是安徽歙县诸生，曾从黄道周、杨廷麟游；后又与朱简、万寿祺先后问学于陈继儒门下。博学工诗文，丹青以枯笔写山水，名重一时。一生长于金石考证，曾寓居金陵十余载，明亡后寄居扬州四十余年。广义的"徽派"起始于此，后来学人嫌其笼统，订正为"歙派"。

他治印白文仿汉，方正浑穆，朱文吸收师兄朱简碎刀短切的运刀，又吸收福建漳浦黄枢以钟鼎文字入印的启发，开掘文字资源，营造个人风貌。《印人传》："黄山程穆倩遂以诗文书画奔走天下，偶世作印，乃力变文何旧习，世翕然称之。"公正地说，程实际是当时印坛上倡导变革的扛大旗者。（图50）

求学于江永门下的汪肇龙是歙县人。曾求学著名经学家江永门下，故对《说文》《尔雅》与音韵学、地志水经均有研究。在"四子"之中，汪出身晚程邃一百多年，这期间篆刻学的发展是很快的，尤其是师法秦汉的复古主义，在提法与内涵上与以往大不相同。而明代篆刻家一些习气，日渐脱尽。以汪的治印再与巴、胡一直上溯到程，稍加对比，就有明显的时代差异，可以说在入印文字筛选、考量等方面能超过程邃。悉心研究，汪印作厚重浑穆之中，有些灵动之韵致。（图51）

巴慰祖是歙县人，久居扬州。他性格豪放、好交友，在文化艺术上兴趣广泛，被认为是无所不好又无所不能的人。他与董询、胡唐、王声齐名，又有"董巴胡王"之称。不仅是造墨焯砚，还能仿制青铜器。书体摹《散氏盘》，画山水花鸟均有个性。他能刻印时候引入书法意识，入印文字常融入碑版石刻篆文的体势，务去蜷曲绸缪之笔，藏锋匿迹，力求宽博雅正。（图52）

深得巴氏亲授的胡唐也是歙县人。为巴慰祖外甥，也是四子中最晚出的一位。书法、篆刻均服膺其舅父。对胡唐艺事概括最为精当者是程恩泽，程评胡唐"古籀若程，古琢若巴，古横若汪，惟我胡老，能兼三子之长"（节录于《古蜗篆居印述》）。后人评胡印风是秦汉正宗是贴切的。浙人赵之谦对巴、胡亦极崇敬。（图53）

人如顽石的邓石如，他为表示"不贪赃、不低头、不阿谀奉承，人如顽石，一尘不染"的个

图50　程邃刻印

图47　沈凤刻印

图48　高翔刻印

图49　潘西凤刻印

图51　汪肇龙刻印

图52　巴慰祖刻印

图53　胡唐刻印

图54　邓石如刻印

性，自号顽伯、完白。《古梅阁仿完白山人印剩·序》："邓中年以篆隶真行驰名海内，无暇为人镌刻。"但有雄厚敦实的篆书基础是刻印的支撑。融入了许多从书法临摹、创作中获得的感悟，显示出刚健婀娜、铁钩银锁的印风。在学问上受到江宁梅镠指点，"尽出所藏"旁搜三代钟鼎及秦汉瓦当碑额，以书入印，印从书出；第二个恩师是程瑶田，皆"得追随杖履，得渥清风教"。使邓逐渐走上"书印合一"的创作旅程。邓与弟子包世臣、再传弟子吴让之主要活动于南京、镇江、苏州、扬州等地。邓在所谓"白文用汉"之中，实际上已糅入了许多汉碑额与小篆的趣味。（图54）如此印作立马与时人所刻的汉印拉开了距离。"以刀代笔"成了邓氏创作取向。

　　"邓派"的臻于完美者——吴让之"邓派"的始作俑者是邓石如，粲然初具，初见锋芒而已。吴让之的学术功底，艺术造诣、文化学养已为后人所熟知。从黄曾吉学诗历二十年之久，于词学年少时奉教于常州周保绪、李申耆、（兆洛）、董汉卿、张翰风，还有扬州汪冬巢、王西御诸先生。其中精通舆地之学的李申耆、张翰风等人关于历史地理之研究，对让之有极深的熏染。吴后来著有《通鉴地理今释》，是他一生唯一传存与世的学术著作。曾任过苏州太守，吴昌硕服膺为师的吴云（平斋）称这本书是足以使吴让之不朽的著作。足以说明让之的学识是超越太老师的，这也很正常。"前修未密，后学转精"，一代胜过一代，才好。吴昌硕曾在款识中刻道："恨不能起让翁视之。"几代学人称赞吴让之、赵之谦、胡菊邻、吴昌硕为晚清四大家，让翁为四大家之首。（图55）"邓派"传人，还有吴咨、杨沂孙等人。

图55　吴让之刻印

　　关于"四凤派"与"浙派"的关系，此与扬州密切相关。

　　以丁敬为首的"浙派"是重要篆刻流派，可见到的印史印论中都有论述。大多为通介性质或技法的分析，对于这一派的初始状态和源头尚不甚了了。吾友张郁明先生每谈及这个问题，头头是道，津津有味，令人神往……不久撰成两万多字的《四凤派与西泠四家》，原载《西泠艺丛》1990年第四期，后收录于《1988—1992中国印学年鉴》336—347页。此文分述，"西泠四家"和扬州，丁敬在扬州刻印谋生，"四凤"与"扬州八怪"也在此卖艺。当时浙中诸子如厉樊榭、全祖望、杭世骏、陈章、姚慧田多客寓马日琯、马日璐的小玲珑山馆（安徽祁门人，是维扬有名的大盐商）。杭世骏与丁敬还是儿女亲家，丁第二子丁传也曾流寓扬州。有关诸多往来事实不细述。李斗《扬州画舫录》有"白锭十金，为镌一字"，刻一方四字印，需足银40两，当时一般米粮每石（担）需银一两，可见要价之高。丁敬之后、蒋仁、黄易、奚冈晚丁敬约50年。从《扬州画舫录》可知，黄易父树谷（字松石）晚年一直寓居扬州，在江姓盐商家主馆，黄易也常来此行艺，除刻印还兼擅书法绘画。奚冈，乾隆年间与方薰同时誉满扬州。《两般秋雨庵随笔》："精篆刻，诗才清绝，但为画所掩。"好在《罗两峰印存》有奚冈为之所刻"香雪""画梅乞米""罗"三方印。蒋仁原名泰，游扬州在平山堂得汉"蒋仁之印"，更名仁，号山堂。有蒋仁跋《菴画溪山院长》印云："丙申（1766）春，黄君小松自南宫（案：按河北南宫）寄此印。后五年，予客扬州，董君小池（洵），赠秦九字玺拓本，方知小松有透铜出蓝之妙。近闻汪中收藏，恨未及见。"（见《西泠四家印谱》）无疑，一是扬州当时经济环境所致。再说由"京杭大运河"乘船自杭来扬州，比乘轿子、比骑驴骑马方便多多。该文有浙派的初始状态和流派者辩：有四凤派和浙派一小节，以往说郑板桥刻印"踵丁氏而起"，是因为确定郑有"郑板桥""乾隆东封书画史""麻丫头针线""变何力之有""以天得古"等。这几方印刀痕波璨斑驳缺蚀，似和丁敬及其传人的刀痕相似。张兄文称：再看四凤中高凤翰的"家在齐鲁之间""癸亥人"，沈凤的"沈凤之印""结客少年场"，高翔的"福寿臻人"，潘西凤"渐惊他秋老梧桐"等，问题就清楚了，郑板桥学的是"四凤"。高凤翰、沈凤年长丁敬十一二岁，且高凤翰在乾隆六年（1741）就回山东去了，而沈凤在乾隆二年（1737）离开扬州……沈凤的《谦斋印谱》在雍正六年（1728）前已经编就……也就是说，即在丁敬34岁之前，貌似"浙派"的"四凤派"印章已在扬州艺坛风行，而彼时丁敬还谈不上有后来的所谓"浙派"。将以往颠倒的历史，恢复到原来的正常位置。很显然，乾隆年间丁敬流寓扬州，在和"扬州八怪"的书画诗文交流中，见到了"四凤派"的印章，从中受到启示，吸收了适合自己有益成分后才开始个人印风变法的。应当是"四凤派"开启了"浙派"。之前，苏宣刀法上善用碎刀，这对丁敬也有启发，后来丁敬也善用碎刀，这不是主流。话说回来，"四凤派"也有许多缺点，有时过于阔博的印路，既有抵牾而又互融的过程。"四凤派"走的是由上行秦汉印古玺，"浙派"走的是由汉印下行六朝唐宋的路子。丁敬也好，"浙派"也好，构建因素很多，不及细述。但传承到"后四家"尤其是赵之琛（次闲）是精细，越弄越模式化、僵化，安于现状是"浙派"式微。这自然也不是赵氏一人责任。印坛上议论。浙后立派而先衰。此相对于广义的徽派。

从晚清至民初，在苏州出现了徐坚的缇园派、杨澥的松陵派，本质上皆从三桥派演绎而出，其影响也就在三吴一带，没有大气候、大影响，一笔略过。

诚然，泂感叹，人文渊薮，幽境典雅，何处比姑苏……也有学人写道："吴昌硕的苏州游宦、游艺是漫长的，使得这段远去的历史面目不免有些模糊，细细探索是他从听枫园到西晦巷四间楼再到邻近斠溪的南园之地，最后到桂和坊癖斯堂之间的行踪。尤其是其间广泛的遇合和交游，包括他散落于苏州各名园的足迹，还是约略可寻找到他在苏州的生命痕迹。"是的，吴昌硕从1872年初次游历苏州……后租赁、买房全家住在这里，前后往返近30年，在这座古城他拜识和结交了吴云、杨岘、潘忠瑞、潘祖荫、郑文焯、杨沂孙、徐士恺、吴大澂、俞曲园、顾麟士、陆恢等前辈与好友，为他的学养、创作理念等，夯实了坚实的基础。论述苏州是其第二故乡、母校也是贴切的，这里也是孕育独树一帜的"吴派"的最丰润的文化沃土。

从宏观上说，流派形成后也要发展、也要不断臻于完美。流派不是"一潭死水""铁板一块"。它需要跟随时代的节拍，无疑外部环境也有催化、促进作用。

随着时空转换，争妍斗卉的大小流派从杭、苏、扬朝上海发展，这是历史必然。

随着"西学东渐"的不断深入，上海成为东、西方文化碰撞、交流、磨合、互融的桥头堡。租界的出现、华洋杂居，人们思想活跃。不只是自认科技发达、经济繁荣，就连新闻出版业的兴旺全国第一。上海作为新兴的东南大都会、国际化大都市已逐步显示出他本身的优势与特质。时人誉之"大码头"。吸引全国各地名家。

清光绪十三年（1887）吴昌硕首次举家从苏州迁上海是一个标志性意义的举措，说明游学求艺时代结束，他的"吴派"横空出世，涵盖书画印；不论"海派"或"后海派"，缶翁雄踞"上海滩"，名震中外。

艺术流派也有竞争者。沈禹钟《印人杂谈》："法度严谨老福庵，古文奇字最能谐。并时吴赵能相下，鼎足会务天下三。"指缶翁、王福庵与赵叔孺。就说福老的是浙派传人，上溯周秦两汉，整饬之中兼备苍老浑厚之致，时有会心又擅细朱文多字印。笔者撰《民国篆刻艺术》时称福老为"浙派一支新军"。入室与私淑弟子颇多，南有韩登安，北有顿立夫。

换一个比对角度也有启迪。比如黄牧甫"黔山派"。除哲嗣少牧一模一样，李尹柯突显古玺，易孺朝沉雄奇肆的走向演变。私淑黄士陵更加耐人寻味，乔大壮取括锐挺拔、结篆诡谲著称。寿石工善作多字朱文印。取秀美清丽为走向，越小越好看。容庚以治文字学、金石学为起点，浑朴古茂，常在"似与不似"之间。

学流派印不可囿于门户，可博取，可按照个人感悟去发挥，要掌握度最好，流派是可以变化与发展的。笔者以为研讨明清以来篆刻流派的生成，完善的过程中，断不可狭隘的乱贴标签。至于流派之间的交流，内涵是丰富、深厚的，截长补短、相互渗透，也有剔除与地域文化、史学底蕴矛盾。不协调的成分，并各自突显审美取向的风格追求。有共性，也有个性。

大凡开宗立派者，均有"化"为已有的能力，且能顺畅、妥帖。

提到上海，不能不提一下几位江苏文化人的胆识与前瞻性。

刘海粟（1896—1994），原名槃，后改名海粟。字季芳，号海翁。江苏常州武进人。

民国元年（1912）的冬天，乌君始光在毗陵与海粟计划创立美术院于海上。其时社会上对于艺术颇菲薄之，一般人开口闭口都是国计民生，所谓雕虫小技，简直不值得齿及。在那个时代，要在中国的社会上树立起美术学校的旗帜，实在是件极不容易的事。我们凭着良心和兴味，抱着"知其不可为而为之"的态度，振作着坚强不屈的精神做去。所以在是年11月，我们就本校的态度竖起鲜明的旗帜，创立上海图画美术院。当时我曾有宣言，说我们创立上海图画美术院有三个信条：第一，我们要发展东方固有的艺术，研究西方艺术的蕴奥；第二，我们要在极残酷无情、干燥枯寂的社会里尽宣传艺术的责任，因为我们相信艺术能够救济现在中国民众的烦苦，能够惊觉一般人的睡梦；第三，我们原没有什么学问，我们却自信有这样研究和宣传的诚心。当《宣言》在新闻报纸上发布后，社会上一般人有嘲笑的、有谩骂的，说图画也有学堂了，岂不可笑。大都当时人目光短浅，重实用而轻思想，好像人生的目的就在物质的享乐、艺术是与人生没有直接关系的供人玩赏的东西，没有谋富贵的可能，不值得研究。所以一说到提倡美术，就群起反对。美术院创立数年，无时不在颠沛困难中，冷静寂寥，如与世隔，外界的同情和助力渺无所得，有如逆水行舟，难苦奋力前进。[1]

请注意刘海粟当时虚岁17岁。

该院的地点就在上海苏州河的北岸。不久更名为"上海美专"。鉴于是全国第一所私立的美术专门学校，从小到大愈办愈好，1917年蔡元培先生题写"闳约深美"四字，后成为校训。刘海粟诠

---

[1] 刘海粟：《上海美专十年回顾》，《中日美术》1922年7月20日第一卷第3号，并转刊1922年9月17至22日《时事新报·学灯》。

释"闳"就是知识面要广阔;"约"就是在博采的基础上加以缜密的选择,以便学有所长。1919年该校正式招收女生,就是在开放自由的上海,最早施行男女同校的举措(如潘玉良等便是较早入校的女生,这对当时全国美术院校产生积极的影响)。当时该校办学思想理念是先进的,如刘海粟学习西方经验开人体素描(符合上文陈独秀提出要采用洋画的写实精神)。封建思想者、假道学者以"有伤风化"等落后保守理由"群起攻之"。刘海粟逐遭到上海知县危道丰下的通缉令,而在南京任五省联军统帅的孙传芳是后台,此事闹得沸沸扬扬,轰动海内外。客观上反倒提高了刘海粟办"上海美专"的知名度与声望。这是江苏文化人的一个创举、有胆识,敢为天下先。

1902年,俞复(1866—1931,字仲还,江苏无锡人)与廉泉(1866—1931,字南湖,号惠卿,江苏无锡人,光绪二十年中举)。[1]在沪创办文明书局。俞、廉二人与孙揆均、丁福保早年同窗于江阴南菁书院,文才过人,艺名甚响。当时国内尚无照相铜版技术,该局赵鸿雪研究成功,故所印书籍书画与印谱既精美且售价也能为读者接受,颇获好评。文明书局与有正书局还在全国大、中商埠如长沙、南昌、福州设有分店,尤其在北京琉璃厂均有分店。

1904年,狄平子(1873—1941,名葆贤,字楚青,江苏溧阳人)在"戊戌变法"后逃亡日本,拓开了他的视野。归国后创办《时报》及有正书局,影印书画碑帖讲述品质,家富收藏,精于鉴别。著有《平等阁诗话》《平等阁日记》《清代画史补录》等。1914年,该局还专门出了一本《有正书局出版碑帖目录提要》。有正书局自1904年创办,直至1943年停业,在这40年的时间里,出版了800多种碑帖与画册,其中相当一部分为珂罗版……因为专业,所以在当时,做书法碑帖,再没有哪家书局能在出版种类与质量超过有正书局。[2]有正书局除书法碑帖,另外一个重要的贡献就是大量出版原拓印谱,如《吴仓石(昌硕)印谱》4册、《邓石如印存》2册、《金罍山民手刻印存》(金罍山民即徐三庚)4册、《杨龙石印存》(杨龙石即杨澥)2册、《历代古印大观》8册等,这些印谱在今日的古籍善本拍卖会上备受藏家追捧。[3]

1915年,秦文锦(1870—1938,江苏无锡人)他富收藏、精鉴赏,故所出版之书籍有相当一部分源于他本人的庋藏与不同凡响的鉴赏能力,在名拓佳本中如《宋拓石鼓文》、明拓孤本《张黑女墓志》,存世仅5本的《崔敬邕墓志》之一,都曾归秦文锦所有。由于他个人的学识素养还出版过一本《金文集联》,内容包括《周毛公鼎铭》《散氏盘》《盂鼎》《秦公敦》《周丕期敦铭》《周王孙钟》《齐子仲姜镈集联》《周颂鼎集联》《周克鼎姜镈集联》《周归夆敦集联》《周虢季子白盘铭》《周曶鼎铭集联》等12个部分。毛公鼎是清道光末年在陕西岐山出土,铭文32行,计498字,为已发现的中国先秦时代有铭青铜器中字数最多者,学界称"西周铭文之冠"。散氏盘又名矢人盘,为乾隆初年在陕西凤翔出土,铭文古朴奇崛,随势生发,奇姿百出。盂鼎为清道光年间在陕西眉县礼村出土,铭文浑厚古朴,结构谨严,无一处有荒率随意之感……在《周王孙钟》后说明"同邑许棫撰文",秦氏本人冠以"锡山鉏彝主人"仅此而已。尤其是集联部分,篆刻家、书法家

---

[1] 廉泉之书斋名为"小万柳堂",其夫人为曾国藩四大弟子之一的吴汝纶的侄女,名芝瑛(1868—1934),安徽桐城人,芝瑛与秋瑾交好,秋瑾就义后为其治后事于西湖,口碑极好。1914年,廉氏夫妇以个人藏品出席日本"大正博览会",极为轰动。嫡孙廉信现为西泠印社社员、内蒙古印社社长。

[2] 程渤:《晚清民国时期的上海书法出版业》,《书法报》2009年11月18日第21版。

[3] 程渤:《晚清民国时期的上海书法出版业》,《书法报》2009年11月18日第21版。

可以"随取随用"，经得起验证。

笔者以为《江苏篆刻史》，作为一本史书，既要竭力翔实地还原当时的历史，也不可避免地揭示彼此各种现象后面的事实。对刘海粟等前贤们的创业，后人当有敬畏的心情……敢为天下先，人人会说，谈何容易。

四、当代印学研究集成

改革开放以来高层面的国际印学研讨会有11次，高层面的印学丛、类、辞书不断面世，对洶论之这是学术力量的支撑，使得信心满满，归乎辞藻。仅"孤山证印"已开五届，还有金石华章系列、篆物铭形、吴门印风（明清篆刻史）等，洶每次均有小文参加，也能聆听诸君高论，并有选择的吸收研究成果，实在择善从精，取菁用闳，取精用宏，老中青三代学者皆有……关于史料方面论著，如陈振濂主编的《西泠印社百年史料长编》，金鉴才编《中国印学年鉴》，曹者祉等《国宝大典》，刘云鹤编《现代篆刻家印蜕合集》，吕金城主编《印学研究》等。

再如《西泠艺丛》30年前刊登罗随祖《论南北朝官印的断代》，《书法研究》刊有韩天衡的《上海顾氏集古印谱刍议》等，都是开山之作……洶只是提及一二，不能全登，读者可以从《江苏篆刻史》看到众多学人的论证，不是虚诳之语。

还有一本辞书，不可不说。

20世纪80年代，中国书协副秘书长刘正成在北京编撰《中国书法鉴赏大辞典》（上、下两册）。1989年10月，由大地出版社印制发行。下册有"篆刻"，负责组稿的是黄惇。黄既有理论基础又擅于治印，在知人善任、选人恰当的前提下，调动了全国范围的篆刻家、印论家的鉴赏、评论热情。包括前面提到写"六面印"的刘江、写"建邺山房之印"的陈振镰。黄本人执笔写了赵孟頫、吾丘衍、文彭、何震、苏宣、归昌世、汪关、程远、程邃、邓石如、吴让之等，正本清源，立论精当。"西泠八家"由叶一苇老先生承担；姑苏印坛是人才济济由久居吴门的矫毅老学长负责；而扬州有特定的历史、人文背景，要说"浙派"发迹于杭州，孕育阶段在扬州，而"歙四子""四凤派"与后来居上的"邓派"发迹于扬州。这一大块有张郁明、祝竹，可以说"八仙过海"各显神通。东皋印派由南通王澍堂执笔，各负其责。

筛选篆刻家的标准，肯定要有，但不能机械对号入座，要考虑时代与人文背景，这位篆刻家在诗书画印上，成就最突出的是什么？若是在画史、书史上赫赫大名，如清乾隆年间的闵贞，人称"近现代美术史论之父"的陈衡恪，已将他与金农、郑板桥、李芳膺、汪士慎、黄慎、李鱓、罗聘列于"扬州八怪"。随着时空变化，研究深入，对这个群体，称之为"扬州八怪画派"。1962年，陈衡恪门人俞建华在《光明日报》发表文章，提到名列这画派有13人，也有闵贞。1964年，卞孝萱在《文物》刊文提出15人，闵贞也在其内。我年轻时就喜欢他的国画，尤其是人物、佛像、仕女等，回眸百年，不知有多少学人写过他的文章。据扬州八怪纪念馆倪悦（金宝）弟言之，今年10月还要召开"闵贞专题国际研讨会"。洶还以《深诣白描精工写真——以美术史论的角度研究闵贞》，以助声势，可见此老在绘画史上彪炳千古，他是有《正斋印谱》传世，其治印与其国画相比，则不能同日而语，思来念去，《江苏篆刻史》不收。

现在还有一位艺坛大人物徐悲鸿，是人所尽知的大画家，也是桃李满天下的美术教授，留法归来，很快就领衔于国立中央大学艺术科（系）。新中国成立后，徐悲鸿在北京出任中央美术学院院长。徐也治印，我也藏有他的印蜕，张正吟、黄养辉等生前多次讲到，徐师喜欢篆刻，考虑到此老仅就中国美术史、美术教育史……是已经誉满天下，《江苏篆刻史》可以不收，留下版面，尽可能收些有相当造诣而一生并不遂心顺意的篆刻家。

有生员问我，徐悲鸿没收史书，为什么收傅抱石？洵立马答之：傅在中国美术史、美术教育史上的地位跟徐是一样的。不同的是，在南昌江西省立第一师范时，就靠篆刻、绘画补贴生活，半工半读地毕了业。他在画坛上成了名，还刻印，讲过：刻印不比学画，画可搬而印不可搬，画可不断临摹而印必须独创。他治印主攻汉金文，有黄牧甫余绪，其印面文字浑朴挺劲，入印篆书在篆、隶之间，非业内人士连看带猜，也能懂，尤精工于朱文。最后一点大多数人没做，傅老还有《中国篆刻史述略》《白石老人的篆刻艺术》《刻印源流》……有相当的个人见地，好！洵极其主张搞创作的人，也应当搞点印史、印论。凭当时的社会地位，完全可以不弄这些……可写出来颇受人赞许，有很高的代表性，收！但愿这些感悟，对您有所启迪、借鉴……

其实搞《江苏篆刻史》这个大题目，是一种体悟、尝试、探求，也是对自己的一次考量。荦荦大者，洞明利弊，不能附会异说，爬梳别抉，琢句新巧，又是何等恬淡清远。如实采录集成当代学人成果，心安理得，虽说名字、注释嫌多。

原本想尽责广搜图版，仰仗刘峰学棣竭力计收322例，鉴于相关出版规定，只能删减，不能尽收名家之印蜕，还有近四分之一不是原大，实为两缺憾，乞谅。

二〇二二年六月八日　南京后潜研堂

（作者系西泠印社社员）

方氏宣和印社收藏与编拓印谱综述

张学津

内容提要： 永嘉方节盦早年在上海西泠印社学习印泥制作工艺和印谱钤拓，后自立门户，开设宣和印社。宣和印社不仅销售自制的节盦印泥、篆刻用具、印谱、篆刻书籍、名人字画等，也从事印谱的编辑和出版。相比于吴隐、葛昌楹、张鲁庵等富于收藏的辑谱名家，方节盦虽藏印数量稍逊，但他凭借超强的交际能力，广泛结交海上印人与藏家，商借印章，编拓了数十种品质优良的原钤印谱，受到印坛人士的广泛好评，使宣和印社成为民国时期与上海西泠印社并驾齐驱的重要印谱编辑出版机构，影响深远。

关键词： 方节盦　宣和印社　印谱　辑拓　收藏

原钤印谱是印谱中最重要的类别，钤拓精良的印谱能够准确反映出印章的真实艺术风貌。明代顾从德所辑《顾氏集古印谱》，开原钤印谱之先河，此后历代辑拓的原钤印谱不胜枚举。印谱不仅是保存前代印章资料的重要方法，也是篆刻家交流刻印艺术的最佳媒介。原钤印谱自产生以来，便受到印人、篆刻爱好者的广泛追捧。随着原钤印谱制作技术的发展，印泥制作工艺日渐成熟，产生了不同的印泥流派，也出现了像清代毛庚等精于朱钤墨拓的制谱高手。至晚清民国时期，印谱的制作已不局限于印人之间的交流、把玩，而是走向艺术品市场，印谱的制作与销售十分兴旺。在如此的社会氛围下，出现了专门辑拓印谱的机构和个人。其中早期最负盛名的是吴隐在上海开设的西泠印社发行所。此外，像葛昌楹、张鲁庵、方节盦等人，均以印谱辑拓和收藏闻名于海上印坛。

印学界对吴隐在上海西泠印社的印谱辑拓有所研究，沈慧兴《吴隐与早期西泠印社出版的印学图籍》[1]对吴隐辑拓印谱情况进行了系统的梳理。张鲁庵身后将所珍藏的433部历代印谱悉数赠予西泠印社，高式熊为其编辑有《张鲁庵所藏印谱目录》。关于方节盦与宣和印社的研究目前相对较少，张炜羽《宣和社主方节盦》[2]一文对方节盦以及其所创立的宣和印社进行了较为全面的介绍，肯定了宣和印社对印学传播的贡献。本文将在前人研究的基础上，对方节盦的印谱辑拓情况作进一步的梳理。

方节盦（1913—1951），名约，别署唐经室，浙江永嘉人。1926年随从兄方介堪至上海，在吴氏上海西泠印社做学徒，学习印泥研制、印谱编拓等。1935年，方节盦离开上海西泠印社，于上海汉口路701号创办宣和印社，出版发行印谱、兼售印谱、印学书籍、刻印工具、印泥、金属印章、

---

[1] 沈慧兴：《吴隐与早期西泠印社出版的印学图籍》，《当代中国书法论文选·印学卷》，荣宝斋出版社2010年版，第518—531页。

[2] 张炜羽：《宣和社主方节盦》，《海上印社》2019年第4期，第22—28页。

名人书画册等，并为印人代收订件。方节盦自己研制"节盦印泥"，因质高色雅，一经面世，受到了广大篆刻家和收藏家的普遍认可与喜爱，迅速打开了市场。

除制作销售节盦印泥外，辑拓印谱也是宣和印社的主要特色。宣和印社先后辑有晚清以来著名篆刻家吴让之、赵之谦、胡钁、吴昌硕、徐新周、赵叔孺、简经纶、王福厂、邓散木、方介堪等刻印成谱，因用料考究，钤拓精准，宣和印社成为二十世纪三四十年代与上海西泠印社并驾齐驱印学专业出版机构。遗憾的是1951年方节盦因病英年早逝，印社暂由其弟方去疾掌管，后归属上海图书发行公司。

一、宣和印社广告中所录印谱情况

宣和印社自成立起，具有商业头脑的方节盦在《申报》等报刊媒体上不断刊登广告，推销印社商品。如今我们从不同时期的销售广告中，可推知宣和印社编拓和发售印谱的情况。

宣和印社于1935年4月18日开业，在当天的《申报》中刊登了《宣和印社开幕广告》（图1）。该广告中记录的所售印谱情况如表1。开业之初，宣和印社所售印谱仅5种，其中3种为采用近代印刷技术印制的金属版印谱，而非原钤印谱。此时宣和印社刚刚成立，所售印谱应仅为代销，并非方节盦所编拓出版。

表1 《宣和印社开幕广告》中所售印谱目录

印谱名称	篆刻者	编辑者	印谱情况	卷册	价格
补罗迦室印谱	赵次闲刻		有款	六册	六元
黄牧甫印存	黄牧甫刻		金属版	二册	六元
吴让之赵㧑叔合刻印谱	吴让之、赵之谦刻	葛书徵藏辑	原钤	十册	十六元
拊蕉桐馆印集	蔡真刻	慎修书社	金属版	二册	二元二角四分
介庵印存七集	方介堪刻	西泠印社潜泉印泥发行所	金属版，有款	一册	八角

图1 宣和印社开幕广告

图2 《宣和印社出品目录》

此后，为进一步推广宣和印社所售产品，除刊登销售广告外，宣和印社于1936年编辑《宣和印社出品目录》一册，其中包括节盒印泥价目、印谱目录、书籍目录、刻印用品目录、书画册目录、金属印章制刻章程及价目表、铜印制钮价格表、篆刻价格表，以及现代名家篆刻。根据《宣和印社出品目录》，宣和印社所售印谱数量剧增，如表2。

表2 《宣和印社出品目录》中所售印谱目录

印谱名称	篆刻者	编辑者	印谱情况	卷册	价格
梅景书屋印选	元以前铜、玉印	吴湖帆辑	原钤	二册	五十元
善斋玺印录（善斋吉金录之一）	玺印及宋元官印	刘晦之藏辑	原钤	一册	二元
陈簠斋古印集	古玺印	神州国光社	金属版	四册	八元
汉铜印丛	古玺印	商务印书馆	金属版	四册	三元
松月居士集印		庆宽辑	原钤	十六册	四十五元
春草庐印存		谢磊明藏辑	原钤	六册	十二元
王福厂藏印		王福庵藏	原印精拓	十六册	三十六元
传朴堂藏印菁华		葛书徵藏辑	原钤	十二册	四十五元
西泠八家印选		丁辅之藏辑	原印精拓	四册	八十元
西泠八家印谱		中国印学社	金属版	一册	三元六角
未虚室印赏	钱松刻	钱松辑	原钤	四册	八元
吴让之赵㧑叔合刻印谱	吴让之、赵之谦刻	葛书徵藏辑	原钤	十册	十六元
赵㧑叔印谱	赵之谦刻	中国印学社	金属版	一册	一元六角
黄牧甫印存全集	黄牧甫刻		原印精拓	四册	八元
吴让之印谱	吴让之刻	中国印学社	金属版	一册	六角
吴昌硕印存	吴昌硕刻	宣和印社	原印精拓	二册	四元
徐星洲印存	徐新周刻	宣和印社	原印精拓	二册	四元
王冰铁印存	王大炘刻	宣和印社	原印精拓	二册	四元
胡匊邻印存	胡钁刻	宣和印社	原印精拓	二册	三元
藕华盦印存	徐新周刻		原钤	四册	六元
钟斋申印存	钟以敬刻	张鲁庵藏辑	原钤	四册	八元

（续表）

印谱名称	篆刻者	编辑者	印谱情况	卷册	价格
横云山民印聚	胡公寿遗印	张鲁庵藏辑	原钤	二册	六元
赵悔盦印存	赵宗抃刻	宣和印社	金属版	一册	五角
赵悔盦印稿	赵宗抃刻	宣和印社	金属版	一册	五角
古今名人印谱第一集		宣和印社	原钤	二册	四元
陈一禅印存	陈一禅刻	西泠印社	原钤	一册	二元
谢磊明印存初集	谢磊明刻	宣和印社	金属版	一册	八角
谢磊明印存二集	谢磊明刻	宣和印社	金属版	一册	八角
朱其石印存	朱其石刻	上海樆李学社	石印	一册	八角
三长两短斋印存初集	邓散木刻	邓散木辑	原钤	五册	五元
三长两短斋印存二集	邓散木刻	邓散木辑	原钤	四册	四元
方介堪印存七集	方介堪刻	西泠印社潜泉印泥发行所	金属版	一册	八角
方介堪印存八集	方介堪刻	宣和印社	原钤	二册	三元

根据统计，《宣和印社出品目录》共有印谱33种，其中除原钤本印谱外，还包括石印本印谱1种，金属版印谱10种。石印本印谱和金属版印谱都是采用近代印刷技术印制的印谱。石印技术的"核心原理是利用油与水相拒的化学原理，在磨平的石版表面复制出图文部分形成亲油膜层，空白部分形成亲水膜层，并通过对版面供墨、供水，图文部分吸油抗水，空白部分吸水抗油来进行印刷"。[1]石印技术中的彩色照相石印技术，在民国时期的印谱出版中应用的十分广泛，其原理是"不用胶纸，将图文摄制成阴文湿片后直接落样于锌版上，经过感光处理后制成印版，这样即可清晰地再现原书。这种方法虽然已经不再使用石印制版，但是原理和方法都同于照相石印，所以在民国时仍然被称为石印。自民国以来，人们长期将这种利用照相技术进行复制印刷的书籍统一称为影印本，或者石印本"。[2]商务印书馆出版的印谱多属于此类。金属版印刷技术是在石印技术的基础上演变而来的，也属于平版印刷。"金属版直接印刷，一般均以铅版或锌版为版材，将图文落于金属版面上，制成印版进行印刷。"[3]金属版技术相比于石印更为进步，"金属版较石印精良，尺寸亦大，可数页合印"。[4]神州国光社所出印谱多为金属版印谱。宣和印社也进行金属版、石印本的印制，并在《宣和印社出品目录》中专门刊登印刷广告："本社印刷部精制金属版、玻璃版、木版、石版、橡皮版各体铅字版。承印书画碑帖、书籍簿册、名片、简帖，一切零件。"[5]由此可

[1] 杨丽莹著：《清末民初的石印技术与石印本研究——以上海地区为中心》，上海古籍出版社2018年版，第13页。

[2] 杨丽莹著：《清末民初的石印技术与石印本研究——以上海地区为中心》，上海古籍出版社2018年版，第17页。

[3] 张树栋、庞多益、郑如斯等著：《中华印刷通史》，印刷工业出版社1999年版，第448页。

[4] 《新闻报》，1935年4月19日。

[5] 《宣和印社出品目录》，宣和印社1936年版。

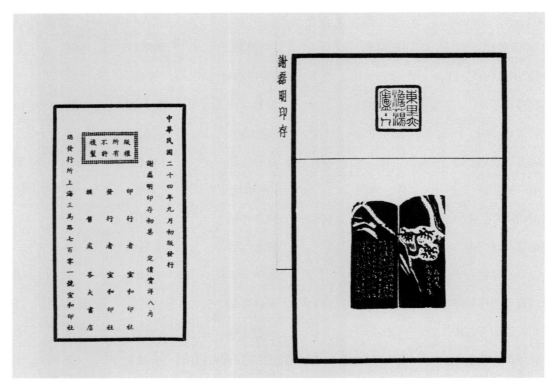

图3 《谢磊明印存初集》（金属版）

见，宣和印社不仅能够编拓原钤本印谱，也拥有近代印刷技术和设备，具有近代出版机构的性质。

然而不可否认的是，相比于原钤印谱，石印本印谱和金属版印谱难以真实准确地反映印章的艺术风貌，因此其所具有的艺术价值相对较低，主要作为参考读物供篆刻爱好者学习，相比之下价格比原钤本印谱更为低廉。《宣和印社出品目录》所载《谢磊明印存初集》（图3）、《谢磊明印存二集》、《朱其石印存》等金属版和石印本印谱仅标价八角。而原钤本印谱少则几元，多则数十元。其中原钤本《西泠八家印选》四册价格高达八十元，就当时上海市民生活收入水准而言，确实普通爱好者未必能承受，从中可见原钤印谱与石印本、金属版印谱悬殊的价格差与不同的艺术价值。

《宣和印社出品目录》中所见印谱并非全由宣和印社编辑出版，很多印谱宣和印社只是进行代销。但若处置不当，可能会引发宣和印社与印谱编辑者之间的矛盾。比如《宣和印社出品目录·印谱目录》中所录第一部印谱为《梅景书屋印选》，对该印谱的介绍称："原印为吴湖帆君珍藏之品，由吴君倩名手钤拓成编，内容玉玺印押凡五十二品，将军印二十八品。印文既用朱钤并施墨拓互相参证，及便观摩。是编共印十部，现存无所，预购从速。"[1]但宣和印社销售此谱的行为引起了吴湖帆的不满，并请律师刊发公开声明。1937年1月19日的《申报》中，刊载了此则声明：

王季铨律师代表吴湖帆君对于宣和印社出售《梅景书屋印选》之声明：

兹据吴君来称，查鄙人所辑《梅景书屋印选》一书曾共拓十部，以甲字至癸字分号标记庋藏在家。乃近阅《宣和印社书目》有该书出售，当即前往查询，据称该书只有一部，业已售

---

[1] 《宣和印社出品目录》，宣和印社1936年版。

出，无从追究云云。鄙人为息事宁人计，允该社具立保证书，保证以后该社如有翻印收卖等，情愿负责等语。前来合巫，代为声明如上。事务所：北京路二八〇号，电话一六六一〇号。[1]

通过此则声明可见，宣和印社销售的一部《梅景书屋印选》并未经过编辑者吴湖帆的授权允许和认可，从而引发不快。吴氏发表声明，以杜绝可能的翻印等盗版行为，时人的版权与维权意识之先进可见一斑。

《宣和印社出品目录》中所录的另一部印谱《春草庐印存》（图4）则明确注明为宣和印社独家销售。其介绍中写道："原印为永嘉谢磊明君收藏，自明清至现代诸名家作品都百五十余方，朱钤印文，墨拓旁款。现归本社独家经售。"[2]方节盦为谢磊明东床快婿，关系密切，因此宣和印社拥有了此谱的独家销售权。

除代销他人编辑的印谱外，宣和印社的主要特色是原钤印谱的编拓和出版。如《吴昌硕印存》《徐星洲印存》《王冰铁印存》《胡匊邻印存》《古今名人印谱第一集》等，均由宣和印社编拓。

从《宣和印社出品目录》可见，宣和印社销售的印谱种类繁多，以明清流派篆刻印谱为主，也有少量古玺印印谱。其中拓印精良的原钤本印谱，可以满足收藏家和篆刻家的需求；而价格低廉的石印本、金属版等印刷本印谱，能使篆刻爱好者广泛接受。可见宣和印社兼顾专业篆刻家和业余爱好者的商业策略。

至四十年代，宣和印社单独发行印谱广告《宣和印社出售名人印谱》（图5），其中所涉及的

图4 《春草庐印存》

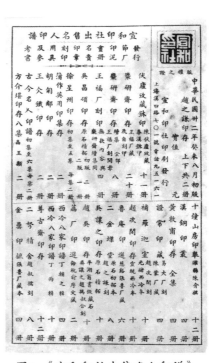

图5 《宣和印社出售名人印谱》

---

[1] 《申报》1937 年 1 月 19 日。

[2] 《宣和印社出品目录》，宣和印社 1936 年版。

印谱情况如表3。

表3 《宣和印社出售名人印谱》中所售印谱目录

印谱名称	篆刻者	编辑者	印谱情况	卷册
赵之谦印存	赵之谦刻			二册
伏庐考藏玺印	古玺印	陈汉第选藏，方节盦监拓	原钤	十一册
麋研斋印存	王福庵藏及自刻印	宣和印社	原钤	二十册
王福庵刻印	王福庵刻	宣和印社	无款，内容与《麋研斋续集》同	
吴昌硕印存	吴昌硕刻	宣和印社	原石精拓	初版二册 二版一册
徐星洲印存	徐新周刻	宣和印社	原钤	初集至五集 每集二册
蒲作英用印集存		宣和印社	原钤	二册
胡匊邻印存	胡钁刻	宣和印社	原钤	二册
王冰铁印存	王大炘刻	宣和印社	原钤	二册
古今名人印谱		宣和印社	原钤	初集至六集 每集二册
方介堪印存八集	方介堪刻	宣和印社	晶玉印，原钤	二册
十钟山房印举	古玺印	商务印书馆	金属版	十二册
汉铜印丛	古玺印	商务印书馆	金属版	四册
黄牧甫印存	黄牧甫刻		原钤	全集，四册
证常印藏	易大厂刻	陈运彰藏辑	原钤	四册
补罗迦室印谱	赵次闲刻	西泠印社	原钤	十册
赵次闲印存	赵次闲刻	西泠印社	原钤	十册
鲁庵印选		张鲁庵藏辑	原钤	六册
二金蝶堂印谱	赵之谦刻		原石初拓	八册
吴让之印存	吴让之刻		原石精拓	十册
赵吴印存	吴让之、赵之谦刻	昌楙藏辑	原钤	十册
荔庵印选		俞人萃藏辑	原钤	二册
西泠八家印谱		丁辅之藏辑	原钤	四册
西泠八家印谱		丁丙辑	原钤	十册
尊古斋印存	古玺印	黄濬辑		十二册
二弩精舍印谱	赵叔孺刻			八册
金罍印撷	徐三庚刻	张鲁庵藏辑	原钤	四册

《宣和印社出售名人印谱》中所录印谱种类较前更为丰富，且以原钤印谱为主，多为宣和印社编拓出版，也有上海西泠印社编辑出版的《补罗迦室印谱》《赵次闲印存》，张鲁庵辑拓的《鲁庵印选》《金罍印摭》等。除原钤印谱外，也出售印刷本印谱，如商务印书馆影印的《十钟山房印举》等。

通过对《宣和印社开幕广告》《宣和印社出品目录》《宣和印社出售名人印谱》三份广告材料的对比可以发现，宣和印社自开创之日起便一直进行印谱的销售，并随着在印坛与市场影响力的不断扩大，所售印谱种类日渐增多，涵盖原钤本、石印本、金属版印谱等不同类型。且除代销外，还注重印谱的编拓与出版。宣和印社后期所销售的印谱大多是本社自行编辑出版，是一家印谱销售、制作、出版的综合印学机构。

二、宣和印社印谱编拓情况

图6　方介堪篆刻
"节盒传拓之记"

方节盒宣和印社在印谱出版方面能够独树一帜，获得印学界、收藏界的普遍认可，得益于如下几个条件：

其一，方节盒曾在上海西泠印社做学徒。

1926年，年仅14岁的方节盒便来到上海，进入吴隐创办的上海西泠印社店肆当学徒。吴隐作为西泠印社的创始人之一，一直秉承"保存金石、研究印学"的宗旨。上海西泠印社以出版印谱和制作印泥而闻名，辑拓了《缶庐印存》《遯盦集古印存》《遯盦秦汉印选》等诸多著名印谱，并研制出上佳的"潜泉印泥"。方节盒进入上海西泠印社后，潜心学习，基本掌握了印谱编拓和印泥制作工艺。至1934年，上海西泠印社拆分为潜泉印泥发行所和西泠印社书店，方节盒继续留在潜泉印泥发行所，直至1935年4月离职，独创宣和印社。宣和印社成立后，主要经营范围为销售印谱、印学书籍刻印工具、印泥、金属印章、名人书画册等，与上海西泠印社较为相似，可见方节盒承袭了上海西泠印社的经营模式，多年的学徒经历，为其独立门户打下了坚实基础。（图6）

其二，方节盒研制出优质的"节盒印泥"。

印泥品质的优劣，在很大程度上影响原钤印谱的质量，优质的印泥能够精准地表现印章的真实艺术风貌。方节盒在上海西泠印社掌握了印泥制作技艺，待创立宣和印社后，经过不断尝试，最终研制出优质的"节盒印泥"，一经推出便受到市场认可，成为民国时期广受好评的品牌印泥之一，节盒印泥也为宣和印社编拓出品优印谱提供了可靠的材料保障。（图7）

其三，方节盒聘请拓印高手钤拓印谱。

图7　方去疾篆刻
"节盒印泥"

边款是明清以来流派篆刻艺术的重要组成部分，自墨拓边款印谱在清嘉庆年间首次出现后，拓款技术日趋成熟，集印蜕和边款于一体的钤

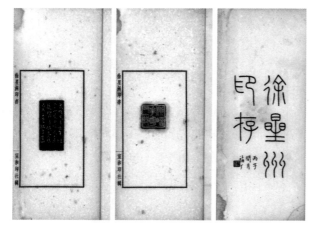

图8 《徐星洲印存初集》

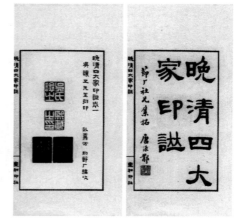

图9 《晚清四大家印谱》

印拓本印谱成为主流样式。晚清民国时期，随着印谱的制作与销售的盛行，涌现出了许多善于拓款的制谱良匠，其中的代表性人物即为会稽王秀仁。王秀仁拓印技术高超，其所拓制的边款字口清晰，墨色匀落，极为雅致。除王秀仁外，方节盦还聘请华镜泉、龚馥祥等高手拓制印谱，成为宣和印谱编拓高质量印谱的保障。

其四，方节盦广泛结交篆刻家与收藏家。

辑拓原钤印谱的关键是名家印章原石，善于交际的方节盦广交篆刻家与收藏家，通过向各家商借的方式，进行印谱的编拓。以《宣和印社出品目录》中的《吴昌硕印存》、《徐星洲印存》（图8）、《王冰铁印存》、《胡菊邻印存》等四部印谱为例，"以上四种印存其原印为王福盦、史匋庐、吴东迈、何印庐、金诵清、林尔卿、范芝生、曾仲鸣、谢磊明诸先生所珍藏，未经钤拓行世。兹由本社情商假来钤拓成编，内容决与已经行世之印谱不同。堪供观摩也"。[1]可见一谱之成，往往要通过众贤合力方成之，其中之艰辛，唯有方节盦知之。

宣和印社得益于以上四种有利条件，成为民国时期印谱编拓的重要机构之一。通过现存资料以及印谱实物对宣和印社编拓的印谱进行梳理，结果如表4。

表4 宣和印社编拓原钤印谱总目录

印谱名称	篆刻/收藏者	编辑者	出版时间	卷册
方介堪印存第八集	方介堪刻	宣和印社	1935年	二册
麋研斋印存	王福庵藏印	宣和印社	1936年	二十册
胡菊邻印存	胡钁刻	宣和印社	1936年	二册
王冰铁印存	王大炘刻	宣和印社	1936年	二册
吴昌硕印存	吴昌硕刻	宣和印社	1936年	二册

---

[1] 《宣和印社出品目录》，宣和印社1936年版。

印谱名称	篆刻/收藏者	编辑者	出版时间	卷册
蒲作英用印集成	蒲华自用印	宣和印社	1936年	二册
徐星洲印存	徐新周刻	宣和印社	1937年	五集十册
杨鹏升印谱·小姑山集（第六十一卷）	杨鹏升刻	宣和印社	1937年	一册
杨鹏升印谱·葫芦岛集（第六十二卷）	杨鹏升刻	宣和印社	1937年	一册
杨鹏升印谱·青草湖集（第六十三卷）	杨鹏升刻	宣和印社	1937年	一册
杨鹏升印谱·白鹭洲集（第六十四卷）	杨鹏升刻	宣和印社	1937年	一册
千石楼印识	简经纶刻	宣和印社	1938年	一册
伏庐藏印	陈汉第藏	宣和印社	1939年	十一册
麋研斋印存重辑本	王福庵藏印	宣和印社	1943年	四册
明清名人汇刻印存		葛昌楹、胡洤辑，宣和印社拓行	1944年	十二册
古今名人印谱		宣和印社	1945年	六集十二册
小玺汇存	吴朴堂刻	宣和印社	1945年	四册
介堪印存	方介堪刻	宣和印社	1946年	一册
伏庐玺印	陈汉第选藏	宣和印社	1946年	十一册
苦铁印选	吴昌硕刻	宣和印社	1950年	四册
晚清四大家印谱	吴让之、赵之谦、胡镬、吴昌硕刻	宣和印社	1951年	四册

　　《晚清四大家印谱》（图9）是方节盦生前所辑最后一部印谱，方介堪所撰《节盦小传》中提到方节盦"先后集古今人篆刻成印谱如干种行世，近复辑吴让之、赵㧑叔、胡匊邻、吴仓石诸先生制作为《晚清四大家印谱》四卷，朝夕从事朱墨，辛劬成疾，竟于六月廿四日溘逝，年仅三十有九"。

　　1951年方节盦因积劳成疾，溘然长逝，年仅39岁。此后宣和印社由方去疾经营，并继承方节盦遗志，编拓了《二弩老人遗印》《福庵老人印集》《散木印集》等原钤印谱。宣和印社以其出版印谱种类繁多、品质精良，成为民国时期重要的印谱编辑出版机构之一。

三、方节盦个人收藏情况

　　方节盦宣和印社自成立之日起，便致力于印谱的编拓、出版与销售。方节盦与吴隐、张鲁庵、丁辅之、葛昌楹等人，都是民国时期辑拓印谱的名家。相比之下，方节盦早期收藏尚不丰厚，方

图11　王福庵篆刻"曾归节庵"

图10　赵之谦刻"会稽赵之谦印信长寿"（王福庵补款）

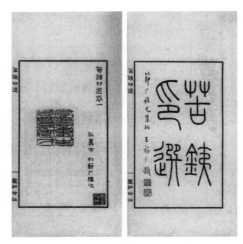

图12　吴昌硕《苦铁印选》

氏收藏有《唐贤写经遗墨》，颜其斋为"唐经室"。其弟方去疾在西泠印社《九十年的变迁》中指出："胞兄节盦的唐经室，藏有吴昌硕、胡钁以及各家为赵时枿（叔孺）刻的用印，后又得传朴堂藏的吴让之、赵之谦所刻原作与荔庵所藏赵之谦刻石等，皆为真迹，弥足珍贵。"[1]方去疾所提到的传朴堂藏吴让之、赵之谦所刻原作，为葛昌楹《吴赵印存》中的珍品，于1949年春归方节盦，成为日后编辑《晚清四大家印谱》的基础。王福庵在题赵之谦"会稽赵之谦印信长寿"边款中对转让印章一事有专门记载："此为书徵社兄旧藏，今归方君节厂。书徵语余曰，展玩已四十余年，今垂垂老矣，因节厂解人，举以与之。书徵正达人也，护印之诚，是不可以不识。己丑春日，王福厂。"（图10）

方节盦也收藏印谱，如《二陈印则》的首页钤有方节盦收藏印"曾归节庵"（朱文），此谱为高络园辑陈豫钟、陈鸿寿篆刻合集。另一部何昆玉辑《吉金斋古铜印谱》（六卷附续）钤有"永嘉方约字节庵鉴赏金石书画图籍记"（白文）、"曾归节庵"（朱文）（图11）、"宣和印社藏书"（朱文）等收藏印。上海图书馆藏《十六金符斋印存》（光绪十四年重订本），钤有"节庵珍玩"（朱文）、"永嘉方约字节庵鉴赏金石书画图籍记"（白文）、"曾藏方节庵处"（朱文）。皆为方节盦珍藏印谱的一部分。

---

[1]　方去疾：《九十年的变迁——代序》，《西泠印社九十年》，西泠印社出版社1993年版。

宣和印社所辑印谱，并不仅以方氏收藏为基础。方节盦广泛结交篆刻家、收藏家，从友人处商借印章，钤印成谱，丰富了宣和印社印谱的品种。宣和印社1950年所辑《苦铁印选》（图12）专门列出"藏印者姓氏"，涉及藏家包括丁政平、方介堪、王季眉、王福庵、吴仲坰、吴振平、吴藕汀、汪忒翁、金祖同、施子韵、丁广平、王个簃、王哲言、江辛眉、吴东迈、吴湖帆、况又韩、沈慈护、胡佐卿、唐熊等。"最终共得四十二家所藏缶翁自少壮至耄年的印作四百四十二方。"[1]从中可见方节盦交友广泛。藏家吴藕汀之父吴剑寒从蒲华亲属处购得蒲华遗物一箱，其中包括蒲华自用印70余方，有陈震叔、徐三庚、胡钁、吴昌硕、方仰之、吴隐、徐新周、童大年、王福庵诸家篆刻，后方节盦借去钤拓，辑成《蒲作英用印集成》。

方节盦从各个藏家处商借印章钤拓印谱，不仅丰富了宣和印社辑拓的印谱种类，也使这些平时藏于秘阁中的印章珍品得以面世，为世人所知。若无方节盦的竭力奔走，恐许多藏家手中的印章始终仅为个人玩赏，难以出现在大众面前。

四、结论

宣和印社作为民国时期重要的印泥研制、印谱出版与销售机构，积极致力于原钤印谱的编拓工作，出版了许多编选严格、品质精良的原钤印谱。方节盦通过早年在上海西泠印社的学徒经历，掌握了印泥制作技艺，研制出质量上乘的"节盦印泥"，为宣和印社的印谱钤拓工作提供物质保障。

宣和印社承袭了上海西泠印社的经营模式，销售印泥、篆刻用具、印谱、篆刻书籍、名人字画等，也从事印谱的编辑和出版。方节盦通过广泛结交篆刻家和收藏家，从他们手中商借印章原石，加以精选和编辑，再钤拓成谱，其中印章"十之五六，皆旧谱所无，向所未见者"。不仅保证了宣和印社的印谱编辑质量，也使许多藏家手中难得一见的珍贵印章得以重放光彩，实现了印谱编辑者与印章收藏家的互利共赢。再加之方节盦聘请良工，使用优质印泥，所钤拓印谱质量精良，因此印谱一经推出，广受篆刻家与收藏家的追捧，也奠定了宣和印社在民国印坛的崇高地位。

本文通过早期宣和印社的印谱广告、印谱出品目录，以及印谱实物等材料，对宣和印社编拓以及销售的印谱情况进行梳理，希望能够更清晰全面地展示宣和印社的印谱辑拓成果，体现宣和印社对印坛所作出的不朽贡献。

（作者系上海韩天衡美术馆副研究馆员）

---

[1] 张炜羽：《宣和社主方节盦》，《海上印社》2019年第4期，第22—28页。

藏印集印与蓄石

林乾良

　　余生于国石寿山之乡。所居达明路、总督后一带地近旧福建省府，为民国时期之重要寿山石章集散地。1950年考入国立浙江大学医学院，五年制，毕业后留浙医二院任外科医师。在故乡才生活了19年，居西泠印社之畔长达70多年，可谓一生与印有缘。

　　在福州时，亲戚、邻里多以制印为业。我因周晬失怙，寡母苦工在外，故自幼从寿山石工师游。先爱石之斑斓五彩而蓄之，后来才知有"蓄石"之名。七龄，受林棋俤教自刻12刀成粗朱文"林"字而藏之，此余治印之始也。入浙大后，穷学生暇日喜逛岳王路地摊与书肆，可得半日之乐。1951年即偶购得旧印而把玩，故有70多年之藏印史也。古无"集印"之词，余实有创始之功，详后文。

　　早在2000年，在余主编之《中国篆刻市场通鉴》（西泠印社）中，就对藏印与蓄石、印章拍卖等问题有过首次的总结。在该书第六章即《印章拍卖》，列1995至1998年间嘉德、翰海、朵云轩等名拍的主要成交记录。此后，有关这方面的材料更是风起云涌，令人目不暇接。

　　2006年西泠印社秋季大型艺术品拍卖会"犀象印萃·近现代名家篆刻专场"上出现了火爆的情况后，社会上无论是古玩业与收藏界人士都对藏印看好。那次拍卖会的状元拍品，是西泠已故副社长方介堪（为张大千刻）的一方牙章"潇湘画楼"，竟拍出99万元的天价。吴昌硕的石章"人生只合住湖州"才拍到70多万元，退居其次。想当年，方老为我刻的两方印竟是我自己用萧山珍粟红的边角料锯磨而成的石章，石章本身一文不值，而方老的篆刻则价可数万。我开玩笑说，这岂不成了布衣荆钗的公主了。

　　自古以来，在收藏界即有两大类：藏印与蓄石。两者之间虽多少有点互通之处，但从本质说来是完全不同的，应予区别。藏印，主要讲究印面的篆刻艺术，兼及印的边款，作者伊谁自属至关重要之事。至于印材与雕钮当然也有关系，但就降为次要了。就如一幅书画，所贵者是其是否名家作品，至于纸张与装裱就不算什么。这个比喻也许不当，因为有的印材（如田黄、极品鸡血等）以及名家雕钮（如林清卿所刻之薄意雕等），其本身就具有很高价值，但这是例外情况。蓄石，主要讲究石的品种（如寿山、青田、昌化、巴林等）、质地（色的浓淡、多少，冻的程度、色泽等）及雕钮（精工与巧雕、是否名家之作）。蓄石，仅指所蓄者为石质印章，而不包括玩赏奇石、灵璧石、砚石、雨花石、化石、矿石等。这些，除了特类外可通称为玩石或赏石。

　　我国的悠悠千余年藏印史，实难以尽述。印谱为所藏印现身之所。宋代，皇室有宋徽宗之《宣和印谱》，民间有杨克一《集古印格》与王俅《啸堂集古录》等，实为印谱之先声。早期的藏印因均以古玺与汉晋印为主，故以"集古"为名。至明万历三十八年（1610）梁千秋《印隽》与后两年之《金一甫印选》等起，才有篆刻家之作品成谱者，见《朱蜕华典·中国历代印谱特展图录》（上海书画出版社2019年版，第64—67页）。明清之间有名的"三堂"：即张灏的《学山堂印谱》、周亮工的《赖古堂印谱》与汪启淑的《飞鸿堂印谱》，都是收集其前代或同时篆刻家的作品成谱，共收印七八千方。这三谱或注出印文，或更注出作者。沙师孟海在西泠印社1987年出版的《印学史》第29章（第138页），即称"三部集体印谱"。如今定式的"上印下款、上朱下墨相得益彰的制印谱方法，大约起于何元锡。当时尚系粘贴而成，裱成册页形式。以后才逐渐改为整张连史纸，先印边框、鱼口、再拓款，然后钤印的定式"。"今查何元锡字梦华，生于乾隆三十一年（1766）、卒于道光九年（1829）。"以上引文均见拙著《西泠八家研究（一）丁敬》（西泠印社1993年版）第49页。西泠印社于1979年出版的《西泠四家印谱》的底本，即何元锡之子何澍字夙明拓的，在印谱学与浙派印学上都有极其重要的价值。

中国之大，卧虎藏龙，藏印者大有人在。我的藏印之所以名声在外，是由于近20年来在三报（《西泠艺报》《书法导报》与《中国书画报》）两刊（《中国书法》与台湾《印林》）都曾连载过，遂令世人注目。尤其《印林》75期在《编者按》中，赞称"有新、精、奇、罕、趣五大特点"。而《西泠艺报》从1990年起，一直以《藏印随笔》栏连载至7年之久，引起海内外印学界之影响可称前所未有。后来，精选120印改名《印迷藏印印话》收入《印迷丛书》卷上，于1999年由西泠印社出版。

拙著《中国印》2008年由西泠印社出版社出版。该书基本上从大印学的范畴加以论述，兼及印的各领域。其《第六章·赏印与藏印》中，有《藏印与蓄石》及《集印》两节。14年来，又有扩展，兹撮要分述如下：

蓄石之人，自古有之，至今为盛。其中，属于印人而蓄石的也不少，属于艺术品投资的可能更多了。前三十年至今，寿山石、青田石、昌化石、巴林石的价格被炒得沸沸扬扬。我不蓄石，就省了这份心。

蓄石，自古也大有高人在。有两本关于蓄石的书，不可不读。一本是侯官高兆（云客）写的《观石录》。侯官，即闽侯县，亦即寿山石的故乡福州。据其文，真有把美石当美人之慨。以其中有"磨作印石，温纯深润"，可知非观赏石雕。今摘二段如下："陈越山二十余枚，美玉莫竞。贵则荆山之璞，蓝田之种；洁则梁园之雪，雁荡之云；温柔则飞燕之肤，玉环之体，入手使人心荡。""石有水坑、山坑。水坑悬绠下凿，质润姿温；山坑发之山蹊，姿暗然，质微坚。手摩挲，则见水坑上品，明泽如脂，衣缨拂之有痕。"上文见于黄宾虹、邓实《美术丛书》第一册第44页（江苏古籍出版社1986年版）。

《后观石录》为萧山名士毛奇龄（大可）所著，也称"往往磨作印"。今亦摘其二段于下："每得一田坑，辄转相传玩，顾视珍惜，虽盛势强力不能夺。石益鲜，价值益腾。""红粉一，如胭脂之渍粉，又如苋汁沁白糜中，苎萝村旁有红粉石应如是矣。特西施去后，江枯石烂，不能多得耳。"上文亦见于《美术丛书》第一册，第167页。

忽然思及，"蓄石"之名称我是于韩师登安平时谈论中得。我有必究根追底之习惯，曾查之而无得，又询之韩师。韩师仅告：听之于王福庵谈话中，未查出处。去年因撰《论印诗集成》，见吴骞客所辑《论印绝句》（亦见《美术丛书》之二册第1248页）中，有钟大源《论印绝句》"佳冻桃皮色浅红"一首，其注文称："余师程云岩蓄印石最富，尤爱冻石。"嘻，此句或可视作"蓄石"

之祖本。

集印，是个新词。以前未见之于书刊，偶与学生们道及，所以，在拙著《中国印》（西泠印社出版社2008年版，第280页）是首次发表。集印是藏印母干上的一个新枝。它在古代并不盛行，是20世纪70年代才发展起来的。若问倡始者谁，即本书的作者印迷林乾良是也。由于是个新词，新理念，总得有人给他下个定义吧，本人当然是义不容辞的。几经筹思，总结近四十年的集印经历，也包括其他步我后尘的朋友、学生们的意见，下面就给集印下个定义：

集印又称主题藏印，它将我国自宋代出现的藏印风尚推向崭新的阶段，它是藏印母干上绽出的一个新枝。一般藏印，并无界限。古今中外之印，皆可收而藏之。而集印则有一定界限，所限者在于印文必有主题，所以又称主题藏印。以集印者为主，定出一至多个印题，然后请海内外篆刻家都刻所定之印文。例如我最早集印共四："印迷""千石万印""金石书画臣能为"及"林"等。

我是自1971年开始集印的，50多年来孜孜以求，虽苦在其中却也乐在其中。世上事都是如此，您要享受摩挲玩赏、家有集藏之乐，必然得在钱财、心力、时间上有所付出才行。至2008年为止，我已经有十大类集印。名气最大的是"金石书画臣能为"，第一钮印就是韩师登安为我刻的。韩师晚年的第一名作，也可以说就是为我刻的这方了。韩师之印以满白文成之，刻于1972年，边款六行："次闲有此刻，福盦老人曾摹之。壬子春三月，登安再摹之以赠乾良，亦金石因缘也。"沙师之印以朱文古玺成之，刻于1974年。边款上他老人家自署"甲寅石荒"四字，雄浑之极。我原先有个设想，因为此题为印人之自豪语，请各家不同印面上同刻此七字，而且要求边款上刻几句有关印学的自己观点。沙师病目，将边款之事交刘江刻。可能忘了交代我原来的要求，所以刘兄只刻了"此孟翁七十五岁为乾良社兄刻。疾翳，署款四字而止，俾余补成之。万县刘江识。"这一集印的一部分，自1997年3月在当时全国唯一之印学杂志《篆刻》（总第15期）上开始连载，每期两三印。至2005年10月（总第46期）止，9年间连载28期共81印。为什么中断了呢？并非已刊完，估计约刊其半，因为多次妻病、出国之故。其总数约150印。

每期发表时，大约二老一壮，或老中青搭配。兹按连载之序列作者之名如下：

一、赵释如（注：韩登安之启蒙老师，已发表者仅此非求得而系购得之旧印）、韩登安、茅大容。

二、沙孟海、单孝天、徐云叔。

三、陆维钊、马国权、孙正和。

四、朱醉竹、陈仲芳。

五、钱君匋、叶一苇、林小笠。

六、叶潞渊、周哲文、石开。

七、罗祥止、范晋侯、洪世清。

八、吴振平、陈左夫、沈汉卿。

九、柳北野、沈侗、陈兆育。

十、吴迪庵（仿清邓石如）、张耕源。

十一、诸乐三、张牧石、施元亮。

十二、邹梦禅、周节之、孙慰祖。

十三、芦石臣、高石农、俞履祥。

十四、张寒月、吴寅、姚天一。

十五、吴迪庵、徐无闻、穆鼎宇。

十六、潘德熙、郁重今。

十七、刘江、陈伯良、刘一闻。

十八、傅嘉仪、方介堪篆郁金重今刻、叶一苇。

十九、许明农、仲贞子、任秉鉴。

二十、陆稺游、唐炼百、郭子美。

二十一、叶洪生、桑凡、鲍复兴。

二十二、陈左夫、李白凤、孙正和。

二十三、叶一苇、冯宗陈、吴振华。

二十四、沈沉、陈威遐、龙乐恒（法国）。

二十五、张德鹏、安多民、沈慧兴。

二十六、昌少军、蔡树农、吴莹。

二十七、张奕辰、李平、杨华。

二十八、韩焕峰、陈浩。

早期四类集印数量最多的大约是"印迷"。至今未完全归类过。因寒斋狭，诸物堆积，至今无法统计。据不完全资料，约有200家240印。其中，西泠早期社员六家：沙孟海、韩登安、方介堪、吴振平、高式熊、朱醉石。其他西泠社员如钱君匋、张寒月、丁吉甫、矫毅、单孝天、余任天、陈左夫、叶一苇、谭澄园、卢石臣、周哲文、刘江、徐无闻、周节之、郁重今、马国权、戴明贤、郭子美、钱大礼、陈仲芳、洪世清、韩天衡、吴颐人、孙向群、余正、张耕源、李路平、马子恺、吴振华、朱恒吉、陈兆育、方国梁、李泽成、蒋瑾奇、徐畅、朱培尔、林公武、乔中石、安多民、吴承斌、廖富翔、朱天曙、冯立、董建、昌少军、袁道厚、于良子、董杨、陈辉、潘敏钟、官明、倪郡阳、张哲、卢心东、龙乐恒（法国）等。应说明一下，我加入西泠印社40多年。各类集印自然也有自刻。总共西泠印社各期社员76家共90余印。

社外名家刻"印迷"者如：周轻鼎、郑仁山、许明农、申屠云章、钟久安、王一鸣、宋宝罗、刘慎旃、郭蔗庭、吴迪庵、周砥卿、李逢、桑凡、方胜、黄稚松、祝竹、杨延复、徐璞生、张牧石、华非、孙正和、王经纬、苏园、林澍、沈汉卿、铁夫、沈侗楼、唐炼百、石开、陈上岷、马达为、陈万奔、陈硕、清平、周南海、马永良、袁守昂、李文、余巨力、左家奇、周悌、陈金光、邵景康、蔡履平、邵德法、蒋曼萝、张灵海、王婵娟、汪家华、冯嘉生、汪乐夏、韩建勇、叶南鄂、张波杭、李文等72家（包括香港与台湾）共130余印。加上西泠印社社员之作，共集印约200家290印。

最早的集印四种自1971年至撰文时（2022年），大约共计720印。已见上文之"金石刻画臣能为"，此句见于唐朝李商隐之《韩碑》诗中，为自古金石家之自豪语。印人必以研究金石为进修之阶，故自古世间每美称之为"金石家"。沙师孟海曾告我："两者虽相关，但各应独立。印人可称之为篆刻家，但不应混称；除非其人确在金石方面有相当的造诣，如罗振玉、马衡、容庚、商承祚等，则也可称金石家。"此种集印约150品。"印迷"集印约240品，"千石万印"约60品。"林"约270品。后两种虽未列名单，大约也是以西泠印社为主，兼及海内外名家。例如我的三位恩师陆维钊、沙孟海、韩登安等都是刻过的。比较特殊者老一辈印人如方介堪、高络园、郑仁山、钱君匋、叶璐渊、朱醉竹、方去疾、范晋侯、陈左夫等；中国美院画家能印者如周昌谷、王伯敏、洪世清、张耕源、徐银森；中青年名家如丁吉甫、单孝天、马国权、钟久安、孙正和、吴振华、唐炼百、吴子建、徐云叔、茅大容、石开等。

第二期集印将以上4种另增6种，共计10种。拙作《中国印》（西泠印社出版社2008年版）第248页曾记："我的集印，共有十类。兹列其名如下：金石刻画臣能为、千石万印、和敬清寂（茶道四规）、春晖寸草、可长久、千镜斋、三友园、墨戏、林。"其新增6类共计510印。

"和敬清寂"4字，过去海内外均认为是日本的"茶道四规"。后来，在1997年余应邀赴日本茶区桂川市在史上最盛大之国际茶文化会议上作全会报告时即提出此系我国宋代白云山守端禅师提出的"茶道谛门"。此事于拙著《茶印千古缘》（中国农业出版社2012年版）第78页有载，详细述及日本之南浦昭明（谥号元通大应国师）从守端禅师门下刘元甫之《茶堂清规》中将此4字摘出，始改称"茶道四规"，而后扬名于天下。拙作之下卷即《和敬清寂印存》，收我自1983年以来有关此4字之集印与自刻共103印。其他茶印除寒舍所藏旧印严冠、朱家宝、齐毓地、郑文焯等外，还有金师越舫（为新中国成立后首批参加西泠印社社员）、陈仲芳、李平、杨华、孙家谭、傅其伦、童定家、陈硕、周南海、穆鼎宇、李葆荣、陈万奔、谢辉旺、王胜泉等。拙作出版后，我还在不断地收集，并将内容扩大到"茶道""茶寿""茶禅""茶功""茶德""茶疗"等方面，至今已有140印。

余周岁丧父，赖寡母作苦力抚养长大。1950年考入浙江大学医学院成为新中国招收之首批大学生，五年毕业，留附院为外科医生。才奉养三年，母因疾故，至今时感风木之痛。得陆师维钊之教，自1979年起广征名家诗文，至1982年出版《春晖寸草》时已有545家。1980年，有徐植、程二如两位社内外硕贤为刻"春晖寸草""寸草心"印，遂即以此两粒种子开始大力征集。至2007年出版彩印本《春晖寸草》时，已集海内外、社内外印作94品，合为一谱列于后（均拓款）。其后继续征集共140品。

"可长久"之集，因于1974年购得"西泠八家"中最后一位钱松所作之"可长久室之节"印，韩师登安一见大喜。并由上海高络园及朱师孔阳借去钤拓，四个月后才归杭，韩师曾在钱公边款之另一面加刻"叔盖刻，乾良得，登安观，记于侧"一行，并笑称"此印自属不朽，则吾师徒之名亦藉以与金石同寿矣"。此事见于拙著《印迷藏印印话》（西泠印社1999年版）《印迷丛书》卷上第35页。因高、韩、朱三公如此重视，又查及多处"可长久室"之名，遂亦以此为斋名并集印40品。

"千镜斋"之集，缘起于金师越舫曾赠我一面小汉镜。半世纪来，一直藏镜不止。总数大约2000枚。2012年由西泠印社出版社出版《镜文化与铜镜鉴赏》。"镜文化"与"铜镜十大功能"等，均由我首次提出。以前曾收过清代嘉兴名印人陈春熙（号雪安）所刻"见日之光天下大阳"与早期西泠印社社员吴朴堂所作"寿如金石佳且好兮"二印。均出于汉镜，遂立意集镜文之佳者（如

"内清质而昭明"之类）而刻之。又喜欢汉镜之鸟，千姿百态，亦刊之入印。至今共130品。

因世人重松、竹、梅之经冬傲立，气节高雅，遂名之曰"岁寒三友"，常见于诗文与绘画中。我出生孤寒，曾育二女一子。遂将福建与福州之简称，"榕"之谐音"蓉"与三者相合作为三儿之号：福梅、建松、蓉竹。因此自号"三友园丁"以自喻，遂有"三友园"之斋号，以此为集印之题。因建松夭折，故仅集30品即中止。然立题较早，名家如韩师登安、钱君匋、李白凤、张寒月、矫毅、陈左夫、许明农。

余常言："于印敢称权威，于书勉侧一家，于画虽花鸟、山水、人物、博古都能涂抹，自娱而已，不敢称画家。"书画自古为人所喜，绘画有"墨戏"之喻。即自刻，又应友朋之求而刻，故也列为集印，共30品。

以上一、二期十类集印，共1230品。2013年5月4日，经总结遂定"十三点"。其中，"印迷"已见于前，其他12点如下："医通""茶博""文汇""书山""画海""笺王""方霸""镜奴""甓癖""戏痴""瓷庐""邮趣"。由于集印不但要巨额的财物，还得花费大量的时间。大部分师友都爽快赐下所作，至今万分感德。但也有不少十分拖拉，其一种翘望之苦，真是不堪回首。因此，有关"十三点"集印之事经常中宵梦回不寐思之。过了一年半，从2015年底才第三次下定决心立项集"十三点"。整套共14印，即13个别号加总称"十三点"。方针即定，立刻社内外全面展开。劳累了整5年，至2020年底才终于完成。其刻一套者社内有归之春、沈沉、韩天雍、孙家潭、罗光磊、蔡树农、栾传益、顾健全、茅大为、季关泉、朱恒吉、吴莹、李路平、李泽成、沈慧兴、莫小不、将谨琦、韩焕峰、傅永强、陈兆育、李夏荣、孙向群等25家，社外有王经纬、袁守昂、陈万奔、左家奇、汪乐夏、韩建勇、余巨力、将曼萝、张灵海、邵德法、华修仪、陈金光、周悌、许凯军、谭坚峰等40多家共66套计900品。其仅刻两三方至十方不等者，社员还有徐畅、沙更世、龙乐恒（法国）、马之恺、朱天曙、陈浩、傅其伦、张哲、潘敏钟、岐岖、谢吉昌、姚伟荣、吴承斌、黄惇、林公武、张炜羽、朱培尔、乔中石、安多民、沈继良，计91品，社外者如王凯、叶国祥、楼国跃、汪家华、王祖德、庄哲彦、黄晖等共7家计30品。总上计之，共计13类（"印迷"已见于早期集印）1021品。

第四期集印与网上热传之苏东坡《赏心十六事》有关。先引尚未出版之《林乾良日记第四册》之2021年8月10日之文如下：谢灵运《拟魏太子邺中集诗序》中，有"良辰美景，赏心乐事"之句，沿为成语。因汤显祖《牡丹亭》之《游园》常时上演，中有句"良辰美景奈何天，赏心乐事谁家院"，流传益广。辛丑夏，偶读东坡《赏心十六事》六言句，朗朗上口。返思自家平生，忽有所感悟。中宵不寐，披衣急起录赏心乐事四言数十句。翌晨执卷再思，遂补其缺漏，芟其芜杂，更其重字，列其次序，成此。古之文人，独喜东坡与右军，至今六十余年。杭有慕轼雅社，推我为社中十老之首。嘻，世人爱我哉。依东坡例，即名《赏心卅六事》。

开卷有得，因祸受福，转益九师，著作等身，十三小成，学多创举，五洲桃李，友天下士，书画怡情，儿孙忆趣，难题偶破，隐物突现，寻幽访奇，饮醇肴鲜，笔砚精良，品茗闻香，东海听涛，西泠观印，南柯午后，北山认星，清流泛舟，高楼眺远，雨窗夜话，同榻探梦，暑溪濯足，柳荫闲行，琴箫续断，登台连唱，披被望日，群鸟啁啾，冷摊觅宝，郊野获古，佳客时来，手谈争胜，域外旅游，耄耋讲课。

　　第四期集印因每套之量最大，仅集12套多一些共计445品。其中，西泠印社社员7人，即高庆春、沈慧兴、于良子、倪郡阳、姚伟荣、莫小不与我。各地印友廿人，即袁守昂、陈万奔、陈金光、林飞煌、陈硕、蔡履平、梁柱、韩建勇、许凯军、姚卫根、陈默、徐国强、张明、蔡泓杰、周剑明、陆晓峰、欧阳铭、王小红、沈海兵、沈正阳等以上27家共计445品。余之集印，已经出版者仅《茶印千古缘》与《春晖寸草印谱》。第四期拟今年出版，以庆余百龄开一。其他诸谱不急，慢慢来。九十一老翁还说"不急"，底气就在顽躯尚健。每日尚可伏案10小时，也不觉太累。每年还出门十多次，与各地朋友欢叙。四期集印共2690品，敢称举世第一。自1971年至今，历时50多年。以上共计59题，估计还会继续扩展下去。例如：佛教、廿四节气、长乐、尊受（出《石涛画语录》）、福寿吉祥文化、人面、成语等已有相当基础。学海无涯，人生有限。生命不息，奋进不止。印迷与印，心心相印。乐享天年，魂归于印。

（作者系西泠印社社员）

图书在版编目（ＣＩＰ）数据

西泠印社壬寅秋季雅集大印学．2，印学收藏史国际
学术研讨会论文集 ：上下 / 西泠印社编． -- 杭州 ： 西
泠印社出版社，2022.10
　ISBN 978-7-5508-3881-9

　Ⅰ．①西… Ⅱ．①西… Ⅲ．①印章学－中国－宋代－
国际学术会议－文集 Ⅳ．①K877.6-53

　中国版本图书馆CIP数据核字(2022)第195932号

——

西泠印社壬寅秋季雅集大印学（2）——印学收藏史国际学术研讨会论文集（上下）

西泠印社　编

出 品 人　江　吟
责任编辑　杨　舟
责任出版　冯斌强
责任校对　曹　卓
装帧设计　初心文化有限公司
出版发行　西泠印社出版社
（杭州市西湖文化广场32号5楼　邮政编码：310014）
经　　销　全国新华书店
制　　版　初心文化有限公司
印　　刷　杭州佳园彩色印刷有限公司
开　　本　889mm×1194mm　1/16
字　　数　1120千
印　　张　45.25
印　　数　0001—1000
书　　号　ISBN 978-7-5508-3881-9
版　　次　2022年10月第1版　第1次印刷
定　　价　360.00元（全二册）

西泠印社出版社发行部联系方式：(0571) 87243079